Rosendael, Groen Hemeltjen op Aerd

Rosendael, Groen Hemeltjen op Aerd

Kasteel, tuinen en bewoners sedert 1579

J.C. Bierens de Haan

In de hoop dat U er veel nieuws
in zult kunnen ontdekken,
Johan Carel Bierens de Haan
Arnhem 25 sept. 1994

STICHTING VRIENDEN DER GELDERSCHE KASTEELEN
WALBURG PERS

Afbeelding frontispice: Rosendael uit het zuiden met op de voorgrond de dolfijnen van de schelpengalerij.

Tevens verschenen als proefschrift ter verkrijging van de graad van Doctor aan de Rijksuniversiteit te Leiden.
Promotores: Prof. Dr C.W. Fock en Prof. Dr Ir R. Meischke.

Deze uitgave is tot stand gekomen met financiële steun van:
Prins Bernhard Fonds
Provincie Gelderland
Ridderschap van Gelderland
M.A.O.C. Gravin van Bylandt Stichting
Stichting Dr Hendrik Muller's Vaderlandsch Fonds
Stichting Fonds A.H. Martens van Sevenhoven
Thomassen International, Rheden
Stichting Mr. Dr. J.C. Overvoorde, in het belang der Monumentenzorg
Stichting Edwina van Heek
Gemeente Rozendaal (Gld.)

Omslagontwerp: Rob Buschman bNO
Vormgeving en druk: Walburg Pers

CIP/ISBN 906011.870.7

Inhoud

Voorwoord

De afgelopen jaren publiceerde de Stichting Vrienden der Geldersche Kasteelen monografieën over haar bezittingen Ammersoyen en Cannenburch. Het bestuur van de stichting is verheugd thans het derde deel in deze reeks te kunnen presenteren. Het betreft de handelseditie van het proefschrift van J.C. Bierens de Haan, die als conservator aan onze stichting is verbonden.

Door de betrokkenheid van de auteur bij de restauratie van kasteel en park door respectievelijk de Stichting Vrienden der Geldersche Kasteelen en de Stichting Het Geldersch Landschap konden enerzijds de resultaten van het historisch onderzoek aan de werkelijkheid worden getoetst en droegen deze anderzijds bij tot een verantwoord restauratieplan. Het stichtingsbestuur dankt de auteur voor de zorgvuldige en verantwoorde wijze waarop hij het historisch bronnenmateriaal heeft weten te bewerken tot een lezenswaardige publicatie.

De auteur heeft bij zijn onderzoek de hulp van velen mogen ontvangen, aan wie wij hier onze welgemeende dank willen uitspreken. Deze geldt in de eerste plaats de beide promotoren Prof. Dr C.W. Fock en Prof. Dr Ir R. Meischke, verbonden aan de vakgroep kunstgeschiedenis van de Rijksuniversiteit te Leiden, en de referent Prof. Dr Mr C.A. van Swigchem.

De Rijksarchivaris en zijn medewerkers boden alle medewerking bij het onderzoek in het Rijksarchief in Gelderland, waar zich het omvangrijke huisarchief van Rosendael bevindt. De fotograaf G.Th. Delemarre was gedurende een reeks van jaren bereid opnamen van Rosendael en van de verspreid geraakte inboedel te maken. Zonder zijn belangeloze hulp, evenals die van de fotografen A. Klaver (Rijksarchief Gelderland) en J. van der Zeyden (Gemeentearchief Arnhem), zou deze belangrijke visuele bron niet zijn gedocumenteerd. Wij zijn de eigenaren van voorwerpen uit de voormalige inboedel van Rosendael erkentelijk voor hun toestemming deze te mogen documenteren en publiceren. Voorts gaat onze dank uit naar C.J. Willems die de bouwkundige reconstructietekeningen maakte en naar A.C.S. Wolters van der Weij die de kadastrale kaart van het in de vroege 19de eeuw aan Rosendael behorende grondbezit vervaardigde. Dr J. Aalbers, Dr R.J. Baarsen, E.V. Gatacre, Drs L.J. van der Klooster, Jhr Dr C.C.G. Quarles van Ufford en Drs H.M.J. Tromp hebben met hun opmerkingen en hulp het onderzoek gesteund. Verder zijn degenen aan wie de auteur specifieke suggesties dankt in het notenapparaat genoemd. De heren D.J.G. Buurman en Dr P. Hijmans hebben het gehele manuscript gelezen; met hun commentaar leverden zij een waardevolle bijdrage.

Deze uitgave kon slechts tot stand komen dankzij financiële bijdragen van een groot aantal instellingen. Het bestuur is deze genereuze schenkers veel dank verschuldigd. Het bestuur van de stichtingen De Gelderse Bloem / Gelderse Historische Reeks was al in een vroeg stadium geïnteresseerd in de uitgave van het proefschrift, hetgeen uiteindelijk resulteerde in een welkome ondersteuning toen werd besloten deze publicatie in onze eigen reeks op te nemen. Door de inspanningen van de Walburg Pers heeft dit boek tenslotte deze verzorgde vorm gekregen.

De Stichting Vrienden der Geldersche Kasteelen beheert thans tweeëntwintig kasteelcomplexen in de provincie Gelderland. Zes van deze bezittingen, te weten Cannenburch, Ammersoyen, Verwolde, Zypendaal, Doorwerth en Rosendael zijn geheel of ten dele ingericht als bewoond edelmanshuis en opengesteld voor het publiek.

Door deze openstellingen en door geregelde publicaties, waaronder wetenschappelijke studies zoals deze, draagt de stichting er toe bij dat de kennis van en belangstelling voor kastelen, die zo'n belangrijke rol speelden in de geschiedenis van ons land, wordt vergroot.

Ik hoop van harte dat de verschijning van dit boek een extra stimulans zal geven aan de groeiende belangstelling voor het werk van de stichting, en voor park en kasteel Rosendael in het bijzonder.

N. Heyligenberg

Voorzitter van de Stichting
Vrienden der Geldersche Kasteelen

Voor Marianne

Die van den Roosendael kan scheiden sonder suchten,
En is 't gesicht van all' sijn' wonderen niet waerd

Constantijn Huygens, 'Afscheid van den Roosendael', 1678

Ten geleide

Op een zomerdag van het jaar 1678 bracht Constantijn Huygens, waarschijnlijk als secretaris in het gezelschap van prins Willem III, een bezoek aan Rosendael bij Arnhem (Gelderland). Het gezelschap werd door de bewoners, Jan en Janne Margriete van Arnhem, ontvangen. Het hoogtepunt van de ontvangst was ongetwijfeld een wandeling door de tuin, waarbij Van Arnhem zijn gasten leidde langs de verfraaiingen die door zijn toedoen waren aangebracht. Het kostte de dichter-staatsman moeite om van alle wonderen die hem getoond waren weer afscheid te nemen. 'Vaert wel dan schoon verblijf, groen Hemeltjen op aerd' schreef hij in een gedichtje over dit aardse paradijs.

Rosendael genoot in Van Arnhems tijd al ruime bekendheid. Zes jaar eerder noemde een Haagse reiziger de aanleg 'seer vermaerd' en de Gelderse geschiedschrijver Arend van Slichtenhorst noemde het dal in 1653 al 'over-aengenaem' (bijlage 3).

Aan het eind van de 17de eeuw leidde de vriendschappelijke verstandhouding tussen de Van Arnhems en de Arnhemse predikant Johannes d'Outrein tot de vervaardiging door laatstgenoemde van een lang gedicht over de tuin dat in 1700 onder de titel *De Roosendaalsche vermakelykheden* verscheen en waarvan in 1718 een aanmerkelijk uitgebreide derde druk het licht zag, getiteld *Wegwyser door de heerlykheid Roosendaal.*

Sinds de 17de eeuw hebben jaarlijks vele honderden, en later duizenden bezoekers kunnen genieten van deze geaccidenteerde tuinaanleg, waarin de grote attractie bestond uit het stromende water dat dankzij het sprengensysteem in de nabij gelegen heuvels continu voorhanden was en dat op kunstige wijze via waterlopen en vijvers door de tuin werd geleid, waar het de fonteinen en cascaden voortdurend deed klateren. Geen enkele aanleg in Holland kon dáárop bogen! Tallozen hebben dit oord na een bezoek in lovende bewoordingen beschreven.

De vroegste wetenschappelijke publicatie over Rosendael dateert al uit 1808. Het betrof een bronnenpublicatie door Mr G. van Hasselt over Rosendael als een bezit van de Gelderse graven en hertogen. De eerste die een breder beeld gaf over de geschiedenis van Rosendael was Is. An. Nijhoff in 1820 en in een bijdrage in de Geldersche Volksalmanak van 1860. Werkelijke aandacht voor het huis zelf kwam enkele decennia later.

In het najaar van 1880 bracht de onvermoeibare kunstbeschermer Jhr Mr Victor de Stuers (1843-1916) enkele dagen op Rosendael door. Hij werd door de eigenaar in de gelegenheid gesteld het huis te bestuderen en de collectie familieportretten te documenteren. Zijn nauwgezette aantekeningen leidden echter niet tot een publicatie.

Sinds ongeveer 1840 zijn er diverse verzamelwerken over Nederlandse en Gelderse kastelen en hun bewoners verschenen, waarin Rosendael nooit ontbrak. De belangrijkste zijn van de hand van C.P.E. Robidé van der Aa (1837-1845), J. van Lennep en W.J. Hofdijk (1854-1861), H.M. Werner (1906-1908), en E.W. Moes en K. Sluyterman e.a. (1912-1915). De bestudering van de geschiedenis van de tuinaanleg op Rosendael kwam op gang met het werk van A.G. Bienfait (1943), en werd vervolgd door H.W.M. van der Wyck (1970 en 1979). Ten slotte kwam er hernieuwde aandacht voor de Middeleeuwse bouwgeschiedenis naar aanleiding van muurwerk dat in 1985 in de drooggelegde kasteelvijver werd aangetroffen (zie p. 14).

De publicaties van de locale geschiedschrijver H. Kerkkamp (1938 en 1963) en de Rozendaalse schoolmeester J.A. Slempkes (1946) mogen in dit overzicht niet onvermeld blijven. Rosendael heeft niet alleen vele dichters geïnspireerd, maar is ook het decor voor een roman geweest, *The Fountain* (1932) door de Engelse schrijver Charles Morgan (1894-1958). De schrijver kwam tijdens de Eerste Wereldoorlog als krijgsgevangen marine-officier op Rosendael terecht.

Tussen de bezoeken van Huygens en De Stuers liggen twee eeuwen besloten, waarin zes generaties uit de Gelderse geslachten Van Arnhem, Torck en Van Pallandt elk hun eigen stempel drukten op de vorm van het huis en de tuin.

In de voor U liggende studie ligt het accent op de ontwikkelingen gedurende deze tweehonderd jaar. Maar eerst wordt een beeld geschetst van de toestand in de Middeleeuwen, toen Rosendael sinds het begin van de 14de eeuw tot 1516 diende als één van de residenties van de Gelderse graven en hertogen. Daarna komt de overdracht aan de Van Scherpenseels, de verkoop in 1579 aan de Van Dorths, en de overgang door huwelijk in 1632 op de Van Arnhems aan de orde. Het boek besluit met een epiloog over de ontwikkelingen sedert 1902.

Belangrijk uitgangspunt bij het onderzoek was de bestudering van Rosendael als ensemble, een eenheid, gevormd door het huis zelf, met de vaste decoratie van het interieur, waartoe onder meer betimmeringen, schouwen, bespanningen en stucplafonds behoren, ten tweede door de inboedel bestaande uit roerende zaken als meubels, porselein, zilver, koper, tin, glas, portretten, boeken en jachttropheeën, en ten derde door de tuinaanleg met zijn decoratieve onderdelen, zoals gebouwtjes, grotten, waterwerken, beelden en vazen.

Aan de levensbeschrijving van de bewoners is relatief veel aandacht besteed. Er is voor gekozen de drie thema's huis, inboedel en tuin telkens per generatie te behandelen, gegroepeerd rondom de betreffende hoofdpersonen, omdat hun persoonlijke voorkeuren en smaak en hun maatschappelijke, ambtelijke en financiële posities in belangrijke mate bepalend waren voor de nieuwe gestalte die Rosendael telkens weer kreeg. Om die reden wordt het chronologische betoog over huis en tuin onderbroken op momenten dat zich een nieuwe generatie aandiende. Een dergelijke integrale aanpak is in de Nederlandse kunsthistorische literatuur niet zo gebruikelijk. Toch biedt een brede benadering duidelijke voordelen om het fenomeen van een buitenplaats beter te kunnen toelichten. Ten eerste is de voortdurende zorg van de eigenaar voor de instandhouding van het door hem geërfde bezit doorslaggevend geweest voor elke ontwikkeling in en om het huis, en ten tweede vertonen die ontwikkelingen onderlinge samenhang. Desalniettemin zijn bepaalde aspecten nog onderbelicht gebleven. Zo zou aan de hand van Lubbert Adolf Torcks *journalen* (financiële administratie) de levenssfeer op Rosendael in de periode 1721-1764 indringender beschreven kunnen worden. Ook is afgezien van een poging tot volledige reconstructie van de verspreid geraakte inboedel, die voorwerpen bevatte uit het bezit van alle in dit boek behandelde generaties van de families Van Arnhem, Torck en Van Pallandt. De meer dan duizend nummers tellende catalogus die daardoor zou ontstaan, zou niet meer passen in het kader van deze dissertatie.

Het tweede uitgangspunt was het gebruik van de ter beschikking staande bronnen. Voor de bovengenoemde publicaties over Rosendael, en ook voor andere waarin het onderwerp meer zijdelings is aangeroerd, werd tot dusver geen systematisch onderzoek in het huisarchief van Rosendael ingesteld. Dit is nu wel gebeurd en de gegevens uit dit onderzoek hebben de basis voor deze studie gevormd.

Een ander verschijnsel tekende zich tijdens het onderzoek af, namelijk de relatie tussen stadshuis en buitenverblijf. Tot 1830 diende Rosendael voornamelijk als zomerverblijf en bezat elke generatie een huis in de stad, waar de winter kon worden doorgebracht. De Van Arnhems hadden een huis in Arnhem, en de Torcken hadden een huis in respectievelijk Wageningen, Amsterdam en 's-Gravenhage. Bestudering van deze huizen leidt weer tot een beter begrip voor de ontwikkelingen op Rosendael. Pas na 1830 ging Rosendael als permanente verblijfplaats voor zomer én winter dienen.

Tot slot volgen de bijlagen, waarin overzichten zijn opgenomen van de van Rosendael afkomstige familieportretten en van een selectie van voorwerpen die aantoonbaar van Rosendael afkomstig zijn. Daarna volgen de belangrijkste boedelinventarissen en wordt een keuze geboden uit reisbeschrijvingen, brieven en andere documenten die met Rosendael en zijn bewoners in verband staan.

1 De graven en hertogen van Gelre (1314-1516)

In het jaar 1808 verscheen bij de uitgever J.H. Moeleman te Arnhem een boek over Rosendael, samengesteld door de Gelderse historicus Mr. Gerard van Hasselt (1751-1825): *Roozendaal als de prachtigste bezitting van de Geldersche graven en hertogen en derzelver hofhouding aldaar.* Het betrof niet een beschrijving van huis en park in de moderne zin, maar een bronnenpublicatie van 533 bladzijden van voornamelijk 14de- en 15de-eeuwse stukken uit het archief van de graven en hertogen van Gelre met betrekking tot Rosendael, waarover Van Hasselt als charterbewaarder in die jaren het beheer voerde. De door Van Hasselt ontsloten bronnen leverden belangrijke bouwstenen voor alle latere publicaties waarin de Middeleeuwse geschiedenis van Rosendael aan de orde kwam, zoals die van de hand van Nijhoff (1820 en 1860), Werner (1906), Moes en Sluyterman (1914) en Kerkkamp (1963).

Pas onlangs is voor het eerst archeologisch en bouwhistorisch onderzoek verricht naar de Middeleeuwse periode van Rosendael. De eerste resultaten daarvan zijn vastgelegd door Hulst (1986), Renaud (1987) en Ter Beke (1988)[1]. Onlangs heeft Nijsten (1992) nieuw licht geworpen op de cultuur van het Gelderse hof ten tijde van de hertogen uit het Gulikse en Egmondse huis (1371-1473); in zijn studie wordt het belang van Rosendael als hertogelijk verblijf nader toegelicht[2].

Er zal hier worden volstaan met een samenvatting van de door genoemde publicaties bekende feiten uit de Middeleeuwse geschiedenis van Rosendael, die in de vroege 14de eeuw begon, en ten einde liep in het jaar 1516, toen hertog Karel van Gelre Rosendael in pand overdroeg aan de landdrost van Veluwe Gerrit van Scherpenseel.

Dankzij de bewaard gebleven rentmeestersrekeningen van de graven en sinds 1339 hertogen van Gelre is het mogelijk een beeld te krijgen van de bewoning van het kasteel en van de veranderingen en het onderhoud ervan. Rosendael werd gedurende deze twee eeuwen gekenmerkt door perioden van opkomst gedurende de 14de eeuw, bloei rond het begin van de 15de eeuw en neergang die tegen het midden van de 15de eeuw inzette.

Rosendael was een belangrijke, maar niet de enige verblijfplaats voor de graven en hertogen van Gelre; zij moesten immers mobiel zijn om de verschillende delen van hun gebied succesvol te kunnen besturen. Daartoe kregen zij in de loop der jaren de beschikking over verschillende huizen, zowel binnen als buiten de steden. Hun oudste burcht bevond zich te Geldern. In het zuiden van hun territorium hadden zij residenties te Erkelenz en Montfort, en onderweg konden zij in het kasteel van Kessel verblijven. In verschillende steden bezaten zij een huis, zoals te Venlo, Roermond, Goch, Grave, en in het noordelijk deel van hun territoir te Nijmegen op het Valkhof, te Arnhem, Zutphen en Hattem en de Nijenbeek bij Voorst. Rosendael zou zich in de loop van ruim een eeuw tot één van de meest gebruikte residenties ontwikkelen.

Historische schets

De vroegste schriftelijke vermelding van Rosendael dateert uit het jaar 1314. Reinald I, graaf van Gelre, hield dat jaar tussen Hemelvaart en Pinksteren verblijf op Rosendael. Reinald wordt beschouwd als stichter van Rosendael in de jaren rond 1300, maar nadere gegevens over een datum en de vorm van de eerste bebouwing ontbreken helaas.

De plaats die voor het kasteel werd gekozen, was bijzonder. Rosendael ligt in de overgangszône tussen het hooggelegen Veluweplateau en het laaggelegen IJsseldal. Hier ontstond in de vòòrlaatste IJstijd een stuwwal met een relatief steile helling, die in later tijd

2
Huis en donjon met de aansluiting van de Middeleeuwse weermuur uit het noord-westen, foto A. Mulder, 1891.

werd doorsneden door smeltwaterdalen. Deze werden wéér later gevoed door regenwater en grondwater dat hoog in het dal door het graven van zogenaamde sprengen over een zekere lengte aan de oppervlakte kon treden.

In dit sterk geaccidenteerde terrein koos men als ligging van het huis niet voor een hoog punt op één van de heuvels, maar merkwaardig genoeg voor een lage ligging in een dal, waardoor het voor de verdediging nodig was het kasteel rondom met water te omgeven. Door het kunstmatig opstuwen van de waterloop ontstonden waterpartijen om het huis. Blijkbaar was men voldoende van de strategische waarde van deze plaats overtuigd, en mogelijk heeft de fraaie ligging te midden van beboste hellingen ook een rol gespeeld.

Reinald werd in 1320 op Montfort gevangen gezet; zijn zoon Reinald II nam zijn plaats in. In 1326 volgde hij zijn vader als graaf van Gelre op, en in 1339 werd hij door Lodewijk IV van Beieren, keizer van het Heilige Roomse Rijk, tot hertog verheven. Reinald II was in 1332 in tweede echt getrouwd met prinses Eleonora van Engeland, dochter van koning Eduard II. Dit huwelijk versterkte de met Engeland verbonden macht van Gelre en ook Holland tegenover Brabant dat op Frankrijk was georiënteerd. Reinald verstootte zijn vrouw echter, omdat zij melaats zou zijn. De ontknoping van dit drama vormt een bekend verhaal uit de Gelderse geschiedenis: Eleonora zou onverwacht met haar kinderen aan de hand op het Valkhof in Nijmegen zijn verschenen, waar de hertog met een gezelschap bijeen was. Daar zou zij haar boezem hebben ontbloot om de onwaarheid van zijn bewering aan te tonen, waarna zij in ere werd hersteld en op Rosendael het verzoeningsfeest werd gevierd.

In de late Middeleeuwen werden ter verdediging van bouwwerken dikkere muren toegepast, maar toen dat niet meer baatte, nam het belang van de weerbaarheid van kastelen uiteindelijk af en verschoof het accent geleidelijk naar de bewoonbaarheid. In de 14de eeuw toonde Rosendael met zijn donjon en weermuren, ophaalbruggen en gracht nog een verdedigbaar karakter. Tegelijkertijd – in de jaren van 1320 tot 1343 – ontwikkelde Rosendael zich als een geregelde verblijfplaats van het Gelderse hof, waar vele ontvangsten, feesten en andere bijeenkomsten werden gehouden. Het kon in deze periode echter nog niet als de belangrijkste residentie van Gelre worden beschouwd.

In de volgende generatie laaide een strijd op tussen de opvolger Reinald III en zijn broer Eduard. Gelijktijdig aan deze broedertwist ontstonden twee partijen in Gelderland: de Heekerens, die Reinald steunden, en de Bronkhorsten, die partij kozen voor Eduard. In 1361 versloeg Eduard zijn broer bij Tiel en zette hem op Rosendael gevangen. Deze gevangenzetting moeten wij ons niet als een eenzame celopsluiting voorstellen, maar eerder als een soort huisarrest, waarbij de afgezette hertog zekere privileges behield. Hij werd zeker niet opgesloten in de kleine ruimte, die in de torenmuur is uitgespaard en slechts via een steile steektrap bereikbaar is, en die op Rosendael steevast als 'gevangenis' wordt betiteld (afb. 3)[3]. Wellicht oefende Reinald in gevangenschap toch nog te veel invloed uit, want in 1366 werd hij naar kasteel Nijenbeek bij Voorst overgebracht, waar hij tot de dood van Eduard in 1371 verbleef. Reinald zelf overleed kort na zijn vrijlating; hij werd opgevolgd door zijn neef Willem van Gulik.

De nieuwe hertog was een rusteloze reiziger, maar zijn vrouw Catharina van Beieren, dochter van de Hollandse graaf Albrecht, reisde minder en verbleef veel op Rosendael en Geldern. Onder Willem van Gulik en zijn broer Reinald IV, die hem in 1402 opvolgde, brak de grootste bloeitijd voor Rosendael aan. Uit de rentmeestersrekeningen blijkt dat Rosendael intensief werd gebruikt en dat er opnieuw werd gebouwd. In deze tijd is er bijvoorbeeld voor het eerst sprake van een kapel op Rosendael, waar tegenover in 1405 een 'gemaelde' (beschilderde) kamer was te vinden[4]. Er bevond zich een grote hoeveelheid vertrekken met verschillende functies in de donjon, in het huis en in de bijgebouwen[5]. Delen van een inboedel konden van het ene naar het andere hertogelijk verblijf worden meegenomen, zoals onder meer zilveren kannen, die in 1390 van Nijmegen naar Rosendael werden gebracht[6].

Er werden verschillende diersoorten gehouden zoals zwanen, papegaaien, witte pauwen en vinken, en ook leeuwen, die als symbool bij uitstek van de vorstelijke macht golden. Reinald IV erfde deze leeuwen van zijn vader, en hij liet in 1404 de leeuwenverblijven herstellen[7]. De leeuwen werden verzorgd door een leeuwenwachter, die in gezelschap was van bijvoorbeeld een schaapherder, een valkenier, een papegaaiemeester, een wolvenvanger en een roekenvanger. Bovendien was er een *gardener* (tuinman) in dienst, die bijvoorbeeld in 1392 allerhande zaad kocht om in zijn hof te zaaien; een *wijngerder* had er de zorg voor de druiventeelt[8].

Al aan het begin van Reinalds regeringsperiode (circa 1404) wer-

3
'Gevangenis' in de muur van de donjon.

den er werkzaamheden rondom het kasteel uitgevoerd. Vijvers werden uitgegraven en er was zelfs sprake van een fontein, waarachter een muur werd gemetseld[9]. Deze vermeldingen kunnen ten onrechte de indruk wekken dat deze vijvers primair verband hielden met een aanleg uit esthetische overweging; naast hun defensieve functie dienden ze als stuwvijvers om één of meer watermolens aan te kunnen drijven en tevens als visvijvers[10].

Reinald IV was minder reislustig dan zijn broer Willem en verbleef daardoor vaker op Rosendael; er was sprake van het begin van residentievorming. Reinald trouwde in 1405 met Marie d'Harcourt; op 16 augustus van dat jaar hielden zij hun intocht op Rosendael. In zijn regeringsperiode beleefde Rosendael de grootste bloei. Hertog Reinald was een actieve bouwheer. In verband met de tolheffing op de IJssel bouwde hij een nieuw kasteel in Hattem, dat onder meer een grote ronde toren kreeg (1404 en latere jaren)[11]; bij Ravenswaay werd een versterking gebouwd (1415-1418) en in Arnhem liet hij een lakenhal bouwen (1417-1418)[12]. Op Rosendael heeft Reinald IV opdracht gegeven tot het herstel van de schade die een brand in 1412 had aangericht; deze komt hierna aan de orde.

Reinald IV overleed op 23 juni 1423 te Terlet, dat tot het Rosendaelse grondgebied behoorde, toen hij onderweg was van Hattem naar Rosendael; daarmee kwam een eind aan de heerschappij van het Gulikse huis over Gelre.

Reinald werd opgevolgd door Arnold van Egmond, een kleinzoon van zijn zuster Johanna. Zijn ruim veertig jaar durende heerschappij werd gekenmerkt door twisten. In deze periode zette de tendens van residentievorming door; de hertog verbleef vooral te Grave maar ook in Arnhem en op Rosendael. Zijn vrouw Catharina van Kleef was veel op Rosendael. In 1465 werd Arnold gevangen gezet door zijn zoon Adolf. De hertog van Bourgondië, Karel de Stoute, herstelde Arnolds gezag, maar bracht Gelre na Arnolds dood in 1473 onder Bourgondische heerschappij. Na Karels dood in 1477 kwam Gelre weer in opstand tegen deze Bourgondische overheersing.

Omdat de hertogen niet altijd op Rosendael aanwezig waren, stelden zij er een burggraaf aan, die bij hun afwezigheid met het toezicht en beheer was belast. Sinds 1413, toen Huybert Wolff tot burggraaf werd aangesteld, zijn zij met naam bekend. In 1501 stelde de hertog Karel van Egmond zijn bastaardbroer Jan van Egmond als burggraaf op Rosendael aan[13].

Gedurende het tweede kwart van de 15de eeuw werd het verval van de gebouwen al zichtbaar; in 1438 werd het huis 'vervallen en verrot' genoemd en in 1453 waren er twee bruggen ingestort[14]. Dit proces van verval heeft zich de gehele tweede helft van de eeuw voortgezet. Bovendien had Rosendael vooral te lijden onder de bezettingen die aan het eind van de 15de en het begin van de 16de eeuw plaats hadden tijdens de regering van Adolfs zoon Karel van Egmond (1467-1538), die verwikkeld was in een jaren durende strijd met de Bourgondiërs om Gelre's onafhankelijkheid.

Na diverse machtswisselingen moest hertog Karel op 29 juli 1505 op Rosendael een voetval voor koning Philips de Schone maken. Het is één van de meest dramatische momenten uit de geschiedenis van het hertogdom en van Rosendael. Deze scène is uitgebeeld op één van de 24 witmarmeren reliëfs aan de graftombe van Philips' vader, keizer Maximiliaan I, in de Hofkirche te Innsbruck, die tussen 1562 en 1566 werden vervaardigd door de beeldhouwer Alexander Colin (1527/1529-1612) uit Mechelen (afb. 4)[15]. Hertog

4
Alexander Colin, voetval van Karel van Gelre voor Philips de Schone op Rosendael op 29 juli 1505, marmeren reliëf aan de graftombe van keizer Maximiliaan, Hofkirche te Innsbruck, circa 1565.

Karel werd tot een vernederend bestand gedwongen; hij zou in dienst van de koning moeten treden. Rosendael moest hij afstaan. Karel wist zich echter spoedig aan het verdrag te onttrekken en zag kans in de volgende jaren Gelre te heroveren. In 1511 kreeg hij ook Rosendael weer in bezit. Maar deze roerige gebeurtenissen moesten toch naar het einde van Rosendael als hertogelijke zetel leiden. Nadat Rosendael ruim twee eeuwen als centrum van Middeleeuwse machtsuitoefening in het hertogdom Gelre had gefungeerd, was Karel van Gelre niet meer in staat de schade die aan zijn bezittingen was aangebracht op eigen kosten te herstellen.

Daarom besloot hij Rosendael in 1516 met renten en toebehoren levenslang te verpanden aan de drost van Veluwe, Gerrit van Scherpenseel genaamd Palick, uit waardering voor zijn trouwe dienst. Van Scherpenseel zou de 'borch' herstellen, die volgens bronnen uit de tijd zeer beschadigd en vervallen was, en zelfs uit niet meer dan kale muren zou hebben bestaan. Van Scherpenseel heeft Rosendael inderdaad hersteld: 'als hij seer merckelijk gedain heeft van tijmeragije ind anders, soe hij niet anders dan die bloete mueren en wand'[16]. De hertog beloofde dat hij Rosendael niet zou terugvorderen zonder de herstelkosten aan Van Scherpenseel te vergoeden[17]. Tevens verkocht hertog Karel het huis Coldenhove bij Eerbeek op de Veluwe, dat ook in slechte staat verkeerde, aan Van Scherpenseel.

Twintig jaar later was de positie van Karel van Gelre inmiddels danig verzwakt; in 1536 moest hij definitief vrede sluiten met keizer Karel V; twee jaar later overleed hertog Karel en in 1543 was het gedaan met Gelre's zelfstandigheid en viel het hertogdom definitief onder Bourgondisch-Habsburgse heerschappij.

In 1536 had Karel van Gelre besloten tot een ruil met Gerrit van Scherpenseels zoon Willem, die net als zijn vader drost van Veluwe was. Hertog Karel kreeg het inmiddels in goede staat gebrachte huis Coldenhove terug, en in ruil daarvoor zag hij definitief af van zijn rechten op Rosendael, met dien verstande dat Rosendael weer aan hem of aan zijn nazaten zou vervallen indien Willem van

Scherpenseel geen nakomelingen zou hebben[18]. Deze bepaling en de onrechtmatig gevonden verkoop van Rosendael in 1579 door de kinderen van Willem van Scherpenseel aan Dirck van Dorth zorgden bijna twee eeuwen later nog voor een nasleep toen Lubbert Adolf Torck in 1721 heer van Rosendael werd (zie p. 83).

Vorm van het complex

Rosendael had in de Middeleeuwen een aanzienlijk grotere omvang dan tegenwoordig. De grote ronde toren (donjon) vormde de kern van de aanleg. Deze was door een smalle waterloop van ongeveer drie meter breed gescheiden van het overige deel van het kasteel. Met een ophaalbrug kon de donjon worden geïsoleerd van de overige bebouwing, waardoor de donjon bij een vijandelijke bezetting als laatste deel van de burcht verdedigd kon worden. Later is deze brug vervangen door een stenen verbinding, waarvan de boog zich op de oudst bekende afbeelding van Rosendael door Arnoldus Buchelius uit 1577 aftekent (afb. 8).

Tijdens de regering van Reinald IV werd Rosendael zwaar door brand getroffen. De brand brak op 2 september 1412 uit in een schoorsteen en verwoestte onder andere de donjon. Volgens de Gelderse kroniekschrijver Willem van Berchen werd deze toren op dezelfde grondslag opnieuw opgetrokken[19]:

> Anno Domini M.CCCC.XII tempore Reynaldi ducis in crastino Egidii castrum Roesendael aput Armhem per incendium camini pro magna parte exustum est. Sed Reynaldus dux honestissime reformavit ponens in eodem fundo turrim excelse structure.

Kort na 1412 werd er al afbraakmateriaal weggevoerd, zoals blijkt uit het transport van natuursteen, pannen en leien naar Hattem, waar deze bij de bouw van het kasteel werden hergebruikt[20].

De toren zal echter niet tot de grond toe zijn afgebrand. Het ligt meer voor de hand dat een onderste gedeelte behouden was, en dat de toren daarboven opnieuw werd opgemetseld. Ter Beke veronderstelt dat de scheidslijn tussen 14de-eeuws werk en het herstelde muurwerk van na 1412 zich vlak boven de ramen van de hoofdverdieping van de toren aftekent[21]. Ook binnen in de toren is onder en boven deze lijn een belangrijk verschil te constateren: het souterrain en de hoofdverdieping, en vervolgens de hoofdverdieping en de eerste verdieping staan met elkaar in verbinding door middel van steektrappen, dat wil zeggen rechte trappen die in de dikte van de torenmuur zijn uitgespaard. Daarna gaat van de eerste verdieping (bibliotheek) een spiltrap in de muur omhoog naar de vroegere tweede verdieping, die in 1721 werd samengevoegd met de eerste, en dan verder naar het dak van de toren. De hoogte waarop deze wisseling plaats heeft valt samen met de veronderstelde hoogte van het 14de-eeuwse werk. De spiltrap zou dus uit de herbouwfase na 1412 kunnen dateren[22].

De formaten van de verwerkte baksteen in de donjon liggen dicht bijeen. Het metselwerk van zowel de spiltrap en de steektrap naar de zogeheten 'gevangenis' in het muurwerk ter hoogte van de bibliotheek op de eerste verdieping, als dat in de kelder van de donjon bevat baksteen van het formaat 27/28 cm. x 13/14 cm. x 6/7 cm.[23]. Vrijwel dezelfde formaten zijn aangetroffen in de fundering van de weermuur van de westelijke aanleg en van de lange muur in de vijver ten zuiden van het huis[24]. Deze formaten komen ook overeen met die van de bakstenen die zijn aangetroffen in de opgegraven funderingen van de grote toren van het kasteel van Hattem uit het begin van de 15de eeuw[25]. Helaas waren deze gedurende de 14de en het begin van de 15de eeuw te gangbaar om er voor de bouwgeschiedenis van Rosendael conclusies aan te kunnen verbinden.

De wederopgebouwde donjon is ondanks alle latere veranderingen aan het kasteel en de omliggende bebouwing altijd gehandhaafd. De ronde toren bevat vierkante vertrekken in het souterrain, op de hoofdverdieping en op de eerste verdieping, de eerste twee met tongewelven en de laatste met een koepelgewelf, die waarschijnlijk alle pas in 1721 en volgende jaren tot stand kwamen. De dikte van de buitenmuren van de donjon varieert tussen 2, 60 en 4 meter. De uitwendige diameter van de gehele toren bedraagt ongeveer 16 meter; daarmee is deze de dikste nog bestaande donjon van ons land[26]. De door Ter Beke berekende oorspronkelijke hoogte bedroeg 24 tot 25 meter. In 1721 werd de donjon verlaagd tot circa 19 meter, gemeten van de waterlijn tot de dakrand, in verband met de samenvoeging van de zalen op de eerste en de tweede verdieping (zie p. 100)[27].

Het herstel van het in 1412 beschadigde complex was in slechts enkele jaren gereed; uit de rentmeestersrekeningen blijkt dat 'Claesken die maelre' (schilder) het interieur van het herstelde kasteel in 1415-1416 heeft geschilderd[28], en in 1419 werd er al betaald voor leien waarmee de grote toren werd gedekt[29].

Over het onderhoud van het gebouwencomplex is vermeldenswaard dat in 1431 de buitenzijde van de donjon werd gesausd: drie metselaars en een opperknecht waren vijf dagen bezig om met witkalk die in Arnhem was gekocht de grote toren te 'bewerpen en bewitten'[30].

Het kasteel was met overige bebouwing en pleinen omringd door een weermuur, die aan de westzijde op de donjon aansloot; deze aansluiting is in het muurwerk van de toren als een uitstulping zichtbaar gebleven (afb. 2). De weermuur, waarvan de fundamenten in 1985 in de vijver aan de westzijde van het huis zijn gevonden, bevatte een weergang rustend op spaarbogen aan de binnenzijde van de muur. De anderhalve meter hoge, dichtgezette doorgang van de weergang naar de toren tekent zich in het muurwerk op ruim vijf meter boven de waterlijn nog altijd duidelijk af; daaronder is ook de aanzet van de eerste boog in het muurwerk van de toren bewaard gebleven. Verder had de muur twee ronde torens op de hoeken, en bleek het noordelijk deel van de muur precies aan te sluiten op de noordmuur van de huidige zijvleugel. De ruimte die op deze wijze aan de westzijde van het complex omsloten werd, kan bebouwd zijn geweest, maar fundamenten die daar op wijzen zijn in 1985 bij het droogleggen van de vijver niet gevonden. De verharde grindrijke bodem die hier werd aangetroffen wijst eerder op het gebruik van dit gedeelte als een (binnen)plein. Deze westelijke aanleg dateert mogelijk uit dezelfde periode als de vergelijkbare ommuring met identieke ronde hoektorens aan de oostzijde. Deze oostelijke ommuring, die tot 1721 werd gehandhaafd en die goed gedocumenteerd is door verschillende afbeeldingen uit het begin van de 18de eeuw, omvatte diverse gebouwen, waarvan de Middeleeuwse plattegrond echter nauwelijks bekend is. De veronderstelling dat beide ommuringen uit één periode dateren, impliceert dat de gehele aanleg een grote omvang had, namelijk ongeveer 80 bij 48 meter (afb. 5).

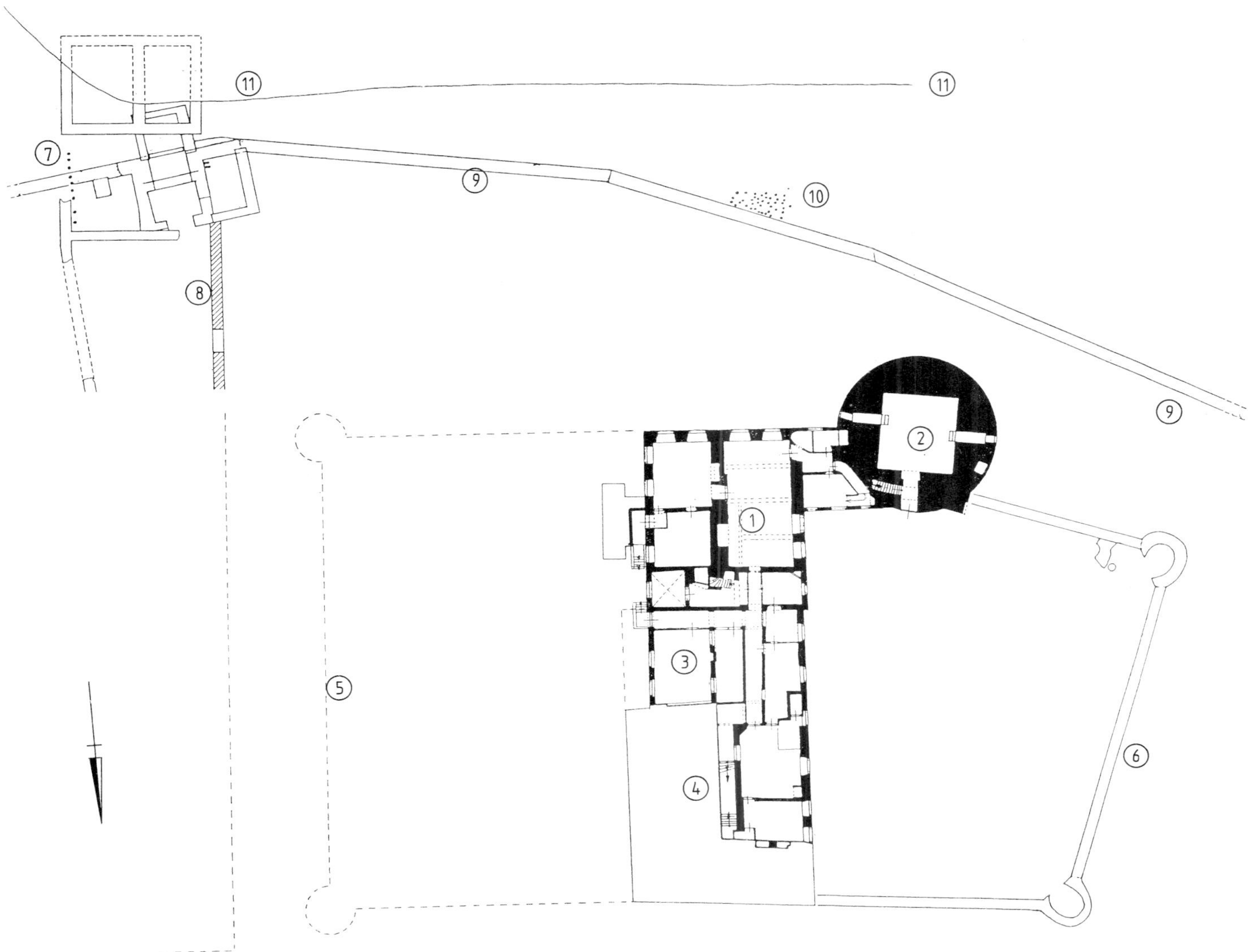

Legenda*: 1. huis, voornamelijk 17de-18de eeuw 2. donjon, 14de-15de eeuw 3. zijvleugel, 19de eeuw 4. koetshuis en stal, 19de eeuw 5. oostelijke ommuring voorplein, bekend uit 18de-eeuwse afbeeldingen 6. westelijke ommuring hoofdburcht, aangetroffen in de gracht, tweede helft 14de-eerste kwart 15de eeuw (?) 7. bruggehoofd, 14de-18de eeuw 8. toegangsdam 17de-18de eeuw 9. 120 m. lange muur, aangetroffen in de gracht, tweede helft 14de-eerste kwart 15de eeuw (?) 10. resten van funderingspalen van de cascade met de stroomgoden, 18de eeuw 11. huidige rand van de gracht, 19de eeuw.*

5
Plattegrond van het Middeleeuwse complex met het in de gracht aangetroffen muurwerk met plattegrond van de kelderverdieping van het kasteel vòòr restauratie, tekening L. ter Beke.

6
Schenkkannen, geelgrijs steengoed, Siegburg, 1375-1425, hoogte v.l.n.r. 26, 23 en 24,5 cm, coll. VGK, grachtvondsten 1985.

7
Stenen kanonskogels aangetroffen bij het bruggehoofd in de gracht, 1985.

De ligging van de voorburcht, een vast element van een Middeleeuws complex, kon tot dusver niet met zekerheid worden vastgesteld. In recente publicaties zijn verschillende mogelijkheden geopperd[31]. Renaud concludeert dat de donjon met een veronderstelde bebouwing van de westelijke aanleg gedurende de 14de eeuw de hoofdburcht vormde, en dat het blok van het huidige hoofdgebouw op de plaats staat van de vroegere voorburcht. Bij de herbouw na de brand van 1412 zou volgens Renaud de situatie veranderd zijn en zou dit deel tot hoofdgebouw zijn geworden. Met Ter Beke ben ik van mening dat de voorburcht al in de 14de eeuw elders gezocht moet worden en wel in de geheel door water omgeven latere moestuin. Deze lag ten oosten van het boven beschreven complex en was uit het zuiden bereikbaar via een water doorlatende dam die nog tot 1837 als toegang tot het kasteelplein diende (afb. 96, 98, 243) en waarvan de resten in 1985 in de vijverbodem werden aangetroffen. Voor- en hoofdburcht waren door middel van een brug met elkaar verbonden. Een extra argument om hier de voorburcht te zoeken vormt de vondst van diverse fragmenten steengoed, vergelijkbaar met de grachtvondsten van 1985, op grote afstand van de kern van de Middeleeuwse bebouwing, namelijk in de omgeving van de in 1990 herbouwde oranjerie, op de plaats van de voormalige gracht die de veronderstelde voorburcht aan de noord- en oostzijde begrensde.

Toen de kasteelvijver in 1985 werd droog gelegd kwam nog een ander onbekend onderdeel van de Middeleeuwse aanleg aan het licht: het fundament (110 cm. breed) van een ruim 120 meter lange muur die langs de buitenkant van de Middeleeuwse gracht ten zuiden van het kasteel liep. Deze muur vormde nog eeuwen lang tot 1837 de rand tussen vijver en tuin. Bovendien werden de fundamenten gevonden van een uit verschillende fasen daterend bruggehoofd met een poortgebouw, dat een ophaalbrug bevatte, zoals is gebleken uit de vondst van een brugkelder. Dit poortgebouw vormde de aan de zuidzijde van het water gelegen versterkte toegang tot het kasteelterrein.

De vondst van fundamenten heeft het hierboven samengevatte nieuwe inzicht omtrent de omvang van het Middeleeuwse complex opgeleverd, maar over de vorm van de gebouwen zelf en over de datering ervan bestaat nog veel onduidelijkheid. Zo is niet bekend of de donjon reeds bij de stichting van Rosendael in de vroege 14de eeuw werd gebouwd, of pas later, bijvoorbeeld na 1339 toen Reinald II tot hertog van Gelre werd verheven. Wij mogen wel aannemen dat het hierboven geschetste grote complex niet in één keer tot stand kwam, maar als resultaat van een groeiproces; daarbij rijst de vraag wanneer Rosendael zijn grootste omvang bereikte.

Het talrijke aardewerk, voornamelijk Siegburgs steengoed, dat in 1985 in de kasteelvijver werd aangetroffen, biedt wel aanwijzingen (afb. 6). Deze vondsten dateren uit het tweede en derde kwart van de 14de eeuw tot het begin van de 15de eeuw, en wel voornamelijk uit de periode van ongeveer 1375 tot 1425, dat wil zeggen de regeringsperiode van Willem I en Reinald IV van Gulik. Uit de rentmeestersrekeningen is bekend dat in het begin van de 15de eeuw (1404-1407) duizenden schenkkannen en schotels (drinkschaaltjes) uit Keulen naar Rosendael werden aangevoerd[32]. Ongetwijfeld behoren deze vondsten tot dergelijke leveranties. De vondsten zijn verspreid over de gracht aangetroffen: ter hoogte van bruggehoofd en dam, langs de zuidgevel van het huis en rondom de donjon[33]. Op grond daarvan mag worden aangenomen dat Rosendael bij het aanbreken van de 15de eeuw zijn grootste omvang al bezat, of dat deze juist toen werd bereikt. Het volledig ontbreken van steengoed versierd met appliques, dat in de tweede helft van de 15de eeuw in zwang kwam, bevestigt de conclusie dat de betekenis van Rosendael als hertogelijke residentie onder Karel van Gelre voorgoed voorbij was.

2 Van Scherpenseel en Van Dorth (1516-1632)

Huis en bewoners

Nadat hertog Karel van Gelre in 1516 afstand van Rosendael had gedaan, is het herstel van het zwaar beschadigde en verwaarloosde kasteel in fasen uitgevoerd. Gerrit van Scherpenseel begon met de wederopbouw, na 1536 vervolgd door zijn zoon Willem. In 1544 deed een brand een deel van de wederopbouw teniet. Willem van Scherpenseel kreeg van keizer Karel V in 1545 toestemming om stenen van oude muren en van fundamenten te verkopen ter bestrijding van de kosten van de herbouw[1]. Ongetwijfeld zijn bij die gelegenheid de restanten van Middeleeuwse (weer)muren, die geen nut meer hadden, opgeruimd. In later jaren zijn de reparaties aan de binnenzijde van het huis en aan de grachtmuren voortgezet, zoals blijkt uit bewaard gebleven rekeningen van 1556 en volgende jaren[2]. Het Middeleeuwse verdedigbare kasteel hield dus rond het midden van de 16de eeuw op te bestaan, toen het het karakter van een buitenverblijf kreeg.

De oudst bekende afbeelding van Rosendael werd twee decennia later gemaakt, en geeft die nieuwe toestand weer. De Utrechtse oudheidkundige Arnoldus Buchelius (1565-1641) maakte in mei 1577 een schets van het huis, in de tijd dat hij in Arnhem de Latijnse school bezocht. De tekening in gewassen pen is opgenomen in Buchelius' dagboek Commentarius rerum quotidianarum ..., dat in de Universiteitsbibliotheek te Utrecht berust; zij draagt het opschrift: Castri Rosendalii cuius supra quinto abhinc folio memini vera delineatio (afb. 8)[3]. Links is de donjon weergegeven met ramen op drie verdiepingen en met een afgebrokkeld boogfries langs de bovenrand; op de toren is een tentvormig dak met schoorsteen te zien. Deze situatie komt in hoofdzaak overeen met de toestand van de donjon die bekend is uit verschillende 17de-eeuwse afbeeldingen van Rosendael. Het huis dat rechts naast de toren ligt geeft op Buchelius' tekening een verbrokkeld beeld te zien. Toch blijkt dat verschillende oudere elementen bij de nieuwbouw van 1615 werden gehandhaafd. Om te beginnen is dat de muur die uit de gracht oprijst en huis en voorplein van het water scheidt. Waar deze muur het hoogst is opgetrokken bevond zich het woongebouw, waarvan op deze perspectivisch slechte tekening van 1577 één beuk zichtbaar is. Het aantal ramen in de zuidgevel suggereert echter een breder huis. De werkelijke vorm van dit deel van het huis wordt op deze tekening niet duidelijk. De lage muur met gaten voor de eendenhokken en de bebouwing op de zuidoostelijke hoek van het voorplein, waaronder het benedendeel van een halfrond hoektorentje, is op de afbeeldingen van de 17de-eeuwse situatie echter wel terug te vinden. Buchelius trof in 1577 dus niet het verwaarloosde en vervallen Middeleeuwse kasteel aan, maar het huis zoals dat inmiddels door Gerrit en Willem van Scherpenseel weer was opgebouwd en bewoonbaar gemaakt, nadat hertog Karel van Gelre er in 1516 afstand van had gedaan (zie p. 13). Ondanks latere verbouwingen zijn onderdelen van het Middeleeuwse muurwerk in het huidige gebouw bewaard gebleven.

Hoewel Willem van Scherpenseel, die in 1570 overleed, niet volledig vrij was om naar eigen goeddunken over Rosendael te beschikken, verkochten zijn drie kinderen, te weten Jacob en Gerrit van Scherpenseel en Gerharda van Scherpenseel, echtgenote van Adriaan van Fürstenberg, kasteel Rosendael c.a. in 1579 toch aan Dirck van Dorth en zijn vrouw Ermgard van Vorden[4] voor een som van f. 19.000, -; dit was de eerste en enige keer in de lange geschiedenis van Rosendael dat het ooit verkocht werd[5].

Van Dorth (afb. 9) stamde uit een oude Sallandse familie, die al sinds de 14de eeuw bekend is en sinds de tweede helft van de 16de eeuw tot heden in de Graafschap Zutphen gevestigd is[6]. Sinds de koop van Rosendael tot zijn dood in 1583 was Dirck van Dorth beschreven in de ridderschap van de Veluwe[7]. Van Dorth werd als heer van Rosendael door zijn gelijknamige zoon Dirck van Dorth (1574-1629) opgevolgd[8]. Deze trouwde in 1599 met Margriet thoe Boecop (ca.1566-1630), vrouwe van Harsselo[9].

Zij bouwden in 1615 een nieuw huis dat aan de westzijde werd verbonden met de gehandhaafde donjon. Dit nieuwe in het water gelegen huis bestond uit twee naast elkaar geplaatste beuken. In het thans nog bestaande Rosendael bleven belangrijke delen van dit tweebeukige huis bewaard. Dit nieuwe huis zal in het volgende hoofdstuk nader worden beschreven (zie p. 40).

Dirck van Dorth en zijn vrouw overleden in 1629 en 1630; hun oudste dochter Ermgard Elisabeth (1601-1644) verkreeg Rosendael al bij hun leven, in februari 1628, maar zij moest haar zusters Johanna en Odilia elk *f* 6.000, - uitkeren[10]. Blijkbaar werd het nieuwe huis, waarbij ook het hof, de boomgaard en de vis- en jachtrechten werden gerekend, op *f* 18.000, - getaxeerd.

Nadat Ermgard van Dorth met Rosendael beleend was, verzocht zij de leden van de leenkamer te Arnhem naar Rosendael te komen om haar eigendomsrecht met enkele symbolische handelingen te bevestigen[11]. Op Rosendael begeleidde de stadhouder van de leenkamer haar door de eerste poort naar het voorplein. Daar stond

8
Arnoldus Buchelius, Rosendael in 1577, inkt en aquarel, UB Utrecht.

10
Paulus Moreelse, Ermgard Elisabeth van Dorth, 1624, paneel, coll. BvdZ, Rosendael, lijst van portretten 2.

haar vader Dirck van Dorth gereed die aan deze ambtsdrager de sleutels van het huis overhandigde; hij gaf ze vervolgens aan Ermgard door. De stadhouder van de leenkamer begeleidde haar ook door de tweede poort naar het plein voor het huis, waar de ingezetenen van de heerlijkheid waren verzameld en Ermgard door hem in haar nieuwe bezit werd bevestigd. De bijeenkomst werd aldus afgesloten:

> waernaer de vrouwe van Rosendael uuyt bevel van my stadthouder tot naerder versterckunge van de apprehendeerde possessie het visnet in de grafte heeft doen smijten ende selver helpen uuyttrecken ende visch gevangen; allet welcke alsoo verricht siinde, siin van de vrouwe boven op 't huys ter maeltiit geleyt, naer eyndigung van dewelcke wij wederomme naer Arnhem gevaeren siin.

Deze overdracht nog bij leven van haar ouders en het zekerstellen van haar eigendomsrechten kunnen hebben samengehangen met het huwelijk dat haar zuster Johanna van Dorth tegen de wil van haar ouders sloot met Willem van Lintelo, heer van de Ehze (ca. 1601-1658), schultis van Lochem en gedeputeerde[12]. Van Lintelo trachtte haar ouders in 1627 tevergeefs van zijn oprechte gevoelens te overtuigen en vroeg hun huwelijk niet langer te willen tegenhouden[13]:

11.
Magdalena de Passe naar Paulus Moreelse, Ermgard Elisabeth van Dorth, 1624, gravure, RPK Amsterdam.

9
Anoniem, Dirck van Dorth sr., tweede helft 16de eeuw, paneel, coll. BvdZ, Rosendael, lijst van portretten 60.

> Mijn affectie tegens haer E. is door de onveranderlickheijt ende langheijt van tijt soe diepe ingewortelt ende ingegraven dat het onmogelick deselve wederom daer uuijt te graven offte uuijt te roeijen. Oock is de saecke soe verre gecommen dat het te vergeeffs is deselve door spartelen ende tegenhouden te willen herdoen ende tegenstaen.

Mogelijk had deze breuk in de familie een eeuw later nog gevolgen, toen Rosendael in 1721 na het overlijden van Janne Margriete van Arnhem niet in de familie Van Lintelo vererfde, maar in de familie Torck (zie p. 83).

Van Ermgard van Dorth is een mooi portret bewaard gebleven, dat de Utrechtse portretschilder Paulus Moreelse in 1624 vervaardigde, waarop zij met haar rijke juwelentooi is vereeuwigd (afb. 10)[14]. Toen zij in 1632 met Robert van Arnhem (1596-1649) trouwde, deed het derde geslacht sinds de hertogen van Gelre zijn intrede op Rosendael.

12.
Anoniem, Robert van Arnhem, tweede kwart 17de eeuw, paneel, coll. BvdZ, Rosendael, lijst van portretten 19.

14.
Anoniem, wapen Van Arnhem, inkt en aquarel, uit een door Lubbert Adolf Torck in 1706 aangelegd wapenboek, RAG, AHR inv. 1958, fol. 38.

15.
Dirk van Loonen (toeschr.), Jan van Arnhem, 1652, paneel, verblijfplaats onbekend, lijst van portretten 50.

Ermgard van Dorth en Robert van Arnhem

Robert van Arnhem maakte – evenals zovele familieleden vòòr hem – carrière in verschillende Gelderse ambten. Hij ging in 1615 in Leiden studeren[15], en werd in 1619, nog geen drieëntwintig jaar oud, toegelaten tot de Gelderse ridderschap. Achtereenvolgens werd hij in 1626 rekenmeester van Gelderland, in 1643 raadsheer aan het hof van Gelre en in 1646 landdrost van Veluwe (afb. 12)[16].

De gegevens over Rosendael gedurende de periode van vijfendertig jaar, sinds het huwelijk van dit echtpaar in 1632 tot het huwelijk van hun dochter Janne Margriete in 1667, zijn schaars. Er is zo goed als niets bekend over veranderingen aan het huis of in de tuin. Het vijverstelsel, dat een grote economische waarde vertegenwoordigde als stuwvijvers voor de zes papiermolens en een korenmolen, bestond reeds, maar de verfraaiingen aan waterwerken en parterres zijn pas een generatie later energiek ter hand genomen. Maar uit het feit dat er op Rosendael een tuinman in dienst was, blijkt dat er zeker al van een aanleg sprake was. Dirck van Doreweert, 'den gardenier', bewoonde het Leijenhuis, de herberg die op de plaats lag waar nu huis De Hut staat[17]. Uit de legger van de pachtinkomsten die Robert van Arnhem na het overlijden van zijn vrouw bijhield, blijkt dat behalve de zeven watermolens en enkele huizen in de heerlijkheid ook de erven en goederen Terlet, de Imbos, Heuven, Reemst en de helft van Mossel deel uitmaakten van het uitgestrekte Rosendaelse bezit[18].

Het geluk van dit gezin heeft maar kort geduurd: Ermgard Elisabeth van Dorth overleed al in 1644; zij liet haar man met vier jonge kinderen achter: Diederik en drie dochters, Janne Margriete, Odilia en Elisabeth. Toen hun vader vijf jaar later ook overleed, nam diens zuster Johanna van Arnhem (1607-1666) de zorg voor de opvoeding van de jonge kinderen op zich. Ter herdenking van haar goede zorgen is zij afgebeeld op een groot postuum kniestuk met het huis op de achtergrond en een opschrift ter weerszijden van het alliantiewapen van haar ouders (Van Arnhem-van Ittersum). Haar gezicht werd overgenomen van een in 1657 vervaardigd portret; beide worden nog altijd op Rosendael bewaard (afb. 32). Het opschrift op de balustrade aan de onderzijde licht haar verdiensten toe[19]:

> *De Welgebooren Juffrou Ian van Arnhem, suster van de Heer Robert van Arnhem, Heer van Rosendael, landdrost van Veluwen, getrout zijnde geweest aen vrou Ermgerd Elisabeth va(n) Dorth, Vrouw van Rosendael, welkers vier onmundige kinderen, en hare goederen haer Welgb. met groote sorg en moijte heeft opgevoed en geregeert tot haer Welgb. dood, den 12 september 1666.*

De enige zoon Diederik, van wie drie portretten op Rosendael bewaard zijn gebleven, werd in 1649, een maand voor het overlijden van zijn vader, met Rosendael beleend (afb. 13)[20]; Diederik overleed op jeugdige leeftijd in 1656 in Leiden[21]. Zijn oudste zuster Janne Margriete (1635-172.) volgde hem als erfgename op; zij werd in 1659 met Rosendael beleend[22]. Toen zij in 1667 met haar neef Johan van Arnhem trouwde, de zoon van haar vaders broer Gerard van Arnhem, brak er een nieuwe bloeitijd aan in de geschiedenis van Rosendael, waar veel meer van bekend is dan van de voorafgaande tijden.

13.
Dirk van Loonen (toeschr.), Diederik van Arnhem, 1652, paneel, coll. BvdZ, Rosendael, lijst van portretten 18.

3 Van Arnhem (1632-1721)

Jan en Janne Margriete van Arnhem

Het is nauwelijks een vraag wie sedert het einde van de hertogelijke bewoning de meest boeiende en veelzijdige eigenaar van Rosendael is geweest: dat was Johan (Jan) van Arnhem (1636-1716), die door huwelijk met zijn nicht Janne Margriete van Arnhem in 1667 in feite heer van Rosendael werd (afb. 16).

Van Arnhem bekleedde belangrijke openbare ambten in Gelderland, gold als een vertrouwensman van Koning-stadhouder Willem III en mag daarmee tot de hofkring worden gerekend. Hij was zeer gelovig, erudiet en kunstminnend, hetgeen tot uiting kwam in zijn gedichten en in enkele boeken die hij publiceerde; in deze context is vooral zijn kennis van de tuinkunst van belang. Van Arnhem heeft niet alleen op Rosendael belangrijke wijzigingen in de tuinaanleg aangebracht, hij was ook als adviseur en ontwerper bij de aanleg van andere tuinen betrokken.

Johan van Arnhem stamde uit een oud riddermatig geslacht waarvan leden reeds in de 13de eeuw diensten verleenden aan de graven van Gelre en in de 14de eeuw aan de hertogen van Gelre; sedert de 14de eeuw fungeerden zij als schepen en burgemeester van Arnhem[1]. De Van Arnhems hebben vier eeuwen lang hun vooraanstaande positie in Gelderland weten te behouden, totdat het geslacht met Johan van Arnhem in 1716 uitstierf. Deze familie werd ook later nog als 'een der oudste en alleredelste geslachten van Gelderland' beschouwd[2].

Johan van Arnhems overgrootvader Joseph van Arnhem (1509-1586) werd in 1578 aangesteld als drost van Harderwijk. Zijn grootvader Johan van Arnhem (1543-1607) werd in 1590 benoemd tot richter van Arnhem en Veluwezoom. Deze had onder andere in Padua gestudeerd[3]; in de bibliotheek van Rosendael bleven tot 1949/1950, toen een belangrijk deel van de boekerij door veiling uiteenviel, enkele boeken uit zijn bezit bewaard, zoals een in 1555 te Basel uitgegeven Xenophon vertaling *Xenophontis oratoris et historici* in een gestempelde leren band, waarin hij zijn naam en het jaartal 1558 schreef[4], Joan Petrus de Ferrarius' *Practica per totum orbem* uit 1558, waarin hij zijn naam en het jaar 1585 noteerde[5], en Joan Oldendorpius' *Actionum Forensium* uit 1566 met een fraaie gestempelde band met het portret van Karel V[6]. Johan sr. trouwde in 1589 met Johanna van Ittersum (ca.1569-1626); zij werden beiden in de St. Eusebius te Arnhem begraven[7].

Uit dit huwelijk sproten verschillende kinderen voort. De oudste was Jacoba (1591-1653), die met de drost van Wageningen Lubbert Torck (overleden 1644) trouwde; dit huwelijk legde de verbinding tussen de Van Arnhems en de Torcken. Haar tweede broer Robert (1596-1649) trouwde in 1632 de erfvrouwe van Rosendael, Ermgard Elisabeth van Dorth (1601-1644). Samen met hun kinderen Diederik, Janne Margriete, Odilia en Elisabeth zijn zij hiervoor al genoemd.
De derde broer was Gerard van Arnhem (1598-1648), heer van Harsselo (afb. 19). Hij studeerde in Leiden, waar hij in 1615 samen met zijn broer Robert aankwam; zij werden beiden lid van de Gelders-Overijsselse studentenvereniging[8]. Van 1629 tot 1645 vertegenwoordigde Gerard de provincie Gelderland in de vergadering van de Staten Generaal in 's-Gravenhage. In 1648 werd hij door het kwartier van Veluwe afgevaardigd als ambassadeur naar de bespreking van de Vrede van Munster. Er is het een en ander over zijn boekenbezit bekend. In de Rosendaelse bibliotheek bevonden zich voor de veiling van 1949/1950 in totaal 113 boeken waarin de naam *G. ab Arnhem* was geschreven, gepubliceerd tussen 1514 en 1641, voornamelijk contemporaine werken uit de eerste helft van de 17de eeuw[9]. Het grootste deel van deze boeken bestond uit juridische literatuur (83 boeken, d.w.z. 73%); verder waren er zeven theologische werken aanwezig (6%), zestien op het gebied van de Europese geschiedenis, drie over Nederlandse geschiedenis, en twee over oude geschiedenis (geschiedenis samen:18%); de rubrieken krijgskunde en geografie waren in Gerard van Arnhems boekerij met elk één werk aanwezig.

De jongste dochter van het echtpaar Van Arnhem-van Ittersum was Johanna (Janne, 1607-1666), die op Rosendael de opvoeding van de kinderen van haar broer Robert op zich nam (afb. 32).

Gerard van Arnhem trouwde in 1634 in 's-Gravenhage met Theodora van Wassenaer van Duivenvoorde; twee jaar later werd daar hun zoon Johan geboren, de hoofdpersoon van de volgende hoofdstukken, en in 1645 Johanna Gerhardina. Na zijn eerste jeugdjaren in 's-Gravenhage keerde Johan van Arnhem in 1645 met zijn ouders naar Arnhem terug[10]. Zij betrokken een huis aan de Markt in Arnhem, waar Theodora van Wassenaer na het overlijden van haar man tot haar dood in 1679 bleef wonen[11]. Zij bezaten het huis Harsselo bij Bennekom (Ede) 'met sijne hooven, boomgaerden, plaetsen, cingels en aencleven van dien', dat zij tot haar dood aanhield, en dat in mei 1680 bij haar zoon en schoondochter in gebruik kwam en niet verhuurd werd (afb. 24)[12].

Johan van Arnhem genoot zijn opleiding in Arnhem, bij predikan-

16.
Anoniem, Jan van Arnhem, circa 1685, doek, coll. BvdZ, Rosendael, lijst van portretten 24.

17.
Anoniem, Janne Margriete van Arnhem, circa 1685, doek, coll. BvdZ, Rosendael, lijst van portretten 25.

ten in Soest en Wageningen en op het gymnasium in Deventer; hij voltooide zijn studie in Leiden, waar hij in 1656 in de faculteit der letteren werd ingeschreven[13]. Hij keerde daarna naar Arnhem terug en werd op grond van zijn geboorte in 1658 toegelaten tot de ridderschap van Veluwe. Drie jaar later werd hij ambtsjonker van Rheden[14].

In de jaren zeventig ontwikkelde zijn loopbaan zich zeer voorspoedig, en werd hij in belangrijke ambten in Gelderland benoemd, deels door direct toedoen van de stadhouder Willem III zelf, die vertrouwelingen op belangrijke posten benoemde, waartoe hij vooral sinds 1675 gelegenheid kreeg toen zijn invloed bij benoemingen van ambtsbekleders in Gelderland door een nieuw regeringsreglement aanzienlijk werd verruimd. Hiervan profiteerden vooral de riddermatigen op de Veluwe, die bevoorrecht werden boven de stedelijke magistraten[15].

In 1674 werd Van Arnhem gedeputeerde van het kwartier van Veluwe in de Gelderse Statenvergadering en in 1690 president der gedeputeerden. Van 1675 tot 1701 was hij richter van Arnhem en Veluwezoom. In 1684 volgde zijn benoeming tot buitengewoon raadsheer in het Hof van Gelre en Zutphen, in 1695 die tot burgemeester van Arnhem. In 1701 werd hem de hoogste functie van het kwartier opgedragen, het landdrostambt van Veluwe, in welke functie hij de Gelderse Statenvergaderingen leidde.

Ook nadat Willem III in 1702 was overleden, bleef Van Arnhem hem in de geest trouw. In Gelderland brak een machtsstrijd, de zogenoemde Plooierijen, uit tussen de regenten die door de Stadhouder waren aangesteld en hun anti-stadhouderlijke tegenstanders[16]. Hoewel Van Arnhem duidelijk tot de 'Oude Plooi' behoorde, werd hij niettemin verzocht als burgemeester van Arnhem aan te blijven, en dat zegt veel over het respect dat hij in brede kring heeft genoten. Van Arnhem heeft een herbenoeming echter herhaaldelijk geweigerd uit protest tegen de afzetting van de helft van het college[17]. Minstens van even groot belang moeten voor hem de vertrouwelijke opdrachten zijn geweest, die Willem III hem met betrekking tot aangelegenheden op de Veluwe toevertrouwde; deze komen hierna nog aan de orde.

Van Arnhem heeft ook kerkelijke ambten bekleed; zo werd hij in 1693 ouderling in de tien jaar tevoren gestichte Waalse gemeente te Arnhem[18].

Interessante facetten van Van Arnhems persoon waren de vaardigheid waarmee hij de pen hanteerde, en zijn liefde voor de tuinkunst en voor mathematische onderwerpen. Hij publiceerde enkele godsdienstige werken: *Jesus Christus in het lighaam sijns vleesches* en *Jesus Christus in het bloed sijnes cruices*[19] (beide 1694) en *'s Menschen leven, afgebeeld door een schip, aen de wal reijsveerdigh lig-*

gende, in vergelijckinge met het schip aen den oever van de eeuwigheijt (1701). Deze drie werken werden, aangevuld met enkele varia – waaronder een berijmde vertaling uit het Engels door Johan van Arnhem van de *Meditatien ofte godlijke en zedelijke overdenkingen en geloften* door Joseph Hall – in 1707 herdrukt onder de titel *Gedagten en gedigten, geestelijke en zedelijke van Jan van Arnhem, Heere van Rocsendaal* (afb. 20)[20]. Van Arnhem droeg deze bundel, die bij Pieter van der Aa te Leiden verscheen, op aan zijn nichten Elisabeth van Arnhem, Walburch van Hekeren, Heylwich Charlotte van Lynden en Anna Maria van Ripperda. Deze geschriften getuigen van een diep geloof en een grote bijbelvastheid, zoals bij de eerste twee uit 1694 blijkt, die in de marge bij elke versregel een verwijzing naar een bijbelcitaat bevatten. Als voorbeeld is in bijlage 3 een zestienregelig gedichtje uit 1702 opgenomen dat hij aan zijn vrouw had gericht.

Talrijk zijn ook de hartelijke en vrolijke gelegenheidsversen die Van Arnhem maakte, dikwijls naar aanleiding van een huwelijk van een familielid of van een bijzondere gebeurtenis, die bewaard bleven in de gecopieerde versie uit 1709 en volgende jaren in het handschrift van zijn neef en latere erfgenaam Lubbert Adolf Torck

21.
'Calendarium perpetuum' in de vorm van een zilveren doosje met deksel met de gegraveerde monogrammen van Jan van Arnhem-Harsselo en Janne Margriete van Arnhem-Rosendael, circa 1700, veiling Christie's Amsterdam, 30 mei 1991 no. 844, lijst van voorwerpen 8.

18.
Dirk van Loonen (toeschr.), Diederik van Arnhem, derde kwart 17de eeuw, postuum, doek, coll. BvdZ. Rosendael, lijst van portretten 21.

19.
Dirk van Loonen (toeschr.), Gerard van Arnhem, 1645, paneel, coll. BvdZ, Rosendael, lijst van portretten 8.

20.
Titelpagina van de bundel Gedagten en gedigten *door Jan van Arnhem, Leiden 1707, coll. VGK, Arnhem.*

GEDAGTEN
EN
GEDIGTEN,
GEESTELYKE en ZEDELYKE,
VAN
JAN VAN ARNHEM,
HEER VAN ROSENDAAL.

TE LEYDEN,
By PIETER VANDER Aa, Boekverkoper. 1707.

31.
Anoniem, gezicht op Rosendael, eerste helft 18de eeuw, doek, 125 x 176 cm, coll. VGK, Rosendael.

32. Rechts
Anoniem, Janne van Arnhem met kasteel Rosendael op de achtergrond, circa 1690, coll. BvdZ, Rosendael, lijst van portretten 1.

(1687-1758)[21]. Van Arnhem was niet alleen een beoefenaar van de dichtkunst, maar ook van de mathematica, vooral van de meetkunde en gnomonica (leer van de zonnewijzers). Zijn interesse voor dit onderwerp blijkt uit een groot aantal (ongeveer 130) boeken en manuscripten uit de 17de eeuw over zonnewijzers, (land)meetkunde en astronomie die zich in de bibliotheek van Rosendael hebben bevonden. In ieder geval één van de handschriften over de zonnewijzers was door Jan van Arnhem zelf geschreven[22]. Bovendien had Van Arnhem werken in zijn boekenkast op het gebied van theologie, mythologie, recht, letterkunde, krijgskunde en geschiedenis. De omvang van zijn bibliotheek is niet precies vast te stellen. In slechts veertig boeken had Johan van Arnhem zijn naam geschreven, uitgegeven tussen 1536 en 1695, doch voornamelijk rond het midden van de 17de eeuw; daarvan handelden zeventien over de genoemde mathematische onderwerpen[23]. Zijn wiskundige belangstelling wordt ook weerspiegeld in zijn verzameling 'mathematische instrumenten', waarvan alleen de vermelding bekend is. Een dergelijke verzameling kon allerhande instrumenten bevatten, zoals barometers en thermometers, landmeetinstrumenten, hulpmiddelen bij de vlakke meetkunde zoals passers, gradenbogen en linealen; voorts zonnewijzers, calendaria (afb. 21), en optische instrumenten als microscopen en verrekijkers; maar er werden ook instrumenten als luchtpompen enz. ten behoeve van natuurwetenschappelijke proefnemingen onder verstaan[24]. Sommige instrumenten heeft Van Arnhem zelf ontworpen, zoals blijkt uit het geval van een zonnewijzer die hij in 1715 aan prinses Marie Louise van Hessen Kassel in Leeuwarden aanbood (zie p. 38). Van Arnhems liefde voor de tuinkunst zal hierna worden behandeld.

Niet minder interessant is het feit, dat verschillende auteurs hun werken aan Johan van Arnhem hebben opgedragen; wellicht verleende Van Arnhem financiële steun bij deze uitgaven. Als voorbeelden kunnen genoemd worden: J. Typotius, *Symbola varia diversorum principum*, Arnhem 1679; A.A. Tulleken, *Jure consulti tractatus de Iudice ac ejus officio*, Utrecht 1687; J. Reinfeldt, *Disputatio politico-juridica de legationum, foederum, ac protectionis iure* ..., Arnhem z.j.; en A. Pars, *De profeterende heiland Jerusalems*, Leiden 1693.

DE WELGEBOOREN IUFFROU IAN VAN ARNHEM, SUSTR VAN DE HEER
ROBERT VAN ARNHEM, HEER VAN ROSENDAEL, LANDROST VAN VE-
LUWEN, GETROUT ZYN GEWEEST AEN VROU ERMGERD ELISABETH VĀ DORTH
VROUW VAN ROSENDAEL, WELKERS VIER ONMÜNDIGE KINDEREN, EN HARE GOE-
DEREN HAER WELGB: MET GROOTE SORG EN MOYTE HEEFT OPGEVOED EN GERE-
GEERT TOT HAER WELGB: DOOD, DEN 12 SEPTEMBER 1666

Familie

Op 10 december 1667 trouwde Johan van Arnhem te Velp met zijn nicht Johanna Margriete van Arnhem, vrouwe van Rosendael (1635-1721)[25], die in 1659 was beleend met Rosendael na het vroegtijdig overlijden van haar broer Diederik in 1656 (afb. 17)[26].

Tot de heerlijkheid Rosendael behoorden Terlet en de Imbos, en in de nabijheid van huis Rosendael zeven watermolens, die belangrijke pachtinkomsten opleverden. Onder Ede bezaten zij Nieuw Reemst en sinds 1686 de helft van het goed Mossel[27] en onder Bennekom de goederen Dickenest, de Craets en Harsselo; onder Rheden het goed Heuven en in Velp het Laer, de North en Saelbosch.

Het huwelijk van Johan (Jan) en Janne Margriete van Arnhem bleef kinderloos, maar zij namen veelvuldig jonge familieleden Torck, Van Liere, Van Wassenaer en Schwerin in huis en hielden zich met hun opvoeding en vorming bezig. Ook Janne Margriete's zuster Elisabeth, weduwe van Frederik Willem van Heyden tot Broeck, woonde na de dood van haar man in 1690 weer op Rosendael; zij overleed in 1707 (afb. 23)[28]. In de jaren 1684 tot 1688 woonde hun neef Lubbert Frederik Torck op Rosendael, voordat hij cornet werd in het regiment van Frederik Willem van Heyden. Hij kreeg op Rosendael muzieklessen (gitaar), ging naar Zutphen waar hij de Latijnse school bezocht en vertrok in 1688 naar Engeland[29].

23.
Gerrit Alberts (toeschr.), Elisabeth van Arnhem, circa 1700, doek, 79 x 64 cm, coll. BvdZ, Rosendael, herkomst kasteel Ruurlo.

22.
Anoniem, Frederik Willem van Heyden tot Broeck, circa 1685, doek, coll. BvdZ, Rosendael, lijst van portretten 42.

Vooral met de Van Wassenaers van Duivenvoorde en de Van Liere's waren er hechte banden. Maria Jacoba van Liere trouwde in 1707 vanuit Rosendael met haar neef, de admiraal Jan Gerrit van Wassenaer, het petekind van Jan van Arnhem (zie p. 79). Deze hechte familieband spreekt uit het gedicht *A[f]scheyt groetenis aen mijn seer waarde en lieve vrindinnen, wanneer deselve soude van Rosendael vertrekken den 13 juny 1704*, waarvan het eerste couplet luidt[30]:

> Lieve nigties, soete diertiens
> Wassenaertjes, Torck en Liertjens,
> 't schijnt dat men nu scheyden moet,
> neemt elck een van deese groet.

Hoewel de Van Wassenaers – via moederskant – het nauwst verwant waren en men via de Van Dorths een intensievere band met de Van Lintelo's zou verwachten, was de meest hechte familierelatie uiteindelijk met de Torcken. Jan en Janne Margriete van Arnhems tante Jacoba van Arnhem was getrouwd met Lubbert Torck, drost van Wageningen. Hun zoon Lubbert (overleden 1672, afb. 341) en diens zoon Assueer (overleden 1698) hebben beiden dezelfde functie bekleed. Assueer Torck verzocht op zijn sterfbed aan Jan van Arnhem en aan Walraven van Heeckeren, heer van Nettelhorst, na zijn dood zijn echtgenote Anna Maria Ripperda te assisteren bij de opvoeding van zijn kinderen en bij het beheer van hun goederen[31]. De oudste was Lubbert Adolf Torck, geboren in 1687. Het lijkt er op, dat Jan van Arnhem zijn jonge neef al vroeg uitkoos om zijn opvolger op Rosendael te worden en dat hij dienovereenkomstig aan zijn opvoeding bijdroeg. Een eerdere aanwijzing daarvoor is het feit dat Lubbert Adolf al op negenjarige leeftijd in 1696 ouderling werd van de Waalse gemeente te Arnhem, ongetwijfeld onder de hoede van zijn oom, die dat drie jaar tevoren was geworden[32].

Nalatenschap

Reeds in een eerdere versie van het testament van de Van Arnhems uit 1705 werd Rosendael aan Lubbert Adolf Torck – toen pas achttien jaar oud – nagelaten[33]. Er kunnen verschillende redenen aangevoerd worden, waarom Van Arnhem juist een Torck uitverkoos als toekomstig erfgenaam. De verwantschap speelde uiteraard een belangrijke rol en bovendien behoorden de Torcken, evenals de Van Arnhems, tot een aanzienlijk Gelders geslacht; hun beider voorvaderen maakten al sinds de eerste helft van de 16de eeuw deel uit van de ridderschap van Veluwe[34]. Ten slotte zal persoonlijke voorkeur de keuze definitief hebben bepaald. Het belang van een dergelijke gemeenschappelijke wortel in hun milieu, waarin geboorte, afkomst, continuïteit van het geslacht en het doorgeven van het geërfde familiegoed in ongeschonden staat aan een volgende generatie zo'n overheersende rol speelden, moet niet worden onderschat. Het is goed mogelijk dat zij zich nog realiseerden, dat Jan van Arnhems gelijknamige betovergrootvader (circa 1457-1531) in 1500 aan Hertog Karel van Gelre een huis te Wageningen verkocht[35], dat werd verbouwd tot het Kasteel van Wageningen, de ambtswoning van de door de Hertog aangestelde drost van Wageningen, de functie die sedert 1614 door Lubbert Adolf Torcks voorouders werd vervuld. Dit huis is ook Lubbert Adolfs ouderlijk huis geweest; het werd door zijn ouders aan het einde van de 17de eeuw verbouwd (zie p. 137).

Van Arnhems jonge neef Lubbert Adolf Torck, die als richter van Arnhem en Veluwezoom (1728) en landdrost van Veluwe (1730) in zijn voetsporen zou treden, werd in 1721 zijn erfopvolger. Toch heeft Van Arnhem zijn neven en nichten uit vier verschillende takken van zijn familie (Van Wassenaer/Van Liere, Van Heeckeren/Van Heyden, Torck en Van Lintelo) niet vergeten en per familietak gerekend met ongeveer even grote legaten bedacht[36]. Daarbij werd ook de nalatenschap betrokken van Janne Margriete's zuster Elisabeth van Arnhem, die in 1707 was overleden, en er waren legaten voor de kerk, voor de diaconie en voor het eigen personeel. In totaal reserveerden zij bij testamentaire bepaling een som van *f* 78.000 die in legaten aan personen en instellingen uitgekeerd moest worden. De verdeling was daarbij als volgt: aan kerkelijke instellingen *f* 14.300; aan personeel, uit te keren in jaarrenten *f* 4.000; en aan verwanten samen *f* 59.700. Ruim dertig familieleden werden bedacht met bedragen variërend tussen *f* 300 en *f* 10.000. Verreweg de hoogste bedragen waren bestemd voor Christiaen Carel van Lintelo, heer van de Ehze, aan wie *f* 10.000 moest worden uitgekeerd, hetgeen als een tegemoetkoming kan worden beschouwd voor het feit dat hij als nabij familielid – achterneef van Janne Margriete van Arnhem – als universeel erfgenaam werd gepasseerd[37], en voor de abdis Jacoba Johanna Torck die een som van *f* 9.000 werd toebedeeld. De vier staken van de gerelateerde families kregen als staak een gelijk bedrag aan legaten: de Torcken *f* 14.600, de Van Lintelo's *f* 14.700, de Van Wassenaers en Van Liere's samen *f* 14.500 en de Van Heeckerens en Van Heydens *f* 15.900. Ook werd aangegeven uit welke bron deze bedragen geput zouden moeten worden:

uit de erfenis van Elisabeth van Arnhem	*f* 19.800
uit de revenuën van de havesathe Harsselo[38]	*f* 13.500
idem uit het ambt van Ede en Rheden en de goederen Dickenest en Craets	*f* 15.600
niet gespecificeerd, dus in contanten of effecten	*f* 29.100
	f 78.000

De erfenis die Jan van Arnhem in 1679 van zijn moeder Theodora van Wassenaer kreeg, zal wel in dit bedrag verdisconteerd zijn; zij liet ongeveer *f* 35.000,– na die Jan van Arnhem met zijn zuster Johanna Gerhardina (1645-1719) deelde.

Een volledig overzicht van de waarde van de nalatenschap van de Van Arnhems is niet bewaard gebleven; om de waarde daarvan te bepalen moeten wij weten hoeveel hun onroerende goederen waard waren. Het door Torck geërfde bezit werd bij diens huwelijk in 1722 geschat op ongeveer *f* 150.000,–, en wanneer wij de overige goederen – Harsselo, Dickenest en de Craets – op elk *f* 25.000,– zouden schatten, gegevens daarover ontbreken helaas, zou hun schuldenvrije nalatenschap ongeveer *f* 225.000,– hebben bedragen, voor het overgrote deel vastliggend in onroerende goederen, waaruit zij jaarlijkse inkomsten ontvingen.

Uit het voorgaande kunnen wij concluderen dat het bezit van de Van Arnhems tot de grootste vermogens in Gelderland behoorde – bijvoorbeeld vergelijkbaar met dat van het echtpaar Van Lintelo-van Nagell van ruim *f* 316.500,– – maar het bleef toch duidelijk ten achter bij standgenoten en familieleden als Reinier van Reede van Ginckel, heer van Middachten en Anna Margaretha van Wassenaer-Bentinck, die beiden vooral over grotere contante vermogens beschikten; zeker was hun bezit kleiner dan dat van vermogende kooplieden en regenten van de Hollandse (handels)steden[39].

Maar Van Arnhems primaire belangstelling ging niet naar zijn financiële positie uit; hij ging op in de vervulling van zijn ambten, de zorg voor de heerlijkheid, godsdienstige zaken, zijn schrijverschap en de tuinkunst.

Omdat Harsselo via Jan van Arnhems moeder afkomstig was uit Van Wassenaer bezit, lag het voor de hand dat een Van Wassenaer dit goed zou erven (afb. 24). Arent van Wassenaer, heer van Duivenvoorde, Voorschoten en Veur (1669-1721) kwam daarvoor in aanmerking. De in de buurt van Harsselo gelegen goederen Dickenest en de Craets onder Bennekom werden gelegateerd aan Jacob Derck van Heeckeren, heer van Enghuysen en Barlham[40]. De kern van het bezit, de heerlijkheid Rosendael met de bijbehorende rechten en inkomsten, was echter voor Lubbert Adolf Torck bestemd. Hij werd bovendien tot executeur benoemd. De volledige omschrijving van deze nalatenschap luidde:

> Huys en Heerlijkheydt Rosendael met hoge en lage jurisdictie, rechten etc. met alle huysen, getimmer, hoven, boomgaerden, houtgewas, plantagien, koorn, papiermolens, bouw, hooy ende weylanden, conijndewarande, jacht, visserijen, watervijvers; velden, diensten, thinsen, tienden in Rosendael en in Ampt van

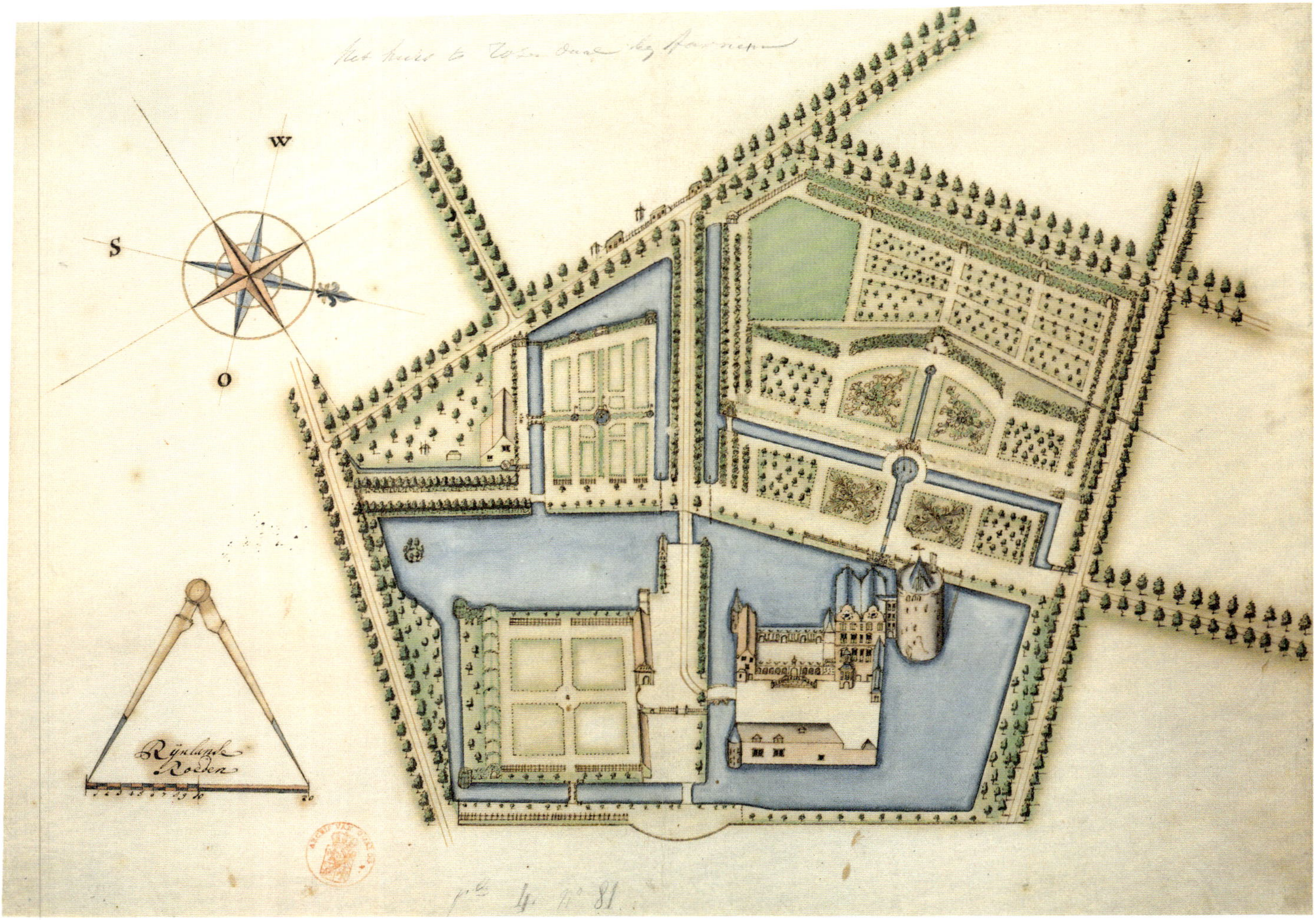

33.
Anoniem, plattegrond van Rosendael, circa 1705, inkt en aquarel, 38 x 53,6 cm, RPK Amsterdam (N.B.: de windrichting is onjuist aangegeven, de noordoostpijl wijst ongeveer naar het noorden).

34.
Fragment van goudleren wandbespanning, derde kwart 17de eeuw, 27 x 90,5 cm, coll. VGK, Rosendael.

24.
Cornelis Pronk, huis Harsselo te Bennekom, potlood en inkt, 1731, RPK Amsterdam.

Rheden en Arnhem; landerijen ende goederen in Ampt van Rheden, Nieuw Reemst (Ede), deel van het erf Mossel, Terlet en in het Ampt van Rhede 't Laer, 't Saelbosch en de North.

Bovendien behoorde tot de nalatenschap aan Lubbert Adolf Torck:

> alle onse na te latene gerede meubilen, goederen, huysraedt, inboedel, silver, goudt, gemunt en ongemunt, juwelen, linnen, wullen, soo wel die op Rosendael, als te Arnhem te vinden sullen sijn en de tractementen, emolumenten, gerede effecten, actien en crediten en pachten.

Een belangrijke bepaling was, dat de inboedel van Rosendael niet verkocht mocht worden behalve de 'peerden, beesten, bouwgereetschap, koetsen en ander rijgereetschap', waaruit nog eens blijkt hoezeer Jan en Janne Margriete van Arnhem hechtten aan het voortbestaan van Rosendael na hun dood. Zij besloten hun testament met de aansporing, dat alle vrienden die in hun testament genoemd werden hun bepalingen zouden billijken en 'in rust en vrede, sonder eenich dispuijt of contradictie' doen nakomen. Ook stelden zij aanwijzingen voor de begrafenisplechtigheid op[41]. Zij wilden beiden worden begraven in het – thans niet meer bestaande – graf van hun voorouders in de kerk te Velp zonder uiterlijk vertoon en zonder onnodige kosten te maken. Hun lichaam zou er van Rosendael op een in het zwart beklede open wagen heengereden moeten worden met het rouwwapen erop geplaatst, dat vervolgens in de kerk moest worden opgehangen. Bovendien moest hun wapen op Rosendael en aan hun huis in Arnhem worden opgehangen.

Zij bepaalden ook wie er voor de begrafenis uitgenodigd moesten worden: de inwoners van Velp en Rosendael, de bewoners van Biljoen en Middachten, de officier en schepenen van de heerlijkheid Rosendael, de predikant, kerkmeesters en diacenen van Velp. Zij meenden dat niet alle vrienden en familieleden gevraagd konden worden, omdat het een begrafenis op het platteland betrof en dus niet iedereen zoals in de stad zou kunnen blijven logeren. De uitnodiging zou slechts gericht worden aan: Willem van Wassenaer, heer van Starrenburch, Arent van Wassenaer, heer van Duivenvoorde, en een van zijn broers, wie het het beste uitkwam, Jacob Derck van Heeckeren, de broers Lubbert Adolf en Frederik Willem Torck en Christiaen Carel van Lintelo, heer van de Ehze. Het houden van de maaltijd zou op Rosendael te veel drukte geven en dus moest dat maar in een ander huis in Rosendael of Velp geschieden. Zij vergaten niet aan te geven hoe de rouw in hun sterfhuis in acht moest worden genomen:

> Op het huis Roosendael sullen met rouw moeten behangen worden het voorsaeltje ende het eerste en tweede salet; waervan het voorsaeltje en het eerste salet sullen behangen blijven ses weken, en het tweede salet een jaer; de glasen sullen niet toe gehangen worden, maer gordijn voorhangen om op en toe te conne trecken.

Op 12 december 1716 overleed Jan van Arnhem, op de 81ste verjaardag van Janne Margriete. Kort tevoren had hij te kennen gegeven, dat hij van zijn ziekbed afscheid wilde nemen van de papiermakers en andere ingezetenen van Rosendael, maar omdat zijn artsen hem dat hadden afgeraden, heeft hij dat met een brief gedaan, die na zijn dood werd voorgelezen[42]. Er werd getreurd om zijn dood, omdat hij geliefd, gerespecteerd en onkreukbaar was. Dat waren bepaald geen cliché's; in de woordkeus van bijvoorbeeld de predikant Johannes d'Outrein (1662-1722), die een *Treur- en troost-reden* schreef, klinkt oprecht respect door voor de man die in gezelschap van de Koning-stadhouder verkeerde en tegelijk de belangen van en de belangstelling voor zijn eigen getrouwen op Rosendael niet uit het oog verloor[43]:

> Was mooglijk hier of daar verwijdering gereesen,
> Wie souw de middelaar, wie souw 'er scheidsman wesen?
> Elk wierp terstont het oog op d'Heer van Roosendaal,
> Die met sijn kloek beleid en vriendelijke taal
> Het allerhardste hert kon ongevoelig streelen,
> En op een wond're wijs de vriendschapsbreuken helen.
> (...)
> De rouw is algemeen! Aan veele vorstenhoven,
> Die bij bevinding sijn beleeftheid moeten loven.

Van Arnhems weldaden voor de kerk vormden eveneens een thema; d'Outrein besloot zijn treurzang met een viertal grafschriften, waaronder het volgende:

> Johan van Arnhems lijf rust onder deesen zerk
> Een Vader van het land een voedsterheer der kerk.

Na zijn dood werd een zilveren herdenkingspenning gegoten, niet van een hoog kunstzinnig gehalte, maar toch voor Gelderland in tegenstelling tot Holland een zeldzaam verschijnsel (afb. 25)[44]. Op de voorzijde staan in een cartouche enkele personalia vermeld omgeven door doodssymbolen; de keerzijde geeft zijn beide deviezen *qui va droit ne manque pas* en *ut aquila ardua quaerit*, ontleend aan Jesaia 40, vers 31, met een verwijzing naar de adelaar in het familiewapen van de Van Arnhems, in Nederlandse vertaling weer. Tientallen jaren had Van Arnhem deze motto's gebezigd: in zijn gedichten, in zijn gepubliceerde werken, in een gegraveerde cartou-

25.
Begrafenispenning van Jan van Arnhem, 1716, zilver, Koninklijk Penningkabinet, Leiden, lijst van voorwerpen 7.

che (afb. 26) en zelfs als opschriften op verschillende plaatsen in de tuin van Rosendael[45].

Een anoniem grafschrift dat alleen in handschrift bewaard is, brengt de laatste eer aan deze veelzijdige en begaafde man, de laatste mannelijke telg van zijn geslacht[46]:

Dees marmore albaest gesteente,
bedeckt de as en 't kout gebeente,
der Geld'ren Eer en Roem van staat,
die Rosendael (o smert!) verlaat,
's mans deugden in geen eeuw te schatten,
kon nooyt dees' koude sarck bevatten,
maar vliegen sonder paal of perck,
met Arends vleug'len boven 't swerck
terwijl heel Arnhem nat bekreeten,
de grafsarck selfs doet tranen sweeten.

Vier jaar later, op 20 januari 1721, overleed Janne Margriete van Arnhem op Rosendael, en daarmee behoorde dit oude Gelderse geslacht voorgoed tot de geschiedenis. In een *Treur-toon* van negentig regels lang, die in 1721 door de Arnhemse boekverkoper Wilhelmus Heggers werd uitgegeven, dichtte Fransina Jacoba Coets-van Westrem onder meer[47]:

O Rosendaal! nu zit ge in rouw gedoken!
nu schreyt de beek, en bron en waterval
den herder heeft zijn fleuyt aan twee gebroken
't fonteyn-werk ruischt nu met geen blij geschal!

Koninklijke vriendschap

Er zijn zovele aanwijzingen voor de vriendschap tussen de Stadhouder Willem III en Mary enerzijds en de bewoners van Rosendael Jan en Janne Margriete van Arnhem anderzijds, dat het de moeite waard is hier de verschillende aspecten van deze vriendschap – voorzover deze term van toepassing is waar het de verhouding tussen de vorst en een onderdaan betreft – uiteen te zetten.

Er was een duidelijk gemeenschappelijk belang; Willem III benoemde Van Arnhem in belangrijke functies in Gelderland en hij belastte hem met vertrouwelijke opdrachten. Op het persoonlijke vlak deelden zij een grote belangstelling voor de jacht en de tuinkunst. Mary was een generatie jonger (27 jaar) dan Janne Margriete van Arnhem, maar dat heeft hun hartelijke contacten niet in de weg gestaan; zij beiden hadden belangstelling voor godsdienstige onderwerpen en voor borduurkunst.

Van Arnhem, die veertien jaar ouder was dan de stadhouder, was niet een gunsteling zoals vooral Hans Willem Bentinck en Arnold Joost van Keppel dat waren. Deze twee volgden de prins naar Engeland, toen hij en Mary in 1689 tot koning en koningin werden gekroond; zij kregen Engelse functies, titels en goederen van de koning. Van Arnhem is meer op de achtergrond gebleven en is zijn eigen weg gegaan. Uit het feit dat Bentinck Van Arnhem tot zijn beste vrienden rekende mogen wij wel opmaken dat Van Arnhem tot dezelfde hofkring behoorde (zie p. 78). Hij was een loyale belangenbehartiger van de Koning-stadhouder in Gelderland[48]. De eerste contacten dateren reeds uit 1675 of eerder, toen de Prins van Oranje een bezoek aan Arnhem bracht en daar geïnstalleerd werd tot Stadhouder van Gelderland[49]. Op 15 februari 1675 werd hij in Arnhem ingehaald. Het is veelzeggend dat de Prins daar verblijf hield ten huize van de heer van Rosendael[50]. Voor de deur stond er 'een groote meenigte van pijpers en andere speelders die heerlijck op-

26.
Cartouche met devies van Jan van Arnhem en met zijn initialen, 1707, gravure o.a. opgenomen in: Gedagten en gedigten, *Leiden 1707.*

bliesen; en alle de straten daer sijn Hoogheyt doortrock waren met triumphpoorten, piramides van groente, en ander verciersel van sinspreucken, afbeeltsels, Oranjevlaggen etc. opgepronckt'. D'Outrein bericht dat Van Arnhem de Stadhouder vervolgens ook op Rosendael ontving[51]. Het zal geen toeval zijn geweest, dat Van Arnhems loopbaan in Gelderland zich sinds deze tijd zeer voorspoedig heeft ontwikkeld.

Uit enkele bewaard gebleven brieven spreekt het vertrouwen, dat Willem III in de heer van Rosendael stelde en blijkt hun vriendschappelijke verstandhouding[52]. Maar Van Arnhem was meer dan alleen een Oranjegezind bestuurder in Gelderse ambten. Hij had zich in 1692 al gebogen over het probleem van de stuifzanden op de Veluwe[53], waar hij wat betreft de heerlijkheid Rosendael ook direct bij betrokken was, en in 1695 had hij geassisteerd bij het vaststellen van de limietscheidingen van Het Loo[54]. De Koning-stadhouder gaf hem ook verschillende vertrouwelijke opdrachten, vooral in verband met zijn jachtverblijven op de Veluwe. Uit het jaar 1698 zijn er drie bekend. In dat jaar poogde Jan van Arnhem voor hem van de landdrost van Veluwe Lucas Willem van Essen, heer van Helbergen, Oldehoeve en Schaffelaar, de erfpacht te verkrijgen van Uddel op de Veluwe, en het goed vervolgens van de Rekenkamer van Gelderland in eigendom te verwerven. Van Arnhem slaagde daarin en in september 1698 had de overdracht plaats[55].

Minder succesvol was Van Arnhems geheime missie om de hoge heerlijkheid Doorwerth van Charlotte Amélie hertogin de La Trémoille (1652-1732), douairière van Anton graaf van Aldenburg, voor Willem III te verwerven. Uit een correspondentie gedurende de maanden januari tot augustus 1698 tussen de Koning-stadhouder en Hans Willem Bentinck, graaf van Portland enerzijds en Jan van Arnhem anderzijds kunnen de onderhandelingen die Van Arnhem in naam van Willem III met de vrouwe van Doorwerth voerde, worden gevolgd[56]. Willem III wilde Doorwerth, dat hij al kende van zijn bezoek aan Arnhem in februari 1675[57], in bezit krijgen om zijn jachtgronden op de Veluwe uit te breiden, terwijl hij al beschikte over de jacht op Het Loo, Coldenhove, Dieren en sinds die tijd ook Uddel en als gast in ieder geval ook op Rosendael en Middachten. De Koning-stadhouder gaf er de voorkeur aan om goederen te ruilen in plaats van in contanten te betalen; daartoe stelde hij zijn Utrechtse bezit IJsselstein ter beschikking. Uit de brieven blijkt, dat de hertogin slechts met tegenzin zou willen instemmen met de ruil. Zij wilde de Doorwerth eigenlijk helemaal niet kwijt, en bovendien vond zij dat IJsselstein in slechte en vervallen staat verkeerde. Daardoor kwam het bij ontmoetingen tussen de vrouwe van Doorwerth en de heer van Rosendael niet tot een transactie. Een derde opdracht van Willem III aan Van Arnhem van dat jaar is minder duidelijk. Een passage van een brief van Van Arnhem aan Agnes van Wassenaer Obdam wekt de indruk, dat hij in dat jaar ook toezicht hield op de vorderingen van een verbouwing van het huis te Dieren, een niet ver van Rosendael verwijderd jachtverblijf op de Veluwezoom, dat Willem III van zijn vader had geërfd:

> De timmeringe te Dieren wort seer gepresseert, sijn de order om midde mey te moeten veerdich sijn. Des Marets is verlede weeck daer geweest[58].

Ter verbetering van de bereikbaarheid van Dieren werd ten behoeve van de koning en voor algemeen gebruik in 1700/1701 een weg van Het Loo naar Dieren aangelegd. Jan van Arnhem regelde de uitvoering van het project, dat werd bekostigd door het Kwartier van Veluwe en de ambten van Rheden en Apeldoorn[59].

Vooral uit de tijd na 1688, toen Willem en Mary naar Engeland gingen waar zij in 1689 tot koning en koningin werden gekroond, zijn er vele aanduidingen van de onderlinge contacten tussen het koninklijk paar enerzijds en de Van Arnhems anderzijds. Van Arnhems naam komt geregeld voor in de dagboeken van de secretaris van Willem III, Constantijn Huygens jr. (1628-1697), die met name voor de periode van 1688 tot 1696 zo'n levendig beeld geven van hetgeen zich in de omgeving van de koning afspeelde.

Koningin Mary en Janne Margriete van Arnhem

De vriendschap die Mary voor Janne Margriete van Arnhem opvatte, was zeer persoonlijk en werd behalve door een gemeenschappelijke belangstelling voor borduurwerken en tuinkunst vooral door een geestverwantschap op godsdienstig gebied gekenmerkt. Het echtpaar Van Arnhem was bijzonder godvruchtig en het geloof zal tussen beide vrouwen dikwijls onderwerp van gesprek geweest zijn, toen Mary nog in Nederland verbleef. Uit Mary's brieven van 1689 tot 1694 aan Agnes van Wassenaer Obdam blijkt haar heimwee naar de gelukkige tijd die zij in Holland doorbracht. Kort na haar kroning in 1689 schreef zij van Hamptoncourt:

> Quand vous voyez M$^{d.}$ de Rosendale songez une peu ensemble a moi et a cette heur que M^{d} de Stirum est a la Haye remetez en vostre memoire ce tamp heureux quand nous estions a Loo ou Dieren a travailer et que vous estiez l' lectrice[60].

Op dat grote paleis miste zij de Hollandse omstandigheden:

> Je suis presentement a la campagne a une lieu qui a este fort neglige, il est a environ quatre lieu de Londres et l'aire y est fort bon, mais comme il y manque beaucoup de comodites de Dieren (quoique la maisson a quatre ou cinque cent chambres) ill y manque aussi une aussi bonne voisine que M^{d} de Rossendalle[61].

Uit hetzelfde jaar dateert een van Mary afkomstig document, dat klaarblijkelijk voor Janne Margriete van Arnhem bedoeld was, en dat veel weg heeft van een geloofsbelijdenis[62]. Het thema ervan wordt aangegeven door een citaat uit psalm 42: *Why art thou so cast down o my soul & why art thou so disquietted within me*, en handelt over de ijdelheid van de mens en zijn onvermogen om God te dienen. Centraal stond echter haar eigen innerlijke strijd: 'I find a strange alteration in my self since I left Holland, which wants a name'. Zij schreef dat zij geleerd had nederig te zijn, maar dat zij in Holland een geestelijke trots had gekregen; zij vond dat zij haar hart teveel aan dat land had verpand, 'alles wat ik deed werd te veel toegejuicht en bewonderd'. Daardoor was zij te ijdel geworden, maar zij hoopte dat God haar zonden zou vergeven. Zij had het moeilijk met haar nieuwe leven in haar vaderland, maar zij zou het geduldig dragen, omdat het Gods wil was:

> I see how litle people care for me here, which I conffess is hard to flesh & blood to bear in ones own country, when one has been so much loved in another (...) I remember the ease & satis-

faction I enjoyed, which I shall never find here (...) There I could serve my God as much as I would, no wordly considerations, nor state kept me from it, but alas here I am hindred all that is good.

Mary stuurde Janne Margriete van Arnhem ook een eigenhandig gedichtje, dat in dezelfde geest gesteld is[63]:

Why shoud I to my own will pretend
& not with patience conc.esend
to what so ever pleasses God
whethere his favor or his rod
for I am certaine he knows best
what in the end will give me rest
consider this then o my soull
& by Gods law thy will controull
set onely God before thine eys
& do not with the world advise
despise it & its vanitys.

Mary heeft Nederland na haar vertrek in 1688 niet meer teruggezien, maar Willem III kwam geregeld over, zowel voor regeringszaken als voor zijn grote passie, de jacht. Toen hij voor de eerste maal als koning in Nederland terugkwam, hield hij op 5 februari 1691 zijn intocht in 's-Gravenhage, waarbij Jan van Arnhem aanwezig moet zijn geweest[64]. Ter gelegenheid van de landing enkele dagen tevoor in de Oranjepolder had Van Arnhem een bijbels getint lofdicht op de koning geschreven[65].

27.
Kamerscherm, vierde kwart 17de eeuw, h. 280 cm, Rijksmuseum Paleis Het Loo, Apeldoorn, lijst van voorwerpen 2.

Bezoek aan Londen

Het volgend jaar bracht een hoogtepunt in de verhouding tussen Willem en Mary en het echtpaar Van Arnhem. Op uitnodiging van de koning en koningin brachten zij ruim een maand in Londen door, waar zij op de paleizen Whitehall, Kensington en Windsor te gast waren. Zij staken samen met de koning, die onder meer op Het Loo was geweest, en met enkele anderen naar Engeland over. Het bezoek droeg een vriendschappelijk karakter, maar tegelijkertijd behartigde Van Arnhem enkele belangen van anderen. Op uitdrukkelijk verzoek van Mary werd Van Arnhem op deze reis door zijn vrouw vergezeld. Uit enkele brieven die Van Arnhem uit Londen aan de landdrost van Zutphen Walraven van Heeckeren, heer van Nettelhorst (1643-1701), zond blijkt iets over de wijze waarop het echtpaar Van Arnhem door de koning en koningin werd ontvangen en over de onderwerpen die Van Arnhem namens Van Heeckeren, die als gezant verschillende buitenlandse hoven bezocht, bij de vorst ter sprake bracht.

Op 3 november 1692 kwam het gezelschap, waartoe een zuster en vier dochters van Hans Willem Bentinck, graaf van Portland behoorden, met vertraging in Londen aan:

> de vrou van Nyenhuis, Milaidy Essex, de drie dochters van Portlant, de Heer van Voorschoten, mijn vrou en ick, wij gingen woensdach middach met coetsen van Jarmout, over Norwits, en sijn van avont eerst hier gecoomen, hebbende alle daech gereyst, uitgenomen gisteren sondach[66].

Jan en Janne Margriete van Arnhem werden ondergebracht op Whitehall:

> Wij logeren hier op Witehal in t logement van de graef van Portlant, in een heel fraey apartement op den Teems. Morgen gae ick te Kingseton te hoove; de Coninc en Coningin sijn vandaech te Hamptoncourt geweest[67].

Uit enkele andere passages blijkt de hartelijke verstandhouding van Mary jegens de Van Arnhems, en vernemen wij het één en ander over de paleizen en tuinen waar zij werden ontvangen. Op Whitehall had de volgende ontmoeting plaats:

> De Coningin liet mijn vrou van Nijenhuis met mijn vrou bij haer halen, gelijck oock mijn liet halen in haer cabinet, t is onbegrijpelijck de ongemeene beleeftheden die sij ons toonde ende seijde, en sekerlijck een particulier aen een particulier goet vrint, soude soo veel niet seggen, als sij aen ons dede, men moest beschaemt worden de moet wiert mij soo vol dat ick aen haer haest niet conde antwoorden, t geene ick oock aen haer seijde en versocht mij het willen excuseren. De groote genegentheijt die sij noch toont voor ons vaderlant, is uitermaten obligant, door soo

28, 29.
Anoniem, Willem III en Mary, vierde kwart 17de eeuw, doek, elk 55 x 45 cm, part. bezit, afkomstig van Rosendael.

sterke expressien. Overmorgen sondach na middach gaen de Coninc en Coningin na Windsor, om dingsdach avont weder te comen. De Coningin seijde mij, j'aij debauché madame de Roosendael pour faire un voijage avec moij a Windsor, vous n'en devez pas estre faché, j'espere que vous voudrez bien estre de la partie. Ouerskerk wat voor quartier wij daer soude hebben, de vrou van Nijenhuis en Milaydy Essex gaen oock mede. Morgen geschieden de ceremonien van de Lord Mayor van Londen, de Coninc seijde gisteren, sijnde in t logement van de graef van Portlant waer wij het souden sien.
De Coningin seijde tegen mijn vrouw, dewijl UWgb. mij hier de visite hebt comen geven, soo ben [ick] geobligeert UWgb. weder de contra visite op Roosendael te coomen doen, t geene mene te doen, soo ras maer vrede is[68].

Over Whitehall schreef Van Arnhem nog:

> Dese morgen hebbe mijn vrou en ick gewandelt met de Coningin eerst in den hof, sij liet mij daer na selver sien haer heele appartement van camer, cabinetten, en alles, gelijck sij eerst aen mijn vrouw had gedaen, ick vonde het seer proper en net, de Coningin is noch al deselfde, om alles te schicken en net te ordonneren[69].

Van Arnhems observatie sluit aan bij hetgene andere tijdgenoten hebben meegedeeld over Mary's smaak bij de inrichting van de door haar bewoonde paleizen.

Jan en Janne Margriete van Arnhem waren ook op Windsor te gast:

> Eergistere sijn wij de Coninc en Coningin na Windsor gevolgt op haer goetvinden. Van waer wij van avont sijn weder gecoomen. t is een extradus schoone plaetse, soo van situatie, gebou, en ameublement. De Coningin heeft ons selver gisteren laten sien, al watter te sien was.

De overige passages van deze vier brieven aan Walraven van Heeckeren bevatten vooral berichtgeving op politiek en bestuurlijk terrein en mededelingen over de onderwerpen die Van Arnhem namens Van Heeckeren onder de aandacht van de koning had gebracht. De dagboeken van Huygens bevestigen deze zakelijke kant: 'de Con(ing) vraegde mij, of Roosendael mij van Geldersche depesches gesproken hadde, en seyde van jae'[70]. D'Outrein vond deze overzeese reis van de Van Arnhems zo'n belangrijk moment in hun leven, dat hij er in Van Arnhems levensbeschrijving een passage aan wijdde; interessant daarin is zijn mededeling, dat zij 'overlaaden van gunstbewijsen en geschenken van die beyde hoogloflijke majesteiten (...) op Roosendaal sijn wedergekeert'.

Inderdaad werden op Rosendael tot 1977 of eerder een aantal

voorwerpen bewaard, die volgens de overlevering geschonken waren door Willem en Mary, of die met hen in verband kunnen worden gebracht: een groot vierslags kamerscherm, dat volgens de overlevering geborduurd was door de hofdames van koningin Mary en dat sinds 1984 staat opgesteld in Mary's slaapkamer op Het Loo (afb. 27)[71]; een toilettafel van palissander- en ebbenhout[72]; een gouden nootmuskaatrasp met de initialen van Mary en een koningskroon[73]; een bijbeltje met Mary's monogram *M.p. v.O.*, Maria prinses van Oranje, dus daterend uit de periode 1677 tot 1688[74]; een Delfts bord met een afbeelding van Willem en Mary[75]. Op Rosendael waren van oudsher ook hun portretten aanwezig (afb. 28, 29), en een dubbelportret dat in 1943 deels verloren is gegaan. Er is op Rosendael wel een jeugdportret van de prins bewaard gebleven (afb. 30). Nadere aanwijzingen ontbreken of deze voorwerpen tot de geschenken uit 1692 behoren.

Vòòr haar vertrek naar Engeland in 1688 had prinses Mary een tuinhuisje geschonken, dat in de tuin van Rosendael werd opgesteld met daarin onder meer haar borstbeeld, en een collectie aardewerk en porselein. Vlak daarnaast werd later een cascade opgetuigd met geweien van herten, die door Willem III tijdens een jacht op Rosendaels grondgebied waren gevangen (afb. 62, 64). De Koning-stadhouder en Jan van Arnhem deelden niet alleen een belangstelling voor de jacht, maar ook voor tuinaanleg. Deze laatste culmineerde op Rosendael in de bouw van een belvédère op kosten van Willem III, die als een uitkijkpunt kon dienen over de gehele Rosendaelse aanleg (afb. 74, 75).

Jacht

De koning verbleef in de zomer veelvuldig op het door hem gebouwde Loo of op huis te Dieren in verband met zijn jachtpartijen, die hem over de gehele Veluwe voerden[76]. Ook was hij daarbij te gast bij één van zijn vertrouwelingen, onder meer op Rosendael. Wanneer hij op Het Loo verbleef, was Jan van Arnhem er dikwijls ook te vinden, zoals blijkt uit Huygens' dagboeken en uit de aanhef van enkele brieven, die Van Arnhem aan Agnes van Wassenaer Obdam schreef. In maart, mei en september 1691 bracht Jan van Arnhem bezoeken aan Het Loo; misschien verbleef hij er voor een aantal dagen. En de koning is dat jaar wellicht voor de jacht op Rosendael geweest; in ieder geval kwam Huygens jr. op 1 en 5 october met een klein gezelschap uit Dieren over naar Rosendael[77]. Ook nadat Mary was overleden, kwam Van Arnhem zijn opwachting op Het Loo maken zodra de koning daar weer was aangekomen. Daarop duidt een passage in een brief van Janne Margriete van Arnhem aan Agnes van Wassenaer Obdam, geschreven tijdens een bezoek aan Amsterdam[78]:

> Nous esperon de coucher la nuit a Ameronge et en suite par Wageninge a Rosendael ou mon mari n'arestera pas aparamment longtemps puis qu'il ira com je croij faire aussi sa couer a Loo ou on dit le Roij et arivé.

Een maand later kwam de koning weer voor de jacht naar Rosendael. Toevallig was d'Outrein getuige van een hertejacht op 9 september 1697, die via de bossen van Klarenbeek en Presikhaaf in Arnhem eindigde in de vijvers van Rosendael, waar het opgejaagde hert werd afgevangen. Het gewei van dit hert kreeg een ereplaats aan de cascade op Rosendael, die er zijn naam aan ontleende: *grot met de hartshoofden* (afb. 64).

In de jachtstoet bevonden zich verschillende hovelingen die op Het Loo verbleven[79]:

> d'Hertog van Sint Albans, en Zutphens eedle paarle,
> des Konings gunsteling, de Graaf van Albemaarle,
> met nog meer and're Lords, Marquis van Mountpelian,
> d'Heer van Voorschoten, en meer die ik niet noemen kan.

Het gezelschap was vervolgens op Rosendael te gast voor het middagmaal. De koning liep over het voorplein en bekeek de volières; hij trad het huis binnen, had een vriendelijk woord voor de daar spelende kinderen, en zette zich aan tafel.

> De maaltijd is gedaan; de Koning opgeresen;
> Die nog een tijd lang staat, en met een vriendelijk wesen
> Bedankt den eedlen Heer en Vrouw van Roosendaal
> voor 't onverwagt, dogh hem seer aangenaam onthaal.

De stoet keerde vervolgens naar Het Loo terug. Een maand later vond er een bijna letterlijke herhaling van deze jachtdag plaats. Weer zocht een opgejaagd hert zijn toevlucht in de Rosendaelse vijvers, en weer was het gezelschap te gast aan tafel. Jan van Arnhem beschreef de toedracht in een brief aan Agnes van Wassenaer Obdam[80]:

> Verleden maendach vong de Coninc weer een hert op Rosendael, dat wel een half uur door de graft om het huis wandelde; de Coninc joeg dien dach noch een hert, dat (hij) oock noch vong bij de Woestehoef. De Prins van Vaudemont, met Montpouillian, en 2 andere bleven op Rosendael eeten, waer toe Uwgb. faisanten wel te pas quamen, en waer voor (wij) Uwgb. bedancken.

En in een volgende brief voegde hij daar aan toe: 'De Coninc heeft gisteren twee harten gejaegt en gevangen. Ick meene nu dartich herten dit saisoen gevangen heeft'[81]. Om de jachtstoet van de koning beter te kunnen onderbrengen liet Van Arnhem het jaar erop voor diens paarden een nieuwe stal aan het voorplein van Rosendael bouwen (zie p. 43). De bouw was in april 1698 aanbesteed en was wellicht net gereed toen de koning in september van dat jaar een troepeninspectie kwam houden op Rosendael. Een vers van Van Arnhem herinnert aan die gebeurtenis: *Als laest de Coninc deed Revu van sijn Militij ...*; hierin vergeleek hij het optreden van de koning met de manier waarop God zijn legerscharen aanvoert[82]. In augustus 1699 hield de koning nogmaals een troepeninspectie op Rosendael; van deze revu is een plattegrond bewaard gebleven: *Plan du campement de la revue fait a Roosendahl par sa May:^{st} Brittanique en Aoust 1699*[83]. En op 10 augustus 1699 was Willem III weer voor een jachtpartij op Rosendael present. Hij achtervolgde een hert, dat in de moestuin verzeild raakte. Daarbij trapte zijn paard een bijenkorf omver, waarna paard en ruiter door een zwerm werden achtervolgd. D'Outrein, juist aan zijn gedicht over Rosendael bezig, was getuige van dit voorval.

In deze tijd besloot Willem III de al genoemde belvédère op Rosendael te laten bouwen, een zichtbaar teken van zijn verbondenheid met de Veluwe en met het Rosendael van de Van Arnhems.

Twee passages in brieven uit 1698 en 1700 van de koning aan Jan van Arnhem geven zijn gevoelens onomwonden weer:

> Ik kan U Ed. niet genoegh seggen hoe ik naer de Veluwe verlang, hoopende U Ed. en den vrouw van Roosendael haest in goede gesontheyt daer te sien, en verblijve altoos U Ed. goede vrindt William R.[84]

> Ick kan U Ed. niet genoegh seggen hoe seer ick naer de Veluwe verlang, meer als het betaemt, ick hoop met Gods hulpe U Ed. in 't korte daer te sien, en particulierlijk op den Rosendael neffens de vrouw van 't huys en gansche familie[85].

Slot

Twee jaar later overleed Willem III en begon een langdurige touwtrekkerij tussen zijn erfgenaam Johan Willem Friso, prins van Oranje (1687-1711), en Frederik I van Brandenburg (1657-1713), koning van Pruisen, die op grond van zijn verwantschap met de Oranje's zijn rechten op een deel van de nalatenschap deed gelden. Jan van Arnhem raakte daar zijdelings bij betrokken. Hij zag de dreiging van een ophanden zijnde verzegeling van Het Loo en Dieren door afgevaardigden van de koning en waarschuwde de Nassause Domeinraad in 's-Gravenhage, die het bericht voor kennisgeving aannam[86]. Johan Willem Friso was er echter van overtuigd, dat Van Arnhem goed van de omstandigheden op de hoogte was en vroeg hem om advies wat te doen met de meubels op Het Loo en Dieren. Van Arnhem adviseerde de prins op dat moment niet in actie te komen, omdat dit de indruk zou wekken dat hij zijn aanspraken reeds als een verloren zaak beschouwde[87]. De band met de Oranjes hield ook na Johan Willem Friso's dood in 1711 aan.

Prinses Marie Louise van Hessen-Kassel (1688-1765) richtte zich na de dood van haar man tot Van Arnhem om zich van diens steun te verzekeren, wanneer haar verzoek aangaande de nalatenschap van Willem III in de Staten van Gelderland behandeld zou worden[88]. Van Arnhem beantwoordde dit vertrouwen door haar in 1715 een naar eigen ontwerp door een knecht vervaardigde zonnewijzer aan te bieden voor haar tuin van het Stadhouderlijk Hof in Leeuwarden:

> J'appris par Madame de Cannenburch[89] que lors que vostre Altesse a este la derniere fois, l'esté passé a Loo, qu'elle avoit tesmoigne, que vost. Alts. souhaittoit avoir un montre au soleil, pour marquer les heures du jour, dans son jardin en Frise. J'ay un valet qui les fait tellement, qu'ils monstre assez justement. Je supplie tres humblement que vostre Altesse ayez la bonte, que j'ose prendre la liberte, presenter a vostre Altesse le montre icy joint ou qui suivra, un ouvrage de mon valet, qui a este instruit par moy[90].

Marijke Meu was er zeer mee in ingenomen[91]:

> Je puis vous assurer Monsieur, que le cadran solaire que vous m'envoyés, et dont vous avés pris vous meme la peine d'en ordonner la façon, me sera un present fort agreable et egalement utile, je ne manqueray pas d'en faire un des principaux ornements de mon jardin dans cette Province.

30.
Anoniem, Willem III, prins van Oranje, circa 1660, paneel, coll. BvdZ, Rosendael, lijst van portretten 20.

Na deze *tour d'horizon* van het leven van Jan en Janne Margriete van Arnhem richten wij de aandacht op Rosendael zelf.

Gelderse kastelen in de 17de eeuw

Evenals op Rosendael vormden de meeste edelmanshuizen in Gelderland vanoudsher het centrum van een min of meer uitgebreid grondbezit dat de economische en de machtspolitieke basis vormde van de eigenaren, die doorgaans nog afkomstig waren uit de oude adellijke geslachten en niet uit het (jongere) stedelijke patriciaat. Hoewel de bewoners meestal wel over een stadshuis beschikten, lag het primaire belang doorgaans bij hun familiebezit op het land[92]. De maatschappelijke functie van de oude kastelen met de daartoe behorende feodale verhoudingen op het platteland was een andere dan van de buitenverblijven, die vooral sinds het begin van de 17de eeuw voor een verblijf buiten de stad werden gesticht. De opbloeiende belangstelling voor het buitenleven bestond zowel in het oosten als in het westen van het land. Daarbij kan worden opgemerkt, dat dit fenomeen, dat in de 17de eeuw duidelijke trekken begon te vertonen, al uit de 16de eeuw dateert. De eerste uitingen van het zogenoemde hofdicht, als voorlopers van wat in de 17de eeuw een literair genre zou worden, wijzen daarop[93]. In Gelderland is de wederopbouw van de Cannenburch een duidelijk voorbeeld, waarbij door de veldheer Marten van Rossem in 1543 en volgende jaren ornamenten in renaissance stijl werden toegepast[94]. Hoewel het nieuwe huis nog wel een kasteelachtig uiterlijk verkreeg, had het geen militaire functie meer. Van Rossem bezat twee stadshuizen, in Zaltbommel en in Arnhem, en de buitenverblijven Poederoyen en Bredevoort. Hij had een tuinman in dienst, 'Martijn der gardeneer', die tussen Poederoyen, Bredevoort en de Cannenburch heen en weer reisde. Op de Cannenburch werd een doolhof aangelegd en werden in 1555 boompjes uit Luxemburg aangevoerd[95].

Niet alleen in het westen van ons land maar ook in de oostelijke provincies werden gedurende de Tachtigjarige Oorlog (1568-1648) vele kastelen door Spaanse troepen verwoest of beschadigd[96]. Het oorlogsgewoel had de Veluwe gedurende het laatste kwart van de 16de eeuw in zijn greep genomen. Spaanse en Staatse troepen bestreden elkaar afwisselend, en manschappen in Spaanse dienst voerden plundertochten uit. Een berucht geworden voorval vond in de nacht van 17 op 18 november 1590 op de Cannenburch plaats, toen het huis werd ingenomen en geplunderd door een Staatsgezinde troep van honderd soldaten onder leiding van de Drost van Salland, Gerrit van Warmelo. De heer van de Cannenburch, Hendrick van Isendoorn, werd ervan beschuldigd voedseltransporten ten behoeve van de vijand in Deventer en Zutphen te organiseren[97]. Deze bezetting leidde direct tot grote ongerustheid elders op de Veluwe; men vreesde dat ook andere huizen zoals Rosendael door de vijand ingenomen zouden kunnen worden. Die angst was niet ongegrond omdat verschillende huizen, waaronder Doornenburg, Rosendael, Biljoen, Doorwerth en Middachten, in die tijd allerlei gebreken vertoonden en dus kwetsbaar waren[98]. Onmiddellijk nadat de berichten over deze inval op de Cannenburch Arnhem bereikten, werd besloten om bij de bewoners van Rosendael op maatregelen aan te dringen opdat de vijand het huis niet zou kunnen innemen[99].

Het is duidelijk dat deze oorlogsomstandigheden, waarbij de kansen voor beide partijen voortdurend keerden, niet geschikt waren om huizen te moderniseren of nieuwe te bouwen. In de loop van de 17de eeuw kwam daar verandering in. Reeds voor de beëindiging van de oorlog, bereikt door de Vrede van Munster in 1648, werden aan het begin van de 17de eeuw in het oostelijk deel van het land talrijke bouwactiviteiten ontplooid, zowel gericht op herstel van oorlogsschade als op de bouw van nieuwe huizen. Deze initiatieven hielden waarschijnlijk verband met de hoop op spoedige beëindiging van de oorlog gedurende het Twaalfjarig Bestand (1609-1621). Dit lijkt de meest voor de hand liggende reden. De meeste huizen waren nog in handen van de adel gebleven en niet in bezit van een andere bevolkingsgroep gekomen, die in dat geval nieuwe bouwactiviteiten zou kunnen hebben ondernomen.

Het tijdstip van vernieuwing van Rosendael (1615) was dus geen zelfstandige gebeurtenis maar hield verband met moderniseringen van andere huizen gedurende deze periode. Enkele belangrijke voorbeelden zijn huis Bergh te 's-Heerenberg waarvan de hoofdvleugel tussen 1599 en 1611 ingrijpend werd aangepast, kasteel Keppel dat na Spaanse verwoesting van 1582 rond 1614/1617 werd herbouwd naar ontwerp van de bouwmeester Willem van Bommel, en kasteel Wychen dat waarschijnlijk tussen 1609 en 1626 werd herbouwd door Emilia van Nassau en Emanuel van Portugal.

Uit deze periode dateert een groep nieuw gestichte tweebeukige huizen, die nauw verwant zijn aan het herbouwde Rosendael. Het tweebeukige huis was in de loop der 16de eeuw zowel bij stadshuizen als bij buitenverblijven in zwang gekomen. In de vroege 17de eeuw was dit type inmiddels zeer gangbaar geworden, niet alleen in Gelderland, maar ook daar buiten[100]. Een voorbeeld van een dergelijk type huis was het nabij gelegen voormalige Hof te Dieren, dat als huis voor de Balye Utrecht van de Duitse Orde gebouwd werd en in 1647 door prins Willem II als jachtverblijf werd aangekocht[101]. Kleiner, maar wat exterieur betreft goed vergelijkbaar met Rosendael was huis Swanenburg te Vorchten, dat bestond uit twee niet gelijkwaardige beuken en dat blijkens muurankers in de geveltoppen in 1612 gebouwd werd[102]. De gevelopbouw van de hoofdbeuk van dit huis en van de beide beuken van Rosendael was nagenoeg eender, inclusief de vorm van de topgevels. Enkele andere voorbeelden in Gelderland van tweebeukige huizen waren: Vosbergen te Heerde, Waliën te Winterswijk, 't Velde (na 1594) te Warnsveld, Loowaard te Loo en Scherpenzeel te Scherpenzeel[103].

Maar ook na de beëindiging van het bestand in 1621 was er voldoende aanleiding door te gaan met vernieuwingen op bouwkundig gebied; zo werden gedurende de eerste helft van de 17de eeuw de ten dele verwoeste kastelen Ammersoyen en Waardenburg in traditionele vormen herbouwd en weer bewoonbaar gemaakt.

Na de definitieve beëindiging van de Spaanse overheersing in 1648 werden er weer nieuwe initiatieven voor het herstel van oorlogsschade en de wederopbouw van buitenverblijven genomen; dikwijls week men bij reparatie en verbouwing niet af van het bestaande kasteelachtige uiterlijk van dergelijke gebouwen. Enkele voorbeelden van deze opbloeiende bouwactiviteit rond het midden van de 17de eeuw, waarbij een aantal Gelderse huizen geheel of gedeeltelijk opnieuw werd opgetrokken, zijn: de bouw van Soelen (voltooiing 1643), het herstel van oorlogsschade op Middachten (1643)[104], de uitbreiding met een nieuw woongebouw van huis Wisch tegen de 15de-eeuwse toren en de 16de-eeuwse vleugel (1648)[105], de bouw van Staverden (waarschijnlijk na 1651)[106], de bouw van huis Aerdt in 1652 ter vervanging van een in 1599 verwoest huis[107], de vergroting van de Cannenburch (1661-1664)[108] en het herstel van kasteel Batenburg en de bouw van een nieuw woongedeelte op het binnenplein van de ringburcht (1686)[109]. In enkele uitzonderingsgevallen vonden de moderne vormen van het Hollands Classicisme ingang, zoals bij de bouw van de Vanenburg (1664) naar ontwerp van Philips Vingboons[110] en Oldenaller (1655) waarvan de architect niet bekend is[111]. In bijna alle gevallen waren de opdrachtgevers adellijke grondbezitters, die in Gelderland nog altijd de toon aangaven bij de bouw van nieuwe buitenverblijven[112]. Slechts bij uitzondering was het stedelijk patriciaat van Gelderland in de gelegenheid een buitenplaats te stichten, zoals in het geval van het kleine vierkante huis Zypendaal dat in 1650 ten noorden van Arnhem werd gebouwd door het echtpaar Abraham Tulleken en Gerhardina Everwijn[113]. Ook gedurende het laatste kwart van de 17de eeuw was er weer oorlogsschade te herstellen, ditmaal tengevolge van de inval der Fransen in 1672, zoals bijvoorbeeld op Middachten.

Gedurende het laatste kwart van de 17de eeuw ging een nieuwe en belangrijke impuls uit van Koning-stadhouder Willem III, zoals blijkt uit de bouw van onder andere Middachten, De Voorst en Slangenburg. Pas in de loop van de 18de eeuw verschenen stedelijke regenten op dit toneel.

Rosendael in de 17de eeuw

Op Rosendael, al eeuwenlang het centrum van een uitgestrekt landgoed, werd in het begin van de 17de eeuw ook opnieuw gebouwd. Dirck van Dorth, behorend tot een oud Gelders adellijk geslacht, trok tijdens het Twaalfjarig Bestand in 1615 het ouderwetse en waarschijnlijk inmiddels ook verwaarloosde huis opnieuw op met behoud van de donjon, die als een traditioneel kenmerk mocht gelden voor de ouderdom van deze plaats, waarvan hij sinds 1583 eigenaar was. Zijn kleindochter Janne Margriete en haar man Jan van Arnhem bezaten ook een stadshuis in Arnhem, waar zij de wintermaanden doorbrachten. Hun huis stond bij de St. Walburgkerk en ging bij de inval der Fransen in 1672 verloren. De legger van de inkomsten over hun onroerend goed geeft de volgende informatie[114]:

> Een huis te Arnhem, staende op St. Walburch op den hoeck op de beeck, is voor desen bij ons selfs bewoont geweest, en nu bij de fransen tijt afgebroocken sijnde is het ganse erf tot een hof gemaeckt ende verpacht aen Bernt Boddenburch.

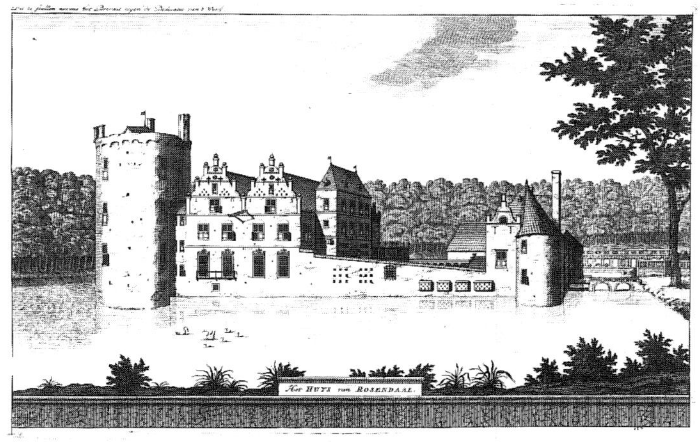

35.
Anoniem, gezicht op Rosendael uit het zuiden, circa 1707, gravure opgenomen in Gedagten en gedigten, *Leiden 1707.*

Zij bleven een stadshuis in Arnhem bewonen, niet het huis aan de Markt dat zijn moeder Theodora van Wassenaer in 1679 naliet, maar een huis met een trapgevel dat naast het huis van Marten van Rossem (Duivelshuis) aan de Koningstraat lag, tegenover het koor van de Eusebiuskerk[115]. Lubbert Adolf Torck erfde in 1721 al de roerende bezittingen van de Van Arnhems: 'soo wel die op Rosendael, als te Arnhem te vinden sullen sijn'[116].

Wanneer wij ons een beter beeld trachten te vormen van huis Rosendael tijdens de 17de eeuw, blijkt reeds spoedig, dat de schriftelijke bronnen nagenoeg zwijgen. In het huisarchief zijn over deze periode weinig stukken aanwezig. Wat de gedrukte bronnen betreft, moeten wij ons tevreden stellen met de summiere beschrijving die d'Outrein van het exterieur heeft gegeven[117]. Maar verschillende afbeeldingen lichten ons nader in. Het huis is op die wijze vooral voor de periode circa 1700 goed gedocumenteerd. Het figureert op de achtergrond van een anoniem portret van Janne van Arnhem (circa 1690, afb. 32); dezelfde 17de-eeuwse toestand wordt uit ongeveer dezelfde hoek weergegeven op een groot anoniem schilderij, dat altijd op Rosendael is gebleven (afb. 31). Volgens verfonderzoek, verricht door het Centraal Laboratorium te Amsterdam, dateert het uit de 18de eeuw. Hoewel het theoretisch mogelijk is, dat het kort voor de verbouwing die in 1721 begon werd geschilderd om het beeld van de oude toestand vast te houden, kan het ook later in de 18de eeuw naar een niet bewaard gebleven voorbeeld zijn gemaakt. In de inventaris van Rosendael van circa 1764 wordt het vermeld als 'een schilderij, sijnde het oude Huijs Roosendaal'. Verder is het huis uit verschillende windrichtingen zichtbaar op de gegraveerde afbeeldingen in de serie *Paradisus Oculorum*, die circa 1700 door Petrus Schenk werd uitgegeven naar tekeningen van Jan van Call[118]; daarna is het huis aan de zuidzijde afgebeeld op een anonieme gravure die Jan van Arnhem liet opnemen in het voorwerk van zijn bundel *Gedagten en gedigten*, een prent die de uitgever Pieter van der Aa te Leiden andermaal opnam in het fraaie plaatwerk *La galerie agréable du monde* (1729, afb. 35)[119]. In het *Kabinet van Nederlandsche en Kleefsche outheden*, dat rond 1725 in Amsterdam verscheen en dat gezichten uit heel Nederland bevat, meestal naar oudere voorbeelden, is een gravure van Rosendael door de Amsterdamse schilder en graveur Abraham Rademaker (1675-1735) opgenomen (afb. 36). Volgens het onderschrift is het huis afgebeeld zoals het huis er in 1670 uitzag; de tekening die als voorbeeld diende is onbekend.

Gegevens over het interieur van het huis gedurende de 17de eeuw ontbreken echter vrijwel geheel. Wat dat aangaat zijn wij dus aangewezen op hetgeen het later sterk gewijzigde huis zelf nog in zich bewaart. Gelukkig bood de restauratie van 1986 tot 1989 gelegenheid een onderzoek in te stellen naar onderdelen van het 17de-eeuwse huis, die in het huidige huis aanwezig zijn.

De opdrachtgever tot de bouw van een nieuw huis was Dirck van Dorth jr., die sedert 1583 heer van Rosendael was. Met gebruikmaking van Middeleeuws muurwerk liet hij in, of kort voor, 1615 een tweebeukig huis bouwen, dat verbonden werd met de donjon. Dit uit baksteen opgetrokken tweebeukige huis, waarvan het muurwerk en de vloeren voor een belangrijk deel in het in de 18de en 19de eeuw verbouwde huis bewaard zijn gebleven, was circa 15, 8 m. breed en 18, 2 m. diep[120]. De beuken waren ongeveer noord – zuid gericht; de westelijke was ruim een meter breder dan de oostelijke (respectievelijk 8, 5 en 7, 3 m). Beide beuken waren twee vensters breed. Boven een souterrain bevonden zich een hoofd- en een eerste verdieping. De beide kappen werden afgesloten door geveltoppen van een in deze streek veel voorkomend soort, waarbij de trappen door kwart-ronden werden afgedekt. De afbeelding van het huis op de achtergrond van het portret van Janne van Arnhem wekt de indruk, dat deze vullingen van de trappen in groen geverfde natuurstenen randen droegen, wat weinig voorkwam (afb. 32). De trappen van deze gevels waren voorts versierd met pinakels met daarop bollen met punten. Van de vroegere decoratie van het 17de-eeuwse huis is nog bekend dat de Gelderse Rekenkamer een paar gebrandschilderde ramen bekostigde met afbeelding van het landswapen van Gelderland, vervaardigd door de glazenmaker Dirck van Altena[121].

Uit de afbeeldingen van rond 1700 blijkt, dat de kruiskozijnen in de noord-, oost-, en zuidgevel van de twee beuken van het huis

36.
Abraham Rademaker, gezicht op Rosendael, circa 1725, gravure naar onbekende afbeelding uit 1670, Gemeentemuseum Arnhem.

lang stand hebben gehouden, waarschijnlijk evenlang als het huis zelf in deze vorm, namelijk tot 1721. Aan de ramen op de hoofdverdieping van de zuidgevels werden wijzigingen aangebracht. De twee ramen van de westelijke beuk – namelijk van een van de beide saletten, de huidige tweede salon – kregen zelfs een balkon, dat is afgebeeld op het postume portret van Janne van Arnhem (circa 1690) en op de gravures van 1707 en 1718 (afb. 35, 67). Het balkon werd ongetwijfeld gebruikt vanwege het fraaie uitzicht over de gracht op de parterres; het kan uit de jaren 1680-1690 dateren[122]. Op huis Heemstede te Houten (Utrecht) bevond zich tot de fatale brand van 10 januari 1987 een dergelijk balkon met een fraai smeedijzeren hekwerk, dat in 1682 door Beerendt Hofsmidt uit Utrecht was vervaardigd[123]. Maar ook gedurende de eerste helft van de 17de eeuw kwamen dergelijke balkons al voor, zoals op Honselaarsdijk.

Op Rosendael kunnen de vier kruisvensters van de hoofdverdieping – tenzij Rademakers gravure toch accuraat was – gelijktijdig met de aanbouw van het nieuwe balkon zijn veranderd in schuifvensters[124]. De afbeelding op de achtergrond van Janne van Arnhems portret van rond 1690 wijst in die richting. Op de anonieme gravure die in 1707 voorin Jan van Arnhems *Gedagten en Gedigten* werd opgenomen, staan duidelijk vier schuifvensters afgebeeld. Over de breedte van beide zuidgevels werden vier muurankers aangebracht met daaraan vier cijfers bevestigd, samen het jaartal 1 6 1 5 vormend, op te vatten als het jaar van voltooiing van beide beuken.

Ondanks de latere verbouwingen en wijzigingen aan het huis is aan delen van de huidige oost- en zuidgevel nog te zien dat het metselwerk uit 1615 tamelijk onregelmatig moet zijn geweest. Om dit te verdoezelen werden de gevels van het tweebeukige huis waarschijnlijk op de gebruikelijke manier rood gesausd, hetgeen in het oosten van het land al sinds de Middeleeuwen werd gedaan[125].

De noord- en de zuidgevels werden geleed door vier natuurstenen waterlijsten. In de geveltoppen bevonden zich gaten voor de duivenverblijven en in elke top waren twee natuurstenen rozen als decoratie aangebracht. De zuidgevels hadden een regelmatige vensterverdeling, de noordelijke echter niet. Deze verschillen aan de noordzijde – ook tussen de twee beuken onderling – was het gevolg van de afwijkende verdiepinghoogte van de vertrekken aan deze zijde van het huis. Die afwijking (de zogenaamde insteekverdieping) bestaat nog altijd.

Op de nok van de westelijke beuk stond een centrale schoorsteenpartij, waarop de belangrijkste rookkanalen van dat gedeelte van het huis uit kwamen. De geveltoppen van beide beuken hebben waarschijnlijk alle een kleine schoorsteen bevat.

Deze waren in de oostelijke beuk onvoldoende; de schoorsteen in de top van de noordelijke gevel van deze beuk werd vervangen door een forse schoorsteenpartij met drie pijpen in een Y-vorm, zo blijkt uit vergelijking van de beide prentreeksen van Petrus Schenk.

Ingangspaviljoen

Het nieuwe Rosendael bezat behalve deze twee beuken nog een belangrijk element: een hoog oprijzend paviljoen aan de oostzijde van het huis met een vlakke kroonlijst, voorzien van een steil schilddak waarvan de nok ongeveer even hoog lag als die van beide beuken van het er achterliggende huis zelf. Deze aanbouw, die ongeveer zeven meter breed was, bevatte een toegangsdeur met natuurstenen omlijsting bekroond met beeldhouwwerk en daarboven over drie verdiepingen twee paar smalle vensters per verdieping.

Het paviljoen stond voor de huidige ingang en het venster links daarvan (eerste salon); het venster rechts van de ingang (vestibule) moet vrij zijn gebleven omdat het *voorhuis* anders geen lichtinval zou hebben gekregen, hetgeen ook voor het bovengelegen venster (rozenkamer) moet hebben gegolden. Dit ingangspaviljoen kan in het rechter gedeelte een spiltrap hebben bevat, die als hoofdtrap van het huis diende; in het linker gedeelte bevond zich op de begane-grond een dienkamertje, dat in verbinding stond met de eetkamer (huidige eerste salon). De deurpost werd bij de restauratie in 1988 in de binnenmuur van de eerste salon aangetroffen (zie p. 115).

De ingangspartij werd door d'Outrein beschreven in diens *Tweede vervolg van den WEGWYSER door de Heerlijkheid van ROOSENDAAL ofte, van de ROOSENDAALSCHE VERMAKELIJKHEDEN in den Jaare 1716.*

Op den ingang van het Huis.

Nu koom' ik tot het Huis, welks ingang twee pylaren
Van steen ter zijden heeft, die hondert jaar daar waren
De rechter 't wapen heeft van 't aadlijk huis van Dorth,
Ter slinkerhand, dat van Boecop gevonden word.
Dees sijn de wapens van haar edelheids grootvader
En haar grootmoeder, die door huwelijk te gader
Vereenigt sijn geweest; van waar dit aadlijk slot
Op deese eedlen Vrouw gedaalt is tot haar lot.
Boven den inga[n]g siet me[n] een roos, van donkerroode
Coleur, met doorens aan haar zijd, de aanschouwer nooden
Om agt te geven op 't devys, dat boven staat:
TANDEM E SPINIS ROSA. Die 't Latijn verstaat,
Weet dat dit seggen wilt, dat eindelijk een roose
Groeyt uyt de doornen. Waar mede ik mij wat verpoose;
Na dat ik nog mijn oog sloeg op de kroon, en 't jaar
sestien hondert sestien: Dies is het net een paar

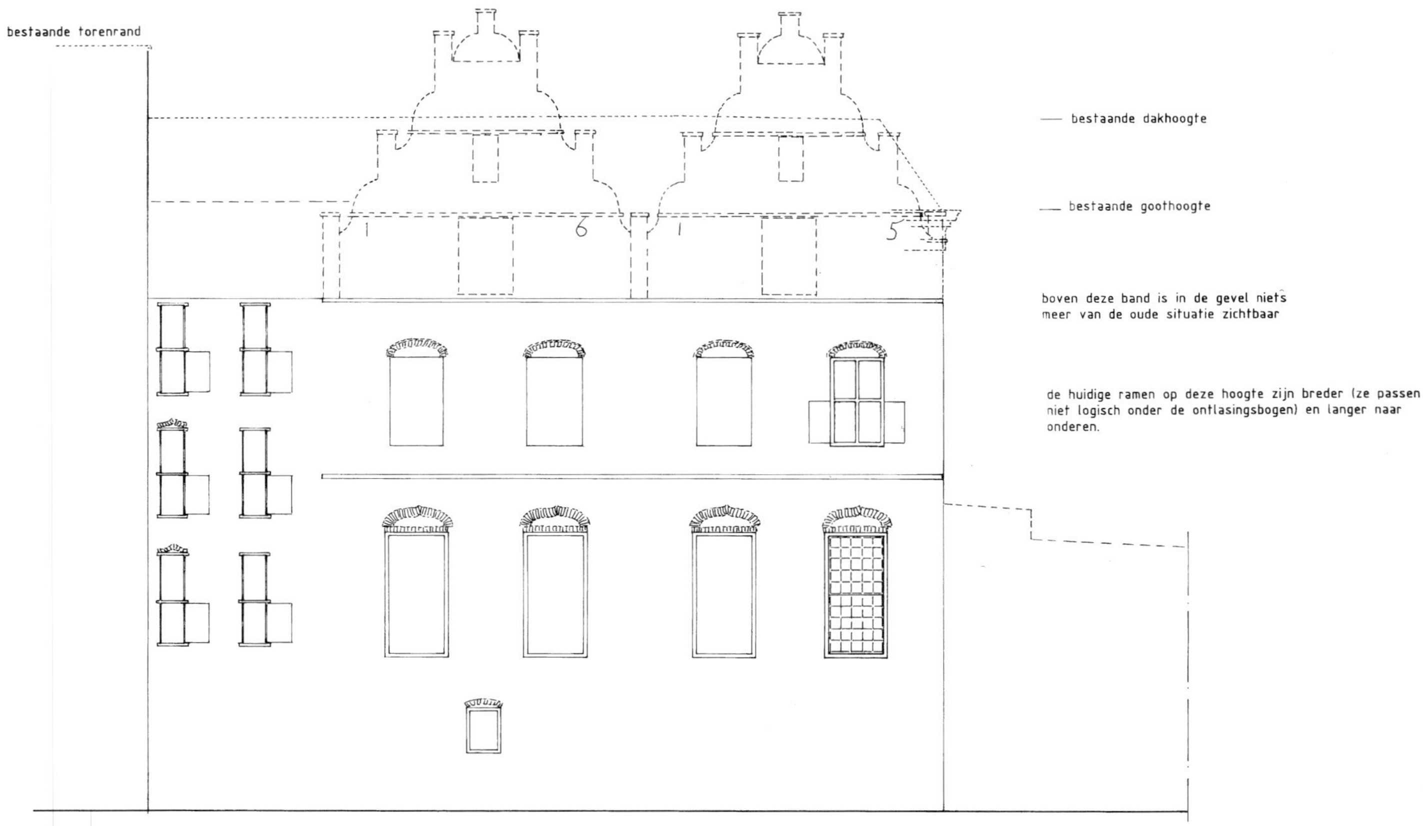

37.
Reconstructietekening van de zuidgevel van het 17de-eeuwse huis door C.J. Willems, 1993.

Van jubeljaaren, dat is, eene eeuw, verleeden,
Dat de ingang is vernieuwt, om binnenwaarts te treeden.

Schenks prent no. XIV (afb. 39, 40) illustreert deze beschrijving: de ingang was omlijst met natuurstenen blokken met daarvoor op hoge sokkels vrijstaande Dorische kolommen die een gebeeldhouwde bekroning droegen. Links en rechts boven de kolommen stonden de schilddragende leeuwen met de wapens van de geslachten Van Dorth en Thoe Boecop en tussen beide de Rosendaelse roos met daarboven het in steen gehouwen devies TANDEM E SPINIS ROSA, en daar weer boven het jaartal 1616, bekroond door twee symmetrische voluten ten teken van het jaar van voltooiing van deze ingangspartij. Van dit ensemble is de steen met het devies bewaard gebleven; het werd bij de afbraak van het ingangspaviljoen circa 1721 ingemetseld in de voorgevel van het huis op de zuidoostelijke hoek bij de gracht (afb. 41).

De façade van het paviljoen werd geleed door twaalf hoge smalle vensters over drie lagen, twee aan twee gekoppeld; de beide zijden van deze gevel werden afgezet met hoekblokken van natuursteen. Op de verschillende afbeeldingen is te zien, dat de plaatsing der vensters van het paviljoen niet correspondeert met die der vensters in het huis zelf. Daaruit blijkt dat de verdiepinghoogten in paviljoen en huis niet overeenkwamen, ongetwijfeld in verband met de aanwezigheid van een trap. Bovendien is er geen schoorsteen te ontdekken op het dak van dit paviljoen, wat moeilijk te verklaren zou zijn als de onderliggende ruimten anders dan als trappenhuis zouden dienen. De bovenste verdieping van het paviljoen stak boven de dakrand van de oostelijke beuk van het huis uit, en hoefde dus geen trap meer te bevatten. Mogelijk bevond zich hier een vertrek, dat niet verwarmd kon worden.

Het paviljoen en het huis zelf vertoonden stilistische verschillen. Wellicht was de trap oorspronkelijk ondergebracht in een eenvoudige traptoren, die later plaats maakte voor het beter tonende paviljoen. Als datering voor het paviljoen kan in dat geval gedacht worden aan 1632, het jaar waarin Robert van Arnhem en Ermgard van Dorth trouwden, en volgende jaren.

Een trappenhuis met dubbele trap in een apart bouwlichaam werd in ons land voor het eerst toegepast bij het paleis van de Winterkoning Frederik van de Palts te Rhenen, gebouwd in 1630-1631 naar ontwerp van Bartholomeus van Bassen[126].

De paviljoens van Rosendael en Rhenen vertoonden uiterlijk grote gelijkenis. De Rosendaelse had echter geen vensters op de verticale middenas zoals in Rhenen, maar a-centraal aan de hoekzijden. De afbeeldingen zijn over de preciese plaatsing niet eenduidig. Wij kunnen niet meer vaststellen of er in plaats van een ouderwetse spiltrap op Rosendael evenals te Rhenen sprake was van een dubbele trap met gemeenschappelijke middenbordessen. In dat geval zou het een zeer moderne oplossing hebben betroffen.

Dienstgebouwen

Het huis zelf en de dienstgebouwen, die de beide pleinen voor en naast het huis aan noord- en oostzijde begrensden, moeten een verbrokkelde indruk hebben gemaakt. Van de later in de 17de- en 18de-eeuwse bouwkunst prevalerende behoefte aan een opzet met een samenvattend perspectivisch effect, gepaard gaand met symmetrie, was nog geen sprake.

Voor de beschrijving kunnen wij ons niet baseren op materiaal dat ouder is dan het einde van de 17de eeuw. Veel informatie kan ontleend worden aan Schenks gegraveerde afbeeldingen van circa 1700, zeker door vergelijking met de tweede versie van 1718. Verder bevat een brief van Jan van Arnhem uit 1698 en de derde druk van d'Outreins beschrijving uit 1718, waarvoor de tekst in 1716 geschreven werd, relevante gegevens over de bestemming van deze bijgebouwen[127].

Deze lagen zowel aan de twee pleinen voor het huis, dat wil zeggen op het geheel in de gracht gelegen gedeelte, dat in de Middeleeuwen waarschijnlijk de hoofdburcht vormde, als op het eveneens geheel in de gracht gelegen oostelijk deel, waar in de Middeleeuwen vermoedelijk de voorburcht lag. Men naderde deze voorburcht uit het zuiden via een brug en een poort, die volgens d'Outrein altijd open stond. De fundamenten van de brugkelder werden in 1985 in de huidige grote vijver aangetroffen[128]. Na deze brug stond direct rechts een eenvoudig poorthuis: twee ramen breed met een trapgevel aan beide korte kanten (prent no. XI van Schenk, afb. 42). Het huisje werd volgens d'Outrein bewoond door de hovenier of de knecht. Daarnaast lag aan dezelfde zijde een bouwhuis, waarin tot 1698 het 'branthuis' (bergplaats voor hout en turf) was ondergebracht en dat in dat jaar onder meer tot koetshuis bestemd werd.

Toen d'Outrein in 1716 zijn aanvulling ten behoeve van de derde druk van de *Wegwijser door de Heerlijkheid van Roosendaal* schreef, bevonden zich tussen het poorthuis en dit koetshuis een hok voor de jachthonden en een kalkkuil. In het koetshuis werden de paardentuigen bewaard, en verder waren er een timmerwerkplaats en de woning voor de jager ondergebracht. Nog voor het hek van de volière bereikte men aan de linkerzijde de tweede brug, die toegang tot het eerste van de twee binnenpleinen verschafte. Deze brug bestond uit twee gemetselde bogen met verhoogde randen, gevolgd door een houten 'valbrug' (ophaalbrug). Deze brug is van enkele afbeeldingen bekend (afb. 43). Na een stenen poort kwam men op de bassecour, ook de buitenplaats genoemd. Aan weerszijden van deze poort was volgens d'Outrein het in hout gesneden wapen van de Van Arnhems geplaatst, geflankeerd door twee houten vazen met een roos, alles in steenkleur geschilderd[129].

Aan de noordzijde van dit plein stond een oranjerie die in 1698 werd vervangen door een nieuwe paardenstal (afb. 42). Deze stal was volgens Van Arnhem vooral bedoeld om de paarden van de Koning-stadhouder en diens gevolg beter te kunnen onderbrengen, wanneer hij Rosendael weer zou bezoeken. Dat blijkt uit een postscriptum van een brief gedateerd 30 april 1698 van Jan van Arnhem aan Willem III, waarin hij verslag uitbracht van zijn pogingen om Doorwerth voor de Koning-stadhouder te verwerven.

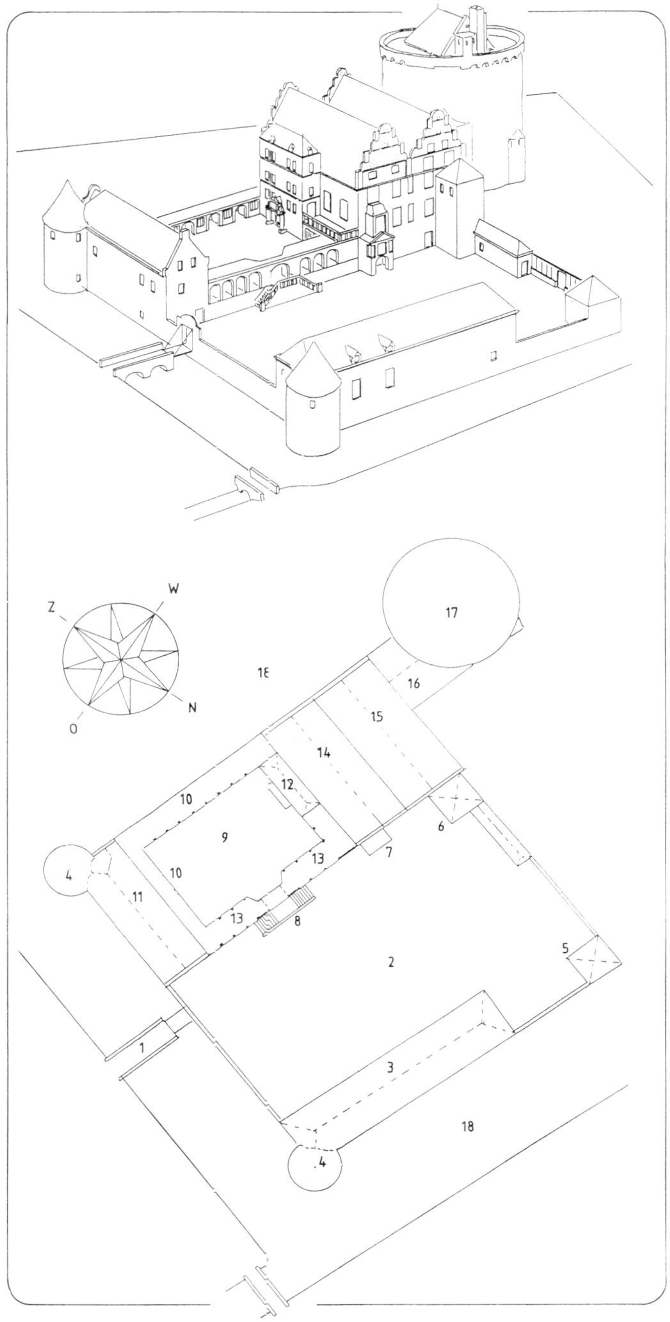

Legenda: *1. toegangsbrug of tweede brug 2. bassecour of buitenplaats 3. paardenstal, voormalige oranjerie 4. hoektoren 5. duivenhok 6. aanbouw (diensttrap?) 7. ingangsportaal 8. bordes met toegangspoort 9. voorplein of binnenplaats, bovenplein 10. galerij 11. keukengebouw, voormalige stal 12. ingangspaviljoen met hoofdtrap 13. volières 14. oostelijke beuk 15. westelijke beuk 16. verbinding met donjon 17. donjon 18. gracht.*

38.

Reconstructietekening en plattegrond van het kasteelcomplex circa 1700 gezien uit het noord-oosten door C.J. Willems, 1993 (vergelijk afb. 32, 33, 35, 39-45, 54).

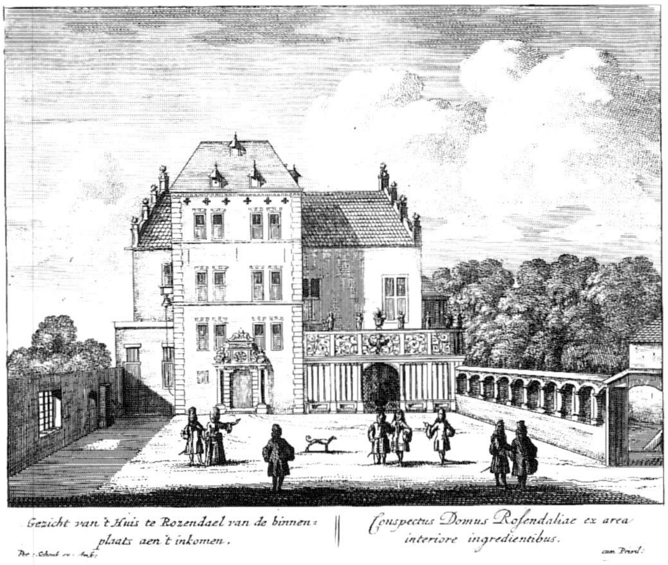

39.
Petrus Schenk naar Jan van Call, Rosendael uit het oosten, circa 1700, gravure, coll. VGK, Arnhem.

40.
Petrus Schenk jr., Rosendael uit het oosten, circa 1718, gravure no. XIV, RAG, AHR.

> Sire, Ick neeme de permissie Uwe Maj. te seggen, dat wy van meeninge sijn en aenbestedet hebben een stal op Roosendal te timmeren van sestien peerden, evenals men van de brug op de plaets comt aen de rechterhant. Ick hebbe niet gedorst aen Uwe Majst. daervan een tekening en plan over te senden. Wy timmeren die 't meest om beter commoditeyt aen Uwe Majsts. peerden te geven, als wy de genade mogen hebben Uwe Maj op Rosendal te sien[130].

In een drie weken eerder geschreven brief aan Agnes van Wassenaer Obdam ging Van Arnhem uitgebreider op deze verbouwing in, die reeds was aanbesteed.

> Uwgb sal misschien verwondert sijn dat wij een timmerage op Roosendael sullen beginnen. De stal die wij op Roosendael hebben is soo slecht, als in geen huis op de Veluwe, soo souden wij een ander maken...[131].

De nieuwe stal zou negentien voet breed worden en volgens deze brief plaats bieden aan zeventien paarden. Bovendien zou de muur aan de oostzijde van de bassecour worden doorgetrokken van het gebouw op de binnenplaats tot aan de oude oranjerie. Boven de poort zou een kamertje worden gebouwd. De nieuwe muur, die deze bijgebouwen verbond en die aan de noord- en zuidzijde werd beëindigd door twee bestaande halfronde hoektorentjes, verleende het buitenfront een grotere eenheid. De gehele verbouwing had Van Arnhem aanbesteed voor *f* 3.100,– en wel 'aen de selfde Timmerman met een ander metselaer die het te Wageningen heeft aengenomen'. Van Arnhem liet daar niets bouwen, maar hij kan de verbouwing bedoeld hebben van het Kasteel van Wageningen die in dezelfde periode werd uitgevoerd in opdracht van zijn neef Assueer Torck, Drost van Wageningen (zie p. 137). Zou Assueer Torck aan Jan van Arnhem advies hebben gevraagd? Timmerman en metselaar en de materialen voor de verbouwing op Rosendael kwamen waarschijnlijk uit Arnhem. Dat blijkt uit de volgende toelichting, die Van Arnhem aan het bovenstaande toevoegde: 'Wij hebben het geheel aenbestadet, voor arbeytsloon, hout, steen, calck, ijser, loot, glasen, verwen enfin alles, op eijgen cost, dranc, slapen, soo dat wij niets hoeven te doen of leveren, als de vracht van Arnhem op Roosendael'. Deze bouwsom was voor Van Arnhem substantieel genoeg – of bedoelde hij dit ironisch? – om er de volgende verduidelijking aan toe te voegen: 'Ick weet niet of wij het lang sullen sien, maer soo wij onse Erfgnm. soo veel minder gelt na laten, sullen sij dat evenwel weer vinden', aldus de genoemde brief aan Agnes van Wassenaer Obdam. Zoals hierna zal blijken, behoefde zijn erfgenaam Lubbert Adolf Torck zich door de hoogte van deze investering niet te laten weerhouden om het nieuw gebouwde af te breken en het complex aanzienlijk te wijzigen.

De nieuwe stal kreeg in 1698 drie ramen en twee dakkapellen aan de achterzijde boven de gracht en drie dakkapellen aan de zijde van het plein. Wij mogen wel aannemen, dat op de korte tijd later verschenen prenten van Schenk van rond 1700 de nieuwe stal is afgebeeld, hoewel op de prenten de verbindingsmuur aan de oostzijde van de bassecour ontbreekt. Het ontwerp voor deze nieuwe stal – de door Van Arnhem genoemde tekening is niet bewaard gebleven – muntte niet uit door een bijzondere maatvoering of vormgeving. De Arnhemse meester-timmerman die door Van Arnhem werd ingeschakeld, moet degene zijn geweest die naar zijn wensen een ontwerp leverde. Blijkbaar voelde Van Arnhem niet de behoefte een ontwerp door een architect van naam te laten maken, hoewel het toch representatieve architectuur had kunnen opleveren in direct verband met Willem III. Het zou immers voor de hand hebben gelegen, dat Van Arnhem een beroep had gedaan op Willems hofarchitect Jacob Roman, die betrokken was bij de bouw van Soestdijk en Het Loo, en in dezelfde tijd als de verbouwing op Rosendael ook bij De Voorst en Middachten.

Op de noordoost hoek bleef een oude hoektoren intact, die waarschijnlijk nog behoorde tot de middeleeuwse ommuring van de hoofdburcht. De fundamenten van twee dergelijke hoektorens aan de westzijde van het huis werden in 1985 bij het droogleggen van de gracht teruggevonden (afb. 5)[132]. De achtermuur (noordzijde) van de stal liep in westelijke richting door en sloot aan op een laag vierkant gebouwtje met een piramidevormig pannendak, dat de noordwest hoek van het binnenplein vormde. Uit prent XVI van de serie van Schenk blijkt, dat in dit gebouwtje een duivenhok ('duifhuis') was ondergebracht.

Aan de westelijke zijde werd het plein van het water afgesloten door een muur, die tot borsthoogte reikte met een hekwerk van spijlen daarop. Een trappetje leidde naar een vlonder in de gracht. Deze muur sloot in zuidelijke richting via een laag en vervolgens een hoog bouwsel aan op de noordwest hoek van het tweebeukige huis. De aanbouw tegen het huis was klein van oppervlakte, maar reikte twee verdiepingen hoog. De noordelijke muur ervan was geheel gesloten, de westelijke bevatte twee of drie vensters; de oostelijke muur is onvoldoende afgebeeld om vensters te kunnen herkennen. Deze aanbouw heeft ongetwijfeld een diensttrap bevat. Aan de oostelijke hoek van de noordgevel van het huis bevond zich een klein ingangsportaal bekroond door een bovenlicht, dat even ver buiten het huis uitstak als het portaal zelf (afb. 39, 44). Het raam van dit bovenlicht, dat niet een kruisvenster maar een schuifvenster bevatte, bevond zich op de hoogte van de ramen van de hoofdverdieping. Op deze plaats bevindt zich nu een deur tussen de zaal achter de veranda in de zijvleugel en het kleine zijvertrek naast de hal van het corps de logis.

In het oostelijk verlengde van de noordgevel van het huis lag de scheiding tussen de bassecour die wij zojuist denkbeeldig zijn rondgegaan en de binnenplaats ten oosten van het huis zelf. Dit plein lag hoger en werd ook wel bovenplein genoemd; via een bordes en een sierpoort in de scheidingsmuur trad men binnen (afb. 33, 38). Boven de poort bevond zich een zonnewijzer met het bijschrift:

41.
Gevelsteen uit 1616, ingemetseld op de zuid-oosthoek van de voorgevel.

Denkt hoe uw uur en tijd
Als dese schaduw slijt
Den welcken gij selfs sijt
In 't leesen alreeds quijt.

Wanneer men door deze poort het voorplein betrad, zwenkte men 90° naar rechts in de richting van het ingangspaviljoen van het huis. De conceptie van dit aan vier zijden omsloten plein werd niet gekenmerkt door een streven naar eenheid of symmetrie. Het ingangspaviljoen lag niet op de middenas van de (west)zijde van dit plein; de zuidmuur, de galerij aan de noordzijde en de bebouwing aan de oostzijde waren alle gevarieerd in voorkomen. Het is aannemelijk, dat deze omsluiting al in 1615 bestond, vanwege de oude rooilijnen die hiervoor gebruikt werden, hoewel dat voor de noordelijke begrenzing niet met zekerheid valt te zeggen. Op het schilderij waarop het 17de-eeuwse Rosendael is afgebeeld, is de ommuring – behoudens de noordelijke – in ieder geval zichtbaar (afb. 31). Tot 1705 – dit jaartal zal nog worden toegelicht – zag de bebouwing rondom dit plein er als volgt uit.

De noordzijde werd begrensd door een muur tot borsthoogte waarop een arcade van rondboogjes op kleine kolommen stond. Het is niet duidelijk welke functie deze nissen hadden. De zuidzijde van het plein werd van het water afgesloten door een naar het oosten aflopende muur met daarin twee maal negen gaten, waarachter zich eendenhokken bevonden, en voorts met een getralied raam; bovendien waren er vier houten eendenhokken aan deze muur opgehangen. Deze muur sloot aan de oostzijde aan op de zuidgevel van het bijgebouw dat het plein aan de oostzijde afsloot. Op die plaats werd de zuidgevel bekroond door een smalle halsgevel en op de zuidoosthoek bevond zich evenals bij de stal een oude hoektoren, relict van de middeleeuwse bebouwing van de hoofdburcht. Ook dit bijgebouw werd in 1698 verbouwd en kreeg een nieuwe bestemming. De stal die hier was ondergebracht, werd tot 'branthuis' bestemd en in plaats van de kamer van de knecht kwam hier de keuken[133]: 'de binnenplaets, daer keuken, knechts en nette camer is (...) de tegenwoordige knechtscamer, over de plaets sal mede tot een keuken worden geapproprieert, en een bottelerij daer, dat sal beneden in de oude stal gewulfft worden'.

Modernisering van het voorplein

Niet alleen het bijgebouw aan de oostelijke zijde maar ook de overige ommuring en bebouwing van de binnenplaats werd in deze jaren door Van Arnhem ingrijpend gemoderniseerd, waardoor de wanden van de binnenplaats een grotere eenheid kregen (afb. 40, 45). De zuid-, oost- en noordwand werden voorzien van gelijksoortige galerijen, overeenkomend met de vulling van de hoek rechts naast het ingangspaviljoen. Deze veranderingen zouden van na een brand die het huis in 1714 trof, kunnen dateren, maar logisch is dat niet[134]. Het jaar 1705 komt eerder in aanmerking, het jaar waarin een nieuwe klok voor Rosendael werd gegoten, die met deze verandering samen kan hangen (zie p. 46).

In de nieuwe situatie werden naast de nieuwe keuken de knechtenkamers ondergebracht, waartoe de linker deur toegang gaf (afb. 45). Ter weerszijden van deze toegang lagen hoenderhokken en links in de hoek het brandblushuisje, waarin brandspuit en blusmateriaal te vinden waren. Tegen de gevel lag een galerij, waarin een poortje en een trap, die naar de keukens leidden. Links van dit poortje was de afbeelding van een dienstmaagd geschilderd en rechts een van een knecht, elk met een schotel in de hand, ten teken van de aard der vertrekken die men hier kon aantreffen. Hier huisde de uit Den Haag afkomstige kok Jacob[135].

daar Jacob 't meeste woont,
Ik meen de keukens, daar de kok voorraad van spijsen/
Bewaart en toebereidt op de allerbeste wijsen.
Het geen hij in den Haag heeft in sijn jeugd geleert.
Hier valt het hittig, als het vuur is op den heert.
Van hier komt al 't gezoon, gebakken en gebraden,
Waar mee de tafel, dag bij dag, word overladen,
Tot drie gerechten op den middag; 's avonds twee.

De grootste keuken lag aan de zijde van de gracht, ten dele in de ronde toren op de zuidoosthoek van het complex; de schoorsteen, die op plaat IIIb en XV (afb. 67, 45) te zien is, bevestigt dat. D'Outrein vermeldt:

De grootste keuken, in 't rondeel, is fraay bekleedt
met witte steentjes; waar uit, als men buyten treedt,
begeeft men sig in een seer schoone galerije,
die 't gansche binnenplein besluit aan dese zije.

Men behoefde de gereed gemaakte gerechten voortaan dus niet via de open binnenplaats op te dienen, maar de knecht kon via deze nieuwe galerij het huis binnen gaan. Deze was tegen de muur aan de zuidzijde van de binnenplaats aan de grachtkant gebouwd, met drie of vier openingen aan de zijde van het plein en vanaf borsthoogte voorzien van spijlen. Volgens d'Outrein was de galerij negen voet breed en achtenvijftig lang[136]. Halverwege de galerij bevond zich een deur – op de plaats van of naast het getraliede raam – met daarachter een balkon boven de gracht. In deze galerij mocht gerookt worden, in tegenstelling tot binnenshuis: 'in deese galerij het toegelaten is / tabaks-collegie voor liefhebberen te houwen'. Ter versiering waren er 'indiaantjes met een rol van 't kruid, die smooken' aangebracht, en boven de openslaande deuren stonden de letters *T.C.* (tabaks-collegie). Voorts waren in de vloer harten en in het gewelf van de galerij een roos aangebracht en ter verklaring de opschriften:

onder de roos een open hert / onder de roos, met een goed vrindt,
genoodt en aangeboden werdt. welkom, soo gij genoegen vindt.

Verder op in de galerij waren er nog meer voorbeelden van 'verscheide snaakerij van beelden en prentkonst' te vinden, zoals een aantal spiegeltjes boven de pomp met daaronder een in koper gegraveerd gedichtje, ongetwijfeld gevloeid uit de dichtader van de heer des huizes zelf:

schoon ge u hier menigmaal besiet,
denk niet, dat gij u daar door kent;
want immers kent ge u selven niet,
die niet weet, wat ge inwendig bent.

Boven deze spiegeltjes bevond zich de afbeelding van een jager en een windhond aan zijn voeten met Van Arnhems devies: *Un homme qui va droit ne manque* en links en rechts de vertaling: *Die regt gaat, hij feilt niet* en *Die mist niet, die regt schiet*. Aan het einde van deze galerij bevonden zich twee deuren, die toegang gaven tot respectievelijk de eetzaal in het huis en een dienkamertje dat zich wellicht in het aangrenzende trappenhuis heeft bevonden. Daarboven hing, aan de zuidelijke zijkant van de toren de etensklok van Rosendael. Deze klok diende zowel om personeel als om gasten aan tafel te roepen:

Sij luidt gemeenelijk des morgens voor de booden,
des middags voor all' die de Heer hier wilde nooden,
die dikwerf wijds en sijds sijn door den Roosendaal
verstrooit, die dit geluid te samen roept op 't maal.

Wellicht is dit de klok uit 1705, die sinds 1842 in het klokketorentje op het dak van de zijvleugel hangt. Deze klok (diam. 39, 5 cm; h. 31 cm), draagt het opschrift: *si deuis pro nobus quis contra nos 1705*, en dateerde dus nog uit de tijd van Jan van Arnhem[137]. Op Het Loo bevindt zich een klok gedateerd 1686 door de Deventer klokkengieter Gerhart Schimmel (1661-1707) met hetzelfde opschrift[138]. Ook in de Hervormde kerk van Ubbergen bij Nijmegen bevindt zich een dergelijke klok met dit opschrift, gedateerd 1687[139].

Aan de andere lange zijde van het plein (noordzijde) werden – mogelijk gelijktijdig met de nieuwe galerij aan de grachtkant – links en rechts van de toegang tot het plein voor de muur met de arcade twee volières gebouwd, met in elk midden een boogvormig vak met tralies. In deze volières werden duiven gehouden; er stonden groene boompjes in en er stroomde water uit koperen kraantjes.

42.
Petrus Schenk naar Jan van Call, Rosendael uit het oosten over de moestuin, circa 1700, gravure, coll. VGK, Arnhem.

Een derde volière van vergelijkbaar uiterlijk lag – reeds voordat deze twee gebouwd werden – tegen het huis aan naast het ingangspaviljoen. Een fontein gaf water en de wanden waren versierd met blauw gedecoreerde tegels, afgewisseld door tegels met een rode roos:

> de wanden zijn verciert met steentjes, net en rein,
> te Delft gebakken. Hier en daar met groote roosen,
> die 's winters even seer, als in den somer, bloosen.

Deze tegeltableaux zijn waarschijnlijk degene die door Lubbert Adolf Torck zijn aangebracht op de wanden van de muurtrap, die van de eerste verdieping van het huis naar de bibliotheek op de eerste verdieping van de donjon leidt. In de volière hing bij de nestkasten een spreuk van Vergilius en aan de buitenkant van het hek een bijbelspreuk. Op de daklijst van deze volière stond een balustrade, gevuld met vijf compartimenten met ijzeren ranken met in het middelste vak de gekroonde adelaar en de uit de tuin bekende spreuk van Jan van Arnhem *ut aquila ardua quaerit*. Deze adelaar had een heraldische betekenis; de adelaar diende namelijk als wapenfiguur van de familie Van Arnhem. Op de rand van de balustrade stonden vijf stenen figuren en twee potten met planten. Op de daklijst van de twee andere volières en van de overdekte galerij stonden bloemen 'in potten, die van steen gebakke honden sijn' (waarschijnlijk wordt *konden* bedoeld). Op de afbeeldingen zijn ze niet te herkennen. Evenmin als in de tuin ontbrak het op dit voorplein aan ornament om de bezoeker te vermaken en hem of haar hier en daar zelfs een stichtelijk woord voor te houden. Maar het is de vraag, of dit gedeelte ook voor de 'gewone' tuinbezoeker toegankelijk was. Waarschijnlijk was de toegang tot binnenplein en voorplein voorbehouden aan genodigden. Veel van de decoratie, vooral de in de vloer van de galerij gelegde harten, hielden verband met de gastvrijheid die de Van Arnhems boden; in de woorden van d'Outrein:

> soo wilt den Heer alom sijn open herte toonen;
> als sijnde afkeerig, bij bedekte lien te woonen.

Brand in 1714

Op 12 maart 1714 werd Rosendael getroffen door een brand, die in het 'agterhuis' was begonnen. D'Outrein, die enige dagen later aanwezig was, beschreef op 17 maart hoe de huisraad tijdens de brand in veiligheid werd gebracht. De heer en vrouwe van Rosendael waren vertrokken naar Arnhem, maar werden achterhaald door een boodschapper en keerden daarop snel naar Rosendael terug. Bij hun terugkomst bleek er al veel uit huis te zijn gered:

> Het Neder-voorhof staat
> gepropt vol meubilen en allerley cieraadien.
> Van schilderijen van doorlugte Persoonadien,
> Van stoelen, kostelijk en konstig geborduurt;
> Van bedden, deekens. (...)
> Men bergt al wat men kan: goud, silver, tin en linnen.
> Niets blijft 'er op sijn plaats: 't moet alles nu van binnen
> Naa de open lugt, daar 't als een chaos onder een
> Rompslomp geworpen ligt van boven naa beneen.
> Men draagt vooral ook sorg voor boeken en papieren,
> Die sonder order door elkander henen swieren.
> Altoos, het beste voor 't verderf behouden word.

Het drie en een half jaar oude zoontje van de graaf en gravin Schwerin-van Heyden dat lag te slapen, kon ternauwernood gered worden[140]. Gelukkig was de weersgesteldheid dusdanig, dat de brand niet door harde wind werd aangewakkerd, waardoor de schade veel groter zou zijn geweest. Ook regende het niet, zodat de geredde boeken en papieren niet bedorven werden, en had de brand overdag plaats:

> Want, was 't bij nagt geweest, als wij te rusten lagen; soo waren mooglijk wij met al ons volk verteert.

Wij worden echter door de in dramatische bewoordingen gestelde beschrijving die in de derde druk werd opgenomen, niet of nauwelijks ingelicht over de ernst van de schade. Waarschijnlijk viel die wel mee en heeft d'Outrein schromelijk overdreven. D'Outrein rept in de derde druk van 1718, waarvoor de nieuwe tekst in 1716 werd opgesteld namelijk niet geen enkel woord over herstelwerk in of aan het huis gedurende de twee voorafgaande jaren. Voorts bevatten de balklagen tussen de eerste en de tweede verdieping van alle vier hoofdvertrekken van het huis nog steeds zowel de moerbalken als alle kinderbalken (formaat: circa 9,5 x 9,5 cm.). Ze werden door de brand dus niet aangetast. De mogelijkheid bestaat dat deze balklagen uit de 18de eeuw dateren, waardoor bovenstaande redenering niet zou opgaan. Erg waarschijnlijk is dat echter niet: op de kinderbalken werd een verflaag aangetroffen, die voor de 18de eeuw overbodig geweest zou zijn. De balklaag werd toen immers door een gestuct plafond aan het oog onttrokken. Bovendien zijn er op de tweede versie van Schenks prentserie geen grote verande-

43.
Petrus Schenk naar Jan van Call, toegangsbrug en volière uit het zuiden, circa 1700, gravure, coll. VGK, Arnhem.

ringen aan het huis waar te nemen. Zouden na de brand de balklagen wel en bijvoorbeeld de kruiskozijnen niet vernieuwd zijn? Dat lijkt onwaarschijnlijk. Indien de balken door Van Arnhem niet vervangen behoefden te worden, was er voor Torck evenmin reden dat te doen: zij verdwenen toch achter nieuwe plafonds. Van Arnhem kon na de brand volstaan met het herstel van de schade, die gering geweest zal zijn. Het huis hoefde niet wederopgebouwd te worden.

Het enige in het oog lopende verschil, af te lezen aan Schenks prenten uit de tweede versie, was een enorme schoorsteen met drie rookkanalen, die op de nok van de oostelijke beuk ter hoogte van de noordelijke gevel werd geplaatst. Ze dienden om een betere trek van de stookplaatsen mogelijk te maken en wellicht om de kans op brandgevaar te verminderen.

De radicale wijziging van het huis die Lubbert Adolf Torck enkele jaren later (1721) begon, kan dus niet beschouwd worden als het herstel van de schade die deze brand had aangericht. Dat blijkt afdoende uit d'Outreins beschrijving uit 1716, uit de herziene prentserie van Schenk uit 1718 en ten slotte uit de (summiere) afbeelding van het huis op de eerste getekende plattegrond door Barend Elshof uit 1721.

Uit het voorgaande moge blijken, dat Jan van Arnhem gedurende de halve eeuw dat hij heer van Rosendael was, het huis zelf niet ingrijpend verbouwd heeft. Hij richtte zijn aandacht wel op de bebouwing aan de beide voorpleinen; in 1698 en mogelijk in 1705 werden daar verschillende vernieuwingen aangebracht. De door d'Outrein geconstateerde liefhebberij voor de bouwkunde van Van Arnhem heeft niet tot aanwijsbare verdere bouwnijverheid op Rosendael geleid. Van Arnhem heeft het huis bij zijn overlijden bijna even ouderwets achtergelaten als hij het bij zijn huwelijk aantrof.

Dit staat in schrille tegenstelling tot de bouwactiviteiten die verschillende tijdgenoten van Van Arnhem ondernamen. Aan de bouwlust die in de kring van de Koning-stadhouder heerste, heeft Van Arnhem dus niet deelgenomen. Toch moet hij hun nieuwe of vernieuwde buitenverblijven gedurende het laatste kwart van de 17de eeuw hebben zien bouwen of in voltooide staat hebben bewonderd[141].

Het uitblijven van een dergelijke modernisering van Rosendael in die periode is des te opmerkelijker, wanneer men bedenkt, dat Van Arnhem wat betreft de verfraaiing van zijn tuinen voor hen niet heeft ondergedaan. Een verklaring hiervoor zou gevonden kunnen worden in een behoudende instelling, die hem ingegeven zou hebben de vorm die de grootouders van zijn vrouw aan het huis hadden gegeven, te respecteren. Maar al zou er bij Van Arnhem het verlangen naar een modern huis geleefd hebben, het zou hem waarschijnlijk aan middelen daartoe hebben ontbroken. Hiervoor werd reeds opgemerkt, dat een investering van *f* 3.100,– in de modernisering van de bebouwing aan het voorplein hem in 1698 aanleiding gaf tot het maken van een opmerking[142].

De bouwsom van een nieuw huis, in grote orde het tienvoudige, zou hem zonder geld te lenen waarschijnlijk voor problemen hebben geplaatst[143]. De vermogenspositie van het echtpaar Van Arnhem kan namelijk bij benadering worden vastgesteld door de bedragen van de legaten op te tellen die na hun beider dood door hun erfgenamen uitgekeerd moesten worden[144]. Dit totaal bedroeg, zoals eerder vermeld, circa *f* 78.000,–; hiervan moest echter een groot gedeelte uitbetaald worden uit de opbrengst van onroerende goe-

44.
Petrus Schenk jr., huis en donjon uit het noorden, circa 1718, gravure no. XVI, RAG, AHR.

deren, en uit de erfenis van Janne Margriete's zuster Elisabeth van Heyden-van Arnhem, die in 1707 was overleden. Een bedrag van ongeveer *f* 29.000,– dat in de vorm van legaten diende te worden uitgekeerd, was niet uit onroerend goed afkomstig en was dus mogelijk in contanten of in effecten voorhanden. Bij gebrek aan nadere gegevens moeten wij er hier vanuit gaan, dat zij in de voorafgaande decennia ook over een dergelijk vermogen beschikten, maar waarschijnlijk niet over ruimere middelen. Wanneer zij geen schulden wilden maken, was dit contante deel van hun vermogen niet toereikend om een nieuw huis te kunnen bouwen. Hierna zal blijken, dat Van Arnhems erfgenaam wel over de nodige middelen kon beschikken om Rosendael aan de smaak van de tijd aan te passen.

In bewaard gebleven reisbeschrijvingen komt meestal de tuin aan de orde, maar zelden het huis. Een korte opmerking maakte de Duitse architect Leonhard Christoph Sturm (1669-1719) uit Rostock, die in het begin van de 18de eeuw een reis door Nederland maakte, naar aanleiding waarvan hij in 1719 zijn *Architektonische Reiseanmerckungen* publiceerde[145]. Hij passeerde Rosendael en werd niet toegelaten, maar concludeerde toch dat Schenks afbeeldingen accuraat waren. Sturm vermoedde in de tuin weinig bijzonders aan te zullen treffen en oordeelde over het huis aldus:

> Das Gebaeude selbst ist von aussen gantz schlecht, irregul und altvaetterisch, daher ich billich auch in demselben, ausser etwa kostbaren Meublen nichts von architectonischen merckwuerdigkeiten vermuthet habe.

Interieur en inrichting

Het was in het genre der Nederlandse hofdichten ongebruikelijk om behalve de tuin ook het huis zelf te beschrijven[146]. Toch had d'Outrein overwogen om na de tuin ook "t Hoogadelijk Kasteel

45.
Petrus Schenk jr., voorplein met volières, galerijen en keukengebouw, circa 1718, gravure no. XV, RAG, AHR.

daar nevens af te malen, / met sijn vertrekken, die met hun cieraaden pralen'. Hij had daarvoor zelfs de tekst al geschreven, zoals uit het slot van zijn beschrijving van het exterieur van het huis blijkt:

> Wij souden hier nog konnen bijvoegen eene beschrijving van alle de gemakken en vertrekken van het gantsche HUIS; nevens de afbeeldingen van seer veele doorlugtige en Hoogadelijke personagien: gelijk wij die reeds in nog dertig bladzijden geschrifts, hadde opgestelt. Dogh dugtende dat sulx soo seer niet soude sijn van de smaak van het gemeen; heb ik het hier bij wel willen laten.

Wat spijtig is deze slotsom voor ons! Want zo goed als de tuinen en het exterieur van het huis in deze periode in woord en beeld zijn gedocumenteerd, zo gebrekkig zijn deze gegevens voor het interieur. Uit contemporaine bron is slechts de benaming van de volgende vertrekken bekend: *eetsaal*, *buffet*, *voorsaeltje*, *eerste en tweede salet* en de *groote zael*.

Uit de enkele woorden die d'Outrein aan het interieur wijdt, blijkt dat de *eetsaal* op de zuidoostelijke hoek van het huis lag, het vertrek, dat thans de eerste salon naast de hal is. Behalve binnendoor was dit vertrek vanuit de keuken via de overdekte galerij toegankelijk via een aparte deur. Zoals hierboven reeds beschreven, bevond zich daarnaast een aparte deur, die in de dienkamer uitkwam waar het tafelgoed bewaard werd. Dit vertrekje stond in verbinding met de eetkamer:

> Het komt uit in 't buffet,
> waarin, terwijl men eet, het glaswerk word geset,
> en wat 'er meer behoort, van lepels, vorken, borden.

Bij de restauratie van het huis in 1988 werden in de oostmuur van de eerste salon de resten van deze verbinding – namelijk een deurpost – gevonden.

D'Outrein noemt de eetkamer elders nog eens, in de inleiding op de derde druk naar aanleiding van de plattegrond van Rosendael:

> Wat de plattegrond betreft, die is naar de voetmaat afgeteekent door Barent Elshof, een van de Huis-Dienaaren van den Heere van Roosendaal; sijnde een kleinder begrijp van een groote kaart, door denselven gemaakt, en de aldaar hangende in het Eetsaal[147].

Eén van Schenks prenten draagt als titel *Gezicht van den Tuin van Rozendael te zien uit de Groote Zael* (afb. 60, 61). Omdat een ander gezicht op deze tuin uit dezelfde hoek een *Gezicht van den dikken tooren* (afb. 56, 57) betrof, lag de grote zaal waarschijnlijk op de hoofdverdieping van de toren, nog altijd het grootste vertrek op de begane grond.

Slechts in één ander document worden drie vertrekken met name genoemd, en wel in de *order ende bestier over de begraeffenis en het sterfhuis van ons Jan van Arnhem ende Janne Margriete van Arnhem*[148]. Zij bepaalden, dat na hun overlijden drie kamers 'met rouw behangen' moesten worden: het *voorsaeltje*, het *eerste en het tweede salet*. Daarmee zijn de belangrijkste vertrekken op de hoofdverdieping van het tweebeukige huis benoemd: het *voorsaeltje* kan de huidige hal zijn geweest, de *eetsaal* de huidige eerste salon, en het *eerste en tweede salet* de twee vertrekken in de westelijke beuk, tegenwoordig de tweede salon en de eetkamer.

Helaas zijn er geen gegevens voorhanden over de indeling der vertrekken op de eerste verdieping. Dat er slaapkamers lagen, is wel duidelijk, maar hoe moeten wij ons die voorstellen? Als appartementen met de daartoe behorende antichambre, chambre en garderobe? Beschikten Jan en Janne Margriete van Arnhem elk volgens de in de hofkring geldende gewoonte over een eigen slaapvertrek met de bijbehorende nevenruimten? Deze vragen kunnen bij gebrek aan nadere gegevens niet op bevredigende wijze beantwoord worden.

Uit een dichtregel van Jan van Arnhem blijkt wel, dat er een voor die tijd moderne, op Frans voorbeeld geïnspireerde, slaapkamer met een alkoof – een afgescheiden ruimte of nis waar het ledikant geplaatst was – in zijn huis aanwezig was. In een satirisch gedicht onder de titel *Inval der Heydenen op Roosendaal 3 dec. 1682*, waarin hij een bezoek van de familie van zijn zwager Frederik Willem van Heyden aan Rosendael becommentarieerde, kunnen wij lezen: 'U camer en alcoof ontsien se zelver niet'[149].

Op de eerste verdieping stond een vertrek of een appartement ter beschikking aan Koning-stadhouder Willem III. De omvang daarvan is wellicht bescheidener geweest dan op andere huizen van personen uit diens kring. Jan van Arnhem was geen gunsteling van Willem III in de gebruikelijke zin des woords en zal dan ook minder verplichtingen hebben gehad; bovendien kon de Koning-stadhouder op zijn nabijgelegen huis Dieren verblijven. Van het bestaan van een dergelijke kamer of appartement op Rosendael bestaat geen contemporaine vermelding. Maar in de inventaris die van Rosendael werd opgemaakt na het overlijden van Petronella W. Torck-van Hoorn (1764) komt de vermelding van de *koningskamer* voor[150]. Deze benaming bleef dus nog lang na het overlijden van het echtpaar Van Arnhem in gebruik. In maart 1764 werd Anthony de Moll betaald voor het 'verwen van 4 ramen op en bij de

46.
Bokaal met gegraveerd wapen Van Arnhem en opschrift Ut aquila ardua quaerit Jes. XL v. 31, *circa 1700, h. 23,2 cm, coll. VGK, Rosendael, lijst van voorwerpen 11 (vergelijk afb. 51).*

Coningscamer'[151]. Ten tijde van het opmaken van de inventaris was deze kamer met tapijten behangen, maar dat kan een toevoeging door het echtpaar Torck zijn geweest. Zelfs tijdens de volgende generatie, in 1788, werd dit vertrek nog altijd *koningskamer* genoemd[152].

In dezelfde inventaris komt de benaming *de vrouw van Heidens kamer* voor. Mevrouw Van Heyden was Janne Margriete's in 1707 overleden zuster Elisabeth. Ook deze benaming hield dus nog gedurende de gehele volgende generatie (Torck-van Hoorn) stand. De bedoelde kamer is waarschijnlijk de huidige *Keppels kamer*.

In het souterrain waren waarschijnlijk geen dienstvertrekken in gebruik, maar werden de voorraden bewaard. In ieder geval was de keuken er niet gevestigd; zoals wij reeds zagen lag die in het bijgebouw aan het voorplein. Er waren namelijk nauwelijks lichtopeningen in de muren van het souterrain aangebracht. In de zuidmuur was er slechts een klein vierkant venster onder de beide vensters der hoofdverdieping van de westelijke beuk. Aan de noordzijde was er een dienstingang van de bassecour naar het onderhuis van de oostelijke beuk. Rechts daarvan bevonden zich twee lage openingen. Aan de oost- en westzijde was het onderhuis, voor zover herkenbaar op de afbeeldingen, gesloten. Waarschijnlijk waren de keldervertrekken overwelfd. Eén is bewaard gebleven (de kelder onder het telefoonkamertje naast de hal) en bij de restauratie werden in 1988 in twee andere ruimten de sporen van gewelven gevonden (in de kelder onder de hal en in de tegenwoordige spoelkelder ten noorden naast de keuken). Deze gewelven waren belangrijk om de voorraden eten en drank koel te houden.

Een andere reden van de onderkeldering was de isolatie van de vertrekken op de hoofdverdieping zodat deze niet op waterniveau lagen. De Amsterdamse architect Philips Vingboons (1707-1678) repte bij het door hem in 1642 gebouwde huis Driemond te Weesp van het 'winthol' maken van de onderverdieping, waarbij hij niet op onderkeldering doelde maar op een lage kruipruimte[153].

De schouw in de 18de-eeuwse keuken in de kelder van Rosendael werd pas na 1721 gebouwd en aangesloten op het bovenliggende rookkanaal. Deze rookkanalen bevonden zich in de gemeenschappelijke muur tussen beide beuken. Het grote kanaal in het noordelijk gedeelte van het huis is tot op heden intact gebleven, zij het dat het kanaal naar beneden verlengd werd, zoals tijdens de restauratie bleek. Het hoofdkanaal liep uit het *voorsaeltje* omhoog. In de hal werd de achterzijde van de vloer van de schouw bij de restauratie teruggevonden. Het kanaal in het zuidelijk deel van het huis bevindt zich niet meer op de oude plaats. Op de begane grond werd de stookplaats vervangen door dubbele deuren tussen de eerste en de tweede salon en daarboven op de eerste verdieping werd een doorgang tussen de bovenzitkamer en de slaapkamer aangebracht. Het restant van het schoorsteenkanaal werd gesleept door de muur ernaast. In het souterrain (dienstbodenkamer) onder de eerste salon kwamen bij de restauratie de sporen tevoorschijn van een oude boog boven de stookplaats. Hoewel deze de indruk wekken te behoren tot de 17de-eeuwse fase, is dat in het licht van het bovenstaande niet aannemelijk. Wellicht was er in de 17de eeuw ook hier geen stookplaats, en begon het kanaal pas op de hoofdverdieping. Rond 1721-1723 kan het evenals het kanaal in de noordelijke beuk van het huis naar het souterrain zijn doorgetrokken.

Decoratie van het interieur

Er is over de inrichting van Rosendael in de 17de eeuw en dus ook over de decoratie van wanden, vloeren en plafonds ten tijde van Jan en Janne Margriete van Arnhem bijzonder weinig bekend. Vele in dit verband relevante vragen moeten helaas onbeantwoord blijven. Lieten zij stucplafonds aanbrengen? Waren de wanden van de hoofdvertrekken gepleisterd, bespannen of voorzien van goudleer of geschilderde behangsels? Welk soort vloerbedekking lag er op de planken vloeren?

Door de toevallige vondst van enkele fragmenten goudleer tijdens de restauratie in 1988 beschikken wij over een aanwijzing dat één of meer vertrekken met goudleer behangen waren. Dit goudleer dateert uit het derde kwart van de 17de eeuw en kan dus na 1667 door het echtpaar Van Arnhem-van Arnhem zijn aangebracht. Het is versierd met een patroon in relief van bloemen, waaronder zonnebloemen, rozen en tulpen, druiventrossen, strikken, een vogel en een slang (afb. 34). Op de Wasserburg Anholt (Westfalen, Duitsland) is de Groene Zaal of Bronckhorsterkamer behangen met goudleer met hetzelfde motief[154].

Stucplafonds kwamen in de 17de eeuw sporadisch voor, met voor het oosten van het land een eigen ontwikkeling, die waarschijnlijk door Duitsland werd beïnvloed; de balken van het plafond bleven nog in het zicht[155]. Gedurende de laatste twee decennia van de 17de eeuw begon een nieuw type stucplafond in zwang te komen dat de balkenzoldering aan het oog onttrok en daardoor de integratie van het plafond met de wanden bewerkstelligde. Bij de verspreiding van deze nieuwe vorm zien wij in het oosten van het land de vroegste voorbeelden, zoals op de Slangenburg bij Doetinchem (ca. 1680) – vergelijkbaar met dat op Amerongen (ca. 1685) – op Het Loo, waar in het oudste deel van 1686 nog geen stucplafonds waren aangebracht, maar waar dat in de toegevoegde paviljoens aan het eind van de jaren negentig wél werd gedaan; op het Nijenhuis te Heino en Twickel te Delden, beide eveneens uit de jaren negentig, en op Middachten waar circa 1697 Jacob Husly sr., Francesco Ottolino en anderen werkten[156]. Sedert het begin van de 18de eeuw werden stucplafonds in het gehele land toegepast.

De kans dat Van Arnhem op tamelijk gevorderde leeftijd nog aan die nieuwe mode heeft meegedaan, is niet heel groot. Waarschijnlijk was in alle vertrekken de balkenzoldering uit de bouwtijd (1615) met kinderbalken van circa 9,5 x 9,5 cm. in het zicht gebleven. Hierop werd in 1988 een beige-groene kleur aangetroffen; decoratieve patronen, die vaak op balkenplafonds werden aangebracht, zijn niet gevonden. Deze zolderingen zijn in alle vier hoofdvertrekken op de begane grond en de eerste verdieping onbeschadigd bewaard gebleven. Zij zijn echter alleen in de hoekkamer op de eerste verdieping (vroegere *koningskamer*) nu nog in het zicht.

Onze interesse gaat natuurlijk ook uit naar de meubels en overige voorwerpen waarmee het huis was ingericht. Bij welke zilversmeden en meubelmakers kochten de Van Arnhems? Omdat inventarissen, rekeningboeken en dergelijke ontbreken, valt er vrijwel niets van te zeggen. Via omwegen kennen wij de vermelding van slechts enkele stukken. In de eetzaal hing de door Barend Elshof getekende plattegrond van de tuinen; er kan dus in de eetzaal geen geschilderd behangsel zijn toegepast, maar wel goudleer dat in tegenstelling tot textiel in verband met etensluchten juist vaak in eetvertrekken blijkt te zijn toegepast. Het *voorsaeltje* (de hal) kunnen wij ons in de 17de eeuw met gepleisterde wanden en eventueel een lambrizering voorstellen.

Wat betreft de schilderijen die in deze periode op Rosendael hingen, geeft de inventaris van 1764 een indicatie. Torck erfde vrijwel de gehele inboedel van de Van Arnhems[157]. Zij namen in hun testament bovendien een bepaling op, waardoor het Torck niet was toegestaan meubels, huisraad of inboedel te verkopen[158].

Wij mogen dus wel aannemen, dat hun inboedel grotendeels op Rosendael bewaard bleef en dus ook op de inventaris van circa 1764 is terug te vinden. Toen Lubbert Adolf Torck in 1722 met Petronella W. van Hoorn trouwde, vertegenwoordigden zijn meubels een waarde van *f* 16.000,–, waarvan de inboedel van Rosendael een substantieel deel vormde[159].

Omdat de genoemde inventaris op het gebied van schilderijen vrijwel uitsluitend portretten vermeldt en geen andere genres, zal ook Van Arnhem voornamelijk portretten aan de wand gehad hebben, met wellicht als uitzondering enkele afbeeldingen van zijn huis en tuinen. De genealogische rol die portretten in het interieur van huizen als Rosendael speelden, komt in het volgende hoofdstuk aan de orde.

Het ligt voor de hand gedurende deze periode de meeste portretten in de vier hoofdvertrekken op de begane grond en in de torenzaal te zoeken, maar ook in de vertrekken op de eerste verdieping van het huis. Naast enkele oudere stukken, waaronder het portret van Ermgard van Dorth door Paulus Moreelse uit 1624, werd op Rosendael rond het midden van de 17de eeuw een serie van zeker twaalf portretten van leden van de familie Van Arnhem aangelegd, waarvan er nog altijd tien op Rosendael aanwezig zijn (zie bijlage 1). Deze kunnen worden toegeschreven aan de Zutphense portretschilder Dirk van Loonen (1620/1621-1711), die circa 1650 en latere jaren in Oost-Nederland werkte in de trant van Gerard van Honthorst[160].

Rond 1670 en volgende jaren werd de reeks uitgebreid met een serie 'galerijstukken'. Deze portretten zijn groter van formaat, zoals die van Jan en Janne Margriete van Arnhem zelf en het postume portret van hun tante Janne van Arnhem. Portretten van niet-familieleden, zoals van Frederik III van Brandenburg (1657-1713), sinds 1701 koning van Pruisen, en zijn stiefmoeder Dorothea hertogin van Holstein-Glücksburg (1636-1689), passen ook in deze reeks (afb. 47, 48)[161]. Deze portretten zijn alle anoniem. Bij de portretten van Jan en Janne Margriete van Arnhem kunnen wij denken aan een Haagse schilder, bij de Brandenburgse portretten aan een Duitse. Uiteraard was Van Arnhem op de hoogte van de portretschilders van zijn tijd. In zijn vriendenkring zag hij werken van hun hand; bovendien was hij zelf als jongeling mogelijk al eens geschilderd door de bekende Haagse portretschilder Jan Mijtens (ca. 1614-1670)[162]. En in een gedicht ter gelegenheid van het huwelijk van Assueer Torck en Anna Maria Ripperda op Duivenvoorde in 1686 noemde Van Arnhem de gewilde Haagse hofschilder Jan de Baen (1633-1702) en een Van Loon, waarmee hij wellicht op de bovengenoemde Dirk van Loonen doelde[163].

Eetzaal, eerste en tweede salet kunnen wij ons nu voorstellen met een wandbespanning van goudleer of textiel, het *voorsaeltje* met gepleisterde wanden. De uitmonstering van de torenzaal blijft onbekend omdat de gehele ruimte, inclusief het tongewelf, in de 18de eeuw ingrijpend werd gewijzigd.

Onze kennis van de meubels blijft beperkt tot de mededeling van d'Outrein, dat er bij de brand van 1714 veel meubels, waaronder geborduurde stoelen gered werden:

> Het neder-voorhof staat
> gepropt vol meubilen en allerley cieraadien.
> Van schilderijen van doorlugte persoonadien,
> Van stoelen, kostelijk en konstig geborduurt;
> Van bedden, deekens.

Op de inventaris van 1764 staan meubels uit de tijd van de Van Arnhems genoemd, maar die zijn niet altijd als zodanig te onderscheiden. Dat is wel het geval met enkele zilveren voorwerpen, waarvan het gegraveerde wapen Van Arnhem vermeld is[164]. Het betreft twee kandelaars, een klein handblakertje met dompertje, twee lepels, twee tafelkransen en voorts vijfentwintig en nog eens twaalf messen met het wapen Van Heyden, die dus van Janne Margriete's zuster Elisabeth (overleden in 1707) afkomstig waren.

Tot de voorwerpen die niet op Lubbert A. Torck vererfden, behoorde een 'groote vergulde gedreven lampet en lampet schootel' uit het bezit van Jan van Arnhem, die door Janne Margriete gelegateerd werd aan haar nicht Louise Charlotte gravin van Schwerin-van Heyden[165]. Waarschijnlijk bleef een serpentijnstenen pul met zilveren deksel met het wapen van Jan van Arnhem wel op het huis

47.
Anoniem, Friedrich III van Brandenburg, circa 1680, coll. BvdZ, Rosendael, lijst van portretten 26.

48.
Anoniem, Dorothea hertogin van Holstein-Glücksburg, circa 1680, coll. BvdZ, Rosendael, lijst van portretten 27.

bewaard, maar deze is niet in de inventaris van 1764 terug te vinden. Ervan uitgaande dat deze pul altijd op Rosendael is gebleven, moet deze uiteindelijk op W.K. baron van Pallandt vererfd zijn en zo op het Nijenhuis te Heino terecht zijn gekomen, waar deze in 1934 bij de inboedelveiling voor *f* 155,– werd verkocht[166].

Tot slot komen er op de 'lijst van het beste pelle in het cabinet op de kinderkamer' (inventaris van 1764) nog enkele handdoeken voor, die met de letters V en A gemerkt waren[167].

Aangezien inventarissen van de inboedel of beschrijvingen van het interieur ontbreken, is slechts door vergelijking een algemeen beeld te krijgen. Dergelijke beschrijvingen zijn bijvoorbeeld bekend van Het Loo, Dieren en De Voorst, maar die zijn niet representatief vanwege het stempel dat de Koning-stadhouder erop gedrukt heeft. Een betere indruk geeft bijvoorbeeld het in 1832 afgebroken huis Batinge te Dwingeloo in Drente, dat sedert 1685 eigendom was van de Overijsselse edelman Elbert Anthony van Pallandt (1637-1701), Drost van Coevorden en de Landschap Drenthe etc., die getrouwd was met Van Arnhems nicht Walburg van Heeckeren[168]. Van Arnhem heeft zijn neef Van Pallandt adviezen gegeven bij het ontwerp voor een nieuwe tuinaanleg (zie afb. 78). Beiden bekleedden vergelijkbare functies, waren verwanten, bewoonden buitens in het oostelijk deel van de Republiek, maar waren ook in Amsterdam en 's-Gravenhage goed bekend; wij mogen aannemen dat hun huishoudens ook overeenkomsten vertoonden. Van de inrichting van Batinge rond 1700 is iets bekend dankzij de beschrijving van de Groningers L. Beckeringh en A.E. van Bolhuis, die in juli 1705 toegang kregen tot het huis dat zij tijdens hun reis langs verschillende steden en buitenplaatsen aandeden[169]. Hun reisverhaal vermeldt:

> Daernae gingen wij nae het huis te Batinge de residentieplaetse der Drostinne Douariere Pallant zijnde een roijael & nieuw vierkant Italiaens gebouw waeraen van weerkanten noch twee huisen sijn angetimmert hebbende mede van beijde zijden op de plaetse 2 schone stallingen, daerbij een fraije tuin met geschoren ijperen heegen & taxis pijramiden en parterres met bloemen. Niettegenstaende de vrouw Drostinne van veele vrinden destijds besoeck hadde, hadden wij echter 't geluck van dit deftich gemeubbert huis te besien, werdende door meest alle kamers omgeleit door de camenier[170]. Voor ging men op het huis op 4 sarke trappen, achter in het hoff waeren vijff diergelijke trappen, boven voor & achter waer een fraij gesicht door de balcons op de tuin & plaets neffens veele deftige camers. Onder anderen saegen wij het grote sael ter rechterhant behangen met overkostelijke turckse tapeten, met beelden levensgrote hebbende 15.000 gl. gekost, voor de schoorstien waer de Koningh van Sweeden nu re-

gerende te peert uitgeschildert zijnde een stuck van groote waerde, door de heer Baron van Heekeren der Drostinnen broeder selfs uit Sweden medegebracht; in een andere kamer sagen wij een schilderie hebbende 300 ducatons gekost, terwijl wij besich waren dit te besien quam een laquei de camenier belasten ons de slaepkamer van de Drostinne te laten besien waerin wij uitnemende kostelijckheden saegen onder anderen een deftich silveren servijs op het cabinet, een silveren watervat in de schoorsteen staende, houdende wel een vierendiel nat, een overdeftich ledikant, & een rariteitscamertien vol allerhande seegewassen[171]. Nae gedaene besichtinge versocht de camenier ons op een glas wijn hebbende onse naemen & woonplaetse aen haer op het versoeck der Drostinne bekent gemaeckt. Naedat wij 't welwesen van 't huis te Batinge hadden gedronken & ons verders na onse plicht gereguleert namen wij afscheit ...

Uit deze beschrijving blijkt dat de aanwezigheid van de bewoners geen belemmering voor een onbekende hoefde te zijn om het huis te mogen bezichtigen. Er is geen reden aan te nemen dat Rosendael voor belangstellenden gesloten was, maar tot dusver is er, behalve de korte notitie van L.C. Sturm, geen verslag van een bezoek aan het huis uit deze periode bekend geworden.

Op *de Roosendaalsche Vermakelijkheden*

Gelukkig Roosendaal,
Met sijn vermakelijkheden;
Gelukkig drie viermaal,
Dien 't sien en het betreden,
Wanneer sij in D'OUTREINS
Voetstappen en gedagten,
Aanmerken in iets kleins
Des Scheppers groote kragten.
Gelukkig wederom,
Aan wien God wilde schenk
't gebruik en eigendom;
Indien sij maar gedenken,
Dat ieder roose had
sijn prikkelende dooren,
Indien men se niet vat
Te regt en naar behooren!
Soo de uitterlijke schijn,
Alleen mij kan vermaken,
Het Roosendaal sal sijn
Om 't Jammerdal te maken.
Rampsalige vermaak,
Soo eenig ding beneden
Geeft meerder vreugt of smaak
Als die van 't hemelsch Eden!
Op dat dan 't Roosendal
Mij nimmer mag bedriegen,
'k wensch ik met vleug'len sal
Als d' AREND daar uit vliegen.

J. van ARNHEM. Ut aquila ardua quaerit
Jes. 40 : 31

Hofdicht

Voorafgaand aan de bestudering van de tuin van Rosendael ten tijde van de Van Arnhems, besteden wij hier eerst aandacht aan de beschrijving die al in de 17de eeuw werd gemaakt. Geheel volgens een 17de-eeuwse literaire traditie heeft Jan van Arnhem opdracht gegeven tot het schrijven van een hofdicht – een beschrijving op rijm – gewijd aan Rosendael, en dat zelfs twee keer[172]. Het eerste *Gezang op Roozendaal* was van de hand van de Amsterdamse dichter Joan Pluimer[173]. Het gedicht dateert uit 1690[174] en is in 1718 als bijvoegsel opgenomen in de derde druk van Johannes d'Outreins hofdicht over Rosendael.

Pluimers gedicht telt eenentwintig strofen van tien versregels elk. In tegenstelling tot het traditionele hofdicht speelt de bijbelse strekking hierin een ondergeschikte rol. Evenmin geeft het een topografisch nauwkeurige beschrijving van Rosendael. Pluimers korte beschrijvingen, die ook op een andere tuin van toepassing zouden kunnen zijn, waren aanzetten tot dichterlijke uitwijdingen. Het bevat wel een aantal andere voor dit genre traditionele elementen zoals verwijzingen naar de klassieke oudheid, de vergelijking van de eigenaar met de Romeinse consul en schrijver Cato, de lof op zijn culturele ontwikkeling en maatschappelijke positie en de afwezigheid van de bedilzucht van de staat[175].

In Pluimers verzamelde *Gedichten* is een lofdicht van de Amsterdamse dichter Hermannus Angelkot opgenomen, waarin onder meer voorkomt[176]:

Of roemt hy Rozendaal, dat pronkprieel der hoven,
Dan wil hy ons met al zyn kunst graag doen gelooven,
Dat haar gezichten, Veld, en Boom, en Bloem sieraân,
In eelheid, en natuur, zyn dicht te boven gaan.

Het tweede hofdicht *De Roosendaalsche vermakelykheden, met een geestelyk oog beschouwd, in digtmaat gesteld* geschreven door de Arnhemse predikant Johannes d'Outrein (1662-1722), verscheen in 1700 bij Gerard Borstius in Amsterdam en telde veertig pagina's (afb. 49). Het is het enige bekende hofdicht van een dergelijke omvang van een Gelderse bezitting. De beschrijving voorzag kennelijk in een behoefte, want in 1713 verscheen een gewijzigde tweede druk onder de nieuwe titel *Wegwyser door de Heerlykheid Roosendaal*, gevolgd door een sterk vermeerderde derde druk in 1718, waarvan de volledige titel luidt: *Wegwijser door de Heerlykheid Roosendaal ofte, de Roosendaalsche Vermakelykheden. Met een geestelyk of zedelyk ooge beschouwt en in digtmaat gestelt.* Deze derde druk werd geïllustreerd door een grote vogelvluchtkaart van de aanleg met aan de onderrand een afbeelding van een hertejacht, gegraveerd door de Amsterdamse tekenaar en graveur Jan Smit (werkzaam wrs. 1713-1748) naar een tekening van Barend Elshof (afb. 54), en negentien gravures door de Amsterdamse graveur en uitgever Petrus Schenk (1660-1711) naar tekeningen van Johannes van Call (1656-wrs. 1706), waarvan er vijftien, die opnieuw werden gegraveerd, herhalingen waren van Schenks prenten, die als deel V waren opgenomen in de rond 1700 in Amsterdam verschenen serie *Paradisus Oculorum* (afb. 53)[177]. Deze derde druk bevat niet alleen het hofdicht, maar is vermeerderd met een bundeling van losse stukken, die samen een ware verheerlijking vormen van Rosendael en zijn bewoners. D'Outrein voegde toe: een nieuwe inleiding, een levensloop, een treurrede en enkele grafschriften op de inmiddels overleden heer van Rosendael, de beschrijving van een koninklijke hertejacht uit 1697, de brand op Rosendael in 1714 en een verjaarsgedicht uit 1713, waarmee het geheel een omvang van 88 pagina's kreeg. Daarin vormde het oorspronkelijke gedicht nog wel de kern, maar door alle uitbreidingen is het geheel niet meer typerend voor het genre.

Het oorspronkelijke gedicht *De Roosendaalsche vermakelykheden* uit 1700 is wel een typische representant van het Nederlandse 17de-eeuwse hofdicht. Het is didactisch van aard: de lezer krijgt een topografische en een tuinbouwkundige uiteenzetting voorgeschoteld, en tevens is het gedicht doortrokken van godsdienstige en moralistische lessen[178]. Het gedicht is bijna een exegese: na de beschrijving van een bepaald onderdeel van de tuin volgt telkens een 'geestelijke lering' in cursief met verwijzing naar toepasselijke bijbelcitaten in de marge. In de aanvulling van de beschrijving van de tuin in de derde druk komen deze bijbelse verklaringen minder frequent voor, zijn zij korter en niet meer cursief gedrukt, maar staan tussen aanhalingstekens. In de oorspronkelijke tekst is er zoals gebruikelijk in het genre van het hofdicht geen aandacht voor het huis zelf; in de derde druk komt het exterieur van het huis wel aan de orde. Bovendien werd overeenkomstig de traditie in het genre het gezonde buitenleven bezongen en werd de eruditie van de bewoners geëtaleerd door verwijzing naar de klassieke auteurs die zij lazen. Het Nederlandse hofdicht wortelde in een klassieke traditie, waarbij vooral Vergilius' *Georgica* grote invloed had, verder ook Horatius' epode *Beatus ille* ... en schrijvers als Varro en Columella. Deze invloed is ook bij d'Outrein aanwijsbaar. Bij de beschrijving van de Rosendaelse bijenstal citeert hij 104 verzen lang Vergilius in de vertaling van Vondel.

Ook uit het dubbele motto dat aan de inleiding voorafgaat, blijkt dat d'Outrein zowel uit de bijbel als uit de klassieke literaire traditie heeft geput. Na drie versregels uit Psalm 104 liet hij een versregel van Horatius volgen 'Omne tulit punctum qui miscuit utile dulci' ('Die digter my het best voldoet, / die 't nut doormengelt met het zoet'). Het gedicht zelf werd voorafgegaan door het motto: 'Si natura negat, faciunt haec Tempe Poëtam'. (Als je zelf geen aanleg hebt, dan maakt dit liefelijke oord wel een dichter van je).

De Van Arnhems hielden het genot van de tuin niet alleen voor zichzelf, maar zij stelden ook anderen in de gelegenheid Rosendael te bezichtigen. Velen, die zich het reizen konden veroorloven, waren geïnteresseerd om met eigen ogen te zien hoe de bekende Gelderse buitenverblijven met hun nieuwe tuinen er uit zagen. Behalve Rosendael reisde men vooral naar Het Loo en De Voorst om daar de nieuw aangelegde tuinen te bewonderen. Tegen betaling van een fooi leidde de tuinbaas de bezoekers rond.

D'Outrein beschreef Rosendael in de vorm van een rondgang langs de voornaamste bezienswaardigheden. Daarmee verleende hij het gedicht ook practisch nut: de bezoeker kon het gedicht als leidraad voor een wandeling door de tuin gebruiken. In de *voorreden* van de tweede druk uit 1713 bevestigde d'Outrein dat. Hij koos voor de *Wegwyser* een kleiner formaat vanwege de kosten en 'opdat men het gemakkelyker by sig soude konnen dragen'; de wandelaars konden Rosendael 'met dit boeksken in de hand' bezichtigen. Zo bood Rosendael genoeg stof voor de dichters-pen van dominee d'Outrein: hij leverde een gelukkig voorbeeld af van het dubbele ideaal dat een hofdicht behoorde te bezingen: het buitenleven van de bewoner, in gezelschap van de boeken die hij in zijn bibliotheek had verzameld.

Van Arnhem heeft d'Outrein stellig als een geestverwant beschouwd en in de door Van Arnhem gepubliceerde theologische werken is d'Outreins invloed waarneembaar. D'Outrein behoorde als godgeleerde tot de coccejanen (volgelingen van Coccejus, die in tegenstelling tot de aanhangers van Voetius de nadruk legden op het onderzoek naar en de uitleg van Gods woord). Hij heeft wellicht Van Arnhem tot dezelfde inzichten gebracht; in de theologische werken die Jan van Arnhem schreef, *Jesus Christus in het lichaam synes vleeschs* en *Jesus Christus in het bloed synes kruyces* (1694) en *'s Menschen leven, afgebeeld door een schip, aan de wal reysvaardig leggende* (1701)[179], staan in de marges talloze verwijzingen naar bijbelcitaten vermeld. D'Outrein had dus een goede reden een van zijn theologische werken, *Proefstukken van heilige sinnebeelden*, die hij in 1700 in Amsterdam bij Gerardus Borstius liet verschijnen, op te dragen aan Jan van Arnhem, die hij als AMOR ET DELICIAE GELRORUM ('de liefde en verlustiging van Gelderland') betitelde. Het door J. Baptist gegraveerde portret van Van Arnhem (afb. 50) en zijn wapen (afb. 51) prijken na de titelpagina aan het begin van de 41 pagina's tellende opdracht, waarin ook 'het bekoorlijk en alom beroemd Roosendaal' niet ongenoemd blijft.

Johannes d'Outrein studeerde theologie aan de hogeschool te Franeker, werd in 1685 beroepen als predikant te Oostzaan en in 1687 te Franeker, waar hij ook tot bibliothecaris aan de hogeschool werd benoemd (afb. 52). In 1691 werd hij naar Arnhem beroepen, waar hij alom moet zijn gewaardeerd. Daar wijst het geschenk van een zilveren lampetkan en schotel op, dat het stadsbestuur d'Outrein had aangeboden als dank voor het feit dat hij een beroep naar Alkmaar in 1694 niet had aangenomen. Het middenstuk van de schotel met gegraveerde inscriptie is verwerkt tot een presenteerblaadje[180]. Toch volgde in 1703 zijn vertrek naar Dordrecht en ten slotte in 1708 naar Amsterdam. D'Outrein was behalve als kanselredenaar bekend vanwege zijn vruchtbare pen op theologisch gebied; met zijn stichtelijke werken bereikte hij een brede lezerskring[181]. De vriendschap tussen Van Arnhem en d'Outrein zal spoedig na aankomst in Arnhem gesloten zijn en duurde voort toen d'Outrein Arnhem had verlaten. Dit afscheid klonk zelfs in Dordrecht door:

En gij o Rozendaal, o Tempe en Gelders Eden
Verschuil uw torenkruin, terwijl hij van u scheid[182].

Bij gelegenheid van de 77e verjaardag van de vrouwe van Rosendael in 1713 schreef d'Outrein onder meer: 'al de gunst, die ik van u genoot, nu meer dan twintig jaar'[183]. En Jan van Arnhem merkte aan het eind van zijn leven in een brief aan Johan Hendrik van Wassenaer Obdam over d'Outrein op: 'Monsieur d'Outrein, qui nous est de longtemps un particulier et bon amis, de sorte que nous nous interressons en ce que le regarde'[184].

De eerste druk van *De Roosendaalsche Vermakelijkheden, met een geestelijk oog beschouwd, in digtmaat gesteld en opgedragen aan de Hoogwelgeborene Heer en Mevrouwe van Roosendaal en Mevrouwe Douariere van Heiden* bevatte na zes pagina's inleiding tweeëndertig pagina's tekst zonder illustraties, gevolgd door acht pagina's toegift 'een afmaning van het Kaartspelen, verkeeren en ander ijdel tijdverdrijf'. Het gedicht bevat talloze verwijzingen naar

DE

ROOSENDAALSCHE

VERMAKELYKHEDEN,

Met een Geestelyk oog Beschouwd, in Digtmaat gesteld, en opgedragen

Aan de

Hoog Welgeborene Heer en Mevrouwe van

ROOSENDAAL,

En Mevrouwe Douariere van

HEIDEN.

DOOR

JOHAN D'OUTREIN.

UT PALMA VIRESCIT

t'AMSTERDAM,

By GERARDUS BORSTIUS, Boekverkooper, aan den Dam, op de hoek van de Nieuwendyk. MDCC.

49.
Titelpagina van het hofdicht De Roosendaalsche Vermakelykheden *door J. d'Outrein, Amsterdam 1700, coll. VGK, bibliotheek Rosendael.*

50.
Jacobus Baptist, Jan van Arnhem in cartouche met diverse attributen en met devies Qui va droit ne manque, *circa 1700, gravure, coll. VGK, bibliotheek Rosendael.*

51.
Anoniem, wapen Van Arnhem met Jan van Arnhems motto Ut aquila ardua quaerit, *circa 1700, gravure, opgenomen in diverse werken van Jan van Arnhem en Johannes d'Outrein, coll. VGK, bibliotheek Rosendael.*

bijbelteksten en uitweidingen over Bijbelse thema's. Ook verwijst d'Outrein naar klassieke schrijvers als Horatius, Ovidius, Juvenalis, Vergilius, Hesiodus en Josephus. Deze annotatie ('aantekeningetjes') voegde d'Outrein toe, omdat hij veronderstelde 'dat dit werkje ook en wel voornamelijk, van ongeletterde souwde gelesen worden'[185]. Zijn coccejaanse standpunt klinkt door in de toelichting: 'Ik toone in mijn gedigt op den Rosendaal, wat voor een eerlijk en stigtelijk vermaak en uitspanning een Christen hebben kan en mag'. Daartegenover stelde hij een waarschuwing tegen het ijdele tijdverdrijf van het kaarten (of was dat alleen maar bladvulling?). Zoals gezegd kon het gedicht dienen als leidraad voor de bezoeker, maar niet minder belangrijk was het om de lezer en de bezoeker aan de tuinen ervan te overtuigen, dat de voortbrengselen, zowel van natuur als kunst, dienden als middel om nader tot God te komen, doordat zij de beschouwer konden onderwijzen in de goddelijke waarheden. Of om de woorden van de dichter zelf te gebruiken: de bezoeker had een wegwijzer nodig om van de schoonheid van de schepping op te klimmen tot de schepper zelf. De bergen en dalen, de bomen en bossen, de bloemen en fonteinen die in Rosendael te zien waren, dienden als zinnebeelden van de gehele schepping Gods. Dit thema, waarin alle ingrediënten van een tuin in de zin van de Bijbel konden worden opgevat, was in de 17de eeuw algemeen[186]. Dat tuinbeelden ook zinnebeelden konden bevatten, vermeldt d'Outrein niet. Het ligt voor de hand, dat d'Outrein en enkele tijdgenoten de Rosendaelse tuinen vergeleken met het paradijs. Hierna zal de vraag aan de orde komen of d'Outreins interpretatie ook strookte met de uitgangspunten die Jan van Arnhem zelf hanteerde bij de aanleg en bij latere veranderingen.

Voor de nadere bestudering van Rosendael staat ons als illustratie bij het geschreven woord een serie van zestien gravures door Petrus Schenk ter beschikking, die separaat rond 1700 te Amsterdam werd uitgegeven in de serie *Paradisus Oculorum*. De tekenaar van deze gezichten wordt niet genoemd, maar uit een passage in Ludolph Smids' *Schatkamer der Nederlandsse oudheden* (Amsterdam 1711) blijkt, dat het Johannes van Call was, wiens getekende landschappen en gebouwen veelal door Schenk werden uitgegeven, zoals de uit tweeënzeventig bladen bestaande serie Rijngezichten, getiteld *Admirandorum quadruplex spectaculum pictura delectum*. Bij Smids kunnen wij lezen: 'ondertussen is door J. Pluimer het vermaak van haar hedendaagsse plantagie geroemd; gelijk Van Kall, voor P. Schenk, haar cieraaden in XVI gesichten heeft gebracht'[187].

De serie werd in 1718 bij de uitgave van de derde druk van d'Outreins beschrijving – onder de gewijzigde titel *Wegwijser door de Heerlijkheid Roosendaal* – opnieuw gegraveerd en opgenomen onder weglating van één prent, en aangevuld met vier nieuwe prenten en de genoemde vogelvlucht gegraveerd door Jan Smit naar een tekening van Barend Elshof (afb. 54)[188]. D'Outreins gedicht in combinatie met de beide versies van Schenks prentserie vormen samen een belangrijk hulpmiddel om de aanleg van de Rosendaelse tuinen ten tijde van Jan van Arnhem tot in detail te kunnen bestuderen. Van slechts weinig Nederlandse 17de- en 18de-eeuwse tuinen is deze gecombineerde bron van informatie in een dergelijke uitvoerigheid bewaard gebleven[189]. Daarentegen ontbreken er rekeningboeken of andere archivalia uit deze periode in het huisarchief Rosendael, als gevolg waarvan wij vrijwel niet geïnformeerd zijn wie betrokken werden bij de aanleg van de tuin[190].

52.
Pieter van Gunst naar Jasper Boonen, Johannes d'Outrein, circa 1705, gravure, Iconographisch Bureau, 's-Gravenhage.

De beschrijving en de afbeeldingen beslaan een periode van ongeveer twintig jaar (circa 1698-1718). Dankzij de verschillende jaren waarin de beschrijving en de afbeeldingen verschenen, zijn de talloze veranderingen die Van Arnhem aan huis en tuin liet aanbrengen vastgelegd[191]. De voorafgaande periode van dertig jaar, sinds het huwelijk van Jan en Janne Margriete van Arnhem in 1667, is minder goed gedocumenteerd.

Beschrijving van de tuin

Zelfs zonder veel concrete gegevens bestaan er toch voldoende aanwijzingen voor de conclusie, dat de contouren van de aanleg evenals belangrijke elementen van het vijver- en lanenstelsel reeds voor 1667 vastlagen. Ten eerste hebben de middeleeuwse hoofd- en voorburcht met de toegangsbrug, waar in 1985 de fundamenten van werden teruggevonden, reeds sedert de 14de eeuw de kern van Rosendael gevormd. Voorts bepaalde de natuurlijke gesteldheid van het terrein met de aanwezige hoogteverschillen reeds de aanwezigheid en de stroomrichting van het water en dientengevolge ook de ligging van de papiermolens. Het is niet waarschijnlijk, dat een structuur, die reeds sinds de 14de eeuw in ontwikkeling was, zich in een keer radicaal zou laten wijzigen. De onregelmatige vijfhoek, die de contour vormt van de kern van de aanleg, laat zich slechts verklaren als een structuur die reeds bestond. De continuïteit van de hoofdlijnen van de aanleg blijkt voorts uit enkele pachtboeken, die de periode van circa 1644 tot 1706 met enkele onderbrekingen bestrijken, maar waarin ook passages voorkomen over het beheer in de voorafgaande tijd, teruggaand tot ongeveer 1636[192]. Hieruit blijkt dat bepaalde handelingen op dezelfde plaats zowel voor als na 1667 plaats vonden. Zo werden in 1658 elzen rondom de grote vijver gehouwen en verkocht voor *f* 60,– hetgeen in 1662 opnieuw gebeurde en *f* 40,– opbracht, 'omdat se doe soo out niet was'[193]. In 1654 werden de elzen rondom de vijver achter de toren samen met een els tussen de vijfde en zesde molen verkocht voor *f* 180,–[194]. Ook deze situatie bestond al lang tevoren. In 1646 verkocht Robert van Arnhem namelijk behalve het elzenhout rondom de buitenhof (later de *lage tuin* genoemd) ook de elzen 'staende tussen den bovensten meulen aen die grote viver tot aen Arien Henrichens meulen'[195]. De grote vijver was de vijver achter de toren gelegen. Verder was er sprake van 'een hech aen t hecke achter den toorn, gaende zuidwaerts na den Isel, noortwaerts tot aen de Wolfskuil, westwaerts tot op de gemeente', die zowel in 1641, 1650, 1659/1660 als in 1670, 1683 en 1693 ten behoeve van de houtopbrengst werd verkocht[196]. Voorts was er nog een 'heg', die ten dele tegen de 'Trapwech' lag, en die in zuidwestelijke richting 'langs de bovenste vijvers' liep, die zowel in 1645, 1655, 1664, 1676 en 1685 werd verkocht[197]. Kortom, het feit dat er zowel voor als na 1667 (en ook voor 1659 toen Janne Margriete vrouwe van Rosendael werd) zonder caesuur sprake was van: de zes papiermolens en een korenmolen, heggen, elzen rondom de vijvers, en vooral van de grote vijver, de vijver achter de toren en de bovenste vijvers, impliceert dat de structuur van de tuinen inclusief een serie vijvers reeds vòòr Jan van Arnhems tijd aanwezig moet zijn geweest.

De pachtopbrengsten van de zes papiermolens en de korenmolen zijn sedert 1642 genoteerd, maar de oudste vermeldingen dateren reeds uit de 16de eeuw, waaruit blijkt dat er toen ook al vijvers aanwezig waren[198]. Deze vijvers dienden immers als stuwvijvers ten behoeve van de watermolens en zijn pas later onderdeel van de tuinaanleg geworden, zonder overigens hun oorspronkelijke functie te verliezen![199]. Die verandering bespeuren wij voor het eerst in 1685, toen de eerste molen, die ongeveer tussen het huis en de Sterrenberg aan een aparte stuwvijver lag, werd afgebroken[200]. Het molenhuis bleef wel staan en de vorm van de stuwvijvers bleef waarschijnlijk ook ongewijzigd, dus was de afbraak niet nodig om de vijver van vorm te verbeteren, maar om een ononderbroken waterstroom van deze vijver naar de lager gelegen waterwerken te garanderen.

Het bovenstaande werpt licht op de door Van Arnhem ontwikkelde tuinaanleg, waarvan de structuur in belangrijke mate bepaald was door de reeds lang aanwezige (stuw)vijvers. Vanwege deze structuur die uit de natuurlijke gesteldheid van het terrein was ontstaan, heeft Van Arnhem er niet naar gestreefd een groots geometrisch stelsel van lanen, parterres en vijvers met een centrale middenas aan te leggen, zoals dat in de laatste twee decennia van de 17de eeuw naar Franse voorbeelden tot stand kwam op onder andere Heemstede (Houten), Het Loo, De Voorst, Zeist en Sion (Rijswijk). In plaats daarvan zocht Jan van Arnhem het op Rosendael in een aantal aparte tuinen, onderling door lanen gescheiden, die samen met de vijvers in de vorm van een halve maan om het huis bogen. Deze tuingedeelten waren niet alle uit het huis zichtbaar. Desondanks moet het mogelijk geweest zijn van het dak van de toren in noordwestelijke richting over de vier in elkaars verlengde liggende, onregelmatig gevormde vijvers heen te kijken tot het punt waar de spreng in de bovenste vijver uitmondde. Maar uit de prenten van Schenk en de plattegrond van Elshof/Smit (afb. 54) blijkt direct, dat aan een dergelijk vergezicht geen belang werd gehecht: op de vier scheidingsdammen tussen deze vijvers waren immers lanen geplant, die het uitzicht uit een lager standpunt dan het dak van de toren hebben belet. Evenals de aparte onderdelen waarin de tuin was opgedeeld, werden deze vier vijvers, omzoomd door lanen, als afzonderlijke besloten ruimten beleefd. Door deze verdeling in afzonderlijke ruimten was de aanleg van Rosendael aan het eind van de 17de eeuw ouderwets geworden[201]. Het van nature stromende water dat de mogelijkheid van allerlei fonteinen en cascaden verschafte, compenseerde dat echter volledig. Niet de verre gezichten uit het huis en streng gehanteerde symmetrieën, maar de beslotenheid van het landschap en de mogelijkheid de tuinen van natuurlijke heuvels te overzien, verleenden een buitengewone kwaliteit aan de aanleg. Daarin vormden de waterwerken voorzien van altijd stromend water de glorie van Rosendael. Het belang van dit element in een tuin werd al door een gezaghebbende kenner als prins Johan Maurits van Nassau-Siegen (1604-1679) ingezien. 'Het vraeiste en raerste in Hollandt is eene levendige beeck te hebben' schreef deze in 1674 over Zorgvliet, en die constatering zou onverkort voor Rosendael kunnen gelden[202].

D'Outrein heeft Van Arnhem omschreven als onder meer een zeer kundig liefhebber van fonteinwerk, en daaruit mag geconcludeerd worden dat Van Arnhem bij de aanleg van waterwerken zelf een actieve rol speelde. Wellicht raadpleegde hij ook een specialist op dit gebied. Vanwege de vele contacten met Willem III kan onder anderen gedacht worden aan Willem Meester(s) die als *fontainier* in dienst van de prins kort na 1680 fonteinen had ontworpen onder andere op Honselaarsdijk en Soestdijk[203].

53.
Petrus Schenk, opdracht aan Jan van Arnhem van het aan Rosendael gewijde deel van Paradisus Oculorum, *circa 1700, gravure, coll. VGK, Arnhem.*

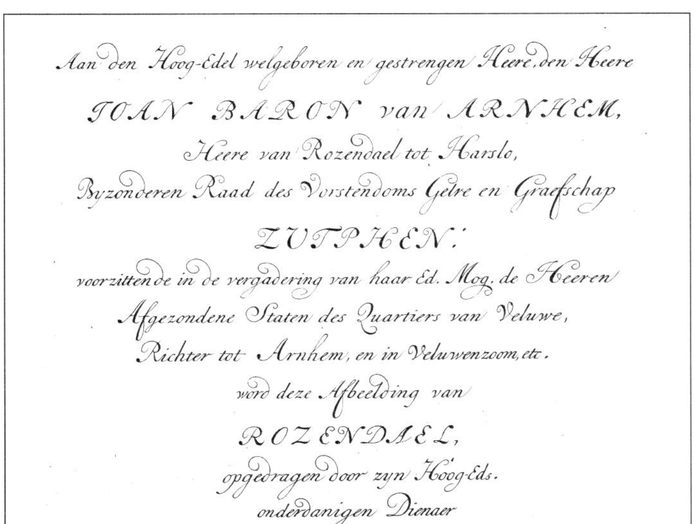
Aan den Hoog-Edel welgeboren en gestrengen Heere, den Heere
JOAN BARON van ARNHEM,
Heere van Rozendael tot Harslo,
Byzonderen Raad des Vorstendoms Gelre en Graefschap
ZUTPHEN.
voorzittende in de vergadering van haar Ed. Mog. de Heeren
Afgezondene Staten des Quartiers van Veluwe,
Richter tot Arnhem, en in Veluwenzoom, etc.
word deze Afbeelding van
ROZENDAEL,
opgedragen door zyn Hoog Eds.
onderdanigen Dienaer
PETRUS SCHENK.

Behalve de bovengenoemde pachtboeken zijn er nog enkele andere bronnen, die ons informeren over de ligging en de directe omgeving van het huis gedurende het derde kwart van de 17de eeuw. De eerste (gedrukte) beschrijving van Rosendael (1653) is van de Gelderse geschiedschrijver Arend van Slichtenhorst, die de bijzondere ligging, de beek en het bos vermeldt: 'een overaengenaem dal, aen een beek die verscheyde papiermeulens doet omloopen, hebbende op de zijd ook een cierlijker dan grooter bos'[204].

Een niet bij naam bekende reiziger uit 's-Gravenhage, die Rosendael op 25 april 1672 in verband met een bezoek aan de IJssellinie bezocht, repte in dezelfde trant wél over enkele zeer groene heuvels van onder tot boven met bomen beplant, over een boomgaard, en over de (water)kom waar het huis in lag, maar niet over parterres of fonteinen (zie bijlage 3)[205]. Een zwartkrijttekening van Rosendael door Karel Dujardin (1626-1678), het enige Nederlandse topografische werk van deze kunstenaar, die ons de donjon over een vijver te midden van hoge bomen uit het westen kort voor de vernieuwingen laat zien, illustreert deze beschrijvingen (afb. 55)[206].

Er zal ten tijde van Jan van Arnhems huwelijk in 1667 dus nog geen sprake zijn geweest van een tuinaanleg van belang. Indien hij niet korte tijd later begonnen is met de aanleg van parterres en waterwerken, dan moet dat toch in de loop van de jaren zeventig zijn gebeurd. Verschillende boeken over tuinkunst die in deze jaren verschenen, en die op Rosendael aanwezig waren (zie p. 82), bevestigen Van Arnhems belangstelling. Een eerste aanwijzing is de vermelding van de tuinman 'Jurin den hovenier', die bij Van Arnhem in vaste dienst was[207]. En dan zijn er twee opmerkelijke gedichtjes uit het jaar 1678, geschreven door Constantijn Huygens sr. (1596-1687), de dichter, componist en secretaris van achtereenvolgens Frederik Hendrik, Willem II en Willem III. Huygens bezat een grote kennis van de architectuur en de tuinkunst, die hij onder meer bij de aanleg van zijn buitenverblijf Hofwijck in het begin van de jaren veertig had kunnen toepassen. Hij bezocht Rosendael wellicht in het gevolg van de jonge prins Willem III. Naar aanleiding van een bezoek en overnachting op 16 juli 1678 vertrouwde Huygens zijn oprecht klinkende bewondering voor Rosendael aan het papier toe[208]:

> Afscheid van den Roosendael
>
> Die vanden Roosendael kan scheiden sonder suchten,
> En is 't gesicht van all' syn' wonderen niet waerd.
> Maer die aen Princen lust en lasten is vergaert,
> Is sijn verkiesen quijt, en plicht gaet voor genuchten.
> Vaert wel dan schoon verblijf, groen Hemeltjen op aerd,
> Doorluchtighe orgelen van silvere geruchten,
> Vaert wel, soet Paradijs, weergaloos Roosendael;
> Dit 's wat van u geseght, maer verr van altemael.
> Buren 16/26 Iul.

In een gedicht dat *Constanter* op 29 november van hetzelfde jaar schreef (naar aanleiding van een tweede bezoek?) bezong hij een

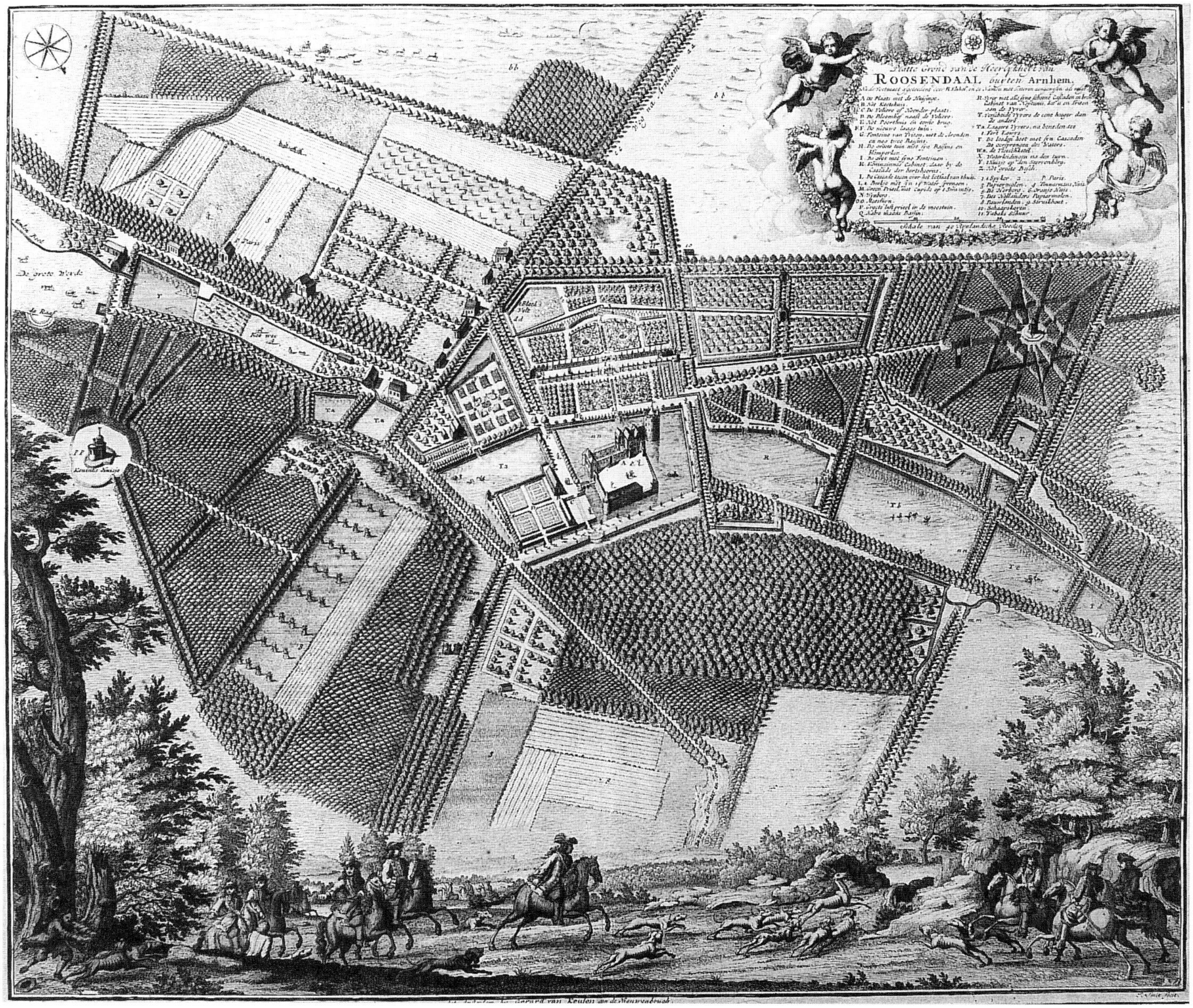

54.
Jan Smit naar Barend Elshof, vogelvlucht van Rosendael, circa 1718, gravure, 51,5 x 58,5 cm, coll. VGK, Rosendael.

door de heer van Rosendael nieuw aangelegde fontein, waarmee deze de natuur naar zijn hand had gezet:

Op de gemaeckte fontein ten Roosendael

Tot noch toe was 't Gods woord, Gods overvloed, Gods zegen,
De silvre plassen van dien onderaerdschen Regen
Daer Roosendael in swemt: Nu komt den Eigenaer
En thoont vernuftelijck hoe schoon de wereld waer,
Had yeder een de gaef van 't Schepsel te besteden
Waer toe het dienstigh is: de Menschelijcke Reden
En reickte noijt soo verr, ten waer God selver quam
En opende ons 't verstand en 't onverstand ontnam.
Hier hebt ghij t', vreemdeling; komt, helpt den Heer genieten
De vreugden daer hij Vrouw Nature aen heeft gewent,
En vreest niet of u een of beij verlegen lieten;
Sijn water en sijn gunst zijn beide sonder end.
Hag. 29. Nou.

De rijcke weelde van dien onderaerdschen Regen
Daer Roosendael in swemt, kon 't edele gemoed
Des Landheers niet voldoen: God was hem veel te goed,
Om niet voldanckt te zijn; waer me? met holle woorden.

Elders krijgen wij de bevestiging hoe belangrijk de rol van het levende water op Rosendael inmiddels was. De vroegste wat langere observatie van Rosendael staat namelijk in een gedrukte preek uit 1686 van de Leidse predikant David Knibbe (1639-1701)[209], die naar aanleiding van bezoeken aan Rosendael – en wellicht ook een vriendschap met de Van Arnhems – een preek (in Velp?) wijdde aan de tekst uit *Hooglied* 4 vers 15 e.v.: 'O fonteyne der hoven, put der levende wateren, die uit Libanon vloeien', in vergelijking met de fonteinen en hoven die hij op Rosendael had bewonderd. De preek liet hij daarna in enkele exemplaren in druk verschijnen (zie bijlage 3)[210].

Deze beschrijving, die niet voorbij gaat aan de wijsheid en de Godvrucht van het echtpaar Van Arnhem, is niet topografisch van aard, maar bezingt in het kort de schoonheid van de Rosendaelse tuin: bosschages, plantages, kruidberg, bloemen, bomen en wijnstokken, en hecht er – evenals later D'Outrein – een godsdienstige betekenis aan. Maar bovenal was David Knibbe onder de indruk van alle waterwerken die hij op Rosendael had aangetroffen: vijvers, 'waterwellingen', fonteinen en grotten. Uit deze impressie blijkt niet hoe de aanleg van Rosendael er in deze tijd uitzag; het centrum – door Knibbe beschreven als de 'kruid-berg' – lag op de zuidhelling aan de gracht tegenover het huis.

Enkele jaren later betrok Van Arnhem het stromende water op Rosendael eens in een vergelijking. In een huwelijksdicht voor Jacob Derck van Heeckeren en Heylwich Charlotte van Lynden, die in september 1691 trouwden, wenste Van Arnhem het bruidspaar toe, dat het geluk over hen uitgestort zou worden:

als al de stromen
op Roosendael, en al de borrels en yets d'aux
in t' huisken, groft en graft, cascades en ruissaux[211].

De eerste bewaarde plattegrond van de aanleg dateert uit circa 1705 (afb. 33)[212]. Wij zien de in het water gelegen hoofd- en voorburcht, via een brug verbonden met een door water omgeven toegangslaan, die in noord-zuid richting loopt. Ten oosten daarvan lag een door water omgeven (moes)tuin met langwerpige kweekbedden en doorsneden door een waterloop met enkele kleine bassins met fonteinen; deze tuin werd aan de zuidzijde afgesloten door een berceau (loofgang). Ten oosten van het kasteelcomplex zelf en eveneens in de slotgracht gelegen bevond zich op de plaats van de voormalige voorburcht een tweede moestuin, hier met vier vierkante vakken; aan de noord- en zuidzijde stonden treillages (latwerken) voor leibomen, en aan de oostzijde van de perken stond weer een berceau.

Ten westen van de toegangslaan bevond zich de eigenlijke tuinaanleg. De hoofdas van de aanleg liep uit het huis gezien over de tegenoverliggende zuidhelling omhoog. In het midden van deze terrastuin vormde een rond bassin met fontein voor een grot het centrum van vier parterres met symmetrische (buxus)figuren (afb. 56, 58). Terzijde en heuvelopwaarts lagen vakken met boomgaarden. Zowel over de hoofdas als over de dwarsas stroomde water, dat van de sprengen via een kanaaltje boven het niveau van de vijvers

55.
Karel Dujardin, donjon uit het westen, circa 1655-1660, inkt en zwart krijt, coll. Fondation Custodia, Parijs.

werd aangevoerd. De overige aanleg met de vijvers ten westen van het hier beschreven complex is niet weergegeven. Verschillende details zijn beter te begrijpen door vergelijking van de beschrijving van d'Outrein met de prenten van Schenk en de vogelvlucht van Elshof/Smit (afb. 54). Maar laten wij, omdat de gegevens voor de eerste twintig jaar zo schaars zijn, de situatie aan het einde van de 17de eeuw bezien zoals die is vastgelegd door d'Outrein en Schenk. In de eerste druk van 1700 beschrijft d'Outrein vrijwel uitsluitend hetgeen hij in de terrastuin ten zuiden van het huis ziet, op de vogelvlucht van Elshof/Smit aangeduid als *de groote tuin met sijn bassins en blomperken*. Toch was de aanleg in die jaren al veel groter, getuige Schenks serie prenten in *Paradisus Oculorum*, uitgegeven rond 1700. Hier volgt eerst de topografische beschrijving van de tuinen, waarbij de route is aangehouden die d'Outrein in zijn *Roosendaalsche Vermakelijkheden* volgde.

De bezoeker naderde het huis via de zojuist genoemde zuid-noord lopende toegangslaan, die met eiken was beplant. Voor een poorthuis en de eerste brug – de fundamenten ervan werden in 1985 teruggevonden – ging men naar links de kasteelvijver volgend het hofperk binnen. Deze aanleg was in hoofdlijn symmetrisch; de as was op het midden van het huis gericht. Men trof hier zowel vakken met bomen (linde, kers en appel) als 'twee bloemperken, door de Wiskonst selfs gemeten / hoe swiert het heen en weer, soo dat men nauw kan weten / waar 't einde is of begin van krul- en bloemcieraad / als het borduursel van een kostelijk gewaad' (afb. 56)[213]. Tussen het wandelpad en de gracht bevond zich een talud versierd met rankmotieven (gevormd door buxushaagjes?) met aan de bovenzijde langs het pad vazen afgewisseld door in piramidevorm geschoren (=in vorm geknipte) boompjes. In het centrum aan het water bevond zich een cascade met grillig gevormd grotwerk met ter weerszijde een ingelegde roos en een kwart-ronde trap. Deze werd op de vogelvlucht van 1718 aangeduid als: 'de cascade tegenover het Eetsaal van 't huis'. D'Outrein beschreef het kanaal en de geschoren boompjes aldus: 'Een vijver, vervuld met visschen

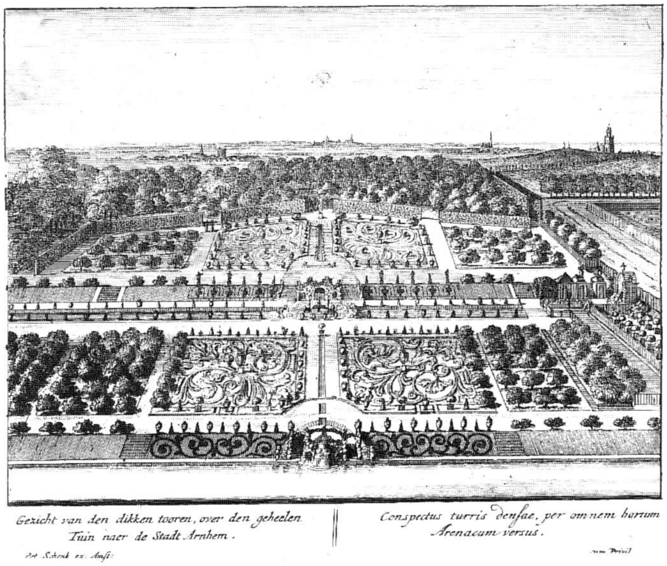

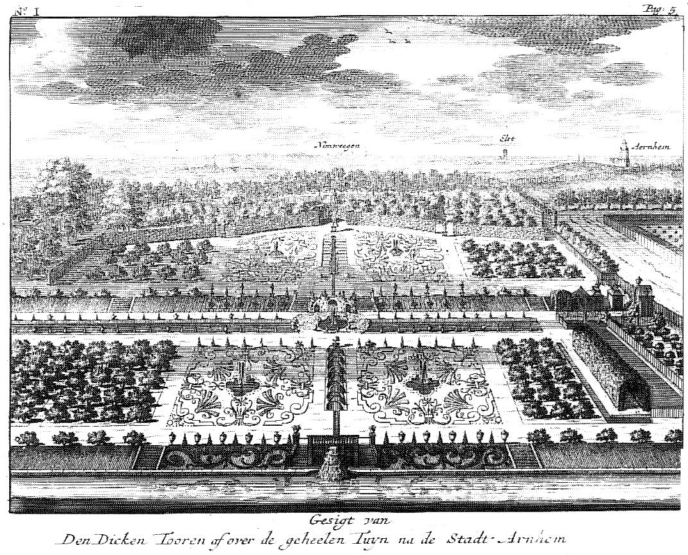

56.
Petrus Schenk naar Jan van Call, gezicht van de donjon op de parterres van de zuidelijke tuinaanleg, circa 1700, gravure, coll. VGK, Arnhem.

57.
Petrus Schenk jr., gezicht van de donjon op de parterres van de zuidelijke tuinaanleg, circa 1718, gravure no. I, RAG, AHR.

(...); de randen sijn geboort / met groene monstering, die 't keurlijk oog bekoort./ men zietz' in order, net beplant aan beyde zijden / met sonnebloemen en geschoore Pyramiden / van groene Taxus, en daarvan Jeneverboom'. Aan de andere kant van het pad grensden de twee genoemde parterres met broderiefiguren in de vorm van krullende ranken en bladeren en in het midden een vaas op een sokkel. De grasranden – plattes-bandes genaamd – van deze twee parterres waren bezet met bloempotten, piramidaal geschoren jeneverboompjes, afgewisseld door planten en enkele vazen of potten. De figuren in deze parterres waren geïnspireerd op Franse voorbeelden, die aan Van Arnhem bekend waren door plaatwerken die zich in zijn bibliotheek bevonden (zie p. 82). Inspiratie voor deze figuren kan hij ook hebben opgedaan uit *Le Jardin de Plaisir* door André Mollet uit 1651 en *Den Nederlandtsen Hovenier* door Jan van der Groen, die sedert 1669 ettelijke drukken in Nederland beleefde, en wel uit de erin afgebeelde *24 konstighe modellen van Fransche parterres*. Vergelijkbare broderiefiguren werden door Hans Willem Bentinck op Zorgvliet toegepast en door Arnold Joost van Keppel op De Voorst.

Beide vakken werden gescheiden door een middenas, bestaande uit een kanaaltje met een pad aan weerszijden. Hier trof d'Outrein onder andere lelie, roos, anjelier en lupine aan. Een dwarsas bestaande uit een kanaal met aan weerszijden in piramidevorm geschoren boompjes afgewisseld met vazen en aan elke zijde een wandelpad vormt de zuidelijke afsluiting van dit eerste terras (afb. 58). Centraal lag een ronde kom met drie fonteinen, die veertien voet (ca. $4^1/_2$ m.) hoog spoten, met aan de rand vier paar vazen, die in acht bogen water spoten wanneer men de kranen openzette. Daarachter bevond zich tegen het talud van het volgende terras een schelpengrot met voor de ingang (aan de rand van de ronde kom) de liggende figuren der zeegoden Thetis en Neptunus (afb. 60). De

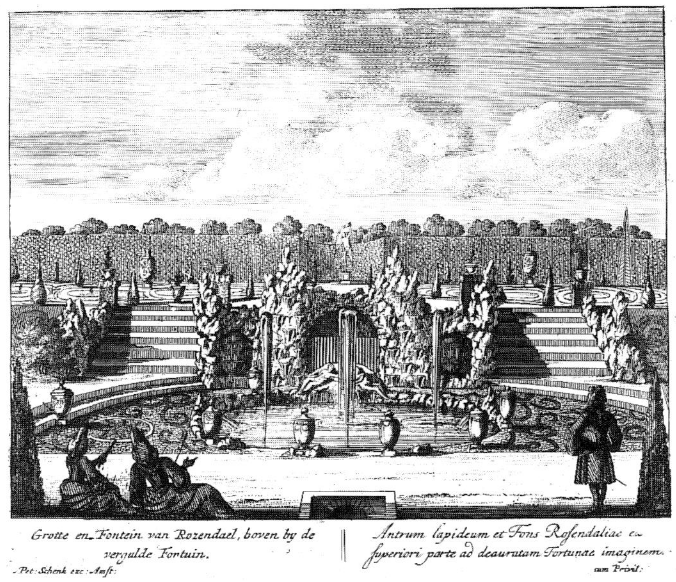

60.
Petrus Schenk naar Jan van Call, de grot in het centrum van de zuidelijke tuinaanleg, circa 1700, gravure, coll. VGK, Arnhem.

ingang bevond zich te midden van grillig gevormd rotswerk, dat overspoeld werd door water dat uit koperen buizen stroomde. In de grot stond men versteld van de zeegewassen: schelpen, paarlemoer, zeehorens en koraal. De vloer was belegd met keitjes, zoals rondom de waterkom, en bovendien waren er spiegels aangebracht

58.
Petrus Schenk naar Jan van Call, gezicht uit de toren op de zuidelijke tuinaanleg, circa 1700, gravure, coll. VGK, Arnhem.

59.
Petrus Schenk jr., gezicht uit de toren op de zuidelijke tuinaanleg, circa 1718, gravure no. III, RAG, AHR.

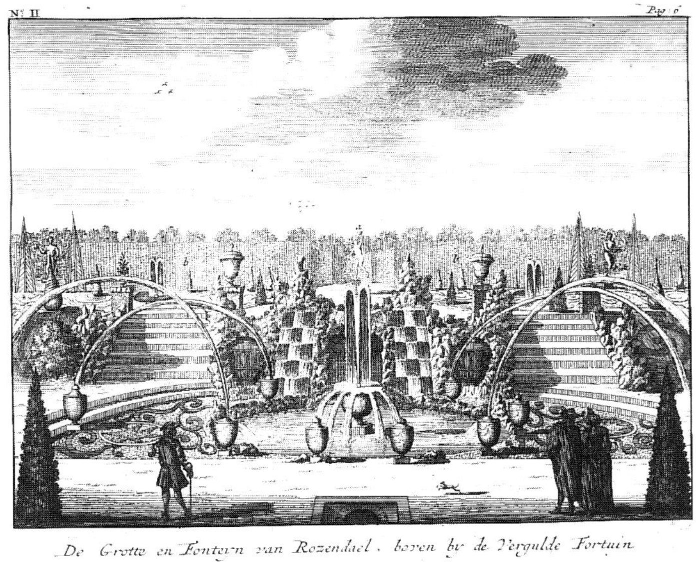

61.
Petrus Schenk jr., de grot in het centrum van de zuidelijke tuinaanleg, circa 1718, gravure no. II, RAG, AHR.

die het schouwspel nog eens verdubbelden. Door een kraan open te draaien kon de grot als het ware met een watergordijn afgesloten worden. In de vloer van de grot en aan weerszijden 'waeren pijpjens om emant nat te maken, werdende aen de slinkerhant bij de ingangh door den Hovenier met drie kraantjes gedirigeert'[214]. D'Outrein doelde hier op een ongewoon vermaak dat kon functioneren dankzij de hoogteverschillen in het terrein, de zogeheten bedrieger(tje)s, die ook elders in de tuin bij het kabinet van Neptunus – op de plaats van de 18de-eeuwse, nog bestaande, bedriegertjes – gevonden konden worden (zie p. 66 en afb. 68, 69).

Enerzijds speelde het verrassingseffect van het plots spuitende water dus een grote rol en kon de bezoeker zich verbazen over de voortbrengselen der natuur, die in deze rustieke grot waren nagebootst en tezamen gebracht; anderzijds diende een grot volgens renaissancistische ideeën ter contemplatie: hier zocht men in afzondering rust om te kunnen mijmeren[215]. Het behoeft nauwelijks betoog, dat d'Outrein in de koelte van de grot plaatsnam voor een geestelijke bespiegeling, die wij in zijn *Wegwijser...* kunnen terugvinden.

Naast deze grot voerden trappen naar het hoger gelegen terras. Ter weerszijde van deze trappen, maar nog voor het talud, dat van gras was 'heel cierlijk gelegd en kort geschoren', stonden twaalf borstbeelden van Romeinse keizers op sokkels, aan de achterzijde gesteund door een stang. Van links naar rechts stonden hier opgesteld: Caesar, Augustus, Tiberius, Caligula, Claudius, Nero, Galba, Otto, Vittelius, Vespasianus, Titus en Domitianus. De bovenzijde van dit talud werd bezet door een serie van zes beelden, die door d'Outrein niet benoemd worden en waarvan wij de voorstelling dus ook niet kennen; deze beelden werden afgewisseld door geschoren (=in vorm geknipte) boompjes. Het hierboven gelegen terras, dat licht helde, had wederom twee vakken met parterres van krullende banden, in het centrum weer een vaas omgeven door bloempotten, vazen en geschoren boompjes. Het middenpad klom met treden omhoog en op de middenas stroomde water in zes cascaden omlaag. D'Outrein beschreef dit gedeelte: 'op den top des bergs, als ziedende uit een pot / opborr'len komt, en stroomt langs loode platen, tot / een suiver spiegelglas'. Bovenaan deze trap stond de bezoeker oog in oog met het enige grote beeld in dit gedeelte van de tuin, namelijk een Fortuna, balanserend op één been met een zeil boven het hoofd gehouden (afb. 60, 61). Volgens d'Outrein was dit een verguld loden beeld, dat op een blauwe globe stond die weer op een piedestal rustte. De globe is op de prenten niet te zien.

Het idee van een terrasvormige tuinaanleg kan Van Arnhem hebben ontleend aan de axiale aanleg die Johan Maurits van Nassau-Siegen in de jaren vijftig op de *Springenberg* in het nabijgelegen Kleef had laten aanleggen[216]. Uit het hierna volgende zal blijken dat dit niet de enige inspiratie was die van Johan Maurits is uitgegaan.

De terrastuin werd aan de zuidzijde afgesloten door een geschoren haag van beukenloof, die achter de Fortuna een halfronde nis vormde. Hier direct achter lag de 'wijnberg', aan de oostzijde grenzend aan het bleekveld. Aan de westzijde werd deze wijnberg begrensd door een laan van hoog opgaande 'denneboomen', die aan weerszijde een altijd groene muur vormden. De reislustige Groningers Lambertus Beckeringh en Abel Eppo van Bolhuis vermeldden deze in 1705 als 'een taxis bomen alleë à 30 voet hoog'[217]. Op twee van Schenks prenten is de haag duidelijk herkenbaar (afb. 56, 62).

Ten westen van de zojuist beschreven tuin lag de moestuin, waarin zich ook de bijenstal bevond. Deze moestuin leverde onder andere wortel, kool, meloen en komkommers aan de Rosendaelse keuken. Er stroomde een beekje doorheen, hetzelfde dat ook tegenwoordig nog de schelpengalerij van water voorziet.

Keren wij thans terug naar de tuin zelf, dan voert onze wandeling vervolgens langs een kabinetje en een cascade, waaraan voor de heer en vrouwe van Rosendael dierbare herinneringen verbonden waren.

62.
Petrus Schenk naar Jan van Call, het kabinet van Mary Stuart en de cascade met de hertegeweien van Willem III gezien naar het zuiden, circa 1700, gravure, coll. VGK, Arnhem.

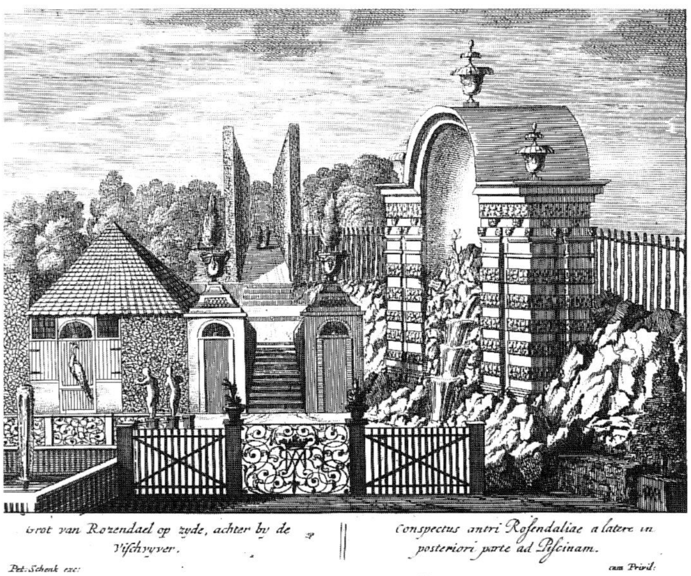

Het kabinet van prinses Mary

Aan de westrand van de tuin, op het einde van de dwarsas waaraan de Romeinse keizers stonden verrees reeds voor 1688 een kabinetje dat gewijd was aan, en waarschijnlijk ook was bekostigd door prinses Mary[218]. D'Outrein (1700) vermeldt het als 'hofkabinet van Mevrouw van Roosendael', de vogelvlucht van Elshof/Smit noemt het *Koninginnes Cabinet* en ook *porceleinkabinet*. Ook in de beschrijving van de Groningers Lambertus Beckeringh en Abel Eppo van Bolhuis uit 1705 komt de naam 'Koningins cabinette' voor, en bovendien 'teecamertie'. Het paviljoen had een vierkante plattegrond, een deur aan de noordzijde waarop een pauw was geschilderd met aan beide zijden hoge ramen met bovenlicht en het had een piramidevormig pannendak (afb. 62, 64)[219]. Aan de oostzijde bevond zich een 'lustprieel / van latwerk opgemaakt, van boven is het heel / met beukenloof begroeit' en aan de westzijde twee smalle gesloten vertrekjes met ieder een deur, waartussen een trap die in de richting van twee hoge geschoren hagen leidde. D'Outrein en Beckeringh/Van Bolhuis lichten ons ook in over het interieur (zie bijlage 3). Beiden noemen een rustbank of -bed in een *alcove* met een gordijn, waarmee hier niet een aparte ruimte bedoeld werd, maar eerder een nis met een gordijn ervoor; ook noemen zij een geschilderd portret van prinses Mary met het bijschrift *l'incomparable*. De wanden en het plafond waren geheel versierd met schilderingen (op planken of op doek?) van onder andere gezichten in het park.

> Ik zie het overal van boven en ter zijen,
> Tot deur en wanden toe, met sijne schilderijen
> Heel cierlijk opgepronkt, van boven toont sig lugt,
> waar door 't gevogelte sig opheft door sijn vlugt.
> Rondom vertoont mij sig de Rosendaal in 't kleine,
> met sijne hoven en plantaagien en fonteinen.
> Daar toont sig een uitheemsch gevogelt en geboomt:
> Een Indiaansche Knaap, die met een schotel koomt
> Van 't alereêlste fruit. Van binnen in d'*Alkove*
> Is 't rondom cierelijk. *De Roos* beslaat het boven;

Bovendien waren er een *Turk* en een *Heijdinne* afgebeeld. Naar analogie met het uitheemse gevogelte en de *Indiaansche knaap*, waarmee in algemene zin een exotische of Oosterse figuur werd bedoeld, lijkt deze Turk ook verband te houden met de opkomende exotische belangstelling aan het einde van de 17de eeuw. Beide figuren verwijzen echter primair naar verwante familieleden Torck en Van Heyden[220]. D'Outrein licht toe:

> Dogh die niet min dan *Turks* en *Heydensch* sijn van binnen;
> 't Sijn Christenkinderen en uit hoogEdel bloed
> Gesproten, die ik wensch dat God opwassen doet
> In deugden, en bekroon met sijne zegeningen.

Er stroomde water door het kabinet, waardoor een waterbak in beweging gezet kon worden: 'een fonteinback op en neer gaende als een slee'[221]. Dit water loosde via een buis in het voor het kabinet gelegen kanaal. In beide beschrijvingen wordt uitgewijd over het porselein dat in het kabinetje stond opgesteld. Een vergelijking met de vertrekjes in het souterrain van Het Loo, die prinses Mary in dezelfde jaren voor haar vertrek naar Engeland liet inrichten, leert dat het niet alleen om Chinees porselein zal hebben gehandeld, maar ook om Delfts blauw aardewerk[222]. Op 22 juli 1705 zagen Beckeringh en Van Bolhuis 'in dit teecamertie ... allerhande goedt van porcelein, als commen, copjes, lepelen, candelaren, lanteernen, soutvate etc.'. D'Outrein rijmde:

Op het Hofkabinet van Mevrouw van Roosendaal

Dogh hier vertoont sig nog wat schoons om op te letten:
Men doet mij open 't puik van alle Kabinetten,
Dat immer ooge sag. 't Is weêrgaloos in schoont,
Terwijl natuur en konst om strijd sig hier vertoont.
't Is rondom opgepronkt met porceleine vaten,
Die, naar de plaats gepast, heeft fatsoeneeren laten
De groote Koningin Maria, eer zij ging
Naa Groot Brittanje en daar den staf en kroon ontving.
Al wat men bij en op een tafel heeft te setten,
Is hier van porcelein: Een koelbak en lampetten
veel schotels, groot en klein, vier arremkandelaars,
En and're, die men set op tafel met een kaars,
sout-, suyker-, peper-vat, geen lepels uitgesonderd,
En wat den huisraad eyscht: soo dat sig elk verwonderd
Der fraaje vinding, meer dan om de Delfsche konst,
Die in dit proefstuk blijkt van 's Koninginnes gonst.

63.
Petrus Schenk naar Jan van Call, prieel naast het 'hofkabinet' van Mary Stuart, circa 1700, gravure, coll. VGK, Arnhem.

Van prinses Mary is bekend, dat zij een grote liefde koesterde voor Chinees porselein; dit citaat bevestigt nog eens dat zij voor haar vertrek naar Engeland ook reeds Delfts aardewerk verzamelde, waarmee zij dan porseleinkabinetten in haar verblijven in Nederland en Engeland inrichtte. Door de vondsten op Het Loo kunnen wij ons een indruk vormen van het aardewerk dat in Mary's kabinetje op Rosendael werd toegepast. Het gehele effect van dit rijke kabinet met een rustbank, Mary's portret, stromend water, schelpjes, Chinees porselein en Delfts aardewerk, geschilderde taferelen en exotische figuren op wanden en plafond werd nog eens vergroot door spiegels, die zich in één der wanden of in het plafond bevonden.

Het middelst is vercierd met held're spiegelglasen,
Waar in sig 't kabinet ten tweedenmaal vertoond.
't Is alles konstig en van weêrgaloose schoont;
Seldsaame hoorentjes vercieren al de kanten
En rondsom glinstert het, als of 't met diamanten
bestrooid was.

Deze ingrediënten roepen het beeld op van een verzamelaarskabinet, waarin in de 17de eeuw producten van natuur, kunst en wetenschap, bij voorkeur afkomstig uit of handelend over verre, onbekende landen, waren samengebracht om een afspiegeling te vormen van alles wat op aarde bekend was[223]. De geciteerde beschrijving biedt overigens geen duidelijkheid ten aanzien van de vraag, of de spiegels in het plafond waren aangebracht. Het is wel waarschijnlijk, omdat de porseleinkabinetten van Mary op Honselaarsdijk, Huis ten Bosch en Het Loo uit dezelfde jaren ook spiegelplafonds bevatten.

De tot dusver vroegst bekende toepassing van spiegels (in een lakkabinet) was in een kabinet in het kwartier van prinses Mary op Honselaarsdijk, dat circa 1686 onder invloed van het cabinet du Dauphin te Versailles ontstond, en dat door Lunsingh Scheurleer aan Daniel Marot werd toegeschreven[224]. Hoewel in het Rosendaelse kabinetje geen sprake is van lakwerk, is het interieur van beide wel vergelijkbaar. Er bestaat geen directe aanwijzing dat Daniel Marot het interieur van dit kabinet op Rosendael heeft ontworpen, maar het past goed in de reeks van porseleinkabinetten, die hij sinds zijn komst in Holland (1685) voor prinses Mary heeft ontworpen[225]. Het gebruik van spiegels in wanden of plafond kan een datering van kort voor 1688 bevestigen. Volgens deze gegevens zou het kabinetje op Rosendael tussen 1685 en 1688 gedateerd kunnen worden.

Links van het kabinet lag een priëel van latwerk, begroeid met beukenloof met aan de binnenzijde een nis. Op de achterwand van de nis waren drie nimfen geschilderd, één met een hoorn en twee met een vaas waaruit water stroomde. Dit interieur is afgebeeld op één der prenten uit de oorspronkelijke serie van Schenk met het onderschrift 'het groen beplante priëel van Rozendaal, bij 't Konings kabinet' (afb. 63)[226].

Een nieuwe cascade

Vlakbij het hofkabinet werd in later tijd, waarschijnlijk eind jaren negentig, maar in ieder geval voor 1700, een cascade aangelegd, die door d'Outrein 'de nieuwe fontein' werd genoemd; op de vogelvlucht van Elshof/Smit is deze aangeduid als *de cascade der hertshoorns* en op prent V van Schenk als *grott van Rozendael met de Hartshoofden* (afb. 62, 64, 65)[227]. D'Outrein verklaarde de geschiedenis ervan. Het leek of een hert stromend water uitbraakte, dat in drie of vier cascaden neerviel:

’t Is rondom als een rots, voorsien met zee-cieraden:
Drie harte-kroonen in het midden staan te pronk;
Elk draagt sijn opschrift, wen sijn Majesteit het vong
met sijnen jagtstoet, in de Roosendaalsche stroomen.
Daar het tot sijn behouwd sijn loop had ingenomen;
van welker een ik self aanschouwer ben geweest (1697).

Zoals het kabinet van prinses Mary een blijk van vriendschap jegens de vrouwe van Rosendael was, zo was deze cascade een uitdrukking van vriendschap van de Koning-stadhouder jegens Jan van Arnhem, door de toepassing van jachttropheeën, die een herinnering vormden aan hun gezamenlijke jachtpartijen. Bovendien vormde de aanwezigheid van hertekoppen in een ‘grot’ in de tuin een afspiegeling van hetzelfde gebruik binnenshuis, dat door de reeds geciteerde Haagse reiziger uit 1672 naar aanleiding van zijn bezoek aan het huis te Dieren als iets passends bij de oude adel werd beschouwd[228].

De cascade werd door een aparte waterloop van de bovenste vijvers gevoed die in gewijzigde vorm nog steeds door het park loopt. Deze waterloop werd verbeterd, toen in 1685 de hoger gelegen watermolen werd afgebroken en het water ongehinderd deze cascade kon voorzien. Deze gebeurtenis levert een aanwijzing op dat de cascade en wellicht ook het hofkabinet circa 1685 werden aangelegd.

De uitmonding van de cascade in het ervoor gelegen water verschilt op de prent van Schenk in de versies van circa 1700 en 1718; de eerste toont vier beelden op piedestallen, de tweede nog slechts twee (afb. 64). Op de tweede versie is te zien, dat de uitmonding met natuursteenwerk was verfraaid. Op beide prenten, maar niet op de vogelvlucht van Elshof/Smit, staat een hekwerk of balustrade, dat het pad voor het kabinet van het water scheidde. Dit hek sloot naast de cascade een langwerpige strook af, die gevuld was met boompjes in ronde potten en vierkante bakken. Het hek was in drieën gedeeld: het linker en rechter vak bevatte latwerk, en het middelste vak was gevuld met smeedwerk van ranken, die een gekroond spiegelmonogram met de letters (J M) V A R omvatten, duidend op Jan en Janne Margriete van Arnhem Rosendael[229]. Nog duidelijker herkenbaar staat dit monogram afgebeeld op vijf van de genoemde vierkante bloembakken. In de vijver voor de cascade en het kabinetje spoot een fontein van negen voet hoog. In dit water zwom veel vis: karper, snoek, braasem, baars etc. Ook in 1705 heette dit water ‘een visvijver aen een fontein met vier cascaden’[230]. Deze visvijver werd vermeld bij de oranjerie, en ook d’Outrein vermeldt na beschrijving van het water in de dwarsas, die loodrecht op de beschreven cascade uitkwam: ‘Ik treede naulijks voort, of vind ter slinker zije / mijn gang gestuit door ’t sien der schoone Orangerye’. Van een gebouw was echter geen sprake. De letters c op plaat V in de derde druk van d’Outrein laten zien dat uitsluitend gedoeld werd op de plaats waar de oranjeboompjes stonden opgesteld. De oranjerie zelf bevond zich tot 1698 op de ‘buitenplaats’, dat was het eerste plein na de toegangsbrug en wel op de plaats waar in dat jaar door Jan van Arnhem een nieuwe stal voor 16 of 17 paarden werd aanbesteed (zie p. 44)[231]. De plaatsing van deze oranjeboompjes zo dicht bij het hofkabinet en de cascade kan niet op toeval hebben berust. De impliciete verwijzing naar de prins van Oranje kan de goede verstaander niet zijn ontgaan.

Veranderingen aan de parterres

Er was blijkbaar voldoende vraag naar de *Roosendaalsche vermakelijkheden*, want de eerste druk raakte uitverkocht, en d’Outrein verzorgde daarop in 1713 een tweede druk, nadat hij in augustus van dat jaar twee weken achtereen op Rosendael verbleef.

Omdat er in de verstreken periode diverse veranderingen hadden plaatsgevonden, paste d’Outrein zijn beschrijving aan. In het voorbericht van de tweede druk van 1 december 1713 wordt daarover vermeld, dat ‘sedert het verloop van eenige jaren, verscheide dingen op Roosendael verandert of te ook weggeweert sijn, soo dat men die nu te vergeefs daar ter plaatse soeken soude’[232].

In de levensbeschrijving van Jan van Arnhem, opgenomen in de derde druk van 1718, vermeldde d’Outrein dat er in de tuin elk jaar wel iets nieuws werd toegevoegd. Deze veranderingen betroffen vooral de bijenstal in de moestuin, die daar inmiddels verdwenen was en tevens de twaalf Romeinse keizers, die eveneens verwijderd waren[233]. Maar er blijken gedurende het eerste decennium van de 18de eeuw nog tal van andere veranderingen in de tuinen te zijn aangebracht. D’Outrein merkte daarover op: ‘Dogh nimmer rust de konst en vinding van den Heer van Roosendaal’[234]. De drie fonteinen in de ronde vijver voor de grot in het centrum van de tuin waren vervangen door één vaas midden in de vijver, waaruit water in verschillende stralen in de vijver stroomde. In de derde druk van zijn beschrijving (1718) voegde d’Outrein een *Bijvoegsel in het jaar 1712* toe, waaruit blijkt, dat langs het kanaal voor de zojuist genoemde vijver veertien nieuwe fonteinen te zien waren, die boogsgewijze omhoog spoten. Er was ook een zwaan, die onophoudelijk een straal water uit zijn mond liet stromen. Op

64.
Petrus Schenk naar Jan van Call, het kabinet van Mary Stuart (links) en de cascade met de hertegeweien van Willem III, naar het westen, circa 1700, gravure, coll. VGK, Arnhem.

de vogelvlucht staat deze aangegeven in een prieël bij de toegangslaan als 'cupido en 't swaantje'. Deze toevoeging aan de tuin is dus te dateren tussen 1702 en 1712. Twee andere wijzigingen, die blijken uit vergelijking van de oorspronkelijke serie prenten van Schenk in de vòòr 1702 door hem uitgegeven serie *Paradisus Oculorum* en de nieuwe serie die in de derde druk van d'Outreins beschrijving (1718) werd opgenomen, zijn de volgende. Aan het water tegenover de oranjeboompjes was een berceau verrezen en het grotwerk aan de gracht tegenover het huis had plaatsgemaakt voor een rechte afsluiting met balustrade en rechte trappen met leuningen.

D'Outreins beschrijving vervolgt met een toevoeging uit 1716: in de drie verstreken jaren ('onlangs' specificeert hij) waren de vazen, die in het midden der vier parterres stonden, vervangen door kleine bassins – de voorste twee in klaverbladvorm, de achterste zeshoekig – met elk een fontein in het midden. Bovendien waren de sliertvormige broderiefiguren in de parterres gewijzigd. In elk der vier hoeken en aan elke zijde van de parterres kwamen broderieën, die op het centrum van de parterre gericht waren. Deze nieuwe broderieën, waarover d'Outrein zwijgt, maar die zijn afgebeeld op de grote vogelvlucht van Elshof/Smit, zijn misschien al eerder dan de bassins uitgevoerd. Hierna zal nog ter sprake komen, dat Van Arnhem in 1709 al bezig was parterres te veranderen. Ook deze nieuwe parterres werden weer veranderd, waar de afbeeldingen in de nieuwe prentserie van Schenk van getuigen. Voor de twee parterres het dichtst bij het huis werd nauwgezet het voorbeeld van een *Grand Parterre de Compartiment* gevolgd zoals afgebeeld in *La theorie et la pratique du jardinage* van Dezallier d'Argenville (afb. 66), welk boek zich in Jan van Arnhems bibliotheek bevond in de uitgave

65.
Petrus Schenk jr., gezicht langs de dwarsas door de zuidelijke tuinaanleg op de cascade met de hertegeweien van Willem III, circa 1718, gravure no. VI, RAG, AHR.

van Jean Mariette, Parijs 1709[235]. Hier volgt Dezalliers beschrijving van de *grand parterre de compartiment* ter verduidelijking van de twee Rosendaelse parterres[236].

> Il est composé de quatre cartouches de broderie dans ses faces, & de coquilles de gazon dans ses quatre angles, le tout sablé de differentes couleurs, & bordé d'un trait de buis. Au milieu est un bassin entouré d'une plate-bande coupée, garnie d'ifs & d'arbrisseaux, avec des pots de fleurs posés sur des dez de pierre. Les plates-bandes du tour sont interrompuës en face de chaque cartouche, & forment des volutes dans les angles.

Vergelijking van Dezalliers afbeelding met de prenten I en III van Schenk uit 1718 (afb. 57, 59) leert, dat het voorbeeld van Dezallier vrijwel letterlijk is gevolgd, behalve wat betreft het middenbassin dat ongewijzigd bleef. Deze toepassing van Dezalliers voorbeeld kan dus tussen 1713 en 1716 gedateerd worden. Immers, op de vogelvlucht staan de bassins wel, doch de nieuwe broderiefiguren nog niet afgebeeld. Ook de twee hoger gelegen parterres werden gewijzigd, maar hier citeerde Van Arnhem Dezallier niet letterlijk. Op prent IIIb van Schenks nieuwe versie is goed te onderscheiden, dat Van Arnhem een variant bedacht.

In dit gedeelte van de tuinen werd de adelaar opnieuw verguld, evenals twee vazen. Deze staan alle afgebeeld op plaat IIIb uit 1718 (afb. 67). Ook de tweemaal drie bolvormige vazen ter weerszijde waren nieuw. De loden Fortuna, de adelaar en de twee vergulde vazen waren volgens d'Outrein geschenken van een familielid De Hinojosa[237]. In twee openingen van dezelfde haag, waarvoor ook het beeld van Fortuna stond, waren twee beelden op piedestals geplaatst (afgebeeld op plaat II en III uit 1718, afb. 59, 61). Het rechter beeld zou vanwege de herautsstaf Mercurius kunnen voorstellen, maar het zou ook een allegorie op de vrede kunnen zijn[238]. Het linker beeld is moeilijker herkenbaar. Deze figuur houdt een voorwerp in de linker hand; de drietand van Neptunus? In dat geval hebben wij hier te doen met Neptunus en Mercurius, een zeer voor de hand liggende keuze gezien het vele stromende water op Rosendael. D'Outrein besloot deze toevoeging uit 1716 met de vermelding van zes 'witte beeldjes, langs het pad des nederhofs', dat wil zeggen op de rand van het pad langs de twee dichtst bij de vijver gelegen parterres (afb. 67). Een waterstraal die in 1700 gevonden kon worden boven de grot en nog voor de zes cascaden, was naderhand gedempt, omdat het water ervan teveel over de grot woei en daardoor de stenen losmaakte.

Na deze aanvullingen nam d'Outrein de draad van zijn beschrijving van dertien jaar terug weer op. Hij laat de tuin tegenover de zuidzijde van het huis achter zich, steekt de eikenlaan over die naar het grote bos leidt, passeert een beeld van Diana en gaat de boomgaard in. Tegen een op het zuiden geplaatst planketsel groeit perzik, abrikoos en pruim en voorts staan hier appel- en perenbomen.

Het beekje dat er liep, verbreedde zich in het midden tot een kom, waaromheen een prieël van beukehaag was geplant met een opening bovenin. De kaart van Elshof/Smit laat tegen de zuidelijke rand nog een prieël zien dat d'Outrein niet noemt. Na de boomgaard gaat de wandeling voort naar het noorden, waar zich de eerste vijver ten westen van de gracht van het huis bevond, aan de zijden beplant met iepen en eiken[239]. Er lagen drie fonteinen in de vijver en zes cascaden aan de rand, waarvan er één aan de zuidelijke rand het 'halve maans bassin' heette (op de vogelvlucht herkenbaar met een prieëltje tegen de rand van het bos) en waarvan de grootste op de scheidingsdam tussen deze en de hogergelegen vijver lag (afb. 68, 69). Hier stroomde het water langs enkele cascaden temidden van grotwerk, geflankeerd door twee trappen met stenen balustrades uit een aan de zeegod Neptunus gewijd kabinet naar beneden. De achterwand van dit aan drie zijden open paviljoen bevatte een schildering van Neptunus, Thetis en een Triton, vaag te herkennen op Schenks prent VIII[240]. Via de bek van een dolfijn in dit tafereel spoelde het water door dit kabinet. Vòòr de cascade bevond zich een rond bassin met twee stralen en in het midden een fontein, die het water langs een ronde plaat in de vorm van een hoed naar beneden liet vallen. Rondom was de vloer belegd met keitjes, waarin koperen buisjes verborgen waren, die gingen spuiten wanneer een kraan werd geopend. Dit waren de voorlopers van de huidige bedriegertjes, die in de 18de eeuw op deze plaats werden aangelegd. Bij herstelwerk circa 1975 kwamen delen van deze 17de-eeuwse vloer tevoorschijn[241]. Rondom stonden zes banken. Er zijn in Nederland geen andere voorbeelden van deze waterspuiters bewaard gebleven. In de tuinkunst van deze tijd waren zij ongetwijfeld populair, maar zij konden door gebrek aan voldoende waterdruk slechts zelden worden aangelegd. Men kon er op Het Loo bij de zogenaamde 'fonteyn bij de doorvlochte naam', op Zorgvliet in 's-Gravenhage voor de Ganymedes-grot en op het Hof te Dieren voorbeelden van aantreffen[242].

De Sterrenberg

D'Outrein richtte de aandacht van de lezer vervolgens op de meest westelijke hoek van de tuinen: de Sterrenberg. De laan naar boven voerde tussen geschoren hagen door, vervolgens ging men omhoog door een berceau van beuken; vervolgens nog zestien trappen op om op de top van de heuvel een prieël te bereiken, dat zeskantig van plattegrond was met aan elke zijde ramen, waarvan twee te openen als deur. Het huisje was versierd met figuren die de vijf zintuigen verbeeldden. Aan het plafond hing een zeskantig bord met daarop een adelaar geschilderd en het devies van Jan van Arnhem: *Ut aquila ardua quaerit* (zoals de adelaar de hoogte opzoekt). Van Arnhem heeft deze ontlening aan Jesaia 40 v. 31 ook als wapenspreuk gekozen en dikwijls gebezigd in zijn geschriften (zie p. 77 voor toelichting op deze spreuk).

Men kon dit bord laten zakken, zodat het als tafel kon dienen[243]. Op Schenks prent no. IX van de eerste versie (vòòr 1702) wordt een ouder huisje afgebeeld, dat vierkant was, aan vier zijden open en gedekt met een piramidevormig dakje. Het zeskantige huisje (afb. 70) moet dus ongeveer tussen ca. 1702 en 1713 gebouwd zijn. Het paviljoentje op de Sterrenberg diende primair als belvédère; dit hoge punt bood een prachtig uitzicht over de tuinen. De afbeelding van het vierkante open huisje uit ongeveer 1700 met enkele figuren op de uitkijk wijst daar ook op. Men kon in oostelijke richting onbelemmerd over de parterres ten zuiden van het huis heen kijken in de richting van de belvédère op de Koningsberg; bij het ontbreken van een op het huis gerichte hoofdas fungeerde deze denkbeeldige lijn als een hoofdas van de gehele aanleg. De plattegrond van het lanenstelsel op de Sterrenberg zelf bestond uit twaalf radiaalsgewijs van de top naar benedenlopende lanen, gekruist door twee gelijkzijdige driehoeken, tezamen een zespuntige ster vormend met het huisje als middelpunt. Ondanks latere veranderingen, waaronder vooral de bebossing die in de 17de eeuw nog nauwelijks een rol speelde, zijn tegenwoordig nog enkele lanen aanwezig: de laan die langs de genoemde hoofdas van de top in oostelijke richting naar beneden loopt, én de twee snijdende lanen die het gebied van de Sterrenberg aan de zuid- en westzijde begrensden en op de meest zuidwestelijke hoek van de 17de-eeuwse aanleg samenkomen. Het voorbeeld voor deze Sterrenberg heeft Van Arnhem waarschijnlijk ontleend aan Johan Maurits van Nassau-Siegen, die circa 1656 in het nabij gelegen Kleef een Sterrenberg met een belvédère had aangelegd. Ook die Sterrenberg, op zijn beurt ontleend aan Italiaanse voorbeelden, telde twaalf lanen, waarvan er één gericht was op Arnhem[244].

D'Outrein vervolgde zijn wandeling door het park naar het noorden in de richting van de vijvers. De dwarslaan die de Sterrenberg aan de noordzijde begrensde en langs de vijvers liep, werd volgens d'Outrein aangelegd in opdracht van Van Arnhems zwager Frederik Willem van Heyden[245]. Na het kanaaltje te zijn overgestoken dat

66.
'Grand parterre de compartiment', gravure uit Antoine Joseph Dezallier d'Argenville, La theorie ..., *1709.*

stroomde 'om nederwaarts het bosch en Hofperk te besproejen en de fonteinen te doen springen' (zoals dit nog altijd de cascade van de schelpengalerij van water voorziet), stuitte de wandelaar op twee onregelmatige, langgerekte vijvers, die naast de eigenlijke vijvers lagen. Deze twee dienden als stuwvijvers voor de hoogstgelegen watermolen die in 1685 werd afgebroken. Nog iets verder naar het noorden lag de *Vleeschketel*, het punt waar het water uit de spreng in de vijver stroomde. Hier aan het eind van de laan stond een op een schot geschilderd beeld van Pluto en Proserpina. D'Outrein vervolgde zijn beschrijving al terugwandelend langs de noordzijde van de vijvers in de richting van het huis. De eerste dwarslaan toonde aan weerszijden wederom op hout geschilderde 'Veltgoden van 't oude Heidendom', de tweede dwarslaan was beplant met essen. Iets verder op deze laan passeerde men een fraaie cascade, genaamd 'de looden hoed'. Het water stroomde hier als uit de mond van een dolfijn (vergelijk de situatie bij de bedriegers) met aan beide zijden zeven cascaden in een kom. Rondom het bassin lag een plankier, waarop banken met leuningen stonden. Hier vloeide het water uit vier richtingen naar toe met een 'borrel' (kleine fontein) in het midden. Het is onduidelijk hoe wij ons dit waterwerk precies moeten voorstellen. Een van Schenks ongelocaliseerde prenten (no. X, afb. 71) komt er voor in aanmerking (*Gezicht van het nieuwe Priëel van Rozendael achter bij 't Bosch*), maar de afbeelding komt niet overeen met de beschrijving. Dit nieuwe priëel is echter moeilijk elders te situeren.

Ter linkerzijde van het pad, dus aan de noordzijde lag het 'hooge Bosch', dat volgens d'Outrein al eeuwen beplant was met beuken. Deze ongeordende natuur vormde een bewust gekozen contrast met het aangrenzende gecultiveerde landschap van de tuin. Ook anderen hadden op deze wijze de tegenstelling tussen kunst en natuur geaccentueerd, zoals Constantijn Huygens op Hofwijck, Hans Willem Bentinck op Zorgvliet en Johan Maurits van Nassau-Siegen in Kleef[246]. Op het punt waar de eikenlaan die langs het kabinet van Neptunus (de plaats van de bedriegertjes) liep aan de rand uitkwam, stond een beeld van de bosgod Pan. Wanneer men vervolgens het bos in ging, zag men links een houten spits met een uurwerk en met gouden letters onder de wijzers geschreven: *je marque selon mes forces*. Alweer een zuiver voorbeeld van een zogenaamde folly: 'Hier is geen slagwerk aan, 't is alles in de stilt./ maakt gij er staat op, hij sal u gewis bedriegen'.

In dit bos kwam men nog eens het 'visitekaartje' tegen van de heer van Rosendael: een (geschilderde) adelaar met een rode roos in zijn bek en het devies *Ut aquila ardua quaerit*. Hiervandaan genoot men van een prachtig uitzicht zuidwaarts over de tuinen en vijvers. Nog iets verder het bos in stond een boom met zeven stammen uit één wortel. Aan elke tak was het wapen en de naam van een der zeven provincies opgehangen, vandaar de naam *Provintieboom*. Deze curiositeit was bij een harde storm op 8 december 1703 echter omgewaaid, maar hij zou volgens d'Outrein binnenkort weer door 'machines' opgehesen worden. In het bos stond tot slot nog een op een schot geschilderd beeld, waarop de laan tussen de kasteelgracht en de eerste vijver uitzicht bood.

Via de achter-hofdeur, gelegen aan de noordelijke zijde van de 'voorburcht', ongeveer op de plaats waar nu het terras voor de oranjerie in verbinding staat met de rozentuin) trad men de bloemhof (de moestuin, ook binnenhof geheten) binnen, waar de hovenier gewassen teelde (afb. 42). De vogelvlucht laat zien dat deze

67.
Petrus Schenk jr., Rosendael en de parterres van de zuidelijke tuinaanleg, circa 1718, gravure no. IIIb, RAG, AHR.

tuin in vier compartimenten was verdeeld, elk vak gevuld met langwerpige bedden met gewassen: 'de beddekens vervult met keurige gewassen, / uitheemsch en inlandsch, of die in de keuken passen; / en veelerley gebloemt, 't sy bol of saajeling'.

Aan de rand van deze moestuin was een taxusboom te vinden, die geknipt was in de vorm van een stoel. De gehele oostzijde van de tuin werd begrensd door een loofgang, waarin zich banken bevonden om uit te rusten; op de hoeken stonden ronde priëlen, die zichtbaar zijn op de vogelvluchtkaart van Elshof/Smit. Deze berceau en de hoekpriëlen zijn ook duidelijk herkenbaar op de getekende tuinplattegrond (afb. 33). In het midden van deze tuin stond een koperen zonnewijzer en op de kruising van de paden acht geschoren palmbomen; verder trof men er oranjebomen, laurier en larix.

Bij het verlaten van de tuin zag men ter rechter zijde een hek, waarvan het middenvak gesloten was met koperdraad. Hierachter lag het vogelperk of hoenderhof, waar pauwen, kalkoenen, duiven, eenden en ganzen rondliepen. Gescheiden door water lag tegen de bosrand een 'amphitheater', een halfronde galerij waarin zich de vogelhokken bevonden. Dit bouwwerkje was van hout opgetrokken en voorzien van geschilderde pilasters. De wandeling kon hier niet voortgezet worden. Uit de tweede versie van Schenks prentreeks blijkt, dat Van Arnhem in de voorafgaande jaren achter deze hokken aan de rand van het bos een 'piramide', dat wil zeggen obelisk, had geplaatst met daarachter een lage balustrade. Deze diende als blikvanger om de zichtas over de volières verder het bos in te verlengen (afb. 72).

Een voorbeeld voor een dergelijke obelisk komt voor in *Den Nederlandtsen Hovenier* door Jan van der Groen onder de rubriek *modellen van piramidische lat-werken*[247]. De eerste editie van dit boek uit 1669 bevond zich in de bibliotheek van Rosendael[248].

De wandelaar kon in zuidelijke richting voor de stenen brug langs terugkeren; deze verschafte via een houten ophaalbrug en een stenen poort toegang tot de bassecour. Tegenover deze brug stond een bijgebouw, waarin koetshuis, timmerwerkplaats, duifhuis, hondenhok, bergplaats voor het jachtgereedschap en de jagerswoning waren ondergebracht. De achterzijde ervan is te zien op Schenks prent no. XI. Langs dit huis bereikte men bij een poortgebouwtje waar de hovenier of knecht woonde weer de eerste brug, waar d'Outrein in 1700 zijn wandeling door de tuinen was begonnen.

De nieuwe 'lage tuin'

De cirkel was nu gesloten, maar in de zuidoostelijke hoek lag nog een bezienswaardigheid, op de plaats van de oude moestuin. Deze werd op de vogelvlucht aangeduid als *de nieuwe laage tuin* en verdiende volgens de woorden van d'Outrein alle lof vanwege het schoons dat er te zien was (afb. 73). In het centrum was een achtkantig bassin aangelegd, waarin een waterstraal spoot uit de vergulde hoorn van een Triton. Op de randen van het bassin waren vier rode adelaren geplaatst, die uit hun bek een straal water naar het midden spoten.

Rondom de waterkom lagen 'parterren van Spaansch en ander gras', die op Schenks prent niet en op de vogelvlucht vaag herkenbaar zijn. Hekwerk en in piramidevorm geknipte taxus omzoomden dit geheel. Op de vier hoeken stonden halfronde priëlen (zitnissen) van geschoren taxus. Dit bassin met de nissen toont overeenkomst met de bassins in de Koningstuin en de Koninginnetuin op Het Loo. Jan van Arnhem kende deze uit eigen aanschouwing – en uit de prenten die ervan in omloop waren – en werd er wellicht door geïnspireerd. In de Koningstuin op Het Loo bevond zich namelijk ook een achtkantig bassin met daarin een vergulde Triton, die een water spuitende vergulde dolfijn vasthield. Op de rand van het bassin stonden acht vergulde zeedraken, die water spoten naar de Triton. In de Koninginnetuin bevond zich behalve een achtkantig bassin met daarin een vergulde Arion en op de rand acht spuitende zeepaarden ook een bassin met daarin een vergulde Triton, die uit een vergulde hoorn water spoot. Dit bassin werd omringd door acht halfronde zitnissen met dezelfde vorm als op Rosendael[249].

Op de oost-westlopende middenas bevonden zich nog twee fonteinen in kleinere waterkommen. Aan de zijde van het water langs de laan waren nog enige curiositeiten te zien: een kroon die op een waterstraal kon zweven, en een dito holle koperen bal en een koperen knop, 'die hol en allerwegen / vol kleine gaatjes is, waardoor een fijnste regen / word uitgeperst'. Verder een ster waar waterstralen uitschoten en een wenteltrap waarin door waterkracht balletjes konden rijzen en dalen (op de prent niet herkenbaar). In de vakken buiten dit centrum vond men oranjebomen en citroenen, voorts mirte, jasmijn, hulst, vijg, aloë en rozemarijn. De oostelijke zijde van de tuin was afgeschermd met een houten schutting, waarop een afbeelding van huis Rosendael was geschilderd.

Ter hoogte van de genoemde middenas vormde de schutting een nis, bekroond door een halfronde boog met een vaas en geflankeerd door pilasters, die evenals bij de halfronde volières waarschijnlijk op de schutting geschilderd waren. In deze nis stond een stenen beeld van Pallas Athene (Minerva): 'verciert met een helmet en pluymen, wonderschoon / haar regterhand een sweert, omkronkeld met een slange / vasthoudt, de slinker een rond schild'. Op dit

68.
Petrus Schenk naar Jan van Call, gezicht uit het kabinet van Neptunus en Thetis naar het oosten op de donjon, circa 1700, gravure, coll. VGK, Arnhem.

schild (eyrond of ovaal verbetert d'Outrein zichzelf) was een tweekoppige adelaar afgebeeld en het devies *qui va droit, ne manque pas.* Het had een éénhoofdige adelaar moeten zijn – de wapenfiguur van de Van Arnhems – aldus d'Outrein, maar zo verbeeldde het de beide hoofden van het echtpaar. Op deze plaats hoorde men de hamers kloppen van de papiermolen, die vlak achter deze schutting stond en die werd aangedreven door het water van de grote vijver waarin het huis met nevengebouwen en binnentuin lagen. Het waterrad van de molen is op de getekende plattegrond (afb. 33) herkenbaar. Deze molen werd de papiermolen aan de grote vijver genoemd en was stroomafwaarts gerekend de derde van de zes verpachte Rosendaelse watermolens. Sinds de bovenste molen, die achter het huis lag (tussen de Sterrenberg en de bedriegertjes), in 1685 was afgebroken ten behoeve van de ongestoorde watervoorziening van de vele waterwerken in de tuin, was deze molen de tweede in de reeks geworden. De molen die daarmee de bovenste werd, lag aan de Arnhemse weg tegenover de laan naar het huis[250]. Deze molen kreeg buiten de serie vijvers water toegevoerd door dezelfde beek die de waterwerken in de tuin op de zuidelijke helling tegenover het huis voedde (zie plattegrond Elshof/Smit) en die ook nu nog de cascade en fonteinen van de schelpengalerij van water voorziet. Wanneer deze bovenste molen moest draaien, zullen deze waterwerken dus wel stil hebben gelegen en omgekeerd.

In de meest oostelijke hoek van de grote vijver is op de gegraveerde plattegrond van Elshof/Smit (afb. 54) een klein rond eilandje afgebeeld, in de legenda vermeld als het 'Fort Lowys'. Op de getekende plattegrond staan er bomen op afgebeeld. Waarschijnlijk is het identiek met 'de pol in de groote vijver aen de gracht', waarvan het elzenhout op 3 februari 1688 voor *f* 8,– aan Jurrien Meyer

69.
Petrus Schenk naar Jan van Call, gezicht over de bedriegertjes op het kabinet van Neptunus en Thetis naar het westen, circa 1700, gravure, coll. VGK, Arnhem.

werd verkocht[251]. Wat met het fort Lowys werd bedoeld – een reminiscentie aan de middeleeuwse periode? – blijft verder onduidelijk.

Op deze plaats – door een laan van hoge naaldbomen aan de zuidzijde van de vijver – verliet de wandelaar aan de hand van d'Outrein via de achterpoort de tuinen van Rosendael met de toelichting: 'die denneboomen sijn de hoogste op Roosendaal, / van onder op den grond tot boven, altemaal / vol loof en takken, net, als een tapijt, geschoren, / 't geen 't oog des wandelaars kan lokken en bekoren'. Vervolgens wandelde hij in oostelijke richting naar het 'agterste bosch', dat bestond uit eiken- en kreupelhout en beklom hij de zogenaamde Koningsberg, één van de hoogste punten in de directe omgeving van het huis, gelegen ten noordoosten van de huidige Rozendaalselaan. Zeven lanen leidden er naar de top[252].

De belvédère van Willem III

In de jaren 1701-1702 werd op de top van de Koningsberg een uitzichtkoepel (belvédère) gebouwd, niet in opdracht van de heer van Rosendael, maar van de Koning-stadhouder. Jan van Arnhem merkte in 1702 op dat het gebouwtje 'meermalen was geordonneert' door Willem III, waaruit moge blijken hoe graag deze op Rosendael kwam[253]. De bouwsom werd betaald door de Nassause Domeinraad.

Over de bouw van deze belvédère is meer bekend dan over de meeste andere onderdelen van de tuinen van Rosendael uit deze periode[254]. Uit het gegraveerde werk van Daniel Marot blijkt, dat deze de ontwerper van de belvédère was. Het betreffende blad uit Marots *Oeuvres* ... ('s-Gravenhage 1703), draagt het onderschrift: *Cabinet bati a Rossendaal sur le desein du sieur Marot architecte du Roy Williaume IIIme ce 1702* (afb. 74). De beide beschrijvingen, door d'Outrein (1713) en door Beckeringh/van Bolhuis (1705, zie bijlage 3), noemen het een *lusthuis* en de betalingsordonnanties van de Nassause Domeinraad vermelden het als een *belvédère*. Uit d'Outreins beschrijving blijkt de dubbele gebruiksmogelijkheid van het huisje. De koning zou er kunnen verpozen tijdens de jacht; hij was immers tevoren reeds herhaaldelijk op Rosendael geweest om er als gast van Jan van Arnhem te jagen. In de woorden van d'Outrein: 'op dat wanneer de Vorst was afgemat van 't jagen, en 't sijne majesteit mogt bij geval behagen sig te verfrisschen'. Bovendien was de plaats zeer geschikt om er te genieten van de vergezichten: 'welke eedele gesigten den Vorst ook noopten om dit Lusthuis hier te stigten'. D'Outrein noemt de plaatsen die van hier zichtbaar waren, zoals Arnhem, Nijmegen, Elst, Zevenaar, de Elterberg en Kleef. Het belang van het uitzicht van dit hoge punt wordt behalve door de vorm en de ligging bevestigd door de oorspronkelijke benaming.

Maar het ging niet alleen om het fraaie panorama naar het zuiden over het IJssellandschap maar ook – en misschien zelfs in eerste instantie – om het uitzicht dat men van deze hoogte naar het noordwesten had op de lager gelegen tuinen en vijverpartijen rondom het huis. D'Outrein noemt dat ook: 'Hier sie ik *Roosendaal* van boven in sijn schoont'. Vooral deze mogelijkheid moet de doorslag hebben gegeven bij de Koning-stadhouder om juist hier een belvédère te laten bouwen. In vlakke tuinen zoals van Hofwijck en Zorgvliet bij 's-Gravenhage moest daarvoor een kunstmatige heuvel opgeworpen worden en in andere gevallen kon men natuurlijk van het dak van het huis naar beneden kijken zoals bijvoorbeeld op Het Loo , Middachten en De Voorst; op Rosendael leende de terreingesteldheid zich uitmuntend om van een natuurlijke heuvel op de tuin neer te kunnen kijken. Daar was al eerder profijt van getrokken bij het huisje op de Sterrenberg.

In het nabije Kleef, waar Johan Maurits van Nassau-Siegen in 1647 tot stadhouder was benoemd en zich vervolgens aan tal van vernieuwingen in het landschap wijdde, speelde het thema van de belvédère die fraaie vergezichten over de aanleg verschafte, een belangrijke rol[255]. Op Rosendael kon men van de Koningsberg vrijwel langs de hoofdas van de aanleg over de parterres naar het huisje op de Sterrenberg kijken; zo waren de belangrijkste delen van de aanleg zichtbaar. Tegenwoordig wordt het uitzicht van de Koningsberg op het park belemmerd door de hoge bomen, die in Van Arnhems tijd nog ontbraken.

Maar ook machtspolitiek kan een reden voor Willem III zijn geweest om op deze historische plaats in Gelderland een gebouw te stichten: het was voor iedereen die het huisje al uit de verte zag liggen duidelijk dat de Koning-stadhouder ook op deze plaats, waar vroeger de Gelderse hertogen resideerden, zijn aanwezigheid toonde.

De vorstelijke bouwheer overleed echter voordat de belvédère voltooid was. Het is niet bekend of het gebouwtje daarna wel werd gebruikt. D'Outrein merkt alleen op: 'Dogh men siet die schoorsteen selden rooken: want 't is te verr' van honk'.

Twee ornamenten lieten de passant duidelijk zien, wie de vorstelijke stichter van dit huisje was. Binnen voor de schoorsteen stond 'een beeld van Koning William, waar in sijn wesen speelt'; buiten hing aan de zuidwest zijde het wapen van de Koning-stadhouder, volgens d'Outrein van wit albast. Daarmee bedoelde hij wellicht

70.
Petrus Schenk jr., de Sterrenberg met belvédère naar het zuiden, circa 1718, gravure no IX, RAG, AHR.

bepaalde onderdelen of letters van een onderschrift van een witte steensoort (of wit geschilderd) want het wapen bestond deels uit koper, zoals blijkt uit de leverantie van 'cooperwerck aent wapen van S. Majt. op Roosendael aen de Bellividere gedaen in de jaere 1702' door de meester-geelgieter Gerrit Baeck[256].

De belvédère stond op een kleine verhoging, omrand door een eenvoudig hekwerk (volgens de prent van Marot) of door een lage haag (Schenk prent no. XVIII, afb. 75). De plattegrond was achthoekig met aan de oostzijde een ronde aanbouw. Aan elk der overige zijden bevond zich een schuifraam met roedenverdeling, volgens Marots prent twee maal vier ruiten hoog en vijf ruiten breed, waarvan in ieder geval de noordwestelijke en de zuidwestelijke door het openklappen van de lambrizering als deur dienst konden doen. D'Outreins beschrijving luidt: 'agtkantig in sijn muur, rondom met spiegelglasen'. De raamhoogte is verschillend weergegeven op de prenten van Marot en Schenk; bij Marot lopen de ramen door tot vlak onder de kroonlijst, op Schenks gravure niet. De gravure van Marot, te beschouwen als het in druk uitgegeven ontwerp, levert het evenwichtigste beeld op[257]. Op het platte dak van de belvédère stond binnen de omheining van een balustrade met ijzeren spijlen – die op de twee genoemde afbeeldingen wederom variëren – een eveneens achtkantige lantaarn met aan de acht zijden roedevensters, eveneens acht ruiten hoog en vijf breed, om nog meer licht naar binnen te kunnen laten vallen. Deze lantaarn werd bekroond door een koepelvormig dakje met daarop een windwijzer in de vorm van een griffioen. De ronde aanbouw, die op het ontwerp van Marot ontbreekt, en waarin zich volgens d'Outrein een keuken bevond met daaronder een wijnkelder, had eveneens een plat dak met balustrade en bovendien een schoorsteen boven de gemeenschappelijke muur met de koepel. D'Outrein zegt van dit platte dak: 't dak rondom de Coupel [= de lantaarn] is met loot belegt, een vak waarop men wandlen kan'. Een eikenhouten wenteltrap leidde naar boven. Verder vermeldt d'Outrein van het interieur behalve het borstbeeld van Willem III voor de schoorsteen alleen, dat de wanden betimmerd waren.

Uit Marots prent blijkt, dat hij het ontwerp voor de belvédère leverde. Het is tevens het enige bewijs van Marots aandeel in de verfraaiingen op Rosendael ten tijde van het echtpaar Van Arnhem. De uitvoering van het ontwerp geschiedde echter onder supervisie van Jacob Roman (1640-ca. 1716), die sedert 1689 de functie van stadhouderlijk architect bekleedde, en die bij de bouw van de huizen Zeist, Het Loo, en De Voorst reeds eerder de leiding had bij de uitvoering, waarbij ontwerpen van Daniel Marot werden betrokken. Hoewel het aandeel van elk van beiden bij de tot standkoming van deze drie huizen nog onvoldoende duidelijk is, lijkt hier Ozinga's oordeel – Roman de bouwtechnicus en Marot de esthetisch vormgever – bevestigd te worden; het toezicht op de uitvoering lag in dit geval bij Roman[258].

Jacob Roman kreeg in de periode van 26 februari 1701 tot 26 april 1702 twee keer betaald voor reis- en verblijfkosten, onder andere voor reizen naar Rosendael[259]. Matthias Sluyter, de rentmeester van Het Loo, kreeg zowel in juli als in october 1701 *f* 10.000,– uitgekeerd 'tot betaelinge der wercken bij sijne Majt. geordonneert, aen desselfs respective huijsen op de Veluwe, en aen het belvidere van de heere van Roosendael' en 'tot voortsettinge van sijne Majts. wercken soo op Roosendael als Coldenhave'[260].

Het overlijden van Willem III op 8 maart 1702 dreigde echter roet in het eten te gooien. Jan van Arnhem wachtte niet af, maar richtte een verzoek aan de Domeinraad om de belvédère, die tot driekwart was gevorderd, te laten voltooien. Zijn verzoek ('dat seecker cleyn gebouw op den Rosendael, dat op een 1/4 part gedaen sou sijn, ende door S. Maj.t, glorieuser memorie, meermalen was geordonneert mogen werden voltrocken') werd in de vergadering van 3 april besproken, waarop werd besloten Roman daags erna in de vergadering te roepen om een mondelinge toelichting van hem te krijgen[261]. Het kwam er op 4 april niet van, maar Roman leverde enige tijd later wel een rapport in met zijn 'consideratien over de bellevidere van Rosendael', dat niet bewaard is gebleven. De notulen van de vergaderingen van de Domeinraad vermelden alleen de behandeling van Romans rapport op 2 juni 1702; Van Arnhems verzoek werd afgewezen[262].

Inmiddels had Matthias Sluyter vier lijsten met onbetaalde rekeningen van werkzaamheden op Het Loo, Coldenhove, Dieren en de belvédère op Rosendael naar de Domeinraad in 's-Gravenhage gestuurd[263]. Zij bleven onbetaald, want in september 1702 richtten de werklieden van Het Loo, Dieren en Rosendael zich tot de Domeinraad met het verzoek eindelijk uitbetaald te krijgen[264]. Sluyter kreeg nu opdracht om tot betaling over te gaan, maar de achterstand was daarmee niet ingelopen.

Op 22 november 1703 kwam andermaal een verzoek van de leveranciers van materialen en de werklieden van Het Loo en de belvédère bij Rosendael in de vergadering van de Domeinraad ter tafel. De raad bleef weigerachtig, hetgeen verklaard kan worden door de dreiging Oranje-bezittingen te verliezen aan Frederik I van Brandenburg, koning van Pruisen, die aanspraak maakte op een deel van de nalatenschap van Willem III.

In plaats van te betalen werd besloten om een aanzienlijk bedrag dat men nog van de provincie Gelderland te goed had voor dit doel te bestemmen[265]. Uit enkele betalingen uit 1703 en 1704 voor werkzaamheden uit 1701 en 1702 blijkt dat de belvédère ondanks de genoemde perikelen toch nagenoeg kon worden voltooid.

Aan P. van der Mey werd een som van *f* 200,– betaald voor de levering en het transport in 1702 van gebrande pleister zowel voor Het Loo als Rosendael[266]. Mogelijk hebben de uit Noord-Italië afkomstige stucwerkers Giovanni Battista Luraghi en Andrea Casella die pleister gebruikt bij het maken van stucplafonds op Het Loo, maar zij kunnen hun werkzaamheden daar ook rond 1698-1700 hebben verricht[267]. Wellicht waren Luraghi en Casella degenen die in 1698 op De Voorst werkzaam waren en in november van dat jaar naar Anholt gingen om daar plafonds te ontwerpen[268].

Een andere betaling werd gedaan aan Engelbert Veldinck, die *f* 1.080,– ontving voor 'eenigh gemaeckt ijserwerck tot de bellividere op Roosendael', wellicht de ijzeren spijlen van de balustrade, in de periode van 10 augustus 1701 tot 20 juni 1702[269].

De vorm van de lantaarn van de belvédère ging terug op oudere voorbeelden. Deze vorm was bij de 17de-eeuwse centraalbouwkerken al een bekende oplossing, maar ook bij de landhuizen kwam de achtkantige lichtkoepel reeds voor, met als hoogtepunt de lichtkoepel van de Oranjezaal van Huis ten Bosch. Deze voorbeelden dateren alle van rond het midden van de 17de eeuw. Als veel directere voorlopers van het gehele paviljoen zijn de beide achthoekige groene kabinetten in de tuin van Huis ten Bosch te beschouwen. Des te treffender is de gelijkenis, indien men beseft, dat deze een rondgaand uitzichtplat hadden op de eerste verdieping[270]. De verwantschap van de lantaarn is het grootst met die van de Ganymedesgrot in de tuin van Zorgvliet, tot stand gekomen rond 1680 op last van Hans Willem Bentinck, die Zorgvliet in 1675 had verworven van de erfgenamen van de dichter Jacob Cats; in de daarop volgende jaren tot 1690 had hij vele veranderingen in de tuin laten aanbrengen[271]. Prins Willem III kende deze grot.

De vorm van de lantaarn van de Ganymedes-grot en van de belvédère op de Koningsberg is vrijwel identiek; ook op Zorgvliet kon men boven om de lantaarn heenlopen. Er ging van Bentinck grote invloed uit op de tuinkunst aan het hof van Willem III – sedert 1689 was hij superintendant van de tuinen van Willem en Mary[272] – en het ligt voor de hand dat zijn adviezen ook bij leden van de hofkring ingang vonden. In dit geval zullen Bentinck en Van Arnhem, die nauw bevriend waren, samen medebepalend zijn geweest bij Marots ontwerp voor de Rosendaelse belvédère[273].

Het gebouwtje is geen lang leven beschoren geweest. Reeds twintig jaar later, in het begin van 1721 werd het door Van Arnhems erfgenaam Lubbert Adolf Torck afgebroken en werd de lantaarn als bovenlicht op de Middeleeuwse toren van het kasteel geplaatst. Op de kaarten van Elshof (1721 en 1723, afb. 161, 162) is het huisje al niet meer afgebeeld. Waarschijnlijk was de belvédère door leegstand en verwaarlozing ten prooi aan verval geraakt en woog de behoefte aan (kostbaar) bouwmateriaal in 1721 zwaarder dan de piëteit ten aanzien van de overleden koninklijke gast.

Bij de restauratie in 1980 van het dak van de toren van het kasteel kwam het houten fundament van de lantaarn tevoorschijn, met de pengaten waarin de hoekstijlen pasten. Dit fundament bestond uit drie verschillende balklagen waarvan er twee wellicht van de belvédère afkomstig waren (zie hoofdstuk huis).

Het ligt voor de hand, dat Torck nog meer onderdelen van de belvédère bij de verbouwing van Rosendael toepaste, zoals de lambrizering en de eiken wenteltrap.

D'Outrein besluit zijn observaties en beschrijving van 1713 door de Koningsberg weer af te dalen in de richting van de laan naar Velp (Rozendaalselaan). Daar kwam hij uit bij de papiermolen, die naar de vroegere pachter Hollander werd genoemd; hij liet de korenmolen aan het eind van de laan links (oostelijk) liggen, en liep de laan naar rechts in de richting van het huis terug. Hij passeerde aan zijn rechter hand het huis en de papiermolen van Jurrien Meyer en het nieuwgebouwde huis van Van Arnhems secretaris Van Nuys, 'wiens comptoir een uytstek heeft met glasen' (later het Spijcker genoemd). Op de andere hoek stond een brouwerij, die op dat moment niet in gebruik was (het rechter gedeelte van Roseneath, gemeentehuis), D'Outrein sloeg linksaf de Arnhemse weg in (Kerklaan) en merkte links de herberg op (ongeveer op de plaats van De Hut), daarnaast de al eerder genoemde, sinds 1685 bovenste, papiermolen en iets verderop links de al eerder gesignaleerde oranjerie.

Rosendael had dankzij de verfraaiingen die Jan van Arnhem er had aangebracht inmiddels een grote reputatie verworven. In het jaar waarin hij overleed (1716), verscheen een lang gedicht van de Amsterdammer Claas Bruin (1671-1732), waarin deze twee reizen beschreef, die hij met vijf vrienden had gemaakt: één van Amsterdam naar Kleef en één door Zuid Holland[274].

In Gelderland bracht men een bezoek aan de bekende buitenplaatsen: De Voorst, Het Loo, Rosendael, Klarenbeek en Dieren. Het gezelschap was opgetogen en volgens Bruin overtrof het natuurschoon van het 'wijdberoemde' Rosendael dat van Het Loo en De Voorst:

Ik sta verrukt, want hier bezit natuur alleen,
't geen 't Loo en Voorst van haar door kunst maar heeft te leen.

71.
Petrus Schenk naar Jan van Call, niet-gelocaliseerd prieel, gelegen aan de noordelijke rand van een van de bovenvijvers, circa 1700, gravure, coll. VGK, Arnhem.

Dit oude thema 'natuur en kunst' keert terug in twee gezangen, waartoe de hoven met fonteinen (de kunst) en de omringende natuur van Rosendael hem inspireerden. Deze gedichten ontlenen hun waarde niet zozeer aan de plaatsbeschrijving als aan hun wijze van natuurbeschouwing.

GEZANG, OP 't GEZICHT VAN EEN' BERG DICHT BIJ ROOZENDAAL

stemme: *wanneer de zon in 't morgenrood*

Wie zag ooit schooner veldgezicht,
als op deez' berg van boven?
waar voor een vlakke landstreek zwigt,
hoe rijk van woud en hoven.
Ai ziet, langs deeze groene dreef,
vertoont zich d'Eltenberg en Kleef.
O lommerrijk geweste!
Waar in de kronkelende Rhijn,
steeds draait met vloejend kristallijn,
en stroomt langs Arnhems veste.

Ziet daar het heerlijk Roozendaal,
met bossen en priëelen,
die door haar sprongen, pracht en praal,
't gezicht noit kan verveelen.
O schat van schoonheid! door natuur
en konst bewerkt, ter goeder uur
komt gij ons nu ontmoeten,
wij hoopen u eer de avondzon
gedaalt is in der vloeden bron,
met zangen te begroeten.

Gelijk 't bekoorlijk Lentsaizoen,
na storm en onweervlaagen,
met geur en hertverkwik'lijk groen,
elks zinnen kan behaagen,
zo gaat het ons in dit onthaal:
wij, die op bergen, dor en schraal,
en zandige woestijnen
verdwaalden, door onkunde onwijs,
zien ons nu in dit Paradijs,
van 't zonnelicht beschijnen.

Ook het tweede gezang munt niet uit door topografische details, maar is aantrekkelijk vanwege de spanning tussen natuur en kunst; het gehele gedicht is doordrenkt van de bewondering voor zowel de ongerepte als de door mensenhand gevormde natuur.

GEZANG OP DE GEZICHTEN VAN ROOZENDAAL.

Stemme: *Ai schoone Nimph, aanziet een magtig Koning.*

O Paradijs! zo schoon in alle deelen,
bekoorlijk Roozendaal!
Met uw gebergte, uw sprongen, en priëelen,
waar in natuur, de praal
der konst verdooft, hoe groot is uw vermoogen?
Wat wens'lijk is, staat hier ten toon,
wie word door dit behaag'lijk schoon
niet opgetoogen?

O waterval! o zacht geruis der straalen!
O vijvers hoog gebouwt!
'k verwens u om geen Ganges vol koraalen,
geen Tagus rijk van goud,
geen Tempe met haar aangenaame vlieten,
daar 't oud Thessalie van droomt:
hier kan 't genoegen onbeschroomt
haar lust genieten.

Deez' molen die ons 't nut papier kan geeven,
ziet weer noch winden aan,
hij word allengs door 't water omgedreeven,
geen stilte doet hem staan.
Ai ziet deez' grot, waar uit veel beekjes vloejen,
die met hun levendig kristal,
deez' heuv'len en dit lustig dal
alom' besproejen.

O Eikenberg! o Pijn- en Popelboomen!
Gij hebt mijn hert geroert,
'k verlies mij zelf, en zink in zoete droomen.
Waar word ik heen gevoert?
O Roozendaal! hoe kom ik uit uw hoven?
Laat los, laat los, wat trekt gij mij?
Vaar wel, 'k zal steeds vernoegt en blij,
uw wond'ren looven.

Interpretatie

D'Outrein heeft aan vrijwel alle onderdelen van de tuin een bijbelse interpretatie gegeven, zoals dat in het Nederlandse hofdicht een normaal verschijnsel was[275]. Bij het zien van beelden (geschilderd of in steen of lood) van goden uit de klassieke oudheid onthield hij zich daarentegen van commentaar. Wel vergelijkt hij, een veel gebruikte metafoor, reeds in het openingsvers Rosendael met het Griekse Tempe – het spreekwoordelijk schone dal in Thessalië, dat in de Bucolische poëzie de belichaming was van het ideale landschap uit de klassieke oudheid – en voegt eraan toe, dat Ovidius' beschrijving van dit dal zeer toepasselijk is op Rosendael. Maar aan de niet minder spreekwoordelijke Hengstebron, die door Pegasus' hoef op de berg Helicon was ontsprongen, wilde hij zich als Christelijk dichter niet laven: 'Geen Heidensch Hengstebron, geen stroomende Aganippe'. En daar voegde hij in een voetnoot waarin hij een uitleg gaf over de bron Aganippe op de berg Helicon, voor alle duidelijkheid aan toe: 'Edogh, met dese verdigtselen hebben wij, Christenen, niet te doen'. Zijn inspiratiebron is duidelijk: 'Mogt ik mijn veder maar en 't uitterst van mijn lippen / Nat maken uit den stroom van Siloam', dat was 'den H. Geest met sijne gaven en werkingen'.

Nu is het de vraag welke de inspiratiebron was voor de opdrachtgever van al het door d'Outrein beschreven schoons. Dronk Van Arnhem als dichter uit de Hippocrene (hengstebron) of als

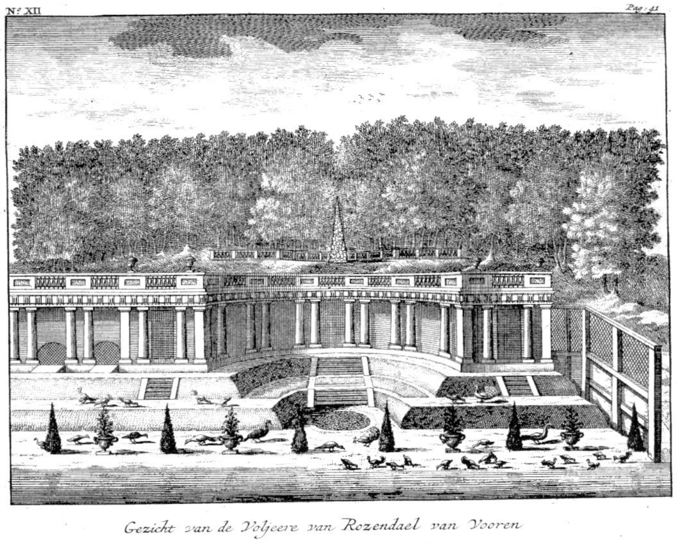

72.
Petrus Schenk jr., de volière in het verlengde van de oprijlaan gezien naar het noorden, circa 1718, gravure no. IX, RAG, AHR.

73.
Petrus Schenk jr., de 'nieuwe lage tuin' gezien van de oprijlaan naar het oosten, circa 1718, gravure no. XVII, RAG, AHR.

Christen uit de fontein van Siloam? Was het hem er bij het decoratieprogramma van de tuinen eveneens om te doen Gods Almacht uit te drukken, of had hij nog andere, voor ons op het eerste gezicht minder duidelijke motieven? Uit de gedichten die Jan van Arnhem zelf publiceerde blijkt wel hoe bijzonder bijbelvast hij was en welke grote rol het Christelijk geloof in zijn leven speelde[276]. Hij stemde zeker met d'Outreins zienswijze in; wij mogen aannemen dat Van Arnhem deze betekenis zelf in zijn tuin heeft willen leggen. Bij het verschijnen van de derde druk van de *Wegwijser door de heerlijkheid Roosendaal* werd een achtentwintig regels lang gedicht van de hand van Jan van Arnhem toegevoegd, getiteld *Op de Roosendaalsche vermakelijkheden*, dat als volgt begint:

> Gelukkig Roosendaal,
> met sijn vermakelijkheden;
> gelukkig drie, viermaal
> dien 't sien en het betreden,
> wanneer sij in D'Outreins
> voetstappen en gedagten,
> aanmerken in iets klein
> des scheppers groote kragten.

Kortom een onomwonden bevestiging van de opzet die d'Outrein koos en door hem in de inleiding van de eerste druk werd vermeld. Maar daarmee is nog geen verklaring gevonden voor de keuze van het beeldhouwwerk en de geschilderde beelden in de tuin. Het beeldhouwwerk was zoals gebruikelijk geïnspireerd op de klassieke oudheid. Directe uitdrukking in sculptuur van bijbelse thema's was niet mogelijk. Bijbelse taferelen werden wel eens afgebeeld op tuinvazen (bijvoorbeeld in de tuin van Zijdebalen te Utrecht[277]) maar voor zover bekend kwam dat op Rosendael niet voor.

Van Arnhem was evenzeer goed bekend met de klassieke schrijvers. Dat blijkt uit de boeken die zich in zijn bibliotheek bevonden zoals van Plinius, Horatius en Juvenalis en bijvoorbeeld ook uit een passage in het gedicht *Gezang op Roozendaal* door Joan Pluimer (1690), waarin de dichter zich direct tot Van Arnhem wendde (zie ook p. 53):

> Vergeef mij, Heer van Roozendaal
> zo ik u in uw' bezigheden
> vermoeijen koome met mijn taal;
> 't lust u somtijds de konst te ontleden,
> te volgen 't spoor der ouden na;
> 't ontleenen 't kern der gouwde lessen
> van Cicero en Seneca.
> o minnaar van de zanggodessen!
> Gij kend de kracht, gij kend den styl
> van Flakkus, Nazo en Vergyl[278].

Pluimer noemde Rosendael een 'Febusheiligdom', een 'Cipris Hof', en 'Idalisch dal' en 'Elizeesch, o zalig veld', en bovendien vergeleek hij het stromende water van Rosendael direct met de Hengstebron op de berg Helicon:

> Hoe bruist het water met geschal
> langs groene heuvelen en daalen!
> Dit 's de Fontein die Pallas zocht,
> door Pegaas hoef aan 't overstroomen;
> Rondom met kruid en bloem doorwrocht,
> in een warand' van Eike Boomen.
> Dit is der Grieken Hengstebron.
> Dit 's Pindus. Dit is Helicon.

Deze vergelijking was circa 1700 gangbaar; ook Claas Bruin maakte er gebruik van, toen hij zich door de 'Hengstebron' van het nabij gelegen Klarenbeek liet inspireren tot het reeds geciteerde *Gezang, op de gezichten van Roozendaal*:

> Waar ben ik? in wat oord? ik word gevoert naar boven.
> Dit is de Hengstebron die alle dicht'ren looven.
> Gewis, mijn' geest word vlug, men stoor hem niet, o neen!
> Hij vind hier naar zijn wens de rechte Hippokreen,
> Op 't ruissen van deez' spring, om naar zijn kleen vermogen,
> te sluiten in een lied deez' wond'ren voor onze oogen.

Aangezien Pluimer zo expliciet in zijn opvattingen was, die diametraal tegenover die van d'Outrein lijken te staan, dienen wij na te gaan welke van deze twee uitgangspunten bepalend is geweest voor de iconografie van het decoratieprogramma van de tuin, verondersteld dat er van een programma sprake was. Eén van de door d'Outrein genoemde beelden lijkt goed in het door Pluimer geschetste beeld te passen, namelijk het beeld van Pallas Athene (Minerva), dat (waarschijnlijk na 1700) in de nieuwe *lage tuin* werd opgesteld. Uit d'Outreins beschrijving van het beeld (zie p. 68) blijkt de strijdbare aard die aan haar werd toegeschreven, niet in oorlogszuchtige zin maar als verdedigster van rechtvaardigheid; per slot was zij vooral bekend als godin van de wijsheid. Deze eigenschappen, wijsheid en rechtvaardigheid, waren bij uitstek op Jan van Arnhem van toepassing in de ambten die hij in Arnhem en op de Veluwe bekleedde. Maar Pallas Athene werd ook met de muzen in verband gebracht[279]. Volgens de Griekse mythologie bracht zij immers een bezoek aan de muzen op de berg Helicon, waar zij de Hippocrene zag ontspringen; dit was de aanleiding haar als beschermvrouwe der kunsten te beschouwen. Uit d'Outreins beschrijving van deze Pallas Athene blijkt, dat op haar schild een adelaar, het wapen van Jan van Arnhem, en zijn devies *qui va droit ne manque pas* prijkten.

Blijkbaar wilde Van Arnhem zich met Pallas Athene vereenzelvigen[280]. Hijzelf kon zich in deze rol als dichter laven aan zijn eigen Rosendaelse Hengstebron, die van de nabijgelegen sprengen naar beneden stroomde, en bovendien gaf hij als beschermheer der kunsten ook andere dichters (David Knibbe, Joan Pluimer, Johannes d'Outrein, Nicolaas Simonsz. van Leeuwaarden, Claas Bruin) de gelegenheid in dit Gelderse Helicon inspiratie te vinden. Indien deze interpretatie de juiste is, kan ook de plaatsing van het beeld weloverwogen zijn geweest, namelijk op het laagste gedeelte van de gehele tuin. Zo stond het aan de voet van de gehele Rosendaelse stroom.

Een dergelijke identificatie met Pallas Athene was ook in Kleef te vinden, waar het door de stad Amsterdam geschonken beeld van Minerva door Artus Quellinus een verwijzing naar de vorstendeugd van de stadhouder Johan Maurits van Nassau-Siegen bevatte[281].

Maar het kan ook zijn dat de Rosendaelse Pallas Athene als beschermvrouwe der kunsten verwees naar de vrouwe van Rosendael. Dit kan worden opgemaakt uit een gedicht, dat Elbert Anthonij van Pallandt (1637-1701), heer van Batinge, Drost van Drenthe aan Jan van Arnhem richtte, waarin hij Van Arnhems vrouw vergeleek met Minerva[282]:

> Seigneur d'un palais enchanté,
> (...)
> Ou surtout l'illustre Minerve,
> La Dame du fameux palais,
> me paroit faite tout exprez
> Pour être toujours admirée
> Et toujours tendrement aimée
> Par son Epoux, ...

Volgens deze opvatting kunnen wij de Pallas Athene in Van Arnhems tuin beschouwen als de verpersoonlijking van Janne Margriete van Arnhem, die haar man inspiratie schonk.

De belangrijkste, meest in het oog lopende plaats in de tuin ten zuiden van het huis was ingeruimd voor het loden beeld van Fortuna (zie p. 62). Het beeld stond op de as van de hoofdtuin en op de hoogste plaats aan de zuidrand, dus goed zichtbaar uit de gehele zuidtuin, en als een 'point de vue', wanneer men uit het huis over de parterres keek. Fortuna verbeeldde niet alleen geluk of voorspoed maar ook de wisselvalligheid van het lot, hier duidelijk gemaakt doordat zij op één been balanceerde op een wereldbol, die onstabiliteit uitdrukte, en door het zeil dat zij boven haar hoofd hield, een teken van de onberekenbaarheid van de wind. Voor d'Outrein vormde zij een aanleiding voor een zedeles: 'Dus is 't gelegen met het aardsch geluk en eer / het staat seer wankelbaar, en vliegt geswind daar henen'. Men kon beter niet, zo vervolgde hij, te vast rekenen op het onbestendige, doch wel op God, 'die is het hoogste goed, een vast en seker lot'. Deze Fortuna lijkt dus aan de bezoekers, die zich overrompeld konden voelen door de voortbrengselen van natuur en kunst die zij hier zagen, duidelijk te maken, dat de schoonheid en rijkdom van deze hele tuin slechts een aards goed was, waar men zich niet te veel aan moest hechten.

Een centraal thema op Rosendael vormden de allegorieën op het water en op de zee. De grot in het midden van de zuidtuin (op de plaats waar in later tijd door Van Arnhems erfgenaam Lubbert Adolf Torck de schelpengalerij werd aangelegd) werd door d'Outrein een kabinet van Thetis en Neptunus genoemd vanwege de lig-

74.
Daniel Marot, belvédère van Willem III, of Koningshuisje (rechts), 1702, gravure, RPK Amsterdam.

75.
Petrus Schenk jr., belvédère van Willem III, circa 1718, gravure no. XVIII, RAG, AHR.

gende figuren bij de ingang van de grot. D'Outrein lichtte hun betekenis toe: '*Neptuin* en *Thetis*, volgens de Heidensche verdigtselen, de God en Godinne van Zee, worden voor de Zee selfs genomen'. Overigens werden deze beelden nog door Van Arnhem verwijderd of verplaatst, want in 1718 (afb. 61) zijn zij niet meer afgebeeld. Dezelfde figuren kwamen in geschilderde vorm voor op de achterwand van het kabinet boven de bedriegers, op de plaats waar zich nog altijd de bedriegertjes bevinden. D'Outrein noemt ze niet, maar door de legenda van de vogelvlucht (*Cabinet van Neptunis, het is en Triton aan de vijver* -in plaats van *het is* lees: *Thetis*) herkennen wij in het kabinet op Schenks prent no. VIII (afb. 69) in ieder geval Neptunus en Thetis en twee dolfijnen. Tot deze categorie behoorden voorts nog de dolfijn, die bij de 'loden hoed' uit zijn bek een cascade liet vloeien en de Triton, die in het bassin in de nieuwe *lage tuin* een fontein uit zijn vergulde hoorn liet spuiten. Natuurlijk hoorden deze dolfijnen bij de vele toespelingen op het water als één van de vier elementen, maar in het Christelijk geloof werd de dolfijn ook opgevat als symbool voor Christus' dood en herrijzenis[283].

Van de overige door d'Outrein genoemde beelden nam dat van Pan (bosgod) een begrijpelijke plaats in het 'hooge Bosch' in en dat van Diana in de boomgaard. Het ligt voor de hand, zeker op Rosendael, Diana te zien als godin van de jacht (Diana Venatrix), maar zij gold eveneens als beschermster van bos en bomen (Diana Silvestris)[284]. Ook in andere belangrijke 17de-eeuwse tuinen zoals op Duinrel, Soestdijk, Zorgvliet en Het Loo kwam een Diana voor.

De plaats van haar beeltenis buiten het centrum van de tuin in de nabijheid van de boomgaard en de ongecultiveerde natuur houdt verband met haar functie als beschermster der bomen. Jan van Arnhem was door zijn oriëntatie op de klassieke literatuur zeker van deze tweeledige iconografische betekenis op de hoogte.

De keuze van het thema van de roof van Proserpina die door Pluto naar de donkere onderwereld werd ontvoerd, is te verklaren uit de plaatsing van deze op hout geschilderde scène: aan het einde (westzijde) van het park, dichtbij de woeste, dat is ongecultiveerde natuur. Op deze plaats, de 'Vleeschketel' genoemd, ontsprong het water dat de waterwerken in de tuin en de lager gelegen watermolens voedde[285].

Een andere in het oog lopende groep beelden was de serie van twaalf portretbustes van Romeinse keizers, een in tuinen veel gebruikte aanduiding van klassieke heersers. Op Meer en Berg te Heemstede bijvoorbeeld bevond zich ook een dergelijke serie[286]. Voor d'Outrein vormden zij juist aanleiding de suprematie van de goddelijke over de wereldlijke macht te benadrukken: 'Het strekke Koningen en Vorsten tot vermaan, / Dat sy voor dwinglandy en trotsen moed sig wagten / En 't Hoogere gebied des Hemels leeren aften. / Want geene magt kan voor die mogentheyd bestaan'.

Van de hierboven genoemde beelden waren er slechts twee op hout geschilderd, Pluto en Proserpina en de 'veldgoden van het oude heidendom'. Deze waren niet van dichtbij zichtbaar, maar stonden aan het einde van een (zicht)laan[287]. De overige waren evenals de vazen van steen of lood:

1. Thetis en Neptunus (voor de grot); 2. Fortuna; 3. de twee beelden links en rechts van Fortuna, misschien Neptunus en Mercurius voorstellend; 4. twaalf Romeinse keizers; 5. vier, later twee figuurtjes voor de cascade met de hertshoofden; 6. de zes witte beeldjes langs het pad aan de gracht; 7. Diana; 8. Pan; 9. Pallas Athene; 10. Triton en vier arenden in het bassin in de nieuwe *lage tuin*; 11. Cupido en zwaan.

De beelden die van steen of lood waren gemaakt, kon men alle van dichtbij bekijken. Hoewel de keuze van deze beelden – voor zover herkenbaar – grotendeels wel te verklaren is, blijft het onduidelijk of er sprake is van een programmatische opzet, waarin elk beeld niet alleen een eigen betekenis had, maar bovendien deel uitmaakte van een vooropgezet decoratieprogramma. Bekende thema's als de vier jaargetijden, de vier elementen etc., konden aan een tuin symbolische waarden verlenen. Maar de allegorische betekenissen van het beeldhouwwerk en de beschilderingen moeten op Rosendael van een beperkt belang worden geacht. Op enkele plaatsen komen wij deze wel tegen. In het huisje op de Sterrenberg waren figuren geschilderd, die de zintuigen en de eendracht van het huwelijk uitbeeldden[288]. En in Mary's hofkabinet zou men in engere zin van een microkosmos kunnen spreken; daar was de aanleg van Rosendael in het klein afgebeeld.

Hoewel Jan van Arnhem, met zijn belezenheid en academische vorming, zijn kennis van de klassieken en zijn liefhebberij in de tuin- en dichtkunst, en met de nauwe relaties die hij in de kring van de Koning-stadhouder onderhield, zelf in aanmerking kwam de ontwerper van een dergelijk decoratieprogramma te zijn, wekt de keuze van het beeldhouwwerk niet de indruk dat er één samenhangende gedachte mee tot uitdrukking werd gebracht. Toch kunnen wij twee hoofdthema's in de tuin ontdekken.

Een voor de bezoeker niet mis te verstaan element in het centrale deel van de tuin was de vriendschap tussen de heer en vrouwe van Rosendael enerzijds en Willem en Mary anderzijds. Deze vriendschapsband werd in een aparte hoek in de tuin duidelijk gemaakt door het kabinet dat aan prinses Mary was gewijd en door de daarnaast gelegen cascade, waar de Rosendaelse jachttropheeën van Willem III waren tentoongesteld. Vanzelfsprekend strekte deze vriendschap de Van Arnhems tot eer en dat was in de tuin duidelijk

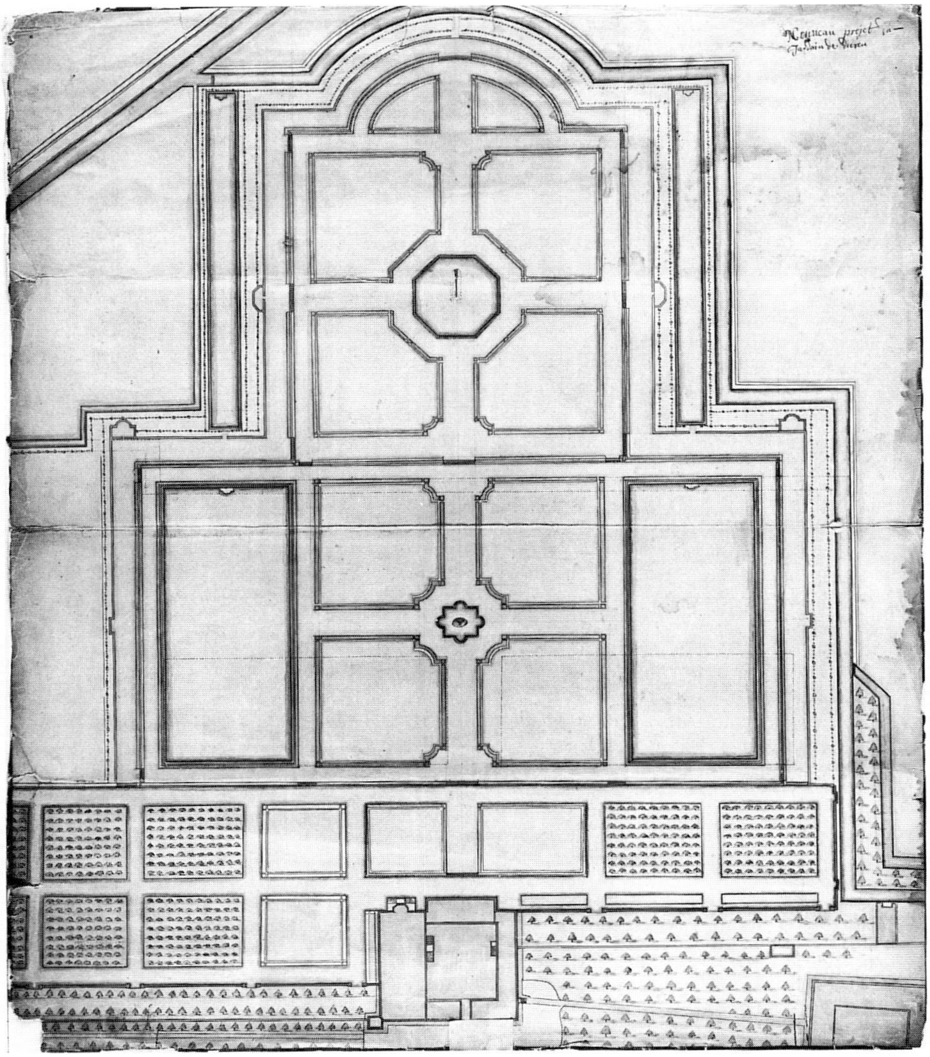

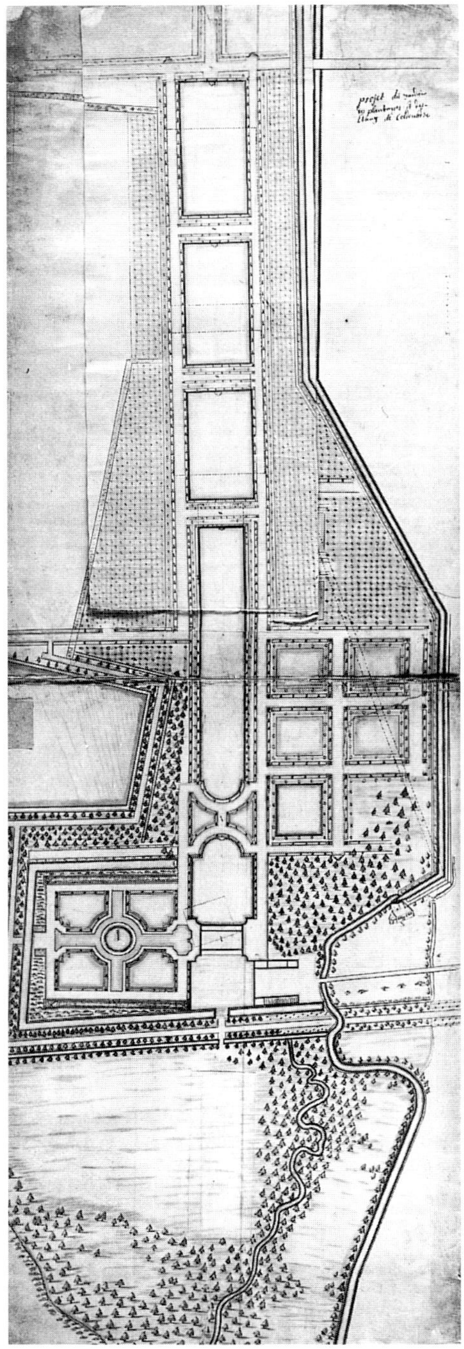

76.
Jan van Arnhem, ontwerp voor een nieuwe aanleg van Dieren, circa 1700, inkt en aquarel, 68 x 57 cm, ARA, afd. kaarten en tekeningen VTH 1869-II.

77.
Jan van Arnhem, ontwerp voor een nieuwe aanleg van Coldenhove, circa 1700, inkt en aquarel, 98,7 x 32 cm, ARA, afd. kaarten en tekeningen VTH 1870.

zichtbaar. Van Arnhem was niet de enige uit de hofkring die in zijn tuin hulde aan de Koning-stadhouder bracht. Op Zorgvliet verwees Hans Willem Bentinck door middel van verschillende tuinornamenten naar Willem III, en op Heemstede deed Diderick van Velthuysen dat ook[289].

Het belangrijkste thema dat Jan van Arnhem in zijn tuin tot uitdrukking heeft gebracht, is de aandacht voor zijn geslacht, met de bedoeling zijn familienaam in de herinnering te laten voortleven; hij was immers de laatste mannelijke telg van de Van Arnhems. Dit was in de architectuur maar ook in de tuinkunst een bekend thema. In vorstelijke tuinen konden de deugden van koningen en prinsen tot uitdrukking worden gebracht, zoals dat op Het Loo van Willem en Mary het geval was[290]. En huizen waren bij uitstek geschikt om als gedenkteken voor de bouwheer en zijn familie te fungeren, met de bedoeling de familienaam er in te laten voortleven. Enkele voorbeelden daarvan in Gelderland zijn: Middachten, gebouwd tussen 1694 en 1697, waar in het stucwerk van de koepel de militaire successen van Godard van Reede-Ginckel, graaf van

Athlone (1644-1703) als opperbevelhebber van de Engelse troepen in Ierland zijn af te lezen, en huis Oldenaller bij Putten, dat moest strekken 'tot conservatie van de naem en stam van Wijnbergen', gebouwd tussen 1650 en 1655 door Johan van Wijnbergen (1590-1658) die eveneens als militair commandant carrière had gemaakt[291]. Ook in het geval van Johan Hendrik van Isendoorn, heer van de Cannenburch (1666-1703), schoonzoon van Godard van Reede, werden het voortbestaan van het familiehuis en de bloei van het geslacht Van Isendoorn nauw met elkaar verbonden: 'te conserveren de luister van het oude stamhuis en familie'[292].

Wat Rosendael betreft was de grote Middeleeuwse donjon een duidelijk teken van de oudheid van deze plaats. Vele generaties van bewoners van Rosendael hebben er hun verbondenheid met een belangrijke periode uit de Gelderse geschiedenis mee kunnen benadrukken. In de officiële omschrijving van Rosendael in de leenprotocollen wordt de donjon altijd genoemd ('huis, borgh en toorn'); mogelijk hield het behoud van de donjon verband met de handhaving van verschillende heerlijke rechten, die van oudsher aan Rosendael verbonden waren.

Van Arnhem koos een ander middel om zijn familienaam op Rosendael voor de beschouwer en bezoeker tot uitdrukking te brengen. Hij liet op verschillende plaatsen in de tuin en aan het huis een adelaar aanbrengen, enkele keren met de spreuk *Ut aquila ardua quaerit*, een citaat uit Jesaia 40, vers 31. In het wapen van de Van Arnhems vormde de adelaar de wapenfiguur: een schild gevuld met een adelaar, gehouden door twee adelaren met in het helmteken wederom een adelaar. Van Arnhem identificeerde zich met zijn wapenfiguur en was zich voor alles bewust van de uit de Middeleeuwen daterende symbolische betekenis van de adelaar als Christus en in het geval van de stijgende adelaar, waarvan Jesaia spreekt, als diens hemelvaart. J. d'Outrein heeft in de opdracht aan Van Arnhem van zijn *Proef-stukken van heilige sinne-beelden* (Amsterdam, 1700) een uitleg gegeven van de betekenis die Van Arnhem aan de arend toekende. Van Arnhem 'die niet alleen van den arend zijn naam en wapen draagt, maar ook voor sijn gewoone sinspreuk heeft: ut aquila ardua quaerit, (...) sij sullen opvaren met vleugelen als de arenden'[293]. Van Arnhem heeft deze metafoor vaak gebruikt bij de ondertekening van theologische dichtwerken die van zijn hand in druk verschenen; dikwijls liet hij zijn naam vergezeld gaan van *ut aquila ardua quaerit.* Ook het aan Spreuken 10 vers 9 ontleende 'die in opregtigheyd wandelt, wandelt seker': *Qui va droit, ne manque pas*, is als richtlijn voor al zijn handelen veelvuldig door Van Arnhem gebezigd[294].

De bezoekers van Rosendael konden op diverse plaatsen in de gehele aanleg een gebeeldhouwde of op hout geschilderde adelaar tegenkomen en beide deviezen lezen, zoals in de zuidelijke tuin, op de Sterrenberg, in het 'hooge bosch' en in de 'nieuwe hof'[295].

Uit de beschrijving van d'Outrein kan worden afgeleid, dat lang niet alle adelaars van meet af aan in de tuin stonden, maar dat de meeste pas gedurende de laatste tien tot vijftien jaar van Van Arnhems leven (na 1700) werden opgesteld. Deze constatering plus het feit dat er wel eens iets uit de tuin werd verwijderd (bijvoorbeeld de twaalf Romeinse keizers), en dat er telkens nieuwe elementen werden toegevoegd, leidt tot de conclusie, dat er geen vooropgezet programma aan de tuindecoratie ten grondslag heeft gelegen, maar dat verschillende motieven door het beeldhouwwerk werden uitgedrukt.

Van Arnhem, die vooral sinds zijn benoeming tot landdrost van Veluwe in 1701 als leidende figuur van Gelderland kan worden beschouwd, wilde met de genoemde decoraties vooral de herinnering levend houden aan zijn geslacht, waarvan hij de laatste mannelijke telg was. In Horatius' woorden maakte Van Arnhem Rosendael tot een *monumentum aere perennius*[296].

Jan van Arnhem en de tuinkunst van zijn tijd

Na deze beschrijving en poging tot interpretatie van de achtergronden van de tuinaanleg is het van belang te onderzoeken welke rol de tuinkunst in het leven van Van Arnhem speelde, en wie hem bij de nieuwe aanleg van Rosendael geïnspireerd heeft.

Van Arnhem verkeerde in een kring, waarin men zich op actieve wijze voor de tuinkunst interesseerde. Deze groep van geleerde dilettanten was in dit onderwerp zò bedreven geraakt, dat vele ideeën voor verbeteringen of voor een nieuwe aanleg niet van professionele buitenstaanders maar van henzelf afkomstig waren. Het blijkt nu dat Van Arnhem zich in dit gezelschap een prominente plaats had verworven, en dat hij een actieve rol heeft gespeeld bij de uitwisseling van nieuwe ideeën in deze kring en daarbuiten. Gedurende de eerste jaren ging de belangrijkste invloed uit van prins Johan Maurits van Nassau-Siegen (1604-1679). In het hier voorgaande is reeds betoogd, dat Van Arnhem verschillende ideeën heeft kunnen ontlenen aan de aanleg van Johan Maurits in het nabijgelegen Kleef. Dit geldt met name voor de axiale aanleg van de ten zuiden van het huis gelegen terrastuin, het idee van een natuurlijke beek, de Sterrenberg, de plaatsing en de functie van een belvédère, en het beeld van Pallas Athene.

Vervolgens was de vriendschap met de Koning-stadhouder en met verschillende leden van de hofkring van belang. Zo mag de vriendschap met Constantijn Huygens sr. (1596-1687), de dichter-staatsman die een halve eeuw eerder al zo'n belangrijke rol had gespeeld bij de ontwikkeling van het classicisme in de Hollandse architectuur, hier niet onvermeld blijven. De bezoeken die deze in 1678 aan Rosendael had gebracht en de twee aardige gedichtjes die hij naar aanleiding daarvan schreef, zijn in het voorafgaande reeds aangehaald (p. 57). In 1686 schreef de bejaarde Huygens nog een gedichtje, waarin hij zijn achting voor het echtpaar Van Arnhem onder woorden bracht.

De waere waerde van den Heer ende Vrouwe van Roosendael.

Prijst peerel paeren, prijst gepaerde diamanten,
Soo puijck, soo suijver, soo volmaeckt aen alle kanten
Dat s' alle kenners keur voor voll Orientael,
Sij zijn niet noemens waerd bij 't paer van Roosendael.

Huygens besloot zijn begeleidend briefje met de woorden: 'oprechtige eerbiedinge, die ick altoos gehadt hebbe voor het paer van Roosendael'[297]. Er is niet bekend of Huygens directe invloed op Van Arnhem had of hem adviezen gaf, maar de hier aangehaalde gedichtjes geven wel aan dat hun gesprekken onder meer over de tuinkunst van hun tijd zijn gegaan.

Een volgende invloedrijke figuur in de hofkring en vooraanstaand kenner van de tuinarchitectuur met wie Van Arnhem verkeerde, was Hans Willem Bentinck, graaf van Portland, sinds 1689 de eerste verantwoordelijke voor de koninklijke tuinen. Bentinck moet bijzonder op Jan van Arnhem gesteld zijn geweest, zoals bijvoorbeeld blijkt uit een passage van een brief die hij in februari 1704 schreef aan zijn dochter Anna Margaretha, echtgenote van Arent van Wassenaer-Duivenvoorde (1669-1721). Jan van Arnhem was blijkbaar ernstig ziek, wat voor Bentinck aanleiding was te schrijven:

> Je plains Mons. et Mad. de Rosendael, je perdrois en luy le meilleur de mes amis, lequel je regretterois extrordinairement, la Province de Gueldre ni perdroit pas peu, si les bons souhaits des honestes gens pouroit contribuer à sa santé, je crois qu'il les a plus que personne[298].

Bentinck liet sinds 1675 vele veranderingen op zijn Haagse buiten Zorgvliet aanbrengen (zie p. 71); de parallel tussen het octogonale bovenlicht van de Ganymedesgrot op Zorgvliet en de lantaarn van de belvédère op Rosendael kwam hiervoor reeds ter sprake. Een andere overeenkomst is te vinden in de vorm van de *parterres de broderie* van Zorgvliet en die van Rosendael, zoals deze voor Rosendael zijn afgebeeld in de oorspronkelijke prentserie van Petrus Schenk. Van Arnhem zal zich evenals Bentinck voor de vorm van de parterres hebben laten leiden door Franse plaatwerken, die gedurende de tweede helft van de 17de eeuw op ruime schaal verspreid werden en waarin onder andere de tuinen van Versailles en Vaux le Vicomte waren afgebeeld (zie p. 82)[299].

Het kan niet anders dat Bentinck, die op dit gebied de belangrijkste positie aan het hof bekleedde, en Van Arnhem, die eveneens het vertrouwen van Willem III – ook op dit gebied – genoot, elkaar wat betreft de tuinkunst hebben beïnvloed. Dat Van Arnhem het volste vertrouwen van Bentinck genoot blijkt bovendien uit het feit, dat Bentinck hem tot mede-executeur van zijn nalatenschap had benoemd[300]. Samen met Willem Bentinck tot Diepenheim was hij voogd van diens minderjarige kinderen Willem (1704-1774) en Charles (1708-1778)[301]. Hans Willem Bentinck stelde enkele maanden voor zijn dood een reglement van drie pagina's op, waarin instructies waren opgenomen voor het onderhoud van zijn tuinen op Zorgvliet, vooral wat betreft de taakverdeling onder de tuinlieden. Dat een exemplaar van dit reglement op Rosendael bewaard bleef, hield wellicht verband met een toezichthoudende rol van Van Arnhem als executeur[302].

Van Arnhem heeft voorts nauwe familiebanden met verschillende leden van het geslacht Van Wassenaer onderhouden, zowel van de tak Duivenvoorde als van de tak Obdam. Met Jacob graaf van Wassenaer Obdam (1645-1714), die kort voor 1712 door Marot een parterre voor de tuin van Twickel had laten ontwerpen, was er sprake van hechte vriendschap. Onder de bewaard gebleven gedichten van Jan van Arnhem is een huwelijksgedicht uit 1676 voor Jacob Van Wassenaer Obdam en zijn vrouw Adriana Sophia van Raesfelt[303]. De werkzaamheden van Marot voor vader en zoon Van Wassenaer Obdam zijn bekend. Er zijn geen aanwijzingen dat Van Arnhem, die op eigen terrein de belvédère op de Koningsberg naar ontwerp van Daniel Marot had zien verrijzen, hem ook zelf naar Rosendael heeft gehaald.

In 1712 liet Jacobs zoon Johan Hendrik graaf van Wassenaer Obdam (1683-1745) de verfraaiingen aan Van Arnhem zien, die hij met behulp van Daniel Marot in de tuinen van Zuidwijk had laten aanbrengen. Van Arnhem nodigde Van Wassenaer daarop uit voor een tegenbezoek aan Rosendael ('de venir voir aussi mes fontaines'), en voegde daaraan toe, dat hij prijs stelde op diens raadgevingen: 'j'y ay grandement besoin de vostre conseil et ordonnance, les embellissements de vostre ouvrage a Suidwijc me sont tousjours agreablement dans l'esprit'[304].

Jan van Arnhem zal de graaf van Wassenaer Obdam stellig ook om zijn kunstlievendheid gewaardeerd hebben: deze bracht een omvangrijke collectie kunstvoorwerpen en naturalia bijeen, die in een speciale galerij werd opgesteld in het naar ontwerp van Daniel Marot in 1716-1717 gebouwde huis aan de Kneuterdijk in 's-Gravenhage. Hier liet Van Wassenaer bij gereedkomen van zijn huis door de portretschilder en kunsthandelaar Philips van Dijk (1680-1753) een schilderijenkabinet aanleggen[305]. Van Wassenaer bestelde voor de tuin van Zuidwijk onder meer beeldhouwwerk bij Ignatius van Logteren in Amsterdam, in 1715 een marmeren borstbeeld op piëdestal en in 1716 een borstbeeld van Apollo[306]. In 1707 en 1708 had hij de tuinen van Zuidwijk al in aquarel laten afbeelden door Josua de Grave[307]. Ook in later jaren bleef hij zijn verzamelingen uitbreiden. In 1727 verwierf hij een kabinet gesteenten uit de nalatenschap van Mr. Hendrik Adriaan van der Marck, heer van Leur[308]. De beeldhouwkunst bleef zijn belangstelling houden: van de uit Antwerpen afkomstige beeldhouwer Jean Baptist Xavery kocht hij in 1727 een sater van palmhout, in 1732 een marmeren kop van de Romeinse triumvir Marcus Antonius en in 1734 een vrouwenkopje van ivoor[309].

Een dergelijke verzamellust is van Jan van Arnhem niet bekend; hij richtte zich behalve op een (bescheiden) portrettengalerij en een bibliotheek op een verzameling 'mathematische instrumenten'[310]. Maar het respect tussen Jan van Arnhem en Johan Hendrik van

78.
Anoniem, vogelvlucht van Batinge, Dwingeloo (Dr.), circa 1700, inkt en aquarel, Rijksarchief Drenthe.

Summary

'A green heaven on earth' is how Constantijn Huygens described Rosendael (near Arnhem, Gelderland) after a visit in 1678. The fame the garden already enjoyed then was only to increase as the years went on.

The date of the castle's foundation is unknown. The earliest mention of it dates from 1314 and it may be that Reinald I of Gelderland initiated the first building work on the site around 1300. Up to 1516 the castle served as one of the residences of the Counts, after 1339 Dukes, of Gelderland. The 14th century saw its rise, the early 15th century its heyday, with its decline setting in around the middle of the 15th century. The Medieval complex reached its largest size, approximately 80 x 45 metres, around 1400. However, this is known only from remains of walls and old representations, since the large 14th-century keep, which was rebuilt after a fire in 1412, is all that has survived to the present day. The Medieval history of the castle came to an end in 1516, when Karel, Duke of Gelderland, mortgaged the delapidated house to Gerrit van Scherpenseel. He restored it and in 1536 his son Willem acquired the property rights to it from the duke. In 1579 Willem's children sold it to Dirck van Dorth. That was the only time it has changed hands by sale. Since then it has for four centuries been handed down exclusively by inheritance or marriage to eleven successive generations of the Van Dorth, Van Arnhem, Torck and Van Pallandt families.

In 1615 Dirck van Dorth the Younger built a two-wing house against the east side of the keep, making use of Medieval masonry. This house remained largely unaltered in shape up to 1721. Dirck's daughter Ermgard married Robert van Arnhem in 1632 and in 1667 their daughter Janne Margriete married her cousin Jan van Arnhem. He was an exceptionally gifted and devout man and a steadfast administrator, but he was also a poet and a lover of the art of gardening, while his good relations with the King-Stadholder William III, whose counsellor he was, lent Rosendael an extra dimension. William III was a frequent visitor there, thanks in particular to their shared love of hunting and gardens. The friendly relations between William and Mary and the Van Arnhems left various traces on Rosendael, which are now no longer in existence, such as a belvedere designed by Daniel Marot. For fifty years Van Arnhem made his mark on the lay-out of the garden by introducing improvements year in year out according to his own lights. The pool complex was already present in part and as a scholarly amateur Van Arnhem designed waterworks, parterres and other garden ornaments. During the initial years he was probably inspired in the sphere of garden design by Johan Maurits of Nassau-Siegen from Cleves, while in later years Hans Willem Bentinck was his most important kindred spirit in this respect. Van Arnhem also gave others, William III included, the benefit of his knowledge in the field. Shortly before 1700 he commissioned J. d'Outrein and P. Schenk to record the garden at Rosendael in words and pictures respectively, so that it is known in detail. Van Arnhem made of Rosendael a Gelderland Helicon, where poets could find inspiration, while others who were interested were allowed to stroll in the garden.

Meanwhile the house itself had become old-fashioned, Van Arnhem having altered only the outbuildings on the forecourt. Jan and Janne Margriete van Arnhem died without issue, so their nephew Lubbert Adolf Torck, who lived in Wageningen, inherited Rosendael in 1721. He embarked on a radical renovation of the house and outbuildings, which was completed around 1725. The keep acquired new storeys with barrel vaults and a dome, while on the roof was installed a lantern from the demolished belvedere of William III. As regards the house itself too, it was more a question of adapting the existing buildings to the taste of the time than of introducing a new concept. However, the siting of the outbuildings in a line on the north side of the forecourt was an original solution. To mask the old bricks the house was plastered. Most of those who carried out the renovation and supplied the materials were from Amsterdam. Details are known thanks to the daybooks kept by Torck. The decoration and furnishing of the rooms is known from an inventory of 1764. It was characterized by the use of costly, colourful fabrics, which could create a greater unity in a room by being used throughout. The walls were hung virtually exclusively with portraits and not with pictures of other subjects.

Daniel Marot was charged with designing the modernization of the garden lay-out, but the basic lines laid out by Van Arnhem remained unaltered. The still extant shell gallery, the summerhouse, the trick fountains and the cascade with the river gods date from this period. As a worthy successor to Van Arnhem, Lubbert Torck spared neither expense nor trouble over a period of forty years for the continual enhancement and daily maintenance of the garden. In 1722 he married an Amsterdam heiress, Petronella van Hoorn, who with her fortune of over a million guilders, derived from the Dutch East Indies, provided an important financial contribution to the renovation of Rosendael and the modernization of the garden. Her means and also her annual income were initially four times greater than those of her husband, but his own income rose later thanks to increased earnings from his numerous public offices and commissions in both Gelderland and Amsterdam. The fortunes and disposable incomes of the couple were unequalled in Gelderland and belonged among the largest of the day in the Republic.

Torck distinguished himself not only as a strong-willed administrator, but also as an active builder and wise investor, who tapped an unusual source of income by renting eleven houses which he commissioned to be built in Wageningen around 1740. At the end of his life he had a new church built at Rosendael.

He and his wife also died childless, so their nephew Assueer Jan Torck became the new master of Rosendael in 1764. He began a programme of afforestation, in the Imbosch among other places. Moreover, he considerably enlarged his lands on the Veluwe to a total area of around 10,000 hectares. This he financed with money inherited from his aunt. He expected a return from it, but he was no less concerned to enlarge his own hunting-grounds. These years also saw the first alterations of the garden lay-out in the landscape style, the Stadholder's architect P.W. Schonck being brought in for this in 1781. Torck and his wife Eusebia de Rode van Heeckeren paid more attention to the modernization of their town house at the corner of Voorhout and Kneuterdijk in The Hague than to Rosendael. That the Neo-Classical Louis XVI style, which began to catch on during the 1770s, also made its entree into the interior of the Torcks' Hague house is clear from, among other things, the orders given to Hague cabinetmakers and silversmiths.

After his parents' deaths in 1793, their son Reinhard and his wife Goswina van Neukirchen called Nyvenheim continued the management of the estate unchanged, so that they could go on living in the same state on the incomes from capital and property. They too bought furniture, silver and porcelain in The Hague. Few alterations were made at Rosendael. Visitors' books of the first quarter of the 19th century show how popular a trip to Rosendael was at that time.

Great changes ensued under the next generation. Reinhard and Goswina's son Adolph married Louise Huyssen van Kattendijke in 1834. The now old-fashioned garden underwent a metamorphosis. J.D. Zocher the Younger designed the park as it now stands in the landscape style, in which some of the 18th-century components, such as the shell gallery were retained. The 18th-century outbuildings were demolished and the coachhouse and stables were accommodated in a new side wing. A large orangery was built in the park and just outside it an inn and a school. Adolph Torck and his wife were only granted a short time to enjoy these changes; they died in 1842 and 1843 respectively. Their only surviving child Ada married her cousin Reinhard, Baron van Pallandt van Keppel, in 1854. Through this marriage a large part of the old estate, which had been split up in the previous generation, came into one hand again. Shortly afterwards, Van Pallandt commissioned the architect L.H. Eberson to renovate the interior of Rosendael. The rooms of the side wing were refurbished, while the salons on the ground floor of the south side of the house were radically altered and a verandah was also added to the side wing. The garden designer Dirk Wattez made reorganization plans for parts of the park, but these were either not executed at all or only to a minor extent. Near the trick fountains an 'English garden' was laid out, while the Koningsberg and its surroundings were replanted in accordance with Wattez' design.

After the deaths of Van Pallandt and his wife, their second son Frederik Jacob Willem, Baron van Pallandt, went to live at Rosendael in 1902 with his wife Constantia Alexine Loudon and their children. They were the last owners to use the whole house with all that that entailed. In their time the rose garden was laid out in front of the house. Their eldest son inherited Keppel, the third son Willem Frederik Torck, Baron van Pallandt, Rosendael. Rosendael suffered badly during the war, the house, the shell gallery and the orangery sustaining severe damage. The orangery even had to be demolished after the war. Van Pallandt had the war damage repaired and the shell gallery restored. After the war he lived in the side wing and the house itself was let. After his death in 1977 the castle and park with appurtenances to the extent of 45 hectares was made over to the Gelderland Countryside Trust, which restored the park, laid out the rose garden again and rebuilt the orangery. The castle was given on long lease to the Gelderland Trust for Historic Houses, which succeeded in restoring it and refurnishing it in a historical manner. It has been open to the public since 1990.

Each generation of inhabitants did their best to maintain the property inherited from father or uncle as well as possible and to hand it over to the next generation unimpaired. Jan van Arnhem and Lubbert Adolf Torck went still further in this, even stipulating that their heirs might not sell any furniture. The family portraits that covered the walls kept the memory of previous inhabitants green. There were no other types of painting at Rosendael. However, it was not the house and the decoration of its interior that received the greatest attention, but the garden. The most characteristic features of its lay-out were the pools with cascades, watercourses and fountains, fed by the constantly flowing water from the system of springs in the nearby hills, and the undulating nature of the terrain. The ideal of constant flowing water, unrealizable in the western part of the country, made Rosendael something exceptional, even in Gelderland. The water served first as a defensive moat around the castle, then as a source of power for the Rosendael papermills, but from the second half of the 17th century utility and enjoyment were combined.

Jan van Arnhem endowed the lay-out he created with the significance of a memorial to his family, of which he was the last male heir. The keep was another such memorial. It was carefully maintained by all the successive owners as evidence of the antiquity of this place and the families that lived there.

The garden was already open to interested visitors in the 17th century and has always remained so. Many references in descriptions of travels and countless visitors who wrote their names, often accompanied by a comment, in the visitors' books testify to the popularity of a trip to Rosendael. Thus its present accessibility can boast of a long tradition.

This research into the history of Rosendael was based on the idea that the house, the interior decoration and the garden cannot be seen in isolation from each other. Throughout pride of place is given not to the house, but to its inhabitants, in order to make clear how important their roles were in its maintenance. The modernizations they brought in were not just a question of taste. Education and experience, incomes and means, the obtaining of public offices or the relinquishing of them were factors that had an influence on successful management. Not every generation was blessed with the same talents, so Rosendael's luck took a turn at times. Thanks to the extensive records of Rosendael (Public Record Office, Gelderland), the first systematic examination of which was undertaken for this study, it has been possible to discover many names of those involved in alterations to the house and gardens and orders for the interior decoration.

Rosendael was always used as a summer residence in alternation with a house in town, where the winter was spent. The Van Arnhems had a house in Arnhem, the Torcks houses in Wageningen and Amsterdam and later in The Hague. Changes were generally made in the town house first and only later at Rosendael, the same craftsmen often being brought in for both. In the choice of silversmiths, cabinetmakers, plasterers, etc. The Hague and Amsterdam were also given preference. The objects made there were used in the town houses first and only transferred to Rosendael at a later stage. After 1830 Rosendael entered a new phase, when it came to serve as a permanent residence.

Translated by Patricia Wardle

Wassenaer Obdam was wederzijds. Nog in 1737, twintig jaar na Van Arnhems dood liet deze door Philips van Dijk een postuum portret van Van Arnhem maken[311].

Ook met Agnes van Wassenaer Obdam, aan wie Van Arnhem in 1698 over de op handen zijnde bouw van een nieuwe stal schreef, was de tuin een onderwerp van gesprek. Janne Margriete van Arnhem schreef haar op 5 februari 1698 uit Arnhem: 'Je souhaite (...) que vous vous divertisses bien a planter et cultiver vos jardins et arbres et quen faite vous venes voir les nostre car je craing que vous ne cognoisses plus Rosendael'[312].

Via zijn moeder Theodora van Wassenaer was Jan van Arnhem nauw geliëerd aan de Duivenvoordse tak van het geslacht Van Wassenaer. Volgens d'Outrein werd hij de eerste tien jaar van zijn jeugd in 's-Gravenhage grootgebracht, hetgeen de banden met Duivenvoorde verstevigd zal hebben. Zowel zijn oom Arent van Wassenaer (1610-1681) als diens zoon Jacob (1649-1707), als kleinzoon Arent (1669-1721) hebben ieder het hunne aan veranderingen in het huis en aan de tuin van Duivenvoorde bijgedragen. Vooral met zijn in 1707 overleden volle neef Jacob van Wassenaer, met diens vrouw Jacoba van Liere en met hun kinderen onderhield het echtpaar van Arnhem een nauwe band. Aan de oudste, de laatstgenoemde Arent, lieten zij de heerlijkheid Harsselo onder Bennekom na (afb. 24)[313]. Bij de huwelijken van Willem (1699) en Arent (1701) van Wassenaer schreef Van Arnhem gelegenheidsgedichten, die bewaard zijn gebleven. Van Arnhem heeft vooral een hartelijk contact onderhouden met hun broer de Admiraal Jan Gerrit van Wassenaer, die zijn petekind was. In 1707 trouwde Van Wassenaer met zijn volle nicht Maria Jacoba van Liere. Uit het reeds geciteerde gedichtje (p. 28) dat Van Arnhem in 1704 schreef bij het vertrek van Rosendael van zijn nichten Van Wassenaer, Torck en Van Lyere, spreekt duidelijk de familieband[314].

De in druk verschenen huwelijkszang van Jan Gerrit van Wassenaer en Maria Jacoba van Liere, geschreven door de dichtende dominee Adriaan Pars (1641-1719) uit Katwijk bevat een aanwijzing dat het kinderloze echtpaar Van Arnhem haar in huis hadden genomen nadat haar ouders waren overleden (haar vader Willem van Liere overleed in 1706, haar moeder Geertruid Anna van Wassenaer was waarschijnlijk al overleden). Volgens Pars werd zij ter gelegenheid van haar huwelijk van Rosendael afgehaald door haar neef, de admiraal:

> Die de Heer van Rosendaal vervangd en wil verposen
> En brengt sijn nigten op een edelen BURGT VAN ROSEN,
> Wat soeter wisseling, afbreuk van rouw en sorg,
> Van 't edele Rosendaal, op 't heerlijk Rosenborg.

De band die Van Arnhem met deze zesendertig jaar jongere neef onderhield, werd verstevigd door hun beider liefde voor de tuinkunst. Als tijdverdrijf hebben zij zich beiden beziggehouden met het ontwerpen van parterres voor Rosendael, een onderdeel van de tuinkunst die Van Arnhem bijzonder moet hebben aangesproken, gezien zijn belangstelling voor de (land)meetkunde. Die bezigheid blijkt uit een vers, dat Van Arnhem aan Jan Gerrit van Wassenaer opdroeg naar aanleiding van diens bezoek aan Rosendael in november 1709, en uit een brief van Van Wassenaer aan Van Arnhem uit 1716. Het vierentwintig-regelige vers is opgedragen: *Aen mijn Heer Jan Gerrit Baron van Wassenaer, mijnen hooggeerde Patroon, Generael Opperbaes van de voortreffelijcke wurmmerij*, waarmee het ontwerpen van parterres en dergelijke bedoeld zal zijn. Lubbert Adolf Torck, die de gedichten van zijn oom verzamelde, schreef erboven: 'N.B. Dit onderstaende vers is gemaeckt in November 1709 wanneer de Heer Admirael Wassenaer en andere op Roosendael waeren en wanneer sijn HWGb. met de Heer van Roosendael beesigh was om verscheyde afteekeningen van Plantagien te maecken luidende als volgt'[315]. Het betrof wellicht de hierboven besproken veranderingen aan de parterres, die enkele jaren later naar een voorbeeld uit het tractaat van Dezallier d'Argenville alweer werden vervangen.

> Van herten danck veel lof en eeren,
> Dat gij soo konstigh mijn quamt leeren,
> met soo veel moeyte, sorgh en gunst,
> De wormmerij d'hooghweerde kunst.
>
> J'kan het nooyd genoegh vergelden,
> J'sal uw met de liefhebbers melden,
> De opperbaas en Generael,
> Der braeve wurmmers altemael.
>
> O Roosenborgh ick moet uw prijsen,
> Och wou uw Heer die gunst bewijsen,
> Dat hij mijn die ben plomp en sleght,
> Daer aennam tot sijn opperknegt.

Dit eerbetoon jegens zijn zesendertig jaar jongere neefje was niet letterlijk bedoeld; in een brief van 24 november 1716 schrijft Van Wassenaer woorden van gelijke strekking aan Van Arnhem, die de verhouding beter hebben weergegeven: 'Wat hadde ick mij al voor af een plaisier gemaeckt om met mijn hoogh geEerde Meester mijnne lessies in alle gevalle, tot de nobele wurmerij incluys te repeteren, om sijnne aprobatie te erlange, dat ick boven alle andere met veel reden estimeeren[316]. Uit deze brief, geciteerd in bijlage 3, blijkt voorts, dat zijn broer Arent van Wassenaer, heer van Duyvenvoirde een plattegrond van Rosendael had meegekregen 'om twee stuckkies naest de parterre boven in de plaes van de oude bogerties te leggen', en dat Jan Gerrit vervolgens ontwerpen maakte van 'kleyne bossies van geschoore hegge', die hij naar Rosendael opzond. Ze waren 'accuraet de overgesonde maet, de eene met het beeckie daer in begreepen, en d'andere soude men aen de overgesijde van het beeckie eenige opgaende bomen kunnen setten om dat gedeelte nogh wat luwer te leggen'. Van Wassenaer duidde op het grote tuinvak op Rosendael ten zuiden van het huis en wel op de twee met bomen beplante vakken links en rechts van de twee hooggelegen parterres en op de achter de geschoren haag gelegen waterloop.

Op de brief noteerde Jan van Arnhem: *Teykeningen van den Admirael Wassenaer*. Voorts schreef Van Wassenaer dat hij nog andere schetsjes had gemaakt, die hij in het voorjaar (van 1717) 'op het charmante Rosendael (hoopte) te helpen executeren'. Het is er niet meer van gekomen: Van Arnhem overleed korte tijd later, op 12 december 1716. Wel heeft Van Wassenaer enkele jaren later, toen hij naar ontwerp van Marot zijn huis Rosenburg liet bouwen, bemiddeld bij de werkzaamheden aan de verfraaiing van Rosendael, die Lubbert Adolf Torck tezelfdertijd liet uitvoeren[317].

Uit het bovenstaande moge onder meer blijken, dat Van Arnhem in een kring verkeerde, die actief geïnteresseerd was in de bouwkunst en in het aanleggen van tuinen: Johan Maurits van Nassau-Siegen (Kleef), Hans Willem Bentinck (Zorgvliet), Constantijn Huygens (Hofwijck), Jacob van Wassenaer en diens zoon Arent, schoonzoon van Bentinck (beiden Duivenvoorde)[318], Jan Gerrit van Wassenaer (Rosenburg), Jacob van Wassenaer Obdam (Twickel) en zijn zoon Johan Hendrik (Zuidwijk), Godard Adriaan van Reede en zijn vrouw Margaretha Turnor (Amerongen) en hun zoon Godard van Reede die met Ursula Philippota van Raesfelt trouwde (Middachten)[319].

Voor de bouw van Het Loo en de aanleg van de tuinen bestond in deze kring een levendige belangstelling en bij enkelen was er zelfs van directe betrokkenheid sprake. Uit een brief die Alexander F. van Spaen tot Cruisfoort, heer van Ringenberg en Moyland – die met zijn zoon Frederik Willem van Spaen, heer van Biljoen, ook tot het bovengenoemde gezelschap mag worden gerekend – op 14 november 1684 uit Kleef aan Godard Adriaan van Reede schreef, blijkt dat Van Spaen betrokken was bij een berekening voor de aankoop van Het (oude) Loo door Willem III, die in dezelfde maand plaats vond:

> Vrijdags, daegs te vooren als ick van den Rosendael vertrock, heb ick met den heer Van Ginckel te Rossendael gegeten, ende dags te vooren de vrou van Ginckel te Middachten gesien, den selfden dach heb ick het geluck gehat dat ick den kost vant Huijs te Loo heb helpen maecken, so dat sijne Hoch. nu Heer vant 't Loo is ...[320].

Zou die berekening voor de aankoop van Het Loo op Rosendael zijn gemaakt? Uit Van Spaens brief zouden wij kunnen opmaken dat Van Arnhem er bij betrokken was.

Het nieuwe huis Het Loo werd in 1685-1686 op last van de Stadhouder gebouwd; het staat vast dat Van Arnhem daar sindsdien geregeld kwam, evenals op het Hof te Dieren, wanneer Willem III uit Engeland was overgekomen en voor de jacht op de Veluwe verbleef. Zo schreef de Koning in 1700 uit Londen aan Jan van Arnhem over een geschenk dat hij aan hem (= Van Arnhem) beloofd had, 'met deselve wandelende in de thuyn tot Loo'[321]. Wat dat geschenk behelsde, maakt de brief overigens niet duidelijk.

Van Arnhems belangstelling was niet alleen passief. Uit verschillende gegevens blijkt, dat hij zelf beschouwd mag worden als de ontwerper van de wijzigingen die in de loop der jaren in de tuinen van Rosendael werden aangebracht, en dat ook anderen van zijn kennis konden profiteren. Voor Rosendael spreekt dat duidelijk uit het levensbericht dat dominee d'Outrein over Van Arnhem schreef (cursivering door d'Outrein):

> Sijn Hoogwelgeb: was niet alleen een seer kundig liefhebber van de landmeetkonst en *bouwkunde*, mitsgaders de leidingen en cieraaden van het *fonteinwerk*; waar door hij *Roosendaal* tot sulken grooten luister en Heerlijkheid gebragt heeft, door het aanleggen van hoven, boomgaarden, wandelplaatsen, en allerleije fonteinen; waar bij van jaar tot jaar nog al iets nieuws wierd toegevoegt. Waar door alle vreemdelingen derwaarts gelokt wierden; dien het niet verdroot, na weinige jaren, die reijse eens te hervatten, om dat sij telkens iets sagen, dat hunne sinnen op nieuws verfraajen konde. Maar ook was hij een groot liefhebber van de eedele *digtkonst*; en schepte niet alleen sijn vermaak, om hier en daar op Roosendaal, aartige en leersame *sinspreuken* op rijm te stellen.

In het hierboven geschetste beeld van Van Arnhem als geleerde dilettant past het feit dat hij ook voor anderen tuinen heeft ontworpen. Een interessant voorbeeld daarvan vormen twee niet gesigneerde tuinontwerpen voor Willem III, de ene voor een nieuwe tuin op Dieren (*Nouveau projet du Jardain de dieren*, afb. 76) en de andere voor Coldenhove te Eerbeek (*Projet du jardain des plantages e du etang de Coldenhove*, afb. 77), die op grond van het handschrift van de bijschriften beide aan Jan van Arnhem kunnen worden toegeschreven[322]. Deze bezittingen van de Koning-stadhouder lagen op de Veluwe tussen Arnhem en Zutphen, beide slechts tien kilometer van Rosendael verwijderd; zij hadden een terreingesteldheid die enigszins met Rosendael te vergelijken was: geaccidenteerd en voorzien van natuurlijk stromend water, dat voor waterwerken kon worden gebruikt.

Het niet uitgevoerde ontwerp voor Dieren vertoont sterke verwantschap met de tuinen van Het Loo en De Voorst en het hierna te noemen Rustwijk in Drenthe. Het ontwerp voor een nieuwe aanleg op Coldenhove moet uit ongeveer 1700 dateren, het jaar waarin Willem III eigenaar was geworden. Hij overleed reeds twee jaar later en dit ontwerp werd niet uitgevoerd. Het plan bevatte een imposante reeks op één lijn geprojecteerde rechthoekige vijvers. Vanwege hoogteverschillen in het terrein kon het water van de ene vijver naar de volgende stromen. Het voor de Nederlandse tuinkunst ongewone plan toont overeenkomst met de situatie op Rosendael, zij het dat de terreingesteldheid daar een centrale as niet mogelijk maakte, en bovendien de vijvers als aparte compartimenten werden opgevat. Van Arnhems ontwerpen voor Dieren en Coldenhove waren moderner, aangezien daar wel voorzien was in een vergezicht over de middenas. In zijn ontwerp voor Coldenhove kon Van Arnhem de situatie van Rosendael verbeteren door de rechthoekige vijvers achter elkaar op één lijn te plaatsen.

Een tweede voorbeeld van Van Arnhems inventies blijkt uit twee verzen, die in handschrift van Lubbert Adolf Torck bewaard zijn gebleven[323].

Het eerste, *Les plaintes de Rutswijck a Monsieur de Roosendael* was afkomstig van de Overijsselse edelman Elbert Anthony van Pallan(d)t (1637-1701), heer van 't Ham, Voorst, Zuthem, Oosterveen en Batinge, Drost van Coevorden en de Landschap Drenthe etc., die getrouwd was met Van Arnhems nicht Walburch van Heeckeren. Toen Van Pallandt in 1685 Drost van Drenthe werd, kocht hij huis Batinge bij Dwingeloo van Joost Rudolph van den Boetzelaer, die gedwongen was zijn bezit voor slechts *f* 2.400,– te liquideren. Door deze koop van *het huijs en adelijke Havesathe van Batingen*, waaraan de voorwaarde werd verbonden dat Van Pallandt Drost van Drenthe zou worden, kreeg Van Pallandt toegang tot de Drentse Ridderschap[324]. Hij liet vervolgens het huis in de jaren 1686 tot 1688 verbouwen[325]. Tegelijkertijd begon hij met de aanleg van een nieuwe tuin, waarvoor bijvoorbeeld in de jaren 1687 tot 1690 verschillende vrachten met bomen werden geleverd, onder andere linde- en appelbomen, maar het duurde nog jaren voordat de nieuwe aanleg klaar was. De Groninger Abel Eppo van Bolhuis (1676-1739) die in 1693 met zijn vader Michiel van Bolhuis

80.
W. ten Haegh, wapentekening van Lubbert Adolf Torck, 1757, aquarel op perkament, h. 21 cm, Gemeentearchief Arnhem, archief Sint Nicolai Broederschap, inv. 95, fol. 27.

sr. (1644-1704) en drie vrienden een bezoek aan Batinge bracht constateerde: 'de borgh waer met grote brede graften & grote hoven; maer het werck waer alles noch niet verveerdiget'[326]. Tien jaar later (1698-1700) was er wederom sprake van vernieuwingen op Batinge, dat inmiddels *Rustwijk* werd genoemd. Aan 'het aangenomen wark te Rustwijk' werd in deze jaren circa *f* 10.000,– gespendeerd[327].

Er is uit deze tijd (circa 1700) een getekende vogelvlucht bewaard gebleven, waarop het vernieuwde huis en de geheel door water omgeven aanleg zijn afgebeeld (afb. 78)[328]. Het stramien met een hoofdas waarop een ronde vijver ligt omgeven door vier parterres die op de hoeken in piramidevorm geknipte taxusboompjes bevatten, voorts met moestuinen aan beide lange zijden van de aanleg, en met een halfronde afsluiting aan het eind van de middenas vertoont de kenmerkende trekken van het Hollands classicisme uit het eind van de 17de eeuw. Er is vooral gelijkenis met de aanleg van De Voorst uit dezelfde jaren, en met Van Arnhems niet uitgevoerde plan voor Dieren.

Het vers dat Van Pallandt aan Van Arnhem richtte, bevat een goedmoedige klacht, dat de heer van Rosendael Rustwijck vergeten was en dat hij zijn belofte niet nakwam om terug te komen en bij veranderingen in de tuin te adviseren:

Rustwijck dont la grande allée
Par votre suffrage approuvée,
Attendoit de vos soins sçavans,
Quantité d'autres ornemens.

Ook deelde hij een plaagstoot aan Van Arnhem uit: die was druk bezet, ging jagen met de prins (Willem III), kon inspiratie putten uit zijn eigen fonteinen, grotten en beekjes, maar hij vergat intussen ook zijn aandacht aan Rustwijck te schenken:

Helas! son plan, Helas! son Isle,
Qui pourroit être si fertile,
Languissent en vous attendant,
Et semblent dire que le vent
Emporte toutes vos promesses.

Daarop antwoordde Van Arnhem in een 112-regelig gelegenheidsgedicht, met de titel *Antwoord ende reponce op de plaintes van het oubli van Rustwijck*, dat hij Rustwijck en de Drost van Drenthe en zijn vrouw nicht Walburch van Heeckeren allerminst vergeten was:

Rustwijck waerom ben j'onrustich
Pourquoy craignez vous l'oubly
Il me semble, dat je lustich
Inquiet ben en en soucy
Non, o non, aimable Rustwijck
Quand je veus me divertir
Denck ick maer hoe Rust- en Lustrijck
Ick u vind avec plaisir (...)
Parmis toutes les fontaines
mes cascades & jets d'eaux,
Op de bergen & les plaines
vind sigh onder geen ruisseaux
Des rivieres & des isles,
Die in t' minste sijn gelyck
Si jolies ny fertiles
Als bij t' aengenaem Rustwijck.

Na voltooiing van de aanleg in 1700 schreef de dichter J. Vollenhove (1631-1708) een gelegenheidsgedicht getiteld *Op Rustwijck een nieuwe Hofstede van Elbert Antoon baron van Pallandt ...*, gevolgd door een zesregelige *Zegenwensch* door Jan van Arnhem.[329]

Rustwijk, 'k wensch gestaag onlust
van U wijk, en nimmer rust
van U Heer of Vrouw mag scheiden,
totdat Rustwijk, hier beneên,
haar verandert in hetgeen
God daarboven doet bereiden.

In het licht van het voorafgaande kan de vraag gesteld worden of Van Arnhem eveneens geraadpleegd werd, of een aandeel heeft gehad, bij de aanleg van nieuwe tuinen op onder meer De Voorst, Middachten en Biljoen, die in de jaren rond 1700 werden ontworpen. Toekomstig onderzoek zal misschien een antwoord op deze vraag geven.

79.
Glas in loodraam met de wapens Torck, Van Hoorn en van de heerlijkheid Rosendael, circa 1750, 106 x 191 cm, coll. VGK, Rosendael, lijst van voorwerpen 37.

Jan van Arnhem stelde vooral belang in de wiskundige aspecten van de tuinkunst. Zijn oefening in de meetkunde kwam goed van pas bij het maken van ontwerpen, vooral als het om ingewikkelde patronen van parterres ging. Hij beoefende de (land)meetkunde en de gnomonica (leer van de zonnewijzers), waarmee zijn verzameling 'mathematische instrumenten' in verband stond (zie p. 26). Hij ontwierp zelf zonnewijzers, zoals één die hij in 1715 aan prinses Marie Louise van Hessen-Kassel, weduwe van Prins Johan Willem Friso, had aangeboden voor haar tuin van het Stadhouderlijk Hof in Leeuwarden (zie p. 38).

Van Arnhems belangstelling voor de tuinkunst en aanverwante terreinen blijkt ook uit de boeken die over dit onderwerp op Rosendael waren[330]. Het aantal Franse werken overheerste en het aantal Nederlandse titels was gering. Op het gebied van de tuinkunst waren boeken aanwezig door Isaak en Salomon de Caus, D.H. Cause, Louis Liger, J. de la Quintinye, Claude Mollet en Antoine Josef Dezallier d'Argenville, en vooral verschillende werken over botanische aspecten van de tuinbouw. De enige Nederlandse werken waren van de hand van Jan van der Groen, Abraham Munting en Petrus Nylandt.

Op het verwante vlak van de architectuur en de beeldhouwkunst, vooral over paleizen, grotten, tuingebouwen en -sculpturen waren boeken aanwezig door: Antoine Aveline, G.A. Böckler, André Felibien, G. Perelle, Claude Perrault, Joach. J. von Sandrart, Simon Thomassin, Vignola, Vitruvius en Jan Vredeman de Vries. Andere Italiaanse tractaten over de bouwkunst en de grote Nederlandse werken uit de 17de eeuw, zoals van Philips Vingboons en Pieter Post, evenals vroeg 18de-eeuwse plaatwerken als van Daniel Marot en Simon Schijnvoet hebben voorzover bekend in de Rosendaelse bibliotheek ontbroken.

Daarmee zijn wij aan het eind gekomen van de beschrijving van Rosendael ten tijde van de familie Van Arnhem. Bij het overlijden van Janne Margriete van Arnhem op 20 januari 1721 vererfde Rosendael op haar neef Lubbert Adolf Torck.

4 Lubbert Adolf Torck en Petronella Wilhelmina van Hoorn (1721-1764)

Vererving op Lubbert Adolf Torck

In het voorafgaande is beschreven dat Jan en Janne Margriete van Arnhem Lubbert Adolf Torck als hun opvolger hadden uitverkoren. Hij was een kleinzoon van hun in 1672 overleden neef Lubbert Torck (afb. 341), die Drost van Wageningen was.

Op 20 januari 1721, de dag dat Janne Margriete van Arnhem overleed, vervoegde Lubbert Adolf Torck (afb. 81) zich bij de leenkamer van het Vorstendom Gelre en de Graafschap Zutphen en compareerde hij ten overstaan van de leenmannen met het verzoek om leenverheffing van de door hem geërfde goederen. Het betrof: de vrije heerlijkheid Rosendael en enige percelen in het schependom van Arnhem, het ambt Rheden en kerspel Velp; het erf Heuven in het ambt van Rheden en het erf Nieuw Reemst en het halve erf Mossel in het ambt van Ede, kerspel Otterlo[1]. De volgende dag werd het testament van Janne Margriete van Arnhem op Rosendael geopend en voorgelezen, en heeft Torck 'dat Huijs, borgh en Toorn te Rosendaal' en bijbehorende door hem geërfde bezittingen weer in leen ontvangen[2]. Bovendien verzekerde hij zich van zijn bezit door verrichting van enkele traditionele rechtshandelingen, die volgens oude gewoonte een nieuwe eigenaar van onroerend goed in diens rechten bevestigde. Volgens een bezoeker die zeven maanden later op Rosendael kwam en die heeft opgetekend wat hij daar hoorde en zag, moest Torck een tak van een eik hakken en in de grond poten, een graszode met een spade uitsteken, de brug ophalen en weer sluiten, ramen en deuren van het huis openen en sluiten en een haal in een van de haarden verhangen (zie p. 303)[3].

Deze snelle afhandeling was nodig om te voorkomen dat Christiaan Carel van Lintelo, heer van de Ehze en Walfort (ca. 1672-1736) zou proberen zich Rosendael toe te eigenen, met allerlei slepende processen van dien. Hij zou aanspraken op Rosendael kunnen laten gelden op grond van het feit, dat zijn grootmoeder Johanna van Lintelo-van Dorth een zuster was van Janne Margriete's grootmoeder Ermgard van Arnhem-van Dorth, door wie Rosendael immers uit de familie Van Dorth in de familie Van Arnhem was gebracht. Nu de lijn Van Arnhem was doodgelopen, zouden de Van Lintelo's hun rechten kunnen laten gelden. Maar dat Van Lintelo's hoop op de erfenis tevergeefs was, zal gelegen hebben aan het huwelijk van zijn grootouders Wilhelm van Lintelo en Johanna van Dorth, dat zonder de goedkeuring van haar ouders was gesloten, waardoor zij haar eventuele aanspraken op Rosendael was misgelopen[4]. Christiaan Carel van Lintelo werd door Janne Margriete van Arnhem gecompenseerd met een legaat van *f* 10.000,– maar voor Rosendael kwam hij niet in aanmerking.

Mogelijk realiseerde Torck zich al dat de Staten van Gelderland als rechtsopvolgers van hertog Karel van Gelre hun aanspraken op Rosendael zouden kunnen doen gelden. Terwijl de verbouwing van Rosendael reeds aan de gang was, werd in 1721 en in het begin van 1722 geredetwist over het eigendomsrecht van Rosendael. De Gelderse Rekenkamer wilde de rechten op Rosendael van Lubbert Adolf Torck aanvechten op grond van de onrechtmatig geachte verkoop van Rosendael door de kinderen van Willem van Scherpenseel aan Dirck van Dorth in 1579. Immers, hertog Karel van Gelre had Rosendael in 1536 afgestaan aan Willem van Scherpenseel in ruil voor het huis Coldenhove op de Veluwe, en op voorwaarde dat Rosendael weer aan de Hertog of zijn nazaten zou vervallen indien Willem van Scherpenseel geen nakomelingen zou hebben. Torck liet zich in dit geschil niet onbetuigd en stelde een uitgebreid rapport op dat vergezeld ging van de adviezen van enkele rechtsgeleerden uit onder andere Utrecht en Overijssel. Het Hof kon het standpunt van de Rekenkamer niet huldigen, en zo werd op de landdagvergadering van 29 april 1722 besloten geen rechten op Rosendael te doen gelden[5].

Lubbert Adolf Torck is zeer spoedig na de verkrijging van Rosendael begonnen met een grote verbouwing van het huis en de modernisering van de tuinen. De resultaten van deze campagne vormen de kern van het volgende hoofdstuk, dat wordt vooraf gegaan door een inleiding over Lubbert Adolf Torck en zijn vrouw Petronella W. van Hoorn. Speciale aandacht zal gegeven worden aan de financiële positie van het echtpaar, mede in vergelijking met die van tijdgenoten, aan de verbouwingen van haar Amsterdamse stadshuis en buitenverblijf waartoe Petronella tijdens haar eerste huwelijk opdracht gaf, en aan de door Torck ontplooide activiteiten als bouwheer in zijn geboortestad Wageningen.

Levensloop

Het geslacht Torck was uit Kleef afkomstig; mogelijk kwam het voort uit het gelijknamige geslacht dat al sinds de 13de eeuw in het Graafschap Marck bekend was[6]. Lubbert Adolf Torck werd op 5 augustus 1687 geboren als de eerste van vijf kinderen van Assueer Torck (1656-1698) en Anna Maria van Ripperda, vrouwe van Petcum, Beurse en Heerjansdam (1666-1739). Assueer Torck was evenals zijn vader en grootvader drost van Wageningen en tevens

81.
Anoniem, Lubbert Adolf Torck, circa 1722, doek, coll. BvdZ, Rosendael, lijst van portretten 22.

82.
Arnold Boonen (toegeschr.), Petronella Wilhelmina van Hoorn, circa 1722, coll. BvdZ, Rosendael, lijst van portretten 23.

raad en rekenmeester in Gelderland, en afgevaardigde in de Admiraliteit op de Maze te Rotterdam. Toen hij reeds in 1698 overleed, liet hij zijn vrouw met een jong gezin achter. Op zijn sterfbed had hij aan Jan van Arnhem, een neef van zijn vader, gevraagd zich mede over zijn kinderen te willen ontfermen.

Twee handschriften van de nog jonge Lubbert Adolf, een wiskundig dictaat *Geometriae liber collectus a me L.A.T. an(no) 1707*, en een bundel met door hem sinds 1709 gecopieerde gedichten van Jan van Arnhem wijzen erop, dat Van Arnhem inderdaad aan diens vorming heeft bijgedragen (zie p. 29). Van Torcks opleiding is overigens slechts bekend dat hij colleges volgde aan de Utrechtse academie[7].

Ambten

Reeds als minderjarige verwierf de jonge Lubbert Adolf zijn eerste functies. In 1698 – hij was pas elf jaar oud! – benoemde Koning-stadhouder Willem III hem tot drost van Wageningen als opvolger van zijn vader[8]. Tegelijkertijd werd hij tot richter van Nijbroek benoemd, waartoe de landdrost van Veluwe de Koning-stadhouder had geadviseerd. Bij minderjarigheid van Torck werd Jan ten Nuijl als waarnemer in dit richterambt aangesteld[9]. Na afloop van zijn Utrechtse studietijd verkreeg hij rond zijn eenentwintigste verjaardag zijn 'echte' functies. Dat begon in 1708 als schepen van Wageningen[10]. In dat jaar werd hij ook als ambtsjonker van Ede toegelaten, nadat was vastgesteld dat hij aan de vereiste criteria voldeed[11]. Hij was in augustus 1707 twintig jaar geworden, hij stamde uit een geslacht dat reeds voor 1500 als riddermatig werd erkend en om aan de voorwaarde van een onbezwaard grondbezit van tenminste 25 morgen (ongeveer 8 ha.) ter waarde van *f* 18.000,– te voldoen, had zijn moeder hem het in het ambt van Ede, kerspel Bennekom, gelegen goed Hoog Steenbergen met het erf de Boomgaert geschonken, dat voor dit doel werd getaxeerd op *f* 23.180,–[12]. In 1710 werd hij op zijn verzoek ook toegelaten tot de ridderschap van Veluwe, waar hij ook aan de gestelde voorwaarden voldeed[13]. In 1718 richtte Torck zich met een verzoek tot de ambtsjonkers van Rheden om ook daar als jonker te mogen toetreden[14]. Ook hier werd hij door zijn familie gesteund; in dit geval had Janne Margriete van Arnhem hem daartoe het nodige grondbezit in het ambt van Rheden verschaft: het huis en hof De Nort en het erf en goed Saalbosch, beide gelegen in het kerspel Velp, buurschap Laar, getaxeerd op *f* 20.180,–[15]. Voor de overige condities kon Torck in zijn verzoekschrift verwijzen naar zijn eerdere admissies in Ede in 1708 en in de ridderschap in 1710. In 1719 werd hij dan ook toegelaten. De functie van ambtsjonker was lucratief vooral sinds 1683 toen de ambtsjonkers bevoegd werden belasting te innen[16].

In deze jaren nam het aantal van zijn functies toe: extra-ordinaris raad in het Hof van Gelderland in 1717 en in hetzelfde jaar ook een vooraanstaande functie buiten de provincie. De Staten van Gelderland vaardigden hem als vertegenwoordiger af in de Admiraliteit van Amsterdam[17]. De admiraliteitscolleges, waarvan de Amsterdamse de belangrijkste was, waren onder meer belast met de zorg voor de oorlogsvloot van de Republiek. Uit de dissertatie van Bruyn blijkt, dat Torck een vooraanstaand lid was; hij was een kundige en actieve deelnemer aan de vergaderingen en hij stak ver boven vrijwel al zijn collega's uit[18]. Vanwege de frequente vergaderingen waarbij zijn aanwezigheid vereist was, vestigde Torck zich in Amsterdam. Blijkbaar kon hij deze functie verenigen met zijn loopbaan in Gelderland. Zijn belangstelling ging vooral naar de scheepsbouw uit; hij deed menig voorstel tot verbetering bij het bouwproces, en was lid van diverse commissies zoals vanaf 1723 voor de werf en de magazijnen. In 1717 bouwde de Admiraliteit de *Rosendael*, een oorlogsbodem van 152 meter lengte en 64 stukken en in 1723 de *Wageningen*, die 131 meter lang was en 36 stukken telde[19]. Beide namen waren ongetwijfeld aan voorstellen van Torck ontleend. Een tekening (afb. 83) en een schilderij van de *Wageningen* getuigen nog van dit schip[20], dat al na vijfentwintig jaar uit de vaart werd genomen en werd gesloopt.

Aangezien de Hollandse leden in dit college de meerderheid vormden, kon Torck slechts een rol van betekenis spelen door zijn persoonlijk optreden en frequente aanwezigheid. Deze houding riep weerstand op bij zijn Hollandse medebestuurders, en omdat men hem als buitenstaander te invloedrijk vond, stuurde men uiteindelijk op zijn val aan.

Maar inmiddels was zijn ster in Gelderland aanzienlijk gerezen en gold hij als de meest invloedrijke figuur in deze provincie. In 1728 was hij benoemd tot richter van Arnhem en Veluwezoom – de hoogste rechtsvertegenwoordiger in het gebied – en in 1730 tot landdrost van Veluwe, het hoogste ambt in het Kwartier van Veluwe. De landdrost was voorzitter van de kwartiervergaderingen – wanneer zij buiten de raadzaal van Arnhem werden gehouden – en van de ridderschap en oefende rechtspraak uit[21]. In 1741 werd hem andermaal een vertegenwoordiging namens Gelderland opgedragen, ditmaal in de Raad van State in 's-Gravenhage. Toen bleek, dat hij zijn positie in de Amsterdamse Admiraliteit wilde behouden, ontstond een conflict over de onverenigbaarheid van beide functies en zagen zijn medebestuurders van de Admiraliteit de gelegenheid zich van hem te ontdoen. Hij werd voortaan uit de vergaderingen geweerd; in 1744 liep zijn tweede ambtstermijn officieel teneinde. Vanwege politieke meningsverschillen over onder andere de houding tegenover Engeland trok Torck zich eind 1746 terug als lid van de Raad van State. Hij werd beschouwd als de leider van de Staatsgezinde partij in Gelderland en kwam bij herhaling in aanvaring met de invloedrijkste steunpilaar van Oranje: Willem Bentinck (1704-1774), heer van Rhoon en Pendrecht, oudste zoon uit het tweede huwelijk van Hans Willem Bentinck, graaf van Portland, en Jane Marthe Temple. Bentinck oordeelde in 1741 over Torck: 'de meest hooghartige, heftige en ambitieuze man in de Republiek en de leidende figuur in Gelderland, waar hij zich op de borst klopt vanwege zijn verdienste hier', en in 1743 schreef Bentinck aan zijn moeder dat zij in Engeland maar eens een naam moest noemen van iemand die slechter was dan Torck[22]. Maar toch bleek de breuk met Bentinck overbrugbaar, en in 1747 maakte Torck een opmerkelijke ommezwaai naar het kamp van de prinsgezinden[23].

Deze politieke tegenstellingen hebben de gemoederen danig verhit en waren waarschijnlijk nog de oorzaak van een beschamend incident dat zich op 3 september 1748 onder Torcks ogen op Rosendael afspeelde. Een Arnhems ingezetene en sous-luitenant van de Oranje compagnie van de stad, Jan Michiel Bloemroder, wilde die dag met een gezelschap Rosendael bezoeken en de bloeiende aloë zien. Nog voordat zij zich bij de hovenier konden vervoegen werd Bloemroder door Torcks personeel staande gehouden en aangevallen, hetgeen op een ernstige mishandeling uitdraaide. Op last van Torck werd hij enkele dagen in het 'gat' (gevangenis) in het onderhuis opgesloten in afwachting van zijn berechting. Deze mishandeling en vrijheidsberoving werd aan de kaak gesteld in een gedrukt pamflet; voorzover bekend is Torck niet ter verantwoording geroepen[24].

Hoewel Torck te kennen had gegeven geen functies meer te willen vervullen, volgde in 1747 nog zijn laatste Hollandse benoeming tot afgevaardigde in de Amsterdamse kamer van de West-Indische Compagnie[25]. De acht hoofdfuncties die Torck in de loop van zijn leven in Gelderland en Holland heeft bekleed, brachten ettelijke nevenfuncties en commissies met zich mee, die dikwijls lucratief waren. Alles tezamen genomen kwam hij voor vijfenveertig verschillende soorten tractementen en emolumenten in aanmerking! Dit financiële aspect van zijn loopbaan zal hierna worden behandeld in samenhang met zijn gehele inkomens- en vermogenspositie.

Huwelijk

Kort na 1722 nam Torcks leven een belangrijke wending. In 1721 erfde hij Rosendael met het bijbehorende, omvangrijke grondbezit en in 1722 trouwde hij Petronella Wilhelmina van Hoorn (1698-1764), die hij in Amsterdam had leren kennen (afb. 82); haar eerste echtgenoot, de Amsterdamse secretaris Jan Trip jr. (1691-1721), was kort tevoren overleden. Petronella van Hoorn behoorde tot het Amsterdamse patriciaat en het was dus geen ebenbürtig huwelijk, wat in Torcks familiekring bepaald ongebruikelijk was. Lubbert riskeerde er bijvoorbeeld mee, dat zonen die uit deze verbintenis zouden voortkomen, niet tot de ridderschap zouden worden toegelaten, en dat zij dientengevolge niet voor bepaalde functies in aanmerking zouden komen. Het fortuin dat Petronella ten huwelijk meebracht zal het gemis aan adellijke kwartieren ruimschoots hebben goedgemaakt; het onderhoud en de verfraaiing van Rosendael zouden immers de nodige middelen gaan kosten. Dit stond wederzijdse genegenheid overigens niet in de weg; nog in de laatste versie van haar testament uit 1764 uitte Petronella van Hoorn zich in tedere bewoordingen over haar zes jaar tevoren overleden echtgenoot[26]. Zij trouwden op huwelijkse voorwaarden, met uitsluiting van hun inboedel en tijdens het huwelijk ontstane winst en verlies[27]. Lubbert Adolf Torck nam in Amsterdam zijn intrek bij Petronella, in het huis dat zij aan de Herengracht (no. 493) met haar eerste echtgenoot had bewoond (p. 96). In de zomer wisselden zij hun verblijf in Amsterdam af met Rosendael. Vanwege zijn functies zowel in Amsterdam als in Gelderland moet Torck veelvuldig op en neer hebben gereisd. Zij zijn in Amsterdam nog wel verhuisd: per 1 mei 1731 verhuurden zij het huis aan de Herengracht aan Balthasar Boreel en betrokken een huis aan de Fluwelenburgwal naast het Prinsenhof, waar de Admiraliteit was gevestigd[28].

Petronella Wilhelmina was het enig in leven gebleven kind van Joan van Hoorn (1653-1711, afb. 353) en Susanna Agneta van Outhoorn (1672-1703). Van Hoorn was in 1663 naar Oost-Indië vertrokken en was daar van onderassistent opgeklommen tot de hoogste bestuurlijke rang van Gouverneur-Generaal; deze laatste functie bekleedde hij van 1704 tot 1709 als opvolger van zijn schoonvader Willem van Outhoorn (1635-1720, afb. 352), die sinds 1691 Gouverneur-Generaal was[29]. Van Hoorn ontwikkelde zich tot de grootste landeigenaar van Batavia, maar toen hij in 1708 te kennen gaf vanwege zijn gezondheid als G.G. te willen terugtreden, moest hij dit bezit liquideren en naar Holland terugkeren, verontrust als de VOC was, dat hij in Batavia een te grote invloed zou behouden[30]. In 1710 keerde hij na zevenenveertig jaar met zijn (derde) vrouw Johanna Maria van Riebeeck (1679-1759) en zijn dochter Petronella in Amsterdam terug. In november van dat jaar kocht hij een huis aan de Herengracht, waarin hij de meegebrachte herinneringen aan Indië samenbracht. De inventaris van deze inboedel is bewaard gebleven en geeft een goed beeld van de exotische inrichting van zijn Amsterdamse huis[31]. Er stonden veel als 'Oostindisch' omschreven meubels in huis, en ook waren er vele lakvoorwerpen, waarvan een deel speciaal voor Petronella bestemd was, zoals een lampetkan van Japans lak en de bijbehorende schotel met wapen erop, en twee kleine borden met een wapen. Verder had Van Hoorn een grote hoeveelheid porselein meegenomen, Oostindische en Chinese stoffen, dito tekeningen, kaarten en zelfs vijf grote op doek geschilderde landschappen.

Joan van Hoorn heeft niet lang van zijn terugkeer in het vaderland kunnen genieten; hij overleed al op 21 februari 1711. Zijn dochter erfde de helft van zijn nalatenschap die ruim *f* 1.140.000,– bedroeg (zie p. 87)[32]; de inboedel zal wel in huis zijn gebleven totdat zijn weduwe in 1759 overleed. Een deel kan door zijn dochter in Amsterdam in gebruik zijn genomen.

In 1715 trouwde deze vermogende erfdochter met de Amsterdamse secretaris Jan Trip jr. (1691-1721)[33]; het huis dat zij twee jaar later aan de Herengracht betrokken, komt hierna nog aan de orde. Haar grootvader Willem van Outhoorn was wel in Indië gebleven, nadat hij in 1704 zijn ambt had neergelegd. Een deel van de correspondentie met zijn enige kleindochter en erfgename Petronella uit de jaren 1710-1720 is bewaard gebleven, en daarin lezen wij over tal van voorwerpen die hij met schepen van de VOC uit Batavia naar haar toezond. Kort na haar vertrek en in de volgende jaren zond hij onder andere: twee flesjes met thee in houten kistjes met haar naam, twee potjes met geconfeite gember en meloen getekend *PWVH Amstd.*, Coromandelse sitsen, Chinese damast, een ovale gouden poederdoos met een Zuratse bruine agaat, acht en dertien grote sandelhouten Chinese beeldjes, tweeëntachtig en vierennegentig kleine dito beeldjes, zesendertig Chinese beeldjes van grauwe steen en éénendertig Chinese porseleinen beeldjes ('lachertjes' of zotjes), een 'cantoortje of schrijfflaa' belegd met schildpad en met zilverbeslag en ivoren lijsten met als inhoud een collectie halfedelstenen en diverse gouden voorwerpen, en 'een pakje in zeijldoek benaeijt, met een verlakte Japans schenkbord met mijn wapen daer in'[34]. Dit laatste of een dergelijk bord is in een particuliere collectie bewaard gebleven en toont het wapen Van Outhoorn met op de rand een doorlopende afbeelding van een landschap, afgezet met ranken met bloemen, in goudlak (afb. 84).

Ook uit het jaar 1719, waarin Petronella een groot aantal goederen ontving is correspondentie bewaard; hierna volgt als voorbeeld een citaat waaruit blijkt om welk soort voorwerpen het ging[35]. Het betrof een dankbetuiging voor de toezending van:

> zodanige quantiteit porceleijn, zilverwerk en lijwaten als andere waardige goederen, waaronder het kleet van een Golcondas koning van veel bijsondere opmerking vinden; ende den Gouverneur generaalsstaf in nauwkeurige bewaaringe zullen houden; als mede het overige ten gebruijke van cieraad als anderzints laten strekken, waaronder met veel plaisier ook bekomen, de curieuse gestikte bladen tot stoelkussens, als mede het curieuse gestikte behangsel, alle twelke hun emploij zal genieten, tot des zenders hoogwaardige gedagtenisse.
>
> Het gunt dat UE onsen waarden grootvader heeft gelieven te ordonneeren over te leveren zo van de trekpotten met goudbeslag, alsmede van 250 van de Japanse theekopjens met haar pieringjens is door ons volbragt.

Toen Van Outhoorn op 27 november 1720 was overleden, werden zijn meubels en schilderijen in Batavia verkocht[36]. In 1722 ontving zijn enig erfgename Petronella van Hoorn zijn nalatenschap ter waarde van ongeveer *f* 340.000,–; in de voorafgaande jaren had zij al ruim *f* 200.000,– van hem ten geschenke ontvangen[37]. Door haar huwelijk met Lubbert Adolf Torck belandde de collectie lakwerk, porselein etc. die zij van haar vader en grootvader erfde, uiteindelijk op Rosendael; deze stukken waren in 1921 voor een groot gedeelte nog bijeen, toen een inventaris van de inboedel op Rosendael werd opgesteld, maar zijn nu over verschillende eigenaren verspreid geraakt[38]. Het voert te ver om deze collectie, die mede van bijzondere waarde is omdat de herkomst zo precies bekend is, hier te reconstrueren; enkele belangrijke stukken met name lakwerk en porselein zullen hierna wel worden behandeld.

In 1716 kregen Jan Trip en Petronella van Hoorn een zoon Jan Willem, die later in Amsterdam en op Rosendael werd opgevoed. Voor de gewone lessen had Jan Willem Trip een (Franse) gouverneur. Bovendien kreeg hij het in hun kringen gebruikelijke onderwijs in het dansen, paardrijden, schermen en tekenen[39]. Hij studeerde vervolgens in Leiden, waar hij Lady Catharine Grey (1711-1748), dochter van de Earl of Stamford, leerde kennen, met wie hij in 1736 trouwde; Jan Willem Trip overleed reeds twee jaar later[40]. Zijn vader was al in 1721 overleden en zijn moeder hertrouwde een jaar later met Lubbert Adolf Torck; dat brengt ons terug bij het uitgangspunt van dit korte intermezzo.

Uitbreiding van het grondbezit

Nadat Lubbert Adolf Torck in 1707 van zijn moeder het goed Hoog Steenbergen onder Bennekom en in 1718 de goederen De Nort en Saalbosch onder Velp van Janne Margriete van Arnhem had gekregen, werd hij in 1721 toen hij de heerlijkheid Rosendael erfde, plotseling grootgrondbezitter. De oppervlakte van Rosendael besloeg volgens de opmeting die Barend Elshof in 1721 in opdracht van Torck liet maken (afb. 85, 161), 3191 Gelderse morgen (=1014 ha.). De kern – het huis Rosendael met de gecultiveerde en bebouwde omgeving – lag in het zuiden van dit gebied; ten noorden strekten zich zandgronden en heidevelden uit en in het noordelijke gedeelte bevonden zich twee gecultiveerde gebieden: Terlet, een oude nederzetting en de Imbos, een ontginning. Bovendien behoorden al sinds de 17de eeuw de erven Heuven onder Rheden, en Nieuw Reemst en de helft van het goed Mossel onder Ede tot hetzelfde eigendom als Rosendael[41]. Torck heeft zijn grondbezit door aankoop en erfenis aanzienlijk weten uit te breiden en legde zo de basis voor het enorme grondbezit, dat na verdere uitbreiding door zijn neef en erfgenaam Assueer Jan Torck tot het begin van de twintigste eeuw als één geheel bijeen bleef. Samen met zijn vrouw kocht Lubbert Adolf Torck in het ambt van Ede onder meer het goed Oud Reemst in 1724, de nog ontbrekende helft van het erf Mossel in 1725, en de Pol of Hanepol in 1743[42]. Rond 1740 breidden zij hun bezit in het ambt van Rheden uit, gronden met een oppervlakte van 43 morgen (ongeveer 13 ha.)[43]. Maar Torcks grondbezit nam ook door vererving toe. In 1724 erfde hij de Oost-Friese heerlijkheid Petcum van zijn moeders broer Pieter Hieronymus Ripperda, heer van Beurse, Petcum en Heerjansdam, die in 1724 kinderloos overleed[44]. Aan het eind van zijn leven schonk Torck de heerlijkheid Petcum aan zijn neef en latere erfgenaam Assueer Jan Torck[45]. Lubbert Torck had van zijn oom Ripperda ook een kwart deel van de havesathe Beurse bij Winterswijk geërfd, maar dit aandeel verkocht hij in 1740[46]. Na het overlijden van zijn moeder in 1739 nam Torcks bezit in Wageningen, waar zij het vruchtgebruik van genoot, sterk toe. Torck is er direct begonnen met het bouwen van huizen (zie p. 137).

De financiën

Volgens de overlevering heeft Petronella van Hoorn, als schatrijke erfdochter van Indisch fortuin, met haar enorme vermogen haar man in staat gesteld Rosendael te moderniseren. Dit cliché is niet geheel onjuist, maar wel ongenuanceerd, want het doet geen recht aan Torcks eigen inbreng, die nooit in de beschouwing werd betrokken. Laten wij daarom trachten na te gaan hoe groot het vermogen en de (mede) daaruit voortvloeiende inkomsten van ieder afzonderlijk nu eigenlijk waren. Vervolgens zullen deze vergeleken worden met andere inkomsten en vermogens uit de 18de eeuw.

Het echtpaar voerde een gescheiden financiële administratie. Torck hield sedert 1723 tot aan zijn dood in 1758 eigenhandig zijn *journalen* bij met behulp van Huybert van Nuys, zijn secretaris op

83.
Anoniem, ontwerp voor het fregat Wageningen, 1723, potlood en aquarel, Rijksmuseum 'Nederlands Scheepvaart Museum', Amsterdam.

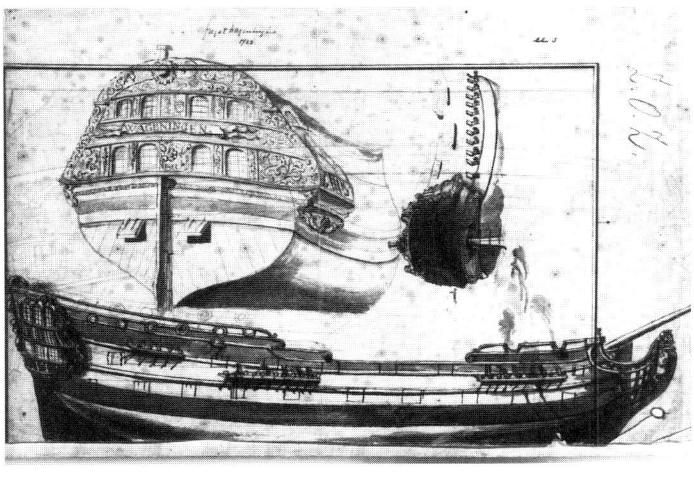

84.
Bord van Japans lakwerk met wapen Van Outhoorn, circa 1700, diam. 54 cm, part. bezit, lijst van voorwerpen 14.

Rosendael[47]; zijn vrouw liet dat werk uitvoeren door haar Amsterdamse boekhouder Joachim van Anklam. De reeks geeft op zeldzame wijze inzicht in een rijk 18de-eeuws huishouden. Na Torcks dood werd een memorie opgesteld met een opsomming van de bedragen, die zijn weduwe ten laste van zijn boedel zou kunnen brengen. Dat saldo bleek *f* 36.274,– te bedragen[48]. Daarin werd genoemd, dat Petronella aan de veranderingen op Rosendael had bijgedragen, maar haar aandeel werd niet verdisconteerd in de optelling:

> Alle de verbeteringe so van nieuwe koetshuijsen orangerijen, aan den Huijse Roosendaal, gelijk meede fontijnen, grotwerken en andere ciradien in de tuijnen, verbeteringe van houtgewassen en nieuwe aangelegde plantagien so van opgaande boomen, als akkermaal holt.

Deze verbeteringen zullen hierna uitgebreider besproken worden.

Toen Petronella van Hoorn op 5 mei 1715 in Amsterdam met Jan Trip de jonge trouwde, bedroeg haar totale vermogen al *f* 767.300,–[49]. Dat had zij geërfd van haar vader Joan van Hoorn, die bij zijn overlijden op 21 februari 1711 een vermogen naliet van ruim *f* 1.140.000,–[50]. Het gezamenlijke vermogen van het echtpaar Trip-van Hoorn groeide van circa *f* 860.000,– in 1716 tot ongeveer *f* 1.310.000,– in 1722, goeddeels door schenking en erfenis van haar grootvader Willem van Outhoorn[51]. Daarmee behoorden zij tot de rijkste Amsterdammers van hun tijd. Bij het overlijden van haar eerste echtgenoot was in dit totaal de nalatenschap aan haar zoontje Jan Willem inbegrepen, waarvan Petronella het vruchtgebruik kreeg: een legaat van *f* 100.000,–, huis Beeckesteyn in Velsen (afb. 87-90) met een getaxeerde waarde van *f* 126.701,– en haar inboedel met een waarde van *f* 23.770,–. Derhalve bedroeg haar zuivere ver-

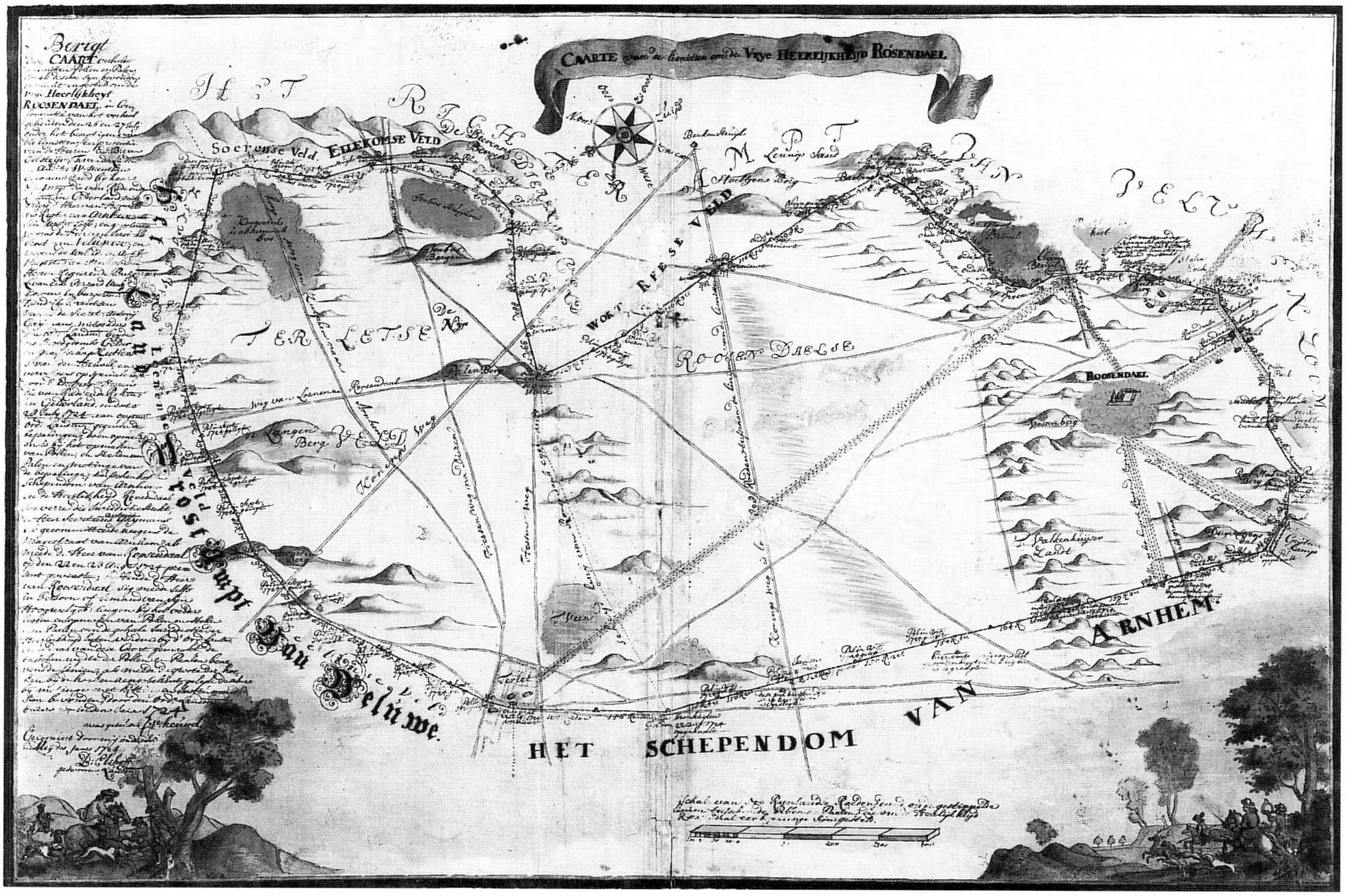

85.
Barend Elshof naar Isaac van den Heuvel, kaart van de limieten van de heerlijkheid Rosendael, 1724, inkt en aquarel, 61,5 x 91 cm, RAG, AHR inv. 2152.

mogen dat zij ten huwelijk met Lubbert Adolf Torck aanbracht, de som van *f* 1.078.706,–[52]. Dit bedrag bestond voor het grootste deel uit beleggingen in effecten (*f* 839.638,–) en voor de rest uit haar Amsterdamse huis (*f* 135.272,–), haar juwelenbezit (*f* 71.475,–) en haar goud en zilver (*f* 17.980,–) plus enig land. Petronella's bezit bestond dus voor een zeer groot deel (78%) uit een belegd vermogen, waaruit zij jaarlijks een vast bedrag aan renten en dividenden tegemoet kon zien. Wanneer wij van een gemiddeld rendement op dit belegde kapitaal uitgaan van 3 tot 4%, ontving zij ten tijde van het aangaan van haar tweede huwelijk circa *f* 25.000 tot 33.500,– aan rente-inkomsten per jaar[53].

Vergeleken met deze enorme rijkdom was Torcks bezit in de tijd van hun huwelijk bescheiden, maar in Gelderland behoorde hij toch tot de meest gefortuneerden. Zijn bezit werd in 1722 in verband met het opstellen van huwelijkse voorwaarden berekend op *f* 263.070,–, dat komt overeen met een kwart van de waarde van haar bezit[54]. Het verschil tussen beide vermogens was echter, dat zijn bezit voor het overgrote deel bestond uit onroerende of onvervreemdbare goederen, en voor slechts een heel klein deel (circa 4,5%) uit kapitaal en obligaties. Torck had zijn bezit grotendeels het jaar tevoren uit erfenis van de Van Arnhems verkregen. Omdat zijn moeder nog leefde, had hij nog niet de beschikking over goederen uit zijn familie. Zijn bezit werd in 1722 als volgt gespecificeerd[55]:

Heerlijkheid Rosendael	*f* 20.000,–
Huis Rosendael c.a.	12.000,–
bos, plantagiehoven, boomgaarden	25.000,–
bibliotheek; mathematische instrumenten	10.000,–
akkermaalshout	20.000,–
meubels	16.000,–
vijf papiermolens, een korenmolen	42.500,–
div. onroerende goederen, tienden, etc.	59.480,–
Terlet, met nieuwe herberg en stal	7.200,–

Mossel	8.075,–
Oud Reemst	70,–
Nieuw Reemst	9.600,–
't Laar	17.075,–
Heuven	6.575,–
Cromslag (Rheden)	2.150,–
capitalen, obligaties	13.175,–
1/5 deel kasteel Wageningen c.a.	9.000,–
onroerend goed Wageningen c.a.	23.135,–
Steenbergen	16.900,–
Harn (Bennekom)	6.260,–
Diverse goederen	10.585,–
in mindering: meubels in gemeenschap	16.000,–
totaal	*f* 318.780,–
lasten: uit te betalen legaten	– *f* 56.210,–
zuiver vermogen (incl. een legaat aan mevrouw Van der Capellen à *f* 500,–)	***f* 263.070,–**

Het rendement op Torcks onroerend goed (huren en pachten) en kapitaal in 1722 kan nu aan de hand van het bovenstaande worden becijferd op ongeveer *f* 7.000,– per jaar, nog zonder rekening te houden met inkomsten uit ambten en opbrengsten in natura[56]. Evenals bij de verhouding van hun vermogen komt dat bedrag overeen met een kwart van de jaarlijkse inkomsten van zijn vrouw. Hierna zullen wij de ontwikkeling van hun gezamenlijke inkomen volgen.

Inkomsten en vermogen van Petronella van Hoorn

Petronella van Hoorn heeft met ingang van 1725 de jaarlijks ontvangen rente voor een groot deel gebruikt voor hun gemeenschappelijke uitgaven. Het deel dat jaarlijks werd besteed bedroeg over een periode van tweeëndertig jaar (1724 tot en met 1755) gemiddeld bijna *f* 36.000,– per jaar[57]. Gedurende de eerste tweeëneenhalf jaar van hun huwelijk (juli 1722 tot eind 1724) gaf Petronella echter een extra financiële injectie voor de verbouwing van Rosendael en de heraanleg van de tuinen van ongeveer *f* 70.000,–[58]. Haar boekhouder Joachim van Anklam in Amsterdam noteerde op 31 december 1723, dat hij in de voorafgaande anderhalf jaar in totaal ruim *f* 90.500,– in contanten aan mijnheer en mevrouw had overhandigd voor de 'huisonkosten'[59]. Tegelijkertijd werd Torck voor ongeveer de helft van dat bedrag gedebiteerd[60]. Een jaar later daalde zijn schuld tot ruim *f* 15.600,– en dat bleef constant tot 1752. Hij loste zijn schuld waarschijnlijk af met obligaties van de Admiraliteit van Amsterdam ter waarde van *f* 28.000,–[61]. Behalve in de eerste jaren van hun huwelijk, toen Rosendael werd verbouwd en de tuinen werden verfraaid, waren er nog twee jaren dat Petronella meer dan *f* 50.000,– bijdroeg. In 1742 was dat *f* 52.500,–, in verband met de bouw van nieuwe huizen in Wageningen, en in 1751 zelfs *f* 89.000,– onder meer vanwege de bouw van een nieuwe oranjerie op Rosendael.

In 1722 en 1723 groeide het vermogen van Petronella van Hoorn nog met ongeveer een half miljoen gulden vanwege de uitbetaling van de erfenis van haar grootvader Willem van Outhoorn tot ongeveer *f* 1.360.000,–. Met ingang van 1727 overhandigde Van Anklam elk jaar het grootste deel van de inkomsten uit het kapitaal (zie hierna). Aangezien de uitgaven altijd onder de inkomsten bleven, bleef haar vermogen door de jaren heen volledig intact. Alleen de afdracht van de nalatenschap van haar eerste echtgenoot aan hun zoon Jan Willem Trip in 1736[62] en van huis Beeckesteyn, waarvan Petronella het vruchtgebruik genoot, in 1742 deed haar vermogen afnemen tot ongeveer *f* 1.180.000,–, maar het steeg aan het eind van haar leven toch weer tot ongeveer *f* 1.230.000,–[63]. Ondanks deze fluctuaties bleven de verhoudingen van de verschillende onderdelen van haar vermogen zeer constant.

De onderstaande tabel met gegevens over Petronella's vermogen gemeten met intervallen van tien jaar laat zien dat het aandeel van onroerend goed in de loop der jaren daalde van 19% naar 16%; de bouw van twaalf huizen in Wageningen compenseerde het afstaan van Beeckesteyn niet volledig. Het totale bedrag van de leningen, die Petronella bij particulieren had uitstaan, steeg van 4 tot 8% van haar vermogen. Haar bezit aan juwelen, goud en zilver bleef constant 7% deel uitmaken van het totaal. Haar gehele bezit aan waardepapieren (obligaties en effecten) daalde met ongeveer *f* 100.000,– (uitbetaling nalatenschap aan Jan Willem Trip in 1736) maar bleef onveranderd ongeveer 70% van het vermogen uitmaken. Kortom: ongeveer driekwart deel van Petronella's vermogen was in obligaties, effecten en leningen belegd; één kwart bestond uit onroerend goed en kostbaarheden[64].

1724	*totaal f 1.357.000*	%
obligaties etc.	948.000	70
leningen	57.000	4
huizen	262.000	19
juwelen, zilver, goud	89.000	7
1734	*totaal f 1.369.000*	
obligaties etc.	923.000	68
leningen	86.000	6
huizen	267.000	19
juwelen, zilver, goud	94.000	7
1744	*totaal f 1.177.000*	
obligaties etc.	843.000	72
leningen	56.000	5
huizen	192.000	16
juwelen, zilver, goud	87.000	7
1754	*totaal f 1.215.000*	
obligaties etc.	836.000	69
leningen	97.000	8
huizen	194.000	16
juwelen, zilver, goud	89.000	7

Samenstelling van het vermogen van Petronella van Hoorn gemeten in de jaren 1724, 1734, 1744 en 1754

Torcks inkomsten uit ambten en vermogen

Wanneer wij nu de aandacht richten op Torcks financiële positie, is dat vooral om te zien over welke soorten inkomsten hij kon beschikken en hoe de verhoudingen onderling waren. De boekhouding van zijn inkomsten is bewaard gebleven sinds het jaar 1729[65]. Zijn inkomsten staan per jaar per soort in staten genoteerd: pachten in de heerlijkheid Rosendael, goederen gelegen in de ambten van Rheden en van Ede en het schependom Wageningen, huren van de huizen te Wageningen (sinds 1740), inkomsten uit ambten en daaruit voortvloeiende vergoedingen (tractementen en emolumenten), houtverkoop, renten op uitgeleend kapitaal en de opbrengst van de heerlijkheid Petcum in Oost-Friesland. Aangezien elke post afzonderlijk werd geboekt, geven deze overzichten een uitstekend beeld van de ontwikkeling van zijn bezit en zijn inkomen[66]. Torcks inkomsten uit vijf hoofdcategorieën – pachten, huren, ambten, houtverkoop, renten – zijn hieronder gerubriceerd; de genoemde percentages zijn berekend naar zijn bruto inkomsten.

Pachten

Het ligt voor de hand, dat bij een bezit als Rosendael de inkomsten uit pachten van oudsher een grote rol speelden. De pachten die de boeren hem verschuldigd waren voor het gebruik van hun land, werden ten dele in natura voldaan (de tienden en garven), maar hoofzakelijk in contanten. Daardoor liep Torck relatief weinig risico bij tegenvallende oogsten of lage graanprijzen, zoals gedurende de agrarische depressie in de jaren dertig[67]. Een belangrijk aandeel in de pachtopbrengsten leverden de vijf papiermolens en de korenmolen op Rosendaels grondgebied, die op Rosendaelse waterkracht liepen. Deze pachters betaalden een vast bedrag voor de waterrechten en het gebruik van de watermolen. De totale pachtinkomsten op Torcks bezittingen op Rosendael en in de ambten van Rheden en Ede bleven tot 1739 zeer constant op circa *f* 3.800,– per jaar. In dat jaar overleed Torcks moeder Anna Maria Ripperda en kwam het hem toekomend deel van de pachten in het schependom Wageningen en in de ambten van Heerde en Epe erbij. Daardoor stegen de pachtinkomsten over de jaren 1738 tot en met 1753 tot gemiddeld *f* 5.360,– per jaar en vervolgens gedurende zijn laatste levensjaren van 1754 tot 1758 tot gemiddeld *f* 7.120,– per jaar, veroorzaakt door sterk gestegen inkomsten in de ambten Heerde en Epe. De pachtopbrengst binnen de heerlijkheid Rosendael zelf was over de gehele periode zeer constant, gemiddeld *f* 2.500,– per jaar. Omdat het in natura betaalde deel van de tienden en garven bij deze berekening buiten beschouwing is gelaten, lag de werkelijke opbrengst zelfs nog hoger. Het gemiddelde aandeel van de pachten in Torcks totale inkomsten in de periode 1729 tot 1758 bedroeg ongeveer 30%.

Huren

Sedert 1740 kreeg Torck inkomsten uit de verhuring van de huizen die hij op kosten van zijn vrouw in Wageningen had laten bouwen. Zij investeerde in de jaren 1739-1744 ongeveer *f* 53.000,– (zie p. 140). Toen alle huizen in Wageningen in 1747 verhuurd waren, bedroegen de inkomsten gemiddeld *f* 2.725,– per jaar, wat neerkomt op 13, 5% van het totaal.

Ambten en commissies

Tot enkele jaren voor zijn dood vormde Torcks inkomen uit zijn ambten en commissies het grootste bestanddeel (gemiddeld 53%) van zijn totale inkomsten. Zij stegen van *f* 5.400,– in 1729 tot ruim *f* 19.000,– in 1740; over de gehele periode tot zijn overlijden bedroeg zijn inkomen uit arbeid gemiddeld bijna *f* 9.500,– per jaar. Zijn best gehonoreerde functies waren: raad van de Admiraliteit (1717-1744), landdrost van Veluwe (1730-1758) en gedeputeerde bij de Raad van State (1741-1747), niet alleen vanwege de tractementen, maar ook door de er aan verbonden emolumenten: allerlei onkostenvergoedingen, winstdelingen, commissiegelden en verschillende opbrengsten. Zijn inkomstenstaten noemen in totaal ongeveer vijfenveertig verschillende bronnen van inkomsten, die voortvloeiden uit de acht functies die hij heeft bekleed. Zijn overige functies waren: president-ambtsjonker van Ede, extra-ordinaris raad van het Hof van Gelderland, burgemeester van Wageningen, richter van Arnhem en Veluwezoom en dijkgraaf van Wageningen en Bennekom.

Houtverkoop

In 1722 bedroeg de houtopbrengst *f* 600,– per jaar, 8% van zijn inkomen. Na ongeveer 1740 steeg dit bedrag tot boven *f* 1.000,– per jaar, toen ongeveer 5% van zijn jaarlijks inkomen.

Renten

In tegenstelling tot zijn vrouw beschikte Torck slechts over een gering kapitaal dat in waardepapieren of leningen was belegd. De inkomsten daaruit stegen van ongeveer *f* 360,– (=5%) tot ongeveer *f* 600,– rond 1740 vanwege de erfenis van zijn moeder. Dit aandeel van de renten in het geheel overschreed de 3% niet.

Totale inkomsten

Een optelsom leert, dat Torck over deze gehele periode een gemiddeld jaarinkomen had van ongeveer *f* 15.500,– verkregen uit arbeid en vermogen, inclusief onroerende goederen. Gedurende de eerste acht jaar (1729-1736) bedroeg dit ongeveer *f* 10.000,– per jaar, en sedert 1737 tot 1758 ongeveer *f* 17.500,– per jaar, vooral tengevolge van hogere verdiensten uit zijn functies[68]. Zoals bij zijn vrouw de delen van haar vermogen dezelfde onderlinge verhouding behielden, bleef de onderlinge verhouding van de bestanddelen van zijn inkomen ook constant. Afgerond en gemiddeld waren zijn inkomsten als volgt verdeeld: ambten 50%, pachten 30% en huren (na 1740), renten en houtverkoop samen 20%.

Conclusie

Lubbert Adolf Torck sloot in 1722 een zeer voordelig huwelijk met een rijke Amsterdamse weduwe, die dankzij haar Indische fortuin aanvankelijk vier keer meer bezat en kon besteden dan hijzelf, samen ongeveer *f* 37.000,– per jaar. Voor de modernisering en het onderhoud van Rosendael was dat een buitengewoon gelukkige omstandigheid. De inkomsten stegen zelfs nog; Petronella van Hoorns vermogen nam toe door erfenis, waardoor haar gemiddelde jaarinkomen bijna *f* 36.000,– bedroeg. Lubbert Torcks inkomen verdubbelde in de loop der jaren vanwege toegenomen verdiensten uit zijn talrijke ambten en commissies tot circa *f* 15.500,– per jaar. Samen hadden zij gedurende hun huwelijk gemiddeld dus ruim *f* 51.000,– per jaar te besteden!

Beide vermogens en inkomstenbronnen waren op verstandige wijze gespreid; door zorgvuldig beheer behielden deze een constante samenstelling. Wanneer de onderlinge verhouding dreigde te veranderen, werden maatregelen genomen ten einde het evenwicht te herstellen. Zo had de agrarische depressie voor Torck nauwelijks merkbare gevolgen omdat hij veel pachten contant inde, en omdat hij onder andere ook waterrechten voor de papiervervaardiging verpachtte. Zijn vrouw spreidde haar inkomen ook doordat zij investeerde in huizenbouw in Wageningen en daardoor niet uitsluitend van inkomsten op waardepapieren en uitstaande leningen afhankelijk was.

Bovendien voerde het echtpaar een weloverwogen uitgavenpolitiek: er werd niet méér besteed dan wat zij uit arbeid en vermogen ontvingen. Daardoor bleven hun vermogens tot hun dood toe volledig intact[69].

86.
Hervormde kerk te Wageningen, interieur in 1912.

Vergelijking

De hier gepresenteerde bedragen krijgen natuurlijk pas betekenis in vergelijking met andere inkomens en vermogens uit de 18de eeuw. Omdat het onderzoek naar de vermogenspositie van adel en patriciaat in de 18de eeuw nog niet lang systematisch wordt beoefend, is een absolute plaatsbepaling nog niet mogelijk, en moeten wij hier met incidentele vergelijkingen volstaan[70]. Wat betekende in de eerste helft van de 18de eeuw een gezamenlijk vermogen van een echtpaar van ongeveer anderhalf miljoen gulden en een jaarlijks inkomen van ongeveer *f* 50.000,–? Een gemiddeld jaarloon voor ongeschoolde of laaggeschoolde arbeid varieerde van minder dan *f* 100,– tot *f* 150,– per jaar; een geschoolde ambachtsman verdiende ongeveer *f* 300,– en hoger geschoold werk werd met *f* 500,– tot *f* 600,– per jaar of meer beloond. Wij kunnen dat goed illustreren aan de hand van de lonen en salarissen van enkele personeelsleden die tijdelijk of in vaste dienst op Rosendael of binnen de heerlijkheid werkzaam waren[71].

Naam en beroep	*Jaarloon*	*Jaar*
huispersoneel	*f* 30 - 100,–	
Jan Schuylenburch, custos/schoolmeester	*f* 100,–	1759
arbeiders in tuin en op landgoed	*f* 150,–	1761
Jan Godfried Berger, tuinman	*f* 250,–	1764
Jan Hendrik Knoops, rentmeester	*f* 275,–	1753
Frans Rijswijk, timmerman	*f* 275,–	1758
Michiel Moser, beeldhouwer	*f* 300,–	1724-1731
Jacob Kniest, mr beeldhouwer/grottier	*f* 350,–	1731-1736
Godfried Gerlagh, grotwerker	*f* 500,–	1749
Van Cort, grotwerker	*f* 500,–	1753
Joachim van Anklam, boekhouder	*f* 500,–	1716
”	*f* 600,–	1723
Rudolph Gerhard Engelberts, predikant	*f* 600,–	1759

Jaarlijks inkomen van een aantal op Rosendael werkzame personeelsleden e.a., exclusief beloningen in natura.

Het jaarlijks inkomen van het echtpaar Torck was dus het vijfhonderdvoudige van een kamenier of huisknecht en het honderdvoudige van hun best opgeleide ondergeschikten.

Het is minder eenvoudig tijdgenoten in Gelderland te vinden, die even kapitaalkrachtig waren als Torck en zijn vrouw. Wanneer wij Torcks positie afzonderlijk bezien, zou hij zich plaatsen onder de meest welgestelden in de provincie. Zij samen overtroffen echter alle tijdgenoten in Gelderland. Voor een vergelijking komen vooral Reinier van Reede van Ginckel, heer van Middachten (1678-1747) en Frederik Johan van Isendoorn à Blois, heer van de Cannenburch (1713-1771) in aanmerking[72]. Deze laatste, een generaal in Staatse dienst, had circa 1765 een vermogen van ruim *f* 400.000,– en jaarlijkse inkomsten van circa *f* 30.000,– opgebouwd; zijn vrouw Anna Margaretha gravin van Renesse van Elderen bezat uit haar familie bovendien goederen in de Noordelijke en Zuidelijke Nederlanden ter waarde van ruim *f* 500 000,–. Ook overtrof het echtpaar Torck-van Hoorn ruimschoots de rijkste regenten van Arnhem. Het vermogendste Arnhemse geslacht gedurende de 18de eeuw was de familie Brantsen met aan het hoofd Mr. Hendrik Willem Brantsen (1704-1786), secretaris van de stad in 1732 en van het Kwartier van Veluwe in 1740. Hij liet bij zijn overlijden *f* 546.000,– na waaronder onroerend goed buiten de stad ter waarde van *f* 190.000,–[73]. Zijn huis aan de Koningstraat was ruim *f* 50.000,– waard; hij hield zeven dienstboden. Begin jaren zestig had hij op Zypendaal, ten noorden van Arnhem, een nieuw buitenhuis gebouwd[74]. Brantsens vermogen bestond uit de volgende bestanddelen: obligaties van de overheid (13%), leningen aan particulieren (34%), onroerend goed (45%) en inboedel, contant geld en juwelen (8%). Maar H.W. Brantsen stond in Arnhem wat zijn bezit betreft op eenzame hoogte; zijn Arnhemse standgenoten bezaten veel minder. Negen vermogens varieerden van *f* 100.000,– tot *f* 335.000,–; de overige waren beduidend lager.

Uit het onderzoek dat de laatste jaren is verricht naar het regentenpatriciaat in diverse Hollandse steden zoals Gouda, Hoorn, Leiden, is gebleken dat slechts enkele regenten of kooplieden een vermogen vergaarden dat groter was dan een miljoen gulden, bijvoorbeeld dat van Mr. Nanning van Foreest (1682-1745), burgemeester van Hoorn, de Leidse postmeester Robert de Neufville en de eveneens Leidse lakenkoopman Mr. Pieter de la Court (1664-1739)[75]. De hoogste inkomens en vermogens in het land werden in Amsterdam verdiend. Ook daar sloeg het echtpaar Torck-van Hoorn geen slecht figuur. Volgens het kohier van de Personele Quotisatie van 1742 bedroegen de geschatte zeven hoogste inkomens in Amsterdam tussen *f* 40.000,–, en *f* 60.000,– per jaar[76]. In de gehele Republiek genoten ongeveer dertig personen een jaarlijks inkomen van *f* 30.000,– of meer[77]. Aan het begin van de 18de eeuw werd de kroon gespannen door de ontvanger-generaal van de Unie, Cornelis de Jonge van Ellemeet, die gedurende een aantal jaren een besteedbaar inkomen van ongeveer *f* 100.000,– genoot[78].

Het vermogen en het besteedbaar inkomen van Torck en zijn vrouw samen behoorden dus tot de grootste van hun tijd in de Republiek; in Gelderland was hun welstand ongeëvenaard en konden zij een staat voeren waarmee zij – de Stadhouder buiten beschouwing gelaten – ieder ander overtroffen.

Personeel

Een andere beproefde methode om iemands welstand in de 18de eeuw te meten bestaat uit vergelijking van het aantal personeelsleden in vaste dienst. De meest vermogende Amsterdammers beschikten rond het midden van de 18de eeuw over ongeveer tien dienstboden[79]. In Arnhem bleken de adellijke regenten ook ongeveer tien dienstboden te houden, terwijl hun niet-adellijke collegae er gemiddeld vijf in dienst hadden[80]. Tot de groep van adellijke regenten behoorde Torcks broer Frederik Willem, die een groot huis aan de Markt bewoonde en er tien dienstboden hield. De hoogste opgave – voor zover de heren tijdens de telling in mei 1749 in de stad verbleven – treffen wij aan bij Carel van Essen, heer van Helbergen (1696-1756), de Lt. jagermeester van Gelderland, die twaalf personeelsleden in huis had[81]. Maar het adellijke huishouden op een buitenplaats vergde een hoger aantal dienstbaren vanwege het onderhoud van de tuin, het bijbehorende boerenbedrijf en de jacht. Evenals op de Cannenburch op de Veluwe waren rond het midden van de 18de eeuw op Rosendael ongeveer twintig personeelsleden in vaste dienst[82]. Volgens Torcks eigen opgave in verband met de

87.
Beeckesteyn te Velsen, voorgevel, toestand in 1927.

heffing van het zogenaamde 'hoofdgeld', een belasting berekend naar het aantal bewoners van een huis, hadden zij in 1747 drieëntwintig inwonende personeelsleden: een rentmeester, vier knechten, twee koks, een onderkok en een keukenjongen, twee koetsiers, een postiljon (postrijder), een rijknecht, twee jagers, een tuinman, een kamenier, vier werkmeiden, een naaister en een melkmeid[83]. In 1757 huisden op Rosendael éénentwintig personeelsleden en na Torcks overlijden kon zijn vrouw volstaan met vijftien personen[84]. Enkele niet aan huis Rosendael gebonden personen, die wel in Torcks dienst stonden, waren in dit aantal nog niet inbegrepen, zoals de boekhouder Joachim van Anklam in Amsterdam, en een predikant, een organist en een custos/schoolmeester die bij de ingebruikneming van de nieuwe kerk van Rosendael (p. 141) in 1758 werden aangesteld. Bovendien waren er afhankelijk van de werkzaamheden in huis en tuin en in de overige delen van de heerlijkheid Rosendael, verschillende ambachtslieden min of meer langdurig voor Torck werkzaam: een timmerman, een metselaar en een smid en ook een steenhouwer en een grotwerker. Bovendien had Torck nog een wisselend aantal dagloners onder contract voor het onderhoud in de tuinen, in het bos en in de rest van de heerlijkheid. Alles bijeen vormde het aantal personeelsleden en dagloners die voor een inkomen volledig van Torck afhankelijk waren, een legertje van wel veertig personen!

Testament

In 1747 hebben Torck en zijn vrouw een testament opgesteld, dat in de volgende jaren nog enkele keren werd aangevuld[85]. Lubbert Adolf Torck overleed op 11 october 1758 na twee jaar onder een zwakke gezondheid te hebben geleden. Aangezien hun huwelijk kinderloos was gebleven en haar zoon Jan Willem Trip uit haar eerste huwelijk reeds in 1738 was overleden, kwam Assueer Jan Torck, de zoon van Lubbert Adolfs broer Frederik Willem, als eerste erfgenaam in aanmerking en vervolgens Lubbert Adolfs drie nichten, de dochters van zijn zusters Willemina Johanna van Essen-Torck en Maria Margaretha van Rechteren-Torck. Uit één van de bepalingen blijkt hoeveel waarde Lubbert Adolf Torck er aan hechtte, dat Rosendael zonder uiteen te vallen in stand zou worden gehouden. Voor het geval namelijk dat deze neef en drie nichten kinderloos zouden overlijden, moest de nalatenschap onverdeeld blijven en moest door het Hof van Gelderland een bekwame rentmeester aangesteld worden; juwelen, goud en zilver zouden in dat geval verkocht mogen worden, terwijl de erfgenamen ten allen tijde op Rosendael zouden mogen logeren. Het deel van het testament waaruit zou blijken dat Assueer Jan Torck tot erfgenaam van zijn oom was benoemd, mocht pas een jaar na overlijden van Petronella van Hoorn geopend worden. Gedurende dat jaar mocht Assueer Jan Torck al wel de jacht op Rosendael uitoefenen en op het huis logeren. Daartoe dienden de executeurs hem ter beschikking te stellen: 'een castelain, 2 meydens om het huis schoon te houden, een bouwknecht, twee paarden, 4 koeijbeesten tot gebruijke der huijshoudinge, een bekwaam jager', evenals een tuinman met de nodige arbeiders (zie p. 169), totdat de erfgenaam in het werkelijke bezit van de nalatenschap zou zijn gekomen. Bovendien moesten de executeurs hem reeds binnen drie maanden de bibliotheek en de collectie mathematische instrumenten ter hand stellen, evenals Torcks horloge met diamanten, zijn ring en zijn diamanten knoopjes. Van deze voorwerpen is tegenwoordig niets herkenbaar bewaard gebleven, behalve de ring die Torcks miniatuurportret bevat (afb. 129)[86].

Toen het jaar op 29 october 1765 verstreken was, kwam de familie op huis Rosendael bijeen voor de opening van het laatste deel van het testament. Daarbij waren Torcks zusters Van Essen en Van Rechteren aanwezig, haar dochter Sophia Juliana van Rechteren met haar man Frederik Willem van der Borch en natuurlijk Torcks neef en erfgenaam Assueer Jan Torck en de executeurs W. Wicherts en B.H. Cremers[87].

Lubbert Adolf Torck had zijn neef enkele verplichtingen opgelegd. Ten eerste bepaalde hij dat het vruchtgebruik van de nalatenschap voor Assueer Jans ouders F.W. Torck en J.M. van Wassenaer (afb. 189, 190) bestemd was, na aftrek van de kosten van de instandhouding van het bezit. En net zoals dertig jaar tevoren het echtpaar Van Arnhem had bepaald, moesten ook nu alle 'meubilen, huijscieradens en de inboedel' op Rosendael bewaard blijven. Hoewel het nog maar de vraag is in hoeverre Assueer Jan Torck zich aan deze belemmerende bepaling heeft gehouden, geeft het een gedeeltelijke verklaring daarvan dat Assueer Torck en zijn vrouw het interieur van hun Haagse huis wel, en huis Rosendael in veel mindere mate gemoderniseerd hebben (zie p. 183).

Verder had Lubbert Adolf Torck in 1747 laten vastleggen, dat Rosendael altijd door de eigenaar zelf bewoond zou moeten worden òf leeg zou staan, maar dat het huis niet verhuurd zou mogen worden. Ook mochten er geen bomen gekapt worden, tenzij er enkele gekapt dienden te worden uit een oogpunt van verfraaiing of verbetering der goederen, of wanneer er timmerhout voor reparatie nodig was (zie p. 193). Ook hier blijkt dus weer hoe betrokken Torck was bij het lot van zijn buitenplaats.

Kort vòòr zijn overlijden had Torck het gehele personeel (achttien personen) een éénmalige uitkering (variërend van *f* 50,– tot *f* 600,–) en/of een jaarlijkse lijfrente (tussen *f* 50,– en *f* 300,–) toegedacht[88]. Zes jaar later voegde mevrouw Torck er haar legaten aan toe: jaarlijkse lijfrenten (van *f* 50,– tot *f* 150,–) en forse legaten voor enkele naaste getrouwen, op wie zij vooral sinds het overlijden van haar man steunde. De Rosendaelse predikant Engelberts ontving een legaat van *f* 10.000, de weduwe van de rentmeester Knoops en elk van haar vier kinderen *f* 1.000,–; haar kamenier Amelia Frederika Grotenhuis voor haar trouwe dienst *f* 6.000,– en een jaarlijkse lijfrente van *f* 250,– en haar nieuwe rentmeester Bartinus van Geer, die al haar zaken, ook bij de nalatenschap van haar man, 'altoos seer ijverig getrouw en exact' had waargenomen, ontving evenals de dominee *f* 10.000,–[89]. Alhoewel deze lijfrenten – een vorm van pensioenvoorziening – en legaten door de hoogte van de bedragen niet representatief kunnen zijn geweest, werpen zij toch een ander licht op de toenmalige verhouding tussen adellijke bewoners van buitenplaatsen en hun ondergeschikten dan tegenwoordig door velen wordt verondersteld.

In 1753 had Torck al enkele grote legaten aan zijn drie nichten laten vastleggen. Hij bepaalde dat, indien zijn vrouw eerder zou overlijden en hij dus haar erfgenaam zou zijn, zijn drie nichten de volgende bedragen zouden ontvangen:

Judith Margaretha van Goltstein-van Essen	*f* 62.000,–
Henrietta Geertruida D.J.W. van Haersolte	*f* 62.000,–
Sophia Juliana van Rechteren	*f* 81.000,–

Uiteindelijk reduceerde Petronella van Hoorn, uit wier vermogen deze legaten betaald zouden worden, na het overlijden van haar man deze bedragen tot *f* 40.000,– voor elk der drie nichten. Wellicht heeft dit legaat aan Sophia Juliana van Rechteren twaalf jaar later nog bijgedragen aan de bouw van huis Verwolde (Laren, Gld.) waar zij en haar man Frederik Willem van der Borch opdracht toe gaven.

Lubbert Adolf Torck gaf ook een nauwgezette schriftelijke instructie voor het verloop van de ceremonie van zijn begrafenis, waaruit blijkt dat hij een sobere plechtigheid wenste[90]. Torck had al in 1742 opdracht gegeven voor het metselen van een nieuwe grafkelder aan de noordzijde van het koor van de kerk van zijn geboortestad Wageningen (afb. 86)[91]. De begrafenis moest in de vroege morgenstond (vier uur) plaats hebben zonder 'de minste praght of ceremonie'. Slechts enkele vrienden mochten met de door twaalf mannen gedragen baar mee de kerk binnen. Torck wilde niet, dat zijn wapen in de kerk werd opgehangen. In een nis in de muur bij de grafkelder moest een 'sonder eenige cieraat gehoudene' wit marmere gedenksteen zijn laatste rustplaats markeren. Torck stelde daarvoor zelf de tekst op:

> In deese naebij sijnde kelder is begraaven Lubbert Adolf Torck in leeven vrijheer van Roosendaal en Pettecum Extraordinaris raedt in den Wel Ed: Hove van Gelderlant, Landrost van Veluwen, Oudt Borgemeester der stadt Wageningen Dijkgraaf van Wageningen en Bennecom. Was gebooren den 5 Augusti 1687 en is gestorven den ... En begraaven den ...
> De Heere op wien hij vertrouwt heeft badt hij dat hem genaadigh mogt zijn.

Met enkele afwijkingen in de spelling en met invulling van de data voor overlijden en begrafenis (11 en 16 october 1758) werd de inscriptie aldus aangebracht. Deze steen en de grafkelder gingen door oorlogsgeweld in 1943 verloren, evenals de steen ernaast die in 1764 werd aangebracht, nadat zijn vrouw in dezelfde grafkelder was bijgezet[92]. Ruim een week na Torcks begrafenis werd in de Rosendaelse kerk een herdenkingsdienst gehouden. De proponent Johannes Claessen (1734-1812) schreef voor die gelegenheid een lange lijkrede, waarin hij de overleden heer van Rosendael met de profeet Samuel vergeleek. De in druk verschenen rede getiteld *Geldersch Samuel gestorven, beweendt, en begraaven*, telt maar liefst vijfennegentig bladzijden! Wageningen en Rosendael hadden volgens Claessen het meest van zijn daden en deugden geprofiteerd (zie ook p. 135):

> het is of Roozendaals cieraad verwelkerdt en zijn glans en heerlijkheid verdoovdt, en uitgeblust is[93].

Petronella Wilhelmina van Hoorn overleefde haar man zes jaar. Af en toe verbleef zij nog in Amsterdam, maar het meest woonde zij nu op Rosendael. Slechts een maand voor haar dood liet Petronella een nieuwe versie van haar testament opstellen, waarin zij melding liet maken van haar grote liefde voor haar overleden echtgenoot en van haar achting en genegenheid voor zijn bloedverwanten, die zij zelf in die graad niet had[94]. Evenals haar man dat gedaan had, benoemde Petronella zijn neef Assueer Jan Torck tot haar erfgenaam met inachtneming van enkele forse legaten, waarvan hiervoor de belangrijkste al werden genoemd[95]. Alle legaten samen bedroegen *f* 186.000,–. Bij haar beslissing speelden de instandhouding van Rosendael en de toekomst van het geslacht Torck de hoofdrol. Haar overwegingen om Assueer Jan Torck tot universeel erfgenaam te benoemen bracht Petronella van Hoorn als volgt onder woorden. Zij noemde hem:

> het eenigste mansoir den naam van Torck dragende, en op wien de Heerlijkheid Rosendaal, welke niet sonder groote moeyten en kosten tot sijne tegenswoordigen staat gebragt sijnde ook niet sonder grote kostens; (waartoe ik aen denselven mijnen Heer bij desen soo veel te meer heb willen vermaken) in die staat sal konnen worden onderhouden, praesumptivelijk sal moeten devolveren te houden en aen te nemen voor mijn eijgen kind en soon gelijk hem wijlen mijnen seer waarden en tedergeliefde eheman mede altoos als sodaenig gehouden ende geconsidereert heeft, en wien ten gevolgen ik dan ook wel voornemens ben deselve naeste vrienden en bloedverwanten van mijnen seer waarden en tedergeliefden eheman in t generaal maar teffens speciaal en allermeest denselven mijnen Heer A.J. Torck bij dese mijne dispositie te beneficeren en te favoriseren.

Assueer Jan Torck moest er voor zorg dragen, dat de heerlijkheid niet in verval zou raken en dat alles in een zo goed mogelijke staat zou worden onderhouden. Daarom liet Petronella voor het onderhoud van de heerlijkheid en de daarop nieuw gebouwde kerk een fonds na van *f* 100.000,– dat door de toekomstige heren van Rosendael in stand gehouden moest worden en niet voor andere doeleinden mocht worden gebruikt. Uit de hoogte van dit bedrag blijkt andermaal hoeveel Petronella er aan hechtte, dat Rosendael tot in lengte van jaren in goede staat behouden zou blijven.

Hierna zal eerst aandacht worden besteed aan de huizen die Petronella van Hoorn met haar eerste echtgenoot Jan Trip verbouwde en bewoonde. Daarna komt Rosendael weer aan bod, gevolgd door een beschrijving van de overige bouwlust die Lubbert Adolf Torck in Wageningen en op Rosendael aan de dag heeft gelegd. Ten slotte zal de tuinaanleg van Rosendael in deze jaren worden beschreven.

Alvorens wij onze aandacht richten op de veranderingen die Lubbert Adolf Torck op Rosendael aan huis en tuin liet aanbrengen, komen hier eerst drie opdrachten aan de orde, die zijn vrouw Petronella Wilhelmina van Hoorn met haar eerste echtgenoot Jan Trip jr. gedurende de jaren 1715 tot 1721 gaven. Het betrof de modernisering van de buitenverblijven Woestduyn (Heemstede) en Beeckesteyn (Velsen) en van hun stadshuis aan de Herengracht te Amsterdam. Omdat gebleken is, dat Torck en zijn vrouw op Rosendael veelal dezelfde kunstenaars en ambachtslieden inschakelden als in de voorafgaande jaren op Woestduyn, Beeckesteyn en het huis aan de Herengracht hadden gewerkt, is het verhelderend deze voorgeschiedenis hier te behandelen.

Woestduyn (1715-1717)

Op 6 december 1715, ruim een half jaar na hun huwelijk, kochten Jan Trip en Petronella van Hoorn de buitenplaats Woestduyn onder Heemstede van de Haarlemmer Diederik Speyart van Woerden (1663-1721) voor *f* 18.000,–[96]. In de korte periode dat zij eigenaren waren, werd er hard aan huis en tuin gewerkt[97]. Zij schakelden onder anderen in: de metselaar Jan Blok, de mr steenhouwer Thomas Ferrier, de mr timmerman Lambert van den Berg en de loodgieter Hendrik Jakel, alle vier uit Amsterdam[98]. Er werd in 1716 ook een vijver gegraven, een brug en een schuitenhuis gebouwd[99]. Omdat het jonge paar eind 1716 de beschikking kreeg over Beeckesteyn, werd Woestduyn in 1717 weer van de hand gedaan[100].

Beeckesteyn (1716-1722)

Op 9 december 1716 konden zij huis Beeckesteyn voor *f* 32.048-5-0 van hun (schoon)vader Jan Trip sr. overnemen[101]. Van 1717 tot

88.
Hendrik de Leth, Beeckesteyn te Velsen, 1729, gravure.

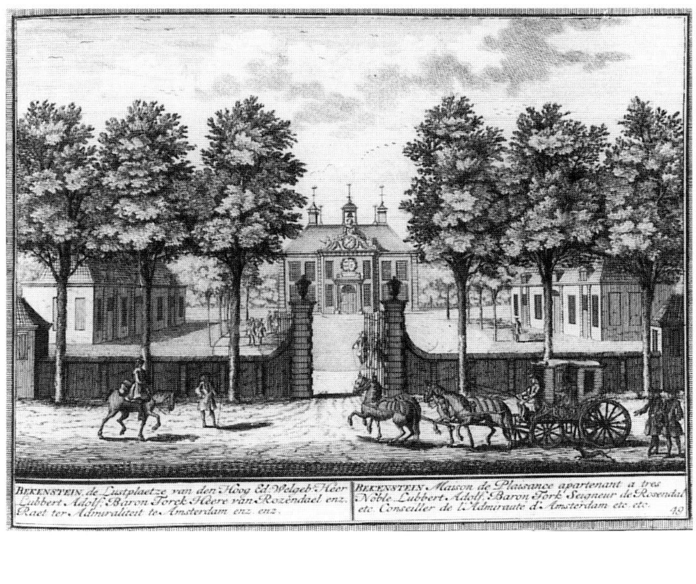

89.
Beeckesteyn te Velsen, plafond van de hal door Ignatius van Logteren, circa 1718, toestand na restauratie, 1966.

1721 toen Trip jr overleed, ontplooiden zij grote activiteit bij de verbouwing van het huis en de heraanleg van de tuin[102]. Zij lieten het huis vergroten en er een nieuwe gevel voor plaatsen (afb. 87).

Uit het *Journaal* (kasboek) van Petronella Wilhelmina van Hoorn, die de verbouwing financierde, blijkt dat de bouw zelf voornamelijk in 1717 plaats vond, dat het interieur in 1718 werd afgewerkt en dat de tuin in de jaren 1718 tot 1720 werd aangelegd. Er werden daarbij vooral Amsterdammers ingeschakeld. De belangrijkste waren: de metselaar Arent Bout, de timmerman Jan van der Streng, die voor het echtpaar Trip ook als makelaar en 'aannemer' optrad[103], en de beeldhouwer en 'bouwondernemer' Anthony Turk[104]. Maar ook diverse anderen die in de Amsterdamse bouwwereld actief waren, werden bij de verbouwing betrokken zoals de mr timmerlieden Lambert van den Berg en Jacob Middelman, de metselaars Jan de Mey en Gerrit van Emmerik, de loodgieter Baltus Boekhout, de steenkoper Gerrit de Jong en de leveranciers van natuurstenen onderdelen, de steenkopers Jan Crammer en Gilles Meyne.

De eerste betaling in verband met de verbouwing van Beeckesteyn werd op 17 juni 1717 gedaan aan Arent Bout voor het maken van een nieuwe gevel[105]. Het ontwerp kunnen wij aan hem of aan Anthony Turk toeschrijven (zie hierna), maar in ieder geval niet aan een specifieke ontwerper zoals Daniel Marot, wiens naam in het gedetailleerde *Journaal* niet voorkomt. Het is kenmerkend voor de (Amsterdamse) bouwpraktijk van die dagen, dat de uitvoerders zelf in staat waren een ontwerp te leveren. In totaal ontving Bout in de jaren 1717-1719 circa *f* 6.870,– aan arbeidslonen in verband met de werkzaamheden op Beeckesteyn[106]. Jan van der Streng ontving in dezelfde periode ongeveer *f* 14.156,– voor geleverd hout en arbeidslonen[107]. Anthony Turk ontving in 1717 en 1718 een bedrag van *f* 4.857,– onder andere voor 'marmere platen'[108]. De wanden en plafonds van voor- en achterhal werden van stucwerk voorzien door de Amsterdamse beeldhouwer Ignatius van Logteren (1685-1732). Bij de onkosten voor Beeckesteyn staat op 31 mei 1718 genoteerd: 'Aan Ignatius van Logteren, voor stucadoorwerk volg(ens) quitantie *f* 800,–'. Op 15 october ontving hij nog eens *f* 872-10-0[109]. Omdat in het genoemde *Journaal* geen betalingen aan andere stucwerkers voorkomen, mogen wij concluderen dat Ignatius van Logteren het nu nog aanwezige stucwerk op Beeckesteyn vervaardigde[110].

Het door signatuur bekende werk van Ignatius van Logteren, de belangrijkste Amsterdamse beeldhouwer uit het begin van de 18de eeuw, bestaat voornamelijk uit tuinsculptuur en geveldecoraties voor Amsterdamse opdrachtgevers en afnemers, maar zijn oeuvre moet vele malen omvangrijker en zijn positie als leverancier van beeldhouwwerk belangrijker zijn geweest dan tot dusver kon worden verondersteld[111]. Blijkbaar werkte hij ook in stuc.

In de hal aan de voorzijde van het huis maakte Van Logteren op de wand tegenover de ingang twee staande figuren, links van de ingang een bacchante en rechts een vrouw met de hoorn des overvloeds (Abundantia). Boven de twee deuren naar de zijvertrekken bracht hij portretmedaillons aan. Het plafondstuk toont een liggende vrouwefiguur geflankeerd door twee putti, waarvan de ene haar een krans op het hoofd zet en de andere een mandje gevuld met bloemen vasthoudt (afb. 89). Deze voorstelling is gevat in een ovaal met vier schelpmotieven op de hoeken. De hal aan de achterzijde bevat een stucplafond met een decoratieve rand van ranken en schelpen. Daarbinnen bevindt zich een voorstelling van Apollo met een lier vergezeld door twee putti. Hoewel het stucwerk op Beeckesteyn bij de restauratie van 1959-1969 ingrijpend hersteld moest worden, kunnen wij ons toch een voorstelling maken van de prestaties van Ignatius van Logteren op dit gebied[112]. De tweede betaling (*f* 872-10-0) is niet gespecificeerd en kan dus zowel op stucwerk als op beeldhouwwerk betrekking hebben. Omdat er in 1717 een nieuwe gevel voor het huis werd opgetrokken, kan deze betaling dus ook slaan op het beeldhouwwerk dat boven de voordeur werd aangebracht met het door voluten gedragen alliantiewapen Trip-van Hoorn, en dat van de daar boven geplaatste natuurstenen bekroning van de middenrisaliet van deze nieuwe gevel[113]. Het beeldhouwwerk bevat twee putti, bladwerk en slingers met vruchten ter weerszijden van een ronde opening, waarin de wijzerplaat van een klok werd aangebracht. Het geheel werd bekroond door een borststuk van een man met baard, een slang op het hoofd gedrapeerd. Deze kop vertoont verwantschap met de kop van de Neptunus van de cascade op Frankendael (eveneens door Ignatius van Logteren) en met die van de stroomgoden op Rosendael. Het moet hier bij gebrek aan een nadere omschrijving in het genoemde *Journaal* bij een toeschrijving blijven. Indien deze toeschrijving juist is, kan het ontwerp van de gevel, dat hiervoor aan Arent Bout of Anthony Turk werd toegeschreven, tot stand zijn gekomen in samenwerking tussen Turk en Van Logteren, die zwagers waren[114].

Reeds op 30 juni 1717 had van Logteren een betaling van *f* 83-16-0 ontvangen en wel 'voor beelden'[115]. Hoewel onbekend is of deze beelden voor Beeckesteyn of het Amsterdamse huis bedoeld waren, is de eerste mogelijkheid de meest waarschijnlijke, omdat het huis aan de Herengracht pas kort tevoren (5 mei 1717) gekocht was, terwijl betalingen doorgaans veel later werden gedaan, meestal in één keer in het jaar erna. Na twee betalingen in 1721 voor het Amsterdamse huis ontving Van Logteren in 1722 nog een bedrag, dat hierna aan de orde zal komen, omdat niet duidelijk is of het bedoeld was voor werkzaamheden aan Beeckesteyn of aan het Amsterdamse huis.

In 1718 was men ook reeds bezig met de overige afwerking van het interieur van Beeckesteyn. Daarop wijst een betaling aan Pieter Stevens voor het behangen van kamers[116], aan Melster van der Meer voor een 'horologie', ongetwijfeld het uurwerk dat de wijzers van de klok in de bekroning van de voorgevel aandreef[117], en aan de productieve Amsterdamse klokkengieter Jan Albert de Grave voor de twee bijbehorende klokken[118].

Uit de *Journalen* blijkt ook bij wie het echtpaar Trip-van Hoorn meubels, zilver, spiegels, klokken etc. kocht, maar over het algemeen gaf hun boekhouder Joachim van Anklam niet aan of deze aankopen voor Beeckesteyn of het Amsterdamse huis bestemd waren. Wellicht waren zij voor beide huizen bestemd en was het als zo vaak de bedoeling de meubels uit Amsterdam naar Beeckesteyn mee te nemen, wanneer men daar de zomer ging doorbrengen. Ze komen hierna aan de orde.

Beter te plaatsen zijn de uitgaven die in de jaren 1718-1720 voor de nieuwe tuinaanleg van Beeckesteyn werden gedaan. De meeste bomen werden geleverd door de kwekers Jacob Moerbeek en Bastiaan van Rossen, voor het aanzienlijke bedrag van in totaal ruim *f* 4.100,–[119]. In 1719 groef Arian de Man de grote kom (afb. 90), die als centrum van de tuinaanleg nog aanwezig is[120]. In de natuurstenen rand van het bassin bevindt zich een steen met het jaartal 1719[121]. De in 's-Gravenhage gevestigde mr steenhouwer Felix du Sart leverde in 1719, 1720 en 1721 voor behoorlijke bedragen (in totaal *f* 3.280,–) aan natuursteen, die hoogst waarschijnlijk in de tuin werd verwerkt. Van Du Sart is bekend, dat hij als uitvoerend architect aan enkele projecten verbonden was waarvoor Daniel Marot de ontwerpen had geleverd, zoals huis Schuylenburch en de Portugese synagoge, beide in 's-Gravenhage[122]. Voor zijn leveranties op Beeckesteyn ontving Du Sart in 1720 *f* 610,– 'voor beelden etc.' en in 1721 *f* 600,– voor 'steene trappen op Beeckesteyn'[123]. In 1720 werden er ook schelpen gekocht[124] en werden er vazen verguld door Jacobus Chofin[125]. Laurens Zalm leverde een zonnewijzer[126]. Twee andere uitgaven voor beeldhouwwerk zijn niet gespecificeerd. Waarschijnlijk was dit beeldhouwwerk bedoeld voor de tuin van Beeckesteyn, maar het zou ook de tuin achter het huis aan de Herengracht kunnen betreffen. J. van de Put ontving *f* 154,– 'voor 2 borstbeelden en 1 vaas' en Chn. Frewelen *f* 47-10-0 voor een 'vaas en pedestal'[127].

90.
Hendrik de Leth, Beeckesteyn te Velsen, waterkom achter het huis, 1729, gravure.

Enkele jaren later (1722), dus na de dood van Jan Trip jr., werd er opnieuw gebouwd op Beeckesteyn; wellicht betrof het de tweede fase van uitvoering van één ontwerp. De timmerman Jacob Middelman en de metselaar Gerrit van Emmerik hadden voor *f* 6.000,– werk aangenomen, namelijk 'het verlengen van de vleugels en verder door hen aangenomen werk op de Hofstede Beeckesteyn', waarmee waarschijnlijk werd gedoeld op de beide bouwhuizen[128]. Deze tweede verbouwing van 1722-1723 had vòòr 30 juni 1722 al *f* 12.121,– gekost[129]. Het is voorts mogelijk dat de betaling van *f* 320,– aan Ignatius van Logteren op deze verbouwing betrekking heeft[130]; hetzelfde geldt voor twee betalingen van *f* 400,– in 1722 aan Reynier de Lairesse 'voor schilderen van solderwerk'[131].

Herengracht 493 te Amsterdam (1719-1721)

Na aanvankelijk gedurende de eerste twee jaren van hun huwelijk een huis aan de Herengracht gehuurd te hebben, kochten Jan Trip jr. en Petronella W. van Hoorn op 5 mei 1717 voor *f* 90.000,– een huis aan de noordzijde van de Herengracht tussen het Koningsplein en de Vijzelstraat (het huidige nummer 493, afb. 91) van Joan van der Voort[132]. In de aankoopsom was *f* 16.425,– begrepen 'voor de solderstukken, kamerbehangsels, schoorsteenstukken, vloertapijten en verdere meubilen'. Deze stukken werden door de makelaars Jan Pietersz. Zomer en Jan van der Streng getaxeerd en de specificatie daarvan werd in het kasboek van Petronella W. van Hoorn opgenomen (bijlage 4)[133]. Daardoor weten wij, dat er in de grote zijkamer twee schoorsteenstukken en een driedelig plafondstuk van de hand van Gerard de Lairesse aanwezig waren. De twee schoorsteenstukken werden getaxeerd op *f* 1.500,– en *f* 800,–. Het plafondstuk bevatte 'zinnebeelden en verdere ornamenten rondom' (*f* 10.000,–). Aan de wanden hingen tapijten met afbeeldingen van landschappen met vogels (*f* 1.500,–). In de tweede zijkamer waren de wanden verdeeld in zeven vakken met beschilderde behangsels met landschappen en gebouwen (*f* 700,–). De eetzaal was met goudleer gedecoreerd (*f* 150,–) en in de gang (het 'voorhuys') waren zes nissen met geschilderde figuren te zien (*f* 100,–). Het betrof ongetwijfeld grisailles zoals De Lairesse die in zijn *Groot Schilderboek* (1707) had aanbevolen om in een voorhuis toegepast te worden om met hun 'moraal karakter' de binnentredenden te stichten[134].

Trip en zijn vrouw troffen in ieder geval op de hoofdverdieping een geheel gedecoreerd huis aan, waar zij in eerste instantie – tot en met 1719 – weinig aan behoefden te veranderen. De decoratiestukken werden bij een eerdere verkoop in 1695 al genoemd. Ze behoren waarschijnlijk tot de oorspronkelijke aankleding van het interieur uit het jaar 1673, toen de koopman Antoine Warin het huis liet bouwen[135]. Het dubbele woonhuis kreeg zijn huidige gevel en interieur in 1765-1767, nadat Assueer Jan Torck, erfgenaam van Lubbert Adolf Torck en Petronella van Hoorn, het huis in 1765 had verkocht. Daarbij werden de geschilderde wand- en plafondstukken verwijderd. Het is niet bekend waar ze gebleven zijn.

De Lairesse was degene die het op doek geschilderde plafondstuk rond 1670 in Amsterdam introduceerde. Het oudst bekende stuk is een eveneens driedelig plafondstuk dat oud-burgemeester Andries de Graeff in 1672 voor zijn huis aan de Herengracht (thans no. 446) had besteld[136].

Volgens de balans die jaarlijks van het bezit van Petronella W. van Hoorn werd opgemaakt, vermeerderde de waarde van het huis vooral in 1717 en 1718 van *f* 91.472,– op 15 juni 1717 tot *f* 98.500,– per ultimo 1718, vervolgens in 1720 tot *f* 111.230,–, en op 4 juni 1721 tot *f* 133.994,–[137]. Er werd vooral eind 1720 en in de eerste helft van 1721 aan het huis verbouwd. Daarbij werden dezelfde personen als op Beeckesteyn ingeschakeld, zoals de timmerman Lambert van den Berg, de metselaar Jan de Mey en de steenhouwer Jan Crammer[138]. Waarschijnlijk had deze verbouwing betrekking op het achterhuis en de stal en niet op het aan de Herengracht gelegen deel van het huis. In 1718 had Trip het geheel reeds vergroot door de aankoop van een belendend stalgebouw aan de Reguliersdwarsstraat[139].

De grootste bedragen voor de verbouwing van 1720-1721 waren voor timmerman Lambert van den Berg (*f* 2.400,–), metselaar Jan de Mey (*f* 875,–), smid Joseph Uljé (*f* 1.340,–)[140], steenkoper Gerrit de Jong (*f* 2.939,–), houtkoper Nicolaas de Meester (*f* 3.378,–), Hendrik Panteel (*f* 687,–), die twintig jaar later de grootste steenhouwer en steenkoper van Amsterdam was[141], en voor de leverantie van marmer door Hendrik Issendorp, Hendrik Panteel en Thomas Ferrier (*f* 2.700,–), voor zover bekend allen Amsterdammers[142].

Ook Ignatius van Logteren werd wederom ingeschakeld. De aard van zijn bijdrage, waarvoor hij *f* 126-10-0 en *f* 80,– ontving, is niet vermeld, maar het zou bijvoorbeeld een natuurstenen decoratie van de kroonlijst van het koetshuis kunnen zijn[143]. Op 8 januari 1722 werd nog een betaling van *f* 320,– gedaan aan Van Logteren als beeldhouwer. Deze betaling kan in verband staan met deze verbouwing, maar ook met de gelijktijdige op Beeckesteyn; het bedrag staat namelijk gerubriceerd onder: 'huysonkosten en vertimmering van 't huys als mede op Beeckesteyn'[144]. Helaas kan Van Logterens werk aan dit Herengracht-huis niet gespecificeerd worden; in elk geval is de in vergetelheid geraakte naam van één van zijn opdrachtgevers teruggevonden.

Aankopen van het echtpaar Trip-van Hoorn

Meubels

Evenals bij de bouwactiviteiten van het echtpaar staat de aanschaf van meubels en dergelijke gedurende het eerste huwelijk van Petronella Wilhelmina van Hoorn in nauwe relatie tot hetgeen gedurende haar tweede huwelijk voor Rosendael werd gekocht. Daarom volgt hier een overzicht van wat Jan Trip en zijn vrouw aan roerende goederen kochten ten behoeve van de inrichting van de huizen die zij bewoonden: het gehuurde huis aan de Herengracht, de buitenplaatsen Woestduyn en Beeckesteyn en hun eigen huis aan de Herengracht. Uit de bewaard gebleven boekhouding, waarin aankopen zorgvuldig werden genoteerd, blijkt niet voor welk huis de voorwerpen werden aangeschaft. Dat is ook niet van primair belang, omdat de meubels wellicht wel eens van plaats wisselden. Bovendien is geen enkel meubel bewaard gebleven. Wanneer wij de bedragen bezien die het jonge paar Trip-van Hoorn aan meubels en zilver besteedde, valt allereerst op, dat zij gedurende het eerste jaar van hun huwelijk veel geld hebben gespendeerd om zich op gepaste wijze in te richten. Gedurende dit jaar (26 mei 1715 tot 9 mei 1716) gaven zij maar liefst *f* 17.054-13-0 uit aan 'meubilen', waarbij juwelen, zilver en ook een koets waren inbegrepen[145]. Aangezien hun bezit aan 'meubilen' op 9 mei 1716 ook voor dit bedrag op de balans werd gezet, waren zij hun huwelijk kennelijk zonder meubelbezit van betekenis begonnen.

Gedurende het tweede jaar van hun huwelijk (9 mei 1716 tot 15 juni 1717) waren deze uitgaven al veel lager, namelijk *f* 3185-4-0[146]. Verder is het tekenend, dat verreweg de hoogste uitgaven gedaan werden voor ledikanten met toebehoren. Ledikanten met hun beddegoed behoorden immers vanwege het gebruik van dure stoffen en de dikwijls gecompliceerde toepassing ervan tot de kostbaarste categorie meubelen. De eerste waren begrepen in een grote koop bij de leverancier Joseph Hewlate, die voor *f* 2.321,– stoelen, ledikanten en spiegels leverde[147]. Het duurste en ongetwijfeld mooiste bed werd in 's-Gravenhage gekocht voor bijna *f* 3.600,– bij Pierre Courtonne en Nicolas Fourcade[148]. Zij waren uit Frankrijk afkomstige *tapissiers*, die zich in verband met opdrachten die zij uit de hofkring rond Willem III konden verwachten, in 's-Gravenhage hadden gevestigd. Zij leverden naar Franse voorbeelden stoffen voor wandbespanningen, gordijnen, ledikanten en stoelbekledingen etc., en konden daarmee een bepalend stempel op de inrichting van een vertrek drukken. Hun cliëntele in Holland behoorde uitsluitend tot de meest vermogende kringen, maar over het werk van deze in ons land zeldzame tapissiers is nog weinig bekend. Pierre Courtonne vestigde zich in 1696 in 's-Gravenhage, waar hij de functie vervulde van tapissier en opzichter van het meubilair van Koning-stadhouder Willem III[149]. Hij ontving in de periode 1697 tot 1702 geregeld bedragen van enkele duizenden guldens voor belangrijke leveranties van stoffen en meubelen waaronder ledikanten voor de verschillende verblijven van Willem III, onder andere 't Hof in 's-Gravenhage (Noordeinde), Honselaarsdijk, Het Loo, Dieren en Soestdijk[150].

Eveneens in 1716 leverde M. Thibout uit 's-Gravenhage nog eens ledikanten voor *f* 912,–, en een weduwe Kooy leverde bedden, dat wil zeggen de inhoud van een ledikant, waarvoor zij op 30 januari 1716 de som van *f* 693-13-0 kreeg[151]. Trip en zijn vrouw kochten voorts tafels, stoelen, spiegels en bedden, een notenhouten porseleinkast voor *f* 60,– bij Jean Fizeaux, een kabinet bij Jan Wolters Stevens (*f* 145-11-0) en bij dezelfde nog een kabinet en een 'horlogie', waarbij niet het uurwerk maar de kast moet zijn bedoeld (*f* 297-5-0). Het hoogste bedrag voor dit soort meubels ging echter naar de Amsterdamse meubelmaker Jan van Mekeren, namelijk *f* 425-4-0 voor 'cabinet, tafels &'[152].

Jan van Mekeren (1658-1733) was één der beste kabinetwerkers in Amsterdam aan het einde van de 17de en het begin van de 18de eeuw, gespecialiseerd in meubels versierd met marqueterie, voornamelijk met bloemmotieven. Van zijn hand zijn enkele 'bloemkabinetten' bekend, onder andere op kasteel Amerongen en in het Rijksmuseum te Amsterdam, die vooral worden gekenmerkt door het motief van een vaas met bloemen staande op een plint of tafel, dat op beide deuren in zeer verfijnde marqueterie is aangebracht. In 1717 deed het echtpaar slechts eenmaal een uitgave voor meubels, wederom aan Jan van Mekeren[153]. Ook in de volgende jaren leverde Jan van Mekeren nog meubels[154]. Het is opmerkelijk, dat het echtpaar Trip-van Hoorn in de jaren 1718-1722 alle bestellingen bij

Van Mekeren plaatste; dat geeft een bevestiging voor de reputatie die Van Mekeren toen nog altijd had[155]. Slechts een enkele keer wordt in het kasboek een meubel bij naam genoemd, namelijk behalve het zojuist genoemde kabinet en tafels nog eens een tafel voor *f* 47-2-0[156]. Na 1720 komt ook de naam van Jans zoon Ficko van Mekeren naar voren, met wie hij een firma was aangegaan[157]. Deze gegevens kunnen niet met bepaalde meubels in verband gebracht worden. Evenmin is gebleken of het met marqueterie ingelegde meubels betrof, wat niet het geval behoeft te zijn, omdat dit 'blomwerk' tegen 1720 al ouderwets begon te worden. Toch zijn deze feiten van belang, omdat eruit blijkt, dat Jan Trip en Petronella W. van Hoorn zich in de eerste jaren van hun huwelijk vooral met meubels van Van Mekeren hebben ingericht, waardoor iets meer is gebleken van diens klantenkring.

De overige uitgaven aan meubels in de jaren 1718-1722 betroffen, behalve nog eens ledikanten voor *f* 666,– bij M. Thibout en een serie stoelen bij Gerrit van der Hulst, vrijwel uitsluitend spiegels, die door de Amsterdamse spiegelmaker Pieter le Normant werden geleverd voor het respectabele bedrag van bijna *f* 2.200,–, waaruit blijkt dat spiegels evenals ledikanten tot de meest kostbare inrichtingsstukken behoorden (zie p. 109).

De aankopen die het echtpaar in de jaren 1717-1721 deed, waren gering in vergelijking met de twee er aan voorafgaande jaren. In 1721 werden hun meubels geschat op een bedrag van *f* 23.770-9-0. Na 1722, dus in haar tweede huwelijk, werden meubels niet meer apart op de balans van haar vermogen opgenomen.

Zilver

Bij haar huwelijk met Jan Trip jr. bezat Petronella W. van Hoorn reeds voor een in 1715 getaxeerde waarde van *f* 17.980,– aan gouden en zilveren voorwerpen[158]. De taxatielijst bevat een ruime variatie van voorwerpen: haarnaalden, doosjes, hemdknoopjes, penningen, naaigarnituur, een couvert, een kwispedoor, drie bijbels met zilver en goud beslag, en een 'goud bord met dito kom & deszelfs deksel' met een getaxeerde waarde van *f* 1.700,–. Het meest waardevolle deel daarvan bestond uit een vijftiendelig gouden toiletstel, dat op *f* 12.000,– was getaxeerd. Het bestond uit: 'een spiegellijst, een kammedoos, twee poeyerdoosen, twee kandelaers, een snuyter, een snuyterbakje, twee groote schuyers, twee kleyne schuyers, twee moesdoosjes, en een speldekussen'. Dit stel, dat als 'een goud toilet' werd aangeduid, was dus geen huwelijksgeschenk en kan derhalve een generatie ouder zijn geweest, bijvoorbeeld uit de nalatenschap van haar moeder Susanna Agneta van Hoorn-van Outhoorn (1672-1703). Een gouden toiletstel was voor Nederlandse begrippen zeer uitzonderlijk. Zelfs bij de Oranjes was een gouden toiletstel een uitzondering; alleen Henriette Amalia van Nassau-Dietz bezat rond 1700 zo'n stel dat uit twaalf delen bestond[159]. Omdat Petronella het toiletstel in 1733 verkocht – eerder een kwestie van smaak dan van geld – is het minder waarschijnlijk dat zij het zelf gekocht of gekregen had[160]. Door deze verkoop daalde de waarde van haar zilver en goud tot *f* 9.264-7-8.

De uitgaven die zij tijdens haar huwelijk met Jan Trip jr. aan zilveren voorwerpen deed, vertonen een vergelijkbaar patroon als bij de meubels. De meeste aankopen werden gedurende de eerste twee jaren van hun huwelijk gedaan, gevolgd door nog enkele in de jaren 1719, 1720 en 1722. Vrijwel alle bestellingen werden bij drie Amsterdamse en een Haagse zilversmid gedaan: bij de Amsterdammers Abraham Lapro (in totaal voor *f* 1.033,–)[161], de weduwe van de Amsterdamse schepwerker Willem van Asperen (1680-1716) voor *f* 1.678,–[162], de servies- en schepwerker Josias van Asperen (1706-1728) voor *f* 591,–[163] en bij de Haagse goud- en zilversmid en juwelier Arent Ooms (overl. 1728) voor *f* 1.840,–[164]. Slechts in twee gevallen werd de bestelling in het kasboek gespecificeerd, namelijk een lampet(kan) bij Josias van Asperen[165] en twee kronen bij de weduwe van Willem van Asperen[166]. Maar verreweg de hoogste uitgave aan zilver (*f* 9.006-17-0) was voor een geschenk aan Cornelis Graafland, Jacob Valckenier, Elbert Graafland en Willem Backer als dankbetuiging voor de administratie van het kapitaal van Petronella van Hoorn, die zij als voogden gevoerd hadden. Dit geschenk, dat door Willem van Asperen vervaardigd werd, bestond tezamen uit twaalf 'tapat blakers', vier schoorsteenblakers, twaalf grote en twaalf kleine blakers[167]. Het zilver en goud bleef tot en met 1732 getaxeerd op *f* 17.980,–; de aankopen na 1715 werden blijkbaar niet in deze balanspost opgenomen. Van dit zilver is, voor zover bekend, niets bewaard gebleven. Waarschijnlijk werd het later bij verandering van mode en smaak gesmolten ten behoeve van de vervaardiging van nieuwe zilveren voorwerpen.

91.
Herengracht 493, Amsterdam, voorgevel uit 1765-1767.

Klokken

Direct na of wellicht naar aanleiding van hun huwelijk kochten Jan Trip en Petronella van Hoorn twee gouden horloges bij de gerenommeerde Hollands/Engelse firma Fromenteel en Clarke, namelijk een 'groot goud horlogie' voor *f* 435-6-0 en een 'goud slagrepetitie horlogie' voor *f* 1.000,– en iets later bij dezelfde firma nog een barometer voor *f* 43,–[168]. In 1716 leverde Hendrik Kemper een klok[169].

Juwelen

Er bestaat ook een gedetailleerde inventaris van Petronella W. van Hoorns juwelenbezit uit de tijd van haar huwelijk met Trip. De waarde van haar juwelen bedroeg in 1715 *f* 66.975,–[170]. De meeste juwelen bestonden uit diamanten, parels en niet benoemde stenen, samen tweeënveertig sieraden plus een aantal losse parels en 'granaaten in braseletten'. De diamanten waren onder andere verwerkt in hangers, oorhangers, ringen, een ceintuurgesp en een gouden horloge. Het kostbaarste juweel was 'een groote hertswijse geslepen diamantsteen' van *f* 15.000,–. Bij de parels werd de hoogste waarde vertegenwoordigd door 'twee snoeren paarlen om de handen' samen bestaande uit 414 stuks, getaxeerd op *f* 6.000,–. Tijdens haar huwelijk nam de geschatte waarde van haar juwelen toe tot *f* 71.475,–[171]. Deze toename was het gevolg van een verkregen erfenis[172]. Bovendien had Petronella in 1715 een '32 diamant roosen' bij de Amsterdamse juwelier Nicolaas Groen gekocht voor *f* 525,– en in 1718 nog eens een juweel voor *f* 107,–[173]. Na Trips overlijden, maar vòòr haar tweede huwelijk, besteedde zij nog eens voor *f* 2.650,– bij Groen[174].

De waarde van haar juwelen steeg ver uit boven het gemiddelde van haar tijdgenoten voorzover deze uit inventarissen en dergelijke bekend zijn. Alleen het juwelenbezit van de Oranje's overtrof het hare. Ter vergelijking: de juwelen in het bezit van Wouter Valckenier, bewindhebber van de O.I.C. te Amsterdam, werd in september 1710 getaxeerd op *f* 57.531,– en dat van Maria Stuart, echtgenote van Koning-stadhouder Willem III, in 1694 op *f* 217.705,–[175].

Portretten

Trip en zijn vrouw hebben geen schilderijenkabinet aangelegd; uit de rekeningen blijkt dat althans niet. Wel lieten zij zich portretteren door de uit Dordrecht afkomstige, in Amsterdam gevestigde Arnold Boonen (1669-1729), die in 1717 *f* 216-10-0 voor hun twee portretten ontving[176]. Twee jaar later beeldde deze productieve portretschilder haar nog eens af[177]. In 1722 – dus na Trips overlijden – ontving Boonen nogmaals *f* 275,–[178]. Het kan een postuum portret betreffen, of een portret van haar zoontje Jan Willem of van haar tweede echtgenoot. Van deze portretten is alleen haar beeltenis nog bekend (afb. 82).

Rosendael

Het vroeg-17de-eeuwse huis Rosendael, dat Lubbert Adolf Torck van zijn tante Janne Margriete van Arnhem erfde nadat zij op 20 januari 1721 was overleden, was in ruim honderd jaar tijd zeer ouderwets geworden. Jan van Arnhem had zich tot het eind van zijn leven intensief beziggehouden met verbeteringen aan de tuinen, maar het huis had hij al die jaren vrijwel ongemoeid gelaten. Wel had hij de bebouwing aan het voorplein veranderd; er verrezen een galerij en volières en in 1698 een nieuwe stal. De brand die in 1714 in huis uitbrak, had geen ernstige schade aangebracht; ingrijpend herstel aan het huis was niet nodig geweest.

92.
Rosendael, dak van de donjon met blootgelegd fundament van de 18de-eeuwse lantaarn, 1980.

Lubbert Adolf Torck begon in 1721, ongeveer anderhalf jaar voordat hij met Petronella van Hoorn trouwde, direct met een intensieve verbouwing van het gehele complex. De door zijn toedoen aangebrachte veranderingen zijn bekend door afbeeldingen, archivalische gegevens en door de vorm van het huis zelf, voor zover naderhand niet weer gewijzigd. De meeste gegevens over deze verbouwing legde Torck in zijn *journalen* (kasboeken) vast[179]. Samengevat gebeurde er het volgende.

Alle bijgebouwen op de beide voorpleinen ten noorden en oosten van het huis werden afgebroken. De in 1698 gebouwde stal werd opgenomen in de westelijke van twee grote nieuwe bouwhuizen aan de noordzijde van het nieuw gevormde voorplein, die haaks op het huis aansloten op de plaats, waar zich tegenwoordig in de zijvleugel van het kasteel het koetshuis en de stal bevinden. Door middel van een lager verbindingsdeel werden deze grote bouwhuizen verbonden met het huis zelf. Dit vernieuwde huis was kubusvormig en ontstond door aanpassing van het tweebeukige huis uit 1615, waarvan de topgevels werden rechtgetrokken en waarvan het ingangspaviljoen werd afgebroken. Het verbindingsstuk tussen huis en donjon werd met het huis gelijkgetrokken, waardoor het huis aan de zuidzijde vijf in plaats van vier traveeën breed werd.

De belangrijkste wijzigingen in het huis betroffen het souterrain, waar de keuken werd ondergebracht, en het trappehuis dat na de afbraak van het 17de-eeuwse ingangspaviljoen in het huis werd gesitueerd. De hoofdvertrekken op de begane grond en de eerste verdieping bleven gehandhaafd, maar zij werden waarschijnlijk alle aan de nieuwe smaak aangepast. In de donjon kregen de kelder en de zaal op de hoofdverdieping nieuwe tongewelven en werden smalle lichtsleuven verbreed tot raamnissen, de eerste en tweede verdieping werden samengevoegd tot een hoge ruimte met koepelgewelf en op de toren werd een lichtkoepel geplaatst, die het silhouet van de toren verbeterde en bovenlicht gaf aan de nieuwe hoge ruimte eronder.

De verbouwing van Rosendael (1721-1725)

Een belangrijke aanwijzing over het begin van de verbouwing vinden wij in een reisverslag van een Utrechts gezelschap, dat op 26 augustus 1721 een bezoek aan Rosendael bracht[180]. Uit dit verhaal blijkt, dat Torck eerst aan de toren was begonnen en dat het huis zelf nog niet aan bod was.

> Wij wierden ook nae 't huis geleid, dat seer wel gemeubileert en vol schoone vertrekken was, rondsom in een breed water leggende; aen een hoge dikke toorn wierd te dezer tijd gearbeid, op denwelke gestelt soude werden een coupel, afgebroken sijnde van een speelhuis, voormaels op costen van koning William, glorieuser gedagtenisse, in een creupelbosch onder gemelte Heerlikheid geset.

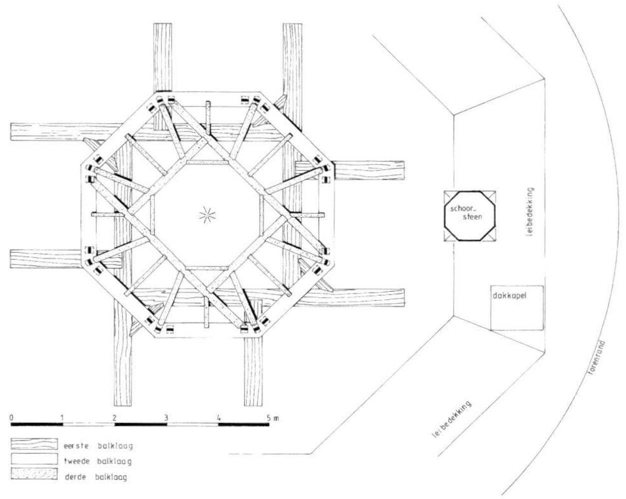

93.
Rosendael, balklagen behorend tot het fundament van de 18de-eeuwse lantaarn, tekening C.J. Willems, 1992.

Met deze koepel werd de lantaarn of lichtkoepel van de belvédère bedoeld, die twintig jaar tevoren door de Koning-stadhouder was gebouwd (p. 69). Afbeeldingen van na 1721 bevestigen de uitvoering van deze plannen. Het komt ons ongewoon voor om een dergelijk gebouwtje van pas twintig jaar oud al weer af te breken, terwijl het een tastbaar aandenken was aan de koninklijke gast Willem III. De ontmanteling moet dus een practische reden hebben gehad. Het gebouwtje was in die periode, waarin het waarschijnlijk slecht of zelfs in het geheel niet was onderhouden, ongetwijfeld gebreken gaan vertonen. Wanneer wij bovendien rekening houden met het feit dat materiaal duur was, dan ligt het nuttige hergebruik van de onderdelen ervan wel voor de hand.

De werkzaamheden die in augustus 1721 aan de gang waren, betroffen aanpassingen aan de bovenrand en het inwendige van de toren. Op de 17de-eeuwse afbeeldingen (afb. 32, 44, 55) is te zien, dat de Middeleeuwse trans, gedragen door kraagstenen en bogen, op sommige plaatsen nog aanwezig was en op andere reeds verdwenen. Torck liet deze ouderwetse restanten verwijderen, en de rand van de toren werd van 24 à 25 meter tot ongeveer 19 meter verlaagd. Het zadelvormige dakje op de toren verdween eveneens. De toren zelf werd echter weinig lager, zeker niet een hele verdieping.

Toen in 1980 de dakbedekking van de toren werd geopend, bleek daaronder het fundament waarop de lantaarn had gerust, nog intact te zijn (afb. 92)[181]. Er waren drie balklagen bewaard gebleven. De onderste bestond uit balken met een doorsnede van 16x36 cm., die te kort waren om de lichtopening van de lantaarn in één maal te overspannen. Door de balken echter loodrecht op elkaar te plaatsen, waardoor een vierkant ontstond, werd dat toch mogelijk. Erboven werd een constructie van balken (12x30 cm.) aangetroffen in de vorm van een regelmatige achthoek. In de hoeken bevonden zich de pengaten waarop de lantaarn paste. Deze twee balklagen waren waarschijnlijk van de belvédère afkomstig en werden als fundament van de lantaarn op de toren hergebruikt. Boven de achthoek werd een derde balklaag gelegd van verschillend formaat, waarschijnlijk niet van de belvédère afkomstig, omdat het lichtgat er onnodig door verkleind zou zijn. Hierop lag een vloer, waarin zich aan de rand van de lichtopening gaten bevonden voor een balustrade. Het plankier ontbrak aan de wanden van de lantaarn; misschien omdat er zitbanken waren aangebracht? Deze oplossing van een lichtkoepel op een stompe toren bleef geen unicum. Waarschijnlijk aan het eind van de jaren twintig werd het voorbeeld op de grote vierkante hoektoren van kasteel Ruurlo gevolgd door Jacob Derck van Heeckeren[182].

Toen de Rosendaelse lantaarn aan het einde van de 18de eeuw verloren ging, werd de draagconstructie afgedekt door een houten platform met zink erop, gedragen door een balklaag bestaande uit secundair verwerkt hout, waaronder herkenbare onderdelen van de koepel, zoals fragmenten van de hoekstijlen. De plattegrond was dus bij de reconstructie van de lantaarn in 1988 geheel bekend; de opstand moest echter uit 18de-eeuwse afbeeldingen gereconstrueerd worden (afb. 74, 75, 95-98). Uit de teruggevonden hoekstijlen kon helaas niet de lengte van een stijl afgeleid worden. Zoals nu weer zichtbaar is, had deze toevoeging ontegenzeggelijk effect: het uiterlijk van de toren kreeg er meer allure door en dankzij het bovenlicht kreeg het onderliggende vertrek een betere ruimtelijke werking.

Het nieuwe huis - exterieur

Het exterieur van de vernieuwde toren, het huis en de nieuwe bouwhuizen is goed bekend dankzij diverse tekeningen uit de periode van ongeveer 1730 tot 1830. De belangrijkste zijn vier tekeningen door of toegeschreven aan Cornelis Pronk uit circa 1731 (afb. 95-98). Bovendien beschikken wij over twee landmeterskaarten van Barend Elshof uit 1721 en 1723 (afb. 161, 162) en een anonieme plattegrond van de tuinen uit deze periode (afb. 163). Op deze drie tekeningen staat de omtrek van het complex op betrouwbare wijze afgebeeld. Hieruit blijkt onder meer, dat de omvang van het kasteelterrein binnen de gracht – dat wil zeggen de voormalige hoofdburcht – ongewijzigd bleef. De gracht omgaf dit complex op dezelfde wijze. Ook de van zuid naar noord lopende oprijlaan bleef ongewijzigd.

Elshof, die door Torck tijdelijk als landmeter in dienst was genomen, verrichtte zijn eerste meting voor de *geometrische caart van de vrije heerlijkheijd Roosendael* in 1721 (afb. 161)[183]. Deze tekening geeft de oude situatie van het huis en de bijgebouwen weer zoals Torck deze van de Van Arnhems had geërfd. De tweede tekening, met de titel *geometrise caart van de Roosendaelse plantagie*, gedateerd 1723 (afb. 162, 94), laat zien dat de verbouwing van het huis zich wat de uiterlijke vorm betreft in hoofdzaak reeds had voltrokken. Zelfs de nieuwe lichtkoepel op de toren is op deze kaart te onderscheiden.

Het huis zelf kreeg een nieuw uiterlijk. Het gehele 17de-eeuwse ingangspaviljoen aan de oostgevel van het huis werd afgebroken en de aldus vrijgelegde gevel veranderde van zijvlak van een tweebeukige bouwmassa tot de nieuwe façade van het huis. Het resterende tweebeukige huis uit 1615 werd verbouwd tot een vrijwel kubusvormige hoofdpartij. De daken en geveltoppen van beide beuken werden afgebroken, waarbij de onderste laag van de geveltoppen – ongeveer een derde van hun hoogte – en de kapspanten aan de oost- en westzijde van het gebouw gehandhaafd werden. Door de nieuwe raamverdeling op de tweede verdieping zijn deze door de ramen van de voorgevel (oostzijde) zichtbaar gebleven. Met behoud van zoveel mogelijk opgaand muurwerk en oude raamopeningen werden nieuwe gevels gemetseld. De daklijst kwam hoger te liggen dan bij het oude huis, op de hoogte van de waterlijst boven de onderste vensters van de voormalige geveltoppen, dat wil zeggen vlak boven de muurankers met de cijfers die het jaartal 1 6 1 5 hadden gevormd (afb. 35, 37).

De hoogte van de voorgevel van het oude huis is thans nog af te lezen aan het metselverband op de hoeken. Ongeveer tot op de hoogte van de onderdorpels van de vierkante vensters op de tweede verdieping komt er in de koppenlagen een klezoor voor op de plaats voor de kop op de hoek. Op deze hoogte bevinden zich op enkele plaatsen nog de resten van de waterlijst tussen de eerste en de tweede verdieping van het oude huis.

In de lagen daarboven (negentien tot aan de onderzijde der kroonlijst) ontbreken deze klezoren. Dat is dus het gedeelte van het opgaand muurwerk, dat Torck aan de hoogte van de voorgevel van het oude huis toevoegde. In de noord- en zuidgevel bleef de onderste geleding van de topgevels gehandhaafd. De bestaande raamopeningen werden gebruikt voor nieuwe, nu uniforme schuifvensters. Daarbij werd het verbindingsdeel tussen het huis en de toren opgenomen in de zuidgevel van het nieuwe huis. De kroonlijst van de zuidgevel werd sluitend op de toren gemaakt. Derhalve werd de zuidgevel vijf traveeën breed met elk vier vensters boven elkaar: het souterrain met vierkante vensters, daarboven de hoge schuifvensters van de hoofd- en de eerste verdieping en daarboven weer vierkante vensters van de boven (tweede) verdieping. De korfboogjes boven de vensters van het souterrain en de twee hoofdverdiepingen dateren niet uit deze periode, maar werden aangebracht ter ontlasting van de lateien van deze vensters nadat de gevels in 1891 ontpleisterd werden.

De verdeling der ramen in de voorgevel (oostgevel) was identiek; twee traveeën aan elke zijde van de middentravee. Op de plaats van het ingangspaviljoen verrees een hoge stoep met dubbele trap en een leuning aan de buitenzijde – als betrof het de stoep van een stadshuis – die toegang gaf tot de vestibule. Deze stoep van blauwe hardsteen werd in 1723 geleverd door de Amsterdamse meester-

95.
Cornelis Pronk, Rosendael uit het zuiden, 1731, inkt, RPK Amsterdam.

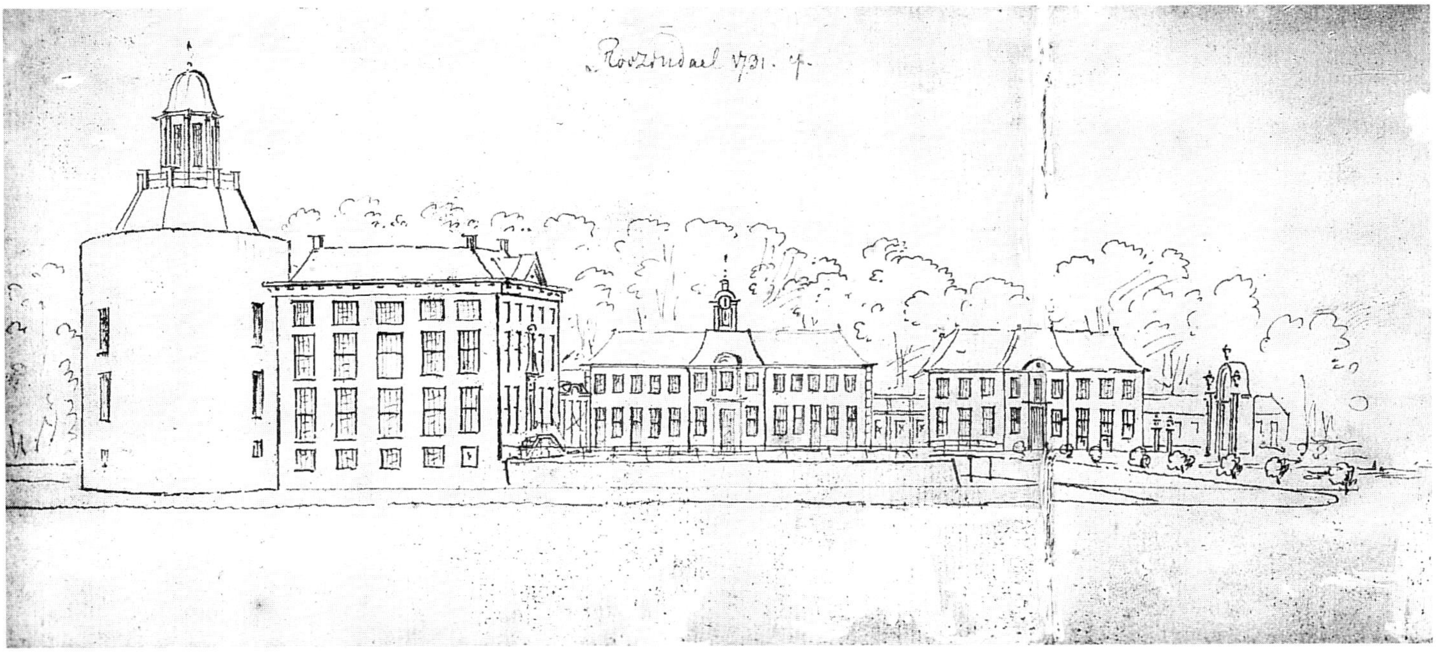

steenhouwer Thomas Ferrier[184]. Dit was de eerste van een serie leveranties die Ferrier in de jaren van 1723 tot 1734 ten behoeve van het huis en de tuinen van Rosendael deed. Eerder had hij al meegewerkt aan de verbouwing van Beeckesteyn.

De deur en het erboven gelegen raam van de eerste verdieping kregen een houten omranding: pilasters ter weerszijden van de deur, daarboven een kroonlijst, voluten met ranken aan beide zijden van het erboven gelegen raam. Dit raam werd bekroond door een gebogen fronton met een schelp erin. Deze halfronde boog verdween rond 1900 en werd in 1989 gereconstrueerd. Vlak erboven kwam de vensterbank van het vierkante raam van de lage tweede verdieping en daarboven werd de kroonlijst over een breedte van drie traveeën bekroond door een fronton dat zonder kornissen of sprongen op de lijst stond. Ook dit grote fronton werd rond 1900 verwijderd en in 1980 gereconstrueerd. Op elk der vier hoeken van het dak werd een schoorsteen geplaatst. In plaats van zakgoten tussen de daken werd voor een plat dak gekozen, wat zeldzaam was, en waardoor ruimtewinst op zolder werd verkregen. Een dergelijke oplossing werd bijvoorbeeld ook gekozen bij de bouw van het Gemeenlandshuis van het hoogheemraadschap Diemen en Zeeburg te Diemen in 1725.

De buitenmuren van Rosendael bestonden in hoofdzaak uit metselwerk, dat in 1721 meer dan honderd jaar oud was en bij die verbouwing werd aangevuld met andere baksteen, wellicht afkomstig uit afbraak van het oude voorgedeelte. Het resultaat was een onregelmatige structuur, zeer contrasterend met het in de 18de eeuw gebruikelijke fijne metselwerk. Daarom werden de gevels van het huis gepleisterd. Het aanbrengen van een pleisterlaag op het exterieur van een gebouw was in de eerste helft van de 18de eeuw niet ongewoon; in het oostelijk deel van het land bestond die gewoonte al lange tijd, zoals uit de met schijnvoegen beschilderde pleisterlaag op de 15de-eeuwse toren van huis Wisch in Terborg blijkt. Uit de tekeningen van Jan de Beyer blijkt dat bijvoorbeeld de huizen Baak, de Ulenpas en het stadhuis van Venlo in de 18de eeuw ook gepleisterd waren. Cornelis Pronks tekeningen van Rosendael (afb. 95-98) geven misschien geen absolute zekerheid over het pleisterwerk; uit de vroeg 19de-eeuwse afbeeldingen blijkt duidelijk dat het huis gepleisterd en beschilderd was met schijnvoegen (afb. 237, 239). Bovendien sluit de houten omranding van de middentravee van de voorgevel niet aan tegen de baksteen; deze laat een tussenruimte vrij van circa twee cm. Deze kier is alleen te verklaren als de ruimte van de pleisterlaag, die tegelijk met deze houten rand werd aangebracht en die in een later stadium werd verwijderd.

De vormgeving van het vernieuwde huis was mager. De ingangspartij was vlak en het fronton sloot niet aan bij de middentravee. Er werden geen pilasters toegepast die een zeker ritme in deze lijstgevel hadden kunnen bewerkstelligen. Ook zou men een heraldische decoratie in de vorm van een alliantiewapen van de bewoners in het fronton hebben verwacht. Wel kreeg de nieuwe voorgevel in tegenstelling tot de oude situatie de kenmerken van symmetrie en axialiteit en voldeed deze, met uitzondering van het fronton op de daklijst, aan de eisen van het gereduceerde classicisme naar de opvattingen van circa 1700. De toepassing van het fronton was voor deze jaren al tamelijk laat. De uitvoering van het exterieur was sober: gepleisterde baksteen met in hout uitgevoerde decoratieve delen. In plaats van een geheel nieuw huis te bouwen werd gekozen voor een aanpassing van het bestaande huis, die de vorm wijzigde maar de structuur intact liet.

97.
Cornelis Pronk (toegeschr.), Rosendael uit het zuiden, 1731-1732, inkt en aquarel, Amsterdams Historisch Museum.

Wanneer wij de voorgevel van Rosendael vergelijken met twee vrijwel gelijktijdige façaden ontworpen door Daniel Marot, namelijk huis Schuylenburch in 's-Gravenhage (1715) en huis Rosenburg te Voorschoten (1721), die beide harmonieuzer van ontwerp zijn en rijker van uitvoering, dan moeten wij concluderen dat de voorgevel van Rosendael op een timmermansontwerp berust, waar Marot niet de hand in gehad kan hebben. De oplossingen die in het huis werden gekozen, voor zover nog bekend, bevestigen dat.

De ontwerpen die Marot in de jaren 1721-1731 voor Rosendael maakte, betroffen dus alleen de tuinen en onderdelen ervan zoals de nog bestaande theekoepel en de schelpengalerij. De bedragen die aan Marot betaald werden (zie p. 151), waren bovendien te gering om behalve de wijzigingen in de tuinen ook de verbouwing van het huis te omvatten. De vraag of Marot dan wel enkele decoratieve onderdelen in huis zou hebben ontworpen, zoals schoorsteenmantels, betimmeringen en stucwerk, is niet te beantwoorden, omdat veel van deze onderdelen met uitzondering van de marmeren cascade en het houten hoekbuffet in de torenzaal, die beide op ontwer-

96.
Cornelis Pronk, Rosendael uit het oosten, wrs. 1732, inkt en aquarel, part. verz., RKD, 's-Gravenhage.

98.
Cornelis Pronk (toegeschr.), Rosendael uit het oosten, 1731-1732, inkt en aquarel, Amsterdams Historisch Museum.

pen van Marot gebaseerd kunnen zijn, niet meer aanwezig zijn. In de collectie van het Cooper-Hewitt museum te New York bevindt zich sinds 1934 een 18de-eeuwse betegeling van een groot vertrek, waartoe twee tableaux behoren die op ontwerpen van Marot zouden kunnen teruggaan. Zij dragen centraal spiegelmonogrammen, die – mijns inziens onjuist – zijn geïnterpreteerd als de monogrammen van **L**ubbert **A**dolf **T**orck en **P**etronella **W**ilhelmina **T**orck-van **H**oorn[185]. De aanwijzingen zijn ontoereikend om aan te nemen, dat de serie van Rosendael afkomstig is[186].

Natuurlijk kan het idee om de lantaarn van de belvédère van Willem III op de toren te plaatsen van Marot afkomstig zijn. Een aanwijzing daarvoor ontbreekt, maar omdat hij het gebouwtje twintig jaar tevoren zelf ontworpen had en hij nu door Torck weer naar Rosendael werd gehaald, ligt dat wel voor de hand. Wij kunnen slechts gissen naar de reden, dat Daniel Marot wel voor de tuinen en niet voor het huis werd ingeschakeld. In ieder geval werd de lijn van de voorafgaande periode voortgezet, waarin de meeste aandacht naar de tuinen uitging. De nieuwe bewoners zouden meer in Amsterdam verblijven en Rosendael slechts in de zomermaanden gebruiken. Hoewel de middelen niet ontbraken, is men bij de verbouwing van het huis zuinig te werk gegaan, zeker in vergelijking tot de heraanleg van de tuin.

Wellicht heeft de testamentaire bepaling van de Van Arnhems, dat de inboedel van Rosendael niet verkocht mocht worden, de Torcken er ook van weerhouden het huis ingrijpend te moderniseren: een nieuw huis gevuld met een oude inboedel lijkt geen aantrekkelijke gedachte.

Het voorplein en de bouwhuizen

De bebouwing op de beide pleinen ten noorden en oosten van het huis onderging echter een metamorfose. De toegang uit het zuiden over een dam door de vijver bleef ongewijzigd. De gebouwen aan de oost- en de zuidzijde werden alle afgebroken waardoor een groot voorplein ontstond dat van de gracht werd afgescheiden door ijl, open hekwerk. Aan de noord- en de westzijde van het nieuwe voorplein veranderde het aanzicht wezenlijk. De in 1698 voor de Koning-stadhouder gebouwde stal aan de noordzijde van dit nieuwe plein werd opgenomen in het westelijke van de twee nieuwe bouwhuizen die het nieuwe plein aan de noordzijde afsloten. De halfronde toren op de noordoost hoek van de stal bleef gehandhaafd zoals uit de getekende plattegrond blijkt (afb. 102).

Een belangrijke drijfveer bij deze ingrijpende veranderingen van het aanzicht van Rosendael was ingegeven door een streven naar grotere eenheid. In dat licht is het opmerkelijk dat niet gekozen is voor een U-vormige opzet met de bouwhuizen links en rechts van het voorplein, maar voor de ongebruikelijke vorm van een winkelhaak. Kennelijk werkte de Middeleeuwse traditie van een hoofdmassa met aanbouwen sterker dan de classicistische opvatting van axialiteit. Een tweede belangrijke factor was de terreingesteldheid. In de nieuwe opzet kon men bij benadering van het complex uit het zuiden de gevels van het huis en de bijgebouwen in één blik vangen, wat een grootser effect sorteerde. Bij een U-vormige aanleg zou men uit het zuiden komend immers de achterzijde van het linker bouwhuis hebben gezien, waarachter de overige bebouwing aan het voorplein deels zou zijn schuil gegaan. Bovendien belette de gracht hier een bouwhuis te plaatsen.

De twee nieuwe bouwhuizen op Rosendael waren zo groot, dat ze volwaardige tegenhangers vormden van het huis zelf. Zo kwam er aan het voorplein toch weer een beslotenheid tot stand: aan de oost- en de zuidzijde water en aan de west- en de noordzijde gevelwanden, elk onderbroken door een lager verbindingsdeel. In de as van de ingang van het huis, maar aan de overzijde van de brug over de gracht werd als visuele afsluiting de natuurstenen achterwand met boog en drie vazen van de *cascade met de hertshoorns* van de Koning-stadhouder geplaatst[187]. Dit was niet het enige onderdeel uit de tuin van Jan van Arnhem, dat door Torck werd bewaard; ook ander beeldhouwwerk werd opnieuw toegepast, zoals de adelaar en de Fortuna uit de zuidtuin en de vergulde Triton uit Van Arnhems 'nieuwe lage tuin'[188]. De plaatsing van dergelijke bouwhuizen in elkaars verlengde was in de 17de en 18de eeuw zeer ongebruikelijk. Doorgaans flankeerden zij het voorplein zoals op het nabije Middachten en Biljoen en bij andere huizen op de Veluwe zoals Doorwerth, Ter Horst, Cannenburch en vele andere in Gelderland en Overijssel, waar dit type gebruikelijk was. In deze bijgebouwen waren alle utilitaire functies ondergebracht die verbonden waren met het buitenleven: werkplaatsen, koetshuis, stallen, dienstwoningen, bergplaats voor gereedschappen en het boerenbedrijf. De 18de-eeuwse bouwhuizen waren doorgaans groter dan hun 16de- en 17de-eeuwse voorgangers.

Het nieuwe linker bouwhuis op Rosendael, dat aan het huis aansloot, was bestemd voor de koetsen en paarden. Het was dertien traveeën breed en twee verdiepingen (begane grond en eerste verdieping) hoog. Het middendeel van drie traveeën sprong licht naar voren. De middelste travee was gelijkvormig aan die van het huis zelf. Daarboven werd het dak bekroond door een hoog klokkentorentje. Het verbindingsdeel tussen bouwhuis en huis bevatte (waarschijnlijk) blinde nissen: hoge onder en kleine daarboven. Wat daarachter lag – op de plaats van de huidige zijvleugel – blijft onduidelijk. De kaart van Elshof uit 1723 en de anonieme 18de-eeuwse plattegrond geven beide op deze hoek een bebouwing aan (afb. 162, 102). Twee van de vier tekeningen van Pronk suggereren dat het linker bouwhuis nog verder naar het westen doorliep (afb. 96, 98). De in 1986/1987 aangetroffen bouwsporen in koetshuis en stal in de huidige vleugel van het kasteel en de zolder en kap daarboven duiden daar ook op.

Aan de andere zijde van het bouwhuis vormde een tussenlid van vergelijkbare vorm als het bovengenoemde de verbinding over het water van de gracht met het tweede (rechter) bouwhuis, waarin de oranjerie was ondergebracht. De muur van dit tussenlid was geleed door drie vakken, waarop waarschijnlijk geschilderde figuren waren aangebracht; althans zo was het geval in later tijd, zoals uit de afbeeldingen uit de vroege 19de eeuw blijkt (afb. 238, 239, 241). Op een ets die de Amsterdamse graveur Abraham Zeeman (1695/1696-1754) in 1727 maakte, staat op deze muur een adelaar afgebeeld (afb. 103)[189]. Wellicht is dit de adelaar die ten tijde van Jan van Arnhem in de zuidtuin op de hoofdas stond.

Het rechter bouwhuis was gelijkvormig aan het linker, maar telde negen in plaats van dertien traveeën. Bovendien had het geen klokkentorentje zoals het linker bouwhuis. Het lag niet meer op het terrein van de 'hoofdburcht' binnen de gracht, maar direct ten oosten daar buiten. De al genoemde van zuid naar noord lopende oprijlaan leidde er via een dam door de vijver recht op aan. Op de anonieme 18de-eeuwse plattegrond (afb. 102) is te zien, dat het gebouw eigenlijk uit twee delen bestond: een min of meer vierkant linker deel en een diep naar achter doorlopend rechter gedeelte dat als oranjerie fungeerde. Twee van de drie ramen van de zuidgevel liepen tot op de grond toe door en de oostgevel bevatte vier hoge boogvormige ramen over de gehele hoogte van de gevel. Deze oostgevel, die breder was dan de zuidgevel, namelijk ongeveer evenbreed als de zuidgevel van het andere (westelijke) bouwhuis, was gericht op een omsloten tuin, die onder andere de moestuin bevatte. Ook de noordelijke zijde van deze tuin werd afgesloten door een oranjerie, die op twee van de vier tekeningen van Pronk staat afgebeeld (afb. 96, 98).

Uit Elshofs kaart van 1723 blijkt, dat de beide bouwhuizen in dat jaar reeds voltooid waren. Een tekening door J. Stellingwerf uit 1726[190] die door A. Zeeman in 1727 in prent werd gebracht is de vroegste – zij het niet geheel correcte – afbeelding waarop onder andere het linker bouwhuis te zien is. Na 1723 is men nog doende geweest met de afwerking van de bouwhuizen. Daartoe behoorde het aanbrengen van een nieuw uurwerk en bijbehorende klokken in het klokketorentje op het dak van het linker bouwhuis. Dit uurwerk ('orologie') werd geleverd door de Amsterdamse horlogemaker Melster van der Meer, die er in de periode augustus 1726 tot augustus 1727 in totaal *f* 275,– voor betaald kreeg[191]. De laatste betaling was voor 'het hangen van de klokken aldaer voor een nieuw touw voor het vermaeken van het spit voor het schoonmaeken en verhelpen van het staande werck op Roosendael'. Eén van die klokken werd geleverd door de bij Beeckesteyn reeds betrokken Amsterdamse klokkengieter Jan Albert de Grave, die in deze jaren tal van kerkklokken heeft gegoten[192]. De Rosendaelse klok (diam. 54 cm; h. 44 cm) draagt het opschrift: *Ian Albert de Grave fecit Amsteldam 1725* (afb. 104). De andere klok die iets kleiner is draagt het jaartal 1705 en dateerde nog uit de periode van bewoning door de Van Arnhems (zie p. 46).

De gehele Rosendaelse klokkenstoel met klokken en uurwerk werd in 1842 bij een grote verbouwing, waarbij beide 18de-eeuwse bouwhuizen het veld moesten ruimen, in een nieuw torentje op de nieuwe zijvleugel geplaatst[193]. Daarom ligt het voor de hand te concluderen, dat het uurwerk dat zich thans nog in het torentje bevindt en dat in 1987 werd hersteld het exemplaar is, dat door Melster van der Meer werd gemaakt. Het uurwerk is niet gesigneerd. De keus voor dit duo lag voor de hand; Van der Meer en De Grave hadden in 1718-1719 reeds een uurwerk en twee klokken geleverd voor Beeckesteyn[194].

99.
Rosendael, voorgevel (oostzijde), foto A. Mulder 1891.

De gevels van het vernieuwde huis en van deze twee nieuwe bouwhuizen vormden met hun grote effen vlakken met daarin het regelmatige ritme der vensteropeningen het decor voor de menselijke bedrijvigheid, die zich op het voorplein en in de tuin heeft afgespeeld.

Interieur

Hierna zal aandacht worden besteed aan de vernieuwingen van het interieur; de belangrijkste gegevens daartoe zijn gebleken uit bouwsporen in het huis zelf en uit de boekhouding in Torcks *journalen*.

De interne structuur van het tweebeukige huis is in wezen niet veranderd: muren, balklagen en zelfs een gedeelte van de kappen over beide beuken bleven behouden. De meeste vertrekken werden gehandhaafd, maar de wanden en plafonds werden aan de heersende mode aangepast. Zo bleven de vier hoofdruimten van de begane grond van het huis – de hal, de eerste en tweede salon en de eetkamer – intact. De afbraak van de bebouwing aan het voorplein en van het ouderwets geworden ingangspaviljoen veroorzaakte wel interne veranderingen. De keuken, die in de tijd van de Van Arnhems nog in het bijgebouw aan het voorplein was ondergebracht, werd verplaatst naar het souterrain van het huis en de hoofdtrap werd in het huis in de noordwesthoek van de hal aangebracht, deels op de plaats van de scheidingsmuur tussen de twee beuken van het oude huis.

Bij binnenkomst in de 18de eeuw moet de ouderwetse plattegrond van de hoofdverdieping direct zijn opgevallen. De 17de-eeuwse indeling van de hoofdverdieping bleef gehandhaafd, omdat

100.
Rosendael, donjon en huis uit het zuid-oosten, foto A. Mulder 1891.

101.
Rosendael, donjon en huis uit het zuiden, foto A. Mulder 1891.

een nieuwe gang van de voor- naar de achterzijde van het huis naar de smaak van de tijd een onmogelijke ingreep in de structuur van het gehele huis zou hebben betekend. Men zocht nu zijn toevlucht tot aanpassingen, die op veel plaatsen benauwde en geforceerde oplossingen tot gevolg hadden, zoals bij de trap nog altijd goed te zien is. Deze versmalt zich naar boven toe en komt uit op een serie kleine trapjes en bordesjes, die achtereenvolgens toegang geven tot de vertrekken van de eerste entresolverdieping, de eerste verdieping, de tweede entresolverdieping, de tweede verdieping en de zolder. Het is opvallend dat Torck bij deze verbouwing zo'n onaanzienlijke trap liet maken (afb. 105, 113, 283, 303); misschien kwam de nieuwe trap op de plaats van de oude diensttrap. Ook hier werd naar een compromis gezocht, omdat een nieuw trappenhuis met een statige trap teveel ruimte zou vergen en dus de interne structuur van het huis zou verstoren. Op de tot dan toe weinig belangrijke en lage tweede verdieping, van oorsprong een zolder, werden vertrekken ingericht, die wat bestemming betreft gelijkwaardig waren aan de kamers van de eerste verdieping, hoewel zij minder hoog waren. Overigens is het niet eenvoudig een afgewogen oordeel over de vaste 18de-eeuwse interieuronderdelen van Rosendael te geven, zo grondig werden de vertrekken in de tweede helft van de 19de eeuw weer gewijzigd.

Op de genoemde 17de-eeuwse afbeeldingen, waarop de donjon is weergegeven, is aan de raamverdeling te zien dat deze toren vier verdiepingen telde: een souterrain, een hoofdverdieping en een eerste en tweede verdieping. De zaal op de hoofdverdieping van de toren – toegankelijk via de vertrekken aan de zuidzijde van het huis, een gang ontbrak zoals reeds opgemerkt – werd in opdracht van Lubbert Adolf Torck aangepast. De vensters werden verbreed en het vlakke balken plafond – waarvan tijdens de restauratie in 1988 de balkgaten in de muren van de zaal op de hoofdverdieping werden aangetroffen – werd vervangen door het nog aanwezige gemetselde tongewelf (afb. 106-108). Ook in de onderliggende kelder werd bij deze verbouwing een tongewelf gemetseld.

De eerste en tweede verdieping werden samengevoegd tot één hoog vertrek met een koepelgewelf (afb. 117, 309). Daartoe werden de drie vensters van de tweede verdieping dichtgezet – wat nu nog in het metselwerk zichtbaar is – omdat op deze hoogte het nieuwe gewelf werd gelegd. De vensters van de zaal op de eerste verdieping (bibliotheek) werden evenals op de begane grond verbreed tot raamnissen van ongeveer anderhalve meter breed, die meer licht het vertrek binnen lieten en bovendien het uitzicht op de tuin verbeterden. Het aantal vensters bleef gelijk. Deze datering van de tongewelven vloeit voort uit de observatie dat de gehele inwendige verbouwing van de donjon met nieuwe tongewelven, koepelgewelf met lantaarn en verbreding van de raamnissen in één keer tot stand kwam. De middeleeuwse muurtrappen die de verdiepingen met elkaar verbonden, werden gehandhaafd. Wel werden er nieuwe toegangen van de begane grond en de eerste verdieping van het huis naar de toren gemaakt, waarbij treden nodig waren (beneden vijf en boven dertien) omdat de vloerniveaus in de toren hoger waren dan in het huis.

Evenals de hem voorafgaande en volgende heren van Rosendael heeft Torck de grote middeleeuwse donjon niet laten slopen, maar juist een belangrijke bestemming gegeven: het vertrek op de begane grond werd de grote (ontvangst)zaal en het daarboven gelegen royale vertrek met koepelgewelf nam Torck in gebruik als zijn *comptoir* (kantoor). Enerzijds zou sloop van deze bouwmassa een enorme inspanning hebben betekend, anderzijds duidde de donjon nadrukkelijk op de ouderdom van deze plaats, en daarmee op de macht van de bewoner, hetgeen voor Torck een factor van belang moet zijn geweest. Ook bij enkele andere Gelderse kastelen bleven de middeleeuwse torens behouden, zoals op Hackfort en Wisch.

Betrokkenen bij de verbouwing

Allerlei werkzaamheden bij de verbouwing van circa 1723 zijn in Torcks journalen vastgelegd, waardoor de namen van betrokkenen

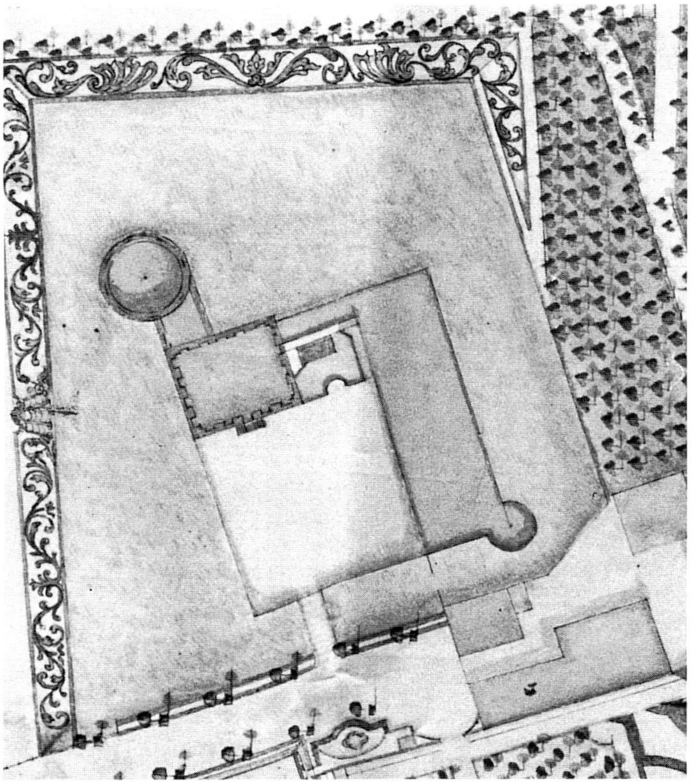

102.
Anoniem, plattegrond van het in het water gelegen huis, circa 1722, detail van afb. 163.

en de bedragen die hun werden betaald, bekend zijn[195]. Dat levert het volgende beeld op van de hoofdpersonen bij deze verbouwing.

In de beginjaren werden de hoogste betalingen aan mr metselaar Jan Roelewijn gedaan. In de jaren 1723 tot en met 1726 ontving hij circa *f* 3.000,– per jaar voor geleverde materialen en arbeidsloon. In 1727 was dit bedrag ongeveer half zo hoog en sedert 1728 was het gestabiliseerd op *f* 500,– à 600,– per jaar. Aangezien deze laatste bedragen voor een groot deel uit loonkosten en nauwelijks meer uit materiaalkosten bestonden, waren zij waarschijnlijk bestemd voor reguliere onderhoudswerkzaamheden. Tijdens de bouw waren de hoogste betalingen voor timmerwerk aan de Amsterdamse mr timmerman Lambert van den Bergh (*f* 1.732,– in 1723)[196] die wij al zijn tegengekomen in verband met opdrachten voor het echtpaar Trip-van Hoorn, en aan mr timmerman Frans van den Bergh (*f* 2.350,– in 1724)[197]; gezien de hoogte van deze bedragen waren de houtleveranties daarbij inbegrepen. Hun namen komen daarna niet meer voor; zij hebben wellicht onderdelen als balklagen en kappen voor hun rekening genomen, voorzover deze niet van het 17de-eeuwse huis in tact werden gelaten[198].

De vaste timmerlieden gedurende de gehele bouw waren de mr timmerman Gooscen[199] en de timmerman Hendrick Veelen. De belangrijkste betalingen aan mr Gooscen betreffen de jaren 1723-1726; over de periode november 1724-november 1726 was Torck hem *f* 2.043-10-0 schuldig[200]. De betalingen aan de timmerman Hendrick Veelen volgden in de jaren 1723 tot en met 1727 eveneens dit stramien[201]. Andere betrokkenen waren: de Arnhemse mr (huis)schilder en glazenmaker Hermanus van Vleuten, de Amsterdamse mr (huis)schilder Anthony Arduin en de leidekker Cornelis van der Meulen.

Zijn de overige gegevens in overeenstemming met de conclusie, dat de modernisering van Rosendael wat het exterieur betreft in 1723 of 1724 voltooid werd, en dat de afwerking van het geheel inclusief de interieurs in of circa 1726 gereed kwam? Zoals reeds gesteld moeten wij bij de interpretatie van de gegevens uit deze *journalen* rekening houden met het feit, dat de betalingen veelal pas het jaar na levering of nog later werden gedaan. Er moet dus met een zekere marge bij de datering rekening worden gehouden.

Aan de hand van de betalingen aan Van Vleuten valt op gelijke wijze af te leiden, hoever men in 1723-1726 met de bouw en de afwerking van Rosendael vorderde. De periode waarin Van Vleuten het meeste glas en verf leverde en arbeidsloon betaald kreeg, begon op 1 november 1723 en eindigde op 30 october 1726. In deze periode ontving hij gemiddeld ongeveer *f* 1.080,– per jaar[202]. Nadien verrichtte Van Vleuten geen werkzaamheden meer op Rosendael[203]. Blijkbaar was het belangrijkste schilderwerk en de beglazing van het huis en de bouwhuizen in of voor 1726 voltooid.

De andere op Rosendael werkzame meesterschilder was Anthony Arduin (of Aardewijn), die tevoren reeds op Beeckesteyn werkzaam was[204]. Tot eind december 1722 verdiende hij *f* 830,–, in 1723 *f* 118,– en vervolgens een bedrag van *f* 1.044,– voor 'verdiensten en geleverde verf op Rosendael' in het jaar 1724[205]. Zijn werk op Rosendael was daarmee wel gedaan, want over 1725 en 1726 samen ontving hij slechts *f* 122,– en over 1727 *f* 14-12-0[206].

De laatste van bovengenoemde personen was de leidekker Cornelis van der Meulen. Uit de afrekening die Torck op 1 december 1726 met hem maakte, blijkt dat hij op 27 mei 1724 op Rosendael was begonnen[207]. Van der Meulen vervolgde daarmee waarschijnlijk het werk van Abraham Volckmans, aangezien Torck op 12 november 1723 met diens weduwe afrekende 'wegens alle het geene dat haer knegts met leydek op het huis, leggen van loot, pijpen en alles tot dato deeses verdient hadde en aen haer betaalt met *f* 116,–'[208]. Deze laatste vermelding komt overeen met de afbeelding van het reeds voltooide exterieur van het huis, zoals Elshof die gegeven had op zijn kaart van 1723 (afb. 94). Sedert mei 1724 tot december 1726 verdiende Van der Meulen *f* 1.628,– inclusief leveranties. De oppervlakte van de gelegde leien daken bedroeg 39 roeden (ca. 540 m^2.) met uitzondering van het dak van 'het kleyne salon', dat is de theekoepel[209]. Een andere belangrijke betaling van *f* 1.462-14-0 werd op 28 april 1723 gedaan aan Adrianus Sandijck voor het lood, dat vier dagen tevoren naar Rosendael was gezonden. Dit lood kan voor de dakbedekking zijn gebruikt, maar ook voor leidingen in huis en tuin. Een nog hogere betaling van *f* 2.217,– werd in 1724 aan Hendrik Jakel gedaan voor het lood, dat hij tot aan het begin van dat jaar had geleverd[210].

Uit het verloop van deze betalingen aan timmerlieden, schilders en leidekker blijkt eveneens, dat de verbouwingen rond 1726 ten einde liepen. De bovengenoemden waren natuurlijk niet de enigen die op Rosendael werkten, maar wel de belangrijksten en bovendien waren zij met zekere continuïteit aan Rosendael verbonden.

Niet bij naam bekend was de groep timmerlieden, die evenals de tuinarbeiders door meesterhovenier Derck Lohman werd uitbetaald. In 1724 ontvingen deze timmerlieden nog *f* 1.745,–; in de twee jaren daarna zakte deze som naar *f* 675,– en *f* 400,–. Deze cij-

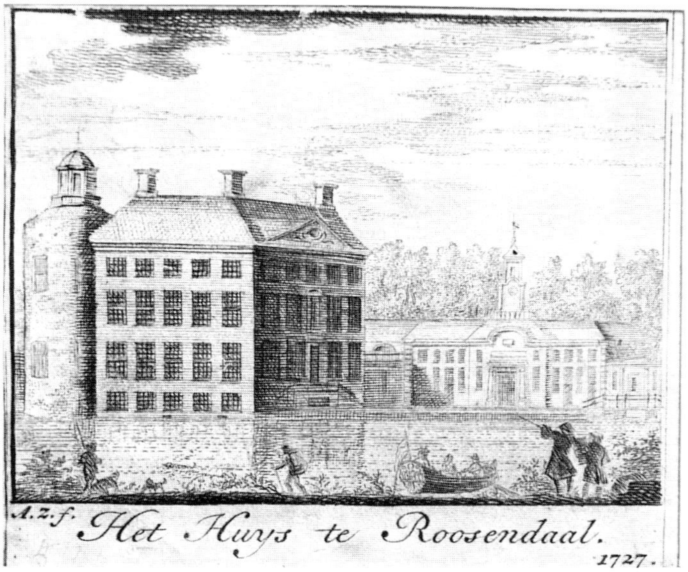

103.
Abraham Zeeman naar Jacobus Stellingwerf, Rosendael, 1727, ets, Gemeentemuseum Arnhem.

fers passen dus in de hierboven geschetste ontwikkeling. Tot de overigen behoorden Barent Veelen, die in 1727-1729 als timmerman in dienst was tegen een loon van *f* 330,– à 340,– per jaar[211] en de timmerman Claas Koninck, die in de jaren dertig en veertig nog een rol zou gaan spelen[212].

Er is hiervoor reeds opgemerkt, dat slechts zelden in de *journalen* werd vermeld voor welk doel een betaling precies gedaan werd. Kwitanties die meer inlichtingen zouden kunnen verschaffen zijn in het Rosendaelse archief over deze periode niet bewaard gebleven. Toch zijn er naast de bovengenoemde betalingen nog diverse andere in de periode 1723-1733, die met zekerheid of met grote waarschijnlijkheid ten behoeve van Rosendael werden gedaan en die nadere informatie geven over veranderingen aan het interieur.

Nieuwe elementen in het interieur

De werkzaamheden die werden verricht in verband met de afwerking van het interieur van Rosendael, werden vooral in 1723 en 1724 afgerekend. Eén der eersten die in de boekhouding voorkomt, is de Amsterdamse beeldhouwer en stucwerker Ignatius van Logteren (1685-1732), die enkele jaren tevoren ook al op Beeckesteyn was ingeschakeld. Voor enkele onderdelen van het interieur werd hij nu naar Rosendael gehaald. De eerste post waarin zijn naam genoemd wordt, duidt niet op steenhouwerswerk, maar op houtsnijwerk: 'voor het gemaekt snijwerck voor de schoorsteen op Roosendael'. Dit werk is niet bewaard gebleven[213]. Datzelfde geldt voor 'het schoorsteenstuk hier op Roosendaal' – één van de weinige geschilderde vaste stukken in het nieuwe interieur – dat door de schilder Laris werd geleverd[214]. Eén van de grootste opdrachten voor de decoratie van het interieur ging wederom naar Ignatius van Logteren. Van Logteren was de meest vooraanstaande beeldhouwer in Amsterdam gedurende de eerste decennia van de 18de eeuw, de vader van Jan van Logteren (1709-1745), die eveneens stucwerker en beeldhouwer was. Ignatius legde zich vooral toe op tuinsculptuur en geveldecoraties, waarvan er echter maar relatief weinig door een signatuur zijn aan te wijzen. Het tot nu toe van hem bekende of aan hem toegeschreven werk werd voor Amsterdamse opdrachtgevers gemaakt. Het stucwerk op Beeckesteyn en het beeldhouwwerk op Rosendael zijn voorlopig de enig bekende werken van zijn hand buiten Amsterdam.

Op Rosendael is een belangrijk werk van hem bewaard gebleven: een marmeren hoekfontein in de zuidoosthoek van de zaal op de begane grond van de toren (afb. 107, 109)[215]. Drie betalingen uit respectievelijk 1723, 1724 en 1726 van in totaal *f* 552,– hebben daar betrekking op[216]. Omdat er bij de tweede betaling (van 15 januari 1724) al sprake is van 'de gemaakte marmere cascade' mogen wij concluderen, dat Van Logteren de opdracht reeds in 1723 voltooide. Twee maanden voor de eerste betaling ontving Van Logteren reeds *f* 75,– onder meer voor 'het model van de groote cascade'[217]. Dit model lijkt rechtstreeks verband te houden met de cascade in de toren, maar zou ook een ontwerp kunnen zijn voor de nog bestaande cascade met de stroomgoden in het park.

Enkele minder belangrijke onderdelen van de marmeren cascade werden door een ander uitgevoerd: de eveneens uit Amsterdam af-

104.
Klok uit het torentje op het dak van het koetshuis door Jan Albert de Grave, 1725.

komstige steenhouwer Hendrik Knoop ontving *f* 50,– 'voor de marmere randen rondom de cascade'[218]. Om het water goed te kunnen laten stromen en spuiten werd de hulp van de Haagse 'fonteynier' Hermanus van den Anker ingeroepen[219]. Deze fonteinmaker werkte van juli tot october 1725 ook op het nabijgelegen Middachten, waar hij in opdracht van Reinhard van Reede-Ginckel (1678-1747) cascaden en fonteinen aanlegde en materialen voor schelpengrotten (koraaltakken, parelmoerschelpen, jacobsschelpen, grotstenen en 'ijsdroppen') leverde[220]. De marmeren cascade in de toren op Rosendael is ongeveer 280 cm. hoog; de grootste breedte is 193 cm. Het water kan uit zeven gaatjes in een halve vaas in vijf onder elkaar geplaatste lobvormig uitwaaierende waterbekkens stromen, waaronder zich op de vloer een half ovaal bassin bevindt. De halve vaas wordt bekroond door een gestileerde schelp met een half ronde boog erboven. De wangen (zijranden) worden versierd door een ingesnoerde rand van krullende voluten, die rusten op twee tegen elk der muren geplaatste halve piëdestals, versierd met druipwerk. In het tweede en vierde waterbekken staan elk twee spuitertjes en aan de zijranden konden koperen spuitertjes in de vorm van een gestileerde vogel, waarvan er één bewaard is gebleven, water geven op schelpvormige schalen, die op een voluut op de genoemde piëdestals staan. De druk van het water in de vijvers was onvoldoende om de cascade te laten stromen en daarom moest er door een knecht gepompt worden in een ruimte in de muur achter de cascade. Tegenwoordig maakt een electrische pomp die mankracht overbodig.

De cascade heeft een tegenhanger in de zuidwestelijke hoek van de torenzaal in de vorm van een houten buffet (afb. 110). Cascade en buffet vertonen grote gelijkvormigheid, maar verschillen van elkaar doordat het buffet een gesloten onderkast met twee deurtjes ter hoogte van de piëdestallen heeft, met daarboven drie naast elkaar geplaatste laden en drie boven elkaar geplaatste lobvormige etagères, terwijl de cascade een bassin en vijf waterbekkens in het centrale deel bevat. Het houten buffet was oorspronkelijk in witgrijs geaderde tinten gemarmerd als imitatie van het echte marmer van de cascade. Deze marmerschildering werd in 1989 opnieuw aangebracht, waarmee de witte verf met gouden biezen, die het lange tijd had gedragen aan het zicht werd onttrokken (afb. 308). Het buffet is 284 cm. hoog en 200 cm. breed.

Nu dient zich de vraag aan, welke rol aan Marot en welke aan Van Logteren toebedacht mag worden in verband met het ontwerp voor de cascade[221]. Het moge duidelijk zijn, dat iemand van het niveau van deze beeldhouwer voldoende onafhankelijk creatief talent bezat om een dergelijke opdracht zelfstandig tot een goed eind te brengen. In het geval van Beeckesteyn en het huis aan de Herengracht komt Marots naam niet voor en daar zal Van Logteren dus geheel zelfstandig gewerkt hebben. Voor zijn werk op Rosendael is dat minder duidelijk. Marot kan een ontwerpschets geleverd hebben, zowel voor de cascade als voor het gelijkvormige houten buffet. Het is logischer dat de beide objecten uit één gedachte voortkomen dan dat het buffet een aangepaste versie in hout is van het marmeren 'origineel'. Bovendien bevindt zich in de theekoepel in een nis een marmeren wandfontein – onlosmakelijk onderdeel van de gehele door Marot ontworpen koepel – die dezelfde stijlkenmerken bevat als cascade en buffet. Ook kan nog gewezen worden op een verwantschap tussen cascade en buffet enerzijds en het gelijktijdig ontstane grafmonument voor Philips van Hessen-Philipstal (overl.1722) in de Grote Kerk te 's-Gravenhage[222]. De contouren van dit monument, dat eveneens in een hoek geplaatst is, zijn vergelijkbaar met die der twee Rosendaelse stukken. Volgens deze gedachtengang is het mogelijk, dat het idee voor cascade en buffet van Marot afkomstig is en dat het talent van Van Logteren ervoor heeft gezorgd, dat Marots getekende ontwerp via de tussenstap van een model vorm kreeg in marmer. Maar het is niet uitgesloten dat Van Logterens 'model' opgevat moet worden als een ontwerptekening, zodat de cascade door Van Logteren naar eigen ontwerp, en niet naar dat van Marot, werd uitgevoerd.

105.
Trappehuis gezien van het eerste tussenbordes naar het zuiden, eerste verdieping, toestand vòòr restauratie, 1987 (vergelijk afb. 111).

Tegelijkertijd werden ook in andere vertrekken natuurstenen ornamenten in de nieuwe interieurs toegepast. Daartoe behoren nieuwe schoorsteenmantels, die onder meer door de reeds genoemde steenhouwer Hendrik Knoop werden geleverd[223]. Slechts enkele daarvan bleven op Rosendael bewaard, zoals de marmeren rand van de schouw in de bibliotheek op de eerste verdieping van de toren, die voor de jaren twintig ouderwets van vorm is. Eveneens in 1723 ontving de Amsterdamse steenkoper Simon Crammer *f* 175,– 'voor de geleverde bruine marmere schoorsteen in de beste kamer op Roosendaal'[224]. Hoewel het niet zonder meer duidelijk is welke de *beste kamer* was – volgens de inventaris van circa 1764 waren er namelijk twee, waarschijnlijk de eetkamer en tweede salon – komt de bewaardgebleven schoorsteen in de eetkamer wat vorm en kleur betreft hier voor in aanmerking.

De hierboven gestelde vraag over het aandeel van Marot in het ontwerp van het beeldhouwwerk geldt ook voor het stucwerk dat doorgaans door zelfstandig werkende stukwerkers werd aangebracht. Wij zijn onvoldoende op de hoogte van de stucwerkers die op Rosendael gewerkt hebben, en bovendien is er te weinig van hun werk bewaard gebleven om te kunnen vaststellen of zijzelf de ontwerpen voor de stucplafonds maakten, of dat Daniel Marot daar de hand in had. Aan de hand van de bewaard gebleven kleine stucplafonds is het aannemelijk dat deze stucwerkers hun eigen ontwerpen volgden[225].

Aan het eind van 1723 en in de loop van 1724 was men reeds zover, dat de wanden en plafonds afgewerkt konden worden. Op 21 december 1723 liet Torck zijn meesterhovenier Lohman geld ter hand stellen om enkele betalingen te kunnen doen, onder andere een bedrag van *f* 100,– 'voor de plakkers'[226]. De twee belangrijkste stucwerkers die werden ingeschakeld, waren Dominicus Sala en Carlo Bolino (of Bollina), die vooral in de eerste helft van 1724 hun betalingen ontvingen[227]. In mei van het volgende jaar werd het stucwerk nog eens door Bolino gewit[228]. De derde stucwerker die in 1724 op Rosendael werkzaam was, was Hiacinth Vassali[229]. Het op Rosendael bewaarde stucwerk, waarvan de vorm kenmerkend is voor de jaren twintig, is te weinig geprononceerd om individuele toeschrijvingen aan de drie genoemde stucwerkers te doen. Deze drie behoorden tot de reizende stucwerkers uit Noord-Italië, die sedert het begin van de 18de eeuw over geheel Europa uitzwermden om aan de vraag naar stucwerkdecoraties die snel aan populariteit wonnen, te voldoen. In 1725 gingen Sala en Bolino een compagnonschap aan in Rotterdam en in de jaren -30 was Dominicus Sala in Leiden werkzaam[230]. Van de stucplafonds uit deze tijd is op Rosendael vrijwel niets bewaard gebleven. De grote plafonds zijn alle verdwenen; uitsluitend op minder in het oog lopende plaatsen zijn enkele kleine plafonds nog bewaard: op de begane grond in de gang die de verbinding vormt tussen de hal en de zijvleugel, en op vier plaatsen in het trappenhuis, en tot slot in het vertrek aan de achterzijde van de entresol op de tweede verdieping (afb. 111, 112).

Ook in later jaren komen er geregeld betalingen aan stucwerkers in de rekeningen voor, onder andere aan de in Doetinchem geboren en in Amsterdam gevestigde Jacob Husly (1702-1776)[231]. De Husly's en de Van Logterens waren als inheemse stucwerkerfamilies in de vroege 18de eeuw nog uitzonderingen in dit gedurende de gehele 18de eeuw nog door Noord-Italianen beheerste vak. In de jaren 1729 tot en met 1750 kreeg Husly opdrachten van Torck voor stucwerk in diens huizen in Amsterdam, Rosendael en Wageningen. De meeste werkzaamheden verrichtte Husly circa 1732 voor Rosendael, zoals uit de betalingen blijkt. Van augustus 1731 tot juni 1733 ontving hij bij vijf opeenvolgende betalingen een bedrag van *f* 1.156,–[232]. Slechts de laatste betaling geeft de gewenste duidelijkheid over de plaats, waar deze opdracht is uitgevoerd: 'aen Jacob Usly meester stukadoorder het restoir en in voldoeninge sijner reekeninge van het gedaane werck en gedaene leverantie op Roosendael tot huiden incluis'[233]. Wederom blijft onvermeld welk stucwerk Husly precies vervaardigde. Omdat het huis reeds voltooid was, maar de tuinen nog niet, is het mogelijk dat het stucwerk betrof in een van de gebouwtjes in de tuin, bijvoorbeeld aan de galerij of in het *amphitheatershuisje*, waar juist in 1732 werd gewerkt aan de afwerking door de schilder Bollenrath. Het kan ook het later verdwenen stucplafond in het *salon* (de theekoepel) zijn geweest.

Hierboven bleek al dat er in 1724 nog volop aan de afwerking van het huis zelf en van het interieur werd gewerkt. Jan Janse Wolf leverde wagenschot – wij mogen wel aannemen voor lambrizeringen ed. – waarvoor hij het niet geringe bedrag van *f* 1.276,– ontving[234]. In 1726 ontving hij nogmaals *f* 850,– voor geleverd wagenschot voor het huis in Amsterdam en voor Rosendael[235]. In 1724 arriveerden er honderd marmeren vloertegels, die Arent Jacob van Liere, heer van Oosterwijk, voor Torck uit Genua had meegenomen[236]. Deze werden gebruikt voor de vloer van het *voorhuis*, dat wil zeggen de hal (afb. 113)[237].

In het voorname interieur van de 18de eeuw speelde de toepassing van spiegels een grote rol. Door vernieuwingen in het productieproces, die aan het eind van de 17de eeuw in Frankrijk waren begonnen in de *Manufacture Royale des Glaces de France*, werd het technisch mogelijk grotere spiegels te fabriceren, die een grotere ruimtewerking in een vertrek bewerkstelligden en die het kaarslicht beter reflecteerden[238]. De grotere spiegels werden in Holland aanvankelijk toegepast in kabinetjes in combinatie met exotische materialen als lak en porselein, maar later in de 18de eeuw gingen zij naar Franse voorbeelden een onderdeel van de wand vormen, vooral in schoorstenen en op raampenanten. De nieuwe spiegels voor Rosendael werden in Amsterdam besteld bij de spiegelkoper Pieter le Normant, de bekendste leverancier van spiegels van die tijd[239]. De betalingen aan Le Normant zijn na 1725 echter beduidend lager. Het is niet zeker of deze spiegels uitsluitend voor Rosendael bedoeld waren; Beeckesteyn en het huis aan de Herengracht komen er immers ook voor in aanmerking. De vaste penantspiegel in de eetkamer van Rosendael zou als enig bewaard gebleven exemplaar uit deze jaren kunnen dateren.

De betimmeringen, eventueel met geschilderde stukken boven deuren en schoorstenen, de schouwen, de spiegels en de stucplafonds vormden samen de vaste onderdelen van de interieurdecoraties. Voor de vulling van de wandvlakken bestonden enkele mogelijkheden: een geweven stof, een bespanning van goudleer, of een geschilderd behangsel van olieverf op linnen; ook konden (losse) wandkleden opgehangen worden. Papieren behang was in de eerste helft van de 18de eeuw nog ongebruikelijk, zeker in de hoofdvertrekken.

Bij de geweven stoffen in de open wandvlakken werden bijbehorende gordijnen en stoelbekledingen uitgekozen. Dat was het werk van kamerbehangers, waarbij wij dus in eerste instantie moeten denken aan de toepassing van (kostbare) stoffen en niet aan het gebruik van papieren behang. De op Rosendael werkzame behangers waren waarschijnlijk alle uit Amsterdam afkomstig. In 1724 werkte de kamerbehanger Barent Broekmaat op Rosendael[240]; een andere kamerbehanger was Pieter Stevens, die aan het eind van het jaar *f* 294,– kreeg voor het behangen van de kamers op Rosendael en Beeckesteyn[241]. De weduwe van Nicolaas Spilman leverde 'het geele behangsel op onse kaemer in den jaere 1725 gekoft'[242]. De kamer die daarvoor in aanmerking komt, lag op de eerste verdieping en werd in de inventaris van 1764 genoemd: 'de oude slaapkamer, of anders geele kamer gen[oem]t'. Behangsels werden ook geleverd door de agent Pieter Henkel, die in 1723 een 'geele cajante behang-

106.
Doorsnede van het huis en de donjon in oost-west richting, tekening C.J. Willems 1993.

sel' leverde voor *f* 99,– en een 'moore behangsel' (moiré) voor *f* 198,–[243]. Torcks zwager Lukas Willem van Essen, heer van Vanenburg (ca. 1689-1737) bezorgde in januari 1725 een 'genuese damast'[244].

Lubbert Adolf Torck heeft twee kamers op de tweede verdieping – die nu nog eenvoudige 18de-eeuwse schoorsteenbetimmeringen hebben – met goudleer laten behangen; deze vertrekken waren voor hemzelf en zijn stiefzoon Jan Willem Trip bestemd (zie p. 122). De bewaard gebleven fragmenten zijn gedecoreerd met een motief van bloemen, vruchten en vogels (afb. 34); dit goudleer werd waarschijnlijk door Jan en Janne Margriete van Arnhem na hun huwelijk in 1667 in één van de vertrekken op de hoofdverdieping of de eerste verdieping aangebracht (zie p. 50) en werd door Torck verplaatst naar de nieuwe tweede verdieping[245].

In augustus 1730 deed Torck in Engeland een bestelling van papieren behangsel voor een som van *f* 117-11-0[246]. Een behanger uit 's-Gravenhage kreeg *f* 18-7-0 vergoed voor het behangen van twee kamers en reiskosten samen[247]. Barent Broekmaat en Pieter Stevens leverden aan Torck geweven stoffen en niet, of in geringe mate, beschilderde behangsels op doek. Dit wordt bevestigd door de inventaris van het huis uit 1764, waarin wel in verschillende kleuren geweven bespanningen maar geen geschilderde behangsels worden genoemd.

Geschilderde behangsels werden in ons land reeds in de tweede helft van de 17de eeuw toegepast, maar juist in het tweede kwart van de 18de eeuw begonnen zij aan algemene populariteit te winnen[248]. Doorgaans werd de toepassing tot één der vertrekken beperkt en werden de wanden van de overige representatieve vertrekken met stof bekleed. Ook Torck en zijn vrouw waren met geschilderde behangsels vertrouwd, immers in hun huis aan de

Herengracht hingen zowel tapijten als beschilderde behangsels[249]. En in 1729 en 1730 werden nog eens verschillende kamers vooral op Beeckesteyn voor een som van bijna *f* 1.000,– behangen door Hendrick Remmers, Alexander van Santen en Nicolaas Blankert[250].

Hendrick Remmers (1685-1764) dreef een 'behangselfabriek' aan de Lijnbaansgracht te Amsterdam; hij was één van degenen die aan de stijgende vraag naar geschilderde behangsels op doek in plaats van geweven bespanningen kon voldoen[251].

Dat Torck geen beschilderde behangsels op Rosendael toepaste, moet een practische reden hebben gehad. Een geweven wandbespanning of goudleer kon beter als achtergrond voor de vele portretten dienen dan schilderingen op doek. In hun huis aan de Herengracht en op Beeckesteyn hingen waarschijnlijk veel minder portretten en daar kon Torck kiezen voor op doek geschilderde behangsels. Van deze bespanningen en behangsels is op Rosendael – met uitzondering van genoemde stukken goudleer – geen spoor overgebleven.

Samenvattend kunnen wij vaststellen, dat na de verbouwing van Rosendael in 1721-1725, de afwerking van het interieur volgde, die in 1725 en 1726 voltooid werd. In 1723 begon men met het plaatsen van schouwen en spiegels, en vervaardigde Ignatius van Logteren de marmeren cascade in de zaal in de toren. Het belangrijkste schilderwerk en het zetten van glas werd verricht in 1723 tot en met 1726. Eind 1723 en in 1724 werden er lambrizeringen in de vertrekken aangebracht en volgde het stucwerk der plafonds. De gereedgekomen vertrekken werden in 1724 en 1725 met verschillende kleurrijke stoffen gedecoreerd[252].

De inventaris van 1764

Het belangrijkste stuk, dat ons een gedetailleerd beeld geeft van alle vertrekken op Rosendael gedurende de bewoning door het echtpaar Torck-van Hoorn, is een inventaris van de inboedel uit circa 1764, opgesteld na overlijden van Petronella van Hoorn (opgenomen in bijlage 4)[253]. Dankzij deze inventaris kunnen wij ons een nauwkeurig beeld vormen van de verschillende soorten vertrekken, de kleur en het soort van de bespanningen en de stoffering in de hoofdvertrekken, de meubels die in gebruik waren, het soort schilderijen dat in huis hing, de hoeveelheid porselein, etc. Zoals gebruikelijk in dergelijke inventarissen werd het zilver op een aparte lijst opgesomd omdat zilver omgesmolten kon worden en te gelde gemaakt en daarom primair als deel van het vermogen werd beschouwd en pas in tweede instantie als gebruiksvoorwerp. Behalve deze lijst uit 1764 was er ook reeds in 1747 een inventaris van het zilver opgesteld (bijlage 4). Wanneer het zilver niet in gebruik was, werd het in een afsluitbare ruimte of kast opgeborgen, mogelijk het nieuwe kamertje bij de toren (no. 19).

De inrichting van diverse vertrekken was ouderwets. Dat moet een gevolg geweest zijn van Van Arnhems bepaling, dat de inboedel van Rosendael niet verkocht mocht worden; de beschrijving

108.
A. Mulder, doorsneden van de donjon, opmeting 1891, RAG, AHR inv. 2137.

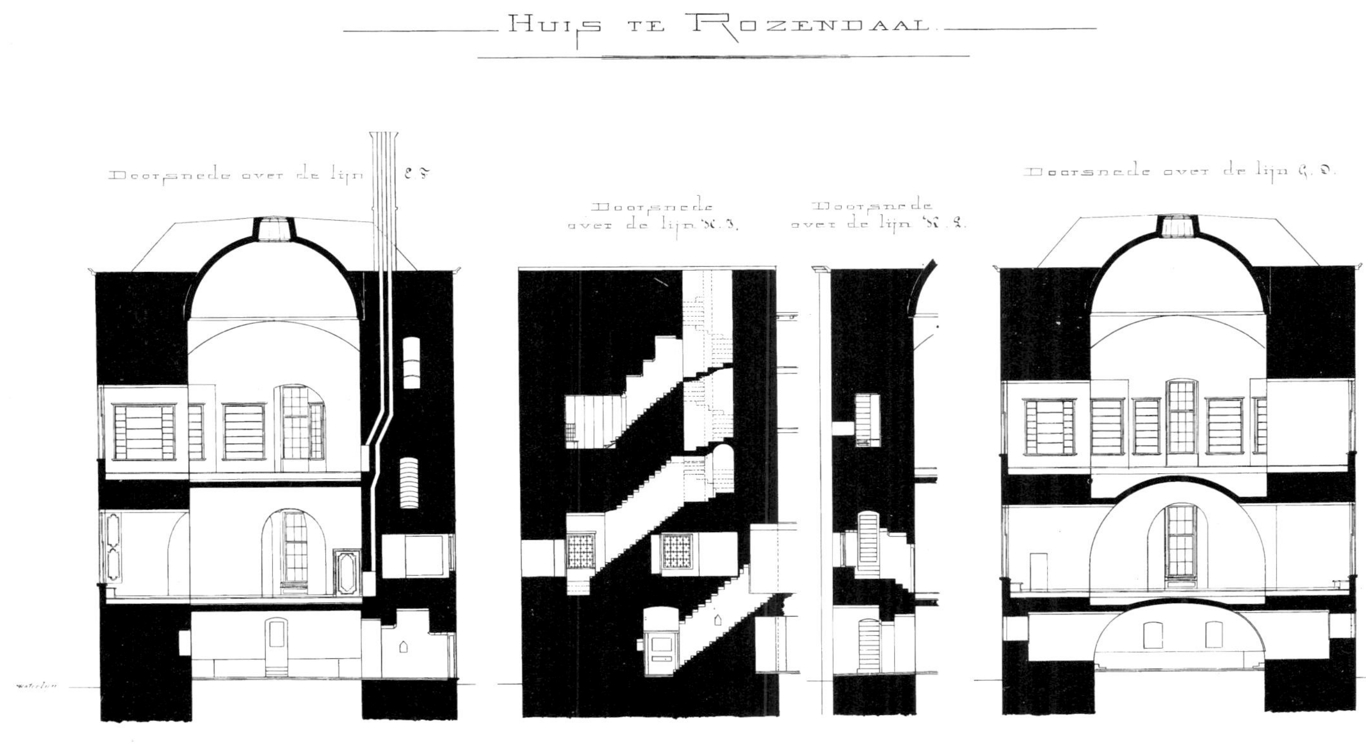

van verschillende stukken bevestigt, dat in ieder geval een deel van de meubels uit zijn tijd nog in gebruik was. Interessant vergelijkingsmateriaal voor deze inventaris is te vinden in een bijna gelijktijdige opsomming van de inboedel van het naburige huis Middachten van de familie Van Reede[254]. Die inventaris geeft de indruk, dat de inrichting van Middachten minder vol was, en dat er minder kostbaarheden in huis waren dan op Rosendael. Op een aantal punten die hierna aan de orde komen bij het porselein, de meubels en de schilderijen, was de inrichting van Middachten in deze periode moderner dan van Rosendael, maar dat gold weer niet voor de indeling van de vertrekken en de vaste decoratie, die op Middachten in hoofdzaak nog uit de bouwtijd (1695-1698) dateerden.

De inventaris van Rosendael beschrijft de inhoud van zesenzestig vertrekken. Er waren in de 18de eeuw dus meer vertrekken dan tegenwoordig. Vanwege de veranderingen in de indeling van het gebouw gedurende de 19de eeuw, is het niet mogelijk de 18de-eeuwse plattegrond met zekerheid te reconstrueren. De hoofdvertrekken kunnen gelocaliseerd worden; de bijvertrekken niet altijd. De inventaris geeft de inrichting weer van de periode dat Petronella van Hoorn weduwe was; de indeling van het huis vòòr het overlijden van haar man (1758) moet hier en daar anders zijn geweest.

De eerste negentien vertrekken van de inventaris lagen op de begane grond. Het betrof de meest representatieve vertrekken: de woon- en ontvangvertrekken en de kamers van mevrouw. Omdat het aantal van negentien vertrekken niet op de begane grond gedacht kan worden, moeten wij enkele kamers buiten de hoofdpartij van het huis (het corps de logis) zoeken en wel in het deel van de zijvleugel, dat de verbinding tussen het huis en het linker (westelijke) bouwhuis vormde. De vertrekken 3 tot en met 10 van de inventaris komen daar het meest voor in aanmerking. Het betreft twee hoofdvertrekken, namelijk de *nieuwe kamer* (no.3) en *Mevrouw Torks kamer* (no.6) met hun nevenruimten. Na aftrek van deze acht vertrekken blijven er elf over op de hoofdverdieping van het huis, wat overeenkomt met het aantal kamers op de eerste en de tweede verdieping.

De 18de-eeuwse plattegrond van de hoofdverdieping van het corps de logis kunnen wij ons in vergelijking met de huidige situatie nu als volgt voorstellen (vergelijk de plattegrond, afb. 114):

1. het *voorhuis*	hal
2. het *stoofje*	telefoonkamertje
11. de *beste camer behange met blauw trijp*	eetkamer
12. *d'andere beste camer of salet met groen zij damast behangen*	tweede salon
13. de *antichambre*	eerste salon
14. de *provisie kamer*	naast eetkamer?
15. *'t porcelijn camertie agter mev. camertie*	idem?
16. *mevrouws kamertje voor den toorn*	derde salon
17. *voor den toorn*	voor de deur naar de toren
18. *in den toorn*	begane grond van de toren
19. *'t nieuwe kamertie bij den toorn*	zilverkamer

De volgende elf vertrekken van de inventaris (nummers 20 tot en met 30) bevonden zich op de eerste verdieping van het huis. Zij

109.
Marmeren cascade of kamerfontein in de torenzaal door Ignatius van Logteren, 1723, h. 278,5 cm.

dienden voornamelijk als slaapvertrekken met de daarbij behorende ruimten.

Op de tweede verdieping lagen de privé-vertrekken van al dan niet tot de familie der bewoners behorende personen (nummers 31 tot en met 41): van de heer des huizes zelf, van zijn stiefzoon Jan Willem Trip, die in 1738 reeds was overleden, en voorts van de al genoemde Pieter Hieronymus Ripperda, heer van Beurse en Jacob Derck van Heeckeren, heer van Ruurlo, Juffr. Hartsinck[255], van de vrouwelijke personeelsleden, te weten de kamenier en de dienstboden, en van Heymerik Willem Toe Water (1743-vòòr 1796), secretaris van het kwartier van Veluwe[256].

Hierboven kwam het gebruik van geweven stoffen voor de wandbespanning reeds aan de orde. Mede daardoor kon er in verschillende vertrekken een eenheid van kleur ontstaan, die niet alleen in de wandbespanning werd toegepast maar ook in bedgordijnen, kussens, sprei, tafelkleed, en stoelbekledingen en in de kleur van de betimmeringen. Het gebruik van contrasterende kleuren in één vertrek was overigens niet ongebruikelijk, maar dit werd op Rosendael niet gedaan. Uit de inventaris blijkt, dat in ieder geval de volgende vertrekken elk één kleurstelling kregen: de *beste kamer met blauw trijp* (blauw), het *cabinetje boven het stoofje* (geel), *de vrouw van Heidens kamer* (groen), de *oude slaapkamer* (geel) en de *koningskamer* (rood). Het interieur van Rosendael heeft er in de

110.
Gemarmerd houten buffet in de torenzaal, circa 1725, h. 284 cm, toestand sedert 1990 met nieuwe marmerbeschildering, vergelijk afb. 308.

18de eeuw dus veel kleurrijker uitgezien dan nu het geval is. Door smaakveranderingen in de tweede helft van de 19de eeuw overwegen nu de bruine kleur van het ongeschilderde eikenhout en van de houtnerfimitatie, en het (gebroken) wit van de overige lambrizeringen. Sedert de restauratie van Rosendael (1989) hebben de betimmeringen van drie vertrekken hun oorspronkelijke, 18de-eeuwse kleurstelling teruggekregen: de eetkamer (groen), de torenzaal op de begane grond (zachtgroen) en de keuken in het souterrain (wijnrood).

De drie best ingerichte, representatieve vertrekken waren de twee *beste kamers* en de *antichambre*. De eerste twee waren – als enige op de hoofdverdieping – behangen met respectievelijk blauw trijp en groen zijde damast, stoffen die relatief duur waren. Aan de inrichting van deze twee kamers zullen dus wel meer kosten gespendeerd zijn dan aan andere vertrekken. Na deze opmerkingen van algemene aard volgt nu een denkbeeldige rondgang door het huis aan de hand van deze inventaris.

Evenals nu kwam men het huis binnen via het *voorhuis*, dat spaarzaam gemeubeld was. Er stonden twee wandtafels, een grote met wit en blauw marmeren blad en een kleine met een wit en rood marmeren blad, en een kist voor turf en hout. Aan het plafond hing een vergulde lantaarn, een voorganger van het bewaard gebleven 19de- eeuwse exemplaar. Het meest opvallende stuk was 'een schilderij, sijnde het oude huys Roosendaal', een 18de-eeuws stuk, waarop het huis stond afgebeeld zoals Torck het had geërfd; sedert de 18de eeuw tot het begin van de 20ste eeuw heeft dit schilderij waarschijnlijk hier gehangen. Later verhuisde het naar de zijvleugel en werd daar in 1943 door een brand die uitbrak ten gevolge van de inslag van een fosforbom, schijnbaar onherstelbaar beschadigd. Restauratie bleek later toch mogelijk, waardoor het in 1990 naar zijn oude plaats kon terugkeren (afb. 31, 283, 113).

Het eerste vertrek dat in de inventaris na het voorhuis werd genoemd is het *stoofje*, dat wil zeggen een gestookt vertrek, waarin in dit geval een ijzeren haardje stond; dit kan geen ander zijn dan het kamertje rechts van de hal, dat nu in verbinding staat met de zijvleugel. Hier stonden enkele kleine meubels: een hoekbureau, een bureau met laden, twee theetafeltjes, een schenktafeltje en zes stoelen. Aan de muur hing een door J.J. Heinsius gemaakt schilderij van de jachthond Captein[257]. Op de schoorsteenmantel stond een grote hoeveelheid blauw porselein en Japans theegoed.

De plaatsing van de drie hoofdvertrekken op de begane grond is onduidelijk. Het betreft twee *beste camers* en een *antichambre*, die mogelijk als eetkamer dienst deed. Met de huidige situatie voor ogen zou het voor de hand liggen die twee *beste camers* te herkennen in de eerste en de tweede salon, die beide op het zuiden liggen met uitzicht op de tuin. Maar wij kunnen ons de twee *beste camers* beter voorstellen als de huidige tweede salon en de eetkamer. De grote deuren die de verbinding tussen de eerste en de tweede salon vormen, zijn van later datum.

De huidige tweede salon en eetkamer vormden meer elkaars pendanten: zij staan met dubbele deuren met elkaar in verbinding, die wél uit de 18de eeuw dateren (afb. 115). Ook in de 17de eeuw hoorden deze twee kamers bij elkaar als gelijkwaardige tegenhangers: ze heetten toen het *eerste en tweede salet*. Volgens deze rangschikking zou de huidige eerste salon als *antichambre* hebben gediend; geen onlogische gedachte, als men dit vertrek vanuit het voorhuis binnenkwam.

Het in de inventaris als eerste van beide *beste camers* genoemde vertrek, namelijk degene die met blauw trijp was behangen, was het kostbaarst aangeklede vertrek van de hoofdverdieping en wellicht van het gehele huis (no.11, de huidige tweede salon). Er hingen gordijnen van blauwe zijde; de grote spiegel met de vergulde lijst kan zich op de huidige plaats van de schoorsteen hebben bevonden, aangezien de schoorsteen zich toen bevond op de plaats waar nu dubbele deuren toegang geven tot de eerste salon.

In deze kamer stond het mooiste ledikant uit het huis, het enige met gordijnen van geschoren fluweel met een patroon van bloemmotieven ('ledikant behange met geschoore gebloemt fluweel'); dit ledikant is mogelijk identiek met het van Rosendael afkomstige hemelbed, dat in 1958 door het Rijksmuseum te Amsterdam werd aangekocht (zie p. 128).

Met enkele kleinere meubelen (tafeltjes) stond er een serie (arm)stoelen, tabouretten en een canapé, bekleed met kostbare zittingen van zijde met gouddraad geborduurd. De inventaris vermeldt dat deze meubels hoezen hadden; het was gangbaar om kostbare bekleding van een zitmeubel te beschermen met een hoes, wanneer een vertrek buiten gebruik was[258].

De enige portretten die volgens de inventaris in deze kamer hingen, waren die van 'de heer en vrouwe van Rosendael zaliger'. Het

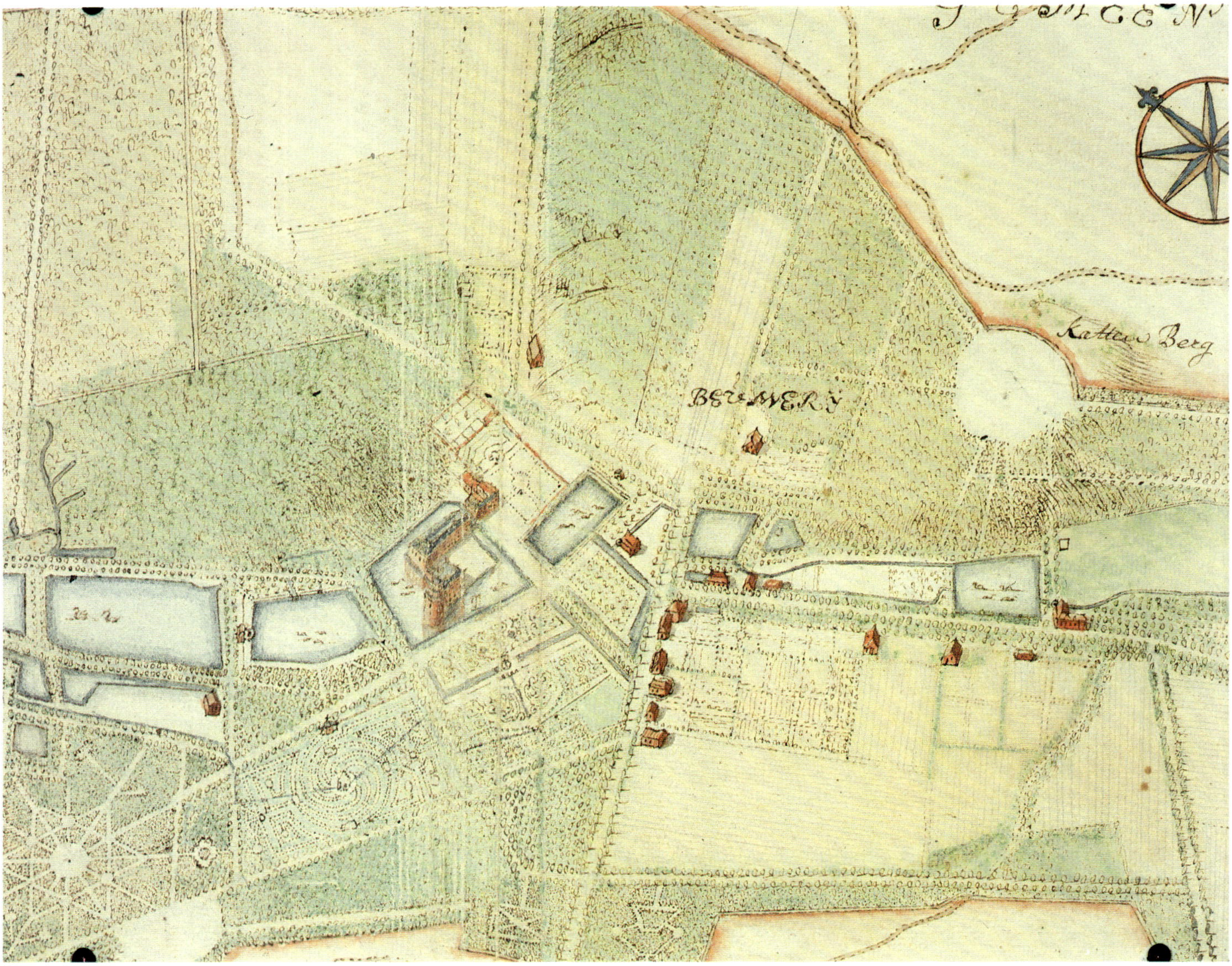

94.
Barend Elshof, opmetingskaart van Rosendael, detail, 1723, inkt en aquarel, zie afb. 162.

jaar van de inventaris (1764) in beschouwing genomen moeten dat de portretten van het echtpaar Torck zijn geweest, maar men kan toen zelfs nog Jan en Janne Margriete van Arnhem bedoeld hebben.

In de aangrenzende *andere beste camer* (no.12, de tegenwoordige eetkamer, afb. 115, 306) overheerste de kleur groen, daar de wanden met groene zijde ('zijdamast') bespannen waren. Andere kleuren in dit vertrek worden in de inventaris niet genoemd. Ook de kleur van de lambrizering was oorspronkelijk groen, versierd met vergulde biezen. Deze kleur werd bij de restauratie aangetroffen en in 1989 in twee tinten weer opgebracht. Het is – met de lambrizering die in de 19de eeuw van de tweede salon naar de 'rookkamer' in de zijvleugel werd overgebracht – de enige 18de-eeuwse lambrizering in het huis, die altijd beschilderd is gebleven. Op de schoorsteenboezem werden tijdens de restauratie (1988) de sporen van een geschilderde marmerimitatie aangetroffen. Deze waren echter te gering van omvang om de gehele schoorsteen weer in marmerimitatie te schilderen. Naast de schoorsteen hingen twee zilveren appliques ('hangblakers') met de wapens Torck en Van Hoorn. Tegen de wanden hingen nog zes grotere. Eén paar wandluchters zonder wapens bleef uit deze periode bewaard (afb. 139). Verder hing in deze kamer een grote spiegel met een verzilverde lijst; daaronder stond een vaste tafel met een marmeren blad, geflankeerd door twee gueridons. In deze kamer stond geen ledikant, maar wel twaalf stoelen en vier tabouretten, die evenals in de vorige kamer met hoezen waren bedekt. Behoudens twee theetafeltjes stonden er verder geen meubels.

107.
Torenzaal, begane grond met links marmeren cascade door Ignatius van Logteren (1723) en rechts gemarmerd houten buffet (circa 1725), toestand sedert 1990.

In de inventaris volgt op dit vertrek de *antichambre* (no.13), waarvoor alleen nog de eerste salon in aanmerking komt (afb. 116, 304). Dit vertrek was eenvoudiger gemeubeld dan de beide *beste camers*, zoals men van een antichambre ook kan verwachten. Het is opvallend dat in de inventaris geen eetkamer wordt genoemd. De *antichambre* – die in het algemeen vanouds al gold als tijdelijke eetplaats – kan ook hier als dagelijkse eetkamer hebben gediend; onder de Van Arnhems diende deze kamer reeds als eetzaal (zie p. 49). De aanwezigheid in 1764 van twaalf stoelen en twee armstoelen, die met vier tabouretten langs de wanden stonden opgesteld, wijst in die richting. Overigens stonden hier slechts een ladetafel met marmeren blad en een laktafel, waarop een grote hoeveelheid theegoed stond opgesteld.

De lambrizering van dit vertrek was, zoals in de 18de eeuw gebruikelijk, geschilderd. Tijdens de restauratie in 1988 werden enkele panelen verwijderd in verband met de plaatsing van radiatoren, en daarbij bleek dat de eikenhouten betimmering oorspronkelijk in twee tinten wijnrood/roze-rood geschilderd was en betimmerd met een profiellijstje. Het huidige ongeschilderde eiken lambris is ten dele 18de-eeuws en bestaat uit panelen, die gedecoreerd zijn met geometrische motieven, die weinig verwantschap vertonen met de Lodewijk XIV-vormen van Daniel Marot. Er is aanleiding de ontwerper van deze betimmering in Arnhem te zoeken. In het circa 1730 gebouwde voormalige woonhuis de *Olde Munte* van Mr. Johan Brantsen en Hester Henriette de Vree aan de Bakkerstraat 56 te Arnhem bevond zich een vertrek met een enigszins vergelijkbare lambrizering; bij de afbraak van dit huis is dit vertrek in 1920 overgebracht naar museum De Lakenhal te Leiden[259].

De betimmering in de eerste salon van Rosendael werd rond 1860 aangepast bij veranderingen aan het vertrek (zie p. 231). In de 18de eeuw bevond zich de deur van dit vertrek naar de aangrenzende *beste kamer* (tweede salon) op de plaats, waar zich nu een vitrine in de muur bevindt. Op de plaats van de huidige doorgang – dubbele deuren die uit de tweede helft van de 19de eeuw dateren – bevond zich de stookplaats. Als tegenhanger werd er links van de schouw een muurkast aangebracht met een gelijkvormige deur om de symmetrie van de wand te bewaren. Wanneer de *antichambre* als eetkamer diende, konden de gerechten die in de keuken in het souterrain waren bereid, via een steil trapje onder de hoofdtrap door het voorhuis worden binnen gebracht.

Op de dagelijkse handeling van het tijdelijk opstellen van de eettafel in de *antichambre* wijst ook de uitdrukkelijke vermelding van '2 bladere van eetenstafels met pooten daarbij' in de *bottelerij*. Behalve deze onderdelen van de eettafel waren ook serviezen en tafellinnen voorhanden in de *provisiekamer* (no.14), het *porseleinkamertje* (no.15), in de *bottelerij* (no.9), en in het vertrekje *voor de bottelerij* (no. 10), beide een soort opbergruimte. De plaats van deze drie bergruimten is niet met zekerheid vast te stellen; waarschijnlijk lagen zij aan de noordzijde van het huis op de plaats van de huidige gang naar de zijvleugel en de aangrenzende ruimten. Deze vertrekjes waren klein; in de *provisiekamer* en het *porseleinkamertje* stond porselein, aardewerk en glas en in de bottelerij stond behalve enkele losse voorwerpen alleen een linnenkast. Zij waren uit het voorhuis toegankelijk en zo kon men de benodigde voorwerpen naar de *antichambre* brengen. Het eten werd bereid in de keuken in het souterrain, dat na de bespreking van de vertrekken op de verdiepingen aan de orde zal komen.

In de tussenruimte tussen huis en middeleeuwse toren bevonden zich enkele ruimten van minder belang. Dat was ten eerste een kamertje van de vrouw des huizes *voor de ingang naar de toren* (no.16, op de plaats van de huidige derde salon). Hier stonden slechts twee tafeltjes en zes stoelen. Het porselein waaruit men thee en chocolade dronk, was opgeborgen in een kastje 'achter de spiegel voor de schoorsteen'. Bij de ingang van de toren bevond zich een kleine ruimte, waarin een porseleinen waterpot stond en in een *nieuw kamertje bij de toren* (no.19), mogelijk de latere zilverkamer in de dikte van de torenmuur, werd porselein en glaswerk bewaard en mogelijk ook het apart geïnventariseerde zilver.

Het laatste en tevens grootste vertrek op de hoofdverdieping was en is de zaal *in de toren* (afb. 107). Behalve de reeds genoemde marmeren hoekfontein en het gemarmerd houten hoekbuffet stonden in deze zaal: drie tafels, een theetafel, twee gueridons, een staand horloge, een serie stoelen en tabouretten en twee buffetten met marmeren blad[260]. Aan de wanden hingen een grote en twee kleinere spiegels en de portretten van Willem en Mary (afb. 28, 29)[261].

De veronderstelling ligt voor de hand, dat deze zaal voor representatieve doeleinden werd gebruikt: dit was het grootste vertrek in huis en dus het meest geschikt voor ontvangsten, vooral diners en danspartijen. Bovendien bood – en biedt! – dit vertrek op warme dagen verfrissende koelte vanwege de isolerende werking van de dikke muren. Bij een bezoek aan Rosendael in een wat latere tijd door de freules Van Hogendorp vernemen wij daarover:

> La journée s'y passa fort agréablement: à cause des chaleurs on dina dans la tour, ou il y a un beau sallon qui est très fraise par l'épaisseur prodigieuse des murailles[262].

De vier hoofdvertrekken op de begane grond (*voorhuis*, twee *beste camers* en *antichambre*) en de zaal in de toren hadden hun functie behouden, die zij al in de 17de eeuw onder de Van Arnhems hadden; hun respectievelijke benamingen luidden toen: *voorsaeltje*, *eerste salet*, *tweede salet*, *eetsaal* en *groote zael*.

Uitbreiding van de hoofdverdieping

Op de plaats tussen huis en koetshuis, waar nu een 19de-eeuwse veranda toegang tot de zijvleugel geeft, bevonden zich eerst nog geen woonvertrekken. Cornelis Pronk tekende in 1731/1732 een blinde verbindingsmuur gedecoreerd met rondboognissen en daarboven verdiepte vierkante vakken. Pas rond het midden van de 18de eeuw, waarschijnlijk na het overlijden van Torck in 1758, werden aan deze noordzijde van het huis twee hoofdvertrekken met bijbehorende nevenruimten toegevoegd, de vertrekken 3 tot en met 10 van de inventaris. De benaming *nieuwe kamer* – terwijl zich

111.
Plafond van het trappehuis boven het eerste bordes door Domenicus Sala of Carlo Bolino, 1723-1724, toestand vòòr restauratie, 1987.

112.
Plafond van het trappehuis op de eerste verdieping door Domenicus Sala of Carlo Bolino, 1723-1724, toestand vòòr restauratie, 1987.

op de eerste verdieping van het huis de *oude slaapkamer* bevond – geeft ook aan, dat er een verandering had plaatsgevonden. Wellicht wilde mevrouw Torck na het overlijden van haar man in 1758 op de begane grond een nieuw 'appartement' betrekken. Voor één van beide nieuwe vertrekken heeft zij waarschijnlijk wel voor een geschilderd behangsel gekozen ('een behangsels in olijverf') dat de Arnhemse burgemeester C. van der Hart in 1759 voor haar had besteld[263]. Deze behangsels zijn niet bewaard gebleven[264]. In deze tijd nam mevrouw Torck haar nichtje Eusebia Jacoba Torck-de Rode van Heeckeren mee naar Arnhem om de behangsels in Van der Harts woonhuis aan de Bovenbeekstraat te gaan bekijken. Deze behangsels zijn nu nog in dezelfde kamer aan de rechtervoorzijde van dat huis bewaard gebleven[265].

In de nieuwe kamer op Rosendael stonden een tafel met marmeren blad, een staand bureau met neerslaand blad (afb. 125?), zes stoelen en een tafeltje. Bij deze kamer hoorde een alkoof (beddenis), waarin een ledikant stond met gordijnen van 'gestreept moor' (=moiré), en twee schrijftafeltjes en twee tabouretjes. Ter weerszijden bevonden zich een kast met enig porselein en een kabinetje met een tafeltje en een armstoel.

Het tweede vertrek werd *Mevrouw Torks kamer* genoemd en was ingericht met een ledikant met sitse gordijnen, twee tafeltjes, vier stoelen en een spiegel met een zilveren lijst. Bij deze kamer behoorden twee kabinetjes; in het eerste stond een ladentafel met daarop een toiletstel, twee armstoelen, twee tabouretten, een lessenaar met een bijbel, en twee tafeltjes waarvan één met een theeservies. In het andere kabinetje stonden een ledikant en een schrijftafeltje.

Eerste verdieping

Nu wij alle vertrekken op de hoofdverdieping van het huis, in de toren en in de zijvleugel aan de hand van de inventaris zijn rondgegaan, keren wij terug naar het *voorhuis* om via de hoofdtrap de eerste verdieping te bereiken. Er zijn helaas minder aanknopingspunten om de vertrekken op deze verdieping te kunnen localiseren. Bovendien zijn deze kamers in de 19de eeuw ingrijpend veranderd, waardoor afmetingen werden gewijzigd en nu niet meer alle vertrekken in de huidige plattegrond teruggevonden kunnen worden.

Het eerste vertrek in de opsomming van de inventaris was een kabinetje (no.20), waarvan wordt vermeld, dat het boven het *stoofje* lag. Dat moet dus de lage kamer op de entresol op de noordoost hoek van het huis zijn. Dit kamertje had een gele uitmonstering. De wanden waren bespannen met gele zijde, die met bloemenpatronen geborduurd was. Er stond geen ledikant, maar een 'paveljoen' (bed met tentvormige gordijnen over de lengte van het bed) met gordijnen van gele 'moor' (moiré).

De inventaris beschrijft vervolgens de vertrekken tegen de wijzers van de klok in. Het volgende vertrek (no. 22) was aan de westzijde van het huis gelegen en werd in de inventaris vermeld als *de Vrouw van Heidens kamer behange met tapijt* en heet sedert de tweede helft van de 19de eeuw *Keppels kamer*. Dit was de kamer van de jongere zuster van Janne Margriete, Elisabeth van Arnhem, die getrouwd was met Frederik Willem van Heyden. Na het overlijden van haar man in 1690 keerde zij naar haar geboortehuis Rosendael terug, en overleed er op 5 juni 1707. Blijkbaar hield de benaming van deze kamer van circa 1700 – en wellicht ook een belangrijk deel van de inrichting – gedurende de gehele volgende generatie stand.

Deze kamer bevat in het plafond een gelobde rand die een in later tijd verwijderd geschilderd plafondstuk bevat zal hebben, en die de afscheiding vormde tussen een middenveld en vier zwikken (afb. 310). Deze houten rand is zwaar van vorm en was oorspronkelijk beige-bruin geschilderd. Dit geheel wordt aan drie zijden geflankeerd door beige-bruin geschilderde planken met daarop in donkerder tint geschilderde randen van langwerpige vakken. Boven de schoorsteen werden twee van deze planken ten gevolge van latere wijzigingen aan het rookkanaal vervangen. Deze beschilderde planken ontbreken aan de raamzijde; de strook langs de tegenoverliggende wand is aan het oog onttrokken door een wand, die een smalle doorgang van de kamer afscheidt. De gelobde rand en de twee in het zicht gebleven randen van geschilderde planken werden bij de restauratie in 1989 in de aangetroffen tinten beschilderd, waarbij de geschilderde vakken weer werden aangebracht. Dit plafond kan vanwege de dikke vorm van de gelobde rand uit circa 1700 dateren. Het is goed mogelijk, dat deze kamer in de jaren negentig nieuw werd uitgemonsterd voor Elisabeth van Arnhem toen zij haar intrek op Rosendael nam. In één van de hoeken van dit vertrek bevindt zich aan de zijde van de buitenmuur achter een deurtje nog de oude muur-wc. Volgens de inventaris van 1764

113.
Hal en trappehuis, inrichting sedert 1990.

overheerste hier de kleur groen: het ledikant was behangen met groen damasten gordijnen; de stoelen waren bekleed met groene zijde. Overigens stonden er in die tijd in deze kamer betrekkelijk weinig meubels: een 'latafel' met daarboven een spiegel met een glazen, deels verzilverde lijst, geflankeerd door twee gueridons en verder twee kamergemakken ('waterpot tafelties') en een rond tafeltje dat met tapijt was overtrokken. Natuurlijk ontbrak het in deze kamer niet aan porselein; er stond een theeservies.

De aangrenzende kamer aan de zuidzijde kan de *oude slaapkamer* (no.23) zijn geweest, en wel die van mevrouw Torck voordat zij in 1759 nieuwe vertrekken (no.'s 3-8) betrok op de begane grond. Het portret van haar grootvader Willem van Outhoorn, dat in deze *oude slaapkamer* hing, wijst ook in die richting (afb. 352). Deze kamer werd ook wel de gele kamer genoemd: er hingen geel damasten gordijnen aan het ledikant en er lag een gele geborduurde sprei in. Zes stoelen waren bekleed met kostbare gele damast en werden beschermd door hoezen. Wellicht hing hier het gele behangsel, dat in 1725 door Nicolaas Spilman was geleverd (zie p. 109). In die context werd er gesproken over 'onse kaemer', hetgeen impliceert, dat deze *oude slaapkamer* vroeger door het echtpaar Torck samen werd gebruikt.

Onder de meubels bevonden zich twee kabinetten voor het linnengoed (bijlage 4); verder stonden er een ingelegd kabinetje, twee Oostindische kisten, een tafel met toiletspiegel, twee gueridons, twee armstoelen van Oostindisch hout met blauwe trijpen kussens en twee kamergemakken. Dit laatste bevestigt het vermoeden, dat de slaapkamer door het echtpaar Torck werd gedeeld. In deze kamer bevonden zich evenals elders in huis verschillende porseleinen voorwerpen, waaronder zes poppen, die wij kunnen herkennen in de porseleinen beelden die in later tijd onder de Van Pallandts op

118.
Tegeltableau in de wand van de muurtrap van de eerste verdieping van het huis naar de bibliotheek in de donjon, circa 1700.

het houten buffet in de torenzaal stonden opgesteld (afb. 308), en twee ruiters te paard.

Behalve het al genoemde portret hingen hier ook de portretten van 'de koning en koningin van Pruissen', in verband te brengen met de nog altijd op Rosendael aanwezige portretten van Frederik III van Brandenburg, sinds 1701 koning van Pruisen (1657-1713) en zijn stiefmoeder Dorothea hertogin van Holstein-Glücksburg (1636-1689) (bijlage 1, no.'s 26, 27). Het is ook mogelijk dat deze slaapkamer niet aan de zuidzijde van het huis lag, maar aan de oostzijde boven het *voorhuis*. In dat geval zou de slaapkamer die met gebloemd linnen behangen was, aan de zuidzijde hebben gelegen. Deze mogelijkheid lijkt toch minder waarschijnlijk, omdat de belangrijkste slaapkamer eerder aan de zuidzijde met een mooi uitzicht op de tuin dan aan de oostzijde met uitzicht op het voorplein gezocht moet worden. Bij deze slaapkamer behoorden twee kabinetjes, die wij tussen de slaapkamer en de toren kunnen situeren (tegenwoordig kleedkamer); het ene wordt in de inventaris aangeduid als het *kapkamertje* (no.24). Het andere, een *kabinetje* (no.25) was meer een privékabinet, waar de eigenaar zich op een rustbank kon terugtrekken; er stonden verder een armstoel en twee tabouretten en er hing een portret.

De aangrenzende kamer die op de zuidoostelijke hoek van de eerste verdieping van het huis lag, kunnen wij herkennen als de *koningskamer*, het vertrek dat Jan van Arnhem ter beschikking had gesteld aan Koning-stadhouder Willem III. Deze kamer had volgens een andere vermelding vier ramen (zie p. 49) en kan dus alleen op deze hoek gelegen hebben: het enige vertrek op deze verdieping met vier ramen. Het ligt bovendien voor de hand dat voor de koninklijke gast de kamer met het mooiste uitzicht was gereserveerd. Zowel aan de oost- als aan de zuidzijde kijkt men over de tuin uit.

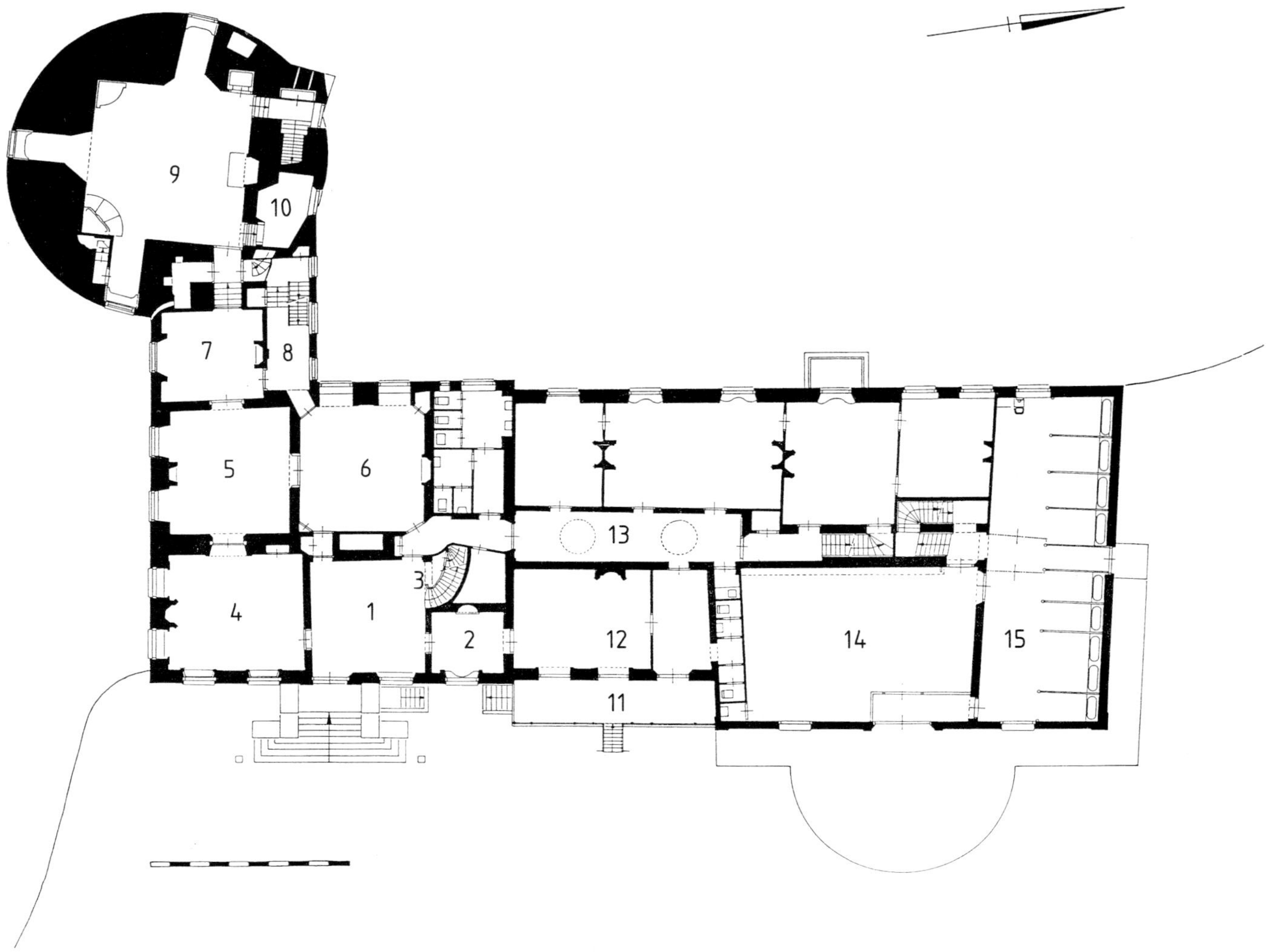

114.
Plattegrond van de hoofdverdieping, tekening door C.J. Willems 1992.

De belangrijkste vertrekken op de hoofdverdieping met hun benamingen in resp. de 20ste, 17de, en 18de eeuw

20ste eeuw	17de eeuw	18de eeuw
1. hal	*voorsaeltje*	*voorhuis*
2. telefoonkamertje		*stoofje*
3. trap		
4. eerste salon	*eetsael*	*antichambre*
5. tweede salon	*eerste salet*	*beste camer met groen damast*
6. eetkamer	*tweede salet*	*beste camer met blauw trijp*
7. derde salon		*mevrouws kamertje*
8. diensttrap		
9. torenzaal	*grote zael*	
10. zilverkamer		*nieuwe kamertje*
11. veranda		
12. rookkamer		
13. gang in zijvleugel met aangrenzende vertrekken		
14. koetshuis		
15. stal		

De *koningskamer* had dus zijn oude benaming in 1764 nog behouden. Aan de meubels te oordelen hadden Torck en zijn vrouw ook de inrichting van deze kamer intact gelaten. Er hingen tapijten, en er stond een ledikant met rood damasten gordijnen; deze kostbare stof keerde terug in de bekleding der zes stoelen en zes armstoelen, die daarom gewoonlijk met hoezen waren bedekt. Voorts kon men er een 'ingelegde' tafel, een spiegel, twee gueridons en een lessenaar met een bijbel met zilver beslag, twee kamergemakken ('waterpot tafeltjes'), een porseleinen lampetkan met waskom en nog diverse andere porseleinen voorwerpen aantreffen. Naast de schoorsteen hingen zilveren applique's (vergelijk met afb. 139).

De tafel, spiegel en de gueridons, die alle met verschillende houtsoorten of met een combinatie van metalen en schildpad waren ingelegd, hoorden als een zogenaamde 'triade' bij elkaar; deze waren inmiddels ouderwets geworden. Wellicht dateerden zij nog uit de tijd van Willem III en hadden zij hun plaats in deze k*oningskamer* behouden. Zij kwamen als set dikwijls voor in de verschillende verblijven van de Koning-stadhouder, vooral in zijn slaapvertrekken[266]. Ook in andere vertrekken op Rosendael waren volgens de inventaris dergelijke ensembles nog aanwezig, zoals in de beide *beste kamers* en in *de vrouw Van Heidens kamer*, maar nergens vormden zij zo duidelijk een 'triade' als op de *koningskamer*. Ook bij dit vertrek hoorde een kabinetje, waar slechts twee tafeltjes en twee tabouretten in stonden.

Op Middachten was er in dezelfde periode nog maar één dergelijk ensemble aanwezig; daar bevonden zich in de tapijtkamer op de hoofdverdieping een spiegel, tafel, bureau, toiletkistje en een borstel, alle met zilver ingelegd[267].

Op Rosendael lag naast de *koningskamer* de slaapkamer, boven het *voorhuis*; de wanden droegen een bespanning van gebloemd linnen. Er stonden weinig meubels: een ledikant met gordijnen van groen laken en groen Frans linnen, een cabinet met porselein erop, een ladetafel, vier stoelen en een spiegel met een vergulde lijst. Op de schoorsteen stond enig porselein; ter weerszijden hingen twee kaarsenarmen. In deze slaapkamer hingen vier portretten: van Jan en Janne Margriete van Arnhem, Assueer Torck en Willem van Hoorn. In de inventaris volgen een *kabinetje* en een *kapkamertje* die in de huidige plattegrond niet zijn te localiseren. Omdat er in dit kabinetje gordijnen hingen moet het een raam hebben gehad. Het is mogelijk, dat slaapkamer, kabinetje en kapkamertje bijeenhoorden en later zijn veranderd tot de huidige rozenkamer, de logeerkamer gelegen boven de hal.

115.
Eetkamer, toestand vòòr restauratie, 1987.

De vertrekken op deze verdieping staan via één van de vertrekjes (no.24 of 25, nu: kleedkamer) naast de *oude slaapkamer* en een trap die door de muur van de toren was gebroken in verbinding met de grote koepelvormige zaal, die in 1721 en volgende jaren was ontstaan door de samenvoeging van de eerste en tweede verdieping van de toren (afb. 106, 108, 117, 309). De wanden van de trap werden bekleed met blauw en mangaan beschilderde tegels met afbeeldingen van landschappen, gebouwen etc., afgewisseld door tegels met mangaankleurige rozen, die wellicht afkomstig waren van de interieurs van de volières op het voorplein van het oude huis (afb. 118). De torenzaal was echter niet in de inventaris opgenomen, maar het lijdt geen twijfel dat Torck in deze architectonisch zo bijzondere ruimte zijn bibliotheek had ingericht en dat hij hier tevens zijn archief en de door Jan van Arnhem aangelegde en aan hem nagelaten verzameling 'mathematische instrumenten' bewaarde[268]. Deze bibliotheek en de mathematische instrumenten dienden namelijk binnen drie maanden na het overlijden van de vrouwe van Rosendael overhandigd te worden aan erfgenaam Assueer Jan Torck, hetgeen ook geschiedde[269]. De boeken en voorwerpen werden dus pro memorie in de inventaris opgenomen. Van alle charters en papieren die op dit *groote comptoir*, zoals deze bibliotheekzaal werd genoemd, werden bewaard, liet Torck in 1755 een aparte inventaris opstellen[270]. De archiefstukken werden in een vijftal meubels bewaard. Dit vertrek binnenkomend stond er links een nieuw bureau met een kleine twintig laden, er was nog een bureau in de vorm van een kleine vierkante tafel, er stond een gestoken kabinetje tegenover een geldkast en een kastje onder de geldkast, en tot slot een kast naast de deur van het secreet. Ook deze meubels zijn niet bewaard gebleven.

Wij keren terug naar de inventaris van de gehele inboedel. De twee vertrekken die in de inventaris worden beschreven na de vertrekken op de eerste verdieping zijn de kamers van de heren Van Beurse en Van Roderloo, die blijkbaar gereserveerd waren voor Pieter Hieronymus Ripperda (overleden 1724) en Jacob Derk van Heeckeren, heer van Barlham, Enghuizen, Ruurlo, de Heest, Nettelhorst en Brandsenburg, landdrost van Zutphen (1665-1749)[271]. De twee kamers op de entresol tussen de eerste en tweede verdieping aan de noordkant van het huis komen daarvoor in aanmerking. Beide vertrekken waren spaarzaam gemeubileerd met onder andere een ledikant en zes stoelen; ze werden blijkbaar slechts zelden gebruikt.

Tweede verdieping

De tweede verdieping is lager dan de eerste en behoort tot de door Torck na 1721 verbouwde zolderverdieping van het huis. Deze verdieping is enigszins buiten schot gebleven bij de ingrijpende veranderingen van het interieur sedert 1854 onder het echtpaar Van Pallandt-Torck. Er zijn op deze verdieping nog enkele 18de-eeuw-

116.
Eerste salon naar het oosten, toestand vòòr restauratie, 1987.

se onderdelen bewaard gebleven, zoals twee schoorsteenbetimmeringen en enkele deuren. De eerste indruk dat het hier uitsluitend om personeelskamers gaat, is onjuist. De vondst van enkele fragmenten goudleer (afb. 34) tijdens de restauratie van het huis in 1987 in combinatie met de beschrijving van deze vertrekken in de inventaris wijzen op het tegendeel: hier bevonden zich onder andere de vertrekken van Torck zelf en van zijn stiefzoon Jan Willem Trip. Hier waren ook de kamers van de inwonende Juffr. Hartsinck, waar onder andere veertien oude schilderijen hingen of waren opgeborgen, van de kamenier, van de secretaris Heymerik Willem Toe Water, en enkele meidenkamers met bedsteden (zie p. 112). In één ervan, op de noordwestelijke hoek van het huis, zijn de twee bedsteden nog intact.

De kamers van Torck en van Jan Willem Trip lagen naast elkaar aan de zuidzijde van het huis, tegenwoordig in gebruik als dienstwoning van de kasteelbewaarder van Rosendael. Torck zal zijn kamer wel op de hoek van het huis boven de *koningskamer* hebben gekozen (afb. 119). De wanden waren met goudleer behangen en de vloer met matten belegd. Er stond een ledikant, verschillende stoelen en twee tafels. Bovendien bevonden zich hier: '30 schilderijen van de familie van Arnhem'. Vergeleken met het aantal portretten dat in de kamers beneden hing, lijkt dat wat veel voor een kamer; misschien zijn deze portretten daar neergezet na het overlijden van mevrouw Torck en werden zij er bewaard toen de inventaris werd opgemaakt. De kamer ernaast (afb. 120), die als kamer van Jan Willem Trip had dienst gedaan, was eveneens met goudleer behangen en had ook matten op de vloer. Toen in 1987 bij de restauratie van het huis enkele vellen goudleer werden gevonden, was het mogelijk om deze twee vertrekken op de tweede verdieping aan de zuidzijde te localiseren. Volgens de inventaris stond er behalve een ledikant

129.
Gouden ring met miniatuurportret van Lubbert Adolf Torck door Perpète Everard, 1726, lijst van voorwerpen 34.

ook een 'pavilloentje', dat er wellicht na Trips dood was geplaatst. Behalve vier portretten van de familie Torck hingen hier twee schilderijen met gezichten op de tuin ('2 grote schilderijen sijnde de situatie van Roosendaal', zie p. 146), die helaas niet bewaard zijn gebleven. Eén van beide ('panorama vanuit Rosendaal' volgens de inventaris van 1921) kreeg later een plaats in de bibliotheek in de toren en werd in 1945 zwaar beschadigd en na de oorlog opgeruimd.

Boven deze verdieping lag de zolder (no.42), die niet in vertrekken was onderverdeeld, maar waar de mangel, de vuilegoed kisten en dergelijke utensilia voor de bewerking van de was stonden.

Souterrain

In de kelder was de keuken gevestigd; deze is tot op heden wat de vaste onderdelen betreft vrijwel ongewijzigd bewaard gebleven. De grote servieskast, de brede, wijdoverkragende schouw, het wandbord waar de koperen pannen op de schappen stonden, de pomp met stenen wasbak en de grote rood-bruine plavuizen op de vloer dateren alle nog uit deze periode (afb. 121). Er stonden een eettafel, twaalf stoelen en twee banken, voldoende voor het inwonende personeel om bij de maaltijd te zitten. Ook stond er een 'tinnekast', wellicht de nog aanwezige vaste kast met daarin twee tinnen serviezen. Het ene telde onder andere zestig borden, het andere onder meer vierenzestig achtkantige borden. Deze serviezen zijn niet meer intact; het laatst bijeen gebleven deel werd in 1979 geveild. Een gedeelte draagt op de rand of in het midden het gegraveerde wapen Torck (afb. 122, 123)[272]. Dat servies diende voor de familie; het personeel at van eenvoudiger tin, zoals uit vergelijking blijkt met de tinnen serviezen die in deze tijd op Middachten in gebruik waren: een servies met het gegraveerde wapen Van Reede (143 delen); een ander met platte randen (100 delen); en 'booije tin' voor het personeel[273].

Onder de grote rookkap in de keuken bevond zich de stookplaats waar gekookt werd. Losse fornuizen kwamen pas in de 19de eeuw in zwang; in de 18de eeuw gebruikte men gemetselde fornuizen of open vuren. Hier betrof het een gemetseld fornuis, eventueel met een open vuur erbij. In de inventaris worden de hulpmiddelen opgesomd: onder andere een gaand braadspit, twee grote aspotten, vijf roosters, een hangijzer, twee kettingen, en '12 ijzere treve voor 't vernuijs'. Bovendien waren er enkele tientallen koperen voorwerpen voorhanden. Het koper uit deze keuken werd in 1948 bij veiling op het huis verkocht[274].

De gebruikelijke voorraadkelders grensden aan deze keuken, zoals de *bierkelder*, de *melkkelder*, de *boterkelder* en de *vleeskamer*. De wijnkelder, wellicht het grote keldergewelf van de toren, wordt in de inventaris niet genoemd. Bij de keuken lag ook de (slaap)kamer voor de kok. In totaal bevatte het souterrain ongeveer tien ruimten (no.'s 43 tot en met 51, en 65). Het tweede *washuis* lag niet in het huis zelf, maar in het aangrenzende souterrain. Er was sprake van een knechtenkamer boven het *washuis*, en dat kan niet in het huis zelf gedacht worden. Dan waren er zich nog minstens veertien vertrekken buiten het huis, dat wil zeggen in de tussenvleugel, die huis en bouwhuis verbond, en in het bouwhuis zelf (no.'s 53 tot en met 64). Dit waren voornamelijk de slaapkamers voor het personeel. In die kamers stonden uitsluitend bedden met bijbehorende peluw, kussens en dekens en in een enkel geval nog een spiegeltje, maar verder stond er zelfs nog geen stoel of tafel. In dit deel van het huis waren behalve het al genoemde *washuis* ook nog de geweerkamer en *domesticquen camers* ondergebracht.

In het linker (westelijke) bouwhuis bevond zich de stal, waarin ten tijde van het opmaken van de inventaris dertien paarden en

117.
Bibliotheek op de eerste verdieping van de donjon naar het zuiden, toestand aan het begin van de restauratie, 1987.

119.
Kamer van Lubbert Adolf Torck op de zuid-oosthoek van de tweede verdieping, toestand vòòr restauratie, 1987.

twee veulens stonden, en verder drie koetsen, een wagentje en een werst, vier chaises, drie wagens en twee karren, de bijbehorende tuigen, landbouwgereedschap, acht 'melkbeesten' (koeien), vijf ossen, zes kalveren en twee ezels. Verder waren er nog zeven kamers voor personeelsleden, en voor hen die voor korter of langere tijd op Rosendael werkzaam waren, te weten voor de jager, mr Pouwel, de steenhouwer Michiel Moser, en de meester-timmerman Claas Koninck. Deze kamers lagen 'buyten het huys in 't toorentie'. Het is niet duidelijk welke plaats daarmee bedoeld wordt. Is het torentje dat van het linker bouwhuis en lagen die kamers dus op de zolder ervan, of was er toch een losstaand gebouwtje op de noordwestelijke hoek van het complex, achter de 'tussenvleugel'?

De inboedel

Toen de verbouwing van Rosendael rond 1725 gereed was, kon het echtpaar Torck-van Hoorn beschikken over inrichtingsstukken van verschillende herkomst. Ten eerste was dat de vrijwel complete inboedel die Torck met Rosendael had geërfd (zie p. 32), en die hij volgens Van Arnhems testament niet mocht verkopen; hij bracht deze voor *f* 16.000 samen met zijn eigen meubels bij het huwelijk in[275]. Wellicht bracht Petronella van Hoorn ook meubels mee uit haar eerste huwelijk of van haar vader en grootvader, voor zover ze niet op Beeckesteyn en het Amsterdamse huis in gebruik bleven[276]. Bovendien schaften zij samen ook allerlei stukken aan. Deze omvangrijke inboedel is in de loop van de 19de en 20ste eeuw uiteengevallen. Het aantal stukken dat nu nog herkend kan worden is klein. Ze komen hier aan de orde.

Meubels

Uit de journalen van uitgaven die Torck van 1723 tot zijn dood in 1758 heeft bijgehouden, krijgen wij een beeld van deze meubels. De omschrijvingen van de voorwerpen zijn weliswaar summier, maar deze gegevens over meubelmakers en zilversmeden, aantallen en kostprijzen kunnen van belang zijn. De bestemming en zeker de plaatsing van deze meubels is niet altijd duidelijk. Het merendeel was voor Rosendael bestemd, maar zij kochten ook voor hun Amsterdamse huis. Een aanwijzing voor het feit, dat aankopen voor het huis in Amsterdam in de administratie van Petronella van Hoorn en voor Rosendael in de journalen van Lubbert Adolf Torck werden verantwoord, vinden wij in een betaling van *f* 350,– aan de Amsterdamse schrijnwerkers Jan en Ficko van Mekeren die in haar administratie werd geboekt, terwijl gelijktijdig in zijn administratie ook betalingen aan vader en zoon Van Mekeren voorkomen[277]. Blijkbaar hield genoemde aankoop nog verband met de reeks, die zij met haar eerste echtgenoot Jan Trip voor haar Amsterdamse huis aanschafte (zie p. 97).

De bedragen voor meubelaankopen zijn in deze periode (1722-1725) niet hoog, vooral in vergelijking met de uitgaven die Petronella tijdens haar eerste huwelijk had gedaan.

Uit de inventaris van 1764 blijkt, dat bepaalde delen van de inboedel op Rosendael uit de tijd van de Van Arnhems dateerden, zoals het in verschillende kamers voorkomende ensemble van wandtafel, spiegel en gueridons. De meubelaankopen voor Rosendael uit de jaren 1722 tot 1725 moeten wij dan ook eerder beschouwen als aanvullingen op de meubels, die het echtpaar al bezat en die Torck van de Van Arnhems erfde. De bepaling van de Van Arnhems dat hun erfgenamen de inboedel van Rosendael niet mochten verkopen heeft de modernisering van bepaalde kamers niet belemmerd. Torck kan nieuwe meubels hebben aangeschaft en de oude uit Van Arnhem-bezit op zolder hebben opgeslagen. Uit Lubbert Adolf Torcks testament blijkt overigens, dat hij zijn neef en erfgenaam Assueer Jan Torck veertig jaar later met dezelfde bepaling opzadelde!

Behalve voor de aanschaf van een nieuw ledikant (zie hierna) waren de hoogste betalingen die voor meubels aan Jan en Ficko van Mekeren, die ook al tevoren haar belangrijkste leveranciers in Amsterdam waren. In 1722 leverden zij voor *f* 430,– aan meubels voor het nieuwe Rosendael, in 1723 voor *f* 195,–, in 1724 voor *f* 136,–

120.
Kamer van Jan Willem Trip aan de zuidzijde van de tweede verdieping, toestand vòòr restauratie, 1987.

gevolgd door enkele lage bedragen in de jaren 1726, 1728 en 1730[278]. De enige andere levering van meubels in dezelfde orde van grootte was die van '30 rughstoelen en 4 tabouretten' voor *f* 133,– door de Nijmeegse stoelenmaker Hendrick Vermaase[279]. De overige uitgaven voor meubels in deze jaren waren veel lager, zoals aan de stoelenmaker Jacobus Willinck *f* 22,–, de tafelmaker Van den Enden *f* 29,– en de *verlakker* Van de Velde *f* 28,–. Uiteraard volgden later, toen Rosendael al lang was ingericht, ook nog wel meubelaankopen. Enkele keren werden er kabinetten gekocht zoals bij de Haagse kabinetwerker Daniel van Schoonbeek[280] en bij Dikke Bredinger[281], en stoelen gekocht of hersteld bij de Amsterdamse stoelenmaker Hendrik Rijfsnijder[282] en bij Gerrit van der Hulst[283]. Van al deze meubels uit de jaren twintig en dertig is op Rosendael niets bewaard gebleven; gezien de periode van ontstaan kunnen wij slechts constateren dat ze tot de Lodewijk XIV-stijl behoorden.

In een wat later stadium, de jaren 1744-1748, leverden vooral de belangrijke Haagse kabinetwerker en stoelenmaker Jacob Jonas Kluck (of Kluchs)[284], en de Amsterdamse kabinetwerker Jan van Sassen meubels aan Torck. Zij verrichtten ook reparaties en onderhoud aan meubels. De aankopen in deze jaren waren echter bescheiden. Het hoogste bedrag was voor een leverantie van onder andere een tafel voor *f* 52-14-0[285]. Deze uitgaven vallen in een periode, dat Torck lid was van de Raad van State in 's-Gravenhage (1741-1746), waarmee zijn keus voor een Haagse meubelmaker verklaard kan worden. Ze zullen dus eerder in verband staan met zijn tijdelijke Haagse onderkomen. Enkele andere betalingen waren aan de behanger en ledikantmaker Hendrick Valk[286] en de Haagse kabinetwerker Adamse[287]. Ook deze meubels zijn niet bewaard gebleven. Gezien de tijd van vervaardiging behoorden ze tot de overgangsperiode van de Lodewijk XIV- naar de Lodewijk XV-stijl; rond het midden van de 18de-eeuw werden vooral onder invloed van de Franse meubelkunst rococo stijlkenmerken in het Nederlandse meubel geïntroduceerd.

Lubbert Torck en zijn vrouw kochten ook meubels op verkopingen, onder andere tafels[288], een rustbank en een tafeltje[289], een bureau op de veiling van de meubelen van huis De Voorst bij Zutphen in 1744[290], een commode of schrijftafel bij E. Treur[291], en via de Haagse porseleinkoper De Haas een grote armstoel 'met reserves'[292] en twee Oostindische kabinetten 'op het boelhuys van de heer Greijs'[293]. Vanwege de summiere omschrijvingen zijn deze stukken niet met zekerheid op de inventaris van Rosendael van 1764 aan te wijzen, laat staan dat deze vermeldingen met nog bestaande meubels in verband gebracht zouden kunnen worden. Zo kan bijvoorbeeld niet met zekerheid worden bepaald of de door Jean Avisse en Jean Baptiste Gourdin vervaardigde armstoelen en stoelen (afb. 305, 307) door L.A. Torck zijn gekocht of dat ze na 1764 door toedoen van A.J. Torck op Rosendael zijn gekomen[294]. De genoemde Oostindische kabinetten (afb. 125) en het bureau afkomstig van De Voorst kunnen wel herkend worden (afb. 126).

Ledikanten, paviljoens en bedsteden

Bij lezing van de inventaris van Rosendael van 1764 vallen de ledikanten of hemelbedden als een aparte categorie op.

De ledikanten stonden niet alleen in de vertrekken op de verdiepingen, maar ook op de begane grond in vertrekken die niet primair als slaapkamer dienden. Dit was een gebruikelijk verschijnsel in de 17de en 18de eeuw, waaruit goed blijkt welke vitale rol deze meubels bij de inrichting konden spelen. Door hun kostbare stoffen waren het altijd de duurste meubels van de inboedel; in de inventaris van 1764 worden zij – na de vloerbedekking – consequent als eerste genoemd.

In de 18de eeuw waren op Rosendael drie soorten bedden te vinden. Afhankelijk van sociale status sliep men in een ledikant, een paviljoen of een bedstede[295]. De ledikanten dienden voor de bewoners, hun familieleden en hun gasten; de zogenaamde paviljoens waren in gebruik bij het 'hogere' personeel zoals een kamenier of een onderwijzer, en de bedsteden bij de meiden en de knechten.

121.
Keuken in het souterrain, inrichting sedert 1990.

132.
Bord van Japans lakwerk met spiegelmonogram van Joan van Hoorn en Susanna van Outhoorn, circa 1700, diam. 47 cm. part. bezit, lijst van voorwerpen 14.

137.
Delen van een Chine de commande theeservies met afbeeldingen van Rosendael naar een ets van Abraham Zeeman (afb. 103), Yongzheng, ca. 1730, part. bezit, lijst van voorwerpen 20.

Ledikanten, dat wil zeggen meubels met een hemel en met gordijnen, waren er vele, namelijk veertien. Dat houdt in dat in ongeveer de helft van de vertrekken op de begane grond, de eerste en de tweede verdieping die daarvoor in aanmerking kwamen, een ledikant stond. Deze ledikanten hadden gordijnen van damast, sits, moiré, fluweel, laken of saai in de kleuren geel, groen, rood of paars. Elk ledikant bevatte in verschillende hoeveelheden: een bed, matras, peluw, grote en kleine kussens, wollen, sitsen of katoenen dekens en een sprei. Op de hoofdverdieping waren vier ledikanten te vinden: in de alkoof van de *nieuwe kamer*, in *mevrouw Torcks kamer*, in het *achterste kabinetje*, en het mooiste ledikant van het hele huis in één van de twee *beste kamers*, de kamer die met blauw trijp was behangen (de huidige tweede salon). Dit ledikant werd als volgt omschreven:

> 1 ledikant behange met geschoore gebloemt fluweel, met een hoes van soes daarom heen hangende, met bed, 2 matrassen, peuleuw, en 4 grote en 2 kleine kussens daartoe behoorende, met een oostindise geborduurde deeken, een sprey van wit satijn met blauwe en silvere blomme geborduurd, ook een oostindisch kleedie daar over leggende.

Bij een dergelijk kostbaar meubel maakte men blijkbaar gebruik van een hoes (de omschrijving 'van soes' is onbekend) met de be-

122.
Tinnen bord met gegraveerd wapen Torck op de rand, tweede kwart 18de eeuw, diam. 24,4 cm, part. bezit, lijst van voorwerpen 36.

123.
Delen van een tinnen servies met gegraveerd wapen Torck op de rand, tweede kwart 18de eeuw, lijst van voorwerpen 36.

doeling het kostbare fluweel te sparen tegen de verblekende werking van het zonlicht en tegen stof. Volgens de inventaris was dit ledikant het enige met geschoren fluwelen gordijnen, hetgeen impliceert, dat het identiek kan zijn met het laatste op Rosendael bewaard gebleven exemplaar, dat zich sinds 1950 in het Rijksmuseum te Amsterdam bevindt (afb. 127, 128, 310)[296]. De datering van dit ledikant kan niet met zekerheid vastgesteld worden. Er zijn drie mogelijkheden:

- Het ledikant dateert uit de tijd van de Van Arnhems en is altijd op Rosendael gebleven.
- Het ledikant is identiek met het exemplaar dat in 1716 voor bijna *f* 3.600,– door Pierre Courtonne en Nicolas Fourcade uit 's-Gravenhage aan het echtpaar Trip-van Hoorn werd geleverd voor de inrichting van Beeckesteyn of hun Amsterdamse huis, en het is na 1721 naar Rosendael overgebracht.
- Het ledikant werd besteld door het echtpaar Torck-van Hoorn bij de herinrichting van Rosendael, toen de verbouwing circa 1725 gereed was.

Voor de laatste mogelijkheid komt de Haagse ledikantmaker Mr Thibout in aanmerking. Mevrouw Torck was tijdens haar eerste huwelijk in 1716 en 1719 al klant bij hem geweest (zie p. 97). In maart 1723 betaalde zij *f* 657,– aan Thibout[297] en haar man *f* 637,–, gevolgd in 1726 door een bedrag van *f* 700,– 'voor het opmaaken van het fluweele ledikant, en een pavillon, matrassen, kousen'[298]. Dit zijn de enige uitgaven voor ledikanten die Torck en zijn vrouw in deze jaren deden[299]. Uit de betalingen blijkt echter niet, dat het om één ledikant ging en de afzonderlijke betalingen waren niet hoog genoeg voor het bewuste ledikant. Bovendien ging het om het 'opmaken' van het fluwelen ledikant, hetgeen eerder wijst op een nieuwe stoffering van een bestaand meubel, wellicht het hier bedoelde.

Bij de keuze tussen de eerste en de tweede mogelijkheid is er slechts één duidelijk argument. Het acanthusbladmotief in de geciseleerd (=geschoren) fluwelen gordijnen van dit ledikant toont duidelijke verwantschap met dat van de gordijnen van Genuees fluweel van het hemelbed uit circa 1685 dat afkomstig is van Nottingham House (sinds 1689 Kensington Palace) te Londen en dat sinds 1984 staat opgesteld in de slaapkamer van Mary in Rijksmuseum Paleis het Loo[300]. De patronen waren te veel aan veranderingen onderhevig om na dertig jaar nog in de mode te zijn. Een datering aan het einde van de 17de eeuw betekent, dat het Rosendaelse ledikant in het Rijksmuseum uit de tijd stamt dat Jan en Janne Margriete van Arnhem Rosendael bewoonden. Aangezien Pierre Courtonne tot dusver de enige bij naam bekende *tapissier* is die rond 1700 voor het stadhouderlijk hof werkte, zou het Rosendaelse hemelbed, evenals het ledikant dat hij in 1716 leverde aan hem toegeschreven kunnen worden.

Onder een 'paviljoen' werd een eenvoudiger soort ledikant verstaan, niet met een hemel, maar met tentvormig gedrapeerde gordijnen[301]. Ze stonden op de minder belangrijke vertrekken; de kamenier sliep bijvoorbeeld in een paviljoen. Op Rosendael waren er vier van zulke paviljoens.

Is het aantal van achttien ledikanten en paviljoens groot voor een dergelijk huishouden of niet? Uit boedelinventarissen uit dezelfde jaren blijkt, dat dit aantal hoger was dan men gewoonlijk in adellijke behuizingen in Gelderland kon aantreffen.

Op Middachten was het aantal iets lager. In 1763 bevonden zich daar tien ledikanten en een paviljoen; één ledikant met een sitsen stoffering, drie met damast bekleed, zes overige ledikanten, en één paviljoen met damast. Bovendien waren er op Middachten twee bedden in de entresol en nog eens dertien bedden (=bedsteden) voor de dienstboden. In 1753 bevonden zich bij het overlijden van Hendrick Johan van Essen, heer van de Schaffelaar, richter van Arnhem en Veluwezoom, vier ledikanten in huis de Schaffelaar[302]. Toen drie jaar later zijn broer en erfgenaam Carel van Essen, heer van Helbergen en Schaffelaar (1696-1756), Luitenant Opperjagermeester op de Veluwe, overleed, waren er in diens huis in Arnhem in totaal drie *ledanges* (lit d'anges = hemelbedden), drie paviljoens en vijf ledikanten aanwezig[303]. De namen *lit d'ange* en *ledikant* werden voor hetzelfde type meubel gebruikt, waarbij het eerst genoemde waarschijnlijk kostbaarder was uitgevoerd. Op De Voorst bij Zutphen, het huis van Arnold Joost van Keppel (1669-1718) die in 1696 door Willem III tot graaf van Albemarle was verheven, bevond zich een dergelijk aantal. In de veilingcatalogus van de in 1744 na de dood van de gravin van Albemarle geveilde inventaris worden vier *lit d'anges*, twee paviljoens en een ledikant genoemd[304]. De uitvoering van deze meubels was kostbaarder dan de Rosendaelse. Op Rosendael droegen slechts drie van de veertien ledikanten damasten gordijnen; op De Voorst echter alle vijf. Over de prijzen van deze stoffen is weinig bekend, maar uit het feit dat damast en trijp (fluweel) op Rosendael slechts in enkele kamers, en wel de meest representatieve, werd toegepast, blijkt wel dat ze relatief kostbaar waren. Ook de wandbespanningen en de overige stoffen moeten op De Voorst kostbaarder zijn geweest dan op Rosendael: op De Voorst was overwegend gebruik gemaakt van damasten, op Rosendael was slechts één vertrek met damast bespannen, één van de twee *beste kamers*, en bevonden zich slechts in twee vertrekken stoelen, die met damast waren overtrokken, in de *koningskamer* en in de *gele slaapkamer*. De overige meest gebruikte stoffen op Rosendael waren moiré, sits en linnen.

125.
Secretaire, mahonie- en ebbenhout, eerste helft 18de eeuw, part. bezit, lijst van voorwerpen 18.

124.
Zegelstempel van Lubbert Adolf Torck als landdrost van Veluwe door Hendrik van Heuven of Jan Bevoort de Jonge, 1730, zilver met ijzeren greep, coll. VGK, Rosendael, lijst van voorwerpen 23.

Op het nabijgelegen huis te Dieren waren volgens de inventaris van 1757 heel wat meer ledikanten aanwezig namelijk zevenendertig, en dertien paviljoens[305]. Daar moest dan ook een omvangrijke hofhouding ondergebracht kunnen worden.

Portretten

Het is opmerkelijk, dat er volgens de inventaris op de begane grond van Rosendael weinig portretten hingen, hoewel er in de inventaris in totaal 46 – of mogelijk 60 – portretten in huis aanwezig waren. In de *beste kamer* hingen de portretten van het overleden echtpaar Torck-van Hoorn, waarschijnlijk het door Arnold Boonen (1669-1729) in 1717 en 1722 geschilderde paar. Overigens werd Torck nog een keer geschilderd door Perpète Everard (1662-1727) – een uit Dinant afkomstige en in 's-Gravenhage gevestigde schilder van miniatuurportretten – die in 1726 een miniatuurportretje van hem maakte, dat in een gouden ring werd gevat (afb. 129)[306]. Na Torcks dood gaf zijn vrouw aan Jan Maurits Quinkhard (1683-1772) opdracht nog een portret van haar man te maken; dat portret is niet bewaard gebleven[307].

126.
Bureau in de stijl van André Charles Boulle, gefineerd met ebbenhout, schildpad, koper en messing, circa 1700 (?), Rosendael, lijst van voorwerpen 19.

In de torenzaal hingen de evenmin bewaarde portretten van Willem en Mary. Dan hing in het voorhuis het wel bewaard gebleven schilderij met afbeelding van het 17de-eeuwse Rosendael (afb. 31) en in het aangrenzende stoofje een schilderij van Torcks jachthond Captein, geschilderd door J.J. Heynsius[308]. Hoewel de inventaris een zeer volledige indruk maakt, is het toch onaannemelijk dat er op de begane grond zo weinig schilderijen hingen, terwijl in Torcks kamer op de tweede verdieping dertig portretten van de familie Van Arnhem werden vermeld. Werden die daar tijdelijk bewaard ten tijde van het opmaken van de inventaris? De inventaris toont aan, dat er – misschien behoudens de '14 oude schilderijen' op de kamer van Juffrouw Hartsinck – op Rosendael vrijwel uitsluitend portretten aan de wanden hingen. Het schilderij van het oude Rosendael, de twee gezichten op de tuinen van Rosendael[309] en het schilderij van de hond Captein behoren eigenlijk tot een verwante categorie.

Daarmee belanden wij bij een essentieel verschil, dat bij de decoratie van de huizen van enerzijds het stedelijk patriciaat (de families Trip en Van Hoorn) en anderzijds de Gelderse adel (de families Van Arnhem en Torck) vermoedelijk een rol speelde. In het eerste geval kwamen vooral geschilderde behangsels of een schilderijenkabinet voor; in het tweede geval lag er een accent op een reeks familieportretten, die de belangrijkste wanddecoratie vormde.

Een *Ahnengalerie* als op Rosendael vererfde met het huis en vormde een uitdrukking van een dynastiek besef, waarbij de verwijzing naar een bijna vanzelfsprekende continuïteit van de generaties en de geslachten die elkaar op het huis opvolgden en de positie die deze bewoners in de maatschappij innamen, belangrijke factoren vormden[310].

Uit boedelinventarissen van vele Gelderse huizen uit de 17de en 18de eeuw komt hetzelfde beeld naar voren: portretten vormden de belangrijkste groep van wanddecoratie; schilderijen met andere onderwerpen waren doorgaans in de minderheid[311]. Maar dat gold niet voor alle huizen. Zo waren er op Middachten in 1763 naast vierentwintig portretten, waarvan bijna de helft van vorstelijke personen, bovendien tweeënzeventig schilderijen in huis, verdeeld over verschillende genres: landschappen, bloemstukken, enkele veldslagen en genrestukken, en twee met bijbelse voorstellingen[312]. En op de Cannenburch was in dezelfde tijd door vererving uit de Zuidelijke Nederlanden een schilderijenkabinet terecht gekomen dat uit vierendertig schilderijen van verschillende genres bestond[313].

Lakwerk

Oosters lakwerk vormde in de 17de en 18de eeuw een geliefd artikel voor de decoratie van het interieur, toegepast in meubels en gebruiksvoorwerpen. Het werd onder andere door de V.O.C. geïmporteerd en vervolgens verhandeld[314]. Ook op Rosendael waren sinds de 18de eeuw verschillende voorwerpen van voornamelijk Japans lak aanwezig, afkomstig uit het bezit van Willem van Outhoorn en Joan van Hoorn; deze waren niet in Holland gekocht, maar in opdracht vervaardigd en vervolgens naar het vaderland meegenomen of verstuurd. Op de inventaris van 1764 staan deze

127.
Hemelbed, circa 1700, door Pierre Courtonne (toeschr.), h. 360 cm, Rijksmuseum Amsterdam, lijst van voorwerpen 1, vergelijk afb. 310.

128.
Baan van een gordijn van hemelbed (afb. 127), circa 1700, geciseleerd fluweel, Genuees(?).

130.
Bord van Japans lakwerk met wapen Van Hoorn, circa 1700, diam. 54 cm, part. bezit, lijst van voorwerpen 14.

131.
Bord van Japans lakwerk met spiegelmonogram van Willem van Outhoorn en Elisabeth van Heyningen, circa 1700, diam. 47 cm, part. bezit, lijst van voorwerpen 14.

voorwerpen niet vermeld; wellicht werd de collectie in Amsterdam bewaard. Op de inventaris van 1921 komen ze wel voor en op de tentoonstelling *Wonen in de wijde wereld* (Tropenmuseum Amsterdam 1964) waren de belangrijkste stukken te zien (bijlage 2, no. 14). Tot deze collectie, die niet meer op Rosendael bijeen is, behoorden onder andere de volgende voorwerpen: twee Japanse lakvitrines, ingelegd met parelmoer, vier borden met het wapen Van Hoorn in goudlak (afb. 130), waarvan er twee circa 1780 zijn verwerkt in de deuren van een commode (afb. 208), één dergelijk bord met het wapen Van Outhoorn (afb. 84), drie borden met het gekroonde spiegelmonogram van Willem van Outhoorn en zijn vrouw Elisabeth van Heyningen (afb. 131), twee borden met het gekroonde spiegelmonogram van Joan van Hoorn en zijn vrouw Susanna van Outhoorn (afb. 132), een wasbekken met lampetkan, een scheerbekken, twee tafelschuiers met een rug van lakwerk, een achtkantig doosje met het wapen Van Hoorn op het deksel (afb. 133) en verder een verzameling van wel vijftig kleinere voorwerpen van lak, zoals doosjes, kistjes, kopjes en schoteltjes. Deze collectie is van een grote cultuurhistorische waarde, te meer omdat de opdrachtgevers precies bekend zijn. De verzameling lakwerk is groter geweest; toen hun interesse voor deze stukken afnam hebben de Torcken rond 1783 mogelijk grotere stukken lakwerk met figuren in Parijs verkocht (zie p. 188).

Porselein

Een andere groep in de inventaris wordt gevormd door het porselein, dat in vele vertrekken aanwezig was. Het kan naar functie in twee categorieën worden verdeeld: decoratief porselein dat in de kamers was opgesteld en gebruiksporselein dat was opgeborgen.

Er was zowel Chinees als Japans porselein op Rosendael aanwezig en in geringere hoeveelheden ook Delfts blauw aardewerk. Europees porselein wordt slechts één keer genoemd: in het *nieuwe kamertje bij de toren* (vertrek no. 19) werden vier 'Saxise soepterines met deksel en schotel' (dat wil zeggen: Meissen) bewaard[315].

In veel gevallen vermeldt de inventaris niet om welk soort porselein het ging en dus blijft het onduidelijk, of er nog meer Europees porselein in huis was. Het kan niet veel geweest zijn en dat wijst op een behoudende smaak, aangezien het Europese porselein tegen het midden van de 18de eeuw juist in de mode kwam. De inventaris vermeldt in totaal een kleine duizend (976) stukken porselein, waarvan meer dan de helft tot de categorie gebruiksporselein behoorde. In ten minste zestien vertrekken was porselein aanwezig, vooral in de *antichambre* op de hoofdverdieping (eetkamer), waar vijfennegentig stukken stonden opgesteld op een vierkante laktafel; in het *stoofje*, waar zevenenzeventig stuks die voor de schoorsteen hoorden te staan, ten tijde van de inventarisatie in een kast waren opgeborgen, en een niet nader genoemd aantal op een staand hoekbureau met een spiegel, en in *mevrouws kamertje voor de toren*, waar tweeënzestig stuks in het kastje achter de spiegel voor de schoorsteen stonden. Deze stukken hadden alle een decoratieve functie. Het grootste deel, bestaande uit enkele serviezen, was echter gebruiksporselein; deze stukken werden bewaard in de *provisiekamer* en in het *porseleinkamertje*. In de *provisiekamer* kon men een groot Japans porseleinen servies aantreffen (met andere stukken bevonden zich hier in totaal 215 stukken) en in het *porseleinkamertje* een grote verscheidenheid (samen 337 stukken) aan porselein en aardewerk.

Wanneer wij het op Rosendael aanwezige porselein vergelijken met bijvoorbeeld dat op De Voorst, dan doet Rosendael wat aantallen betreft niet onder bij De Voorst[316]. Volgens de veilingcatalogus van 1744 waren er op De Voorst (en in 's-Gravenhage?) circa 740 stuks porselein aanwezig, waarvan ongeveer 350 gekleurd en bijna 400 blauw waren. Op Middachten was in 1763 minder Chinees en Japans porselein aanwezig (317 stuks). Daar stond tegenover, dat men op Middachten meer de mode volgde in het gebruik van Europees porselein (118 stuks): drie terrines, twee theeserviezen, twee miniatuur theeserviezen, een presenteerbak met twee chocoladekoppen met deksels en nog ruim vijftig andere voorwerpen van 'Saxisch' porselein[317]. Daarnaast was er op Middachten

133.
Achthoekige Japanse lakdoos met wapen Van Hoorn op deksel, begin 18de eeuw, h. 7,7 cm, diam. 13,8 cm, Rijksmuseum Amsterdam, lijst van voorwerpen 14.

134.
Kannetje, Japans blauw-wit porselein met wapen Van Outhoorn, Arita, derde kwart 17de eeuw, h. 20,6 cm, part. bezit, lijst van voorwerpen 15.

135.
Fles, Japans blauw-wit porselein met de initialen van Joan van Hoorn, circa 1700, h. 24 cm, Rijksmuseum Amsterdam, lijst van voorwerpen 16.

(Delfts) blauw aardewerk te vinden (187 stuks). Op de Schaffelaar bij Barneveld waren in 1753 bij overlijden van Hendrick Johan van Essen in totaal 240 stuks porselein in huis; Europees porselein werd daar niet vermeld[318].

Het porselein op Rosendael dat in de inventaris van 1764 wordt opgesomd, was van verschillende herkomst. Een gedeelte kan uit de erfenis van de Van Arnhems afkomstig zijn, maar bij gebrek aan gegevens is niet te achterhalen welk deel dat was. Het merendeel was ongetwijfeld door het echtpaar Torck zelf verworven, hetzij gekocht in Amsterdam, hetzij besteld of in 1710 meegenomen uit Batavia, of nog daarna door Petronella van Hoorns grootvader Willem van Outhoorn toegezonden. Tot de laatste categorie behoorden vooral voorwerpen van Japans porselein en onder meer Chinese porseleinen en stenen beeldjes, die Van Outhoorn eind 1711 uit Batavia met andere kostbaarheden aan zijn kleindochter toezond (zie p. 86)[319].

Veel porselein dat op deze manier op Rosendael terecht kwam, was in 1921 nog aanwezig, zoals een verscheidenheid aan Japans porselein, dat vooral in een porseleinkast in de eerste salon, een commode in de tweede salon en in een lakbuffet en de tweede lakvitrine in de derde salon werd bewaard. Maar sindsdien is al het porselein, evenals bijna alle overige delen van de inboedel, verspreid geraakt. Daarom is het alleen bij uitzondering mogelijk bewaard gebleven porselein in verband te brengen met de inventarissen van 1764 en 1921; vooral de in opdracht vervaardigde stukken met bijzondere kenmerken als een afbeelding of monogram en een aantal stukken die zich in particulier bezit bevinden, kunnen met zekerheid worden herkend. Daartoe behoren onder meer twee kannetjes van Japans blauw-wit porselein (Arita, ca. 1662-1675) met het wapen Van Outhoorn (afb. 134)[320]; twee flessen van Japans blauw-wit porselein (ca. 1700) met de initialen I:V:H voor Joan van Hoorn (afb. 135)[321]; een polychroom versierde nachtspiegel (een kamerpot voor nachtelijk gebruik) van Japans Imari porselein (ca. 1700)[322] en een zeldzaam Chine de commande theeservies (waarschijnlijk Yongzheng, 1723-1735) met afbeelding van Rosendael naar een ets van de Amsterdamse graveur Abraham Zeeman (1695/1696-1754) uit 1727 (afb. 137, 138, 103)[323].

Torck en zijn vrouw kochten porselein bij verschillende handelaren in Amsterdam; Torck vermeldde in zijn *journalen* bij herhaling aankopen van porselein, onder andere bij de firma Dulong, Godefroy en Dulong, helaas zonder omschrijving van de soorten en aantallen.

Zilver, goud en juwelen

Wij kunnen ons een goed beeld vormen van de vele zilveren (gebruiks)voorwerpen, die rond het midden van de 18de eeuw op Rosendael aanwezig waren. Het zilver dat Petronella van Hoorn reeds bezat voordat zij met Lubbert Adolf Torck trouwde, kwam hiervoor reeds aan de orde. Zeer informatief zijn de genoemde inventarissen uit 1747 en 1764. Uit de journalen van Torck kunnen gegevens geput worden over het zilver dat het echtpaar zelf aanschafte. Daardoor zijn namen van zilversmeden en -prijzen bekend, maar de door hen geleverde voorwerpen zijn zelden omschreven. Bovendien is slechts een klein gedeelte van dit zilver bewaard gebleven. Het was gebruikelijk dat voorwerpen die ouderwets werden gevonden, omgesmolten werden ten behoeve van nieuwe voorwerpen, waardoor de onkosten werden gereduceerd tot het maakloon. Dat was bijvoorbeeld het geval met een 'oudt silver gedreven lampet', die in 1725 bij de Amsterdamse zilversmid Josias van Asperen werd ingeleverd[324]. Mede dankzij E. Voet, *Haagsche zilvermerken* (1941) en de tentoonstellingscatalogus *Gelders zilver* (1955) zijn verschillende verspreid geraakte voorwerpen te identificeren.

Het zilver dat zich op Rosendael bevond werd vooral gebruikt voor onder andere het dekken van de eettafel, het koffie- en theedrinken, en in de slaapkamer. Natuurlijk hadden deze voorwerpen ook decoratieve waarde, maar de gebruikswaarde stond voorop. Zilveren voorwerpen van een overwegend decoratief karakter waren er niet zoveel; in één van beide *beste kamers* hingen acht wandappliques (*hangblakers*, afb. 139), en er waren enkele voorwerpen met zilverbeslag in huis.

De eerste van de twee genoemde inventarissen dateert van 9 november 1747 (bijlage 4); deze werd opgesteld in verband met de taxatie van het bezit van het echtpaar Torck ten behoeve van de betaling van de zogenaamde vijftigste penning, een vrijwillige vermogensbelasting ter waarde van 2% van het vermogen. De Wageningse zilversmid Willem Boekelman bepaalde de waarde van het zilver aan de hand van het gewicht van elk stuk. Het totaal van de ongeveer vijfhonderd opgesomde voorwerpen, ten dele geërfd uit Van Arnhem-bezit, ten dele gekocht tijdens hun huwelijk, bedroeg *f* 6.697,– wat neerkomt op ongeveer 0,5 % van hun gezamenlijke vermogen dat in dit verband getaxeerd werd[325].

Op Rosendael bevonden zich in 1747 onder meer: kandelaars, suikerstrooiers, komforen, schalen en onderschotels ('soucoupes'), sauskommen, ragoutlepels, een mosterdpot, messen, lepels en vorken, theelepeltjes, een koelvat, een olie- en azijnstel, koffiekannen, theepotjes en theeketels, chocoladekopjes en -bakjes, bekertjes, spoelkommen, toiletgerei, een lampetkan, blakers en nog verschillende voorwerpen voorzien van zilverbeslag, zoals een beddepan met zilveren deksel, porseleinen kannen met zilveren deksels, een kan van serpentijn en een cocosnootbeker.

Vooral enkele couverts droegen de gegraveerde wapens van de families Van Arnhem, Van Heyden of Torck. Het wapen Van Arnhem stond onder andere op twee lepels en een blaker, het wapen Van Heyden op twaalf messen en een couvert in een foudraal, en deze beide wapens stonden samen op een koffiekan. Het wapen Torck stond op een zesendertig-delig couvert en op een blaker. Het alliantiewapen Torck-van Hoorn wordt op het zilver van deze lijst niet genoemd, maar kwam wel voor op twee zilveren wandarmen die in de inventaris van 1764 worden genoemd. Van de ongeveer vijfhonderd voorwerpen droegen er volgens Boekelman ongeveer honderdtwintig een Arnhemse keur en een dergelijk aantal een Hollandse keur. Helaas is slechts een enkele keer, zoals in het geval van de zilversmid Mathieu Brodier, een verband te leggen tussen een voorwerp van deze lijst en de vermelding van een betaling aan een zilversmid in Torcks *journalen*. Vergeleken met deze grote hoeveelheid was er maar weinig zilver op het kasteel van Wageningen, Torcks ouderlijk huis, voorhanden, juist voldoende om er met een gezelschap te kunnen eten. Volgens Willem Boekelmans *memorie van 't silver* waren daar twaalf lepels en vorken van Hollandse grote keur, vierentwintig lepels en vorken van kleine keur, vierentwintig messen van grote en twaalf van kleine keur, twee soeplepels en een mergboor met een totale getaxeerde waarde van *f* 724-6-12.

Uiteraard waren de gouden stukken het kostbaarst. De inventaris vermeldt onder meer: een schoteltje (*f* 142-12-0), zes lepeltjes en vorkjes (*f* 228,–), een lepel, vork en heft van een mes (*f* 262-10-0) en als hoogst getaxeerde een lepel, vork en mes (*f* 320,–), die een jaar tevoren bij juwelier Bruysing waren gekocht[326].

De zwaarste en daarmee de duurste zilveren voorwerpen waren: een toiletstel (*f* 234,–) dat Petronella van Hoorns gouden toiletstel verving dat zij in 1733 had verkocht, een lampetkan met schotel (*f* 227-10-0), een theeketel met comfoor (*f* 156,–) en een koelvat (*f* 152-10-0)[327].

De tweede zilverinventaris die bewaard bleef, dateert van het slot van de bewoningstijd van Rosendael door het echtpaar Torck-van Hoorn en werd opgesteld na haar overlijden in october 1764 (bijlage 4). Deze inventaris bevat niet alleen het zilver dat beschouwd werd op Rosendael te behoren, maar ook een tweede lijst van zilver op Rosendael van Petronella van Hoorn zelf, en een derde lijst van zilver dat haar ook toebehoorde en dat zich in haar huis aan de Herengracht in Amsterdam bevond. Vele, maar niet alle stukken van de lijst van 1747 zijn op de eerste twee van deze drie lijsten te traceren. De overige stukken zijn onvoldoende omschreven of werden in de tussenliggende jaren gekocht, zoals het avondmaalszilver voor de nieuwe Rosendaelse kerk, en enkele stukken

136.
Kan, Japans blauw-wit porselein, vierde kwart 17de eeuw, h. 21 cm, Rijksmuseum Amsterdam.

138.
Schoteltje van theeservies, zie afb. 137., diam. 11,6 cm, lijst van voorwerpen 20.

139.
Zilveren wandluchters door Johan Gray of Hendrik van Heuven (toeschr.), Arnhem, tweede kwart 18de eeuw, l. 18 cm, verblijfplaats onbekend, lijst van voorwerpen 26.

die volgens de inventaris kort voor Torcks dood in 's-Gravenhage waren gemaakt. Volgens deze laatste inventaris bevonden zich inmiddels ongeveer zeshonderd zilveren en gouden voorwerpen op Rosendael, driehonderd negentig stuks tot het huis behorend en ruim tweehonderd van Petronella van Hoorn zelf[328]. In Amsterdam bevonden zich nog eens tweehonderd dertig zilveren voorwerpen, die tijdens de inventarisatie in twee kisten en een kastje waren opgeborgen.

Ook in de tweede inventaris staan weer enkele stukken, die gegraveerde wapens droegen van de families Van Arnhem, Van Heyden, Torck en ook Van Outhoorn en Trip. Behalve de stukken die in de inventaris van 1747 al werden genoemd, betrof het hier onder andere twee kandelaars en twee tafelkransen met het wapen Van Arnhem, vijfentwintig messen met het wapen Van Heyden, twee soeplepels, acht kandelaars en vier onderschotels ('soucoupes') met het wapen Torck en voorts een vijftal kommetjes met het wapen Van Outhoorn en een bekertje met het alliantiewapen Trip-Grey[329]. De stukken met een gegraveerd wapen waren dus in de minderheid. Deze aantallen zeggen op zichzelf weinig, maar zij dienen als achtergrond voor de informatie over een aantal aankopen van zilver.

Uit Torcks *journalen* blijkt bij welke zilversmeden en voor welke bedragen hij en zijn vrouw zilver kochten. Gedurende de eerste jaren van hun huwelijk (1722 tot ongeveer 1730) kochten zij voornamelijk bij Amsterdamse zilversmeden, van wie de meesten ook al aan haar hadden geleverd tijdens haar huwelijk met Jan Trip. In deze jaren besteedden zij relatief hoge bedragen aan zilver; daarna daalden deze uitgaven. Overigens mag aan de hoogte van deze bedragen geen absolute waarde worden toegekend. Uit de omschrijvingen blijkt namelijk niet, of gelijktijdig met een bestelling oud zilver werd ingeleverd. Afhankelijk van het ingeleverde gewicht kon de prijs voor een nieuw voorwerp laag uitvallen; het maakloon was in vergelijking tot de zilverprijs relatief laag. De hoogste bestedingen, enkele honderden guldens per jaar in 1722 tot en met 1724, deden zij bij de Amsterdamse servies- en schepwerker Josias van Asperen (1687-1728)[330] en bij de Amsterdamse zilversmid en winkelier Abraham Lapro (1691-1753)[331]; rond 1730 kochten zij bij de Amsterdamse servieswerker Dirk Westrik (1683-1752)[332].

Gelijktijdig werden er ook bij twee Arnhemse zilversmeden bestellingen gedaan: Hendrick van Heuven (1695-1768) en Jean Gray[333]. Deze laatste was afkomstig uit Nantes in Frankrijk en vestigde zich in 1711 in Arnhem; hij overleed voor of in 1736. Van het zilver dat hij aan Torck leverde, bleven bewaard: twee sauskommen waarop later het alliantiewapen Torck-de Rode van Heeckeren werd gegraveerd (afb. 214) en vier kandelaars met op de voet het gegraveerde wapen Torck[334]. Eén van beide zilversmeden kan de twee wandluchters met S-vormig gebogen schacht uit het tweede kwart van de 18de eeuw vervaardigd hebben die tot 1979 op Rosendael werden bewaard (afb. 139)[335]. Uit diezelfde periode dateert een Arnhems comfoor van een onbekende zilversmid (afb. 140)[336]. Na 1730 daalden de uitgaven voor zilver aanzienlijk en volgde er een periode waarin nauwelijks zilver werd gekocht. Waarschijnlijk circa 1743 kocht Torck enkele stukken bij de Wageningse zilversmid Willem Boekelman, waarvan enkele bekend zijn: een zilveren deksel en montuur op een Chinees porseleinen kan, die in 1758 als avondmaalskan in de NH kerk van Rozendaal dienst ging doen (afb. 160), een suikerstrooilepel en een mergboor (afb. 141)[337]. Daarna kocht Torck hoofdzakelijk bij Haagse zilversmeden, zoals bij de weduwe van Hendrik van de Casteele (1686-1742) en Mathieu Brodier[338]. Bij uitzondering kunnen enkele stukken die Brodier leverde, op de inventaris van 1764 teruggevonden worden. Het betreft een koffiekan, een melkkannetje, '4 cekoepes vierkantig met 't wapen erop' en twee suikerstrooiers, die volgens de inventaris kort voor Torcks overlijden in 's-Gravenhage waren gemaakt. Voor deze 'vier silvere soucoupes' (onderschotels) ontving Mathieu Brodier in 1757 *f* 180,–[339]. Eén van deze vier werd in 1979 geveild (afb. 142)[340]. Omdat Brodier de enige zilversmid was die gedurende de laatste jaren van Torcks leven zilver van enig belang leverde, zal hij waarschijnlijk ook de koffiekan (afb. 143), de melkkan en de suikerstrooiers hebben geleverd. In hetzelfde jaar leverde Brodier ook zilveren blakers, waarvan niet bekend is of zij bewaard zijn

140.
Zilveren comfoor door meester I X (?), Arnhem, mogelijk 1730-1731, h. 8,6 cm, part. bezit, lijst van voorwerpen 28.

141.
Zilveren mergboor door Willem Boekelman, Wageningen, circa 1743, l. 23,4 cm, verblijfplaats onbekend, lijst van voorwerpen 30.

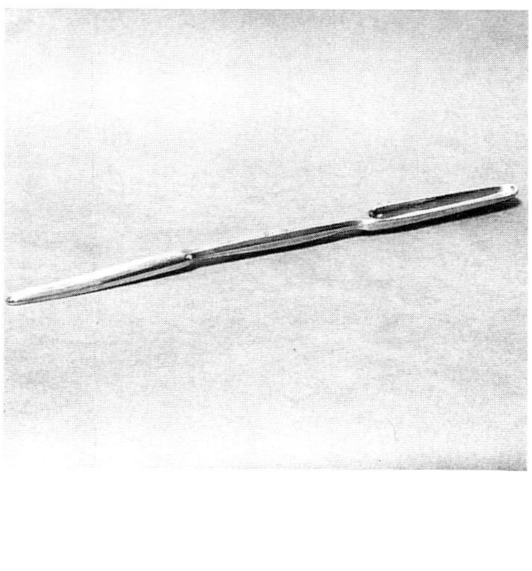

142.
Zilveren onderschotel (soucoupe) met gegraveerd wapen Torck, door Mathieu Brodier, 's-Gravenhage 1757, part. bezit, lijst van voorwerpen 32.

gebleven[341]. De voorwerpen die wel bewaard zijn hebben overwegend een glad uiterlijk zonder ornamenten.

Het Haagse zilver genoot bij de Gelderse adel en het stedelijk patriciaat dikwijls de voorkeur, hetgeen een kwestie van smaak geweest kan zijn, maar ook verklaard kan worden uit het feit, dat vele van deze kopers regeringsfuncties in 's-Gravenhage bekleedden of vanwege huwelijksbanden relaties met deze stad hadden. Dat gold ook voor Torck, toen hij in 1741 werd benoemd tot lid van de Raad van State in 's-Gravenhage. De Haagse stijl sloeg aan in Gelderland en leidde in verschillende steden tot navolging. Niet alleen de familie Torck, maar ook bijvoorbeeld de Arnhemse Brantsens, en de families Van Reede (Middachten), Van Spaen (Biljoen), Van Nagell (Ampsen) en Van Neukirchen genaamd Nyvenheim bestelden hun zilver in 's-Gravenhage[342].

Tot de laatste zilverbestellingen die Lubbert Adolf Torck deed, behoorde het zilver ten behoeve van avondmaal en doop voor de nieuwe kerk in de heerlijkheid, die in 1758 werd ingewijd (zie p.143)

Nadat haar man in 1758 was overleden, wendde Petronella van Hoorn zich aanvankelijk nog tot de Haagse zilversmid en kashouder Jan de Thomese (1710-1778)[343]. Deze leverde haar twee zilveren appliques die zij aan de gerenommeerde Prof. Schwenke te Utrecht schonk als dank voor zijn behandeling van haar zieke man[344]. Maar na haar mans dood richtte zij zich tot de Arnhemse zilversmeden Arnoldus Wilhelmus Muller (1706-1803) en Johannes Arntzen (circa 1732-na 1807)[345].

Petronella van Hoorns juwelenbezit was al voor haar huwelijk met Lubbert Adolf Torck gevormd (zie p. 99). Toen zij met Torck trouwde waren haar juwelen *f* 71.475,– waard, en die waarde steeg alleen in 1725 en 1726 tot *f* 84.475,–[346]. In 1725 deed zij bij haar Amsterdamse juwelier Nicolaas Groen voor de laatste keer een grote aankoop, 'een zeer groot diamant hart' voor *f* 14.500,–[347]. Sinds 1747 waren haar juwelen *f* 79.865,– waard. Zij was dus tevreden met de juwelen die zij als ongetrouwde jonge vrouw in 1715 al bezat en die zij, aangevuld met enkele nieuwe kostbare diamanten sieraden, vijftig jaar lang heeft gedragen[348].

Torcks verdere bouwlust

Voordat nadere aandacht aan de tuinaanleg op Rosendael geschonken zal worden, volgt eerst nog een uiteenzetting van andere opdrachten die Lubbert Adolf Torck als bouwheer heeft gegeven, zowel in zijn geboorteplaats Wageningen als in Rozendaal zelf.

De verbouwing van Rosendael in de jaren 1721-1725 was namelijk geen geïsoleerde gebeurtenis, maar zij paste in een reeks van moderniseringen en nieuwbouwprojecten, waarbij Torck zich – mede dankzij aanzienlijke financiële bijdragen van zijn vrouw – heeft kunnen ontpoppen tot een actieve bouwheer, met als belangrijkste ondernemingen: stedelijke opdrachten namens de magistraat van Wageningen sinds 1708, de modernisering van Rosendael sinds 1721, de bouw van elf grote huurhuizen te Wageningen na 1738 en de bouw van een nieuwe kerk te Rosendael circa 1755.

Toen de werkzaamheden aan het huis Rosendael grotendeels voltooid waren, liet Torck een nieuwe herberg bouwen met een jaarlijkse pachtprijs van *f* 160,–, gevolgd door een nieuwe brouwerij in 1725[349]. De bouwkosten van de brouwerij bedroegen *f* 3.500,–; ze werden gedragen door zijn echtgenote Petronella van

143.
Zilveren koffiekan met gegraveerd wapen Torck, door Mathieu Brodier (toeschr.), 's-Gravenhage 1752, h. 23 cm, part. bezit, lijst van voorwerpen 31.

Hoorn. De pachter moest 4% rente per jaar op de bouwsom (= *f* 140,–) vergoeden, zodat de investering in vijfentwintig jaar werd terugverdiend. Herberg en brouwerij samen leverden dus een jaarlijkse pachtsom van *f* 300,– op.

Toen Torck het aanzien van Rosendael ingrijpend liet wijzigen, had hij in Wageningen al de nodige ervaring als bouwheer opgedaan.

Lubbert Adolf Torck als bouwer in Wageningen

In het voetspoor van proponent (kandidaat-predikant) Johannes Claessen (1734-1812), die in een herdenkingsrede, uitgesproken in de nieuwe kerk van Rosendael op 16 october 1758, twee weken nadat de bouwheer overleed, de goede werken van Torck voor Wageningen prees, hebben latere auteurs aan Torck een buitensporige gulheid toegedicht[350]. Claessen liet geen misverstand bestaan over Torcks verbondenheid met zijn geboortestad:

> Wageningen, daar de eerste, en grootste banden van zijne lievde leggen; (...) dat hij zo veel goeds gedaan heeft, dat, daar het te vooren niets was, nu wel gesteldt, op het oog aanvallig, en in zijnen omstrek zeer vermaakelijk is.

Ja, Wageningen zou naast God alles grotendeels aan Lubbert Adolf Torck te danken hebben! Zelfs een eeuw later was zijn faam in Wageningen nauwelijks verbleekt, zoals uit het Aardrijkskundig Woordenboek der Nederlanden blijkt:

> Onder de huizen treft men verscheidene aanzienlijke aan, van welke Lubbert Adolf, Baron Torck, Heer van Rosendaal en Burgemeester van Wageningen, in het begin der vorige eeuw, er onder anderen vijf heeft doen bouwen; terwijl hij de stad tevens met onderscheidene steenen pompen versierd en in het algemeen aan de verfraaijing en welvaart van Wageningen zoo zeer zijne zorgen gewijd heeft, dat de nagedachtenis van dien Burgervader aldaar steeds in zegening blijft[351].

Maar ook reacties van tijdgenoten getuigden al van dankbaarheid. Kort na hun huwelijk werden zijn vrouw en hij op 20 juli 1722 op feestelijke wijze in Wageningen binnengehaald. Het moet voor de kleine provinciestad een hele gebeurtenis zijn geweest, de intocht van de voornaamste zoon die de stad had voortgebracht met zijn vrouw die een dochter van een Gouverneur-Generaal was.

Er stonden erepoorten opgesteld op de route van de intocht, die van het Kasteel – Torcks ouderlijk huis – naar het raadhuis leidde. Bij aankomst aldaar werden enkele lofdichten gedeclameerd, waarin het echtpaar werd toegejuicht en de Torcken als weldoeners voor hun stad werden afgeschilderd. Zo klonk uit de mond van Henrikus van Ravestein onder meer:

> Wel, souden wij met bloem en welig groen niet brallen
> op d'aankomst van Heer Tork met sijn egtgenoot,
> daar hij met schoon plantsoen vercierde onse wallen
> sij bloeije ook in haar kroost: hij leeft nog na sijn dood.

om te eindigen met:

> Heeft ooyt een adelijk Huys veel heyl en goed verleent
> aen land, aen stad, aen Kerk, aen arm en radelosen,
> Dit Huys van Tork met vrouw van Hoorn nu vereent
> gaff, en belooft nog meer voor Wagenings hulpelosen[352].

Dit bovenstaande heeft het beeld doen ontstaan van een belangeloze maecenas. Torcks inzet voor Wageningen stond echter niet gelijk aan vrijgevigheid. Nog afgezien van de investeringen die hij ten eigen bate in Wageningen deed, lagen zijn verdiensten vooral bij een actieve en kundige belangenbehartiging voor de stad.

Als schepen en burgemeester van Wageningen heeft hij zich op actieve wijze verdienstelijk gemaakt voor het welvaren van de stad en haar inwoners gedurende de lange periode van 1708 tot circa 1750[353]. Hij ontplooide initiatieven en gebruikte zijn invloed en goede relaties om plannen uit te voeren, die de magistraat – het college van burgemeesters en schepenen – van deze kleine provincieplaats zonder zijn hulp niet had kunnen verwezenlijken; op verzoek van zijn mede-schepenen trad hij buiten de vergaderingen dikwijls handelend op. Een goed voorbeeld van zijn initiatieven waar Wageningen van kon profiteren, was het volgende.

In 1721 ontvouwde Torck het plan om naar Amsterdams voorbeeld een stadsloterij in Wageningen te houden, die extra middelen voor de stad zou moeten opleveren[354]. Zijn plan werd uitgevoerd en bracht voor het stadsbestuur inderdaad de nodige inkomsten[355]. In

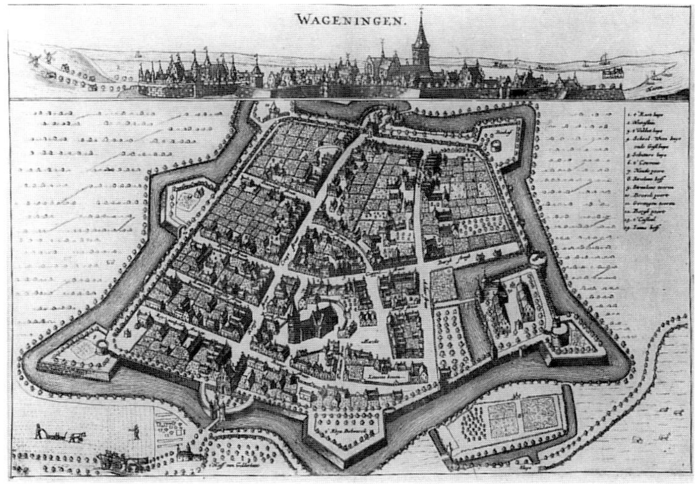

144.
Nicolaes van Geelkercken, kaart van Wageningen, gravure uit: A. van Slichtenhorst, XIV Boeken ..., *1653.*

1724 opperde Torck vanwege het gunstige verloop van de loterij de opbrengst te gebruiken om de straten te vernieuwen en lantaarns in de stad te plaatsen[356]. Zijn voorstel werd aangenomen en men besloot tevens stenen pompen in plaats van de open waterputten te laten maken. Torck nam de uitvoering van dit plan op zich en bestelde korte tijd later de blauwe hardsteen voor acht pompen bij Thomas Ferrier in Amsterdam, die gelijktijdig ook steen leverde voor de verbouwing van Rosendael[357]. Aan het eind van het jaar overwoog men vanwege de invallende winter het steenhouwerswerk en het plaatsen van de pompen tot maart van het volgend jaar uit te stellen, maar die beslissing werd uitdrukkelijk aan Torck overgelaten[358]. Uiteindelijk kostten de pompen ruim *f* 400,– per stuk, en ze werden dus niet gefinancieerd door Torck, maar ze waren wel aan zijn vindingrijkheid te danken[359]. Geen enkele van de acht pompen bleef bewaard. De laatste, die voor hotel de Wereld stond, is rond 1960 geruisloos verdwenen. Na deze nieuwe pompen volgden de plannen voor een nieuwe pastorie in Wageningen en de vernieuwing van het interieur van de raadzaal in 1725 en 1726. De Rosendaelse meestertimmerman Hendrick van Veelen maakte ontwerpen voor beide bouwprojecten. Veelen moest een ontwerp en de bestekken van de pastorie naar Torck sturen. Voor de raadzaal in het tegenwoordig niet meer bestaande stadhuis aan de markt kocht Torck (goud)leer en een marmeren lijst voor de 'Engelsche' schoorsteenmantel; hij gaf in Amsterdam opdracht voor de vervaardiging van de lambrizering en van de schoorsteenmantel zelf[360].

Dan hield Torck zich namens het stadsbestuur ook nog bezig met heel verschillende aangelegenheden zoals: een nieuwe beplanting met iepen van de stadswallen en bolwerken om er de wandeling te veraangenamen (1712); de bestelling van een uurwerk voor de Bergpoort, de oostelijke van de twee hoofdpoorten, en van tien nieuwe stoelen voor de raadzaal in het stadhuis (1724); ontwerpen voor ophaalbruggen (1727); de opdracht tot vervaardiging in Amsterdam van een stuk zilver als dankbetuiging aan Ds Scheidius (1735); en het zoeken naar een geschikt orgel voor de kerk van Wageningen (1745)[361].

In het licht van het voorgaande moet de veronderstelling dat Torck aan de stad een Latijnse school schonk en op eigen kosten de kerk liet herstellen op een mythe berusten[362]. In de resoluties van de vergaderingen van de burgemeesters en schepenen is daarvoor geen aanwijzing gevonden. Toch heeft Torck financiële steun verleend, namelijk bij de aanstelling van een derde predikant van Wageningen waarvan hij *f* 200 van het jaarlijkse tractement van *f* 500,– voor zijn rekening nam[363]. Torcks vrouw schonk in 1743 een nieuwe preekstoel voor de kerk, die werd vervaardigd door meester-timmerman Claas Koninck (afb. 86)[364]. De reeds genoemde Mr timmerman Hendrick van Veelen leverde in 1742/1743 het benodigde wagenschot[365]; het snijwerk werd gemaakt door Jan Pothof[366].

In de oorspronkelijke versie van zijn testament uit 1747 bestemde Torck de opbrengsten van enkele stukken onroerend goed nog 'tot aanlegging van nieuwe stadswerken aan de voors. stad ofte Environs tot derselver verbetering en cieraad, ook tot meerder beneficie van de borgerije en ingesetenen'. Maar het jaar daarna herriep hij dit weldadig voornemen weer[367].

Nieuwe huurhuizen in Wageningen

In de jaren 1738 tot 1744 legde Lubbert Adolf Torck in Wageningen een ware bouwlust aan de dag. Deze bouwnijverheid was daar mogelijk, nadat zijn moeder Anna Maria Ripperda op 16 april 1739 was overleden en hij het Kasteel c.a. aldaar in volle eigendom verkreeg[368].

Het Kasteel werd aan het begin van de 16de eeuw in de zuidoostelijke hoek van de stad gebouwd door hertog Karel van Gelre ter versterking van de stad. De hertog had daartoe in november 1500 een huis aangekocht van Johan van Arnhem sr., dat vervolgens werd versterkt[369]. Het diende als huisvesting van de door de hertog aangestelde drost van Wageningen. Deze functie werd van 1614 tot 1728 door Torcken vervuld. Het kasteel bleef in eigendom bij de Staten van Gelderland. De ouders van Lubbert Adolf Torck – Assueer Torck, behalve drost ook raad en rekenmeester van het vorstendom Gelre, en Anna Maria Ripperda – hadden aan het eind van de 17de eeuw zulke hoge bedragen – bijna *f* 10.000 - in onderhoud en verbetering van het gebouw gestoken, dat de Staten in 1700 bereid waren het huis bij wijze van vergoeding in eigendom over te dragen[370]. In de literatuur wordt vermeld dat Lubbert Adolf Torck dit Kasteel in het begin van de 18de eeuw heeft laten afbreken en op dezelfde plaats een nieuw huis heeft laten bouwen. Deze mededeling is gebaseerd op het *Aardrijkskundig Woordenboek* van A.J. van der Aa uit 1849[371]. Maar sloop gevolgd door nieuwbouw is onwaarschijnlijk, omdat Torcks moeder nog leefde en hij geen eigenaar van het Kasteel was; ook is er in geen enkel archiefstuk ook maar een zinspeling op te vinden. Bovenal is het onwaarschijnlijk, dat Lubbert Adolf Torck het huis waar zijn ouders niet lang tevoren voor ongeveer *f* 10.000,– aan verbouwd hadden, geheel zou hebben laten afbreken. Het ging niet om afbraak en nieuwbouw, maar eerder om een verbouwing van het oude Kasteel door zijn ouders. Vergelijken wij de kaart van Wageningen door Nicolaes van Geelkercken uit 1653 (afb. 144), waarop het Kasteel staat afgebeeld met de *Caart van het Casteel te Wageningen* (afb. 145) door Barend Elshoff uit 1722, dan is al snel duidelijk dat het door Elshoff getekende complex is voortgekomen uit het 16de-eeuwse Kasteel. De gracht aan noord- en westzijde (stadskant) werd gedempt, de ronde torens op de noord-oostelijke hoek en op het bolwerk werden gesloopt, de ronde hoektorentjes aan de ingang op de noordwestelijke hoek van het kasteelcomplex verdwenen en het losstaande gebouw aan de oostzijde werd afgebroken. Het hoofdgebouw zelf werd vergroot en verfraaid en bovendien uitgebreid met een haaks erop staand stalgebouw. De grachtmuren aan de noord-, oost- en zuidzijde en die van het bolwerk bleven gehandhaafd en werden in de nieuwe aanleg opgenomen.

Assueer Torck overleed korte tijd later in 1698. Zijn neef Jan van Arnhem schreef een gedicht om hem te gedenken: *Morale reflexien over 't afsterven van de heer Asueer Torc*; het opende met een vergelijking tussen het nieuwe kasteel van Wageningen en Gods hemelse woning[372]. Het door Assueer Torck gespendeerde bedrag is het drievoudige van de kosten die Jan van Arnhem besteedde aan de verbouwingen aan het voorplein van Rosendael, die in 1698

145.
Barend Elshof, het Kasteel van Wageningen, 1722, inkt en penseel, in het ronde perk een spiegelmonogram van Lubbert Adolf Torck, part. bezit.

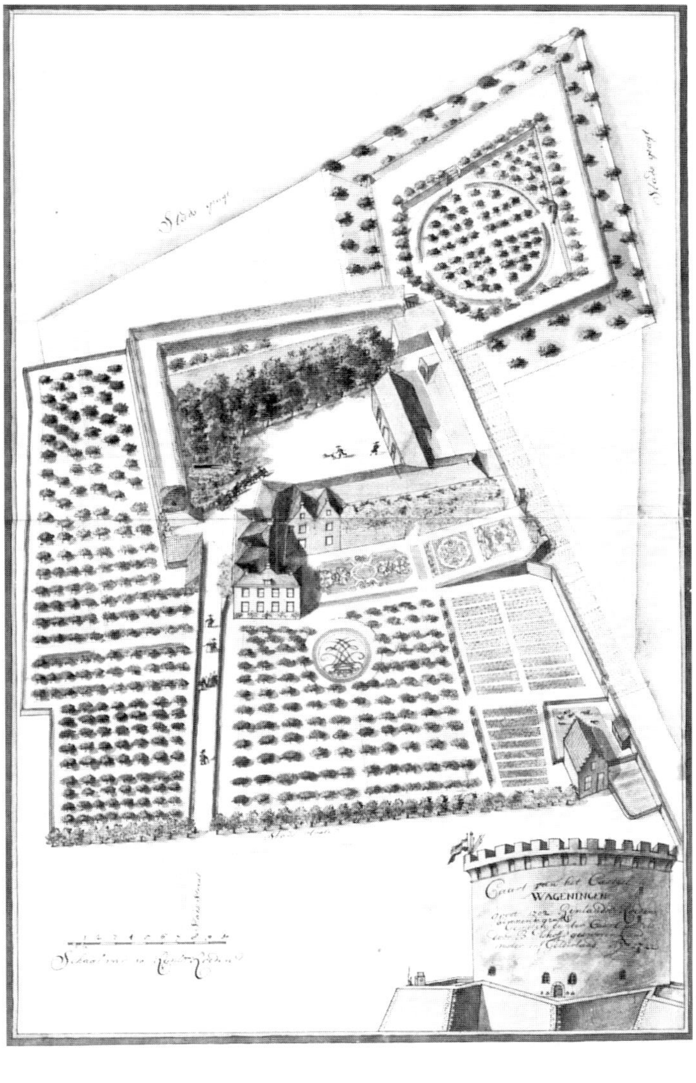

146.
Anoniem, het Kasteel van Wageningen uit het westen, 1725, inkt en aquarel, part. verz. RKD, 's-Gravenhage.

door hem waren opgedragen voor *f* 3.100,–; bovendien werkten er volgens Van Arnhem dezelfde metselaar en timmerman aan (zie p. 44). De werkzaamheden in Wageningen moeten dus behoorlijk omvangrijk zijn geweest.

Maar na het overlijden van zijn moeder sloeg Lubbert A. Torck elders op de door hem geërfde grond op grote schaal aan het bouwen. In zeven jaar tijd liet hij elf grote en twee kleine huizen aan de oostzijde van de huidige Herenstraat (de toenmalige Stadsstrate, later Achterstraat) verrijzen, ten dele op eigen grond, het oude hof behorend tot het kasteel, en ten dele op een daarvoor gekocht aangrenzend terrein. Zo'n grote bouwonderneming was voor Gelderland uniek; Torck moet in Amsterdam op het idee zijn gekomen.

De huurders van de gereedgekomen huizen waren overwegend van buiten Wageningen afkomstig. In 1773 schreef de *Nieuwe Geographische Nederlandsche Reise- en zak-atlas* over deze huizen in Wageningen: 'Het is een fraaije zindelijke plaats, en waarin veele voornaame huizen na de Engelsche wijze gebouwd zijn, in de meesten derzelven woonen Hollandsche voornaame familiën'[373].

Reeds in 1738 gaf Torck opdracht tot de bouw van een blok van vijf nieuwe huizen met 'stallingen, koetshuijs, torfhock en hofjens' op een gedeelte van de oude hof van het kasteel[374]. Deze nog bestaande huizen aan de Herenstraat (no.'s 6-14, afb. 147) werden in 1738-1739 gebouwd en moesten op 1 mei 1740 voor de verhuur gereed zijn. De bouwsom van dit huizenblok bedroeg f 17.500,–[375]. Het metselwerk werd op 18 november 1738 aanbesteed aan de meester-metselaars Derck en Johan Volhart te Rhenen, 'ingevolge de aan haar vertoonde tekeninge en besteck', waaruit blijkt dat Torck een aparte opdracht voor het ontwerp zelf had verleend[376]. In het zevenendertig artikelen lange bestek voor de bouw en de levering van materialen wordt veelvuldig naar tekeningen verwezen. De aannemer moest zich stipt aan het bestek, de tekeningen en de aanwijzingen van de door Torck aangestelde opzichter houden. Uit deze en enkele andere stukken blijkt, dat Mr timmerman Claas Koninck de supervisie over de uitvoering had; mogelijk had hij ook het ontwerp geleverd[377].

De Arnhemse stadstimmerman Leendert Viervant sr. speelde bij dit bouwproject eveneens een rol. Hij kreeg in 1738 in totaal *f* 3.750,– betaald als 'aannemer van het nieuwe werck tot Wageningen'[378]. Dit slaat waarschijnlijk niet op de nieuwe huizen, maar op de bijbehorende stallen, koetshuizen en turfschuren, die aan hem waren aanbesteed[379]. In hetzelfde jaar werden in Wageningen zesendertig blauwe zerkstenen geleverd, die voor de stoepen, dorpels en dergelijke van deze nieuwe huizen dienden[380]. Torcks journaal over de vijf volgende jaren is niet bewaard gebleven, en daarom ontbreken verdere details.

Wat de huidige toestand van de huizen betreft, deze zijn met wijzigingen aan vensters en deuren aan de buitenzijde redelijk goed bewaard gebleven. De vlakke bakstenen gevels worden slechts door rijen vensters geleed: ieder huis is drie vensters breed. Het gehele huizenblok maakt aan de zijden eveneens een forse indruk, omdat de twee hoekhuizen dieper naar achteren doorlopen dan de drie middenhuizen. Op straatniveau bevinden zich de half hoge vensters van het souterrain en de toegang tot het huis; daarboven de bel-étage en de verdieping met hoge vensters en de zolderverdieping met vierkante vensters (mezzanino). Het is dezelfde indeling die tevoren ook was toegepast bij de verbouwing van Rosendael en die kenmerkend is voor de hele reeks van de door Torck opgetrok-

147.
Wageningen, Herenstraat 6-14, voorgevel, 1966.

ken gevels: het corps de logis van Rosendael, de elf grote Wageningse huizen, en tot slot de pastoriezijde van de kerk van Rosendael.

De interieurs van dit Wageningse huizenblok zijn in de loop der jaren sterk gewijzigd. Het bestek van het schilderwerk geeft enkele bijzonderheden van de te schilderen betimmeringen in de nieuwe huizen; het maakt ons nog eens duidelijk, dat de afwerking van 18de-eeuwse interieurs kleurrijk was. De luiken voor de ramen, de panelen, deuren, lambrizeringen en schoorsteenboezems moesten met twee tot drie verschillende kleuren naar keuze van de opdrachtgever worden geschilderd, alle met gewone verven, maar niet met Berlijns blauw of vermiljoen. Een groene olijfkleur zou echter met Spaans groen geprepareerd moeten worden[381].

Aangezien Torck het tot die tijd door zijn moeder bewoonde kasteel met ingang van 1 mei 1739 direct verhuurde aan schepen R.W. van Pabst, heer van Wolfswaard en diens vrouw Antonia Huygens[382], nam Torck zelf het hoekhuis van het nieuwe blok naast de uitgang van het kasteel in gebruik (huidige Herenstraat 6, op de hoek met de Kasteelse Gang) en bewoonde het incidenteel. De drie middenhuizen werden met ingang van 1 mei 1740 voor *f* 150 per jaar verhuurd aan respectievelijk kapitein Pabst, kapitein, later schout-bij-nacht, Joost Sels (1701-1759)[383] en de stadssecretaris Mr. Constantijn Cras[384]. Het andere hoekhuis, evenals het eerste met koetshuis en stal, was op 1 november 1740 gereed en werd voor *f* 225 per jaar verhuurd aan Alexander Diederik van Spaen van Biljoen (1710-1764), die van 1741 tot 1751 schepen van Wageningen was[385]. In later jaren wisselden verschillende huurders elkaar geregeld af: Pieter Adriaan van den Branden, cornet Van Till, de Leidse en Harderwijkse advocaat Jacobus Cras (1715-1784)[386], burgemeester Weckke, majoor Van Imbyze van Batenburg, een heer Swalmius, Engelbert Menthen, Martin de la Roche, J.G.L.A. van Neukirchen gen. Nyvenheim (1705-1792)[387].

Torck liet het niet bij deze vijf nieuwe huizen. In 1740 liet hij nog twee kleine huisjes bouwen tegenover het hoekhuis dat hij zelf bewoonde[388]. Waarschijnlijk betrof het de andere hoek van de uitgang van het kasteel. Beide huisjes werden met ingang van 1 mei 1741 verhuurd voor *f* 25 per jaar.

In 1741 liet Torck voor de som van *f* 8.000,– een blok van twee grote huizen verrijzen, op de plaats van een in dat voorjaar gesloopt huisje aan de wal[389]. Het ene nieuwe huis was drie, het andere vier traveeën breed (afb. 148). Per 1 mei 1742 werd het grote verhuurd aan Mr. Constantijn Cras voor *f* 200,– en het kleine aan kapitein Pabst voor *f* 175,–. Latere huurders waren onder andere: kapitein Van Buuren, Mevrouw Swart en Prof. Pagenstecher. Dit rijzige maar ondiepe huis, dat in Wageningen door een voor de oorlog aangebracht opschrift bekendheid genoot onder de naam *Huize Torck*, ging in 1972 door brand verloren.

Torck had met de voltooiing van dit dubbele huis vrijwel de gehele strook van het kasteelterrein aan de *Stadsstrate* (Achterstraat, later Herenstraat genaamd) bebouwd. Omdat hij zijn huizenbezit nog verder wilde uitbreiden, kocht hij in 1742 vervolgens twee huizen aan de *Stadsstrate* en een aan zijn terrein grenzend perceel van burgemeester Peter Suermondt[390]. Hierop liet hij in 1743 en 1744 een derde blok van vier nieuwe huizen met een koetshuis en stallen bouwen. In tegenstelling tot de eerder gebouwde huizen lagen deze huizen niet direct aan de straat, maar verder naar achteren zodat er een voorplein ontstond, dat met de oude benaming nog altijd als

148.
Wageningen, Herenstraat 2-4, achtergevel, 1966.

bassecour wordt aangeduid. Dit huizenblok diende tot 1990 als 'hoofdgebouw' van de Landbouw Universiteit (afb. 149, 150).

De gevelindeling was hier weer gelijk aan die der eerder gebouwde huizen: een half hoog souterrain, twee hoge verdiepingen en een lage zolderverdieping met vierkante ramen. Elk huis was drie ramen breed. De mr timmerman Claas Koninck had wederom de leiding bij de bouw, hetgeen onder andere blijkt uit enkele brieven uit 1744, die Koninck aan Torck over de vorderingen schreef[391]. In augustus van dat jaar waren er nog elf metselaars aan het werk; zij stonden op het punt de binnenmuren te gaan pleisteren, waarna een behanger zou worden ingeschakeld. Over de plattegrond van de nieuwe huizen wordt alleen duidelijk, dat er in één der huizen – in tegenstelling tot Rosendael – met zoveel woorden van een eetzaal op de hoofdverdieping sprake was. Ook rekende Torck op 11 october 1744 met Koninck de verschotten af voor de timmerlieden, metselaars, arbeiders en alle anderen; in de zeven voorafgaande maanden bedroegen ze ruim *f* 4.700,–[392]. De vraag wie het ontwerp voor deze huizen had gemaakt, is daarmee nog niet beantwoord. Uit Konincks brief van 1 november 1744 bij de beëindiging van de werkzaamheden valt op te maken, dat hij het niet was: 'Hier nevens send ik UwEd:HWGB alle de tekeningen soo ver als mijn bewust is die ik van UwEd:HWGB onder mijn heeft gehad ...'. De leveranciers van bouwmaterialen waren doorgaans dezelfden die ook voor Rosendael leverden, veelal afkomstig uit Amsterdam en Den Haag: de steenkoper Roelofse, de houtkoper Dirk Saal, en de Haagse steenhouwer Jan Oosthout, die schoorsteenmantels en blauwe drempels leverde[393]. Het stucwerk in de nieuwe huizen werd vervaardigd door Jacob of Hendrik Husly[394]. Van de verschillende steenhouwers die tegelijkertijd op Rosendael werkten, kwam in ieder geval Hendrik Amshof uit Gildehaus in 1744 naar Wageningen[395].

Van verschillende leveranties is het niet duidelijk, maar wel goed mogelijk dat ze ten behoeve van de nieuwe Wageningse huizen werden gedaan, zoals bij voorbeeld de spiegels die de Amsterdamse spiegelkoper Pieter le Normand leverde[396]. Ook de schilder Gerard Hoet (de jonge) komt in deze periode twee keer in Torcks journalen voor, maar zonder nadere aanduiding en met lage bedragen[397].

De beide hoekhuizen waren het eerst gereed en konden per 1 november 1744 verhuurd worden aan respectievelijk Pieter Adriaan van den Branden en kapitein Joost Sels, die beiden een middenhuis bewoond hadden in de in 1738/1739 gebouwde rij. De twee tussengelegen middenhuizen werden per 1 mei 1745 verhuurd aan de burgemeesters Van Hogendorp[398] en Weckke. De huurders wisselden in latere jaren nog wel eens. Nieuwe huurders waren onder andere: de Hattemse burgemeester Jean Louis van Alderwerelt (1711-1778), majoor Roeleman Ferdinand graaf van Bylandt (1716-1791), kolonel Spieringh, Andries Hartsinck (1720-na 1783), die sinds 1742 kapitein was bij de admiraliteit van Amsterdam, kolonel Verschuur, schout bij nacht Willem baron van Wassenaer (1712-1783), en kapitein Renes[399].

De huurwaarde van elk der vier nieuwe huizen bedroeg *f* 300,– per jaar en de bouwkosten van het gehele blok hadden *f* 22.000,– bedragen; het jaarlijks rendement op de geïnvesteerde bouwsom

149.
Wageningen, huizen aan het bassecour, voormalig hoofdgebouw van de Landbouw Universiteit, voorzijde, circa 1900, Gemeentearchief Wageningen.

bedroeg dus ongeveer 5, 5%, exclusief onderhoudslasten[400]. Ten slotte kocht Torck nog eens twee huizen in de Broekstraat met een huurwaarde van *f* 53,– en *f* 30,– voor *f* 1.000,–[401].

De huurwaarde van deze zeventien gebouwde en gekochte huizen bedroeg *f* 2.638,–. De huurwaarde van het Kasteel bedroeg *f* 500,– waardoor het totaal van Torcks Wageningse huizenbezit uitkwam op een huurwaarde van *f* 3.138,–. Op de balans van Petronella van Hoorns vermogen staan de Wageningse huizen sinds 1744 vermeld voor een waarde van ruim *f* 52.500,– hetgeen betekent dat hun jaarlijks rendement zonder de lasten mee te rekenen ongeveer 5% bedroeg[402]. Daar blijkt ook uit, dat de bouw van deze huizen uit haar vermogen werd gefinancierd[403]. De taxatie van zijn bezit in de stad en het schependom Wageningen (het Kasteel van Wageningen, de huizen en de gronden) in verband met de betaling van de 50ste penning in 1747 bedroeg *f* 78.352,–. Dat was meer dan de waarde van Rosendael, die namelijk *f* 59.230,– bedroeg[404].

Waarom investeerden Torck en zijn vrouw in slechts enkele jaren zulke hoge bedragen in Wageningen? Er is wel gedacht dat Torck vanwege zijn grote liefde voor Wageningen op deze wijze de stad aantrekkelijker wilde maken voor welgestelden van buiten. Inderdaad was Torcks verbondenheid met Wageningen groot. De huurders waren in meerderheid niet uit Wageningen afkomstig. Zij vonden het misschien aantrekkelijk een nieuw huis in een rustige Gelderse provinciestad te betrekken. Verschillenden van hen, afkomstig uit koopvaardij en marine, kenden Torck via de Admiraliteit van Amsterdam.

Toch had deze hoge investering een andere motief. Torcks belangrijkste motief was zonder twijfel ingegeven door zijn streven om het vermogen en de inkomsten van hem en zijn vrouw beter te spreiden en eventueel te verhogen. Wellicht hebben de landbouwcrisis en de daarmee verband houdende dalende graanprijzen tijdens de jaren dertig van de 18de eeuw hem doen besluiten dat een bredere spreiding noodzakelijk was.

Het rendement op de geïnvesteerde bouwkosten van deze huizen bedroeg 4,5 tot 5,5 %, zonder rekening te houden met de jaarlijkse onderhoudslasten. Wanneer dat wel gebeurt dan zal het rendement dicht in de buurt liggen van de gemiddelde rente op obligaties en uitstaande leningen, die ongeveer 3 tot 4% bedroeg[405]. Het rendement van hun huis aan de Herengracht te Amsterdam was lager; dat bedroeg slechts circa 1, 5%[406]. De bouw van zijn Wageningse huizen was dus een degelijke belegging. Aangezien mevrouw Torck sedert 1742 niet meer over het vruchtgebruik van Beeckesteyn beschikte, bracht zij door haar investering in deze nieuwe huizen het bestanddeel van onroerend goed in haar vermogen weer bijna op hetzelfde peil (zie p. 89). Bovendien zou Torck het niveau van zijn inkomsten op gelijk peil kunnen handhaven, wanneer op latere leeftijd de inkomsten uit zijn ambten zouden afnemen. Het aandeel van deze huurinkomsten in Torcks gehele inkomen sedert 1746, toen de grote huizen gereed waren, bedroeg gemiddeld 13, 2% per jaar[407].

Bij testament verplichtte Torck zijn erfgenaam A.J. Torck om ten minste vier maanden per jaar het Kasteel van Wageningen te bewonen. Wanneer hij in gebreke zou blijven, zou het eigendom van het Kasteel overgaan op de magistraat van Wageningen ten behoeve van gebruik door de stad. In een latere toevoeging aan het testament liet hij deze bepaling vervallen; Assueer Jan Torck hoefde er niet te wonen en mocht het Kasteel zelfs verhuren[408]. Aanvankelijk leek A.J. Torck zich aan de oorspronkelijke bedoeling van een geregeld verblijf te Wageningen te zullen houden. Vanwege zijn functies in Wageningen was daar ook voldoende reden voor. Sedert 1763 was hij – met een onderbreking van 1779 tot 1789 – schepen, in het jaar 1765 en 1775 was hij burgemeester en in 1792 en 1793 ten slotte richter[409]. Hij betrok het hoekhuis bij de uitgang van het Kasteel dat Petronella van Hoorn hem in het voorjaar van 1762 ter beschikking had gesteld. Zij kwam uit Rosendael bij het jonge gezin in Wageningen op bezoek; Eusebia Jacoba de Rode van Heeckeren schreef daarover aan haar man Assueer Jan Torck, die in Arnhem was:

> Je voulois vous faire rapport de notre visite de ce matin. Mad. de Rosendael a vu toute la maison mais fort en passant, elle a trouvé tout merveilleusement bien excepté eene schilderij die een beetje hooger hing als de andere, elle etoit van een engelagtig humeur (...)[410].

Maar na 1766, toen Assueer Jan Torck en zijn vrouw afwisselend in 's-Gravenhage en op Rosendael woonden, zal hem het verblijf in Wageningen te omslachtig zijn geworden en toen werd het hoekhuis in de zomer van 1768 weer verhuurd[411]. Het Kasteel werd in 1773 verhuurd aan bovengenoemde R.F. graaf van Bylandt, die al sinds 1747 een huis van Lubbert Adolf Torck huurde[412]. Rentmeester Jacob van Wijk stelde een lijst op van het linnengoed, beddegoed, porselein en aardewerk, glas, tin en koper, en van de meubels van de familie Torck, aanwezig in het Kasteel[413].

Nog een generatie later was de belangstelling van de Torcken voor hun stad voorgoed geweken. Reinhard J.C. Torck verkocht in 1804 en 1805 de vier huizen op de bassecour voor *f* 10.300,– aan J.H. van Zuylen van Nievelt (1751-1828)[414] en het blok van vijf huizen aan een Van Ommeren[415]. Zijn kinderen verkochten ten slotte in 1829 het Kasteel c.a. voor *f* 10.000,– aan de Wageningse koopman Jacob Marcus Rosenik (1775-1853), die de Torcken als grootste grondeigenaar in Wageningen voorbij was gestreefd[416]. De eerst genoemde vier huizen werden tot 1876 particulier bewoond, toen kocht de gemeente de huizen en stelde ze ter beschikking aan de Landbouw Hogeschool, die het complex als hoofdgebouw in gebruik nam. Sindsdien werden vooral de interieurs ingrijpend gewijzigd; er zijn in deze vier huizen maar weinig 18de-eeuwse details en onderdelen bewaard gebleven. Circa 1930 werd de kap aangepast ten behoeve van een hogere zolderverdieping. De vierkante ramen werden verhoogd, maar de nokhoogte en daarmee de massawerking van het gehele complex ondervond geen drastische veranderingen. De huizen werden in 1988/1989 met sloop bedreigd, toen de Landbouw Universiteit het complex verliet en het aan een projectontwikkelaar verkocht. Daarop werd in Wageningen met succes actie gevoerd om het bijna 250 jaar oude gebouw te redden[417].

151.
Rozendaal, N.H. kerk, voorgevel aan de Kerklaan.

150.
Wageningen, huizen aan het bassecour, achterzijde na verhoging van de zolderverdieping, 1966.

Een nieuwe kerk in Rosendael

Na de voltooiing van deze bouwprojecten in Wageningen heeft Torck nog enkele opdrachten tot verbouwing of tot nieuwbouw in de heerlijkheid Rosendael gegeven. In 1750 liet hij *het Spijker*, het oude woonhuis van de vroegere rentmeester Huybert van Nuys, verbouwen ter bewoning door de rentmeester Johan Hendrik Knoops[418]. En in 1753 kocht Torck voor rekening van zijn vrouw voor *f* 390,– een huis van Jacob van Hees, dat eerst ten dele en per 1 november 1757 geheel aan de schoolmeester Jan Schuylenburg als woning annex school ter beschikking werd gesteld[419]. Nadat Torck in 1758 was overleden, liet Petronella van Hoorn in mei 1759 de oude herberg *het Leyenhvis* die in staat van verval was geraakt, afbreken om op dezelfde plaats naast de nieuwe kerk een nieuw huis voor de schoolmeester-koster te bouwen, waarin ook de school werd gehouden[420]. Schuylenburg had vrije inwoning en kreeg een tractement van *f* 100,– per jaar[421]. Zo hing de stichting van de eerste school in de heerlijkheid samen met de bouw van de nieuwe kerk: de school werd in het kostershuis naast de kerk gehouden en de *custos* kreeg zowel de functie van schoolmeester als van koster.

Het grootste bouwproject dat Torck en zijn vrouw na de bouw van de nieuwe huizen in Wageningen ondernamen, was de bouw van een eigen kerk in de heerlijkheid Rosendael. Rosendael vormde met Velp een kerkelijke gemeente. De inwoners gingen daar ter kerke, en de bewoners van het kasteel ook wel in Arnhem. Torck vond deze afstand bezwaarlijk. Reeds in 1752 liet Torck blijken plannen in die richting te koesteren. In de vergadering van ambtsjonkers van Rheden van 23 september van dat jaar bracht Torck de mogelijkheid ter sprake van de aanstelling van een eigen schoolmeester en een predikant in Rosendael[422]. In 1757 richtte de richter van de heerlijkheid Rosendael J.C. Copes van Hasselt zich namens Torck tot het Hof van Gelre en Zutphen om toestemming te verkrijgen voor de aanstelling van een eigen predikant in de heerlijkheid, waarvoor Torck zelf de kosten zou dragen[423].

Het ontwerp voor de nieuwe kerk muntte niet uit door inventiviteit. Het gebouw draagt aan de buitenzijde behalve de hoge ramen nauwelijks kenmerken van een kerk (afb. 151). Het gaat om een zaalkerk met een bijna vierkante plattegrond van 11, 5 bij 13, 5 m., zonder toren of dakruiter, met een blinde noordgevel aan de straatzijde met twee later toegevoegde ingangsportaaltjes, twee respectievelijk drie rondboogvensters (oorspronkelijk vier) in de zijgevels en met een pastorie aan de zuidkant van de kerk gebouwd.

De gevel van de pastorie aan de achterzijde (zuidzijde) van het kerkgebouw, die de indruk wekt voor een gesloten straatwand bedoeld te zijn, is op dezelfde wijze met vensters geleed als de zuidgevel van Rosendael zelf en als de gevels van de huizen die Torck in Wageningen had laten bouwen (afb. 152). De aanbouwen aan de beide zijden van de kerk dateren van later datum.

Men betreedt de kerk thans via een bescheiden portaal op de noordoostelijke hoek, waarschijnlijk niet de oorspronkelijke ingang. De vormgeving van het interieur is vreemd. De hoogte van het plafond (9, 5 m.), gedragen door vier kolommen, is te groot in vergelijking tot de plattegrond. Tegen de vlakke en oorspronkelijk ongedecoreerde zuidmuur werd de preekstoel geplaatst. De muren kregen een ongeveer 2 m. hoge lambrizering, waartegen zich aan de zuidzijde behalve de preekstoel ook de dooptuin en de ambtsdragersbanken bevinden, aan de noordzijde de herenbanken voor de kasteelbewoners met daarboven een galerij met orgel en aan de oost- en westzijde gesloten banken. Aan de balustrade van de orgelgalerij bevindt zich het in hout gesneden gekroonde alliantiewapen Torck-van Hoorn met in het midden het wapen van de heerlijkheid Rosendael (afb. 153, 156); het is niet zeker of dit ook de oorspronkelijke plaats was. De lege, circa tien meter hoge en twaalf meter brede, zuidwand werd in 1904-1905 gevuld met een monumentale wandschildering van de hand van de schilder Gerrit van der Hoef naar idee-ontwerp van de toenmalige Rozendaalse predikant Dr J.D. Bierens de Haan (1866-1943) met als grondgedachte 'Al wat ademt love den Heer' (afb. 155)[424]. De wandschildering is een ongewone decoratie in een Hervormde kerk. De oorspronkelijke ingang van de kerk lag mogelijk aan de oostzijde en werd bij de verplaatsing van de ingang naar de noordzijde dichtgezet. Het eerste orgel bevond zich waarschijnlijk links naast de preekstoel. Deze preekstoel had vroeger geen opgang in de kerk, maar was uit de pastorie door de achterwand bereikbaar[425].

Aan de hand van de betalingen die in Torcks journaal vermeld staan, kan de bouw van de kerk op de jaren 1754 en 1755 gedateerd worden en de voltooiing van het interieur op 1756 tot 1758. Welerom zijn niet alle posten gespecificeerd maar wij mogen wel aannemen dat de hoge posten voor bouwmaterialen in Torcks journalen van deze jaren in verband staan met de bouw van deze nieuwe kerk[426]. In 1754 legde de leidekker Evert Raet reeds een leien dak op de nieuwe kerk[427]. De Arnhemse schilder Hendrik Reyers leverde de 'glasen in t dominees huis en kerk op Rosendaal Ao 1754'[428].

152.
Rozendaal, N.H. kerk, achterzijde, pastorie.

Daarna volgde de afwerking van het interieur. De stucwerker Joannes Bistoli, die evenals zijn hier te lande werkende vakbroeders uit Noord-Italie afkomstig moet zijn geweest, was reeds eerder werkzaam voor Torck, namelijk bij het pleisteren van het interieur van de nieuwe oranjerie in 1751, bij een reparatie van het stucwerk in het Kasteel van Wageningen in 1752 en bij het stucadoren van het door de graaf van Bylandt gehuurde Wageningse huis in 1753-1754[429]. Bistoli werd in 1755 betaald voor het stukadoren van de kerk en de kamers in de pastorie[430]. Dit stucwerk is niet bewaard gebleven, maar wij mogen wel aannemen dat Bistoli de sierlijke Rococo-vormen toepaste, die onder invloed van Frankrijk sinds het midden van de 18de eeuw in zwang raakten[431].

De beeldhouwer Kniest, wellicht dezelfde als de meester-beeldhouwer en *grottier* Jacob Kniest die van 1731 tot 1736 op Rosendael werkzaam was, maakte de in hout gesneden wapens Torck en Van Hoorn met daartussen het wapen van de heerlijkheid Rosendael, en daaronder het jaartal MDCCCLVIII, dat de voltooiing van de nieuwe kerk markeert[432]. Hier vertoont het snijwerk wel rocaille-ornamenten, hoewel Kniest zich niet geheel van inmiddels verouderde stijlvormen heeft kunnen losmaken (afb. 156).

In hetzelfde jaar werd in Amsterdam de bronzen luidklok vervaardigd, die nog altijd dienst doet. Deze klok, die op de noordoost hoek van de kerk hangt, draagt het opschrift: *Anno 1758 me fecit Pieter Seest Amstelodami.*

Ook de inventaris van de kerk werd in deze tijd aangeschaft. Vooral de aankoop van het orgel was een hele onderneming. Torck

153.
Rozendaal, N.H. kerk, interieur naar het noorden met orgeltribune en kerkbanken, circa 1920, foto C.K. Goedeljee, Arnhem. RAG, AHR inv. 2127.

had de nieuwe organist Coenraed Schaep in maart 1758 in gezelschap van Zeeger Verbeek en Evert de postillion (koetsier) naar Deventer gezonden om daar van de organist W. Beeler een orgel te kopen. Zij betaalden er *f* 546,– voor en keerden met het orgel, geladen op drie wagens en een kar, in gezelschap van de Deventer organist en een orgelbouwer naar Rosendael terug[433].

Tot slot moesten nog enkele kerkelijke utensilia worden aangeschaft, zoals nieuwe bijbels en het zilver ten behoeve van de avondmaalsviering en de bediening van de doop. Het kerkzilver wordt gevormd door twee avondmaalsbekers, een broodschaal en een doopbekken, alle vier vervaardigd in een traditionele vorm zonder eigentijdse stijlkenmerken en alle voorzien van het gegraveerde wapen van de Heerlijkheid Rosendael (een roos), geflankeerd door de wapens Torck en Van Hoorn en het jaartal MDCCCLVIII (afb. 157-159). Deze stukken zijn van verschillende makelij: de van binnen vergulde avondmaalsbekers werden in 1758 vervaardigd door de Amsterdammer Gerrit Boverhof (1696-1772), die bekendheid genoot als een productief servieswerker[434]. Het doopbekken en de broodschaal zijn van de hand van een onbekende Arnhemse zilversmid, die zijn werk liet keuren met de letters **I X**[435].

Mogelijk werden de avondmaalsbekers in Amsterdam besteld via de Amsterdamse predikant Ds Martinus Snethlage, die de nieuwe kerk van Rosendael inwijdde. De inventaris van het Rosendaelse zilver (1764) vermeldt (bijlage 4):

> 1 ronde uytgeschulpte doopbekken / 1 vierkante broodschootel tot het gebruyk voor het H. Avondmaal, en ook / 2 beekers tot het selfde gebruik, van binnen verguld, met de wapens van ons beide en de heerlijkheid Roosendaal erop.

Bij het zilver behoort ook een Chinees blauw porseleinen schenkkan met zilveren deksel (afb. 160). Het zilver werd altijd op het huis bewaard en alleen voor gebruik naar de kerk gebracht. Deze gewoonte werd gehandhaafd tot 1977, toen het zilver na overlijden van W.F.T. baron van Pallandt definitief aan het kerkbestuur werd overgedragen[436].

De Arnhemse boekverkoper Nijhoff leverde de bijbels voor de kerk[437] en Wijnant Mulder, eveneens uit Arnhem, leverde veren voor de kussens om de zit op de houten banken te verzachten[438].

Zo had Torck zijn eigen kerk voor gebruik in orde gebracht zonder aanvankelijk toestemming te hebben van het Hof van Gelre en de classis van Overbetuwe. In 1757 diende hij op de landdag een verzoek in om Rosendael kerkelijk van Velp af te mogen scheiden en een predikant in Rosendael aan te mogen stellen[439]. Deze toestemming werd in 1758 inderdaad gegeven, waarop Torck de ingebruikneming van de inmiddels voltooide kerk kon voorbereiden en een predikant en organist kon aanstellen. Torck en zijn opvolgers bezaten als eigenaren van de kerk het collatierecht, dat is het recht een predikant te benoemen. De al genoemde Arnhemmer Coenraed Schaep werd door Torck per 1 juni 1758 als organist aangesteld op een tractement van *f* 63,– per jaar.

Een week later werd de kerk voor het eerst gebruikt bij het huwelijk van Torcks neef en toekomstige erfgenaam Assueer Jan Torck, die op 8 juni in het huwelijk trad met Eusebia Johanna de Rode van Heeckeren. Het huwelijk werd bevestigd door de Arnhemse predikant Wilhelmus Temmen. In de in druk verschenen

154.
J.A. Slempkes, plattegrond van de N.H. kerk van Rozendaal met bankenplan, inkt. RAG, AHR inv. 2128.

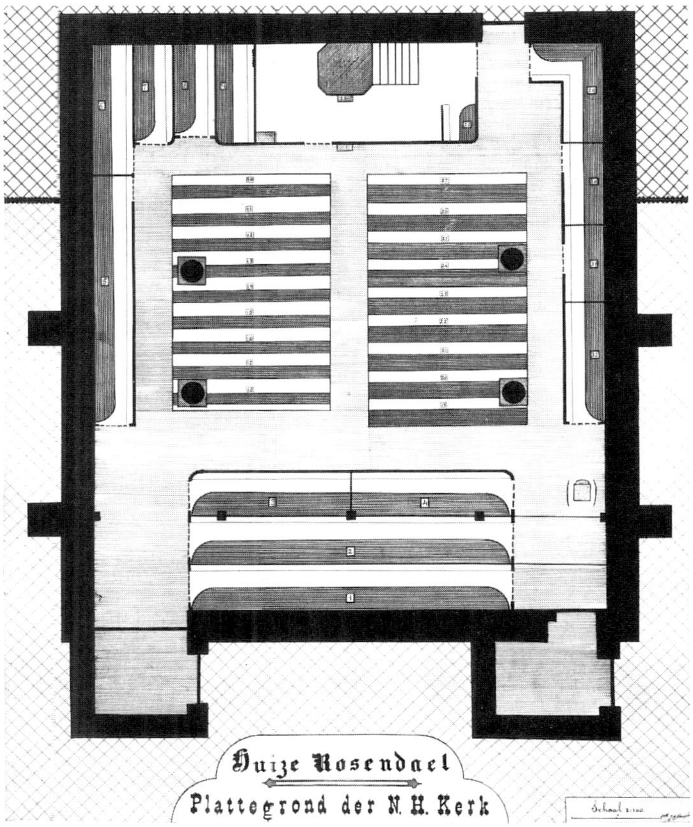

huwelijkszang dichtte de jonge proponent (hij werd in 1761 predikant) Johannes Claessen (1734-1812) onder andere:

In 't nieuwe tempel hov in Roozendaals landsdouwen,
Daar 't buyten leeven zich in luister laat schouwen.
Had gij dat wel gedagt voortreffelijke Heer!
Toen U de Godvrugt dreev tot stigting haar ter eer
Van 't Goddelijk gebouw, op dat het dal der roozen
Zeer keurig op een nieuw in Sarons bloem zou bloozen (...)

De hovenier van Rosendael Jan Berger kreeg de gemaakte onkosten vergoed 'van groenmaken in het trouwe en inschrijve van mijn neef Torck', waarmee bedoeld zal zijn het optuigen van een erepoort met takken en dergelijke ter gelegenheid van het huwelijk[440]. Kort daarna op 9 juli werd de nieuwe kerk gewijd; de Amsterdamse predikant Ds Martinus Snethlage (ca. 1696-1763) leidde de dienst[441]. Zijn preek met de titel 'Het nieuwe kerckgebouw in de vrije heerlijkheit van Rosendaal aanvaerdt en den Heere gewijdt, in een leerrede over Salomons tempelgebedt' verscheen in 1759 te Amsterdam in druk[442].

Torck heeft maar zeer kortstondig profijt gehad van zijn eigen kerk. Na een langdurig ziekbed overleed hij op 11 october van hetzelfde jaar, nog voor een predikantsbevestiging. Deze vond plaats op 16 april 1759 toen de jonge Ds Rudolph Gerhard Engelberts (1736-1768) bevestigd werd als eerste predikant van Rosendael op een tractement van *f* 600,– per jaar[443]. De bevestiging werd verricht door Ds M. Snethlage, zijn oom, die hem in Amsterdam had opgevoed. In 1763 kreeg de organist er nog een hulpje bij, namelijk Frederik Lutger, die de blaasbalgen van het orgel moest helpen bedienen en de klok bij iedere dienst moest luiden[444].

Het moge duidelijk zijn, dat Torck en zijn opvolgers deze salarissen en het onderhoud van het gebouw uit eigen middelen betaalden. Petronella van Hoorn kwam te hulp. Zij bepaalde in haar testament, dat uit haar vermogen een som van *f* 100.000,– afgezonderd diende te worden 'tot een fonds van onderhoud der Heerlijkheid en de daarin nieuw gebouwde kerk'[445]. Het fonds kwam er en bleek een generatie later zelfs te zijn toegenomen tot *f* 106.000,–[446].

De kerk wordt in een reisbeschrijving uit 1763 na de papiermolens en de tuin genoemd: 'wij begaaven ons voorts na de kerk, welke in den jaare 1758 aldaar is gestigt, en niet groot dog egter zeer netjes is'[447].

De vraag wie nu eigenlijk het ontwerp voor deze kerk geleverd heeft, is niet met zekerheid te beantwoorden. Torcks *journaal* geeft daarover geen uitsluitsel. Evenmin blijkt uit die bron wie de supervisie bij de bouw had. Wij hoeven trouwens niet direct aan een 'architect' te denken; de practijk was immers zo, dat dikwijls een meester-timmerman een ontwerp maakte. In de *journalen* van Torck treffen wij in de jaren voorafgaand aan de bouw van de kerk verschillende namen van meester-timmerlieden aan. Het ligt voor de hand, dat één van hen de ontwerpen voor de kerk maakte. Zij waren:

155.
Rozendaal, N.H. kerk, interieur naar het zuiden met muurschildering, na verwijdering van de banken.

1. *Gerrit van Veelen*, die bijvoorbeeld reeds in 1751 werd betaald voor arbeidsloon, verschotten en leveranties[448]. Hij was wellicht de zoon van mr timmerman Hendrick Velen die vijfentwintig jaar eerder betrokken was geweest bij de verbouwing van Rosendael en die ontwerpen maakte voor pastorie en raadzaal in Wageningen.
2. *Leendert Viervant sr.*(overleden 1762), de Arnhemse stadstimmerman, die in 1738/1739 aannemer was van de stallen en koetshuizen c.a. van de eerste vier huizen die Torck in Wageningen liet bouwen.
3. *Anthonie Viervant* (1720-1775), zoon van voorgenoemde en sinds 1746 meester in het Arnhemse timmermansgilde. Zijn naam komt enkele keren in de journalen voor bijvoorbeeld voor 36 tonnen schulpkalk[449]; hij kreeg een vergoeding toen hij het lijk van Torck in een kist had helpen leggen[450]. A. Viervant had in 1744 het ontwerp geleverd voor de Hartjesberg (de kern van het huidige huis Sonsbeek) te Arnhem en hij leverde in 1760 een ontwerp voor een nieuwe gevel van het stadhuis te Zaltbommel[451].
4. *Claas Koninck*. Hoewel zijn naam in deze jaren niet in Torcks journalen voorkomt, komt ook hij in aanmerking als maker van het ontwerp van de kerk. Koninck had namelijk al een lange staat van dienst op Rosendael. Hij was sedert 1726 in vaste of althans geregelde dienst van Torck, waarvoor hij een jaarloon van ongeveer *f* 350,– tot 400,– ontving. Bovendien had hij in het linker bouwhuis van Rosendael met het torentje een kamer ter beschikking, zoals blijkt uit de inventaris van 1766[452]. Koninck had in de jaren 1738-1745 de leiding over de bouw van in ieder geval twee huizenblokken in Wageningen. Er werd reeds opgemerkt, dat er overeenkomst bestaat tussen de gevels van de Wageningse huizen en de gevel van de pastorie: in beide gevallen vlakke onversierde bakstenen gevels, slechts geleed door hetzelfde ritme van vensters over vier verdiepingen. Koninck was geen onbe-

kende in de Gelderse bouwwereld zoals ook wel blijkt uit het feit, dat hem in 1747 werd opgedragen samen met mr metselaar Jan Roelewijn de waarde van de huizen Amerongen en Middachten te taxeren in verband met de heffing van de vijftigste penning[453].

5. Degene die met Koninck het meest in aanmerking komt als vervaardiger van het ontwerp voor de kerk, is *Helmert van Baak*, die eind 1752 werd betaald voor tekeningen die hij voor Torck had gemaakt[454]. Deze staan wellicht in verband met de plannen die Torck in dat jaar koesterde voor de stichting van een eigen kerk. In de voorafgaande jaren had Van Baak, die stadstimmerman van Wageningen was, aldaar reeds voor Torck gewerkt. In 1738 was hij de aannemer van een nieuwe grafkelder in de kerk van Wageningen en van een riool; in dat jaar droeg Torck hem ook de vervaardiging van 136 'Engelse ramen' (schuiframen) op voor het blok van vijf nieuwe huizen naast het Kasteel van Wageningen in 1738/1739[455]. Omdat nadere gegevens ontbreken, kunnen wij Van Baak echter niet met zekerheid als ontwerper van de kerk aanwijzen.

Van Veelen, Viervant, Koninck of Van Baak, het zal geen groot verschil maken wie van hen de tekeningen voor de nieuwe kerk heeft vervaardigd. Belangrijker is het karakter van deze architectuur, die evenals Torcks eerdere bouwopdrachten op Rosendael en in Wageningen vooral gekenmerkt wordt door een gebrek aan fantasie en de afwezigheid van elk ornament. Dat kan niet op toeval berusten; Torck moet bewust een echte architect, die als ontwerper een specifiekere vormentaal zou hebben gehanteerd, hebben gemeden; hij koos voor een 'bouwpracticus', tot welke categorie de genoemde meester-timmerlieden gerekend kunnen worden. Immers, er is een wereld van verschil tussen de door Torck gebouwde huizen en bijvoorbeeld de Amsterdamse 'grachtenpaleizen', waarvan hij en zijn vrouw er zelf één bewoonden. Vrijwel alle decoratieve elementen van de Amsterdamse gevelwanden ontbraken op Rosendael en in Wageningen. Torck zelf heeft zich over die verschillen tussen de architectuur in de stad en op het land nooit uitgelaten. Misschien dat het element van zelfwerkzaamheid een grote rol speelde. Van huis uit – zowel van zijn vader als van zijn oom Jan van Arnhem – had hij de voorbeelden meegekregen van wat eigen initiatief op bouwkundig gebied kon opleveren en van jongs af aan in Wageningen werd er al naar zijn oordeel geluisterd. Zo heeft hij op Rosendael en in Wageningen zijn eigen ideeën laten uitvoeren en zag hij af van de toepassing van tijdgebonden stijlkenmerken en goedgeproportioneerde verhoudingen.

156.
Rozendaal, N.H. kerk, gesneden wapens Torck, Van Hoorn en van de heerlijkheid Rosendael door de beeldhouwer Kniest 1758.

Torck was zeker niet de enige. Er zijn in Gelderland rond het midden van de 18de eeuw verschillende opdrachtgevers uit zijn kring aan te wijzen die nieuwe huizen hebben gebouwd, gekenmerkt door vlakke, ongedecoreerde bouwmassa's waaraan nauwelijks een ornament viel te ontwaren. Een voorbeeld uit het begin van de 18de eeuw is het negen traveeën brede huis Ubbergen bij Nijmegen dat circa 1715 door Johan van Welderen en Odilia van Steelant werd gebouwd op de plaats van een Middeleeuwse ruïne met een soortgelijke ligging als Rosendael tegen heuvels met stromend water[456]. Van de vele voorbeelden uit het midden van de 18de eeuw kunnen genoemd worden: huis Rhederoord bij Rheden, dat befaamd werd om zijn prachtige ligging hoog boven de IJssel, gebouwd in 1743-1746 door Mr. Willem Reynier Brantsen[457]; huis Zypendaal bij Arnhem dat overigens goed geproportioneerd was, gebouwd in 1762-1764 in opdracht van Mr. Hendrik Willem Brantsen naar ontwerp van Hendrick Viervant[458]; en huis Meteren bij Geldermalsen, gebouwd in 1766-1769 in opdracht van A.N. van Aerssen Beyeren[459]. De enige duidelijke uitzondering in deze periode vormde huis Hemmen in de Betuwe, dat een rijkversierde, plastische façade kreeg, gebouwd in 1757 door Frans Godard van Lynden en verwoest in de Tweede Wereldoorlog.

Het is niet duidelijk, of deze ongedecoreerde bouwstijl typisch voor de adel genoemd mag worden, of dat men deze vlakke behandeling van de gevels in algemene zin passend vond voor een gebouw buiten de stad. Voorlopig moet het bij de constatering blijven, dat een groep opdrachtgevers in Gelderland rond het midden van de 18de eeuw over het algemeen afzag van toepassing van ornamenten aan het exterieur van hun nogal ongeraffineerde nieuwe buitenverblijven.

Deze trend wordt ook weerspiegeld door de stadhouderlijke architectuur van deze periode. Voor het hof en de Nassause Domeinen werkte niet meer een ontwerper zoals Daniel Marot of Pieter de Swart, maar de stadhouder gaf de voorkeur aan een 'bouwpracticus', David van Stolk, in wiens werk de stijlkenmerken van de tijd nauwelijks tot uiting kwamen[460].

De tuinaanleg

Voor de beschrijving van de tuinaanleg op Rosendael onder het echtpaar Torck-van Hoorn moeten wij weer teruggaan naar 1721, toen Lubbert Adolf Torck Rosendael erfde.

Torck heeft sinds dat jaar voortdurend verfraaiingen op Rosendael aangebracht zonder dat de structuur, die onder de Van Arnhems was ontstaan, ingrijpend werd gewijzigd: de contouren van de verschillende onderdelen van de tuin bleven gelijk, maar de invulling ervan veranderde drastisch. Twee vormen van tuindecoratie bleven in de 18de-eeuwse aanleg een primaire rol spelen: stromend water en schelpengrotten. Wat het water betreft: de waterlopen

157.
Zilveren avondmaalsbeker met gegraveerde wapens Torck, Van Hoorn en van de heerlijkheid Rosendael, Amsterdam 1758 door Gerrit Boverhof, Herv. Gem. Rozendaal, lijst van voorwerpen 33a.

158.
Zilveren doopbekken met wapens als afb. 157, door meester I X, Arnhem, 1757-1758, Herv. Gem. Rozendaal, lijst van voorwerpen no. 33b.

159.
Zilveren broodschaal met wapens als afb. 157, 158, door meester IX, Arnhem 1754-1755, Herv. Gem. Rozendaal, lijst van voorwerpen 33c.

bleven in hoofdlijnen ongewijzigd, maar ze werden nog ingenieuzer gebruikt. Het aantal met schelpen versierde grotten nam toe: de nog bestaande 'schelpengalerij', de 'bedriegertjes' en de daar vlakbij gelegen waterval die een kleine grot afsluit, dateren uit deze periode. Bovendien bevonden zich ter weerszijden van de eerste vijver boven de kasteelvijver lage galerijen van grotwerk en werd de bovenste vijver bij de uitmonding van de spreng afgesloten door een colonnade, waarin een cascade versierd was met onder andere grotwerk (zie bijlage 3, M. van Bolhuis 1740).

In dit hoofdstuk zullen deze ontwikkelingen chronologisch onder de loupe worden genomen, eerst aan de hand van het bekende kaartmateriaal en vervolgens met behulp van Torcks *journalen*. Zijn eerste *journaal*, waarin onder meer de uitgaven voor de werkzaamheden in huis en park in vermeld staan, begint in januari 1723[461]. Er zijn geen getekende of gegraveerde gezichten van de tuinen uit deze periode bekend, waardoor wij ondanks de overvloedige gegevens uit Torcks kasboeken, over het werkelijke uiterlijk van de tuinen in deze periode toch minder goed geïnformeerd zijn dan over de voorafgaande periode. Hoewel de meeste series tuingezichten aan het eind van de 17de eeuw ontstonden, was het gebruik om een grote tuin in beeld te brengen nog niet voorbij (Middachten circa 1730, Zijdebalen 1745[462]). Na Torcks overlijden liet zijn vrouw *f* 525,– betalen aan de Arnhemse schilder Roelof Reyers voor 'het schilderen en verven van alle de gesigten hier op Roosendaal volgens bestek daarvan gemaakt', hetgeen kan duiden op schilderijen waarop de tuin werd afgebeeld[463].

Het resultaat ervan is niet bewaard gebleven. Volgens de inventaris van 1764 hingen er in *mijnheer Trips kamer*: '2 grote schilderijen sijnde de situatie van Roosendaal', mogelijk de door Reyers geschilderde gezichten[464]. Eén daarvan, het 'panorama vanuit Rosendaal', hing in 1921 in de bibliotheek in de toren en ging bij de beschieting van het kasteel op 10 april 1945 verloren. Naast enkele overzichtskaarten die in opdracht van Torck door Barend Elshof (1721-1723) zijn getekend (afb. 161, 162), is er slechts één plattegrond van de gehele tuin van een foto bekend; de verblijfplaats van de tekening zelf is onbekend (afb. 163)[465].

Van de ontwerpen die Daniel Marot voor de nieuwe tuinaanleg maakte zijn er slechts twee bekend en ook deze slechts door foto's: een plattegrond voor de nog bestaande theekoepel en een opstand en doorsnede van een niet meer bestaand kabinetje (afb. 167, 175)[466].

Dan zijn er nog de tekeningen van Cornelis Pronk (ca. 1731-1732), die echter voornamelijk het huis afbeelden (afb. 95-98). Wellicht is Pronk vaker op Rosendael geweest en heeft hij ook de tuinen afgebeeld, hoewel het resultaat daarvan onbekend is. Hij gaf namelijk in 1735 gedurende drie maanden tekenles aan Jan Willem Trip[467]. Een tekening door Jan de Beyer, die het nabijgelegen Biljoen wel heeft getekend (1744), is van Rosendael onbekend.

Het overige materiaal, waaronder ontwerptekeningen voor de wijzigingen aan huis en tuin, is verloren gegaan. Er zijn drie kaarten bewaard gebleven, die ons een goed inzicht verschaffen welke veranderingen Torck in de tuinen liet aanbrengen. Allereerst zijn dat twee kaarten van Barend Elshof[468]. De eerste kaart is de *Geometrise caart van de vrije Heerlijkheijd Roosendael*, die door Elshof in 1721 werd opgemeten, waarop het gehele door Torck geërfde Rosendaelse bezit ter grootte van 3191 Gelderse morgen (1014 ha.) staat afgebeeld (afb. 161)[469]. De grens van de heerlijkheid werd gemarkeerd door een ringallee van berken en door kunstmatig opgeworpen heuveltjes (pollen), waarvan er aan de noordzijde nog een aantal herkenbaar bewaard is gebleven, en die door Torck aanvankelijk met een beuk werden bepoot[470]. Deze wijze van grensscheiding door middel van pollen dateert op Rosendael in ieder geval uit het midden van de 17de eeuw en was wellicht nog ouder[471]. Op belangrijke punten werd een pol voorzien van een grenspaal. De houten palen die Torck in 1724 had geplaatst waren vijfentwintig jaar later vergaan; zij werden op 14 en 15 mei 1751 vervangen door hardstenen palen van veertien voet lang, in aanwezigheid van een commissie bestaande uit afgevaardigden van de Gelderse Rekenkamer, vertegenwoordigers van de aangrenzende gebiedsdelen en de landmeter Willem Leenen[472]. Torck had daartoe vijftien limietpalen laten maken door de Amsterdamse steenhouwer François Absiel[473].

De tweede kaart beeldt de kern van het bezit af, de *Geometrise caart van de Roosendaelse Plantagie* (afb. 162) ter grootte van 166 Gelderse morgen (± 52 ha) in 1723. Tot slot zien wij op de reeds genoemde 18de-eeuwse plattegrond (afb. 163) wat het uiteindelijk resultaat der vernieuwingen geweest is.

Elshofs kaart uit 1721 geeft de toestand weer zoals Lubbert Adolf Torck die aantrof, toen hij de nieuwe heer van Rosendael werd. Vergelijking met de 18de-eeuwse plattegrond waarop het uiteindelijk resultaat is weergegeven, laat zien dat Torck de structuur van het park intact heeft gelaten, en dat hij op tal van onderdelen vernieuwingen heeft aangebracht. Het grote tuinvak ten zuiden van het huis is niet gedetailleerd genoeg afgebeeld, zodat niet valt af te leiden of het nog de vier oude parterres met dwarsas zijn die zijn afgebeeld, of reeds het begin van de nieuwe aanleg. Het vak ten westen daarvan, waar Van Arnhems moestuin lag, is leeg en wordt slechts doorsneden door twee lanen, terwijl de Sterrenberg ongewijzigd te herkennen is. Van de *nieuwe lage tuin* van Van Arnhem, waar het beeld van Pallas Athene stond en waar zich de fontein met de Triton en de vier arenden bevond, is in 1721 merkwaardig genoeg al niets meer te bespeuren; op die plaats lag volgens de kaart van 1721 een boomgaard.

De verschillen die te zien zijn bij vergelijking van deze kaart met de kaart van 1723, tonen aan hoe voortvarend Torck in deze tussenliggende twee jaar te werk is gegaan. In het grote tuinvak ten zuiden van het huis hadden de parterres plaats gemaakt voor twee brede vakken, één tussen de vijver en het 'dwarskanaal' en één andere tussen dit kanaal en een heg als afsluiting. Deze vakken bestonden uit parterres met grillig gevormde randen van afwisselend concave en convexe vorm en daartussen wandelpaadjes. Evenals in de voormalige toestand voedde het hier stromende beekje enkele waterbassins met fonteinen. De Groningers Theod. Beckeringh en Michiel van Bolhuis troffen hier in 1740 aan:

> twee vierkante grote bloemperken, waar in het midden van yder een altijt springende fontein was, die het water opgaf door het hoorn van een vergulden Triton[474].

Eén van deze Tritons zal wel degene zijn geweest die uit de ontmantelde 'nieuwe lage tuin' van Van Arnhem afkomstig was. De schelpengalerij en de theekoepel zijn op deze plattegrond nog niet aangeduid. De strook achter de heg is ten dele leeg, ten dele doorsneden door enkele lanen. Op de plaats van Van Arnhems boomgaard – ten westen van het bovengenoemde tuinvak – was in 1723 inmiddels een doolhof aangelegd, met lanen die in spiraalvorm naar het centrum draaiden met aangrenzend aan oost- en westzijde laanpatronen, die het geheel tot een rechthoek aanvulden.

De hagen van deze nieuwe doolhof werden waarschijnlijk in het voorjaar van 1723 met beuk ingeplant[475]. Tevoren, in november 1722, waren namelijk de bomen in het vak tussen de voormalige boomgaard en de Sterrenberg door Torck verkocht aan Jan ter Sielhorst[476]. Aan de ingang (noordzijde) van de doolhof verrees een kabinetje en in het centrum een prieel. Het ontwerp voor deze doolhof is vrijwel letterlijk ontleend aan A.J. Dezallier d'Argenville's tractaat *La Theorie et la Pratique du Jardinage*, waarvan de eerste druk uit 1709 in de bibliotheek van Rosendael aanwezig was. Zoals wij gezien hebben bediende Jan van Arnhem zich reeds van dit werk, toen hij veranderingen in de parterres liet aanbrengen[477].

De prent nummer C 10 van dit tractaat draagt als titel: *Dessein d'un Labirinte avec des cabinets et Fontaines* (afb. 165). Er zijn slechts kleine verschillen tussen dit voorbeeld en de Rosendaelse doolhof te ontdekken. Het ontwerp is in een rechthoek gevat. De uitvoering kreeg een onregelmatige omtrek, aangepast aan het bestaande lanenstelsel. Behalve een enkele ingang aan de noordzijde werden er twee aan de zuid- en westzijde toegevoegd. Voorts weken enkele details af, zoals het centrum van de doolhof, waar een achtkantige kom werd aangelegd in plaats van een rond bassin. Het ontwerp voor dit labyrint was volgens Dezallier een geheel nieuw bedenksel; zijn beschrijving luidde:

> Het is een grote krul of spiraal, met in het midden een bassin omgeven door een zaal doorsneden door acht paden die op vier kruispunten uitkomen; daarvandaan komt men ongemerkt op doodlopende paden uit, versierd met kabinetten, prielen van latwerk, grasperken, fonteinen, beelden &c. hetgeen degenen die er verdwaald zijn aangenaam verrast en vermaakt. De hoeveelheid lanen en verschillende omwegen die in de opzet van deze doolhof samenkomen stichten de grootste verwarring, echter zonder af te doen aan de regelmaat en de sierlijkheid. Er is slechts een

160.
Schenkkan, Chinees porselein met zilveren montuur door Willem Boekelman, circa 1743, Herv. Gem. Rozendaal, lijst van voorwerpen 21.

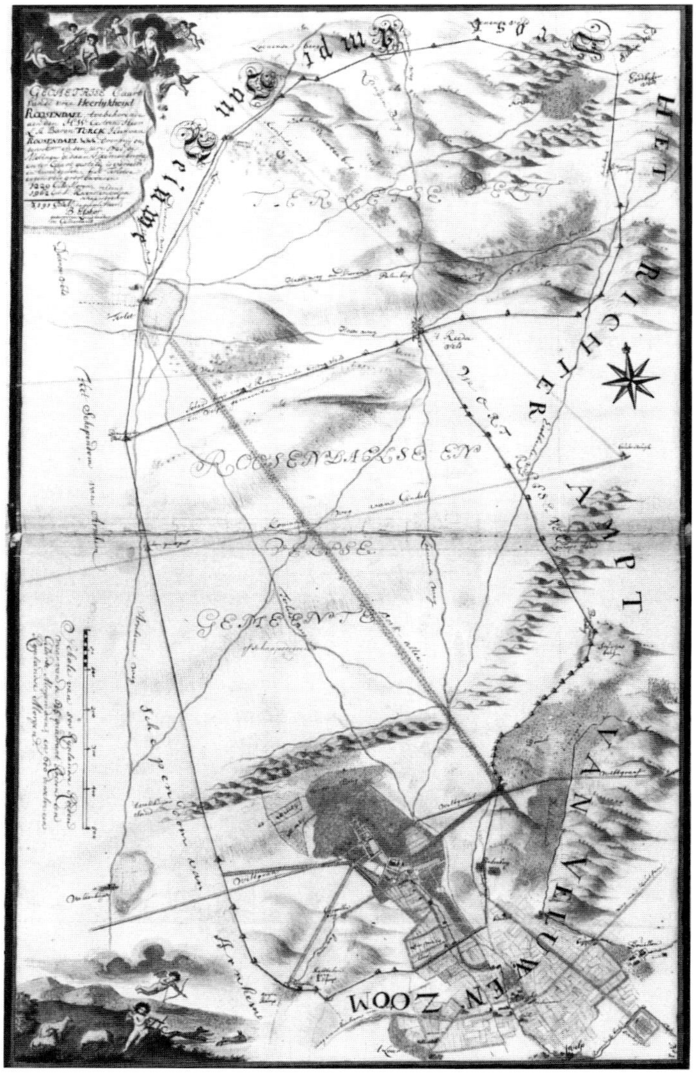

161.
Barend Elshof, Geometrise caart van de vrije heerlijkheijd Roosendael, *1721, inkt en aquarel, 80,5 x 50,5 cm, part. bezit.*

> enkele ingang, die ook als uitgang dient, waar men met opzet een kabinet van latwerk heeft geplaatst om het nog moeilijker te maken. Deze doolhof vraagt enig terrein om uitgevoerd te worden en kan nauwelijks geplant worden op een oppervlakte kleiner dan zeven tot acht morgen [ca 2½ ha.] zonder dat zouden de paden te smal worden, hetgeen de verwarring zou doen afnemen, en tegelijkertijd de gehele verdienste.

Ondanks deze raadgeving werd de doolhof op Rosendael op een kleinere oppervlakte aangelegd.

Dezallier geeft ook enkele voorbeelden voor een portiek, een nis, een salon en een kabinet van latwerk, waaronder een *Cabinet de Treillage percé a jour* (afb. 166). Deze zou overeen kunnen komen met het *cabinet de treillage,* dat hij voor de ingang van de doolhof aanbeveelt. Een door Daniel Marot gesigneerd ontwerp voor een niet geïdentificeerde tuinkoepel, dat zich vroeger in het huisarchief Rosendael bevond, vertoont grote verwantschap met het voorbeeld van Dezallier (afb. 167)[478]. Het ontwerp, dat hoogst waarschijnlijk diende voor het ingangspaviljoen van de doolhof, maar dat niet bewaard is gebleven, toont een opstand en een dwarsdoorsnede van een vierkant kabinetje met afgeschuinde hoeken met zijden van ongeveer 15 voet en een hoogte van ongeveer 24 voet. De doorgang aan de voorzijde was versierd met geboste pilasters in de vorm van hermen; de doorgang aan de zijden werd geflankeerd door geboste pilasters. Binnen waren er kleine bankjes op consoles en het gewelfde plafond met een kleine koepel was versierd met stucwerk; de wanden waren met schelpen en grotwerk gedecoreerd[479].

Het is interessant, dat Marot in zijn ontwerpen voor de vernieuwde tuin van Rosendael de doolhof als bijna letterlijk citaat uit Dezallier overnam, en dat ook het ingangspaviljoen voor de doolhof en het ontwerp voor een radiaal stelsel van lanen met kabinetjes in het bos ten noorden van het huis zwaar leunen op voorbeelden van Dezallier. Het toont nog eens aan hoe groot de invloed van zijn tractaat in de Republiek gedurende de eerste helft van de 18de eeuw is geweest, en bovendien dat zijn voorbeelden ook door een zelfstandig werkend creatief talent als Marot werden verwerkt[480].

De beschrijving die Theod. Beckeringh en Michiel van Bolhuis van de aanleg gaven, toen zij Rosendael in 1740 hadden bezocht, vermeldt nog enkele details over de vorm van de doolhof[481]. In het midden troffen zij een groot rond groen prieel aan, bekroond door een lantaarn waar onder een achtkantige gemetselde kom, waardoor het beekje stroomde dat de schelpengalerij voedde. De 'doolwegen' waren beplant met hoge beukenheggen, op dezelfde wijze, aldus beide reizigers, als de grote doolhof te Versailles.

Het ingangspaviljoentje naar ontwerp van Marot kwam na het inplanten van de hagen gereed. De leidekker Cornelis Vermeulen legde in de periode tussen 27 mei 1724 en 1 december 1726 het leiendak. Bij de afrekening bleef Torck hem het 'leydak van het kleyne salon aen den doolhof' nog schuldig, omdat de oppervlakte nog gemeten moest worden[482]. Tezelfder tijd was Vermeulen ook nog bezig met het hakken van de leien van het grote 'salon', dat is de nog bestaande tuinkoepel[483]. In beide gevallen werd het kabinetje van de doolhof dus uiterlijk eind 1726 van een leien dak voorzien.

Het interieur van het kabinetje van de doolhof werd in de jaren 1740-1742 opnieuw gedecoreerd toen er 'konstig en kostbaar grotwerk' werd aangebracht, zoals blijkt uit de beschrijving die Nicolaas Willem Kops (1719-1778) maakte toen hij op 7 juni 1742 met een gezelschap een bezoek aan Rosendael had gebracht (bijlage 3).

Deze doolhof was overigens het eerste onderdeel van de tuin dat later weer verdween; in 1781 werd het door Assueer Jan Torck veranderd in een eiland, omspoeld door het water van het beekje dat door de doolhof had gestroomd.

Torck liet de Sterrenberg in hoofdvorm ongewijzigd, maar hij bracht wel veranderingen aan in enkele onderdelen. Op elk van de zes snijpunten van lanen werd een piramide- of kegelvormig geschoren boompje geplant; er werden enkele zijlanen aan het patroon toegevoegd en er verrezen enkele priëlen, onder andere op de verbindingslaan met de doolhof. Tegenwoordig is het lanenstelsel op de Sterrenberg niet meer aanwezig, behalve de intact gebleven 17de-eeuwse hoofdas, die van de top naar het oosten in de richting van de Koningsberg omlaag gaat en de twee lanen die dit gebied aan de zuid- en westzijde begrenzen.

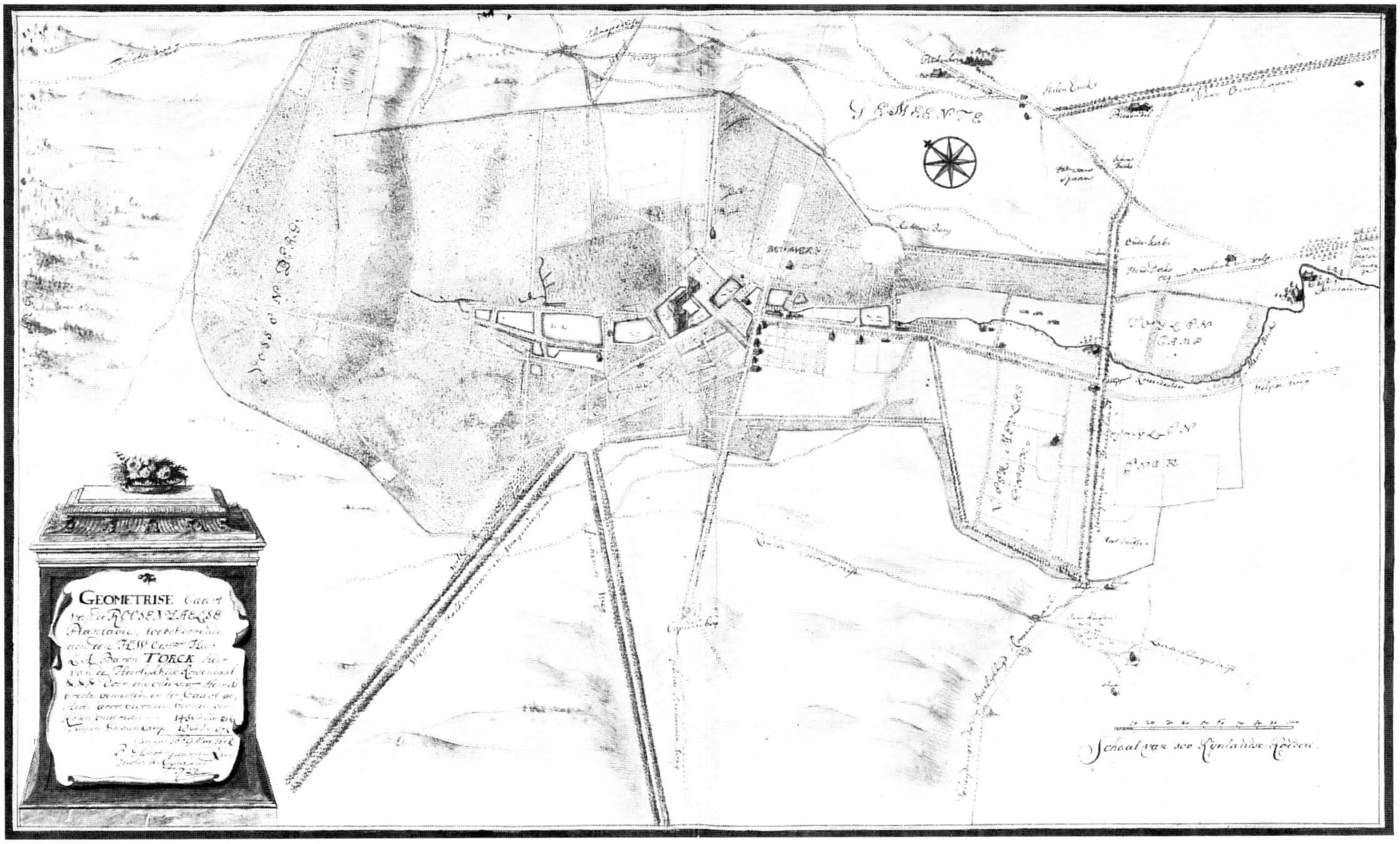

162.
Barend Elshof, Geometrise caart van de Roosendaelse plantagie, *1723, inkt en aquarel, 50,5 x 80,5 cm, part. bezit (zie ook afb. 94).*

Volgens Elshofs kaart waren er in 1723 nog nauwelijks wijzigingen aangebracht in de vorm van de vijvers. Op de grote plattegrond (afb. 163) van de tuinen is te zien, dat de vijvers in latere jaren in hoofdlijn gelijk zijn gebleven, maar dat de vorm werd verlevendigd, doordat op vele plaatsen de hoeken werden ingevuld en aan de zijden boogvormige uitstulpingen en insnoeringen werden aangebracht. Bovendien werd er één vijver aan de serie toegevoegd: hoog in het bos ten oosten van de plaats waar de bovenste vijver werd begrensd door een colonnade. Het betrof een kleine rechthoekige vijver met ingeknepen hoeken, die na 1723 werd gegraven en oorspronkelijk misschien door kwelwater werd gevuld, maar later door middel van een pomp op peil werd gehouden. Het inmiddels drooggevallen bassin is ook nu nog aanwezig en zelfs van het 18de-eeuwse toegangspad dat boven de kettingbrug omhoogvoert, is het tracée hier en daar nog herkenbaar.

Voorts staat op de kaart van 1723, nauwkeuriger afgebeeld op de grote tuinplattegrond (afb. 163), ten oosten van de nieuwe bouwhuizen een ommuurde langwerpige tuin, ongetwijfeld de moestuin, met daarin onder andere vier vakken verdeeld door paden en een waterbassin waarin de Fortuna werd opgesteld, die uit de zuidtuin van Jan van Arnhem afkomstig was. Daarachter aan de noordzijde lag de faizantenhof met hokken, ongeveer op de plaats waar nu de door J.D. Zocher jr. ontworpen oranjerie staat[484]. Aan de andere kant van deze moestuin verrees rond 1750 aan de rand van de vijver een nieuwe oranjerie. Het stramien van dit vak ging terug op de hier gelegen 'bloemhof' (waarin zich ook de moestuin bevond) van Jan van Arnhem.

Had Torck in deze twee jaar reeds enkele belangrijke vernieuwingen in de tuinen laten aanbrengen, de meeste volgden echter daarna. De plattegrond (afb. 163) laat – in vergelijking met Elshofs kaart uit 1723 – zien welke veranderingen Torck liet doorvoeren.

Na 1723 was ook het gedeelte van de tuin ten zuiden van het huis uitgebreid. Achter de schelpengalerij (zie hierna) en er evenwijdig aan, werd een nieuwe parterre aangelegd in de vorm van een halve maan. Ter weerszijden daarvan, en in de zuidoostelijke hoek van dit vak werden onder meer grillig verlopende paden aangelegd. De datering van deze uitbreiding is weer onduidelijk: na 1723 en wellicht voorafgaand aan, of gelijktijdig met de aanleg van de schelpengalerij, waaraan rond 1730 begonnen werd.

Een tweede belangrijke uitbreiding van de tuinen was voorzien op de plaats van het bos ten noorden van het huis, een glooiende helling, die ten tijde van Jan van Arnhem het 'hooge bosch' genoemd werd. De aanleg is alleen bekend van de grote 18de-eeuwse plattegrond en wordt overigens nergens vermeld, noch in de reke-

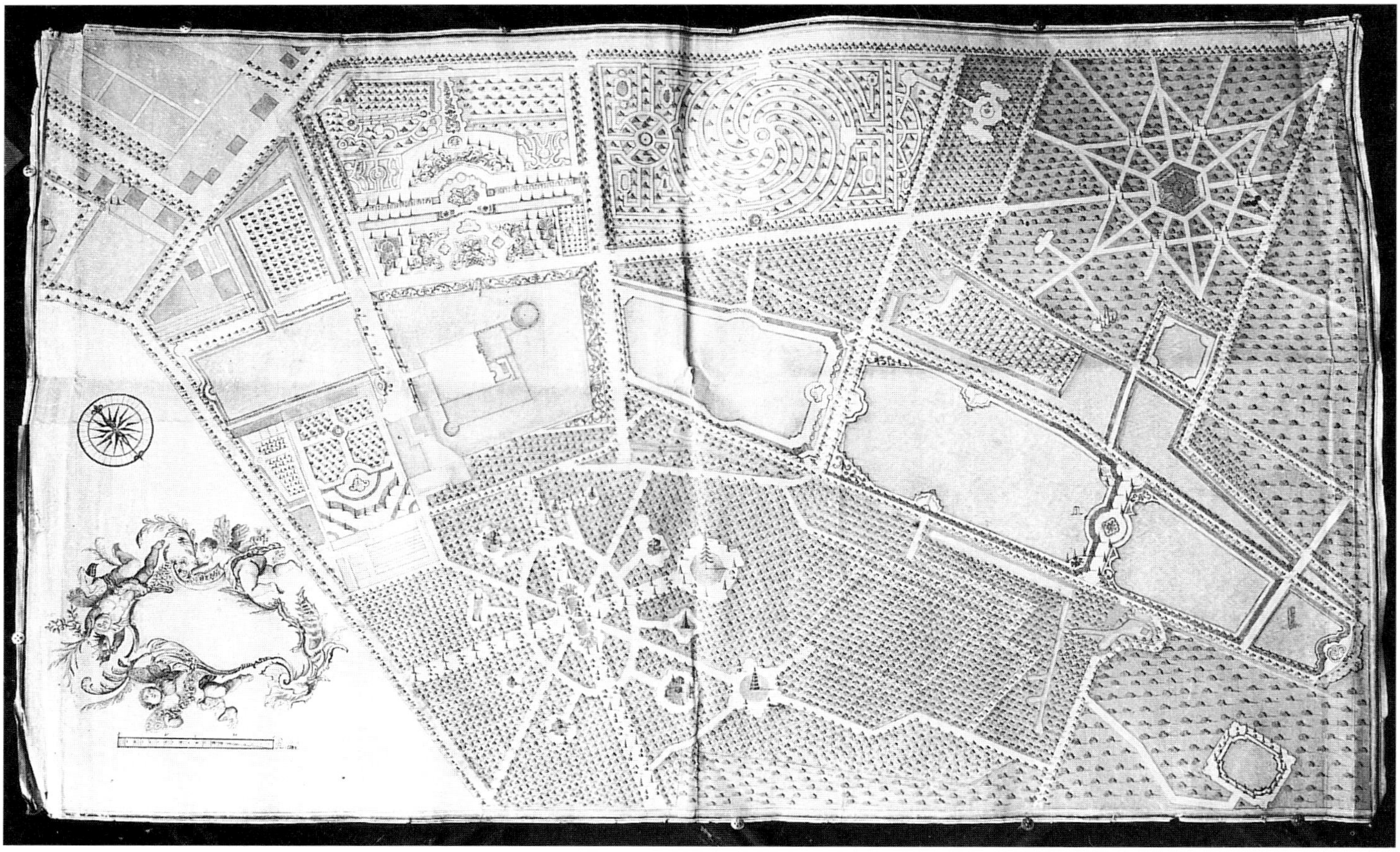

163.
Anoniem, kaart van de tuinaanleg van Rosendael, waarschijnlijk een ontwerp, circa 1722, inkt en aquarel, 65 x 106 cm, verblijfplaats onbekend.

ningen, noch in reisverslagen of andere beschrijvingen die op Rosendael betrekking hebben. Waarschijnlijk werd dit deel van het ontwerp niet uitgevoerd[485]. Deze aanleg zou bestaan uit een stelsel van vier elkaar stervormig kruisende lanen. In de twee breedste lanen (N-Z en O-W lopend) stonden geschoren boompjes in kuipen opgesteld. Het snijpunt van deze lanen was tevens het middelpunt van een ovaal. Aan de buitenzijde daarvan ontsprongen radiaalsgewijs acht paden, die naar door het bos omgeven priëlen leidden, waarin een 'salon' of 'kabinetje' te vinden was. Ook dit ontwerp is vrijwel letterlijk overgenomen van een voorbeeld uit *La Theorie et la Pratique du Jardinage* door A.J. Dezallier d'Argenville uit 1709, namelijk de afbeelding van een *Grand bois de haute futaie percé en etoille simple avec des cabinets* (afb. 168). Slechts de vorm van de kabinetjes was afwijkend en voor het centrum koos men in plaats van een bassin voor een langgerekte parterre, geïnspireerd op Dezalliers *Parterre à l'Angloise* (afb. 169)[486]. De rest van dit bos ten noorden van de vijvers werd doorsneden door enkele lanen en was eveneens in – een ten dele trapeziumvormig – verband geplant.

De door Torck ten uitvoer gebrachte aanleg maakte, te oordelen naar de plattegrond, een overladen indruk, was tamelijk gecompliceerd, rijk aan detail, vol verrassingen wanneer men de tuinen doorwandelde, en niet als geheel te overzien, daar men zich van tuin naar tuin begaf. Bij nauwgezette bestudering van deze plattegrond voelt men het gemis aan tekeningen van de tuinen uit deze periode des te klemmender. Daardoor kennen wij de hoogte van de hagen, de vulling en de randen van de parterres en dergelijke onderdelen van de aanleg niet of nauwelijks. Ook is uit de plattegrond niet af te lezen welk beeldhouwwerk stond opgesteld. Torck heeft enkele stukken uit Van Arnhems tuin in zijn opstelling opgenomen: de vergulde Triton, de adelaar en de Fortuna. Alleen de cascade met de stroomgoden is met enige moeite op de plattegrond te herkennen. Wel zijn op de plattegrond enkele tuinornamenten zichtbaar, waarmee Torck gedurende een periode van ruim dertig jaar telkens weer zijn bezit verfraaide. Van deze onderdelen werden enkele in het huidige landschapspark opgenomen die nu nog aanwezig zijn, de overige zijn slechts uit archivalische bron bekend. Deze onderdelen zijn, in volgorde van ontstaan, de volgende:

doolhof met ingangspaviljoen	1723-1726
theekoepel	ca. 1725-1727
cascade met twee stroomgoden	waarschijnlijk jaren '20
colonnade of galerij	jaren '30

schelpengalerij	jaren '30/begin jaren '40
bedrieger(tje)s	ca. 1740
oranjerie	ca. 1750

Ontwerpen van Daniel Marot

Torck heeft voor de vormgeving van de nieuwe aanleg een beroep gedaan op de meest vooraanstaande ontwerper van zijn tijd in de Republiek, de Franse graveur en ontwerper Daniel Marot (1661-1752)[487]. Marot was in 1686 om geloofsredenen met vele lotgenoten uitgeweken naar Holland waar zijn kwaliteiten al snel werden onderkend; hij trad in dienst bij de Koning-stadhouder, waardoor hij ook opdrachten uit de hofkring kreeg. Als ontwerper hield hij zich met de vormgeving van vele zaken bezig: huizen met hun gevels en tuinen en onderdelen daarvan, zoals parterres, fonteinen, vazen en beelden; interieurs met wanden, wandbespanningen, schoorstenen, plafonds, hemelbedden, meubels etc. Hij had een belangrijk aandeel in de ontwerpen van het slot te Zeist, Het Loo en De Voorst. Ook op Rosendael werd een ontwerp van Marot uitgevoerd, de belvédère in opdracht van Willem III (p. 69). Na diens overlijden in 1702 moest Marot zich op een nieuwe klantenkring oriënteren. Hij vond deze behalve bij de Friese tak van de Oranjes vooral bij de stedelijke elite van 's-Gravenhage en Amsterdam. Marot heeft met name door de uitgave sinds 1703 van series van zijn ornamentprenten grote invloed in ons land uitgeoefend bij de verspreiding van de Lodewijk XIV-stijl. Aan hem is allermeest de aanpassing van deze Franse hofstijl aan de Nederlandse omstandigheden te danken. Marot heeft zijn gehele leven vastgehouden aan deze stijl, ook nadat in Frankrijk de veel lichtere vormen van het Rococo in zwang waren gekomen.

De ontwerpen die Daniel Marot in de jaren twintig voor Lubbert Adolf Torck maakte, behoren tot het tweede deel van zijn oeuvre, de periode dat hij vooral werkzaam was voor Haagse opdrachtgevers. Zijn ontwerpen voor de Haagse huizen Fagel (1707),

164.
Plattegrond van het zuidelijk tuingedeelte, detail van afb. 163.

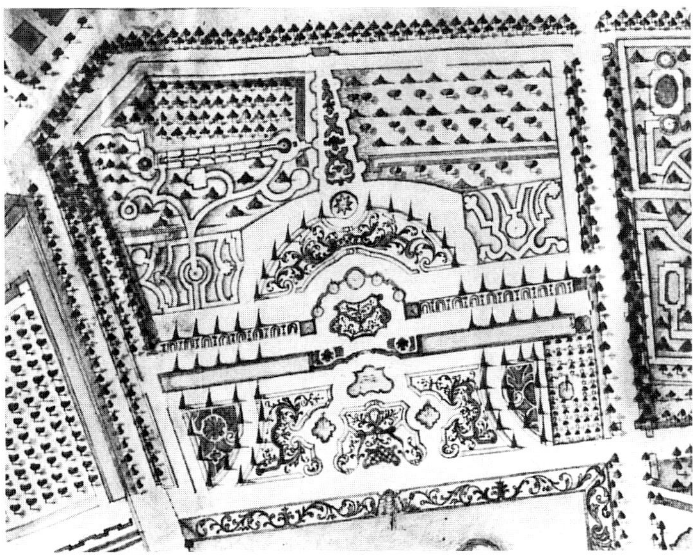

165.
Ontwerp voor een doolhof, gravure uit Antoine Joseph Dezallier d'Argenville, La theorie ..., *1709.*

Schuylenburch (1715) en Van Wassenaer Obdam (1717) waren reeds uitgevoerd; de Oud-Katholieke kerk en de Portugese synagoge in 's-Gravenhage en huis Rosenburg bij Voorschoten verrezen vrijwel gelijktijdig met de veranderingen op Rosendael, en huis Huguetan aan het Voorhout (1734) en de uitbreiding van Huis ten Bosch (1736-1739) in 's-Gravenhage dateerden uit het volgende decennium. Vanwege deze opdrachten was Marot in 1717 uit Amsterdam naar 's-Gravenhage teruggekeerd.

Marots betrokkenheid bij de vernieuwing van de aanleg van Rosendael was al bekend uit twee door hem gesigneerde ontwerpen voor twee tuinhuizen: het al genoemde niet bewaard gebleven ingangspaviljoen van de doolhof, en de nog bestaande tuinkoepel[488]. Zeven betalingen van Torck aan Marot in de jaren 1723 tot 1732, vooral voor geleverde tekeningen, vormen de bevestiging van deze betrokkenheid[489]. De omschrijvingen daarbij luiden als volgt:

3 juli 1723	betaalt aen Daniel Marot voor gemaakte teekeningen	*f* 139,–
5 febr 1724	aen Daniel Marot voor teekeninge	*f* 16,–
30 juni 1724	betaalt de vraght op de postwaagen van Arnhem op Amsterdam voor beyde de heeren Marot	*f* 10-12-0[490].
8 maart 1725	doen betaelen aen Daniel Marot den architek in den Hage wegens vacatien en reyskosten etc. gemaakt nae en op Roosendael in den jaare 1724	*f* 170,–.
	Item nogh wegens gemaakte teekeningen	*f* 125,–
7 febr 1727	aen Mr Marot voor teekeningen	*f* 11,–.
2 febr 1729	betaalt aen Daniel Marot erghitecq sijne rekeningh de anno 1728	*f* 21,–.
4 maart 1732	doen betaelen aen Monsr. Marot Architecq sijn reekening van den jaare 1730 en 1731	*f* 78-16-0.

Torck heeft voor de periode tot en met 1726 dus ongeveer *f* 300,– aan Marots ontwerpen besteed. Marot leverde de meeste ontwerpen in de jaren 1722 tot 1724; wellicht dateert zijn betrokkenheid

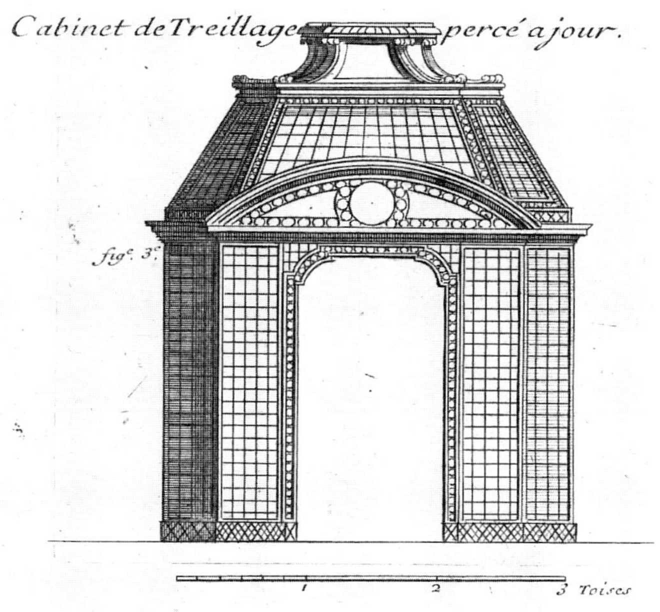

166.
Ontwerp voor een kabinet, gravure uit Antoine Joseph Dezallier d'Argenville, La theorie ..., *1709.*

reeds uit 1721. Voor zover uit de betalingen valt op te maken is Marot slechts één keer op Rosendael geweest, namelijk in 1724, om de uitvoering van zijn ontwerpen in ogenschouw te nemen. Hij trad dus uitsluitend op als ontwerper en hield zich niet als 'architect' met de uitvoering bezig. Die supervisie lag bij anderen, in dit geval komen daarvoor de opdrachtgever Torck zelf in samenwerking met zijn meester-hovenier Derck Lohman het meest in aanmerking[491]. Aangezien Marot zich waarschijnlijk niet met de verbouwing van het huis heeft ingelaten, hadden zijn ontwerpen betrekking op onderdelen van de tuin.

Torcks keus voor Daniel Marot lag tamelijk voor de hand. Marots reputatie was op dat moment nog onovertroffen, hij had op Rosendael al een belvédère ontworpen, en wellicht heeft na het overlijden van Jan van Arnhem diens neef de admiraal Jan Gerrit van Wassenaer als trait d'union gefungeerd; deze liet juist in de jaren 1721-1723 zijn huis Rosenburg naar ontwerp van Marot bouwen[492].

De grote 18de-eeuwse plattegrond (afb. 163), waarop de gehele geprojecteerde aanleg is afgebeeld, kan met een zekere reserve aan Marot worden toegeschreven of geeft de door hem ontworpen aanleg weer. Enerzijds zijn er diverse kenmerken uit andere ontwerpen van Marot terug te vinden, anderzijds vindt het gecomprimeerde, overladen ontwerp aansluiting bij de beide niet uitgevoerde ontwerpen voor de tuin van Huis ten Bosch[493] en het ontwerp voor de tuin van Meer en Berg te Heemstede[494]. Bovendien zijn er duidelijk parallellen met een eveneens aan Marot toe te schrijven ontwerp dat zich ook in het huisarchief Rosendael bevond, en dat een ontwerp voor Rosenburg bij Voorschoten blijkt te zijn[495].

Vanaf het moment dat Torck zijn uitgaven noteerde (januari 1723), is na te gaan hoe de betalingen aan de tuinarbeiders en de timmerlieden via tuinbaas Lohman liepen. Torck gaf hem regelmatig een afgerond bedrag, en rekende het totaal elk jaar in november of december met hem af. Aan het eind van 1731 begint dit systeem te veranderen: eens per week of per twee, drie of soms vier weken verstrekte Torck het voor de tuinarbeiders benodigde bedrag aan Lohman en na ongeveer 1740 aan zijn opvolger Jan Steven Berger. In november 1731 heet dit bedrag voor het eerst de 'Weekcedulle der arbeyders' en in maart 1733 de 'weekelijckse lijst der arrebeyders'[496]. Deze verandering heeft wellicht te maken met het feit, dat Torck in 1731 werd benoemd tot landdrost van Veluwe, waardoor hij frequenter verblijf hield op Rosendael. In de jaren na Torcks overlijden (van 1760 tot en met 1765) werd er wekelijks met Berger afgerekend. Lohmans positie op Rosendael is dus niet onaanzienlijk geweest, ook waar het de uitvoering van Marots plannen betreft. De dagelijkse verantwoordelijkheid voor de veranderingen aan en het beheer van de tuin lag bij hem en hij rapporteerde aan zijn heer, wanneer deze vanuit Amsterdam op Rosendael kwam of anders per brief. Een dergelijke brief uit december 1730 is bij uitzondering bewaard gebleven; deze geeft een aardig inzicht over Lohmans rol als *supervisor* (bijlage 3)[497]. In deze brief bracht Lohman verslag uit van allerhande werkzaamheden in en buiten de tuinen. Maar tevens blijkt, dat hij de supervisie had over de uitvoering van de decoraties in de tuinen, waaronder het beeldhouwwerk.

Lohman schreef, dat de uit Duitsland afkomstige beeldhouwer Michiel Moser (1698-1751) die door Torck was aangetrokken nog wel veertien dagen werk zou hebben aan het wapen waar hij mee bezig was[498]. Als dat klaar was, zou Lohman 'hem versoeken om de koppen te maeken'. Voorts bevat de brief een passage over het aanpassen van een cascade. Lohman schreef niet om welke cascade het ging (van de schelpengalerij?); voor ons is vooral van belang, dat hij blijkbaar de uitvoering van nieuwe werken in de tuin coördineerde:

> Het veraenderen van de trap en de caskaden de teekeninge sollen wij teegen aenstaende satterdaht senden maer UHWgbr schreift

167.
Daniel Marot, ontwerp voor een kabinet aan de ingang van de doolhof van Rosendael, circa 1723, inkt, 28,5 x 44,5 cm, verblijfplaats onbekend.

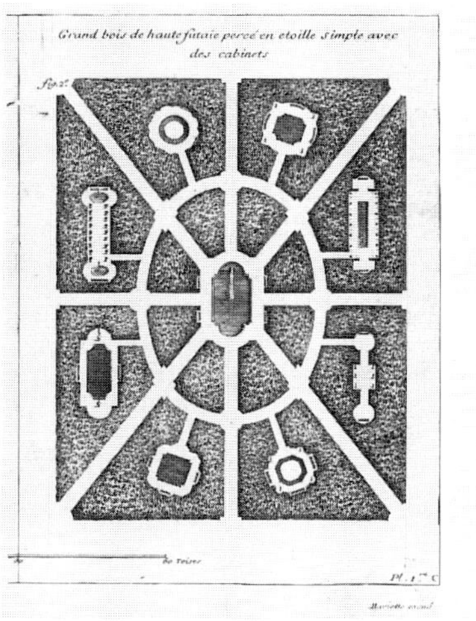

168.
Ontwerp voor een stervormige aanleg in een bos, gravure uit Antoine Joseph Dezallier d'Argenville, La theorie ..., *1709.*
169.
Ontwerp voor een 'parterre à l'Angloise', gravure uit Antoine Joseph Dezallier d'Argenville, La theorie ..., *1709.*

> dat de middelsste caskade maer een vall sall hebben dat sall soo veel watter verslinden dat het niet wel aen sall konnen gaan oft het watter sall in het vallen onder bij een loepen dat het niet wel sall staen.

Uit de verschillende onderwerpen die Lohman in deze brief aan de orde stelde blijkt wel, dat hij niet louter tuinbaas was, maar dat hij een rentmeester-achtige functie vervulde.

Nadere gegevens over zijn opleiding en zijn werkzaamheden elders ontbreken. Hij schijnt samen met zijn opvolger Jan Steven Berger door Adriana van Bayen te zijn ingeschakeld voor een nieuwe aanleg op de Hartjesberg (Sonsbeek) te Arnhem, toen er in 1744 een nieuw huis was gebouwd naar ontwerp van de Arnhemse meester-timmerman Anthonie Viervant (1720-1775)[499]. Derck Lohman is tot ongeveer 1740 Mr hovenier op Rosendael geweest. Hij werd vervolgens 'commies' van Torck en overleed in 1750[500].

Wat betreft de kunstenaars en handwerkslieden die bij de verfraaiing van de tuinen betrokken werden, kunnen wij opmerken – en dat geldt ook voor het huis – dat enkele specialisten van hoog niveau zoals Ignatius van Logteren en Jan Baptist Xavery opdrachten kregen om enkele onderdelen te vervaardigen, dat daarnaast minder bekende vaklieden, zoals de beeldhouwer Michiel Moser, gedurende langere tijd voor Rosendael werkten, of zelfs in vaste dienst waren en dat een ploeg tuinarbeiders in dienst was voor het vele werk dat verzet moest worden.

Deze laatste groep was naamloos, maar aan de hand van de afrekeningen van Lohman met Torck kunnen wij berekenen hoeveel Torck per jaar aan de tuinarbeiders besteedde. Helaas vermeldde Torck nooit voor welke werkzaamheden hij precies betaalde en hoeveel arbeiders er tegelijkertijd werkten. In de grafiek is weergegeven welke bedragen Torck jaarlijks aan loon voor de tuinarbeiders spendeerde. De in de grafiek aangeduide jaren lopen gemiddeld van begin december tot eind november, maar voor de overzichtelijkheid is deze periode gelijk gesteld aan een kalenderjaar.

Onkosten voor materialen zoals natuursteen, jonge bomen en planten zijn niet inbegrepen, omdat ze in de rekeningen niet altijd als zodanig te herkennen zijn en dus een vertekend beeld zouden kunnen opleveren. Van de tuinarbeiders staat overigens niet vast of ze niet ook in het omringende bos werden ingezet. De consequente benaming 'tuinarbeiders' doet echter vermoeden, dat ze hoofdzakelijk in de tuinen rondom het kasteel werkzaam waren.

Wanneer wij aannemen dat voor de gehele periode van ruim veertig jaar gold, dat een arbeider tien stuivers per dag verdiende, hetgeen voor 1765 vaststaat, dan verdiende hij per week *f* 3,– en per jaar *f* 156,–[501]. Door de in de grafiek aangegeven sommen door

Loonkosten voor de tuinarbeiders op Rosendael gedurende de periode 1723-1764 in guldens per jaar. Bron: RAG, AHR inv. 507-513.

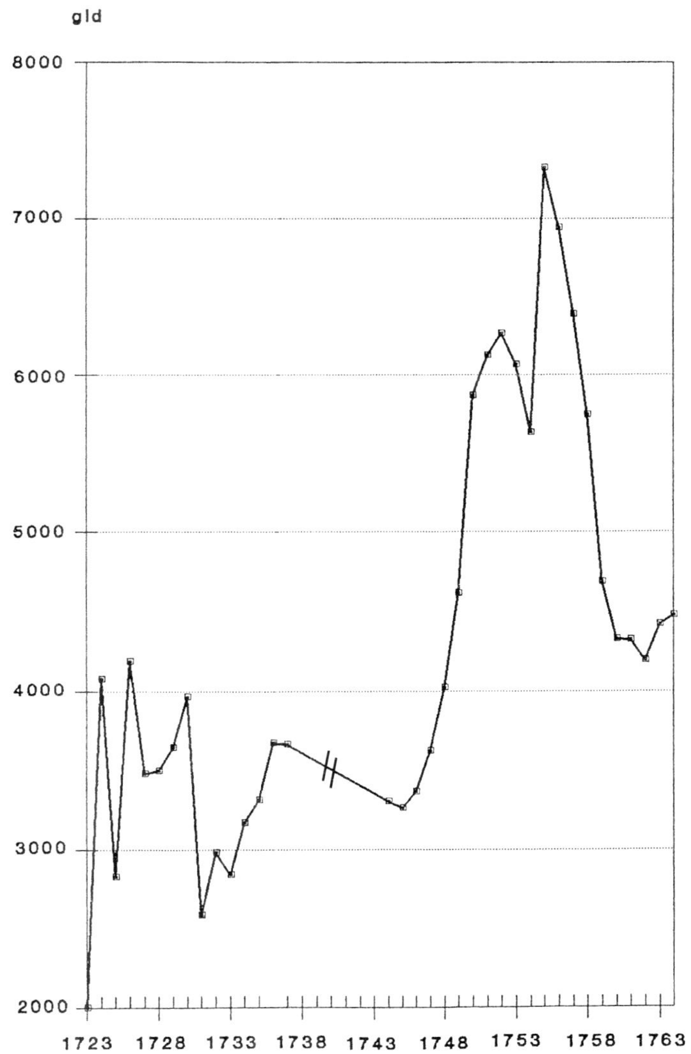

156 te delen vinden wij het gemiddeld aantal tuinarbeiders dat per jaar in de tuinen werkte. Omdat de lonen in de jaren ervoor lager kunnen zijn geweest, kan dit aantal hoger zijn. Wanneer wij de in de grafiek aangegeven periode in drie perioden indelen, dan blijkt Torck in de jaren 1723 tot en met 1738 (zonder 1734) gemiddeld *f* 3.327,– per jaar aan arbeidersloon voor tuinlieden uitgaf, hetgeen volgens bovenstaande berekening neerkomt op éénentwintig arbeiders gemiddeld per jaar. In de periode van 1744 tot en met 1758 (jaar van overlijden) was dat gemiddeld *f* 5.236,– per jaar (33 arbeiders gemiddeld per jaar).

In de jaren 1759-1764 (de laatste levensjaren van Petronella van Hoorn) was dat gemiddeld *f* 4.403,– per jaar (is achtentwintig arbeiders per jaar). Over de gehele periode gemeten (behalve de jaren 1739-1743, waarvan de kasboeken ontbreken) was dat gemiddeld *f* 4.302,– per jaar, hetgeen neerkomt op zevenentwintig arbeiders per jaar. In het 'goedkoopste' jaar (1731) waren dat er zestien; in het 'duurste' jaar (1755) was hun aantal gestegen tot een heel legertje: zevenenveertig.

Los van deze geregelde uitgaven staan de uitgaven voor plantmateriaal (voornamelijk bomen), voor natuursteen en schelpen en voor de arbeidslonen van enkele specialisten, die aan de verfraaiing van de tuin werkten. Ook hier ontbreekt doorgaans de preciese bestemming van de bedragen, maar wij kunnen wel conclusies trekken omtrent de datering van het uitgevoerde werk en de aard der bestedingen. Verreweg de meeste bomen – de eiken en beuken als heesters, dat wil zeggen als jong plantsoen (plantmateriaal) – werden geleverd in 1722, aan het begin van Torcks activiteiten op Rosendael. De grootste leverancier was in die eerste jaren Dr Willem van Bayen, eigenaar van Zypendaal bij Arnhem[502]. Na 1726 namen de bestellingen van jonge boompjes sterk af en pas in het najaar van 1764, nadat Assueer Jan Torck Rosendael erfde, kwam er een sterke opleving in het bestellen van jong plantsoen. Uit bovenstaande gegevens blijkt, dat de beplanting van de tuin en het omringende bos, evenals de modernisering van het huis omstreeks 1726 voltooid was. Maar andere betalingen tonen aan, dat er aan de decoratie in de tuinen (beeldhouwwerk, grotwerken) juist sinds 1725 gewerkt werd en dat deze werkzaamheden tot ver in de jaren dertig voortgezet werden. Daartoe werden enkele specialisten ingeschakeld.

Beeldhouwwerk en grotwerk

Uit de rekeningen blijkt, dat het beeldhouwwerk dat in de jaren 1725-1730 op Rosendael tot stand kwam, voornamelijk van de hand van Michiel Moser was. Hij en andere beeldhouwers hebben ongetwijfeld gewerkt naar getekende en gedrukte voorbeelden, die niet met zekerheid bekend zijn. Behalve ontwerpen die Daniel Marot heeft geleverd, werden ook voorbeelden geput uit de bekende plaatwerken uit die tijd. Eén daarvan was *Recueil de figures, groupes, thermes, fontaines, vases, statues et autres ornamens de Versailles* door Simon Thomassin, waarvan een exemplaar in de editie van P. Mortier (Amsterdam 1708) op Rosendael voorhanden was. De prenten *Deux fleuves en basrelief* (no. 143) en vooral *Le Rhosne* (no. 160; afb. 170) kunnen als voorbeeld voor de liggende stroomgoden van de grote cascade aan de vijverrand hebben gediend. De gravure *L'Eau* (no. 97; afb. 171), de personificatie van het stromende water met een dolfijn aan de voeten, kan als voorbeeld hebben gediend voor de meer dan levensgrote zandstenen figuur met dolfijn die als enig groot tuinbeeld uit de 18de eeuw op Rosendael bewaard is gebleven (afb. 172).

Michiel Moser kwam op 26 november 1724 op Rosendael. Hij verdiende *f* 300,– per jaar en vertrok weer in maart 1731[503]. Tussen 1736 en 1748 was hij echter weer op Rosendael werkzaam. Details over zijn werk komen in de rekeningen niet voor, maar omdat hij telkens 'beelthouwer' wordt genoemd, en omdat het huis in 1725 goeddeels was voltooid, moet hij in de tuin werkzaam zijn geweest. Dit wordt bevestigd door de reeds geciteerde brief, die Lohman in december 1730 aan Torck schreef.

Het is niet geheel duidelijk hoever men rond 1730 al gevorderd was met de schelpengalerij en de zogenaamde 'bedriegers'. De meeste steenleveranties werden in deze jaren gedaan door de Amsterdamse mr steenhouwer en steenkoper Thomas Ferrier. In 1727-1732 ontving hij ongeveer *f* 1.550,– in totaal[504], nadat hij in 1723 de nieuwe stoep van het huis al had geleverd[505]. In deze jaren (1727) was er ook reeds een 'meester rotsemaaker', genaamd La Poitry, op Rosendael werkzaam[506].

De cascade met de stroomgoden

Wellicht staan deze betalingen aan Michiel Moser, Thomas Ferrier en La Poitry in verband met de zogenaamde 'cascade met de stroomgoden', het belangrijkste gebeeldhouwde natuurstenen onderdeel in de tuin uit deze periode (afb. 173). Deze cascade van wit marmer lag aan de rand van de gracht pal tegenover de salons aan de zuidzijde van het huis, op de middenas van het zuidelijke tuingedeelte (afb. 164). In de 17de en 18de eeuw vormde de lange middeleeuwse muur nog de rand van de gracht; deze werd in 1985 in de vijver teruggevonden. Op de voormalige plaats van de cascade aan de zuidzijde van deze muur werden resten van paalfunderingen aangetroffen[507]. Achter deze plaats werd enige jaren later ook de schelpengalerij aangelegd. De gehele cascade werd in 1840 bij de aanleg van het nieuwe park overgebracht naar de huidige plaats aan de rand van de hoogste vijver.

170.
Simon Thomassin, 'le Rhosne', gravure uit Recueil des statues ... de Versailles, *Amsterdam 1708.*

97

171.
Simon Thomassin, 'l'Eau', gravure uit Recueil des statues ... de Versailles, *Amsterdam 1708.*

De cascade is samengesteld uit drie compartimenten naast elkaar, elk bestaand uit vier boven elkaar geplaatste waterbakken met een lichtgebogen rand; de scheidingsranden tussen deze compartimenten zijn versierd met gebeeldhouwde schelpen. De bovenrand is versierd met vier ronde vazen op vierkante voetstukken, bekroond door een decoratie van gebeeldhouwde schelpen en afhangend zeewier. De bovenzijde van het middendeel wordt bekroond door een grote opstaande schelp, versierd met afhangend wier waarin de kop van een gedrocht water kan spuwen in de bak er onder. De cascade wordt aan beide zijden geflankeerd door liggende, half opgerichte mannelijke figuren, die op kruiken leunen waaruit water kan stromen.

Deze stroomgoden zouden Neptunus en Mercurius kunnen voorstellen, maar evenals op Het Loo zouden zij ook naar Rijn en IJssel kunnen verwijzen[508]. De cascade is aangegeven op de getekende plattegrond. Reisbeschrijvingen geven nader informatie over de oorspronkelijke ligging, met name die van Michiel van Bolhuis uit 1740, waaruit onder meer blijkt, dat de figuren toen al als riviergoden werden opgevat:[509]

> Voor in het midden van deze tuin, aan de graft die het huis omringde, was een groote cascade, pronkende boven met twee groote hartstenen leggende Riviergoden, leunende op hunne kruiken, waaruit twee dikke stralen water met gewelt uitborsten, en rolden langs een menigte groote kopere schelpen, met een groot gedruis in gemelte gragt, verheffende zich even daar uit voor deze cascade een treffelijke sprong dertig voeten hoog.

Het ontwerp kan toegeschreven worden aan Daniel Marot, waar niet alleen aanleiding toe bestaat vanwege de vorm van een aantal details, maar ook omdat een dergelijke cascade voorkomt op een ontwerp voor een tuintheater van Marot[510]. Behalve Marot waren er mogelijk nog twee betrokkenen in het ontwerpproces. Dat blijkt uit twee betalingen.

Ignatius van Logteren ontving *f* 75,– 'voor het snijwerck gemaakt voor de schoorsteen op Rosendael en het model van de groote cascade'[511]. Omdat hier met name een grote cascade wordt vermeld en niet de cascade in de toren, kan het alleen de hier bedoelde cascade in de tuin betreffen. Een jaar later kreeg de beeldhouwer Jan Baptist Xavery (1697-1742) uit 's-Gravenhage een vergoeding van *f* 100,–, waarschijnlijk voor hetzelfde onderwerp: 'boucheeren der twee cascades op order van den Admiraal Wassenaer zal(iger)'[512].

Deze admiraal was Jan Gerrit van Wassenaer (1672-1723), die in dezelfde jaren kort voor zijn dood het nieuwe huis Rosenburg liet bouwen naar plannen van Daniel Marot[513]. Zoals wij reeds zagen stond Van Wassenaer op goede voet met zijn oom Jan van Arnhem en klaarblijkelijk ook met Lubbert Adolf Torck. Xavery werkte mee aan de tot standkoming van Rosenburg (diens eerste opdracht in de Republiek), waarmee de opdracht van Torck via Van Wassenaer verklaard is[514]. De gang van zaken kan aldus zijn geweest: Marot maakte ontwerpen voor deze nieuwe cascade aan de rand van de gracht aan de zuidkant van het huis. Deze tekeningen werden door Van Logteren en door Xavery uitgewerkt tot een driedimensionaal model dat aan de opdrachtgever gepresenteerd kon worden en dat als model bij de uitvoering kon dienen. Een der modellen werd in de jaren daarna (ca. 1725-1731) ten uitvoer gebracht door de beeldhouwer Michiel Moser.

Een cascade met twee liggende figuren komt al eerder in het oeuvre van Van Logteren voor[515], zodat wij het ontwerp dat Michiel Moser uitvoerde wellicht aan de samenwerking tussen Daniel Marot en Ignatius van Logteren mogen toekennen.

De tuinkoepel

Het fraaiste voorbeeld van 18de-eeuwse decoratieve kunst dat op Rosendael bewaard is gebleven, moeten wij merkwaardigerwijs niet binnenshuis zoeken, maar in de tuin; het betreft de zogenaamde tuinkoepel, die oorspronkelijk *het salon* heette (afb. 174-182). Bezoekers waren er in de 18de eeuw vol lof over. Michiel van Bolhuis oordeelde in 1740:

172.
Tuinbeeld, allegorie op het water door Michiel Moser (toeschr.), tweede kwart 18de eeuw, zandsteen, vroegere opstelling aan de rand van de Sterrenberg.

langs deze terras opklimmende kwamen (wij) in een magnifiq agtkantig hartsteenen huisje, van boven met een torentje pronkende met leien gedekt, van binnen kostelijk gemeubeleert met konstige fonteintjes van porcelein, grote Japanse porceleine beelden, een roode zijden dubbelde armstoel, waarboven een verhemelzel van dezelve stof en kleur, beneffens konstig schilderwerk en vergulde lofwerk;

Ruim dertig jaar later was het interieur nog vrijwel ongewijzigd gebleven; het gezin van Mr. Martinus van Nievelt uit Rotterdam trof in 1773 het volgende aan, waarbij nu porseleinen in plaats van houten beeldjes werden opgemerkt, mogelijk op de acht consoles in de bovenzône[516]:

aan den hoek van de eerste vijver agter het huis is een fraaij salonnetje, waarin een kostbare met gordijnen omgeven throon, op de portique rondsom stonden fraaije houte Chineesche beeldjes, in de 2 hoeken waren 2 buffetten, waarvan in de eene uit al het porcelein, daar het mede gegarneert was, water sprong, en een fraaije cascade maakte; de andere was met fraaij Saxiesch porceleijn verciert.

174.
Tuinkoepel, circa 1725, naar ontwerp van Daniel Marot, ingang aan de noordzijde, toestand in 1930.

173.
Cascade met stroomgoden door Michiel Moser e.a. (toeschr.), circa 1725, marmer, toestand in 1913.

Hoewel het porselein, de Japanse en Chinese beelden en de armstoel uit de koepel zijn verdwenen en het interieur zich in slechte staat bevindt en bovendien het oude stucplafond ontbreekt, is dit nog altijd één der belangrijkste tuinkoepels die in ons land bewaard zijn gebleven.

De vierkante koepel met afgeschuinde hoeken werd ontworpen door Daniel Marot, en is rond 1725-1727 gebouwd; zowel in- als uitwendig is het huisje rijk gedecoreerd[517]. Marots auteurschap staat vast door een gesigneerd ontwerp van de plattegrond, waarvan de huidige verblijfplaats onbekend is (afb. 175)[518].

De buitenzijde van het tuinhuis bestaat uit verkropte muren met daarin twee deurpartijen met bovenlicht en een raam. De kroonlijst boven de twee deuren en het raam is uitbundig gedecoreerd met drie portretmedaillons met afbeeldingen van onder andere een Diana in rijkbewerkte cartouches in typerende Marot-stijl; boven de vier afgeschuinde hoeken zijn cirkelvormige cartouches aangebracht. De gehele kroonlijst wordt door een zwaar geprofileerde en sterk verspringende rand overdekt. Een vierkante gesloten lantaarn, waarop een inmiddels spoorloos verdwenen adelaar (uit de 17de-eeuwse tuin?) stond, bekroont dit met leien gedekte huisje.

Inwendig heeft de koepel een achtkante plattegrond, ontstaan door de hoeken die met halfronde nissen zijn afgeschuind. Aan de noord- en de zuidzijde bevinden zich deuren die in twee delen openslaan. Aan de oostzijde is een raam; de tegenoverliggende

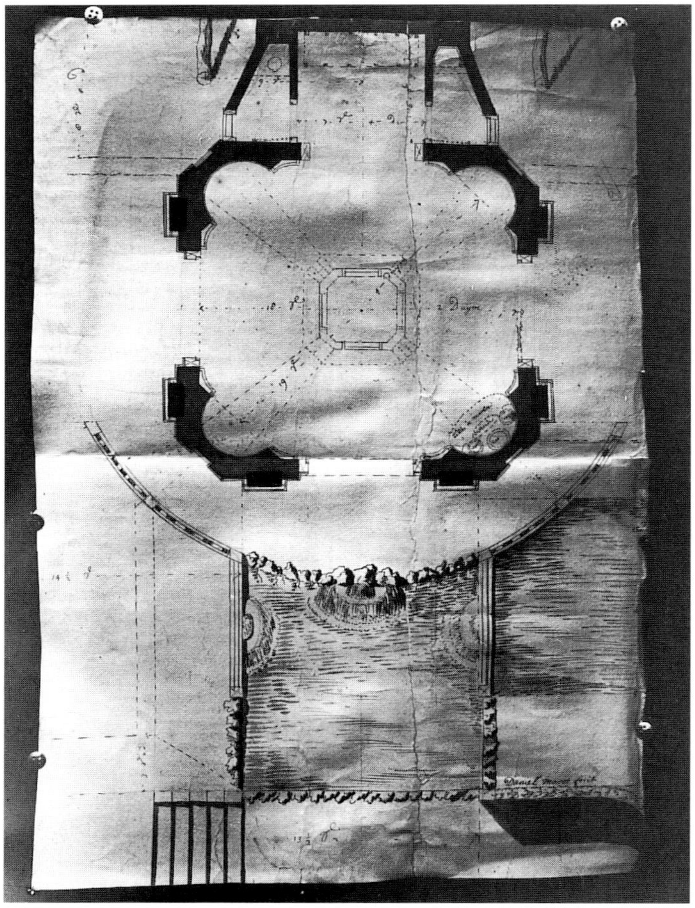

175.
Daniel Marot, plattegrond van de tuinkoepel, circa 1723, met wijzigingen uitgevoerd, inkt en aquarel, 50 x 34 cm, verblijfplaats onbekend.

westzijde is gesloten door middel van een ondiepe nis, waarin een rustbed gestaan zal hebben, bekroond door een houten baldakijn in een voor Marot kenmerkende vorm met afhangende lambrequins (afb. 178). De afgeschuinde hoeken van de koepel bevatten tussen de deuren en het raam twee halfronde nissen die met witmarmeren beeldhouwwerk zijn gevuld tegen een achterwand, die met gekleurde marmersoorten is bekleed, bekroond door een grote schelp. De linker nis bevat een marmeren decoratie in de vorm van een soort buffet, waarop porselein en mogelijk glazen hebben gestaan (afb. 177). Wellicht had het ovale marmeren koelvat, dat bij de koepel bewaard bleef en uit dezelfde tijd dateert, hier een plaats. De rechter nis bevat een kamerfontein met onder meer een waterspuwend masker en een waterbak (afb. 176). Dit beeldhouwwerk vertoont duidelijke verwantschap met de marmeren cascade in de torenzaal, die uit dezelfde jaren dateert. Van Logterens naam komt in dit verband niet voor. Wellicht vervaardigde Michiel Moser, de vaste beeldhouwer op Rosendael in deze jaren, dit beeldhouwwerk in de nissen van de koepel.

De twee tegenoverliggende afgeschuinde hoeken bevatten aan de linkerzijde van de nis een kastdeur met een ovale spiegel omgeven en bekroond door rijk snijwerk, en aan de rechterzijde een schouw met een platte omlijsting van rood-grijs geaderd marmer, waarboven een ovale spiegel met eveneens rijk snijwerk (afb. 178). Op de acht hoekpenanten zijn telkens vier boven elkaar geplaatste consoles aangebracht, waarop uit een bruine houtsoort gesneden Chinese figuren hebben gestaan, die niet meer aanwezig zijn maar die nog herkenbaar zijn op enkele interieurfoto's van de koepel uit 1930 (afb. 176). Enkele van deze zeldzame figuren, die onder andere strijders verbeelden, zijn bewaard gebleven (h. ca. 30 cm.). Op één van deze beeldjes is aan de achterzijde in inkt een opschrift aangebracht dat op de leveranciers van deze beeldjes slaat: *M. (..)sselberg en F.H. Thomas gebr. te Amsteld(am) thans te Arnhem – Junij 6 1741* (afb. 181)[519]. Uit dit opschrift kunnen wij concluderen, dat Torck in 1741 de beeldjes die oorspronkelijk op de consoles stonden – mogelijk van Japans porselein – verving door Chinese houten beeldjes. Maar het is ook mogelijk dat de consoles nog leeg waren en pas circa 1741 met deze houten figuren werden gevuld. Deze vormen een belangwekkend voorbeeld van de Chinciserie mode uit die tijd, waarvan in Nederland geen tweede voorbeeld, waarvan de oorspronkelijke plaatsing bekend is, bewaard is gebleven.

In de bovenzône van het interieur van de koepel worden de drie ramen en het baldakijn boven de nis afgewisseld op de afgeschuinde hoeken door vier schilderingen op doek met afbeeldingen van de vier jaargetijden, gesigneerd door Abm. Laires(se), die in 1723 voor het huis reeds een schoorsteenstuk had geleverd (afb. 179, 180). Hij ontving voor deze vier schilderstukken op 6 maart 1728 *f* 60,–[520]. Ter weerszijden van deze schilderstukken bevinden zich in totaal acht consoles die plaats boden aan beelden van een groter formaat dan op de consoles in de benedenzône. Wellicht waren dit de acht grote porseleinen figuren die in 1921 nog in huis waren (p. 243 en afb. 308)[521].

De zijwangen van de bovenlichten van de deuren bevatten elk een cartouche met het borstbeeld van een vrouw en profil. Een wat latere uitgave voor het interieur betrof het beschilderen van twee sassinetten (scherm voor het raam in de vensterbank) door de Amsterdamse schilder Jacob Appel in 1732[522].

Het beeldhouwwerk in de nissen, de porseleinconsoles op de hoekpenanten en het baldakijn boven de nis vertonen typische Marot-kenmerken, maar de exuberante vormen van de decoraties op de deuren en de lambrizering en het overige snijwerk doen dat veel minder. Vooral de vormen van de lambrizering tonen verwantschap met de lambrizering, die in het huis in de eerste salon, de eetkamer en de voorkamer in de zijvleugel bewaard zijn gebleven.

Waarschijnlijk heeft Marot ontwerpen geleverd voor de belangrijkste onderdelen van het interieur van *het salon* en is de vorm van de overige detailleringen toe te schrijven aan de creativiteit van de handwerkslieden die met de uitvoering werden belast. De opgelegde lijsten en de gesneden ranken, lofwerk en dergelijke decoratie zijn verguld; de verdiepte velden van de betimmering zijn geschilderd in licht- en donkerblauw en wijnrood.

In bijna elke beschrijving van Rosendael uit deze periode worden de waterwerken en de schelpengrotten geroemd; evenals tevoren gaf het uit de omringende heuvels stromende water ongeëvenaarde mogelijkheden voor de aanleg van cascaden en fonteinen in de tuin. Een bezoeker noteerde in 1736: 'les jardins meritent d'etre considérez pour les grandes pièces d'eau, des grottes et des fontaines'[523]. En na een bezoek in 1763 werd genoteerd:

176.
Interieur van de tuinkoepel gezien naar het zuiden, in de nis een marmeren kamerfontein, op de consoles houten Chinese figuren, toestand in 1930.

Men vind aldaar magnificq grotwerk, cascades en fonteijnen ook superbe vijvers, vijf boven elkander geleegen, waar van den een den ander water verschaft, de plantage is zeer aangenaam, ook heeft men er een aardig doolhofje[524].

Uit de voortdurende betalingen aan grotwerkers blijkt, dat Torck blijvend met verbeteringen en vernieuwingen van (schelpen)grotten bezig is geweest.

De schelpengalerij

Het grootste werk op de prominentste plaats was een hoogtepunt van de nieuwe tuinen, dat na circa 1730 tot stand kwam: de schelpen'grot', tegenwoordig aangeduid als schelpengalerij, een met marmer en schelpen beklede wand met twee grotten (kabinetten), zes nissen, en in het midden een grote cascade met een totale breedte van 34 meter (afb. 183-186).

Deze galerij, die het glooiende terrein ten zuiden van het huis in tweeën deelde en op de plaats verrees van de grot met fonteinen uit de aanleg van Van Arnhem, kreeg de plattegrond van een halve ellips met op de uiteinden aan beide zijden geopende vierkante kabinetten. De circa 3,70 meter hoge wand, met rood-geaderd en wit marmer en grijsblauwe hardsteen bekleed, werd verticaal geleed door geblokte pilasters met Ionische kapitelen; in het midden bevindt zich een cascade van twaalf rechthoekige waterbakken met een gedecoreerd gebogen front, die boven elkaar zijn geplaatst en naar beneden toe groter worden (afb. 186). De cascade wordt gevoed door de hooglopende, reeds uit de tijd van Van Arnhem stammende, 'molenbeek'. Het water belandt uit de bekken van twee uit wit marmer gebeeldhouwde dolfijnen via de cascade in een bassin en stroomt vervolgens onder de grond door in een ovaal bassin en mondt daarop in de naar het oosten weglopende beek uit. Aan beide zijden van de cascade bevinden zich twee uit schelpen samengestelde grote bloemen op stelen.

Zowel links als rechts van de cascade bevinden zich in de wand van deze galerij drie nissen; in beide gevallen een grote nis in het midden geflankeerd door geblokte pilasters en afgedekt met een licht gewelfde witmarmeren boog. Deze nissen bevatten elk een bank met een met marmer beklede rug, bekroond door schelpendecoraties in de vorm van een vogel, waarvan de ene een kaketoe voorstelt. Aan de linker- en de rechterkant van deze nissen bevinden zich halfronde nissen met aan de voet een halfrond bassin met

177.
Interieur van de tuinkoepel, nis met marmeren buffet, toestand in 1971.

178.
Interieur van de tuinkoepel gezien naar het westen, met nis met baldakijn voor een rustbank, toestand in 1971.

een fontein, en waarvan de achterwand met schelpen is bekleed. De wand tussen de pilasters en de nissen is bekleed met een roodgeaderde marmersoort, waarin witmarmeren gebeeldhouwde trop-heeën van aan koorden hangende schelpen zijn opgenomen. De gehele wand wordt afgedekt door een kroonlijst van wit marmer, bewerkt met ornamenten van ranken en schelpen. Deze bovenrand is bezet met twaalf marmeren vazen met vaste deksels, acht ronde met een decoratie van slingers en viermaal een vierkante met aan elke zijde een medaillon met een voorstelling van een kop en profil.

De twee hoekpaviljoens imiteren schelpengrotten; elke grot bevat twee wanden en een koepelvormig plafond, alles met schelpen bedekt. Tegen elke wand staat een bank en aan de zuidwand van beide grotten is een uit schelpen samengesteld borstbeeld boven de veelkleurige marmeren achterwand van de banken aangebracht. De linker grot bevat in het midden een piëdestal, waarop een met schelpen beklede vaas.

Hoewel de uitdrukkelijke vermelding ontbreekt, is Daniel Marot de enige die in aanmerking kan komen voor het ontwerp van de schelpengalerij. Er worden in de rekeningen geen andere namen genoemd die in deze periode ontwerpen zouden kunnen hebben geleverd. De laatste betaling van Torck aan Marot was voor het jaar 1731, waaruit zijn betrokkenheid bij Rosendael in deze jaren wel blijkt[525]. Gezien de datering van de schelpengalerij in de jaren dertig kan deze betaling aan Marot zeer wel betrekking hebben op zijn ontwerpen voor de schelpengalerij. Verschillende details dragen de kenmerken van zijn stijl of zijn er althans nauw mee verwant, zoals de geblokte pilasters, de vleugelstukken aan de buitenzijde van de grotten, het acanthusblad boven de kapitelen in de kroonlijst, en de overige ornamenten in de kroonlijst en op de randen der waterbakken. De gekrulde voluten in de achterwand der banken treffen wij ook aan in de nissen in de theekoepel en aan de cascade in de toren. De geprofileerde boog boven de twee grote nissen toont overeenkomst met die in de theekoepel en boven de cascade in de toren, en de vleugelstukken aan de buitenzijden van de beide schelpengrotten zijn vergelijkbaar met die aan de middenrisaliet van de voorgevel op de verdieping van het huis.

Minder eenvoudig is het vast te stellen door welk voorbeeld Marot zich bij dit ontwerp liet inspireren. De halfronde vorm in berceaux, galerijen of waterpartijen werd in de 17de- en vroeg 18de-eeuwse tuinkunst dikwijls als een visuele afsluiting van een zichtas toegepast. Een grote invloed had de onder Italiaanse invloed ontstane halfronde galerij in de tuinen van Johan Maurits van Nassau te Kleef[526], die werd nagevolgd in de oranjerie van Zorgvliet te 's-Gravenhage, en de colonnade op Het Loo. Die vorm is ook terug te vinden in de halfronde uitschulping van de middenas van vele tuinontwerpen van het zogenoemde Hollands-classicisme uit het eind van de 17de en het begin van de 18de eeuw, zoals op De Voorst, Middachten, Ubbergen bij Nijmegen, waar bovendien een halfronde berceau met een priëel in het midden werd aangelegd, en in een onuitgevoerd ontwerp van Daniel Marot voor de tuin van huis Nijevelt bij Utrecht. Ook in andere getekende en gegraveerde ontwerpen van Marot komt meer dan eens een tuinpaviljoen met een dergelijke plattegrond voor, zoals in het gegraveerde ontwerp *Pensee du Jardin du Marquis du Prié a Turin du d'Esein du Sr D. Marot*[527].

In zijn Rosendaelse ontwerp ging Marot echter een stap verder: hij combineerde het thema van een halfronde galerij of colonnade met dat van nissen en kunstmatige grotten die met schelpen werden bekleed, een thema dat reeds eerder aan de Italiaanse tuinkunst was ontleend. Het klassieke voorbeeld van een dergelijke aanleg was dat van de Villa d'Este in Tivoli, maar er is een ander eveneens Italiaans voorbeeld, waar de Rosendaelse schelpengalerij zo opvallend aan verwant is, dat de gelijkenis niet op toeval kan berusten, namelijk het *Teatro dell' acqua* in de tuinen van de villa Aldobrandini in Frascati buiten Rome. De kardinaal Pietro Aldobrandini gaf de architecten Carlo Maderno en Giovanni Fontana opdracht huis en tuin te ontwerpen; het begin van deze aanleg dateert van 1603-1604[528]. De overeenkomsten tussen dit *teatro*, dat het hoogtepunt van deze tuin vormt, en de Rosendaelse schelpengalerij zijn opvallend. Het watertheater van de villa Aldobrandini bestond uit een

180.
Abm. Laires, allegorie op de herfst, circa 1727, doek, 64,5 x 83,5 cm.

181.
Twee houten Chinese figuren uit een serie van veertig, afkomstig uit de tuinkoepel, h. 29,8 en 31 cm, part. bezit, lijst van voorwerpen 35.

muur op een plattegrond van een halve ellips, met daarin vijf boogvormige nissen gevuld met beeldhouwwerk en grotwerk; voor elke nis bevond zich een halfrond bassin met fonteinen en voorts was de wand geleed door pilasters en beeldhouwwerk. De bovenrand werd bekroond door gebeeldhouwde figuren op sokkels, verbonden door een balustrade. In de centrale nis stond een Atlas opgesteld. Hier vlak achter bevond zich een cascade, bestaande uit een serie boven elkaar geplaatste waterbakken, hoger heuvelopwaarts vooraf gegaan door verschillende waterwerken, waaronder fonteinen en cascaden. De as van deze onderdelen was gericht op het centrum van het huis. Marot kan dit *teatro* door verschillende gravures gekend hebben, namelijk van M. Greuter (1620) of D. Barriere (1647). Bovendien was een variant uitgegeven door Jodocus Hondt te Leiden (1627). Andere manieren waardoor Marot de villa Aldobrandini gekend zou kunnen hebben zijn niet bekend.

Dankzij een zorgvuldige restauratie onder leiding van restauratie-architect W.A. Heineman in de jaren 1972-1978 werd het verval van dit kwetsbare kunstwerk gekeerd[529]. Een bijzonder onderdeel van deze restauratie vormde de speurtocht naar bijpassende schelpen, verdeeld over vijftig verschillende soorten en zes soorten koraal (bijlage 4, p. 321).

Wie zijn nu degenen geweest die de ontwerpen van Marot tot uitvoering hebben gebracht? Wederom vormen Torcks kasboeken een belangrijke bron waaruit de namen der betrokkenen blijkt, al moet met nadruk gezegd worden, dat doorgaans de vermelding van de aard van het werk ontbreekt. Door het groeperen van soorten van uitgaven kan het volgende beeld gereconstrueerd worden.

Sedert het najaar van 1731 tot 1736 was op Rosendael de 'meester-beelthouwer en grottier' (grotwerker) Jacob Kniest werkzaam, die in deze jaren ongeveer *f* 400,– per jaar verdiende, en niet vanwege elders gemaakt werk bekend is. Uit de rekeningen kan geconcludeerd worden, dat hij, als opvolger van de beeldhouwer Michiel Moser, in deze vijf jaar aan de schelpengalerij heeft gewerkt, en daarbij niet alleen beeldhouwwerk heeft vervaardigd, maar vooral het zogenoemde 'grotwerk', de met druipsteen beklede nissen en de met schelpen gedecoreerde kabinetten[530]. Zijn aanwezigheid op Rosendael vormt een betrouwbare aanwijzing voor de datering van de schelpengalerij.

De in de nissen en grotten verwerkte schelpen waren niet – zoals de overlevering wil – door Torcks schoonvader, de Gouverneur-generaal Joan van Hoorn en diens schoonvader en voorganger Willem van Outhoorn meegenomen uit Nederlands-Indië, maar ze werden door Torck in Amsterdam gekocht, vooral in de jaren 1730-1732. In deze jaren betaalde Torck *f* 3-12-0 aan Jan Fred. Teckman 'voor 300 perlamour schulpen', vervolgens *f* 15-12-0 'voor hooren schulpe en zeegewassen huyden op 't Heerelogement gecoft' en restitueerde hij *f* 6,– aan de equipagemeester van de Admiraliteit Mr. Jan Caspar Hartsinck (1689-1759), die dit bedrag had betaald aan Teckman 'voor 600 perlamoere schulpen'[531]. Voor de genoemde overlevering ontbreekt iedere aanwijzing, ook in de correspondentie tussen Willem van Outhoorn en zijn kleindochter Petronella Wilhelmina, terwijl daarin toch herhaaldelijk voorwerpen worden genoemd die hij aan haar toezond (zie p. 86)[532]. Tezelfdertijd had de Gildehauser steenhouwer Johann Heinrich Hagen (1698-na 1736) onder andere stenen schelpen gebeeldhouwd, die wij aan de schelpengalerij en de cascade met de stroomgoden kunnen terugvinden[533]. Het betrof 'twee schulpen en seven ligh stuckken' voor *f* 141,– en '2 schulpen ad 65 gls. het stuck en voor vier cardoesen ad 67 gls het stuck', samen *f* 408-13-0[534]. Met de 'cardoesen' zouden de vleugelstukken aan de buitenzijden van de schelpengrotten bedoeld kunnen zijn.

183.
Schelpengalerij, circa 1730 naar ontwerp van Daniel Marot, uit het noord-oosten.

179.
Abm. Laires, allegorie op de lente, circa 1727, doek, 64,5 x 83,5 cm.

182. Rechts
Tuinkoepel uit het noord-oosten.

Dat men in 1736 nog volop bezig was met de afwerking van de marmeren wand, blijkt uit een betaling aan de Amsterdamse steenkoper Hendrik Knoop, die *f* 115,– ontving voor 'geleverde blauwe steen soo tot het bazijn in den doolhof als bassementen voor de pilasters aen het grotwerck in 1736'[535]. Dit citaat is bovendien interessant, omdat er een contemporaine benaming van de schelpengalerij uit blijkt. Hendrik Knoop leverde tussen 1723 en 1737 voor in totaal *f* 923,– aan steen en diensten, hoewel het wederom niet vaststaat dat dit geheel en al voor Rosendael bestemd was[536]. Andere steenhouwers, die in de jaren 1733 tot 1738 voor Torck werkten en dus waarschijnlijk ook aan de schelpengalerij hebben gewerkt, waren de oorspronkelijk uit Luik afkomstige en in Amsterdam gevestigde steenhouwer en steenkoper François Absiel (ca. 1698-1754)[537] en het niet nader bekende duo Willem Takken en Lambert Sluiter, dat in ieder geval van 1735 tot 1737 in vaste dienst op Rosendael werkte. Van verschillende van deze steenhouwers die in de jaren dertig voor Torck werkten, is de herkomst niet bekend, maar uit het feit dat in ieder geval twee van hen (Johann Heinrich Hagen en Hendrik Amshoff) uit het Duitse Gildehaus kwamen, mag worden afgeleid dat Torck niet meer zoals tien jaar eerder bijna uitsluitend mensen en materialen uit Amsterdam betrok, maar zich nu ook op de Duitse grensstreek richtte, waar in de omgeving van de zandsteengroeven van Bentheim en Gildehaus kundige steenhouwers te vinden waren.

Niet alleen de betalingen aan steenhouwers namen sedert 1731 toe, maar ook de kosten van leverantie en transport naar Rosendael van marmer en andere natuursteen. De consul Cornelis te Mallaga zorgde in 1732 en 1737 voor de leverantie van blokken marmer[538].

In 1733 leverde Jan Scheltes drie blokken[539] en in 1734 kwamen er nog eens twee blokken uit Mallaga mee met kapitein Cornelis Schrijver, die in dienst was van de Admiraliteit van Amsterdam[540]. Zo kon Torck ook beschikken over natuursteen dat door de schepen van de Admiraliteit voor hem uit Spanje werd meegenomen, hoewel dat officieel verboden was[541]. Gezien het voorgaande ligt het voor de hand te veronderstellen, dat het marmer dat in de jaren 1732-1736 op Rosendael arriveerde, vooral in de schelpengalerij werd toegepast.

Wanneer wij met inbegrip van bovenstaande bedragen alle uitgaven bij elkaar optellen die Torck tussen 1723 en 1738 deed ten behoeve van de aankoop van natuursteen, arbeidsloon voor steenhouwers en beeldhouwers, transportkosten van de steen naar Rosendael en de aankoop van schelpen, blijkt het moeilijk om een onderscheid te maken tussen de betalingen ten behoeve van het huis en ten behoeve van de tuin. Wij zouden ruwweg kunnen stellen, dat de uitgaven in de eerste jaren tot en met 1725 vooral voor het huis waren en daarna voor de tuin, maar dat sluit eerdere werkzaamheden in de tuin niet uit. In totaal blijkt er in 1723 tot en met 1738 voor bovengenoemde zaken bijna *f* 15.000,– uitgegeven te zijn, hetgeen neerkomt op gemiddeld circa *f* 925,– per jaar. Het minst (*f* 160,–) in 1725 (huis voltooid, tuin net begonnen); het meest in 1733 (*f* 2.310,–; voornamelijk ten behoeve van de schelpengalerij).

186.
Cascade in het centrum van de schelpengalerij, toestand in 1913.

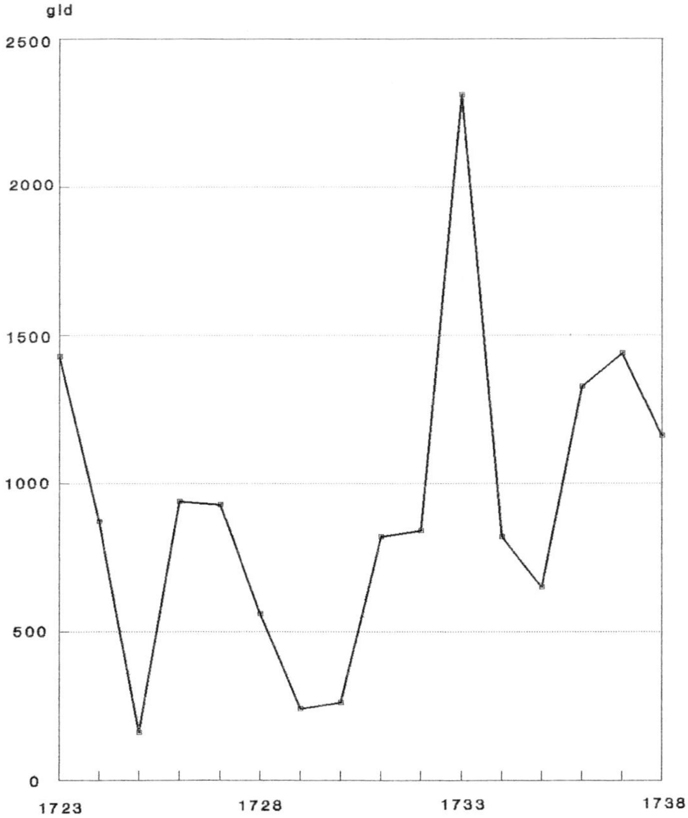

Uitgaven voor natuursteen, arbeidsloon aan steen- en beeldhouwers, transportkosten van natuursteen en aankoop schelpen voor Rosendael gedurende de periode 1723-1738 in guldens per jaar. Bron: RAG, AHR inv. 507-509.

De tweede grafiek geeft het verloop van de uitgaven weer. In deze grafiek zijn de bedragen opgenomen onder het jaar dat zij werden uitbetaald, hoewel deze meestal dienden als betalingen voor geleverde goederen en diensten van het voorafgaande jaar. De hoogste totaalbedragen waren aan de Amsterdammer Thomas Ferrier (*f* 3.743,–) vanwege zijn leveranties, en aan de Duitser Michiel Moser (*f* 2.238,–) en Jacob Kniest (*f* 2.120,–) vanwege de arbeidslonen in de jaren dat zij op Rosendael werkten. Daarna volgen de Amsterdammer Hendrik Knoop (*f* 923,–), de Gildehauser Johann Heinrich Hagen (*f* 895,–) en de Amsterdammer François Absiel (*f* 745,–), die steen of afgewerkte onderdelen leverden. Daar de rekeningen over de jaren 1739-1743 ontbreken, is het vervolg onbekend. In october 1744 werden er echter weer éénenveertig blokken marmer die in Amsterdam waren aangekomen, per schip naar Arnhem getransporteerd. In 1745 arriveerden er nog eens vierendertig blokken en bovendien blauwe steen en rood marmer. Omdat de bestemming van deze steen nergens genoemd wordt, rijst de vraag of deze nog voor de schelpengalerij bedoeld was. In dat geval heeft de voltooiing wel erg lang op zich laten wachten. Het is niet onmogelijk dat dit inderdaad het geval was, maar het is waarschijnlijker dat het om herstel of vernieuwing ging. In de beschrijvingen van

Theod. Beckeringh en Michiel van Bolhuis uit 1740 blijkt namelijk: 'De terras, vlak over het huis, alwaar het grotwerk, hier tegens aan leggende vernieuwt wierde'[542].

Enkele jaren later werd er nog steeds gewerkt, terwijl de 'bedriegers' in 1740 volgens de reizigers Beckeringh en Van Bolhuis ook nog niet gereed waren. Nog in 1746 werd er betaald aan 'de smit op Roosendaal Bartolt Visser wegens zijne reekeninge van gedaane arbeytsloonen gelevert yserwerck in den jaare 1743 aen het nieuwe grotwerck op Roosendaal'[543]. François Absiel leverde ook nog marmer, wellicht de in 1745 gearriveerde steen[544]. In de jaren erna werd er nauwelijks marmer of hardsteen meer geleverd[545].

De schelpengalerij sloot – evenmin als het *teatro all'aqua* van de villa Aldobrandini – het gezicht dat men vanuit het huis op het tegenover liggende tuingedeelte had, niet af. Achter de schelpengalerij lag namelijk een 'tuintheater', dat door middel van een combinatie van beeldhouwwerk, geschoren hagen en een geschilderd toneel werkelijk voor toneelspel dienst kon doen en voor toeschouwers uit het huis goed zichtbaar was. Op de 18de-eeuwse plattegrond van de tuin (afb. 163) zijn taps toelopende wanden (coulissen) te zien met aan beide zijden vier halfronde nissen en aan de uiterste zuidelijke rand van de tuin een huisje als afsluiting. Michiel van Bolhuis merkte er in 1740 over op[546]:

> een huisje, van marmer en hartsteen sierlijk opgebout, van binnen pronkende met een deftig geschildert toneel met schermen en acteurs, waar voor met grote letters stont La Comedie, waarop men van het huis over de hoven en fonteinen, grot en terraswerk vlak het gezigt hadde.

De tuin als theater vormt een onderwerp in de Nederlandse tuinkunst waar nog weinig van bekend is. Uit enkele ontwerpen, zoals van Daniel Marot voor de tuinen van Meer en Berg te Heemstede en Huis ten Bosch te 's-Gravenhage, blijkt dat ook in Nederland de tuin als theater is toegepast. De voorbeelden stammen wederom uit Italie. Enkele bekende zijn die van de al genoemde villa Aldobrandini en de villa Mondragone in Frascati, de villa d'Este in Tivoli en de villa Doria Pamphili in Rome[547]. In plaats van dwarsgeplaatste coulissen treffen wij op Rosendael de genoemde halfronde nissen aan. Dit tuintheater is te vergelijken met enkele van Marot bekende ontwerpen voor dergelijke theaters[548].

Ook op andere plaatsen in de tuin verrezen bouwsels, waarin grotwerk en schelpendecoraties met cascaden en fonteintjes werden gecombineerd. Vooral langs de eerste vijver boven de vijver waarin het huis lag, waren deze te vinden; Theod. Beckeringh en Michiel van Bolhuis troffen in 1740 werk in uitvoering aan:

> hebbende de eerste vijver aan weerkanten een lage gallerij van grotwerk, als mede in de midden daar zij van de tweede vijver afgeschoten was een treffelijke cascade en fonteinwerk, dat nog niet ten enemale voltoit was, maar nog aan gewerkt wierde.

Met dit laatst genoemde fonteinwerk werd gedoeld op de 'bedrieger(tje)s', die als curiositeit in het park bewaard zijn gebleven (afb. 187, 188). Cascade en fonteinwerk kwamen in de plaats van het *kabinet van Neptunus, Thetis en Triton* uit de tijd van Jan van Arnhem. Het nieuwe geheel bestond uit een vloer van keitjes, waarin fonteintjes verstopt waren die op een onverwacht moment in werking gesteld konden worden, een symmetrisch gevormd ondiep bassin met natuurstenen rand, en een gebogen achterwand bekleed met druipsteen, schelpen en versierd met beeldhouwwerk met een cascade in het midden. Dit 18de-eeuwse ensemble is bewaard gebleven, met dien verstande dat waarschijnlijk in de 19de eeuw de cascade veranderd is in een nis en dat de wand en deze nis op onbeholpen wijze bekleed zijn met restanten van natuursteen, druipsteen, schelpen en enkele verweerde fragmenten van 18de-eeuwse sculptuur. Tegen de wand en op de bovenrand zijn nog aanwezig: twee leeuwtjes aan de uiteinden, twee staande vrouwelijke figuren ter weerszijden van de nis en een vrouwelijk borstbeeld in het rechter gedeelte. Uit de gladde achterkanten van het beeldhouwwerk blijkt, dat deze stukken ook bedoeld waren om tegen een wand geplaatst te worden. Op oude foto's van deze nog altijd fameuze 'bedriegertjes' is in de nis een inmiddels verdwenen borstbeeld zichtbaar, mogelijk één van de borstbeelden van de Romeinse keizers (afb. 188).

Wanneer wij de werkzaamheden in de tuin chronologisch volgen, komt nu de periode 1740 tot 1760 aan bod. De beeldhouwer Michiel Moser kwam in 1736 op Rosendael terug en werkte er tot 1748[549]. In de inventaris van Rosendael die na de dood van mevrouw Torck-van Hoorn werd opgemaakt, wordt een kamer genoemd die hem ter beschikking stond.

Ook na 1744 had Torck nog verschillende steenhouwers aan het werk van wie de namen wel, maar de werken niet bekend zijn gebleven: Jan Oosthout, Hendrik Amshoff uit Gildehaus, Derck en Berent Leverman, Jan Beekman, Berent Boer, en Harmen Martinse; zij werkten niet alleen op Rosendael, maar ook aan het Kasteel te Wageningen en Torcks nieuwe huizen aldaar. In de jaren 1737 en 1746-1750 werkte de grotwerker Godfried Gerlagh op Rosendael. Over Gerlagh is bij uitzondering wel iets bekend. Hij was een uit Duitsland afkomstige beeldhouwer, die zich in de jaren dertig in Deventer had gevestigd. De enige twee van hem bekende werken bevinden zich in Deventer en in Zwolle. In 1735 maakte hij twee figuren in Bentheimersteen boven de ingangspartij van het Burgerweeshuis te Deventer en in 1739 drie figuren boven de ingangspartij van het voormalige provinciale tuchthuis te Zwolle[550]. Op Rosendael, waar hij voor een vast loon van *f* 1-10-0 per dag in dienst was, werd hij niet als beeldhouwer, maar telkens als grotwerker aangeduid; wellicht heeft hij zich hier meer met de vulling der nissen dan met het beeldhouwwerk van de marmeren decoraties bezig gehouden. Na zijn overlijden in juli 1750 werkte zijn zoon Frits nog tot en met 1751 op Rosendael. In de jaren 1751-1753 komt de naam voor van de grotwerker Van Cort[551]. De benodigde materialen voor dit 'grotwerk' werden in de jaren rond 1750 geleverd door de 'grotte verkooper' Lodewijk Smitsbergen[552]. De laatste betaling op het gebied van het onderhoud aan het grotwerk was aan Frits Gerlagh 'voor het maaken van cacketoe van schulpen', wellicht (de voorganger van) de uit schelpen samengestelde vogel die zich in één van de twee nissen met een bank in de hoge wand van de schelpengalerij bevindt[553].

Lubbert Adolf Torck is tot het einde van zijn leven bezig geweest met het onderhoud van en de verbetering aan zijn tuinen, hetgeen uit de rekeningen blijkt en bevestigd wordt door de reeds geciteerde beschrijvingen van Beckeringh en Van Bolhuis uit 1740. Zo deed Torck in 1749 een belangrijke aankoop door op één van de

184.
Schelpengalerij uit het noord-westen.

veilingen die er op De Voorst werd gehouden, twaalf vergulde vazen en acht Bentheimer vazen te verwerven[554]. Tuinbaas meester Jan Berger was erheen gereisd om de vazen te kopen en het transport naar Rosendael te regelen[555]. In de zomer van 1751 werden er op De Voorst nog eens vier marmeren vazen gekocht[556]. Van deze vierentwintig vazen is merkwaardig genoeg op Rosendael geen spoor terug te vinden. Mogelijk hebben ze in de ogen van J.D. Zocher jr. in 1836-1838 geen genade gevonden en werden ze verkocht. Korte tijd na 1751 was het demasqué voor de tuinen van De Voorst compleet; Torck profiteerde daar wederom van. In 1755 kocht hij voor *f* 667-7-0 aan lood van de waterbuizen van de fonteinen en overige waterwerken[557].

De colonnade

Een belangrijk bouwwerk in de tuin uit de jaren dertig, dat rond 1740 werd voltooid, was een halfronde galerij of colonnade, die de visuele afsluiting vormde van de hoogste vijver, ongeveer vijftig meter achter de plaats waar nu de cascade met de stroomgoden ligt, nog boven de plaats waar de spreng uitmondt in de hoogste kleine slingervijver. Deze colonnade moet zelfs uit de toren van het huis zichtbaar zijn geweest.

De vorm was ongetwijfeld geïnspireerd op de twee kwartcirkelvormige colonnades uit 1692, die de boventuin van Het Loo afsloten, evenals de beschildering van de achterwand ervan met afbeel-

185.
Schelpengalerij, interieur van de linker (oostelijke) schelpengrot.

dingen van verschillende goden. De Rosendaelse colonnade bestond echter uit één geheel met in het centrum een 'schelpengrot' met een cascade. Deze werd gevoed door water dat door middel van een 'tonmolen' uit de vijver werd opgemalen in een bak die schuin achter de colonnade tegen de helling was geplaatst. Door verschillende reisbeschrijvingen krijgen wij een goede indruk van dit imposante bouwsel[558]. Michiel van Bolhuis schreef in zijn reeds vaker geciteerde dagboek *Reize naar Kleef* (1740):

> Bij de derde vijver langs gaande, kwamen (wij) aan het einde van den tuin, bij het grote nieuwe werk (zoals de hovenier zeide) zijnde een heerlijke nieuws geboude amphiteater van zware ronde pilaren ondersteunt, daar onder een heerlijke cascade van vijftien vallen van blauwe zerk, tusschen een grotwerk van marmere trappen uit de onderaartsche holen van het eilant Candie, en andere zeegewassen, daar tusschen hier en daar stukken van bergkristal; aan de zijde was het beschildert met heidensche goden en godinnen op dezelve wijze als die van Het Loo.

Esser Meerman (1813) vermeldt welke dat waren:

> eene colonnade van 14 colommen, versierd met grotwerk, waarin acht beelden van godheden, met namen Jupiter, Juno, Nephtunus, Ceres, Bacchus, Venus, Mars en Diana, geplaatst zijn.

Deze godenbeelden werden in 1732 naar het voorbeeld van Het Loo geschilderd in de nissen van de achterwand van de galerij door de Duitse meester-schilder Bollenrath, waarschijnlijk een reizende kunstenaar van wie geen ander werk in ons land bekend is[559]. Mr. Is. An. Nijhoff preciseerde het geschetste beeld nog in zijn in 1820 verschenen *Wandelingen in de omstreken der stad Arnhem* (zie ook p. 203 en 208):

> Achter den laatsten vijver is eene overdekte hooggewelfde gaanderij, van voren met prachtig grotwerk, van binnen met de beelden der heidensche godheden, versierd; in dezelve bruist een rijke waterval, over verscheidene hooge trappen, langs kunstige rotsen, terwijl de ruimte tusschen de gaanderij zelve en den vijver met fraai fonteinwerk vervuld is[560].

187.
Bedriegertjes in werking, circa 1920.

De galerij was wat plattegrond en omvang betreft enigszins te vergelijken met de schelpengalerij: de breedte was ongeveer gelijk, maar de wand was minder sterk gebogen. Vanwege de betaling aan mr Bollenrath in 1732 en de beschrijving van Beckeringh en Van Bolhuis uit 1740 is deze colonnade te dateren in de jaren dertig.

De galerij heeft ongeveer honderd jaar stand gehouden en werd rond 1837 afgebroken bij de uitvoering van de plannen van J.D. Zocher jr. ten behoeve van de landschappelijke aanleg. De plaats waar deze galerij heeft gestaan, wordt nu nog gemarkeerd door bakstenen van de achtergebleven fundamenten, die in het talud van de spreng en in de aangrenzende bosgrond zijn terug te vinden. Uit het grote formaat van de aangetroffen stenen (kloostermoppen) blijkt, dat bij de bouw van deze galerij gebruik werd gemaakt van Middeleeuwse baksteen, die waarschijnlijk nog uit afbraak op Rosendael voorhanden was.

Een nieuwe oranjerie

Wanneer wij de lezing in Torcks kasboeken voortzetten, blijkt dat er rond het midden van de 18de eeuw een nieuwe oranjerie op Rosendael gebouwd werd. Dat valt af te leiden uit een serie betalingen uit de jaren 1750 en 1751, waarbij onder meer sprake is van het leien dak op de nieuwe oranjerie en het pleisteren van de nieuwe oranjerie. Klaarblijkelijk was het gebouw in 1751 voltooid. In de jaren 1750-1751 werden een tiental vrij aanzienlijke betalingen gedaan, die hoewel ongespecificeerd, in verband moeten staan met de bouw van deze nieuwe oranjerie. Het totaal van deze uitgaven bedroeg ongeveer *f* 3.315,–[561]. Daartoe behoren ook twee geringere bedragen voor de door de Amsterdamse stucwerkers Jacob en Hendrick Husly geleverde stofkalk en pleister in 1749 en 1750[562].

Deze nieuwe oranjerie lag op de as van de ingang van het huis aan de noordzijde van de onderste (oostelijke vijver), ongeveer op de plaats waar tegenwoordig de oprijlaan naar het huis grenst aan de heraangelegde rozentuin.

Als ontwerper van dit gebouw, waaraan evenals bij de huizen die Torck in Wageningen liet bouwen en de kerk die kort erop in Rosendael verrees, elke opsmuk ontbrak, kan de meester-metselaar of meester-timmerman in aanmerking komen, die het ontwerp voor deze kerk leverde, te weten Gerrit van Veelen, Leendert Viervant, Claas Koninck of Helmert van Baak. Op de afbeeldingen uit het begin van de 19de eeuw is het gebouw te onderscheiden (afb. 237-239, 241).

Deze zichtbare uitingen van Torcks vernieuwingsdrang in de tuinen gedurende zijn laatste levensjaren worden weerspiegeld door de sterk gestegen uitgaven voor arbeidslonen van de tuinarbeiders in deze periode. Van *f* 3.265,– in het jaar 1745 stijgen de uitgaven voor de tuinarbeiders vrijwel onafgebroken tot *f* 7.325,– voor het jaar 1755. Vervolgens dalen deze jaarlijkse bedragen weer even scherp tot *f* 4.685,– in 1759, het eerste kalenderjaar na Torcks overlijden. Tot en met 1764, het jaar van overlijden van Petronella van Hoorn, blijven deze uitgaven ongeveer constant, gemiddeld circa *f* 4.350,– per jaar. Daarmee eindigt de

188.
Bedriegertjes met uit de 18de-eeuwse tuin verzamelde tuinsculptuur.

voor dit onderwerp relevante bron. De erfgenaam van Rosendael, Torcks neef Assueer Jan, heeft de administratie niet op dezelfde wijze voortgezet; zijn jaarlijkse rekeningen zijn helaas niet bewaard gebleven.

Uit het voorgaande moge één ding duidelijk zijn geworden: Torck en zijn vrouw hebben van meet af aan kosten noch moeite gespaard voor de heraanleg en het dagelijks onderhoud van hun tuinen[563]. Bovendien hebben zij als waardige opvolgers van het echtpaar Van Arnhem de tuin nooit als voltooid beschouwd, maar er voortdurend nieuwe elementen aan toegevoegd. Het spreekt vanzelf, dat het hun vurige wens was dat hun beheer op dezelfde voet voortgezet zou worden. Daarom liet Torck in 1747 de volgende bepaling in zijn testament opnemen:

> Nog wil ik dat op den Rosendael sal worden gehouden een seer bequaam tuijnman om die plaets net en wel t' onderhouden waer toe hem de noodige arbeiders ende behoeftens sullen worden gegeeven tot laste mijnes boedels[564].

Vervolgens deed de erflater aan de toekomstige opzichters en verzorgers van de boedel, te weten Jan Carel van Eck, Alexander Diederik van Spaen, en Derck van Ruyven, het verzoek om zolang zijn neef Assueer Jan Torck nog niet in zijn rechten zou zijn getreden (dat zou pas na een jaar gebeuren):

> dit stuk goed waeraan ik soo veel kosten en moeijtens hebbe gedaan, niet alleen wel te doen onderhouden, maer ook soo veel mogelijk daegelijks te verbeeteren.

Bovendien verbood Torck zijn erfgenamen om op Rosendael te kappen, tenzij er bomen 'op haare verderf stonden'. Bij uitzondering zouden wel enige bomen gerooid mogen worden 'tot meerder cieraad', verbetering of reparatie der goederen. Bij overtreding van deze bepaling zou de waarde der gekapte bomen vervallen aan de diaconie van Wageningen.

Voor zijn vrouw was dit streven om de heerlijkheid in dezelfde staat te houden een belangrijk argument om Assueer Jan Torck, die na haar dood de nieuwe heer van Rosendael zou worden ook tot haar erfgenaam te maken. Zij benadrukte in haar testament, dat kort voor haar dood werd herzien, dat de heerlijkheid

> niet sonder groote moeyten en kosten tot sijne tegenswoordigen staat gebragt sijnde ook niet sonder grote kostens (...) in die staat sal konnen worden onderhouden[565].

Bezoekers

Uit de in dit hoofdstuk aangehaalde beschrijvingen, die aan de observatie van bezoekers te danken zijn, blijkt wel dat de belangstelling die al in de 17de eeuw voor de aanleg bestond onverminderd was. In de loop van de 18de eeuw werd een reis naar Gelderland, vaak gecombineerd met Kleef, zeer populair. Men bezocht steden en dorpen, beklom torens en genoot van vergezichten. Ook ging men steevast enkele buitenplaatsen bekijken. Vaak waren de tuinen toegankelijk, en in sommige gevallen kon een bezoeker ook het geluk hebben het huis zelf te mogen zien. Niet alleen de bekende grote huizen zoals Het Loo, De Voorst, Middachten, Doorwerth, en Rosendael trokken veel belangstelling, maar vanwege de aanleg ook kleinere zoals de Hartjesberg (Sonsbeek) en Klarenbeek te Arnhem, Rhederoord te Rheden en Biljoen met Beekhuizen te Velp[566]. Naar mate de mogelijkheden om te reizen toenamen, kwamen er meer bezoekers naar kastelen en buitenplaatsen. De *Nieuwe geographische Nederlandsche Reise- en Zak-atlas* van 1773 bijvoorbeeld zegt over de buitenplaatsen aan de Veluwezoom:

> Heeft men dan de vermaarde Hooge en Heerlyke Landhuizen Roosendaal en Doornweert nog niet gezien, het is der moeite waard, om dezelve te bezichtigen, al moest men daarom drie dagen te Arnhem zich ophouden[567].

Daarmee zijn wij aan het eind gekomen van de beschrijving van Rosendael onder Lubbert Adolf Torck en Petronella van Hoorn. In het volgende hoofdstuk zullen wij zien hoe zijn neef Assueer Jan Torck het beheer voortzette.

192.
John Parker (toegeschr.), Eusebia Jacoba de Rode van Heeckeren, circa 1793 (postuum), koper, coll. BvdZ, Rosendael.

191. Rechts
Anoniem, Assueer Jan Torck, vierde kwart 18de eeuw, pastel, coll. BvdZ, Rosendael, lijst van portretten 67.

5 Assueer Jan Torck en Eusebia Jacoba de Rode van Heeckeren (1764-1793)

Levensloop

Toen het duidelijk werd, dat het huwelijk van Lubbert Adolf Torck en Petronella van Hoorn kinderloos zou blijven en bovendien haar zoon uit haar eerste huwelijk Jan Willem Trip in 1738 jong overleed, vestigde Torck de hoop op zijn neefje Assueer Jan, geboren in 1733 in 's-Gravenhage, het enig kind van zijn broer Frederik Willem Torck (1691-1761) en Jacoba Maria van Wassenaer-Duivenvoorde (1709-1771) (afb. 189, 190).

Assueer Jan Torck erfde – nog afgezien van de aanzienlijke nalatenschap van het Van Wassenaer-bezit van zijn moeder – niet alleen de heerlijkheid Rosendael en het overige grondbezit, maar ook het kapitaal van zijn tante Petronella van Hoorn; zijn moeder verkreeg volgens testamentaire bepaling het vruchtgebruik van de nalatenschap. Jacoba Maria van Wassenaer deed echter afstand van haar rechten en stond huis Rosendael met de inboedel, de directie en administratie van de onroerende goederen, de rente van het kapitaal en van het fonds tot onderhoud van heerlijkheid en kerk op 16 november 1765 aan haar zoon Assueer Jan en haar schoondochter Eusebia Jacoba de Rode van Heeckeren (1739-1793) af. Zij verbond daaraan wel de voorwaarde, dat haar zoon alle lasten zou dragen, en dat zij bevoegd zou blijven enkele meubels mee naar 's-Gravenhage te nemen, dat zij mede over de wijnen mocht beschikken, en ten behoeve van haar huishouden in 's-Gravenhage of op Duivenvoorde boekweit, hout, aardappelen, een behoorlijke hoeveelheid wild en papier van de molens van Rosendael mocht laten komen[1].

Ten slotte wilde Jacoba Maria van Wassenaer nog wel het laatste woord hebben bij benoemingen in de heerlijkheid, en was zij van plan jaarlijks op kosten van de nalatenschap te komen logeren:

> Je viendray loger a Roosendael toute ans avec mon carosse et son cheveaux et domestiques aux depens des revenus de la Seigneurie.

Assueer Jans vader Frederik Willem Torck was in 1713 ambtsjonker van Voorst geworden en werd burgemeester van Hattem, raad en rekenmeester van de provincie Gelderland (1729), curator van de hogeschool te Harderwijk (1741), landcommandeur van de Duitse Orde, hoogschout van Maastricht en gedeputeerde voor Gelderland bij de Staten-Generaal (1759)[2]. Hij werd in Holland zeer gewaardeerd, en genoot daar het vertrouwen van de eerste man van de Republiek, Simon van Slingelandt die van 1727 tot 1736 Raadpensionaris van Holland was[3]. Door het huwelijk van Frederik Willem Torck met Jacoba Maria van Wassenaer verscheen voor het eerst een Haagse connectie in de familie Torck. Frederik Willem Torck bewoonde samen met zijn vrouw, zijn zoon Assueer Jan en tien personeelsleden van 1735 tot zijn dood in 1761 een ruim huis aan de westzijde van de Markt in Arnhem (zie p. 92)[4].

Over de opvoeding en opleiding van de jonge Assueer Jan is alleen bekend dat hij in 1748 aan de universiteit van Leiden werd ingeschreven[5]. In 1753 kreeg hij zijn eerste functie, toen hij ambtsjonker van Ede werd[6]. Twee jaar later werd hij als toehoorder in de Ridderschap van Veluwe toegelaten. Om als lid te kunnen toetreden was onder meer een zeker grondbezit vereist. Zijn tante Petronella van Hoorn was bereid hem daartoe reeds bij haar leven in 1761 goederen te schenken in het ambt van Rheden, waar hij als ambtsjonker werd toegelaten; daardoor kon hij in 1762 na het overlijden van zijn vader lid van de Ridderschap worden[7]. Hij werd in 1765 tot tweede burgemeester en in 1775 tot eerste burgemeester (president) van Wageningen benoemd[8], en hij bracht het ook tot functies buiten de provincie: in 1764 werd hij afgevaardigde van Gelderland in de Raad van State in 's-Gravenhage en een jaar later ook in de Generaliteit. Evenals zijn vader was hij Hoogschout van Maastricht. Een jaar voor zijn dood werd hij aangesteld tot richter van Wageningen en dijkgraaf van Wageningen en Bennekom[9].

De beschikbare archivalia geven de indruk, dat Assueer Jan Torck niet over dezelfde bestuurlijke capaciteiten beschikte als de hem voorgaande heren van Rosendael; zo was hij de eerste van hen sedert Robert van Arnhem in 1646-1649, die het landdrostambt van Veluwe niet heeft bekleed. Uit het feit dat hij geen vooraanstaande functies in Gelderland heeft vervuld, mogen wij wel afleiden, dat zijn interesse in een geslaagde ambtelijke loopbaan niet erg groot was. In de jaren tachtig heeft zijn vrouw Eusebia Jacoba nog wel enkele keren om bemiddeling voor een bepaalde functie voor hem gevraagd bij Prinses Wilhelmina, echtgenote van Prins Willem V, met wie zij bevriend was, maar dat leverde niets op. Torcks belangstelling (of die van zijn vrouw?) ging blijkbaar naar een gezantschap uit, want in het najaar van 1789 schreef Prinses Wilhelmina aan Eusebia Jacoba, dat het maar beter was van de post in Petersburg af te zien, 'et de penser a celui de Lisbonne s'il desire toujours une mission etrangère; ce dernier est moins brillant, mais il presente une occassion d'entrer dans cette carrière'[10].

Het ambt waarin hij zich het meest heeft kunnen uitleven, was dat van luitenant-opperjagermeester van Gelderland, waartoe Prins Willem V hem in 1769 benoemde[11].

189.
Mattheus Verheyden, Frederik Willem Torck, circa 1733, doek, coll. BvdZ, Rosendael, lijst van portretten 43.

190.
Mattheus Verheyden, Jacoba Maria van Wassenaer, 1733, doek, coll. BvdZ, Rosendael, lijst van portretten 44.

De jacht

De luitenant-opperjagermeester stond de Prins, de eigenlijke opperjagermeester, met zijn gehele jachtbedrijf ten dienste. Een jagermeester was verantwoordelijk voor de handhaving van de jachtrechten in zijn gebied, waarvoor hij personeel en jachthonden moest houden. Ter bestrijding van de kosten ontving hij de boeten en emolumenten van de jachtgerichten, die de handhaving van de jachtplakaten en de berechting van jachtzaken regelden. Torck adviseerde Willem V over het jachtbeleid op de Veluwe. De Prins wilde de grote jacht voor elke gegadigde openstellen, maar Torck was daar een tegenstander van, omdat hij meende dat dat afbreuk zou doen aan het zorgvuldige beheer van de herten- en reeënstand zoals dat onder de stadhouders Willem III en Willem IV was gevoerd. Bovendien vreesde Torck in de jaren tachtig, dat de politieke spanningen tussen patriotten en prinsgezinden onder het mom van de jacht wel eens tot bloedige gevolgen zou kunnen leiden. Maar zijn adviezen werden grotendeels genegeerd[12].

De attributen van het ambtskostuum dat Assueer Jan Torck als jagermeester droeg, zijn bewaard gebleven, te weten: een hartsvanger (degen) met een gevest van hertshoorn met zilverbeslag en het monogram *T R* (Torck van **R**osendael) (afb. 193); een jachtdolk met opschrift *VIVAT MIJN HERR VAN ROSENDAHL OVER IAGERMEISTER VAN DER PROVINTS VAN GELTERLANDT* (afb. 194); een bandelier van groene stof met zilvergalon en drie zilveren schildjes gegraveerd met voorstellingen van een jachthond, een zwijn en een hert (afb. 195); een ceintuur van hetzelfde materiaal met een grote zilveren gesp met daarop een gekroonde lauwerkrans met het monogram *T R* (afb. 196)[13]. Deze uitrusting dateert deels uit 1790 of werd in dat jaar opnieuw gemonteerd ter reparatie van een oudere uitrusting, die door het gebruik versleten was. De drie zilveren schildjes van de bandelier hebben zeker tot een eerdere uitrusting behoord; zij werden vervaardigd door de Arnhemse zilversmid met het meesterteken **I X**, en dragen de jaarletter Z (wrs. 1757-1758)[14]

Wanneer Assueer Jan Torck op jacht was – en dat was hij gedurende het jachtseizoen vrijwel voortdurend – bestierde zijn vrouw Eusebia Jacoba hun huishouden en gezin. Uit verschillende brieven spreekt haar bezorgdheid wanneer hij dagenlang van huis was, maar ook haar ergernis dat hij het jachtbedrijf liet prevaleren boven zijn gezin. Assueer Jan kon blijkbaar zo in het buitenleven opgaan, dat hij zijn verplichtingen voor huis en haard geheel aan zich voorbij liet gaan. Keer op keer waarschuwde zij hem:

201.
Guillaume J.J. de Spinny, prinses Wilhelmina van Pruisen, 1771, doek, coll. BvdZ, Rosendael, lijst van portretten 48.
205.
Commode door Matthijs Horrix (toegeschr.), 1766-1768, eikenhout gefineerd met diverse houtsoorten, h. 89 cm, part. bezit, lijst van voorwerpen 38.
206.
Ludwigsburg, onderschotel (37,3 x 26,5 cm) behorend tot een servies van zesenzestig delen, circa 1769, part. bezit, lijst van voorwerpen 62.

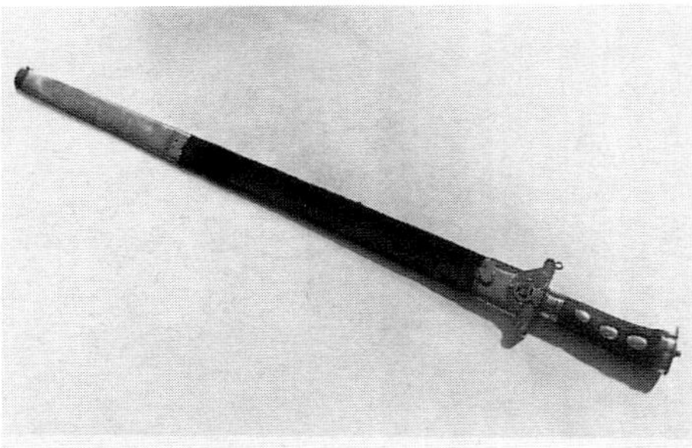

193.
Hartsvanger (degen) behorend tot het ambtskostuum van Assueer Jan Torck als luitenant-jagermeester van prins Willem V met zilverbeslag door Jan Willem Evers, Arnhem 1790, part. bezit, lijst van voorwerpen 59a.

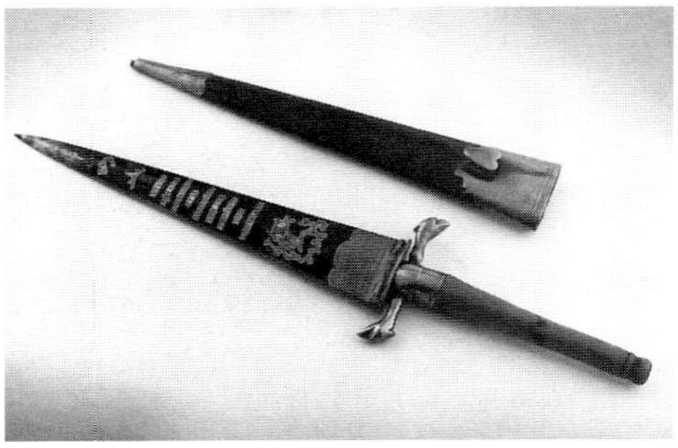

194.
Jachtdolk behorend tot het ambtskostuum van Assueer Jan Torck, circa 1770, part. bezit, lijst van voorwerpen 59b.

195.
Bandelier afgezet met drie zilveren schildjes door meester I X, Arnhem 1757-1758, toegepast bij het ambtskostuum van Assueer Jan Torck, part. bezit, lijst van voorwerpen 59c.

> J'étois inquiette qu'apres la fête de Cicile, la chasse ne vous fit du mal, je vous supplie mon cher mari de vous menager; vous êtes avec un homme avec qui je ne vous conseille pas de mesurer vos forces, du moins je n'espere pas que vous comptés aller tous les jours a la chasse jusqu'a samedi prochain[15].

In een brief uit de tijd dat zijn tante Petronella van Hoorn nog op Rosendael woonde, schreef zijn vrouw Eusebia Jacoba hem:

> Vous auriés mieux fait pourtant de sacrifier quelques uns de ces beaux jours de chasse, pour venir faire votre cour a la douairiere.

En zij voegde daar zonder omhaal van woorden aan toe: 'pendant que nous travaillons icy a votre bien, vous ne penses que vous divertir'[16]. Enig sarcasme was haar overigens niet vreemd; een briefje met de aanmaning op tijd naar huis (in Wageningen) te komen, besloot Eusebia Jacoba met de woorden:

> Vos enfans, vos gens, vos chiens, vos rossignols tous se portent bien, et votre femme aussi. adieu[17].

Maar het was ook wel eens anders met haar gesteld:

> votre pauvre petite femme qui a passée une journée fort desagreable, a tout moment sur le bord du pot de chambre, sans jamais pouvoir dégobiller[18]. (afb. 213)

Uit een jachtjournaal over de jaren 1777 tot 1782 dat Torck nauwgezet bijhield, blijkt hoeveel er gedurende het jachtseizoen per dag geschoten werd en wat er aan familieleden en bekenden werd weggegeven. Er werd voornamelijk gejaagd op haas, patrijs en snip en incidenteel op korhoen, hert en ree. Van medio september tot medio november joeg Torck vrijwel dagelijks, behalve op zondag en bij een enkele verhindering. De lijst van degenen die een stuk wild geschonken kregen, was elk jaar lang, zowel in Gelderland als in 's-Gravenhage[19].

Hoewel Assueer Jan Torck op zijn landgoederen onbegrensd lijkende mogelijkheden voor de uitoefening van de jacht moet hebben gehad, bleef hij ernaar streven zijn jachtgebied te vergroten. Op de Bruynhorst onder Ede bijvoorbeeld, die hij in 1764 kocht, stond een jachthuis, en sinds 1787 huurde hij het *Kasteel* en de jacht van de in de Peel (Noord Brabant) gelegen heerlijkheid Asten[20].

Het gezin

Assueer Jan Torck en Eusebia Jacoba de Rode van Heeckeren trouwden in 1758 in Rosendael. Beiden waren zij de laatste van hun geslacht; zij was een dochter van Andries Christoffel Frederik de Rode van Heeckeren tot Overlaer, luitenant-generaal, gouverneur van Arnhem, en Henriette Christina Florentina van Dedem[21]. De vreugde over dit huwelijk moet dus wel groot zijn geweest. Voor de oude Lubbert Adolf Torck, die dit moment nog kon beleven, bood het de hoop dat zijn geslachtsnaam aan Rosendael verbonden zou blijven. In een voor deze gelegenheid geschreven en in

196.
*Zilveren gesp met monogram **T**(orck) **R**(osendael) door Jan Willem Evers, behorend tot het ambtskostuum van Assueer Jan Torck, 1790, part. bezit, lijst van voorwerpen 59e.*

druk gegeven lofdicht, opgedragen aan Lubbert Adolf Torck, bracht de richter van de hoge heerlijkheid Rosendael, J.C. Copes van Hasselt, dat belangrijke aspect als volgt onder woorden[22]:

Soo moet Roosendaal steets bloeyen
In een eyndeloose tijdt,
En sijn Heerlijkheidt sien groeyen
Selfs in weerwil van de nijdt!

Soo moet dan een rey van erven
In een tijdperk, sonder maat,
Naam en wapen nooyt sien sterven
Maar bestaan voor Kerk en Staat!

Copes van Hasselt richtte zich met een openingsvers in het *Trouwboeck* van Rosendael tot de lezer dat bij het eerste huwelijk in de nieuwe kerk van Rosendael in gebruik werd genomen[23]:

U oog, myn leeser, mist, wanneer het tragt te vinden
Het fraeye van dit boeck in kundigheyt van binden,
In 't suyver maroquin, in 't hagel-wit papier
Met goud getooyt: neen, neen, dit doet niet tot de swier,
Sie nader, sie de naem van TORCK en ROODE praelen
Op 't eerste blad en seg, wat kan in schoonheyt haelen
In afkomst, bij dit paer, in eer en blanke deugt,
In vriend'lykheyt, in min, in 't eêlste van de jeugt,
In rykheyt van vernuft, in heusheyt van manieren
Beken dat sulks dit egtregister 't meest komt cieren,
Gelyk de plegtigheyd van deese eerste trouw
Den luyster geeft aan 't nieuw gestigte kerkgebouw.

De 'rey van erven' die Copes van Hasselt had gewenst, kwam ook werkelijk: tussen 1759 en 1775 werden acht kinderen geboren, maar van hen overleefden slechts twee hun ouders: Frederik Sigismund Alexander, die in 1793 Duivenvoorde erfde, en Reinhard Jan Christiaan, die zijn vader als heer van Rosendael opvolgde. Hun broers en zusjes bereikten geen van allen de leeftijd van dertig jaar. Hun namen waren:

Frederik Willem Arend	1759 - 1762
Lubbert Pieter *Adolf*	1760 - 1789
Willem Arend	1763 - 1788
Frederik Sigismund Alexander (*Frits*)	1763 - 1817
Henriëtte Christine Alexandrine (*Jetje*)	1764 - 1792
Elisabeth A.A.A. (*Bettje*)	1767 - 1792
Marie Caroline (*Mitje*)	? - 1792
Reinhard Jan Christiaan (*Reintje*)	1775 - 1810

Adolf en Willem Torck studeerden van 1777 tot ongeveer 1781 rechten in Leiden[24]; in 1782/1783 verbleven zij beiden ter voltooiing van hun opvoeding in Frankrijk. Adolf werd in 1781 benoemd tot ambtsjonker van Ede en Rheden[25]; ook werd hij burgemeester en drost van Wageningen (afb. 199). Willem werd in 1783 benoemd tot ambtsjonker van Voorst en later van Rheden[26]; hij kreeg een aanstelling als kamerheer aan het stadhouderlijk hof in 's-Gravenhage en Nijmegen (afb. 200). Frits beschikte niet over alle verstandelijke vermogens en heeft zijn gehele leven onder curatele gestaan.

197.
Rechts: John Parker (toegeschr.), Henriëtte Christine Alexandrine Torck, circa 1793 (postuum), koper, coll. BvdZ, Rosendael.
198.
Links: John Parker (toegeschr.), Elisabeth A.A.A. Torck, circa 1793 (postuum), koper, coll. BvdZ, Rosendael.

Na deze zonen werden er achtereen drie dochters geboren, die alle drie in 1792, een jaar voor hun beide ouders, overleden. De oudste van dit stel, Henriëtte, was een befaamde *beauté* in 's-Gravenhage (afb. 197). Zij was bevriend met prinses Louise en verkeerde dus geregeld aan het hof; na een stormachtige liefde met Gijsbert Karel van Hogendorp (1762-1834) trouwde zij in 1788 met de twee keer zo oude Adolf Hendrik van Rechteren van Collendoorn (1738-1805)[27]. Uiteindelijk was Reinhard J.C. Torck, de jongste van het gezin, degene van wie het voortbestaan van het geslacht afhing.

De familie Torck verbleef afwisselend in 's-Gravenhage en op Rosendael. Omdat ouders en kinderen dikwijls niet allen tegelijk in de stad of op het land verbleven, schreven zij elkaar geregeld, ook de broers en zusjes onderling.

Dankzij de brieven die zij van en naar 's-Gravenhage, Rosendael, Leiden en Frankrijk schreven is het mogelijk een beeld te krijgen van allerlei aspecten van hun dagelijks leven. Na de winter in de stad te hebben doorgebracht, verhuisden zij in mei naar Gelderland. In 's-Gravenhage hielden zij ontvangsten aan huis en behoorden zij tot de kring rond het stadhouderlijk hof. Rosendael was ver van dit mondaine leven verwijderd, maar er waren geregeld gasten, die daar langer dan enkele dagen bleven.

Opvoeding en onderwijs

Zowel in 's-Gravenhage als op Rosendael was het onderwijs van de kinderen gedurende de jaren zeventig en tachtig in handen van huisleraren. Van enkelen is de naam bekend: Gerard Snijders en Theod. Godron, de Rosendaelse schoolmeester, gaven schrijflessen en J.J. Blassiere gaf wiskundeles. Muzieklessen door F. van der Dussen[28], L. Gautier, Giovanni Andrea Colizzi (1740/1741-ca. 1808)[29], de kapelmeester F.P. Ricci, F.L. Loos en F. Brunst, op onder andere clavecimbel en klavier, hadden een belangrijke plaats op het programma. Het onderwijs in de tekenkunst kreeg ook veel aandacht; deze lessen werden gegeven door de Haagse schilder en tekenleraar Arnoldus A. Schaasberg, de niet nader bekende A.A. Kuypers en de (amateur)schilder en -tekenaar Dirk

Gijsbert van Gorkum (1779-1845) die aan de Ketelstraat in Arnhem woonde[30].

De bewaard gebleven familiebrieven geven ook een indruk van het leefpatroon van Adolf en Willem als studenten in Leiden. Uit de brieven die zij sinds 1777 van hun moeder ontvingen blijkt de moederlijke bezorgdheid over het doen en laten van haar zoons. Deze brieven staan vol met goede raadgevingen en aansporingen over hun studie, hun kleedgewoonten, het opruimen van hun kamers – zij woonden bij de repetitor Rham, eerst op de Breestraat en later op het Rapenburg[31] -, hun schriftelijk taalgebruik en het afleggen van visites bij bevriende families in 's-Gravenhage. De volgende citaten geven daar voorbeelden van. Aan Willem Arend schreef zij voordat hij uit Leiden naar Rosendael zou vertrekken:

> J'espere qu'il fera beau tems et que vous pourrés vous amuser a la chasse et a la promenade. Vous avés beaucoup de fetes a Leyden; vous n'aurés ici ni bals ni soupers, vous trouverés une grande uniformité, je suis persuadé que malgré cela vous serés contens de l'echange[32].

In een andere brief bedankt zij hem voor zijn berichten:

> Je suis bien contente que vous me parliés de vos colleges, mais je voudrois bien que ce fut quelquefois un peu en detail sur les sujets qui ne sont pas trop au dessus de ma portée.

Na haar zoon verzocht te hebben haar te informeren over de gezondheidstoestand van Prinses Gallitzin in 's-Gravenhage, besloot zij deze brief met:

> Adieu mon cher Guillaume, vos petits portraits dans ma chambre me font grand plaisir, ils vous representent mal, mais c'est toujours quelquechose[33].

Zij spoorde haar beide zoons aan visites te maken wanneer zij in 's-Gravenhage waren:

> Lorsque vous irés à la Haye tâchés de faire toujour quelques visites, allées voir le Prince de Gallitzin, Mad[e] d'Aylva, Mr Tavel etc.[34].

De oudste zoons Adolf en Willem werden na hun studie in Leiden in 1782/1783 naar Parijs gestuurd als afsluiting van hun opvoeding. Zij woonden in huis bij een mevrouw De Champcenetz, zij bezochten vele historische bezienswaardigheden, zij zagen schilderijenkabinetten en andere collecties, zij werden geïntroduceerd bij andere Nederlanders in Parijs, en buiten de stad gingen zij beroemde buitenverblijven bekijken zoals Versailles en Petit Trianon, Marly en St. Cloud. In Versailles maakten zij een openbare ontvangst van de Koning en de Koningin (Lodewijk XVI en Marie Antoinette) mee[35]:

> Nous avons vu fort à notre aise le Roy, la Reine, M[r] et Madame d'Artois, nous nous sommes beaucoup promenés dans les jardins et dans le parc et nous avons meme vu le Petit Trianon de la Reine, mais c'est avec beaucoup de peine que nous en avons obtenu la permission.

199. links
Benjamin Samuel Bolomey, wrs. L.P. Adolf Torck, 1782, inkt, krijt en aquarel. RAG, AHR, zonder nummer, lijst van portretten 58.
200. rechts
Benjamin Samuel Bolomey, wrs. Willem A. Torck, 1782, inkt en krijt, 17,8 x 13,8 cm. RAG, AHR, zonder nummer.

Verblijf op Rosendael

Ook tussen 's-Gravenhage en Rosendael communiceerden ouders en kinderen per brief. Willem Arend ontving van zijn zusje Bettje (Elisabeth A.A.A.) uit 's-Gravenhage een brief, waarin een passage staat over een ontvangst die hun ouders daar hadden gegeven:

> Vous savés que nous avons eu un immense soupé lundi passé dont presque toute la Haye etoit[36].

De kinderen verlangden intussen naar Rosendael. Henriëtte Torck schreef uit 's-Gravenhage aan haar jongste broertje Reinhard, die op dat moment op Rosendael verbleef:

> Je languis beaucoup de vous revoir à Roosendaal et de n'etre plus à la Haye – car je m'ennuye ici et ne m'y porte pas aussi bien qu'à Roosendaal – mon pere s'amuse parfaitement bien – il sort tous les jours – nous ne sortons pas souvent; j'en suis bien aise car ces grands soupers m'ennuyent horriblement[37].

In dezelfde periode schreef zij aan het einde van een verblijf op Rosendael aan haar broer Willem Arend in 's-Gravenhage:

> excepté le plaisir de vous voir rien ne nous attire à la Haye, nous passerions l'Hyver ici tous tant que nous sommes avec le plus grand plaisir[38].

Bovendien werd het buitenleven gezonder geacht dan het stadsleven. Henriëtte Torck – zij had net een gehele week aan het hof doorgebracht – was in mei 1784 in 's-Gravenhage zwaar verkouden geworden; 'elle se remettra bientot j'espere en respirant l'air de Roosendael' schreef Adolf uit 's-Gravenhage aan zijn broer Willem[39].

Inmiddels was het zeker niet stil op Rosendael; sommige brieven wekken de indruk van een voortdurend komen en gaan van gasten en logés[40]. Na de bovenstaande passage vervolgde Henriëtte Torck haar brief met:

> Nous sommes grande societé. Mlle de Dedem, Mrs. Quarles et Kloekhoff sont logés ici. Demain nous attendons Mr de Rechteren et on nous a annoncé Mr A. de Byland aussi pour le premier jour. C'est trop de bonnes choses à la fois – het zal hier wat al te vol zijn – le soir nous faisons une partie de Reversis; Mr Quarles s'y ruine.

Voor een vaste gast werden in 1783 op Rosendael eigen vertrekken ingeruimd. Dat was Prins Dimitri Alexewitsch Gallitzin (1738-1803), die sinds 1770 als ambassadeur van Catharina II, keizerin van Rusland, in 's-Gravenhage gestationeerd was[41]. Hij was aan het Voorhout Torcks overbuurman. In 1783 had hij ontslag genomen uit diplomatieke dienst uit protest tegen zijn gedwongen overplaatsing naar Turijn. Als bevorderaar en beoefenaar der natuurwetenschappen genoot Gallitzin faam in heel Europa en het zal hem weinig moeite hebben gekost in plaats van aan de politiek zich nu geheel aan de beoefening der wetenschappen te wijden. Wanneer hij niet op reis was, verbleef Gallitzin sedert 1783 tot de inval der Fransen in 1795 afwisselend in 's-Gravenhage en op Rosendael.

'Le Prince de Galitzin s'ennuye deja dans son nouvel appartement' schreef Mitje (Maria Carolina) Torck in april 1783 aan haar broer Willem Arend, die op dat tijdstip in Parijs verbleef[42]. Gallitzin had op Rosendael de gelegenheid zich met experimenten op het gebied van de electriciteit bezig te houden. Torck gaf hem toestemming voor dat doel een bliksemgeleiding op het dak van de Middeleeuwse donjon van Rosendael te plaatsen. Die geleiding was al enkele jaren onderwerp van gesprek, zoals blijkt uit een passage van een brief die Willem Arend in 1778 toen hij in Leiden studeerde aan zijn moeder schreef[43]:

> J'ay été ches le Prince de Gallitzin qui m'a chargé de vous faire ses complimens et qui m'a donné la pointe du conducteur qu'il avoit posté avec lui à La Haye ...

Gallitzin publiceerde de resultaten van zijn proeven in een verhandeling *Description du conducteur electrique placé sur le chateau de Rosendael en Gueldre*[44]. De proefopstelling op de toren stond misschien in verband met een eerdere blikseminslag in de lichtkoepel op de toren, waardoor deze afbrandde (zie p. 183).

202.
Haarlok van prinses Wilhelmina van Pruisen gevat in briljantjes, geschonken aan Eusebia Jacoba de Rode van Heeckeren. RAG, AHR inv. 1972.

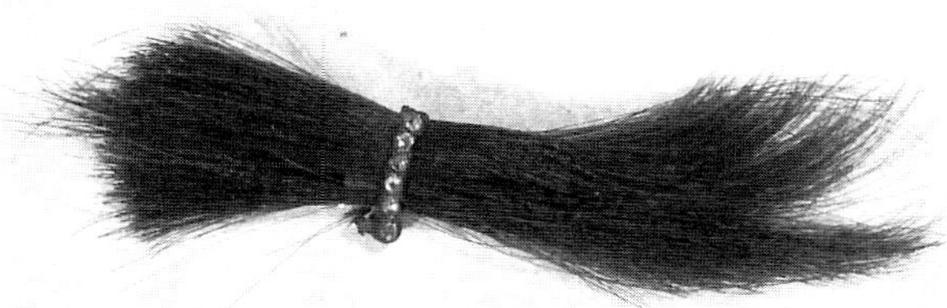

203.
Pendule, circa 1780, marmer en vuurverguld brons, Parijs, h. 74 cm, afkomstig van Het Loo, part. bezit, lijst van voorwerpen 82.

Torck zelf bleef meer belang in de jacht stellen dan in Gallitzins proeven en in de aanwezigheid van andere gasten op Rosendael. Hij had het niet zo op met al die toeloop; zijn zoon L.P. Adolf Torck schreef in 1785 aan zijn broer Willem Arend over het gedrag van hun vader: 'Le Prince de Galitzin qui est ici depuis 8 jours l'ennuie aussi a perir, mais cela est moins étonnant'[45].

Behalve de brieven die aspecten van het familieleven van de Torcken in 's-Gravenhage en op Rosendael blootleggen, en rekeningen en kwitanties die zakelijke en materiële transacties illustreren, geeft bij uitzondering een verslag van een officiële gebeurtenis op Rosendael de allure van Torcks buitenplaats weer. Het betreft de ontvangst die Prins Willem V in de avond van 14 augustus 1766 op Rosendael ten deel viel, aan het eind van zijn officiële bezoek aan Arnhem[46]. Nadat hij op 12 augustus in de stad was ontvangen, was de Prins op 13 augustus in verschillende bestuurscolleges aanwezig en had hij 's middags bij een wandeling door de stad de voor hem opgestelde erepoorten, illuminaties en decoraties bezichtigd. De volgende dag werd de prins geïnstalleerd als erfstadhouder van Gelderland; 's avonds vond een grootse ontvangst op Rosendael plaats:

> Donderdags begaf dien Vorst zig naer *Rosendael*, alwaer Hoogstdezelve door den Baron van Torck op een superbe Festyn en Bal onthaeld wierd, zynde die Heerlykheyd 's avonds op

eene zo pragtige wyze geïllumineerd geweest, dat de Aenschouwers getuygden nooyt eene zo diergelyke gezien te hebben[47].

De achttienjarige Prins werd na aankomst eerst door het park geleid, er werd een geweldig vuurwerk ontstoken en toen het donker was geworden, werd het park op adembenemende wijze verlicht met vetpotjes. Daarna volgden een groot souper en een bal waarbij ruim honderd genodigden aanwezig waren! De *'s Gravenhaegse Courant* deed uitgebreid verslag van dit oogverblindende schouwspel (bijlage 3)[48]. Eén van de genodigden was de begaafde Belle van Zuylen (1740-1805), die in brieven aan Constant d'Hermenches over haar bezoeken aan Rosendael schreef. Het feest was volgens Belle *superbe* en zij genoot van het vuurwerk en de illuminatie; zij danste en vermaakte zich met de acht jaar jongere prins[49].

Een jaar later trouwde Willem V in Berlijn met prinses Frederika Sophia Wilhelmina van Pruisen (1751-1820). In 's-Gravenhage ontwikkelde zich in de loop der jaren een vriendschappelijke verhouding tussen de prinses en mevrouw Torck, die ruim tien jaar ouder was. De bestelling van het portret van prinses Wilhelmina bij G.J.J. de Spinny in 1771 (afb. 201) hoeft nog niet op veelvuldig wederzijds contact te duiden, maar de brieven die de prinses haar schreef en de haarlok die zij aan mevrouw Torck schonk, duiden zeker op vriendschappelijke gevoelens (afb. 202)[50]. Prinses Wilhelmina, mevrouw Torck en hun kinderen zagen elkaar in 's-Gravenhage of op Het Loo; 'vous savez que nous sommes toujours charmé de vous voir', schreef Wilhelmina in 1788[51]. De Prins en de Prinses schonken een Franse pendule van het Loo aan het echtpaar Torck, of misschien gebeurde dat kort voordat zij in 1795 naar Engeland uitweken aan Reinhard J.C. Torck (afb. 203)[52].

Voor een indruk van de levenssfeer op Rosendael volgen hier tot slot nog enkele opmerkingen, die Belle van Zuylen in de jaren 1765 tot 1767 in haar brieven aan Constant d'Hermenches maakte over haar bezoeken op Rosendael en haar vriendschap met mevrouw Torck[53]. De eerste keer dat zij Rosendael in haar brieven aanroerde, was in 1765: 'Je vai passer quelques jours a Rosendaal'[54]; zij had het er bijzonder naar haar zin. Zij vond haar vriendin Eusebia Torck 'la plus jolie, la plus estimable et la plus aimable femme du monde'. Ook over Assueer Jan Torck had zij een gunstig oordeel, maar daar kwam zij later op terug[55]; het jaar erop was zij aanwezig op het grote feest ter ere van prins Willem V. Weer een jaar later, in 1767, logeerde Belle zelfs zes weken op Rosendael. Zij bracht er een heel gelukkige tijd door: 'Je ne demande pas a être jamais plus aimée, plus caressée, ni plus contente que je ne l'etois a Rosendael'[56]. Als dank voor de gastvrijheid stuurde zij aan Eusebia Jacoba een *robe a l'angloise* zoals zij die zelf droeg, met linten en versiersels zoals zij er zelf graag op vastzette[57]. Bovendien schreef Belle voor haar een sprookje – dat niet bewaard is gebleven – waarin Eusebia J. Torck als fee voorkwam[58]. In november 1767 was in 's-Gravenhage een jurk uit Parijs aangekomen, die Belle had besteld. Een tweede was bestemd voor haar vriendin Eusebia; Belle was er zeker van dat de jurk haar goed zou staan: 'Elle se vera la plus jolie et plus magnifique beauté de la Haye'[59].

De politieke woelingen van deze periode, waarin de tegenstellingen tussen prinsgezinden en patriotten steeds scherper werden, zijn op Rosendael natuurlijk niet onopgemerkt gebleven. De Torcken – het laat zich raden met zulke duidelijke connecties aan het hof – waren Oranjegezind[60] en kregen in 1787 ongeveer tweehonderd Pruisische manschappen van het bataljon Van Slotheim en vijf officieren gedurende twee dagen in de heerlijkheid gelegerd. Deze troepen waren op doortocht in verband met het herstel van het stadhouderschap met behulp van Pruisen na de bekende aanhouding van prinses Wilhelmina bij Goejanverwellesluis op 28 juni 1787. Een majoor en vier officieren logeerden op Rosendael; de soldaten werden in een schuur ondergebracht. Mevrouw Torck beschreef dit bonte gezelschap in een brief aan haar zoon Willem Arend: de officieren waren beleefd, zij speelden quadrille mee, brachten serenades en gaven fooien aan het huispersoneel, en als zij niet een beetje duur om te onderhouden waren, hadden zij hen nog wel enkele dagen willen houden[61]. De opschudding die deze invasie in het rustige dorp veroorzaakte, is niet moeilijk voor te stellen:

> Nous avons eu l'artillerie et le bagage sur la bassecour; la garde et les prisonniers ont été à l'auberge. Je voudrois que vous eussiés été ici, les gens du village qui avoient une peur terrible de ces gastes s'etoient entierement apprivoisés avec eux, tout le monde leur portoit du caffé, du jenevre etc. et leur ont donnés des provisions pour leurs voyage.

Financiën

De boekhouding van Assueer Jan Torck – voor zover deze beoordeeld kan worden aan de hand van de bewaard gebleven stukken – was maar een schaduw in vergelijking tot die van de voorgaande heer van Rosendael. Wat van Assueer Jan Torcks hand bewaard bleef, doet evenmin als op het epistolaire vlak een groot talent vermoeden. De tamelijk schaarse gegevens leveren het volgende beeld op. Na het overlijden van zijn tante Petronella van Hoorn in october 1764 had Assueer Jan Torck hoge kosten, vanwege de uitkering van legaten, door de ontginning van de Imbosch en door zijn grondaankopen. Deze kosten bestreed hij mede door de liquidatie van een aantal obligaties in het eerste kwartaal van 1765 ter waarde van ruim *f* 130.000,–![62]. De 'jaarrekening' over Torcks Gelderse be-

204.
's-Gravenhage, het Van Wassenaer-huis op de hoek van het Voorhout en de Kneuterdijk.

207.
Commode, eikenhout gefineerd met rozehout en andere houtsoorten, circa 1780-1790, in de deuren lakpanelen met onbekend wapen, h. 83,2 cm, part bezit, lijst van voorwerpen 40.

208.
Commode door Matthijs Horrix (toeschr.), circa 1787-1788, eikenhout gefineerd met diverse houtsoorten en met panelen en borden van Japans lak, in de deuren lakborden met het wapen Van Hoorn, h. 90 cm, part. bezit, lijst van voorwerpen 39.

zittingen is van slechts vier andere jaren (in de jaren -70) bewaard gebleven[63]. Uit die cijfers, die overigens niet betrekking hebben op Torcks Hollandse bezit uit Van Wassenaer-nalatenschap zoals Duivenvoorde en het Haagse huis, blijkt dat de jaarlijkse uitgaven aanvankelijk nog zeer hoog waren (bijna *f* 120.000,– in 1772) maar in de latere jaren daalde tot ongeveer de helft. Torcks normale jaarlijkse inkomsten en lasten, gerekend over genoemde vijf jaren, bedroegen *f* 40.000,– tot *f* 50.000,– per jaar voor zijn Gelderse bezittingen. Ter vergelijking: dit inkomen was ongeveer het honderdvoudige van de best opgeleide ingezetenen van de Heerlijkheid; de dominee verdiende *f* 640,– en de rentmeester *f* 400,– per jaar. Torcks inkomsten uit ambten vormden slechts een bescheiden deel in het totaal, in de genoemde jaren ongeveer *f* 4.000,– per jaar; daarvan werd ongeveer de helft verkregen uit hoofde van zijn functie als luitenant-opperjagermeester van de Veluwe.

Torcks hoge inkomsten maakten het mogelijk op Rosendael een grote staat te voeren, zoals blijkt uit het aantal personeelsleden. In totaal waren dat dertig personen: een kamenier, negen meiden, twee minnen, een kok, een kamerdienaar, vijf knechten, een jager en een bouwknecht, twee koetsiers, twee postrijders en twee rijknechten, twee tuinlieden en nog een ongenoemde, die elk tussen *f* 25,– en *f* 250,– per jaar verdienden.

Grondbezit

Doordat Torck de aankoop van landgoederen in Gelderland financierde met de opbrengst van de verkopen van obligaties die hij van zijn tante Petronella van Hoorn had geërfd, nam het belang van het onroerend goed in vergelijking tot andere delen van zijn vermogen snel toe. Anders gezegd: gedurende de vorige generatie bestond het belangrijkste bestanddeel van het vermogen nog uit effecten en andere waardepapieren; nu verstevigde Assueer Jan Torck zijn positie als Gelderse grootgrondbezitter – en die van zijn nazaten in de 19de eeuw – maar daardoor werd hij in feite minder mobiel en was zijn vermogen minder goed gespreid.

Het aantal goederen dat Assueer Jan Torck uit nalatenschap had verworven, of dat hij in korte tijd kocht, was aanzienlijk. Door erfenis van goederen afkomstig uit de families Van Arnhem, Van Wassenaer, Ripperda en Torck en door diverse aankopen was hij vrijheer van Rosendael, Voorschoten, Veur, Petcum, Heerjansdam en heer van Harsselo, Duivenvoorde, Wilp, de Heeg etc.[64].

Tot het 17de-eeuwse onder Rosendael vallende bezit behoorden: Terlet, Heuven (Rheden), Nieuw Reemst (Ede), Mossel (Ede) en de Imbosch; Harsselo (Bennekom) was via de Van Wassenaers in bezit van de Van Arnhems gekomen; Petcum, een heerlijkheid in Noord-Duitsland, werd door vererving uit de familie Ripperda een bezit van de Torcken en ook de volgende goederen erfde Assueer Jan Torck met de Rosendaelse goederen van zijn oom en tante Torck-van Hoorn: bezittingen in en rond Wageningen, Oud Reemst (Ede), de Hanepol (buurschap Veldhuizen, Ede), Saalbosch en de Nord (buurschap Laar onder Velp), Planken Wambuis (Reemsterveld, Ede) de Grote en Kleine Kieft (Ede), Deelen en de Wolfsbergen (Ede) (afb. 236)[65].

Zijn grondaankopen begon hij al in de tijd van overlijden van zijn tante Petronella W. van Hoorn. Tussen october 1764 en augustus 1766 kocht hij onder andere de volgende goederen: de Grote Durck (Velp), de havesathe De Heeg (Didam), de Emptepol of Laakhuysen (Westervoort), de Bruynhorst (Lunteren) en een tweede deel van Oud Reemst (Ede), samen ter waarde van ruim *f* 75.000,–[66]. Enkele jaren later kocht hij in de Betuwe de Schouteweerd onder Lakemond (Heteren) voor ruim *f* 20.000,–[67]. Torcks streven naar bezitsuitbreiding kan deels verklaard worden uit een vertrouwen in het rendement van dergelijk bezit, en in verband daarmee uit zijn bebossingsplannen waar hij al in 1764 op de Im-

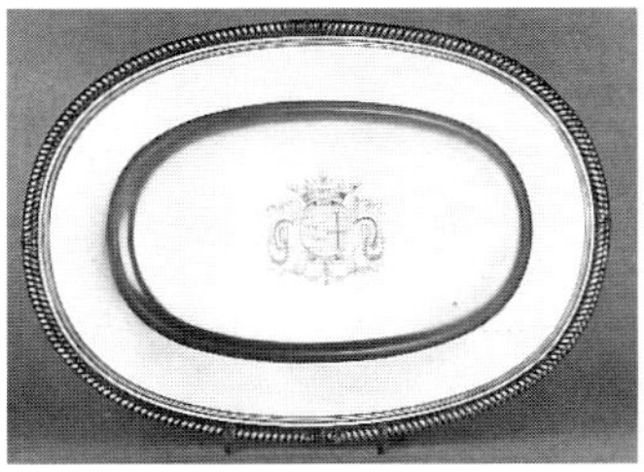

210, 211. links
Zilveren schenkkan met schotel door Pierre Platel met gegraveerd alliantiewapen Van Wassenaer-Bentinck, circa 1701, h. kan 21 cm, part. bezit, lijst van voorwerpen 44.
209.
Zilveren koelvat door Adam Loofs, 's-Gravenhage 1704, h. 21 cm, doopgeschenk van Den Briel aan Jacob Jan Brillanus van Wassenaer, part. bezit, lijst van voorwerpen 43.
212.
Zilveren suikerstrooier met gegraveerde wapens Torck en Van Wassenaer door meester W.S., 's-Gravenhage 1743, h. 21,2 cm, part. bezit, lijst van voorwerpen 47.

bosch en in 1765 op het Reemsterveld mee begon[68]. Bovendien was het streven zijn jachtgebied te vergroten hem niet vreemd.

Maar Torck heeft ook wel eens onroerend goed verkocht, zoals in 1772 het tweederde gedeelte van het landgoed Verwolde in de Achterhoek, dat hij uit Ripperda-bezit had geërfd. Hij verkocht dit deel voor *f* 21.000,– aan zijn (aangetrouwde) neef Frederik Willem van der Borch (1737-1781), die het andere éénderde deel in 1766 van diens vader had geërfd[69]. F.W. van der Borch en zijn vrouw Sophia Juliana van Rechteren (1730-1793) lieten in 1776 een nieuw huis Verwolde bouwen naar ontwerp van de stadhouderlijk architect Philip Willem Schonck, één van de eerste neoclassicistische gebouwen in Gelderland[70].

Nalatenschap

Het gezin werd van 1788 tot 1792 zwaar getroffen door het overlijden van vijf kinderen: in 1788 Willem Arend, in 1789 Lubbert Pieter Adolf tijdens een verblijf in Nice[71], en ten slotte alle drie dochters in 1792. De ouders kwamen deze slag niet meer te boven; beiden overleden in 1793. Na het overlijden van hun twee zonen maakten zij in 's-Gravenhage een nieuw testament[72], dat in 1792 na de dood van hun dochters moest worden aangepast[73]. Als erfgenamen waren hun twee jongste zonen overgebleven, Frederik Sigismund Alexander en Reinhard Jan Christiaan, en twee kinderen van hun reeds overleden dochter Henriëtte, echtgenote van Adolf Hendrik van Rechteren. Voor Frederik waren de heerlijkheden Duivenvoorde, Voorschoten en Veur c.a. bestemd en voor Reinhard het huis en heerlijkheid Rosendael, inclusief het kapitaal van *f* 100.000,– voor onderhoud van heerlijkheid en kerk, de gehele inboedel van 'meubilen en huyscieradien', de geschreven en gedrukte boeken, de wijnen zowel op Rosendael als in het huis in 's-Gravenhage, alsmede het zilveren *vaiselle* (het hierna te bespreken zilveren servies uit 1765 en 1772) plus al het overige zilver. Bovendien zou Reinhard uit het Van Wassenaer-Duivenvoorde bezit het huis op de hoek van de Kneuterdijk en het Voorhout in 's-Gravenhage met stallen en koetshuizen erven.

Gezien de mindere geestelijke vermogens van hun zoon Frederik werd zijn jongere broer Reinhard als diens curator aangesteld en als administrateur over de goederen die hem zouden toekomen[74]. Reinhard J.C. Torck benoemde zijn 'buurman' Johan Frederik Willem van Spaen van Biljoen (1746-1827) tot medecurator[75]. Na overlijden van Reinhard in 1810 trad Andries baron van Pallandt tot Eerde als voogd op[76]. Assueer Jan Torck en zijn vrouw overleden in hetzelfde jaar, respectievelijk in februari en december 1793. Evenals hun kinderen werden zij bijgezet in de grafkelder van de familie in de kerk van Wageningen[77]. Volgens de geldende gewoonte vonden deze bijzettingen in de ochtenduren bij het aanbreken van de dag in stilte plaats. Daartoe verliet de lijkstoet Rosendael gedurende de nacht, volgens de overlevering via het zogenaamde 'Wageningse hek' aan de Ringallee. Het ceremonieel schreef voor, dat de baar door twaalf dragers de kerk werd binnengebracht, bijgestaan door vier slipdragers. Bovendien assisteerden er zes schenksters, twee boden, een bidder en twee dienders. De bijzetting van het lichaam van Assueer Jan Torck werd in Wageningen opgeluisterd door een militaire wacht 'voor de honneurs aan de poort en kerkdeur'.

Het testament van mevrouw Torck bevatte vrijwel alle bepalingen die zij tevoren ook reeds met haar man had opgesteld[78]. Reinhard erfde alle Gelderse en Haagse bezittingen en een tot *f* 106.000,– gestegen kapitaal voor onderhoud van de heerlijkheid en kerk van Rosendael. Frederik erfde Duivenvoorde, Voorschoten, Veur, Heerjansdam en Petcum. Beiden alsmede de derde erfgename, de enige kleindochter Maria van Rechteren, ontvingen een legaat van ruim *f* 108.000,– in contanten, waarvan gemiddeld *f* 23.500,– aan schulden per persoon nog moest worden afgetrokken. De nalatenschap van Petronella van Hoorn uit 1764 was dus wel geslonken, maar dat lag voornamelijk aan de grondaankopen. Er is geen taxatie van de gehele nalatenschap bewaard gebleven. De Arnhemse advocaat F. van Meurs, die als executeur optrad, schatte de waarde van de gehele boedel op *f* 400.000,– tot *f* 500.000,–. Volgens hem zou de nog minderjarige kleindochter Maria gravin van Rechteren daaruit ruimschoots haar legitieme portie kunnen verkrijgen. Zij erfde bovendien de in 1756 gekochte huizen aan het Voorhout en in de Hoge Nieuwstraat in 's-Gravenhage. Het oude Van Wassenaer-huis was, zoals testamentair bepaald, voor Reinhard Torck, en bleef dus als stadshuis aan Rosendael verbonden[79].

Na deze inleiding volgen nu de resultaten van het onderzoek naar de twee door Assueer Jan Torck en zijn gezin afwisselend bewoonde huizen en hun inrichting: Rosendael en het Haagse huis. Daarna komt de tuinaanleg van Rosendael weer aan de orde.

Stadshuis en buitenverblijf

De periode waarin Assueer Jan Torck heer van Rosendael werd en opdrachten gaf tot veranderingen aan het interieur en de inrichting van Rosendael en van zijn huis in 's-Gravenhage, is in ons kader interessant vanwege het opkomend neoclassicisme dat circa 1770 het Rococo begon te verdringen, en dat in de decoratie en de inrichting van deze interieurs wordt weerspiegeld. Hoewel Torcks boekhouding summier is, is het mogelijk enkele hoofdzaken te noemen van de inrichting en aankleding van deze huizen in de jaren 1765-1793.

Een belangrijk verschil met de voorafgaande periode, toen Lubbert Adolf Torck en zijn vrouw een deel van het jaar in Amsterdam verbleven, is dat Assueer Jan Torck en zijn vrouw zich vooral op 's-Gravenhage oriënteerden[80]. Beter gezegd: zij wàren Haags en woonden in de winter aan het Voorhout (afb. 204); in mei vertrokken zij naar Gelderland om de zomer op Rosendael door te brengen en daarna keerden zij in het najaar naar 's-Gravenhage terug. De belangrijkste oorzaak dat de Gelderse Torcken voortaan de Hofstad in plaats van Wageningen als domicilie kozen, is gelegen in het huwelijk van Assueer Jans ouders: Jacoba Maria van Wassenaer-Duivenvoorde bracht de Haagse oriëntatie in de familie Torck.

Rosendael

In het huisarchief van Rosendael zijn weinig gegevens bewaard gebleven, die licht kunnen werpen op veranderingen aan Rosendael in deze periode; er zijn evenmin afbeeldingen uit deze tijd van het huis bekend.

Voor de nieuwe huizen die Torck op de Imbosch liet bouwen, en voor verschillende onderhoudswerken en verbouwingen leverde de Arnhemse mr timmerman Anthonie Viervant (1720-1775) het timmerhout[81]; de overigens niet bekende stucadoor Joh. Pedeville werkte in de jaren 1765-1776 ook geregeld voor Torck[82].

Rosendael heeft in deze periode één belangrijke wijziging ondergaan, waardoor het silhouet van de toren ingrijpend veranderde: de lantaarn die Lubbert A. Torck in 1721 op de toren had laten plaatsen, verdween. Toen in 1980 de vlakke afdekking van de toren werd geopend, kwamen er balken tevoorschijn die brandsporen droegen. Er is dus reden om aan te nemen, dat deze lichtkoepel niet vanwege bouwvalligheid werd verwijderd, maar dat brand de oorzaak van de verdwijning is geweest. Dit moet zich in ieder geval voor 1809 hebben afgespeeld, want op de tekening van Wouter van Troostwijk uit dat jaar is de lantaarn niet meer afgebeeld (afb. 238). Het is niet onlogisch – maar het is evenmin bewezen – om als oorzaak van de brand blikseminslag aan te wijzen. Er werd na 1784 op initiatief van de oudgezant van Catharina II in 's-Gravenhage Prins Gallitzin een bliksemgeleiding op de toren geplaatst, wellicht nadat Rosendael eerder door blikseminslag was getroffen[83]. Indien deze bliksemgeleiding inderdaad werd geplaatst om herhaalde inslag te voorkomen, kan de lantaarn in de jaren tachtig ten gevolge van blikseminslag afgebrand zijn. Bij het herstel van de schade werd de lichtopening in het dak gedicht. Daardoor ontving de bibliotheek geen bovenlicht meer. De koepelvormige zaal bevatte drie ramen aan de oost-, zuid-, en westzijde. Door het aantal raamopeningen te vergroten heeft men het verlies aan licht trachten te compenseren (afb. 238, 239, 241). Het is althans logisch om het verdwijnen van de lantaarn en het toevoegen van twee vensternissen met elkaar in verband te brengen[84]. Deze ontstonden door sleuven in de muur uit te breken op de zuidoostelijke- en de zuidwestelijke hoeken van dit vertrek. De vloerdelen in de twee nieuwe nissen sluiten niet aan op de delen in het nagenoeg vierkante vertrek zelf.

Deze verbouwing was in 1789 voltooid; volgens de *Catalogue des livres qui se trouvent sur le comtoir de Rosendaal, fait en hiver de l'annee 1789* waren de boeken opgesteld in elf kasten, dat is vergelijkbaar met het huidige aantal van dertien[85].

Natuurlijk volgde men op Rosendael evenals in 's-Gravenhage de veranderingen van de mode, maar op een minder ingrijpende wijze. Er zijn geen aanwijzingen, dat er in deze tijd nieuwe betimmeringen, schoorstenen, stucplafonds etc. *à la mode* op Rosendael werden aangebracht, zoals dat in het Haagse stadshuis van de Torcken wel het geval was. Wellicht werden de aanpassingen op Rosendael beperkt tot nieuwe bespanningen, behangsels, kleden en verflagen op de lambrizeringen. Maar de aanschaf van nieuwe meubels moet vooral voor hun Haagse huis bedoeld zijn geweest. Immers, de vorige heer van Rosendael, Lubbert Adolf Torck, had in zijn testament bepaald, dat alle meubels en overige inrichtingsstukken op Rosendael moesten blijven, hetgeen toch een grondige reorganisatie van de inrichting in de weg moet hebben gestaan (zie p. 93). Indien Assueer Jan Torck zich aan deze bepaling van zijn oom heeft willen houden, zijn er wellicht af en toe meubels naar de zolder of naar minder belangrijke vertrekken verhuisd, en heeft hij in de representatieve salons op de hoofdverdieping hier of daar een nieuw meubel geplaatst.

De kwitanties die bewaard zijn gebleven van leveranties op Rosendael in de jaren 1790 tot 1793 betreffen vrijwel uitsluitend het levensonderhoud, materialen, een enkele keer stoffen, en nauwelijks meubels of zilver. Slechts een enkele slaat op de inrichting, zo-

214.
Zilveren sauskom door Jean (Johan) Gray, Arnhem circa 1725, met later gegraveerde wapens Torck en De Rode van Heeckeren, h. 5,5 cm, part. bezit, lijst van voorwerpen 24.

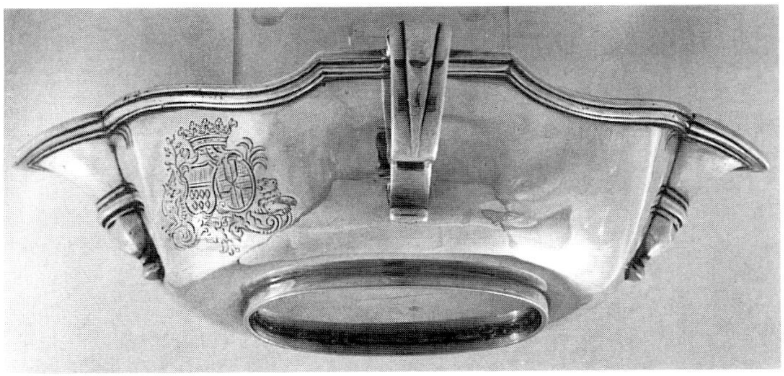

als een kwitantie van de Arnhemse beeldhouwer en leverancier D. Bentjes, die over een periode van dertien jaar (1775-1788) niet meer dan zes posten noemt voor in totaal *f* 29-4-0, zoals 'een pluim op een coepelledikant' en verder lijsten, zoals 'twee lijsten om kunstplaaten en met zwart en met goud gestoffeert'[86], en van de Arnhemse horlogemaker R. Nagel, die in de jaren 1782-1790 de klok op het koetshuis onderhield en onderhoud verrichtte aan het 'staant horloge staand in de toorn op het groote huys'[87]. De enige vermelding van een aankoop is de leverantie van een mahonie secretaire aan mevrouw Torck door A.D. Leemer voor *f* 65,–[88].

Bij gebrek aan verdere gegevens in Torcks financiële administratie zijn het weer de familiebrieven, die ons nader inzicht in de gebeurtenissen op Rosendael moeten verschaffen. Het volgende citaat is misschien niet geheel representatief, maar het geeft wel een aanwijzing dat de Torcken in dezelfde tijd dat hun Haagse huis opnieuw werd gedecoreerd, op Rosendael vrijwel niets veranderden.

Mevrouw Torck schreef circa 1779 aan haar in Leiden studerende zonen Willem en Adolf over hun kamers op Rosendael, die zij in de naderende zomermaanden zouden betrekken[89]:

> Si Adolf veut dans sa chambre a Rosendael des tablettes pour mettre ses livres il doit donner a Byvank d'envoyer par Sukkel, celles que vous avés a Leyden; j'en ai ici pour votre chambre. Adolf aura le bureau du stoofje que je fais opmaken; je m'occupe a arranger vos chambres le mieux qu'il m'est possible. J'espere que vous en serés content, la votre sera la plus jolie et la plus commode et la plus agreable en Eté, mais celle d'Adolf aura plus d'avantage en Automne et en hyver. Demandes a Mr Jayet s'il veut bien s'accomoder dans la chambre de Mr Sievers, j'ay été obligée de transporter les petits en bas, il faisoit en haut une chaleur insupportable. Je profite de ce moment pour faire peindre et tapisser leur chambre; dès que les grandes chaleurs seront passées ils pourront y retourner.

's-Gravenhage

De meeste gegevens die bewaard bleven, hebben betrekking op het Haagse huis van de Torcken. Het Van Wassenaer-huis op de hoek van de Kneuterdijk en het Lange Voorhout in 's-Gravenhage werd gebouwd door Johan van Wassenaer-Duivenvoorde (1577-1645) in de jaren 1621-1624 (afb. 204)[90]. Zijn achterkleinzoon Arent van Wassenaer (1669-1721) liet het huis kort voor zijn dood verbouwen. Daarna bleef zijn vrouw, Anna Margaretha Bentinck (1683-1763), dochter van de bekende vertrouweling van koning-stadhouder Willem III Hans Willem Bentinck, graaf van Portland, er nog ruim veertig jaar wonen. In 1756 kocht zij het aan het Voorhout belendende huis van de weduwe van Johan Hallungius. Nadat zij in 1763 was overleden, betrok haar bovengenoemde dochter Jacoba Maria van Wassenaer – twee jaar tevoren weduwe geworden van Frederik Willem Torck met wie zij in Arnhem aan de Markt woonde[91] – het grote Van Wassenaer-huis op de hoek en in 1766 kwam haar zoon Assueer Jan met zijn jonge gezin naast haar wonen in het huis *Hallungius* aan het Voorhout. Nadat zijn moeder in 1771 was overleden, betrok Assueer Jan met zijn gezin in 1772 het hoekhuis en begon hij met veranderingen aan het interieur en de inrichting.

De volgende veranderingen en aankopen hebben voornamelijk betrekking op het Van Wassenaer-huis en niet of nauwelijks op Rosendael; ze geven ons inzicht over Torcks appreciatie van het opkomend neoclassicisme. Bovendien zijn belangrijke stukken die hij in deze jaren voor het Haagse huis bestelde (meubels, zilver en porselein) later naar Rosendael overgebracht.

Haagse behangers, stucwerkers en spiegelmakers

Na de uitgaven aan mr timmerman en schrijnwerker Pieter Heinsius, mr metselaar J. Wapperom en de mr schilder Jacob van Brakel, die in de jaren tussen 1770 en 1790 voor vele honderden guldens per jaar bouwkundige veranderingen aan het Haagse huis uitvoerden, werden de hoogste betalingen gedaan aan zogeheten *behangers*, die naar het voorbeeld van Franse *tapissiers* bij de gehele interieurdecoratie en het onderhoud ervan betrokken waren[92]. De toepassing van stoffen speelde een belangrijke rol bij het streven naar eenheid en harmonie in het Nederlandse interieur van de tweede helft van de 18de eeuw.

In Amsterdam was sinds het eind van de jaren zestig een kleine uit Frankrijk en de Zuidelijke Nederlanden afkomstige groep *tapis-*

213.
Zilveren kamerpot door Harmanus Nieuwenhuys, Amsterdam 1750, met later gegraveerde wapens Torck en De Rode van Heeckeren, h. 11,2 cm, Rijksmuseum Amsterdam, lijst van voorwerpen 48.

215.
Zilveren kandelaar uit een serie door Hendrik van Heuven en meester I X, Arnhem 1734-1735 en 1726-1727 met later gegraveerde wapens Torck en De Rode van Heeckeren, h. 19,2 cm, part. bezit, lijst van voorwerpen 27.

216.
Zilveren blaker, tweede kwart 18de eeuw, met later gegraveerde wapens Torck en De Rode van Heeckeren, h. 6 cm, part. bezit, lijst van voorwerpen 51.

217.
Zilveren zeep- of poederdoos met gegraveerd wapen Torck, François van Stapele, 's-Gravenhage 1756, h. 9 cm, part. bezit, lijst van voorwerpen 49.

218.
Zilveren potpourri met gegraveerd wapen Torck, Martinus van Stapele, 's-Gravenhage 1757, h. 9 cm, part. bezit, lijst van voorwerpen 50.

220.
Zilveren bak met gegraveerd alliantiewapen Torck-de Rode van Heeckeren, Engelbart Joosten, 's-Gravenhage 1765, b. 27 cm, part. bezit, lijst van voorwerpen 53.

siers werkzaam. Zij leverden niet alleen stoffen ten behoeve van wandbespanningen, gordijnen, draperieën, stoelbekledingen, etc., maar zij waren evenals hun Franse collega's, de *marchands-tapissiers,* in staat alle noodzakelijke ingrediënten voor een modern interieur te leveren, zoals kleden, meubelen, klokken, lichtornamenten, kachels, porselein, etc.; zij hebben bovendien een rol gespeeld bij de verspreiding van Franse of op Franse voorbeelden geïnspireerde meubels in deze periode[93]. Het is niet bekend of in 's-Gravenhage een dergelijke groep *tapissiers* ook reeds in deze periode dezelfde impulsen heeft gegeven bij de tot standkoming van nieuwe interieurs. De hier besproken veranderingen waartoe Assueer Jan Torck opdracht gaf, wijzen niet in die richting; mogelijk betrof het in de hofstad een groep Duitsers[94].

Uit bewaard gebleven kwitanties blijkt, dat Torck leveringen van nieuwe stoffen en reparaties aan gordijnen, tapijten, lopers, matten, bedgordijnen, tafelkleden etc. liet uitvoeren door de firma's M. Kam(m) en Keller & van Olst, maar dat nieuwe meubels werden besteld bij de meubelmaker Matthijs Horrix (1735-1809), die ook veel reparaties aan meubels verrichtte. Voorts werd porselein gekocht bij de vertegenwoordiger van een manufacture in 's-Gravenhage, spiegels direct bij de spiegelmaker Hendrik van Diest en zilver bij de zilversmid en winkelier Jan de Thomese (1710-1778). Het is niet gebleken in hoeverre de opdrachtgevers in dit geval volgens eigen smaak deze verschillende bestellingen tot een harmonieuze eenheid in hun vernieuwde vertrekken in hun Haagse huis samen brachten, of in hoeverre zij daarbij geadviseerd werden door één van de genoemde *tapissiers* of door een architect[95].

Een goed inzicht in de verrichte werkzaamheden geven twee kwitanties van de firma Keller & van Olst uit 1769 en 1775. In 1769 waren zij gedurende het hele jaar bezig met reparatiewerk en vervanging van alle mogelijke stoffen[96]. In het door Torck in 1772 betrokken Van Wassenaer-huis ging het niet langer om reparaties, maar om vervanging en vernieuwing volgens de nieuwe mode. In de maanden mei tot juli 1775 – de familie Torck verbleef wellicht op Rosendael – namen Keller en Van Olst in een vertrek een 'tapijte behangsel' af, dat vervolgens voor *f* 75,– werd verkocht aan Otto Frederik graaf van Lynden heer van Nederhemert en De Voorst (1716-1788)[97]; in een vermoedelijk belendend vertrek namen zij een kamerbehangsel en de gordijnen van blauw damast van de wanden af. Beide kamers werden opnieuw gestoffeerd met rood 'chek' (bonte stof?), afgezet met bijpassend rood 'chek' passement[98]. Het jaar tevoren had de Haagse stucwerker Johannes van Gorkum al een nieuw plafond in één van de kamers gemaakt.

Van Gorkum (1727-1789) was in 1758 uit Amsterdam naar 's-Gravenhage gekomen, waar hij onder andere opdrachten van stadhouder Prins Willem V wist te verwerven, zoals voor het Stadhouderlijk kwartier aan het Binnenhof en voor de schilderijengalerij van Willem V aan het Buitenhof in 1773/1774[99]. In 1768 had de firma die hij met Jakob Matalenner vormde, al plafonds hersteld in het aanvankelijk door Torck bewoonde huis[100]. Het plafond dat

219.
Zilveren mand voor olie- en azijnstel, vermaakt tot broodmand, met gegraveerd alliantiewapen Torck-de Rode van Heeckeren, François van Stapele, 's-Gravenhage 1762, h. 16 cm, part. bezit, lijst van voorwerpen 52.

Van Gorkum in 1774 in opdracht van Assueer Jan Torck maakte, is niet bewaard gebleven, maar uit de kwitantie blijkt wel, dat hij de nieuwe vormen van het neoclassicisme toepaste[101]:

> Een nieuw gemaekt [plafond] met een coupellijst rontom en een middaljon in 't midden met nog een krancie gebonde in 't uijtstek geaccordeert voor *f* 70,–.

In modebewuste kringen in ons land begon in de loop van de jaren zeventig de nieuwe stijl tot in alle onderdelen van het interieur door te dringen. Een vroeg voorbeeld daarvan bij de familie Torck is de vorm van de vergulde gesneden lijst om het portret van prinses Wilhelmina van Pruisen, echtgenote van Prins Willem V, dat Torck in 1771 bij Guillaume J.J. de Spinny (1721-1785) bestelde (afb. 201)[102]. De vriendschap tussen de prinses en mevrouw Torck vormde een directe aanleiding van de bestelling; het portret is later naar Rosendael overgebracht, waar het nog altijd deel uitmaakt van de portretcollectie. Een ander voorbeeld van de toepassing van deze nieuwe vormentaal in het interieur gedurende de loop van de jaren zeventig, treffen wij aan in de omschrijving van twee gesneden wandarmen, die de Haagse meestervergulder en lijstenmaker Hendrik Ebbens (1726-1807) in 1777 in opdracht van mevrouw Torck maakte. Ebbens, mogelijk de maker van de bovengenoemde lijst om het portret van prinses Wilhelmina, was de belangrijkste lijstenmaker van de stadhouderlijke familie en van de hofhouding[103]. De wandarmen zelf zijn niet bewaard gebleven, maar de kwitantie vermeldt[104]:

> 2 gesnede branse[105] aan de schoorsteen elk met drie ligten met kopere pijpijzers en blakers, bruijneer verguld in de antieke smaak.

De overige rekeningen wekken de indruk, dat er vooral in of rond 1787 en 1788 belangrijke vertrekken opnieuw werden gedecoreerd[106]. De uit Lugano afkomstige stucwerker Johannes Beretta[107] ontving voor zijn werkzaamheden in 1787 een behoorlijke som (*f* 150,–), een bedrag waar hij bijvoorbeeld twee plafonds voor kan hebben gemaakt. Het bedrag is anderzijds weer niet hoog genoeg om te denken aan een stucversiering op de wanden, zoals enkele jaren later werd toegepast in Haarlem in de door Abraham van der Hart (1747-1820) ontworpen huizen Kops, Deutz, Hodshon en Barnaart[108]. Beretta vervaardigde in 1790 samen met Johannes van Gorkums broer Bernardus en diens neef Johan Pieter Röhl van Gorkum één van de grootste opdrachten van Nederlands neoclassicistisch stucwerk, de omvangrijke decoraties van de danszaal van het stadhouderlijk kwartier, die tot 1992 als vergaderzaal van de Tweede Kamer fungeerde[109].

In plaats van Keller & van Olst schakelde Torck sinds het eind van de jaren zeventig de *M^r behanger* M. Kam in, die waarschijnlijk uit Duitsland afkomstig was en zich in 's-Gravenhage had gevestigd. Tot zijn werk behoorde onder meer het repareren, vermaken, schoonmaken en vervangen van alle in huis aanwezige textiel: van tapijten, vloermatten en lopers, tot wandbespanningen, gordijnen, hemelbedden, stoelbekledingen etc. Er werd trouwens ook wel papieren behang geplakt. Kams declaratie over 1787 was aanzienlijk hoger dan in andere jaren, ruim *f* 700,–[110]. Ook M. Kam wist een solide reputatie op te bouwen; in 1807 kreeg hij de opdracht een aantal vertrekken op Het Loo in orde te brengen ten behoeve van bewoning door Koning Lodewijk Napoleon[111].

Het is voor ons moeilijk aan de hand van de rekeningen onderscheid te maken tussen enerzijds stoffen die werden geleverd voor kleding en anderzijds stoffen die bestemd waren voor het interieur. Evenals in voorgaande generaties vormden geweven stoffen één van de hoogste kostensoorten; er werd veel geld, vele honderden guldens per jaar, aan uitgegeven, bijvoorbeeld bij de firma Abraham Guicherit & Zoon en de damastwever Thornbury en aan kleermakers zoals Lux, Krants en Bordas. Men was wat de herkomst van de stoffen en de mode betreft vooral op Parijs georiënteerd.

Voor de wandvakken ging de voorkeur uit naar een bespanning met textiel in plaats van een behangsel met geschilderde taferelen; daarom ontbreken de namen van schilders in de rekeningen met uitzondering van de Haagse behangselschilder Dirk van der Aa (1731-1809), die in 1776 twee bovendeurstukken schilderde 'met speelende kindertjes in t geelagtige'[112]. Zoals uit het bovengenoemde voorbeeld uit 1775 blijkt, waren de wandvakken gevuld met een bespanning waarop als decoratie schilderijen of prenten in vergulde lijsten werden gehangen. Daartoe dienden in 1787-1788 bijvoorbeeld de *Switsersche gesichten*, een serie kleurenaquatinten waarop Torck had ingetekend[113]. Deze weerspiegelen de opkomende belangstelling voor de woeste natuur van de Alpen tijdens de Verlichting in de tweede helft van de 18de eeuw. De prenten werden ingelijst om opgehangen te worden. In een brief van mevrouw Torck op Rosendael aan haar zoon Willem Arend in 's-Gravenhage lezen wij over haar bedoeling met deze prenten in verhouding tot de overige decoratie van het vertrek[114]:

> Lorsque nous viendrons a la Haye je ferai mettre les vues de Suisse dans le cabinet jaune; ils sont encadrés, je les ai serrés dans l'armoire de ma chambre a coucher, mais ne les arrangés pas encore parce que j'ay des estampes encadrés qui doivent y etre placés aussi et que vous ne pouvés pas prendre. Pour les dessus de portes choisissés ce que vous trouverés que arrange le mieux, je m'en rapporte a vous. Il y a un joli petit tapis fin dans la bibliotheque qui est bonne pour le cabinet, si vous le trouvés faites le mettre, lorsque je reviendrai je choisirai un joli bord pour mettre tout a l'entour.

Een dergelijke decoratieve rand aan de bovenzijde van de wandvakken was kenmerkend voor deze tijd en voor de navolgende periode van het Empire.

Niet alleen stoffen, maar ook spiegels speelden een belangrijke rol bij de vernieuwing van de inrichting die in 1787 en 1788 plaats had. Deze moet men zich in het algemeen niet als losse aan de muur hangende spiegels voorstellen, maar als vast onderdeel van een gehele wand, met name op schoorsteenboezems en op penanten tussen ramen. Door deze spiegels leken de vertrekken ruimer en werd het lichteffect van kronen en wandarmen vergroot[115]. De Haagse spiegelmaker Hendrik van Diest, eveneens een leverancier voor het Haagse hof, leverde in deze twee jaren voor het niet geringe bedrag van *f* 334,– spiegels[116]. Niet minder belangrijk was de leverantie van twintig 'vergulde lijste met glase en panele' door de mr vergulder en spiegelkoper Adrianus Ebbens (1756-1800) uit 's-Gravenhage, een zoon van bovengenoemde Hendrik Ebbens[117]. De leverantie in 1787 van een 'Engelsche schoorsteen' via Mr Harris,

221.
Zilveren schotel met gegraveerd alliantiewapen Torck-de Rode van Heeckeren, François van Stapele, 's-Gravenhage 1765, part. bezit, lijst van voorwerpen 53.

222.
Zilveren soepterrine op onderschotel met gegraveerd alliantiewapen Torck-de Rode van Heeckeren, Engelbart Joosten, 's-Gravenhage 1772, h. 32 cm, Rijksmuseum Amsterdam, lijst van voorwerpen 56.

223.
Zilveren onderschotel met gegraveerd alliantiewapen Torck-de Rode van Heeckeren, l. 58,5 cm, zie afb. 222.

waarschijnlijk de Engelse gezant in 's-Gravenhage, laat zien dat de interieurkunst in deze jaren ook in 's-Gravenhage niet alleen door Frankrijk maar ook door Engeland werd beïnvloed, hetgeen reeds bekend was van de uit het Huis Kops aan de Nieuwe Gracht te Haarlem afkomstige salon, die zes jaar later ontstond en die zich nu in het Rijksmuseum bevindt[118]. De Engelse schoorsteen die Torck bestelde – niet te verwarren met het circa 1700 eveneens als 'Engels' aangeduide type – kunnen wij ons voorstellen als een strakke witmarmeren haardomlijsting met gebeeldhouwde ornamenten, op de lijst bijvoorbeeld figuren en op de wangen arabesken, mogelijk tegen een gekleurde achtergrond.

Ook de kosten voor de metselaar Wapperom, de timmerman Heinsius en de schilder Van Brakel waren in 1787 hoger dan in andere jaren, wat in afwijking van het reguliere onderhoud wijst op een verbouwing[119]. Hieronder zal nader ingegaan worden op de rol die de Haagse meubelmaker Matthijs Horrix speelde bij de herinrichting in deze twee jaar. Een andere grote bestelling heeft ongetwijfeld verband gehouden met deze herinrichting: de Haagse handelaar Duits leverde stoelen uit Brussel voor *f* 190,–[120]; wij kunnen ons deze als een set (van twaalf?) voorstellen, die volgens de gewoonte tegen de wanden zijn geplaatst van één van de nieuwe vertrekken.

Meubels

Uit de hierboven geciteerde rekeningen en kwitanties blijkt, dat Assueer Jan Torck en zijn vrouw sedert het eind van de jaren zestig vrijwel uitsluitend meubels kochten bij, of lieten repareren door de Haagse meubelmaker Matthijs Horrix[121]. Bij gebrek aan gegevens is niet bekend bij wie zij de eerste tien jaar van hun huwelijk meubels kochten[122]. Na ongeveer 1765 raakten de naar Frans voorbeeld vervaardigde marqueterie-meubelen in Amsterdam in zwang; een zelfde ontwikkeling voltrok zich in 's-Gravenhage[123].

De meester-kabinetwerker Matthijs Horrix (1735-1809) was een uit Duitsland afkomstige meubelmaker. In het begin van de jaren zestig vestigde hij zich in 's-Gravenhage, en in 1764 trad hij als meester kabinetwerker toe tot het St. Josephsgilde van de stad; al snel verwierf hij een grote reputatie en ontpopte hij zich tot de meest gevraagde Haagse meubelmaker. Hij vervaardigde naar Frans voorbeeld rijk geornamenteerde meubelen, waaronder commodes van een ingehouden gewelfde vorm versierd met bloemenmarqueterie, met asymetrisch verguld beslag en voorzien van een marmeren dekplaat[124]. Deze meubels behoren nog tot het rococo. Reeds sedert 1767 leverde hij dergelijke meubels aan stadhouder Willem V en diens familie[125]. De eerste grote bestelling van Willem V betrof commodes en secretaires voor Het Loo in 1767[126]. Deze pasten goed in de Frans georiënteerde smaak van het Haagse hof. De grootste opdracht die Horrix van het Hof kreeg, was de betimmering, in verschillende lichte houtsoorten gefineerd en ingelegd met Japanse lakpanelen, voor een nieuwe audiëntiekamer in Huis ten Bosch in 1790-1791[127]. Deze combinatie van Japans lakwerk met kostbare lichte houtsoorten is kenmerkend voor de door hem vervaardigde neoclassicistische meubels. Van beide typen meubels leverde Horrix belangrijke voorbeelden aan Assueer Jan Torck. Bovendien leverde hij aan Torck en zijn moeder J.M. Torck-van Wassenaer een breed assortiment van grote en kleine meubels en andere houten voorwerpen en verrichtte hij geregeld reparatiewerk.

Een eerste groep van drie meubels, bestaande uit een grote commode met brede laden (afb. 285) en twee kleinere commodes met elk een frontdeur (afb. 205), die tot 1902 resp. 1948 op Rosendael bewaard bleven, kunnen tussen 1766 en 1768 door M. Horrix aan Torck zijn geleverd[128]. Deze meubels zijn versierd met een bloemmarqueterie en behoren met hun gewelfde vormen en asymetrisch beslag nog geheel tot het rococo.

De vroegste schriftelijke gegevens over Horrix' reparaties en leveranties dateren van 1769. Hij repareerde in dat jaar enkele meubels voor Torck, waaronder een 'Fransche tafel' en voor diens moeder herstelde hij een theeblad en een tafel[129]. Het jaar daarna volgden weer bestellingen, waaronder voor mevrouw Torck-van Wassenaer een boekenkast, die wij ons met deuren gevuld met gaas en stof moeten voorstellen[130].

Voor haar zoon repareerde Horrix in 1770 tafels, stoelen, een commode, een scherm, een reiskistje, enz., en hij leverde: een grote eettafel voor *f* 60,–, een 'schrijftafel en cilindre' (=cilinderbureau) voor *f* 125,–, vier speeltafels elk voor *f* 21,–, een Engelse chiffonnière voor *f* 7,–, vier boekenkasten elk voor *f* 10,–, en een theekistje voor *f* 4,–[131]. Kwitanties over de volgende vier jaren geven hetzelfde beeld te zien: veel reparaties en de leverantie van enkele kleine meubels[132]. In 1771/1772 werden enkele stukken als 'Engels' omschreven, te weten een kabinet, een scherm en een chiffonnière, waaruit blijkt dat Horrix, Duitser van geboorte, zich gelijktijdig door zowel Franse als Engelse voorbeelden liet inspireren, eigen aan de ingewikkelde beïnvloeding bij de introductie van neoclassicistische vormen in deze jaren. In dezelfde tijd (maart 1771) declareerde hij tweemaal acht 'marquettri zaagen', hetgeen ons duidelijk maakt dat hij meubels niet alleen fineerde, maar ook inlegde met marqueterie. Overigens werden de zagen hier niet in verband met een meubel genoemd, maar met twintig planken die hij voor landkaarten maakte.

Over de jaren 1775 tot 1783 ontbreken de gegevens en in de volgende jaren tot 1793, het jaar waarin het echtpaar Torck-de Rode van Heeckeren stierf, zijn de bedragen vrij gering en betreffen zij slechts enkele kleine stukken en minder belangrijke reparaties[133]. Maar alleen in de jaren 1787 en 1788 – hiervoor al ter sprake gekomen in verband met een reorganisatie van enkele vertrekken in 's-Gravenhage – is Horrix' rekening aanmerkelijk hoger: *f* 289,– en

224.
Zilveren kandelaar met gegraveerd alliantiewapen Torck-de Rode van Heeckeren uit twee identieke series van zes door Martinus van Stapele, 's-Gravenhage 1765 en Godert van IJsseldijk, 's-Gravenhage 1772, h. 25,8 cm, part. bezit, lijst van voorwerpen 54, 55.

f 16,–. Mogelijk vervaardigde Horrix voor dit bedrag twee neoclassicistische commodes, waarbij in de deuren en zijkanten volgens de mode van de tijd lakpanelen waren verwerkt. Deze beide meubels bleven ook tot 1902, respectievelijk 1948 op Rosendael. De ene commode bevat in de beide deuren rechthoekige paneeltjes van Japans lak met afbeeldingen van een onbekend familiewapen (afb. 207). De andere commode bevat in de deuren ronde lakborden (diam. 29 cm.) met het wapen van de familie Van Hoorn, in het midden van het front tussen de deuren twee kleinere lakpaneeltjes, gehangen aan een koord met strikken van marqueterie, en in de zijpanelen vlakke lakborden met opstaande rand (diam. 32, 5 cm.) met een landschap in goudlak (afb. 208). Het meubel is spaarzaam versierd met verguld koperbeslag en draagt een grijs marmeren blad[134]. Hier deed zich het bijzonder feit voor, dat de opdrachtgever uit het door hem geërfde bezit lakwerk volgens de nieuwe mode in een meubel liet verwerken. Het lakwerk stamde nog uit Van Hoornbezit en werd als onderdeel van de uit Nederlands-Indië afkomstige voorwerpen sedert het huwelijk van Lubbert Adolf Torck en Petronella van Hoorn in 1722 op Rosendael bewaard. Het volgende citaat bevestigt deze datering. Willem Arend Torck verbleef in 1782/1783 in Parijs ter vervolmaking van zijn opvoeding. In de brieven die hij aan zijn moeder schreef, komen passages voor over de heersende belangstelling voor de toepassing van lakwerk in Franse en Hollandse meubelen[135]. Uit deze correspondentie blijkt, dat zijn ouders van plan waren lakpanelen uit Van Hoorn-bezit te verkopen en dat hij in Parijs informatie inwon, of de opbrengst van lakwerk daar hoger zou zijn dan in 's-Gravenhage of Amsterdam. In Frankrijk waren rijke handelaren – *marchands-merciers* geheten – als tussenpersonen actief; zij verwierven lakwerk en lieten dat in meubels verwerken[136]. Al direct na aankomst in Parijs – begin april 1782 – informeerde Willem Arend bij Mlle De Champcenetz, bij wie hij verbleef, naar eventuele belangstelling voor het lakwerk, zoals uit zijn brief van 20 april 1782 blijkt:

> Elle espere que vous voudres bien lui envoyer le laque dont vous voules vous defaire. Je vous avois parlé dans ma precedente d'un homme qui vient en Hollande, mais elle s'imagine qu'elle vous le vendra plus cher icy, et que meme s'il y a de tres beaux morceaux elle pourra les faire vendre fort cher a la Reine qui aime beaucoup le beau laque, la difficulte que vous trouveres sera sans doute de le faire parvenir icy mais M^r le Febvre ayant son pere a Amsterdam pourra vous faire embaler le tout et le faire parvenir icy a tres bon compte. M^r le Febvre vous conseille beaucoup de ne pas envoyer les ouvrages de filagramme d'or et d'argent.

Een jaar later kwam de kwestie opnieuw aan de orde; Willem Arend berichtte zijn moeder nogmaals dat men in Parijs vooral geïnteresseerd was in lakwerk met grote figuren in relief, maar niet in lakwerk met filigrain, waarmee hij borden met wapens of monogrammen bedoeld zal hebben.

> Ma tres chere mere,
> Je voudrois pouvoir vous donner de bons conseils pour que vous trouvies une maniere avantageuse de vous defaire de votre laque. Il est certain que ces grandes armoires que vous avés seront tres incommodes, et couteront beaucoup a transporter icy, cependant je crois que tout ce qui est tres beau mais non pas du mediocre se

225.
Zilveren réchaud met gegraveerde wapens Torck en De Rode van Heeckeren, Godert van IJsseldijk, 's-Gravenhage 1772 diam. 27 cm, part. bezit, lijst van voorwerpen 57.

vendra plus cher icy que ches nous, on aime surtout icy le laque sur lequel il y a de grosses figures en relief, ce sont la les morceaux qu'on estime le plus parce qu'on s'en sert pour faire de beaux ouvrages, mais pour les ouvrages de filagrammes d'or et d'argent on ne croit pas qu'il y aura moyen de s'en defaire parce que ces fortes d'ouvrages ne sont pas du tout recherchéz[137].

Inderdaad werden de lakborden met wapens en met monogrammen niet verkocht. Enkele ervan werden vier jaar later door Matthijs Horrix in de genoemde commodes verwerkt. De lakpanelen met figuren werden wellicht in Parijs verkocht; er is geen latere vermelding over bekend.

Zilver

Anders dan bij Nederlandse meubelen, die door hun makers niet werden gesigneerd, moest zilver gekeurd en gemerkt worden ter waarborging van het zilvergehalte. Dankzij de keurmerken, die in het zilver werden gestempeld wanneer het stuk het vereiste gehalte aan zilver bevatte, zijn wij nu dikwijls in staat maker en datering vast te stellen. Toch is – behalve bij stukken die werden besteld door kerk, stad of instelling – een opdrachtgever of koper van een stuk zelden bekend; een gegraveerd wapen of inscriptie kan daarvoor een belangrijke aanwijzing geven. Archivalische gegevens die opdrachtgever, maker en betaling kunnen staven, zijn slechts af en toe met een bepaald stuk zilver in verband te brengen. Daarom is het bijzonder dat van ettelijke stukken zilver die door het echtpaar Torck-de Rode van Heeckeren werden besteld, precies is na te gaan in welk jaar en voor welk bedrag deze werden gemaakt, wie hun maker en leverancier waren, voor welk interieur zij waren bedoeld en welke weg van vererving zij tweehonderd jaar lang aflegden. Bovendien behoren sommige stukken tot het belangrijkste Nederlandse zilver uit hun tijd dat bewaard is gebleven. Daarbij moet men zich realiseren, dat zilveren voorwerpen die door hun vorm uit de mode waren geraakt, dikwijls werden omgesmolten en dat daarmee nieuwe voorwerpen werden vervaardigd, of dat de tegenwaarde van het zilver in contanten werd ontvangen. Daardoor zijn maar weinig zilveren voorwerpen, die vòòr 1765 op Rosendael aanwezig waren, bewaard gebleven.

Met het oog op de chronologie moet hier eerst enige aandacht besteed worden aan het zilver dat het echtpaar Torck-de Rode van Heeckeren uit erfenis verkreeg. Dat betrof zowel de Rosendaelse erfenis uit 1764 (Torck-van Hoorn) als de erfenis van de ouders van Assueer Jan (Torck-van Wassenaer) in 1771. Voor vererving van zilver of andere voorwerpen uit de familie De Rode van Heeckeren bestaan geen aanwijzingen. Assueer Jan Torck erfde van zijn moeder belangrijke stukken zilver uit Van Wassenaer-bezit, waarvan er enkele bewaard bleven, die dankzij gegraveerde wapens herkenbaar zijn. Bij voorbeeld het bekende en zeldzame koelvat, dat in 1704 door Adam Loofs werd gemaakt als doopgeschenk van de stad Den Briel aan Jan Jacob Brillanus van Wassenaer (1703-1717), een jong overleden broer van Assueer Jans moeder (afb. 209)[138]. Ook van hun ouders – Torcks grootouders – Arent van Wassenaer (1669-1721) en Anna Margaretha Bentinck (1683-1763), die hiervoor in verband met het Haagse Van Wassenaer-huis al werden genoemd, erfde Torck prachtig zilver, dat later ten dele op Rosendael terecht kwam, zoals een schenkkan op een ovaal bekken en een aantal kandelaars (afb. 210, 211, 370)[139]. Tot het zilver dat J.M. Torck-van Wassenaer bestelde, behoren twee suikerstrooiers die het wapen Torck-van Wassenaer dragen (afb. 212)[140].

Assueer Jan Torck erfde of bezat al stukken waarop hij het alliantiewapen van hem en zijn vrouw liet graveren, zoals een voor Nederland zeldzame kamerpot, die in 1750 in Amsterdam werd vervaardigd door Harmanus Nieuwenhuys (1711-1763) (afb. 213)[141], twee sauskommen met geschulpte rand door de Arnhemse zilversmid Johan Gray (afb. 214)[142] en twee kandelaars in Lodewijk XIV-vorm, vervaardigd door de Arnhemse zilversmeden Hendrik van Heuven (1695-1768) en de anonieme meester I X (afb. 215)[143].

Er zijn ook een gladde bolvormige zeep- of poederdoos en een gelijkvormige potpourri met het op beide deksels gegraveerde wapen Torck bewaard gebleven, die in 1756 resp. 1757 door de Hagenaars François van Stapele (1697/'98-1775) en zijn zoon Martinus (1731-1803/06) in 's-Gravenhage werden gemaakt. Vanwege het enkele wapen kunnen deze door Assueer Jan Torck, die in 1756 nog niet getrouwd was, zijn besteld (afb. 217, 218)[144].

Tot de eerste stukken die het echtpaar Torck-de Rode van Heeckeren na hun huwelijk in 1758 kocht, behoort een later tot broodmand vermaakte olie- en azijnbak uit 1762 van de hand van François van Stapele (afb. 219)[145]. De bak bestaat uit een vlechtwerk imiterende opengezaagde wand met een golvende bovenrand en twee oren in zuivere rococo-vormen; de bodem is afgezet met een kabelrand. De bovenrand blijkt acht dichtgezette gaatjes te bevatten, waarin de pinnetjes van een rooster konden steken, dat als houder voor de olie- en azijnflessen en hun stoppen moet hebben gediend. Op de bodemplaat is het alliantiewapen Torck-de Rode van Heeckeren gegraveerd.

Door deze erfenis namen hun financiële mogelijkheden zo ongekend toe, dat zij in staat waren om voor een enorm bedrag een zilveren servies en andere tafelstukken zoals kandelaars aan te schaffen. Zij plaatsten hun bestelling bij de Haagse zilversmid Jan de Thomese, die zich als winkelier vooral moet hebben toegelegd op de verkoop van werk van collega-zilversmeden. Assueer Jan Torck volgde ook bij deze aankoop het voorbeeld van zijn moeder, die haar zilver ook bij De Thomese kocht, zoals 'een melon the ketel &

conf(oor)', dus een meloenvormige bouilloire op een onderstel[146], voor *f* 270-10-0 en '2 lange braetschotels' voor *f* 323-12-0 beide in 1763/1764[147]. In 1769 volgde de bestelling van vier kandelaars met wapens gegraveerd met '4 bloeme op de kandelaers' die als vetvangers dienden[148] en twee jaar later een olie- en azijnstel, dat werd omschreven als 'een servies voor oly azijn soya & lamoensap' voor *f* 70-10-0[149]. Aangezien de stukken zelf niet bekend zijn, weten wij ook niet wie de makers waren. Ook Torcks tante, Petronella van Hoorn, had al zilver besteld bij De Thomese (zie p. 135).

Het Haagse zilver was met zijn gladde karakter en rijkdom aan ornamenten tot ongeveer 1770 toonaangevend en werd ook in Gelderland nauwgezet nagevolgd, maar het verloor die positie in de periode dat het neoclassicisme hoogtij vierde aan Amsterdam. Dat verhinderde de Haags-Gelderse Torcken overigens niet hun zilver in 's-Gravenhage te blijven kopen; pas na circa 1820 ging hun voorkeur (weer) naar Amsterdam uit.

De eerste grote bestelling die in 1765 werd geleverd, bestond uit een zilveren eetservies van vele borden, schalen en schotels, alle voorzien van een kabelrand en het gegraveerde alliantiewapen van de eigenaren op de rand (afb. 221, 371). De met de jaarletter T (1765) gemerkte borden en schotels van dit servies werden vervaardigd door François van Stapele, van wie het echtpaar Torck de bovenbeschreven bak of mand en zeep- of poederdoos al bezat, en door zijn zoon Martinus (1731-1803/'06); vierkante bakken (afb. 220) werden door Engelbart Joosten (1717-1789) gemaakt, de belangrijkste servieswerker van 's-Gravenhage van deze jaren. Het gladde zilver werd in deze stukken afgezet door een ingeknepen kabelrand en behoort dus nog tot het rococo, zij het van een ingetogen vorm. Het gegraveerde cartouche met het gekroonde alliantiewapen, dat op elk stuk voorkomt, draagt de stijlkenmerken van het rococo heel duidelijk. Tot dezelfde bestelling behoorde ook een serie van mogelijk zes kandelaars door Martinus van Stapele (1731-1805/06), die een ingetogen rococo-vorm vertonen. De achtkantige voet van deze kandelaars gaat via een gedraaid rocaille bloemmotief over in een tamelijk strakke stam, die bekroond wordt door een losse vetvanger, versierd met opstaande bloemblaadjes. Op het gladde deel van de rand van de voet is het alliantiewapen Torck-de Rode van Heeckeren gegraveerd (afb. 224)[150].

Deze grote bestelling – of in ieder geval een deel ervan – bekostigde Torck uit zijn Rosendaelse erfenis; in augustus 1765 betaalde hij aan Jan de Thomese, die dus als winkelier werkstukken van andere Haagse zilversmeden verkocht, twee duizend gulden 'in minderinge van een gelevert silver servies'[151]. Dit servies zal in eerste instantie bedoeld zijn geweest voor gebruik in 's-Gravenhage, maar het werd bij gelegenheden ongetwijfeld ook op Rosendael gebruikt, zoals bij het bezoek dat Willem V op 14 augustus 1766 aan Rosendael bracht (zie p. 179).

Inmiddels vonden de nieuwe vormen van het neoclassicisme spoedig ingang. Het zilveren servies werd in 1772 – het jaar waarin de familie Torck het Van Wassenaer-huis betrok – uitgebreid met vier grote 'braetschotels', twee 'entremes' (schalen voor tussengerechten) en vierentwintig borden, alle van dezelfde vorm als in 1765 en wederom geleverd door Jan de Thomese. Zij waren eveneens door François en Martinus van Stapele gemaakt en waren voorzien van hetzelfde rococovormige gegraveerde wapen op de rand. Nieuw van vorm waren echter de twee grootste stukken die nu besteld werden, twee grote soepterrines op onderschotels met bijbehorende lepels (afb. 222, 223)[152]. Dat juist de terrines vooruitstrevend van vorm waren, is verklaarbaar, omdat zij bij uitstek als pronkstukken op de gedekte tafel of op de buffetten konden dienen.

Deze terrines, die zich nu in het Rijksmuseum in Amsterdam en in het Campbell museum te Camden, New Jersey (V.S.) bevinden, zijn de grootste die in deze periode in Nederland werden vervaardigd en die nog bewaard zijn gebleven. Zij werden gemaakt door Engelbart Joosten – vergelijk zijn soepterrines uit de jaren zestig die nog zuiver rococo van vorm zijn[153] – die zich in korte tijd de nieuwe vormentaal van het neoclassicisme had eigen gemaakt. Zij behoren tot de vroegste voorbeelden van deze stijl in het Haagse zilver. De terrines zijn met hun onderschotels imposant door hun formaat en rijkdom aan ornament. Een guirlande slingert rondom de ovale terrine en vormt een ring in de bek van een leeuwenmasker aan de beide korte zijden; aan de lange zijden omkransen zij het gegraveerde wapen Torck-de Rode van Heeckeren, dat ook op de bodem van de bak is gegraveerd. Het deksel draagt in het midden een versiering van laurierbladeren rondom een vaasvormige knop. De golvende rand van de onderschotel, die de contouren van de terrine volgt, is evenals alle andere delen van het servies afgezet met een kabelrand en eindigt aan de korte zijden in satyrachtige maskers die als handgrepen dienen. Een guirlande omkranst het ovale verhoogde middenveld van de schotel waarop het alliantiewapen in dezelfde vorm als op de terrine is gegraveerd. De terrines vormen een 'strengere' versie van een in hoofdvorm gelijk paar, dat Engelbart Joosten in 1769 vervaardigde voor Mr. Johannes Hop (collectie stichting Six, Amsterdam)[154].

De kwitantie van Jan de Thomese van de tweede bestelling, die pas in 1776 werd voldaan, is bewaard gebleven. De terrines waren het kostbaarst: met de onderschotels kostten zij *f* 2.665-14-0. De gehele tweede leverantie bedroeg inclusief enkele andere zilveren voorwerpen het enorme bedrag van ruim *f* 5.700,–[155]. Het zilver kostte *f* 3-2-0 per ons, waarbij het maakloon (*façon*) kwam. Dit

226.
Zilveren olie- en azijnstel, Godert van IJsseldijk, 's-Gravenhage 1783, part. bezit, lijst van voorwerpen 58.

227.
Terrine, Arnhems aardewerk, circa 1765-1770, h. 27,5 cm, Gemeentemuseum Arnhem, lijst van voorwerpen 60.

hoge bedrag werd vrijwel geheel gecompenseerd door de inlevering van oud zilver door de graaf Van Heiden tegen een waarde van bijna *f* 5.600,–[156]. Het betrof waarschijnlijk Sigismund Pieter Alexander graaf van Heiden tot Entinge en Reinestein (1740-1806), landdrost van Drenthe en kamerheer van Prins Willem V; deze trouwde in 1769 Maria Frederika van Reede (1748-1807), Torcks volle nicht aan moeders zijde. Het is niet waarschijnlijk, dat Torck over Van Heidens zilver kon beschikken, maar eerder dat Van Heiden, die ervaring had op het gebied van nieuwe interieurs en moderne voorwerpen (zie p. 273, no. 93), Torck heeft vertegenwoordigd en diens zilver naar De Thomese heeft gebracht.

Het zilveren servies is lang onverdeeld gebleven. Na het overlijden van Assueer Jans zoon en schoondochter Goswina Geurdina Torck-van Neukirchen genaamd Nyvenheim (1830) is het waarschijnlijk in zijn geheel aan haar zoon A.L. Adolph Torck gekomen, maar na het overlijden van diens dochter Ada C. van Pallandt-Torck (1902) en weer een generatie later bij het overlijden van C.A. van Pallandt-Loudon viel het servies door erfdeling uiteen. In 1921 waren nog circa vijfenveertig delen op Rosendael aanwezig: terrines, saus- en juskommen, schotels, schalen en borden[157].

In 1772 bestelde Assueer Jan Torck bovendien een tweede serie kandelaars, waarschijnlijk zes stuks, die door de Haagse zilversmid Godert van IJsseldijk (1725/1726-1816) werden geleverd. Het zijn copieën van de kandelaars die in 1765 door Martinus van Stapele werden gemaakt, en dus inmiddels ouderwets vergeleken bij de terrines. Eveneens in 1772 maakte Van IJsseldijk een réchaud (afb. 225), die herkenbaar is aan het gegraveerde wapen Torck-de Rode van Heeckeren, maar dat evenmin als de kandelaars in de rekeningen genoemd wordt.

Na het overlijden van De Thomese in 1778 kocht Torck rechtstreeks bij Van IJsseldijk, zoals een olie- en azijnstel uit 1783 (afb. 226), en dat bleef zo tot het eind van de jaren tachtig[158]. Daarna ging de voorkeur uit naar de eveneens Haagse zilversmid François Marcus Simons (1750-1828), die sedert 1776 meester was en zich ontwikkelde tot één van de meest productieve en meest gevraagde Haagse zilversmeden uit het begin van de 19de eeuw. Over de jaren 1788-1790 ontving Simons nog maar geringe bedragen van Torck, maar over 1791 ontving hij *f* 2.375,–, dit keer voor zilver dat voor Rosendael bestemd was[159]. Het is niet bekend om welke soort stukken het ging.

Overigens werden reparaties en leveranties voor Rosendael die minder aan mode onderhevig waren, voornamelijk door de Arnhemse zilversmeden Jan Willem Evers (1756-1832; meester sinds 1775) en Arnoldus Wilhelmus Muller (1706-1803) verricht. Evers leverde in 1790 nieuwe onderdelen die bij het officiële tenue hoorden dat Torck als jagermeester droeg (zie p. 173).

In de rekeningen komen verder geen belangrijke zilverleveranties voor Rosendael voor. Muller deed in 1781-1784 enkele reparaties[160] en Evers leverde in 1790 onder meer nog een zilveren papkom met lepel, twaalf 'Londonsche' gepolijste en gegraveerde theelepels en een 'Londonsche comcommerschaaf'[161].

Ook de overige leveranties van stoffen, meubels etc. speciaal voor Rosendael – voor zover deze uit de bewaard gebleven kwitanties blijken – vielen in het niet vergeleken met de Haagse. Voor modieuze voorwerpen en stoffen moest men in 's-Gravenhage zijn, niet in Arnhem.

Porselein en aardewerk

Naast de meubels en het zilver vormde Europees porselein een derde categorie voorwerpen, die vanwege hun nieuwe vormen een opvallend accent in het nieuwe interieur betekend moeten hebben.

Circa 1710 werd in Duitsland het procedé ontdekt om een hoogwaardige kwaliteit porselein te fabriceren, waarna in Meissen de eerste Europese porseleinfabricage op gang kwam, die aanvankelijk de toon heeft aangegeven. Rond het midden van de 18de eeuw werden op vele plaatsen in Europa porseleinfabriekjes gesticht en verspreidde het product zich als concurrent van het Oosters porselein over vele Europese landen. Het Europese porselein werd ook in het Nederlandse interieur geïntroduceerd.

Nog tijdens de bewoning door het echtpaar Torck-van Hoorn was er op Rosendael bijna uitsluitend Chinees en Japans porselein in gebruik, zoals blijkt uit de inventaris van 1764. Assueer Jan Torck en zijn vrouw kochten volgens de mode van hun tijd bijna uitsluitend Europees porselein; zij bestelden Frans en Duits porselein via handelaren in 's-Gravenhage. Voor zover bekend kochten zij geen Nederlands porselein, dat sedert 1759 in Weesp en 1774 in Loosdrecht werd vervaardigd, maar wel Arnhems aardewerk. De Arnhemse faïencefabriek werd in 1759 door Johan van Kerckhoff gesticht en is in 1773 opgeheven. Het is niet bekend hoeveel Arnhems aardewerk Assueer Jan Torck in zijn bezit had; in ieder geval van twee stukken is de herkomst van Rosendael vast te stellen. Dat betreft een terrine met deksel en veelkleurige decoratie en beschilderd in blauw met voorstellingen naar prenten van Georg Philipp Rugendas (1666-1742) (afb. 227), en een koffiekan met deksel en in blauw een cartouche naar een prent van Johann Esaias Nilson (1721-1788) van een Mars met oorlogstropheeën en in het midden een banderol met het monogram **T R** – voor **T**orck van **R**osendael – dat ook op de deksel voorkomt[162]. De veronderstelling ligt voor de hand, dat deze Arnhemse faïence op Rosendael werd gebruikt. De bestellingen voor Europees porselein vallen in de periode van de vernieuwingen aan het Haagse huis van de familie Torck en vinden een directe parallel met de hiervoor gesignaleerde afnemende belangstelling voor Oosters lakwerk ten gunste van in Nederland naar Frans en Engels voorbeeld vervaardigde meubels.

Voor zover de kwitanties van Torcks aankopen bewaard zijn gebleven, deed hij zijn eerste bestelling bij J. Smitsbergen in 's-Gravenhage, die optrad als agent van de Hertogelijke porselein- en faïencefabriek van Württemberg, bekend gebleven onder de naam Ludwigsburg, waar van 1758 tot 1824 porselein werd gefabriceerd. Het ging om een servies van *porcelaine fine peinte a oiseaux & insectes le bord doré*, dat werd geleverd van januari 1769 tot maart 1770 en bestond uit 24 borden, 24 soepborden met opengewerkte rand, 2 ronde slabakken, 12 ronde compotiers, een ovale terrine beschilderd met landschappen, een ovale schotel en 2 boterschaaltjes beschilderd met vogels en insecten. Voor dit zesenzestigdelige servies betaalde Torck *f* 428-8-0[163]. Een van Rosendael afkomstig servies kan hier met zekerheid mee worden geïdentificeerd. De bewaard gebleven delen hebben gewelfde randen versierd met een vergulde bies; de middenvelden zijn vlak, de opstaande randen imiteren vlechtwerk. Alle delen zijn polychroom beschilderd met vogels, vlinders en insecten op de middenvlakken en de randen; op de onderkant staat het fabrieksmerk van Ludwigsburg uit de jaren 1765-1770 (afb. 206)[164]. Dankzij de kwitantie is het mogelijk het deels bewaarde servies in verband te brengen met Torcks bestelling; voor 18de-eeuws porselein is dat nog moeilijker dan voor zilver en meubels.

Over porseleinaankopen in de jaren zeventig, die Torck zonder twijfel deed, zijn geen gegevens voorhanden. In de jaren tachtig kocht hij porselein bij de handelaren Matthijs Bichelberger (1786, 1787), Verlaan (1786) en Sylva (1789)[165]. Vooral de laatste bestelling was omvangrijk; er was een bedrag van *f* 750,– mee gemoeid. Behalve van het eerstgenoemde servies zijn de fabrikaten helaas onbekend. Naast het Duitse was er Engels porselein bij en wellicht ook Frans, bijvoorbeeld uit Sèvres, waar sinds 1756 porselein werd gefabriceerd. Dit genoot al spoedig bekendheid in Europa; Torcks zoon Willem Arend vond de fabriek – die hij overigens niet bezocht – vermeldenswaard in een brief aan zijn ouders toen hij in 1783 in Parijs verbleef: 'en passant nous avons vu la fabrique de porcelaine à Seve'[166].

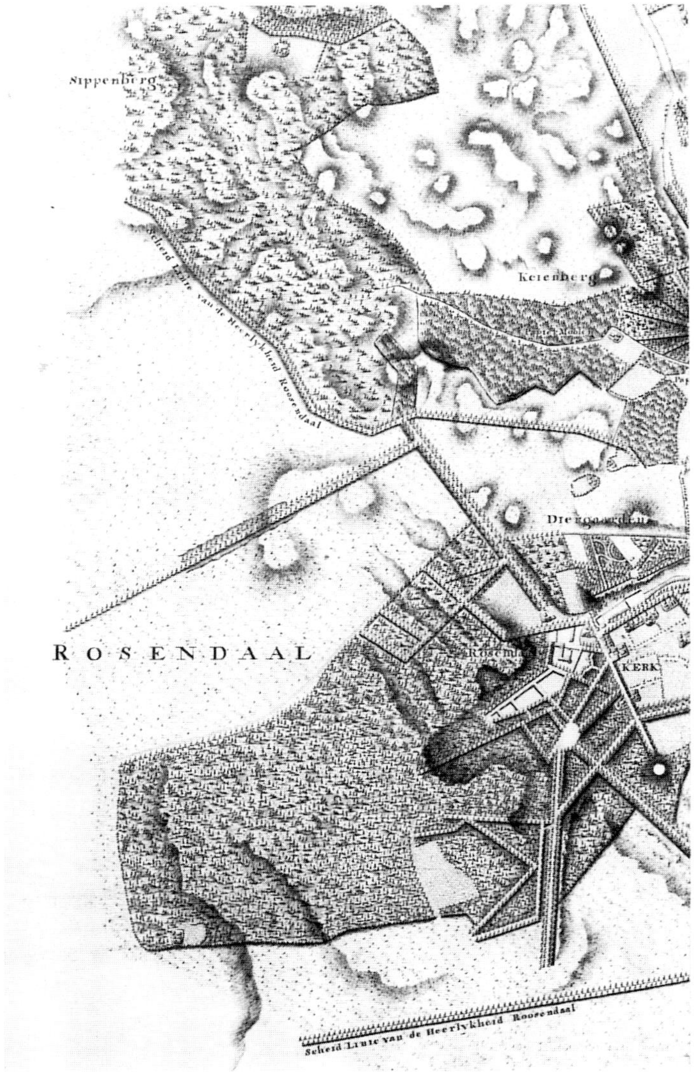

228.
Herman van Hooff, Kaart van de IJssellinie met de aanleg van Rosendael c.a., 1783 (het oosten boven), inkt en aquarel, ARA, afd. kaarten en tekeningen, OSK Y 11-W[1].

Tuin en landgoed

Toen Assueer Jan Torck Rosendael erfde was de vorm van de tuinen al ongeveer veertig jaar oud, al waren er door de jaren heen vele veranderingen in aangebracht. Van de nieuwe eigenaar zouden wij mogen verwachten, dat hij in de langzamerhand ouderwets geworden aanleg moderniseringen heeft willen aanbrengen. Juist in die periode, de jaren zestig van de 18de eeuw, werden er in de heersende geometrische tuinstijl in Nederland nieuwe elementen geïntroduceerd die de voorboden waren van een nieuwe 'landschappelijke' stijl[167]. Het betreft in deze jaren voornamelijk nog wijzigingen in details. In de jaren zeventig drong de landschappelijke stijl in delen van de tuinen door, en in de jaren tachtig ontstonden de eerste ontwerpen voor geheel in landschappelijke stijl ontworpen tuinen. Een andere belangrijke wijziging, die na het midden van de 18de eeuw plaats had, betrof de introductie van exotische en neogotische tuingebouwtjes die de tuinaanleg stoffeerden, de wandelaar moesten verrassen en zijn gemoedstoestand moesten beïnvloeden[168].

Assueer Jan Torck heeft zijn aandacht in eerste instantie waarschijnlijk niet op de directe omgeving van het huis gericht, maar op de Imbosch, gelegen aan de noordelijke grens van zijn bezit, die hij reeds in 1764 liet beplanten. Deze ontginning komt hierna aan de orde. De veranderingen die Torck daarna aan de tuinen zelf liet aanbrengen, betroffen moderniseringen van bepaalde onderdelen die de hoofdstructuur van de aanleg intact hebben gelaten. Uit het eind 18de-eeuwse en vroeg 19de-eeuwse kaartmateriaal blijkt bijvoorbeeld duidelijk, dat de hoofdvorm van de vijvers ongewijzigd is gebleven (afb. 228, 248). Het was nog te vroeg voor werkelijk drastische maatregelen, waarbij de rechtlijnige vijvers in vloeiende waterpartijen zouden veranderen en de schelpengrotten zouden worden afgebroken.

Ook onder het bewind van zijn zoon Reinhard J.C. Torck (1793-1810) zou het park nog niet ingrijpend veranderd worden. Dit gebeurde pas in opdracht van diens zoon A.L. Adolph Torck in de jaren 1836-1841. Kenmerkende onderdelen als de 'grotwerken' bleven daardoor tot die tijd behouden, en dat had als gevolg dat men de aanleg al sinds ongeveer 1780 ouderwets begon te vinden. Een anonieme bezoeker uit 1784 oordeelde nog onverholen positief in zijn beschrijving: *Reize langs den Nederrhijn door een gezelschap in 1784 gedaan*[169]:

> De tuinen zijn luisterrijk, en de fonteinen, cascaden en grotwerken de fraaysten dien ik immer gezien hebbe, en welke na mijne gedachten zelvs die van het vorstelijke Loo overtreffen. (...) om kort te gaan, natuur en konst, schijnen minijverig te zijn geweest wie het meeste zoude toebrengen, om Roosendaal tot een der heerlijkste lusthuizen, en aangenaamste verblijfplaatzen deezer landen, te maaken.

Overigens behoeft deze beschrijving niet representatief te zijn voor de tijd: de schrijver citeert d'Outreins beschrijving van het Koningshuisje zonder erbij te vermelden, dat het al vierenzestig jaar tevoren werd afgebroken!

Een geheel ander geluid klonk drie jaar later naar aanleiding van een bezoek, dat de zusters Antje en Truitje van Hogendorp aan Rosendael brachten op 21 september 1787. In hun beschrijving vergeleken zij hun ervaringen op Rosendael en Biljoen. Beiden kwamen tot de conclusie, dat hun voorkeur naar 'le gout noble et grand' van Biljoen uitging. Zij zagen het rustieke mos liever dan het kunstmatige schelpwerk, hoewel zij dat ingenieus gemaakt vonden en hoewel de fonteinen in de smaak vielen. Het hoger gelegen bos (bij het sprengenstelsel, later de *Zwitserse partij* genoemd), dat zij twee dagen later bezochten, was Antje honderd keer beter bevallen dan de rest van Rosendael, en zij betreurde het daarom, dat de wandeling daarheen het niet waard werd gevonden aan vreemdelingen getoond te worden: 'Ce bois est rempli de beaux arbres et j'y ai trouvé plusieurs parties très pitoresques'[170].

Op dezelfde plaats liet de dichteres Elisabeth Maria Post (1755-1812; sinds 1788 woonachtig in Arnhem) zich inspireren tot haar gedicht *Aan de bron op Rozendaal*, dat zij met het gedicht *In de wildbaan van Rozendaal* en met enkele andere over Biljoen en Beekhuizen, waar zij van Johan Frederik Willem van Spaen van Biljoen (1746-1827) de beschikking over een tuinhuisje had gekregen, opnam in haar bundel *Gezangen der Liefde* (Amsterdam 1794). Op Rosendael meed zij met opzet het centrum van de aanleg met de door haar gesmade gekunstelde vormen. Zij streek neer aan de bosrand, waar de kunst ondergeschikt was aan de natuur en waar de natuurbeleving voorop kon staan, overeenkomstig de ideeën van de Fransman Jacques Delille (1738-1813), de schrijver van het in dit verband invloedrijke gedicht *Les Jardins, ou l'art d'embellir les paysages* (Parijs 1782) en van de Duitse tuintheoreticus Christian C.L. Hirschfeld (1742-1792), wiens werk ook in Nederlandse vertaling was verschenen[171]. In deze gedichten van Elisabeth Maria Post speelt voor het eerst een nieuw soort observatie van de natuur op Rosendael een rol; zij noemt planten en dieren bij hun naam. In het gedicht *Aan de bron op Rozendaal* confronteert zij nadrukkelijk de tegenpolen natuur en kunst; zij laat geen twijfel over haar voorkeur bestaan:

> Hier ziet gij onder 't zwaar geboomt,
> Dat in de pracht der jeugd
> De majesteit der eeuwen torst,
> Het borlen van een bron.
> Stil in de diepte welt die bron,
> Weldadig, grootsch en mild.
> Zij vloeit, zacht kablend op een bed
> Van keitjes, helder voord.
> Geen kunst bestuurt, of vormt haar schoon;
> Zij is geheel Natuur;
> Haare ongecierde eenvouwigheid
> Gevalt, betovert mij:
> Daar, waar de kunst haar dwingt en tooit,
> Haar tot fonteinen schept,
> Gevalt zij niet meer aan mijn hart;
> 'k Bewonder haar, maar koel.

Dennenaanplant op de Imbosch

Welke waren dan de veranderingen die Assueer Jan Torck in de tuinen en in de Imbosch tot stand heeft gebracht? Hij begon reeds in october 1764, kort voor het overlijden van zijn tante Petronella van Hoorn, met de uitvoering van een plan om de Imbosch, gelegen op circa zeven kilometer ten noorden van huis Rosendael, te ontginnen, met bos te beplanten en akkers aan te leggen. Deze energieke start van de aanstaande heer van Rosendael berustte op de uitvoering van al bestaande plannen van zijn oude oom en tante[172]. Het resultaat is bekend door een kaart van tuinbaas Jan Godfried Berger, gevoegd bij de kaarten die in 1721-1723 door B. Elshof van Rosendael waren gemaakt. De legenda vermeldt onder meer: *Geometrise caart van de bouwereij den Imbosch nieuw aangeleyt door den Hoogwelgeboren gestrenge A.J. baron Torck vreijheer van Roosendaal Pettecum Voorschooten etc. etc. geleegen in de hooge heerlijkheid Roosendaal begonnen in september 1764 en door mij opgemeeten en ter caarte gestelt (...) J.G. Berger (...) den meting is gedaan in october 1766* (afb. 229).

Deze nieuwe *bouwereij*, ook *bouwlandt* genoemd, was rechthoekig van vorm, omgeven door een singel met eiken en beuken van vier rijen breed, waar binnen een akkermaalswal lag, en werd door enkele haaks op elkaar staande lanen doorkruist. Op dit terrein, dat ongeveer 46 morgen (bijna 15 ha.) groot was, liet Torck in 1765 twee huizen bouwen, één met een schuur en een nieuw boerenerf, het ander ertegenover kleiner en bestemd tot twee woningen; beide huizen bestaan nog (afb. 230)[173].

Volgens het testament van zijn oom en tante mocht Torck op Rosendael niet zomaar bomen vellen om timmerhout voor de nieuwe huizen op de Imbosch te verkrijgen; daarvoor was de goedkeuring van de executeurs-testamentair vereist. J.G. Berger stelde op 9 november 1764 een rapport op, waarin hij aangaf welke eiken op Rosendael grotendeels 'niet meer op haer gewasch maar op haer verderf stonden', waardoor het aanvaardbaar werd deze te rooien[174]. De ongeveer 190 benodigde bomen konden volgens Berger vooral langs de allee achter het doolhof en in het 'hooge bosch' gevonden worden. Op de Imbosch waren de vakken binnen de lanen en de singel opgedeeld in kleinere percelen, waarvan er enkele gevuld waren met jonge aanplant. Ten noorden hiervan lag een tweede enclave in 'het groote sandt', volgens de legenda een groot stuk land of 'heetvelt' dat bestemd was tot een dennenbos ter grootte van 69 morgen (22 ha.); blijkbaar was het in 1766 nog niet zo ver. Waarschijnlijk is er sindsdien nog meer woeste grond in cultuur gebracht, want met potlood zijn op de kaart naderhand vakken getekend, in twee waarvan staat geschreven: '64.000 berken' en '95.312 berken'. De gehele Imbosch besloeg volgens deze kaart een oppervlakte van circa 226 Gelderse morgen (72 ha.)[175].

In het najaar van 1764 werd eerst de singel of wal aangelegd. In october werd er 'aan de allees' gewerkt en vervolgens aan het 'reyolen' van de singel en van het ontgonnen land. Ook vinden wij betalingen voor de 'spayers van 't bouwland aan den Imbosch'. Deze werkzaamheden vergden samen *f* 2.214,– aan arbeidsloon, uitbetaald in de periode november 1764-maart 1765. Er werd een groot aantal jonge boompjes geplant, vooral els en berk en in veel geringere mate ook populier (op de singel?). In de maanden november 1764-april 1765 werden er in ieder geval 41.500 elzen, 57.150 berken en 2.050 populieren gepoot[176]. In april 1765 werden voorts 'pootstok en heysters' van de Lathmer en de Poll gehaald voor ruim *f* 500,–[177]. Van het vervolg op dit begin is weinig bekend[178]. In het najaar van 1765 werd wederom een grote hoeveelheid jong plantsoen gekocht, in november in totaal 335.000 elzen en 600 berken[179] en in december jonge struiken en zaaigoed van eik, beuk en kastanje, die op Middachten werden gekocht[180].

Sedert juni 1765 werd er bovendien een ongebruikelijke soort geïntroduceerd, namelijk naaldhout. Bij de chirurgijn Hennevelt werd dennezaad gekocht en bij T. Berends 275 'denne sparren'[181]. Vergeleken bij de elzen en de berken waren deze aantallen nog gering, maar er zouden nog vele volgen, zoals blijkt uit het geprojecteerde dennenbos op Bergers kaart van october 1766. Ook op een ander deel van zijn bezit, het Reemsterveld onder Ede dat later de naam Planken Wambuis kreeg, begon Torck in 1765 met de aanplant van dennenbossen[182]. Met deze aanplantingen was Torck wellicht de eerste in het land of althans één der eersten, die op grote schaal naaldhout ging aanplanten met de bedoeling woeste gronden door middel van grondverbetering economisch rendabel te maken. Men begon namelijk in de jaren zestig en zeventig van de 18de eeuw op verschillende landgoederen te experimenteren met het zaaien en aanplanten van dennen. Hierdoor verwachtte men woeste heidegronden in vruchtbaar bouwland te kunnen veranderen, dankzij bemesting met de afgevallen dennenaalden. Een andere pionier was Mr. Willem Reinier Brantsen (1701-1789), die in 1768 een voorstel deed om een stuk heidegrond behorend tot het Hof te Dieren te beplanten met grove den en dennen te gebruiken in een windsingel[183]. Enkele jaren later, in 1772, experimenteerde hij op Rhederoord met dennezaad uit Engeland en Amerika[184]. In 1771 trachtte ook Lodewijk graaf van Bylandt heideterreinen, behorend tot het landgoed Entel bij Borculo, rendabel te maken door dennen te planten[185]. Sinds 1774 kocht ook Johan Frederik Willem van Spaen van Biljoen regelmatig grote hoeveelheden dennezaad voor de nieuwe beplanting van delen van zijn bezit Beekhuizen[186]. De activiteiten van Torck gaan dus nog aan de bovengenoemde vooraf. Zowel Buis (1985) als Mehrtens (1987) hebben al gewezen op de mogelijke invloed van de Engelse dendroloog Richard Bradley via de Nederlandse vertaling uit 1744 van zijn in 1718 in Londen verschenen *New improvements of planting and gardening*, en via J.H. Knoop, die Bradley in 1763 citeerde[187]. Voorzover bekend, was Torck de eerste die deze theoretische aanbevelingen in Nederland

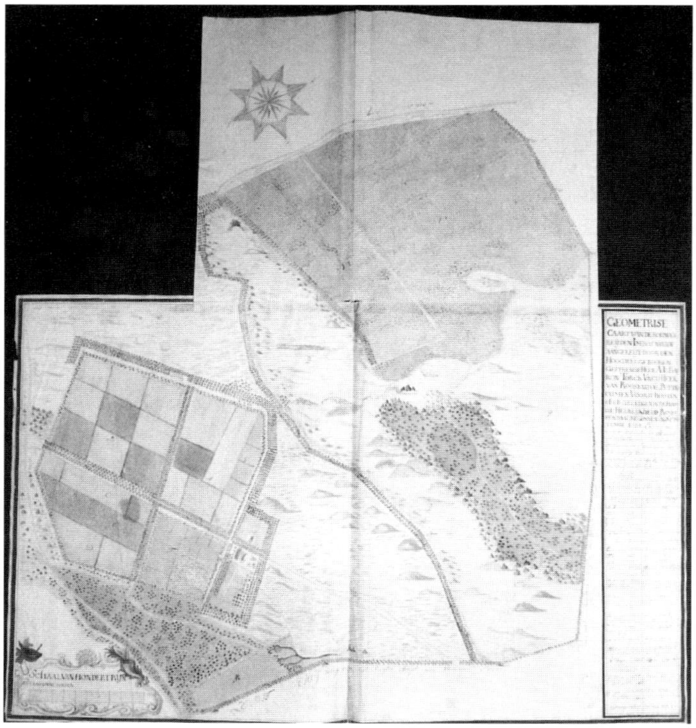

229.
Jan Godfried Berger, kaart van de Imbosch, 1766, inkt en aquarel, part. bezit.

in praktijk bracht; hij heeft daarmee een voorbeeld gegeven aan zijn buurman Van Spaen.

Over de resultaten van Torcks inspanningen liet de Zutphense predikant en geleerde Johannes Florentius Martinet (1729-1795) zich in zijn *Katechismus der Natuur* (1777-1779) lovend uit:

> Verder op kwamen wij in de woeste hei en vervolgens aan het Imbosch, waar de Baron Torck, Heer van Rozendaal, getoond heeft, dat konst en nijverheid de barre Hei in vruchtbaare Akkers, in grasrijke Beemden, en in groenende Tabaksvelden kan veranderen: een treffelijk voorbeeld, der navolgingen van Patriottische Edellieden overwaardig. Met geene mindere verwondering zagen wij hier talrijke Dennen, Ypen, Eiken en daaronder den Ahornboom (Platanus) met zijne breede bladeren prijken. Wie toch zou verwacht hebben deezen boom hier in eenen dorren oord te zullen vinden, en zo welig te zien tieren?[188]

Door gebrek aan gegevens is niet bekend of de vooruitstrevende Torck ook direct al zijn aandacht op de tuinen rondom het huis Rosendael gericht heeft. Het huisarchief is voor deze periode onvolledig, er zijn geen afbeeldingen bekend en de reisbeschrijvingen zijn niet specifiek genoeg om er voor de jaren zestig conclusies uit te kunnen trekken. Zo wekt de beschrijving van de tuinen door Mr. Albertus van Nievelt naar aanleiding van zijn bezoek op 22 juli 1773 niet de indruk, dat er sinds de dagen van het echtpaar Torck-van Hoorn al veel veranderd was (zie bijlage 3)[189]. De machine, die evenals die van Marly water opmaalde naar een hoger gelegen vijver, zou een toevoeging van Assueer Jan Torck kunnen zijn (zie p. 197).

De nieuwe 'Engelse tuin'

De eerste aanduidingen over kleine veranderingen in de tuin in deze periode dateren van ongeveer 1780. Wederom ontbreken er kasboeken of afbeeldingen, maar de familiecorrespondentie biedt ook hier aanknopingspunten. De eerste vermelding over een verandering vinden wij in een brief die L.P. Adolf Torck rond 1778-1780 uit Leiden aan zijn moeder schreef. Daaruit blijkt dat op Rosendael een hermitage (kluizenaarshut) werd opgetrokken, die bedoeld was om bij de wandelaar een bepaalde gemoedstoestand op te wekken[190].

> Les nouvelles de l'Hermitage m'ont fait grand plaisir mais j'espere que quoique vous ne m'en aiez pas parlé on a cependant enfumé et planté ou semé le terrain que nous avons creé ...

Maar daar bleef het niet bij; in twee brieven uit april 1781, geschreven op Rosendael door Willem Arend en Lubbert Pieter Adolf Torck aan hun moeder in 's-Gravenhage, kunnen wij het volgende lezen[191]. In de ene brief van 11 april bracht Willem Arend Torck verslag uit over de vorderingen van de veranderingen in de tuin, die juist in volle gang waren toen hij op Rosendael was aangekomen. Men was bezig het doolhof, gelegen ten zuiden van de vijvers tussen schelpengalerij en Sterrenberg, te veranderen in een eiland, waarbij gebruik werd gemaakt van de beek die door het doolhof naar de cascade van de schelpengalerij stroomde. Toen zoon Willem Arend met zijn gezelschap bij het voormalig doolhof arriveerde, trof hij daar de tuinbaas J.G. Berger aan, die met de twee 'ontvangers' (hun namen worden niet vermeld) en met zestien mannen bezig was het eiland in orde te brengen.

Hij verbaasde zich over de grootte van dit nieuwe eiland. Men zou met hetzelfde aantal werklieden nog drie of vier dagen nodig hebben het werk te voltooien. Maar men was bang, zo vervolgde Willem Arend aan zijn moeder in 's-Gravenhage, dat het seizoen al te ver gevorderd was om het eiland nog te kunnen beplanten. Het eiland zou de vorm van een piramide krijgen, hetgeen volgens Torck jr. een 'tres joli effet' zou hebben. Twee jaar later noemde hij het eiland nogmaals in een brief, die hij uit Parijs aan zijn moeder schreef toen hij tijdens zijn verblijf aldaar (april 1782-mei 1783) een bezoek aan Ermenonville had gebracht en daar het op een eiland gelegen grafmonument van Jean Jacques Rousseau had bewonderd[192]. Over dit eiland schreef hij: 'l'Isle n'est pas plus grande que celle que nous avons a Roosendael dans le nouveau Jardin Anglois'.

Terug naar zijn ooggetuigeverslag van 11 april 1781. De steile kanten van de eikenlaan rechts van het vroegere doolhof (waarschijnlijk aan de zijde van de Sterrenberg) waren reeds 'erg mooi' ingeplant met diverse soorten bomen en heesters. Er waren ook twee huisjes neergezet vlakbij de vijver achter de bedriegers maar, zo meende Willem Arend, daarbij was enigszins de smaak van Berger gevolgd 'die erg symmetrisch was'. Overigens heeft J.G. Berger zijn stijl later wel aangepast, getuige zijn ontwerp voor een *Engels bos*, dat hij ten behoeve van een nieuwe aanleg op het nabij gelegen Rhederoord maakte[193]. Op Rosendael gaf de beplanting van de Kapellenberg met linden en dennen ook een charmant effect. Er was ook een waterval beplant, maar nadere bijzonderheden over de ligging ontbreken: 'La cascade de Mr Martinet a été plantée de sapins et de saules' (sparren en wilgen). Waarschijnlijk lag deze waterval in het park, maar het zou eventueel de waterval van de Berenberg gelegen ten zuid-westen van de Imbosch kunnen zijn, die Martinet in zijn reeds geciteerde *Katechismus der Natuur* beschreef (afb. 231). De beschrijving van deze door de natuur gevormde waterval – 'met een menigte van Albaster Agaat en andere steenen, versierd met allerleie koleuren; sommigen zelfs opgepronkt met aartige spelingen der Natuur' – illustreert op wat voor een cascade Willem Arend Torck doelde, en weerspiegelt tevens de veranderende waardering voor de natuur in deze periode:

> O welk een gedruisch des vallenden waters! Welk eene menigte van afgevallen Aardbrokken! Welk een woestheid der natuur, die ook mijnen geest, ik weet niet, in welk eene stille verbaasdheid opgetoogen houdt![194].

Elders merkt Martinet over watervallen op: 'Men ontmoet er verscheiden in Gelderland, verfraaid door de konst, of gebleeven, zo als die in de natuur gevormd waren. In het Doornwaardsche Bosch, en hier en daar op de Veluwe komen er voor, die schilderagtig fraai zijn'.

Drie dagen later vulde Lubbert Pieter Adolf Torck de observaties van zijn broer aan in een volgende brief aan zijn moeder. Hij was op 14 april 1781 met zijn vader op Rosendael aangekomen, waar het eiland inmiddels voltooid was. Evenals zijn broer verbaasde hij zich over de grootte van het eiland: 'elle est bien dix fois plus grande que je ne me l'etois imagine'. Het water stroomde reeds in de nieuwe beek er omheen. Er moest echter nog vruchtbare grond en gras gelegd worden. Over het eiland vervolgde Adolf Torck: 'We hebben op het gehele eiland witte klaver gezaaid, hetgeen geloof ik een erg aardig effect zal geven, vooral omdat men altijd die groene zoden midden in het doolhof zal zien liggen, aangezien het eiland hoger ligt dan de rest van het doolhof'. Over de twee huisjes achter de bedriegers was men blijkbaar niet tevreden, want ze waren inmiddels al weer afgebroken. Men had echter de beuken ach-

230.
Imbosch, dubbele woning gebouwd in 1765, toestand 1966.

ter de banken laten staan, tot een hoogte van drie voeten boven de grond. Op de plaats van ieder huisje had men twee treurwilgen geplant en een dozijn slanke sparren ('de fins sapins') van de heer Pronk, van een mooiere soort dan op Rosendael en, zo vervolgde Adolf Torck, 'we hebben de gehele plaats ingezaaid met witte klaver'. Men was nog wel druk bezig om de afwatering te voltooien.

Er was inmiddels ook een nieuwe boomgaard geplant: 'de nieuwe boomgaard is buitengewoon aardig en is even veelbelovend als de doornenhaag eromheen', aldus Willem Arend Torck[195]. Zijn broer Adolf vulde hem drie dagen later aan:

> Votre nouveau verger ma chere mere est charmant. Les arbres sont seulement trop pres les uns des autres. On a planté tout votre verger de pommes de terres de meme que la terrasse ou etoit ces maisons delabrées cela representera du gazon. J'aurai preferé cependant qu'on y (s)emat du treffle[196].

Ten slotte verschaft deze brief ons ook nog de nodige opheldering over de raadgever bij deze vernieuwingen. Adolf Torck schreef aan zijn moeder: 'Mr Schonk qui est a dire viendra diner lundi ici et donner j'espere son approbation a tout ce qu'on a deja fait'. Hier moet Philip Willem Schonck (1735-ca.1823) zijn bedoeld.

Schonck, die opzichter was van de Oranje-bezittingen in de Baronie van Breda en in 1769 dezelfde functie kreeg in 's-Gravenhage als opvolger van de stadhouderlijke architect David van Stolk, verkreeg in 1777 de titel van architect van Willem V[197]. In die functie had hij de zorg voor alle stadhouderlijke verblijven met hun tuinen, en voor de overige gebouwen op de Nassause Domeinen. Schonck heeft sinds de jaren zeventig ook gewerkt voor opdrachtgevers uit de hofkring en voor hun verwanten, zoals voor de broers Van der Borch (Valkenberg te Ginneken bij Breda, Verwolde bij Laren (Gld.) en Langentrier), voor de adjudant van de Prins Volkier Rudolph Bentinck (Schoonheten bij Heeten, Overijssel) en waarschijnlijk voor diverse anderen[198].

Schonck heeft zich ook bezig gehouden met de heraanleg in landschapsstijl van delen van de tuinen van de buitenverblijven van Willem V, waarbij vooral oude parterres werden vervangen door 'Engelse bloem- en heestertuinen', zoals op Honselaarsdijk en het Oude Hof in 's-Gravenhage in 1778[199], en op Het Loo in 1778 en 1781[200]. Schoncks belangrijkste nog bestaande werk is huis Verwolde te Laren (Gld.), waarbij hij ook adviseerde bij de aanleg van de nieuwe tuin, zoals uit de bewaard gebleven correspondentie is gebleken[201]; een ontwerp daarvan is echter niet bekend. Uit een van Schoncks brieven aan zijn opdrachtgever Frederik Willem van der Borch (1737-1781) blijkt duidelijk dat juist in die jaren nieuwe opvattingen over tuinaanleg ingang vonden. Na de voltooiing van Verwolde schreef Schonck op 26 juni 1780 aan Van der Borch dat hij een reis ging maken onder andere naar Versailles; na terugkomst zou hij Verwolde wel willen afbreken om het 'luysterrijker in den nieuwsten Franschen smaak weder op te bouwen, doch zoo UHWGB daar niet toe zoude kunnen overgaan, dan moeten er tenminsten de tuynen aan geloven ... en Vorden moet dan niet minder dan Petit Trianon worden'. Uit dezelfde correspondentie blijkt verder dat Schonck inderdaad in Versailles is geweest en dus ook de tuinen van Petit Trianon gezien zal hebben. Hij had zich inmiddels het idioom van de nog jonge landschapsstijl eigen gemaakt, zoals bijvoorbeeld blijkt uit zijn ontwerp in landschapsstijl voor een

231.
Noach van der Meer naar Johan Anthoni Kaldenbach, waterval bij de Berenberg, Imbosch, gravure uit J.F. Martinet, Kathechismus der Natuur, *1777-1779.*

nieuwe aanleg van het park van Het Loo uit 1773, en uit zijn ontwerpen voor de herinrichting van de boventuin van Het Loo uit 1778 en 1781[202]. Reeds in een brief van 2 april 1778 aan Van der Borch repte hij over de werkzaamheden op Het Loo; hij verzocht Van der Borch om enige struiken Papenhout van Verwolde naar Het Loo te sturen: 'ik wilde daarvan gebruyk maken in Engelse bosqueten welke thans hier worden aangelegt'.

Nu terug naar Rosendael. Uit boven geciteerde passages blijkt, dat Schonck voor een gedeelte van de Rosendaelse tuinen ontwerpen in landschapsstijl heeft gemaakt, die in april 1781 onder leiding van tuinbaas J.G. Berger werden uitgevoerd; opdrachtgever Torck kwam uit 's-Gravenhage om zich op de hoogte te stellen van de vorderingen. Schonck zelf zou enige dagen later komen om te zien, of de veranderingen inderdaad naar zijn ontwerp waren uitgevoerd. Ontwerptekeningen zijn helaas niet bewaard gebleven. Het betrof nog slechts veranderingen aan onderdelen van de tuin, tezamen de nieuwe *Engelse tuin* genaamd (eiland, beplanting langs eikenlaan, treurwilgen en sparren). Het was in 1781 nog te vroeg om het gehele park volgens de principes van de nog jonge landschapsstijl te vernieuwen.

Het is niet uitgesloten – doch ook geenszins bewezen – dat Johann Georg Michaël (1738-1800), die met Schonck de eerste was die de nieuwe landschapsstijl in Gelderland toepaste, ook betrokken werd bij de veranderingen op Rosendael. Sinds 1783 werkte Michaël in opdracht van Johan Frederik Willem van Spaen voor diens veranderingen aan het park van Biljoen; in 1784 leverde hij aan Van Spaen een ontwerp voor de verandering van het grachtenstelsel rondom het huis in een vijver in landschapsstijl met daarin een eiland, omgeven door slingerende paden[203]. In 1783 en 1784 werkte Michaël ook op Doorwerth[204]. In hetzelfde jaar dat Schonck betrokken was bij vernieuwingen op Rosendael (1781), werd op Biljoen gewerkt aan de tot standkoming van de voor Nederland zo bijzondere stuczaal, waarvan de ontwerper nog niet kon worden vastgesteld[205].

Uit verschillende uitlatingen blijkt, dat de bewoners van Biljoen en Rosendael – geparenteerd door het huwelijk tussen Alexander van Spaen en Hendrina van Arnhem in 1654 – gedurende de gehele 18de eeuw onderling intensief contact hebben onderhouden[206]. Ook onder de jonge generatie was de verstandhouding hartelijk. Op 18 mei 1787 schreef Eusebia Torck-de Rode van Heeckeren uit 's-Gravenhage aan Johan Frederik Willem van Spaen van Biljoen:

> notre depart pour Rosendael n'est pas encore fixe, nous languissons tous beaucoup de nous y trouver (...) des que la sante de mon fils le permettra nous viendrons vous rejoindre en Gueldre[207].

Van Spaen nodigde zijn Rosendaelse buren uit om op 29 augustus 1790 aanwezig te zijn bij de officiële opening van Beekhuizen, waar hij met hulp van Michaël onder andere een grote cascade, een salon en een hermitage had aangelegd[208]. Torck kende de nieuwe aanleg van Biljoen en Beekhuizen dus goed en het is denkbaar dat hij Michaël ook naar Rosendael heeft gehaald. Torcks interesse voor de nieuwe natuurbeleving in deze periode blijkt ook uit de aankoop van de reeds genoemde serie *nieuwe Switsersche gesichten* in 1786 (zie p. 186).

Inmiddels had Torck op 1 augustus 1791 een nieuwe tuinbaas aangenomen, Christiaan Jenné[209]. Uit een bewaard gebleven instructie blijkt wat van hem verwacht werd. Bovendien blijkt uit de taakomschrijving vrij goed welke de belangrijkste elementen van de tuinen op dat moment waren. Hij moest de 'bovenste en onderste parterres' en het *Engelse bos* en de gewassen daarin onderhouden en schoffelen, de oranjebomen snoeien en begieten, zorgdragen voor de waterwerken en fonteinen, de waterlozingen dagelijks nazien en van 'bladeren off vuyligheeden' schoonmaken, de pompmolen met zeer grote zorg behandelen, zorgdragen dat de grotwerken niet beschadigen, helpen op de 'broeyery' en helpen bij het snoeien en aanbinden van de vruchtbomen, met vreemdelingen en

234.
Henriëtte J.A. Torck, circa 1840, daguerreotype in foudraal van marokijnleer, 8,2 x 6,3 cm, coll. VGK, Rosendael.

gezelschappen rondgaan om alles aan te wijzen indien de meid of de vrouw van de tuinman geen tijd had. Klaarblijkelijk waren de parterres voor en achter de schelpengalerij nog aanwezig; met het *Engels bos* werd de bovengenoemde *Engelse tuin* aangeduid. De pompmolen, die waarschijnlijk niet door windkracht werd aangedreven maar door waterkracht en die de hooggelegen rechthoekige vijver op de helling ten oosten van de colonnade van water voorzag, werd al in 1773 door Mr. Albertus van Nievelt genoemd in de beschrijving die hij van zijn reis naar Gelderland en Kleef maakte, waarbij hij de pomp met die van Marly bij Parijs vergeleek (zie bijlage 3)[210]. Hetzelfde deed Torcks zoon Reinhard Jan Christiaan naar aanleiding van zijn bezoek aan Marly op 2 september 1801:

> De là nous sommes allés voir la grande machine de Marly, ou je me suis convaincu que ma petite machine à Roosendael est de la même méchanique que celle la, quoique je n'ai pas la pompe aspirante, qui est travaillée par le même mouvement que l'autre[211].

Het is Torck niet gegeven geweest nog verdere veranderingen op Rosendael aan te brengen. Zijn vrouw en hij zelf overleden beiden reeds in 1793, na in korte tijd twee zoons en drie dochters te hebben verloren. Hun jongste zoon Reinhard Jan Christiaan, die de nieuwe heer van Rosendael werd, was pas achttien jaar en was dus nog te jong om het huis zelfstandig te betrekken.

6 Reinhard J.C. Torck en Goswina G. van Neukirchen gen. Nyvenheim (1793-1830)

Levensloop

Na het overlijden van hun beide oudste zoons Adolf en Willem in 1789 en 1788 vestigden de ouders Torck-de Rode van Heeckeren hun hoop op hun jongste zoon, Reinhard J.C. Torck, geboren in 1775. In het vorige hoofdstuk kwam al ter sprake, dat de jongste telg afwisselend in 's-Gravenhage en op Rosendael opgroeide onder leiding van zijn moeder en verschillende huisleraren. Een briefje in grote kinderletters, op Rosendael geschreven, geeft een glimp te zien van zijn kinderjaren op Rosendael aan het begin van de jaren tachtig: 'Alledag ga ik met Mama in de koets rijden en Troel ook'[1]. De huislessen die hij evenals zijn broers en zusjes ontving, zijn in het vorige hoofdstuk al genoemd. Reinhard kreeg in 1787 samen met zijn broertje Frederik bijvoorbeeld schrijflessen van de Rozendaalse schoolmeester Theod. Godron[2]. Hun moeder speelde ongetwijfeld de hoofdrol in hun opvoeding. Nog enkele dagen voor haar dood op 3 december 1793 gaf zij aan Reinhard raadgevingen, waaronder: 'Faites vous une loi de lire tous les jours quelque chose d'étudiant'[3].

Toen zijn ouders in 1793 waren overleden, was het nog te vroeg voor Reinhard Torck om Rosendael in gebruik te nemen; hij was pas 18 jaar oud. Het huis werd echter niet verhuurd[4]. De jeugdige Reinhard stond dus al heel jong voor de verantwoording het oude familiegoed in stand te houden[5]. Waarschijnlijk heeft hij aanvankelijk vooral in 's-Gravenhage verblijf gehouden.

De eerste beproeving kwam al direct in het eerste jaar. Aan het eind van 1794 trokken Franse troepen ons land binnen; zij bezetten de Bommelerwaard en het land van Maas en Waal, en Nijmegen en Zaltbommel werden ingenomen. Door de strenge vorst in januari 1795 konden de troepen over de bevroren rivieren trekken; daarna volgde al snel de bezetting van heel Gelderland[6].

Ook Rosendael was het toneel van schermutselingen. Door plundering en vernieling leed Reinhard Torck aanzienlijke schade, waar hij geen vergoeding voor heeft ontvangen. De schade werd trouwens niet alleen door Franse troepen toegebracht, maar even goed door de ingekwartierde Engelse en andere geallieerde troepen. Al deze manschappen hadden op Rosendael behoorlijk huisgehouden: 'deuren, ramen, kasten, meubilen, linnen, behangsels van kamers en ledikanten, gordijnen, wijnkelder, boeken, provisien enz.' werden beschadigd[7]. Ook de lanen en bossen hadden veel te lijden gehad en de palissaden (omheining) van de wildbaan, gelegen rond de Koningsberg, waren verbrand en alle ruim tachtig herten en andere dieren die zich daarin bevonden, waren zelfs doodgeschoten[8]. De schade van deze ravage werd getaxeerd op ongeveer *f* 14.500,–, waarvan de hoogste posten waren: palissaden *f* 7.000,–, houtgewassen *f* 3.000,–, huis en stallen *f* 1.200,– en herten *f* 900,–. In Wageningen leden verschillende van Torcks huizen en tuinen eveneens schade. De schade aan het Kasteel van Wageningen ten gevolge van de inkwartiering van Engelse en andere troepen werd op *f* 1.800,–

232.
Cornelis Kruseman, Goswina Geurdina van Neukirchen gen. Nyvenheim, 1827, 105 x 88 cm, doek, part. bezit.

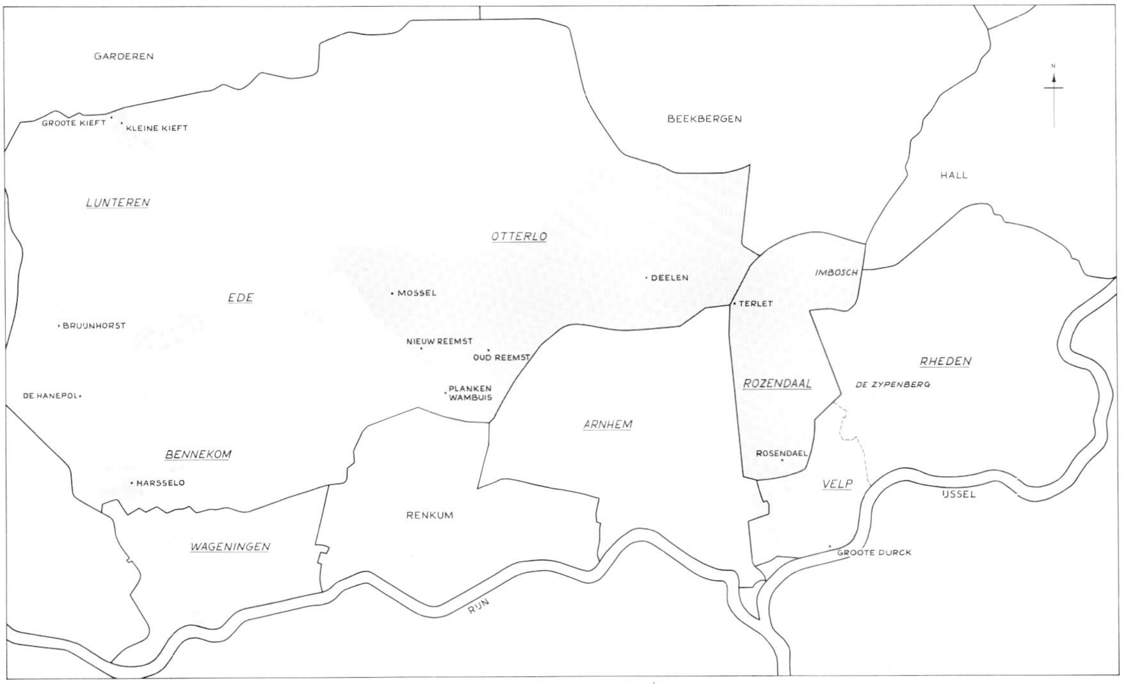

236.
Kaart van het met Rosendael verbonden grondbezit van Assueer Jan en Reinhard J.C. Torck, volgens de kadastrale gegevens van 1832, tekening door A.C.S. Wolters van der Weij, 1993.

geschat; de behangsels waren vrijwel geheel geruïneerd en ook hier hadden deuren, vloeren, zolderingen, ramen en stallen zwaar geleden[9].

In 1799 maakte Reinhard Torck op 24-jarige leeftijd een reis langs verschillende Duitse steden, die wij wel als een afronding van zijn vorming mogen beschouwen. Zijn tocht leidde onder andere langs Hannover, Göttingen, Kassel, Gotha, Weimar, Coburg, Neurenberg, Regensburg, Wenen, Praag, Dresden, Meissen, Leipzig en Brunswijk[10]. In Meissen bijvoorbeeld bezocht hij de winkel van de beroemde porseleinfabriek, maar hij werd niet tot de fabriek toegelaten, omdat daarvoor toestemming uit Dresden vereist was. De reis vormde ook het afscheid van zijn ongebonden bestaan; op 9 september 1800 trouwde hij met Goswina Geurdina van Neukirchen genaamd Nyvenheim (1781-1830). Haar familie kwam uit Kleef waar haar grootvader Johan Gijsbert Ludolf Adriaan (1705-1792) ambten vervulde. Hij werd in 1750 toegelaten tot de Nijmeegse ridderschap, en had van 1754 tot 1758 twee huizen in Wageningen van Lubbert Adolf Torck gehuurd (zie p. 139). Zijn zoon Evert Jan, heer van Eck en Wiel (1736-1812), ging naar Indië en werd resident van Cheribon. Deze keerde in 1772 met zijn verdiende fortuin terug, en werd onder andere ambtsjonker en schepen van Nederbetuwe en lid van de ridderschap van Nijmegen[11]. Beide families werden in 1806 nogmaals met elkaar verbonden toen Goswina's broer Johan Gijsbert Ludolf Adriaan (1783-1818) trouwde met Maria gravin van Rechteren (1789-1808), dochter van Reinhard Torcks zusje Henriëtte. In latere jaren hadden enkele huwelijken van andere leden van de familie Nyvenheim op Rosendael plaats[12].

Reinhard Torck en zijn vrouw gingen in 1801 naar Parijs, waar zij verschillende bezienswaardigheden waaronder enkele schilderijenkabinetten bezochten; zij maakten ook uitstapjes naar bekende verblijven buiten de stad, zoals Malmaison, Marly en Versailles. Op 16 september 1801 gingen zij de Jardin des Plantes bekijken, waar een deel van het zes jaar tevoren door de Fransen geroofde Stadhouderlijk kabinet stond opgesteld[13]:

> Au Jardin des Plantes, ou le cabinet d'histoire naturelle retrouvé beaucoup de choses provenant du cabinet stadhouderien de la Haye mais j'ai été frappé que quelques objets entre autre les papillons sont en beaucoup plus petite quantité et moins beaux que ceux de la Haye. La partée de la mineralogie me parait etre tres belle.

Aan deze reis herinnert een charmant souvenir, een rond miniatuurportretje van de jonge mevrouw Torck, dat door de Parijse schilder Louis Marie Sicardi (1746-1825) werd gemaakt, waarop zij ten halven lijve met een rode band in het haar is afgebeeld (afb. 235). Zij moest voor dit portretje vijf keer poseren; op 26 september 1801 konden zij het bij Sicardi komen afhalen[14].

Zoals zovele tijdgenoten heeft Torck zich in de Bataafs-Franse tijd (1795-1813) aangepast aan de nieuwe machthebbers, hoewel hij vrijwel geen rol heeft gespeeld in het openbaar bestuur. Die snelle aanpassing aan de nieuwe constitutie was overigens niet verwerpelijk. Prins Willem V, die in 1795 naar Engeland was uitgeweken en later in Duitsland in ballingschap verbleef, had in zijn *brieven uit Oranienstein* (1801) aan zijn achtergebleven landgenoten laten weten er geen bezwaar tegen te hebben, wanneer zij in het belang van het vaderland ambten zouden aanvaarden[15]. Torck heeft slechts enkele functies vervuld, zoals schepen (1793) en burgemeester van Wageningen[16]. Ook als luitenant-jagermeester over Ede, Barneveld en Rheden etc. (1807) en jachtofficier van de Koning in het departement Gelderland (1808) trad hij in de sporen van zijn vader[17]. Koning Lodewijk Napoleon benoemde hem in 1807 tot Ridder in de orde van de Unie[18]. Torck heeft zich daardoor volledig aan het beheer van zijn goederen kunnen wijden, hetgeen door een parkbezoeker in 1808 werd geïdealiseerd als het *ambtloos buitenleven* (zie

p. 212). De nauwgezette financiële boekhouding die in Torcks regelmatige, fijne handschrift bewaard is gebleven, toont een accurate en toegewijde geest.

Er werden drie kinderen geboren: Henriëtte Jeanne Adelaïde (1802-1877), Eusebia Jacoba Alexandrina (1804-1810) en Assueer Lubbert Adolph (1806-1842). Aangezien hun vader al in 1810 op vijfendertigjarige leeftijd overleed, stond mevrouw Torck alleen voor de taak dit jonge stel op te voeden. Evenals hun ooms en tantes een generatie eerder kregen Henriëtte en Adolph lessen aan huis, zowel in de zomer op Rosendael als in de winter in 's-Gravenhage. Zij kregen onderricht in onder andere: schrijven, wiskunde, Engels, Frans, Grieks, en bovendien in schermen, muziek, dans en zang. Ook kregen zij gedurende een lange reeks van jaren tekenlessen. In 's-Gravenhage was Jean François Valois (1778-1853), de vader van de portret- en miniatuurschilder Jean Chrétien Valois (1809-1894), daarmee belast gedurende tenminste de jaren 1811-1824, en in de zomer werd daarvoor de Arnhemse 'tekenmeester' Jan Hendrik Breijer sr. (1792-1861), wiens lessen in de periode 1815 tot 1824 vielen, op Rosendael ontboden[19].

Mevrouw Torck ondernam met haar kinderen een reis naar Parijs; in mei en juni 1820 kon zij haar kinderen de plaatsen wijzen, die zij negentien jaar tevoren met hun vader had bezocht[20]. In september 1820 – de jonge monarchie in ons land was zes jaar oud – had er een bijzondere gebeurtenis op Rosendael plaats: erfprins Willem II (1792-1849) bracht met zijn gevolg een bezoek aan Rosendael en werd uiteraard met gepaste eer ontvangen. De ontvangst werd opgeluisterd door een militaire kapel[21]. Vier jaar later werd er groot feest op Rosendael gevierd: op 19 augustus 1824 trouwde Henriëtte barones Torck met Adolph W.C.W. baron van Pallandt van Keppel (1802-1874)[22]. De intocht van bruid en bruidegom op Rosendael werd opgeluisterd met illuminaties en met erebogen, die door de inwoners van Rosendael waren opgericht en die met takken en loof waren versierd. Bij deze gelegenheid werden er veel fooien gegeven aan eigen personeel en aan dat van bevriende huizen als Klarenbeek, De Voorst, Sonsbeek en Biljoen[23].

Kort daarna verliet Adolph Torck het ouderlijk huis om in Utrecht rechten te gaan studeren[24]. In november 1824 liet hij zich aan de Academie inschrijven en werden er kamers voor hem ingericht, waarvoor vooral meubels uit Brussel waren besteld. Spoedig volgde zijn ontgroenpartij – kosten: *f* 50,– en in het voorjaar van 1825 werd hij lid van het literaire gezelschap, het dispuutcollege en van de schutterij. Voor de colleges die hij bij de hoogleraren Van Heusde en Van Goudoever volgde, moest apart betaald worden[25]. In mei 1826 kreeg Adolph de beschikking over een eigen chais en een inwonende koetsier, zodat hij zich sneller naar 's-Gravenhage en Rosendael kon begeven[26]. Na vier studiejaren sloot Adolph in juli 1828 zijn studie met een examen in de rechten af.

Toen hij in 1827 éénentwintig jaar oud werd, gaf zijn moeder de portretschilder Cornelis Kruseman (1797-1857) opdracht portretten van hem en van haar zelf te maken (afb. 249, 232)[27]. Ook haar dochter Henriëtte en haar schoonzoon Adolph W.C.W. baron van Pallandt werden in deze periode door Kruseman geportretteerd (afb. 233). Van Henriëtte van Pallandt-Torck is bovendien een daguerreotype uit circa 1840 bewaard gebleven (afb. 234). In het portret van de jeugdige Utrechtse student ligt het accent sterk op het gezicht en de witte kraag en shawl. De zwarte jas en de effen lichtgroen-grijze achtergrond bevatten nauwelijks details (afb. 249)[28].

In het volgende hoofdstuk zal nader worden ingegaan op de rol die Adolph Torck op Rosendael heeft gespeeld. Nu komt eerst het beheer aan de orde, dat zijn vader van 1793 tot 1810 en zijn moeder vervolgens tot 1830 over Rosendael hebben gevoerd.

Grondbezit

De bewaard gebleven boekhouding van het echtpaar Torck-Nyvenheim begint in het jaar 1800; de rekeningen van de rentmeester zijn ook sinds 1793 bewaard[29]. Vergelijking van de cijfers van voor en na dat jaar laat zien, dat het 'economische bedrijf' betreffende het gehele bezit met een jaarlijkse omzet van zo'n *f* 25.000,– onder leiding van de rentmeester zonder hapering werd voortgezet.

De reguliere inkomsten waren voornamelijk afkomstig uit onroerend goed (30 tot 60% van de inkomsten) en uit renten op uitstaande kapitalen en effecten (ongeveer 25%). De inkomsten uit onroerend goed in Gelderland in de vorm van huren en pachten bedroegen in de periode 1804 tot en met 1819 gemiddeld *f* 9.250,– per jaar[30]. Bij de uitgaven die hierdoor mogelijk waren, werd onderscheid gemaakt tussen de consumptieve (*gewone*) uitgaven en de uitgaven ten behoeve van beleggingen in obligaties en effecten en de aankoop van onroerend goed (*buitengewone uitgaven*). Reinhard Torcks normale uitgaven bedroegen tot zijn huwelijk in 1800 gemiddeld ruim *f* 7.000,– per jaar; de totale uitgaven bedroegen in deze jaren het dubbele. Gedurende zijn huwelijk (1800-1810) bedroegen de uitgaven gemiddeld ongeveer *f* 12.000,– per jaar, terwijl ze de jaren erna toen de kinderen groter werden stegen tot ruim *f* 16.000,– per jaar. De totale uitgaven, die voortdurend binnen de grenzen van de totale inkomsten lagen, zodat er geen schulden werden gemaakt, bedroegen sedert 1800 ruim *f* 28.000,– per jaar. De tamelijk constante uitgaven op consumptief gebied bedroegen ongeveer de helft van de jaarlijkse 'omzet'. De andere helft betrof transacties ter zake van kapitaal en onroerend goed[31].

Uit deze cijfers blijkt wel, dat er van een gelijkmatig financieel beleid sprake was, zowel toen Reinhard Torck nog jong was als tijdens zijn huwelijk en na zijn overlijden, waardoor de familie door de jaren heen de staat kon handhaven die zij traditioneel voerde. Zelfs zonder belangrijke inkomsten uit ambten en functies en ook zonder in te teren op hun bezit bleven de Torcken in staat – hoewel

238.
Wouter Johannes van Troostwijk, Rosendael uit het zuiden over de schelpengalerij, 1809, inkt en aquarel, 25,5 x 50,2 cm, veiling Sotheby's Amsterdam 22 maart 1983, no. 558.

239.
Henriëtte J.A. Torck, Rosendael uit het zuiden, 1820, aquarel, 28,5 x 34,5 cm, part. bezit.

dit alles wel de nodige inspanningen heeft gevergd – de heerlijkheid Rosendael en hun overige grondbezit in stand te houden, naast hun Haagse huis een groot buitenverblijf in Gelderland te bewonen, deze huizen aan de smaak van de tijd aan te passen, voldoende personeel te houden, buitenlandse reizen te maken, en hun kinderen op gepaste wijze op te voeden.

De familie Torck behoorde nog altijd tot de rijkste bewoners van Gelderland. In 1812 werd ten behoeve van het centrale gezag in Parijs een lijst opgesteld van de meest invloedrijke inwoners per departement. Gemeten naar haar jaarlijkse revenuën, die op *f* 25.000,– werden vastgesteld, behoorde mevrouw Torck tot de tien inwoners van Gelderland met de hoogste inkomsten[32]. Op de gepubliceerde lijst van de 600 hoogst aangeslagenen komt haar naam echter niet voor, mogelijk omdat zij in 's-Gravenhage belastingplichtig was[33].

De kadastrale gegevens van 1832 geven de mogelijkheid het grondbezit van Reinhard Torck te reconstrueren. Daarvoor moeten wij het grondbezit optellen, dat volgens de kadastrale leggers in 1832 eigendom was van douairière Torck (overleden in 1830), haar zoon A.L. Adolph baron Torck en haar dochter Henriëtte, getrouwd met Adolph W.C.W. baron van Pallandt van Keppel[34]. Deze goederen lagen verspreid over de volgende kadastrale gemeenten (afb. 236):

Gemeente	*Opp. in ha.*	*Belastbaar inkomen*
Rozendaal	2798	*f* 6200,–
Velp	207	260,–
Rheden	22	347,–
Otterloo: Deelen	3861	1607,–
Otterloo: Reemst	3276	3175,–
Bennekom	118	1065,–
Ede	164	1235,–
Wageningen	77	36,–
Lunteren	79	54,–
Arnhem	23	75,–
Totaal	10625 ha.	*f* 14054,–

De zogenoemde pachtwaarde van deze goederen, dat is het fictieve bedrag dat een eigenaar zou ontvangen in geval van volledige verpachting van de grond en verhuring van de opstallen waarover belasting werd geheven, lag nog aanzienlijk hoger[35].

Met dit voor Nederlandse begrippen enorme grondbezit behoorden de Torcken tot de grootste grondeigenaren in ons land[36]. Maar belangrijker dan de oppervlakte was het rendement en dus het belastbaar inkomen van de grond. De goederen Deelen[37] en Reemst bestonden overwegend uit arme zandgronden, waarvan de pachtinkomsten laag waren.

Tot het Rosendaelse grondbezit van de familie Torck, dat al vòòr de 17de eeuw was gevormd, en waarvan de kern zelfs al uit de Middeleeuwen dateerde, behoorden behalve Rosendael zelf ook Terlet, de Imbosch en de Plagdel, bestond volgens de kadastrale legger van 1832, waarvoor de veldmeting in 1817-1818 was voltooid, voor het overgrote deel uit heide (65%) en bos (30%)[38]. In noord-zuid richting was de heerlijkheid Rozendaal ongeveer 8.600 meter lang en in oost-west richting ongeveer 5.000 meter breed; de totale omtrek van dit gebied alleen bedroeg al bijna 25 kilometer[39]! De omtrek werd gemarkeerd door grenspollen, opgeworpen heuveltjes met een grenspaal erop (zie p. 146), waarvan er diverse, zonder grenspaal, nog in het terrein herkenbaar zijn[40].

Het beboste gedeelte van Rozendaal, dat volgens de kadastrale gegevens van 1832 ongeveer 30% van de oppervlakte besloeg, bestond voor tweederde gedeelte uit dennen (550 ha.) en voor éénderde uit loofhout (opgaande bomen 120 ha. en hakhout 172 ha.). De totale oppervlakte bouw- en weilanden was verhoudingsgewijs gering (65 ha., 2, 3% van geheel Rozendaal)[41].

De dennenaanplant die Assueer Jan Torck in 1764 uit economische motieven was begonnen, was onder het beheer van zijn zoon Reinhard en na zijn dood in 1810 door zijn vrouw krachtig voortgezet, in diens eigen woorden 'tot sluiting van de zanden', omdat het door de wind verstuivende zand een bedreiging voor het bouwland vormde en omdat de woeste zandgrond immers geen enkele economische betekenis had[42]. In 1806 bestond nog slechts 16% van de heerlijkheid uit houtgewassen, die in de volgende vijfentwintig jaar in oppervlakte dus verdubbeld werden![43] De overige gronden van de heerlijkheid bestonden uit zand en heide, waarvan alleen de verpachte schaapsdriften enige inkomsten opleverden. In zijn aangiftebiljet voor de verponding in 1806 gaf Torck als toelichting op, dat die gronden voor hem geen andere waarde bezaten 'als die welke hem de hoop kan opleveren om dezelve van tijd tot tijd met zeer zware onkosten en arbeid tot de culture van bosschen bekwaam te kunnen maken'[44].

Reinhard Torck heeft zich evenals zijn voorgangers bezorgd getoond over het kappen van bomen op zijn bezittingen. Hij maakte in 1807 een beschikking, waarin hij zijn vrouw, wanneer hij zelf eerder zou overlijden, de vrijheid gaf bomen te kappen om met de opbrengst van het hout hun landgoederen behoorlijk te kunnen onderhouden en haar levenswijze te kunnen continueren[45]. Zijn beweegreden is treffend:

> Daar ik bij ondervinding overtuigd ben geworden dat de opbrengst mijner landgoederen zeer gering is, wanneer de verkopingen der opgaande boomen daar niet bij gerekend word.

Hij gaf haar de vrijheid zonder dat zij verantwoording bij haar kin-

240.
Gerrit Jan Michaëlis, landschap op Rosendael met gezicht op de IJssel, 1813, doek, 78 x 98 cm, coll. VGK, Rosendael.

deren zou hoeven af te leggen 'jaarlijks zo wel van mijne dennen als alle andere opgaande bosschen, zo veel te laten hakken, als zij nodig en dienstig zal oordelen' maar Torck verzocht haar vriendelijk zoveel als de omstandigheden het haar zouden toelaten 'de bosschen te conserveren, weinig in de nabijheid van het Huys Roosendael te doen omhakken en vooral alles weder behoorlijk in te planten'. Dit maakt ons nog eens duidelijk, dat er over het bomenbestand op een landgoed niet alleen in esthetische termen werd gedacht, maar dat de economische waarde minstens even belangrijk was. De eigenaren waren zich bewust van hun verantwoordelijkheid jegens de volgende generaties: door roofbouw en kortzichtig beheer zouden de erfgenamen gedupeerd kunnen worden en zou de continuïteit van het familiebezit in gevaar kunnen komen.

Opmerkelijk is de tanende belangstelling van Reinhard Torck voor zijn huizenbezit buiten de gemeente Rozendaal. Behalve onvoldoende rendement kan de oorzaak geweest zijn, dat de schade die de Franse troepen in 1794-1795 hadden aangericht, nog hersteld moest worden. Torck had in 1800 al huis Harsselo laten afbreken, wellicht omdat het herstel van de schade die door de Franse troepen was veroorzaakt, niet meer loonde[46]. Korte tijd later begon hij zijn Wageningse huizen af te stoten; in 1804 en 1805 verkocht hij er negen (zie p. 141).

Een volgende verandering was gelegen in de verbetering van de infrastructuur van het land door de verbetering van bestaande en de aanleg van nieuwe wegen. En omdat het particuliere initiatief hierbij een belangrijke rol speelde, liet mevrouw Torck-Nyvenheim zich niet onbetuigd. Behalve de opbrengsten van tolgelden moet ook de betere bereikbaarheid van haar goederen een drijfveer zijn geweest. Het betrof in eerste instantie de verharding van de straatweg van Arnhem naar Dieren, waaraan zij gedurende het eerste halfjaar van 1820 met *f* 10.000,– deelnam[47]. Een jaar later trof zij voorbereidingen voor de aanleg van een nieuwe, met iepen beplante, laan van Rozendaal naar Velp, waartoe met verschillende inwoners van Velp stukken land geruild moesten worden om de nieuwe laan – de huidige Rozendaalselaan – recht tot in het dorp Velp te kunnen laten lopen[48]. Enkele jaren later werd door een commissie een nieuwe straatweg van Arnhem over Ede naar Amersfoort geprojecteerd, die evenals in 1820 werd gefinancierd door de uitgifte van aandelen. Mevrouw Torck, wier belang mede gediend was met deze nieuwe weg vanwege haar onder Ede vallende bezittingen als Het Planken Wambuis, investeerde in dit plan door drie termijnen van *f* 4.000,– te kopen[49]. De verharding van deze weg in 1827-1828 betekende een belangrijke verbetering voor de verbinding tussen Arnhem en Amsterdam.

Na Torcks overlijden in 1810 slaagde zijn vrouw erin – dankzij besparingen en de verkrijging van de nalatenschap van haar zwager Frederik S.A. Torck (1763-1817) – het vermogen dat zij voor haar kinderen beheerde, intact te laten en bij haar dood in 1830 samen met het hare aan haar kinderen Henriëtte en Adolph over te dragen. Adolph erfde Rosendael c.a., en een deel van het Gelderse grondbezit. Zijn zusje Henriëtte erfde het huis in 's-Gravenhage[50] en het andere deel van het grondbezit in Gelderland (zie p. 213). In een wilsbeschikking aan haar kinderen schreef Goswina G. Torck kort voor haar dood onder meer:

> Je vous remets donc cette fortune dans le même état à elle était jadis en y ajoutant ma fortune[51].

Maar het fonds van *f* 106.000,– dat Petronella van Hoorn in 1764 had nagelaten voor het onderhoud van heerlijkheid en kerk, bleek na het overlijden van Assueer Jan Torck en zijn vrouw in 1793 tegen de bedoelingen in drieën te zijn gedeeld. Goswina G. Torck wenste, dat haar kinderen vòòr de verdeling van haar eigen nalatenschap een regeling zouden treffen, opdat de jaarlijkse opbrengst van dit fonds weer tot het oude niveau van *f* 2.650,– zou stijgen[52].

Rosendael

Het huwelijk van Reinhard J.C. Torck met Goswina G. van Neukirchen gen. Nyvenheim op 9 september 1800 heeft wellicht het begin gevormd van een geregeld verblijf op Rosendael gedurende de zomermaanden. Het jonge paar betrok het familiehuis in 's-Gravenhage (afb. 204) en ging jaarlijks in de loop van de maand mei naar Rosendael en verbleef daar tot in december om vervolgens de wintermaanden weer in 's-Gravenhage door te brengen. Er gingen uit 's-Gravenhage telkens vijf of zes dienstboden (*domestiquen*) 'met 't gehele huishouden' mee naar Rosendael, waar permanent zes meiden, twee knechten, een jager en een koetsier en twee tuinmannen aanwezig waren[53].

Reinhard Torck heeft niet erg lang van Rosendael kunnen genieten; hij overleed reeds in 1810. Zijn zoontje Assueer Lubbert Adolph was toen pas vier jaar oud. Zijn vrouw kreeg niet alleen de verantwoordelijkheid voor de opvoeding van de drie kinderen, maar ook voor de instandhouding van het bezit. Die omstandigheden boden niet de gelegenheid ingrijpende wijzigingen op Rosendael aan te brengen; uiteraard ging het normale jaarlijkse onderhoud gewoon door. Ook gedurende deze generatie van bewoners bleef de Middeleeuwse donjon gehandhaafd. Terwijl voorheen de donjon de uitdrukking vormde van de rechten die de bewoners aan hun bezit ontleenden, viel nu de nadruk op de gevoelens van trots op het grootse verleden van Rosendael. Voor Mr. Isaäc Anne Nijhoff, die als onderzoeker en publicist op het gebied van de Gelderse geschiedenis zeker tot oordelen bevoegd was, gold daarbij de volgende overweging, die hij in zijn *Wandelingen in de omstreken der stad Arnhem* in 1820 naar voren bracht[54]:

> aan de regterzijde ziet men langs veel hoogere sprongen tegen het uit diepe grachten opgebouwde huis, welks deftige moderne gevels een zonderling kontrast vormen met den trotschen ouden toren, het eenige overblijfsel van den voormaligen burg, een reuzenwerk, met muren van veertien voet dikte, dat door den bouwmeester wijsselijk behouden is, om den beschouwer, bij al den nieuwen luister, aan oud-vaderlandsche pracht en deftigheid, en aan reeds voorbijgegane heerlijkheid, te herinneren.

In deze *Wandelingen* is ook een gedicht opgenomen van de hand van de Gorcumse dichter Mr. Abraham Boxman (1796-1856), waarin eveneens gepleit werd voor het behoud van de ouderwetse pracht als gedenkteken van wat vorige generaties tot stand hadden gebracht. Dit gedicht, getiteld *Rozendaal*, eindigt aldus:

> O, blijf zoo, Rozendaal! Geen roekelooze hand
> Ontsier door nieuwen tooi Uwe oude prachtsieraden!
> Maar blijf een denkgesticht naar onzer Vaadren trant,
> Dat, als des Oudooms beeld, dat neêrziet van den wand,
> De laatste neven spoort tot 't volgen van hun daden!

Naast de categorische afwijzing van de ouderwetse 'stijfheid' was inmiddels dus ruimte ontstaan voor begrip voor de vergane schoonheid als herinnering aan het verleden. Dit vinden wij nogmaals verwoord in de anonieme beschrijving *Het reisje naar Gelderland, of de vervulling van Herman's wenschen*, dat in 1830 te Nijmegen werd gepubliceerd. Hierin werden de hoofdpersonen aan het woord gelaten over de beleving van natuur en kunst, toen zij op hun reisje Rosendael aandeden. Eliza moest openhartig bekennen,

> dat het haar weldeed, bij elke nieuwe lente, deze gedenkstukken der verledenheid, hoezeer dan ook van echten smaak ontbloot, telkens geeerbiedigd weder te vinden; ook ik, zeide zij, zoude, wanneer dit landgoed het mijne was, daaraan althans, niets veranderen, en ook de vernietiging van den ouden toren aan de eene zijde van het, in den nieuwen smaak, gebouwde kasteel van *Rozendaal*, zoude door mij aan *Saturnus* alleen worden overgelaten.

Uit het vervolg van het verhaal blijkt andermaal, dat de waarlijke romantische beleving van het landschap zich afspeelde te midden van de wilde natuur van de *Zwitsersche partij*, dat is de in het verlengde van de vijvers liggende bospartij waar zich de sprengen bevinden.

De enige verandering aan het exterieur in de eerste decennia van de 19de eeuw bestond uit het aanbrengen van schijnvoegen op de pleister van het corps de logis, waardoor het leek alsof het van grote blokken natuurstenen was gebouwd. De Amsterdammer Daniel J.T. Kerkhoff (1766-1821) beeldde deze toestand in 1813 op een tekening af, die door mevrouw Torck werd gekocht (afb. 237)[55]. Op de tekening door Wouter van Troostwijk uit 1809 (afb. 238) zijn de schijnvoegen niet afgebeeld, maar ze zouden zeker al in de 18de eeuw kunnen zijn aangebracht. Op een tekening die Henriëtte Torck in 1820 maakte, zijn deze schijnvoegen duidelijk te zien (afb. 239). Op het schilderij door de Haagse schilder Antonie Franciscus Dona (1802-1877), dat Rosendael uit het oosten afbeeldt (vòòr de verbouwing van koetshuis en stal, die in 1841 begon), zijn de schijnvoegen op de wit gepleisterde voorgevel niet meer herkenbaar (afb. 242). In 1813 werd Rosendael nogmaals afgebeeld, zoals blijkt uit de persoonlijke boekhouding van Adolph Torcks moeder. In januari 1814 ontving de Amsterdamse schilder Gerrit Jan Michaëlis (1775-1857) *f* 348-5-0 'voor twee schilderijen van Roosd. met *f* 48,– voor de lijsten en de kist tot overzende 1813'[56].

Op Rosendael is een door Michaëlis gesigneerd doek bewaard gebleven, dat een glooiend landschap afbeeldt, waarschijnlijk in de directe omgeving van Rosendael met een rivierlandschap op de achtergrond (afb. 240). Victor de Stuers vermeldde dit stuk in 1880 aan het einde van zijn beschrijving van de portretten op Rosendael ('G.J. Michaëlis landschap slecht')[57]. Hoogst waarschijnlijk is dit één van de twee geleverde doeken. Het andere schilderij kan het ongesigneerde doek zijn, dat Rosendael uit het zuiden afbeeldt en dat mogelijk geschilderd werd naar de tekening van Wouter van Troostwijk (afb. 241). De twee schilderijen vormen elkaars pendant. Van Troostwijk overleed op jonge leeftijd in 1810 en het is denkbaar dat mevrouw Torck aan Michaëlis gevraagd heeft om deze afbeelding op groter formaat op doek over te nemen[58].

Interieur

Er zijn slechts enkele aanwijzingen over veranderingen aan het interieur. In de jaren voorafgaand aan het huwelijk Torck-Nyvenheim in 1800 werd de schade die de ingekwartierde troepen in 1794 en 1795 hadden aangericht (zie p. 198) hersteld. Op deze werkzaamheden kan het in potlood geschreven jaartal *1799* duiden, dat bij de restauratie van het huis in 1988 op een plank van een schei-

243.
J.B.A. Jobard, Rosendael uit het oosten, circa 1827, litho uit: J.J. de Cloet, Chateaux et Monumens de Pays-Bas ..., *Bruxelles 1827-1829.*

dingswand op de eerste verdieping werd aangetroffen (afb. 244)[59]. Het stucplafond van de eerste salon, dat wat stijl betreft uit 1790-1800 dateert, werd wellicht ook in deze jaren aangebracht (afb. 245).

Nog vòòr zijn huwelijk richtte Torck enkele vertrekken opnieuw in, zowel in 's-Gravenhage als op Rosendael, waar enkele betalingen rond 1800, ook voor meubels, op wijzen. Daarbij waren onder anderen de Haagse *behangers* Kam en De Grijff en de Arnhemse beeldhouwer D. Bentjes betrokken[60]. Maar ook in de periode daarna lieten de Torcken bijna jaarlijks vernieuwingen aanbrengen in de stoffering van hun Haagse huis, waarbij enkele keren gordijnen en Smyrnase tapijten worden genoemd. In chronologische volgorde richtten zij zich tot de volgende Haagse firma's: De Grijf (1805-1806), Levoir (1807-1813) en Zittka (1815-1824)[61]. Laatst genoemde firma van de Mr behanger Joseph Zittka leverde in de jaren 1818 tot 1820 samen met de firma van de weduwe Joh. Kam de stoffering voor Soestdijk[62].

De modernisering van de vertrekken werd op Rosendael in 1801 voltooid. In dat jaar nam de Arnhemse schilder Isaäc Nijhoff Is.zoon de portretten onder handen, niet alleen om ze schoon te maken, maar ook om door middel van nieuwe lijsten een grotere uniformiteit te bereiken[63]. Eerst repareerde de Rozendaalse timmerman J. Nijenhuis een aantal panelen en lijsten en maakte hij twintig nieuwe schilderijlijsten. Vervolgens werden de schilderijen, zowel op paneel als op doek, door Nijhoff en zijn drie knechten schoongemaakt en opnieuw gevernist; enkele doeken werden door hem zelfs vergroot. Tot slot werden de nieuwe lijsten bewerkt en verguld; de oude lijsten werden opnieuw gelakt. Nijhoff zorgde ook voor enkele andere bestellingen: drie geschilderde schoorsteen- en deurstukken, die van een *fabriceur* elders werden betrokken en 67 el 'gemengeld grijs vloerkleed' met losse bloemenranden[64]. Nadat aan het eind van 1801 ook deze veranderingen gereed waren, werd het huis drie decennia lang zonder grote wijzigingen aan de vertrekken bewoond. Af en toe zal er een kamer zijn opgeknapt of opnieuw behangen, zoals in 1812 de eetkamer, die een nieuw (papieren) behang kreeg en waarvan de lambrizering werd overgeschilderd; de medaillons werden schoongemaakt en gevernist. Tevens werden de eetkamerstoelen geschilderd[65]. Uit deze periode dateert ook een op papier gedrukt schoorsteenstuk met de afbeelding van een Victoria op een triomfwagen, afkomstig van één van beide vertrekken op de tweede verdieping aan de zuidzijde van het huis.

Na 1801 betrof de enige vermelding van de aankoop van schilderijen – behalve de twee stukken door G.J. Michaëlis – twee bloemstukken die de Arnhemse bloemschilder Gerrit Johan van Leeuwen (1759-1825) in 1822 en 1823 leverde (afb. 246)[66]. Van Leeuwen genoot bij leven een goede reputatie: de *Arnhemsche Courant* betitelde hem bij overlijden in 1825 als 'beroemd bloem- en fruitschilder'[67].

Meubels, porselein en zilver

De Torcken waren voor hun aankopen op vrijwel elk gebied hoofdzakelijk op 's-Gravenhage gericht; zelden kochten zij iets van belang in Arnhem. In 's-Gravenhage was de keus op het gebied van kleding, stoffen, meubels, porselein, zilver, etc. uiteraard veel ruimer en bovendien beter *à la mode* dan in Gelderland. In enkele gevallen richtten zij zich rechtstreeks op de toonaangevende Franse

244.
Zuidelijke wand van de rozenkamer op de eerste verdieping met circa 1799 secundair verwerkt, op planken geschilderd, plafond uit circa 1700, toestand tijdens restauratie, 1988.

mode in Parijs, zoals meer dan eens bij de bestelling van schoenen[68] en japonnen[69] voor mevrouw.

De geregelde aankopen van meubels en andere inrichtingsstukken konden zowel voor hun Haagse huis als voor Rosendael bestemd zijn, maar in de loop van de 19de eeuw is er zeker ook onderling gewisseld. De meubels werden bijna uitsluitend bij Haagse meubelmakers gekocht: de firma Horrix, Albert Eeltjes, Johannes Abraham Schick, Christoffel Nohr, Gerrit Noordanus en P. van Rijswijk[70]. Horrix en Schick leverden het meest. In 's-Gravenhage kon de meubelproductie zich in het begin van de 19de eeuw gunstig ontwikkelen vanwege opdrachten die deze meubelmakers kregen voor de herinrichting van de koninklijke paleizen onder koning Lodewijk Napoleon (1806-1810) en koning Willem I (na 1813), gevolgd door bestellingen uit de hofkring.

Matthijs Horrix (1735-1809), die ook al meubels aan Torcks ouders had geleverd en zijn neef Pieter Paulus Horrix (1767-1840), die de firma met succes voortzette, leverden dertig jaar lang (tussen 1794 en 1824) voor bedragen van enkele guldens tot circa *f* 250,– per jaar[71]; de grootste bestellingen rond 1800, ongetwijfeld in verband met herinrichting voor het huwelijk[72].

Na 1810 wendde douairière Torck, die Dame du Palais was en de meubels ten paleize dus uit eigen aanschouwing kende, zich ook tot de uit Duitsland afkomstige stoelenmaker en kabinetwerker Johannes Abraham Schick (1750-1829), die een belangrijke leverancier van meubels voor het Hof werd; hij was betrokken bij de inrichting van paleis Noordeinde voor koning Willem I in 1817 en volgende jaren, en paleis Soestdijk voor de kroonprins, de latere koning Willem II in 1818 tot 1820[73]. Ook de naam van de beeldhouwer, meubelmaker en spiegelkoper Eduard Muller (1760-1827), die evenals Schick meubels leverde voor paleis Noordeinde en voor paleis Soestdijk, komt in Torcks boekhouding voor; de eerste maal in 1806 toen hij *branches* (wandarmen) en vazen leverde[74]. Bij de in Leeuwarden geboren stoelenmaker Albert Eeltjes (1751-1836) bestelde Torck in 1803 en 1806 een set stoelen en twee canapé's[75]. Evenmin als van de andere hier behandelde meubelmakers zijn Eeltjes' werkstukken voor de familie Torck herkenbaar bewaard gebleven. Maar er zijn andere voorbeelden van hun werk behouden gebleven die door koning Lodewijk Napoleon en koning Willem I voor de inrichting van hun paleizen waren besteld. De gangbare stijl die in deze periode in ons land gehanteerd werd, was het *Empire*, gekenmerkt door zware en strakke vormen met ornamenten ontleend aan voorbeelden uit de klassieke oudheid en het kort tevoren herontdekte oude Egypte. Er werden zowel geschilderde als ongeschilderde meubels gemaakt, de laatste vooral van mahoniehout. Eeltjes was degene die het meeste zitmeubilair vervaardigde voor de inrichting van het Paleis op de Dam, Huis ten Bosch en Het Loo ten behoeve van Koning Lodewijk Napoleon in de jaren 1806-1808[76]. Hij leverde ook nog voor de inrichting van paleis Noordeinde in 1817 en volgende jaren[77].

De namen van drie andere Haagse meubelmakers die in Torcks administratie voorkomen zijn in chronologische volgorde: de kabinetwerkers Christoffel Nohr (1757-1824), betaald voor enkele niet nader genoemde meubels in de jaren 1808 tot 1818, P. van Rijswijk die in de jaren 1822 tot 1825 enkele mahoniehouten meubels leverde en Gerrit Noordanus (1772-1840), die mahoniehouten speeltafeltjes, een boekenkast en schilderijlijsten leverde[78].

Christoffel Nohr was de zoon van de uit Saxen Gotha afkomstige Johan Hendrik Nohr[79]. Christoffel leverde in 1818 meubels voor het nieuwe appartement van de prinsen Willem en Alexander (geboren in 1817 en 1818) op Soestdijk[80]. Hij decoreerde zijn meubels met rijk snijwerk dat deels verguld en deels in zwart en groen werd geschilderd. De Prins van Oranje bestelde ook vele meubels voor de nieuwe inrichting van Soestdijk bij Noordanus, namelijk voor het appartement van prinses Anna Paulowna[81]. Waarschijnlijk waren de bovengenoemde bestellingen van de Torcken primair voor hun Haagse huis bedoeld. Voor Rosendael werden er veel minder bestellingen gedaan. Als meubelmakers komen wij tegen: de Arnhemse kabinetwerkers Bonesayer, die onder andere boekenkasten maakte in 1794[82] en twee stoeltjes voor de kinderen in 1810[83], en H.J. Gamelkoorn die in de jaren 1817 tot 1824 verschillende mahoniehouten meubels voor gebruik op Rosendael maakte[84].

De grootste meubelaankoop deed douairière Torck niet in 's-Gravenhage maar in Brussel. In 1824 leverde de Brusselse schrijnwerker Beauthier 'eenige meubilen voor Roosendael' voor ruim *f* 1.400,–[85]. Wellicht waren deze bedoeld om Adolphs kamer op Rosendael nieuw in te richten nadat hij in het najaar van 1824 het ouderlijk huis had verlaten om in Utrecht te gaan studeren.

De Torcken kochten ook hun porselein, aardewerk, glaswerk en zilver hoofdzakelijk in 's-Gravenhage. De Haagse porseleinkoper Matthijs Bichelberger (1764-1822) leverde verschillende serviezen en veelvuldig losse stukken. Van Bichelberger is bekend dat hij clandestien Wedgwood porselein verhandelde[86]. Hij leverde al aan Reinhard Torck toen deze nog slechts twintig jaar oud was; in juli 1795 bestelde Torck een tafelservies voor *f* 269,–[87]. De volgende dertig jaar bleven Torck en zijn vrouw vaste klant bij hem. Vermeldenswaard zijn: 'porcelein' in 1799 (*f* 137,–) en in 1803 (*f* 112,–)[88], een tafelservies voor achttien personen in 1808 (*f* 160,–) en tien jaar later een 'tafelservies van Engelsch aardegoed met een rand' (*f* 360,–)[89]. Kleinere bestellingen bij Bichelberger betroffen onder andere een wit theeservies, twee waskommen en achttien borden met blauwe rand[90]. Gezien de omschrijving kan dit Wedgwood porselein zijn geweest.

Het zilver werd in deze periode door de Torcken vrijwel uitsluitend besteld bij de toonaangevende Haagse zilversmid François Marcus Simons (1750-1828), die sedert 1790 al aan Torcks ouders had geleverd[91]. Een grote transactie had in 1803 plaats. In april van dat jaar deed Simons voor *f* 837,– een grote levering[92] en tegelijkertijd nam hij een hoeveelheid ouderwets geworden zilver van Torck in ontvangst met een waarde van ruim *f* 2.500,–[93]. Daaronder bevond zich behalve het beslag van twee lakkistjes (waarde: *f* 1.234,–) de volgende voorwerpen: vier tafelkomforen, twee waterpotten, vier soucoupe's (onderschotels), twee kannen, vier komforen, drie theepotten en twee bladen, drie melkkannen, een bouillonkom, zeven kandelaars en een soyastel. In 1806 volgde nog een behoorlijke aankoop bij Simons en in 1809 en 1811 leverde hij zilveren voorwerpen die de Torcken cadeau deden aan hun nicht Albertine van Pallandt[94]. In de volgende jaren deed mevrouw Torck geen grote zilveraankopen meer[95]. Na 1820 kocht zij niet meer bij Simons[96], maar ging haar voorkeur uit naar de bekende Amsterdamse firma van A. Bonebakker; om veel gebruikszilver ging het echter niet meer. Zij gaf af en toe een cadeau aan haar dochter: Henriëtte kreeg in augustus 1821 een collier en 'oorringen van grenaten'[97], en in 1827 zilveren (koek)trommels[98].

Mevrouw Torck bleef nieuwe ontwikkelingen op het gebied van de kunstnijverheid volgen, wellicht ook ter ontwikkeling van de smaak van haar kinderen. Zo brachten zij in 1825 een bezoek aan de tentoonstelling van Nationale nijverheid te Haarlem[99]. Onder de elfhonderd exposanten waren verschillenden, zoals de firma's Bo-

245.
Plafond van de eerste salon, circa 1800 (?), toestand vòòr restauratie, 1987.

246.
Gerrit Johan van Leeuwen, bloemstilleven, circa 1822, paneel, 47,2 x 36,4 cm, part. bezit.

nebakker en Zoon en J.A. Schick en Co. die haar reeds als cliënte hadden[100].

Ten aanzien van het behoud van de inboedel van Rosendael volgde douairière Torck de oude bepaling, dat er niets weg mocht worden gedaan: meubilair, juwelen, goud, zilver, linnen, bibliotheek, equipages, kleren en lijfsieraden mochten niet verkocht worden, maar moesten bewaard worden tot de meerderjarigheid van Adolph[101].

Het park

Het huwelijk van Reinhard Torck in 1800 vormde het begin van een vernieuwd gebruik van Rosendael. Toch heeft Torck in de tien jaar dat hij met zijn vrouw en jonge gezin op Rosendael verbleef, geen ingrijpende veranderingen laten aanbrengen in het park, dat zijn geometrische structuur in wezen nog had bewaard. Maar ook in de jaren van 1810 tot 1830 werden er geen rigoureuze moderniseringen aangebracht. Wel heeft men langzamerhand allerlei geometrische onderdelen die uit de mode waren geraakt – zoals de parterres – vervangen door 'natuurlijke' elementen, zoals boomgroepen, struiken en grasvelden, zodat de afbeeldingen uit deze periode op het eerste gezicht toch de indruk wekken van een landschappelijke aanleg. Een voorbeeld van zo'n gedeeltelijke verandering was het 'Engelsche bos', dat in 1806 wordt vermeld bij de bedriegers, gelegen in de directe omgeving van het eiland dat in 1781 op de plaats van het voormalige doolhof was aangelegd[102].

Deze geleidelijke veranderingen ontgingen niet aan de aandacht van de geregelde bezoeker. De Amsterdammer H.C. Cras gaf in 1804 in het in de tuin gereed liggende gastenboek uiting aan zijn bewondering voor de 'schoonheden van deze uitstekende lustplaats iedere reize dat hij wederkomt, en vindt vele en gedurige veranderingen, voor al zedert 40 à 50 jaren'[103].

Op de hiervoor al genoemde afbeeldingen van Rosendael die uit deze periode bekend zijn, vervaardigd door W. van Troostwijk (1809), D.J.T. Kerkhoff (1813), G.J. Michaëlis (1813), Henriëtte Torck (1820) en A.F. Dona (vòòr 1837) is te zien, hoe het landschappelijke karakter van de aanleg de geometrische vormen geleidelijk was gaan verdringen (afb. 237-243). Vooral op het schilderij van Dona is te zien hoe zeer de aanleg inmiddels was dichtgegroeid. Bij deze geleidelijke veranderingen, die niet tot één groot nieuw concept behoorden, bleven de belangrijkste onderdelen als de vijverstructuur, de schelpengalerij, de theekoepel, de cascade met de stroomgoden, de bedriegers en de colonnade nog gehandhaafd. Uit de financiële boekhouding blijkt dat het onderhoud aan deze tuinsieraden werd voortgezet[104]. In de aangifte ten behoeve van de verponding (vorm van onroerend goedbelasting) die Torck in 1806 opstelde, werden tevens vermeld: de Sterrenberg met goudvissenvijver, het 'Engelsche bosch en vijver bij de bedriegers', de pompmolen, twee inmiddels verdwenen speeltuigen (een ronddraaiende ton en een 'wipstoel'[105]) en de (18de-eeuwse) oranjerie aan de grote vijver[106]. De ton stond op een heuvel, die de Tonnenberg werd genoemd en die de wandelaar kon bereiken door aan het einde van de vijvers bij de sprengen omhoog te lopen:

> Eene regte laan door het kreupelbosch, aan het einde der tuinen, zal hen op denzelven voeren; gezeten in een, alleen aan ééne zijde, geopend koepeltje, dat in den vorm van eene ton gemaakt is

247.
Zilveren trommel met gegraveerde wapens Torck, Van Neukirchen gen. Nyvenheim en van de heerlijkheid Rosendael, 1824, diam. 13 cm, part. bezit, lijst van voorwerpen 64.

en zeer gemakkelijk op eene spil kan rondgedraaid worden, geniet men er een uitzigt van verbazende uitgestrektheid en onovertrefbare verscheidenheid, over al de bosschen en tuinen en velden, van Rozendaal niet alleen, maar van de gansche landstreek, ja ook over een groot gedeelte van de vlakke Betuwe.

Uit het minuutplan dat de landmeter L.D. van Heyst in 1817 ten behoeve van de kadastrale legger van 1832 maakte, blijkt nauwkeurig hoe de aanleg van Rosendael er in deze periode uitzag (afb. 258). In hoofdzaak waren de onderdelen uit 1806 nog aanwezig. De Sterrenberg werd nu echter aangeduid als akkerbos, de ton was evenals de wipstoel verdwenen, en ten noorden van de 18de-eeuwse oranjerie werd – op de plaats waar in 1836-1837 een nieuwe oranjerie zou verrijzen – een volière aangeduid. De 18de-eeuwse koepel die oorspronkelijk als ingang van het doolhof had gediend, was ook nog behouden.

Achtergronden

Uit het achterwege blijven van grote wijzigingen mag niet worden geconcludeerd, dat de belangstelling van de Torcken voor de tuinkunst inmiddels was verflauwd.

Reinhard Torck had tijdens zijn reizen in Duitsland (1799) en in Frankrijk (1801) behalve steden, buitenhuizen en schilderijenkabinetten ook tuinen en parken bezocht. Uit zijn opmerkingen in de korte dagboekjes die hij van beide reizen heeft bijgehouden, blijkt zijn levendige interesse voor de aanleg van de door hem bezochte tuinen en parken[107]. Hij kon maar weinig waardering opbrengen voor de ouderwetse 'stijve' tuinen: zijn smaak had zich met de gangbare mode ontwikkeld. De tuinen van Herrenhausen bij Hannover vond Torck erg stijf, evenals die van Esterhazy in Hongarije ('raide et antique'); ook Töplitz bij Praag beviel hem niet erg en buiten Dresden aan de weg naar Praag noemde Torck 'le grand jardin avec un vieux chateau de l'Electeur le tout de mauvais gout très raide' (Gross-Sedlitz?). Bij Leipzig bezocht hij een moderne en een ouderwets aangelegde tuin: 'Le premier arrangé à l'Angloise est très joli, le second à la Françoise très antique est grand mais raide cependant très bien entretenu'. De vestingwerken van Leipzig waren geslecht en de grachten gevuld en vervangen, aldus Torck, door 'promenades à l'Angloise très joliment arrangées'. Ook uit de lovende beschrijving die Torck aan het park van Wörlitz wijdde, blijkt dat hij een moderne smaak had:

> La maison Gothique occupée par le Prince est singulière. Tout s'y rapporte au vieux tems. On y voit encore les temples de Flora, d'Appollon, de Venus, d'Amalie le Venus, Priesters Stube, le Panthéon et le Stein. Tous ces différens batimens sont jolis, le dernier qui n'est pas entièrement achevé est du meilleur gout. (...) Les promenades y sont jolies, de charmans ponts, le Kettenbrücke est fort singulier.

Wat verder opvalt, is de nieuwe waardering voor het ongerepte landschap zelf, die verschillende keren uit Torcks woorden blijkt, zoals uit zijn beschrijving van de omgeving van Dresden:

> La vue y est magnifique, comme le tems étoit nébuleux et pluvieux nous n'avons pas juger des vues étendues, mais ce que nous avons vus à 2 ou 3 à 4 lieux de distance est superbe, l'Elbe serpentant entre les rochers et les montagnes; les vues les plus romantiques doivent ressembler beaucoup à celles de la Suisse.

Torck hield zich van recente internationale ontwikkelingen op de hoogte als abonnee van het sinds 1796 in Leipzig verschijnende tijdschrift *Ideen-Magazin*, dat per aflevering negen à tien platen met elk diverse voorbeelden bevatte van de meest uiteenlopende tuingebouwen en tuinmeubilair; wellicht had hij bij zijn bezoek aan Leipzig in 1799 met de uitgave kennis gemaakt[108]. De serie onder redactie van de hoogleraar in de filosofie J.G. Grohmann en uitgegeven door F.G. Baumgärtner, telde in de jaren 1796 tot 1811 in totaal zestig afleveringen met platen die veelal op Engelse en Franse, mogelijk ook Duitse, voorbeelden teruggingen. In Nederland heeft het werk vooral invloed gehad via Gijsbert van Laars *Magazijn van tuin-sieraaden* (Amsterdam 1802), dat zwaar schatplichtig was aan het *Ideen-Magazin*[109]. Concrete ontleningen aan deze tractaten zijn op Rosendael niet meer aan te wijzen, maar wellicht dat de bovengenoemde ton en 'wipstoel' op hun voorbeelden waren gebaseerd. De kettingbrug, waarvoor het voorbeeld op Wörlitz door Torck werd opgemerkt en die in het park nog altijd een spannende attractie vormt, en de grafkelder van de familie

248.
Maximiliaan Jacob de Man, Topographische kaart van de Veluwe en Veluwezoom, *circa 1810, inkt, calque (copie) van blad 14, ARA, afd. kaarten en tekeningen, OSK inv. V 10a-E10.*

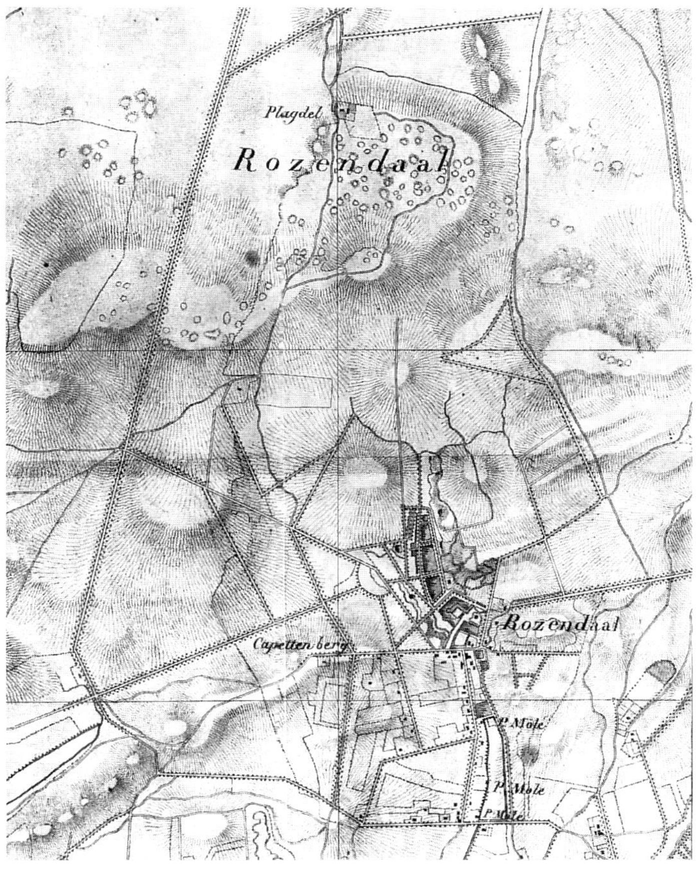

Torck op de Rozendaalse begraafplaats (circa 1830) kunnen geïnspireerd zijn op afbeeldingen uit het *Ideen-Magazin*[110].
In 1801 maakte Torck samen met zijn vrouw een reis naar Parijs, waarbij zij verschillende uitstapjes naar huizen buiten de stad maakten, maar hun aandacht ging daar toch meer uit naar schilderijenkabinetten dan naar parken.

De bovenstaande citaten en verwijzingen maken het uitblijven van grote veranderingen op Rosendael opmerkelijker. Mocht Torck toch plannen daartoe hebben gehad, dan is de uitvoering ervan verhinderd door zijn vroege dood.

Beschrijvingen door bezoekers

Uit reisbeschrijvingen en opmerkingen in de gastenboeken van Rosendael blijkt, dat men steeds minder waardering kon opbrengen voor de oude aanleg, maar dat men verrukt was over de beboste heuvels die de tuin omsloten, met name de 'Zwitserse partij'. Toch konden sommigen nog wel waardering voor de vergane schoonheid opbrengen. Een voorbeeld van een dergelijke reactie vinden wij bij Mr Anthony Warin (1772-1852) die in 1801 te paard door Gelderland ging[111]:

> Prachtige ouderwetse aanleg, veel stof om nieuwerwets partij van te trekken, veel zwaar geboomte, meest eiken (...) men zoude 't nuttige met 't vermaaklijke kunnen verbinden, mits 't oude grotwerk gesloopt wierd.

N. Esser Meerman repte in zijn beschrijving van *een uitstapje in de Environs van Arnhem* in september 1813 onder andere van 'fraai grotwerk'; hij vond het grote grotwerk (de schelpengalerij) boven alle beschrijving verheven en was zeer te spreken over de colonnade met de beelden. Maar ook het hoger gelegen bos kon zijn goedkeuring wegdragen:

> Van hier werden wij geleid naar meer eigentlijke en ongekunstelde natuurtoneelen langs dreven van hooge eikenboomen, welke de schoonste gezichten opleverden[112].

De beste beschrijving van Rosendael in deze periode is te vinden in de al genoemde *Wandelingen in de omstreken der stad Arnhem* uit 1820 van de hand van de Arnhemse boekdrukker en uitgever, tevens Gelders archivaris en geschiedschrijver, Mr. Isaäc Anne Nijhoff (1795-1863)[113]. Verschillende passages van zijn beschrijving bevestigen – hetgeen ook al uit de afbeeldingen is gebleken – hoezeer de aanleg al op onderdelen 'verlandschapt' was, bijvoorbeeld langs de wandeling aan de zuidzijde van de vijvers aan de voet van het voormalige doolhof en de Sterrenberg:

> Door de lanen, die van hier aan de linkerhand naar de hoogte gaan, komt men op bevallige paden, die door het digte groen, over hoogten en laagten, heenslingeren, langs den kronkelenden loop eener beek, welker oever met treurwilgen en allerlei bloeijende heesters is beplant: zij brengen den wandelaar, hier, op het onverwachts, bij eene waterkom, van goudvisschen wemelende, terwijl zij hem dàar op eene hoogte voeren, van waar hij over een open grasperk, of door eene breede laan, op de vijvers en tuinen een bekoorlijk uitzigt heeft.

249.
Cornelis Kruseman, Assueer Lubbert Adolph baron Torck, 1827, doek, coll. BvdZ, Rosendael, lijst van portretten 70.

Langs de drie grote vijvers, die door hoog geboomte ingesloten waren, bereikte men achter de laatste vijver de 18de-eeuwse colonnade (zie p. 166); daarna vervolgde Nijhoff:

> Hier bevindt men zich nu wel aan het einde van de eigenlijke tuinen, maar niet van het Rozendaalsche schoon: aan twee zijden vooral zijn de tuinen door een groot beukenbosch omgeven, in hetwelk de ruwe natuur op veel plaatsen al hare bekoorlijkheid ten toon spreidt. Wanneer men den weg, die achter langs de gaanderij in hetzelve voert, inslaat, bevindt men zich spoedig bij eene door hoog geboomte digt beschaduwde diepte, in welke het water, helder als kristal, in groote hoeveelheid uit den grond ontspringt, en dadelijk eene beek vormt, welke zich van hier, een groot eind wegs, tusschen twee aanmerkelijke ruw begroeide hoogten heen wringt. Van deze plaats kan men nu langs verschillende slingerpaden, terzijde van de tuinen, het overige gedeelte van het bosch doorkruisen: men vindt in hetzelve onder anderen eene groote waterkom op eene hoogte, uit welke de fonteinen in en bij den achtersten vijver haar water ontleenen, tot welk einde hetzelve in deze kom opgevoerd wordt, door middel van eene groote perspomp, die door dat water zelf in beweging wordt gebragt.

Tegenwoordig staat deze waterkom droog en is de perspomp verdwenen; de plaats waar de colonnade gestaan heeft is herkenbaar aan nog aanwezige bakstenen van de fundamenten.

Rosendael trok in het begin van de 19de eeuw al duizenden bezoekers per jaar. In de koepel die in de 18de eeuw de ingang van de doolhof had gevormd, lagen gastenboeken, of *naamregisters van vreemdelingen welke Roosendael bezocht hebben* ter tekening gereed. De delen die bewaard zijn gebleven, bestrijken de jaren 1801 tot 1831; ze waren zowel voor de gewone parkbezoekers als voor Torcks eigen gasten bestemd[114]. Torck was niet de enige eigenaar van een buitenplaats aan de Veluwezoom waar bezoekers een gereedliggend gastenboek konden tekenen. Op Beekhuizen van J.F.W. van Spaen van Biljoen was dat het geval sedert de opening van het nieuwe park in 1790, en op Rhederoord van D.W.A. Brantsen sinds 1798[115]. De bezoekers aan Rosendael waren afkomstig uit het hele land. Natuurlijk waren het vooral diegenen die het zich konden permitteren om te reizen en derhalve uit de bovenlaag en de gegoede middenklasse van de bevolking afkomstig waren: de adel, het patriciaat en de gezeten burgerij. Er bevinden zich veel overheidsdienaren, militairen, predikanten en studenten onder. Ook koning Lodewijk Napoleon bracht met diens gevolg een bezoek, op 24 juni 1808 tijdens zijn reis langs de gewesten van Holland[116]. De bezoekers van eenvoudiger komaf die niet de middelen hadden om te reizen, waren doorgaans uit de omgeving afkomstig.

De ontelbaar vele handtekeningen worden afgewisseld door enkele tientallen gelegenheidsgedichtjes, die vooral de natuurbeleving, Torcks gastvrijheid en het aloude thema 'natuur en kunst' bezongen. Deze waren evenals de iets eerdere gedichten in het gastenboek van Beekhuizen dikwijls godsdienstig geïnspireerd. Een der aardigste gedichten, opgeschreven op 17 mei 1809, maar niet ondertekend, illustreert de veranderde opvatting over de natuurbeleving uitstekend[117]:

O, Prachtig Rozendaal! Zo vaak miskend bij velen,
Hoe meer ik hier vertoef, hoe meer m' uw oord kan strelen;
word Beekhuis meer geroemd om haar eenvoudig schoon,
Gij spreid geen minder schoon en meerder trotsch ten toon,
't is waar zij komt natuur in alles meer nabij,
doch hier van sluit ik uit uw Zwitsersche partij;
dat heerlijk plekje grond's, dat ieders oog bekoort,
en hem, benijden doet aan wien het toebehoort;
Ik zwijg van Uw Bosschen Stel! dat heerlijk statig hout!
Beekhuis is zeker fraay maar hier in minder stout,
En 't hangt van Torck maar af om in een korten tijd,
Uw boven Beekhuis zelf, alom te zien benijd.

De vergelijking tussen Rosendael en het door J.F.W. van Spaen aangelegde Beekhuizen wordt nog enkele keren gemaakt ('Beekhuysen is seer schoon maar Roosendaal spant de kroon', 1809 en 1810) en komt ook voor in het gastenboek van Beekhuizen, waarin uiteraard Van Spaen lof kreeg toegezwaaid. J. van den Bergh uit Bergen op Zoom noteerde in 1793 op Beekhuizen, een half jaar na Assueer Jan Torcks overlijden, *ex tempore*, dat wil zeggen voor de vuist weg[118]:

Een Torck roem' vrij zijn Roozendaalen:
waar 't Kunstvermogen 't meeste praalt;
Spaan kan ook die prijs behaalen:
wen hier, Natuur met Kunst gepaart in d'oogen straalt.

Ook uit de reactie van de bezoeker De la Court uit Rotterdam in 1809 blijkt de nieuwe gangbare smaak[119]:

Oh! Roozendaal! tes beautes naturelles,
Ton cite heureux, tes bois, tes cascatelles
Tes clairs ruisseaux; me plaisent beaucoup mieux
Que tes Jardins du gout de nos aijeux!...
Et quittant la raideur de tes froids coquillages,
Mon coeur va s'epencher dans tes charmans boscages!

In sommige gedichten zijn citaten verwerkt van dichters als Horatius, Voltaire en de in de tuinkunst invloedrijke Abbé Delille, en toespelingen op tijdgenoten als Willem Bilderdijk, Lucretia Wilhelmina van Merken en Elisabeth Maria Post. Deze laatsten worden vergelijkenderwijs genoemd door A. Deenik in 1809[120]:

Die smaak heeft in iets schoons,
moet komen in dees streken:
men vindt hier fraaye allees
en kronkelende beken;
met menig waterval
en schoone watersprongen

250.
Narcisse Othon, Assueer Lubbert Adolph baron Torck, 1835, krijt, verblijfplaats onbekend, foto van de tekening door photographisch-atelier C.E. Westerborg, Arnhem in coll. VGK.

233. Links
Cornelis Kruseman, Henriëtte J.A. barones Torck met een van haar kinderen en Rosendael op de achtergrond, gedateerd 1836 (?), doek, part. bezit.

235.
Louis Marie Sicardi, Goswina Geurdina van Neukirchen gen. Nyvenheim, 1801, miniatuur op ivoor, part. bezit, lijst van portretten 69.

zoo schoon als ooit een' Post
of Merken heeft bezongen.
Natuur is hier met kunst
zoo lief te zaam verbonden,
Dat ik nooit fraaijer plaats,
op de aarde heb gevonden.

Het oude thema van de verhouding tussen natuur en kunst in een tuin of park komt veelvuldig in deze gedichtjes aan de orde. Het laat zich raden, dat de meeste slechts de natuur roemen, maar in die gevallen waarin beide in één adem worden genoemd, is eerder van evenwicht sprake dan van onderlinge concurrentie. Hier volgen nog enkele voorbeelden van dit thema. F.E. van Bergen noteerde naar aanleiding van zijn bezoek in 1805 onder meer[121]:

Hij! die Natuur, vereend met schoone kunsten mind,
treed op dit Roozendaal, om beide te zien praalen,
hier, waar 't kunstminnend oog een ruime stoffe vind,
om in het schoon verschiet, genoeglijk rond te dwaalen.

J. Bousquet uit Delft, die al begin mei met zijn gezin zijn intrek had genomen in de herberg van Rosendael, schreef op 30 juni 1805 onder andere[122]:

Là, d'un ruisseau je suis le doux murmure;
De l'ombre ici je goute la fraicheur.
Je vois partout l'Art avec Nature,
Se disputer l'éclat et la grandeur.

Oui, Rosendaal, de l'heureuse Arcadie
Tu nous fait voir le paijs si vanté;
aux beaux jardins de l'antique Hespérie
Tu réunis Taijgète et Tempé.

Dan in een bijdrage van G. Wolters uit Rotterdam in 1808[123]:

de votre sejour O Rozendael charmant
J'ai apprecié avec satisfaction
que l'art et la nature à tout instant
font une très belle union
Oui! avec une bonne compagnie
ils font les charmes de la vie.

en in de woorden van J. de Bruyn in 1812[124]:

Bekoorlijk Rozendaal, in uwe grootsche dreeven
voel ik mijn geest verrukt, smaak ik een heilvol uur
Gij wand'laar in dit oord aan 't stadsgewoel ontheven
Bewonder hier de kunst vereenigd met natuur.

Een anoniem gebleven bezoeker wist deze verheven gedachte in 1810 bondiger te formuleren: 'Op Rosendaal vind men natuur, kunst en goed onthaal'[125].

Tot slot nog een voorbeeld waarin Torck als een gastvrij en gelukkig eigenaar geprezen wordt. De uit Tiel afkomstige dichter

252.
Henricus Wilhelmus Couwenberg naar Abraham Johannes Couwenberg, circa 1835, litho, RPK Amsterdam.

Huibert Dirk Campagne (1763-1828) vertrouwde bij een bezoek in 1808 aan het papier toe[126]:

'k Dronk hier de vreugd van 't land met volle teugen in.
Gij hebt, gastvrije Torck, mij aan uw heil verbonden –
mij op het duurst verplicht! 'k erken uw vriendschapsmin
En heilig Rosendael dankbaarlijk te allen stonden.
Ja, schoon Napoleon, mij ook een scepter bood,
Ik viel, waar mij dit oord, in eigendom gegeven,
niet aan zijn voeten neer; maar de onschuld in de schoot;
En koos als d' eedlen Torck een ambtloos buitenleven!

Bij terugkeer een jaar later schreef H.D. Campagne[127]:

Mijn eerzucht is het land. In bosch en berg en dalen,
In beek en waterval, schep ik vermaak en vreugd.
'k mag, vriendlijk Rozendaal! hier ruimer ademhalen,
Dan dáár, waar 't scheeprijk IJ, of de Amstel mij verheugt
waar' mij in dezen oord een luttel gronds beschoren,
Bekoorlijk Gelderland! en leefde ik waarlijk vrij;
Mij zou geen Mal Maison, dit zweer ik U, bekoren.
Tot staving van deez' eed voeg ik mijn naam hierbij,
waarom zou ik mijn' naam den wandlaar toch verbergen?
Als Burger steeds getrouw – gehoorzaam aan mijn' pligt -
Als Dichter geen Pindaar, kan Rozendaal niet vergen,
Dat ik mijn taak zoo grootsch als Bilderdijk verrigt.

Reinhard Torck heeft niet lang meer van dat veelgeroemde buitenleven kunnen genieten. Na zijn dood duurde het nog geruime tijd voordat de aanleg werkelijk werd gewijzigd. Het huwelijk van zijn zoon Adolph in 1834 vormde daartoe uiteindelijk de aanleiding.

7 Assueer Lubbert Adolph baron Torck en Jkvr Louise C.W. Huyssen van Kattendijke (1830-1843)

Levensloop

In het voorafgaande hoofdstuk kwamen de opvoeding en vorming van de enige zoon van het echtpaar Torck-van Nyvenheim al aan de orde. Toen zijn moeder in 1830 overleed, was Adolph pas 24 jaar oud; niettemin nam hij de verantwoordelijkheid voor het beheer direct van haar over. Door zijn studie in Utrecht was hij daar beter op geprepareerd dan zijn vader in 1793.

Eerst diende hij vrijwillig als eerste luitenant-titulair van het eerste bataillon der tweede afdeling van de mobiele Geldersche schutterij en in die rang nam hij deel aan de krijgsverrichtingen van 1830 en 1831 in verband met de afscheiding van Belgie[1]. Na zijn terugkeer verkreeg hij al spoedig enkele Gelderse ambten, hoewel ze bescheidener waren dan die van menige voorvader in de 17de en 18de eeuw. In 1829 was hij reeds toegelaten tot de Gelderse ridderschap, in 1832 werd hij namens de ridderschap benoemd tot lid van de Provinciale Staten van Gelderland en in 1836 uit hun midden gekozen tot lid van de Gedeputeerde Staten. Weer enkele jaren later volgde een benoeming, die nauw verbonden was met zijn dagelijkse bezigheden: in 1841 werd Torck benoemd tot adjunct-houtvester in het derde jachtdistrict van de Provincie Gelderland[2].

Adolph Torck trouwde in 1834 met Jkvr. Louise C.W. Huyssen van Kattendijke (1812-1843), die tot een van oorsprong Zeeuwse familie behoorde[3]. Deze gebeurtenis luidde grote veranderingen op Rosendael in, zowel aan het huis als in het park, maar ook in het dorp. Het waren de grootste sedert ruim een eeuw, toen de broer van zijn overgrootvader, zijn naamgenoot Lubbert Adolf Torck circa 1725 huis en tuin ingrijpend had doen moderniseren. De veranderingen die na 1834 aan het park werden aangebracht, waren de meest ingrijpende sedert de 17de eeuw, omdat de oude regelmatige aanleg uit de 17de en 18de eeuw, die in structuur nog altijd bestond, volledig werd veranderd in een landschappelijke aanleg.

Vergeleken met de drie voorgaande generaties Torck, waarvan de lotgevallen in verband met Rosendael hiervoor zijn beschreven, staan ons voor de periode tussen 1830 en 1843 slechts weinige gegevens ter beschikking. De nalatenschap van zijn ouders heeft Adolph met zijn zusje Henriëtte gedeeld. Zijn deel bedroeg ongeveer *f* 450.000,–, grotendeels (bijna *f* 400.000,–) bestaande uit landgoederen en voor de rest uit effecten en obligaties[4].

Hij erfde Rosendael, Henriëtte erfde het huis in 's-Gravenhage, dat uiteindelijk in 1912 door nazaten verkocht werd[5]. Adolph en Henriëtte deelden het Gelderse grondbezit van hun ouders en de inboedels van Rosendael en het Haagse huis[6]. Een inventaris van Adolphs erfdeel is niet bekend – zodat niet duidelijk is welke voorwerpen op Rosendael bleven en welke uit 's-Gravenhage naar Rosendael kwamen. Overigens is een deel van Henriëtte's meubelbezit na haar dood in 1877 naar Rosendael teruggekeerd vanwege het huwelijk van haar zoon Reinhard met Adolphs dochter Ada in 1854 (zie p. 226).

Deze verdeling van 1830 had tot gevolg dat Adolph Torck niet meer zoals zijn voorouders over een huis in 's-Gravenhage beschikte. Hij schafte zich niet een ander stadshuis aan, maar ging Rosendael permanent bewonen. Daarmee moet hij een voorloper zijn geweest, want deze verandering in het gebruik van een buitenplaats zette in het oosten van het land in het algemeen pas in de laatste decennia van de 19de eeuw in, toen betere verbindingen de reistijden verkortten, en nieuwe technische mogelijkheden het comfort verhoogden. Deze keuze zich blijvend op Rosendael te vestigen, geeft de verklaring voor de ingrijpende wijzigingen aan het huis en het park en voor de overige bouwprojecten in het dorp waar Adolph Torck na zijn huwelijk opdracht toe gaf[7].

Toen hij in 1842 overleed werd zijn onroerende goed als volgt getaxeerd[8]:

grondbezit	*oppervl. in ha.*	*taxatie*	*belastbaar inkomen*
Rozendaal	2799	215.000	8.576
Rheden/Velp	192	132.574	5.429
Westervoort	18	14.258	594
Otterlo	4743	14.400	912
Arnhem	218	1.100	54
in Ederbos		950	
1/4 Velsertiend		150	
Petcum		40.000	
tienden in Zd. Beveland		9.565	
Totaal		427.997	15.567

Veranderingen aan het huis

Adolph Torck is op Rosendael begonnen met de nieuwe aanleg van het park. Toen dat werk in 1838 grotendeels voltooid was en de

237.
Daniel J.T. Kerkhoff, Rosendael uit het oosten, 1813, inkt en aquarel, 36,7 x 51,3 cm, part. bezit.

nieuwe oranjerie ook klaar was, begon pas de modernisering van het huis zelf. Dit omvatte in eerste instantie (van augustus 1839 tot eind 1841) een verandering van het interieur van het in de 18de eeuw in het huis opgenomen verbindingsdeel met de donjon[9]. Daarna begon men aan vernieuwingen aan de stal en aan het koetshuis (1841-1842). Andere wijzigingen in of aan het huis worden niet vermeld, en wij moeten daarom concluderen, dat het bij de hier te bespreken veranderingen is gebleven. De modernisering van het 18de-eeuwse interieur dateert hoofdzakelijk uit de tweede helft van de 19de eeuw.

Afbeeldingen van de zuidzijde van het huis van vòòr 1839 tonen, dat het tussenlid tussen het oude tweebeukige huis en de toren al sedert 1721 als vijfde travee in het nieuwe corps de logis was opgenomen. Het betrof nu dus enkel aanpassingen aan het interieur; bewaard gebleven rekeningen bevestigen dit. De uitgaven werden veelal gedaan voor timmerwerk; aan hout werd ruim *f* 500,– uitgegeven, terwijl er slechts *f* 10, 85 werd besteed aan bakstenen[10].

Verder staan er betalingen geboekt zoals aan de Arnhemse meester-steenhouwer J.D. Gamelkoorn voor de in de derde salon nog aanwezige zwarte marmeren schoorsteenmantel; aan de eveneens uit Arnhem afkomstige timmerman P. Verwaijen voor timmerwerk en de koperslager Gresnich voor koperen roeden in de nog aanwezige *Gothiesche deur* (h. 249 cm. br. 131 cm., afb. 279), aan R. Huetink voor een nieuwe trap en aan G. Clasquin voor stukadoorwerk[11]. De totale onkosten van deze verbouwing bedroegen *f* 2.264, 77 waarvan bijna 60% in 1840 werd voldaan.

241.
Gerrit Jan Michaëlis naar Wouter Johannes van Troostwijk, Rosendael uit het zuiden over de schelpengalerij, 1813, doek, 77 x 98,5 cm, part. bezit.

J.D. Zocher jr., wiens ontwerp voor het nieuwe park en een nieuwe oranjerie hierna zullen worden besproken, werd niet bij deze veranderingen betrokken. Als eerste verantwoordelijke bij deze verbouwing komt eerder de zojuist genoemde meestertimmerman P. Verwaijen in aanmerking, die in 1836 bij de bouw van de oranjerie als 'meester-timmerman en architect' optrad en in 1842 een plan maakte voor de uitbreiding van het nieuwe logement, gelegen op de heuvel aan de oostzijde van de ingang van het park. Behalve voor de genoemde *Gothiesche deur* ontving hij op 14 februari 1842 ook *f* 15,– voor 'schetsen van het stukadoorwerk, profillen voor den stukadoor enz. enz.'[12]. Verwaijen leverde dus de ontwerpen voor deze verbouwing en hij had wellicht ook de leiding over de uitvoering.

Veranderingen aan de inrichting

Omdat Adolph Torck Rosendael permanent ging bewonen heeft hij plannen gemaakt voor veranderingen in verschillende vertrekken van het huis, vooral naar aanleiding van bovengenoemde verbouwing en de wijzigingen in de zijvleugel. Uit de schaarse gegevens blijkt niet, dat zijn meubelaankopen van groot belang waren, en dat was ook niet nodig omdat hij veel meubels uit zijn ouderlijk huis in 's-Gravenhage erbij kreeg. Tot de aankopen behoorden een 'ingelegde tafel, twee antieqe stoelen, en een goud horloge' in 1837[13] en zes kersenhouten stoelen bij de Arnhemse meubelmaker H.B. Gamelkoorn[14]. Hierbij valt de omschrijving *antieqe* op, waarmee niet oude meubels werden bedoeld maar meubels in neo-classicistische stijl. In 1839 kocht Torck een groot Smyrna tapijt bij de *Koninklijke fabriek van Smyrnasche en andere tapijten*, de firma P. van Calcar & Co., van J.W. Birnie te Deventer[15].

Verbouwing van koetshuis en stal

Na de voltooiing van deze veranderingen binnenshuis richtte men de aandacht in 1841-1842 op de bouw van een nieuw koetshuis met stal aan de noordzijde van de zijvleugel (afb. 253, 255). Daartoe werden eerst de beide bouwhuizen met daarin koetshuis, stallen en oranjerie, die door Lubbert Adolf Torck circa 1725 waren gebouwd, afgebroken. Men verkleinde op deze wijze het bruikbare volume dat voor paarden en koetsen ter beschikking stond. Op J.D. Zochers ontwerp voor het nieuwe park uit 1836 staan de beide bouwhuizen nog in hun oude vorm aangegeven; alleen de toegang naar het plein voor het huis en het koetshuis zou van de zuid- naar de oostzijde verplaatst worden. Het resultaat – huis en koetshuis geïsoleerd en aan alle zijden omgeven door water – zou in de nieuwe aanleg niet hebben bevredigd en dus werd besloten om het huis niet aan alle kanten, maar slechts aan twee zijden in het water te laten. Na afbraak van de beide bouwhuizen en demping van de gracht ten noorden en oosten van het huis werd aan deze zijden een vloeiender overgang tussen huis, voorplein en park verkregen.

Het westelijk gedeelte van het koetshuis werd als onderdeel van de nieuw gevormde zijvleugel gehandhaafd en kreeg het huidige vooraanzicht met hoge koetshuisdeuren. De noordmuur van deze vleugel is nog 18de-eeuws. Het metselwerk en bijvoorbeeld de twee vierkante ramen en de blindnis op de verdieping van de noordmuur bevestigen dat. De huidige zijvleugel heeft zijn uiterlijk dus voor een goed deel rond 1841 gekregen, maar bevat vele delen die ouder zijn. De verbouwing was er meer op gericht bestaande bouwmassa's aan te passen dan nieuwe op te trekken. Evenals in 1615 en 1725 koos men nu wederom voor uitbreiding van het bestaande gebouw in plaats van voor radicale vernieuwing, en dat is wederom de harmonie van het geheel niet ten goede gekomen.

253.
Abraham Krayesteyn, Rosendael uit het oosten, circa 1850, aquarel, 12,3 x 17,5 cm, coll. VGK, Rosendael.

254.
Arnoldus Johannes Eymer, Rosendael uit het westen, circa 1836, inkt en aquarel, 18 x 23 cm, part. bezit.

De plattegrond van voor 1841 is niet geheel duidelijk. Eén der tekeningen van C. Pronk suggereert, dat het koetshuis tot aan de westelijke buitenmuur doorliep; een andere ontkent dit nu juist (zie p. 103). Het verbindingsdeel tussen huis en koetshuis is aanvankelijk lager geweest, zoals uit enkele afbeeldingen van voor 1841 – het beginjaar van de verbouwing – blijkt. Het was slechts één verdieping hoog met drie hoge ramen boven drie kleine raampjes van het souterrain; dit tussenstuk had een eigen schilddak.

Het schilderij door de Haagse schilder A.F. Dona, dat de daken en het klokketorentje van de 18de-eeuwse bouwhuizen van boven afbeeldt, laat zien dat de ramen in de noordgevel van het huis zelf door dit schilddak over twee verdiepingen vrij werden gelaten (afb. 242). Dona beeldt de daklijst van de tussenvleugel iets lager af dan de bovenzijde der vensters van de hoofdverdieping van het huis. Op een tekening door A.J. Eymer (1803-1863), waarop de gehele zijvleugel aan de achterzijde (westzijde) is afgebeeld, is dit gedeelte van het huis duidelijk als aparte bouwmassa herkenbaar: het had een wat lagere daklijst dan de overige bijgebouwen en een eigen schilddak (afb. 254).

De gevel aan het voorplein lag iets terug, en dat bleef zo bij de verbouwing van 1841-1843, waarbij de daklijst op de huidige hoogte werd gebracht, met erboven een zadeldak dat recht op de noordmuur van het huis aansloot waardoor één of twee raamopeningen dichtgezet moesten worden; aan de andere zijde werd het dak op gelijke hoogte aangesloten op het dak van het koetshuis. Een tekening van J.F. Christ uit circa 1840-1841 toont aan de westzijde van de vleugel tegen het huis aan een onbebouwde ruimte, wat misschien duidt op de verbouwing die juist aan de gang was (G.M.A.). Het interieur van het verbindingsdeel aan de voorzijde (oostzijde) bleef waarschijnlijk ongewijzigd. Het huidige interieur van deze vertrekken is van later datum (circa 1860). Bij de afbraak van de twee grote 18de-eeuwse bouwhuizen kwam veel materiaal vrij, dat werd hergebruikt. Zo werden er 10.350 bakstenen schoongemaakt, die van de oude stal afkomstig waren[16]. In october 1986 kon bij de restauratie van de zijvleugel geconstateerd worden, dat de balklaag die de kap van het dak boven de zolder van de stal droeg, uit de 18de eeuw dateerde of dat er 18de-eeuws materiaal was hergebruikt.

Niet J.D. Zocher jr., maar de reeds genoemde Arnhemse timmerman en architect P. Verwaijen maakte de ontwerpen voor het nieuwe koetshuis en de paardenstal, en voor het torentje dat op het dak verrees. Daartoe deed Verwaijen in februari 1842 eerst opmetingen en maakte hij vervolgens in maart ontwerpen voor dit nieuwe deel. Hij gaf aanwijzingen bij het metsel- en timmerwerk en begon eind maart met zijn zoons Frans en Willem met het timmerwerk aan de toren. Eind juni kon de toren op het dak van het koetshuis geplaatst worden[17]. Tevoren was de klokkestoel, afkomstig uit het torentje van de 18de-eeuwse stal (het afgebroken linker bouwhuis), al op het dak van het nieuwe koetshuis geplaatst[18]. De twee klokken uit 1705 en 1725 bleven dienst doen, de kleine klok (1705) als slagklok aangedreven door het oude uurwerk dat onder het torentje op de zolder van het koetshuis werd geplaatst, de grote klok (1725) als luiklok, te bedienen door middel van een touw van uit het eronder gelegen koetshuis, om aan te geven dat het werk in het park begon en eindigde.

Eind september werden er 26.000 dakleien in Ruhrort in Duitsland gehaald voor *f* 260,–. Het leggen van het leien dak op de stal en het koetshuis werd voor f 200,– aangenomen door A. Peters. In hetzelfde jaar 1842 bracht men het interieur van de stal in orde, zoals dat thans nog bewaard is gebleven. Er kwamen tien paardeboxen, gescheiden door schotten waarop koperen randen werden bevestigd met aan de uiteinden palen met grote houten bollen, die door D. Berendse gedraaid werden. De Arnhemse meester-steenhouwer J.D. Gamelkoorn leverde de drinkbakken van blauwe hardsteen, voor elke box één. In november werd G. Clasquin betaald voor het stukadoorwerk. De afwerking van het exterieur volgde in de eerste helft van 1843. Verwaijen maakte een ontwerp voor de nog bestaande omlijsting van de deuren van het koetshuis en hield toezicht bij het aanbrengen van de daklijst en dakgoten van koetshuis en stal[19]. De kosten voor deze verbouwing zijn niet hoog geweest, vergeleken met de andere bouwprojecten die Torck in dezelfde jaren ondernam[20].

Wij kunnen daarom concluderen, dat deze verbouwing veel minder ingrijpend is geweest dan op het eerste gezicht lijkt. De nieuwe ruimten ontstonden uit een grotendeels reeds bestaande bouwmassa. Slechts de verbinding tussen het huis en het koetshuis werd met een verdieping verhoogd. Dit werd bevestigd tijdens de restauratie (1986-1987) toen bleek dat vele onderdelen van koetshuis en stal uit de 18de eeuw dateerden of waren hergebruikt.

Gelijktijdig met deze twee veranderingen aan het kasteel vond nog een derde vernieuwing plaats, en wel aan de stoep. De oude hoge stoep uit 1723 met trappen aan weerszijden maakte in 1840 plaats voor een frontale trap van blauwe hardsteen, met liggende leeuwen naast de voordeur en aan de voorzijde geflankeerd door lantaarnpalen. De reeds genoemde steenhouwer J.D. Gamelkoorn, bij wie tevens natuursteen was besteld voor onderdelen in het park, de oranjerie en het nieuwe logement, leverde de nieuwe stoep in 1840 voor *f* 2.300,–[21].

Overige bouwprojecten in Rozendaal

Adolph Torck beperkte zich niet tot veranderingen aan het huis en in het park; ook in het dorp ontpopte hij zich als bouwheer waar hij opdracht heeft gegeven tot de bouw van een nieuw logement, twee huizen en een nieuwe school.

Met de toenemende belangstelling voor een verblijf in Gelderland en wellicht ook de interesse die de nieuwe aanleg van het park wekte, voldeed het oude logement – een deel van het tegenwoordige gemeentehuis (*Roseneath*) op de hoek van de Rozendaalse laan – dat gedurende veertig jaar door de familie Kets was gedreven, niet langer, en het werd dan ook gesloten[22]. Torck besloot een nieuw logement te bouwen en koos daartoe een plaats uit met een imposant uitzicht op kasteel en park: de steile heuvel direct aan de oostzijde van de ingang van het park. Daar verrees een wit gepleisterd hoog gebouw van twee verdiepingen boven de begane grond met een overstekend zadeldak, waardoor het een châletachtig uiterlijk verkreeg (afb. 256, 270, 294). De bouw vond in 1837 en begin 1838 plaats[23]; de bouwsom van het logement bedroeg ruim *f* 14.000,–. De architect was E. Jenné[24]. De ploeg die de werkzaamheden uitvoerde, bestond ten dele uit dezelfde personen als bij bovengenoemde verbouwingen aan het huis, waaronder Van Peursum en H. Peters als metselaars en Beumer en Huetink als timmerlui, Gamelkoorn als steenhouwer en Clasquin als stukadoor[25]. Een groot deel van de verwerkte baksteen was afkomstig van afbraak uit kasteel en park (onder andere van de bedriegers); de overige stenen voor het nieuwe logement kwamen uit Westervoort[26]. Op 1 maart 1838 verscheen in de *Arnhemsche Courant* een advertentie, waarin Jenné de aanbesteding aankondigde van timmermans-, stukadoors-, verf-, en behangerswerk in het nieuwe logement, dat al onder de kap stond. De afwerking van het interieur is vlot verlopen, want de nieuwe logementhouder, de kunstenaar Abraham Kraijestein (1793-1855), kon al in de *Arnhemsche Courant* van 8 mei 1838 berichten:

> dat hij het nieuwe modern gebouwde LOGEMENT met de UITSPANNING, op het overheerlijk schoone *Rozendaal* nabij *Arnhem*, met primo Junij aanstaande zal openen; bij de fraaije

255.
Frans Buffa en Zn., Rosendael uit het oosten, circa 1850, litho uit: Kastelen en buitenplaatsen in het Koninkrijk der Nederlanden, *Gemeentemuseum Arnhem.*

242.
Antonie Franciscus Dona, schelpengalerij en Rosendael uit het oosten, vòòr 1837, paneel, 51 x 65 cm, part. bezit.

ligging van het gebouw en de wèl ingerigte en goed gemeubileerde kamers, zal hij eene prompte bediening voegen.

Kraijestein werd in Amsterdam geboren en was daar leerling van de behangselschilder Jurriaan Andriessen. Omstreeks 1817 trok hij met zijn vader naar Middelburg, en hij werd daar aangesteld als leraar aan de tekenacademie; ook dreef hij in Middelburg het *Nieuw Heeren-logement van Oranje*. Om gezondheidsreden vestigde hij zich op de Veluwe, waar hij van het nieuwe Rosendaelse logement geleidelijk een ontmoetingsplaats van zijn kunstbroeders wist te maken; hun werken die hij er verzamelde, verleenden een bijzonder aspect aan de inrichting. De vertrekken werden onder zijn bewind en later dat van zijn zoon gesierd met tekeningen en schilderijen van onder anderen L.F.H. Apol, R. Burnier, P.L. Dubourcq, J. Israëls, B.C. Koekkoek en P.A. Schipperus[27]. Waarschijnlijk was de toeloop zo groot, dat de capaciteit van het gebouw al spoedig te gering was en dat aan uitbreiding werd gedacht. In die richting wijst de betaling aan de al eerder genoemde architect P. Verwaijen 'voor teekeningen enz voor de vergrooting van dit huis opgemaakt'[28]. Deze uitbreiding bestond uit een lagere aanbouw met een eender zadeldak tegen de zuidzijde van het logement. Een omgaand balkon op de eerste verdieping, rustend op kolommen, verbond beide delen van het gebouw. Op een tekening en litho van J.F. Christ en een schilderij door H.E. Rademaker uit 1872 is het logement met de nieuwe vleugel afgebeeld (afb. 294). De heuvel was aanvankelijk onbebost en daardoor was het logement uit Rosendael goed zichtbaar. Ook later werd het gezicht uit en op het logement vrij gehouden.

Tijdgenoten wisten de nieuwe uitspanning te waarderen; het *Aardrijkskundig Woordenboek* (1847) noteerde: 'een smaakvol logement op een verheven en schilderachtig punt'[29]. In 1883 volgden er verschillende aanpassingen, waartoe enkele stucplafonds behoren, vervaardigd door F.W. Rieff[30]. In 1897 volgde nogmaals een ingrijpende verbouwing[31].

Torcks bouwlust strekte zich nog verder in het dorp uit. In 1840-1841 werd er eveneens naar plannen van P. Verwaijen op een niet gelocaliseerde plaats een nieuw huis gebouwd[32]. In 1836-1837 was aan de Rozendaalselaan (laan naar Velp) al een huis verrezen. Het werd mede gebouwd met stenen die afkomstig waren uit afbraak van de bouwhuizen en onderdelen in het park. Dit huis werd met riet gedekt[33].

Tot slot gaf Torck de opdracht tot de bouw van een nieuwe school, waaraan inmiddels dringend behoefte was ontstaan. Dit schooltje, landelijk gelegen aan de beek terzijde van de Rozendaalselaan, werd in 1842 gebouwd naar ontwerp van P. Verwaijen, werd in 1902 gewijzigd en bleef tot 1973 als dorpsschool in gebruik[34]. Het werd afgebeeld door A.F. Dona, die ook van het kasteel vòòr de verbouwing en van de grafkelder op de begraafplaats een schilderij had gemaakt (afb. 257).

Het nieuwe park

De jonge heer van Rosendael concentreerde zich allereerst op de modernisering van het park, een *nieuwen aanleg in den hof*[35]. Deze werkzaamheden vonden plaats in de jaren 1836-1838 volgens ontwerp van Jan David Zocher jr. (1791-1870). Tevens werd er in deze jaren een nieuwe oranjerie naar ontwerp van Zocher gebouwd; deze werd in april 1945 onherstelbaar beschadigd en in 1990 door Het Geldersch Landschap herbouwd.

Ondanks de geleidelijke 'verlandschappelijking' is de structuur van de regelmatige aanleg, tot stand gebracht door Jan van Arnhem en Lubbert Adolf Torck, tot 1836 bewaard gebleven. De tuinen moeten in die tijd wel als erg ouderwets gegolden hebben. Bovendien waren de oude tuinsieraden in staat van verval geraakt. Het Aardrijkskundig Woordenboek van 1847 berichtte daarover:

> Jonkheer A.L.A. Torck heeft voor eenige jaren de toen in verval zijnde fonteinen en grotwerken doen wegnemen; doch thans verdient dit landgoed, om de schoone waterpartijen en den bevalligen aanleg, welke het slot omgeven, nog wel bezocht te worden[36].

Ongetwijfeld waren alle geometrische parterres voor 1836 reeds opgeruimd en vervangen door gras en inmiddels in zwang gekomen, onregelmatig gevormde bloembedden, terwijl de vijvers, de fonteinen, het grotwerk en het lanenstelsel nog in hun oude vormen gehandhaafd waren (afb. 258).

Over Adolph Torcks belangstelling voor tuinen en parken is weinig bekend. In 1835 maakte hij in de voetsporen van zijn vader een reis van drie maanden naar Duitsland en Frankrijk[37]. Het ligt voor de hand, dat hij tijdens deze reis de inspiratie opdeed voor een nieuwe aanleg, want in 1836 maakte Adolph Torck aan de ouderwetse toestand van het park een einde. Voor het eerst sedert de 17de eeuw werd er niet slechts op onderdelen gemoderniseerd, maar werd de gehele tuin volgens één concept veranderd. Daartoe werd de bekendste man van die tijd aangezocht, Jan David Zocher jr.[38]. J.D. Zocher jr. was aanvankelijk vooral in zijn woonplaats Haarlem en omstreken als architect en als ontwerper van parken

251.
Jean Chrétien Valois, Louise C.W. Huyssen van Kattendijke met haar dochtertje Ada Catharina Torck, 1841, potlood en aquarel, coll. BvdZ, lijst van portretten 71.

werkzaam; hij heeft de Middeleeuwse verdedigingswerken (bolwerken) van vele Hollandse steden veranderd in wandelparken. Als architect heeft hij vooral buitenverblijven in neoclassicistische trant ontworpen; zijn bekendste werk was de nieuwe koopmansbeurs in Amsterdam (1841-1845), de opvolger van de beurs van Hendrick de Keyser en de voorganger van die van H.P. Berlage. Na ongeveer 1820 kreeg hij ook opdrachten uit andere delen van het land, onder andere uit Gelderland. Daar leverde hij ontwerpen voor moderniseringen op buitenplaatsen als Sonsbeek te Arnhem (1821), Biljoen te Velp (1822), de Ehze te Almen en Keppel te Laag Keppel (1835).

De gegevens die ter beschikking staan om de modernisering van de tuinen te bestuderen, zijn drieërlei. Ten eerste is er natuurlijk het park zelf, dat vrijwel ongewijzigd bewaard is gebleven; ten tweede beschikken wij over diverse oude afbeeldingen, waaronder Zochers ontwerp uit 1836, en ten derde is er een kasboek uit de jaren 1836-1844 bewaard gebleven, waarin de uitgaven voor de veranderingen in het park verantwoord zijn.

Het ontwerp van Zocher, dat met tamelijk grote varianten werd uitgevoerd, omvatte het gebied, dat in het zuidoosten door de Kerklaan wordt begrensd en in het noordwesten door de plaats waar het water uit de sprengen in de vijvers vloeit (afb. 259). De kern van de aanleg werd gevormd door de serie langgerekte slingerende vijvers met een beboste helling aan de noordzijde (op het ontwerp rechts van de vijverpartijen), doorsneden door wandelpaden, en aan de overzijde van de vijvers glooiende grasvelden met boomgroepen, omzoomd door wandelpaden tegen een coulisse van het bosgebied aan de zuid- en de westzijde[39]. In dit ontwerp komen de kenmerken van zijn stijl duidelijk tot uiting: open weiden, grote waterpartijen en vergezichten[40]. Nieuw was op Rosendael ook de toepassing van grote grasvlakten, die een belangrijke rol moesten vervullen als verbindingsmiddel tussen de waterpartijen en de bosgedeelten[41]. Uit het onderstaande zal blijken, dat in de uitgevoerde situatie deze vormen minder consequent werden toegepast dan het ontwerp aangaf.

De zes veelhoekige vijvers maakten plaats voor drie waterpartijen met vloeiende contouren (afb. 260). Ook de vorm van de vijvers wijkt in de uitvoering aanzienlijk af van het ontwerp. Wanneer wij de oude veelhoekige vijvers de nummers een tot en met zes – van het huis af stroomopwaarts gerekend – geven, dan werd de eerste vijver naar het zuiden toe vergroot en samen met de tweede vijver, waarin het kasteel lag, vergraven tot een grote slingervijver. De toegangsdam naar het kasteelplein, die deze twee vijvers scheidde, werd opgeruimd. De vorm en de ligging van het huis zelf week af van Zochers ontwerp. In dit ontwerp is het huis namelijk onveranderd en bovendien nog omringd door water weergegeven. In werkelijkheid werden de haaks op het huis staande bouwhuizen uit 1725 afgebroken en ontstond de tegenwoordige noordelijke zijvleugel, waarin het koetshuis en de stal werden ondergebracht. Bovendien werd het water ten noorden en oosten van het huis gedempt, waardoor het huidige voorplein ontstond. Het verbouwde huis bleef dus slechts aan zuid- en westzijde door water omgeven. Uit de vroegere derde vijver ontstond de huidige tweede vijver. De dam tussen deze en de onderste vijver is in werkelijkheid echter breder geworden dan op Zochers ontwerp, en de vorm van de vijver wijkt ook af van het ontwerp. De oude vierde en vijfde vijver werden vergraven tot een grote waterpartij, de huidige bovenvijver, die smaller werd dan het ontwerp aangaf en bovendien een eiland bevat. De allerhoogste, zesde vijver is op het ontwerp veranderd in een sliertvormige vijver, maar is in de huidige toestand slechts een bescheiden watertje.

Er zijn in het park, vooral in het lanenstelsel, veel meer elementen uit de 17de en 18de eeuw bewaard gebleven dan Zocher in zijn plan had aangegeven. Zo is het verloop van de wandelpaden op het ontwerp vloeiender dan in werkelijkheid werd uitgevoerd. Wij moeten Zochers tekening niet te letterlijk als een ontwerp beschouwen, maar eerder als een presentatietekening of ideeënschets die als uitgangspunt voor nader overleg met de opdrachtgever kon dienen.

Torck zal Zochers voorstel te ingrijpend of te kostbaar hebben gevonden, en zo werden bij de uitvoering meer rechte lanen behouden dan Zocher had gesuggereerd. De oude structuur is het duidelijkst herkenbaar in het westelijk deel van het park. Daar wordt de 17/18de-eeuwse Sterrenberg nog begrensd door de lanen aan de zuid- en westzijde, en loopt de 17de-eeuwse hoofdas, die Sterrenberg met Koningsberg verbond nog van de top in oostelijke richting naar beneden. Zocher had juist door middel van een grote halve cirkel, die gevormd moest worden door boszoom, wandelpad en grasveld, grootser weidsheid en allure aan dit deel van het park willen verlenen. Daardoor werd het optische resultaat kleiner, vooral wat betreft het gezicht uit de richting van het kasteel naar het westen. Ook de twee naast de Sterrenberg gelegen onderdelen van de oude aanleg, namelijk de voormalige doolhof waar in 1781 een 'eiland' was aangelegd en het aangrenzende vak ten zuiden van het huis met onder andere de schelpengalerij, zijn in het huidige padenverloop nog goed te herkennen, terwijl Zocher ze in zijn aanleg wilde laten versmelten. Toch is dankzij de terreinsgesteldheid in combinatie met een goed ontwerp een indrukwekkende aanleg ontstaan waar opdrachtgever en ontwerper niet ontevreden over kunnen zijn geweest.

256.
Frans Buffa en Zn. bovenzijde van de schelpengalerij met op de achtergrond het logement, circa 1850, litho, zie afb. 255.

Het effect van een bewust gecreëerd landschap werkt optimaal bij de wandeling door het park en werd bereikt door de samenwerking van verschillende factoren: de ligging in een stroomdal tussen twee heuvelruggen, de slingerende vijvers op drie niveaux, het altijd stromende water dat op verschillende plaatsen watervalletjes vormt, de glooiende grasvelden omzoomd door wandelpaden en door statig hout, dat als coulisse voor het voornaamste schouwspel dient, enkele 'follies' zoals de bedriegertjes en de kettingbrug, diverse relicten uit de 18de-eeuwse aanleg, en het centraal gelegen, toen nog witgepleisterde huis met de middeleeuwse toren. Vooral deze donjon roept herinneringen op aan de oude geschiedenis, die aan Rosendael verbonden is. Dit alles heeft Rosendael tot één van de belangrijkste landschappelijke parken van ons land gemaakt[42].

Het verloop van de werkzaamheden in het park en aan het huis in de jaren 1836-1843 is in grote lijnen bekend. De totale kosten voor de nieuwe aanleg hebben ongeveer *f* 17.000,– bedragen, exclusief ruim *f* 4.200,– voor de bestellingen van de beplanting, herstelwerk aan fonteinen en grotten, de uitgaven voor de 'rioolers' en voor de 'omspitters' voor ongeveer *f* 4.000,–. Deze bedragen werden ten dele ook gespendeerd aan het terrein buiten het park, zoals de Vossenberg, de Konijnenberg ed. De bovengenoemde kosten bedroegen in totaal dus ruim *f* 25.000,– waarvan naar schatting circa *f* 20.000,– besteed werd aan het park zelf. De meeste kosten werden gemaakt in 1836-1838, grotendeels aan arbeidsloon[43]. De grote veranderingen vonden in deze drie jaren plaats. Er moest een geweldige hoeveelheid grond met de hand verzet worden om de terrasvormige tuinen te transformeren in glooiende hellingen[44]. Zo werd ook de top van de Sterrenberg afgegraven, waardoor de tegenwoordige vorm van deze heuvel ontstond[45]. De 'omspitters' werkten ook veelvuldig op het terrein buiten het park, namelijk onder andere op de Konijnenberg, Zandheg, Vossenberg, moestuin, Sterrenbos, Smidberg achter het logement, de wildbaan, en het Torckenbos (afb. 258). Zij moesten vooral veel akkermaalshout omspitten.

De beek door het park, die van de hooggelegen sprengen omliep aan de zuidzijde van het vijverstelsel met het doel de cascade van de schelpengalerij te voeden, werd aangepast aan de nieuwe situatie; in 1841 werd er betaald voor het 'vergraven, beleemen en schoonmaken der beek in den hof'[46]. Hoewel de nieuwe aanleg korte metten maakte met de oude geometrische aanleg besloot men toch enkele hoogtepunten uit de 18de-eeuwse tuin te handhaven. Deze oude onderdelen bleken goed in hun nieuwe omgeving te passen. Het betreft de schelpengalerij, de theekoepel, de bedriegertjes, waarvan de achterwand mogelijk in de huidige vorm werd aangepast, en de cascade met de twee liggende figuren (stroomgoden), die van de oorspronkelijke plaats aan de rand van de gracht tegenover de zuidzijde van het kasteel in 1840 werd overgebracht naar de dam tussen de twee bovenste vijvers[47]. De hoogstgelegen vijver werd vergraven tot de huidige langgerekte vorm[48]. De colonnade (het 'amphitheater'), die de visuele afsluiting van de serie vijvers vormde, was in 1836/1837 reeds afgebroken. De vrijgekomen bakstenen werden bij een van de bouwprojecten van deze jaren hergebruikt[49]. De cascade kwam te liggen op de plaats van de voormalige scheidingsdam van de vijfde en zesde vijver. Enkele betalingsposten uit de jaren 1840-1843 verduidelijken de verrichte werkzaamheden[50]. J.D. Zocher jr. ontving als architect een honorarium van *f* 1.000,–[51]. Voor de dagelijkse leiding bij de uitvoering had Zocher een werkbaas aangesteld. Aanvankelijk een zekere Hoogeweg en na vijf weken een zekere Weerman[52]. Zochers eigen firma 'Zocher en Vorhelm Sneevoogdt' leverde in 1838 en 1839 aan A.L.A. Torck de benodigde 'plantsoenen'[53]. Bovendien werd ruim vierduizend gulden aan nieuwe beplanting besteed, besteld bij verschillende kwekers en buitenplaatsbewoners[54]. Uit de bestellingen blijkt, dat bomen en struiken overheersten, en dat bloemen en planten in de minderheid waren. Wel werden er grote hoeveelheden rozen besteld, blijkens een gedeeltelijk bewaard gebleven lijst[55]. De leveranciers zijn niet altijd bekend, maar wij komen wel iets te weten over de soorten: eik, beuk, larix en den kwamen het meest voor. In bijlage 3 is een overzicht gegeven van de bestellingen, die in de jaren 1836-1844 ten behoeve van Rosendael werden gedaan[56].

257.
Antonie Franciscus Dona, school te Rozendaal, circa 1835, paneel, 36,5 x 43,1 cm, part. bezit.

Een vroege reactie op de nieuwe aanleg dateert al uit de zomer van 1837, toen de werkzaamheden dus nog in volle gang waren. Op 6 augustus van dat jaar bezochten de Engelse broers Henry en William Bentinck het park in gezelschap van hun begeleider Edmund Samson en hun knecht Thomas Sheppard. Hun reactie was zeer lovend; zij waren:

> more gratified with the grounds than with any of similar size or even larger before seen; the fountains are certainly in the very best taste, and perfectly unique[57].

Het jaar erna verscheen *De wandelaar door de lustverblijven van Arnhem's omstreken* door Jacob Zinck[58]; in een gedicht over Rosendael zette Zinck het oude tegenover het nieuwe:

> Wie is niet daadlijk opgetogen,
> Die 't oude en nieuwe hier aanschouwt
> ...
> Waar vroeger stijfheid was te ontdekken,
> Moet alles nu genoegen wekken,
> En strekt tot sieraad van een dal,
> Dat thans ontsluijerd ligt voor de oogen,
> Welks statig schoon nog komt verhoogen
> De grootsche, trotsche waterval.

De oranjerie

Gelijktijdig met de werkzaamheden in het park (1836-1837) werd er ten noorden van de oude oranjerie, die rond 1750 was verrezen en die in de nieuwe aanleg op een ongunstige plaats lag, een nieuwe oranjerie gebouwd naar ontwerp van J.D. Zocher jr. Het gebouw, dat in april 1945 tengevolge van een geallieerde beschieting ernstig werd beschadigd, moest na de oorlog worden afgebroken; slechts de achtermuur bleef tot een hoogte van ongeveer drie meter overeind. Aan deze treurige toestand kwam in 1990 een einde, toen de Stichting Het Geldersch Landschap besloot de oranjerie te herbouwen. De reconstructie, onder directie van de bouwkundige W.H. Kelderman, was mogelijk op grond van de nog aanwezige restanten van fundamenten en achtermuur en van bewaard gebleven foto's. De wederom witgepleisterde oranjerie, die zijn oude functie heeft

259.
Jan David Zocher jr., met wijzigingen uitgevoerd ontwerp voor het park, 1836, inkt en aquarel, 88,2 x 63,2 cm. RAG, AHR inv. 2135.

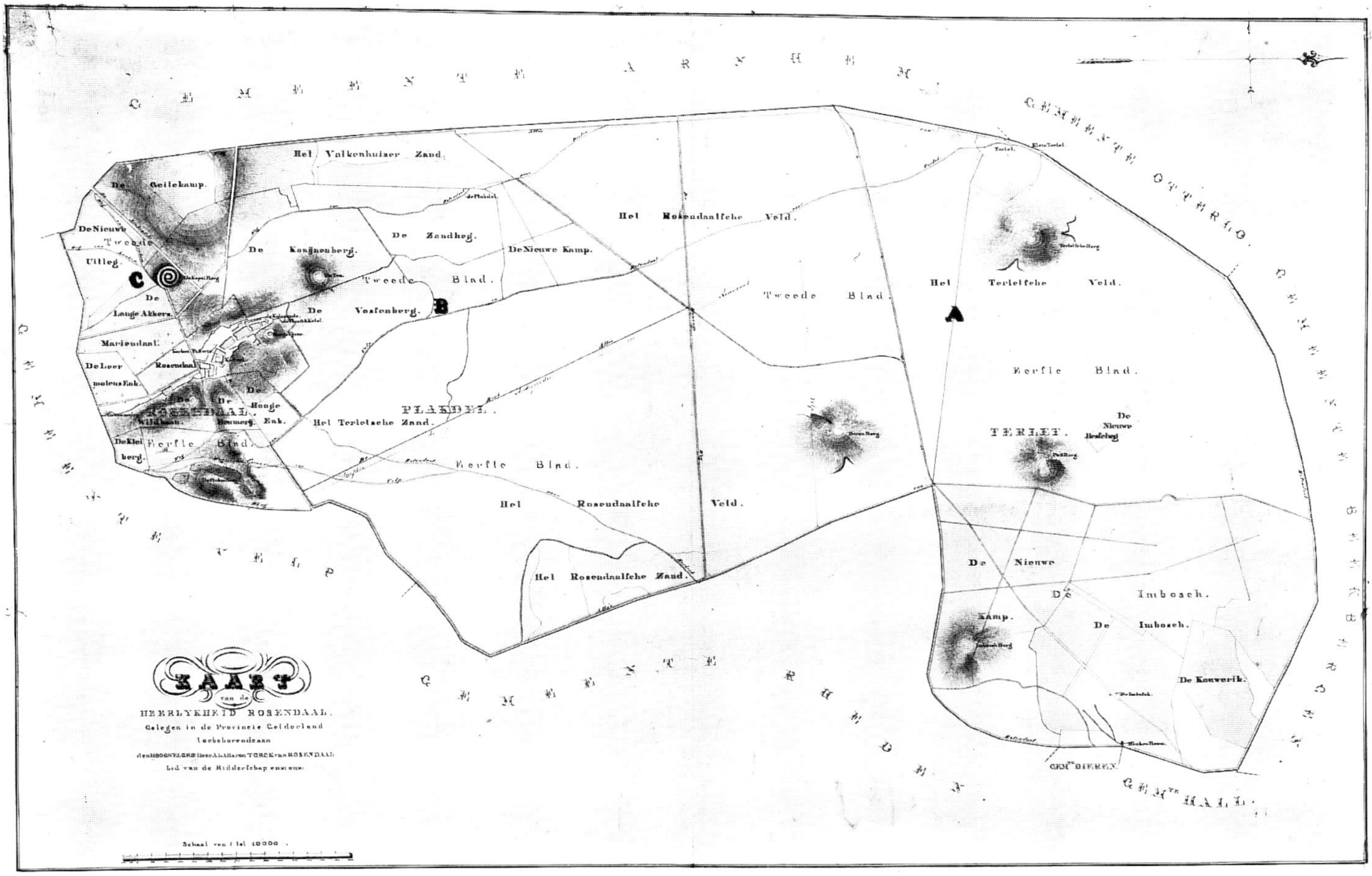

258.
Kadastrale kaart van de heerlijkheid Rozendaal, circa 1832, 66 x 97,5 cm. RAG, AHR inv. 2154.

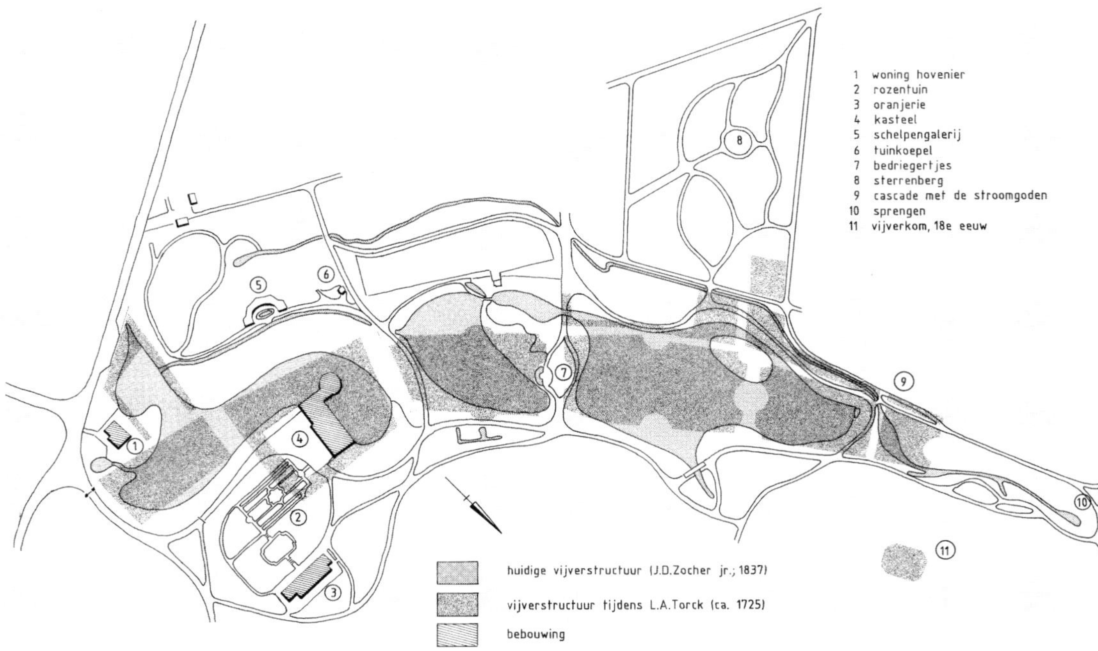

260.
Kaart van de nieuwe vijverstructuur naar ontwerp van J.D. Zocher jr. vergeleken met de 18de-eeuwse aanleg, tekening C.J. Willems 1993.

herkregen en bovendien in de zomer dienst doet als theeschenkerij voor de parkbezoekers, is 42,7 m. breed, 8,2 m. diep en 9,75 m. (nok), 5,7 m. (fries) hoog, en bevat twaalf hoge ramen in de zuidgevel die onderling zijn gescheiden door vlakke pilasters met Dorische kapitelen. De linker en de rechter travee worden geflankeerd door een dubbel stel pilasters; beide traveeën zijn geaccentueerd door een lichte verkropping in de kroonlijst (afb. 261).

Er zijn geen oorspronkelijke bouwtekeningen bewaard gebleven, maar het reeds geciteerde kasboek geeft ook hier nadere bijzonderheden[59]. De bouwsom bedroeg *f* 6.600,– waarvan het merendeel (*f* 6.000,–) in de tweede helft van 1836 en in 1837 werd gespendeerd. Het gebouw werd in 1837 voltooid en in 1838 geschilderd. Zocher ontving *f* 100,– voor het maken van tekening en bestek en het zal wel P. Verwaijen zijn geweest – in dit kader meester-timmerman en architect genoemd – die de leiding over de bouw kreeg. Dezelfde man had enige jaren later het toezicht op de veranderingen aan koetshuis en stal in de rechterzijvleugel van het kasteel.

Zochers uitgevoerde werken behoren hoofdzakelijk tot het neoclassicisme[60]. Dat gold ook voor de tuingebouwen zoals oranjerieën die hij ontwierp. Onder de van hem bewaard gebleven presentatietekeningen komen ook neogotische ontwerpen voor. Beide stijlen waren voor Zocher inwisselbaar; voor de constructie van een gebouw maakte dat geen verschil. De ingetogen classicistische vorm van de nieuwe oranjerie op Rosendael was tamelijk behoudend, maar in de jaren dertig van de 19de eeuw nog zeer gangbaar[61]. Zochers ontwerpen vertoonden doorgaans geprononceerdere vormen.

J.D. Zocher werd op Rosendael ingeschakeld voor een ontwerp voor het nieuwe park en voor de oranjerie, niet voor de verbouwing van het huis zelf of voor één van de overige bouwkundige opdrachten die Adolph Torck in deze tijd heeft gegeven. Het enige andere ontwerp dat nog aan Zocher kan worden toegeschreven, is dat voor de grafkelder van de familie Torck op de Rozendaalse begraafplaats (1838-1840) (afb. 263). De Torcken werden tot dan toe nog altijd in Wageningen in de kerk begraven, maar nu hoefde dat niet meer en koos men een eigen begraafplaats op het landgoed om

261.
Oranjerie voor de verwoesting van 1945.

262.
Oranjerie, interieur tijdens de tuinbouwtentoonstelling op Rosendael in 1904, foto door W.K. baron van Pallandt, part. bezit.

in een natuurlijke omgeving een laatste rustplaats te vinden[62]. Een grafmonument werd sinds het eind van de 18de eeuw bovendien als een sieraad beschouwd dat geschikt was om in een park opgenomen te worden[63]. Mevrouw Torck-Huyssen van Kattendijke was van die mogelijkheid en van het werk van Zocher op de hoogte, aangezien haar grootvader Mr. Cornelis Jan van Nellesteyn reeds twintig jaar tevoren op Broekhuizen bij Leersum door dezelfde architect een graftombe had laten bouwen[64].

In Gelderland zijn verschillende voorbeelden van classicistische architectuur uit deze tijd aan te wijzen, zoals de Koepelkerk aan het Jansplein te Arnhem (1837-1839), de nieuwe gevel van het stadhuis van Harderwijk (1837) en het grote buitenhuis Enghuizen te Hummelo (1842), dat in 1945 werd verwoest.

In deze tijd begon echter ook de neogotiek ingang te vinden, die aanvankelijk naast het classicisme gehanteerd werd. Eerst betrof het de vormgeving van details, later ook de decoratie van interieurs en uiteindelijk het ontwerp van een geheel nieuw bouwwerk in deze stijl. Een belangrijke impuls ging uit van het nieuwe complex, dat kroonprins Willem II in 1840 en volgende jaren naar Engelse voorbeelden had laten verrijzen achter Paleis Kneuterdijk in 's-Gravenhage, waaronder de Gotische zaal[65].

De neogotiek was inmiddels ook in Gelderland doorgedrongen. Zo gaf J.A.P. baron van Brakell, die in 1837 kasteel Doorwerth van de Engelse tak van de familie Bentinck had gekocht, aan de Amsterdamse ontwerper en 'behanger' (tapissier) Gustave Prot opdracht een reeks vertrekken op de hoofdverdieping van het tussen 1280 en 1550 tot stand gekomen complex in gotische trant te decoreren[66]. Door middel van betimmeringen, wandbespanningen en draperieën, waarvan overigens bij de naoorlogse wederopbouw van het kasteel geen enkel spoor in het interieur is teruggevonden, zouden deze vertrekken ingrijpend van karakter veranderen. In dezelfde tijd (1837) werden bij een verbouwing van kasteel Soelen te Zoelen (Gld) wijzigingen aan huis en bijgebouwen aangebracht, eveneens in gotische stijl. Deze stijl zou zeker op Rosendael toepasselijk zijn geweest, omdat deze een versterking zou hebben betekend van de nog tastbare beleving van de Middeleeuwen – vooral aan de donjon – waarvoor in deze jaren een toenemende belangstelling was ontstaan.

Maar het was in 1836 nog te vroeg om een volledig neogotisch ontwerp te kiezen; in deze periode werd op Rosendael slechts een enkele spitsboog toegepast, zoals in een raam van het huis aan de vijver – nu de dienstwoning van de hovenier – en in het kasteel in de deur die toegang geeft tot de zaal op de hoofdverdieping van de toren. Toch beschikten de Torcken wel over de voorbeelden van neogotische ontwerpen, zoals in het *Ideen-Magazin* van Johann Gottfried Grohmann en Friedrich Gotthelf Baumgärtner, dat in de jaren 1796 tot 1811 in afleveringen verscheen en dat in hun bibliotheek aanwezig was (zie p. 207)[67]. Pas rond het midden van de eeuw bouwde men in Gelderland buitens in neogotische stijl. Het onder Engelse invloed tot stand gekomen huis De Schaffelaar te Barneveld en het Slot te Rossum zijn daar de beste voorbeelden van.

De bakstenen die in de nieuwe oranjerie op Rosendael werden verwerkt zijn secundair gebruikt, ze waren namelijk afkomstig uit de afbraak van bouwwerken in het park, zoals het amphitheater, en van de bouwhuizen. Zo werden er in 1836 210.000 bakstenen voor de nieuwe oranjerie schoongemaakt[68]. In de nog resterende muur was dit aan de baksteen ook te constateren; de bakstenen varieerden van formaat. In de fundamenten van de achtermuur werden in 1987 bij de voorbereidingen tot de herbouw bakstenen van een groter formaat aangetroffen. Deze bleken in verband te zijn gemetseld. Ze zijn in 1836 dus niet hergebruikt, maar waren nog op die plaats aanwezig. Het is niet duidelijk geworden hoe oud deze fundering was. Betreft het 18de-eeuws werk, behorend tot de periode van Lubbert Adolf Torck, dan valt deze lijn waarschijnlijk deels samen met de noordelijke begrenzing van de moestuin ten oosten van de 18de-eeuwse bouwhuizen, op de plaats waar nu de rozentuin ligt.

Overeenkomstig Zochers gewoonte werd het exterieur van de oranjerie gepleisterd, hetgeen vanwege de secundair verwerkte oude baksteen uit visueel oogpunt ook wel nodig was. Het dak werd gedekt met pannen. De uitvoerders waren dezelfden als bij de andere projecten, die Torck ondernam: H. Peters en G. Weisbroek verrichtten het metselwerk voor *f* 500,–, de timmerman Huetink maakte onder andere de ramen voor *f* 600,–; L. Kleersnijder te Amsterdam ontving *f* 578, 50 voor het glas in de ramen, J.D. Gamelkoorn nam het steenhouwerswerk aan voor *f* 140,– en G. Clasquin ontving *f* 542, 46 als stukadoor. Het gebouw werd voorzien van een 'luchtkagchel', waar de ijzergieterij te Keppel een plaat voor leverde. Het plafond van de ongeveer 6, 30 meter hoge ruimte had een koofvormige aansluiting met de wanden, slechts versierd door een eenvoudige profiellijst. Deze vorm is alleen bekend door een oude foto van het interieur van de oranjerie door W.K. baron van Pallandt, waarop een detail op één der hoeken zichtbaar is (afb. 262). Die afbeelding stond model voor de gereconstrueerde kooflijst bij de herbouw in 1990.

263.
Antonie Franciscus Dona, grafkelder van de familie Torck op de begraafplaats van Rozendaal, 1851, aquarel, 16 x 22 cm, part. bezit.

Van al dit nieuws en moois aan en in het kasteel, het park en de heerlijkheid heeft de opdrachtgever A.L.Adolph baron Torck maar kortstondig geprofiteerd. Hij overleed op 36-jarige leeftijd op 18 augustus 1842, dus nog voor de beëindiging van de verbouwing van koetshuis en stal. Zijn vrouw overleed slechts een half jaar later, op 4 of 5 maart 1843, een maand nadat ze voor de vierde maal een kind – Frederik Willem Torck – had verloren. Hun enig overgebleven kind, de achtjarige Ada Catharina, bleef als laatste van haar geslacht en als enig erfgename alleen achter.

8 Ada C. barones Torck en Reinhard J.C. baron van Pallandt (1843-1902)

Levensloop

Ada Torck was pas acht jaar oud toen haar moeder overleed. Tot voogd werd haar oom Mr. Jan Karel baron van Goltstein (1794-1872) benoemd, staatsman en rechtsgeleerde, die namens de Provinciale Staten van Utrecht zitting had in de Tweede Kamer der Staten Generaal en met zijn vrouw Adolphine Wernardine barones van Pallandt (1806-1853) in 's-Gravenhage woonde; nadien werd hij onder meer voorzitter van de Tweede Kamer en minister van Buitenlandse Zaken[1]. Van Goltstein ordonneerde, dat overeenkomstig het Burgerlijk Wetboek en in het belang van zijn pupil en volgens de wens van haar overleden moeder de meubelen en huisraad op Rosendael bewaard zouden blijven; de paarden, rijtuigen en stalgereedschappen waren inmiddels al verkocht[2]. Van Goltstein en zijn vrouw namen de jonge Ada Torck in 's-Gravenhage in huis; gezamenlijk brachten zij enkele maanden per jaar op Rosendael door[3]. Omdat zij een normaal gezinsleven had moeten ontberen, werd zij daar door haar oom en tante niet van de buitenwereld afgesloten. Korte tijd later schreef een nichtje van haar voogd, Anna van Goltstein die op Oldenaller bij Putten woonde, haar[4]:

> Mon oncle Charles m'a bien souvent raconté de votre bel établissement à Rosendael; le récit des charmantes fêtes que vous y avez données m'a aussi bien interessé.

In deze periode, in ieder geval sedert 1843, was Geurt Kets (1799-1881), de zoon van de logementhouder, als rentmeester aangesteld; van 1844 tot 1850 was hij tevens burgemeester van Rozendaal[5].

De door hem opgestelde jaarrekeningen werden gedurende het voogdijschap van 1843 tot en met 1854 door Van Goltstein gecontroleerd en ondertekend[6]. De werkzaamheden op het landgoed gingen onverminderd voort, met als enig verschil dat de rentmeester nu verantwoording aflegde aan een voogd in plaats van aan de eigenaar zelf. Een voorbeeld: in april 1845 berichtte Kets aan Van Goltstein: 'Ik heb alle de arbeiders druk bezig aan het pooten ... de nieuwe laan naar Deelen is bijna geheel bepoot'; en twee weken later: 'De timmerlieden heb ik nu in de tuin aan de koepel, om die weder wat op te knappen, zomede Peters voor het dak, terwijl Gerrit de metselaar aan de kleine reparatien bezig is'[7].

De eerste jaren na het overlijden van A.L. Adolph baron Torck tot 1847 lag het niveau van de totale uitgaven op ongeveer *f* 32.000,– per jaar, in het volgende jaar tot het huwelijk van zijn dochter Ada C. barones Torck in 1854 op ruim *f* 23.000,– per jaar; na haar huwelijk steeg dit gemiddelde weer tot circa *f* 35.000,– per jaar. Evenals tijdens de voorgaande generaties Torck die Rosendael bewoonden, hielden ook nu de inkomsten en uitgaven elkaar redelijk in balans.

Ada Torck trouwde in 1854 op 19-jarige leeftijd in 's-Gravenhage met haar volle neef Mr. Reinhard Jan Christiaan baron van Pallandt van Keppel (1826-1899), waarmee het laatste geslacht dat Rosendael bewoonde ten tonele verscheen (afb. 264). Zijn ouders waren de hiervoor al genoemde Adolph W.C.W. baron van Pallandt van Keppel en Henriëtte J.A. barones Torck, zuster van Ada C. Torcks vader A. L. Adolph baron Torck. Van Pallandt sloot geen slecht

264.
Jan Wendel Gerstenhauer Zimmerman, Mr Reinhard Jan Christiaan baron van Pallandt, 1843, potlood, 32 x 26 cm, part. bezit.

266.
Gabriel E.E. Nicolet, Mr Reinhard Jan Christiaan baron van Pallandt, 1893, doek, coll. BvdZ, lijst van portretten 72.

265.
Mr Reinhard Jan Christiaan baron van Pallandt en Ada Catharina barones Torck, vierde kwart 19de eeuw, foto, part. bezit.

267.
Gabriel E.E. Nicolet, Ada Catharina barones Torck, 1893, doek, coll. BvdZ, lijst van portretten 73.

huwelijk met de erfvrouwe van Rosendael; voor het beheer van de goederen van de familie Torck had dit huwelijk een bijzondere betekenis, omdat hiermee het ruim 10.000 ha grote grondbezit van hun beider grootvader Reinhard J.C. Torck (zie p. 200) voor een belangrijk deel weer in één hand werd verenigd! In een brief van 15 december 1853 liet Ada's oom en aanstaande schoonvader haar weten ingenomen te zijn met de huwelijksplannen[8]:

> Comme fille unique de parens que j'ai beaucoup aimés, vous avez toujours pu compter sur mon affection par penchant, mais aprésent que vous avez fait tomber votre choix décidé sur mon fils bien aimé Rénaud notre rélation devient encore bien plus intime et précieuse, et le nom de père que vous voulez bien me donner déja par anticipation, m'est bien doux et agréable dans votre bouche, je félicite mon fils d'une compagne qui lui est tellement attachée et dévouée comme vous, & pour nous, sans vous flatter vous etes la préferée de toutes les belles-filles que nous pourrions désirer pour lui (...).

Reinhard J.C. baron van Pallandt werd evenals zijn vrouw op Rosendael geboren, maar hij groeide op Keppel op. Hij studeerde rechten in Leiden en promoveerde daar op 24 juni 1850 op stellingen[9]. Hij werd per 1 januari 1852 benoemd tot burgemeester van Rosendael en verhuisde daartoe van Keppel naar zijn nieuwe gemeente, waar hij zijn intrek op Rosendael nam[10]. In 1854 werd Van Pallandt benoemd tot jagermeester van koning Willem III in Gelderland, in 1881 werd hij commandeur van de Duitse orde, in 1894 coadjutor en in 1895 landcommandeur[11].

De Van Pallandts behoorden, mede door het van de Torcken geërfde grondbezit, tot de vermogendste Gelderse families van de 19de eeuw. Op de lijst van 155 hoogstaangeslagenen van 1886 nam Mr R.J.C. baron van Pallandt de derde plaats in, gevolgd door zijn broer Mr F.J.W. baron van Pallandt van Keppel op de vierde plaats[12].

Huizenbezit

Tussen 1843 en 1854 was er in bouwkundig opzicht op Rosendael heel weinig veranderd, maar het onderhoud ging, zo blijkt uit de rekeningen van rentmeester Kets, normaal door evenals alle andere uitgaven en inkomsten die voortkwamen uit het beheer over het gehele landgoed. In 1843 bedroeg het aantal huizen gelegen op het aan Ada Torck toebehorende grondbezit vijfenveertig; in de jaren erna nam dit aantal nog iets toe. Hiervan lagen zeventien op Rosendaels grondgebied[13]. Dat waren behalve het huis Rosendael zelf: de kerk en pastorie, vijf papiermolens en een korenmolen, het logement geëxploiteerd door Abraham Kraijestein, het voormalige logement – dat is het op de hoek van de Rozendaalselaan en Kerklaan gelegen deel van huis *Roseneath* dat sedert 1853 *Slotzicht* werd genoemd – dat bewoond werd door rentmeester Geurt Kets (afb. 269)[14], het huis *Klein Rosendael*, gelegen aan de Rozendaalselaan aan de Velpse kant, dat eerst aan mevrouw Lewe tot Aduard en met ingang van 1 februari 1847 aan P.C. Labouchere verhuurd was, het *Spijker*, twee herenhuizen – sedert 1853 *Rosenheuvel* en *Molenzigt* geheten – en voorts twee dienstwoningen ('bouwingen'). Het huis *Rosenheuvel* was tot 1 mei 1843 verhuurd aan de heer Paulij en werd na een half jaar leegstand per 1 november verhuurd aan mevrouw Van Reede van de Parkeler voor *f* 600,– per jaar[15]. De gezamenlijke huurinkomsten van deze huizen bedroeg ongeveer *f* 5.700,–; van alle vijfenveertig huizen samen was dat circa *f* 6.700,–, ongeveer 30% van haar totale inkomsten[16].

Bij het door P.C. Labouchere gehuurde *Klein Rosendael* werd in 1854 en begin 1855 een nieuw koetshuis gebouwd. De huurder droeg in deze periode *f* 4.500,– aan de bouwkosten bij[17]. In de ad-

268.
Victor de Stuers, mogelijk Ada Catharina barones Torck, 1885, potlood, coll. VGK, Arnhem.

ministratie van de rentmeester en in nota's en kwitanties staan vele namen vermeld van degenen die bij de bouw betrokken waren, allen gevestigd in Velp of Arnhem[18]. Enkele van deze nota's werden voor accoord getekend door L.H. Eberson, architect. Zijn ontwerpen zijn niet bewaard gebleven, en het koetshuis zelf is inmiddels afgebroken. Maar van een gelijktijdig gebouwde kippenren voor *Klein Rosendael* is het ontwerp in de *Bouwkundige Bijdragen* van 1854 opgenomen (!)[19].

Exterieur

Er zijn van het huis talloze afbeeldingen bekend uit de tweede helft van de 19de eeuw. Sedert ongeveer 1840 is Rosendael vaak gelithografeerd en na circa 1870 steeds vaker gefotografeerd (afb. 271).

Er is voor de jaren van 1875 tot 1892 een boekhouding bewaard gebleven voor het onderhoud van het gehele landgoed inclusief de gebouwen. Daaruit blijkt, dat er een vaste ploeg aan het onderhoud van alle gebouwen op Rosendael, Terlet, de Imbosch etc. werkte[20]. De bedragen die met dit onderhoud waren gemoeid, waren niet gering. De eerste vijf jaren (1875-1880) werd er gemiddeld ongeveer *f* 4.800,– per jaar aan het onderhoud uitgegeven. Daarna namen de kosten aanzienlijk toe, namelijk tot gemiddeld ongeveer *f* 12.700,– per jaar (1880-1892), omdat ook de kosten voor verbouwingen hierbij waren begrepen.

Aan het einde van de jaren tachtig had er weer een nieuwe bouwronde plaats. In 1881 was er al een nieuwe kamer aan de pastorie toegevoegd, in 1888 verrees er een nieuw koetshuis bij villa *Rosenheuvel* en werd dit huis zelf ook verbouwd (afb. 297), en in 1889-1890 werd het huis *Slotzicht* dat voortaan *Roseneath* werd genoemd, vergroot ten behoeve van Van Pallandts zoon Frederik Jacob Willem, die in 1886 met Constantia A. Loudon was getrouwd[21]. De meeste van deze verbouwingen waren aangenomen door de Velpse timmerman A. de Veer.

Terwijl het interieur van Rosendael belangrijke wijzigingen had ondergaan gedurende de beginjaren van bewoning door het echtpaar Van Pallandt-Torck, volgde een ingrijpende wijziging van de buitenzijde van het kasteel in de laatste fase van hun leven. Ten gevolge van veranderende esthetische opvattingen en het toen gangbare denkbeeld, dat baksteenarchitectuur ongepleisterd behoorde te zijn, nam men in 1890 de drastische beslissing om de pleister van de muren van het corps de logis te verwijderen, waardoor voor het eerst sinds de bouw van het huis in 1615 en de verbouwing rond 1725 de 17de- en 18de-eeuwse baksteen te voorschijn kwam. Rosendael behoorde daarmee nog tot de uitzonderingen, want de mode om gebouwen te ontpleisteren moest eigenlijk nog beginnen[22].

Victor de Stuers was op 10 februari 1891 getuige van deze verandering. Op die dag bezocht hij eerst de restauratie van de Eusebiuskerk te Arnhem en ging daarna naar Rosendael: 'diner avec les Pallandt & leurs enfans. On est occupé a déplatir le chateau'[23]. Het gevolg voor de aanblik van het huis was ingrijpend: in plaats van de egaal witte muren, die de onsamenhangende delen van het huis een eenheid verleenden als van een klassicistische villa, zich spiegelend in het water te midden van het groen, kwamen nu de gevels van het corps de logis van onregelmatig metselwerk te voorschijn. Deze toonden vooral, dat de pleisterlaag bij de bouw van het huis (1615) met reden was aangebracht. De donjon is, althans na de Middeleeuwen, ongepleisterd gebleven; vanwege het veel regelmatigere metselwerk was daar minder behoefte aan.

De bijzonder scherpe foto's die de Rijksarchitect voor de Monumenten Adolph Mulder in 1891 kort na de ontpleistering maakte – gelijktijdig met opmetingen voor zijn geveltekeningen en platte-

271.
Rosendael uit het zuid-oosten, circa 1880, fotograaf onbekend, part. bezit.

269.
Rozendaal, kerklaan 1-5, links 'Roseneath', rechts 'De Hut', toestand 1964.

270.
Rob. Geissler, Rosendael uit het zuid-westen met op de achtergrond het logement, vierde kwart 19de eeuw, litho, RPK Amsterdam.

gronden (afb. 99-101, 272-277) – laten het onregelmatige gezicht van Rosendael zien, dat het corps de logis sindsdien vertoont. De bepleistering van de zijvleugel werd voorlopig nog intact gelaten, maar zij werd enkele jaren later eveneens verwijderd. Zo kreeg Rosendael het uiterlijk dat ons van de talloze foto's die sindsdien van het huis werden gemaakt bekend is.

Veranderingen aan het interieur

Kort na 1854 kreeg de architect L.H. Eberson van R.J.C. baron van Pallandt opdracht tot belangrijke wijzigingen aan het kasteel, voornamelijk aan het interieur. Deze verbouwing heeft op het interieur zoals wij dat thans nog kennen, een belangrijk stempel gedrukt.

Lucas Hermanus Eberson, geboren in 1822 te Arnhem, was in 1851 uit Parijs teruggekeerd, waar hij verbleef in verband met zijn vorming en practische oefening. Hij had zich vervolgens in zijn geboortestad gevestigd. Hij ontpopte zich al snel tot een veelgevraagd architect voor belangrijke herstelwerkzaamheden en moderniseringen aan kastelen en buitenplaatsen in de oostelijke provincies, zoals op Biljoen, Rhederoord, Zypendaal (Jachthuis), Wielbergen, Bingerden, Ruurlo in Gelderland en Rechteren, Eerde, Den Berg in Overijssel; Van Pallandts opdracht was in chronologie de vijfde op dat gebied. In 1874 benoemde Koning Willem III hem tot zijn architect[24]. Dankzij de lijst van werken die Eberson zelf heeft bijge-

272.
Rosendael oostzijde, 1891, foto A. Mulder.

273.
Donjon en gezicht over de gracht op de schelpengalerij, 1891, foto A. Mulder.

278.
Eerste salon naar het oosten met spiegellijst door A.E.J. de Bruijn, Arnhem derde kwart 19de eeuw, h. 305 cm, coll. VGK, Rosendael, lijst van voorwerpen 70; inrichting sedert 1990.

houden, weten wij iets van zijn werkzaamheden aan kasteel Rosendael[25]:

> 1855 3 febr. – 1873 21 july. Verbouwing van het kasteel. Nieuwe zaal, kamers, waranda enz. enz. op het kasteel te Roosendaal. Baron van Pallandt.

Bovendien gaf Van Pallandt hem opdracht een ontwerp te maken voor een verbouwing van het huis het *Spijker* (1855-1871), dat niet werd uitgevoerd en voor een verder niet bekende verbouwing van het logement (1858)[26]. Het huisarchief van Rosendael bevat nauwelijks gegevens die over deze verbouwing van het kasteel opheldering kunnen verschaffen. Eberson is niet achttien jaar onafgebroken op Rosendael bezig geweest. De door hem aangebrachte veranderingen zullen veeleer in fasen zijn uitgevoerd, waarbij men met de zijvleugel zal zijn begonnen.

Aan de voorzijde van het iets terugliggende gedeelte tussen huis en koetshuis werd in 1860-1862 een gietijzeren veranda aangebracht met een eenvoudige gietijzeren trap, en daar werd één van de ramen veranderd in een deur (afb. 271, 272, 274)[27]. Het huis kreeg daarmee een tweede ingang; deze toestand is intact gebleven en werd bij de restauratie (1987) zorgvuldig hersteld. De in Ebersons werklijst genoemde nieuwe zaal en kamers waren zonder twijfel de hierachter gelegen vertrekken. In de nieuwe zaal werd de 18de-eeuwse lambrizering en de zwarte schoorsteenmantel uit de tweede salon gebruikt. Het 17de-eeuwse goudleer dat door Lubbert A. Torck circa 1723 naar de tweede verdieping van het corps de logis was overgebracht, werd door Eberson weer in deze nieuwe zaal toegepast (afb. 34)[28]. Deze verbouwing, waarbij de zijvleugel zijn huidige aanblik – zij het gepleisterd – en interieur kreeg, werd rond 1860-1861 voltooid.

Vervolgens werd de aandacht op het corps de logis gericht. De buitenzijde werd ongemoeid gelaten, ook de ingangspartij werd niet gewijzigd, behalve waarschijnlijk de voordeur zelf, die naar ontwerp van Eberson vervangen kan zijn. Een aantal kamers werd

274.
A. Mulder, Rosendael, oostgevel, opmeting 1891. RAG, AHR inv. 2137.

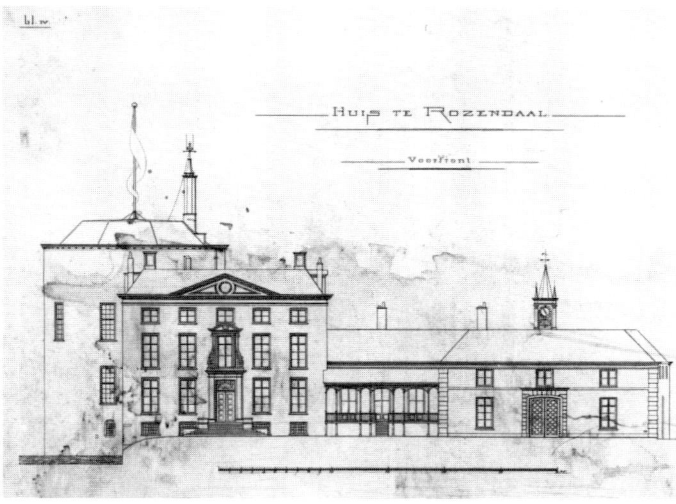

275.
A. Mulder, Rosendael, westgevel met donjon, opmeting 1891. RAG, AHR inv. 2137.

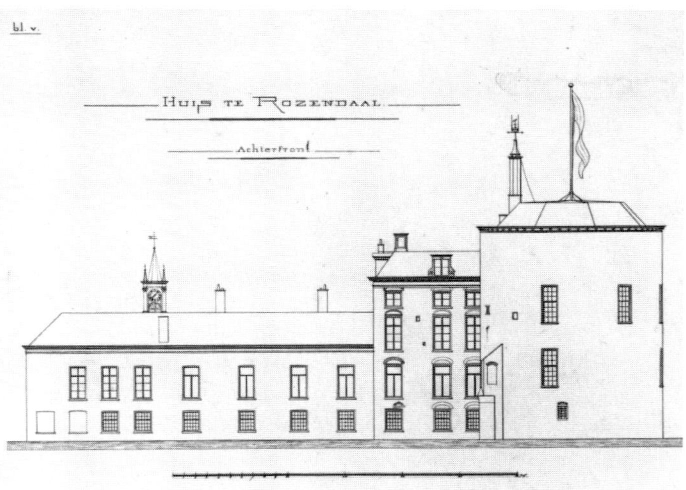

aan een grondige reorganisatie onderworpen. Helaas laten de rekeningen ons hier in de steek[29], maar in 1988 werden bij de restauratie voldoende aanwijzingen gevonden om enkele conclusies te kunnen trekken. Belangrijke wijzigingen vonden plaats in de vertrekken aan de zuidzijde van de hoofdverdieping van het huis met de bedoeling het wooncomfort te verhogen.

Ten eerste werden de schouwen, die ruggelings tegen elkaar stonden in wat nu de eerste en tweede salon heet, weggebroken om plaats te maken voor een dubbele deur, gecopiëerd naar de 18de-eeuwse deuren tussen de tweede salon en de eetkamer (in de 18de eeuw de twee 'beste kamers' genoemd) (afb. 115). Dezelfde soort deuren werd aangebracht tussen de tweede en de derde salon. In de eerste en de tweede salon werden de schoorstenen verplaatst naar de zuidwand tussen de ramen. De plaats van de oude schouw in de eerste salon tekent zich nog af in de vloerdelen, die op die plaats niet doorlopen tot aan de wand, maar eindigen op de plaats waar de schoorsteen zich bevond. De oude verbinding tussen deze twee salons, die zich rechts van de schouw bevond, werd dichtgezet en in de eerste salon vervangen door een nis boven de lambrizering. De muurkast aan de andere zijde van de schouw (raamzijde) verdween achter de wandbespanning. De geschilderde lambrizering van de eerste salon werd gekeerd en waar nodig aangevuld met nieuwe delen, zodat er nu een ongeschilderde eiken lambrizering kwam in plaats van een geschilderde. De raampartijen werden omtimmerd met lambris in de vorm van vlakke pilasters (afb. 278). De lambrizering van de tweede salon werd geheel verwijderd en overgebracht naar de nieuwe zaal in de zijvleugel. Eberson ontwierp een nieuwe blanke eikenhouten lambrizering, geïnspireerd op Lodewijk XIV-vormen, voorzien van een rijker bewerkte decoratie. Deze lambrizering werd eveneens in de derde salon aangebracht (afb. 279). Tot slot werd de opgang van de derde salon naar de toren afgesloten door dezelfde soort dubbele deuren, zodat men wanneer de deuren werden opengezet, ongehinderd van de eerste salon tot in de toren kon kijken. Eberson wijzigde de betimmeringen van deze kamers en copieerde de dubbele deuren zo geraffineerd, dat zij moeiteloos

279.
Derde salon met gezicht in westelijke richting op de 'Gothische deur' van de torenzaal, toestand vòòr restauratie, 1987.

voor 18de-eeuws werk kunnen doorgaan. Hij verstond de kunst zijn werk te voegen naar het reeds bestaande, in plaats van zijn eigen stempel te drukken, en dat was in zijn tijd nog ongebruikelijk. Zo is in de zeer nauwgezette notities en schetsen die Victor de Stuers in 1884 op Rosendael maakte, geen enkele aanduiding te vinden over de datering van deze betimmering, die bij zijn bezoeken toch pas twintig jaar oud was[30]! Eberson ontwierp ook tal van details in het interieur, zoals in de derde salon de nog bewaarde opgelegde profiellijsten rond het behang, wellicht ook daarop lijkende lijsten voor een aantal portretten, en voorts sleutels en deurknoppen voor de nieuwe salons (afb. 279-281)[31]. Deze verbouwing kwam mogelijk al in de jaren 1861-1863 tot stand, maar in ieder ge-

276.
A. Mulder, Rosendael, donjon en zuidgevel, opmeting 1891. RAG, AHR inv. 2137.

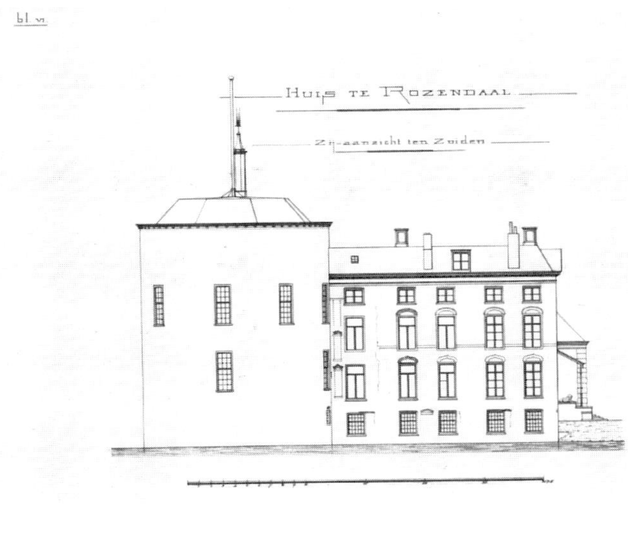

277.
A. Mulder, Rosendael, noordzijde en donjon, opmeting 1891. RAG, AHR inv. 2137.

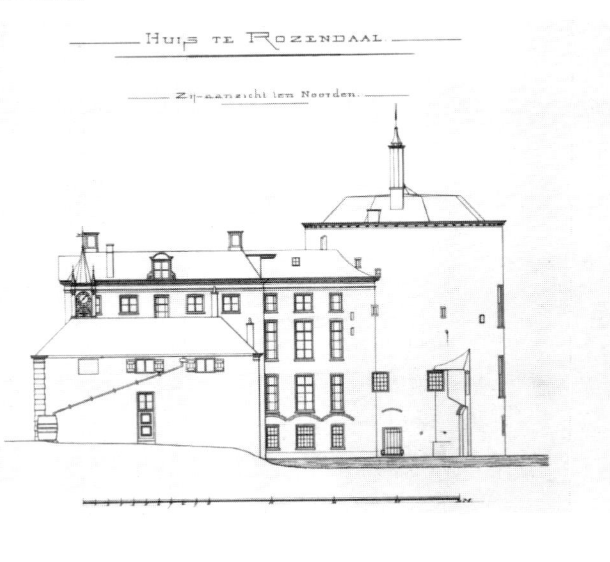

280.
Deurknop en slotplaat van de deuren van de nieuwe salons naar ontwerp van L.H. Eberson, circa 1861, brons.

281.
Sleutel van de deuren van de nieuwe salons naar ontwerp van L.H. Eberson, circa 1861.

282.
Plafond van de hal door F.W. Rieff of Van Haaf Werson, mogelijk naar ontwerp van L.H. Eberson, circa 1861-1863, toestand vòòr restauratie, 1987.

val voor 1873, het jaar dat Eberson opgeeft als de beëindiging van zijn activiteiten op Rosendael.

Het ligt voor de hand, dat bij deze vernieuwingsronde ook nieuwe stucplafonds werden aangebracht. Het plafond van de hal, dat in Lodewijk-XIV vorm is uitgevoerd, maar dat te vlak is om als oorspronkelijk 18de-eeuws werk beschouwd te worden, kan door Eberson zijn ontworpen (afb. 282). Als stucwerkers van deze in historiserende trant vervaardigde plafonds komen de in deze jaren voor Van Pallandt werkzame stucadoors Van Haaf Werson en Rieff in aanmerking. Ook zijn alle kamers opnieuw behangen. Op de hoofdverdieping komt enkele malen het opschrift *A. van Arnhem, behanger te Velp* met het jaartal *1861* op muren en deuren voor[32]. Het kleine vertrek naast de vestibule kreeg in dat jaar bovendien een nieuw plafond door de stukadoor Van Haaf Werson[33]. De Arnhemse architect W.A. Nicola leverde dat jaar ornamenten voor een niet genoemd plafond[34]. De betrokkenheid van Eberson als architect bij de moderniseringen in deze periode wordt bevestigd door een betaling voor zijn werkzaamheden tot 1 augustus 1861[35].

Daarna werden ook de vertrekken op de eerste verdieping aan de smaak van de tijd aangepast. De Keppelskamer werd in 1863 door genoemde behanger A. van Arnhem opnieuw behangen, getuige het opschrift, dat hij op één der muren plaatste. Overigens blijft het gissen wat en wanneer er op deze verdieping is veranderd. Vooral de vertrekken aan de oost- en zuidzijde, waar nauwelijks nog 18de-eeuwse stijlkenmerken en sporen als oude verflagen, detailleringen etc. zijn terug te vinden, moeten waarschijnlijk in de tweede helft van de 19de eeuw ingrijpend zijn gewijzigd. Ebersons bemoeienissen met Rosendael, die tot 1873 duurden, betroffen dus voornamelijk wijzigingen aan het interieur en – behoudens de nieuwe veranda – niet of nauwelijks aan het exterieur.

Na 1875 werden verschillende kamers opnieuw behangen, zoals blijkt uit enkele data die bij de recente restauratie op de hoofdver-

283.
Hal gezien naar het westen, circa 1880, foto Brainich en Leusink, Arnhem. RAG, AHR inv. 2124.

284.
Tweede salon gezien naar het westen, circa 1880, foto Brainich en Leusink, Arnhem. RAG, AHR inv. 2124.

dieping werden gevonden. Dit keer werd er geen behanger uit het nabije Velp ingeschakeld, maar uit 's-Gravenhage. In de derde salon werd het volgende opschrift op een kartonnetje op de gepleisterde muur aangetroffen:

J.G. Sardijn behanger bij den Heer C.L. Windt in den Haag 1880 23 Dec.

en in de eetkamer staat op een paneel van de deur van een hoekkast geschreven:

2 Augustus 1881 / Baljet / Peeters behangers te 's Hage.

Inrichting

Natuurlijk moesten de nieuwe vertrekken die door Ebersons toedoen ontstonden worden bespannen of behangen en worden gestoffeerd en ingericht. De stoffering van de vertrekken heeft een hoofdrol gespeeld bij deze nieuwe inrichting en de toen ontstane atmosfeer in de nieuwe salons. Tussen 1846 en 1856 werd daarvoor de behanger J.M. Berger ingeschakeld, die gemiddeld *f* 100,– tot *f* 200,– per jaar ontving[36]. Voor de inrichting stond de gedurende generaties opgebouwde verzameling meubels en overige stukken van kunstnijverheid ter beschikking, die vooral wat betreft zitmeubels en waarschijnlijk ook bedden werd aangevuld met eigentijdse stukken. Helaas zijn slechts enkele interieurfoto's uit het derde kwart van de 19de eeuw bewaard gebleven – de oudste afbeeldingen die van het interieur bekend zijn – waarop te midden van zware fauteuils en banken en dikke gordijnen, alle waarschijnlijk in donkere kleuren, de oude van voorgaande generaties geërfde stukken herkenbaar zijn (afb. 283-285)[37]. In onze tijd zijn op een enkele uitzondering na bijna al deze inrichtingsstukken verdwenen en vaak zelfs niet meer traceerbaar. Slechts de volgende stukken die uit deze periode dateren, bleven op Rosendael achter; bijna alle zijn sedert 1990 opgenomen in de nieuwe inrichting van het huis door de Stichting Vrienden der Geldersche Kasteelen: de neo-Lodewijk XIV kroon in de torenzaal, waarvoor L.H. Eberson het ontwerp kan hebben geleverd (afb. 107), het (pool)biljart vervaardigd door C.T. Kleinefeldt te Arnhem (afb. 309), met enkele attributen en twee lange banken in de bibliotheek op de eerste verdieping van de

285.
Tweede salon gezien naar het oosten, circa 1880, foto Brainich en Leusink, Arnhem. RAG, AHR inv. 2124.

286.
Fauteuil samengesteld uit geweistangen, met veloursbekleding van zelfde stof als de wandbespanning, vierde kwart 19de eeuw, coll. VGK, Rosendael, opgesteld in eerste dalon, lijst van voorwerpen 69.

toren, en in dezelfde ruimte de gietijzeren kachel met bijbehorende turfbak; een gietijzeren kapstok, een fauteuil samengesteld uit hertegeweien (afb. 286), een ronde poef met kwasten, een kaartendoos op standaard (afb. 309), een *atlas géographique* die opgerolde wereldkaarten in een mahonie wandkastje bevatten, een mahonie kaartenkast met vitrine, een geweerkast in de vorm van een vitrine, een buffet met open onderstel, en een grote spiegel met een rijk bewerkte vergulde lijst, die waarschijnlijk door de Arnhemse spiegel- en lijstenmaker A.E.J. de Bruijn (1826-1872) werd geleverd (afb. 278). Jan de Bruijn was in deze periode de belangrijkste spiegel- en lijstenmaker in het oosten van het land, en kreeg grote opdrachten van koning Willem III[38].

De in Velp gevestigde meubelmaker Friedrich Eduard Liese (geb. Hannover 1816) deed ook leveranties, maar het is niet bekend welke[39]. Verder was op Rosendael een rijk gebeeldhouwde buffetetagère uit deze periode aanwezig, die aan de Arnhemse meubelmaker Reinier J. Gamelkoorn (1818-1899), de belangrijkste meubelmaker van het oosten van ons land gedurende het derde kwart van de 19de eeuw, kan worden toegeschreven (afb. 287). Dit meubel was vrijwel gelijk aan een buffet, dat Gamelkoorn in 1866 op de nijverheidstentoonstelling te Amsterdam inzond[40].

Gelukkig bleef na de beëindiging van de particuliere bewoning van Rosendael wel een verzameling van zestien hertekoppen uit het laatste kwart van de 19de eeuw op Rosendael achter, tropheeën van de Rosendaelse jacht (afb. 113, 283, 303). Het betreft de koppen

287.
Buffet-etagère door Reinier J. Gamelkoorn (toeschr.), Arnhem circa 1866, verblijfplaats onbekend, lijst van voorwerpen 66.

met geweien van een op de Veluwe inheemse soort van vòòr de introductie van vreemde soorten uit onder meer Oost-Europa door prins Hendrik[41]. Zij dienden als decoratie van de wanden van de hal, de torenzaal en de gang van de zijvleugel; een verre echo van een toepassing die al in de 17de eeuw als een manier van de oude adel werd beschouwd (zie p. 64). Dankzij zorgvuldig herstel in 1983-1987 zijn deze koppen in oorspronkelijke staat bewaard, en kon de Stichting Vrienden der Geldersche Kasteelen deze kenmerkende decoratie in 1989 op de oude plaats in de hal terugbrengen.

Reorganisatieplannen voor het park

Ook gedurende de tweede helft van de 19de eeuw zijn er enkele veranderingen aan onderdelen van het park aangebracht waarschijnlijk naar ontwerp van de tuinarchitect Dirk Wattez (1833-1906), die ook bij enkele andere projecten op Rosendael werd betrokken. De veranderingen betreffen de aanleg van een inmiddels verdwenen zogenoemde *Engelse tuin*, gelegen tussen het nog bestaande schelpengrotje met waterval en de bedriegertjes, waarin diverse planten- en struikensoorten, afgewisseld door een padenpatroon werden toegepast (afb. 291). Op het heuvelvormige terrein terzijde en achter de schelpengalerij werden verschillende exoten aangeplant, zoals een nu ruim honderdjarige kegelvormige reuzenlevensboom (*Thuja plicata*), twee fraaie ceders en een indrukwekkende zuilcypres (*Libocedrus decurrens*), die in 1866 werd geplant, en tegenwoordig een hoogte van ongeveer twintig meter heeft bereikt[42] (afb. 184).

Rond 1875 maakte Dirk Wattez ook enkele (niet gedateerde) plannen voor een reorganisatie van de vijvers en de voortuin gelegen tussen het kasteel, de oranjerie, de rand van de heuvel waarop

288.
Karaf, ten dele geel getint glas, met gegraveerde wapens Van Pallandt en Torck, part. bezit, lijst van voorwerpen 73.

289.
Zilveren blaker, 1849, met later gegraveerd alliantiewapen Van Pallandt-Torck, part. bezit, lijst van voorwerpen 74.

290.
Zilveren couvert met gegraveerd alliantiewapen Van Pallandt-Torck, 1885, part. bezit, lijst van voorwerpen 75.

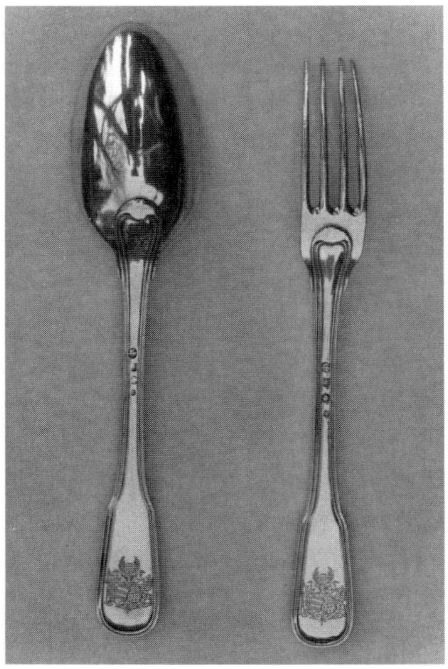

291.
Rosendael, vijver gezien van de achterzijde van het huis naar het westen met cascade, Engelse tuin en bedriegertjes, circa 1880, foto Brainich en Leusink, Arnhem. RAG, AHR inv. 2123.

het logement Kraijestein was gebouwd en de vijver (afb. 292). Van een tweede plan, voor een verandering van de grote (boven)vijver en de aangrenzende Sterrenberg, werd alleen de genoemde 'Engelse tuin' uitgevoerd (afb. 293).

Op het ontwerp voor een herinrichting van het voorterrein is een eivormig grasveld aangegeven met enkele kleurrijke bloemperken en solitaire bomen, dat door de scheve ligging en het oprijpad eromheen de verbinding moest vormen met de hoger gelegen oranjerie. Verschillende paden zouden leiden naar het park en aan de overzijde naar de boerderij en de begraafplaats, naar het in de hoogte gelegen logement en naar het ingangshek. Dit ontwerp bevat kenmerkende eigenschappen voor het werk van Dirk Wattez: bloemperken verspreid over de gazons, echter zonder grote doorzichten[43]. De plattegrond van het kasteel is overigens onjuist weergegeven. Het ontwerp zelf werd niet, of hoogstens op enkele onderdelen uitgevoerd. Op de plaats van het eivormige grasveld werd na 1904 een rozentuin aangelegd.

In de jaren van het overlijden van het echtpaar Torck-Huyssen van Kattendijke (1842 en 1843) was de aanleg van het nieuwe park slechts kort tevoren voltooid; het onderhoud ging uiteraard voort. Uit de jaarlijkse rekeningen die de rentmeester Geurt Kets sedert 1842 opstelde, blijkt dat er vooral in de jaren 1844-1848 hoge bedragen voor plantsoen en ander plantmateriaal werden gespendeerd[44]. In latere jaren namen deze uitgaven af[45]. De grootste leverancier was ook nu weer de eigenaar van een buitenplaats, F.E.D. baron van Voorst tot Voorst, heer van Ploen, de bewoner van het gelijknamige adellijke huis in de Liemers (gemeente Duiven). In de volgende jaren was de bloemist en boomkweker H.J. Wilke een geregelde leverancier en sinds 1854 kon een eigen bloemisterij op Rosendael in de behoefte voorzien[46].

Deze zorg voor het park en het landgoed werd ook na het huwelijk in 1854 van erfgename Ada C. barones Torck met Reinhard J.C. baron van Pallandt gecontinueerd. Kort tevoren (1851-1852) werden er nog 100.000 dennen op de Plagdel en ruim hetzelfde aantal op de Breedenberg (Imbosch) geplant[47]; onder het regime van Van Pallandt werd een kleine twintig jaar later (1868-1874) alweer een nieuw eiken akkermaalsbos van ruim zestien hectare op de Breedenberg aangelegd, ter vervanging van het ruim veertig jaar oude gemengde beuken-, eiken- en berkenbos, waarin een teruggang in de groei geconstateerd was[48]. Het nieuwe bos werd in zes gelijke vakken verdeeld, doorsneden door beukenlanen. Het eiken stek en de beuken-heesters werden niet als tevoren van elders betrokken, maar waren nu van de eigen kwekerijen op Rosendael en de Imbosch afkomstig.

Nieuwe aanleg op de Koningsberg

Na voltooiing van deze nieuwe aanleg op de Breedenberg in 1874 richtte Van Pallandt zijn aandacht op de Koningsberg, waar de beplanting van beuken, berken en dennen in een wegkwijnende toestand verkeerde, waardoor de waarde van dit bos jaarlijks afnam[49]. In dat jaar raadpleegde hij Dirk Wattez, *aanlegger van parken, buitenplaatsen enz.* te Naarden, later te Bussum, en verzocht hem een

292.
Dirk Wattez (toeschr.), ontwerp voor de reorganisatie van het voorterrein, circa 1875, aquarel, 70,4 x 53,7 cm, part. bezit.

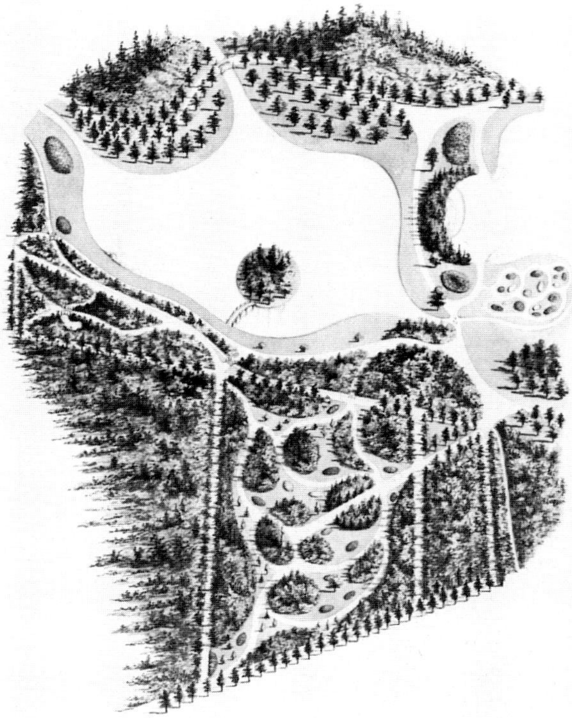

293.
Dirk Wattez (toeschr.), ontwerp voor de reorganisatie van het gedeelte van het park tussen bedriegertjes en Sterrenberg, circa 1875, aquarel, 71 x 54,2 cm, part. bezit.

294.
Hermanus Everhardus Rademaker, geromantiseerde voorstelling van het park met donjon en met logement, het huis zelf is niet afgebeeld, 1872, paneel, 41,8 x 60,2 cm, part. bezit.

295.
Victor de Stuers, gezicht op Rosendael uit het oosten, 1881, potlood, coll. VdS.

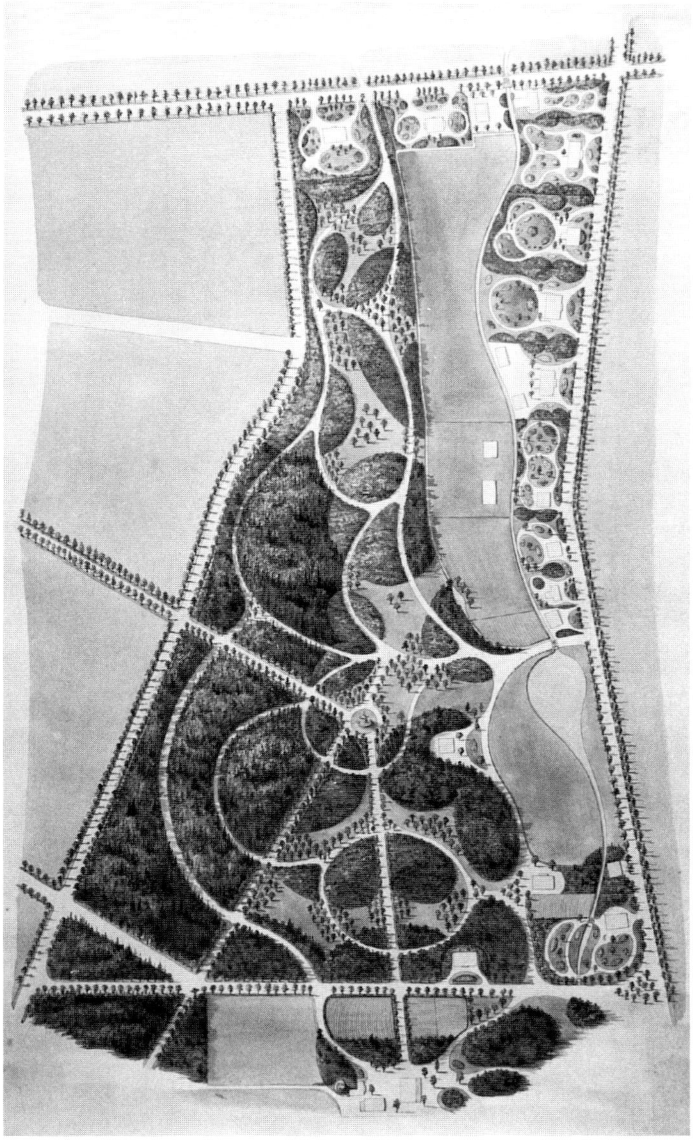

296.
Dirk Wattez (toeschr.), ontwerp voor de reorganisatie van de Koningsberg en de verkaveling in percelen langs de Rozendaalselaan tot de Ringallee, circa 1874, aquarel, 115,4 x 67 cm, part. bezit.

reorganisatieplan voor het gebied rondom de Koningsberg op te stellen[50]. Wattez (1833-1906) exploiteerde aanvankelijk een boomkwekerij in Naarden. Sinds ongeveer 1865 ging hij zich tevens op de aanleg van parken toeleggen; hij genoot vooral bekendheid onder Twentse fabrikanten[51]. Wattez ontwierp een 'generaal plan', dat in gedeelten werd uitgevoerd (afb. 296). Volgens dit plan werden de dode beuken geveld en de goede zo mogelijk gehandhaafd. Het plan omvatte niet alleen de Koningsberg zelf, maar voorzag in een totale reorganisatie van het gehele gebied ten oosten van de weg van Rosendael naar Velp, in het noorden begrensd door de weg naar het logement en in het zuiden door de Ringallee. Volgens Wattez' plan zou dit gebied, evenals het aan de overzijde van de weg gelegen terrein, verkaveld worden ten behoeve van de bouw van villa's.

De Koningsberg vormt het centrum van het noordelijk deel van dit gebied. Het terrein bestaat uit drie zônes: percelen met geprojecteerde huizen en tuinen aan de weg naar Velp, daarachter de van noord naar zuid stromende Rosendaelse beek, ten oosten daarvan glooiende gras- en weilanden, begrensd door het hoger gelegen bos, waarin slingerende wandelpaden geprojecteerd werden. Drie rechte lanen naar de top van de Koningsberg werden echter gehandhaafd.

In het najaar van 1874 werd een begin met de uitvoering van deze plannen gemaakt. Ruim een derde gedeelte van het gebied, namelijk het noordelijk deel tot over de hoogte van de berg, werd in bewerking genomen. In de eerste helft van 1875 werd het nodige hout geveld en in twee percelen verkocht. Het terrein werd bewerkt, Wattez leverde in april en mei nieuw plantsoen, bestaande uit kastanje, Prunus lusitanica, Taxus baccata, wilde rozen, Hedera helix en andere klimplanten, en er werden vierduizend jonge eiken gepoot[52]. In het najaar van 1875 werden de voorbereidingen getroffen voor de bewerking van het tweede gedeelte van de Koningsberg[53]. In januari en februari 1876 liep het werk vertraging op door vorst en sneeuw, en in maart door de hoge grondwaterstand, maar in april vorderde men goed; er waren toen ruim 700 jonge beuken geplant, 100 Amerikaanse eiken en ruim 1.500 zilverdennen. Het door Wattez geleverde pootgoed, dat op 15 maart 1876 per spoor was verzonden, bestond uit: 200 acacia, 120 Robinia pseudo-acacia, 50 Acer saccharinum, 170 Prunus malaheb, 200 Prunus virginiana en 180 abelen. Vervolgens werden de tussengelegen open vakken geëgaliseerd en ingezaaid, en wandelpaden en zoden banden gelegd. Op 3 juni 1876 was men klaar[54]. Het gehele project had ongeveer *f* 1.850,– gekost, volledig gedekt door de opbrengst van het verkochte hout. Het tussen de Koningsberg en de Ringallee gelegen terrein dat Wattez in zijn plan had betrokken, werd aanvankelijk nog onveranderd gelaten. Enkele jaren later stelde Wattez waarschijnlijk een nieuw beplantingsplan op voor de omgeving van het logement van Kraijestein; in ieder geval leverde hij in 1879 het benodigde plantmateriaal[55]. Wattez was echter niet de enige leverancier in deze jaren. Andere waren: J. Copijn te Velp (vruchtbomen), J.W. Ottolander en Zn. te Boskoop (heesters, vruchtbomen, varens etc.), J. van Nes te Boskoop (coniferen, leibomen), A. Glym de Vos (planten), Gebr. Buddenberg te Hillegom (bloembollen), en J.F. van den Berg jr. te Jutphaas (rozen)[56].

9 Epiloog – ontwikkelingen na 1902

Tot besluit volgt hier nog een korte schets van de ontwikkelingen sinds 1902. Deze betreffen de laatste twee generaties van particulier eigendom, in 1978 beëindigd met de overdracht aan de Stichting Het Geldersch Landschap, waarna het herstel van kasteel en park ter hand werd genomen, gevolgd door inrichting en openstelling van het kasteel voor het publiek.

Mr Reinhard J.C. baron van Pallandt en Ada C. barones Torck kregen drie zonen: de oudste was Reinhard Adolf (1857-1936) die zijn hele leven onder de hoede van familieleden en een eigen gouverneur op Rosendael bleef wonen. De tweede was Frederik Jacob Willem (1860-1932), burgemeester van Rozendaal, lid van de Provinciale Staten van Gelderland, kamerheer i.b.d. van H.M. de Koningin. Hij trouwde in 1886 met Constantia Alexine Loudon (1859-1948). Zij bewoonden huis Roseneath, het tegenwoordige gemeentehuis van Rozendaal, op de hoek van de Rozendaalselaan en de Kerklaan (afb. 269). Na overlijden van zijn ouders erfde hij zowel Keppel als Rosendael; in 1902 betrok hij met zijn gezin kasteel Rosendael. Zij waren de laatsten, die evenals al hun voorgangers, door bepaalde veranderingen in huis en park hun persoonlijke stempel op Rosendael hebben gedrukt[1].

297.
Rozendaal, huis Rozenheuvel, achterzijde, circa 1905, foto door W.K. baron van Pallandt, part. bezit.

De derde zoon was Werner Karel (1863-1937), die in 1888 met Adolphine W.C.W. barones van Knobelsdorff (1866-1945) trouwde. Hij vestigde zich met zijn gezin op huis Rozenheuvel aan de Rozendaalselaan (afb. 297); na overlijden van zijn ouders erfde hij de heerlijkheid Petcum in Oost-Friesland (Duitsland), die hij heeft verkocht. Hij was een talentvol amateurfotograaf, vooral geïnteresseerd in landschapsfotografie. Zijn werk, dat hij in albums van oblong formaat verzamelde, is helaas verspreid geraakt (zie afb. 298-300).

Gedurende eeuwen was het tot Rosendael behorende grondgebied alleen maar toegenomen en nooit door erfdeling gesplitst. De eerste keer dat een verdeling plaats had was in 1830 tussen Assueer Lubbert Adolf Torck en zijn zuster Henriëtte Jeanne Adelaïde, maar aangezien hun kinderen Ada Catharina Torck en Reinhard Jan Christiaan van Pallandt in 1854 met elkaar trouwden, werd het grondbezit daarna voor het grootste deel weer in één hand verenigd. Na het overlijden van dit echtpaar in 1899 en 1902 begon een proces van afbrokkeling van het tot Rosendael behorende grondgebied, dat eeuwenlang een eenheid had gevormd.

Op de *Kaart van de vrije heerlijkheid Rosendael, Imbosch, Terlet, Deelen, Mossel, Oud Reemst, Nieuw Reemst en Planken Wambuis*, die J.F. en F.J. Schram in 1912 aan de hand van oude kaarten maakten, is te zien dat dit enorme grondbezit in het begin van de eeuw nog als één geheel werd beheerd[2]. In latere jaren werden telkens delen van het grondbezit verkocht: Planken Wambuis (2007 ha) werd in 1934 verkocht aan de Beleggingsmaatschappij Unitas N.V. te Rotterdam en kwam veertig jaar later (1974) in handen van de Vereniging tot Behoud van Natuurmonumenten in Nederland[3]. Deze verwierf in 1938 ook de Imbosch (1451 ha)[4].

Daarmee verdween na het overlijden van F.J.W. baron van Pallandt in 1932 de van oudsher belangrijkste factor voor de continuïteit van het bezit: de opbrengsten van de grond waren niet meer voldoende om het landgoed, het huis en het park in oude staat te handhaven.

De inrichting

Baron en barones van Pallandt-Loudon waren met hun vijf kinderen de laatsten die het gehele huis bewoonden, waarbij alle vertrek-

298.
Rozendaal, Kerklaan ter hoogte van de kerk in de richting van Roseneath, winter 1909/1910, foto door W.K. baron van Pallandt, part. bezit.

ken nog de oorspronkelijke functies hadden: de woonvertrekken op de hoofdverdieping, de slaap- en logeerkamers op de eerste verdieping, de dienstbodekamers op de tweede verdieping en de keuken en overige werkruimten voor het personeel in het souterrain. De bestemming en de inrichting van alle vertrekken is nauwkeurig bekend dankzij een *inventaris van het kasteel Rosendael anno 1921*[5]. De volgende beschrijving van de inrichting is ontleend aan deze inventaris en aan de herinneringen die de jongste dochter van het echtpaar, mevrouw C.E.L. Zimmerman-barones van Pallandt, geboren in 1899, aan haar jeugdjaren op Rosendael bewaart[6].

De inventaris geeft in bijna duizend nummers een opsomming per vertrek van de gehele inboedel die gedurende vele generaties op Rosendael was samengebracht; de oudste stukken dateren uit het midden van de 17de eeuw. Er kunnen enkele groepen worden onderscheiden, zoals de familieportretten, waarvan er 57 werden vermeld, het zilver, dat deels van een gegraveerd wapen is voorzien, vooral het alliantiewapen Torck-de Rode van Heeckeren, en de collectie 18de-eeuwse voorwerpen uit Nederlands-Indië, bestaande uit porselein, lakwerk en dergelijke. Een selectie uit deze laatste groep werd getoond op de tentoonstelling *Wonen in de wijde wereld*, die in 1964 in het Tropenmuseum te Amsterdam werd gehouden. Samen met enkele voorwerpen uit Rosendaels bezit die in 1950 op de tentoonstelling *De Stadhouder-Koning en zijn tijd* in het Rijksmuseum te Amsterdam werden geëxposeerd, en enkele stukken zilver die in 1955 op de tentoonstelling *Gelders zilver* in het Arnhems gemeentemuseum werden getoond, vormen zij een representatieve keuze van voorwerpen die in het openbaar te zien zijn geweest.

Uit de inventaris van 1921 blijkt dat het gehele huis, inclusief de zijvleugel, voor bewoning in gebruik was. De zijvleugel herbergde achter de veranda de zitkamer van de heer des huizes (de *rookkamer*), waarin onder andere het geborduurde kamerscherm van Mary Stuart stond opgesteld, en waar een dubbelportret van Willem en Mary en het schilderij met afbeelding van het 17de-eeuwse Ro-

299.
Rozendaal, 'meet' van de vossenjacht bij de ingang van het park aan de Kerklaan, circa 1910, foto door W.K. baron van Pallandt, part. bezit.

300.
Schaapskudde bij Nieuw-Reemst, circa 1905, foto door W.K. baron van Pallandt, part. bezit.

301.
Frederik Jacob Willem baron van Pallandt en zijn gezin, circa 1898, vòòr de geboorte van de jongste dochter, fotograaf onbekend, part. bezit.

302.
Rozendaal, erepoort aan het begin van de Rozendaalselaan bij het 25-jarig huwelijk van het echtpaar Van Pallandt-Loudon, 1911, fotograaf onbekend, part. bezit.

sendael hingen. Over de breedte van de zijvleugel liep een lange gang, die in verbinding stond met het huis zelf. Daarachter lagen twee logeerkamers, de kamer van Van Pallandts oudere broer Adolf en het *kantoor* dat als gemeentesecretarie fungeerde.

De oude inboedel was geconcentreerd in de representatieve vertrekken van de hoofdverdieping van het huis en de toren: drie salons aan de zuidzijde van het huis, de eetkamer en de torenzaal.

303.
Hal, circa 1920, uit: H. Jongsma en A. Loosjes, Kasteelen, buitenplaatsen, ...

Deze salons werden overwegend bij bijzondere bezoeken en ontvangsten gebruikt.

De eerste salon

Het aanzien van de eerste salon werd sinds 1902 bepaald – en dat is sinds 1990 wederom het geval – door een Engelse velours wandbespanning en dito gordijnen met een patroon van bloemen en ranken in de trant van William Morris (afb. 278, 304). In de bespanning zijn enkele kleine luikjes uitgespaard, waar achter muizenvallen werden aangebracht. Op de grond lag een Smyrna kleed. Het vertrek was naar de smaak van de tijd zeer vol gemeubeld. De belangrijkste meubels waren: een vierdeurs kast belijmd met palissander- en ebbenhout met daarop een groot vijfdelig blauw Japans kaststel, een Lod. XVI hoekbuffetje van satijnhout met lak, een kunstkabinetje van ebbenhout ingelegd met halfedelstenen en vergulde figuren, zes stoelen met hoge ruggen (Lod. XIV), een ingelegd Lod. XVI commode met lakpanelen, een vitrinebureau belijmd met wortelnoten fineer en ingelegd met rozenhouten biezen, en twee wit met goud gelakte fauteuils en twee dito stoelen.

De muurkast op de plaats van de voormalige deur naar de tweede salon was gevuld met kostbare kleine voorwerpen. De glazenkast van het vitrinebureau was gevuld met overwegend blauw porselein.

De tweede salon

Deze werd vanwege de rode zijden gordijnen en wandbespanning – verloren gegaan in 1945 – ook wel rode salon genoemd. Hier stonden de belangrijkste 18de-eeuwse meubels uit oud Torck-bezit: een wortelnoten Lod. XIV bureau, een lak schrijfbureautje, een porseleinkast belijmd met notenhout, en de twee belangrijkste: een grote en een kleine Lod. XV commode met marqueterie (vergelijk afb. 284, 285). De glazenkast was gevuld met een Saksisch servies van 145 delen. Ook de inhoud van deze vitrinekast ging in 1945 verloren. De overige meubels bleven dat lot bespaard omdat ze door de verdeling na het overlijden van F.J.W. baron van Pallandt in 1932 het huis al hadden verlaten. In dit vertrek hingen, zoals ook reeds in de tweede helft van de 19de eeuw, de kwalitatief beste portretten uit de 17de eeuw zoals dat van Ermgard van Dorth door Paulus Moreelse (afb. 10).

De eetkamer

In de eetkamer stond in 1921 een 'modern' mahoniehouten ameublement, bestaande uit een buffet, dressoir, consoletafel, twaalf stoelen, een tafel en vier voetenbankjes. Deze van huis Bronbeek in Arnhem afkomstige set werd gekocht van koning Willem III[7], toen deze Bronbeek in 1859 aan de Staat schonk om op het terrein een koloniaal militair invalidenhuis te bouwen[8]. In de eetkamer stonden ook twaalf witgelakte Lod. XV stoelen (afb. 305). De wanden waren bedekt door tien portretten, en in de glaskast – een muurkast behorend tot de verbinding met de aangrenzende vestibule – stond veel glaswerk waaronder een kristallen servies met ruitjesslijpsel voor achttien personen.

De derde salon

In dit relatief kleine tussenvertrek werd een belangrijke groep lakmeubels en voorwerpen overwegend afkomstig uit Nederlands-Indië bewaard. Deze collectie was voor een groot deel afkomstig uit het bezit van de Gouverneur-generaal Willem van Outhoorn, geschonken in de jaren 1710-1720 aan zijn kleindochter Petronella

304.
Eerste salon naar het zuiden, inrichting sedert 1990.

Wilhelmina van Hoorn. Deze voorwerpen bleven tot 1934 op Rosendael, toen de nalatenschap van F.J.W. baron van Pallandt werd verdeeld. De kleine voorwerpen werden voornamelijk bewaard in twee Japanse lakvitrines met vier, respectievelijk vijf schappen. Samen bevatten deze twee vitrines ongeveer 250 voorwerpen, waarvan vele van Japans lak. In deze salon hing ook een serie lakschotels met in goudlak het wapen van de familie Van Hoorn of met een gekroond monogram (p. 130). Het zeldzaamste meubel was

306.
Eetkamer gezien naar het noord-westen, inrichting sedert 1990.

305.
Stoel met los kussen, gestempeld I. GOURDIN, circa 1750, h. 98 cm, lijst van voorwerpen 80.

307.
Fauteuil met los kussen, gestempeld I. AVISSI, circa 1750, h. 95,5 cm, lijst van voorwerpen 79.

een commode van satijnhout, ingelegd met ronde lakpanelen in de deuren met afbeelding van het wapen Van Hoorn (afb. 208).

De torenzaal

Aan de noordzijde, deels in de dikte van de muur, was een klein vertrekje ingericht tot zilverkamer. In 1921 had het hier bewaarde zilver van Rosendael een geschatte waarde van *f* 119.624,–. In de inventaris staan 177 nummers vermeld, die in totaal 756 voorwerpen betroffen. De belangrijkste groep was het 47-delige zilveren servies met kabelrand en het gegraveerde wapen Torck-de Rode van Heeckeren uit 1765 en 1772 (afb. 220-223). Van de overige stukken waren er vele Haags of Amsterdams gekeurd; diverse waren voorzien van het gegraveerde wapen Torck. Het belangrijkste losse stuk was het zilveren koelvat dat in 1704 door Adam Loofs was vervaardigd in opdracht van de stad Den Briel als geschenk bij de geboorte van Jacob Jan Brillanus van Wassenaer (afb. 209). Het koelvat kwam door vererving in de familie Torck en bleef tot 1978 op Rosendael.

De torenzaal werd gebruikt voor grote diners, bijvoorbeeld wanneer Prins Hendrik kwam jagen. Er werd ook gedanst. Het ameublement, bestaande uit het nog aanwezige hoekbuffet, en uit een tafel en twee consoletafels (wit met goud, Lod. XIV) stond daar wellicht al twee eeuwen (vergelijk de inventaris uit 1764, bijlage 4). De planken vloer was geheel bedekt door een groot Deventer kleed. In de zaal stonden verder zeven witgelakte Lod. XV fauteuils en twaalf bijbehorende stoelen (afb. 307). Deze meubels stonden

308.
Houten buffet in de torenzaal met glas en porselein, toestand circa 1920, foto Schnabel, vergelijk afb. 110.
309.
Bibliotheek op de eerste verdieping van de toren, gezien naar het zuid-westen, inrichting sedert 1990.

310.
Hemelbed in de voormalige opstelling in de Keppelskamer, 1950, vergelijk afb. 127.

311.
Rosendael gezien over de rozentuin uit het noord-oosten.

312.
Rosendael, voorterrein tijdens de tuinbouwtentoonstelling, op de achtergrond de schelpengalerij, 1904, foto W.K. baron van Pallandt, part. bezit.

vooral langs de wanden; verder was de zaal grotendeels leeg. Op het buffet stonden zes grote porseleinen Chinese figuren en een verzameling glazen en bokalen met geslepen en gegraveerde voorstellingen opgesteld (afb. 308). Vele hiervan gingen in 1945 verloren. De witgepleisterde muren hingen vol met geweien en in totaal twintig portretten.

Overige vertrekken

Op de eerste verdieping van de toren bevatte de bibliotheek annex biljartkamer behalve de gevulde boekenplanken en archiefkasten een 'moderne' inboedel, bestaande uit het biljart, twee banken en diverse attributen, die deels nog aanwezig zijn (afb. 309). Er hing een schilderij met een panorama vanuit Rosendael, dat in de oorlog, toen deze ruimte te lijden had van inslaande granaatvuur, onherstelbaar werd beschadigd. De eerste verdieping van het huis zelf bevatte de slaapkamers en logeervertrekken met de bijbehorende nevenruimten. In 1921 waren naast de bibliotheek ook de naaikamer, de logeerkamer met rozenbehang, de zitkamer van de freules, de Keppelskamer, de grote slaapkamer, de toiletkamer van mijnheer met een 'moderne' inboedel ingericht, dat wil zeggen daterend uit de tweede helft van de 19de eeuw en het begin van de 20ste

313.
Jacobus Willem van Rossum, tegeltableau met voorstelling van Rosendael en oranjerie, 1904, Rozenburg, coll. VGK, Rosendael.

314.
Gezicht over de rozentuin op het huis en de schelpengalerij, circa 1920.

315.
Rosendael uit het zuid-westen, 2 juli 1928.

316.
Donjon en schelpengalerij naar het zuid-oosten, 1913.

eeuw. In de slaapkamer en de Keppelskamer was deze inrichting met oude meubels gecombineerd. In de Keppelskamer stond het hemelbed dat in 1950 door het Rijksmuseum werd aangekocht (afb. 310). In dit vertrek stond ook een palissander- en ebbenhouten toilettafel, die volgens de overlevering een geschenk was van koningin Mary Stuart aan Janne Margriete van Arnhem[9]. Ook op de tweede verdieping met slaapkamers aan de voor- en achterzijde, de slaapkamer van de freules, de kamer van de 'Engelsche juffrouw' en de drie dienstbodekamers stonden moderne meubels.

Toen het echtpaar Van Pallandt-Loudon Rosendael bewoonde, heerste in de vertrekken van het souterrain nog de bedrijvigheid die eigen was aan de huishouding van een dergelijk groot huis. Aanvankelijk waren er elf personeelsleden in huis, later reduceerde dat aantal tot slechts twee. Elk vertrek had een bestemming: de flessenkelder, de personeelskamer (onder de eerste salon), de keuken (onder de tweede salon en de eetkamer), de koperkelder, de provisiekelders, en aansluitend in het souterrain van de zijvleugel: de waskelder, de mangelkelder en de strijkkamer. De grootste ruimte van het souterrain, de vlak boven het waterniveau van de vijver gelegen keuken, had zijn 18de-eeuwse vormen bewaard. Tot de Tweede Wereldoorlog was het regime in deze kasteelkeuken met grote fornuizen en een batterij koperen pannen en bakvormen nog ongewijzigd.

317.
Willem C. Brouwer, ontwerp voor een haan in terracotta in de rozentuin, 1930, potlood en aquarel, 28 x 22,5 cm. RAG, AHR.

319.
Rosendael, zuidgevel na beschieting, april 1945.

318.
Hughy H.A. baron van Pallandt in zijn auto, waarschijnlijk een Benz uit 1911 of 1912, onbekende fotograaf, part. bezit.

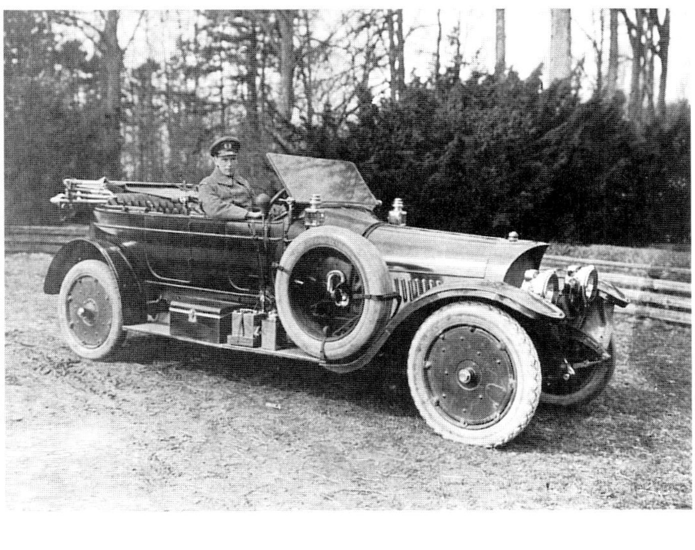

De tuin

Enkele jaren nadat F.J.W. baron van Pallandt Rosendael had betrokken, voegde hij een nieuw element aan de tuinaanleg toe, namelijk een rozentuin, die de verbinding ging vormen tussen oprijlaan, kasteel en oranjerie. Dit gedeelte voor het huis bestond rond de eeuwwisseling uit een weitje waar een geit liep; er stond een Catalpa. De nieuwe rozentuin kreeg een lange as gericht op het koetshuis en een tweede as loodrecht op de eerste en op de oranjerie. De plattegrond wordt gekenmerkt door lange rechte paden en rozenperken, afgewisseld door grasvlakken, die in de centrale gedeelten verdiept zijn. In het centrum van de rozentuin bevindt zich een vak met buxushaagjes en een zonnewijzer, op de middenas geflankeerd door twee tuinvazen. De gehele aanleg wordt omzoomd door verschillende soorten coniferen en diverse chamaecyparis-, juniperus en taxussoorten (afb. 314, 315).

De ontwerper van deze aanleg is niet bekend; mogelijk hebben Van Pallandt en zijn vakkundige tuinbaas Schreurs zelf een plan gemaakt. Schreurs had lange tijd op Keppel gewerkt, en werd door Van Pallandt meegenomen naar de jaarlijkse bloemenshow in Kensington Gardens in Londen; vermoedelijk deden zij daar de ideeën voor de rozentuin op[10]. De uitvoering dateert van na 1904. Van 11

320.
Willem Frederik Torck baron van Pallandt, 1957.

tot 14 augustus 1904 organiseerde de afdeling 'Velp en Omstreken' van de Nederlandsche Maatschappij voor Tuinbouw en Plantkunde ter gelegenheid van haar 25-jarig bestaan een tentoonstelling op Rosendael, waarvoor F.J.W. baron van Pallandt, die secretaris was, de oranjerie en het grasveld waar later de rozentuin werd aangelegd, ter beschikking stelde (afb. 262, 312). Het grote Rozenburg-tegeltableau, dat het bestuur van de afdeling Velp als dank voor de gastvrijheid aan Van Pallandt aanbood, geeft de situatie weer vòòr de aanleg van de rozentuin (afb. 313). Het uit 63 tegels bestaande tableau werd in de Haagse fabriek van Rozenburg beschilderd door Jacobus Willem van Rossum (geb. 1881). Op het glooiende grasveld tussen vijver en schelpengalerij werden in deze jaren bloembedden met buxusranden in een waaiervormig patroon aangelegd (afb. 316).

De laatste toevoeging van een tuinornament dateert uit 1930. Ter gelegenheid van zijn zeventigste verjaardag werd aan F.J.W. baron van Pallandt een terracotta beeld van een haan op een sokkel aangeboden, die nog altijd in de rozentuin staat. De haan is een ontwerp van W.C. Brouwer (1877-1933), uitgevoerd in zijn aardewerkfabriek in Leiderdorp (afb. 317)[11]

321.
Rosendael gezien over de verdwenen rozentuin, 1979.

De oudste uit het gezin Van Pallandt was Reinhard Jan Christiaan (1888-1938), die na het overlijden van zijn vader in 1932 het oude Pallandt-bezit Keppel erfde[12]. De tweede zoon was Hugh Hope Alexander (1891-1950), een bijzonder muzikale man en in zijn dagen een befaamde levensgenieter (afb. 318), die in 1917 van zijn oudtante Anna Frederika Everdina barones van Pallandt-barones van Goltstein (1829-1917) het landgoed Vanenburg in Putten erfde[13]. De derde zoon Willem Frederik Torck (1892-1977) erfde Rosendael. De twee jongsten waren Helena Susanna Cornelia (1895-1968) en Cecilia Emilie Louise (geb. 1899), die respectievelijk met Ir W.W.E. von Hemert en W.Th.C. Zimmerman huwden.

Het overlijden van hun ouders in 1932 en 1948 betekende voor de tweede keer binnen een halve eeuw een ingrijpende verdeling, dit keer in vijven. Resterend grondbezit, kasteel, inboedel en vermogen gingen nu definitief uiteen. Mede vanwege de betaling van successierechten werden er enkele verkopingen gehouden. In 1948 werd op Rosendael een *veiling van diverse Antiquiteiten en Inboedelgoederen* gehouden, waarbij inboedelgoederen, en voorwerpen van tin, koper, kristal en zilver onder de hamer kwamen[14]. Bij deze gelegenheid werd het uit het huis afkomstige 17de-eeuwse goudleer verkocht, dat rond 1860 bij de verbouwing van de zijvleugel door L.H. Eberson in de rookkamer was toegepast (zie p. 230). Vervolgens werd in 1949 en 1950 het waardevolste deel van de oude kasteelbibliotheek bij Van Huffel in Utrecht geveild. In de naoorlogse jaren begonnen de loonkosten te stijgen, waardoor het onderhoud steeds moeilijker te financieren werd en de personeelslasten te hoog werden om het gehele kasteel te blijven bewonen.

W.F.T. baron van Pallandt trouwde in 1919 met Roline Wilhelmine barones van Randwijck (1892-1968), van wie hij in 1935 scheidde. Gedurende de oorlogsjaren werd Rosendael enkele keren zwaar getroffen. In de woonvertrekken van het kasteel tussen het hoofdgebouw en het koetshuis brak op 19 november 1943 brand uit na de inslag van een bom die door een uit Duitsland terugkerende Amerikaanse bommenwerper werd gelost[15]. Op 12 februari 1945 stortte een verdwaalde V2 in het park neer waardoor vooral de schelpengalerij ernstig werd beschadigd. Gedurende de bevrijdingsdagen van april 1945 werd de gehele zuidzijde van het kasteel zwaar getroffen door geallieerde beschietingen (afb. 319). Een deel van de nog aanwezige inboedel, zoals een Saksisch servies in de tweede salon, ging daarbij verloren. De oranjerie werd zelfs onherstelbaar beschadigd en moest na de oorlog worden afgebroken. Het kasteel werd door W.F.T. baron van Pallandt hersteld. Hij betrok met zijn tweede echtgenote A. Groenhof (1904-1993) de zijvleugel, en verhuurde de hoofdvertrekken van het huis zelf; er werd een rusthuis in gevestigd. In 1962 vond het Internationale Kastelen Instituut (IBI) hier bureau- en expositieruimte. Een lichtpunt in deze voor de instandhouding zorgelijke periode betekende de restauratie van de schelpengalerij onder directie van architect W.A. Heineman te Velp, waartoe Van Pallandt in 1972 opdracht verleende (p. 161).

Het overlijden van de laatste heer van Rosendael in 1977 markeerde het einde van een periode van bewoning van ruim 650 jaar.

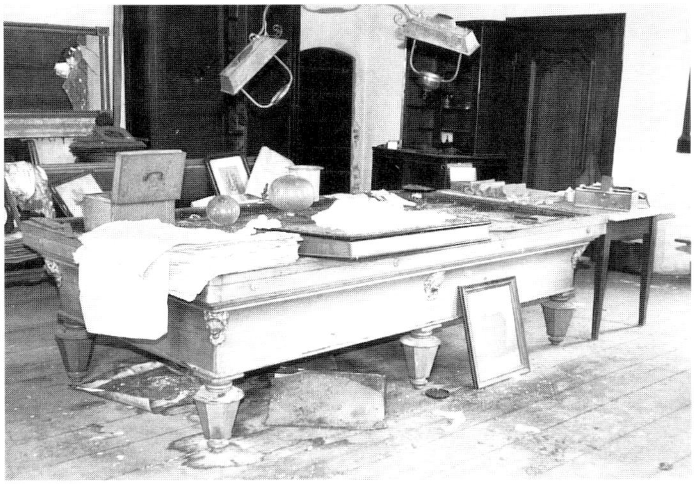

322.
Bibliotheekzaal, toestand na beëindiging van bewoning, 1981.

323.
Vertrek in zijvleugel, toestand na beëindiging van bewoning, 1986.

Slechts twee keer (in 1516 en 1579) was het bezit door respectievelijk verpanding en verkoop in andere handen overgegaan. Sindsdien geschiedde dat uitsluitend door huwelijk of vererving.

Einde van het particulier bezit; herstel

Het was de wens van W.F.T. baron van Pallandt dat huis en park na zijn dood als eenheid in stand zouden worden gehouden. Daartoe werden het kasteel met het omringende park en de Koningsberg ter grootte van 45 ha in 1978 als een legaat overgedragen aan de Stichting Het Geldersch Landschap tegen betaling van het bedrag waarop een en ander voor de heffing van de successierechten werd getaxeerd. Het kasteel werd ontruimd; slechts een beperkt aantal negentiende-eeuwse voorwerpen bleef achter. Maar gelukkig bleven bijna alle portretten bijeen, een nagenoeg volledige reeks van de bewoners sedert het einde van de 16de eeuw en van hun verwanten. Ze werden overgedragen aan de Brantsen van de Zyp Stichting tot bewaring van Gelderse familieportretten[16]. Een resterend aantal voorwerpen van zilver en tin werd in 1979 geveild[17].

In 1979 en 1984 werd het park door aankoop en door ruiling van gronden met Staatsbosbeheer uitgebreid tot 64 ha[18]. Vervolgens heeft Het Geldersch Landschap het park gerestaureerd, waarbij de door achterstallig onderhoud verhulde vormen weer zichtbaar zijn gemaakt, bomen en struiken gesnoeid, doorzichten weer geopend, alle waterlopen hersteld en vijvers schoongemaakt. Toen de vijvers nog munitie uit 1945 bleken te bevatten, heeft de Explosieven Opruimingsdienst ze in 1985 uitgegraven, wat belangrijke archeologische vondsten tot gevolg had (p. 16)[19]. De rozentuin werd in 1985

324.
Kap van de zijvleugel boven de stal, toestand vòòr restauratie, 1986.

325.
Zijvleugel na verwijdering van de kap, 1986.

326.
Rosendael, oranjerie en logement (Résidence), gezien van de schelpengalerij naar het noord-oosten.

aan de hand van de in het terrein nog aanwezige sporen op het oude stramien hersteld. Mevrouw M.E. Canneman-Philipse ontwierp de vulling van de perken en koos de soorten[20]. Op 28 mei 1986 werd het herstelde park officieel geopend door Ir G.J.M. Braks, minister van Landbouw en Visserij. De herbouw van Zochers oranjerie in 1990 door de Stichting Het Geldersch Landschap onder directie van de bouwkundige W.H. Kelderman sloot de herstelfase van het park af. De oranjerie doet als vanouds weer dienst als winterberging voor kuipplanten en oranjeboompjes; in de zomer is het gebouw in gebruik onder meer als theeschenkerij voor parkbezoekers. De laatste twee onderdelen van het park die nu nog op herstel wachten zijn de cascade met schelpengrotje, gelegen ten zuiden van de bedriegertjes, en het interieur van de theekoepel[21].

Het kasteel zelf werd in 1982 voor een periode van vijftig jaar in erfpacht gegeven aan de Stichting Vrienden der Geldersche Kasteelen. De staat van onderhoud bleek zeer slecht te zijn. Alle daken vertoonden ernstige lekkages, waardoor veel houtwerk was verrot en de huiszwam kon gedijen. Delen van het kasteel waren min of meer aan het verval prijsgegeven, zoals de bibliotheek in de toren (afb. 322) en koetshuis en stal in de zijvleugel. De weelderige begroeiing van de voorgevel met klimop accentueerde de Doornroosje-achtige toestand waarin Rosendael verkeerde (afb. 321). Nu waren maatregelen dringend geboden: wanneer herstel van de daken langer zou uitblijven, dreigde er nog ernstiger schade aan het gebouw. Gelukkig kon in 1980 een begin worden gemaakt met de restauratie van de kappen, waarvoor een subsidiebedrag van *f* 1.075.000,– beschikbaar was[22]. In hetzelfde jaar kwam het herstel van het dak van de toren grotendeels gereed, en in 1981 konden het dak, de kap en de goten van het hoofdgebouw worden hersteld. Ook was het mogelijk het driehoekig fronton boven de voorgevel te reconstrueren. Maar de middelen ontbraken om het ernstig lekkende dak van de zijvleugel te herstellen, en dus moest daar met een nooddak van golfplaten worden volstaan. Gezien de in de jaren tachtig sterk dalende restauratiesubsidies zag het er voor het behoud van de zijvleugel en het eigenlijke herstel van hoofdgebouw en toren maar somber uit. Deze dreiging keerde toen in 1986 eindelijk de toezegging van de Rijksdienst voor de Monumentenzorg kwam, dat van het bedrag van *f* 5,9 miljoen, dat voor de restauratie nodig was, *f* 4,2 miljoen subsidiabel werd gesteld. De Stichting Vrienden der Geldersche Kasteelen slaagde er tijdig in om het eigen aandeel in te zamelen, dankzij bijdragen van de provincie Gelderland, de gemeente Rozendaal, het Prins Bernhard Fonds, AKZO, een actie onder begunstigers van beide stichtingen en de inwoners van Rozendaal. In october 1986 ging de eerste fase van start, gericht op het herstel van de ernstig aangetaste zijvleugel met koetshuis en stal, onder gezamenlijke directie van de stichting en het architectenbureau Heineman, Vos en Ten Broeke te Velp en als aannemer de firma Hulshof te Steenderen[23].

Vanwege de volkomen verrotte toestand van de vleugel moesten vrijwel alle balken en vloeren en de gehele kap worden vervangen (afb. 324, 325). Met de toren en het huis was het dankzij het snelle ingrijpen in 1980/1981 minder ernstig gesteld. Begin 1988 kon de tweede fase van de restauratie beginnen, die het herstel van hoofdgebouw en toren omvatte, en die in hoog tempo en onder strakke begeleiding binnen anderhalf jaar tot een goed einde werd gebracht. Als uitgangspunt bij deze restauratie werd er gestreefd naar een conserverend en constructief herstel van alle onderdelen, waarbij oorspronkelijke vormen en materialen zoveel mogelijk bewaard moesten blijven. In één geval is van deze gedachte afgeweken, namelijk bij de reconstructie van de lichtkoepel op het dak van de toren (zie p. 100). Op ondergeschikte plaatsen werden nog enkele toevoegingen gedaan: de omlijsting van het venster boven de voordeur werd gecompleteerd met de van foto's bekende maar inmiddels verdwenen halve boog met vulling van een gesneden houten schelp. In de tweede salon, die in 1945 zwaar was beschadigd, werd een aangekochte marmeren schouw geplaatst ter vervanging van

327.
Rosendael, bovenvijver met aan de noordwestelijke zijde de door de sprengen gevoede marmeren cascade met de stroomgoden.

328.
Rosendael uit het noord-oosten met de rozentuin op de voorgrond.

1. donjon (14de-15de eeuw)
2. huis (17de-18de eeuw)
3. zijvleugel (18de-19de eeuw)
4. verdwenen bouwhuizen (18de eeuw)

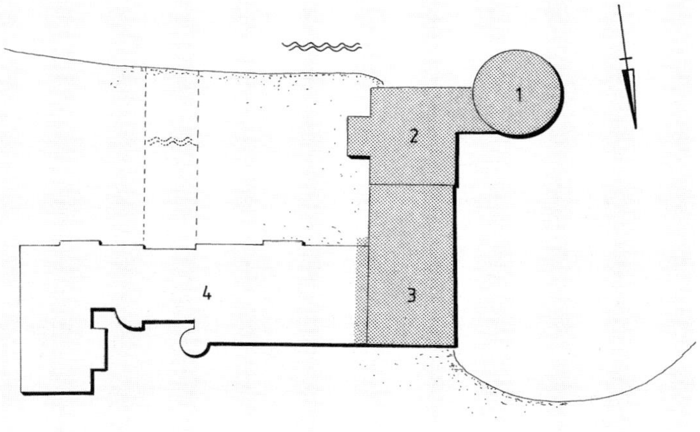

329.
Rosendael, plattegrond met aanduiding van de in 1841 afgebroken 18de-eeuwse bouwhuizen, tekening door C.J. Willems, 1993.

een daar verdwenen exemplaar, en in hetzelfde vertrek werd het vlakke plafond versierd met enkele eenvoudige stucwerkmotieven.

Bovendien moesten er onvermijdelijke technische voorzieningen worden getroffen om het voor bewoning bedoelde gebouw, waarin die voorzieningen vrijwel ontbraken, geschikt te maken voor de openstelling voor het publiek en voor het behoud van de erin onder te brengen collectie. Dit hield in dat technische leidingen en installaties zo onzichtbaar mogelijk weggewerkt moesten worden ten einde het historische karakter van het interieur zo min mogelijk aan te tasten. Het gehele gebouw werd voorzien van electriciteit, centrale verwarming en brand- en inbraaksignalering, en deels van water en gas, zoals in de dienstwoning van de kasteelbewaarder, die op de tweede verdieping werd ingericht.

De keuze van kleuren voor de beschildering van de lambrizeringen werd bepaald door verfonderzoek in de vertrekken. Aan de hand van gevonden verfresten was het mogelijk in een aantal vertrekken het 18de-eeuwse kleurenschema terug te brengen, zoals in de eetkamer (donkergroen), de torenzaal (mosgroen) en de keuken in het souterrain (wijnrood). De onbeschilderde lambrizeringen van de salons aan de zuidzijde van de hoofdverdieping werden zo gelaten. In de slaap- en logeervertrekken van de eerste verdieping, die in de tweede helft van de 19de eeuw ingrijpend werden gewijzigd, zijn overwegend verschillende tinten crèmekleurig wit toegepast. Bij de keuze van de diverse soorten papieren behang is wat kleuren en motieven betreft zoveel mogelijk aansluiting gezocht bij de aangetroffen resten van 19de-eeuwse behangsoorten.

Na de oplevering van de restauratie volgde in het najaar van 1989 de inrichting van het huis, waarvoor Jhr Dr C.C.G. Quarles van Ufford, directeur van de Stichting Vrienden der Geldersche Kasteelen, een plan opstelde. Evenals bij de andere in historische trant ingerichte huizen van de stichting is de gedachte geweest de sfeer van het bewoonde huis op te roepen door de vertrekken hun oude functies terug te geven met behulp van een grote variatie aan meubels, schilderijen, kunstvoorwerpen, en tal van andere inrichtingsstukken[24]. De bestemming die de vertrekken nog tijdens de bewoning door het echtpaar Van Pallandt-Loudon hadden en de plaatsing van meubels zoals deze blijkt uit de genoemde inventaris van 1921, dienden daarbij als uitgangspunt. Er is reeds opgemerkt dat het laatste gedeelte van de oude inboedel van Rosendael niet in de overdracht van 1978 begrepen was, met uitzondering van de portretten. Van de overige inboedel bleven slechts enkele stukken op Rosendael achter (zie p. 233), het in 1949/1950 niet geveilde deel van de bibliotheek, en het in de oorlog zwaar beschadigde schilderij waarop Rosendael in 17de-eeuwse staat is afgebeeld (afb. 31). Deze voorwerpen vormen sinds 1990 na gerestaureerd te zijn een gewaardeerd onderdeel van de nieuwe inrichting van het huis. Het overgrote deel van deze inrichting is te danken aan talloze bruiklenen, schenkingen en legaten, overwegend van begunstigers van de stichting. Een belangrijke rol speelde de collectie van Drs D.H.G. Bolten, die in 1988 in bruikleen werd verkregen van de Vereniging Hendrick de Keyser te Amsterdam. De inrichting en stoffering van de open te stellen vertrekken was in het voorjaar van 1990 voltooid. Op 22 mei 1990 volgde de bekroning van de twaalf jaar lange inspanning van de stichting, toen H.K.H. Prinses Margriet op een onvergetelijk stralende dag de openingshandeling verrichtte.

Met recht mag de oude gevelsteen, die in 1616 door het echtpaar Van Dorth-thoe Boecop werd aangebracht, sindsdien weer spreken: *Tandem e spinis rosa*: uiteindelijk is er uit de doornen weer een roos gegroeid!

Noten

Gebruikte afkortingen

AHR	Archief van het huis Rosendael, aanwezig in het RAG
ARA	Algemeen Rijksarchief, 's-Gravenhage
BvdZ	Brantsen van de Zyp-Stichting, Arnhem
GAA	Gemeentearchief Arnhem
GAW	Gemeentearchief Wageningen
GMA	Gemeentemuseum Arnhem
HGL	Stichting Het Geldersch Landschap, Arnhem
IB	Iconographisch Bureau, 's-Gravenhage
KB	Koninklijke Bibliotheek, 's-Gravenhage
KHA	Koninklijk Huisarchief, 's-Gravenhage
KHI	Kunsthistorisch Instituut, Rijksuniversiteit Leiden
NDA	Nassause Domeinraadarchief
OAW	Oud-archief van de gemeente Wageningen
RAD	Rijksarchief in de provincie Drenthe, Assen
RAG	Rijksarchief in de provincie Gelderland, Arnhem
RAGr	Rijksarchief in de provincie Groningen, Groningen
RAU	Rijksarchief in de provincie Utrecht, Utrecht
RDMZ	Rijksdienst voor de Monumentenzorg, Zeist
RKD	Rijksbureau voor Kunsthistorische Documentatie, 's-Gravenhage
ROB	Rijksdient voor Oudheidkundig Bodemonderzoek, Amersfoort
RPK	Rijks Prentenkabinet, Amsterdam
UB	Universiteitsbibliotheek
VGK	Stichting Vrienden der Geldersche Kasteelen, Arnhem

hoofdstuk 1

De kennis van Rosendael in de Middeleeuwen wordt enerzijds bepaald door de nog aanwezige delen van het gebouw uit deze periode, vooral de donjon, en de in 1985 aangetroffen muren in de gracht, en anderzijds door het bewaard gebleven rentmeestersarchief van de graven en hertogen van Gelre in het Rijksarchief Gelderland te Arnhem. Ten behoeve van deze inleiding is geen nieuw onderzoek in dit archief ingesteld, maar zijn eerder gepubliceerde gegevens samengevat.

1 Vondsten die in 1986 tot 1989 tijdens de restauratie van het kasteel werden gedaan, konden in deze publicaties niet worden verwerkt. Voor de nu volgende samenvatting van de geschiedenis van Rosendael tijdens de Middeleeuwen is dankbaar gebruik gemaakt van genoemde oude en recente publicaties (zie bibliografie). Voor dit overzicht is geen nieuw onderzoek ingesteld in het archief van de graven en hertogen van Gelre. Evenmin gaf de restauratie antwoorden op de sinds 1985 gerezen vragen over de Middeleeuwse bouwgeschiedenis van het kasteelcomplex.

2 G. Nijsten 1992.

3 E.W. Moes en K. Sluyterman II (1914), p. 38 twijfelden al aan deze functie, en herkenden de ruimte als Middeleeuwse latrine. J.G.N. Renaud 1987 beschouwt de gevangenis als een 19de-eeuwse vermomming. De datering van de betimmering is niet vastgesteld.

4 G. Nijsten 1992, p. 193.

5 L. ter Beke 1988, p. 65-68.

6 G. van Hasselt 1808, p. 54.

7 G. Nijsten 1992, p. 248.

8 G. van Hasselt 1808, p. 54-55.

9 G. van Hasselt 1808, p. 90-91; G. Nijsten 1992, p. 237.

10 In dit verband is van belang dat er al in 1396 sprake was van een watermolen en waterraden en van 'Peter die moelner' die met onder andere de leeuwenwachter en de gardener bij het huispersoneel werd genoemd; G. van Hasselt 1808, p. 66-67.

11 M. Brongers 1983.

12 G. Nijsten 1992, p. 59, 68, 236.

13 J.M. van Winter 1962, p. 150-151; G. van Hasselt 1808, p. 429; H. Kerkkamp 1963, p. 38.

14 G. van Hasselt 1808, p. 285 en 329.

15 F. Schmidt 1912, p. 571-572, met afbeelding. E. Egg 1974, p. 57 en 61, no. 15. De heer D.J.G. Buurman wees mij op dit reliëf.

16 AHR inv. 508 (18de-eeuwse copie van de oorspronkelijke tekst), ook opgenomen in: G. van Hasselt 1808, p. 442.

17 AHR inv. 1000 A en B; G. van Hasselt 1808, p. 436-437.

18 AHR inv. 1004, 508; G. van Hasselt 1808, p. 441-444.

19 J.A. de Mooy 1950, p. 66 en J.S. van Veen 1929, p. 236, 'in het jaar 1412 tijdens de regering van hertog Reinald (IV) is op 2 september kasteel Rosendael bij Arnhem door een schoorsteenbrand voor het grootste gedeelte verwoest, maar hertog Reinald heeft het op zeer gepaste wijze herbouwd en op dezelfde grondslag een toren van een verheven bouwtrant geplaatst'.

20 Mevrouw M. Vos de Wael-Brongers wees mij hierop; zie: M. Brongers 1983, p. 22.

21 L. ter Beke 1988, p. 83.

22 L. ter Beke 1988, p. 81-102.

23 L. ter Beke 1988, p. 87.

24 R.S. Hulst 1986, p. 29-31.

25 M. Brongers 1983, p. 57.

26 De in 1777 afgebroken dikke toren van het kasteel van Hattem had zelfs een uitwendige diameter van ongeveer 21,5 meter; M. Brongers 1983, p. 57.

27 L. ter Beke 1988, p. 101.

28 G. Nijsten 1992, p. 194.

29 G. van Hasselt 1808, p. 160.

30 G. van Hasselt 1808, p. 262-263.

31 R.S. Hulst 1986; J.G.N. Renaud 1987; L. ter Beke 1988.

32 G. van Hasselt 1808, p. 91, 110; R.S. Hulst 1986, p. 40.

33 R.S. Hulst 1986, p. 34-40.

hoofdstuk 2

De onderzoeksbronnen uit deze periode zijn zeer fragmentarisch. Het huisarchief van Rosendael bevat slechts een beperkt aantal stukken uit deze periode.

1 AHR inv. 1000d; L. ter Beke 1988.

2 AHR inv. 1515 en 1505; L. ter Beke 1988.

3 UB Utrecht, afdeling oude drukken en handschriften, inv. VI E 15, *Commentarius rerum quotidianarum, ...* (1560-1599). De tekening is ge-

wassen in de kleuren rood-bruin, blauw en groen; 9,2 x 13,2 cm. Het handschrift is uitgegeven door G. Brom en L.A. van Langeraad 1907. De vertaling van het opschrift luidt: 'ware tekening van kasteel Rosendael, waarvan ik vijf bladzijden hiervoor melding heb gemaakt'. S. Muller Fz. 1906.

4 Dirck (of: Diederik) van Dorth woonde in 1579 in Heerde en compareerde in de jaren 1579-1583 in de ridderschap van de Veluwe; W.J. d'Ablaing van Giessenburg 1859, p. 135; J.H. Hofman 1900, p. 98.

5 AHR inv. 1033 a/b; RAG, archief Rekenkamer inv. 518 en AHR inv. 809. Dit bedrag wordt genoemd in de context van een verslag van de pogingen van de Gelderse Rekenkamer in 1721 om het door hertog Karel van Gelre in 1516 aan Gerrit van Scherpenseel verpande slot Rosendael met de domeinen te herenigen. Pas na het overlijden van Gerrit van Scherpenseel in 1617 transporteerden Jacob van Scherpenseel en Adriaan van Fürstenberg namens zijn vrouw Rosendael op Dirck van Dorth jr. en Margaretha thoe Boecop.

6 J.H. Hofman 1900; A.J. Gevers en A.J. Mensema 1983.

7 W.J. d'Ablaing van Giessenburg 1859.

8 Hij compareerde in de ridderschap van de Veluwe van 1602 tot 1619; W.J. d'Ablaing van Giessenburg 1859, p. 188. Deze Van Dorth niet te verwarren met zijn gelijknamige neef Derk van Dorth (1565-1625), die onder meer landdrost van Zutphen was; J.H. Hofman 1900, p. 93-94.

9 Over het op handen zijnde huwelijk handelen een huwelijksverklaring en twee brieven van Margriet thoe Boecop aan Carel van Arnhem tot Kernhem (1551- ±1621), halfbroer van haar moeder Elisabeth van Arnhem; RAG, AHK inv. 734.

10 AHR inv. 1926, testament Dirck van Dorth en Margriet thoe Boecop, Rosendael 16 october 1617.

11 J.J.S. Sloet en J.S. van Veen 1917, p. 432-436.

12 W.J. d'Ablaing van Giessenburg 1877, p. 92.

13 AHR inv. 1926, brief gedateerd Zutphen, 5 april 1627.

14 C.H. de Jonge 1938; Catalogus Arnhem/Nijmegen 1990, no. 116, p. 153. Naar dit portret graveerde de in Utrecht werkzame Magdalena de Passe (1600-vòòr 1640) een prent; F.W.H. Hollstein XVI (1974), p. 219, no. 24.

15 O. Schutte 1975, p. 35.

16 W.J. d'Ablaing van Giessenburg 1859, p. 253; genealogie Van Arnhem, ms. Snouckaert van Schouburg, fol 14 (zie hfd.3, noot 1). In de bibliotheek van Rosendael waren zeven boeken over juridische onderwerpen en één op het gebied van de klassieke, en één over de Nederlandse letteren aanwezig, waarin Robert van Arnhem zijn naam had geschreven. Dit blijkt uit de catalogus van de bibliotheek, die circa 1930 van het boekenbezit op Rosendael werd opgesteld; RAG, AHR niet-geïnventariseerd.

17 AHR inv. 519, fol. 15; hij pachtte het Leyenhuis met hof voor *f* 28,– per jaar.

18 Ibidem, fol. 19-28.

19 Catalogus Arnhem/Nijmegen 1990, no. 128, p. 162.

20 AHR inv. 1130, acte van belening door Robert van Arnhem voor zijn onmondige zoon Diederik op 4 augustus 1649. Robert overleed op 8 september 1649. RAG, archief leenkamer inv. 30, fol. 199v°-200; de protocollen vermelden 1649, maar de registers noemen ten onrechte 1644.

21 Hij verbleef ongetwijfeld in Leiden om er te studeren; zijn naam komt echter niet in het *Album Studiosorum* voor.

22 RAG archief Leenkamer inv. 31, fol. 195, 1 juli 1659; J.J.S. Sloet en J.S. van Veen 1917, p. 433. AHR inv. 1144.

hoofdstuk 3

Dankzij de combinatie van de beschrijving door Johannes d'Outrein en afbeeldingen in de vorm van een prentserie door Petrus Schenk zijn wij goed ingelicht over de tuin zoals die er rond 1700 uitzag, maar minder goed over het huis. Er zijn beschrijvingen en gedichten sedert circa 1650 bekend; Jan van Arnhems boekhouding is niet bewaard gebleven. Bij het onderzoek zijn ongeveer twintig brieven van Jan van Arnhem (huisarchieven Twickel en Enghuizen) gevonden, die samen met de door hemzelf gepubliceerde werken een beeld van zijn persoon geven.

1 Er bestaat geen gepubliceerde genealogie van het geslacht Van Arnhem. De beste geschreven bron is de genealogie Van Arnhem in de collectie Snouckaert van Schauburg in het archief van de Hoge Raad van Adel (inv. no. 152) te 's-Gravenhage, die teruggaat op onderzoek door de Gelderse historicus Willem Anne van Spaen la Lecq (1750-1817). Aan de heer E.J.C. Kamerling te Vorden dank ik een afschrift van deze genealogie. In AHR inv. 1305 bevindt zich een bundel genealogische aantekeningen over de familie Van Arnhem, verzameld in de 17de en 18de eeuw. In RAG, AHK inv. 741 bevinden zich genealogische afschriften en aantekeningen betreffende het geslacht Van Arnhem uit de periode 1190-1593, verzameld door Carel van Arnhem tot Kernhem (1551- ± 1621).

2 D. van Hoogstraten en J.L. Schuer 1733, deel 1, p. 630-632; de levensbeschrijving van Johan van Arnhem hebben deze auteurs letterlijk van d'Outrein overgenomen.

3 A. Frank-van Westrienen 1983, p. 21.

4 Veiling Van Huffel, Utrecht 1950 no. 650; particuliere collectie. Zijn kleinzoon Diederik van Arnhem schreef een kleine eeuw later zijn naam onderaan het titelblad: *Theodorus ab Arnhem symb. Labor mihi otium.*

5 Collectie VGK, bibliotheek Rosendael, niet verkocht op veiling Van Huffel Utrecht 1950, no. 57; perkamenten band, op het schutblad behalve naam en datum ook vier citaten.

6 Particulier bezit, afkomstig uit de bibliotheek van Rosendael; op het voorplat gestempeld R.G.C. en 1573. Ook in dit boek schreef Johan van Arnhem sr. zijn naam.

7 R.T. Muschart 1939, no. 152, p. 310.

8 O. Schutte 1975, p. 35. Op 15 juni 1615 werden zij ingeschreven in het wapenboek van deze studentenvereniging. Robert voerde als spreuk: *Moderata durant* (Seneca, Troades 2, 257) en Gerard: *Commune periculum concordia depulsandum* (Tacitus, Agricola 29,3). Hun namen komen echter niet voor in het *Album Studiosorum Academiae Lugduno Batavae MDLXXV-MDCCCLXXV*, 's-Gravenhage 1875.

9 Dit blijkt uit de catalogus van de bibliotheek op Rosendael, die circa 1930 werd geschreven; AHR, niet-geïnventariseerd.

10 Voor de verdere beschrijving van zijn levensloop is vooral van belang de necrologie die J. d'Outrein schreef, getiteld *Eene korte beschrijving van den leevens-loop van den hoogwelgebooren gestrengen Heere Johan baron van Arnhem vrij-heer van Roosendaal enz. enz.* die in de derde druk van d'Outreins beschrijving van Rosendael werd opgenomen. Van Arnhems levensbeschrijving in D. van Hoogstraten en J.L. Schuer 1733, deel 1, p. 632, en in J. Kok 1786, deel 4, p. 1317-1319 is op d'Outrein gebaseerd. Van Arnhems ambtsuitoefening is toegelicht door S.P. Haak 1911.

11 AHR inv. 758, *rekening van ontfanc ende uitgaef wegens den boedel van de vrouw Theodora van Wassenaer, douairiere van Arnhem.*

12 AHR inv. 520, fol. 160. Voor een overzicht van de eigenaren van Harsselo zie: J. Belonje 1936.

13 *Album Studiosorum* 1875, 27 mei 1656 op 20-jarige leeftijd, honoris ergo inscriptus (ingeschreven vanwege de eer).

14 J.J.S. Sloet en J.S. van Veen 1908, p. 270.

15 J. Aalbers 1991.

16 S.P. Haak 1908.

17 J. d'Outrein, *Levensloop van ... Johan Baron van Arnhem*, 1718; S.P. Haak 1911.

18 M.C. Sigal 1919, p. 98, 131; bij de stichting had hij de gemeente een bijbel geschonken.

19 Jan van Arnhem had dit tweede werk van 92 pagina's over het lijden en sterven van Christus, dat was gedrukt bij Elisabeth van Biesen, drukster van de gedeputeerden van het kwartier van Veluwe te Arnhem, al van een opdracht voorzien (Rosendael 12 december 1694) aan Koningin Mary, toen deze twee weken later overleed. Van Arnhem schreef een *rouwklachte* en zond die met het werk zelf voorzien van een nieuwe opdracht d.d. 18 januari 1695 aan de Koning-stadhouder op, en leverde zo een bijdrage aan de zwellende stroom rouwdichten van tijdgenoten. Een exemplaar van Van Arnhem zelf bevindt zich nog in de bibliotheek van Rosendael, evenals exemplaren van de rouwdichten op de overleden vorstin door Petrus Francius en Frederik Spanhemius.

20 Zijn laatste werk *Order en regel voor 's menschen leeven* verscheen in 1715.

21 AHR inv. 734 en 1983.

22 Volgens de catalogus van de bibliotheek uit ongeveer 1930 (AHR, nietgeïnventariseerd) waren er negen manuscripten over zonnewijzers en

vier over mathematische onderwerpen aanwezig. Vier van deze dertien handschriften zijn in het AHR bewaard gebleven: inv. 2010, *Beschriewinge van een universale instrument om seer gemackelijck allerhande zonwijsers te maecken*, 23 fol.; inv. 2011, *Sonneweijsers na Meinant constructie*, 99 fol.; AHR inv. 730, *Matheïsche consten*, waarschijnlijk door Jan van Arnhem; inv. 731, *De extractione radicis*. Volgens de catalogus van de Rosendaelse bibliotheek uit 1789 (AHR, niet-geïnventariseerd, fol. 68) was er een 'getekent boek van te makene sonnewijsers' van de hand van Jan van Arnhem aanwezig. In deze reeks hoort ook een dergelijk wiskundig oefenboek van de hand van Lubbert Adolf Torck: *Geometriae liber collectus a me L.A.T. an. 1707*, voornamelijk de vlakke meetkunde behandelend, waaronder de landmeetkunde. Zou Jan van Arnhem zijn neef bij dit deel van zijn opvoeding geleid hebben?

23 Catalogus van de bibliotheek op Rosendael, circa 1930; RAG, AHR niet geïnventariseerd.

24 Vergelijk de uit 42 voorwerpen bestaande verzameling mathematische instrumenten van de Leidse lakenfabrikant en kunstverzamelaar Allard de la Court, waarvan een inventaris is opgesteld in 1749; *Het Rapenburg* II 1987, p. 477-478.

25 GA Arnhem, Retroacta burgerlijke stand 132, fol. 189.

26 RAG, archief Leenkamer inv. 31, fol. 195, 1 juli 1659; J.J.S. Sloet en J.S. van Veen 1917. Haar neef Lubbert Torck (ca. 1617-1672), drost en rechter te Wageningen, trad voor haar als momber en hulder op.

27 J.J.S. Sloet en J.S. van Veen 1917, p. 434; in 1686 werd het halve erf en goed Mossel tot één leen met de heerlijkheid Rosendael samengevoegd.

28 Van Heyden was kolonel en overleed in 1690 te Brussel aan de verwondingen die hij opliep in de slag van Fleurus; W.J. d'Ablaing van Giessenburg 1859, p. 253.

29 AHR inv. 1184, afrekening van de nalatenschap van Lubbert Frederik Torck, 1692. Hij was een broer van Assueer Torck, drost van Wageningen. Hun ouders Lubbert Torck en Judith van Appeldoorn waren al in resp. 1672 en 1657 overleden.

30 AHR inv. 734, fol. 25.

31 GA Arnhem, rechterlijk archief inv. 519, fol. 12, 8 augustus 1698.

32 M.C. Sigal 1919, p. 131.

33 Er zijn verschillende versies van hun testament en van testamentaire beschikkingen en aantekeningen bewaard gebleven uit de periode tussen 1700 en 1718: AHR inv. 1193, 1194, 1195a, 1205, 1208, 1208a, 1208b, 1940, 1941, 2033, 2062-2064.

34 W.J. d'Ablaing van Giessenburg 1859, p. 33.

35 Genealogie Van Arnhem, collectie Snouckaert van Schouburg (zie noot 1), fol. 11.

36 AHR inv. 1940 en 1941, testamentaire dispositie van Johan en Janne Margriete van Arnhem, 4 october 1715.

37 Zijn grootmoeder Johanna van Dorth was een zuster van Janne Margriete van Arnhems grootmoeder Ermgard van Dorth; zie verder p. 83. Zie voor Van Lintelo: J. Aalbers 1987, p. 74; Van Lintelo was overigens de enige van alle familieleden voor wie het legaat ook voor zijn erfgenamen zou gelden, wanneer hij zelf eerder dan Van Arnhem zou overlijden; voor de overigen waren de legaten alleen persoonlijk bedoeld.

38 Harsselo werd hier ten onrechte een havesathe genoemd, aangezien er geen rechten aan het huis verbonden waren.

39 J. Aalbers 1987, passim; J.E. Elias 1903-1905; B.E. de Muinck 1965.

40 Zie ook de registers op de leenaktenboeken van het kwartier van Arnhem: J.J.S. Sloet en J.S. van Veen 1917, p. 64 en 70. Dickenest maakte al ruim een eeuw deel uit van het Rosendaelse bezit; A.W. Edelman-Vlam en C.H. Edelman z.j., p. 151-152.

41 AHR inv. 1206, *Order ende bestier over de begraeffenis en het sterfhuis van ons Jan van Arnhem ende Janne Margriete van Arnhem*; acht folio's in handschrift van Jan van Arnhem, opgenomen in bijlage 3, p. 302.

42 J. d'Outrein 1718, in zijn levensbeschrijving van Jan van Arnhem; zie noot 10.

43 Een separate gedrukte versie in AHR inv. 2020, later ook opgenomen in: J. d'Outrein 1718[1].

44 Lijst van voorwerpen no. 7.

45 Als jongeling was hij aanvankelijk nog op zoek naar een lijfspreuk. In twee van zijn boeken, bewaard in de bibliotheek van Rosendael, gebruikte hij: *pietas tutissima virtus* (1653) en het welbekende: *vita brevis ars longa* (1656). Zijn overgrootvader Joseph van Arnhem (1509-1586) verwees in zijn wapenspreuk al naar de adelaar als wapenfiguur; zijn motto was: *aquila non capit muscas*. Archief huis Twickel inv. PW 1399, album amicorum Henrica van Arnhem (1584-1614), circa 1611.

46 AHR inv. 1983.

47 ARA, archief huis Duivenvoorde, inv. 109.

48 J. d'Outrein vermeldt in zijn *Treur- en troost-reden* op het overlijden van Van Arnhem: 'sijn doelwit was, dien vorst met eerbied aan te raaden 't belang van land en kerk'.

49 Op eerdere contacten wijst de aanwezigheid in het huisarchief van Rosendael van een copie van een instructie voor Frederik van Nassau, heer van Zuylestein (1624-1672) als gouverneur van de jonge prins van Oranje toen deze in 1659 in Leiden ging studeren; AHR inv. 68.

50 *Hollandse Mercurius* 1675, p. 26. Drs L.J. van der Klooster wees mij op deze vermelding. De passage die Jan Willem Gensel in 1787 aan het bezoek wijdde (J.J.S. Sloet 1911, p. 362) gaat op dezelfde bron terug.

51 In de levensbeschrijving die hij van Van Arnhem opstelde, zie noot 10. D'Outrein vergiste zich in het jaar van de intocht in Arnhem.

52 Zie vooral de door hen uitgewisselde brieven, die zijn opgenomen in de gepubliceerde correspondentie van Willem III en Hans Willem Bentinck; N. Japikse 1928, no's 619-623 en diverse andere brieven waarin zijn naam genoemd wordt.

53 C. Huygens jr. 1876-1888, II p. 47, 23 april 1692.

54 Ibidem p. 538, 1 october 1695.

55 F.A. Hoefer 1908, p. 79.

56 N. Japikse 1937, brieven no's 609, 611, 614 (Willem III aan Jan van Arnhem) en 615, 616 (Portland aan Jan van Arnhem); N. Japikse 1928, brieven no's 619-623 (Jan van Arnhem aan Willem III).

57 *Hollandse Mercurius* 1675, p. 26: 'Den 19. gingh sijn Hoogheyt op de Jacht na Doorewaert'.

58 Archief huis Twickel, Delden, inv. P.W. 585, 9 april 1698. Daniel Desmarets was als controleur-generaal onder meer belast met het toezicht op de koninklijke gebouwen.

59 AHR inv. 77; *Alle de oncosten tot het maken van de wech tussen Dieren en het Loo, ten dienste van sijne Mayesteyt en andere passanten, in de jare 1700 en 1701 gedaen ...*; 24 februari 1702. De kosten bedroegen in totaal *f* 960-7-0.

60 Archief Twickel, Delden, inv. PW 591, 10/20 augustus 1689; gepubliceerd in: *Lettres ...* 1880.

61 Ibidem, 5/15 maart 1689. Twee maal verzoekt Mary een brief aan mevrouw van Rosendael te overhandigen; deze zijn niet bewaard gebleven.

62 AHR inv. 1972, Hamptoncourt 30 juni/10 juli 1689 en 29 augustus 1689.

63 Ibidem, met opschrift 'queen Mary her own hand'. De haarlok die bij deze twee stukken wordt bewaard en die gewikkeld is in een papiertje waarop R.J.C. Torck circa 1800 heeft geschreven *Cheveux de la Princesse d'Orange, donnés à Madame de Roosendael*, heeft naar mijn mening niet aan koningin Mary toebehoord, maar aan prinses Wilhelmina van Pruisen, echtgenote van prins Willem V; zie p. 180, n. 50.

64 C. Huygens jr. 1876-1888, I p. 397, 399, 401.

65 *Aen sijne doorluchtigste en grootmachtichste mayesteit van Groot Britanien, overcomende uit Engelandt in Nederlandt in januario 1691* (31 januari 1691); AHR inv. 734, fol. 45-46.

66 RAG, archief huis Enghuizen inv. 184-3, brief van Jan van Arnhem aan Walraven Evertszn. van Heeckeren; Londen, maandag 3 november 1692. Door de windrichting landde hun boot in het noorden van Engeland en moesten zij veel verder over land reizen om Londen te bereiken. De koning was woensdag direct vertrokken en kon zo vaak van koets wisselen, dat hij al donderdagavond, vier dagen voor zijn medereizigers, in Londen aankwam. Die medereizigers waren: Eleonora Sophia Bentinck (1644-1710), zuster van Hans Willem Bentinck, getrouwd met Robert van Ittersum, heer van Nijenhuis; Lady Essex: waarschijnlijk Mary Bentinck, een dochter van Hans Willem Bentinck, graaf van Portland (1649-1709), die getrouwd was met Algeron Capel, tweede graaf van Essex; de drie jongste dochters van Portland waren in 1692 Frances, Willemina en Isabella Bentinck, kinderen van Hans Willem Bentinck en zijn eerste vrouw Anna Villiers; Jacob van Wassenaer-Duivenvoirde, heer van Voorschoten (1649-1707).

67 Ibidem.

68 Ibidem, Jan van Arnhem aan Walraven van Heeckeren, Kensington 7 november 1692.

69 Ibidem.

70 C. Huygens jr. 1876-1888, 23, 24, en 25 november 1692.
71 Lijst van voorwerpen no. 2.
72 Zie p. 244. Lijst van voorwerpen no. 3.
73 Lijst van voorwerpen no. 6.
74 Lijst van voorwerpen no. 12.
75 Lijst van voorwerpen no. 13.
76 Fr. Leyden 1940, p. 242-256.
77 C. Huygens jr. 1876-1888, I p. 499, 5 october 1691.
78 Archief huis Twickel, Delden, inv. PW 584, 28 juli/7 augustus 1697.
79 Respectievelijk: Charles Beauclerck, Hertog van St. Albans (1670-1726), Arnold Joost van Keppel, Graaf van Albemarle (1669-1718), Armand Nompar de Caumont, Markies van Montpouillan (1615-1701) en Jacob van Wassenaer-Duivenvoirde, heer van Voorschoten (1649-1707), een neef van Van Arnhem.
80 Archief huis Twickel, Delden, inv. PW 585, geschreven op Het Loo, zaterdag 9/19 october 1697; de datum van de jacht was dus 4/14 october 1697. Vaudemont: Karel Hendrik IV van Lotharingen, prins van Vaudemont.
81 Archief huis Twickel, Delden, inv. PW 585, 31 october 1697; dit aantal herten betrof de jachten van Willem III op de gehele Veluwe.
82 AHR inv. 734, fol. 13.
83 Gemeentemuseum Arnhem, inv. no. 10.221; tekening in zwarte pen in diverse kleuren gewassen, copie; 29,1x38,5 cm.
84 N. Japikse 1937, p. 468, brief 614, maart 1698 uit Kensington, Londen.
85 AHR inv. 1996, 11 juni 1700 van Hamptoncourt, Londen.
86 ARA, NDA inv. 61, notulen van de Domeinraad van 3 april 1702; in deze notulen is sprake van 'possessie nemen'.
87 AHR inv. 74.
88 AHR inv. 1996c, Marie Louise van Hessen Kassel aan Jan van Arnhem, Leeuwarden 17 october 1711.
89 Margaretha van Reede (1667-na 1738), douairière Johan Hendrik van Isendoorn à Blois (1666-1703); zie voor haar rol op de Cannenburch: D.J.G. Buurman (red.) 1990.
90 Johan van Arnhem aan Marie Louise van Hessen Kassel, Rosendael, 15 maart 1715; KHA, archief Maria Louise van Hessen Kassel, A-10-2020'. Drs. L.J. van der Klooster te 's-Gravenhage was zo vriendelijk mij op deze brief te wijzen.
91 Ibidem, Leeuwarden 23 maart 1715.
92 Het fenomeen van de ontwikkeling in Gelderland van de buitenplaats die òf voortkwam uit een ouder bezit òf nieuw werd aangelegd, en de verhouding tot het stadshuis vraagt om nadere bestudering. Aanzetten daartoe zijn gegeven door D.J.G. Buurman 1976, p. 188-213 en F.M. Eliëns en J. Harenberg 1984, p. 9-21. De ontwikkeling in de oostelijke provincies was anders dan de situatie in het westen, waar veel buitenverblijven door stedelijke regenten en kooplieden werden gesticht. Zie bijvoorbeeld de Amsterdamse situatie: R. Meischke 1958, en voor de buitenhuizen aan de Vecht: R. van Luttervelt 1948 en R. Meischke 1982.
93 P.A.F. van Veen 1960, p. 10 e.v., wijst op passages in de Nederlandse letteren van de 16de eeuw die als voorlopers beschouwd kunnen worden van het gedicht *Den Binckhorst* door Philibert van Borsselen uit 1613, dat als oudste Nederlandse hofdicht geldt.
94 D.J.G. Buurman (red) 1990.
95 J.C. Bierens de Haan 1990, p. 259-260.
96 Zie onder andere: F.M. Eliëns en J. Harenberg 1984, p. 19.
97 R. Hardonk 1979, p. 55-78.
98 G. van Hasselt 1808, p. 453; Arnhem, 30 januari 1587.
99 G. van Hasselt 1808, p. 456; raadsignaat van Arnhem van 25 november 1590. Er was sprake van de scholtis van Rheden die op Rosendael woonachtig was. Het is niet bekend op wie er gedoeld werd; Dirck van Dorth jr. was pas 16 jaar oud.
100 R. Meischke en H.J. Zantkuyl 1969, p. 395; R. Meischke 1978.
101 J.D. Hunt en E. de Jong (red.) 1988, p. 139-141, met literatuurverwijzing.
102 Dit huis is afgebeeld op de kwartierstaat van Elbert van Isendoorn à Blois en zijn eerste vrouw Maria Hadewig van Essen uit 1645-1646. Collectie Stichting Vrienden der Geldersche Kasteelen; kasteel Cannenburch te Vaassen. Catalogus Arnhem / Nijmegen 1990, no. 133, en D.J.G. Buurman (red.) 1990, p. 57.
103 Ik dank de heer D.J.G. Buurman voor zijn suggesties. Loowaard: W.J.Th. Peters en A.J.H. Rutten 1988.
104 W. Bergé 1988, p. 171-174.
105 Waarschijnlijk ten behoeve van erfdochter Maria Magdalena gravin van Limburg Stirum en Hendrik graaf van Nassau-Siegen die in 1646 trouwden; het jaartal 1648 is aangegeven op een steen in de voorgevel van deze vleugel, het woongedeelte van het huis.
106 P.J.W. Beltjes 1979, p. 128, n. 55, waar het nieuwe huis op omstreeks 1620 wordt gedateerd. Gezien de vormen van dit huis lijkt mij een datering in het derde kwart van de 17de eeuw waarschijnlijker, waardoor Rutger van Haersolte en Elisabeth Margaretha van Pallandt, die Staverden in 1651 verwierven, als bouwers in aanmerking komen.
107 D.J.G. Buurman 1965, p. 51-53 en idem 1976, p. 12 en 94-99, met literatuurverwijzingen.
108 D.J.G. Buurman (red.) 1990, p. 60.
109 H. van Heiningen 1987, p. 238-242; A.G. Schulte 1986, p. 379.
110 K.A. Ottenheym 1989, p. 69-71.
111 J.C. Bierens de Haan 1986, p. 40.
112 Rond het midden van de 17de eeuw waren op de Veluwe (kwartier van Arnhem) nog drieëndertig van de zesendertig huizen die in de leenregisters voorkomen in bezit van adellijke geslachten; S.W. Verstegen 1990, p. 57.
113 Het in het water gelegen huis bevatte slechts één (hoofd)verdieping met een zolder en had een kruisvormige plattegrond van ongeveer tien bij tien meter; W.H. Tiemens 1976, p. 171-187; J.C. Bierens de Haan (red.) 1990, p. 69-72.
114 AHR inv. 520, legger over circa 1674-1692, fol. 151.
115 C.L. Verkerk 1988, p. 71. Het 'huys van Rosendael' is afgebeeld op een tekening uit circa 1700, Gemeentemuseum Arnhem, inv. GM 8488. Waarschijnlijk werd dit huis ook door zijn zuster Johanna Gerhardina (1645-1719) bewoond. Zij overleed namelijk in een huis aan de Koningstraat en liet een desolate (onbeheerde) boedel na, die in 1720 en 1721 werd geveild; G.A.Arnhem, Rechterlijk archief inv. 575.
116 AHR inv. 1941, testament Jan en Janne Margriete van Arnhem, 4 october 1715.
117 J. d'Outrein 1718 (derde druk).
118 Deze serie zal nader worden besproken bij het hoofdstuk over de tuin, zie p. 56.
119 P. Leendertz 1905, p. 503-505.
120 Opmetingstekening door C.J. Willems, architectenbureau Heineman, Vos en Ten Broeke te Velp, februari 1984.
121 De ramen zijn niet bewaard gebleven; G. van Hasselt 1808, p. 469, de kosten bedroegen 24 pond.
122 A. Rademakers gravure uit circa 1725 naar een anoniem voorbeeld uit 1670 beeldt het balkon wel af in combinatie met kruiskozijnen, maar het is de vraag hoe betrouwbaar deze afbeelding is.
123 L.B. Wevers 1991, p. 50-52 en afb. 54.
124 Schuifkozijnen werden rond 1686 in Nederland geïntroduceerd en werden in die periode onder andere op Het Loo toegepast. Vanwege de nauwe banden tussen de bewoners van Het Loo en van Rosendael in deze jaren is een directe toepassing van de nieuwe schuifvensters op Rosendael niet vreemd. Vanwege deze schuifvensters kan het portret van Janne van Arnhem niet geschilderd zijn vòòr de toepassing ervan op Rosendael. Op plaat IIIb van P. Schenk (1718) zijn de schuifvensters niet goed zichtbaar, maar deze afbeelding is wat het huis betreft minder accuraat dan de anonieme gravure uit 1707.
125 De 15de-eeuwse toren van huis Wisch (Terborg) was wit gepleisterd; E.A. Canneman 1962.
126 S. Muller Fz. 1911.
127 Archief huis Twickel, Delden, PW 585; brief van Jan van Arnhem aan Agnes van Wassenaer Obdam, Arnhem 9 april 1698.
128 Deze fundamenten werden aangetroffen, toen de Explosieven Opruimingsdienst munitie uit de Tweede Wereldoorlog uit de kasteelgracht verwijderde. De gevonden muren werden nader onderzocht door de Rijksdienst voor het Oudheidkundig Bodemonderzoek onder leiding van Drs R.S. Hulst, die de vondsten in 1986 publiceerde.
129 Jan van Arnhem schreef in de reeds geciteerde brief uit 1698 aan Agnes van Wassenaer Obdam dat hij een kamer boven de poort liet maken; d'Outrein rept er echter niet over.
130 N. Japikse 1928, p. 706.
131 Archief huis Twickel, Delden, PW 585; Arnhem 9 april 1698.
132 R.S. Hulst 1986, p. 26-49; zie ook p. 251, n. 31.

133 Zie noot 135.

134 Deze brand is bekend door de beschrijving die J. d'Outrein ervan gegeven heeft in de derde druk van de *Wegwijser*.... Eveneens dankzij deze derde druk en de daarin opgenomen gravures van Petrus Schenk weten wij welke veranderingen er tussen ongeveer 1700 (eerste druk en uitgave *Paradisus Oculorum*) en 1716 (jaar van beschrijving ten behoeve van de derde druk) aan het huis en aan de bebouwing van deze binnenplaats werden uitgevoerd.

135 Deze kok heette Jacob Silveholt; Janne Margriete van Arnhem bepaalde in 1712, dat hij na haar dood een jaargeld van f.150,– zou krijgen 'soo lang Jacop niet heeft dat beeter is'. AHR inv. 2033, getiteld: 'Enige verandering van saeken in onse leste dispositi 1712'.

136 Uitgaande van de Amsterdamse voet van 28,31 cm. was de galerij ongeveer 2,5 m. breed en 16,5 m. lang.

137 Deze tekst is ontleend aan Romeinen 8 vers 31: 'als God voor ons is, wie zal tegen ons zijn?'

138 L. van Everdingen 1984, p. 66.

139 A.G. Schulte 1983, p. 289-290.

140 Otto L.S. graaf van Schwerin; de ouders waren de uit Pommeren (Duitsland) afkomstige Sigismund graaf van Schwerin en Louise Charlotte van Heyden. Haar verwantschap met Janne Margriete's zwager Frederik Willem van Heyden is niet duidelijk.

141 Gedurende deze twee en een halve decennia werden onder andere de volgende huizen gebouwd of verbouwd: Soestdijk, 't Loo, Dieren, Zeist, Zorgvliet, de Voorst, Amerongen, Middachten, Duivenvoorde en het Nijenhuis (Heino).

142 Zie p. 44.

143 Vergelijk bijvoorbeeld de bouwsom van het onder leiding van Margaretha Turnor nieuw opgetrokken Amerongen, die tenminste *f* 40.000,– bedroeg; Koen Ottenheym e.a. 1988, p. 8 en 14.

144 Testament van Jan en Janne Margriete van Arnhem, AHR inv. 1941.

145 F. Schmidt 1924, p.241; Sturm was behalve architect ook theoreticus, wiskundige en theoloog, Thieme/Becker 1907-1950.

146 P.A.F. van Veen 1960, p. 117.

147 De getekende kaart van Elshof is niet bewaard gebleven. De prent naar deze tekening werd gemaakt door de Amsterdamse graveur J. Smit. Zie p. 53, afb. 54, en p. 55.

148 AHR inv. 1206, niet gedateerd (circa 1715), bijlage 3, p. 302.

149 AHR inv. 734.

150 AHR inv. 805, zie bijlage 4, vertrek nummer 26.

151 AHR inv. 513, 8 maart 1764; *f* 40,– voor het verven van vier ramen van de koningskamer en van de koets coupé.

152 AHR inv. 695; de weduwe van de smid B. Visser ontving op 9 juni 1788 *f* 0-5-0 voor de reparatie van het deurslot van de 'Koning kamer'.

153 Ph. Vingboons, *Afbeelsels der voornaemste gebouwen* I, Amsterdam 1648, fol. 39-41; K. Ottenheym 1989, p. 58.

154 Datering door Drs. E.F. Koldeweij te Leiden, die het patroon herkende in het goudleer dat op Anholt aanwezig is. In diens te verschijnen dissertatie zal nadere aandacht aan dit goudleer besteed worden.

155 A. Staring 1949, C.W. Fock 1989, p. 79.

156 M.D. Ozinga 1938; E.H. ter Kuile 1958, p. 41-46; C.C.G. Quarles van Ufford 1972, p. VI; E.J. Sluijter 1981, p. 299; C. Aslet, H. Tromp 1988; I.M. Breedveldt Boer 1991; F. Bergevoet 1992.

157 AHR inv. 2033; de testamentaire bepaling luidde: 'alle meubelen, en huisraet met reserve, om bijsonder aen een ander yets afsonderlijc te mogen maken'.

158 AHR inv. 1941, testament van Jan en Janne Margriete van Arnhem, 4 october 1715.

159 Zie hoofdstuk L.A. Torck, meubels.

160 Zie voor Van Loonen: Catalogus Arnhem/Nijmegen 1990, no. 126, p. 160.

161 Frederik III was de zoon van de 'Grote Keurvorst' Frederik Willem I van Brandenburg (1620-1688), die eerst met Louise Henriëtte, prinses van Oranje trouwde en in 1668 met Dorothea, hertogin van Holstein-Glücksburg. De ontbrekende pendanten van de twee portretten zijn niet meer op Rosendael aanwezig. Uit de inventarisatie door Victor de Stuers van 1880 blijkt dat er twee portretten van keurvorsten met pendanten op Rosendael waren (no's 26-27 en 40-41). Uit de lijst blijkt ook welke portretten nog meer tot de reeks galerijstukken hebben behoord. De volgende nummers kunnen vanwege hun datering en formaat tot deze reeks worden gerekend: 1, 24-28, 37-41.

162 De identificatie is echter onzeker. Particuliere collectie; Catalogus Delft 1972, no. 34, waar het portret nog werd toegeschreven aan Daniel Mijtens (1644-1688); het portret vererfde via de families Torck en Van Rechteren op Van der Borch en ging op die wijze tot de portretserie op huis Verwolde te Laren (Gld.) behoren.

163 AHR inv. 734, gedichten Jan van Arnhem; no. 11, fol. 27:
'Laet Baens vrij, en van Loon afschilderen en afmalen
Het frayste t' geen Paris in vijftigh jaren sagh'.
Thieme/Becker en Catalogus Arnhem/Nijmegen 1990, no. 126.

164 AHR inv. 1954 en 805, zie bijlage 4, p. 310 en 319.

165 AHR inv. 2033; de verdere lotgevallen ervan zijn niet bekend. Behalve dit legaat kreeg zij eveneens een jaarlijkse lijfrente van *f* 150,– toegewezen.

166 Lijst van voorwerpen 10.

167 Het 'pelle' (linnengoed) was kostbaar en werd in inventarissen evenals boeken, zilver en schilderijen meestal apart opgesomd; zie ook p. 318.

168 Bos, J. e.a. (red.) 1989, p. 145-156.

169 RAGr. archief familie Van Bolhuis, Arkema en Van Zeeburgh, inv. 53, fol. 2-4.

170 Abel Eppo van Bolhuis zag het huis al een keer eerder in 1693, toen hij met een reisgezelschap onderweg was naar Het Loo (zie p. 80). Hij ging toen niet binnen, maar vermeldde wel dat er '32 kostelijke kaemers waeren'.

171 Wellicht behoorde dit zilver tot de leveranties die de Haagse zilversmid Pieter van Rhenen (1649-1696) in 1685 en 1695 voor in totaal ruim *f* 2.500,– aan E.A. van Pallandt had geleverd. Het ledikant was een jaar tevoren opnieuw gestoffeerd ('opgemaakt') door de Haagse tapissier Joseph Hewlate (zie p. 97, n. 147). Met het watervat werd een koelvat bedoeld.

172 P.A.F. van Veen 1960.

173 Pluimer (ca. 1650-1720) vervaardigde gedichten op historische gebeurtenissen van zijn tijd en stond bekend als een lofdichter van Willem III; hij was ook toneelschrijver. Zie o.a. NNBW II kol. 1106-1108.

174 Het werd twee jaar later nog eens opgenomen in een verzamelbundel van zijn gedichten: J. Pluimers *Gedichten*, Amsterdam 1692, p. 42-49, onder 'mengeldichten'.

175 P.A.F. van Veen 1960, p. 51.

176 Hermannus Angelkot sr. (1648?-vòòr 1717) was apotheker te Amsterdam; NNBW I kol. 147.

177 Het ongedateerde plaatwerk *Paradisus Oculorum*, waarin behalve Rosendael ook Het Loo, Dieren, De Voorst, Duinrel en een reeks stadsgezichten in Stockholm en Zweedse paleizen waren opgenomen, verscheen rond 1700 en in ieder geval vòòr 1702, het overlijdensjaar van Willem III. Thieme/Becker; F.W.H. Hollstein XXV, nummers 1613-1629.

178 Zie voor de kenmerken van het Nederlandse hofdicht: P.A.F. van Veen 1960.

179 Deze werken werden in 1707 gebundeld en samen met de *Geestelyke en zedelyke meditatien van Joseph Hall* in vertaling van Van Arnhem bij Pieter van der Aa te Leiden heruitgegeven onder de titel *Gedagten en gedigten, geestelyke en zedelyke*.

180 Gemeentemuseum Arnhem 1986, niet gepagineerd [p. 12, 'Twee Arnhemse predikanten']. De interpretatie van de vorm van dit stuk is ontleend aan een niet gepubliceerde bijdrage van K.A. Citroen, waarin mij inzage werd verleend, die gebaseerd is op archiefgegevens van Mr P.J.W. Beltjes.

181 NNBW II (1912), kolom 1047-1049; Biografisch Lexicon 1978, p. 237-239.

182 Aldus Johannes van Braam in een welkomstzang bij d'Outreins intrede in Dordrecht. Dit gedicht is opgenomen in: J. d'Outrein, *Afscheids-reeden* ..., Amsterdam 1703.

183 Opgenomen in de *Wegwijser door de Heerlijkheid Roosendaal* ..., de derde druk van *De Roosendaelsche Vermakelijkheden*, Amsterdam 1718, p. 50.

184 Archief huis Twickel, Delden, P.W.671. In deze brief deed Van Arnhem een goed woordje voor d'Outreins neef Ds Sluiter, die in aanmerking wilde komen voor een benoeming in Wassenaar. De datering van deze brief, 17 augustus 1717, moet overigens op een vergissing berusten. Van Arnhem overleed immers op 12 december 1716, terwijl hij in deze brief schreef: 'nous nous trouvons, par la grace de Dieu en parfaite

santé'.

185 J. d'Outrein 1718, 'Aan den leeser'.

186 P.A.F. van Veen 1960 en E. de Jong 1993, s.v. *schepping*.

187 L. Smids, p. 298, beschreef Rosendael als 'een heerlijk lusthuis in de Veluwe onder Aarnhem tussen een beek en een bosch gelegen'. Smids herhaalde de namen van Pluimer en Van Call in de aantekeningen die hij leverde voor de *Kleefsche en Zuid-Hollandsche Arkadia* van Claas Bruin, Amsterdam 1716, p. 58, n. 1.

188 Volgens d'Outrein in zijn voorwoord bij de derde druk was de plattegrond van Elshof een verkleinde versie van een ook door hem getekende grote kaart die in de eetzaal van Rosendael hing. De getekende plattegrond van Elshof, die niet bewaard is gebleven, kan tussen 1702 (voltooiïng van het zgn. Koningshuisje) en 1713 (veranderingen aan de parterres) gedateerd worden; de gravure die Smit naar de tekening maakte kan tussen 1713 en 1718 ontstaan zijn. D'Outrein suggereerde de gegraveerde plattegrond met de zestien prenten er rondom in te lijsten om in een voorhuis of kamer op te hangen; wanneer men de prenten zou inkleuren, zou dat een zeer fraai gezicht opleveren, aldus d'Outrein. Ook konden ze in de *Wegwijzer ...* ingebonden worden, hetgeen doorgaans gebeurd is. Op Rosendael bleef een ingelijste plattegrond met prenten er rondom bewaard; zie: catalogus Arnhem/Nijmegen 1990, no. 23a, p. 76,77. Bij uitgeverij Canaletto te Alphen aan den Rijn verscheen in 1981 een facsimile van de plattegrond en de prenten uit circa 1700 met een toelichting door H.W.M. van der Wyck.

189 Andere voorbeelden zijn: Hofwijck te Voorburg, Heemstede bij Houten, Het Loo te Apeldoorn en Zijdebalen te Utrecht.

190 De enige archivalische bron die van belang is bestaat uit drie pachtboeken over de volgende perioden: ca. 1644-1662; circa 1674-1692 en 1690-1706, waarin de opbrengsten uit pachten van de watermolens, landerijen, houtverkoop etc. werden genoteerd; AHR inv 519-521. Zie ook: H. Voorn 1985 p. 225, noot 4, waarin deze pachtboeken gebruikt zijn voor de beschrijving van de Rosendaelse watermolens.

191 Eerste druk 1700; prentserie Schenk ca. 1700; tweede gewijzigde druk 1713; derde sterk uitgebreide druk 1718 met nieuwe en aangevulde prentserie en met beschrijvingen uit 1713, 1714, en 1716.

192 AHR inv. 519-521.

193 AHR inv. 520, fol. 104.

194 Ibidem, fol. 106 no. 16.

195 AHR inv. 519 fol. 49, 22 februari 1646, voor *f* 60,–.

196 AHR inv. 519, fol. 46 en inv. 520, fol. 90, no. 1. Een heg of hegge is een perceel hakhout.

197 AHR inv. 519, fol. 46[v] en inv. 520, fol. 93.

198 H. Voorn 1985, p. 225-237.

199 Vergelijk deze bijvoorbeeld met de stuwvijvers van de Cannenburch te Vaassen; J.C. Bierens de Haan 1990, p. 259-275.

200 AHR inv. 520, fol. 18[v]; inv. 521, fol. 16; H. Voorn 1985, p. 225. De molen werd gepacht door Peter Jansen Bast.

201 J. Dixon Hunt en E. de Jong (red.) 1988, p. 49 e.v.

202 KHA inv. IV 1486b, onder andere gepubliceerd in: J. Dixon Hunt en E. de Jong (red.) 1988, p. 335-336. De correspondentie van Johan Maurits in het KHA inv. 1477 bevat geen brieven van of aan Jan van Arnhem.

203 E. de Jong 1990, p. 39-40. Zijn werk op Honselaarsdijk en Soestdijk in 1683 blijkt onder meer uit twee betalingen op 19 juni 1683; ARA NDA, Ordonnantiën, inv. 740 fol. 299.

204 A. van Slichtenhorst 1653, p. 114. I.I. Pontanus, wiens werk uit 1639 Van Slichtenhorst heeft voortgezet, beperkte zich tot enkele feiten uit de Middeleeuwse geschiedenis van Rosendael.

205 Dagelijkse aenteeckeningen .. 1861. In het gezelschap bevonden zich onder anderen drie leden van de Leidse familie van lakenfabrikanten De la Court, waaronder Pieter de la Court (1618-1685), schrijver van anti-orangistische pamfletten.

206 Fondation Custodia, coll. F. Lugt, Institut Néerlandais, Parijs, inv. no. 5520, zwart krijt, gewassen met O.-I. inkt en plaatselijk met wit gehoogd; 140x190 mm., ca. 1655-1660. Catalogus Brussel etc. 1968/1969, no. 43, p. 48-50 en pl. 155. De tekening zal naar de natuur zijn gemaakt; het huis zelf ging achter de donjon schuil.

207 AHR inv. 520, legger over circa 1674-1692, fol. 9[vo].

208 J.A. Worp 1894.

209 NNBW IX, kolom 529-530; diens gelijknamige zoon (1671-1748) was ook predikant te Leiden.

210 David Knibbe, *De fonteynen en hoven van de edele in den lande geestelijk overgebragt tot Christus en sijn gemeente in een uytbreyding over 't Hooglied cap. 4. 15,16*, Leiden 1686. Deze tekst werd later ook opgenomen in *De hand Gods uytgestrekt in het oordeelen en bewaaren van sijn kerk*, dat in Leiden onder meer in een herdruk van 1699 verscheen; een exemplaar in de KB 's-Gravenhage.

211 AHR inv. 734. fol. 21.

212 RPK Amsterdam, inv. 1925-383. De tekening is opgenomen in: Catalogus Arnhem/Nijmegen 1990, no. 22, p. 75, echter te vroeg gedateerd. De datering hangt samen met de afgebeelde galerijen die in deze jaren op het voorplein verrezen. De noordpijl op de tekening geeft in werkelijkheid het noordwesten aan.

213 J. d'Outrein 1700, p. 5.

214 RAGr. archief Van Bolhuis, journaal Beckeringh/Van Bolhuis 1705; zie bijlage 3, p. 301.

215 J. Dixon Hunt en E. de Jong (red) 1988 p. 140. Dergelijke grotten van het 'natuurlijke' type bevonden zich ook op het naburige Dieren en in de tuinen van Heemstede (Houten, Utr.).

216 W. Diedenhofen 1979 en idem, 1990.

217 RAGr. archief familie Van Bolhuis, Arkema en Van Zeeburgh inv. 53; *Journael van de reijse door de advocaet Beckeringh en redger Bolhuis in 't jaer 1705 met de chaise gedaen*. De volledige passage die Rosendael betreft is opgenomen in bijlage 3. Dr.Joh.R. ter Molen wees mij op een dergelijke beschrijving uit het eerste kwart van de 18de eeuw, waarin verslag wordt gedaan van een bezoek aan Rosendael door de Duitse familie Von Uffenbach. Het betreft een manuscript uit 1718 in de universiteitsbibliotheek van Göttingen, waarvan hij een becommentarieerde tekstuitgave voorbereidt.

218 Volgens d'Outrein verrees het kabinetje nog voordat Mary in 1688 terugkeerde naar Engeland. Noch in het huisarchief van Rosendael, noch in het Nassaus Domeinarchief (ARA) bevinden zich stukken die duidelijkheid over dit gebouwtje kunnen verschaffen. In de ordonnantiën van de Domeinraad over de jaren 1684-1692 (ARA NDA, inv. 741) komt het onderwerp niet voor.

219 In de Christelijke symboliek duidde de pauw op onsterfelijkheid en op Christus' herrijzenis. J. Hall 1974, i.v. *peacock*. In de klassieke mythologie was de pauw het attribuut van Juno, die in samenhang met de vier elementen de lucht symboliseerde; ibidem, i.v. *Juno*.

220 D'Outrein licht toe: 'Het ouwste soontje van de Hr Assueer Turk en het jonge freulin van Heiden', waarmee hij doelde op Lubbert Adolf Torck, de latere heer van Rosendael, en een dochter van Janne Margriete's zuster Elisabeth van Arnhem en Frederik Willem van Heyden. Dit neemt niet weg dat zij oorspronkelijk bedoeld zouden kunnen zijn als exotische toeschouwers zoals die in deze periode vaker werden afgebeeld, bijvoorbeeld in de trappenhuizen van Het Loo en De Voorst.

221 Volgens de beschrijving van Beckeringh/Bolhuis in 1705; zie noot 217 en bijlage 3.

222 A.M.L.E. Erkelens 1981, p. 263-272, en idem 1988, p. 88-92.

223 Catalogus Amsterdam 1992-B.

224 Th.H. Lunsingh Scheurleer 1970, p. 165, 166. Het kabinetje op Honselaarsdijk werd in een inventaris van 1694 'Indiaens' genoemd; S.W.A. Drossaers en Th.H. Lunsingh Scheurleer 1974, p. 466. Het is niet zeker of het oudst bekende lakkabinetje, dat in de jaren -50 van de 17de eeuw voor Amalia van Solms op Huis ten Bosch werd ingericht, oorspronkelijk al spiegels in het plafond kreeg, of dat deze in Mary's tijd werden toegevoegd. Zie: C.W. Fock 1988, p. 76-79.

225 P. Thornton 1978, p. 249.

226 De graveur vergiste zich bij het onderschrift, waar had moeten staan: *Koninginneskabinet*. In de derde druk van d'Outreins *Wegwijser...* (1718) werd deze prent weggelaten.

227 Op de getekende plattegrond van Rosendael in het RPK Amsterdam (afb.33) is Mary's kabinetje wel afgebeeld maar deze cascade niet.

228 Dagelijkse aenteeckeningen .. 1861, p. 255: 'eerst komt (men) in een vierkant voorstuk, rontom de muyren met herts-hoofden en(de) hoornen tot 18 à 19 in getal versierd, op de manier van(de) ouden adel'.

229 Het lijkt alsof het monogram tevens afleesbaar is als W M R voor Willem, Mary, Rex/Regina, maar de vorm van de kroon en het feit dat Mary al in 1695 was overleden, verzetten zich tegen deze interpretatie.

230 Genoemd in het reisverslag van Beckeringh/Bolhuis, bijlage 3.

231 Op de plattegrond van Elshof/Smit is wel een 'oranjehuis' afgebeeld, maar dat lag ver buiten de tuin – ongeveer op de plaats waar nu de kerk staat – en voldoet dus niet aan de twee geciteerde beschrijvingen.
232 De (zeldzame) tweede druk heeft hetzelfde formaat als de eerste. Een exemplaar bevindt zich in de KB 's-Gravenhage.
233 Op Rosendael worden twee onthoofde borstbeelden bewaard die uit de tuin afkomstig zijn, mogelijk twee uit deze serie.
234 J. d'Outrein 1718.
235 Catalogus van de bibliotheek van kasteel Rosendael, handschrift circa 1930, RAG, AHR niet-geïnventariseerd. Het boek behoort tot het in 1949/1950 bij Van Huffel's antiquariaat te Utrecht geveilde deel van de bibliotheek.
236 A.J. Dezallier d'Argenville 1709, plaat 3 B met toelichting op bladzijde 47. ('De parterre is samengesteld uit vier vakken aan de zijden met broderiewerk, en uit schelpen van gras in de vier hoeken, het geheel met zand in verschillende kleuren bestrooid en omzoomd met een rand van buxus. In het midden bevindt zich een bassin omringd door een onderbroken bloembed afgezet met taxus en boompjes en met bloempotten die op stenen blokken zijn gezet. De bloembedden van de omtrek zijn aan de zijde van elke broderiefiguur onderbroken en vormen een krul op de hoeken').
237 'gedenktekens van den Heere President Hinojosa, dien de Heer van Roosendaal erkent onder den rang van sijn Hoog-Eedle bloedverwanten'. Pieter de Hinojosa, heer van Wena, president van de Hoge Raad van Holland in 's-Gravenhage was de schoonvader uit tweede huwelijk van Johan van Wassenaer-Duivenvoorde (1577-1645), de grootvader van Johan van Arnhem. Die twee kunnen elkaar nauwelijks gekend hebben; een jongere president De Hinojosa is mij niet bekend. De familie De Hinojosa was uit Genua afkomstig, en komt in de 16de eeuw in Zeeland voor; *De Navorscher* 9 (1859), p. 276. Pieter Adriaen van Hinojosa (overl. 1741) ontving een legaat van *f* 1.000,– van Jan en Janne Margriete van Arnhem; AHR inv. 1940, 1941.
238 Deze veronderstelling berust op de afbeelding van *La Paix*, van de beeldhouwer J.B. Tubi, die een caduceus (herautsstaf) in haar hand houdt in Simon Thomassin, *Recueil des statues, (...) du chateau & parc de Versailles*, Amsterdam bij P. Mortier, 1708, no. 70; een exemplaar van dit boek bevond zich in de bibliotheek van Jan van Arnhem.
239 D'Outrein vermeldde zelfs de datum, waarop hij de beschrijving van deze vijver maakte: 23 augustus 1713.
240 In de legenda van de vogelvluchtkaart door Elshof/Smit is *Thetis* door de graveur niet begrepen en geschreven als *het is*.
241 Vriendelijke mededeling W.A. Heineman te Velp.
242 Het Loo: W. Harris 1699, ed. 1974, p. 76, 77; Zorgvliet: E. de Jong/J. Dixon Hunt (red.) 1988, p. 167 en fig. 47; Dieren: ibidem, p. 139 en K. Fremantle 1970, p. 53-54, die Edward Southwells beschrijving van Dieren citeert: 'there are alsoe severall pretty inventions for wetting gentlemen & ladys'.
243 Dit wordt ook in het reisverslag van Beckeringh/Van Bolhuis uit 1705 beschreven; zie n. 217. Uit de beschrijving van Mr Martinus van Nievelt, blijkt dat het huisje bij zijn bezoek in 1773 nog bestond.
244 W. Diedenhofen 1979, p. 171-172 en idem, 1990, p. 54-56.
245 Frederik Willem van Heyden tot Broeck was de echtgenoot van Janne Margriete's zuster Elisabeth van Arnhem (zie p. 28).
246 E. de Jong 1993, p. 47.
247 Eerste druk Amsterdam 1669; het bedoelde voorbeeld is op p. 75 afgebeeld.
248 Zie noot 330.
249 Zie de prenten van onder andere Romeyn de Hooghe. De gereconstrueerde aanleg wordt besproken en afgebeeld in de bezoekersgids *Het Loo, de tuinen/the gardens*, Apeldoorn 1986.
250 H. Voorn 1985, p. 226, 227.
251 AHR inv. 520, fol. 104. Jurrien Meyer was van 1674 tot 1738 de pachter van de oorspronkelijk derde molen, de 'Pannenmolen'; H. Voorn 1985, p. 228.
252 Deze heuvel werd naar Willem III 'Koningsberg' genoemd, maar werd op de kaart van B. Elshof uit 1723 aangeduid als 'Kattenberg'. Deze benamingen werden naast elkaar gebruikt; in 1738 was er in verband met de verkoop van akkermaalshout nog sprake van de 'Coningsberg'; AHR inv. 485, ontvangsten 1738, fol. 67.
253 ARA NDA inv. 61, notulen van de Domeinraad van 3 april 1702. De overduidelijke belangstelling die Willem III voor Rosendael had strookt met de door E. de Jong 1993, p. 75 gesignaleerde voorkeur van de Stadhouder voor kleinschalige en informele tuinen.
254 Er zijn enkele afbeeldingen en contemporaine beschrijvingen, bovendien wordt het gebouwtje genoemd in de hierna geciteerde betalingsordonnanties van de Nassause Domeinraad. M.D. Ozinga 1938, p. 42 en L. van Everdingen 1984, p. 54-55.
255 W. Diedenhofen 1990, p. 49-80.
256 ARA NDA inv. 745 fol 77, 26 juni 1704, *f* 16-7-8.
257 Deze gaf de beste aanknopingspunten bij de reconstructie van de lantaarn, die in 1988 bij de restauratie van het kasteel op de donjon werd geplaatst (zie p. 100).
258 M.D. Ozinga 1938, p. 21.
259 ARA NDA inv. 744, fol. 201v/202 en fol. 256. Romans inspectiereizen leidden behalve naar Rosendael ook naar Het Loo, Uddelermeer, Dieren, De Voorst, Het Velde, Breda, Rotterdam en Honselaarsdijk.
260 Ibidem, fol. 203v/204 op 27 juli 1701 en fol. 217v op 5 october 1701.
261 ARA NDA inv. 61, 3 april 1702.
262 Ibidem, 2 juni 1702: 'konnende in het laeste point wat de Bellevidere is concernerende bij den Raad niet worden getreden'.
263 Ibidem, 17 mei 1702.
264 Ibidem, 22 september 1702.
265 Ibidem, inv. 62, 22 november 1703.
266 Ibidem, NDA inv. 745 fol. 35v, 20 augustus 1703.
267 Eveneens in 1703 ontvingen de stucwerkers Giovanni Battista Luraghi en Andrea Casella *f* 200,– voor 'het pleijsterwerck aen de solders voort nieuwe apartement op t Loo'. Deze betaling is wel beschouwd voor werkzaamheden rond 1692, maar dat is onwaarschijnlijk: in 1692 was Luraghi pas 17 jaar oud, en waarschijnlijk nog helemaal niet in ons land werkzaam (vergelijk: C.W. Fock 1989 p. 81-82).
Ongetwijfeld waren bepaalde plafonds sedertdien nog niet afgewerkt en mogelijk gebeurde dat pas aan het eind van de jaren negentig of rond 1700 (mondelinge mededeling Dr A.W. Vliegenthart); misschien verrichtten Luraghi en Casella hun werk zelfs pas met de pleister die Van der Mey in 1702 op Het Loo afleverde. Het nieuwe appartement waar zij plafonds voor maakten lag waarschijnlijk op de eerste verdieping van het in 1692 en volgende jaren gebouwde oostelijke paviljoen, waartoe de bibliotheek, de schilderijengalerij en het als slaapvertrek voor Mary bestemde en thans aan Willem V gewijde vertrek, behoren. Een datering van deze plafonds rond 1700 sluit bovendien beter aan bij het overige van Luraghi bekende werk uit het eerste kwart van de 18de eeuw. In dat geval kunnen Luraghi en Casella ook naar Rosendael zijn gestuurd om het interieur van de belvédère (bijvoorbeeld het plafond van de lantaarn) van stucwerk te voorzien. ARA, NDA inv. 61, 8 november en 12 december 1702 en NDA inv. 745 fol. 15, 27 februari 1703. Luraghi (1675-1736) was afkomstig uit de streek rond het Comomeer in Noord-Italië en vestigde zich in 1710 in 's-Gravenhage. Hij trad als zelfstandig werkende stucwerker op, die een groot aantal eigen ontwerpen uitvoerde onder andere in Leiden, Rotterdam, 's-Gravenhage, Haarlem en Gouda. Hij was verschillende malen betrokken bij bouwprojecten van Daniel Marot, zoals de huizen Zuidwijck en Schuylenburch te 's Gravenhage en Rosenburg te Voorschoten. Zie G.W.M. Jager 1982; G.W.M. Jager en C.W. Fock 1984, p. 28 e.v., en C.W. Fock 1989, p. 81 e.v.
268 Twee betalingen in het huisarchief van Anholt wijzen op een relatie tussen stucwerkers van de Koning-stadhouder, De Voorst en Anholt in 1698: 'Au mesme rendu vingt quatre sol pour avoir le 10. du mois de Novembre envoyé à Worts [=Voorst] chercher les desseins des plastreurs', en: 'Le 18. donné aux plastreurs du Roy d'Angleterre, qui sont venus à Anholt et ont faict des desseins de plats fonds, trente six florins'.
Fürstlich Salm-Salm'sches Archiv Anholt, Hausarchiv Anholt, Akten Nr. 379 (1698 Nov.); vriendelijke mededeling Dr. A.W. Vliegenthart.
269 ARA, NDA inv. 745, fol. 47, 23 november 1703.
270 M. Loonstra 1985, p. 20, 21 en 47, 48 en J. Dixon Hunt en E. de Jong (red.) 1988, p. 132-136.
271 A.G. Bienfait 1943, p. 104-108; J. Dixon Hunt en E. de Jong (red) 1988, p. 163-179; V. Bezemer-Sellers 1990, p. 99-129. Bentincks nieuwe aanleg is bekend door een prentreeks van Jan van de Aveelen, circa 1690.
272 N. Japikse 1927 (23), inleiding p. XIX. M.D. Ozinga 1938, p. 57/58; A.G. Bienfait 1943, p. 94. Twee brieven van Willem III aan Bentinck in

AHR inv. 1997.

273 Ook in het latere werk van Daniel Marot kwamen achthoekige tuinkabinetten voor. Zie bijvoorbeeld een ontwerp voor Rosenburg te Voorschoten uit circa 1723, toe te schrijven aan Daniel Marot, dat zich voorheen in het archief van huis Rosendael bevond (96x65,5 cm.); foto RDMZ neg. no. 11.882, dec. 1930.
274 Claas Bruin 1716.
275 P.A.F. van Veen 1960, E. de Jong 1993.
276 Zie bibliografie.
277 Catalogus Utrecht 1981, p. 7.
278 Dat wil zeggen: Horatius, Ovidius en Vergilius.
279 Zie voor deze betekenissen bijvoorbeeld J. Hall 1974, i.v. *Minerva*.
280 Een ander voorbeeld uit die tijd van een dergelijke vereenzelviging met Minerva is het beeld van de Kurfürstin Anna Maria Louisa von der Pfalz als Minerva in het park van Schwetzingen door Gabriel Grupello (1700-1710). U. Kultermann 1968, p. 120 en afb. 62.
281 Vergelijk ook de oorspronkelijke plaatsing in Johan Maurits' tuin in Kleef in het water onderaan de stroom; W. Halsema-Kubes 1979, p. 213-232.
282 AHR inv. 734, fol. 34; *Les plaintes de Rutswijck à Monsieur de Roosendael*, ongedateerd, circa 1695-1700.
283 J. Hall 1974, i.v. *dolphin*.
284 Vergelijk bijvoorbeeld de Diana in de tuin, die Nicolaas Bidloo (1673/'74-1735) in het begin van de 18de eeuw bij Moskou had aangelegd in de tijd dat hij als arts aan het hof van Tsaar Peter de Grote verbleef; E. de Jong 1981, p. 323; J. Dixon Hunt en E. de Jong (red.) 1988, p. 204.
285 Rond 1800 de 'Zwitserse partij' genoemd, de plaats van de kunstmatig gegraven sprengen, die nog altijd het water voor de vijvers, watervallen en fonteinen op Rosendael leveren.
286 J. Leeuwenberg en W. Halsema-Kubes 1973, no. 358 a-d.
287 Het feit dat beelden niet in steen of lood werden uitgevoerd maar op een houten schot of planken werden geschilderd, behoeft niet als een teken van eenvoud uitgelegd te worden. De keuze voor een van beide werd eerder door de functie in de tuin en de wijze van beschouwing bepaald. Ook bijvoorbeeld in de Koningstuin op het Loo waren op hout geschilderde beelden aangebracht; W. Harris 1699.
288 "t Lusthuis is opgeciert met allerley figuuren; / Als, de vijf sinnen, met verscheide vreemde kuuren: / En hoe een huwelyk, daar eendragt heerscht en vreê, / Moet worden uitgebeeldt'.
289 E. de Jong 1993, p. 73-74; 149-152.
290 Over de interpretatie van de decoratieprogramma's van de tuinen van o.a. Heemstede en Het Loo handelt het recente proefschrift van E. de Jong 1993.
291 RAG, archief leenkamer Gelderland, no. 31, fol. 61, leenprotocol d.d. 13 juni 1653; zie ook: J.C. Bierens de Haan 1986, p. 34, 36.
292 S.W. Verstegen 1990. Op de Slangenburg bij Doetinchem liet Frederik Johan van Baer mythologische thema's door Gerard Hoet (XVIId) uitbeelden, die verband met zijn persoon hielden; E.J. Sluyter 1981, p. 210. Was het toeval dat deze vier genoemden allen militair waren?
293 J. d'Outrein, *Proef-stukken*, Amsterdam 1700, p. 33.
294 Van Arnhem liet deze woorden afbeelden onder zijn door J. Baptist gegraveerde portret, dat werd opgenomen in het aan Van Arnhem opgedragen *Proef-stukken van heilige sinne-beelden* door J. d'Outrein uit 1700, en in Van Arnhems bundel *Gedagten en gedigten* uit 1707 en ten slotte in de derde druk van d'Outreins *Wegwijser* ... uit 1718. In de bundel *Gedagten en gedigten*, waarin de door Van Arnhem op rijm gebrachte *geestelijke en zedelijke meditatien* van Joseph Hall waren opgenomen, gaf Van Arnhem in de opdracht van deze vertaling aan zijn echtgenote een nadere verwijzing naar deze bijbelspreuk (p. 200).
295 1. In het huisje op de Sterrenberg hing tegen het plafond een zeskantig houten bord waarop de adelaar en het devies van Jan van Arnhem geschilderd was. Dit bord kon neergelaten worden om als tafel te dienen.
2. In het 'hooge bosch' stond niet ver van de houten spits met het uurwerk een bord met daarop een adelaar geschilderd met een rode roos in de snavel en het devies *Ut aquila*...
3. In de 'nieuwe hof' stond het reeds genoemde beeld van Pallas Athene met op haar schild een (abusievelijk tweehoofdige) adelaar en het devies *qui va droit*.
4. In deze tuin stonden aan de rand van het achtkantige bassin vier rode arenden, die water in het bassin spoten.
5. In de rand van de balustrade op de volière op het binnenplein was een ijzeren adelaar met kroon en de spreuk *Ut aquila* .. te zien.
6. In de galerij op het voorplein was rond 1714 een jager geschilderd met het devies *Un homme, qui va droit ne manque*.
7. De meest in het oog lopende adelaar was verguld en stond in de 'boventuin' op het dwarspad boven de grot (afgebeeld op plaat III in de derde druk van 1718). Uit d'Outreins tekst kan worden opgemaakt dat deze adelaar tussen 1712 en 1716 door De Hinojosa werd geschonken.
296 Carmina III 30, r.1; 'exegi monumentum aere perennius': ik heb een gedenkteken gesticht, duurzamer dan metaal.
297 J.A. Worp 1898 (VIII) p. 351, d.d. 10 maart 1686; naar aanleiding van een vertrek uit 's-Gravenhage naar Arnhem?. J.A. Worp 1917 (VI) p. 460 no. 7239, d.d. 25 maart 1686.
298 AHR inv. 1999.
299 J. Dixon Hunt en E. de Jong (red.) 1988, p. 172 en 205.
300 Hans Willem Bentinck overleed op 23 november 1709. AHR inv. 1202 bevat een acte uit 1711, waarin Jan van Arnhem als mede-executeur van Bentincks nalatenschap gesommeerd wordt bedragen uit te keren.
301 GA 's-Gravenhage, notariële protocollen inv. 690, fol. 185 en 295, waarin zij op 11 en 13 juni 1713 tekenen als voogden over de minderjarige kinderen van de gravin van Portland.
302 AHR inv. 1519, 'Reglement door sijne Ex[cie] den Heere Grave van Portland doen maecken, wegens het onderhouden, bewercken, en besaijen van sijne tuijnen op Sorgvliet', Haege 4 sept. 1709. In juni 1710 zond de douairière Van Portland nog enkele instructies op: voor de Mr tuinman Leendert van der Burgh betreffende oranjebloemen en de volière, en voor de fezantier Jean Droulé.
303 AHR inv. 734, no. 26.
304 Archief huis Twickel inv. P.W. 671, J. van Arnhem aan J.H. van Wassenaer Obdam, Roosendael 4 mei 1712; L.J. van der Klooster 1975, nogmaals opgenomen in K. Ottenheym e.a. (red.) 1988, p. 73-83. Van Wassenaer Obdam kwam inderdaad op Rosendael, maar over zijn advies is niets bekend. Wel is er een gelegenheidsgedichtje van Van Arnhem aan Van Wassenaer Obdam bewaard gebleven als dank voor een verjaarsgeschenk; Archief huis Twickel inv. P.W. 670. Voor Zuidwijk zie ook B. Olde Meierink 1991-A, p. 13-14: Marot ontving *f* 100,– voor enkele tekeningen voor Zuidwijk.
305 Archief huis Twickel inv. P.W. 750, quitanties van Van Dijk over de jaren 1719 tot 1743; L.J. van der Klooster 1975, p. 137.
306 Archief huis Twickel inv. P.W. 749 en 763 beide voor *f* 140,–. Abraham Mallanges leverde in 1717 voor *f* 50 een hardstenen Jupiter-borstbeeld. Ibidem, inv. P.W. 760. In 1712 waren er al marmeren beelden uit Italie aangekomen, twaalf borstbeelden van Romeinse keizers en een mannelijke en vrouwelijke satir; L.J. van der Klooster 1975, p. 140.
307 Ibidem, inv. P.W. 753 en 754, verblijfplaats niet bekend. Pieter van Call tekende in 1724 de parterres van het nieuwe huis Van Wassenaer-Obdam aan de Kneuterdijk in 's-Gravenhage; ibidem inv. P.W. 765. Volgens Van der Klooster *op. cit.* ging het om ontwerpen, maar mij lijken het afbeeldingen te zijn van deze niet lang tevoren aangelegde parterres.
308 Ibidem, inv. P.W. 765, voor *f* 4.300,–. Zie voor Van der Marcks collectie en de huisvesting daarvan: C.W. Fock 1985.
309 Ibidem, voor resp. *f* 60,–, 105,– en 90,–.
310 AHR inv. 1940, 1941, 2033; boeken en instrumenten werden bij Van Arnhems dood in 1716 op *f* 10.000,– geschat.
311 De verblijfplaats van dit portret is niet bekend. Archief huis Twickel inv. P.W. 764; quitantie van *f* 129,– 'weegens het door mij geschilderde hooft van weijlen den Hoogwelgeboore Heer Jan van Arnhem Heer van Roosendael', voldaan in 's-Gravenhage op 28 juni 1737. Drs. L.J. van der Klooster was zo vriendelijk mij op deze quitantie te wijzen.
312 Archief huis Twickel inv. P.W. 584.
313 AHR inv. 1941, testament J. van Arnhem van 4 october 1715. Arent van Wassenaer moest uit dit legaat *f* 1.000,– aan zijn broers en *f* 2.000,– aan zijn zusters uitkeren. Bij het overlijden van Jacob van Wassenaer in 1707 werd Jan van Arnhem met de vier oudste zonen benoemd tot voogd over de nog minderjarige kinderen; ARA, archief huis Duivenvoorde.
314 AHR inv. 734, fol. 25, *A[f]scheyt groetenis aen mijn seer waarde en lieve vrindinnen, wanneer deselve soude van Roosendael vertrekken den 13 juny 1704*.

315 Ibidem, fol. 22-23.
316 AHR inv. 2068, fol. 22-23.
317 L.J. van der Klooster 1962.
318 E.A. Canneman en L.J. van der Klooster 1967.
319 In een brief aan Agnes van Wassenaer Obdam van 7 augustus 1697 maakte Janne Margriete van Arnhem melding van een voorgenomen overnachting op Amerongen op een terugreis van Amsterdam naar Rosendael; Archief huis Twickel inv. P.W. 584.
320 RAU, archief huis Amerongen I inv. 167-2.
321 AHR inv. 1996; Hamptoncourt, 11/22 juni 1700.
322 ARA, kaartenafdeling, VTH 1869-I en -II; 1870. Deze bijschriften vertonen evenals op de tekening waarop de bestaande toestand van Dieren werd afgebeeld (*Dessain du Jardain de dieren comme il est a present*) de karakteristiek van Van Arnhems handschrift. Zie voor verdere bespreking van deze drie tekeningen: J. Dixon Hunt en E. de Jong (red.) 1988, cat. no's 22a en 22b en 42.
323 AHR inv. 734.
324 Bos, J. e.a. (red.) 1989, p. 145-156 en RAD, archief huis Batinge inv. 7, koopbrief huis Batinge, Zutphen 27 juni 1685.
325 De leverantie van enkele tienduizenden bakstenen in deze periode wijst op een uitbreiding of verbouwing van het huis, mogelijk de toevoeging van twee zijvleugels van elk twee ramen breed; RAD, archief huis Batinge inv. 195a. Vergelijk: Bos, J. e.a. (red.) 1989, p. 63-64 en 149-153.
326 RAGr, archief familie Van Bolhuis, Arkema en Van Zeeburgh, inv. 53, fol. 3; reis 2 *Reise nae 't Loo door Abel Eppo van Bolhuis met Hr. secretarius Lant, Hr. ontvanger Snip, Hr. Doctor Reichle & mijn vaeder* – 1693; de beschrijving van Het Loo op fol. 7-12. A.E. van Bolhuis kwam in 1705 op Batinge terug in gezelschap van L. Beckeringh, zie voor het citaat van zijn beschrijving p. 301.
327 RAD, archief huis Batinge inv. 195a. Na gereedkomen werd het onderhoud van de tuinen uitgevoerd door een aantal arbeiders, die betaald werden door de rentmeester Straatman. Van Pallandt had een Franse tuinman in dienst genomen, Jean Guerin, wellicht één van de gevluchte Hugenoten, die hij in 1685 in Dwingeloo onderdak had verleend.
328 RAD, archief huis Batinge inv. 8a; bovendien bevinden zich twee tekeningen door Cornelis Pronk uit 1732 in het RPK Amsterdam.
329 Gedrukt bij Gerrit Tydeman, Zwolle; een exemplaar in: RAG, archief huis Enghuizen inv. 223-8, gedateerd 21 augustus 1700, de dag van de inwijding? Vollenhove had al eerder een *Tijdtdicht op een tuinhuis gebout in den jare 1678* voor Van Pallandt geschreven, dat in handschrift bewaard is gebleven; RAD, archief huis Batinge inv. 719, niet betrekking hebbend op Rustwijck, maar op een eerder door Van Pallandt bewoond huis.
330 Een contemporaine inventaris van zijn boekenbezit is niet bewaard. Een geschreven catalogus van de Rosendaelse bibliotheek uit circa 1930, die in 1949-1950 gedeeltelijk geveild werd, vermeldt diverse titels op dit gebied, vooral uit de jaren zeventig van de 17de eeuw, die uit Van Arnhems boekenkast afkomstig kunnen zijn. AHR, niet-geïnventariseerd; in geen van deze boeken heeft Van Arnhem zijn naam geschreven, zodat er geen absolute zekerheid bestaat of ze door hem werden aangeschaft.

hoofdstuk 4

Een waardevolle bron van informatie is de vrijwel compleet bewaarde financiële administratie, zowel van Lubbert Adolf Torck als van Petronella Wilhelmina van Hoorn. Er zijn enkele inventarissen uit deze periode bewaard gebleven, waaronder één van de volledige inboedel van Rosendael opgemaakt bij overlijden van Petronella van Hoorn. De aanleg van de tuin is bekend uit enkele kaarten, plattegronden, en reisbeschrijvingen, maar de verschillende aanzichten van huis en tuin zijn slecht gedocumenteerd: er zijn slechts enkele tekeningen van het huis bekend.

1 RAG, archief leenkamer inv. 155.
2 RAG, archief Leenkamer inv. 39, fol. 220v°-221v°. Samengevat luidde de omschrijving, die gedurende de hele 17de en 18de eeuw bij beleningen van Rosendael in vergelijkbare bewoordingen werd gesteld: 'dat Huijs, borgh en Toorn te Rosendaal met sijne hoge heerlickheyt, gerigts, gerechtigheids en eigendom van 't velt Terlet (...) voorts vijvers, molens, holtgewas, diensten, thinsen, jagt, vogelrije, conijnewarande, (...) erven en goederen tot Mossel gelegen, in 't Rosendaelse velt voort allen andere rechten der schaepdriften (...) mitsgaders de heetvelden, bossen, broecke, heijde en weijde, land, sand, heggen, wateren, veen, turff, twijgh en de sulx met alle regt en geregtigheiden en verdere vrijheiden tot den huijse en Heerlickheid Rosendaal gehorende gene daar van uijtgesondert'; bovendien diverse percelen: in de Laeck te Rheden en in het Velperbroek, Hackendael, een erf te Heuven met den Ruijssenbergh, de katerstede Bomerie, de Cromslag te Velp, en het halve erf en goed Mossel te Ede.
3 J.W.C. van Campen 1973, p. 143. Vergelijk de wijze waarop Ermgard van Dorth op 19 februari 1628 haar eigendomsrecht liet bevestigen door middel van het uitgooien en weer inhalen van een visnet in de gracht; zie p. 17, 19.
4 AHR inv. 1926.
5 RAG, archief Rekenkamer inv. 518; archief Hof inv. 2293; AHR inv. 308, fol. 381; inv. 809; inv. 1004.
6 Volgens genealogisch onderzoek uit de 19de eeuw, zie: E.B.F.F. Wittert van Hoogland, z.j. en J.B. Rietstap II 1887, p. 223. Het *Nederland's Adelsboek* 1952 acht deze afstamming kennelijk niet bewezen.
7 J. Claessen 1758, p. 43, een exemplaar bevindt zich in AHR inv. 748. Het is wel bekend hoe in zijn familie gedacht werd over de opvoeding van de zonen. Dit blijkt uit een bewaard gebleven handschrift (5 fol.) *Projet sur l'Education* opgesteld in 1706 met een toevoeging in 1708 door een Renaud ten behoeve van Lubbert Adolfs broer Frederik Willem en voor een leeftijdgenoot Van Limburg Stirum. Dit leerprogramma had tevoren reeds gediend voor de opvoeding van Torcks vader Assueer en voor een Van Wassenaer Obdam; het beschrijft de dagindeling van elke dag van de week met vermelding van de onderwerpen waarin onderwijs moest worden gegeven. AHR, niet-geïnventariseerd.
8 AHR inv. 1190; de aanstelling werd op 25 november 1698 in 's-Gravenhage door Willem III ondertekend. Het ambt zal – volgens gewoonte – door een ander zijn waargenomen.
9 Ibidem; de aanstellingsacte draagt dezelfde datering en ondertekening *William R.*
10 Jaren later volgde daar nog zijn benoeming tot dijkgraaf van Wageningen en Bennekom (1736-1758); AHR inv. 483-504.
11 W.J. d'Ablaing van Giessenburg 1859, inleiding; S.W. Verstegen 1990, p. 50-51.
12 AHR inv. 1501 met stukken over deze admissie. De deugdelijkheid van deze taxatie werd in een aparte verklaring bevestigd, ondertekend op 24 september 1707 door twee ambtsjonkers en de landdrost van Veluwe Jan van Arnhem. De schenkingsacte is gedateerd Wageningen 7 november 1707.
13 AHR inv 1501; zie over de toelatingseisen W.J. d'Ablaing van Giessenburg 1859, inleiding en J. Aalbers 1987, p. 56-78.
14 Ibidem, taxatie van deze goederen die vrij en onbezwaard waren, d.d. 12 september 1718.
15 Lubbert Adolf Torck werd op 24 september 1718 met deze twee goederen beleend; J.J.S. Sloet en J.S. van Veen 1917, p. 435.
16 J. Aalbers 1991.
17 Over Torck als staatsman, in het bijzonder zijn verhouding tot Willem Bentinck, handelt W. Schennink 1980; daarin is een overzichtelijke levensschets van Torck opgenomen. Zie ook: P.C.I.M. Maris-Kroon 1989, p. 593-594.
18 J.R. Bruyn 1970.
19 Ibidem, p. 28, 170, 171.
20 Tekening: W. Voorbeytel Cannenburg 1928, p. 70; schilderij: collectie museum 'de Casteelse Poort' te Wageningen.
21 W.J. d'Ablaing van Giessenburg 1859, p. XXXI-XXXIX; D.J.G. Buurman 1958.
22 W. Schennink 1980; C. Gerretson en P. Geyl 1934, 1976[2] p. 27 en 68.
23 A. Porta 1975, p. 216, 217; W. Schennink 1980, p. 140; C. Gerretson en P. Geyl 1976[2] p. 248-251.
24 AHR inv. 953. *Omstandig Relaas van het gepasseerde aan Jan Michiel Bloemroder Burger & Sous Lieut. van de Oranje Compagnie der Stadt Arnhem op Rosendaal gebeurd, uyt desselfs mond in sijn smert-bedde leggende opgeschreeven*, 6 fol.
25 W.J. d'Ablaing van Giessenburg 1859, p. 370. Hij ontving tractement en commissiegeld over de periode 1 mei 1747 tot eind 1751; AHR inv. 494-499.
26 AHR inv. 775, 22 september 1764.

27 AHR inv. 805.

28 AHR inv. 508, aan Balthasar Boreel tot 1 november 1734 voor *f* 1.000,– per half jaar; vervolgens aan Jacob du Peyrou voor *f* 1.150,– respectievelijk *f* 1.200,– per half jaar. Op een later tijdstip, mogelijk in 1746, gingen zij weer terug naar hun eigen huis; AHR inv. 510. J.E. Elias 1903, p. 296.

29 J.E. Elias I 1903, p. 296; N.N.B.W. VI, kol. 804-806 en 1087-1089. Van Outhoorn trouwde met Elisabeth van Heyningen. Hun enige dochter Susanna Agneta trouwde in 1692 met Joan van Hoorn.

30 L. Blussé 1990, p. 7-30, waarin ook een beeldend verslag van de terugreis in patria via Kaap de Goede Hoop in 1709-1710 is opgenomen.

31 J.E. Elias 1903, p. CLXII en 296; inventaris in AHR, niet-geïnventariseerd; *Staat en inventaris van de boedel van Joan van Hoorn* beschreven in 1711 door notaris Michiel Servaas. De inboedel werd door de Amsterdamse schatster Catharina Schaak getaxeerd op *f* 38.613,–, de schilderijen en tekeningen door de makelaar Jan Pietersz. Somer op *f* 733,–, het goud en zilver door Melis van Arrewijnen op *f* 13.485,–, en de juwelen door de juwelier Nicolaas Groen op *f* 64.093,–. De gehele nalatenschap bedroeg *f* 1.127.156,–.

32 AHR inv. 802 en niet-geïnventariseerd, staat en inventaris van de boedel van Joan van Hoorn beschreven door notaris Michiel Servaas.

33 J.E. Elias II 1905, p. 691-692.

34 AHR inv. 903, Willem van Outhoorn te Batavia aan zijn kleindochter Petronella Wilhelmina van Hoorn te Amsterdam; de brieven waarin deze voorwerpen zijn genoemd, zijn gedateerd 25 november 1710, 1711 en 1713.

35 AHR inv. 739, 20 october 1719.

36 AHR inv. 781, 'staat en inventaris des boedels en nalatenschap van (...) Willem van Outhoorn'. Hij werd op 2 december in zijn grafkelder op het Nederlands kerkhof van Batavia bijgezet. Zie ook: J. de Loos-Haaxman 1936.

37 AHR inv. 558 en 568; zie ook p. 87, n. 51.

38 De belangrijkste stukken waren te zien op de tentoonstelling *Wonen in de wijde wereld*, Tropenmuseum Amsterdam 1963/1964; zie: catalogus Amsterdam 1964.

39 Onder andere AHR inv. 509, 7, 22 en 24 januari 1736 voor lessen in 1735.

40 J.E. Elias I 1903, p. 296.

41 AHR inv. 519, fol. 19-28; de helft van het goed Mossel was in 1686 tot één leen met de heerlijkheid Rosendael samengevoegd, zie : J.J.S. Sloet en J.S. van Veen 1917, p. 434.

42 AHR inv. 805; J.J.S. Sloet en J.S. van Veen 1917, p. 79, de Pol en de Ketel, beide in de buurschap Veldhuizen onder Ede.

43 AHR inv. 601.

44 AHR inv. 1990, genealogische aantekeningen van het geslacht Ripperda.

45 AHR inv. 805, fol. 20v. In 1756 kwam Petcum nog in zijn boekhouding voor; vergelijk AHR inv. 503 en 504.

46 AHR inv. 805; Beurse bleef dus onverdeeld bezit van L.A. Torck en zijn zusters totdat hun moeder in 1739 overleed.

47 Deze *journalen* werden na Torcks dood door de rentmeester voortgezet tot 1765, een jaar na de dood van Petronella van Hoorn. In deze *journalen* hield Torck alle uitgaven bij: voor het huishouden, levensonderhoud, kleding, verbouwingen, onderhoud tuin en landgoed, personeel, etc, zowel voor Rosendael, Beeckesteyn als hun huis aan de Herengracht in Amsterdam. De gegevens zijn in het kader van deze studie slechts ten dele benut. Het geheel vormt een waardevolle bron om Torcks uitgavenpatroon als geheel en op deelonderwerpen nauwkeurig te bestuderen. In deze studie zijn de uitgaven voor gebouwen, tuin, en de aanschaf van voorwerpen systematisch genoteerd. De bestudering wordt bemoeilijkt doordat Torck de uitgaven nooit rubriceerde of per periode optelde. Het is dus niet bekend hoe hoog de totale uitgaven waren. Acht van waarschijnlijk negen delen zijn bewaard gebleven:

AHR inv.	507	1723-1728
	508	1729-1733
	509	1734-1738
ontbrekend deel		1739-1743
AHR inv	510	1744-1748
	511	1749-1754
	512	1755-1758
	513	1759-1764
	514	1764-1765

Alleen het eerste deel is gefolieerd; daarom wordt hierna alleen naar een datum verwezen.

48 AHR inv. 805.

49 AHR inv. 2181, specificatie d.d. 18 april 1715 van de middelen die zij ten huwelijk aanbracht, inclusief haar juwelen (*f* 66.975,–) en zilver en goud (*f* 17.980). Van deze som was *f* 578.000,– belegd in effecten; vanwege tegoeden bij de weeskamer van Amsterdam bedroeg haar kapitaal in juni 1715 *f* 654.000,–; AHR inv. 558 en 563.

50 AHR inv. 802, copie van de afwikkeling van de boedel door Michiel Servaas, openbaar notaris te Amsterdam, gedateerd 12 december 1711. Volgens AHR, niet-geïnventariseerd (doos 2); *staat en inventaris van de boedel van Joan van Hoorn*, waarin een inventaris van de boedel aanwezig in zijn huis aan de Herengracht te Amsterdam is opgenomen, bedroeg zijn getaxeerde vermogen ruim *f* 1.127.000,–. Petronella erfde de helft van haar vaders vermogen; de andere helft was bestemd voor zijn (derde) vrouw, Johanna Maria van Riebeeck.

51 AHR inv. 558, 563 en 568; de nalatenschap van *f* 271.564,– en *f* 69.031,– bedroeg met schenkingen ten bedrage van *f* 208.491,–, die zij sinds 1715 al van haar grootvader had gekregen, in totaal dus bijna *f* 550.000,–!

52 AHR inv. 2180; inventaris van de goederen door P.W. van Hoorn in huwelijk met L.A. Torck aangebracht, gedateerd 30 juni 1722.

53 Ibidem; dit is een berekend rendement, dat niet in deze stukken wordt vermeld.

54 AHR inv. 2180, inventaris van goederen van L.A. Torck d.d. 30 juni 1722, ten huwelijk aangebracht met geschatte bedragen van zijn bezit. Deze som werd als zuiver kapitaal aangeduid, omdat Torcks gehele bezit op *f* 318.780,– werd berekend, inclusief *f* 56.210 die nog als legaten uit de nalatenschap van J.M. van Arnhem aan verschillende gerechtigden uitgekeerd moesten worden.

55 Uit de omschrijvingen in deze taxatie blijkt dat de waarden van deze onroerende goederen in 1722 werd berekend door de jaarlijkse opbrengst, die in guldens bekend was, te beschouwen als 3 of 4% van de waarde.

56 De eerste vier posten van de taxatielijst brachten geen rendement op; de opbrengsten kwamen dus van bezittingen ter waarde van *f* 263.070,– min *f* 67.000,– = *f* 196.070,–. Wanneer wij uitgaan van een rendement van 3 of 4%, zoals Torck zelf aangaf, bedroegen de jaarlijkse inkomsten bijna *f* 7.000,–.

57 AHR inv. 566 en 567; gemiddeld *f* 35.862,– per jaar, nieuwe beleggingen zijn niet meegerekend. De overzichten bevatten zowel de gehele jaarlijkse opbrengst van haar vermogen (waaraan in enkele gevallen aflossingen van leningen waren toegevoegd) als de bedragen die Van Anklam jaarlijks ter besteding afdroeg. In AHR inv. 564 en 568 zijn dergelijke overzichten opgenomen van jaarlijkse renten en de bedragen die Van Anklam in contanten overhandigde. De hier gebruikte cijfers geven echter de indruk vollediger te zijn.
Gelijktijdig met mijn onderzoek (1984/1985) verrichtte een doctoraal werkgroep van de faculteit geschiedenis aan de Universiteit te Nijmegen een onderzoek naar de financiële positie van het echtpaar Torck-van Hoorn. De conclusies uit het eindverslag door J. Gommans e.a. *Onderzoek naar de economische en financiële positie van de familie Torck van Rosendael in de 18e eeuw* (lees: het echtpaar Torck-van Hoorn), die niet opvallend van de mijne afwijken, zijn hier niet in de beschouwing betrokken, onder andere omdat dat onderzoek gebaseerd is op peildata in plaats van op bestudering van de volledige serie jaarrekeningen.

58 AHR inv. 568; Torcks eigen aandeel is niet bekend, maar kan niet erg hoog geweest zijn. De kosten bedroegen in deze periode dus minstens *f* 70.000,–.

59 Ibidem, 31 december 1723; onder 'huisonkosten' worden alle soorten huishoudelijke uitgaven verstaan. De rente-inkomsten bedroegen in dezelfde periode ruim *f* 33.600,– maar zij ontving juist in deze periode een veelvoud van dat bedrag uit de erfenis van haar grootvader Willem van Outhoorn.

60 AHR inv. 564; *journaal* (kasboek) van P.W. van Hoorn 1723-1742, geadministreerd door Joachim van Anklam.

61 AHR inv. 566.

62 AHR inv. 568, 10 maart 1736 *f* 100.000,–, de helft van zijn vaders nalatenschap.

63 AHR inv. 564, 565 en 805; het hier genoemde totale vermogen bevat zowel kapitaal als onroerend goed. Daarom wijkt deze som af van het bedrag van *f* 467.000,–, dat zij volgens J.E. Elias I 1903, p. 296 aan Assueer Jan Torck naliet. Dit laatste bedrag behelst alleen kapitaal, met uitslui-

ting van onroerend goed en diverse legaten.

64 AHR inv. 564 en 565. Het volledige overzicht omvat de jaren 1723 tot en met 1760; de jaren 1724, 1734, 1744 en 1754 zijn bij wijze van voorbeeld gekozen. Door de afronding van de bedragen in duizendtallen kunnen de berekende percentages in lichte mate van de werkelijkheid afwijken.

65 AHR inv. 476-506; het deel over 1757 ontbreekt.

66 De inkomsten werden per jaar in een nieuw foliodeel van ongeveer honderd pagina's genoteerd. De genoteerde bedragen werden echter nooit opgeteld; inzicht in de (sub)totalen kan dan ook alleen verkregen worden door telkens opnieuw bedragen per onderdeel en vervolgens per jaar op te tellen. Daarbij zijn inkomsten gerekend tot het jaar waarin zij als te ontvangen werden geboekt, ongeacht of zij in werkelijkheid in een volgend jaar werden ontvangen.

67 Vergelijk de maatregelen die andere riddermatigen op de Veluwe hadden genomen ter spreiding van hun inkomsten door te investeren in bijvoorbeeld de teelt van inlandse tabak en de papierfabricage; J. Aalbers 1991.

68 Dit zijn netto bedragen; uitgaven zoals verponding, haardstedegeld en door Torck zelf betaalde pachten zijn in mindering gebracht op het bruto inkomen. De inkomsten in natura zijn niet gekapitaliseerd en dus niet meegerekend. Een overzicht van hun beider jaarlijkse inkomen uit hun vaste goederen, opgesteld na overlijden van Lubbert Adolf Torck, inclusief de waarde van de pachtbetalingen in natura noemt *f* 10.215-16-2; AHR inv. 806.

69 In 1747 stelde Torck een overzicht op van hun gemeenschappelijk bezit in verband met de betaling van de vijftigste penning, een nieuwe belastingheffing van 2% (één vijftigste deel) van het vermogen van de aangeslagene. Dit overzicht is hier niet in de beschouwing betrokken, omdat de berekening afwijkt; bij de waarde van onroerend goed en kapitaal zijn de inkomsten opgeteld uit ambten en commissies over een periode van vier jaar vermeerderd met de pachtinkomsten. Zo berekende Torck hun gemeenschappelijk vermogen op ruim een miljoen gulden. Bovendien is het overzicht onvolledig, omdat het alleen hun Gelderse bezittingen betreft; het huis aan de Herengracht in Amsterdam en de juwelen van zijn vrouw zijn dus niet vermeld.

70 Vergelijk: J. Aalbers en M. Prak (red.) 1987.

71 Deze gegevens zijn afkomstig uit Torcks *Journalen*, AHR inv. 507-513 en 568. Het jaartal duidt op het jaar waarin het aangegeven bedrag werd aangetroffen, hetgeen niet uitsluit dat een loon in de loop der jaren iets kan zijn gestegen. Er is geen rekening gehouden met verdiensten in natura, zoals kost en inwoning, of met eventuele toelagen. Van Anklam was niet op Rosendael werkzaam, maar in Amsterdam. Uiteraard werd de predikant niet als personeelslid betiteld, maar evenals de anderen ontving hij zijn tractement rechtstreeks van Torck.

72 J. Aalbers 1982; S.W. Verstegen 1987 en 1990.

73 Een overzicht van de financiële positie van Arnhemse regenten in de 18de eeuw geeft H. Pols 1988; de hier genoemde gegevens over Brantsens bezit heb ik aan deze doctoraalscriptie ontleend. Gegevens over H.W. Brantsens nalatenschap in: RAG, archief Brantsen inv. 177.

74 Catalogus Arnhem/Nijmegen 1990, p. 18-19.

75 J.J. de Jong 1985, L. Kooijmans 1985, M. Prak 1985.

76 De Personele Quotisatie van 1742 was een belasting, die geheven werd in verband met betalingsverplichtingen van de Republiek ten behoeve van de Oostenrijkse successie-oorlog bij alle inwoners met een jaarlijks inkomen van tenminste *f* 600,–. Zie: W.F.H. Oldewelt 1945. Hoewel Torck en zijn vrouw een deel van het jaar in Amsterdam woonden, komen zij op deze lijst niet voor, omdat zij in Gelderland belastingplichtig waren. Een precieze vergelijking wordt bemoeilijkt, doordat niet valt na te gaan of deze inkomens op dezelfde wijze werden vastgesteld.

77 B.E. de Muinck 1965, p. 77.

78 Ibidem, p. 341.

79 Dit blijkt uit het reeds geciteerde Kohier van de Personele Quotisatie van 1742.

80 H. Pols 1988, p. 95.

81 RAG, archief Staten van Veluwe inv. 290. Voor F.W. Torcks Arnhemse huis, zie: A.J. van de Ven 1928.

82 S.W. Verstegen 1987, p. 88.

83 AHR inv. 1954, *Lijste der te betaale hooftgelt bij de liberale gifte*, 31 december 1747. Volgens de opgave anderhalf jaar later ten behoeve van de heffing van het hoofd- en haardstedegeld (de toen gebruikelijke vorm van directe belasting) door het Kwartier van Veluwe waren er in 1749 achttien inwonende personeelsleden op Rosendael, inclusief een tuinman en een jager; AHR inv. 1956, 27 mei 1749 en archief Staten van het Kwartier van Veluwe inv. 307. Torck betaalde hoofdgeld over twintig personen (personeel plus zijn vrouw en hijzelf) en haardstedengeld voor zesentwintig schoorstenen, die geteld waren op het huis, het tuinmanshuis en het salon (tuinhuis). In de gehele heerlijkheid Rosendael werden in 1749 in totaal honderdnegenendertig inwoners geteld en zesentachtig haardsteden.

84 AHR inv. 513, 8 juni 1761 en 6 november 1764. Deze vijftien ontvingen samen circa *f* 1.000,– per jaar. Een aanvulling die Torck op 26 januari op zijn testament maakte, vermeldt legaten en lijfrenten aan achttien personen die op dat moment op Rosendael in dienst waren; AHR inv. 804. De boedelinventaris die in 1764-1765 werd opgesteld, vermeldt in totaal achttien bedden voor personeelsleden, waaronder drie oude; zie bijlage 4. Vergelijk de situatie op de Cannenburch, S.W. Verstegen, *op. cit.*

85 AHR inv. 804, 775, 804[b-c], 921 en 1215[a]; testamenten en codicillen opgesteld in 1747, 1748, 1753, 1758 en 1764.

86 Het staat niet vast, dat Torck deze ring bedoelde, maar het ligt voor de hand. Ring en knoopjes had Torck overigens al bij leven aan zijn neef geschonken; AHR inv. 804, 805.

87 Assueer Jan Torck was erfgenaam, maar het vruchtgebruik was voor zijn moeder Jacoba Maria van Wassenaer (1709-1771); Assueer Jan werd behoudens dit vruchtgebruik op 22 november 1765 met Rosendael beleend; zie: J.J.S. Sloet en J.S. van Veen 1917, p. 432.

88 AHR inv. 804, aanvulling van 26 januari 1758 op zijn testament van 9 mei 1747.

89 AHR inv. 775, testament P.W. van Hoorn, 22 september 1764. Van Geer was al een aantal jaren in dienst, toen hij op 5 augustus 1763 Jan Hendrik Knoops als rentmeester opvolgde; AHR inv. 805.

90 AHR inv. 804, 1747.

91 RAG, archief huis Keppel, inv. 1629; de werkzaamheden werden aangenomen door Helmert van Baack.

92 R.T. Muschart 1938, p. 377 geeft de letterlijke tekst van beide grafstenen.

93 J. Claessen 1758, gedrukt bij Jacob Nijhoff, p. 79-80.

94 AHR inv. 775, opgemaakt op 22 september 1764 op Rosendael.

95 De overige grote legaten waren voor: neef Cornelis Jacob van Outhoorn te Utrecht, *f* 6.000,–; neef Andries Hartsinck, capiteyn ter zee, *f* 10.000,–; en een pillegift voor petekind Adolph Pieter van Spaen, *f* 3.000,–. De diaconie van Rosendael ontving een legaat van *f* 12.000,–; de rente van dit kapitaal diende tot onderhoud van de armen.

96 AHR inv. 563, fol. 9, 6 december 1715.

97 Ibidem, fol.33; in tien maanden, van 15 augustus 1716 tot 15 juni 1717 werd er maar liefst *f* 13.346-3-0 besteed aan het huis en de tuin.

98 Dezen keren in de loop van het verhaal nog terug. Van Lambert van den Berg is bekend, dat hij de nieuwe kap heeft gemaakt van het in 1695-1698 herbouwde kasteel Middachten (De Steeg, Gld.); J. Hollestelle 1988, p. 191.

99 AHR inv. 563, 30 november 1716 *f* 1900,– aan Ary Geersen 'voor graven van de vijver en andere arbeytsloonen' en 30 december 1716 *f* 475,– aan Ary Bastiaansz 'voor vervoeren van de spetie uyt de nieuwe vijver'.

100 Ibidem, fol. 32. Op 15 juni 1717 werd Woestduyn verkocht via de makelaar en 'bouwondernemer' Jan van der Streng aan Abraham Kromhuysen voor *f* 22.600,–

101 Ibidem, fol. 25; in dit bedrag waren de 'meubilen en huyscieraaden' inbegrepen.

102 Dit blijkt uit het reeds geciteerde *journaal* (kasboek) van Petronella van Hoorn. De datering van deze verbouwing werd al gesuggereerd door J.J.F.W. van Agt 1959, kolom 175-176.

103 Van der Streng werkte onder andere aan het Amsterdamse burgerweeshuis; hij trad ook als makelaar op (Woestduyn, huis Herengracht 493) en was dus niet louter ambachtsman, maar 'bouwondernemer'.

104 Naast beeldhouwer evenals de voorgaande een 'bouwondernemer'; hij was een medewerker van Daniel Marot en zwager van Ignatius van Logteren; zie P.M. Fischer 1988.

105 AHR inv. 563, fol. 36; *f* 1.200,–.

106 Ibidem, fol. 36, 39, 41, 45 en 58.

107 Ibidem, fol. 38, 39, 41, 47 en 58.

108 Ibidem, fol. 48 en 57.
109 Ibidem, fol. 52.
110 J.C. Bierens de Haan 1987, p. 333-343, met literatuurverwijzing.
111 Zie ook: P.M. Fischer 1988, p. 137-138.
112 Het blijft ook hier een onbeantwoorde vraag in hoeverre Ignatius van Logteren dit stucwerk eigenhandig heeft gemaakt of dat hij helpers had, die onder zijn 'firmanaam' werkten. Namen van medewerkers komen in dit verband echter niet voor.
113 J.C. Bierens de Haan 1987.
114 P.M. Fischer 1988, p.137.
115 AHR inv. 563, fol. 52.
116 Ibidem, fol.52, *f* 176,– op 23 augustus 1718.
117 Ibidem, fol. 52, *f* 481-19-0 op 10 december 1718. Van der Meer werd in 1690 geboren en was gevestigd in Assendelft en Krommenie; E. Morpurgo 1970.
118 Ibidem, fol. 52, *f* 213-10-0 op 5 juli 1718. Deze klokken zijn niet meer aanwezig; zij werden in de Tweede Wereldoorlog door de bezetter geconfiskeerd. Een indruk van De Grave's grote productie van gegoten klokken ten behoeve van kerken en buitenhuizen blijkt uit de registers van verschillende delen van de van rijkswege gepubliceerde reeks *De Nederlandse Monumenten van Geschiedenis en Kunst*.
119 Ibidem, fol. 52, 64, 65 en 79. In 1721 leverden zij nog eens voor *f* 774,– (idem, fol. 93); voorts werden wilgen geleverd voor circa *f* 310,– en op 11 april 1720 door Jan van Bremen een partij taxus voor *f* 60,–.
120 Hij ontving *f* 1.103,– voor het graafwerk; ibidem, fol. 65, op 17 juli, 1 augustus en 10 september 1719.
121 Vriendelijke mededeling van J.G. Berkhout te Haarlem.
122 M.D. Ozinga 1938 p. 149, 161.
123 AHR inv. 563, fol. 65 en 79 en AHR inv. 566, 5 december 1721.
124 Ibidem, fol. 79; op 4 augustus 1720 *f* 75,– aan Pieter Claasz Paas en *f* 60,– aan Pieter Jacobsz.
125 Ibidem, *f* 132,– 'voor vergulden van vaasen' op 14 augustus 1720.
126 Ibidem, fol. 64; *f* 3,– op 2 april 1719. Zalm wordt niet genoemd in M. Rooseboom 1950.
127 Ibidem, fol. 52, respectievelijk 21 juli en 13 september 1717.
128 AHR inv. 568, 9 april 1722. De bouwhuizen zijn reeds afgebeeld op de prent van Hendrik de Leth (1728) opgenomen in *Het Zegepralend Kennemerland* van M. Brouerius van Nidek. Uit deze afbeelding blijkt dat met deze vleugels niet de twee smalle vlakgedekte toevoegingen aan de voorzijde van het huis bedoeld kunnen zijn; deze dateren uit 1771/1772. J.J.F.W. van Agt 1959, kol. 176.
129 Ibidem, 20 februari 1723, zie los vel in AHR inv. 655.
130 Zie noot 144; AHR inv. 563, fol.104.
131 AHR inv. 568, fol. 20 en 21, respectievelijk 21 november en 24 december 1722.
132 AHR inv. 563 fol. 30 en J.C. Bierens de Haan 1987; *Vier eeuwen Herengracht* 1976, p. 332-333; F.G. van den Berg 1943, p. 100-102, 109-111 en 118-121; J.E. Elias 1903-1905 I, p. 296 en II, p. 691.
133 AHR inv. 563, fol. 30, 5 mei 1717. Ongetwijfeld taxeerde Van der Streng het huis en Zomer de schilderijen. Jan Pietersz. Zomer (1641-1726) was de bekendste handelaar en taxateur van schilderijen en prenten in Amsterdam gedurende het eind van de 17de en het begin van de 18de eeuw; S.A.C. Dudok van Heel 1977.
134 D.P. Snoep 1970.
135 F.G. van Berg 1943.
136 D.P. Snoep 1970, p. 160.
137 AHR inv. 563.
138 Ibidem, fol. 79 en inv. 558, fol. 54; in 1720 werd er aan de 'vertimmering' van huis en stal *f* 12.880-18-0 betaald. In de eerste vier maanden van 1721 werd er een bedrag van *f* 22.764,– besteed aan deze verbouwing, hetgeen precies met de in de balans opgenomen waardestijging van het huis overeenkomt; inv. 563, fol. 89.
139 Ibidem, fol. 46 op 11 mei 1718 gekocht voor *f* 8.500,– van Maria Wolters, weduwe van Jacobus Scott.
140 Er zijn van J. Uljé twee werken in Noord Holland bewaard gebleven: een smeedijzeren bovenlicht boven de voordeur van het stadhuis van Edam, en een smeedijzeren hek uit 1729, deel uitmakend van het voormalige Statencollege, het tegenwoordige Westfries Museum, te Hoorn; P. Don 1987, p. 231 en 335.
141 R. Meischke 1980, p. 43.
142 Vergelijk bijvoorbeeld de werkzaamheden die de meesten van hen hebben verricht voor het Amsterdamse Burgerweeshuis en het R.C. Maagdenhuis; zie: R. Meischke 1975 en 1980.
143 AHR inv. 563, fol. 89. Bovendien nog *f* 73,– aan de beeldhouwer Cornelis van Vliet, *f* 543,– aan de steenhouwer Hendrik Knoop en *f* 275,– aan de schilder Christiaen Rademaker.
144 Ibidem, fol. 104.
145 Ibidem, fol. 15.
146 Ibidem, fol. 33.
147 Ibidem, fol. 15, 3 januari 1716. Hewlate is in de literatuur niet bekend; hij moet een goede reputatie gehad hebben. Aan zijn naam te oordelen zou hij uit Engeland afkomstig kunnen zijn, waarmee hij te midden van overwegend Franse handelaren een uitzondering vormde. Een andere cliënte van Hewlate was Walburg van Heeckeren, douairière van Elbert Anthony van Pallandt, Drost van Drenthe; zij liet in 1704 een ledikant voor haar huis Batinge door hem stofferen; RAD, archief huis Batinge, inv. 195a, 3 juni 1704, 'voor het opmaken van een ledikant met sijn toebehoren, uitgesondert het damast *f* 439,–'.
148 Ibidem, 9 mei 1716: 'Aan onkosten van een ledikant in Den Haag gemaakt als: aan P. Courtonne *f* 1.722-6-0; aan Nicolas Fourcade *f* 1.530,– aan idem voor 2 ll satijn *f* 28,–; aan Marten van den Berg *f* 314,– totaal: *f* 3.594-6-0'.
149 Th.H. Lunsingh Scheurleer 1952, p. 60; S.W.A. Drossaers en Th.H. Lunsingh Scheurleer 1974, deel II, p. 554 en 598.
150 ARA, archief Nassause Domeinraad, inv. 743 en 744, passim.
151 AHR inv. 563, fol. 33, 6 november 1716.
152 Ibidem, fol. 15, 27 februari 1716.
153 Ibidem, fol. 33, 12 januari 1717, *f* 89-10-0 zonder nadere omschrijving.
154 Ibidem, fol. 52, 65-69, 80, 98, 104.
155 Th. H. Lunsingh Scheurleer 1941, p. 178-188.
156 AHR inv. 563, fol. 65, 12 januari 1719.
157 Ibidem, 11 januari 1718, 12 januari 1719, 5 februari 1720 en 22 januari 1722 voor de respectievelijke bedragen: *f* 101-19-0, *f* 47-2-0, *f* 80-1-0 en *f* 278-6-0.
158 AHR inv. 563 fol. 108, gedateerd 18 april 1715 en ondertekend door haar voogden. Er waren vooral veel sieraden en doosjes en dergelijke bij met een totale waarde van *f* 5.980,–. Zie ook AHR niet geïnventariseerd, doos 2: 'specificatie van goud & silverwerk toebehoorende aan Jonkvr. Petronella Willemina van Hoorn', Amsterdam 18 april 1715. Op 21 mei 1722, kort voor haar tweede huwelijk, werd haar goud en zilver nog steeds op dat bedrag geschat.
159 S.W.A. Drossaers en Th.H. Lunsingh Scheurleer II 1974, p. 253.
160 AHR 564, 12 maart 1733; De Amsterdamse zilversmid Johannes Grill betaalde *f* 8.635-12-8 voor dertien delen van haar 'goud toiletstel'; twee poederdozen werden niet verkocht. Op 30 april kreeg zij nog een nabetaling van *f* 80,– 'voor 4 penningen die in de goude rand van de spiegel hebben geseten, en voor koper waren aangezien, doch van goud bevonden zijn, maar van geringer essay'.
161 AHR inv. 563, fol. 15, 33 en 80. Abraham Lapro (1691-1753) was sedert circa 1710 als zilversmid werkzaam te Amsterdam; zie A.J.M. Brouwer Ancher 1898 (niet bij E. Voet 1912 en K.A. Citroen 1975). Lapro leverde in de jaren dertig ook aan de Leidse lakenfabrikant en kunstverzamelaar Allard de la Court (1688-1755); *Het Rapenburg* II 1987, p. 363.
162 AHR inv. 563, fol. 15, 33, 65 en AHR inv. 655, fol. 16; K.A. Citroen 1975, no. 865.
163 AHR inv. 563, fol. 33; K.A. Citroen 1975, no. 866.
164 Ibidem, fol. 33 en 80. Andere bestellingen bij Arent Ooms: in 1716 en 1718 voor circa *f* 2.500,– en in 1721 acht zilveren blakers voor *f* 795,–. E. Voet en H.E. van Gelder 1941, p. 93.
165 Ibidem, fol. 33, 13 maart 1717.
166 AHR inv. 655, fol. 16, 30 juli 1722, zilverwerk, onder andere twee kronen *f* 253-6-0; bij de overige uitgaven wordt alleen 'voor silverwerk' vermeld.
167 AHR inv. 563, fol. 10, 2 januari 1716; de betekenis van tapat blakers is onbekend (*tapat* niet in het WNT).
168 Ibidem, fol. 15, respectievelijk 27 mei 1715 en 29 augustus 1715. Op 19 januari 1722, dus na het overlijden van Jan Trip, werd nog eens *f* 101,– aan Fromenteel en Clarke betaald; AHR inv. 655, fol. 8. Ahasverus en zijn broer John Fromenteel waren beroemde klokkenmakers van Nederlandse afkomst die gedurende de tweede helft van de 17de eeuw naar Engeland gingen. Zij vormden met de broers John en Christoffel Clar-

ke de firma Fromenteel en Clarke; E. Morpurgo 1970.
169 AHR inv. 563, fol. 15, 9 mei 1716 en fol. 33, 18 januari 1717 (*f* 18,–).
170 Ibidem, fol. 107, en: AHR niet-geïnventariseerd, doos 2:'specificatie van de juweelen toebehoorende aan Jonkvr. Petronella Willemina van Hoorn', deel uitmakende van de: 'specificatie van obligatien & recepissen toebehoorende Jonkvr Petronella Willemina van Hoorn', Amsterdam 18 april 1715.
171 AHR inv. 563, 30 juni 1722.
172 Ibidem, fol. 88, 12 mei 1721: 'voor mijne erfportie in juweelen ontfangen de helfte in *f* 9.000,– is *f* 4.500,–'. Welke erfenis dit was, is niet duidelijk.
173 Ibidem, fol. 15, 27 mei 1715.
174 AHR inv. 568, 24 maart 1723.
175 M.H. Gans 1961, inventaris no. 47, p. 452-454 en no. 30, p. 428-430.
176 AHR inv. 563, fol. 52, 24 juli 1717.
177 Ibidem, fol. 65, 30 juni 1719, voor *f* 100,–.
178 Ibidem, fol. 104, 16 maart 1722.
179 AHR inv. 507-514; 1723-1738 en 1744-1765. Om inzicht te krijgen in de onderhoudslasten van de tuin heb ik uit deze journalen alle loonkosten die Torck hiervoor maakte opgeteld (p. 153).
180 J.W.C. van Campen 1973, p. 143.
181 De volgende bouwkundige observaties zijn afkomstig uit een rapport d.d. 11 october 1988 door bouwkundig tekenaar C.J. Willems, die bij de restauratie betrokken was. De lengte van de balken is niet opgemeten.
182 H.W.M. van der Wyck 1982, p. 196, 199.
183 De Gelderse landmeter Berend Elshof werkte al voor Jan van Arnhem (tekening voor de gegraveerde vogelvluchtkaart van Rosendael) en trad op 1 mei 1721 in dienst van Torck om diens grondbezit in kaart te brengen; hij bleef twee en een halfjaar tot 1 november 1723 in dienst als landmeter; AHR inv. 507, 13 november 1723. De kaarten die Elshof maakte van Rosendael, Terlet, het Laar, Arnhemse, Velpse en Wortredense broek, Heuven, Wageningen, Reemst en Mossel bevinden zich in particulier bezit en in het RAG, archief huis Keppel. H.W.M. van der Wyck 1979, p. 113, 114. Catalogus Arnhem/Nijmegen 1990, no. 24, p. 78.
Ook later maakte Torck nog van Elshofs diensten gebruik. In 1754 maakte hij Torcks verzameling 'mathematische instrumenten' schoon; AHR inv. 511, 11 januari 1754.
184 AHR inv. 507; Ferrier ontving op 20 december 1723 een som van *f* 786,– 'voor een geleverde blauwe stoep met zijn toebehooren marmeren plinten etc.'
185 R. van Luttervelt 1950.
186 Ook indien de interpretatie van de monogrammen wel juist is, blijft de vroegere plaatsing onduidelijk. Op Rosendael komt geen der vertrekken van het souterrain in aanmerking voor deze omvangrijke serie. Zouden ze in dat geval afkomstig zijn uit de in 1841 afgebroken bouwhuizen of zou Eberson ze na 1854 hebben doen verwijderen? Of komen de tegels niet van Rosendael, maar van het huis aan de Herengracht te Amsterdam?
187 Vergelijk de prenten IV,V en VI uit de serie van P. Schenk (1718), waarop de voorzijde van deze wand staat afgebeeld met de tekeningen door C. Pronk waarop de achterzijde van de wand zichtbaar is.
188 De adelaar die in Van Arnhems tuin stond (P. Schenk no. IIIb) is misschien dezelfde als de adelaar die op de prent van A. Zeeman staande op de muur tussen beide bouwhuizen is afgebeeld. Zou deze adelaar nadien op het dak van de theekoepel zijn geplaatst?
189 F.G. Waller 1938, p. 374.
190 Particuliere collectie RKD, 's-Gravenhage.
191 AHR inv. 507, 17 augustus, 1 october, 11 december 1726; 31 maart en 27 augustus 1727.
192 Ibidem, 20 mei 1727, 'aen mr Graver schutgieter voor een metaale klok op Roosendael *f* 130,–'.
193 Zie pag. 217.
194 AHR inv. 563, fol. 52, 64.
195 AHR inv. 507, passim. Het staat niet volledig vast dat de betalingen die nu volgen alle voor Rosendael waren. Er werd ook nog op Beeckesteyn en aan het Amsterdamse huis gewerkt, en de preciese bestemming voor de betalingen wordt zelden vermeld. Dikwijls is echter uit de context op te maken of een betaling zeker niet in verband met Rosendael werd gedaan. Bovendien werd er in de jaren 1723, 1724 en 1725 volop op Rosendael gewerkt, terwijl het grote werk op Beeckesteyn en in Amsterdam al achter de rug was.
196 AHR inv. 507, 2 februari 1723 *f* 1.132,– en 1 september 1723 *f* 600,–.
197 Ibidem, 22 maart, 12 april, 18 mei, 18 juli 1724, waaronder *f* 500,– voor de verdiensten voor de knechts.
198 Vergelijk de kap van Middachten die Lambert van den Bergh maakte; p. 94, n. 98.
199 Deze is waarschijnlijk Geoscen Arentse van den Bergh, die een huis op Rosendael bewoonde. Zijn familierelatie tot Lambert en Frans van den Bergh is niet bekend.
200 AHR inv. 507, afrekening van november 1726. Daarna betaalde Torck hem alleen nog in 1728 een bedrag van *f* 150,–.
201 Ibidem, passim; in 1723 *f* 950,– in 1724 *f* 900,– en in 1725 *f* 1500,–. In 1726 en 1727 verminderden die bedragen naar *f* 150,– en *f* 91,– om vervolgens geheel te stoppen.
202 Ibidem, 21 november 1724: *f* 1.225-50 voor de periode van 1 november 1723 tot 31 october 1724; en op 1 december 1726: *f* 2.013,– voor de periode van 21 november 1724 tot 30 october 1726.
203 Sinds januari 1730 tot juli 1731 werkte de Arnhemse schilder Peter van Vleuten gedurende 158 dagen voor Torck waarvoor deze ruim *f* 600,– ontving. Als dit niet onderhoudswerkzaamheden aan het huis hebben betroffen, dan ging het wellicht om een onderdeel in de tuin, bijvoorbeeld de nieuwe galerij.
204 Arduin werkte onder andere als 'huisschilder' bij het Amsterdamse Burgerweeshuis; R. Meischke 1975, p. 231, 235.
205 AHR inv. 507, fol. 84, 29 januari 1725. Torck vergoedde zijn reiskosten naar Amsterdam terug evenals die van Barent de kamerbehanger en van hun knechts; AHR, fol. 56, 20 juli 1724, *f* 20-4-0.
206 Ibidem, fol. 169, 20 mei 1727 en fol. 205, 21 juni 1728.
207 Ibidem, 1 december 1726 'dan voor mijn heeft begonnen te arbeyden'.
208 Ibidem, fol. 28, 12 november 1723.
209 Ibidem, 1 december 1726. Op 3 december 1728 voldeed Torck het restant van zijn schuld, behalve voor 'het leydack van het cleijn salon dat nog moet opgemate worden'. Er werden overigens op Rosendael niet alleen leien maar ook dakpannen toegepast, wellicht op niet in het zicht zijnde delen van daken zoals boven zakgoten van de bouwhuizen. Leveranties van dakpannen werden in 1724 en 1728 afgerekend met Jan Roelewijn.
210 Ibidem, 28 april 1724; een bestemming werd niet vermeld, het kan dus eventueel ook Beeckesteyn betreffen waaraan Jakel voordien reeds leverde.
211 AHR inv. 507, 508; passim.
212 Er werden in 1723 voorts hoge bedragen betaald aan de Mr timmerman Lambert van den Bergh (totaal: *f* 2.932,–) en in 1724-1725 aan de Mr timmerman Frans van den Bergh (totaal: *f* 3.350,–). Er werd in de journalen echter geen enkele keer vermeld dat het Rosendael betrof; uit de context blijkt eerder dat het om Beeckesteyn gaat. Lambert van den Bergh werkte in 1717-1718 reeds voor Beeckesteyn. Verder ontving de timmerman Harme Janse van Baak *f* 2.368-14-0 over de jaren 1724-1725 voor diverse leveranties; AHR inv. 507, 8 december 1726.
213 AHR inv. 507, fol. 12, 1 mei 1723; *f* 75,– inclusief 'een model voor de groote cascade', zie ook noot 217.
214 Ibidem, fol. 34, 18 december 1723 voor *f* 45,–. Het betreft waarschijnlijk Abm. (de) Laires(se) die circa 1727 vier schilderstukken met als onderwerp de vier jaargetijden voor de theekoepel in de tuin schilderde (p. 158).
215 J.C. Bierens de Haan 1987, p. 333 en de daar vermelde literatuur over Van Logteren.
216 AHR inv. 507, 7 juli 1723 'aen I. van Lochteren in minderinge van de aengenoomene marmere cascade in den toorn *f* 200,–'; ibidem, 15 januari 1724 'aen Ignatius van Lochteren in minderinge van de gemaakte marmere cascade *f* 300,–'; ibidem, 21 februari 1726 'aen Ignatius van Lochteren het restoir van het gemaakte marmere cascade op Roosendael met *f* 52,–'.
217 Ibidem, fol. 12, 1 mei 1723.
218 Ibidem, 22 januari 1724.
219 Ibidem, 25 juni 1725, 'voor zijne moeytens en verdiensten aen de cascade in den tooren' *f* 26-5-0. Op 29 januari van dat jaar was een bedrag van *f* 250,– betaald aan de koperslager Lieftinck voor zijn 'verdiensten aen de cascade'. In het laatste geval is het niet zeker of het de cascade in

de toren of een cascade in de tuin betreft.

220 RAG, oud-archief huis Middachten inv. 383, voor ruim *f* 500,–; wellicht voltooide Reinhard van Reede daarmee de door zijn ouders Godard van Reede-Ginckel en Ursula Philippota van Raesfelt begonnen aanleg. Hermanus van den Anker had in 1711-1712 ook al fonteinen aangelegd op Zuidwijk bij Wassenaar in opdracht van Johan Hendrik van Wassenaer Obdam; B. Olde Meierink 1991, p. 13.

221 Deze vraag werd voor de Amsterdamse situatie al eerder gesteld door: P.M. Fischer 1983, p. 29-31.

222 M.D. Ozinga 1938, p. 192 en plaat 55D; H.W.M. van der Wyck 1982, p. 196.

223 AHR inv. 507, fol. 32, 25 november 1723 voor *f* 236,– als slot van een niet gevonden eerdere betaling.

224 Ibidem, fol. 32, 22 november 1723.

225 C.C.G. Quarles van Ufford 1972; G.W.M. Jager en C.W. Fock 1984.

226 AHR inv. 507, fol. 34.

227 Ibidem, fol. 43; op 11 maart 1724 werd *f* 200,– betaald aan 'Dominicus Sala in minderinge van zijn gemaakt pleisterwerck op Roosendael'. Op 21 juni 1724 betaalde Torck *f* 550,– aan de 'meesterplakkersbaas' Carlo Bolino voor zijn 'plackwerck'. Ibidem, fol. 53, en voor zijn knechts *f* 2,–. Op 13 april 1724 ontving Pieter Engelbreght een bedrag van *f* 193,– voor 'pleister'.

228 Ibidem, fol. 101, 3 september 1725, 'gedaen werck aen het witte van het plack in mei 1725, *f* 29,–'.

229 Ibidem, fol. 67; 16 november 1724 'aen de plakker Hiacinth Vassali', *f* 100,–. Uit dit geslacht is bekend Thomas Vasalli, die in 1735-1737 werkzaam was aan het stadhuis van Maastricht; M.D. Ozinga 1938, p. 150; A. Puters 1960.

230 C.W. Fock 1989, p. 93. Sindsdien kon stucwerk op Oude Singel 118 en Hooigracht 39 te Leiden aan Dominicus Sala worden toegeschreven; vriendelijke mededeling Prof. Dr C.W. Fock.

231 C.C.G. Quarles van Ufford 1972, p. 7-8.

232 AHR inv. 508.

233 Ibidem, 23 juni 1733.

234 AHR inv. 507, fol. 52, 8 juni 1724; ook hier werd niet vermeld welke bestemming deze betaling had, maar Rosendael ligt het meest voor de hand.

235 Ibidem, 2 maart 1726.

236 Arent Jacob van Liere (overl. 1725) was een zoon van Willem van Liere (1653-1706) en Geertruid Anna van Wassenaer en een zwager van Jan Gerrit van Wassenaer (1672-1723).

237 AHR inv. 507, fol. 89, 6 maart 1725 voor *f* 95,–. In de hal liggen 66 marmeren vloertegels van 72x72 cm.

238 C.W. Fock 1988, p. 66-82.

239 AHR inv. 507; de hoogste bedragen werden in de eerste jaren betaald, namelijk *f* 825,– op 2 december 1723 en *f* 420,– voor 'spiegelglas en snijwerck' op 5 december 1725.

240 Ibidem, 1 juli 1724 *f* 24-4-0 en 16 november 1724 *f* 39,–

241 Ibidem, fol. 81, 30 december 1724. Barent Kloppenburgh ontving in 1725 *f* 28,– 'voor het behangen van Mevrouws kamer en kabinet alhier tot Amsterdam'; AHR inv. 507, fol. 120, 26 januari 1726.

242 Ibidem fol. 128, 11 juni 1726, *f* 152-18-0.

243 Ibidem, fol. 7, 20 februari 1723 en fol. 10, 22 maart 1723; deze kunnen echter ook voor Beeckesteyn bestemd zijn geweest.

244 Ibidem, fol. 107, 13 januari 1725, *f* 111-7-0.

245 Het meest waarschijnlijke tijdstip dat het goudleer weer uit deze kamers werd verwijderd, is circa 1860, toen naar de plannen van de architect L.H. Eberson vele kamers in huis werden veranderd. Mogelijk werd het goudleer toen opnieuw in een ander vertrek gebruikt, namelijk in de zogenoemde 'rookkamer' in de zijvleugel achter de veranda. Deze veronderstelling berust op het feit, dat in 1948 bij een op Rosendael gehouden veiling het goudleer uit deze kamer (per vel) werd verkocht.

246 AHR inv. 508, 27 augustus 1730. Het behangsel werd meegenomen door kapitein Derick Linslaager, die in dienst was van de Amsterdamse Admiraliteit.

247 Ibidem, 1 september 1730.

248 Een goed overzicht in: Ch. Dumas 1988, p. 23-28.

249 Zie p. 96 en de bijlage 4.

250 AHR inv. 508, passim. Remmers en Van Santen leverden in 1729 verschillende 'camerbehangsels' voor Beeckesteyn. AHR inv. 508, op 1 april *f* 154-11-4 en *f* 31-2-7 en op 1 september *f* 107,– aan Hendrick Remmers en op 24 augustus *f* 52-13-0 aan Van Santen.

251 S.A.C. Dudok van Heel 1972, p. 104-106.

252 Nog op 24 januari 1731 betaalde Torck *f* 36,– aan de Amsterdamse fijnschilder Jacob Appel (1680-1751) 'voor een stuck in de schoorsteen op de saal in den jaare 1730 geschildert'; omdat een plaats op Rosendael niet goed denkbaar is, was het stuk waarschijnlijk voor het Amsterdamse huis bedoeld.

253 AHR inv. 805. Deze inventaris is in tweevoud met geringe onderlinge verschillen bewaard gebleven. De inventaris wekt de indruk tussen 1758 en 1764 – de jaren waarin Petronella van Hoorn wederom weduwe was – opgesteld te zijn. De vermelding van de portretten van 'de heer en vrouwe van Rosendaal zal.' verzet zich hiertegen. De inventaris moet dus van na october 1764 dateren en beschrijft de gehele inboedel in alle respectievelijke vertrekken op de hoofdverdieping, de eerste en de tweede verdieping, de zolder, het souterrain en de bouwhuizen.

254 RAG, oud-archief Middachten inv. 459, september 1763, opgesteld op aanwijzing van Mr Otto Rudolph van Hermesse, advocaat aan het Hof van Gelderland en rentmeester van de goederen van Middachten, voor de heer Van Wachendorff, voogd over de minderjarige kinderen Van Reede.

255 Misschien een zuster van *neef* Andries Hartsinck, die sinds 1742 kapitein van de Admiraliteit van Amsterdam was, een huis in Wageningen huurde, en die een legaat van *f* 10.000,– van Petronella van Hoorn ontving; AHR inv. 775, testament 1764; A.J. van der Aa 1867 en A.A. Vorsterman van Oijen 1888.

256 *Nederland's Patriciaat* 13 (1923), p. 417.

257 AHR inv. 513; Heinsius ontving *f* 26-5-0 op 13 juli 1759. De verblijfplaats van het schilderij is onbekend; Victor de Stuers trof het in 1880 nog op Rosendael aan maar op de inventaris van 1921 komt het niet meer voor. Bij de verdeling na overlijden van het echtpaar Van Pallandt-Torck kan het Rosendael verlaten hebben.

258 Dergelijke hoezen zijn zelden bewaard gebleven. Op kasteel de Cannenburch te Vaassen (Gld.) bevindt zich een serie fauteuils waarbij de 19de-eeuwse linnen hoezen nog aanwezig zijn (coll. VGK); Th. H. Lunsingh Scheurleer 1990, p. 209, afb. 150.

259 Schenking Mr C.W.J.J. Pape, inv. no. 2387. E.J. Haslinghuis 1917, p. 30-34.

260 De inventaris noemt twee 'marmere tavelen onder de boufette' of 'boufettafelen', waarmee wellicht bufetten met marmeren plaat zijn bedoeld, maar echt duidelijk is dit niet.

261 Uit de lijst van Victor de Stuers uit 1880 blijkt dat het om een dubbelportret ging, hetgeen zeer uitzonderlijk is. Het betrof een kniestuk van het genre Brandon (h. 122 cm. en br. 153 cm.) met Willem staande links en Mary zittend rechts. Het schilderij dat volgens de inventaris van 1921 in de rookkamer in de zijvleugel hing, ging bij de brand van het kasteel in 1943 ten dele verloren. Het deel met Mary Stuart kreeg na de oorlog een plaats in de keuken in het souterrain waar de Rozendaalse schutterssocieteit gevestigd was en werd later aan een onbekende weggegeven; het is sindsdien spoorloos. Een foto van het schilderij is mij niet bekend.

262 H. van Hogendorp 1904, p. 439.

263 AHR inv. 513, 19 november 1759; het formaat was 108,5 Brabantse vierkante ellen en de kosten bedroegen *f* 166-11-0.

264 Twee ontwerpen voor kamerbehangsels met afbeeldingen van landschappen, de ene met een gezicht op de fontein van Beekhuizen en de andere op een vijver op Rosendael door Jurriaan Andriessen (1742-1819), dateren uit latere tijd en kunnen dus geen verband houden met deze behangsels uit 1758. Coll. H. van Leeuwen, veiling Christie's Amsterdam, 24 november 1992.

265 AHR inv. 834, E.J. Torck-de Rode van Heeckeren aan haar man A.J. Torck, niet gedateerd (circa 1759): 'Madame de Roosendael viendra de bonne heure ches nous, pourque nous allions avec elle, voir les behangsels de monsieur Van der Hart'.

266 S.W.A. Drossaers en Th.H. Lunsingh Scheurleer I 1974, passim; P. Thornton 1978, p. 230-232; catalogus New York 1988 p. 142-146.

267 RAG, oud-archief Middachten inv. 459.

268 De 'mathematische instrumenten', die ten dele uit het bezit van Jan van Arnhem afkomstig waren, vormden een afzonderlijke collectie bestaan-

de uit zonnewijzers, landmeetkundige werktuigen ed. Het zilveren calendarium (p. 26) werd er onder gerekend. De verzameling bleef althans ten dele tot na de Tweede Wereldoorlog op Rosendael bewaard, maar is nu verspreid geraakt. De laatste stukken die nog op Rosendael werden bewaard, zijn in 1979 door Christie's Amsterdam te Laren (N.H.) geveild. Een oorspronkelijke inventaris van deze collectie instrumenten is mij niet bekend.

269 AHR inv. 804, 805.

270 AHR inv. 2169.

271 P.H. Ripperda, heer van Beurse, was een broer van Torcks moeder, en daarom zal hij wel bedoeld zijn. J.D. van Heeckeren was ten tijde van het opmaken van de inventaris ook al overleden en zijn zoon Assueer was hem als heer van Roderlo (=Ruurlo) opgevolgd, maar toch is het vanwege de familieband met Jan van Arnhem waarschijnlijker dat Jacob Derk werd bedoeld.

272 Veiling Christie's Amsterdam te Laren (NH) 23-26 oct. 1979, no. 3645-3685. AHR inv. 955; circa dertig borden van Engels tin met het wapen van de heer van Rosendael waren uit huis ontvreemd en in 1740 weer te koop aangeboden.

273 RAG, oud-archief Middachten, inv. 459.

274 Catalogus Rosendael 1948.

275 AHR inv. 2180; het is niet duidelijk hoeveel de Rosendaelse meubels en zijn eigen meubels apart waard waren.

276 Toen Beeckesteyn in een later stadium verhuurd ging worden, kwamen daar weer vele meubels ter beschikking. Het is niet waarschijnlijk dat deze naar Rosendael werden gebracht, eerder naar hun Amsterdamse huis.

277 AHR inv. 563, 24 maart 1723.

278 AHR inv. 507, resp. 2 februari 1723, 24 februari 1724, 28 januari 1725; voorts *f* 22,– op 22 februari 1727, en inv. 508, een rekening over 1728, 3 februari 1729, *f* 3,– en over 1730, 17 maart 1731, *f* 1-3-0.

279 AHR inv. 507, 22 augustus 1723. Hiervan werden er twaalf bestemd voor 'broeder Trip', die zijn bestelling op 15 januari 1724 afrekende.

280 AHR inv. 508, 12 januari 1731: *f* 55,– aan Daniel van Schoonbeek voor een in 1730 geleverd kabinet. Van Schoonbeek, afkomstig uit de omgeving van Luik, werd in 1725 als kabinetwerker tot het St. Josephsgilde in 's-Gravenhage toegelaten; hij was ook stoelenmaker en witwerker; rond 1765 verhuisde hij naar Schiedam. B. Hustinx-van Acker 1975.

281 AHR inv. 509, 4 februari 1735: *f* 63-12-8 aan kabinetmaker Dikke Bredinger voor 'gemaakte cabinetwercken'; over hem zijn geen gegevens bekend.

282 AHR inv. 509, 9 maart 1737: *f* 25,– aan de stoelenmaker Hendrik Rijfsnijder voor zijn rekening van 1736; deze Rijfsnijder is niet bekend, wel Gerrit en Marselis Rijfsnijder die als kastenmakers lid waren van het Amsterdamse St. Josephgilde; A.P.E. Ruempol 1964.

283 Ibidem, 17 januari 1738, *f* 4-10-0 aan stoelenmaker Gerrit van der Hulst voor zijn rekening over 1737. Van der Hulst had in 1731 al stoelen gemat en gerepareerd; AHR inv. 508, 19 januari 1732.

284 AHR inv. 510, 15 juli 1744: *f* 40-1-0 voor twaalf stoelen en reparatie, opzetten van kabinetten en ledikanten, waarschijnlijk in 's-Gravenhage. Kluck was afkomstig uit Londen en werd in 1737 als kabinetwerker toegelaten tot het Haagse St. Josephsgilde; hij was ook stoelenmaker. Hij leverde vele meubels aan het Hof, vooral stoelen en speeltafels. In 1762 vertrok hij naar Groningen. B. Hustinx-van Acker 1975. Kluck leverde in 1754 voor *f* 122,– een kabinet voor slot Zuylen; A.W.A. van der Goes 1986, p. 22.

285 AHR inv. 510, 5 augustus 1748 aan de kabinetwerker Kluck.

286 Ibidem, 4 april 1744: *f* 27-17-0 voor 'reparatie, verven en opmaaken van ons groene ledikant in 1743' en 25 maart 1748 *f* 143-17-12 voor zijn rekening van 1747.

287 Ibidem, 16 januari 1745: rekening 1744, *f* 23,– en 13 januari 1746: rekening 1745, *f* 6-2-0. Waarschijnlijk is bedoeld de uit Londen afkomstige en in 's-Gravenhage gevestigde kabinetwerker Matthew Adams die in 1740 lid werd van het St. Josephgilde. Na 1752 leverde Adams aan het Hof; in 1758 vertrok hij met achterlating van schulden. B. Hustinx-van Acker 1975.

288 AHR inv. 507, 16 juni 1724 *f* 66,– aan F. Maas.

289 Ibidem, 24 december 1725 *f* 44,– aan Elisabeth Leonius.

290 AHR inv. 510, 26 maart 1745; aan de rechter J.W. Scholten 'voor een burreau voor mijn gekoft op de Vendutie der meubilen op de Voorst ende het Velde in het naejaar 1744 met de opstuivers *f* 21,–'. De veiling werd in 's-Gravenhage gehouden; F. Lugt no. 606. Een exemplaar van de gedrukte catalogus is aanwezig op het RKD, 's-Gravenhage, 423 nummers; in aanmerking komen de nummers 122, 132 en 134.

291 Ibidem, 28 december 1746 voor *f* 70,–.

292 Ibidem, 2 maart 1747 voor *f* 23-7-8; reserves: opbergruimte in de armleuningen.

293 Ibidem, 15 maart 1747 voor *f* 180-15-0 plus opgeld *f* 15-15-0. Misschien betreft het hier een bewaard gebleven paar secretaires, vanwege de vele laadjes achter de klep aangeduid als kabinet, beide in particulier bezit.

294 Lijst van voorwerpen no's 79 en 80.

295 Zie voor de definiëring van meubeltypen: N. de Reyniès 1987.

296 Lijst van voorwerpen 1. Catalogus Amsterdam 1950, no. 674, en catalogus Amsterdam 1952, no. 163, waar H.Th. Lunsingh Scheurleer het ledikant dateerde in de periode van Koning-stadhouder Willem III (circa 1700), dat wil voor Rosendael dus zeggen de periode van bewoning door Jan van Arnhem. In beide catalogi wordt de naam van de Keppelskamer ten onrechte in verband gebracht met Arnold Joost van Keppel. De naam verwijst naar kasteel Keppel, waarmee Rosendael door de huwelijken van Henriëtte J.A. barones Torck met Adolph W.C.W. baron van Pallandt in 1824 en van A.C. barones Torck met haar neef R.J.C. baron van Pallandt in 1854 zo nauw verbonden werd.

297 AHR inv. 563, 24 maart 1723.

298 AHR inv. 507, 14 maart 1723 en 27 februari 1726; lees voor 'kousen': 'kussen'.

299 Twee andere betalingen in verband met ledikanten zijn veel lager, namelijk *f* 98,– aan de ledikantmaakster Cornelia Revius (AHR inv. 507, 9 januari 1723) en een rekening van *f* 14-15-0 over 1728 aan de ledikantmaker Marinus Penningh (AHR inv. 508, 24 februari 1729); deze laatste was waarschijnlijk voor Beeckesteyn bedoeld.

300 Dr. A.W. Vliegenthart was zo vriendelijk mij op deze overeenkomst te wijzen.

301 P. Thornton 1978, p. 159-160, pl. 128 en 320.

302 Archief huis Verwolde, Laren (Gld.), inv. V-13.

303 Archief huis Verwolde te Laren (Gld) inv. II-23. De inventaris betreft het sterfhuis van Van Essen in Arnhem, en niet de Schaffelaar in Barneveld.

304 Een gedrukt exemplaar van de veilingcatalogus is aanwezig op het RKD, 's-Gravenhage; F. Lugt no. 606, de nummers 1 (met no. 18), 32, 59, 77, 86, 91, 96.

305 S.W.A. Drossaers en Th.H. Lunsingh Scheurleer 1974 II, p. 523-538.

306 AHR inv. 507, fol. 126, 24 mei 1726, 'Aen Everards de schilder voor mijn portrait aen mignature met het glas en present aen de meyt *f* 70,–'.

307 AHR inv. 513, 22 mei 1759, *f* 75,–.

308 Het schilderij hing er nog niet lang; het werd circa 1758 geschilderd: AHR inv. 513, 13 juli 1759, *f* 26-5-0 'aan J. Heinsius voor het schilderen van den hond Capiteyn, leveren van het doek daartoe en besorgen hier op Roosendaal'. Victor de Stuers vermeldde het stuk op de lijst, die hij in 1880 van de portretten op Rosendael maakte onder nummer 56a. (h. 123 cm., br. 96 cm.) Elke latere vermelding over dit schilderij ontbreekt.

309 '2 grote schilderijen sijnde de situatie van Roosendaal'. Misschien zijn deze in verband te brengen met een betaling van *f* 525,– aan Roelof Reyers 'voor het schilderen en verwen van alle de gesigten hier op Roosendaal' (AHR inv. 513, 29 december 1763). Zij zijn niet bewaard gebleven; één van de twee, volgens de inventaris van 1921 in de bibliotheek ('schilderstuk voorstellende panorama vanuit Rosendaal'), werd in april 1945 bij de geallieerde beschietingen vernield en is na de oorlog opgeruimd.

310 J. Aalbers en M. Prak (red.) 1987, p. 70-71.

311 Zie bijvoorbeeld de bewaardgebleven boedelinventarissen in de diverse huisarchieven in het Rijksarchief Gelderland te Arnhem. Nader onderzoek van deze inventarissen zal beter inzicht verschaffen in de wijze van inrichting en decoratie van deze huizen.

312 RAG, oud-archief Middachten inv. 459.

313 Th.H. Lunsingh Scheurleer 1990, p. 203.

314 Over de handel van de V.O.C. in Oosters lakwerk in de 18de eeuw: C.J.A. Jörg 1981.

315 Deze terrines vielen in 1765 na het overlijden van Petronella Torck-van

Hoorn in de smaak bij haar schoonzuster Jacoba M. Torck-van Wassenaer, die aanvankelijk het vruchtgebruik van Rosendael erfde (p. 172). Zij deed afstand van haar rechten ten gunste van haar zoon Assueer Jan, die de eigenlijke erfgenaam was, maar zij behield zich het recht voor enkele meubels van Rosendael voor eigen gebruik mee te nemen: 'je me reserve uniquement les terines de saxe, quelques pieces de porcelaine et peut etre encore quelques meubles dont je feray une liste'; AHR inv. 1262. Daaruit blijkt hoe Meissen terrines werden gewaardeerd.

316 Wat niet wegneemt dat het porselein op De Voorst veel kostbaarder kan zijn geweest dan op Rosendael.

317 RAG, oud-archief Middachten inv. 459.

318 Archief huis Verwolde, Laren (Gld.), inv. V-13; 'Delfsgoed' was er in 1753 nauwelijks op de Schaffelaar: zes 'achetten' en vijfentwintig confituurpotjes.

319 AHR inv. 903, 25 november 1711.

320 Lijst van voorwerpen no. 15.

321 Lijst van voorwerpen no. 16.

322 Lijst van voorwerpen no. 17.

323 Lijst van voorwerpen no. 20.

324 AHR inv. 507, 3 februari 1725; het gewicht bedroeg 30 lood (ca. 460 gram), de opbrengst werd niet vermeld. Van Asperen wordt hierna (zie noot 330) nog genoemd.

325 AHR inv. 1954; bij het getal van 500 zilveren voorwerpen zijn alle genoemde aantallen opgeteld, lepels en vorken zijn bijvoorbeeld apart gerekend. Het gehele vermogen van het echtpaar Torck wordt besproken op p. 87 e.v.

326 AHR inv. 510, 24 maart 1746 voor *f* 328-6-0.

327 Gevolgd door twee soepterrines ('potagekommen') met deksel (*f* 129,–), een koffiekan (*f* 128,–), een gedreven schotel (*f* 123-4-0), een tweede lampetstel en een zeepdoos (*f* 117-10-0), een tweede theeketel met comfoor (*f* 106-10-0) en een 'schrijfkandelaar' (*f* 87,–).

328 De betalingen voor deze nieuwe voorwerpen zijn maar ten dele in de bewaard gebleven administratie terug te vinden.

329 Het alliantiewapen van Petronella van Hoorns zoon Jan Willem Trip en haar schoondochter Catharine Grey, die in 1736 trouwden.

330 De grootste bestedingen bij Josias van Asperen waren *f* 643-7-8 voor 'silver en goudtwerk' en niet gespecificeerd *f* 661,–, AHR inv. 507, resp. 3 juli 1723 en 27 januari 1725. K.A. Citroen 1975, no. 866; zie voor een door Josias van Asperen vervaardigde bokaal: catalogus Amsterdam 1984, no. 91.

331 AHR inv. 507, 18 januari 1723, *f* 403,– is de hoogste betaling aan Abraham Lapro; hij wordt niet vermeld in E. Voet 1912 en in K.A. Citroen 1975; zie: A.J.M. Brouwer Ancher 1898; *Het Rapenburg* II 1987, p. 363.

332 AHR inv. 508, rekening over 1729 *f* 35-1-0, 22 februari 1730; rekening over 1730, *f* 142-13-0, 21 december 1731. K.A. Citroen 1975, no. 200; een voorbeeld van zijn werk (een mosterdpot) uit deze periode is afgebeeld in: A.C. Beeling z.j. (1986) deel III, p. 233.

333 Met Van Heuven was er een vaste relatie, in ieder geval in de jaren 1725-1733; Torck betaalde in totaal ongeveer *f* 330,–; AHR inv. 507, 26 november 1726 en inv. 508, 13 januari 1730 en 1 augustus 1733. Catalogus Arnhem 1955, p. 150, no. 448.

334 Lijst van voorwerpen no. 24 en 25. De enige betaling aan Gray was *f* 20,–; AHR inv. 507, 16 november 1724, mogelijk in verband met de kandelaars.

335 Lijst van voorwerpen no. 26.

336 Lijst van voorwerpen no. 28.

337 Lijst van voorwerpen no. 21, 29, 30. Verreweg de hoogste betaling aan Boekelman was *f* 153-10-0 op 6 november 1744, AHR inv. 510.

338 De weduwe Van de Casteele, die het bedrijf van haar man voortzette, ontving *f* 138-16-0 voor gemaakt en gerepareerd zilver, AHR inv. 510, 11 maart 1745 en voor de rekening over 1745 *f* 30-5-0 op 11 januari 1746; de rekening over 1746 vermeldde een bedrag van *f* 104-5-0 'voor het opkoken [?] van de silvere kroone en maken van een theekisje als anders', ibidem, 5 maart 1747. E. Voet en H.E. van Gelder 1941, p. 73 en 41. Van beide zilversmeden is in de literatuur tot dusver geen werk met zekerheid bekend.

339 AHR inv. 512, 27 september 1757.

340 Lijst van voorwerpen no. 32.

341 AHR inv. 512, 10 februari 1757 voor *f* 200,–. Brodier ontving voor overige, niet gespecificeerde leveranties in 1757 nog *f* 149,– van Torck.

342 Th. M. Duyvené de Wit-Klinkhamer en M.H. Gans 1958, p. 39; catalogus Arnhem 1952, p. 40; catalogus Arnhem 1958, passim; J.W.Frederiks 1952-1961.

343 E. Voet en H.E. van Gelder 1941, p. 116; de leveranties die Jan de Thomese aan Assueer Jan Torck deed komen hierna aan de orde.

344 AHR inv. 513, 3 april 1759, *f* 450,–; over deze 'schoorsteenarmen' is overigens niets bekend.

345 Het betreft jaarlijkse betalingen van enkele tientallen guldens per jaar over de periode 1758-1763, vooral bij Muller, waarschijnlijk vooral voor onderhoud en reparaties. Zie voor Muller en Arntzen: Catalogus Arnhem 1955, p. 151, no's 455 en 460.

346 AHR inv. 564 en 565, balansen van het vermogen van P.W. van Hoorn.

347 AHR inv. 564, fol. 24, 13 maart 1725. Zij verkocht bij die gelegenheid een ander 'diamant hart' voor *f* 2.500,–.

348 Het is wel goed mogelijk, dat bepaalde juwelen in de loop der jaren in een modern montuur werden gevat.

349 AHR inv. 476, fol. 8vo.; de nieuwe herberg werd gepacht door Jan Terlet voor *f* 160 per jaar. Per 1 mei 1733 werd 'de nieuw gemaekte Herrebergh met stallinge, schuur, hof en vijver aghter het huys' verpacht aan Michiel de Haan, Zie ook AHR inv. 522, fol. 16.

350 J. Claessen 1758, p. 82-83.

351 A.J. van der Aa, deel 12, 1849, p. 56.

352 ARA, archief huis Duivenvoorde, inv. 109.

353 G.A. Wageningen, register door H.L. Driessen; Torck werd voor het eerst in 1708 en voor de laatste keer in 1747 tot schepen benoemd; in deze ambtsperiode fungeerde hij tien maal als burgemeester, namelijk in 1711, 1712, 1717, 1718, 1726, 1727, 1733, 1734, 1741 en 1742.

354 G.A.W., O.A.W. inv. 6, register van resoluties van de magistraat van Wageningen, fol. 124, 13 mei 1721.

355 Ibidem, inv. 841 en 842, loterijlijsten over 1724 en 1725.

356 Ibidem, inv. 7, fol. 17vo., 30 april 1724.

357 Ibidem, fol. 21, 11 juni 1724.

358 Ibidem, inv. 7, fol. 36vo-37, 29 november 1724.

359 AHR inv. 1549, 'Memorie hoeveel de acht steene pompen te Waegeningen gekost hebben', 1724. Een gelijkluidend afschrift in G.A.W., O.A.W. inv. 1130, met overzichten van onderhoudskosten. De kosten voor de blauwe steen, het behakken, stellen, het ijzerwerk, en de loodgieter bedroegen samen *f* 3.152,–. Daarbij kwamen de kosten van vrachten, graven, opmetselen van de putten, en het helpen stellen door plaatselijke metselaars.

360 G.A.W., O.A.W. inv. 7, resoluties 1723-1730, fol. 67-74. In het gegraveerde oeuvre van Daniel Marot wordt een overhoekse schoorsteen als 'Engels' betiteld. Hier in een raadzaal is een overhoekse schoorsteen niet aan de orde. De overige betekenis van de in de 18de eeuw veel voorkomende benaming 'Engelse' schoorsteen is niet opgehelderd.

361 Dit is een vrij willekeurige opsomming van enkele diensten die Torck voor Wageningen verrichtte, aangetroffen bij een vluchtige raadpleging van de resoluties van het Wageningse stadsbestuur gedurende de eerste helft van de 18de eeuw; G.A.W., O.A.W. resp. inv. 5, fol. 73vo-74; inv. 7, fol. 21vo, 33 en 114; inv. 8, fol. 121; inv. 9, fol. 207vo-208.

362 A. van de Bunt 1970, p. 1-6.

363 G.A.W., O.A.W., inv. 7, fol. 83, 30 juli 1726; het betrof Ds Gerdes, die vertrok. Torck bood aan bij de aanstelling van een nieuwe derde predikant wederom *f* 200 per jaar te betalen.

364 RAG, archief huis Keppel inv. 1629, quitantie 14 april 1743.

365 AHR inv. 510, 5 november 1744, *f* 22,– en 23 maart 1746, *f* 92-8-0, inclusief enkele andere betalingen.

366 RAG, AHK inv. 1629, *f* 49,–.

367 AHR inv. 804; de bedoelde inkomsten zouden volgens de gewijzigde versie aan de heer van Rosendael toekomen.

368 Zie voor de nalatenschap van mevrouw Torck-Ripperda onder meer: AHR inv. 765, 766 en 769.

369 H.L. Driessen 1939, p. 56; C.S.A. van Wijnbergen 1992, p. 10 e.v.

370 F.A. Hoefer 1906, p. 284 en H.L. Driessen 1939, p. 59-60. De door het echtpaar Torck gemaakte kosten aan het kasteel bedroegen *f* 9.697-5-0. De Landdag, die op 24 april 1700 te Zutphen werd gehouden, keurde dit voorstel na positief advies van de Rekenkamer goed. Het eigendom werd op 30 october 1702 aan Anna Maria Ripperda overgedragen, waarbij haar *f* 1.000,– werd toegekend voor verdere onkosten en repa-

raties. In het huisarchief Rosendael (RAG) zijn over deze verbouwing geen gegevens voorhanden, maar zij zijn er wel geweest. In de inventaris van 1755 van het archief dat L.A. Torck in zijn 'comptoir' – de huidige bibliotheek in de toren van Rosendael – bewaarde, staat een bundel stukken vermeld betreffende de 'melioratien aan het casteel tot Wageningen' door Assueer Torck en A.M. Ripperda. AHR inv. 2169.

371 A.J. van der Aa, deel 12, Gorinchem 1849 p. 61.

372 Jan van Arnhem, *Morale reflexien of zedelyke aanmerkingen over de siekte, sterven, en begraaffenis van de heer Asueer Torc,* [opgenomen in:] *Gedagten en Gedigten, geestelyke en zedelyke*, Leiden 1707, p. 373-379. Daarin wordt de verbouwing genoemd:
'Wanneer te Wagening, de Heer *Drost Torc* liet halen
Een groote menigte van die materialen,
Soo als geoordeeld wierd, dat voor het nieuw gebouw,
Aldaar voor het Kasteel, van nooden wesen sou'.

373 Uitgegeven door Jan Christiaan Sepp, boekverkoper te Amsterdam; ik dank dit citaat aan de heer D.J.G. Buurman.

374 AHR inv. 489, ontvangsten 1742, fol. 45vo.

375 Dit bedrag blijkt uit de waarde waarvoor ze in 1739 op de balans van het vermogen van Petronella van Hoorn werden geplaatst (AHR inv. 564) en wordt bevestigd door de in 1761 aan deze huizen toegekende waarde bij de scheiding van het bezit van Petronella van Hoorn en de nalatenschap van Lubbert Adolf Torck, AHR inv. 759.

376 RAG, archief huis Keppel, inv. 1629.

377 Ibidem; Koninck verdiende als opzichter bij de bouwwerkzaamheden in Wageningen in de jaren 1738-1743 ongeveer *f* 400 per jaar. Aan Helmert van Baack werd de vervaardiging van 136 'Engelse' ramen (schuifvensters) opgedragen, Jan van Buckeringh en Steven van Beusecom leverden het glas.

378 AHR inv. 509, 7 juni, 11 augustus, 24 september en 24 november 1738.

379 Ibidem; deze specificatie werd gegeven bij de betaling van 7 juni 1738 en het ligt het meest voor de hand dat de overige vermeldingen waarin over 'het nieuwe werk' wordt gesproken, ook hierop slaan.

380 Ibidem, uitgaven 1734-1738, 29 november 1738; *f* 97-4-0 aan Hermannus Schreuwer.

381 RAG, archief huis Keppel, inv. 1629; het binnenschilderwerk van de vijf nieuwe huizen werd op 4 september 1739 aanbesteed aan Christoffel Kraes voor *f* 339,–; artikel 6 van het bestek vermeldt het kleurgebruik.

382 Het kasteel werd voor een periode van twaalf en een half jaar verhuurd voor *f* 500,– per jaar. AHR inv. 487 en volgende delen, huren Wageningen en AHR inv. 765, liquidatie van de boedel van mevrouw Torck-Ripperda, overleden op 16 april 1739. Van Pabst was sedert 1735 schepen van Wageningen, in 1782 werd hij voor het laatst herbenoemd. In deze periode werd hij negen keer tot burgemeester benoemd, telkens voor een jaar.

383 NNBW VII, kolom 1132; hij voerde het bevel over het door Torck gefinancierde schip *Wageningen*.

384 De huurinkomsten van deze huizen zijn te vinden in Torcks jaarlijkse journalen van ontvangsten met ingang van het jaar 1740 in de delen AHR inv. 487 en volgende.

385 Op 13 januari 1736 verleenden burgemeesters en schepenen van Wageningen het burgerschap aan Van Spaen, waarop hij de burgereed aflegde; G.A.W., O.A.W. inv. 8, fol. 143. De acte van burgerschap van Wageningen van Van Spaen uit 1736 in: RAG, archief van de familie Van Spaen, tak Biljoen inv. 89.

386 NNBW II, kolom 350.

387 Van Nyvenheim, die uit Kleef afkomstig was, huurde van 1754 tot 1758 twee huizen van Torck. NNBW IX, kolom 724-725.

388 AHR inv. 489, fol. 47vo. De bouwsom bedroeg *f* 1200,– zoals valt op te maken uit de aangehaalde overzichten in AHR inv. 564 en 759.

389 Ibidem, fol. 47; de bouwsom blijkt eveneens uit de stukken AHR inv. 564 en 759. Dat gesloopte huisje (afgebeeld op de kaart van Elshof van 1722) aan de wal werd omschreven: 'sijnde een gedeelte van de oranjerie met een hoekje hof' en was verhuurd aan Jurrien Broekhof voor *f* 36,– per jaar. AHR inv. 488.

390 AHR inv. 491, huren Wageningen en idem, inv. 492, fol. 53vo-54.

391 RAG, archief huis Keppel inv. 1629, C. Koninck aan Lubbert Adolf Torck gedateerd Arnhem, 7/14 augustus, 15 augustus en 1 november 1744.

392 AHR inv. 510, 11 october 1744, *f* 4.737-19-0; vervolgens werd er tot 17 april 1745, toen de huizen voltooid waren, nog eens circa *f* 1.530,– uitgegeven aan arbeiders, metselaars en timmerlieden, AHR inv. 510, 18 april 1745. De smid Bartolt Visser, die ook op Rosendael werkzaam was, leverde waarschijnlijk ter afsluiting van het nieuwe voorplein van deze huizen voor *f* 100,– een ijzeren hek, AHR inv. 510, 24 october 1745.

393 Aan Roelofse *f* 1.500,–, AHR inv. 510, 20 november en 10 december 1744; aan Saal *f* 5.000,–, ibidem, 11 december 1744, 28 juli 1745 en 12 maart 1746; en aan Oosthout *f* 300,–, ibidem, 19 mei 1744 en 19 juni 1745. Wageningen wordt als bestemming bij deze betalingen niet vermeld, maar dit is door de context wel evident.

394 AHR inv. 510, 4 juli 1745: 'Aen Usly de stukadoorder zijn reekeningh van gedaan stukadoorwerck aan mijn huisen tot Wageningen en gedaane leverantie van materiaalen en behoeftens alles tot dato deeses, *f* 285-13-0'.

395 Ibidem, 30 october 1745. *f* 63-15-12 'aan Moser voor de steenhouwer Hendrik Amshof arbeidsloon 9 april-12 juni 1744 tot Wageningen hadde verdient'.

396 Ibidem, 25 mei 1745 voor een bedrag van *f* 87-15-0.

397 Ibidem, 18 januari 1745: 'Gerard Hoedt zijn reekeningh als schilder anno 1744, *f* 0-3-1' en 13 januari 1746: 'schilder Gerard Hoedt rek. *f* 2-10-0'.

398 Mogelijk de Rotterdamse burgemeester Mr Diederik van Hogendorp, 1696-1761; NNBW II, k. 586.

399 Zie voor Van Alderwerelt: NNBW VI, kol. 26; Van Bylandt, idem IV, kol. 390; Van Wassenaer, idem II, kol. 1535; Hartsinck, idem VIII, kol. 698 en A.J. van der Aa 8 (1867), p. 243-244.

400 De bouwsom blijkt uit de stijging van de huurwaarde van de Wageningse huizen in 1744 ten opzichte van 1743 met *f* 22.000,– en wordt bevestigd door de aangegeven waarde in 1761 bij de scheiding tussen Petronella van Hoorns eigendommen en Lubbert Adolf Torcks nalatenschap; AHR inv. 565 en 759.

401 AHR inv. 497, fol. 49vo.-53; gekocht in 1747 van Gerrit Verwoert en Debora van der Hart.

402 De jaarlijkse balans van het vermogen van Petronella van Hoorn over de jaren 1723-1760 is te vinden in AHR inv. 564 en 565. De werkelijke huurinkomsten over de jaren 1747 tot en met 1758, met uitzondering van 1751 en 1752 ten gevolge van leegstand van enkele huizen, bedroeg gemiddeld *f* 2.860,– per jaar. Het ontbrekende verschil wordt grotendeels verklaard door de veronderstelde huurwaarde van *f* 225,– van het door Torck zelf gebruikte hoekhuis.

403 Dit wordt bevestigd door de opsomming der goederen behorend tot Petronella van Hoorns gedeelte van de boedel volgens het magescheid van 20 maart 1761, opgesteld na overlijden van Lubbert Adolf Torck, AHR inv. 759.

404 AHR inv. 1954; 'Staat van den boedel van mijn en mijn vrouw waernae wij den 50ste penningh of liberale gifte mee sullen betaalen'; letter A: 'Recapitulatie mijner ongereede onroerende goederen'. De waarde van de huizen werd bepaald door de huursom op 4% van de bouwsom te stellen.

405 Bij de bepaling van de waarde van deze huizen in 1747 in verband met de heffing van de 50ste penning ging Torck uit van een rendement van 4%.

406 Het Amsterdamse huis stond voor circa *f* 140.000 op de balans genoteerd, terwijl de huur *f* 2.000,– tot 2.400,– per jaar opbracht; AHR inv. 564, 565 en 507-514.

407 AHR inv. 493-503.

408 AHR inv. 804, opgemaakt op 9 mei 1747, met gewijzigde bepalingen van 30 september 1748.

409 Gemeente archief Wageningen, O.A.W. inv. 215 en register van schepenen en burgemeesters en van richters en dijkgraven door H.L. Driessen.

410 AHR inv. 834, ongedateerd.

411 AHR inv. 522, fol. 179.

412 RAG, Archief huis Keppel inv. 1483; de inv. no's 1482-1530 betreffen de rekeningen van de bezittingen van de familie Torck onder Wageningen en Bennekom over de periode 1772-1812, waarin alle huurinkomsten verantwoord zijn. Deze verhuringen worden hier verder niet behandeld.

413 RAG, archief huis Keppel, inv. 1631. Een gedeelte ervan, vooral gebruiksvoorwerpen, werd in 1775 verzonden naar de niet nader bekende

'Brinhorst'.
414 AHR inv. 712, 29 october 1804. NNBW IX, kol. 1322-1323. Van Zuylen kocht in 1808 de Schaffelaar in Barneveld; zie H.W.M. van der Wyck 1982, p. 402.
415 AHR inv. 712; 7 en 10 mei 1805. Mogelijk Walraven van Ommeren, 1753-1834; NNBW V, kol. 397-398. Verkocht hij de huizen daarna door? Vier jaar later kocht C. Munter, heer van de Keyenberg, namelijk een hoekje van de tuin van het Kasteel, tussen de tuin van de vijf huizen en de stadsgracht; RAG, archief huis Keppel inv. 1632, januari 1809, *f* 150,–.
416 H.L. Driessen 1939, p. 55. J.M. Rosenik was in 1832 de grootste grondeigenaar in Wageningen met een bezit van ruim 216 ha.; de erven douairière R.J.C. Torck bezaten in dat jaar nog ruim 77 ha in de kadastrale gemeente Wageningen. Zie: *Kadastrale atlas Gelderland 1832 – Wageningen*; uitgave stichting Werkgroep kadastrale atlas Gelderland, Arnhem 1991.
417 Zie onder andere: J.C. Bierens de Haan 1989, p. 1-3, en B. Kesler 1989, p. 4-5.
418 AHR inv. 522, fol. 30, en inv. 499, fol. 10v.
419 AHR inv. 505, fol. 17.
420 AHR inv. 506, fol 6. en ibidem, 522, fol. 15.
421 AHR inv. 512, 513.
422 Gemeente archief Rheden, register der resollutien van de Heeren Jonkeren des Amps Rhede, 23 september 1752, geciteerd in: W. Schennink 1983, p. 14-15.
423 RAG, archief Hof van Gelderland inv. 2383, met diverse stukken ter ondersteuning van dit verzoek.
424 J.D. Bierens de Haan 1905 en 1906; A.I.M. Akkermans-Praagman 1990.
425 A.I.M. Akkermans-Praagman 1987.
426 AHR inv. 512; de Arnhemse steenbakker Arent Roelofse leverde van 1754 tot 1756 stenen voor circa *f* 1.700,–; Berent Leverman tien Bentheimer stenen trappen en de tollenaar Schulder driehonderd 'Ceulsche deelen'. De hoogste rekening was van de weduwe van de houtkoopman Dirk Saal voor in 1754 en 1755 geleverd hout: ruim *f* 2.200,–. Uit de betaling van *f* 191,– aan Steven Ketelaer 'voor verwen en glasen maken' in 1754 op 26 maart 1755 blijkt dat men toen aan de afwerking van het gebouw toe was.
427 AHR inv. 512, 26 maart 1755; 6 roeden, 97 voet en 24 duim in het vierkant voor *f* 61,–.
428 Ibidem, *f* 273-12-12.
429 Ibidem, 16 juni 1754, *f* 178,–
430 Ibidem, 2 juli 1755, *f* 290-6-12; op 12 november ontving hij nog eens *f* 33-5-0 voor het stukadoren onder het orgel.
431 Vergelijk bijvoorbeeld C.W. Fock 1989 p. 98-99.
432 AHR inv. 512, 20 april 1758 'voor t maaken van t wapen in de kerk ingevolge accoord *f* 36,–'.
433 AHR inv. 512, betalingen op 22 maart, 1 april en 1 juni 1758.
434 K.A. Citroen 1975, p. 50, no. 241.
435 Lijst van voorwerpen no. 33b en c.
436 In 1932 legateerde F.W.J. baron van Pallandt het zilver aan de Hervormde Gemeente van Rozendaal, op voorwaarde dat het op Rosendael in bewaring zou blijven zolang een rechtstreekse afstammeling van hem het kasteel zou bewonen. Twee ronde borden uit het zilveren servies van het echtpaar Torck-de Rode van Heeckeren (1765) door de Haagse zilversmid François van Stapele (1697/'98-1775) werden aan dit legaat toegevoegd. E. Voet en H.E. van Gelder 1941, no. 97.
437 AHR inv. 512, 8 juli 1758, voor *f* 121-18-0.
438 Ibidem, 15 juli 1758, *f* 73-10-0.
439 G. van Hasselt 1808, p. 528-529, verzoek op de landdag van 28 october 1757.
440 AHR inv. 513, 24 juni 1758 *f* 5-15-0.
441 NNBW X, kol. 946.
442 Over de inwijding van de kerk handelt ook I.H. Enklaar 1979, p. 10-12.
443 NNBW VIII, kol. 473; AHR inv. 513, 2 maart en 3 november 1759. Tevoren waren de predikanten van de classis bijeengekomen om het beroep van Ds Engelberts als predikant op Rosendael te bekrachtigen ('kerkelijk te maken'). Ds Blanken kreeg als afgevaardigde van de classis *f* 188-10-0 voor de gemaakte onkosten vergoed; AHR inv. 513, 19 januari 1759.
444 AHR inv. 513, 18 juni 1763; hiervoor ontving hij *f* 12,– per jaar.
445 AHR inv. 775, testament Petronella van Hoorn, Rosendael, 22 september 1764.
446 AHR inv. 780; testament Eusebia J. Torck-de Rode van Heeckeren gepasseerd op 6 maart 1793; 'een capitaal van *f* 106.000,– tot onderhoud der Heerlijkheid, Kerk als anders geadsigneerd en verbonden'.
447 Centraal Bureau voor Genealogie, 's-Gravenhage, collectie Nederlandsche Leeuw, archief familie Van der Goes.
448 AHR inv. 511, 26 februari 1751; hij ontving *f* 321-9-0 zonder omschrijving waarvoor.
449 AHR inv. 512, 26 augustus 1758, *f* 68-8-0.
450 AHR inv. 513, 5 maart 1759, *f* 15-15-0.
451 C.C.G. Quarles van Ufford 1972, p. 14.
452 AHR inv. 805, inventaris gedateerd 30 juli 1766. Het betrof een eenvoudige kamer behorend tot de 'domestiquen camers', die niet meer in gebruik was. Er stond slechts een oud bed met een peluw zonder dekens en kussens.
453 RAU, archief huis Amerongen, inv. II 322; in januari 1748 schatten zij Middachten op *f* 20.000,– en Amerongen op *f* 34.000,– Het grondbezit van Middachten was op 28 december 1747 al getaxeerd op *f* 183.858,– en de bossen en bomen op *f* 50.000,–.
454 AHR inv. 511, 4 december 1752, *f* 10-10-0; mogelijk was hij dezelfde als Helmert Hermse van Baak (of diens zoon), die reeds in 1727 als timmerman op Rosendael werkte.
455 RAG, archief huis Keppel, inv. 1629.
456 A.G. Schulte 1983 p. 293-299.
457 R. Wartena 1966, p. 83-84 en afbeelding tegenover p. 2.
458 W.H. Tiemens 1976.
459 Huis te Meteren was een blokvormig huis met vlakke gevels van 18 m. hoog en 18 m. diep; de vensterverdeling volgde ongeveer hetzelfde schema als op Rosendael en in Wageningen. De bouwheer besteedde overigens meer aandacht aan het interieur. Het huis werd vanwege leegstand in 1907 afgebroken. E.A. van Beresteyn 1908.
460 J.C. Bierens de Haan 1985 en 1987.
461 AHR inv. 507.
462 Anna G. Bienfait 1943, p. 111 en 220; Catalogus Utrecht 1981.
463 AHR inv. 513, 29 december 1763. Was Roelof Reyers schilder of verwer? In 1753 was hij met Jan Reyers 112 dagen bezig 'met schilderen hier op Roosendael', hetgeen niet wijst op de vervaardiging van schilderijen; AHR inv. 511, 30 october 1753, *f* 136,–. Hendrick Reyers leverde verfstoffen en glas, onder meer voor de nieuwe kerk van Rosendael in 1754. Daarentegen werd Jan Reyers op 20 maart 1756 met *f* 15-15-0 betaald, omdat hij een reis had gemaakt naar het klooster van St. Agatha (te Delft?) om wapens uit te tekenen.
464 AHR inv. 805. Deze kamer was in gebruik bij Jan Willem Trip, het enig kind van Petronella W. van Hoorn uit haar eerste huwelijk; hij overleed al in 1738.
465 Volgens gegevens in de fotocollectie van de Rijksdienst voor de Monumentenzorg te Zeist was de originele tekening, die in 1934 op Rosendael werd gefotografeerd, 65 cm. hoog en 106 cm. breed. Het is niet geheel duidelijk of deze anonieme tekening deel uitmaakte van het ontwerpproces, of dat het om een situatietekening (opmeting) ging. Reeds eerder gepubliceerd in o.a. H.W.M. van der Wyck 1979, afb. 10, p. 90. Zie ook: J.C. Bierens de Haan (red.) 1990, p. 79. Het grote formaat papier was voor Daniel Marot niet ongebruikelijk. De grootste maten van diens ontwerpen voor Meer en Berg en Huis ten Bosch bedroegen respectievelijk 95,8 en 153,5 cm.; M.D. Ozinga 1938, p. 212.
466 M.D. Ozinga 1938, p. 212, lijst der tekeningen no. 38 en 39. Beide ontwerpen bevonden zich in het huisarchief van Rosendael; hun huidige verblijfplaats is onbekend.
467 AHR inv. 509, 22 januari 1736: 'aan Cornelis Pronck sijn reekeningh voor drie maanden onderwijs in 't tekenen en verschot aan de jonge heer Jan Willem Trip in den jaere 1735', *f* 19-1-0.
468 Particuliere collectie; deze kaarten maken deel uit van een tot een kaartboek gebundelde serie van negen kaarten door B. Elshof uit 1721-1723, aangevuld met drie kaarten uit 1766-1773 door J.G. Berger. Foto's van deze kaarten zijn aanwezig in het Rijksarchief in de provincie Gelderland te Arnhem. Reeds eerder gepubliceerd in: H.W.M. van der Wyck 1979, afb. 12, 13 en bijlage I, en idem 1988, p. 52, 67, 82, 83. Zie ook: J.C. Bierens de Haan (red.) 1990, p. 78.
469 In 1724 maakte de provinciale landmeter van Gelderland Isaac van den Heuvel in opdracht van de Gelderse rekenkamer een dergelijke opme-

ting *Caarte van limitten der vrije Heerlijckheijdt Roosendael*, waarbij het vooral om de grensbepaling ging, en de aanleg rondom het huis niet is weergegeven. Van deze kaart bestaan enkele exemplaren, o.a. in: RAG, AHR inv. 2152 en ARA, OSK inv no. R3. Deze laatste is afgebeeld in: L. Aardoom 1989, afb. 52 op p. 102.

470 L. Aardoom 1989, p. 34 en 40. Zie voor de inspecties van de limieten, waarvan door de eeuwen heen verslagen bekend zijn ook: G. van Hasselt 1808, J.W.G. van Haarst 1920.

471 G. van Hasselt 1808, p. 474 e.v.

472 G. van Hasselt 1808, p. 512 e.v.

473 AHR inv. 511, 26 februari 1751 'voor 15 steene pilaare *f* 360,–'; L. Aardoom 1989 p. 40, 103 en afb. 63 op p. 115. De Mr timmerman Gerrit van Veelen bevestigde met metalen blokjes en pennetjes wapens van de heerlijkheid, waarschijnlijk metalen schildjes, op de grenspalen; AHR inv. 511, 1 maart 1751.

474 R. Arch. Groningen, archief Van Bolhuis, *Reize naar Kleef door den ontfanger P. Muntinghe, Dr H.H.W. de Vriese, Adsessor T. Beckeringh en mij M. van Bolhuis, gedaan in den jare 1740*, fol. 117-118; het verslag van Th. Beckeringh bevindt zich in het Gemeentearchief Nijmegen, handschriftenverzameling IIa-51; het gedeelte met de beschrijving van het bezoek aan Rosendael op p. 66-71; gepubliceerd in De Navorscher van 1895. Bijlage 3, p. 304.

475 In 1723 bestelde Torck 'beukenheesters', dat wil zeggen jonge beuken aanplant, zie p. 154, n. 502.

476 AHR inv. 507, ontvangsten over 1723: 'den 13de (juli 1723) ontfangen op Roosendael van Jan ter Sielhorst tot voldoeninge van het eerste parceel eyke en beukeboomen op den 13 nov 1722 door mijn aen hem verkoft en gestaan hebbende tusschen de oude boomgaerd en het sterrenborgh *f* 106,–'. Op dezelfde dag verkocht Torck een 'eyke allee agter den boer zijn huis' aan Jacob Silvold voor *f* 366,–; waarschijnlijk was dat de laan die achter het *cabinet van Neptunus en Thetis* liep, waar nu de bedriegertjes liggen, en langs het boerenhuis van Bartels, genoemd in J. d'Outrein 1718, p. 31, en die verderop de scheiding vormde tussen de boomgaard en het in 1722 verkochte perceel eiken- en beukenhout.

477 Zie voor de invloed van Dezallier d'Argenville in de Republiek o.a.: Florence Hopper 1981 en Catalogus Arnhem/Nijmegen 1990, no. 3, p. 54.

478 Huidige verblijfplaats onbekend; tekening in pen, gesigneerd *Daniel Marot fecit*, afmetingen 28,5 x 44,5 cm.; RDMZ foto Antonietti december 1930, neg. no. 11.885. M.D. Ozinga 1938, p. 201 en p. 212, no. 38. A.J. Dezallier d'Argenville 1709, p. 90-91.

479 Zie de beschrijving door Nicolaas Willem Kops die op 7 juni 1742 Rosendael bezocht (bijlage 3); M.W. Snoeck 1933, p. 151 vermeldt nog in 1813 het met grotwerk versierde kabinetje.

480 De doolhof op Rosendael is niet de enige uitvoering van dit voorbeeld. Ook in Frankrijk (Choisy, 1755) werd het nagevolgd. C. Cremers 1986 (Dit artikel bevat onjuistheden).

481 R. Arch. Groningen, archief Van Bolhuis, fol. 122-123; zie noot 474.

482 AHR inv. 507, fol. 214, 3 december 1728, *f* 7-10-0. Alle leidaken van het huis zelf bleken 39 roeden (± 550 m².) te beslaan; ibidem 1 december 1726.

483 Ibidem, 2 december 1726, *f* 55-13-0 inclusief de leien voor de nieuwe brouwerij. Op de grote getekende plattegrond van de tuin is het kabinetje aan de doolhof groter van oppervlakte dan de nog bestaande koepel, maar de maatvoering, aangegeven op de ontwerpen van Marot, spreekt dit tegen.

484 M. van Bolhuis zag in 1740: 'wij ... passeerden aldaar de fontein met het Fortuin, en gingen bezijden de stallingen in het faisanten hof'.

485 Dit zou tevens impliceren, dat deze tekening niet een weergave is van de bestaande situatie, maar een ontwerp.

486 Dezallier adviseerde voor de uitvoering van dit *Grand bois* ... een groot terrein te kiezen, namelijk van zeven morgen (circa 2,5 tot 3 ha.), en in ieder geval van 140 x 180 m. Op Rosendael bestemde men er een terrein van ongeveer de helft van deze oppervlakte voor.

487 M.D. Ozinga, 1938 en K. Ottenheym e.a. (red.) 1988.

488 M.D. Ozinga 1938, zie noot 518.

489 AHR inv. 507 en 508.

490 Waarschijnlijk werd Daniel Marot vergezeld door zijn zoon Jacob (1697-1761) van wie zelfstandig werk bekend is voor Johan Theodoor von Friesheim (grafmonument in de kerk van Heusden) in 1733, Rheroord te Rheden in 1743, en slot Zuylen te Zuilen in 1744; M.D. Ozinga 1938 p. 26 en 28, R. Wartena 1966, p. 128.

491 Tot aan het eind van het jaar 1727 – daarna incidenteel – droeg Derck Lohman zorg voor de uitbetaling van de tuinarbeiders en de timmerlieden. Deze bedragen werden hem regelmatig door Torck of door de rentmeester ter hand gesteld. Het ligt voor de hand dat Lohman de dagelijkse leiding heeft gehad bij de uitvoering van Marots plannen.

492 L.J. van der Klooster 1962. Het contact tussen beide bouwheren komt hierna nog aan de orde.

493 Gemeentearchief 's-Gravenhage, topografische atlas en Rijksmuseum Meermanno Westrenianum, 's-Gravenhage.

494 Rijksarchief Noord Holland, Haarlem; M.D. Ozinga 1938, lijst der teekeningen no. 34, plaat 26.

495 Huidige verblijfplaats onbekend, identificatie door Drs L.J. van der Klooster te 's-Gravenhage. Foto door Antonietti, december 1930, collectie RDMZ te Zeist, neg. no. 11.882. Op de foto's van de ontwerpen voor Rosenburg, de Rosendaelse theekoepel en de anonieme plattegrond van Rosendael is aan de vouwen in het papier te zien, dat zij tot één pakket hebben behoord.

496 AHR inv. 508, 26 november 1731 en 25 maart 1733.

497 AHR inv. 2059, 29 december 1730.

498 Thieme-Becker 25 (1931), p. 183.

499 G.A. Kuyk 1914, p. 101, zonder bronvermelding.

500 Het *journaal* over 1739 tot en met 1743 ontbreekt; in deze periode werd hij opgevolgd door Jan Steven Berger en werd hij zelf 'commis', een administratieve functie; AHR inv. 510, october 1744. Op 28 september 1750 rekende Torck af met de weduwe van Derck Lohman; AHR inv. 511.

501 AHR inv. 514, jaarrekening 1764 en 1765. In dat laatste jaar verdienden de Rosendaelse arbeiders tien stuivers per dag; andere arbeiders ontvingen in deze tijd echter zes tot acht stuivers per dag.

502 Torck bestelde in dat jaar voor *f* 44-5-0 aan taxusboompjes bij de broer van tuinbaas Lohman [AHR inv. 507, 9 januari 1723] en voor *f* 721-10 aan beuken en veeren (jonge iepen?) bij Dr Willem van Bayen, eigenaar van Zypendaal bij Arnhem, die tot het voorjaar van 1724 alle beuken leverde [AHR inv. 507, 24 october 1723; betalingen voor de leveranties in 1723 en 1724 deed Torck in januari 1724 en op 31 maart, 6 mei en 12 november 1724. Zie over Van Bayen: cat. Arnhem/Nijmegen 1990, p.71]. In het najaar van 1722 werden er tevens 'eyke heysters' gekocht [AHR inv. 507, maart/april 1723, fol 11, *f* 76,–].
De uitgaven aan jonge bomen liggen in de jaren na 1722 aanzienlijk lager: in de jaren 1723 tot en met 1726 namelijk op circa *f* 250,– per jaar; vervolgens daalt het gemiddelde nogmaals scherp tot ca. *f* 55,– per jaar gedurende de jaren 1727 tot en met 1732 [AHR inv. 507 en 508, passim]. Na 1724 betrok Torck de jonge beuken grotendeels niet meer bij Van Bayen, maar bij Dithmar van Wijnbergen, heer van de Poll (1697-1739): 1200 beuken in het najaar van 1724 voor *f* 240,– en nog eens 1300 in het najaar van 1725 voor *f* 260,– [AHR inv. 507, 22 april 1725 en 12 januari 1726] en bij de ritmeester Menthen, die in de jaren 1723 tot en met 1729 in totaal 350 'eyke heysters', 1716 'beuke heysters', 50 perebomen en 9 appelbomen leverde [AHR inv. 508, 30 november 1729]. In het najaar van 1732 leverde Menthen tot slot 200 'beuke heijsters' [AHR inv. 508, 4 september 1733, *f* 30,–].
Na het voorjaar van 1734, toen Johan van Engelen, de secretaris van Nijmegen, 3820 'beuken heijsters' aan Torck had geleverd [AHR inv. 509, 26 mei 1734, *f* 59-6-0], volgden er nog slechts enkele bestellingen, voornamelijk van elzen [AHR inv. 509, 9 april 1736 voor *f* 36-1-0; ibidem, inv. 510, 20 april 1748, *f* 26-16-0 voor 67.000 elzen van Gosen Geurt Bentinck (ca. 1710-1786), heer van de Berenkamp bij Nijkerk, en ibidem, inv. 512, 20 juni 1757, *f* 11-4-0 voor 28.000 elzen van commissaris Gerrit Groen te Nijkerk]. Hij kon inmiddels in eigen behoefte voorzien en was zelfs in staat om aan anderen eiken te gaan leveren. Zo voorzag hij Alexander Diederik van Spaen (1710-1764), heer van Biljoen, in 1736 van 360 'eijke heijsters' voor *f* 36,– [AHR inv. 509, 30 november en 7 december 1736 voor f.36,–] en leverde hij in het voorjaar van 1747 aan de stad (Arnhem?) 300 'eyke heysters' voor *f* 45,– [AHR inv. 510, 3 augustus 1747, *f* 45,–].

503 AHR inv. 507, fol. 153, 5 december 1726, en ibidem inv. 508, 14 maart 1731.

504 AHR inv. 507, 21 februari 1727 en 23 juni 1728; ibidem inv. 508, 27 mei 1729, 22 december 1731, 29 maart en 12 mei 1732, 28 februari 1733. Het is niet geheel zeker of alle leveringen voor Rosendael bestemd waren, maar waarschijnlijk is dat wel.
505 Zie pag. 101; AHR inv. 507, 20 december 1723, *f* 786,–
506 Hij verdiende op Rosendael *f* 160,–; AHR inv. 507, 14 juni, 21 september en 27 october 1727.
507 R.S. Hulst 1986, fig. 5 en noot 18.
508 S. Thomassin geeft in de genoemde voorbeelden mannelijke stroomgoden weer. Op Het Loo worden Rijn en IJssel als symbolen van vruchtbaarheid van de Veluwe in mannelijke, respectievelijk vrouwelijke gedaante voorgesteld, naar ontwerpen van Romeyn de Hooghe die beiden als mannelijk weergaf. J. Dixon Hunt en E. de Jong (red) 1988, cat. 33a-b. en E. de Jong 1993, p. 81.
509 R.Arch. Groningen, archief Van Bolhuis, fol. 118.
510 M.D. Ozinga 1938, plaat 57B.
511 AHR inv. 507, 1 mei 1723.
512 Ibidem, 1 april 1724. Het is niet duidelijk of het hier Rosendaelse cascades betreft. Met 'boucheeren' is mogelijk bedoeld het boetseren van een model in klei.
513 L.J. van der Klooster 1962, kol. 269-274.
514 L.J. van der Klooster 1970, p. 100.
515 Deze uit 1714 daterende groep afkomstig van de buitenplaats Driemond bij Weesp werd in 1770 naar de buitenplaats Frankendael in de Watergraafsmeer (Middenweg 72, Amsterdam) overgebracht; *Kunstreisboek Noord-Holland* 1987, p. 200-201.
516 Handschrift door Mr Albertus van Nievelt, in particulier bezit, zie p. 194 en bijlage 3.
517 M.D. Ozinga 1938, p. 201 en plaat 54c, 56a en 56b.
518 Tekening in gewassen pen, 50 x 34 cm., M.D. Ozinga 1938, p. 212 no. 39. Foto Antonietti, december 1930, collectie RDMZ te Zeist, neg. no. 11.884.
519 Particulier bezit. In totaal is er plaats geweest voor veertig (acht maal vijf) van deze beeldjes. Victor de Stuers trof er in het najaar van 1880 nog 28 aan, en voorts één liggende en zes van porselein; Archief VdS, calpin 30, september-december 1880, p.25. Aangezien Torcks *journaal* over de jaren 1739-1743 verloren is gegaan, kan de betaling voor deze beeldjes niet achterhaald worden.
520 AHR inv. 507, fol. 199, 'aen Larisse de schilder voor de vier schilderijen in het salon *f* 60,–'. De allegorie op de zomer is verloren gegaan en werd vervangen door een copie gesigneerd J.B. Crop, 1850. Afm.: 64,5x83,5 cm. De Amsterdamse spiegelmaker Pieter le Normand ontving op dezelfde dag als Larisse *f* 16-10-0 voor spiegels en 'glaasen armen' (=wandappliques van glas), mogelijk voor hetzelfde interieur bestemd.
521 AHR niet-geïnventariseerd, inventaris 1921, no. 699: '8 gekleurde Chineesche beelden, rijk met goud opgewerkt, hiervan zijn 4 stuks doorgezaagd'; huidige verblijfplaats onbekend.
522 AHR inv. 508, 11 december 1732, *f* 32,–. Van Appel (1680-1751) is slechts een gering oeuvre bekend; het Rijksmuseum te Amsterdam bezit van zijn hand een schilderij van het poppenhuis van Petronella Oortman, inv. A 4245, catalogus Amsterdam 1976, p. 86.
523 E. van Biema 1910, p. 77.
524 Centraal bureau voor Genealogie, 's-Gravenhage, collectie Van der Goes, reisjournaal 23 mei-10 juni 1763, 36 pag. Uit het vervolg van deze beschrijving van Rosendael blijkt, dat het huis zelf bij gelegenheid ook toegankelijk moet zijn geweest: 'het huijs schijnt insgelijks zeer fraaij te zijn, hetzelve is rondom in het water geleegen; om de praesentie van de Vrouw van Roosendael zagen wij het niet'. Dat bleek in 1742 ook al het geval te zijn toen Nicolaas Willem Kops en zijn gezelschap het huis vanwege de logé's niet van binnen konden zien (zie bijlage 3).
525 AHR inv. 508, 4 maart 1732, 'doen betaelen aen Monsr. Marot Architecq sijn reekening van den jaare 1730 en 1731, *f* 78-16-0'.
526 W. Diedenhofen 1979, p. 176 wijst op de invloed van Palladio (het Nymphaeum van de villa Barbaro, Maser) en het voorbeeld van de villa d'Este in Tivoli bij Rome.
527 Oeuvres de Sr. D. Marot (...), 's-Gravenhage 1703; een exemplaar bevindt zich in het Rijksprentenkabinet te Amsterdam, K 308 B, deel 2, fol. 18.
528 K. Schwager 1961 / 1962.
529 J. Cornforth 1978.
530 AHR inv. 508 en 509, passim; de eerste betaling dateerde van 1 december 1731, de laatste van 9 augustus 1736.
531 AHR inv. 508, respectievelijk op 1 mei 1730, 21 maart 1731 en 21 mei 1732. De enige aankoop van schelpen van voor deze tijd dateerde van 8 mei 1723, toen Torck *f* 35-10-0 had betaald 'aen Mr Meyer casteleyn in het oude heerelogement tot restitutie van verschot aen twee voor mijn gekofte groote schulpen', AHR inv. 507, fol. 13. Deze aankoop zal dus geen direct verband hebben gehouden met de decoratie van de schelpengalerij. Voor Hartsinck zie: Elias 1905 II, p. 910, en A.A. Vorsterman van Oijen 1888.
532 AHR inv. 739, 903.
533 Johann Heinrich of Jan Hendrik Hagen behoorde tot een belangrijke steenhouwersfamilie uit Gildehaus bij Bentheim (Westfalen), die ook als bouwmeesters optraden, en in de oostelijke provincies van ons land bij diverse grote bouwprojecten betrokken waren, zoals bij de kastelen Rechteren, Almelo, Twickel en De Voorst; B. Olde Meierink 1991-B. Omdat de schelpmotieven aan de schelpengalerij van een marmersoort zijn en in Gildehaus zandsteen werd gedolven, moet Hagen met zijn knechts of in Gildehaus of op Rosendael de van elders aangevoerde stukken marmer hebben gebeeldhouwd. De verhouding van deze Gildehauser steenhouwers tot de Amsterdamse Mr timmerman J. Hagen is niet bekend.
534 AHR inv. 508, 4 mei en 16 september 1733.
535 AHR inv. 509, 16 maart 1737.
536 AHR inv. 507-509, passim.
537 In 1734 leverde Absiel twee marmeren schoorsteenmantels aan Torck, en in 1736 en 1737 volgden verschillende leveranties voor *f* 695,– maar de bestemmingen zijn niet bekend. Absiel was een van de vele Amsterdammers die voor Rosendael materialen leverden. Zie voor gegevens over hem: R. Meischke 1980, p. 43.
538 AHR inv. 509, 29 maart 1732, *f* 227-7-8 aan Jacob Hiddinck en op 3 augustus 1737 een betaling van *f* 401-18-0 via boekhouder Van Anklam in Amsterdam.
539 Ibidem, 8 december 1733 voor *f* 133-12-0.
540 Ibidem, 30 november 1734: 'aen de heer capiteyn Cornelis Schrijver wegens twee blokke marmer voor mijn van Mallaga bestelt *f* 209-3-8'. Schrijver (1686-1768) werd in 1723 door de Admiraliteit benoemd tot kapitein van het nieuwe fregat 'Wageningen'; J.R. Bruyn 1970, p. 28. In 1738 werd hij vice-admiraal en in 1748 luitenant-admiraal van Holland. NNBW V (1921) kol. 705.
541 J.R. Bruijn 1970, p. 114.
542 R. Arch. Groningen, archief Van Bolhuis, fol. 118-119; zie ook noot 474.
543 AHR inv. 510, 18 april 1746, *f* 518-9-0.
544 Ibidem, 4 juli 1746, *f* 499-14-0.
545 Alleen circa 1749 valt er nog een activiteit te bespeuren: F. Absiel leverde voor *f* 117-4-0 aan steen en voor *f* 139-18-0 aan blauwe steen; AHR inv. 511, 4 februari 1749 en 8 januari 1750. De beeldhouwer Kniest ontving op 2 augustus 1750 *f* 7-10-0 voor het houwen van drie blokken marmer.
546 R. Arch. Groningen, archief Van Bolhuis, fol. 123-124.
547 J.D. Hunt 1986, p. 59-73.
548 M.D. Ozinga 1938, plaat 57A en B; P. Fuhring 1989, cat. no. 975, p. 656.
549 AHR inv. 510; bij zijn vertrek ontving Moser op 4 september 1748 *f* 1670,– en als reiskosten *f* 52-10-0.
550 B. Dubbe 1987, p. 142-144.
551 AHR inv. 509-511, passim.
552 AHR inv. 511, 6 januari 1750, 7 en 20 januari 1752, 'voor gelevert grotwerck' *f* 71-12-0, 133-18-0 en 96,–.
553 AHR inv. 511, *f* 3,– op 22 november 1753.
554 Ibidem, 26 augustus 1749 voor een bedrag van *f* 864-3-0, dat werd vergoed aan de rechter J.W. Scholten, die blijkbaar voor Torck op de veiling geboden had. Ter vergelijking: de twee grote marmeren vazen en een beeld die in 1752 op De Voorst werden gekocht ten behoeve van Huis ten Bosch, kostten inclusief het transport *f* 712-1-0; ARA, Nassause Domeinarchief, inv. 818, fol. 245v.
555 Ibidem, 5 september 1749, *f* 16.-. Het is niet duidelijk welke tuinbaas Berger hier bedoeld wordt, Jan Steven Berger die Lohman rond 1740 opvolgde, of Jan Godfried Berger, die onder Assueer Jan Torck op Ro-

sendael werkte.

556 Ibidem, 23 december 1751, de nummers 5 en 6 voor *f* 250,– en de nummers 11 en 12 voor *f* 235,–

557 Ibidem, 30 december 1755; de betaling voor het oude 'fonteyn loot' liep wederom via rechter Scholten. In 1754 was inmiddels George van Keppel, derde graaf van Albemarle, eigenaar van De Voorst geworden; hij hield er evenals zijn vader William Anne uitverkoop en deed de restanten van De Voorst in 1759 van de hand.

558 Deze colonnade is beschreven door Th. Beckeringh (zie De Navorscher 1895) en zijn reisgenoot M. van Bolhuis (R. Arch. Groningen, archief Van Bolhuis, fol. 121-122) in 1740, Nicolaas Willem Kops in 1742, M. van Nievelt in 1773 (beide ongepubliceerde manuscripten in particulier bezit), N. Esser Meerman in 1813 en I.A. Nijhoff in 1820; zie bijlage 3.

559 AHR inv. 508, 8 october 1732. De omschrijving van diens betaling luidt: '8 october 1732 betaalt aen Mr Bollenrath meesterschilder voor de galerie 275 rijxdaelders duitsch gelt voor het stuck (?) in het amphiteater huisje 20 rixdaelders: voor het schilderen van de vakken aghter de beelden 40 rixdaelders te saamen uitmaakende seven en sestigh pistolen yder pistool gerekent op vijf rixdaelder duitsch'.

560 Is. An. Nijhoff 1820, p. 125-126.

561 AHR inv. 511; de belangrijkste posten waren:

17. 2.1750:	Mr timmerman Hendrick van Veelen 1749	*f* 412,–
18. 2.	: Mr metselaar Job Hobus, 1749	*f* 193,–
26. 2.	: Houtkoper Saal, 1749	*f* 237,–
4. 3.	: steenkoper Achtienhoven 1749	*f* 338,–
31. 7.	: steenbakker W. Roelofse	*f* 496,–
1.10.	: Bistoli, stucadoorwerk	*f* 156,–
6.12.	: 6 steenhouwers en metselaars, 1750	*f* 1380,–
28. 7.1751:	leidekker Evert Roos, leidak	*f* 58,–
10. 8.	: leidekker Roos	*f* 90,–
29. 8.	: Mr Bistoli, pleisteren	*f* 71,–

562 Ibidem, 27 februari 1750 *f* 2-9-0 en 21 januari 1751 *f* 11-2-0.

563 Dit wordt ook vermeld in de *Tegenwoordige staat van Gelderland*, (p. 523) die in 1741 in Amsterdam verscheen.

564 AHR inv. 804, testament L.A. Torck, gezegeld en ondertekend op 22 december 1748.

565 AHR inv. 775, testament P.W. van Hoorn, ondertekend op Rosendael op 22 september 1764.

566 J.C. Bierens de Haan (red.) 1990, p. 16-17.

567 Uitgegeven door Jan Christiaan Sepp, boekverkoper te Amsterdam; de heer D.J.G. Buurman wees mij op deze passage.

hoofdstuk 5

Van de financiële administratie van Rosendael uit deze periode is in contrast tot de voorgaande periode slechts een (niet volledige) reeks kwitanties bewaard gebleven. Deze geven vooral een goed beeld van de veranderingen die in het Haagse huis van de familie Torck zijn aangebracht. Afbeeldingen of kaarten van Rosendael zijn uit deze periode niet bekend, en inventarissen evenmin; dat geldt wel voor een enkele reisbeschrijving. Informatie over de levenssfeer kon uit de familiecorrespondentie worden geput.

1 AHR inv. 1262; mevrouw Torck zag dus voor het grootste deel van haar rechten af, maar zij wilde wel dat de leenverheffing van de goederen door haar zoon zou geschieden onverminderd het haar toekomende vruchtgebruik. Op 22 november 1765 werd Assueer Jan Torck inderdaad behoudens dit vruchtgebruik beleend met 'huis, borgh en toorn ten Rosendael', twee erven in 't Laar (Velp), 7,5 morgen land in het Velperbroek en de Hanepol (Ede) beleend; RAG, archief leenkamer inv. 53, fol. 71-96v°; J.J.S. Sloet en J.S. van Veen 1917, p. 432 en AHR inv. 1261.

2 W.J. d'Ablaing van Giessenburg 1859, p. 375 en N.N.B.W. V (1921), kol. 954.

3 J. Aalbers 1980, p. 214.

4 RAG, archief Staten van Veluwe inv. 290, 1749. Het huis fungeerde sinds 1829 tot de verwoesting in 1944 als ambtswoning van de Gouverneur van de provincie Gelderland, de latere Commissaris van de Koningin; A.J. van de Ven 1928, p. 131-153.

5 *Album Studiosorum* 1875, inschrijving op 16 september 1748.

6 W.J. d'Ablaing van Giessenburg 1859, p. 413.

7 Zie voor de toelatingseisen ook p. 84, aangaande de levensloop van zijn oom Lubbert Adolf Torck
Op 7 december 1761 schonk Petronella Wilhelmina van Hoorn hem enkele stukken grond, onder andere in het Velperbroek gelegen met een totale oppervlakte van 43 morgen, die zij met haar man in 1737, 1741, en 1742 had gekocht. Deze grond werd hem 'met de warme hand praesent gedaan'. Op 14 januari vergoedde Assueer Jan Torck de in december 1761 betaalde 50ste penning aan zijn tante voor de hem geschonken goederen onder Rheden; AHR inv. 513.

8 Gemeentelijke archiefdienst Wageningen, *Burgerboeck der stad Waegeningen* 1500-1794, OAW inv. 196, en ibidem, resoluties van de magistraat 1765, OAW inv. 12. en 1775, OAW inv. 13; Drs C.S.A. barones van Wijnbergen hielp mij aan deze verwijzing.

9 AHR inv. 1279, aanstelling gedateerd 18 mei 1792.

10 AHR inv. 1995, brief Prinses Wilhelmina van Pruisen aan E.J. Torck-de Rode van Heeckeren, 6 october 1789. Ook vijf jaar tevoren had zij al eens geschreven, dat zij geen mogelijkheid zag Assueer Jan Torck aan een functie te helpen die hij ambieerde; de functie zou hem ook niet geheel passen, voegde zij eraan toe; AHR, ibidem, 23 november 1784.

11 AHR inv. 1268, aanstelling door Prins Willem V, gedateerd 16 januari 1769. RAG, archief van het jachtgericht in Veluwe en Veluwezoom; inleiding op de inventaris door Dr A.J. Maris 1963.

12 K.H.A., archief Willem V, inv. A18-218 XIII, *Provincie van Gelderland, correspondentie met den heer Baron Tork van Rosendaal* (1774-1792); L. van Everdingen 1984, p. 118-119.

13 'Een jagersslot met een vergulde doorgewerkte naam, en hartsvanger gemonteert met groote banden op de scheede en vergulde doorgewerkte naam op 't gevest; zilver en maken zamen *f* 115-18; voor 't hegt & *f* :-18-:'; AHR niet-geïnventariseerd, Rosendaelse quitanties 1790-1793, 26 juni 1790. Lijst van voorwerpen no. 59.

14 Schildjes in 1790 door Jan Willem Evers (1756-1832, Arnhem) voor hergebruik in orde gemaakt; AHR niet-geïnventariseerd, Rosendaelse quitanties 1790-1793, 26 junij 1790 'schilten & tot 't bandelier nieuw opgemaakt met nieuwe pinnen *f* 2-16-:'. A.W. Muller (Arnhem) repareerde in 1781, 1782 en 1784 een hartsvanger en drie keer een jagersslot. G. van IJsseldijk ('s-Gravenhage) repareerde in 1786 het zilverbeslag van een jagersbandelier en een jagersceintuur; AHR niet-geïnventariseerd, quitanties 1783-1784 en ibidem 1786-1788. Lijst van voorwerpen no. 59[c].

15 AHR inv. 834, ongedateerde brief van E.J. Torck-de Rode van Heeckeren aan haar man A.J. Torck.

16 AHR inv. 834; ongedateerde brief (tussen 1760 en 1764) van E.J. de Rode van Heeckeren aan haar man A.J. Torck.

17 Ibidem, ongedateerde brief uit de periode 1762-1766.

18 AHR inv. 834, ongedateerde brief, waarschijnlijk tussen 1763 en 1771, van J.M. Torck-van Wassenaer aan haar zoon A.J. Torck.

19 AHR inv. 716, *lijst van het wild in 1777 geschooten met bijvoeging van de plaatse waar*, en idem over de volgende jaren tot en met 1782.

20 AHR inv. 2074 en 1915; de huur bedroeg *f* 300,– per jaar.

21 H.M. Werner 1906 I, p. 327.

22 Gedicht van 48 regels, waarvan een exemplaar in: AHR inv. 2021. Mr Johan Conrad Copes van Hasselt, doctor in de beide rechten, was onder andere momboir van het vorstendom Gelre en de graafschap Zutphen.
Er verschenen ook enkele andere huwelijksdichten in druk, zoals door J. Claessen (zie p. 144), J.F.W. van Spaen, A.P.C. van Spaen en E. van Spaen, M.F. van Reede, F.P. de Bas, H. van der Born en J. Hellewich; exemplaren van deze klinkdichten en bruiloftszangen bevinden zich eveneens in AHR inv. 2021. Zie ook: RAG, archief van de familie Van Spaen van Biljoen inv. 95.

23 AHR inv. 737, *Trouw Boeck-Rosendael.*

24 *Album Studiosorum* 1875, inschrijving op 15 september 1777 in de faculteit der rechten.

25 W.J. d'Ablaing van Giessenburg 1859.

26 Ibidem.

27 M. Antoinette P. Roelofs 1943.

28 Frederik van der Dussen (1753-1828), organist laatstelijk te Arnhem; *Nederland's Patriciaat* 47 (1951), p. 90.

29 Colizzi was verbonden aan de hofkapel van Willem V en gaf muziekonderwijs; N.N.B.W. I, kol. 625-627.

30 Van deze leraren bleven quitanties voor de betaling van hun lessen be-

waard uit de jaren 1769 tot en met 1790; AHR niet-geïnventariseerd en inv. 2074. Voor Schaasberg en Van Gorkum, zie: P.A. Scheen 1981. In het *Registre civique de la commune d'Arnhem* van september 1811 is Van Gorkum genoteerd als schilder met als geboortedatum 14 maart 1779; G.A. Arnhem, Oud-archief Arnhem inv. 1239, fol. 105.

31 Huisnummer onbekend; Rham wordt niet genoemd in *Het Rapenburg* 1986-1992.

32 AHR inv. 2050, ongedateerd (circa 1780).

33 Ibidem.

34 Ibidem, Rosendael 4 november 1778.

35 AHR niet-geïnventariseerd; L.P. Adolf Torck aan zijn vader, Parijs 17 mei 1783.

36 AHR inv. 2051, ongedateerd.

37 AHR inv. 2057, ongedateerd.

38 AHR inv. 2054, ongedateerd (circa 1787).

39 AHR inv. 2054; L.P.A. Torck in 's-Gravenhage aan W.A. Torck (waarschijnlijk) op Rosendael, 13 mei 1784.

40 Vergelijk ook het verslag van het bezoek dat Jacob van Gesseler de Raadt met zijn oom aan Rosendael bracht op 22 juli 1790; zie bijlage 3.

41 Zie voor zijn verblijf in Nederland: L. de Gou z.j.

42 AHR inv. 2051; M.C. Torck in 's-Gravenhage aan haar broer W.A. Torck in Parijs, april 1783. Omdat Mitje haar brief in 's-Gravenhage schreef, is niet duidelijk of Gallitzin behalve op Rosendael ook in 's-Gravenhage onderdak bij de Torcken genoot, nadat hij de ambtswoning aan het Voorhout had moeten verlaten. In de correspondentie van de Torcken komen enkele keren passages voor, die wijzen op de komst naar of het verblijf op Rosendael van Prins Gallitzin.

43 AHR niet-geïnventariseerd; Leiden, april-29 juni 1778.

44 Van deze verhandeling bevindt zich geen exemplaar in een Nederlandse openbare collectie. Dr L. de Gou was zo vriendelijk mij in aanvulling op zijn essay over Prins Gallitzin de titel van de verhandeling te noemen.

45 AHR inv. 2054, L.P.A. Torck op Rosendael aan W.A. Torck in 's-Gravenhage, 17 augustus 1785.

46 J.J. Poelhekke e.a. (red.) 1975.

47 *'s Gravenhaegse Courant*, 18 augustus 1766.

48 *'s Gravenhaegse Courant* 20 augustus 1766; Drs L.J. van der Klooster was zo vriendelijk mij op dit verslag attent te maken.

49 Isabelle de Charrière I 1979, no. 248, p. 492-494.

50 AHR inv. 1972; haarlok gevat in een met briljantjes bezet bandje. Deze haarlok werd tot dusver beschouwd als een geschenk van Mary Stuart aan Janne Margriete van Arnhem. Deze veronderstelling is echter onhoudbaar, omdat het opschrift op het omslag *cheveux de la Princesse d'Orange, donnés à Madame de Roosendael* geschreven is in de hand van mevrouw Torcks zoon Reinhard J.C. Torck (geschreven circa 1800), die dat eerder van zijn eigen moeder zal hebben geschreven dan van zijn verre oudtante die een eeuw eerder leefde. Bovendien zou Mary postuum als Koningin van Engeland en niet als Prinses van Oranje zijn aangeduid.

51 AHR inv. 1995, negen brieven van prinses Wilhelmina aan E.J. Torck-de Rode van Heeckeren, 1784-1790.

52 Lijst van voorwerpen no. 82.

53 Zie behalve haar verzameld werk ook: Simone Dubois 1984, p. 122. De vriendschap werd niet gekenmerkt door contact op hoog geestelijk niveau; Pierre H. en Simone Dubois 1993, p. 200.

54 Isabelle de Charrière I 1979, no. 205, p. 424.

55 Ibidem, no. 208, p. 428, n. 3; in de brief van 9 augustus 1765 aan haar broer Ditie, waarin zij zich gunstig over Torck uitliet, schreef zij na 1773 bij de betreffende passage in de marge: 'quelle bêtise mauvais sens & duperie'.

56 Ibidem II 1980, no. 278, p. 50-52; zij arriveerde circa 23 juni 1767.

57 Ibidem, no. 279, p. 52.

58 Ibidem.

59 Ibidem, no. 288, p. 63-65.

60 Torck was een fervente Oranje-aanhanger; in juni 1787 bestelde hij in Erberfeld tijdens het hoogtepunt van de woelingen tussen patriotten en prinsgezinden maar liefst 40.000 el oranjelint om aan de bevolking van Arnhem en Nijmegen, waar de Prins met zijn gezin verbleef, uit te kunnen delen; H.A. Weststrate 1903, p. 366-369.

61 AHR inv. 2054, E.J. Torck-de Rode van Heeckeren aan W.A. Torck, Rosendael ongedateerd (1787).

62 AHR inv. 514, ontvangsten.

63 AHR inv. 685-689 voor de jaren 1765, 1772, 1773, 1776 en 1777.

64 Deze titels ontleende hij aan de belangrijkste delen van zijn immense grondbezit. Deze formulering werd in officiële stukken gebruikt, bijvoorbeeld in: AHR inv. 532 en 688.

65 Dit overzicht is gebaseerd op: AHR inv. 780, overzicht van de nalatenschap van A.J. Torck aan zijn zoon R.J.C. Torck, 10 september 1794. Landerijen en overig grondbezit zonder topografische naamsaanduiding is hier buiten beschouwing gelaten. Een berekening van de totale oppervlakte van dit grondbezit vergt nader onderzoek, dat buiten het kader van deze studie valt.

66 AHR inv. 522, fol. 134-172, en inv. 514.

67 AHR inv. 687, fol. 64^v, 29 maart 1773, *f* 20.295-19-8. Torck kreeg voor deze aankoop contanten ter beschikking door de aflossing van een lening van *f* 42.600,– aan de graaf van Bentheim-Steinfurth op 12 mei van dat jaar.

68 Zie voor de bosgeschiedenis van het Reemsterveld, later Planken Wambuis geheten: A.A. Bonnema 1981, p. 55-61.

69 AHR inv. 686, 21 januari 1772. Archief huis Verwolde, Laren (Gld.), inv. I-250 en III-98.

70 Zie voor huis Verwolde: J. de Graaf 1923, p. 1-50 en J.C. Bierens de Haan 1988[2].

71 Willem Arend bekleede in 1788 een functie aan het hof, toen prins Willem V zijn intrek op het Valkhof te Nijmegen had genomen, AHR inv. 2057, en W.J. d'Ablaing van Giessenburg 1859, p. 440; Adolf overleed in Nice, waar hij vanwege zijn gezondheid verbleef; brieven in: AHR inv. 2050, 2056 en ongeïnventariseerd.

72 G.A.'s-Gravenhage, notariële protocollen 4190, fol. 525-527, gepasseerd voor notaris Jacobus Portegies op 22 juni 1789.

73 G.A. Arnhem, rechterlijk archief no. 491, fol. 96-106, 2 november 1792.

74 G.A. Arnhem, ibidem, en AHR, niet-geïnventariseerd. Nadat Frederik in 1817 kinderloos was overleden, vererfde Duivenvoorde op de kleindochter van zijn zuster Henriëtte; Petcum, dat ook tot zijn erfdeel behoorde, vererfde op A.L.A. Torck, zoon van zijn broer Reinhard, en toekomstig heer van Rosendael. Zie voorts: E.A. Canneman en L.J. van der Klooster 1967, p. 36-37.

75 RAG, rechterlijk archief Rosendael, inv. 6, en G.A. 's-Gravenhage, notariële protocollen 4166, fol. 302-303.

76 G.A. 's-Gravenhage, notariële protocollen 4467, fol. 13-17, 14 januari 1812.

77 AHR inv. 1526, memoires van onkosten van de begrafenissen te Wageningen van W.A. Torck (1788), L.P.A. Torck (1789), M.C. en E. Torck (1792) en A.J. en E.J. Torck (1793).

78 AHR inv. 780, gepasseerd op 6 maart 1793.

79 AHR inv. 807; brief gedateerd 27 april 1794 en magescheid van de nalatenschap van A.J. Torck en E.J. de Rode van Heeckeren, ondertekend Rosendael, 20 juni 1797.

80 De meeste aankopen deden zij in 's-Gravenhage, maar niet alle: uit bewaard gebleven kwitanties blijkt dat zij ook leveranciers in andere steden hadden, zie daarvoor de kwitanties in het niet-geïnventariseerde deel van het huisarchief van Rosendael. AHR inv. 2074 bevat bijvoorbeeld kwitanties voor levering van kleding, schoenen, kousen, stoffen, beddegoed, wijnen, garen, kruit, kaarsen etc. in de periode 1768 tot 1793, maar vooral rond 1780 en begin jaren tachtig door leveranciers in 's-Gravenhage, Rotterdam, Amsterdam, Leiden, 's-Hertogenbosch, Nijmegen, Zutphen en Arnhem. Torcks rekeningenboek over 1783 tot 1791 (AHR inv. 700) geeft een alfabetisch overzicht van de voornamelijk Haagse leveranciers in die periode.

81 AHR inv. 686, fol 66^v, 1768, 1769, en inv. 687, fol. 69, 1770,1771.

82 AHR inv. 685, fol. 35, 1765; inv. 686, fol. 68^v, 1772 en inv. 688, fol. 74, 1775-1776.

83 De datum van de plaatsing van de bliksemgeleiding is niet precies bekend, maar kan gesteld worden tussen 1785 en 1791. In 1785 verscheen een artikel van C.R.T. Kraijenhoff over bliksemgeleiders in het *Algemeen magazijn van wetenschap, konst en smaak* waarin wel de nieuwe bliksemgeleiding op de toren van Doesburg, die op 26 juli 1782 door blikseminslag was getroffen, wordt genoemd, maar waarin geen melding van Rosendael wordt gemaakt; in 1791 was er blijkbaar wel sprake van een nieuwe installatie, aangezien Torck in dat jaar een betaling deed 'aan Keusenkamp voor electriciteit'. AHR inv. 700, *f* 66,–. C.R.T. Kraijen-

hoff 1785 en C.O.A. Schimmelpenninck van der Oye 1970.

84 De twee nieuwe ramen kunnen niet precies gedateerd worden. De laatste tekeningen waarop nog drie ramen staan afgebeeld dateren uit circa 1730 (Cornelis Pronk), en de vroegste waarop de nieuwe situatie is afgebeeld uit 1809 (Wouter van Troostwijk). Helaas zijn afbeeldingen uit de tweede helft van de 18de eeuw niet bekend.

85 AHR, niet-geïnventariseerd, 78 fol.

86 AHR niet-geïnventariseerd, Rosendaelse kwitanties 1790-1793. Wellicht vervaardigde D.Bentjes niet alleen houtsnijwerk, maar trad hij met dergelijke leveranties ook als 'tapissier' of 'behanger' op. Eerder had hij voor A.J. Torck reeds het snijwerk aan een rouwwapen van diens overleden moeder Jacoba Maria van Wassenaer (1709-1771) gemaakt, wellicht voor het aannemen van de rouw op Rosendael; AHR inv. 687, fol. 74, 31 juli 1773, *f* 128,–; J. Reyers leverde het bijbehorende fluweel voor *f* 27,–.

87 Ibidem; het jaarlijkse onderhoud van de klok kostte *f* 5-5-0; aan het staand horloge in 1782 *f* 7,–. E. Morpurgo 1970 noemt R.E. Nagel die rond 1790 als klokkenmaker te Arnhem werkzaam was.

88 Ibidem; januari, voldaan 6 maart 1793; de kwitantie vermeldt nog een garenwinder voor *f* 4,– en een mahonie kistje voor *f* 3,– geleverd in 1792.

89 AHR inv. 2052, E.J. Torck-de Rode van Heeckeren op Rosendael aan W.A. Torck in Leiden; niet gedateerd, circa 1778-1780.

90 W. Moll 1955, p. 1-34.

91 Zie p. 172. In september 1763 werden in Arnhem voor de verhuizing naar 's-Gravenhage kabinetten en kasten uiteengenomen en ingepakt door twee knechten van de Arnhemse Mr timmerman Anthonie Viervant (1720-1775); AHR inv. 1528.

92 AHR niet-geïnventariseerd, kwitanties 1770, 1772 en 1774 en ibidem, 1775, 1776 en 1778; ibidem, inv. 700.

93 Zie over dit onderwerp: R.J. Baarsen 1985, p. 48-58, en 1989, p. 115-116. Verder onderzoek zal bovendien licht moeten werpen op de vraag welke rol een tapissier en welke een architect kon spelen, of hoe zij samenwerkten bij de tot standkoming van een nieuw interieur. De rol van de architect was dikwijls niet beperkt tot het ontwerp van de vaste interieurdelen (betimmeringen, spiegels, schouwen, schilderstukken en stucwerk) maar hij hield zich ook bezig met het ontwerp, de keuze en de plaatsing van meubels. De praktijk van de stadhouderlijk architect P.W. Schonck geeft daar voorbeelden van. Bij de bouw en inrichting van huis Verwolde te Laren (Gld) in de jaren 1776 tot 1780 ontwierp P.W. Schonck niet alleen de vaste interieurdelen als stucwerk, schouwen, snijwerk etc., maar zorgde hij ook voor de bestellingen van passende behangselschilderingen, meubels en tapijten. Zie: J.C. Bierens de Haan 1988[2]. In 1791 gaf Schonck adviezen aan de eerste kamerheer van Prins Willem V S.P.A. graaf van Heiden Reinestein, die met inrichtingszaken belast was, over de inrichting van nieuwe vertrekken op het Oude Hof (Noordeinde) in 's-Gravenhage, waarbij Schonck onder meer de kleur van behangpapier, de vorm van garderobekasten en de kleur van spiegellijsten en van een penanttafel ter sprake bracht. RAD, archief familie De Milly van Heiden Reinestein inv. 493, no. 65.

94 In 's-Gravenhage was het hof toonaangevend; het is goed mogelijk dat prinses Wilhelmina van Pruisen landgenoten naar 's-Gravenhage heeft gehaald. Ongetwijfeld was ook Frederik Scharff, die in 1782 tot hoftapissier werd benoemd, een Duitser; RAD, archief familie De Milly van Heiden Reinestein, inv. 509, instructie gedateerd 16 october 1782.

95 Men is geneigd deze laatste verder te vergeten, te meer daar er geen enkele naam die daarvoor in aanmerking zou kunnen komen, in Torcks administratie is te vinden. Toch mogen wij deze mogelijkheid niet uitsluiten.

96 AHR, niet-geïnventariseerd, kwitanties 1770, 1772, 1774; de nota bedroeg circa *f* 80,–. Dezelfde kwitantie vermeldt enkele niet betaalde, niet gespecificeerde, werkzaamheden over 1767 en 1768 voor ruim *f* 480,–. Werkzaamheden voor 1772 moeten dus nog het aan het Voorhout gelegen huis *Hallungius* hebben betroffen.

97 NNBW deel VII, kol. 818, 819; Van Lynden bewoonde eveneens een huis aan het Voorhout. Deze niet te verwarren met Mr Frans Godard van Lynden van Hemmen (1702-1786), die in de jaren 1759 tot 1762 het huis aan het Voorhout (huis *Hallungius*) van de Torcken huurde; ibidem, kol. 808.

98 AHR, niet-geïnventariseerd, kwitanties 1775, 1776, 1778. Vanwege de verkoop van de tapijten bedroegen de werkzaamheden slechts *f* 6-11-12.

99 G.W.M. Jager en C.W. Fock 1984, p. 77-81; C.E. Zonnevylle-Heyning 1981, p. 422, n. 11.

100 AHR niet-geïnventariseerd, 1770, 1772, 1774; de plafonds van de vier bovenkamers en het benedensalet werden door de knechten Pieter en Claas gerepareerd en gewit voor *f* 49-11-0.

101 AHR niet-geïnventariseerd, kwitanties 1775, 1776, 1778, voldaan 29 maart 1776. Het oude bleef in dit huis nog naast het nieuwe bestaan, want Van Gorkum repareerde en witte gelijktijdig twee oude plafonds voor *f* 22,–.

102 AHR niet geinventariseerd, kwitanties 1770, 1772, 1774; het portret kostte vijfentwintig ducaten (*f* 131,25), waarbij de lijst was inbegrepen. 'pour un portrait en buste de S.A.R. Madame la princesse d'Orange et Nassau etc.. Le cader ou bordure schulptée et dorée y est compris'; 's-Gravenhage, 16 februari 1771. Deze lijst zou door de beeldhouwer Jacob Berkman (1734-1795) en/of de lijstenmaker en vergulder Hendrik Ebbens (1726-1807) kunnen zijn gemaakt; vergelijk: R.J. Baarsen 1991, p. 455.

103 R.J. Baarsen 1991, p. 453-464.

104 AHR niet-geïnventariseerd, kwitanties 1775, 1776, 1778; de prijs bedroeg *f* 80,–. Vergelijk de twee wandarmen die H.P. Nijborg in 1789 voor de regentenkamer van het Teylershofje te Haarlem voor hetzelfde bedrag leverde. Catalogus Haarlem 1989, cat. no. 124.

105 Branches zijn wandarmen voor kaarsen.

106 AHR inv. 700, passim en de bijbehorende kwitanties – voorzover bewaard gebleven – in het nog niet geïnventariseerde deel van het huisarchief van Rosendael.

107 Johannes Jacobus Beretta (ca.1752-1827) kwam in 1773 naar 's-Gravenhage; G.W.M. Jager 1982. Hij werd door Torck als Baretta aangeduid.

108 C.A. van Swigchem 1965.

109 G.W.M. Jager en C.W. Fock 1984, p. 81-84.

110 AHR inv. 700, *f* 729-9-0 en *f* 148,–, en idem, niet-geïnventariseerd, kwitanties 1783-1784. In de jaren 1782-1788 betaalde Torck hem respectievelijk: *f* 78-6-6, *f* 80,–, *f* 94,–, *f* 205,–, *f* 294,–, *f* 729-9-0, *f* 148,–. Kam werkte al in 1770 voor Torck. In 1783 en 1784 werkte bovendien de behanger Rogier voor Torck, voor resp. *f* 118,– en *f* 114,–. Een vierde naam die in dit verband voorkomt, is die van de behanger Deelen, die over 1784 *f* 6,– en over 1787 *f* 50,– ontving. Wellicht betreft het de Haagse firma Abraham van Deel en Zoon; zie C.E. Zonnevylle-Heijning 1981, p. 416, 413.

111 J. Belonje 1980, p. 1-2. Ook in de volgende jaren wist de firma van (Johannes) Kam jr. een leidende positie in het land te behouden, hetgeen blijkt uit de opdracht voor de stoffering van paleis Noordeinde in 1817-1818 en van paleis Soestdijk in 1818-1819; zie p. 204.

112 AHR niet-geïnventariseerd, kwitanties 1775, 1776, 1778; geleverd op 6 mei 1776 voor *f* 210,–, betaald op 30 januari 1778.

113 AHR, ongeïnventariseerd, portefeuille *Haagse kwitanties 1786-1788*; volgens de (gedrukte) kwitantie van B. Wittelaer, Den Haag 6 maart 1786 kostte de eerste leverantie *f* 18,– voor intekening, port en portefeuille. De eerste levering van deze prenten, die in kwitanties werden omschreven als 'de nieuwe Switschersche gesichten in coleuren gedrukt met beschrijving etc', had in 1786 plaats. Zie ook AHR inv. 700, 1790: 'Hensi, Switserse gezigten' *f* 18,–. Ongetwijfeld waren dit de *Vues remarquables des montagnes de la Suisse, dessinées et peintes d'après nature, avec leur déscription*, à Amsterdam chez J. Yntema, libraire, 1785. De kleuren aquatinten door Descourtis e.a. vermelden als uitgever R. Hentzi. Zie ook: Bulletin Rijksmuseum 24 (1976), no. 4, p. 184. Men plakte dergelijke prenten ook wel rechtstreeks op papieren behangsel tegen de wand en op kamerschermen, zoals in een vertrek op huis Marquette te Heemskerk gebeurde; vriendelijke mededeling D.J.G. Buurman, Arnhem.

114 AHR inv 2054, niet gedateerd (1787).

115 In 1787 bestelde Torck voor ruim *f* 130,– 'Engelse lampen'; AHR inv. 700, 1787. Zie voor een overzicht van het gebruik van spiegels in het Nederlandse 18de-eeuwse interieur: C.W. Fock 1988, p. 66-82.

116 AHR inv. 700, vermeld onder het jaar 1788.

117 AHR niet-geïnventariseerd, kwitanties 1786-1788, 14 mei 1787 voor *f* 98-8-0. Adrianus Ebbens wordt genoemd in: R.J. Baarsen 1991, p. 454.

118 Th. H. Lunsingh Scheurleer 1952, cat. no's. 61 en 468; C.A. van

Swigchem 1965 en R.J. Baarsen 1989, p. 115.

119 AHR inv. 700, resp. *f* 368, *f* 510, en *f* 606.

120 AHR inv. 700, 1787; gegevens over deze Duits zijn niet voorhanden. Dat deze stoelen deel uitmaakten van één concept, blijkt wel uit de brief die mevrouw Torck aan haar zoon Willem Arend schreef (AHR inv. 2052, zie p. 184, n. 89), waarin zij verschillende inrichtingskwesties noemde, zoals de prenten, valgordijnen en deze stoelen: 'dites moi si vous ne vous etés pas informé chés Mr Sylva ou chés van Son apres les chaises de Bruxelles, je voudrois bien savoir si nous les recevrons ou non'. Sylva was een handelaar bij wie Torck in 1789 ook porselein kocht; zie p. 192.

121 Behalve de genoemde handelaar Duits behoorde ook de Haagse kabinetwerker Daniel Vrijdag tot de uitzonderingen; deze ontving in 1785-1787 aanzienlijk lagere bedragen; AHR inv. 700, resp. *f* 13-10-0, *f* 25,– en *f* 9-10-0. Vrijdag (1729-1780) was afkomstig uit de omgeving van Zürich en kwam in 1753 als schrijnwerkersknecht naar 's-Gravenhage, waar hij in 1759 als kabinetwerker tot het gilde toetrad en zich opwerkte tot een van de bekendste kabinetwerkers van de stad; B. Hustinx-van Acker 1975.

122 Aangezien A.J. Torck over het algemeen bij dezelfde leveranciers en makers kocht als zijn moeder J.M. Torck-van Wassenaer, komt de Haagse Mr kabinetmaker Matthijs Franses in aanmerking. Deze leverde in 1766 vier eiken speeltafels aan zijn moeder voor *f* 42,–; AHR niet-geïnventariseerd, kwitanties 1765, 1766, 1769, 15 februari 1766. In 1769 repareerde Franses meubelen voor haar; ibidem, quitanties 1770, 1772, 1774, voor *f* 3-7-0. Franses (1726-1788) was geboren te Kempen en kwam in 1751 naar 's-Gravenhage, waar hij in 1754 als kabinetwerker tot het gilde werd toegelaten; B. Hustinx-van Acker 1975, R.J. Baarsen 1993, p. 163-165.

123 R.J. Baarsen 1988, en volgende noot.

124 Deze kenmerken dank ik aan R.J. Baarsen, wiens dissertatie het oeuvre van onder andere M. Horrix zal behandelen. Het hoofdstuk over M. Horrix verscheen inmiddels in *Oud Holland* 107 (1993), waarin de hier samengevatte quitanties van Horrix die ik in het niet-geïnventariseerde gedeelte van het archief van huis Rosendael aantrof integraal zijn opgenomen. De enige publicatie was tot dusver: Mary Horrix 1956, p. 61 e.v.

125 M. Horrix 1956, p. 61 e.v.; R.J. Baarsen 1989 p. 118 en M. Loonstra 1985 p. 88.

126 ARA, 's-Gravenhage, NDA inv. 833; rekening 1767, fol. 173, *f* 650-8-0.

127 M. Loonstra 1985, p. 88, 100, 131-133; Catalogus Amsterdam 1992-A, p. 18-20 en 77.

128 Deze data zijn af te leiden uit het volgende: In 1766 vestigde Torck zich in het huis *Hallungius*. De quitanties van Horrix' leveranties over 1766, 1767 en 1768 zijn niet bewaard gebleven, die over de jaren 1769 tot en met 1774 wel; daarin worden deze drie meubels niet genoemd. Uit de volgende jaren tot 1783 zijn er geen kwitanties van Horrix bewaard gebleven. Wat hun vorm betreft is het waarschijnlijker, dat deze meubels uit 1766 tot 1768 dateren dan van na 1774, immers de periode dat het neoclassicisme zijn intrede in Torcks interieur had gedaan.

129 Reparaties aan een kist, een stoel, een scherm, een Franse tafel, een slot van een commode; voorts maakte hij een doosje met vijf 'bossen' erin. AHR niet-geïnventariseerd, kwitanties 1770, 1772, 1774, voor *f* 21,–. Ibidem, reparatie 'theebak' en een tafel, *f* 2,–.

130 AHR inv. 2079, 'tien vakken met boekenkasten' *f* 77,– en *f* 1,– voor vijf sloten.

131 AHR niet-geïnventariseerd, kwitanties 1770, 1772, 1774. De totale rekening bedroeg *f* 374-12-8, waarvan *f* 90,– werd afgetrokken voor een grote kast, die Horrix van Torck overnam.

132 AHR niet-geïnventariseerd, kwitanties 1770, 1772, 1774 en ibidem, 1775, 1776, 1778. Die nieuwe stukken waren: twee lessenaars voor de jonge heren (*f* 20,–), een Engels scherm met twee koperen armen (*f* 34-10-0), een met rozehout gefineerde cassette voor juwelen (*f* 6,–), een comptoir stoel (=bureaustoel, *f* 28,–), een muzieklessenaar (*f* 10,–), een 'mahonij bufettafel' (*f* 40,–), een loopwagen (voor een kind dat leert lopen?, *f* 8,–) en een 'mahonij beijen korf' (*f* 12,–). De nota over deze vier jaar (1771-1774) bedroeg circa *f* 270,–. De eerst volgende nota die bewaard bleef, is over 1777 en bedroeg slechts *f* 11-12-0, waaronder een 'parquetspel' voor *f* 9.-.

133 AHR inv. 700, passim en twee kwitanties over 1784 en 1785, waarin slechts een eiken cassette met acht laadjes (*f* 32,–) en een 'comptoir stoel' (*f* 28,–) voorkomen. Deze twee kwitanties zijn helaas de enige van Horrix uit de jaren tachtig van de 18de eeuw die bewaard bleven. A.J. Torck betaalde hem in de periode van 1783 tot 1793 respectievelijk: *f* 24,–, 75,–, 42,–, 289,–, 16,–, 30-, en 7,–.

134 Lijst van voorwerpen no. 39.

135 AHR niet-geïnventariseerde deel, doos 2.

136 P. Verlet 1958.

137 Zie noot 135, 4 mei 1783. In een ongedateerde brief, waarschijnlijk uit dezelfde maand, noemt Torck jr. nog eens Mr le Febvre als degene die de werken van goud en zilver filigraanwerk – de lakborden met spiegelmonogrammen – in Parijs onverkoopbaar achtte.

138 Lijst van voorwerpen no. 43.

139 Lijst van voorwerpen no.'s 44-46. Andere stukken van het echtpaar Van Wassenaer-Bentinck vererfden later niet naar Rosendael, maar naar Duivenvoorde, zoals een paar zilveren vuurbokken, afgebeeld in E.A. Canneman en L.J. van der Klooster 1967, p. 75.

140 Lijst van voorwerpen no. 47.

141 Rijksmuseum, Amsterdam; lijst van voorwerpen no. 48. In de *journalen* van L.A. Torck komt geen betaling aan Nieuwenhuys voor.

142 Lijst van voorwerpen no. 24. Gray werd in Nantes (Frankrijk) geboren en kwam in 1711 naar Arnhem, in welk jaar hij tot het gilde werd toegelaten; hij overleed in of voor 1736.

143 Lijst van voorwerpen no. 27.

144 Lijst van voorwerpen no.'s 49,50.

145 De benaming *oly azijnbak* komt voor op een quitantie van de Haagse zilverleverancier Jan de Thomese onder het oude zilver, dat hij in 1764 van Mevrouw Torck-van Wassenaer overnam; AHR niet-geïnventariseerd, kwitanties 1765, 1766, 1769.

146 Vergelijk bij voorbeeld: Catalogus Amsterdam, Toledo, Boston 1979, nummer 136.

147 AHR niet-geïnventariseerd, quitanties 1765, 1766, 1769; de gehele bestelling ad *f* 814-6-0 werd voor een groot deel vergoed door inlevering van oud zilver.

148 Ibidem, kwitanties 1770, 1772, 1774; samen voor *f* 250,–

149 Ibidem, kwitanties 1775, 1776, 1778.

150 Lijst van voorwerpen no. 54.

151 AHR inv. 514, 19 augustus 1765. Deze betaling behoort tot het slot van de door L.A. Torck in 1723 begonnen boekhouding, die na zijn dood werd voortgezet en na het overlijden van zijn vrouw in october 1764 werd afgesloten door hun erfgenaam A.J. Torck.

152 Lijst van voorwerpen no. 56.

153 Catalogus Amsterdam/Toledo/Boston 1979, no. 132; veiling Christie's Amsterdam 3 december 1992, no. 1082.

154 R.J. Baarsen 1989, p. 137. Op hun beurt weer beïnvloed door een Parijs' voorbeeld uit 1765, afkomstig uit hetzelfde bezit.

155 AHR niet-geïnventariseerd, kwitanties 1775, 1776 en 1778. Deze kwitantie luidde:

2 gehacte terrines met haer schotels	*f* 2665-14
2 grote wapens op de schotels laten gravere	*f* 6,–
2 gehacte lep(els)	*f* 100-14
3 kissies met groen gevoert	*f* 45,–
4 lange braetschotels	*f* 626-11
2 entremes	*f* 300-2
24 borde	*f* 1881-13
30 wapens	*f* 30,–
t ganse servies laten N(ummeren) en gravere	*f* 21,–
een scherm aen een nagtkandelaer	*f* 5-5
eenig zilver gesoldeert & gerepareert	*f* 5,–
een desert & 1 kinderlep(el)	*f* 9,–
2 segrijne etuye met flueel verniuwt	*f* 6-5
	f 5702-4
ontfange aen oud zilver door de	
Hr. Grave Van Heyden	*f* 4920-18
nogh ontfange	*f* 642
	f 5562-18
	f 139-6

Geliquid(eerd) & bet(aald) den 24 maart 1776 Jan de Thomeze'.
Bij schikking betaalde Torck echter *f* 56,–

156 De Thomese vergoedde *f* 3,– per ons voor het oude zilver.

157 AHR, niet-geïnventariseerd, inventaris van Rosendael 1921, nummers 822 tot en met 853, abusievelijk vermeld met het wapen Torck-van Wassenaer.
158 Lijst van voorwerpen no.'s 57,58. In 1783 een olie- en azijnstel ('een schuijtie voor olie & azijn') voor *f* 139-16-0 en zes lepels en vorken voor *f* 94-10. Gelijktijdig leverde Torck zes grote en twee kleine 'hangblakers' à *f* 619-10-0 bij Van IJsseldijk in, zodat hij dus nog geld terugkreeg; AHR niet-geïnventariseerd 1783-1784. Over 1786 en 1788 ontving Van IJsseldijk twee geringe bedragen; AHR inv. 700.
159 AHR inv. 700; voor 1791 *f* 455-3-0 en in mei-september 1791 voor *f* 1.920,– waarbij werd vermeld: 'hoort op 't Rosendaelsche'. E. Voet en H.E. van Gelder 1941 vermeldt geen stukken die tot deze bestelling behoord kunnen hebben; evenmin zijn bij het huidige onderzoek dergelijke stukken gevonden.
160 AHR niet-geïnventariseerd, kwitanties 1783-1784.
161 AHR niet-geïnventariseerd, Rosendaelse kwitanties 1790-1793; de papkom van Hollandse grote keur kostte met lepel *f* 37-10-0, waarbij *f* 17 werd gerekend voor het 'fatsoen van com gepolijst van binnen en buijten met lepel', dat wil zeggen het maakloon. De twaalf theelepels kostten *f* 31-4-0 en de schaaf *f* 10-10-0.
162 Lijst van voorwerpen no.'s 60,61. Mevrouw J.H.M. Ressing-Wolfert wees mij op deze kan.
163 AHR niet-geïnventariseerd, kwitanties 1770, 1772, 1774; betaald op 2 februari 1771.
164 Lijst van voorwerpen no. 62.
165 AHR inv. 700 en niet-geïnventariseerd, kwitanties 1786-1788. Bichelberger leverde Wedgwood en ander Engels porselein (zie p. 205) Hij ontving *f* 22,– in 1786 en in 1787 leverde hij een soepterrine, diverse schalen en schotels en dertig borden voor *f* 24-3-0; in 1786 *f* 112,– aan Verlaan.
166 AHR, niet-geïnventariseerd, 4 mei 1783.
167 E. de Jong 1987, noot 42; U.M. Mehrtens en C.S. Oldenburger-Ebbers 1990, p. 42-46.
168 E. de Jong 1987. Hermitages die in deze periode in de landschapstuin geïntroduceerd werden, zijn besproken door W. Meulenkamp 1986.
169 Verschenen bij J.A. de Chalmot, Kampen 1785.
170 U.M. Mehrtens en H.M.J. Tromp 1984, p. 11-13. De dagboeken van Antje en Truitje van Hogendorp zijn verschenen in: H.W. van Sandick 1902 en H. van Hogendorp 1904.
171 Zie over dit thema onder andere: E. de Jong 1987; U. Mehrtens 1987; A.N. Paasman 1987.
172 AHR inv. 897, fol.3, 11 november 1764; 'verstrekkende tot volvoering der plans van nieuwe plantagien soo door wijlen den heer als vrouw van Rosendael gemaekt'.
173 AHR inv. 522, fol. 73-74. Met het oog op het benodigde timmerhout had Torck al aan de hovenier Berger laten weten, dat hij 'voornemens en werkelijk besig was in de Heerlijkheid bij den Imbosch aen te leggen nieuwe erven, dat (hij) mede van intentie was twee huisen in de Heerlijkheid te timmeren'; AHR inv. 897, fol. 2, 9 november 1764.
174 AHR inv. 805.
175 Gegevens uit het huisarchief Rosendael geven nader inzicht in deze onderneming. In AHR inv. 514, het kasboek dat werd gevoerd na het overlijden van P.W. Torck-van Hoorn als kortstondige voortzetting van de door L.A. Torck bijgehouden reeks, en dat in november 1765 werd afgesloten, zijn vele betalingen voor dit ontginningsproject verantwoord.
176 Ibidem, els en populier *f* 2,– per duizend, berk *f* 4,– per duizend.
177 AHR inv. 514, 15 en 29 april 1765; de heer van de Poll ontving voor de jonge boompjes ruim *f* 270,– en de vrachtkosten van Claas Willems voor het vervoer van de Lathmer en de Poll, beide gelegen tussen Voorst en Wilp, naar de Imbosch bedroegen ruim *f* 230,–. Op 5 november 1764 was al *f* 64,– betaald aan D[us] Gavanen (?) voor door hem geleverd 'plantsoen van moerbeyen boomen', maar die bestelling had waarschijnlijk eerder betrekking op de moestuin van Rosendael zelf.
178 A.J. Torck zette de rekeningboeken na november 1765 op een andere wijze voort; daarvan is weinig bewaard gebleven. Torcks bosbouwkundige activiteiten beperkten zich niet tot de beginjaren; op 9 januari 1787 betaalde hij *f* 34,– voor zaden van den, berk en esdoorn en op 6 mei 1791 *f* 30,– aan Evert Verwoerde voor 60.000 elzen en *f* 12,– voor 2.000 tweejarige elzen; AHR inv. 2074.
179 AHR inv. 685, rekening A.J. Torck 1765, fol. 35[v]; op 11 november aan Claas Hendrix voor 180.500 elzen *f* 90-5-0 en 600 berken voor *f* 2-10-0, en op 22 november aan Willem Derksen voor 154.500 elzen voor *f* 69-10-8.
180 Ibidem, fol.36, 29 december 1765; 'aan O.R. van Hemessen voor gelevert plantsoen van heusters in het voorjaar 1765 van Middagten *f* 225-9-0' en fol. 36[v] 'voor eykels, beuken en castanien in het najaar 1765 *f* 125-2-0'.
181 Respectievelijk AHR inv. 514, 26 juni 1765 voor *f* 24-15-0 en AHR inv. 685, fol.36, 30 december geleverd in juli 1765 voor *f* 79,–.
182 A.A. Bonnema 1981, p. 59.
183 J. Buis 1985, p.766, 775.
184 Ibidem, p. 785, en RAG, archief familie Brantsen, inv. 458.
185 A.H.G. Schaars 1974.
186 U.M. Mehrtens 1987, p.57.
187 J. Buis 1985, U.M. Mehrtens 1987, J.H. Knoop 1763. Voorzover bekend ontbraken de werken van Bradley en Knoop in de bibliotheek van Rosendael.
188 J.F. Martinet I 1777, p. 403. In tegenstelling tot Martinets suggestie is de ahorn niet een plataan maar een esdoorn.
189 Handschrift in particulier bezit, bijlage 3, p. 305.
190 Vergelijk: W. Meulenkamp 1986.
191 AHR niet-geïnventariseerd, doos 2.
192 Ibidem, zestien brieven van W.A. Torck uit Parijs aan zijn ouders in Den Haag, april 1782 tot mei 1783. De hier geciteerde brief is niet gedateerd, maar werd waarschijnlijk in mei 1783 geschreven. Uit deze correspondentie blijkt, dat de jonge Torck verrukt was van de landschapstuinen die hij had bezocht; 'j'ay trouve Chantilly extremement joli, Ermenonville est aussi charmant'. En over Petit Trianon, nadat hij het hofceremonieel te Versailles had beschreven: 'la maison est parfaitement bien meublée et les jardins extremement beaux surtout ce qui est Jardins Anglois'.
193 RAG, archief familie Brantsen, inv. 455, 456.
194 J.F. Martinet II, p. 105, met illustratie. Het is m.i. onduidelijk of deze waterval bij de Berenberg als een werkelijke aanleg in landschapsstijl beschouwd kan worden, of dat er sprake was van een overwegend door de natuur gevormde terreinsgesteldheid. Een nieuwe aanleg verwacht men immers eerder in het park dicht bij huis, en niet op de Berenberg, die circa vijf kilometer van Rosendael verwijderd ligt. Vergelijk: U.M. Mehrtens en C.S. Oldenburger-Ebbers 1990, p. 43.
195 Willem Arend Torck aan zijn moeder, 11 april 1781; AHR, ongeïnventariseerd, doos 2.
196 Ibidem.
197 Th. Morren 1908, p. 82 en J.C. Bierens de Haan 1987, p. 483.
198 Dit blijkt uit de correspondentie van P.W. Schonck met de bouwheer van Verwolde, F.W. van der Borch; archief huis Verwolde no. XXII. Nader onderzoek moet uitwijzen voor wie Schonck nog meer gewerkt heeft.
199 Th. Morren 1908, p. 82; P. den Boer 1986, p. 82.
200 H.M.J. Tromp 1992, p. 16.
201 Archief huis Verwolde, no. XXII; J.C. Bierens de Haan 1983.
202 Collectie Rijksmuseum Paleis Het Loo, Apeldoorn; H.W.M. van der Wyck 1976, p. 205-206; U.M. Mehrtens en C.S. Oldenburger-Ebbers 1990, p. 44-45; H.M.J. Tromp 1992, p. 16.
203 U.M. Mehrtens en H.M.J. Tromp 1984.
204 Catalogus Arnhem/Nijmegen 1990, p. 45 en 56.
205 F. Kuyvenhoven en H. Tromp 1984, p. 42-53. Deze zaal is van zo'n uitzonderlijk gehalte, dat wanneer het ontwerp door een Nederlander werd gemaakt, alleen de bekendste architecten in aanmerking komen, zoals Jacob Otten Husly (1738-1796), Leendert Viervant (1752-1801), Abraham van der Hart (1747-1820) of Friedrich Ludwig Gunckel (1742-1835). Voor Schonck zou diens bekendheid bij de Gelderse adel als voortvloeisel van zijn functie aan het Hof kunnen pleiten.
206 Alexander Diederik van Spaen, heer van Biljoen (1710-1764), huurde van 1742 tot 1747 achtereenvolgens twee van de vijf huizen die Lubbert Adolf Torck in Wageningen had laten bouwen (AHR inv. 489-493). Na L.A. Torcks overlijden ontving A.D. van Spaen een legaat van *f* 1.000,– ten behoeve van zijn zoontje (Johan Frederik Willem?), het op één na hoogste bedrag dat als legaat werd uitgekeerd (AHR inv. 513, 2 februari 1759). Na het overlijden van P.W. Torck-van

Hoorn ontving mevrouw Elisabeth A.M. van Spaen-van Riebeeck een legaat van *f* 3.000,– voor haar tweede zoon Adolf Pieter Carel (AHR inv. 514, 26 april 1765).

207 RAG, archief Van Spaen-Biljoen, inv. 115. Na het overlijden van het echtpaar Torck-de Rode van Heeckeren in 1793 werd J.F.W. van Spaen aangesteld als curator over hun zoontje S.A.F. Torck van Duivenvoorde; AHR inv. 780 en RAG, rechterlijk archief van de hoge heerlijkheid Rozendaal, inv. 6.

208 U.M. Mehrtens en H.M.J. Tromp 1984, p. 14.

209 AHR inv. 897, 'conditien voor Baas Jenné die 1 august 1791 hier als tuinman op Rosendaal gekomen is'.

210 Zie noot 189.

211 AHR inv. 818; verslag van een reis naar Parijs in augustus-september 1801 door R.J.C. Torck en zijn vrouw, 2 september 1801.

hoofdstuk 6

De belangrijkste bron van informatie voor deze periode is de secuur gevoerde boekhouding. Er zijn enkele afbeeldingen van Rosendael uit deze periode bekend. Een ongewone maar zeer directe bron wordt gevormd door een reeks gastenboeken voor parkbezoekers uit de jaren 1801 tot 1831. Familiebrieven zijn uit deze periode niet bekend.

1 AHR inv. 2052, R.J.C. Torck op Rosendael aan zijn broer W.A. Torck te Leiden, circa 1780-1785.

2 AHR, niet-geïnventariseerd, quitanties 1786-1788.

3 AHR inv. 709, opgetekend door Reinhard Torck zelf.

4 AHR inv. 398 en volgende nummers, rekeningen opgemaakt door de rentmeester B. Kerkhoff.

5 Hij ondertekende bijvoorbeeld op 19 mei 1794 de door Kerkhoff opgemaakte rekening over 1793, het sterfjaar van zijn beide ouders; AHR inv. 398.

6 J.J. Poelhekke e.a. (red) 1975, p. 329.

7 AHR inv. 882, *Aenteekening der schade door de vreemde troupes aen mijne goederen veroorzaakt*, opgesteld door R.J.C. Torck 1795. In dit stuk wordt Rosendael voor het eerst sinds d'Outrein dat in 1718 deed, als *casteel* aangeduid.

8 Deze wildbaan werd door Is.An. Nijhoff in zijn *Wandelingen* (1820) beschreven: 'eenen met allerlei boomgewas ruw beplanten heuvel, welke vòòr den jare 1794 eene afgeperkte, ook van herten en reeën wél voorziene, diergaarde bevattede'.

9 AHR inv. 882 'opgave van geleedene schaaden aan de huizen van den Heer van Rozendaal welke door onderscheidene inwoonders verlaaten zijn' door rentmeester J. van Wijk ingediend bij de Municipaliteit van Wageningen op 19 februari 1795, in totaal geschat op *f* 4.400,–.

10 AHR inv. 918, *Papiers qui regardent mon voyage en Allemagne 1799*, reisverslagje, quitanties en nota's; de reis duurde van 22 april tot 30 juli 1799.

11 J.B. Rietstap II 1887, p. 39; W.J. d'Ablaing van Giessenburg 1899, p. 426; N.N.B.W. IX (1933), kol. 723-726.

12 *Nederland's Adelsboek* 13 (1915).

13 Th.H. Lunsingh Scheurleer 1967, p. 30 e.v.

14 AHR inv. 818, reisverslagje door R.J.C. Torck, dat de periode 5 augustus tot 1 october 1801 beslaat; het portretje kostte 600 Livres.

15 G.J. Schutte 1979, p. 205 en 223.

16 Gemeentelijke archiefdienst Wageningen, resoluties magistraat, OAW inv. 16 (vriendelijke mededeling Drs C.S.A. barones van Wijnbergen); AHR inv. 2003.

17 AHR inv. 894; *officier van de jagt in het 8e district van het departement Gelderland*. Deze benoeming diende wellicht als compensatie voor het feit dat Torck door een algemene maatregel van de Koning in 1807 het jachtrecht op grofwild, vanoudsher één van de heerlijke rechten op Rosendael, was ontnomen. Vergelijk: E. Pelzers 1987.

18 AHR inv. 831, 13 februari 1807; O. Schutte 1985, p. 148.

19 AHR inv. 613 en inv. 750.

20 De reis duurde van 13 mei tot 3 juli 1820; een verslag van de reis bleef niet bewaard, maar de onkosten van de reis (*f* 3.400,–) verantwoordde zij in haar kasboek; AHR inv. 711.

21 AHR inv. 711, voor de 'militaire muzikanten' *f* 33,–, 25 september 1820.

22 Bij K.B. van 10 maart 1822 werd de titel van baron erkend aan de wettige afstammelingen van Reinhard J.C. Torck. AHR, niet-geïnventariseerd.

23 AHR inv. 711, augustus 1824; de erebogen en illuminaties waren het kostbaarst: *f* 360,–.

24 AHR inv. 711, november 1824.

25 Philip Willem van Heusde (1778-1839), hoogleraar geschiedenis, oudheidkunde, welsprekendheid en Grieks; Antonie van Goudoever (1785-1857), hoogleraar wijsbegeerte en letteren; N.N.B.W. delen V en III.

26 AHR inv. 711, 4 mei 1826, gekocht van de heer Van Brienen te Amsterdam voor *f* 500,–

27 Ibidem, 31 december 1828, samen voor *f* 873,–.

28 D.J.G. Buurman 1978; catalogus Arnhem/Nijmegen 1990, no. 248.

29 De rekeningen van Rosendael, die jaarlijks door rentmeester B. Kerkhoff werden opgesteld en door de heer van Rosendael voor accoord werden getekend, zijn als een doorlopende reeks in het huisarchief aanwezig; de boekhouding van de persoonlijke, huishoudelijke en beleggings-uitgaven is bewaard gebleven over de jaren 1800-1830. Samen vormen zij een waardevolle bron om het inkomsten- en uitgavenpatroon van dit echtpaar te bestuderen. Deze boekhouding beslaat de volgende inventarisnummers uit het huisarchief van Rosendael: 612, 613, 614, 615, 624, 709, 712, 713, 750, 1930, 1944 en 1959.

30 AHR inv. 612, fol. 128-130 gerubriceerd onder Rosendael enz. en Wageningen.

31 Over de periode 1805 tot en met 1821 zijn de cijfers van zowel de uitgaven als de inkomsten bewaard gebleven. De gemiddelde bedragen over deze periode luiden in guldens:

Inkomsten		**Uitgaven**	
totale	*gewone*	*totale*	*gewone*
f 25.700	*f* 19.000	*f* 24.300	*f* 14.100

32 RAG, Archieven van de gewestelijke besturen in de Bataafs-Franse tijd, 1795-1813, inv. 5995. Douairière A.J. Verstolk van Soelen, R.W.J. van Pabst van Bingerden, F.G. van Lynden van Hemmen en H.W. van Aylva van Waardenburg en Neerijnen voerden deze lijst aan met elk een jaarlijks inkomen van *f* 40.000,–.

33 Ibidem, inv. 4638.

34 De Stichting Werkgroep Kadastrale Atlas Gelderland heeft inmiddels atlassen gepubliceerd van de volgende gemeenten waarin eigendommen lagen van de erven R.J.C. Torck: Arnhem (1986), Lunteren (1987), Rozendaal (1989[2]), Wageningen (1991). De initiatiefnemer van dit project, Dr J.F. van Oosten Slingeland, was zo vriendelijk mij gegevens ter beschikking te stellen van de hier relevante gemeenten Velp, Rheden, Bennekom, Ede en Otterloo, die in 1992 nog niet waren gepubliceerd.

35 S.W. Verstegen 1990, p. 60. Dit bezit overtrof zelfs de kroondomeinen bij Het Loo in pachtwaarde. Volgens Verstegen bedroeg de pachtwaarde van Torcks op de Veluwe gelegen bezittingen ongeveer *f* 27.000,–. Hij werd gevolgd door F.C.Th. van Isendoorn à Blois, heer van de Cannenburch, die op de Veluwe goederen bezat met een geschatte pachtwaarde van *f* 17.500,–.

36 Dit overzicht is niet geheel compleet; R.J.C. Torck had in enkele andere gemeenten nog bezittingen, zoals bijvoorbeeld in Veessen en in het kerspel Voorst het goed de Snauwert, een bezit dat door vererving uit de familie Van Apeldoorn in de familie Torck was gekomen; J.S. van Veen en J.J.S. Sloet 1917, p. 355.

37 A.J. Torck bezat al een erf en goed te Deelen. R.J.C. Torck breidde dit bezit uit; in 1805 werd een Gelders leengoed onder Deelen op zijn naam getransporteerd, zie: J.S. van Veen en J.J.S. Sloet 1917, p. 149.

38 *Kadastrale atlas Gelderland 1832, Rozendaal*; uitgave Stichting Werkgroep Kadastrale Atlas Gelderland, Arnhem 1989[2]. Zie in het tekstgedeelte hoofdstuk 3, p. 21-30 door J.F. van Oosten Slingeland. De gemeente Rozendaal, verdeeld over de secties Terlet, Plagdel en Rosendael, had volgens de kadastrale legger van 1832 een totale oppervlakte van 2799.53.81 ha. die in zijn geheel – behoudens 23 rechten van opstal van samen minder dan een hectare – in eigendom toebehoorden aan de familie Torck.

39 J.F. van Oosten Slingeland 1989, p. 21 e.v.

40 H.W.M. van der Wyck 1988-B, p. 33-34.

41 J.F. van Oosten Slingeland 1989, p. 25, en p. 32, tabel 3.

42 AHR inv. 848, opgave van de grootte der percelen op Rosendael ten behoeve van de aangifte van de nieuwe verponding in 1806 door R.J.C. Torck, 1806.

43 AHR inv. 846; volgens deze opgave van 1806 was 511 morgen van de

heerlijkheid, die 3191 Gelderse morgen groot was, beplant met bos, dat voor een groot gedeelte bestond uit zeer slecht hout dat geen inkomsten opleverde. De oppervlakte van de heerlijkheid werd nog altijd ontleend aan de meting van B. Elshof uit 1721.

44 AHR inv. 846.

45 AHR inv. 774, gedateerd Rosendael 17 juni 1807.

46 AHR inv. 547; behalve enkele restanten van de afbraak bleef slechts de poort bestaan die verbouwd is tot boerderij.

47 AHR inv. 711, januari-mei 1820, in vier termijnen van *f* 2.500,–. De datering van de verharding van de Rijkswegen in Gelderland gedurende de eerste helft van de 19de eeuw wordt gegeven in het te verschijnen derde deel van de *Geschiedenis van Gelderland (1795-1940)*, kaart III (verharding van 'Rijks'-wegen, c. 1810-1860) door G.J. Mentink.

48 AHR inv. 1989, 8e omslag, met schets van de geprojecteerde laan.

49 AHR inv. 711, 1827.

50 W. Moll 1955, p. 27.

51 AHR, niet-geïnventariseerd, codicil G.G. Torck-van Neukirchen gen. Nyvenheim, opgesteld op Rosendael, 2 augustus 1830.

52 Ibidem; het is niet duidelijk of dit ook gebeurde.

53 AHR inv. 613 en 750, onder de maanden mei en december, passim.

54 Is. An. Nijhoff 1820, p. 123-124.

55 Mevrouw Torck-van Neukirchen gen. Nyvenheim betaalde voor deze tekening *f* 86,– 'aan de schilder D. Kerkhoff een tekening van het huis Roosendael 1813'; AHR inv. 750, 19 augustus 1813. Dezelfde betaling werd geboekt in AHR inv. 613, fol. 104, maar daar als schilderij in plaats van tekening. Kerkhoffs eigenhandige quitantie van 18 augustus 1813 laat er geen misverstand over bestaan: 'voor een tekening van haar Edele Buyten – met een gemonteerde lijst en glas'. AHR niet-geïnventariseerd, quitanties 1802-1829. De tekening werd reeds door H.W.M. van der Wyck 1988, p. 10 aan Kerkhoff toegeschreven, echter met een onjuiste datering (1805). Omdat R.J.C. Torck in 1810 overleed, vervalt zijn interpretatie van de afgebeelde personen.

56 AHR inv. 750, 31 januari 1814; zie ook: AHR inv. 613, fol. 104.

57 Zie bijlage 1, no. 56b; collectie VdeS.

58 Het formaat van het door Michaëlis geschilderde landschap in de collectie VGK is 78x98 cm., en van het andere niet-gesigneerde stuk dat Rosendael afbeeldt 77x98,5cm.

59 Op de achterzijde van één der beschilderde planken, die oorspronkelijk (circa 1700) een plafond vormden en blijkens dit jaartal in 1799 secundair werden verwerkt in de wand tussen de beide vertrekken aan de voorzijde op de eerste verdieping.

60 AHR inv. 1959, aan Bentjes *f* 168,– voor 1798 en 1799; betaling in maart 1800.

61 AHR inv. 1959, 613, 750 en 711, passim.

62 Johannes Kam jr. had in 1817-1818 ook de stoffering voor paleis Noordeinde geleverd; A.M.L.E. Erkelens 1974 en M.B.W. Broekema 1984.

63 AHR, niet-geïnventariseerd, Rosendaelse quitanties 1802-1829, betaald in november 1802, *f* 291,–. Van deze Nijhoff zijn mij geen verdere gegevens bekend. Was hij een oom van de hierna te noemen Gelderse historicus Mr Isaäc Anne Nijhoff (1795-1863)? Deze aanpassingen aan de portretten en de lijsten zijn niet meer herkenbaar.

64 De schoorsteen- en deurstukken zijn niet bewaard gebleven.

65 AHR, niet geïnventariseerd, quitanties 1802-1829; 29 april 1812, *f* 114-1-8 aan Jacobus van Vleuten. Er was sprake van 'het gehele rantwerk', niet van de deuren waarop bij de restauratie in 1988 de vergulde biezen op de 18de-eeuwse verflaag nog konden worden aangetroffen.

66 AHR inv. 711, 27 juni 1822 *f* 150,– en 18 september 1823, *f* 200,–.

67 *Arnhemsche Courant* 26 mei 1825; dezelfde krant van 4 augustus 1825 bevatte een advertentie waarin de verkoop op 9 augustus van Van Leeuwens inboedel en ateliernalatenschap werd aangekondigd. Volgens het *Registre civique de la commune d'Arnhem* van september 1811 was Van Leeuwen op 29 juni 1759 geboren en woonde hij aan de Bakkerstraat; G.A. Arnhem, Oud-archief Arnhem inv. 1239, fol. 38.

68 AHR inv. 750, 16 februari 1815, 'gerestitueerd aan de heer Fagel voor 6 paar schoenen van Parijs', *f* 18,–.

69 AHR inv. 613, fol. 31 in 1805, 1807 en 1808.

70 Vergelijk: J.M.W. van Voorst tot Voorst 1974, p. 237-262, en idem, 1992.

71 AHR inv. 709 en 750, passim; specificaties worden niet genoemd behalve een *eetenstafel* in 1815 voor *f* 128,–.

72 AHR inv. 1959; Horrix rekening over 1798 bedroeg *f* 267,–; over 1799 en 1800 samen *f* 450,–, betaling resp. in januari 1799 en januari 1803; in juli 1800 kocht hij ook meubels in Amsterdam voor *f* 334,–.

73 A.M.L.E. Erkelens 1974, p. 284-302, J.G. Berkhout 1974, p. 394-400, en M.B.W. Broekema 1984. Schick werd in 1789 als Spaanse stoelenmaker opgenomen in het Haagse St. Josephsgilde; documentatie meubelmakers en beeldhouwers bij de afdeling kunstnijverheid van het Kunsthistorisch Instituut, Rijksuniversiteit Leiden.

74 AHR inv. 613, april 1807, *f* 93,–. In de volgende vijftien jaar komt zijn naam in Torcks boekhouding nog vier keer voor, telkens als beeldhouwer; de aard van dit werk is niet bekend. J.M.W. van Voorst tot Voorst 1992. M.B.W. Broekema 1984; voor Soestdijk leverde Muller in 1820 kronen, lustres en wandarmen, voor de herinrichting van het Paleis op de Dam onder Lodewijk Napoleon had hij in 1807-1809 tafels geleverd.

75 AHR inv. 613, juli 1804 *f* 90,– en februari 1807 *f* 82,–. Eeltjes was in 1777 als stoelenmaker in het Haagse St. Josephsgilde opgenomen; documentatie meubels en beeldhouwwerk afdeling kunstnijverheid van het Kunsthistorisch Instituut, Rijksuniversiteit Leiden.

76 J.G. Berkhout 1974, p. 453-466; M. Loonstra 1985, p. 107-108.

77 A.M.L.E. Erkelens 1974.

78 AHR inv. 613 en 711; twee mahoniehouten speeltafeltjes in 1823 voor *f* 36,–; o.a. een mahoniehouten boekenkast voor zoon A.L. Adolph Torck en zes mahoniehouten schilderijlijsten, AHR inv. 711, 29 november 1822, *f* 75,– en *f* 25,– en AHR, niet-geïnventariseerd, quitanties 1802-1829.

79 Johan Hendrik Nohr werd in 1753 als kabinetwerker in het Haagse St. Josephsgilde ingeschreven en leverde sinds 1756 meubels aan het hof; na zijn dood in 1790 zetten zijn vrouw en Christoffel zijn winkel voort, B. Hustinx-van Acker 1975.

80 M.B.W. Broekema 1988, p. 329-336.

81 Nohr en Noordanus leverden beiden ook voor paleis Noordeinde; A.M.L.E. Erkelens 1974.

82 AHR inv. 1959, augustus 1796, *f* 80,–.

83 AHR inv. 613, juni 1811, fol. 101, *f* 8,–. In het *Registre civique de la commune d'Arnhem* van september 1811 wordt de timmerman Martinus Boonzaier genoemd, woonachtig aan de Ketelstraat, geboren op 26 februari 1740; G.A. Arnhem, Oud-archief Arnhem inv. 1239, fol. 6.

84 AHR inv. 750, 711 en niet-geïnventariseerd, quitanties 1802-1829; een tafeltje (*f* 18,–), een kastje met kolommen (*f* 40,–), een ladetafel (*f* 32,–) en een toiletspiegel (*f* 10,–). In het *Registre civique de la commune d'Arnhem*, G.A. Arnhem, Oud-archief Arnhem, inv. 1239, fol. 105 wordt Hendrik Johannes Gamelkoorn genoemd aan de Ketelstraat te Arnhem, geboren op 6 october 1772 met als beroep *fripier* (uitdrager)

85 AHR inv. 711, 31 december 1824 en 7 juni 1825, *f* 1440,27; de meubels zijn niet bewaard gebleven.

86 A.P.E. Kuiper-Ruempol 1982, p. 19, 25.

87 AHR inv. 1959.

88 Ibidem.

89 AHR inv. 613, maart 1808, en AHR inv. 711, 27 april 1818.

90 AHR inv. 613 en 750, resp. mei 1806, *f* 28,–; 4 maart 1814, *f* 7,–; en 13 januari 1819, *f* 9,–. Een enkele keer komt de naam van een andere handelaar voor, zoals L. Jacobs en een Kuller, bij wie mevrouw Torck in 1825 een wit tafelservies kocht voor *f* 85,–; AHR inv. 711, 17 maart 1826.

91 E. Voet en H.E. van Gelder 1941, no. 170. De enige uitzondering was de Amsterdamse zilversmid Peirolet, die in 1809 flessenbakjes leverde, AHR inv. 613, augustus 1809, *f* 107,–

92 E. Voet en H.E. van Gelder 1941 noemt onder no. 170p. een melkkan.

93 AHR inv. 712, boek van ontvangsten van R.J.C. Torck, voortgezet door zijn vrouw, 1794-1821; 12 april 1803.

94 AHR inv. 613, februari 1807 *f* 252,– en ibidem mei 1809, *f* 76,– en inv. 750, april 1811, *f* 158,–

95 De rekeningen over de jaren 1813-1820 vermelden slechts bedragen van enkele guldens, waarschijnlijk voor reparaties.

96 Hetgeen wel in verband zal staan met zijn afgenomen reputatie, zie E. Voet en H.E. van Gelder 1941, p. 107.

97 AHR inv. 711, 1 october 1821, *f* 179,–. De quitantie vermeldt: 'een paar oorsiersels, fijne granaaten in goude monteeringe'; AHR, niet-geïnventariseerd, quitanties 1802-1829.

98 AHR inv. 711, resp. 31 december 1826, *f* 55,–, en 31 december 1828, *f* 170,–. De grootste, maar niet gespecificeerde, uitgave aan Bonebakker

was in 1824 voor *f* 259,–, AHR inv. 711, 7 juni 1825.

99 AHR inv. 711, 18 juli 1825; kosten van de reis *f* 108,70 en 'een catalogus van de voorwerpen der tentoonstelling' *f* 1,25.

100 T.M. Eliëns 1990, p. 27-35.

101 AHR inv. 937, codicil G.G. Torck-van Neukirchen gen. Nyvenheim, 12 mei 1820.

102 AHR inv. 848, opgave ten behoeve van de nieuwe verponding door R.J.C. Torck, 1806.

103 AHR inv. 605, 17 juli 1804.

104 In 1805 en 1808 liet Torck 'schulpen voor 't grotwerk' kopen en in 1810 waren de bedriegers aan herstel toe: voor een bedrag van *f* 103,– vermaakte een zekere Folling uit Kleef de koperen pijpjes ervan. AHR 613 'boek van allerhande uitgaven', fol. 97, 99, 100verso.

105 Vergelijk deze met: G. van Laar 1802, pl. CXXXV, 'een russische wip'.

106 AHR inv. 848.

107 AHR inv. 918, zie noot 10; inv. 818, verslagje van een reis naar Parijs in 1801.

108 *Ideen-Magazin für Liebhaber von Gärten, englischen Anlagen und für Besitzer von Landgütern, von Gärten und ländliche Gegenden, sowohl mit geringem als auch grossem Geldaufwand nach den originellsten englischen, gothischen, sinesischen Geschmaksmanieren zu verschönern und zu veredeln*, 60 afleveringen, Leipzig 1796-1811. De serie die in de bibliotheek op Rosendael bewaard bleef en waarvan slechts de nummers 1, 37, 46, 50 en 56-60 ontbreken, is de enig bekende in Nederland. Zie: catalogus Arnhem/Nijmegen 1990, no. 7, p. 58, 59.

109 Ibidem, cat. no. 8, p. 60, 61.

110 Dat geldt ook voor enkele met riet gedekte huisjes uit de jaren dertig, zoals het huis aan de grote vijver (huidige dienstwoning hovenier), dat dezelfde geest ademt als diverse in de serie opgenomen voorbeelden.

111 R.D. Storm Buysing 1936, p. 346; zie ook bijlage 3, p. 306.

112 M.W. Snoeck 1933, p. 150-152; zie ook bijlage 3, p. 306.

113 Is. An. Nijhoff 1820. De volledige titel op het titelblad luidt: *Wandelingen in een gedeelte van Gelderland, of geschiedkundige en plaatsbeschrijvende beschouwing van de omstreken der stad Arnhem*. Zie voor Nijhoffs biografie: A.J. van der Aa 13 (1868), p. 412-418; NNBW II 1912, kol. 1009-1010.

114 AHR inv. 605 (1801-1807); 726 (1807-1809); 727 (1809-1812); 606 (1813-1818); 728 (1818-1821); 607 (1822-1826) en 608 (1826-1831). Aangezien het eerste deel zonder aanhef opent, is het aannemelijk dat er één of meer delen aan zijn voorafgegaan.

115 Beekhuizen: het eerste gastenboek, dat de jaren 1790-1795 beslaat, is in particulier bezit; fotocopie in RAG, collectie handschriften inv. 432; U.M. Mehrtens 1987, p. 55-76 en A.N. Paasman 1987, p. 77-95. Rhederoord: RAG, archief familie Brantsen, inv. 457a en b; Catalogus Arnhem/Nijmegen 1990 p. 17 en 30.

116 AHR inv. 726, bezoekersregister Rosendael 1807-1809, fol. 75. In het gevolg van de koning bevonden zich: le grand Marchal, le grand veneur, Mad. de Broc, le comte de Bylandt, le baron d'Inn et Kniphausen, le baron de Pallandt, le baron d'Asbeck, le general major Bruno.

117 Ibidem, fol. 130.

118 RAG, collectie handschriften inv. 432, 29 september 1793.

119 AHR inv. 727, 25 september 1809.

120 AHR inv. 726, fol. 135, 23 of 24 mei 1809.

121 AHR inv. 605, fol. 90, 23 juli 1805.

122 AHR inv. 605, fol. 85.

123 Ibidem, fol. 127, 18 september 1808.

124 AHR inv. 727, 16 juni 1812.

125 AHR inv. 727, 9 juli 1810.

126 AHR inv. 726, fol. 111, 12 augustus 1808. NNBW III, Leiden 1914, kol. 201.

127 AHR inv. 727, 7 augustus 1809.

hoofdstuk 7

Er is administratie gevoerd over de veranderingen aan huis en park, die daardoor redelijk gedocumenteerd zijn. De rentmeestersrekeningen van de jaren 1830-1842 zijn niet bewaard.

1 AHR inv. 828; dit inventarisnummer geeft onder meer een lijst van ingezetenen van de heerlijkheid Rozendaal uit 1828, die tot de schutterij zouden toetreden; behalve Torck zelf komt op deze lijst ook de logementhouder Geurt Kets voor. Torck kreeg in 1836 eervol ontslag.

2 AHR inv. 827, 825, 828 en 822; Hij werd bovendien in 1837 benoemd tot heemraad van het Arnhemsche en Velpsche Broek en in 1838 tot buurtrichter van Otterloo; AHR inv. 823 en 824.

3 *Nederland's Adelsboek* 1942.

4 AHR inv. 929, na deling in 1832. Deze som was exclusief het kapitaal tot onderhoud van de kerk en heerlijkheid, dat de tijdelijke heer van Rosendael in administratie kreeg, en dat geslonken was tot *f* 73.000,–.

5 W. Moll 1955, p. 27-28.

6 Dankzij enkele inventarissen van na deze verdeling is bekend welke voorwerpen Henriëtte in Gelderland hield en welke naar 's-Gravenhage gingen. AHR, niet-geïnventariseerd.1. *Inboedel van het Huis te 's Hage afkomstig van Rosendael*. 2. *Inboedel afkomstig van den Heer van Pallandt van Keppel*. 3. *Inboedel van het Huis te 's Hage afkomstig van A.W.C.W. baron van Pallandt van Keppel en diens echtgenoote de baronesse Torck van Rosendael*. 4. *Inboedel van het Huis te 's Hage afkomstig van Aylva*.

7 AHR inv. 2157 bevat één deel van Adolph Torcks financiële boekhouding met een overzicht van de uitgaven in de jaren 1836-1843 ten behoeve van het nieuwe park en de verschillende bouwprojecten.

8 AHR inv. 1302.

9 AHR inv. 2157; het betrof een 'verandering aan een gedeelte van het kasteel de verbinding daarstellende met den toren'.

10 Ibidem; *f* 10,85 aan H. Avelingh, 2 maart 1841.

11 Ibidem; 23 januari 1841, Gamelkoorn Mr steenhouwer voor eenen zwarten marmeren schoorsteenmantel *f* 200,–; dito, wegens daghuur aan den trap aan den opgang langs den toren *f* 9,40; 15 februari 1841, den koperslager Gresnich voor het maken van kopere roeden in eene Gothiesche deur bestemd voor den ingang van den toren *f* 22,50 en 14 februari 1842, P. Verwaayen voor het verrigten van timmerwerk en leverantie van hout aan eene nieuwe Gotische deur voor den toren *f* 31,–; G. Clasquin voor stukadoorwerk 2 april 1840: *f* 162,75; 28 augustus 1840: *f* 210,– en 14 februari 1842: *f* 14,075.

12 Ibidem.

13 AHR inv. 2091, *f* 480,– bij Van Schut en De Hart in Amsterdam, 5 april 1837.

14 AHR niet-geïnventariseerd, quitanties 1832-1840; Arnhem, 8 april 1840, *f* 24,–. H.B. Gamelkoorn mocht zich sedert 1841 hofleverancier noemen; J.M.W. van Voorst tot Voorst 1992, p. 164.

15 Ibidem, Deventer, 13 september 1839, 90½ vierkante El, voor *f* 454,–.

16 AHR inv. 2157; op 5 maart 1842 werd hiervoor *f* 4,65 betaald. In 1842 werden in totaal 187.000 stenen ten behoeve van hergebruik schoongemaakt. Zij werden bij deze verbouwing aan het huis en waarschijnlijk voor de nieuwe school gebruikt.

17 AHR inv. 1865, nota van P. Verwaijen aan A.L.A. Torck over 1842 een som van *f* 203,62 voldaan op 16 juni 1843. AHR inv. 2157, op 14 februari 1842 ontving Verwaijen *f* 38,– voor 'plannen, teekeningen en bestekken voor dit werk'; deze zijn niet bewaard gebleven.

18 AHR inv. 2157; *f* 20,– aan Kruitzkamp op 5 december 1842. Deze en de volgende betalingen staan geboekt onder de rubriek 'vernieuwingen aan de stal en het koetshuis'.

19 AHR inv. 1865; nota van P. Verwaijen over 1843 van *f* 12,– voldaan op 17 mei 1844, dat is na A.L.A. Torcks overlijden.

20 Volgens het overzicht in AHR inv. 2157 bedroegen de totale kosten *f* 878,31 maar hierin waren de kosten van de door Gamelkoorn geleverde natuursteen en Verwayens declaraties niet inbegrepen. Die zouden het totaal op circa *f* 1.000,– brengen.

21 Ibidem, betalingen aan J.D. Gamelkoorn op 2 october 1840 en 23 januari 1841. Ten gevolge van verzakking en beschadiging diende de stoep in 1989 vervangen te worden.

22 Advertentie in de *Arnhemsche Courant* van 8 mei 1838 (no. 56) waarin G. Kets de sluiting per 1 juni 1838 aankondigde; hij had de bedrijfsvoering van zijn ouders voortgezet.

23 AHR inv. 2157.

24 Ibidem; Jenné ontving *f* 338,– 'voor werkzaamheden als architect', bovendien kreeg hij op 21 september 1839 *f* 69,– 'voor gemaakte bestekken enz.'. E. Jenné was in 1841 de architect van de nieuw kerk in Velp. Hij was wellicht verwant aan Christiaan Jenné die op 1 augustus 1791

als hovenier op Rosendael in dienst was gekomen.
25 Ibidem; het logement werd met pannen gedekt. Daarvoor werden circa 10.000 pannen uit Wageningen aangevoerd.
26 Ibidem; in 1837 werden 162.525 bakstenen schoongemaakt, wat aan arbeidsloon *f* 73,13 kostte, waaronder ongeveer 2.000 die van de bedriegers afkomstig waren.
27 Flanor 1887; A.I.M. Akkermans-Praagman 1990, p. 5-8.
28 AHR inv. 2157, 14 februari 1842, *f* 25,–.
29 A.J. van der Aa IX (1847).
30 Deze verbouwing wordt genoemd in H.J. van Toorn en G. Gerritsen, *Hotel Rozendaal* eigen uitgave in één exemplaar, Velp januari 1945 (vriendelijke mededeling van de heer Van Toorn). Frederikus Wilhelmus Rieff (1850-1887) te Velp stucte in 1883 enkele muren en twee nieuwe plafonds in het logement, waarvan één met een rozet, voor *f* 80,60; quitantie d.d. 17 november 1883 in particulier bezit. Leden van deze uit Klein-Nesselwängle (Tirol) afkomstige stucwerkersfamilie werkten al sinds het midden van de 18de eeuw in Gelderland. Rond 1750 en circa 1800 waren stucwerkers Rieff in Tiel werkzaam. Het stucwerk in de hal en enkele nevenvertrekken van het Ambtmanhuis in Tiel werd rond 1755 door een stucwerker Rieff vervaardigd. F.A.J. Vermeulen 1946, p. 394 e.v. Het stucwerk van de zaal op de begane grond van huis Hoekelum te Bennekom werd in 1787 door L. Rieff met zijn knechts uitgevoerd, volgens een ter plaatse aangetroffen opschrift (documentatie RDMZ). Johann Martin Rieff (1764-1855), grootvader van genoemde F.W. Rieff, vestigde zich in 1792 blijvend in Druten, waar hij pleisterwerk maakte in het Ambtshuis, de R.K. kerk, en het woonhuis Hogestraat 11. A.G. Schulte 1986, p. 59-66 en 87; P.M.H. Breukers 1970 p. 230-235.
31 Verbouwing naar ontwerp van architect W. Honig te Velp, aangenomen door W. Vleeming te Velp voor *f* 39.150; *Velpsche Courant* 10, 14, 17, 21 juli 1897; deze verwijzing dank ik aan mevrouw A.I.M. Akkermans-Praagman. Een aquarel door J.G. Smits gedateerd 19 april 1897 (particuliere collectie) geeft de toestand kort voor de verbouwing weer. Bij het herstel van de oologsschade in 1946 werden de beide vleugels onder één dak gebracht. De asymmetrie van het gebouw werd in 1993 ongedaan gemaakt door de aanbouw aan de noordzijde ten behoeve van een nieuwe bestemming nadat de eigenaar H.J. van Toorn zijn *Résidence Rozendaal* had verkocht. Door de nieuwe bestemming vonden de concrete plannen tot afbraak van het hotel en vervanging door een nieuw appartementengebouw gelukkig geen doorgang.
32 AHR inv. 2157; op 14 februari 1842 werd *f* 50,– betaald aan P. Verwaijen 'voor het maken van plannen en teekeningen voor een te maken buitenhuis'. De bouwsom bedroeg *f* 1080,08.
33 Ibidem; misschien het huis Rozenheuvel? De bouwsom van dit huis bedroeg *f* 8.506,93 waaronder *f* 85,50 voor het schoonmaken van 190.000 stenen en *f* 750,– voor de aankoop van de bouwgrond.
34 AHR inv. 1865, nota van P. Verwaijen over 1842: '30 mei-11 juni voor tekening, bestek, profillen & van schoolgebouw overeengekomen voor *f* 30,–'. AHR inv. 2157; de bouwsom bedroeg inclusief nieuwe schoolbehoeften *f* 1516,50. Mr timmerman Beumer nam het werk aan voor *f* 1450,–. Mr timmerman Huetink hield voor *f* 25,– toezicht bij de bouw. Voor de geschiedenis van de school en het onderwijs zelf, zie: W. Schennink 1983.
35 Onder deze benaming werden de uitgaven voor de nieuwe parkaanleg in een kasboek gerubriceerd, waarin werkzaamheden aan kasteel, park, oranjerie, logement en enkele andere huizen werden opgesomd; AHR inv. 2157.
36 A.J. van der Aa IX (1847), p. 741. Toch waren er die de oude grotten en watervallen misten. Robidé van der Aa, die wel erkende dat het herstel van de in verval zijnde werken veel geld zou kosten, had de 'kostbare overblijfselen van vroegere dagen' liever behouden gezien. Hij schreef in 1842: 'Rozendaal is nu bevalliger dan vroeger, doch in onze schatting minder merkwaardig'. C.P.E. Robidé van der Aa 1842, 14. aflevering, aant. b.
37 AHR inv. 828; op 5 januari 1835 verkreeg A.L.A. Torck als 1ste luitenant titulair van het 1ste bataillon der 2e afdeling mobiele Geldersche Schutterij toestemming voor een drie maanden durend buitenlands verlof naar Duitsland en Frankrijk. Een dagboek van deze reis of reisaantekeningen zijn niet bekend.
38 J. Immerzeel 1843 III, p. 259-261. C.S. Oldenburger-Ebbers 1990; C.D.H. Moes 1991.
39 AHR inv. 2135. Zie voor een bespreking en een kleurenafbeelding van het fraai getekende ontwerp ook: J.C. Bierens de Haan (red.) 1990, cat. no. 26.
40 C.S. Oldenburger-Ebbers 1989, p. 49.
41 AHR inv. 2157; in de rekeningen komt bijvoorbeeld een betaling voor in verband met het steken van 4.600 graszoden; 16 juni 1838.
42 Ook in het buitenland wordt het historisch belang van Rosendael onderkend, bijvoorbeeld door C. Arthaud 1973, p. 318: 'Rosendael provides a brilliant example of the evolution of the art of gardens as it developed in Western Europe', en door J. Cornforth 1978.
43 AHR inv. 2157, 'nieuwen aanleg in den hof'; in 1836 circa *f* 4.000,–; in 1837 circa *f* 7.000,–; en in 1838 circa *f* 4.300,–. In de daaropvolgende jaren 1839-1842 waren de uitgaven beduidend lager; afgerond respectievelijk: *f* 690,–, *f* 760,–, *f* 230,– en *f* 20,–.
44 De mr. timmerman Huetink ontving in 1837 *f* 67,– voor de 'aardkruiwagens' die voor dit doel nodig waren.
45 Na 1838 werkte een zekere Gijzendorp in het park, die in het voorjaar van 1839 voor *f* 95,– het 'in orde brengen' en het 'gelijkmaken' van de Sterrenberg had aangenomen; AHR inv. 2157 en 1902.
46 AHR inv. 2157, 'nieuwen aanleg in den hof', 22 mei 1841, *f* 10,–.
47 De oorspronkelijke plaatsing van deze groep uit circa 1725-1730 is te zien op de anonieme 18de-eeuwse plattegrond van de tuin en op de tekening van het huis door Daniel J.T. Kerkhoff uit 1813.
48 AHR inv. 2157, 'nieuwen aanleg in den hof', 22 mei 1841, 'voor het vergraven en dempen van den achtersten vijver *f* 36,–'.
49 Ibidem, 2 december 1837, 'voor het schoonmaken van 39.000 steenen van de colonnade 65c. de 1000, *f* 24,35'.
50 Ibidem; 29 augustus 1840, Gijzendorp voor het uitgraven en wegkruyen van den grond voor de stede der kaskade, *f* 13,–; 1840, wegens daghuren verdiend bij de kaskade/aanleg *f* 184,93; 23 januari 1841, J.D. Gamelkoren steenhouwer voor verrigt werk aan de kaskade in 1840, *f* 11,05; 2 maart 1841, H. Aveling voor geleverde stenen, *f* 104,50; 2 maart 1841, Thomassen voor cement voor de kaskade, *f* 22,–; 22 mei 1841, voor het spitten om de kaskade, *f* 3,50; 30 mei 1842, Knuivers voor verrigt werk in den hof aan de cascade in 1840, *f* 16,25; 23 december 1843, A. Peters voor aangenomen werk aan de cascade, *f* 12,–.
51 Ibidem, betaald in twee termijnen op 20 april 1837 en 11 augustus 1839.
52 Ibidem, zij waren van 1836 tot 1838 op het werk aanwezig en verdienden *f* 1,50 per dag.
53 Ibidem, 31 december 1840, *f* 440,25.
54 Deze bestellingen waren niet alleen voor het park bestemd, maar ook voor het omringende landgoed zoals de Vossenberg, de Konijnenberg en de Smidsberg. Dit systeem dat wij ook al voor de 18de eeuw tegenkwamen, maakt wederom duidelijk dat het beheer van een buitengoed ook inkomsten kon opleveren. Op welke manier en schaal men er kweekte, is nauwelijks bekend. Op Rosendael verkocht men, zoals op veel buitenplaatsen, ook groenten uit de moestuin. De tuinman ontving 10% van de opbrengst.
55 Archief Stichting Vrienden der Geldersche Kasteelen, Arnhem.
56 AHR inv. 2157. Geen van deze leveranciers van bomen, struiken en planten komt voor in de in 1983 gepubliceerde bibliografie van Nederlandse plantencatalogi *Paradisus Batavus*.
57 AHR, niet-geïnventariseerd; los fragment, waarschijnlijk afkomstig uit een verloren gegaan deel van de bezoekersregisters van het park. Hield hun aanwezigheid verband met de verkoop van Doorwerth door de Bentincks in dat jaar?
58 Arnhem, bij J.G. Meijer, 1838; een bundeling gedichtjes over buitenplaatsen in de omgeving van Arnhem.
59 AHR inv. 2157, 'eene nieuwe oranjerie'.
60 C.D.H. Moes 1991, p. 51.
61 R.C. Hekker 1951, p. 1-28.
62 De vroegste bijzettingen dateren uit 1838, 1840 en volgende jaren. De eerste bijzetting betrof G.G. Torck-van Neukirchen gen. Nyvenheim, die aanvankelijk in Wageningen was begraven. Bij gereedkomen van de grafkelder in 1838 of 1840 werden haar stoffelijke resten naar Rosendael overgebracht.
63 E. de Jong 1980.
64 C.D.H. Moes 1991, p. 152-154 en 179. De moeder van Louise C.W. Huyssen van Kattendijke was Maria Stefania van Nellesteyn (1785-1826), dochter van Mr. Cornelis Jan van Nellesteyn, die circa 1818 aan

Zocher jr. opdracht gaf voor de nog bestaande graftombe; Zocher werd ook betrokken bij een nieuwe parkaanleg. *Nederland's Adelsboek* 1942; de heer D.J.G. Buurman maakte mij op deze familierelatie opmerkzaam.

65 H.W.M. van der Wyck 1964, p. 415-438.

66 Cat. Arnhem/Nijmegen 1990, p. 14-15, afb.6.

67 Ibidem, cat. no. 7, p. 58-59.

68 AHR inv. 2157, 'eene nieuwe oranjerie', 12 augustus 1836, *f* 94,50.

hoofdstuk 8

De rentmeestersrekeningen in het huisarchief Rosendael bestrijken de jaren 1843 tot 1862. Er is voorts persoonlijke correspondentie aanwezig, er bestaan vele afbeeldingen en de fotografie doet zijn intrede waardoor het exterieur goed gedocumenteerd is. Van het interieur zijn slechts drie foto's bekend. Victor de Stuers inventariseerde in 1880 op gedegen wijze de collectie portretten.

1 AHR inv. 839; N.N.B.W. I (1911), kolom 952; Nederland's Adelsboek 1942. Haar moeder was een zuster van Ada's grootmoeder Torck-van Nyvenheim. Blijkens huwelijken van leden van de familie Van Nyvenheim op kasteel Rosendael in 1806 en 1820 was de band met deze familie hecht; Nederland's Adelsboek 1949, p. 247.

2 AHR inv. 839.

3 Uit de adressering van enkele brieven blijkt, dat Ada Torck bij Van Goltstein aan de Zwarte Weg in 's-Gravenhage verbleef; AHR inv. 1988. Enkele nota's die gericht waren aan: *J.K. baron van Goltstein, Huize Roosendael te Roosendaal* wijzen op hun verblijf aldaar; AHR inv. 1863.

4 Anna Frederika Everdina barones van Goltstein (1829-1917); AHR inv. 1988, 14 november 1855.

5 G. Kets trad ook als rentmeester op voor A.W.C.W. van Pallandt en H.J.A. Torck in de jaren 1842 tot 1870; AHR inv. 580. Het graf van de familie Kets – eerste bijzetting op 28 december 1834 – ligt vlak naast het graf van de familie Torck op de Rozendaalse begraafplaats.

6 AHR inv. 458 tot en met 469. De jaarrekeningen van de jaren 1830-1842 ontbreken; van 1843 tot 1862 zijn zij weer bewaard gebleven; AHR inv. 456-475, en een aansluitend deel in AHR niet-geïnventariseerd.

7 AHR inv. 2060; brieven van rentmeester Geurt Kets aan Ada Torcks voogd J.K. baron van Goltstein, Rosendael 15 april en 2 mei 1845.

8 AHR inv. 1988; dit inventarisnummer bevat honderden brieven aan Ada (van Pallandt-) Torck uit de jaren 1853-1870, vooral van haar familie Van Pallandt van Keppel, haar voormalige voogd Mr J.K. baron van Goltstein (jaren '60), en diverse familieleden en kennissen. De brieven geven een boeiende kijk op onderwerpen die de schrijvers beroerden, vooral huiselijke aangelegenheden, familiezaken, hofleven, reizen naar Berlijn, Parijs, Brussel etc. etc.

9 Van Pallandt kwam in 1844 in Leiden aan; corpsbul gedateerd 23 september 1844 in AHR, niet-geïnventariseerd. AHR inv. 921, bul van zijn promotie tot doctor in de beide rechten te Leiden op 24 juni 1850; zijn dertig in druk verschenen *Theses iuridicae inaugurales* in meerdere exemplaren in de bibliotheek van Rosendael.

10 Bij K.B. van 7 december 1851, no. 16, waarbij tevens eervol ontslag werd verleend aan Mr J.P.J.T. Brantsen, die in 1850 en 1851 burgemeester was; op 2 januari 1852 werd hij ingeschreven in het bevolkingsregister van Rozendaal; archief gemeente Rozendaal, bevolkingsregister 1818-1861. Dit gegeven dank ik aan mevrouw A.I.M. Akkermans-Praagman te Rozendaal.

11 D.G. van Epen 1902, p. 17.

12 In 1886 aangeslagen voor resp. *f* 4308,18 en *f* 4132,60 berekend naar de grondbelasting en de personele belasting; gepubliceerd in de *Arnhemsche Courant* van 31 mei 1886, bijvoegsel.

13 AHR inv. 457 e.v. In de volgende opsomming ontbreken de schoolmeesterswoning en het tegenwoordige huis *De Hut* omdat deze in eigen gebruik waren.

14 Nadat het oude logement in 1838 door G. Kets was gesloten, werd het in 1839 gerepareerd voor ruim *f* 3.100,– en werd het voor hem in orde gebracht als rentmeestershuis; AHR inv. 2157.

15 AHR inv. 458. In de maanden maart, april en mei 1843 liet rentmeester Kets enkele keren een advertentie in de Arnhemsche en Haarlemsche Courant en in het Handelsblad plaatsen: 'Een zeer logeabel BUITEN, geschikt voor zomer- en winterverblijf gelegen te Rosendaal bij Arnhem; bestaande uit acht kamers, alle behangen en gestukadoord, goede keuken en kelders, zolder; benevens eenige tuingrond en Engelsch plantsoen'. AHR inv. 1865, nota's van de uitgever C.A. Thieme; advertenties in de *Arnhemsche Courant* van 18 maart, 25 maart, 22 april en 28 mei 1843.

16 AHR inv. 457 e.v.

17 AHR inv. 469, 10e kapittel.

18 AHR inv. 468-470 en 1863; onder anderen de metselaar E.W. de Greef, de houtkopers J. en N. Verburgt, de steenhouwer C.O. Knoops, de loodgieter A. Peters, de smid J. van 't Sandt, de schilder J.R. Crop, de stukadoor J.F. Dietz, de 'meester-draaijer' J.H. Coelen etc.

19 *Bouwkundige Bijdragen* 17 (1854), p. 163, plaat 23. 'Een kippenhok met loop voor de buitenplaats Klein Rozendaal'. De huurder droeg de vervaardiging van het kippenhok in october 1854 op. Volgens deze vermelding werden koetshuis en stallingen op deze buitenplaats reeds in een eerdere aflevering genoemd.

20 AHR inv. 571 en 572. Deze bestond uit de timmerlieden H.J. Harmsen en B. Jansen, de metselaars J. de Greef en H. van Heerikhuizen, de schilder J.R. Crop, de loodgieter B.D. Peters, de smid W. van de Sandt en de stukadoor F.W. Rieff.

21 De naam *Roseneath* ontleenden zij aan een huis in Schotland dat zij tijdens hun huwelijksreis in 1886 hadden gezien.

22 W.F. Denslagen en A. de Vries 1984, p. 105 e.v.

23 Collectie VdS., calpin no. 52, 10 februari 1891. Op één der foto's die Adolph Mulder maakte van het zojuist ontpleisterde gebouw, is men nog met de achtergevel bezig.

24 J.M.W. van Voorst tot Voorst 1980, p. 9 e.v.; K.M. Veenland-Heineman 1985, p. 467-494; H.W.M. van der Wyck 1982, p. 390-399.

25 Koninklijk Huisarchief, 's-Gravenhage, inv. G 24; vriendelijke mededeling mevrouw Drs. K.M. Veenland-Heineman te Zeist; J.M.W. van Voorst tot Voorst 1980, p. 9 n. 3.

26 Op de genoemde werkenlijst vermeldde Eberson een ontwerp voor de verbouwing van het logement in de periode 11 november-8 december 1858. Omdat zijn betrokkenheid bij andere projecten veel langduriger was, lijkt het mij onwaarschijnlijk dat dit ontwerp werd uitgevoerd.

27 AHR inv. 475, rekening van de rentmeester over 1860/1861, 9e kapittel, *f* 180,50 aan de smid W. van der Sandt 'voor een gedeelte der warande'; in het volgende deel over 1861/1862 is de overige betaling aan Van der Sandt voor deze veranda (*f* 740,31) verantwoord (AHR niet geïnventariseerd).

28 Volgens H.J. van Toorn te Rozendaal was het goudleer dat in 1948 op Rosendael werd verkocht uit deze zaal afkomstig. De catalogus van de *Veiling van diverse Antiquiteiten en Inboedelgoederen*, gehouden op 13 en 14 october 1948, vermeldt onder nummer 230: 'Antiek lederen behang, bestaande uit 9 grote en div. kleine stukken, voor 1 kamer met 2 deuropeningen, totale oppervlakte ± 48 m^2. De veronderstelling dat Eberson dit goudleer uit de genoemde vertrekken op de tweede verdieping haalde, berust op de aanwijzing dat hij het 18de-eeuwse interieur van het huis ingrijpend wijzigde en op het feit dat hij gelijktijdig de nieuwe vertrekken in de zijvleugel ontwierp.

29 AHR inv. 475 is de laatste jaarrekening van de rentmeester van een aaneengesloten reeks, die op 30 april 1861 eindigt. Quitanties zijn evenmin bewaard gebleven. Eén volgend deel over 1861/1862 bevindt zich in AHR niet-geïnventariseerd.

30 Archief VdS, aantekenboek no. 58, fol. 17-30.

31 Vergelijk Ebersons nieuwe kunstzaal in Paleis Het Loo voor Willem III uit de jaren 1873-1875, waar dezelfde vormen werden toegepast; J.M.W. van Voorst tot Voorst 1980, p. 9 e.v.

32 Bij de restauratie in 1988 aangetroffen in het kleine vertrek naast de hal en in de eetkamer.

33 AHR niet-geïnventariseerd, rekening van de rentmeester over 1861/1862, 9e kapittel, *f* 26,–.

34 Ibidem, *f* 122,–.

35 Ibidem, *f* 399,– 'aan den architect Eberson tot 1 Augustus 1861'.

36 AHR inv. 461-470, 10e kap.

37 AHR inv. 2124; één foto van de hal en twee van de tweede salon, met atelierstempel: *Brainich & Leusink Photographie Artistique Menthensteeg 7 over Societeit 'Concordia' Arnhem.*

38 Aangebracht in de eerste salon. Lijst van voorwerpen no. 70. De Bruijn leverde bijvoorbeeld in 1850-1851 'spiegels in de salon' voor *f* 38,– en

een jaar later een vergulde lijst voor *f* 7,25; AHR inv. 465, 466, 10e kap. Vergelijk: J.M.W. van Voorst tot Voorst 1992, p. 216, afb. 73, en p. 272-273.

39 AHR inv. 458, 460, 7e kap.; zijn naam komt slechts twee keer voor in 1843/1844 en twee jaar later, met geringe bedragen, *f* 3,31 en 13,60. Liese leverde in 1850 vijf fauteuils voor de bibliotheek van paleis Soestdijk; J.M.W. van Voorst tot Voorst 1992, p. 534-535.

40 Het buffet werd aan de Rozendaalse predikant Ds W. Barnard geschonken en bleef na diens afscheid in de pastorie achter; de kerkvoogdij verkocht het meubel circa 1980; mededeling mevrouw A.I.M. Akkermans-Praagman. Lijst van voorwerpen no. 66. Gamelkoorn onderscheidde zich vooral door zijn meubels met rijk snijwerk; hij leverde vele meubels voor de verblijven van koning Willem III: Het Loo, Soestdijk, Bronbeek, en het Oude Loo. T.M. Eliëns 1990, p. 85 en 175; J.M.W. van Voorst tot Voorst 1980, p. 204-205 en ibidem 1992, p. 214-215 en 271.

41 De oudste kop dateert uit 1872; D.A.C. van den Hoorn 1982, E. Pelzers 1988. Helaas zijn de vele geweistangen op ronde schildjes die in de torenzaal hingen niet bewaard gebleven.

42 Th.H. Klinkspoor 1959, p. 86-87; W. Lammertink 1986.

43 C.S. Oldenburger-Ebbers 1985, p. 22 en 1989, p. 48.

44 AHR inv. 456-463.

45 AHR inv. 464-475.

46 In dat jaar stoppen de uitgaven aan bloemkwekers als H.J. Wilke en beginnen de loonkosten voor de arbeiders voor de tuin en de bloemisterij. Deze lag met de moestuin buiten het park, achter de kerk.

47 AHR inv. 466-467.

48 AHR inv. 571, fol. 272-276.

49 Ibidem, fol. 278-281.

50 Deze aanduiding van Wattez' werkzaamheden stond in diens briefhoofd; een nota met deze aanduiding in: AHR inv. 571.

51 C.S. Oldenburger-Ebbers 1985, p. 19-24.

52 AHR inv. 571, fol. 280 en nota dd. 1 augustus 1875; het is niet gezegd dat alle planten voor de Koningsberg bestemd waren, een deel moet voor het park zelf gediend hebben.

53 Ibidem, fol. 281-284.

54 Voor deze tweede fase ontving Wattez een honorarium van *f* 77,– incl. reiskosten en *f* 93,– voor het plantsoen (plantmateriaal); bovendien leverde hij tien appelbomen van verschillende soorten en 200 wilde rozenstammen voor de moestuin, 1.000 bloeiende haagdoorns voor de Kapellenberg en 2.000 jonge coniferen voor de kwekerij van Rosendael. AHR inv. 571, fol. 284, en nota d.d. 23 juni 1876.

55 AHR inv. 572, fol. 155; op 12 juli 1879 werd er *f* 62,90 aan Dirk Wattez betaald voor het door hem geleverde plantsoen ten dienste van het logement van Abraham Kraijestein.

56 AHR inv. 571, 572; uitgaven voor moestuin en park, passim.

hoofdstuk 9

Archiefvorming heeft sedert 1902 vrijwel niet meer plaats gehad. Dientengevolge is de twintigste eeuw op Rosendael minder gedocumenteerd dan de drie voorafgaande eeuwen. Er is wel een inventaris uit 1921 die de gehele inboedel weergeeft.

1 F.J.W. baron van Pallandt stemde ook in met de vervaardiging van een nieuwe wandschildering in de kerk van Rozendaal, die in 1904 door de schilder Gerrit van der Hoef werd aangebracht (zie p. 142).

2 Collectie Stichting Vrienden der Geldersche Kasteelen, schenking H.J. van Toorn, Rozendaal.

3 A.A. Bonnema 1981, p. 55-61; H.P. Gorter 1986 p. 405-407.

4 H.P. Gorter 1986, p. 27-28.

5 AHR, niet-geïnventariseerd. Het voert te ver deze inventaris van bijna duizend nummers die dertig dubbele bladzijden beslaat hier te publiceren. De getaxeerde waarde van de inboedel bedroeg ongeveer *f* 440.000,–.

6 Medegedeeld aan D.J.G. Buurman, Jhr Dr C.C.G. Quarles van Ufford en schrijver dezes tijdens een rondwandeling door het kasteel en een aantal gesprekken in 1980, 1985, 1986 en 1987.

7 Vriendelijke mededeling van mevrouw C.E.L. Zimmerman-barones van Pallandt.

8 J.C. Bierens de Haan e.a. 1988.

9 Particulier bezit; catalogus Amsterdam 1950, no. 692; catalogus Delft 1960, no. 174.

10 Schreurs bewoonde het huis aan de poort, dat door F.J.W. baron van Pallandt naar een in Engeland gezien voorbeeld werd gebouwd.

11 AHR niet-geïnventariseerd, ontwerp in aquarel op briefpapier van de N.V. Brouwers aardewerk, Vredelust, Leiderdorp door W.C. Brouwer, augustus 1930. Voor Brouwers oeuvre zie: E. Ebbinge 1980.

12 Volgens een testamentaire bepaling van F.J.W. baron van Pallandt d.d. 15 juni 1904 (AHR, niet-geïnventariseerd) mocht hij kiezen tussen Keppel en Rosendael. Wat hij niet zou kiezen zou aan de tweede zoon (H.H.A. baron van Pallandt) komen, tenzij deze reeds een landgoed zou hebben geërfd; in dat geval kwam de derde zoon (W.F.T. baron van Pallandt) daarvoor in de plaats.

13 Persoonlijkheden 1938, p. 1130-1131.

14 In opdracht van de erven van douairière Van Pallandt-Loudon ten overstaan van notaris L.F. Scheurleer te Velp op 13 en 14 october 1948, in totaal 410 nummers.

15 J.A. Slempkes 1946.

16 D.J.G. Buurman 1978, p. 50-53. Met het oog op de openstelling voor publiek werden vooral de 17de-eeuwse portretten gerestaureerd door L.D. Vercouteren en E.F. Mösenbacher beiden te 's-Gravenhage.

17 Veiling Christie's, Amsterdam te Laren (N.H.), 23-26 october 1979.

18 Handboek 1985, p. 15-20.

19 R.S. Hulst 1986.

20 C.C.G. Quarles van Ufford 1987. Het herstel van de rozentuin werd mede mogelijk gemaakt door een inzameling in 1981 onder begunstigers van de Stichting Het Geldersch Landschap en de Stichting Vrienden der Geldersche Kasteelen en andere belangstellenden als afscheidsgeschenk aan de toen scheidende directeur der beide stichtingen D.J.G. Buurman.

21 In 1993 bracht Mr H.M. Sasse bij gelegenheid van zijn afscheid als notaris in Arnhem een bedrag bijeen dat bestemd is als aanzet tot het herstel van cascade en grot.

22 *Stichting Vrienden der Geldersche Kasteelen*, jaarverslag 1981, p. 13.

23 Het dagjournaal van de restauratie bevindt zich in het archief van het architectenbureau; zie voor de hoofdlijnen ook de jaarverslagen van de stichting over de jaren 1986 tot en met 1990.

24 Op de tentoonstelling *Meer om Cieraet als Gebruijck*, die in 1990 in het Nijmeegs museum 'Commanderie van St. Jan' werd gehouden naar aanleiding van het vijftig-jarig bestaan van de Stichting Vrienden der Geldersche Kasteelen, was een selectie uit het kunstbezit van de stichting bijeengebracht. Van Rosendael was er in hoofdzaak een keuze uit de portretten aanwezig. Zie de gelijknamige catalogus; catalogus Arnhem/Nijmegen 1990.

Bijlage 1
Lijst van portretten

Aan de hand van de op Rosendael bewaard gebleven portretten van de bewoners uit de geslachten Van Dorth, Van Arnhem, Torck en Van Pallandt en aanverwanten, en met behulp van de onderstaande inventarisatie, waartoe Victor de Stuers in 1880 door Mr R.J.C. baron van Pallandt in de gelegenheid werd gesteld, kunnen wij enkele gevolgtrekkingen maken.

Ten eerste valt over vrijwel de gehele linie de matige kwaliteit van de portretten op. Deze week weliswaar niet af van het gangbare op vele huizen in het oosten van het land, maar met de veelvuldige contacten van de Van Arnhems en de Torcken in Amsterdam en 's-Gravenhage zou men toch portretten van hoger artistiek niveau verwachten. De portretten door Paulus Moreelse, Mattheus Verheyden en Cornelis Kruseman behoren op Rosendael tot de uitzonderingen.

Ten tweede blijkt dat in de 17de eeuw twee series portretten werden aangelegd. Rond 1650 ontstond een reeks van tenminste twaalf ongesigneerde portretten op paneel van leden van de familie Van Arnhem, die een coherente groep vormen door een uniforme schildertrant en door de formaten van circa 46 x 36 cm. of circa 75 x 60 cm. Ze kunnen worden toegeschreven aan de Zutphense schilder Dirk van Loonen (1620/1621-1711), die in deze periode in Oost-Nederland werkzaam was in de trant van Gerard van Honthorst. Van Loonens portretten uit deze periode betreffen doorgaans borststukken, sober opgezet in donkere tinten, met een egale achtergrond en gevat in een geschilderd ovaal. De mannen zijn afgebeeld in harnas en dragen een kraagje met twee akertjes; de vrouwen dragen een haarwrong met pijpekrullen langs de slapen en hebben een onbedekte hals met parelketting[1]. De volgende portretten van de lijst van De Stuers, daterend uit de jaren 1645 tot 1654, behoren tot deze serie: 6, 7, 8, 9, 12, en 11, 14, 15, 16, 17, 18, en 50. Van Loonen voegde later nummer 21, een postume copie op doek, aan de serie toe.

Jan en Janne Margriete van Arnhem voegden op hun beurt rond 1670 en volgende jaren een nieuwe serie van ruim tien portretten aan de verzameling toe. Deze schilderijen kunnen als 'galerijstukken' worden aangeduid. Ze zijn groter van formaat (circa 118 x 90 cm.) dan de eerste reeks en zijn niet op paneel maar op doek geschilderd (de nummers 1, 24-28 en 37-41 van de lijst van De Stuers). Hiertoe behoorden de portretten van het echtpaar zelf en van hun tante Janne van Arnhem met Rosendael op de achtergrond. Verder bestond de reeks waarschijnlijk uit portretten van familieleden Torck, Van Heeckeren, Van Wassenaer en Van Liere enerzijds en hooggeplaatsten uit de kring van de Koning-stadhouder anderzijds, zoals twee keurvorsten en hun vrouwen, die hun portret schonken naar aanleiding van bezoeken aan Rosendael (zie p. 51). Maar ook andere portretten uit deze periode van een afwijkend formaat zoals de nummers 21, 35, 36, 42, 45 en 59 kunnen tot deze groep gerekend worden.

Aan het eind van de 18de en in de loop van de 19de eeuw verloor de familie Torck de belangstelling voor deze relatief grote portretten en werd een deel op zolder opgeslagen. Dat kan geconcludeerd worden uit de opmerking van De Stuers in 1880 dat verschillende van deze stukken zich in beschadigde staat bevonden, zoals bijvoorbeeld nummer 37 van zijn lijst. Dit mansportret werd na 1945 in gehavende toestand in de stal in de zijvleugel weggezet. Sinds 1990 prijkt het herstelde portret weer op zijn oude plaats boven de schouw van de eetkamer van Rosendael.

De oude gewoonte om de reeks portretten met eigen representatieve beeltenissen voort te zetten raakte op Rosendael in de tweede helft van de achttiende eeuw in ongebruik. Vergeleken met de Van Arnhems zijn de Torcken slecht vertegenwoordigd. Na 1765 lieten de Torcken zich vooral op klein formaat, in miniatuur of helemaal niet afbeelden.

In de volgende opsomming staat in de linker kolom de beschrijving die De Stuers in 1880 maakte van de portretten die hem op Rosendael getoond werden (vier ongenummerd plus de nummers 1 tot en met 59). De rechter kolom geeft de identificering met de thans nog bekende portretten. Daarna zijn de portretten opgesomd (nummers 60 tot en met 75) die niet op De Stuers' lijst voorkomen, maar die wel op Rosendael bewaard zijn gebleven. Tot slot volgen onder de nummers 76 tot en met 80 de evenmin door De Stuers genoemde portretten die in 1925 wel, maar thans niet meer op Rosendael aanwezig zijn.

Beschrijving van de collectie portretten op Rosendael opgesteld door Victor de Stuers, sept.- 31 dec. 1880; Archief VdeS, calpin 30, p. 25-57.

Lijst van portretten die van Rosendael afkomstig zijn, gerelateerd aan de lijst van V. de Stuers

Tenzij anders vermeld zijn de portretten niet gesigneerd of gedateerd. Indien zonder meer een schilder en/of jaartal genoemd is, wil dit zeggen dat het portret gesigneerd en/of gedateerd is. Een toeschrijving is aangeduid door 't.' voor de naam van de schilder. Op de gedateerde 17de-eeuwse portretten is het jaar aan de achterzijde van het paneel aangegeven, waarschijnlijk in contemporaine hand. De aangegeven afmetingen betreffen de dagmaten, hoogte maal breedte. Bij dateringen duiden de kleine letters a, b, c en d op het eerste t/m vierde kwart van de aangegeven eeuw; de hoofdletters A en B duiden op de eerste en tweede helft van de eeuw. De aanduidingen 'doek', 'paneel' of 'koper' hebben betrekking op de techniek olieverf op respectievelijk doek, paneel of koper. De inventarisnummers hebben betrekking op de portretten die in 1978 aan de Brantsen van de Zyp-stichting

werden overgedragen en vervolgens in bruikleen zijn gegeven aan de Stichting Vrienden der Geldersche Kasteelen ten behoeve van de inrichting van Rosendael.
Bij onbekende verblijfplaats van een portret is het I.B.-nummer (Iconographisch Bureau, 's-Gravenhage) vermeld.

– Medaillon cuivre 16 op 14½ Madame Torck geb. de Roode van Heeckeren profil à dr. bonnet blanc noeud bleu, fichu blanc.	– Eusebia Jacoba de Rode van Heeckeren (1740-1793), t. J. Parker, ca. 1793 (postuum), koper, 17,1x15 cm. ovaal. Inv. no. 3567, afb. 192.
– Id. jeune fille profil à dr. cheveux bouclés avec faveur bleue, robe dentellée grise.	– Elisabeth Adolfine Anne Alexandrine Torck (1767-1792), t. J. Parker, ca. 1793 (postuum), koper, 16,5x14,5 cm. ovaal. Inv. no. 3564, afb. 198.
– Id. 2e fille profil à g. le reste idem.	– Henriëtte Christine Alexandrine Torck (1764-1792), t. J. Parker, ca. 1793 (postuum), koper, 17x14,8 cm. ovaal. Inv. no. 3565, afb. 197.
– Ovale pastel h. 19, l. 16, fille ± 12 ans. Epoque Directoire, à la .itus profil à dr. robe decolletée bleu très clair.	
1. Portrait de Juffrou Jan v. Arnhem, vers 1666 avec vue du château (voyez mon album assez bon genre du Baen, toile h. 1,33 l. 1,01 elle est assise en noir 3/4 dr.	1. Janne (Johanna) van Arnhem (1607-1666), doek, 133x101,5 cm., ca. 1690. Inv. no. 3593, afb. 32.
2. PMoreelse excellent 1624 bois h. 64 l. 99. Buste jeune fem 3/4 à g. blonde un peu decoletée en points, haut col raide dentelles, robe grise a l'etages sur les epaules tout brodé d'or large bijou broche. 7voudige rang de perles sur le sein et dessous superbe collier or emaillé de rouge et de vert. triple rang de perles au cou, double rang descendant des cheveux. C'est Armgard Elysabet van Dort, Erffvrou tot den Rosendael, car c'est la même que:	2. Ermgard Elisabeth van Dorth (1601-1644) door Paulus Moreelse 1624, paneel, 62x52 cm. Inv. no 3588, afb. 10.
3. Fragment de panneau central h. 74 l. 27; 3/4 a g. buste. Costume de venue, mais collerette large rabattue. quelques perles. In dorso: Vrou Armgard Elysabet van Dort. Erffvrou tot den Rosendael Aetatis 33, 1634.	3. --
4. Portrait comme no. 2 à coup sur par Moreelse panneau h. 67 l. 57 buste 3/4 à g. blond fris sottés. decolletée robe satin noir largement ouvri sur le sein et les manches dessous robe blanche à broderies or large col bordé de dentelles relevé broche à diamants enormes attaché à double colier de filigrains argent et chanières or. double rang de perles au cou. ... de perles et brillants attachés à des tiges. âge ± 25 ans. plus tard on y a peint ce blazon: (schetsje wapen) peut etre une Brederode; soeur de no. 2.	4. Onbekende vrouw met in linker bovenhoek geschilderd wapen Brederode, paneel, 64x55 cm., 1627. Particulier bezit, afb. 330.
5. h. 71 l. 61 pan. Buste homme ± 50 ans 3/4 à dr. cheveux longe, moustache sik. col plisse rabbattu pourpoint noir, chain en or retenant petite faucille fond gris. In genealogie ± 1635 blazon très repeint. peint plus tard voyez no. 34.	5. Lubbert Torck (overl. 1644) (?), paneel, 71x61 cm., ca. 1630. Inv. no. 3578; pendant van no. 34, afb. 331.
6. Buste femme ± 25 ans ± 1635 h.73 l.56 pan. 3/4 à g. boucles blondes. robe rouge decolleté garni de dentelles d'argent autour du cou large dentelles blanches broche: noeud de brillants, au cou une petite croix en brillants et un rang de perles. rang dans le chignon 4 <u>grosses</u> poires aux oreilles. médiocre.	6. Onbekende vrouw (uit geslacht Van Arnhem?), t. D. van Loonen, paneel, 72,8x55 cm., ca. 1650, particulier bezit, afb. 332.
7. 'Robert van Arnhem heer tot den Rosendael' 1649 h.75 l.60 Pan. chêne Buste 3/4 à dr. maigre cheveux noir et longs collânts, moustache & sik roux petit col blanc rabattu, robe noir. le fond en ovale gris âge ± 35 ans genre Palamedes	7. Robert van Arnhem (1596-1649), t. D. van Loonen, paneel, 74,5x59 cm., 1649 (postuum). Inv. no. 3586, afb. 333.
8. 'heer Gerhart van Arnhem 1645' pan. chêne h.75 l.60 pendant de 7. buste 3/4 à dr. (âge ± 50 ans) ...... & sik noir, longs cheveux grisonnants, le reste = 7; fond egale Est le même que le attribué à Rembrandt no. 19.	8. Gerard van Arnhem (1598-1648), t. D. van Loonen, paneel, 74,5x59 cm., 1645 (waarschijnlijk latere copie). Inv. no. 3590, afb. 19.
9. chêne h. 74 l.60 pendant du 7 'Derck van Arnhem heer tot den Rosendael âgé ± 13 ans vers 1652 buste 3/4 g. longs cheveux bruns, large col simple rabattu curasse et brassard acier fond gris ovale bon, gaaf genre Palamedes	9. Diederik van Arnhem (1639-1656), t. D. van Loonen, paneel, 74x59,5 cm., ca. 1652 (verg. no. 18). Inv. no. 3584, afb. 334.

10. chêne h.67 l.57 pendant de 2 et 4 hom buste 3/4 à dr. âge ± 40 ans marqué Anno 1632 cheveux bouclés moustache & sik, col plissé rabattu pourpoint ....atu brodé de fleurs d'or fond brun plustard on y a mis le blason féminin (ovale) de Torck. Evidemment par Moreelse retouché.

11 La même que le no. 1.
'Juffer Johanna van Arnhem aetatis 45. 1652' chêne h.46 l.37 buste 3/4 à dr. perles au chignon & au cou broche et épingle en but tants retenant large fichu aux blanc robe noir. fond gris ovale genre Palamedes assez bon.

12 chêne h.75 l.61 la même 3/4 a dr. buste perles au chignon large fichu simple & raide robe noire fond ovale (pendant du 7.) 1 plank los.

13 toile h.75 l.58 buste hom âge ± 50 vers 1620 cheveux courts grisonnants, moust. et large sik blancs. fraise simple. [montran] noir à fourrure roussi; médiocre.

14 'Elbert van Isendooren heer tot den Kannenborgh 1654 chêne h.46 l.37 buste 3/4 à dr. pendant du no. 11[2]. longs cheveux moust. & sik âge ± 35. Col simple rabattu cuirasse & brassard acier fond brun ovale très repeint.

15 'vrou Armgart Elysabet van Dort erfvrouwe tot den Rosendael, aetatis 33. 1634 chêne h.46 l.37 pendant du 11. copie réduite du 3. Même coiffure la fichu autrement plissé. fond brun ovale.

16 'Jo: Lubbert Torck 1652 chêne h.46 l.36 pendant du 11.
buste 3/4 à g. longs cheveux blondes fretés col rabattu Cuirasse brassard fond gris ovale.

17 'Heer Gerhardt van Arnhem 1645 chêne h.47 l.37 pendant du 11. copie d'après le no. 8.

18 'Derck van Arnhem, heer tot den Rosendael Aetatis 13 1652 chêne h.46 l.36. repetition du 9 mais plus petit col. pendant du 11. ovale fond.

19 Attribué à Rembrandt. Pan. h.71 l.53.
Buste 3/4 à dr. fond gris ovale / cheveux longs grisonnants. baubiche & sik: large col rabatu à dentelles. habit noir. (voyez no. 8)

20 chêne 47 op 36 Willem III ? enfant ± 12 ans mi-corps 3/4 à g. la g. sur hanche; la dr sur rocher qui forme le fond à droite longs cheveux. Col large à dentelles rabattu cuirasse etc en acier ceinturon rouge épée dorée en santoir en ruban bleu clair avec en medaillon orné de brillants. Echappée à g. sur un colline avec ruines. peint vers 1660.

21 Derck v Arnhem (zie 9 & 18) toile h.77 l.67.
Kniestuk debout 3/4 à g. la g. gantée de fer surhanche la dr. sur casque acier à plumes blanches & rouges posée sur rocher formant fond à g. longs cheveux cha.ains. Cuirasse etc acier. cravatte rouge. à dr fond paysage. genre Nason.

22 'Lubbert Adolph Torck Heer v. Roosendael en Petkum getrouwd met Petronella van Hoorn, dochter van Hr. v. Hoorn gouverneur in de Oost, douairière den heer Trip. Zij zijn zonder kinderen gestorven' op z. Toile h.92 l.74 mi corps 3/4 à dr. la main g. relevée retenant plis d'un large manteau pourpre. habit bleu clair bordé de galon or. perruque longue poudrée la tete repeinte.

23 pendant du 22. Toile (endommagé en bas)
la femme le no. 3 de la liste de v W. de face le corps, la tête 3/4 à g. la main dr retenant manteau bleu. cheveux poudrés, robe decolletée en drape d'or. Crevée pour montrer manches blanches le manteau retenu sur l'epaule dr. par ceinture de brillants.

24 hom ± 40 ans vers 1660 debout 3/4 à dr [g val l] toile h.1,16 l.89 main g sur hanche, dr. sur tablette longue perruque noire, cravatte blanche cuirasse etc. acier à dr. casque à plumes rouges fond sombre.

10. Onbekende man met in linker bovenhoek geschilderd wapen Torck, mogelijk 17de-eeuwse copie naar J. van Ravesteyn, paneel, 66,5x56,3 cm., 1632. Inv. no. 3577, afb. 335.

11. Janne (Johanna) van Arnhem (1607-1666), t. D. van Loonen, paneel, 46x36,5 cm., 1652. Inv. no. 3598, afb. 336.

12. Janne (Johanna) van Arnhem (1607-1666), t. D. van Loonen, paneel, 74x59,5 cm., 1657. Inv. no. 3592, afb. 337.

13. Paul van Arnhem (1553-1621), doek, 76x59 cm., 1612 (latere copie). Inv. no. 3594, afb. 338.

14. Elbert van Isendoorn (1601-1680), t. D. van Loonen, paneel, 45,5x36 cm., 1654. Inv. no. 3595, afb. 339.

15. Ermgard Elisabeth van Dorth (1601-1644), t. D. van Loonen, paneel, 45,5x36,5 cm., 1634 (copie ca. 1650). Inv. no. 3599, afb. 340.

16. Lubbert Torck (ca.1617-1672), t. D. van Loonen, paneel, 45,8x35,8 cm., 1652. Inv. no. 3576, afb. 341.

17. Gerard van Arnhem (1598-1648), t. D. van Loonen, paneel, 46x36,2 cm., 1645. Inv. no. 3591, afb. 342.

18. Diederik van Arnhem (1639-1656), t. D. van Loonen, paneel, 45, 8x36 cm., 1652. Inv. no. 3583, afb. 13.

19. Robert van Arnhem (1596-1649), paneel, 75,5x58 cm., XVIIb. Inv. no. 3587, afb. 12.

20. Willem III, prins van Oranje (1650-1702), paneel, 47x35,5 cm., ca. 1660. Inv. no. 3607, afb. 30.

21. Diederik van Arnhem (1639-1656), t. D. van Loonen, doek, 76, 5x67,5 cm., postume copie. Inv. no. 3585, afb. 18.

22. Lubbert Adolf Torck (1687-1758), trant A. Boonen, doek, 92x73,8 cm., ca. 1722. Inv. no. 3572, afb. 81.

23. Petronella Wilhelmina van Hoorn (1698-1764), t. A. Boonen, doek, 90x74,5 cm., ca. 1722. Inv. no. 3573, afb. 82.

24. Jan (Johan) van Arnhem (1636-1716), doek, 115,5x88, 5 cm., ca. 1685. Inv. no. 3580, afb. 16.

330

331

332

333

334

335

336

337

338

330. Onbekende vrouw met geschilderd wapen Van Brederode.
331. Mogelijk Lubbert Torck, overl. 1644.
332. Onbekende vrouw uit geslacht Van Arnhem?
333. Robert van Arnhem.
334. Diederik van Arnhem.
335. Janne van Arnhem.
336. Onbekende man met geschilderd wapen Torck.
337. Janne van Arnhem.
338. Paul van Arnhem.

25 pendant la femme ± 40 ans 3/4 à g. le bras g. nu relevé sur la poitrine et retenant manche du bras dr. qui nu est avencé. robe decolletée brune. Perles dans le chignon. grosses perles aux oreilles et autour du cou, agravés de perles & brillants sur le sein & l'epaule fond sombre.

25. Janne Margriete (Johanna Margaretha) van Arnhem (1635-1721), doek, 114,5x87 cm., ca. 1685. Inv. no. 3581, afb. 17.

26 Un Electeur ± 25 ans vers 1660. toile h.118 l.90. 3/4 à dr. la dr. gantée de fer en hanche tenant baton de commandement la g. nue avancée sur un casque à plumes rouges ... avec gant de fer sur tablette. perruque longue, cravatte dentelles cuirasse etc avec manteau bleu à fleurs or avec fourrure et col d'hermine. epée à ceinture rouge fond à g rideau, rouge, à dr. arbres.

26. Friedrich III van Brandenburg, koning van Pruisen (1657-1713), doek, 118x90,5 cm., ca. 1680. Inv. no. 3609, afb. 47.

27 La femme vers 1660 mi corps 3/4 à g. la dr. sur couronne d'electeur po.i avec sceptre sur table a couverture paars et fleurs or. la dr. tombant & écartant manteau de pourpre à doublure & col decolletée d'hermine, agrasé avec brillants et perles. perles aux oreilles et au cou robe soie à fleurs blanche avec brillants sur corsage et ceinture manches à dentelles courtes. fond à dr. rideau couronne sur table et colonne. à g. échappée paysage.

27. Dorothea hertogin van Holstein-Glücksburg (1636-1689), doek, 118x92 cm., ca. 1680 (stiefmoeder van voorgaande). Inv. no. 3610, afb. 48.

28 Dame vers 1660 mi corps age ± 25 ans toile h.97 l.1.- Assise, de face, la tête un peu vers la dr. le bras g. appuyée sur tablette & la main passée dans les longues boucles brunes, la dr. ramenée devant le corps. chemise decolletée. robe blanche tombant bas & tache sur le sein et doublée de galon jaune sur le tour du corsage. larges manches courtes agrafées avec brillants & perles. perles sur la poitrine. manteau rouge. au fond à g. des fleurs. à dr. paysage.

28. --

29 Ovale toile h.73 l.59. buste 3/4 a dr. perruque longue poudrée cuirasse etc. acier. cravatte blanche vers 1670 age ± 30.

29. Onbekende man uit de familie Torck of Van Wassenaer (?), doek, ovaal, 73x59 cm., XVIIIa. Inv. no. 3616, afb. 343.

30 Pendant la fem. le corps vers la g. la tête vers la dr. Cheveux chutons relevés, robe bleu decolletée, manteau pourpre doublé de jaune, fond brun age ± 30 ans.

30. Onbekende vrouw uit de familie Torck of Van Wassenaer (?) door G. Alberts, doek, ovaal, 73x58 cm. XVIIIa. Inv. no. 3615, afb. 344.

31 Toile ovale h.73 l.59. hom ± 25 ans buste le corps 3/4 à g. la tête vers la dr. cheveux courts poudrés vers 1725. cuirasse etc. acier en sautoir echarpe orange.

31. Mogelijk Joost Gerrit van Wassenaer (1716-1753), doek, ovaal, 72,5x59,5 cm., ca. 1730. Inv. no. 3617, afb. 345.

32 Sa femme je crois ± 25 ans. cheveux poudrés robe decolletée verte, manteau jaunatre de face la tête vers la dr. toile / ovale / 76 op 59 / signé G:J: PALTHE 1727.

32. Onbekende vrouw uit de familie Torck of Van Wassenaer (?) door G.J. Palthe 1727, doek, ovaal, 75, 5x58,5. Inv. no. 3614, afb. 346.

33 hom ± 25 ans. vers 1680. toile ovale h.74 l.59. 3/4 à dr.longue chevelure brune bouclée. cravatte dentelles, cuirasse etc. acier.

33. Onbekende man, doek, ovaal, 76x64 cm., XVIId. Inv. no. 3601, afb. 347.

34 [wapentekening] (later er op gezet) (is van Hemert [aanduidingen:] argent / lion sable. / lion sable issant fond or/ 3 pals vair, fond gueules / h.71 l.61 chêne / femme ± 55 ans. buste 3/4 à g. costume de veuve? noir col fichu transparent plat. rang de perles au cou / fond gris. c'est le pendant du No. 5.

34. Onbekende vrouw uit de familie Torck, met geschilderd wapen Van Hemert (pendant van no. 5), paneel, 71,3x60 cm., ca. 1640-1650. Inv. no. 3579, afb. 348.

35 Guillaume III / toile h.1. l.79 mediocre mi corps. 3/4 a dr. cravatte dentelles cuirasse etc. fond brun encadrement peint.

35. --

36 hom tres endommagé sans raam / toile h.90 l.72 / 3/4 à g. la tête 3/4 à dr. mi corps. la main g. relevée devant le corps / longue perruque poudrée. habit gris brodé d'or. manteau pourpre / cravatte blanche fond gris.

36. --

37 hom très endommagé ± 25 ans / vers 1670. 3/4 à dr. / toile h.1,20 l.90 / la dr. tenant baton de commandement / cuirasse etc acier, bordé d'or / longue perruque brune, cravatte dentelles et noeud rouge / à la ceinture echarpe en drap d'or & argent la g. dans la hanche gantée avec large frange d'or. fond rideau pourpre.

37. Onbekende man, doek (gevat in lijst met spiegel op de schoorsteen in de eetkamer), 114,5x86,5 cm., ca. 1680. Inv. no. 3620, afb. 349

38 Toile h.1.16 l.93 tres endom. / hom ± 35 ans. mi corps 3/4 à dr. / la dr. sur hanche la g. sur table couverte de tapis rouge et casque à plume rouge et bleue / longue perruque poudrée, cravatte dentelles, cuirasse etc. à clous dorés / fond rideau sombre. Zie 40.

38. Mogelijk gelijk aan een op Rosendael bewaard gebleven doek waarvan verflaag verloren is gegaan, 115,5x87,5 cm. Inv. no. --

39 Jeune jolie dame ± 25 ans vers 1650. toile h.113 l.90 endommagé kniestuk. debout 3/4 à dr. la g. avancée, la dr. relevant jupe. robe bleu clair manches courtes, dessous manches blanches, fond paysage / cheveux blonds tres sotés. perles au cou & aux oreilles. genre Nason. / à dr fontaine.

39. Onbekende vrouw uit familie Van Wassenaer of Van Arnhem (?), t. P. Nason, doek, 114x90 cm., ca. 1660. Inv. no. 3612, afb. 350.

40 Princesse ± 30 ans vers 1700. toile h.116 l.98 / kniestuk assise 3/4 à dr. la tête 3/4 à g. la dr. relevée sur sein, la g. sur genou. cheveux poudrés / decolleté en drap d'or à fleurs / corsage / large manteau royal rouge avec couronnes semées en or doublée d'hermine, avant bras nus / à dr. table a couvert rouge avec couronne / fond brun. poire et brillant au front, poires aux oreilles, perles au cou, rangé de brillants et perles au corsage le long de la chemise de dentelles peut être pendant du 38.

40. --

41 l' Electeur de Brandebourg qui a (je crois) epouse une Orange toile h.120 l.86 endommagé / agé de ± 40 ans. debout micorps 3/4 à dr. la g. dans hanche, la dr avec baton de command[t] toutes deux gantées de fer. cuirasse etc. bordée d'or et sautoir ruban bleu avec medaillon de 5 meek.el. cravatte dentelles longue perruque poudré. à dr. manteau hermine et couronne electorale sur table fond à g. rideau brun, à dr. paysage annennement [?] / h.132 l.103.

41. --

42 pendant du 44 petits / bon genre / toile h.49 l.42 / hom ± 45 ans vers 1670 mi corps 3/4 à dr. g. gantée à frange or en hanche, dr. nue avec baton. longue perruque noire / cuirasse etc acier. cravatte dentelles / à g. casque et fond rocher à dr paysage.

42. Frederik Willem van Heyden (overleden 1690), doek, 49x41,5 cm., ca. 1685. Inv. no. 3582, afb. 22.

43 Frederik Willem Baron Torck landcommandeur vd Duitsche Orde / M VERHEYDEN. Fec: / toile h.52 l.44 de face la dr. en hanche, la g. avancée et appuyée sur un piedestal de colonne gris autour auquel est drapé rideau orange / perruque poudrée (vers 1710) armure acier, manteau rouge drapé richement au cou ruban noir & croix du Duitsche orde / a g. portique et balustrade, puis arbres. kniestuk / bon.

43. Frederik Willem Torck (1691-1761) door M. Verheyden ca. 1733, doek, 52x44,3 cm. Inv. no. 3568, afb. 189.

44 pendant du 42. Erfdochter van Wassenaer Duivenvoorde, getrouwd met Frederik Willem Baron Torck landcomman vd. Duitsche orde / kniestuk, assise 3/4 à dr. la tête 3/4 à g. cheveux poudrées, robe lâche en satin blanc decolletée, doublée du rose et agrassée de brillants. la g. nue appuyée sur bord de fontaine (amour avec Cygne) relève manteau soi bleue et la dr. sur les genoux retient le manteau. manches courtes sous manches blanches. fond arbres et echappée sur vase or et chateau à coupole. M VERHEYDEN Fec / 1733.

44. Jacoba Maria van Wassenaer-Duivenvoirde (1709-1771) door M. Verheyden 1733, doek, 52x44,5 cm. Inv. no. 3569, afb. 190.

45 Dame ± 25 ans vers 1680 / slecht / toile h.53 l.44 Knie assise la g. appuyé sur piedestal, la dr. sur girons des fleurs. chev[eux] poudrées, robe decolletée rouge, manteau & manches blanches. perles, fond paysage.

45. Onbekende vrouw, doek, 53,5x44 cm., ca. 1700. Inv. no. 3597, afb. 351.

46 'W. van Outhoorn Ao 1706 aetate LXXI. / toile h.103 l.86 slecht mi corps de face. cheveux longs blancs, cravate blanche, habit bleu à boutons or, epée or. la g. en hanche, la r. appuyée sur console avec baton de comman. à g. basrelief avec trophée sculpté guerrier à dr. ciel.

46. Mr Willem van Outhoorn (1635-1720), gedateerd op spieraam 1706 Aet. LXXI, doek, 103x84 cm. Inv. no. 3575, afb. 352.

47 le même. toile h.85 l.71 / slecht / buste 3/4 à dr. dans la g. une canne prunneau or. cravatte large blanche, habit bleu, boutons or. fond medaillon brun drapé de rouge.

47. Joan van Hoorn (1653-1711), copie naar C. de Bruijn, doek, 84x71 cm. Inv. no. 3574, afb. 353.

48 Wilhelmine d'Orange / toile ovale (h)72 l.58 / slecht / buste corps 3/4 à dr. tete 3/4 à g. cheveux hauts poudrées / robe decolletée bleue clair bordé d'hermine dessous robe blanche brodée de fleurs. agrasse brillants, un voile blanc descend des cheveux.

48. Frederika Sophia Wilhelmina prinses van Pruisen (1751-1820) door G.J.J. de Spinny, 1771 (niet gesigneerd, niet gedateerd), doek, ovaal, 76x58,5 cm. Inv. no. 3608, afb. 201.

49 fragment toile les accessoires bons / h.71 l.41 (vroeger breeder hom ± 30 ans vers 1640. 1/2 corps 3/4 à dr. cheveux courts emb...e, col rabattu large rasée pourpoint noir à boutons or et greuse aiguillette or. ceinturon brodé d'or fond gris.

49. --

50 fragment / chêne h.46 l.18 (vroeger breeder / buste jeune homme ± 20 vers 1650 / 3/4 à g. longs cheveux bruns, col petit rabatu. noir vetement ' an van Arnhem 1652.

50. Jan (Johan) van Arnhem (1636-1716), t. D. van Loonen, 1652, paneel, 46x32 cm. Veiling A.J. van Huffels antiquariaat, Utrecht 1-3 maart 1966, huidige verblijfplaats onbekend, IB no. 53.995, afb. 15.

339

340

341

342

343

344

345

346

347

339. Elbert van Isendoorn à Blois.
340. Ermgard Elisabeth van Dorth.
341. Lubbert Torck, overl. 1672.
342. Gerard van Arnhem.
343. Onbekende man uit de familie Torck of Van Wassenaer?
344. Onbekende vrouw uit de familie Torck of Van Wassenaer?
345. Mogelijk Joost Gerrit van Wassenaer.
346. Onbekende vrouw uit de familie Torck of Van Wassenaer?
347. Onbekende man.

348

349

350

351

352

353

354

355

356

348. Onbekende vrouw met geschilderd wapen Van Hemert.
349. Onbekende man.
350. Onbekende vrouw uit de familie Van Wassenaer of Van Arnhem?
351. Onbekende vrouw.
352. Willem van Outhoorn.
353. Joan van Hoorn.
354. Onbekende vrouw (voor herstel).
355. Onbekende vrouw (voor herstel).
356. Onbekende vrouw, uit Friese Hof? (voor herstel).

51 pastel comme en bas / dame / ovale h.25 l.20 / de ± 60 ans Directoire / profil à g. grand bonnet blanc / ruban bleu, fichu blanc robe noir probabl par S. Schaasberg la même qu'en bas.

51. Eusebia Jacoba de Rode van Heeckeren (1740-1793). Huidige verblijfplaats onbekend; volgens Jhr E. van Beresteyn in 1925 op Rosendael aanwezig. IB no. 21.246.

52 'Door S. Schaasberg pastel ovale h.26 l.20 / fille de no. 51? ± 23 ans / profil à g. (la même qu'en bas.) haute chev[eux] bouclées & poudrées / noeud rose, decolletée, robe blanche (Directoire / pendant du 51).

52. Mogelijk Elisabeth Adolphine Anne Alexandrine Torck (1767-1792), pastel, ovaal, 20x16 cm. Huidige verblijfplaats onbekend; volgens Jhr E. van Beresteyn in 1925 op Rosendael aanwezig. IB no. 21.250.

53 cadre de pastel ovale vide 'Johan Gijsbert Ludolph Adriaan van Nieuwkerken en Nyvenheim oud 5 jaar 2 maanden.'

53. --

54 pendant du 53 Adelaïde Aurora van Nieuwkerken en Nyvenheim. 1789 / oud 8 3/4 jaar / (later) Ma 22 october 1799 J. van Pallandt tot Keppel. pastel ovale h.19 l.16 / profil à g. cheveux bruns / decoletée robe blanche / ressemble à la petite d'en bas. / pendant du 53 / je crois par Schaasberg.

54. --

55 'Andries Christoffel Frederik, Baron de Roode van Heeckeren, tot Overlaar, getrouwt in may 1731 met freule Henriette Christine Florentine Baronesse van Dedem in het oude Broek op de Veluwe. pastel h.38 l.29 slecht / de face cheveux aile de pignon poudré. cuirasse sous habit d'uniforme bleu à revers rouge et galon argent. cravatte blanche fond gris.

55. A. Chr. F. de Rode van Heeckeren (1695-1753), vader van Eusebia Jacoba. Huidige verblijfplaats onbekend; volgens Jhr. E. van Beresteyn in 1925 op Rosendael aanwezig. IB no. 11.047.

56 effacé / pastel h.37 l.32 / sur parchemin / buste hom 3/4 à g. aile de pignon, habit rouge à brandebours or.

56 Mogelijk L.P. Adolf Torck (1760-1789), t. B.S. Bolomey, ca. 1782, pastel op perkament, 37,7x32,5 cm. Inv. no. 3618. Zie no. 57.

a Zittende jachthond 3/4 à g. / J.J.HEYNSIUS . pinx. mediocre / fond paysage / toile h.1, 23 l. 96.

a. --

b G.J. Michaelis / Landschap / slecht.

b. G.J. Michaelis, landschap op Rosendael, doek, 1813 (niet gedateerd), 78x98 cm. Collectie VGK, Rosendael, afb. 240.

57 pendant effacé 3/4 à dr. habit rouge.

57. Mogelijk Willem A. Torck (1763-1788), t. B.S. Bolomey, ca. 1782, pastel op perkament, 38x32,3 cm. Inv. no. 3619. Zie no. 56.

58 'Bolomey del: 1782. aquarelle en medaillon ovale le medaillon h.11 l.8$^{1}/_{2}$ / hom ± 35 ans 3/4 à dr. buste aile de pignon / habit brun clair.

58. Wrs. L.P. Adolf Torck (1760-1789), gewassen tekening op papier door B.S.Bolomey 1782, 18,6 x 15,6 cm. RAG, AHR, niet geïnventariseerd, afb. 199.

59 Willem III x Maria / toile h.1, 22 l.153 / schoorsteenstuk kniestuk links Willem debout de 3/4 a dr. la tête de 3/4 à g. perruque noir. cravatte dentelles habit drap d'or / manteau doublé d'hermine / la dr. en hanche, la g. pendante. collier de St. Georges. regts Maria zittend 3/4 à g. corsage satin bleu décolletée, agraffé dénommes brillants et perles, perles autour des reins. / manche dentelles blanches relevé comme noeuds de brillants & des perles. Japon blanc manteau bleu doublé d'hermine qu'elle retient de la g. la dr. avancée / fond brun, à g. couronne et globe à droite idem / genre Brandon.

59. Deels verloren gegaan op Rosendael, 19 november 1943. Verblijfplaats restant onbekend.

Op Rosendael aanwezige portretten (behalve no.'s 68-70), sinds 1978 in bezit van de Brantsen van de Zyp stichting, maar in 1880 niet genoteerd door Victor de Stuers (60 t/m75).

60. Dirck van Dorth sr. (overleden 1583), paneel, 18,5x13,3 cm. XVIB. Inv. no. 3589.

61. Onbekende vrouw, doek, 102x70,5 cm. XVIIc. Inv. no. 4394, afb. 354.

62. Onbekende vrouw, doek, 134x95 cm. XVIId. Inv. no. 3611, afb. 355.

63. Onbekende vrouw (uit het Friese Hof?), doek, 100x80,5 cm. XVIIIa. Inv. no. 3613, afb. 356.

64. Mogelijk Assueer Jan Torck (1733-1793) door Marg. Wulfraet 1745, doek, 32x25,5 cm. Inv. no. 3596, afb. 357.

65. Frederik Christiaan Reinhard van Reede, graaf van Athlone (1743-1808) door R. Gardelle 1759, paneel, 23,4x18 cm. Inv. no. 3570, afb. 358.

66. Arend Willem van Reede (1747-1815) door R. Gardelle 1759, paneel, 23,4x17,9 cm. Inv. no. 3571, afb. 359.

357

358

359

357. Mogelijk Assueer Jan Torck.
358. Frederik C.R. van Reede van Athlone.
359. Arend W. van Reede.
360. Maria Stephania van Nellesteyn.
361. Ada Catharina barones Torck.

360

361

362. Willem III van Liere en Jacoba van Liere.

67. Assueer Jan Torck (1733-1793), pastel op papier, 38,5x29 cm. XVIIId. Inv. no. 3566, afb. 191.

68. Maria Stephania van Nellesteyn (1785-1826), t. J. Parker, 1798, koper, ovaal, 16x15 cm. Particulier bezit, afb. 360.

69. Goswina Geurdina van Neukirchen genaamd Nyvenheim (1781-1830) door L.M. Sicardi 1801, miniatuur op ivoor, diam. 6,9 cm. Particulier bezit, afb. 235.

70. Goswina Geurdina van Neukirchen genaamd Nyvenheim (1781-1830) door C. Kruseman, 1827, doek, 105x88 cm., particulier bezit, afb. 232.

71. Assueer Lubbert Adolph baron Torck (1806-1842) door C. Kruseman 1827 (niet gedateerd), doek, 73,5x60,5 cm. Inv. no. 3563, afb. 249.

72. Louise Catharina Wilhelmina barones Torck-Huyssen van Kattendijke (1812-1843) met haar dochtertje Ada Catharina (1835-1902) door J.C. Valois 1841, potlood en aquarel op papier, 51,5x42, 5 cm. Inv. no. 3562, afb. 251.

73. Mr Reinhard Jan Christiaan baron van Pallandt (1826-1899) door G. Nicolet 1893, doek, 107x80,5 cm. Inv. no. 3560, afb. 266.

74. Ada Catharina barones Torck (1835-1902) door G. Nicolet 1893, doek, 107x80 cm. Inv. no. 3561, afb. 267.

75. Ada Catharina barones Torck (1835-1902) door Caro Mock-van Limburg Stirum 1902 (postuum), pastel op papier, 54,5x45 cm. Inv. no. 3600, afb. 361.

Portretten die Jhr E. van Beresteyn in 1925 op Rosendael documenteerde; m.u.v. no. 80 huidige verblijfplaats onbekend, niet gefotografeerd; gegevens IB, 's-Gravenhage.

76. Assueer Jan Torck (1733-1793), rond miniatuur, diam. ca. 6 cm. IB no. 21.245.

77. Marie Caroline Torck (overleden 1792), pastel, IB no. 30.790.

78. Assueer Lubbert Adolph baron Torck (1806-1842), miniatuur, ca. 6x6 cm. IB no. 21.253.

79. Mogelijk Jkvr. Friederike Louise Wilhelmine Huyssen van Kattendijke (1814-1866), schoonzuster van voorgaande, doek, ca. 50x40 cm. gesign. l.o. C. Kre.. (wrs. C. Kruseman). IB no. 21.258.

80. Willem III van Liere (1653-1706) en Jacoba van Liere (1652-1693) door P. Nason, 1661. IB no. 35.867. Bruikleen aan stichting kasteel Duivenvoorde te Voorschoten tot 1992; veiling Christie's Amsterdam, 10 november 1992, no.88, afb. 362.

Noten

Ik dank Drs R.E.O. Ekkart (RKD, 's-Gravenhage) en mevrouw Drs. K.E. Schaffers-Bodenhausen (IB, 's-Gravenhage) voor hun waardevolle adviezen bij de bestudering van de collectie.

1 Zie onder meer het portret van Elbert van Isendoorn à Blois, dat ook tot deze reeks behoort (no. 14); *Catalogus Arnhem/Nijmegen* 1990 no. 126, p. 160.

2 Ook de portretten 15 t/m 18 werden door De Stuers als pendanten van no. 11 aangeduid. Elbert van Isendoorn (1601-1680) werd in 1634 heer van de Cannenburch en trouwde in 1645 met Maria Hadewig van Essen; zij overleed reeds in 1646. Zie: D.J.G. Buurman (red.) 1990, p. 129. Elbert hertrouwde in 1658 met Odilia Catharina van Wassenaer (overl. 1672). Van eerdere huwelijksplannen met Janne van Arnhem is niets bekend.

Bijlage 2
Lijst van voorwerpen

Deze lijst geeft een keuze uit voorwerpen die aantoonbaar van Rosendael afkomstig zijn, en die met één van de behandelde bewoners in verband kunnen worden gebracht. Voorwerpen die slechts uit een vermelding of uit archivalische bron bekend zijn, zijn niet opgenomen. In het betreffende hoodstuk worden deze voorwerpen nader besproken en worden eventuele verwijzingen naar archiefbronnen gegeven. Schilderijen, tekeningen en prenten, archeologische vondsten en vaste onderdelen van het gebouw zijn hier buiten beschouwing gelaten. De portretten zijn apart opgesomd in bijlage 1. Alle voorwerpen bevinden zich, tenzij anders vermeld, in particulier bezit. Bij de datering worden de eeuwen aangegeven in Romeinse cijfers; de hoofdletters A en B duiden op halve eeuwen, de kleine letters a-d op kwart eeuwen. De verwijzingen naar afbeeldingen in dit boek staan tussen haakjes.

Van Arnhem

meubels

1a. hemelbed behangen met effen en geciseleerd fluweel (Genuees?), toegeschreven aan Pierre Courtonne, circa 1700. h. 360, br. 195, d. 225 cm. Rijksmuseum Amsterdam, catalogus Amsterdam 1950, no. 674, en catalogus Amsterdam 1952, no. 163. (afb. 127, 128, 310)

1b. bedsprei van witte satijn, geborduurd met witte en blauwe zijde en gouddraad, Voor-Indië, XVIIIa, 330x235 cm., behorend bij hemelbed. Rijksmuseum Amsterdam.

2. kamerscherm, vierslags, wol en zijde, geborduurd in kruissteek met bloemmotieven en bladranken, XVIId; volgens de overlevering geborduurd door de hofdames van Mary Stuart; h. 280 cm., br. per paneel 62 cm. Pallandt van Keppel stichting sinds 1984 in bruikleen aan Rijksmuseum paleis Het Loo, opgesteld in Mary's slaapkamer; catalogus Amsterdam 1950, no 709 (afb. 27).

3. toilettafel van palissander- en ebbenhout, volgens de overlevering geschenk van Mary Stuart aan Janne Margriete van Arnhem; catalogus Amsterdam 1950, no. 692; catalogus Delft 1960, no. 174.

zilver

4. kokosnootbeker met zilveren montuur, XVIa, waarop in of na 1632 gekwartileerd wapen Van Arnhem-Van Dorth met hartschild Rosendael is gegraveerd; h. 19 cm. R. Fritz 1979, p. 710-711, no. 19, met afb.

5. begrafenispenning Janne (Johanna) van Arnhem, 1666, maker onbekend, diam. 4,8 cm. catalogus Arnhem 1955, no. 160; Koninklijk Penningkabinet, Leiden, inv. no. 971; Bemolt van Loghum Slaterus 1981, no. 187 (afb. 363).

6. nootmuskaatrasp, goud, met de initialen van Mary en een koningskroon, ca. 1690; catalogus Amsterdam 1950, no. 733; catalogus Delft 1960, no. 173.

7. begrafenispenning Jan van Arnhem, maker onbekend, 1716, diam. 5,6 cm. Th.M. Roest 1893, p. 58-61; Catalogus Arnhem 1955, no. 167; J.W. Frederiks II 1958, no. 438; A.J. Bemolt van Loghum Slaterus 1981, no. 722; Koninklijk Penningkabinet, Leiden, inv. no. 2355 (afb. 25).

8. calendarium perpetuum (eeuwigdurende kalender), in de vorm van een doosje met deksel, gesigneerd L.W.C. (?) met gegraveerde monogrammen van Ian Van Arnhem-Harsselo en Janne Margriete Van Arnhem-Rosendael, gemerkt G en T of F in doosje en op deksel, ca. 1700, diam. 7 cm. h. 1,8 cm. Veiling Christie's Amsterdam 30 mei 1991, no. 844 (afb. 21).

9. calendarium perpetuum, eeuwigdurende kalender voor de jaren 1709-1724 in de vorm van een schijf, gemerkt I.P.Z., gegraveerd wapen, ca. 1709, diam. 4,8 cm (afb. 364).

diversen

10. serpentijnstenen pul met zilveren deksel met gegraveerd wapen Van Arnhem. Verblijfplaats onbekend; veiling Het Nijenhuis, Heino 17 october 1734, Catalogus Wijhe 1934, no. 765, *f* 155,– (Geannoteerd exemplaar coll. VGK).

11. bokaal, glas op ronde voet met naar de prent gegraveerd wapen Van Arnhem en opschrift *Ut Aquila ardua quaerit Ies. XL v. 31*, ca. 1700, h. 23,2 cm., Coll. VGK, Rosendael (afb. 46).

12. bijbeltje met Mary's monogram *M.P.v.O.*, Maria prinses van Oranje, 1677-1688, volgens overlevering geschonken door Mary Stuart; catalogus Amsterdam 1950, no. 734 met afbeelding; catalogus Delft 1960, no. 172 (afb. 365).

13. bord, Delfts aardewerk met afbeelding van Willem III en Mary; catalogus Amsterdam 1950, no. 483.

Lubbert Adolf Torck en Petronella Wilhelmina van Hoorn

Collectie Japans lakwerk en porselein, afkomstig van Willem van Outhoorn en Joan van Hoorn

14. twee Japanse lakvitrines, ingelegd met parelmoer, vier borden met het wapen Van Hoorn in goudlak (afb. 130), waarvan er twee circa 1780 zijn verwerkt in de deuren van een commode (afb. 208), één dergelijk bord met het wapen Van Outhoorn (afb. 84), drie borden met het gekroonde spiegelmonogram van Willem van Outhoorn en zijn vrouw Elisabeth van Heyningen (afb. 131), twee borden met het gekroonde spiegelmonogram van Joan van Hoorn en zijn vrouw Susanna van Outhoorn (afb. 132), een wasbekken met lampetkan, een scheerbekken, twee tafelschuiers met een rug van lakwerk, een achtkantig doosje met het wapen Van Hoorn op het deksel (afb. 133), en een groot aantal lak-

kistjes, -dozen en -doosjes. De kern van deze collectie in catalogus Amsterdam 1964, no.'s 181, 183, 184, 185, 186, 187, 203, 204, 205. Inventaris kasteel Rosendael 1921, AHR, niet geïnventariseerd no.'s 324, 326, 329, 356, 365, 366, 367, 382, 383, 384, 386, 387, 391, 395, 396, 397, 400, 402, 403, 404, 405, 407, 408, 410, 411, 430, 433, 435, 436, 437, 447, 552-561, 562, 570, 571.

15. twee kannetjes van Japans blauw-wit porselein (Arita, ca. 1662-1675) met het wapen Van Outhoorn, h. 20,6 br. 12,5 cm. D.F. Lunsingh Scheurleer 1971, p. 24 en p. 81, afb. 89. (afb. 134).

16. twee flessen van Japans blauw-wit porselein met de initialen I:V:H voor Joan van Hoorn, ca. 1700, h. 24 diam. 17,5 cm; tweede exemplaar bruikleen aan het Rijksmuseum te Amsterdam (afb. 135).

17. nachtspiegel (kamerpot), polychroom, Imari, ca. 1700. Catalogus Amsterdam 1964, no. 194.

meubels

18. secretaire, mahonie ingelegd met ebbenhout, onder laden en boven een klep waarachter laden; XVIIIA, h. 179 cm. br. 126,5 cm. d. 49 cm. Eén van een gelijkvormig paar (afb. 125).
Mogelijk dezelfde als de '2 Oostindische kabinetten' die L.A. Torck in 1747 uit de nalatenschap van een heer Greijs in 's-Gravenhage kocht.

19. bureau, houten kern gefineerd met o.a. ebbenhout, koper en messing; omgeving André Charles Boulle ca. 1700 of navolging XIXB. h. 78 cm; br. 115 cm; d. 74 cm (afb. 126).
Mogelijk identiek aan bureau dat L.A. Torck in 1744 op de veiling van de nalatenschap van A.J. van Keppel, graaf van Albemarle in 's-Gravenhage kocht.

porselein

20. Chine de commande theeservies, Yongzheng, 1723-1735, met afbeelding van Rosendael naar een ets van de Amsterdamse graveur Abraham Zeeman (1695/1696-1754) uit 1727 (afb. 137, 138). In particulier bezit bijeen gebleven: theepot (h. 12,5 cm.), spoelkom (h. 6, 5 cm.), drie kopjes (h. 4 cm.) en schoteltjes (diam. 11,6 cm.). Pattipan (diam. 13,5 cm.) (afb. 366) in het Gemeentemuseum Arnhem (GM 6412); S. Hartog 1990, p. 121 no. 144. Diverse verspreid geraakte delen (vriendelijke mededeling Drs M. Broekema): kopjes en schoteltjes in het Metropolitan Museum, New York en het Cleveland Museum, Ohio, V.S.; kopje en schoteltje veiling Sotheby New York 10 april 1970, no. 189 en idem bij Sotheby Parke Bernet Monaco S.A., 9 februari 1981, no. 966; schaaltje met gewelfde opstaande rand, veiling Sotheby London, 18 mei 1976, no. 151 en plaat XIII. Dezelfde afbeelding keert terug op de rand van een bord met het wapen Valckenier; C. le Corbeiller z.j. no. 34.

21. kan, Chinees porselein, zilveren deksel en montuur, sinds 1758 in gebruik als avondmaalskan, Hervormde Gemeente Rozendaal. Montuur: Wageningen, W B = Willem Boekelman, ca. 1743, h. 31 cm. diam. 17 cm. Hervormde Gemeente Rozendaal, Catalogus Arnhem 1955, no. 201 (afb. 160).

zilver

22. cachet (zegelstempel) met wapen Torck en opschrift *Lubbert Torck sigillum* (wrs. Lubbert Torck, ca. 1617-1672), niet gemerkt, 17de eeuw, diam. 7 cm., coll. VGK Rosendael, catalogus Arnhem/Nijmegen 1990, no. 103a (afb. 367).

23. Hendrik van Heuven of Jan Bevoort de Jonge, cachet (zegelstempel) met wapen Torck en opschrift *Lubbert Adolf Torck lantdrost van Veluwen*, zilveren stempel op ijzeren greep, l. 12,4 cm, diam. 5,3 cm., niet gemerkt, 1730, coll. VGK Rosendael, catalogus Arnhem/Nijmegen 1990, no. 181 (afb. 124).
Van Heuven ontving in 1730 *f* 16-8-0 voor zilver voor een zegel, en *f* 15-15-0 voor het graveren ervan, AHR inv. 27, fol. 9. Korte tijd later ontving Bevoort *f* 9,– 'voor 't snijden van een cachet', AHR inv. 508, 23.2.1731.

24. Johan Gray (meester 1711-overl. ca. 1736), twee sauskommen met in of na 1758 gegraveerd wapen Torck-de Rode van Heeckeren (vergelijk no.'s 48 en 51), gemerkt I.G., overige merken onduidelijk, h. 5,5 cm., br. 20,6 cm., d. 17,3 cm. Catalogus Arnhem 1955, p. 149 (afb. 214).

25. Johan Gray, vier kandelaars met op de voet het gegraveerde wapen Torck, Arnhem, meesterteken IG, jaarletter O (mogelijk 1723-1724), h. 16,5 cm. Catalogus Arnhem 1952, no. 151; catalogus Arnhem 1955, no. 169; J.W. Frederiks 1960 (III), no. 128 pl. 102.

26. Johan Gray of Hendrik van Heuven (1695-1768) (toeschr.), twee wandluchters met S-vormig gebogen schacht, Arnhem XVIIIb; h. 10 cm, l. 18 cm., jaarletter en meesterteken weggesleten. Catalogus Arnhem 1955, no. 170; veiling Christie's, Laren (N.H.) 23-26 oktober 1979, no. 3333 en plaat 7, daar ten onrechte Haags genoemd (afb. 139).

27. Hendrik van Heuven (1695-1768) en de meester **I X**, twee kandelaars met in of na 1758 gegraveerd wapen Torck-de Rode van Heeckeren, Arnhem, resp. jaarletter A (1734-1735?), h. 19,8 cm. en jaarletter R (1726-1727?), h. 19,2 cm. Catalogus Arnhem 1955, nummers 448 en 457, p. 150, 151 (afb. 215).

28. meester **I X**?, comfoor, Arnhem, meesterteken onduidelijk, jaarletter W (mogelijk 1730-1731), h. 8,6 cm., diam. 16,5 cm.; catalogus Arnhem 1952, no. 155; catalogus Arnhem 1955, no. 174 (afb. 140).

29. Willem Boekelman, suikerstrooilepel, Wageningen, meesterteken W B, ca. 1743, l. 16,5 cm.; catalogus Arnhem 1955, no. 204.

30. Willem Boekelman, mergboor, Wageningen, meesterteken W B, ca. 1743, l. 23,4 cm. Catalogus Arnhem 1955, no 206 (afb. 141).

31. Mathieu Brodier (toeschr.), koffiekan, met ebbenhouten handvat, gegraveerd wapen Torck, 's-Gravenhage, jaarletter F (1752), h. 23 cm. (afb. 143).

32. Mathieu Brodier, onderschotel (*soucoupe*), één uit een stel van vier, 's-Gravenhage, jaarletter L (1757). Veiling Christie's Amsterdam, 23-26 oktober 1979 te Laren (N.H.), no. 3352 (afb. 142).

33. Het kerkzilver, alle met gegraveerd wapen van de Heerlijkheid Rosendael (een roos), geflankeerd door de wapens Torck en Van Hoorn waaronder het jaartal MDCCCLVIII, bestaande uit:

a. Gerrit Boverhof (1696-1772), twee avondmaalsbekers, binnenzijde verguld, Amsterdam, jaarletter Y (1758), h. 19,2 cm., diam. 11,3 cm. K.A. Citroen 1975, p. 50, no. 241 (afb. 157).

b. meester **I X**, doopbekken, Arnhem, jaarletter Z (wrs. 1757-1758), h. 5,5 cm., diam. 25,5 cm. Catalogus Arnhem 1952, no. 125; catalogus Arnhem 1955, no. 177; J.W. Frederiks 1960 (III), no. 131, pl. 105 (afb. 158).

c. meester **I X**, broodschaal, Arnhem, jaarletter W (wrs. 1754-1755), l. 33,6, br. 26,3 cm. catalogus Arnhem 1952, no. 126; catalogus Arnhem 1955, p. 151, no. 457 (afb. 159).

diversen

34. Perpète Everard (1662-1727), miniatuurportret van Lubbert Adolf Torck gevat in een gouden ring, 1726, 2,3x2,1 cm. Thieme-Becker XI, 1915 (afb. 129).

35. Serie van waarschijnlijk veertig gesneden houten Chinese figuren, o.a. strijders, oorspronkelijk geplaatst op de consoles in de theekoepel van Rosendael, circa 1740, h. circa 30 cm. Victor de Stuers signaleerde er in 1880 nog achtentwintig; zes stuks getraceerd, overige verspreid geraakt (afb. 181).

363

363

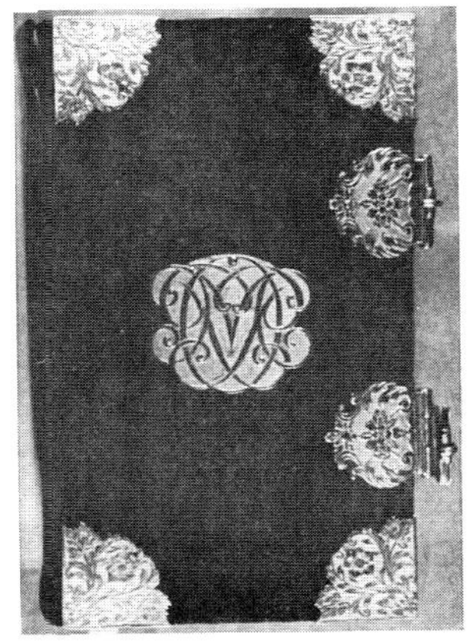

365

364

364

366

367

368

370

363. Zilveren begrafenispenning van Janne van Arnhem, voor- en achterzijde.
364. Zilveren 'calendarium perpetuum' (eeuwigdurende kalender).
365. Bijbeltje met monogram van Maria Stuart.

366. Pattipan behorend tot theeservies met afbeelding van Rosendael.
367. Zilveren zegelstempel van Lubbert Torck.
368. Serpentijnstenen pul met wapen Van Wassenaer op deksel.
370. Zilveren kandelaar door Pierre Platel.

36. twee tinnen serviezen, XVIIIA, het ene met ronde vormen bestond in 1764 uit 139 delen; het andere achtkantig met gladde en accoladevormige randen bestond in 1764 uit 87 delen, beide gedeeltelijk met gegraveerd wapen Torck; in 1921 samen ongeveer 200 stuks (inventaris Rosendael 1921, no. 729; AHR, niet-geïnventariseerd); laatste 55 delen op veiling Christie's Amsterdam te Laren (NH) 23-26 oct. 1979, no. 3645-3685 en pl. 26-28 (afb. 122, 123).

37. glas in loodraam met voorstelling van door griffioenen gehouden wapen Torck en Van Hoorn met het wapen van de heerlijkheid Rosendael. Mogelijk afkomstig uit de Hervormde kerk van Rozendael, maar niet passend in één van de huidige kerkramen. h. 106 cm. br. 191 cm. Coll. VGK Rosendael (afb. 79).

Assueer Jan Torck

meubels

38. commode, toegeschreven aan Matthijs Horrix (1735-1809), 1765-1768, eikenhout gefineerd met roze- en wortelnotehout en andere houtsoorten, bloemmarqueterie op frontdeur en zijwangen; h. 89 cm., br. 111 cm., di. 56 cm. Vormde een ensemble met een dito commode en een brede met laden. R.J. Baarsen 1993, p. 186 en afb. 10 en 11 (afb. 205).

39. commode, toegeschreven aan Matthijs Horrix (1735-1809), eikenhout gefineerd met mahonie-, rozehout en andere houtsoorten versierd met lakwerk, ca. 1787-1788, in de deuren ronde lakborden (diam. 29 cm.) met het wapen van de familie Van Hoorn, omgeven door een landschap op de rand, in het midden van het front tussen de deuren twee kleinere lakpaneeltjes, gehangen aan een koord met strikken van marqueterie, en in de zijpanelen vlakke lakborden met opstaande rand (diam. 32,5 cm.) met een landschap in goudlak. Verguld koperbeslag, grijs marmeren blad, h. 90 cm. b. 130,3 cm. d. 60 cm. Catalogus Amsterdam 1992-A, cat. no. 47, p. 80. R.J. Baarsen 1993, p. 220-221, afb. 58 (afb. 208).

40. commode door Matthijs Horrix (?), eikenhout gefineerd met onder andere mahonie- en rozehout, in de deuren en zijkanten lakpanelen, in de beide deuren rechthoekige paneeltjes van Japans lak met afbeeldingen van niet geïdentificeerd familiewapen, ca. 1780-1790, h. 83,2 cm., br. 121,5 cm., d. 56 cm. (afb. 207).

Zilver van de familie Van Wassenaer-Duivenvoorde, door vererving op Assueer Jan Torck op Rosendael gekomen

41. serpentijnstenen pul met zilver montuur, gegraveerd wapen Van Wassenaer op deksel, niet gemerkt, XVIIB, h. 15,9 cm (afb. 368).

42. cachet (zegelstempel) van Jacob van Wassenaer-Duivenvoorde (1646-1707) met wapen Van Wassenaer en opschrift *'s:Iacob geboore baron v. Wassenaer van Duvenvoirde heer van Voorschoten etc.*, diam. 6, 4 cm., h. 4 cm., in leren foedraal, diam. 7,4 cm., h. 5,7 cm. Coll. VGK, Rosendael, catalogus Arnhem/Nijmegen 1990 no. 102 (afb. 369).

43. Adam Loofs, koelvat, 's-Gravenhage, jaarletter F (1704), h. 21 cm., l. 42 cm., doopgeschenk van de stad Den Briel aan Jacob Jan Brillanus van Wassenaer (1703-1717). E. Voet en H.E. van Gelder 1941, p. 162, no. 40f; catalogus Amsterdam 1950, no. 721; J.W. Frederiks II (1958), p. 162; M.H. Gans en Th. M. Duyvené de Wit-Klinkhamer 1958, afb. 59; veiling Cristie's, Laren 23-26 october 1979, nummer 3371; J.R. ter Molen 1988 (afb. 209).

44. Pierre Platel, schenkkan op een ovale schotel met gegraveerd wapen Van Wassenaer-Bentinck, ca. 1701.
kan: h. 21 cm. catalogus Amsterdam 1950, no. 724.
schotel: maten niet bekend. Uit de merken en de gravering van het wapen blijkt dat kan en schotel bijeen hebben behoord (afb. 210, 211).

45. Pierre Platel, twee kandelaars met gegraveerd wapen Van Wassenaer-Bentinck op ronde voet, XVIIIa, h. 19 cm., diam. voet 12,4 cm. Catalogus Amsterdam 1950, no. 715 (afb. 370).

46. vier dito kandelaars met gegraveerd wapen Van Wassenaer-Bentinck op ronde voet, jaarletter K (1732?), 's-Gravenhage, gemerkt met wapen keper en 3 schelpjes , h. 18,8 cm. diam. voet 12,5 cm. E.Voet en H.E. van Gelder no. 127.

47. twee suikerstrooiers met gegraveerd wapen Torck-van Wassenaer, gemerkt met gekroonde W S, 's-Gravenhage, jaarletter W (1743), h. 21,2 en 21,5 cm., diam. 8,1 cm. (afb. 212).

Zilver aangeschaft door A.J. Torck en zijn vrouw

48. Harmanus Nieuwenhuys (1711-1763), kamerpot, met in of na 1758 gegraveerd wapen Torck-de Rode van Heeckeren (vergelijk het gegraveerde wapen op no.'s 24 en 51), Amsterdam, jaarletter Q (1750), h. 11,2 cm., Rijksmuseum, Amsterdam. E. Voet 1912, no. 420a; B.R.M. XXII (1974), p. 177, afb. 4; catalogus Amsterdam/Toledo/Boston 1979, no. 123 (afb. 213).

49. François van Stapele (1697/'98-1775), zeep- of poederdoos met gegraveerd wapen Torck, 's-Gravenhage, jaarletter K (1756), h. 9 cm., diam. 9 cm. E. Voet en H.E. van Gelder 1941, 97n (afb. 217).

50. Martinus van Stapele (1731-1803/06), potpourri met gegraveerd wapen Torck, 's-Gravenhage, jaarletter L (1757), h. 9 cm., diam. 9 cm. (afb. 218).

51. blaker, met in of na 1758 gegraveerd wapen Torck-de Rode van Heeckeren, gemerkt B.D., overige merken onleesbaar, XVIIIb, h. 6 cm., br. 17,3 cm. (afb. 216).

52. François van Stapele, olie- en azijnbak, later tot broodmand vermaakt, 's-Gravenhage, jaarletter Q (1762), h. 16 cm., l. 42 cm., br. 27,8 cm. E. Voet en H.E. van Gelder 1941, no. 97q, vergelijk no. 130e door Martinus van Stapele, en vergelijkbare mand door François van Stapele uit 1764, Gemeentemuseum 's-Gravenhage, no. 97r., catalogus 's-Gravenhage 1962, no. 91, en catalogus Amsterdam/Toledo/Boston 1979-1980, no. 128. Vergelijk catalogus Nijmegen 1983, no. 100, afb. no. 47; catalogus Amsterdam 1984, nummers 144 en 180 en J. Verbeek 1988, p. 74, afb. 91 (afb. 219).

53. François van Stapele en Martinus van Stapele (1731-1803/'06), servies bestaande uit ronde borden en schotels (diam. 27, 31,5 en 35,4 cm.) en ovale schalen (40,3x27,8 en 49,4x35,6 cm) (afb. 371), met gegraveerd wapen Torck-de Rode van Heeckeren, 's-Gravenhage, jaarletter T (1765), E. Voet en H.E. van Gelder 1941, 130g; Engelbart Joosten (1717-1789), vierkante schotels of bakken, 's-Gravenhage, jaarletter T (1765), 27x27 cm. (afb. 220, 221).

54. Martinus van Stapele (1731-1803/06), serie van wrs. zes kandelaars met gegraveerd wapen Torck-de Rode van Heeckeren, 's-Gravenhage, jaarletter T (1765), h. 25,8 cm. A. Berendsen 1950, afb. 263; catalogus Delft 1958, no. 211, p. 81 en afb. 17; J.W. Frederiks (II) 1958, p. 505, pl. 244 (als François van Stapele) veiling Christie's Amsterdam 3 dec. 1991, no. 231 (afb. 224).

55. Godert van IJsseldijk (1725/1726-1816), serie van wrs. zes dito kandelaars, 's-Gravenhage, jaarletter A (1772), h. 25,8 cm.

56. Engelbart Joosten, twee soepterrines met deksel op onderschotel en lepel, afb. 372, met gegraveerd wapen Torck-de Rode van Heeckeren, 's-Gravenhage, jaarletter A (1772), h. totaal 32. cm., terrine: h. 29,3 cm., l. 34,5 cm., br. 27,1 cm; schotel: l. 58,5 cm., br. 37,5 cm.; lepel: l. 35 cm. Rijksmuseum Amsterdam en Campbell Museum, Camden, New Jersey (V.S.). E. Voet en H.E. van Gelder 1941, no. 134k, M.H. Gans en Th. M. Duyvené de Wit-Klinkhamer 1958, p. 46 en afb. 121 catalogus Amsterdam/Toledo/Boston 1979, no. 140, catalogus Haarlem 1989, no. 138 (afb. 222, 223).

57. Godert van IJsseldijk, réchaud met gegraveerd wapen Torck-de Rode van Heeckeren, 's-Gravenhage, jaarletter A (1772), h. 8 cm., diam. 27

369

371

372

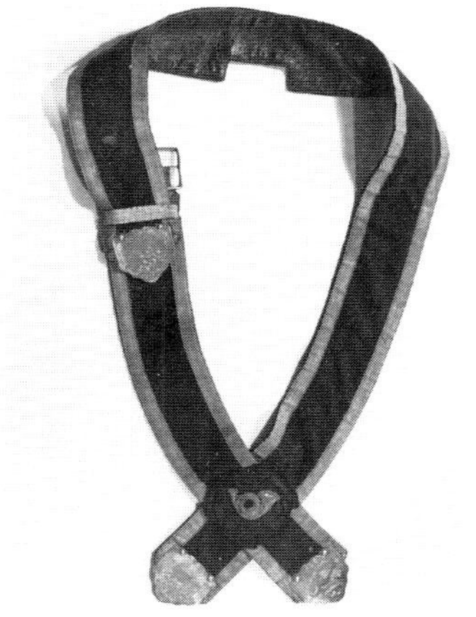

373

374

375

376

377

369. Zilveren zegelstempel van Jacob van Wassenaer in leren foedraal.
371. Zilveren schaal door François van Stapele.
372. Zilveren soeplepel door Engelbart Joosten.
373. Bandelier met zilveren schildjes.
374. Ceintuur met zilveren gesp.
375. Zilveren kandelaar door Hendrik Nieuwenhuys.
376. Glazen bokaal met afbeelding van Rosendael.
377. Marmeren wijnkoeler op houten voet.

cm. (afb. 225).

58. Godert van IJsseldijk, olie- en azijnstel, 's-Gravenhage, jaarletter M (1783). E. Voet en H.E. van Gelder 1941, no. 129f. Veiling Christie's Amsterdam, Laren (N.H.), 23-26 october 1979, no. 3340 en plaat 10 (afb. 226).

attributen van het ambtskostuum van Assueer Jan Torck als luitenant-jagermeester van stadhouder Willem V, bestaande uit:

59a. hartsvanger (degen) met gevest van hertshoorn met zilverbeslag (l. 84,5 cm., br. 10 cm.), op degen gegraveerde voorstellingen van een hert, een haas en een hond, aan keerzijde een staande figuur met zwaard en opschrift *VIVAT DIANA*; op de rand van het gevest zilveren ornament met gekroonde lauwerkrans met monogram *T R* (Torck van Rosendael) door J.W. Evers, 1790; de leren schede afgezet met zilver; catalogus Arnhem 1955, no. 178 (afb. 193).

b. jachtdolk met opschrift *VIVAT MIJN HERR VAN ROSENDAHL OVER JAGERMEISTER VAN DER PROVINTS VAN GELTERLANDT* met leren schede, l. 39 cm., br. 8 cm. L. van Everdingen 1984, p. 118-119 (afb. 194).

c. bandelier van groene stof met zilvergalon op groen leer (8x80 cm.), gemonteerd met een jachthoorn in zilvergalon op een rozet en drie zilveren schildjes (6,2x6 cm.) gegraveerd met voorstelling van resp. een jachthond, een zwijn en een hert. Schildjes van een oudere uitrusting: meester **I X**, Arnhem jaarletter Z (wrs. 1757-1758), catalogus Arnhem 1955, p. 151 no. 457; cat. no. 178 (afb. 195, 373).

d. ceintuur van dito materiaal (8x103 cm.) met zilveren gesp met daarop een gekroonde lauwerkrans met monogram *T R* door J.W. Evers, 1790 (afb. 374).

e. Jan Willem Evers (1756-1832), dito gesp met gekroonde lauwerkrans met monogram *T R*, Arnhem 1790 (niet gemerkt) h. 8, 3 cm., br. 12 cm. (afb. 196).

porselein en aardewerk

60. terrine met deksel, Arnhems aardewerk, veelkleurige decoratie en beschilderd in blauw met voorstellingen naar prenten van Georg Philipp Rugendas (1666-1742), gemerkt haan naar links, 1765-1770, h. 27, 5 cm., br. 25,5 cm., l. 36,5 cm. Catalogus Arnhem 1952, no. 95, afb. 11; catalogus Arnhem 1961, no. 20. Gemeentemuseum Arnhem (afb. 227).

61. koffiekan met deksel, Arnhems aardewerk, in blauw een cartouche naar een prent van Johann Esaias Nilson (1721-1788) van een Mars met oorlogstropheeën en op banderol en op deksel monogram **T R** voor Assueer Jan **T**orck van **R**osendael, gemerkt haan naar links, 1765-1770, h. 32 cm. Catalogus Arnhem 1952, no. 81; J.M. Noothoven van Goor 1954, met afb. ; catalogus Arnhem 1961; J.H.M. Ressing-Wolfert en J.D. van Dam 1991, p. 4-11. Koninklijk Museum, Brussel. J. Helbig z.j., p. 239, no. Ev. 113.

62. servies van *porcelaine fine peinte a oiseaux & insectes le bord doré*, Ludwigsburg (hertogelijke porselein- en faïencefabriek van Württemberg), ca. 1770, polychroom beschilderd met vogels, vlinders en insecten, oorspronkelijk bestaande uit 24 borden, 24 soepborden met opengewerkte rand, 2 ronde slabakken, 12 ronde compotiers, een ovale terrine beschilderd met landschappen, een ovale schotel en 2 boterschaaltjes beschilderd met vogels en insecten; deels bijeen gebleven J.G.Th. Graesse 1974[23] p. 472, no.'s 6 en 7 (afb. 206).

Reinhard J.C. Torck en Goswina G. van Neukirchen gen. Nyvenheim

zilver

63. Hendrik Nieuwenhuys (1742-1803), vier kandelaars met gegraveerd wapen Van Neukirchen gen. Nyvenheim, Amsterdam, jaarletter R (1776) en S (1777), h. 29,3 cm., l. en br, voet 12,3 cm (afb. 375). Vergelijk: catalogus Amsterdam 1984, no. 181.

64. trommeltje, op deksel gegraveerde wapens Torck-van Neukirchen gen. Nyvenheim, jaarletter P (1824), h. 7,3 cm., diam. 13 cm. (afb. 247).

Mr Reinhard J.C. baron van Pallandt en Ada C. barones Torck

meubels

65. C.T. Kleinefeldt, Arnhem, (pool)biljart, ca. 1860, h. 84 l. 299 br. 160 cm., met enkele attributen en twee lange banken, l. 305 cm, coll. VGK, Rosendael (afb. 309).

66. buffet-etagère toe te schrijven aan Reinier J. Gamelkoorn (1818-1899), ca. 1866. Toeschrijving op grond van gelijkenis met een buffet dat Gamelkoorn in 1866 op de nijverheidstentoonstelling te Amsterdam inzond; T.M. Eliëns 1990, p. 85, afb. 67 en J.M.W. van Voorst tot Voorst 1992, p. 664, afb. 554 (afb. 287).

67. kaartendoos op standaard, h. 192 cm. XIXB, coll. VGK, Rosendael (afb. 309).

68. *atlas géographique*, mahoniehouten kastje met opgerolde wereldkaarten, ca. 1860, h. 41,5 cm. br. 66 cm. d. 9 cm, coll. VGK, Rosendael.

69. fauteuil samengesteld uit hertegeweien, h. 112 cm. XIXd, coll. VGK, Rosendael (afb. 286).

diversen

70. spiegel met vergulde lijst door A.E.J. de Bruijn (1826-1872), h. 305 cm. br. 125 cm. XIXc. Zwaar beschadigde lijst werd in 1978 zonder glas op Rosendael aangetroffen. Herstel in 1990 in het atelier van het Nijmeegs museum 'Commanderie van St.Jan' en vervolgens aangebracht in de eerste salon, coll. VGK, Rosendael, (afb. 278).

71. kroon in de torenzaal, vermoedelijk naar ontwerp van L.H. Eberson, stijl neo-Lodewijk XIV, diam. ca. 160 cm, coll. VGK, Rosendael (afb. 107).

72. bokaal, kristal met gegraveerde afbeelding van Rosendael op rood glas, Bohemen, ca. 1850, h. 22,5 cm. Coll. VGK. Vergelijkbare bokaal op lage voet, h. 16,2 cm. in particulier bezit (afb. 376). Catalogus Arnhem, Nijmegen 1990, no. 235.

73. kristallen servies bestaande uit drinkglazen en karaffen met gegraveerd wapen Van Pallandt-Torck (afb. 288).

74. blaker, zilver met gegraveerd wapen Van Pallandt-Torck, op steel keuren P + C, gegraveerd op onderzijde: *Albertine van Pallandt 19 Aug. 1849*, l. 22 cm. (afb. 289).

75. couvert, zilver uit serie van 12 of meer, met gegraveerd wapen Van Pallandt-Torck, jrl. A (1885) (afb. 290).

Van Rosendael afkomstige voorwerpen, vererfd uit de families Torck, Van Wassenaer-Duivenvoorde of Van Arnhem, die niet met zekerheid met één van de bovengenoemde generaties in verband kunnen worden gebracht

76. wijnkoeler, rood marmer, op gesneden houten voet, één van een paar, XVIIIa, h. 31,5 cm. br. 84 cm. d. 56 cm. (bak), h. 92,5 cm. incl. voet. Tot 1830 op Rosendael, daarna in de inventaris van Henriette J.A. Torcks erfdeel beschreven als '2 groote rood en wit marmer koelvaten met groene blikke bakken, het voetstuk met snijwerk' (AHR, niet geïnventariseerd) (afb. 377).

77. wandtafel met vernieuwd marmeren blad en gesneden adelaar op voorregel, XVIIIa, h. 81 cm. br. 93 cm. d. 53 cm. (blad) (afb. 378).

378

379

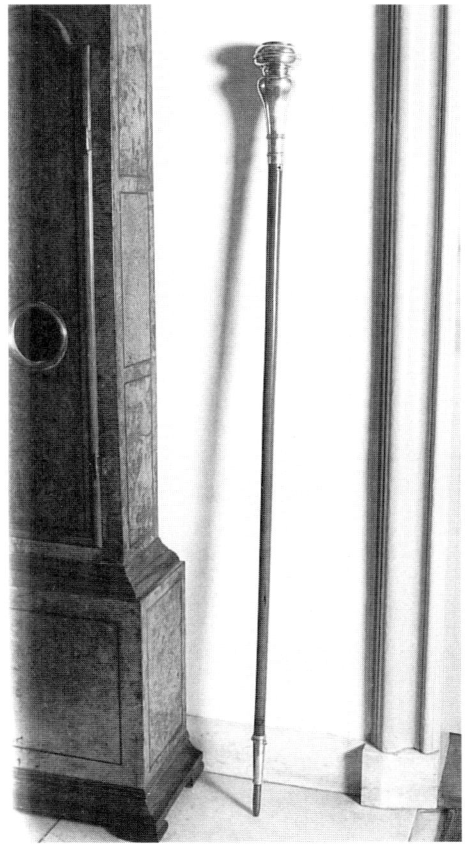

38C

378. Wandtafel met gesneden adelaar.

379. Wandtafel.

380. Staf van majordomus met wapen Torck op de knop.

78. wandtafel, één van een paar, hout, wit en verguld, met gemarmerd houten blad, XVIIIb, h. 78 cm. br. 126 cm. d. 56 cm (afb. 379).

79. armstoel met los kussen, beukenhout, wit en verguld, gestempeld I. AVISSI op onderzijde achterzitregel, Frans circa 1750, h. 95,5 cm. br. 65 cm. d. 56 cm., één van een stel van twee grote en twee kleine armstoelen, en zes stoelen. Jean Avisse, meester in 1745, vergelijk catalogus Amsterdam 1952, no. 459 en 471 (afb. 307).

80. stoel met los kussen, beukenhout, wit en verguld, gestempeld I. GOURDIN op onderzijde achterzitregel, Frans circa 1750, h. 98 cm. br. 46 cm. d. 42 cm., één van een stel van zeven stoelen. Jean Baptiste Gourdin, meester in 1748, vergelijk catalogus Amsterdam 1952, no. 462 (afb. 305).

81. staf van de majordomus van het Van Wassenaer-huis in 's-Gravenhage en nadien van Rosendael. beukenhout met zilverbeslag, bovenzijde van de knop gegraveerd met het door twee leeuwen gehouden wapen Torck, jaarletter gekroonde R, wrs. 's-Gravenhage 1763, l. 150 cm. diam. knop 8,5 cm (afb. 380).

82. pendule (orgelklok) met figuren Venus en Amor, niet gesigneerd, Parijs circa 1780, marmer en vuurverguld brons, h. 74 cm. br. 61 cm. d. 25 cm., in oorspronkelijke kastje, 's-Gravenhage circa 1780, h. 87 cm. br. 75 cm. d. 36,5 cm. (afb. 203).
Afkomstig van Het Loo en door prins Willem V geschonken aan Assueer Jan Torck of Reinhard Jan Christiaan Torck. Tot 1830 op Rosendael en daarna toebehorend aan Henriëtte J.A. Torck. In de inventaris van haar erfdeel beschreven: 'Een Oostindisch lakkastje met marmeren pendule Venus en Amor afkomstig van W. V op 't Loo'.

Bijlage 3
Reisbeschrijvingen, brieven en overige citaten

Beschrijving van Rosendael door Arend van Slichtenhorst in 1653

A. van Slichtenhorst, *XIV Boeken van de Geldersse geschiedenissen* (...), Arnhem 1653, p. 114.

ROOSEN-DAL, 't welk mede by 't Hof van Gelderland voor eene hals-Heerlijkheyd is gekend, laet zich zien een uyrtjen noordwaerts van Arnhem in een over-aengenaem dal, aen een beek die verscheyde papier-meulens doet om-loopen, hebbende op de zijd ook een cierlijker dan grooter bos, ende streckende van daer dwars door Reemst een groot stuck weghs over de Velouw tot schier aen Ginkel toe: zulx dat veele huysluyden in dien streek, voor het daghelijx gebruyk van 't Roosendaelsse veld tot plaggen, schaep-driften en anders, eenighe waghen-vraghten ofte andere diensten en vereeringhen iaerlijx aen den Heer moeten doen. Het Huys zelve is al voor het iaer 1318 een Vorstelijk Slot geweesd, hoewel meer opgepronkt en breeder wt-gezet door Vrouw *Eleonore*, die de Toorens zoude gebouwt hebben, ende door de volgende Vorsten volvoerd. Ende wanneer het, duyrende de hevigheden van de Hekerens en Bronkhorsters, eenmael was afgebrand, is het by Hertogh *Reynald van Gulich* wederom op-getimmerd, ende met fraeye toorens en voor-werken bezorghd; die ook, wanneer de Velouw door vyandlijke legers alom bedeckt en onveyligh was, alhier, als op eene onwinbaere en schoot-vrye plaetz, sijn leeven en beste schatten heeft derven betrouwen; om welke inzichten mede *Eduard* sijn broeder *Reynald* aldaer etlijke iaeren after een heeft gegijzeld gehouden. Op het iaer 1536 heeft Hertogh *Karel* desen Burght, die tot nu toe den Gelderssen Vorsten een gewoenlijke wtspanningh en woon-stad had verstreckt, met sijn aenkleeven en hoogh gebied aen *Willem van Scherpezeel* ofte sijnen erven geschonken ofte verkoft; van welken stam dese Heerlijkheyd aen die van *Dort*, ende laetstelijken, door houwelijk van *Elizabeth van Dort* met *Robert van Arnhem* geweesden Landdrost van Velouwen, aen de *Arnhems* is over-gegaen. Ende hoewel het Huys, gelijk wt menighe lid-teykens is te verneemen, eertijds van veel grooter omslagh is geweesd; zoo zijn effenwel de muyren al noch over de 14 voeten dick, en zoo steeuwigh, dat op het iaer 1629 weynighe op desen tooren gevluchte boeren met bloote bussen een goed deel Kroaeten daer hebben buyten gehouden. Indien 't gemeyn gerucht niet en lieght, zouden 'er omtrent den *Roosendal* voor etlijke iaeren onder d'aerd zijn gevonden eenighe aerde potjens ofte *[1] emmers, hoedaenighe de Romeynen gebruykten om daer in te verzaemelen en bewaeren de as van doode lichaemen. Op de paelsteden van Holland en Braband light een ander *Rosendael*, hebbende met dese Heerlijkheyd geene gemeynschap dan met den blooten naem; gelijk mede noch een ander *Rosendael* bij Goch. After ons *Roosendael* op den wegh naer Deventer ziet men de bouwerschap van *ter Let* welke nergens door berucht en is, dan dat aldaer in 't iaer 1423, terwijl hy sijn behoef dede, schielijken is wt-gegaen *Reynald* de vierde, de tweede en laetste wt het huys van Gulich Hertogh van Gelder.

Bezoek aan Rosendael door een onbekende reiziger uit 's-Gravenhage in gezelschap van Jac. d[e] l[a] C[ourt] en zoon, J.E., G. v[an der] V[oort], en P[ieter] d[e] l[a] C[ourt] op 25 april 1672

Citaat uit: 'Dagelijkse aenteeckeningen van de reys gedaen tot het besigtigen van de werken gemaekt tot versterking van[de] IJssel-stroom ende de steden op deselve rivier gelegen', *Kronyk van het Historisch Genootschap gevestigd te Utrecht* 17 (1861), vierde serie tweede deel, Utrecht 1861, p. 258-259.

Vandaer[2] wederom na onse wagens gegaen, en[de] opgeseten sijnde (alsoo ons den regen belette langer dit vermaek te genieten) namen doen den naesten weg na het seer vermaerde Rosendael. Derwaers rijdende hadden soo quaden kley-weg, dat eenige tijd te voet mosten gaen, daer op eenige huysluiden-wooningen en[de] huysen lagen. Daer na weder opgeseten sijnde, reden door verscheide lage landen of wegen, daer weiden en[de] hoylanden waren, en[de] door houtgewassen, tot dat eyndelik te Rosendael quamen. Het vermaek aldaer bestond in eenige omleggende ongemene hoge en[de] steyle heuvelen van grof sand met kley gemengd, die niet alleen seer groen, maer ook met hoge boomen bepoot waren van onder op tot boven op den top. Uyt dese hoogte liep schoon water in de valleye, daer een kom of plas was, waer in, rontom in 't water, het huys te Rosendael lag, wel matelik groot dog oud, hebbende een net beplanten boomgaert, daer de omleggende sloten lopend water in hadden. Dit lopend water wierd uit dese kom of plas verscheidentlik uitgelaten, daer het wierd geleid door canalen, en[de] eyndelik viel op de raden van eenige papiermolens, die aldaer ses of seven waren. Dit afleiden en[de] storten van water was seer vermaekelik; en[de] klom jk en[de] anderen met eenige moeite op een der steile hoge heuvelen, daer van jk de gehele valley en[de] omgelegen lage en[de] aen de sijde hoge landen en[de] hevelen kon oversien, gevende soo schoone gesigten, als geen schoonder nog aengenamer, maer wel grooter, in Vrankrijk en[de] Engeland in den jaere 1670 gevonden heb. (...) Ik kan mede getuigen, daer verscheide nagtegalen gehoord te hebben, die seer wel songen: ten welken opsigte dese hoogte en[de] valleije van ouds seer vermaert is geweest, en[de] nog oude liedjes van worden gevonden, die sommige oudeluyden nog weten te singen, herhalende de vermaecken van hare jongheid en[de] jeugd. Omtrent dese hoogte en[de] valleije waren ook eenige herbergen tot verblijff van[de] genen, dewelke haer vermaek hier komen te soecken. Alles besien hebbende, klommen weder op onse wagens en[de] namen onse weg terugge tot onder de stad Aernhem, alsoo geen nader weg was, om tot Wageningen nog desen dag te komen.

Beschrijving van Rosendael door de Leidse predikant David Knibbe, 7 september 1686

Citaat uit: David Knibbe, *De fonteynen en hoven van de edele in den lande, geestelijk overgebragt tot Christus en sijn gemeente, in een uytbreyding over 't Hooglied Cap. 4:15,16*, Leiden, 7 sept. 1686; een exemplaar in de K.B. te 's-Gravenhage ingebonden in: D. Knibbe, *De Hand Gods uytgestrekt in het oordeelen en bewaaren van sijn kerk*, Leiden 1699.

Heeft niet, *Hoog Edele Heer*, de groote Albestierder, na sijn wijs welbehaagen U E. Edelh. als een anderen Othniel tot een huisvrow in uwen schoot gegeven een waare *Achsa*, een *welgeschikte* en met deugden *vercierde*, ooms dogter? en daar by, behalven andere aansienlijke erfenissen, een groot deel lands op die bergagtige en na den *middag* gelegene *Velue*, daar

God het gewas doet uitspruiten tegen de hoogten: bysonder aan den *zoom* van dat dorre Land?
Maar wat heeft de Heere daar by gedaan een overvloedigen *zegen*, van hooge en lage waterwellingen, in dat *Heerlijke* ROOSENDAAL! waarlijk een *dal* waardig sijnen *naam*, 't welk tussen de hooge en dorre bergen in haar laagte soo bevallig is, als of het geheel met soetriekende, en voor het oog bevallige *roosen* bestrooyd en vercierd waare. Want voorwaar wat is dat *dal* rontom omringt met groote bosschasien, welkers sterke *eyken* en uytgebreyde *beuken* haar toppen hoog in de lugt uitsteken: hoe vermakelijk sijn in de laagte alle de plantasien verdeelt, die over al het *gesigte* tot de beplante bergen uitbrengen en doen eyndigen! Wat legt voor het adelijke huis een lustigen *Kruid-berg*, by trappen hooger opgaande, cierlijk beplant met allerley liefelyke kruyden, veelverwige bloemen, vrugtbaare boomen, edele wijnstokken en groene opgaande masten! Tusschen desen alle sijn die hooge waterwellingen, die met haare *vervallen*, door veele, wyde en diepe vivers, meenigte voeten laag na beneden vloeyen: daar by de laage waaterwellen, die van onder uit de gronden opborrelende de wateren overvloediger, haar loop snelder, en het gedruis der selver grooter maaken: soo dat men daar niet alleen siet de wateren met magt nederwaars vloeyen door konstige *vervallen*, en aardige *garotten*, maar ook door kostelijke *fonteynen* na de hoogte uitspringen.
Doe ik laastmaal *wederom* het geluk had van op dit *beroemde Roosendaal* van U E. *Hoog Edel-heden*, met soo veel beleeftheyd en eere ontfangen, ja overladen te werden, konde ik my vroeg nog laat *versaadigen* in 't *vermaak*, dat ik allesins schepte in 't beschouwen van de aangenaame gebergten, schaduagtige laagten, en geduerige opborrelende waterwellingen: dan wandlende ik door de plantasien, dan sette ik my neder boven by den opwellenden *oorspronk*, dan beneden by de springende fonteynen, of by de hard pruisende en schuimende waatervallen.
Dog hoe seer ik my in dit alles verlustigde, bleef ik niet staroogen en vast gehegt aan dit *vermaakelijke aarse*, maar ik verhief mijne gedagten, om wat *geestelijks* en wat *hemels* daar uit voor mijn ziel te leeren. Dus quamen my seer *levendig* voor de woorden van de *bruid* in 't *Hooglied* Cap. 4:15,16. *O fonteyne der hoven, put der levende wateren, die uit Libanon vloeyen! Ontwaakt noordenwind, en komt gy suidenwind, doorwaayd mijnen hof, dat sijne specerien uitvloeyen: O dat mijn liefste tot sijnen hof quame, en ate sijne edele vrugten!* Dies kreeg ik lust om die woorden, in *vergelijking* van de *fonteynen* en *hoven*, die voor my waaren, wat nader uyt te breyden en op Christus en sijn Kerk toe te passen: de hooftsommen der saaken stelde ik kortelijk op 't papier, en predikte dien volgende rustdag, over die text in haar Edelheyds tegenwoordigheid en *andere*, met die van het aansienelijke *geselschap* aldaar.

Gedicht van Jan van Arnhem opgedragen aan zijn vrouw Janne Margriete van Arnhem, 25 december 1702

AHR inv. 2169, los ingevoegd vel.

Aen Vrouw Janne Margriete van Arnhem
Vrouwe van Roosendal
tot Harslo.

O God U woort, seer groot van machten,
luit claerder dan eenich metael,
geeft ons die genade en crachten,
om die te houden altemael.

Laet dat in mijn beroep en werken,
oock van vermaec mijn richtsnoer sijn,
wilt mijn na ziel en lichaem stercken,
voert Gij mijn saken uit, met mijn.

Mijn sorg laet t'meest voor t'Hemels wesen,
U wijsheijt sij mijn grootste schat,
mijn stercte laet sijn Uwe vrese,
t'een nodich deel geef gij mij dat.

Dat Uwe craht en goetheijt beijde
de mijnen, t'mijn en mijn bewaer,
wilt mijn door Uwen raed geleijde,
en voert mijn op, bij U, hier naer.

Het woort Christi wone rijckelijc in U, in alle wijsheijt; coll 3:16[3].

Die den HEERE verwachten sullen sullen opvliegen
met vleugelen der ARENDEN. Jes. 40:31[4].
JvA. den 25 decb. 1702.

Bezoek aan Rosendael door Lambertus Beckeringh en Abel Eppo van Bolhuis in 1705

Uit: *Journael van de reijse door de advocaet Beckeringh en redger Bolhuis in 't jaer 1705 met de chaise gedaen / Reise na Amsterdam A° 1705*. RAGr. archief familie Van Bolhuis, Arkema en Van Zeeburgh inv. 53, reis no. 10, fol. 39-43[5].

Sagen een alleë met 8 rijgen boomen nae de bergen ter rechterhandt opgaende, waer omtrent wij op sloogen, en sagen op de bergen het costelijcke Coninghs lusthuisje door de heer van Rosendael getimmert, sijnde ront met een coepel en lanteeren, de vensteren van spiegelglas, boven met een trans, waerom een ijseren leninghe. Passeerden verscheijden meulens door 't water gedreven, quamen voorts aen 't huijs te Roosendael toebehoorend D.E.E. Hr. Johan van Arnhei m Lantdrost van de Veluwe. Sagen voort bij de allee 3 cascades, traden voor 't huijs dat seer oudt is, en een balcon met een holle plaets heeft in een bloemtuintie aen een vijver daer niets fraijs als een digt ijperen allee in was. Traden in een ander tuin aldaer sagen wij een fontien 13 voet hoog springende, hebbende rontom 8 potten mede water gevende. Hier dight aen was een huisje of grotte met alderhande seegewassen opgeset, waerin een spiegel was onder een stael lijck cost uitschieten op de gene die sich spiegelde, en onder in de gront en aen weersijden waeren pijpjens om emant nat te maken, werdende aen de slinkerhant bij de ingangh door den hovenier met drie kraanties gedirigeert. Onder 4 iseren ket. voor dese grotte die boven oock met seegewassen waer, waeren 10 pijpjes, voor de grotte waren 20 cascaden. Gingen langs 16 trappen op een tuin langs een grotten geute met cascaden, sagen een tuin met ..... naentien[6], en een taxis bomen alleë à 30 voet hoog, besagen doen d orangarie, waerbij een visvijver aen een fontein met 4 cascaden niet dieper als 3 vierdendeel voet. Hier tegen over waer des Koningins cabinette sijnde beschildert, met een fraje rustbanck onder een alcove met een gordijn, int eijnde was des koningins pourtrait; boven een fontein back op en neer gaende als een slee, in dit teecamertie waer allerhande goedt van porcelein, als commen, copjes, lepelen, candelaren, lanteernen, soutvate etc. Sagen doen een vijver ande voet van de bergh rontom met alleen en verscheide cascaden, een fontein sprinckende als een cuickenkorf, rontom in de gront met pijpen en op de trappen, in 't midden van de vijver borrelde mede een dicke straal water omhoog. Sagen noch verscheijden fraje gesichten van vijvers en alleën, traden langhs 27 trappen in een huisje op den bergh rontom was een Sterenborg of schans van alleën met heegen, en van dit huisje sagh veer na beneden door een lange alleë tot aen den invaert wel soo langh als oude Ebbingestraat. Bovenaende solder van 't huisje was een roondeel met een geschilderde Arent vast, waer op stont, Ut aquila quaerit ordua. Dese waer achtkandige schilderie cost door het dack met een touw door middel van eenige ijsere raden neergelaten werden, dienende dan tot een teetafel, passeerden na beneden een vrugttuin, waer in een huisje met een rondeel, hoorden ondertusschen een wilewael flortien. Besagen een boom met 7 dicke stammen na de 7 provintien, groot en klein sijnde, ick snede een LB aen de provintie van Stadt en Lande, daer aen was noch een strampel verbeeldende 't Landtschap Drenthe, en noch een groote de Generaliteit. Dit huis te Rosendael met de hoven leit an de voet der bergen, en is omringt met uitstekende veel alleën en bosschen op de bergen seer vermakelijck opgaende. Besagen een papiermeulen van Odolph Vorster. Kosten een boeck voor 4 stuivers waer op dit geschreven is. Voeren om 9 uiren weer wech door een allee, hadden 't gesicht van de bergen ter rechter, en sagen ter slinckerhandt deur een bos over coorn een partie dorpen vol bomen in de leegte over d' IJssel leggende, Hoogh Elten op een hooge bergh vol bos daer achter. Passeerden over een bergh door een valleije verbij een scheijdpael van d Heerlijckheijt Rosendael, voeren in een allee en deur creupelbosch. Sagen aen weerkanten wat vorder veel tabacktuinen, lieten aen de linckerhandt 't huijs te Clarenbeek, en ande rechterhandt 't Monnickhuiser bosch of hof op een bergh, quamen om half tijn aen Aernhem.

Eigenhandige instructie voor de begrafenis van Jan van Arnhem en Janne Margriete van Arnhem

AHR inv. 1206, ongedateerd (circa 1715)

Order ende bestier over de begraeffenis en het sterfhuis, van ons Jan van Arnhem ende Janne Margriete van Arnhem

Alsoo wij Jan van Arnhem, en Janne Margriete van Arnhem, Heer en Vrou van Roosendael en Harselo, echteluiden bij eenige testamentaire dispositien geordonneert hebben, hoe dat onse meeninge ende begeerte is, dat na de dood van eens van ons beijde, en oock na de dood van ons beijde te samen, onse na te latene tijtlijcke goederen en effecten, sullen erven ende versterven, soo op ons selven, als op onse verwanten en vrinden.

Soo is oock onse wille en meeninge mits desen te verclaren, hoe dat wij geern hadden ende begeeren, wat dat sal gedaen ende geobserveert worden. Na de dood van de eerste van ons beijden, als oock na de doot van de laeste van dien, soo aengaende onse begraeffenis, als t geene verders sal moeten gedaen worden soo is het dat wij vooreerst geern hadden dat wij elck en beijden in de kerc te Velp begraven wierde, in het graff bij onse voorouders die daer legge soo het eenichsins geschieden kan, sonder groote incommoditeijt, niet connende weten, waer wij sullen comen te sterven, sijnde de aerde voor al des Heeren[7]. Verders hadden wij geern, en is onse meeninge, dat wij bij dage begraven worde. Ieder van ons, ende wij beijden, op den ordinaris tijt van de begraeffenis, na de middach, tot Velp.

Wanneer een van ons beijden comt te sterven, sal de langst levende van dien, de macht ende permissie hebben, om naer derselver welgevallen te reguleren en ordonneren de begraeffenisse, en voorts oock alles, t geene in het selven, en verder dien aengaende en oock anders sal bij deselve geoordeelt worden te behoren en dienstich te sijn, geern willende dat alles geschiede sonder uiterlijke ceremonien en costen. In het een en het ander, en verder in alles willende soo dat alles met eere en goet fatsoen can bestaen, naer onsen staet. Recommanderende ende versoekende, dat soo veel bij de langst levende can geapprobeert en goet gevonden worde, naer gecomen en volbracht worden, t geen wij hier naer verclaren ende exprimeren dat wij meenen dat in het een en t'ander sal geobser. worden.

Wij hebben beijden bij een testamentaire dispositie onder de letter B opgestelt ende verclaert, t geene wij menen en begeeren, dat voort na het afsterven van de laeste van ons beijden sal geopent worden, om het selve soo geexecuteert en int werc gestelt te worden, als daer is geexprimeert. Soo ordonneren en certieficeren wij het selve als noch alsoo; soo daer in geen verandering geschiet, bij ons beijden ofte bij een van dien, bij ons beijder leven, of bij een van dien.

Soo is dan nu verder onser beijder wil ende meeninge, dat wanneer de laeste van ons beijde sal comen te sterven, alsdan tot de begraeffenis sullen genodicht worden, de ingesetenen onder Velp en in de heerlijcheijt Roosendael, soo als ordinaris geschiet. Gelijc mede van het huis te Bouillion, mijn Heer Spaen[8], ende ijemant van t huis te Middachten in het particulier de Heer van Hervelt, alsmede Ampsjonker[9]. Oock de officier ende schepenen van de heerlijcheijt Roosendael, ende de predicant van Velp, oock de kercmeesteren en diacenen van Velp.

Tot onse begraeffenis meenen wij dat juist niet connen verscreven worde alle onse nabestaende vrinden en neven, maer alleen eenige van dien. Uit consideratie dat de begraeffenisse op Roosendael te platte lande geschiedende alle daer snachts niet soude connen blijven, gelijc wel soo het in de stad geschiede soude connen. Wij meenen dan dat wegen mijn Jan van Arnhem soude connen verscreven en versocht worden de Heer Willem van Wassenaer, heer van Sterrenberch, mijn germain en naeste verwant[10]. Alsmede de Heer Arnt van Wassenaer, heer van Duvenvoorden[11], en noch een van desselfs broederen, de welcke het beste sal gelegen coomen. En dan noch van de vrinden die ons van beijde sijde sijn heen comende ende verwant, als de Heer Jacob Derc van Hekeren, landrost van de Graafschap Zutphen[12]. Oock beijde heeren Torc, Lubbert Adolf Torc ende Frederic Willem Torc gebroeders. Ende wegens de verwantschap van de sijt van Vrou Janne Margriete van Arnhem de Heer Christiaen Carel van Lintelo, heer van de Ehze[13].

Verders om na de dood van de laeste van ons beijde te teijckenen de rouwbrieven, sijnde de brieven van notificatie van de dood van de laeste van ons beijden. Aen onse absente vrinden versoeken wij de Heer Lubbert Adolf Torc, drost van Wageningen, versoeckende dat deselve de goetheijt gelieve te hebben, ende de moijte te neemen, van de roubrieven te ordonneren ende te late scrijven ende teijkenen ende afsenden. Om niet te veel moijte te geven aen maer andere vrinden, sullende anders ons aengenaem sijn, soo andere mede het gelieven te doen.

In onse testamentair dispositie onder de letter B die wij willen dat voort na de dood van de laeste van ons beijde sal geopent werden. Hebben wij genomineert ende versocht eenige heeren ende verwanten, door de welcken wij geern hadden ende geordonneert hebben, de directie en order over de maeltijden, tractementen, en andere voorvallen, die moeten waergenomen ende bestelt worden op den dach voor, op de graeffenis ende daer na. Soo is dat wij het selve bij dese noch vast stellen, ordonneren ende versoeken, in allen delen en oock t geen noch verder bij deselve noch dienstich en fatsoenlijc sal geoordeelt worden, schoon daerin niet mochte geexprimeert sijn voor soo veel wij beijde te samen, of elck in bijsonder door een andre acte, bij een of beijde getekent, niet nader mochten gedisponeert, geordonneert en versocht hebben, waer toe wij in alcanderen volcome macht en autorisatie geven mits dese.

Wij meenen en geven in bedencking, dat op den dach van de begraeffenis, mede ter maeltijt behoorde te sijn, de Heer van t huis te Boullion, en van Middachten voornoemt, oock den officier en schepenen van de heerlijcheit Roosendael ende de predicant van Velp en Roosendael.

T geene aen de dragers soo van het lichaem alsmede van de ornamenten, instrumenten van het wapen, en het wapen selve sal moete gegeve worden.

Tot haer verteringe en defroyement meenen wij dat niet wel sal connen geschieden op het huis Roosendael, en daer al te groote gewoel soude geven, en daerom beter een ander huis daer toe soude dienen geordonneert te worden, t sij in de Roosendael ofte te Velp, gelijc oock voor diegene die de begraeffenis hebben gevolgt.

Tot het vervoeren van het doode lichaem van de Roosendael na de kerc te Velp menen wij het gemackelijcst te sullen sijn dat op een open wagen, op het aller fatsoenlijcste een opstel ende overdek gemaect worde ende met swarte laken of stof overtrocke worde, en het hout swart geverft t geene opgeset en afgenomen can worden, om het lichaem daer op te gemackelijcker te connen opsetten en afnemen. Waerop men oock voor het lichaem sal geset connen worden, het wapen t geen in de kerc sal gehangen worden, t geene twee personen daer bij sittende sullen connen vast houden.

Drie wapens sullen der moeten gemaect worden. Een om in de kerc te hangen en een voor t huis te Roosendael en het derde voor t huis in de stad. Elc van geen excessive groote [toegevoegd: in de kerks wapen alleen quartieren]. In het wapen in de kerc sullen in dat van mijn Jan van Arnhem moeten gehangen worden de ornamenten of instrumenten die ordinaris daer in gehangen worden, soo als sij sijn in t wapen van de Heer van Heyden, onse swager saligr. De wapens voor beijde de huisen sullen na de ordinaris order en fatsoen sijn niet boven gemeene groote.

Op het huis Roosendael sullen met rouw moeten behangen worden het voorsaeltje ende het eerste en tweede salet, waervan het voorsaeltje en het eerste salet sullen behangen blijven ses weken, en het tweede salet een jaer. De glasen sullen niet toe gehangen worden, maer gordijn voorhangen om op en toe te conne trecken.

Dienstboden, knechts en maechden, die bij de laest van ons stervende in onsen dienst sullen wesen, sullen fatsoenlijc naer ordinaris order in de rouw gekleet worden.

De huishoudinge ende menage sal in den tijt van ses weken, na de dood van de laeste van ons beijden moeten gehouden en gereguleert worden, naer het goetvinden van de vrinden bij ons hier boven genoemt tot dat sal geopent sijn de testamentaire dispositie die wij geordonneert hebben, dat na de dood van de laest stervende van ons beijden sullen geopent worden.

Wat nu verder nodich, dienstich en oorbaer sal geoordeelt worden in het rouw en sterfhuis, in de een of d'ander voor wat geven wij toenemael over aen onse voornoemde vrinden, en na onse meeninge in onse dispositien soo als wij op elck van die geset hebben wanneer elc sal geopent werden.

Deselve ootmoedich biddende, goetgunstich de moijte gelieve aen te nemen ende uit te voeren, van herten haer toewensende Godes crachtige mede werkinge ende segen.

[latere toevoeging door Janne Margriete van Arnhem:] De heer van Nettelhorst oock te begrafnis versoeken. De lantschriver Nuis me gerekent onder die als schout of schepen sijn. Van Nuis me in de rou voor sijn persoon.

J. v. Arnhem J.M. v. Arnhem den 10 .. 1715 (?)

Brief van Jan Gerrit van Wassenaer, heer van Rosenburg (1672-1723) aan Johan van Arnhem, 's-Gravenhage, 24 november 1716

RAG, AHR inv. 2068.

Hooghwelgeboren Heer en seer geeerde Neef,

Ick hebbe mij seedert de wederkomst van den H[r] van Duyvenvoirde[14] geflatteert d'eer te hebben Uwgb. in dese quarthieren te zien, maer tot mijn aldersensibelste leetweesen vinde mij daer van gefrusteert, door een opgekome quael die Uwgb te langh bij blijft. Godt de Heer hoop ick sall de middelen die geimployeert werden zeegenen, en Uwgb een volkomen herstelling doen erlangen, hetgeene de dagelijcke hartgrondige beede zijn van mijn vrou en mijn, en ick durve segge van de gansche famillie, die in het uyterste verlange zijn, om Uwgb beterschap te verstaen. Wat hadde ick mij al voor af een plaisier gemaeckt om met mijn hooghgeeerde meester mijnne lessies in alle gevalle, tot de nobele wurmerij incluys te repeteren, om sijnne aprobatie te erlange, dat ick boven alle andere met veel reden estimeeren. Mijn broeder heeft van Uwgb. een plattegrondt mede gebraght om twee stuckies naest de parterre boven in de plaes van de oude bogerties te leggen, en aen mijn behandight zijnde, hebbe in mijn wurmerij dese kleyne tekeningeties gemaeckt of off Uwgb van dat concept was, kleyne bossies van geschoore hegge daer te setten, zij zijn accuraet de overgesonde maet, de eene met het beeckie daer in begreepen, en d'andere soude men aen de overgesijde van het beeckie eenige opgaende bomen kunnen setten om dat gedeelte nogh wat luwer te leggen. Ick hebbe nogh andere schetties gemaeckt die alle met Uwgb hier meende te overleggen den in het voorjaer soo van Uwgb aprobatie waeren, op het charmante Rosendael, bij aldien mijn gesontheydt het toeliet helpen executeren. Soo dese geringe tekeninge of jet avis dat ick soude kunnen contribueren tot Uwgb satisfactie in mijn maght moght liggen, bidde ick Uwgb orders te mogen ontfangen. Mijnne ongemacke van Podegra sijns alle tegenwoordigh gepasseert, en Godt zij danck in staadt om Uwgb bevele te volbrengen, mij boven alle dingen het geluck van Uwgb bevele sullen stellen. De Vrouwe van Rosendael die bidde hier de verseekering van ons respect magh vinde, hoope wij in volkome gesontheydt is, en ick repetere noghmaels dat wij van harte Godt bidde Uwgb beyde in gesondtheydt mogen herstellen en behoude, en ons in Uwgb goede gratie gerecommandeert hebbende blijve met het uyterste respect,
Hooghwelgeboren Heer, U H[r] Ed. seer ootmoedige en gehoorsaeme dienaer J.G.v.Wassenaer. Hage den 24 Novemb. 1716.

In dorso in hand Jan van Arnhem: 'Teykeningen van den Admirael Wassenaer'.

Bezoek aan Rosendael door een onbekende in gezelschap van G. Voet, J. van Dam, Y.F. Godin en P.E. Voet van Winssen op 26 augustus 1721

Geciteerd uit: J.W.C. van Campen 1973, p. 143. Het handschrift bevindt zich in het gemeente-archief te Utrecht.

Den 26 begaven ons in geselschap van de Heer ontvanger van Bayen[15] naer de Hoge Heerlikheid van Rosendael, 't goed van den Here Lubbert Adolph Baron van Torck, die 't regt tot 't selvige in den jare 1720 becomen heeft door dode en testamentaire dispositie van Mevrouwe de Baronne Douairiere van Arnhem, in leven vrouwe van Rosendael, naer wiens overlijden sijn Hoogwelgeb. sig ten eersten in possessie stelde, 't gene in dese quartieren aldus geschied:
Den nieuwe eigenaer hackt van een ijcke boom een tack, poot deselve in de aerde, stikt met een spade een zoode gras en verlegt deselve op eene andere plaets, haelt op en trekt neder de opgetogene bruggens, sluit toe en opent deuren en vensters des huises, verhangt in de keuken ofte kamers in den haerd een hael ofte hangijser, alles ten overstaen van 't gerecht.
Dien Heer versekerde sig op een seer subijte en haestige wijse van possessie, vermits de naeste bloedverwanten, erfgenamen ab intestato van zaliger Mevrouw de Baronne van Arnhem, als den Heer Baron van Lintelo van d'Eze en Mevrouw de Baronne van Lintelo gemalinne van den Here Overste Doeys voorbijgegaen en met een gering legaet uitgeset sijnde, somtijds den Here Baron van Torck gepraeveniert souden connen hebben met hun 't sij vi, clam ofte andersints in de possessie te hebben geset; en als dan geageert uyt 't favorable spreekwoord gaudeant possidentes, als wanneer niet sonder grote processen te hebben gevoert die quasi possesseurs souden connen geturbeert worden.
Dit Rosendael is een charmant en riant stuk goeds soo door deszelfs schoone plantagien als cascades, watervallen, fontijnen, vijvers etc. die alle in menigte sijn. Is in deszelfs omtrek groot 6 uren gaens.
Wij wierden ook nae 't huis geleid, dat seer wel gemeubileert en vol schoone vertrekken was, rondsom in een breed water leggende; aen een hoge dikke toorn wierd te dezer tijd gearbeid, op denwelke gestelt soude werden een coupel, afgebroken sijnde van een speelhuis, voormaels op costen van koning William, glorieuser gedagtenisse, in een creupelbosch onder gemelte Heerlikheid geset.

Brief van meester-hovenier Derck Lohman te Rosendael aan zijn werkgever Lubbert Adolf Torck te Amsterdam, 29 december 1730

RAG AHR inv. 2059.

Hoogwelgebooren Heer, Mijn heer,

Ick laat UHWgbr. weeten dat het op Roosendaal noght alles wel is, maer dat wij van deese weeke niet hebben kunnen wercken omdat het soo starckt heeft gevroeren soo dat onse arbeiders teegenwordig aen het hauwen van het ackermael bennen die wat gekost heeft wandt het is teegenwordight heel goed daer toe om de jonge poedtstock af te hauwen. En soo gauw het weeder door gedoeijet is dan sollen wij weeder aen het plantten gaan van het ackermael. En nae nieuwe jaer sall ick mit henderijen haar broer aen het snoeijen gaen van de hiister. Claas heeft de backen in den Staerrenborght huijsken gedaan en is tegenwordight aen de scheerbanck en Claas maek staadt dat het haudt tot de bru.. van de ween. in de aenstaende weeke sall koomen. Dan sall Claas daer aenstondt aengaen. Wij hebben Moser gevraght hoe lange dat hij nogh wel warck sall hebben aen dat waepen daer hij tegenwordight aen is; noght wel veertien dagen wat aen te doen sall hebben, dan is het gedaen en als hij hem aen der paepen [?] soo veer heeft als dit nuw is dan soll wij hem versoeken om de koppen te maeken. Als wij het hem soo vrog seggen dan sall hij daer verdriet in kreigen maer wij sollen wel op passen dat wij het teegen hem vroegenoght seggen.
Ick laat mijnheer ook weeten dat Roelewijn aen UHWgbr. versoght om een van de platte plauwe steen die in het bades van de trap bij het salon was geordineert waer van ick de eene steen op de brught oft deucker hebben geleidt den de ee[r]ste vijver in het bos, wandt de jon[g]ste broer van Roelewijn sall ook metseleers baas worden te Arnhem, soo dat hij daer sij[n] pro[e]ffstuck saude daer op maeken, wandt hij will UHWgbr. net soo eennen steen weeder op Roosendael leeveren, oft hij will de steen UHWgbr. ook wel oftkopen, soo het mijnheer belieft wandt sij konnen tegenwordight niet metselen; soo saude broeder daer tegenwordight best wachten konnen om dat werck te doen en als hij de steen ee[r]st uijt Amsterdam soll laeten koomen dan moch[t] het wat lange dueren mit deese vorst, soo versocht hij UHWgbr. oft het mijnheer belieft. Nachtegal heeft de morellen all gesonden maer sollen de bessesop soo gauw als der weeder vaeren meede senden.
Ick laat mijnheer ook weeten hoe dat het landt leidt dat op de garft gebouw[d] wordt, te weeten Berrent Beerssen en molders gesaeij en leidt langhs de hegge nae het huijs van Teunis Willemsen en meester Kasper Beekman. Heeft een halft molders gesaeij aen de allee die van de kooren moelle nae Arnhem gaadt en Jan Arnsen heeft ook een halft molders gesaeij, leidt ook aen deselve allee en Jan Terlet heeft ook een halft molders gesaeij en leidt aen het bos aghter den Staerrenborght. Ick laadt mijnheer ook weeten dat de schoelmeester van Rheeden ook versoek aen UHWgbr. om sij[n] soon koster te worden tot Nijkercken wandt hij heeft bij mijnheer van Hasholt geweesen om aen den heer te versoeken maer die hadde geseidt dat hij ee[r]st aen UHWgbr. versoeken mosste, derhalven versoekt hij de gunst van UHWgbr.
Het veraenderen van de trap en de caskaden, de teekeninge sollen wij teegen aenstaende satterdaght senden maer UHWgbr. schreift dat de middelsste caskade maer een vall sall hebben, dat sall soo veel watter verslinden dat het niet wel aen sall konnen gaan, off het watter sall in het vallen onder bij een loepen dat het niet wel sall staen. Jannis de jager heeft niet veel wilt mit dit kaude weer konnen kreigen, wandt de korhoe[n]der willen niet hauwen om te schieten, maer heeft er maer een konnen kreigen, dat heeft hij noght den Sieppenborght geschoeten en twe pertriesen en vier connijnen

Hier meede neeme ick de vrijheit te seggen ick verbleive UHWgbr. onderdanige kneght D.Lohman

Roosendael 29 December 1730.

Bezoek aan Rosendael door P. Muntinghe, Dr A.H.W. de Vriese, T. Beckeringh en M. van Bolhuis in 1740

Uit: *Reize naar Kleef door den ontfanger P. Muntinghe, Dr. A.H.W. de Vriese, adsessor T. Beckeringh en mij M. van Bolhuis gedaen in den jare 1740.* Particuliere collectie, fol. 116-125; een fotocopie van een deel van het manuscript bevindt zich in: RAGr, archief familie Van Bolhuis[16].

Zaterdagh den 16 vervoegden wij ons s morgens om agt uur naar de heerlijke lustplaats Rozendaal toebehorende den Baron Tork Heere van Rozendaal en Burgemeester te Wageningen; gingen van de herberg door een breede laan op het huis aan, en quamen op de grote plaats voor de stallingen met engelsche glazen, alwaar ons de hovenier te gemoete quam om ons de hoven te laten bezien. Traden aan de regterhant van gemelte plaats door een ijzeren hek in den tuin voor het huis versiert met twee vierkante grote bloemperken, waar in het midden van ijder een altijt springende fontein was die het water opgaf door het hoorn van een vergulden Triton. Voor in het midden van deze tuin, aan de graft die het huis omringde, was een groote cascade, pronckende boven met twee groote hartstenen leggende riviergoden, leunende op hunne kruiken, waaruit twee dikke stralen water met gewelt uitborsten, en rolden langs een menigte groote kopere schelpen met een groot gedruis in gemelte gragt, verheffende zich even daar uit voor deze cascade een treffelijke sprong dertig voeten hoog. Van hier gingen wij tusschen de twee bloemperken door naar de terras vlak over het huis, alwaar het grotwerk hier tegens aan leggende vernieuwt wierde. Langs deze terras opklimmende kwamen in een magnifiq agtkantig hartsteenen huisje, van boven met een torentje pronkende met leien gedekt, van binnen kostelijk gemeubeleert met konstige fonteintjes van porcelein, grote Japanse porceleine beelden, een roode zijden dubbelde armstoel, waarboven een verhemelzel van dezelve stof en kleur, beneffens konstig schilderwerk en verguldde lofwerk. Door dit huisje heen kwamen in de Orange tuin, alwaar een menigte orange en laurierbomen met andere gewassen in verscheijde rijen om een altijt springende fontein gerangeert stonden. Verder gaande door een poort kwamen wij onder het geboomte door in den groten tuin, alwaar drie considerabele groote vijvers agter malkanderen lagen, de eene wel vier of vijf voeten boven den ander, tusschen twee groote en lange allëen van eikebomen, hebbende de eerste vijver aan weerkanten een lage gallerij van grotwerk, als mede in de midden daar zij van de tweede vijver afgeschoten was een treffelijke cascade en fonteinwerk, dat nog niet ten enemale voltoit was, maar nog aan gewerkt wierde. De twede vijver een weinig smaller als de eerste, hadde aan weerkanten mede priëlen met groente overdekt en van binnen een fonteintje en cascade. Bij de derde vijver langs gaande, kwamen aan het einde van den tuin bij het grote nieuwe werk (zoals de hovenier zeide) zijnde een heerlijke nieuwsgeboude Amphiteater van zware ronde pilaren ondersteunt. Daar onder een heerlijke cascade van vijftien vallen van blauwe zerk, tusschen een grotwerk van marmere trappen uit de onderaartsche holen van het eilant Candie, en andere zeegewassen, daer tusschen hier en daar stukken van bergkristal; aan de zijde was het beschildert met Heidensche Goden en Godinnen op dezelve wijze als die van het Loo. Van hier aan de andere zijde van gemelte vijvers komende, kwamen dwars door een allee en een tuintje met vrugtbomen, in het doolhof, zijnde een groote vierkante tuin, waar in de doolwegen geplant waren met hoge beuken heggen, op dezelve wijze als het groote doolhof te Versailles. In de midden was een groot ront prieel van groente boven ront met een lantaren als een koupel waaronder een agtkantige gemetzelde kom, waardoor een beekje dat van boven van 't gebergte afquam, en door de tuin liep, heen stroomde. Al dolende weder uit dezen doolhof gaande, kwamen we dwars door een laan van hoge bomen in een tuin met vrugtbomen, bloemen, en plantgewassen voorzien, en van daar door een diergelijke voorbij een huisje, van marmer en hartsteen sierlijk opgebout, van binnen pronkende met een deftig geschildert toneel met schermen en acteurs, waar voor met grote letters stont La Comedie, waarop men van het huis over de hoven en fonteinen grot en terraswerk vlak het gezigt hadde. En verders in een ander met lage heegjes in vier parterres afgeschoten, waartusschen aardbezien en kersebomen. Lopende voornoemde beekje regt door dezen tuin, en maakte in een breede gemetzelde goot vier kleine cascaden, en een lage sprong als een arm dik in een ronde kom voor een klein prieeltje. Gingen van hier weder af langs de trappen van de terras in den tuin voor het huis, en kwamen door het ijzeren hek, daar wij ingekomen waren weder op de plaatze voor de stallingen, passeerden aldaar de fontein met het Fortuin, en gingen bezijden de stallingen in het faisanten hof, van waar langs den agter allee in welker einde een triomfboge stont. Eindelijk door een groot hek van ijzere traliën buiten de hoven van Rozendaal quamen, ...

Bezoek aan Rosendael door Nicolaas Willem Kops c.s. op 7 juni 1742

Dagverhaal van een reisje door Gelderland & Overijssel gedaan door Leendert Arkenbout, Nicolaas Willem Kops, Willem Straalman, Willem Kops Philipsz. & Nicolaas Hoornaart, anno 1742. Waarschijnlijk geschreven door Nicolaas Willem Kops (1719-1778); handschrift in particulier bezit[17].

7 juni 1742

Van daar reeden na het huis Rosendaal toebehoorende den Heere Lubbert Adolph Baron van Tork, welk huis rondsom door een fraaye vijver omgeeven, ons van buiten magnificq voorkwam (konden het van binnen niet zien, alzo er Heeren & Dames gelogeert waren, onder andere ook de generaal Baron van Imhoff). De plaats en zijne boschaadje beslaat meer dan 40 morgen lands, die door cascades geduurig elkander ververssing van water geeven. Aan den eene was een terras van grotwerk, waaruit verscheiden cascades ontsprongen, alsmeede twee groene priëeltjes met grotwerk, welk fris en helder water ook in de vijver kwam. Agter de laaste vijver was een fraay amphitheater met een schoon grotwerk en cascaden met negen watervallingen daar men nog aan bezig was te maaken. De bak waaruit het in deeze cascade door loode pijpen gebragt zou worden, was op een hooge berg zijdelings agter de cascade geplaatst, het water moest alvorens uit de vijver met een tonmolen in de bak gebragt worden 't geen men gedagt had door zeer swaare & wijde loode pijpen zou kunnen geschieden. Wijnig dagen geleeden had men voor de eerste maal gemaalen maar bevond dat de kragt van persing om 't water zo hoog te brengen zo considerabel was, dat daardoor op verscheidene plaatzen scheuren in de pijpen veroorzaakt waren. De baas van 't werk bevond zig hierdoor in groote verlegenheid, vreezende dat hij in plaats van deeze swaare looden alle kopere pijpen zou moeten gebruiken. In de plaats zijn ook twee fraaije cabinetjes, waarvan het eene in d'orangerie sierlijk met snijwerk voorzien is, alsmeede met twee bufetten zijnde het eene een cascade & het ander met porcelijn opgesierd. Het tweede cabinetje is bij 't doolhof, zijnde van binnen van grotwerk, daar reeds twee jaaren aan gewerkt en nu bijna voltooid was, zeer konstig & kostbaar. 't Doolhof is net & mooy, dog onze maagen zeer na spijze verlangende maakten het alhier kort, terug gaande vonden eenige werklieden bezig om een nieuwe cascade te maaken, die van een ongemeene groote weezen zou, zagen verscheiden berceaux en alleeën voor de plaats een fraay starrebosch. In de herberg niet verre van hier geleegen, lieten ons de maaltijd bereiden.

Bezoek aan Rosendael door Stadhouder Prins Willem V op 14 augustus 1766

Uit: *'s Gravenhaegse Courant, 20 augustus 1766, no. 100.*

VERHAEL van de pragtige festiviteyten, op ROSENDAEL voorgevallen, wanneer Syn Doorlugtige Hoogheyd, den Heere Prince *Erf-Stadhouder*, dat heerlyke Lusthuys op den 14 deezer met Hoogstdeszelfs tegenwoordigheyd vereerde:

'Syn Doorlugtige Hoogheyd quam aldaer ten 7 uuren aen. Op de weg van *Arnhem* was een onnoemelyk getal van aenschouwers, die door de ongemeene toebereydselen, op *Rosendael* gemaekt, uytgelokt wierden om den uytslag derzelve te zien. Syn Doorl Hoogheyd wierd door den Heer en Vrouw van *Rosendael*, en een groot aental van den Adel, aen de koets gerecipieerd, terwyl de wagt op de plaets paradeerde en een uytgeleeze musicq zig liet hooren. De Vorst binnen getreeden zynde, vertoefde weynig in Huys, en verkoos een wandeling te doen, om de schoonheeden, waer meede Natuur en Konst die plaets zo rykelyk vercierd hebben, van naby te bezigtigen. Het Hoog-aenzienlyk gezelschap verspreyde zig in de aengenaemste wandelweegen, daer zig een keurlyk musicq vermengde met het gedruys der fonteynen en watervallen. Na de wandeling wierd in verscheyde vertrekken gespeeld, tot dat den avond het aerdrijk t'eenemael verduysterd had, en gelegenheyd tot nieuwe vermaeken gaf. Een kostbaer vuurwerk verwekte, door zyn ongemeene heevigheyd en gestadige veranderingen, de verwondering van alle de aenschouwers, en droeg de goedkeuring van 't hooge gezelschap volkomentlyk weg. Geduurende het afsteeken hoorden men een gestadig veld-musicq van pauken en trompetten, en het gebulder van 't grof geschut verzelde onophoudelyk het vuurwerk; dus alles zamenspande om aen het zelve alle mogelyke luyster by te zetten! Naeuwelyks waeren de schitterende ligten van dat konstvuur uytgeblust, of men zag op nieuws de duysternis verdwynen door een onnoemelyk getal van lampions, die, in een ogenblik aengestoken zynde, het groote bloemperk, de schoone grotwerken, benevens derzelver kabinetten, en de beyde groote watervallen, als ook de bovenste terras en 't geheele theater, op het fraeyste illumineerden. Het cyffer van Syn Doorl. Hoogheyd maekte het eynde van de perspectief; tusschen ieder oranjeboom in 't groote bloemperk was een pyramide van ligt. De boord van de gragt, als ook die van de terras, de trappen voor de grot, en de geheele boven-rand van dezelve, waeren alle met lampions, die een vierdubbeld ligt gaven, bezet. De onderste cascade was tot aen de gragt op ieder trap verligt, vallende telkens het water over het ligt heenen; hier by quam 't gestadig springen der fonteynen en uytgeleezen schoon en stil weêr, dus zig alles vereende om aen de vreugde-bedryven, die Syn Hoogheyds komste alhier veroorzaekte, alle mogelyke luyster by te zetten. Intusschen had dat hooge gezelschap, het bal begonnen, 't welk tot aen het soupé duurde. Men speysde aen verscheyde voor meer dan honderd couverts reeds vervaerdigde tafels; alles beantwoorde aldaer aen den pragtigen aenvang deezer festiviteyten, en aen de lust en iever, om Sijn Doorl. Hoogheyd alle mogelyke genoegen te geeven! Het soupé geëyndigd zynde, wierd het bal hervat, 't welk dien vorst nog een geruymen tyd bywoonde, en vervolgens de terugreyze naer *Arnhem* aennam: alstoen zag men de geheele weg van *Rosendael* tot aen de laetstgemelde stad aen weerskanten met pekkranssen geïllumineerd, terwyl boven op den zogenaemde Capellenberg een zeer hooge pyramide van pektonnen, in volle vlam, een ontzaggelyk ligt van zig gaf. Het verdere hooge gezelschap scheyde laet in de nagt: kunnende niet genoeg roemen de ordre, pragt en fraeyheyd der festiviteyten van dien dag, welke *Rosendael* met eenen nieuwen luyster heeft doen praelen, &c.'

Bezoek aan Rosendael door Mr Martinus van Nievelt en zijn gezin op 22 juli 1773

Uit: *Journaal van een reijs door Gelder- en Kleefsland, gedaan door Mr Martinus van Nievelt, zijne huisvrouwe en zes oudste kinderen, begonnen den 14 julij, en ge-eijndigt den 8 augustus 1773*[18]. Particuliere collectie, fol. 14-16.

... Rozendaal, de plaats van den Hr Tork, leggende een uur van Aarnhem, in het hangen van een berg, tusschen een groot bosch en een beek, welke 4 papiermolens en een koornmolen doed omgaan. Voor het huis is een groot bassecour, waarop men langs een bordes in het huis opklimt, zijnde (volgens rapporten) een schoon gebouw, waaragter een toren, die tot op de hoogte van het dak is afgebroken, en nu een rond gebouw is, waarvan de muuren 14 voeten dik zijn. Terzijde het huis leggen 3 vijvers naast den anderen, welke ijder wel een halve mans lengte hoger zijn, de een boven den anderen. Agter het huis zijn nog 5 vijvers boven elkanderen, tusschen de eerste en tweede is een fraaije cascade met 7 sprongen, en agter de 5de een fraaij amphitheater, waarin ook een mooije cascade en verscheide sprongen: nog is er een vijver boven op een berg, waarnatoe het water moet worden opgemalen door een machine, op dezelve wijze, als (volgens rapporten) te Marlij in Vrankrijk. Aan den hoek van de eerste vijver agter het huis is een fraaij salonnetje, waarin een kostbare met gordijnen omgeven throon, op de portique rondsom stonden fraaije houte Chineesche beeldjes, in de 2 hoeken waren 2 buffetten, waarvan in de eene uit al het porcelein, daar het mede gegarneert was, water sprong, en een fraaije cascade maakte; de andere was met fraaij Saxiesch porceleijn verciert. In het bosch dat schoon en met veel variatie aangelegt is, staat op een hoog bergje een groen speelhuisje, waarom eenige trappen lager een berceau loopt. Een eijnd weegs daarvan daan gingen wij door een zeer fraaij en konstig gemaakt grot, en kwamen weer op een ander bergje, waarop een groot groen prieel van bomen ovaalswijze open, in het midden loopt er in gehauwe steen een beekje door. In hetzelve bosch waren ook 3 differente speelen, een wip, een kegelspel, en een om naar den vogel te schieten. Weêr aan den rijweg uitgekomen zijnde, bezagen wij een papiermolen, die aan den overkant lag, en door het beekje, dat door het voorgem. bosch liep, in beweeging gebragt word. Wij zagen daar de lompen stampen, en de pap, daar het papier van gemaakt word; ook de koperdrade raamen, waarop het gegoten, en tot vellen gevormt word. In het regthuis dronken wij een kopje thee, en keerden om 8 uuren te Aarnhem aan het jagt terug.

Brief van Willem Arend Torck op Rosendael aan zijn moeder Eusebia Jacoba de Rode van Heeckeren te 's-Gravenhage, 11 april 1781

RAG, AHR, niet-geïnventariseerd

Nous sommes arrivés en tres bonne santé a Utrecht hier matin a 6 heures et en sommes partis tout de suitte et avons eté a deux heures a Roosendael, nous sommes descendus en arrivant au Labirinthe (jadis) et y avons trouvé Mr Berger et les deux Receveurs occupés avec 16 hommes a arranger l'isle, nous avons eté tous fort étonnes qu'elle fut faite de la grandeur dont nous l'avons trouvee commencée, et on aura besoin d'encore 3 ou 4 jours en y employant la meme quantité d'ouvriers pour la mettre en ordre. On craint que la saison sera trop avancée pour la planter ce printems et on attendra a l'automne en attendant je crois qu'on y semera du treffel; l'isle sera en piramide et fera un tres joli effet. Les raides d'arbresaux cotés de l'allee de chenes a droite du feu labirinthe sont extremement bien plantés de toutes sortes d'arbres et d'arbrisseaux. Les deux maisonnettes pres du vivier derriere les attrapes ont eté bien arrangées mais un peu suivant le gout de Berger qui est tres cimetrique. Le nouveau verger est extremement joli et promet beaucoup de meme que la haije d'épines qui l'entoure. Les tilleuls plantés au dessus du Cappellenberg et les sapins font un charmant effet dont vous seres tres content.
Monsieur Baas Arent a son jardin potager extremement en ordre, et si l'année est bonne on aura une tres grande abondance de fruits de toutes sortes. On n'a pas encore mis les barrieres au bout de l'allee pres du marechal ni au jardin potager mais nous aurons soin que cela se fasse avant que nous partions. On a fini de nettoier la maison mais on aura besoin d'encore quelques jours pour mettre tout en ordre, les peintres sont occupés dans la cuisine et dans le vaathok; les nettoieuses sont occupés a mettre un petit lavage en ordre. M[le] Katje Mulder nous a donné hier au midy une soupe excellente, des aricots frais tres bons, et un excellent gigot de mouton, outre cela nous avons mangé de la salade avec des petites herbes tres bonne. Hier au soir des poissons fris delicieux, de la salade, et des oeufs à la coque. Le Receveur a proposé de planter de sapins la montagne à coté du marechal, pour empecher qu'elle ne s'écroulat, et son plan auroit eté executé si mon pere n'avoit craint que cela vous fit de la peine. La cascade de Mr Martinet a eté plantée de sapins et de saules. Le nouveau postillon a l'air fort hardi a cheval mais n'est extremement joli. Votre cheval se porte fort bien et je compte le monter aujourdhui; j'ai acheté hier un charmant chien de Godfried qui a 4 semaines et je crois plus joli que celui de mon frere, qui n'a pas gagné de ce coté la en grandissant.

Je suis avec attachement sincere, votre affectioné fils G.A. Torck
Roosendael mecredi 11 Avril 1781.

Citaat uit een brief van Lubbert Pieter Adolf Torck op Rosendael aan zijn moeder Eusebia Jacoba de Rode van Heeckeren, 14 april 1781

RAG, AHR, niet-geïnventariseerd

L'isle du labirinthe est achevée elle est bien dix fois plus grande que je ne me l'etois imaginé. l'Eau coule deja autour de l'isle dans le nouveau ruisseau qui a deja la largeur mais qu'on devra encore desacher dans quelques tems pour y mettre la terre grasse et le gazon. Nous avons semé toute l'isle de treffle blanc ce qui fera je crois un fort joli effet surtout parceque l'isle etant plus haute que le reste du labirinthe. On verra toujours cette plaque verte au milieu de la bouquette. Les deux mesonnettes derriere les attrapes sont abattues; on a laissé les hetres qui etoient dessus les bancs jusques à la hauteur de 3 pieds sur terre et on a planté a la place de chaque maisonnette deux soles larmoiants et une douzaine de fins sapins de Mr Pronk d'une plus belle espece que ceux que nous avons ici et nous avons semé tout l'emplacement de treffle blanc. Mr Schonk qui est a dire viendra diner lundi ici et donner j'espere son approbation a tout ce qu'on a deja fait; on est fort occupé a achever de riouler le labirinthe. Imaginez vous que cet ouvrage n'etoit pas encore achevé.

Bezoek aan Rosendael door Jacob van Gesseler de Raadt en Mr Melchior Willem de Raadt op 22 juli 1790

Geciteerd uit: K. Schaap 1970, p. 165.

Donderdaags den 22 julij hadden wij op het huis Rozendaal belet laten vragen voor een theevisite; wij reeden dan in gezelschap van onze huisheer, die aldaar zeer familiair was, 's nademiddags daarheen en wierden door mevrouw en de famille zeer vriendelijk gerecipieerd, zijnde er nog meer gezelschap van den eersten adel present. Na een kop thee gedronken te hebben, liet ons de jonge heer[19], terwijl zijn vader[20], de heer van huis, juist te Nimwegen was, deeze vorstelijke plaats zien, die men zegt dat grootscher en pragtiger dan Het Loo is. Het huis lag rondsom in het water en in een laagte, zijnde de tuinen en bosschen veel hooger van grond. Een beschrijving van alles te geven is onmogelijk, daar dit alles zig beter bezien en gevoelen dan beschrijven laat. Onder anderen zagen wij hier een ronde vijver of waterkom boven op een berg en daar het water door konst eenige hondert voeten hoog geleidt wierd, zijnde de berg etlijke minuten lang om te beklimmen. Ook was één gezigt zeer schoon, zijnde een breede en lange ruimte, waarin men aan het laager eind over drie groote en breede langwerpig vierkante vijvers – die, de eene hoger als de andere zijnde, al opklommen – naar een cascade zag, aan het bovenste eind geplaats waarvan het water langs ettelijke trappen in de vijvers neerliep. Wij namen 's avonds ons afscheid en reeden langs een heel schoone weg weer naa de stad.

Bezoek aan Rosendael door Mr Anthony Warin op 30 juli 1801

Geciteerd uit: R.D. Storm Buysing 1936, p. 346.

Rozendaal – een prachtig gebouw met ruime stallen etc. in een daal aan den zuid of zuidoostlijken afhang van de bergen of hoogtens, een nieuwe kerk, eigendom van den Here, goede herberg. Prachtige ouderwetse aanleg, veel stof om nieuwerwets partij van te trekken, veel zwaar geboomte, meest eiken. Drie grote vijvers boven elkander, behalve de grachten van 't huis, vijver voor 't huis, sloten, beken enz.; tot 't huis omtrent 30 voet verval van water. De korte en zeer stijle loop van de meeste beken in den omstreek van Arnhem, meer door ravijnen dan door dalen, b.v. bij den Oorsprong, Hemelschen Berg, Mariëndaal, Zype, Beekhuizen etc., maken het bijna onmooglijk partij van 't water te trekken op de Holsteinsche manier met vijvers boven elkander, die somtijds tot weiland gebruikt worden. Schoon Rozendaal bijna in 't zelve geval is, zouden de drie vijvers agter 't huis mij nogthands lust geven dit in 't klein te proberen; men zoude 't nuttige met 't vermaaklijke kunnen verbinden, mits 't oude grotwerk gesloopt wierd. Enig eiken hakhout kost hier bijna zo veel om het van hei zuiver te houden als het opbrengt; dit geloov ik, dat verder westlijk ook veel plaats heeft. Een oude muur, meer dan een half uur lang, vertoont zich in 't bosch vlak bij 't kasteel, op andere plaatsen legt hij reeds diep onder den grond; wat kan dat geweest zijn? Beneden de laatste vijver nog 5 papiermolens en een koornmolen.

Bezoek aan Rosendael door N. Esser Meerman op 8 september 1813

geciteerd uit: M.W. Snoeck 1933 p. 150-152.

.. en namen onzen gids om ons naar het statige Rosendaal te geleiden. Ten einde de overschone gebouwen van hetzelve van buiten op ons gemak te beschouwen en tevens wat uit te rusten namen wij onzen intrek in de overstaande herberg. Dan, hadden wij het kasteel Bilioen schoon gevonden, hadden ons de schone gezichten van de bergen van Beekhuizen verrukt, hadden wij het grootst genoegen geschept in de waterval en de fonteinen en de beeken, waarvan hetzelve de eigenaardige naam draagt; hadden wij daar in het treffendst verschiet de aangenaamste wandelingen mogen aantreffen, alles overtrof onze verwachting, toen wij de trotsche gebouwen van het grootsche Rosendaal, toen wij de majestueuse eiken en in 't verschiet de hoogtens der afgelegen bergen beschouwden; en toen wij het voorplein naderden, waren wij als verstomd van al het schone en al het voortreffelijke, dat zich aan ons oog vertoonde. Eerst namen wij een proef om over de elastieke brug op een eiland over de herberg heen en weder te gaan, van waar wij het huis van meer nabij beschouwden, hetwelk een groot vierkantig gebouw voor met een bordes, waarvan de twee achterhoeken met groote ronde torens gebouwd is, terwijl op zijde van hetzelve zeer grote remises en vervolgens een zeer lange orangerie vertoonden, terwijl men derwaarts met een langen steene brug met ijzeren balien heengaat; wordende thans bewoond door de weduwe van den heer Torcq, eigenaar van alle gebouwen in het dorp Rosendaal gelegen. Doch worden er zulke gebouwen meerder in ons land gevonden, het grote grotwerk op zijde van het huis tegen een terras gelegen, in welks midden een grote cascade en in twee van de vijf afdelingen fonteinen springen, zoo ook in de daarvoor liggende bloemtuin, welke met honderden van oranjeboomen, allerlei heesters en bloemgewassen, die de welriekenste geur van zich geven, prijkt, is boven alle beschrijving, terwijl wij van daar werden geleid naar de daarbij staande koepel, die van binnen met grotwerk belegd is, onze namen in het open liggend boek vermeldden en vervolgens naar de grote vijvers gebragt, die ons geheel in verrukking brachten, daar er vier achter den anderen op een amphitheatersche wijze liggen, tusschen welks eerste en tweede eenig fraai grotwerk gezien wordt, terwijl de twede van de derde ook met eenig grotwerk, waartusschen een cascade is en waarvoor zich een aantal kleine fonteintjes tusschen de steenen uit den grond opgeven, gescheiden zijn, terwijl er op het eind van de vierde vijver eene colonnade van 14 colommen, versierd met grotwerk, waarin acht beelden van godheden, met namen Jupiter, Juno, Nephtunus, Ceres, Bacchus, Venus, Mars en Diana, geplaatst zijn, en waarvoor zich 5 springende fonteinen bevinden, 'tgeen een grootsch toneel aan het oog vertoond en ons geheel in verrukking had vervoerd. Van hier werden wij geleid naar meer eigentlijke en ongekunstelde natuurtoneelen langs dreven van hooge eikenboomen, welke de schoonste gezichten opleverden, tot de hoogste verhevenheid van de gehele uitgestrektheid van Rosendaal bij de zoogenaamde Ton, welke een soort van rond huisje is, met een bank voorzien, en welke op een spil draait naar de onderscheidene gezichten der lanen, die wijd en zijd zich heen strekken. En ook deze plaats verlaten hebbende wandelden wij door onderscheiden dreven naar den regtschen grasheuvel en zoo daarover langs stroomende beekjes en lommerrijk boomgewas tot aan het bak- of grashuisje en eindelijk naar de hoogte of het terras boven de grotten ter zijde van het huis, van waar wij al het geziene nog eens met een verdubbeld gevoel van verrukking beschouwden om alle deze grootsche toneelen meer of min in ons geheugen te plaatsen, waarna wij deze plaats niet dan met weerzin verlieten en ons terug naar ons logement naar Velp begaven.

Bestellingen van nieuwe beplanting ten behoeve van de door J.D. Zocher ontworpen parkaanleg, 1836-1844

AHR inv. 2157, passim

1836	2060 beukeheesters	Termaat	309,–
	4000 beukeheesters	Prins, Bennekom	900,–
1837	6980 beukeheesters	Schmitz, Millingen	63,–
	beukeheesters	Schmitz, Millingen	20,–
	1000 larixen	Schmitz, Millingen	5,–
	420 larixen	Klaashuis	18,90
	2 lt larixzaad uit Tyrol		3,–
1838	4000 eikenstek	Van Nyvenheim	50,–
	24000 eikenstek	Van Lamsweerde	252,–
	beukenheesters	Joh. Huls	21,–
	plantsoen	Van Kell	221,–
1839	wilde rozenstammen	kostschoolhouder te Doesburg	8,–
	610 eikenheesters	Olthof, Zutphen	124,10
	26000 eikenstek	Olthof, Zutphen	277,–
	13700 eikenstek		
	hiacintbollen	Burgers, Nijmegen	10,–
1840	25000 eikenpootstek	Olthof, Zutphen	337,50
	200 lt. dennenzaad	Van Nispen	192,–
	dennen- en larixzaad	Eigenbrood	13,20

	bloembollen	Burgers, Nijmegen	10,16
	beukenheesters	Amershoff	116,–
1841	2000 eikenstek	Olthof, Zutphen	27,–
	125 lt. dennenzaad	Van Nispen	157,50
	leibomen (moestuin)	Ottolander	64,70
	bloembollen	Burgers, Nijmegen	11,85
	larixzaad	H. Peters	5,40
1842	100 lt. dennenzaad	Van Nispen	132,–
	1000 beukeheesters	Mevr. van Spaen van Voorstonden	265,–
	400 beukeheesters	Klein Paste, Harskamp	80,–
	tuinzaden	M. Viets	44,29
	bloembollen	Burgers, Nijmegen	
1843	plantsoen	R. Verwoert, boomkweker te Opheusden	18,35
	zaad	M. Viets	1,25
	100 lt. dennenzaad	B^n van Pallandt van Walfort	114,–
	bloembollen	Burgers, Nijmegen	14,30
	larix- en dennenzaad	Gebr^s Sprenger en Peters	7,45
1844		R. Verwoert, boomkweker te Opheusden	69,90
	dennenzaad en plantsoen	J.F. Wilke	169,85

Noten

1 In margine: * *Urnae sepulchrales* (grafurnen).
2 De plaats waar Rijn en IJssel splitsen.
3 N.T., de brief aan de Kolossensen, 3-16.
4 O.T., Jesaja, 40-31; door Jan van Arnhem veelvuldig als persoonlijk motto gebezigd.
5 Deze beschrijving maakt deel uit van een bundel van elf reisverslagen die tussen 1680 en 1705 uit Groningen met wisselend gezelschap werden ondernomen door Michiel van Bolhuis sr. (1644-1704) die in 1680 door een gedeelte van Duitsland reisde en door zijn zoon de rechter Abel Eppo van Bolhuis (1676-1739) die tussen 1692 en 1705 tien reizen beschreef naar: 1. Munster, 1692; 2. 't Loo, 1693; 3. Bremen, 1694; 4. 't huis te Bierum, 1697; 5. Zeeland 1697; 6. Hamburg 1698; 7. Brabant, 1699; 8. Hamburg, 1700; 9. Amsterdam, 1701; 10. Cleef, 1705. De laatstgenoemde, die hier geciteerd is, werd opgesteld door Lambertus Beckeringh (overl. 1761); 80 fol. ondertekend 1706 12-28 L B s(cripsit). Zijn dochter Alagonda Beckeringh (1710-1780) trouwde Abel Eppo van Bolhuis' zoon Michiel jr (1713-1764), die Rosendael in 1740 bezocht en beschreef.
6 Dwergappelboompjes; het aantal is niet ingevuld.
7 Dit familiegraf is niet bewaard gebleven.
8 Frederik Willem van Spaen, heer van Biljoen (1667-1735), landdrost van Kleef; deze vestigde zich na overlijden van zijn vader Alexander van Spaen in 1692, en na verkoop in 1695 van zijn Kleefse bezittingen Moyland en Till definitief op Biljoen, dat zijn vader reeds in 1662 had verworven. C.O.A. Schimmelpenninck van der Oye 1973.
9 Godard Adriaan van Reede jr, heer van Herreveld (1674-1730), zoon van Godard van Reede (1644-1703) en Ursula Philippota van Raesfelt (overl. 1721).
10 Willem van Wassenaer, heer van Starrenburg en Ruiven (1649-1723), een volle neef van Jan van Arnhem aan zijn moeders kant.
11 Arent van Wassenaer, heer van Duivenvoorde (1669-1721), zoon van Jan van Arnhems volle neef Jacob van Wassenaer (1649-1707).
12 Jacob Derk van Heeckeren (1665-1749); zijn ouders waren Evert van Heeckeren en Maria Torck.
13 Zie p. 29, 32, 83.
14 Arent IX van Wassenaer, heer van Duivenvoirde (1669-1721). Arents en Jan Gerrits vader Jacob van Wassenaer (1649-1707) was een volle neef van Jan van Arnhem.
15 Dr Willem van Bayen was de eigenaar van Zypendaal bij Arnhem en was de eerste jaren van de heraanleg van Rosendael Torcks belangrijkste leverancier van jonge boompjes (zie p. 154).
16 Een tweede, bijna gelijke, versie van de hand van Theod. Beckeringh bevindt zich in het gemeente-archief te Nijmegen en is gepubliceerd in *De Navorscher* XXVIII (1895), p. 349, 495, 676 en 725.
17 De hier opgenomen passage over Rosendael werd mij ter beschikking gesteld door Mr C.J. de Bruijn Kops te Abcoude.
18 Het journaal werd geschreven door een van de kinderen, Mr Albertus van Nievelt (1746-1824).
19 Reinhard Jan Christiaan Torck (1775-1810).
20 Assueer Jan Torck (1733-1793).

Bijlage 4
Inventarissen

I Juwelenbezit van Petronella Willemina van Hoorn aangebracht in haar huwelijk met Jan Trip de jonge; Amsterdam 18 april 1715.

RAG, AHR inv. 2181, nogmaals opgenomen in AHR inv. 563, fol 107, 21 mei 1722.

Specificatie van de juweelen toebehoorende aan Jonkvr Petronella Willemina van Hoorn.

Een groote hertswijse geslepen diamantsteen	*f* 15.000,–
een andere dito	4.200,–
een facetsteen, om agter aan den hals te dragen	1.600,–
een diamant facetring	1.400,–
een andere dito wat hooger uytgezet	1.200,–
een diamant facetsteen	3.600,–
twee hertswijse geslepen diamantsteenen	2.600,–
twee oirhangers ieder van 2 groote & 16 kleijne steentjes beijde 36 steenen	3.200,–
een hertborststuk met veertien steenen	600,–
een groote ronde borstboot met een kroon, bezet met agt&twintig steenen	4.000,–
een duymring met 15 steentjes	100,–
een carcant met 31 diamanten	3.150,–
een colang met een diamant hert	4.400,–
een diamant roos boven 't hert	250,–
een goud horologie met een haak en ketting, alles met diamanten bezet	3.000,–
twee oreilletten ieder met 2 diamanten	4.000,–
een colang met tien diamanten	550,–
een ceintuurgesp met sestien diamanten	450,–
twee braselet slootjes	1.100,–
twee oreilletten ieder met zeven diamanten	450,–
een ring met zeven diamanten	300,–
een roosring	250,–
een diamant hoep	150,–
ses poinçons	550,–
paarlen:	
agtenveertig stuks paarlen, tot een halssnoer	2.500,–
twee snoeren paarlen om de handen, de een van tweehondertenvijf stuks, en de ander van tweehondertennegen stuks, tezamen vierhondertenveertien stuks	6.000,–
hondertenagtien stuks paarlen, aan een dubbelde halssnoer	1.200,–
drie&vijftig stuks paarlen aan een snoer	700,–
vijfhondert&tien paarlen	225,–
eenhondertenagt&dertig paarlen	120,–
veertien granaaten in braselletten	40,–
twee kettings met goude en garnaat coraal	60,–
	f 66.975,–

Specificatie van goud & silverwerk toebehoorende aan Jonkvr Petronella Willemina van Hoorn.

twee goude hair naalden	25,–
twee goude condé naalden	30,–
een partij kleyne pareltjes met blaauwe coraaltjes geregen	60,–
een partij goude pareltjes met swart geregen	40,–
twee Chineese gedagtenispenningen met goude kettings	380,–
zeven verscheijde goude doosjes, daar onder een met cochins schilderijtje	200,–
een goud boekje en goud naaldekokertje	50,–
twee snoeren kleijne bloedcoraaltjes	10,–
een tour oudmodese hoofdpaarlen	60,–
een bondelke met knobas goude kettings	100,–
zeven goude kleyne doosjes	100,–
een goud meshegtje	20,–
een dito tandestokertje	20,–
negen paar kleijne dito hembdknoopjes	35,–
elf dito kleijne knoopjes	10,–
een yvoir kleijn doosje met goud	15,–
een agaat hegtje, daarin een goud vorkje	20,–
een vierkante houte doos met goud	20,–
een kleyn hout doosje met goud	30,–
twee yvoire doosen met goudbeslag	15,–
een goude bel	20,–
twee dito penningen	120,–
een dito Chineesche penning	70,–
een rood felp doosje met goud	10,–
een yvoir kistje met goud	20,–
twee kleyne zijde beursjes met goude knoopjes	25,–
drie pinang mesjes met goud	35,–
een groote bijbel met blauw felp met goud beslagen	500,–
een kleyn bijbeltje swart segrijn leer, met 2 goude knipjes	45,–
een groote bijbel met silver beslagen	60,–
twee silvere draadwerkse koffertjes	200,–
een dito kleyn bennetje	35,–
twee dito zout vatjens	15,–
een paar silvere doosjes met hengseltjes	40,–
een paar dito doosjes met hengseltjes geamailleert	15,–
twee kleijne dito schoteltjes	15,–
twee dito platte doosjes	15,–
een dito quispedoor	10,–
een dito lepel & vork	7,–
een kleijn Japans silver vergult doosje	3.-
een agaat kommetje	20,–
twee goude gespjens	15,–
een swart boekje met twee goude kettings	15,–
een goud bord met een dito kom & deszelfs deksel	1700,–
twee goude draadwerkse koffertjes	750,–
vijftien doosjes daar onder een geamailleert	180,–
een silver draadwerks koffertje	90,–
een goud schaarkokertje met een dito haak & kettingje	60,–
een yvoir kistje met goud	50,–
een groot yvoir koffertje met silver beslag	50,–

een goud horologie met een goude ketting, en goude haak & een goud signet	200,–
een goud kettingje	60,–
een goud kroontje	50,–
twee schildpadde kammetjes	25,–
een agaat koffertje	200,–
een goud doosje	15,–
een goud toilet bestaande in 't volgende:	
een spiegellijst	
een kammedoos	
twee poeyerdoosen	
twee kandelaers	
een snuyter	
een snuyterbakje	
twee groote schuyers	
twee kleyne schuyers	
twee moesdoosjes	
een speldekussen	
tezamen vijftien stuks getaxeert op	12.000,–
	f 17.980,–

II Taxatie van de vaste schilderstukken in het huis aan de noordzijde van de Herengracht tussen het Koningsplein en de Vijselstraat te Amsterdam (nummer 493) door de makelaars Jan P. Zomer en Jan van der Streng, Amsterdam 27 april 1717.

RAG, AHR inv. 563, fol. 30.

Specificatie der meubilen & schilderijen:	
't schoorsteenstuk in de groote zijkamer zeer konstig geschildert door Gerard de Lares	*f* 1.500,–
een stuk onder in de schoorsteen door dezelve	800,–
de solder in drie vakken met zinnebeelden en verdere ornamenten rondom overkonstig door denzelve de Lares	10.000,–
de tapijten in gemelte zaal verbeeldende landschappen met vogels meest van zijde gemaakt	1.500,–
een extraordinarij groot vloertapijt	300,–
ses nissen in 't voorhuys met beelden geschildert	100,–
in de tweede zijkamer het schoorsteenstuk	500,–
een stuk onder in de schoorsteen	40,–
zeven vakken met landschappen & gebouwen in dezelve kamer	700,–
de lambriesering in de solder met comportementen beschildert	300,–
in de eetzaal een schoorsteenstuk en de verdere cieraaden in de solder en op d'alcove	300,–
't goudleer in dezelve	150,–
de solders in de gang en uytstekken, bestaande in 10 stukken	100,–
't behangsel in 't uytstek	10,–
op t cantoor een schoorsteenstuk nevens de beelden op 3 deuren	30,–
't cantoor en 't gene daar aan is dependeerende	20,–
't behangsel in de kamer boven 't cantoor	50,–
zeven borstbeelden	25,–
	f 16.425,–

III Nalatenschap van Anna M. van Ripperda douairière Torck, overleden te Wageningen in 1739

RAG, AHR inv. 769 (idem in inv. 766); fragment betreffend het gedeelte dat aan L.A. Torck, heer van Rosendael, toeviel.

Goudt en zilver

12 vorcken beloopt		79-15-0
12 leepels		90-12-8
12 leepels		75-
12 vorcken		73-15-0
24 messenheghten		121-16-0
2 confoirren		33- 7-0
een scheer tot waschlight		15-
	samen	*f* 489- 5-8

meubels

De tapijten die boven hangen
Het cabinet met laijen in mijn moeders cabinet
De linnekast staande bij de trap
De zilverkast in de bottellerije
De buffetkast in 't eetzaal
De kast aghter de witte kamer. het drooghkasje
De beste pars van de zolder
Het beste ledicant met het beddegoedt dat daar in is
1 bedt, 2 mattrassen, 1 peuluw, 4 kussens, 2 kleijne, 1 zijde deecken, 1 chitse deecken, 1 wolle, 1 spreij, 1 zijde spreij
Het paviljoen van 't groen kamertje
Het rustbedt op de witte kamer
De oude behanghsels in de heer van Rosendaals kamer, op de gallerij 2 kamers, de garderobe
Het beste spiegel met de verlackte taaffel, en guéridons in mijn moeders kamer
Het spiegel van de witte camer
Het spiegel van de groene kamer
Het spiegel van de oranje kamer
2 armstoelen in 't nieuwe kamertje
Het swarte aghtkantige taaffeltje en de guéridons in de eetkamer
Het kleijn vloertapijtje op 't groen kamertje
12 stoelen in 't eetzaal met kussens
De lessenaar in 't cabinet
De taaffel van boven van 't cabinet aghter de tapijte camer
De pottagie-pot
Het beddegoedt dat volght is met roodt geteijckent
6 bedden, 6 peuluws, 1 mattras, 13 kussens, 6 bonte deeckens, 2 wolle, 1 spreij
Het deckbedt met gestreept bekleedt
De eijcke slaapbanck

Koper en tin

De 2e waschkeetel weeght 65 pond
De groote melckkan weeght 12 pond 16 loot
De beddepan
1 copere deurslagh
Het kleijnste taartepannetje
1 rooije pasteijpan
De grootste casserol
De braadtpan
Een rijf
1 melkpannetje
1 tangh en schup
4 deksels
De grootste coffijkan
2 ronde blakers
Een dekseltje op het asch-gat
Eenige kettingen
Het keteltje dat 't volck gebruijkt
De kleijnste vijsel, 45 pond 16 loot
De kruldoos

schilderijen

Het groote familiestuck voor	90-
De schilderij van de Lt collonel Torck	50-
Die van de grootvader de heer Van Beursen	15-
De groote bijbel	72-
De schilderij van de heer van Lier en de vrouw van Leefdaal	2- 5-0
Een onbekende schilderij	0- 5-0
Die van de heer Lubbert Torck	0-10-0
Die van Juffr Jan van Arnhem	0-15-0
5 andere schilderijen	2-
Die van Juffr Gerardina van Arnhem	0- 1-0
Die van de heer Lubbert Torck met zijne twee vrouwen beijde Arnhem	2-

Die van Lubbert Torck	0-15-0
Een onbekende	0- 1-0
8 schilderijen met vergulde lijsten	3-10-0
3 schilderijen	1- 5-0
Voor het hooij en brandhout dat op den 2 nov. 1739 quam over te schieten, voor 't hooij	4-
En voor 't brandholt	3-
samen	*f* 247- 7-0

IV 'Lijste van 't bevonden goudt en silver op Roosendaal op den 9 november 1747 en door den silversmit Boekelman gewogen ende .. de waarde van t selve als hier nae volgt'

RAG, AHR inv. 1954, letter K, fol. 1-4; schatting in verband met betaling van de 50ste penning.

4 silvere kandelaars, Arnhemsche kleyne keur weegen 82 loot à 24 stuyvers t loot *f* 98-8-0
2 dito van Arnhemsche groote keur weegen 42 loot, het loot à 28 stuyvers *f* 58-6-0
2 dito oude kandelaars met gadrone kleyne keur weegen 39 loot à 25 stuyvers *f* 48-15-0
4 kandelaars wat kleynder, weegen 53 loot kleyne keur à 24 stuyvers *f* 63-12-0
2 nieuwe zuykerbossen kleyne keur weegen 31 loot het loot à 26 stuyvers *f* 40-6-0
2 dito zuyker bossen wat kleynder Arnhemsche groote keur weegen 36 loot, het loot 28 stuyvers *f* 47-8-0
2 potage komme met deksels weegen 86 loot Holl[andsche] groote keur à 30 stuyvers het loot *f* 129,–
2 souskomme kleyne keur weegen 45 loot à 25 stuyvers het loot *f* 56-5-0
2 tafel confooren van groote keur weegen 23 loot à 30 stuyvers het loot *f* 34-10-0
3 tobaks conforen kleyne keur weegen 44 loot à 24 stuyvers het loot *f* 52-16-0
3 tafelringe van kleyne keur weegen 45 loot à 22 stuyvers het loot *f* 49-10-0
4 soucoupes kleyne keur weegen 92 loot à 23 het loot *f* 105-16-0
1 troeffel, kleyne keur, weegt 13 loot à 25 stuyvers het loot *f* 16-5-0
2 soupleepels, een groote keur, weegt 12 loot à 28 stuyver het loot *f* 16-16-0; den anderen kleyne keur weegt 10 loot, à 24 stuyvers *f* 12,–
1 draetwerks doosje weegt 10 loot groote keur à 29 stuyvers *f* 14-10-0
4 draetwerks suykerdoosen weegen 65 loot à 29 stuyvers groote keur *f* 94-5-0
1 draetwerks theecoffertje groote keur weegt 90 loot à 29 stuyvers *f* 130-10-0
1 goud schoteltje, weegt 62 engels yder engels 46 stuyvers *f* 142-12-0
1 goud kroontje met paerltjes weegt 27 engels à 2 gls yder engels *f* 54,–
1 goude tass haek weegt 221/2 engels à 42 stuyvers de engels *f* 47-5-0
1 goud draetwerks pennemesje weegt 12 engels à 2 gl. yder engels *f* 24,–
1 oostindische zuykerkraaker weegt 10 engels à 38 stuyvers de engels *f* 19,–
1 goude leepel, forsiet en mess weegen 8 oncen te saemen yder once op 40 gl. maakt *f* 320,–[1]
6 goude leepeltjes en ses goude forken weegen t saemen 114 engels à 2 gl. de engels *f* 228,–
1 goude leepel, forsiet en een hegt van een mess weegen t saemen 125 engels yder engels 42 stuyvers *f* 262-10-0
voor t silver lemmetje daar toe behoorende *f* 2-13-0
6 silvere chocolaet kopjes weegen 31 loot Holl[andsche] groote keur à 30 stuyvers t loot *f* 46-10-0
6 silvere chocolaet bakjes groote keur wegen 79 loot *f* 118-10-0
Het toillet van silver, weegt t saemen 156 loot groote keur à 30 stuyvers het loot *f* 234,–
1 bakje behoorende tot de draetwerks zuyker doosen, groote keur à 30 stuyvers weegt 38 loot *f* 57,–
2 kleyne ragout leepels met wapens Arnhemsche groote keur weegen 14 loot à 28 stuyvers *f* 19-12-0
2 ragout leepels sonder wapens een soort grooter Hollandtsche groote keur weegen 26 loot à 30 stuyvers het loot *f* 39,–
2 gepolijste soupleepels Holl[andsche] groote keur weegen 35 loot à 30 stuyvers het loot *f* 52-10-0
36 forsietten met t wapen van Torck, Arnhemsche groote keur weegen 116 loot à 28 stuyvers het loot, is *f* 162-8-0
36 leepels van dito keur, en met dito wapen weegen 124 loot maakt *f* 172-12-0
2 oude leepels met t waapen Van Arnhem, weegen 10 loot Arnhemse groote keur à 28 stuyvers het loot *f* 14,–
25 messen weegen 87 loot Arnhemse groote keur à 28 stuyver *f* 121-16-0
12 oude messen met t wapen Van Heyden weegen 42 loot dito groote keur *f* 58-16-0
1 mess met silver hegt met t wapen Van Arnhem weegt 21/2 loot à 25 stuyvers t loot *f* 3-2-8
1 groot voordiens mess en vork met silver heghte weegen 24 loot, groote Holl[andsche] keur à 30 stuyvers *f* 36,–
22 silvere kleyne theeleepeltjes en ses vorken weegen t saemen 23 loot à 26 stuyvers het loot *f* 29-18-0
1 silvere schaal kleyne keur weegt 19 loot à 24 stuyvers t loot *f* 22-16-0
1 dito silvere schaal groote keur weegt 23 loot à 30 stuyvers t loot *f* 34-10-0
2 noote leepels groote keur weegen 5 loot à 30 stuyvers t loot *f* 7-10-0
1 kleyn silver leepel en vork weegen 5 loot groote keur *f* 7-10-0
2 mergtrekkers weegen 6 loot kleyne keur à 25 stuyvers *f* 7-10-0
6 silvere spietjes weegen 91/2 loot kleyne keur à 25 stuyvers t loot *f* 11-17-8
2 confituur leepels en een schuymspaan weegen 15 loot kleyne keur à 25 stuyvers *f* 18-15-0
1 fouderal leepel, mess en vork met t wapen van Torck, groote keur weegt 13 loot dus *f* 19-10-0
1 dito fouderaal met leepel, mess en vork met t wapen Van Heyden weegt 12 loot kleyne keur à 25 stuyvers t loot is *f* 15,–
24 groote silvere leepels, messen en vorken, uyt de fouderaalen weegen 336 loot groote Holl[andsche] keur à 30 stuyvers t loot *f* 504,–
24 dito kleyne silvere leepels, messen en vorken, uyt de fouderaelen weegen 240 loot dito keur *f* 360,–
1 silvere koelvatt weegt 122 loot kleyne keur à 25 stuyvers *f* 152-10-0
1 silver lampet, een gietkann en savonnetdoos, weegen t samen 94 loot kleyne keur à 25 stuyvers t loot *f* 117-10-0
2 silvere koffikannen weegen 68 loot kleyne keur à 26 stuyvers *f* 88-8-0
1 silver deksel van een postellijne mostardpott met een leepeltje weegen 4 loot à 26 stuyvers t loot *f* 5-4-0
1 silvere lampetschotel met lampetkan, kleyne keur weegt 182 loot à 25 stuyvers t loot *f* 227-10-0
1 groote silvere koffikan met t wapen Van Heyden & Arnhem weegt 100 loot à 28 stuyvers *f* 128,–
1 silvere waterpot, kleyne keur weegt 39 loot à 25 stuyvers t loot *f* 48-15-0
1 dito waterpott van groote keur weegt 45 loot à 30 stuyvers *f* 67-10-0
1 silver ooly en azijn bakje met een peeper doosje weegt 48 loot à 30 stuyvers t loot *f* 42,–
1 silver theekeetel met een confoor, weegt 104 loot groote keur à 30 stuyvers t loot *f* 156,–
4 silvere theeblaadtjes dito keur weegen 162 loot à 30 stuyvers t loot *f* 243,–
2 silvere spoelkomme kleyne keur weegen 54 loot à 25 stuyvers *f* 67-10
2 silvere theepotjes met twee bakjes groote keur weegen 46 loot à 30 stuyvers t loot *f* 69,–
3 silvere blaakers waeronder een met t wapen van Torck neffens 2 dompertjes kleyne keur weegen 70 loot à 25 stuyvers t loot *f* 87-16-0
1 silvere souskom met een steel weegt 16 loot groote keur à 30 stuyvers t loot *f* 24,–
2 dito komme met ooren kleyne keur weegen t saemen 28 loot à 25 stuyvers t loot *f* 35,–
1 groote gedrevene silvere schotel weegt 88 loot à 28 stuyvers t loot *f* 123-4-0
1 schrijfcandelaar van silver Holl[andsche] groote keur weegt 58 loot à 30 stuyvers t loot *f* 87,–
1 schrijfblaaker van silver kleyne keur à 25 stuyvers t loot *f* 30,–
1 silvere mostardpott kleyne keur weegt 21 loot à 25 stuyvers t loot *f* 26-5-0
1 gedreevene silvere deksel van een bedtpann weegt 34 loot à 28 stuyvers t loot *f* 47-12-0
1 silvere uurwijser of draaybordtje weegt 13 loot kleyne keur à 25 stuyvers het loot *f* 16-10-0
1 kleyn silver confoortje onder een coffikann te setten, weegt 10 loot à 25 stuyvers t loot *f* 15,–

1 silver beslagh van een serpentijn steene kannetje gewardeert op *f* 10,–
1 kookusnoote beeker met silver beslagh gewardeert op *f* 12,–
1 haardtbeesem met silver beslagh gewardeert op *f* 9,–
12 kleyne silvere beekertjes en een dopje weegen 16 loot gewaardeert op *f* 16,–
6 silver overgulde beekers met een deksel weegen 39 loot à 24 stuyvers t loot *f* 46-16-0
8 kleyne soutleepeltjes gewardeert op *f* 2-16-0
1 silver vergult soutvaetje gewardeert op *f* 3-15-0
1 kleyn messehegtje weert *f* 1-10-0
1 silver theekeetel met een confoor groote keur weegt 71 loot à 30 stuyvers *f* 106-10-0
2 silvere trekpotjes met twee silvere schoteltjes groote keur weegen 27 loot à 30 stuyvers *f* 40-10-0
1 met silver overtrokke spoelkommetje gewardeert op *f* 4,–
2 silvere kandelaars groote keur weegen 39 loot à 30 stuyvers is *f* 53-10-0
1 blaaker met een dompertje met t wapen van Van Arnhem weegt 12½ loot kleyne keur à 24 stuyvers t loot *f* 15,–
2 kleyne goude soutleepeltjes weegen 3 engels à 36 stuyver d' engels *f* 5-8-0
nogh eenige stukjes silver gewardeert op *f* 2-10-0
4 gedreeve silvere blaakers kleyne keur weegen 69 loot à 24 stuyvers t loot is *f* 79,–
3 postellijne kanne met silvere deksels gewardeert op *f* 40,–

(494 stuks) **Totaal:** ***f* 6.697,–**

V Boedelinventaris van Rosendael, 1764-1765.

RAG, AHR inv. 805. Er zijn twee versies van deze inventaris. De eerste is niet gedateerd en werd waarschijnlijk opgesteld na het overlijden van Petronella Wilhelmina Torck-van Hoorn in october 1764. De tweede versie, opgesteld door rentmeester B. van Geer, is vrijwel gelijkluidend, maar is aan het einde iets langer. Deze werd waarschijnlijk opgesteld na verstrijken van een jaar na haar overlijden toen haar erfgenaam Assueer Jan Torck de definitieve beschikking over de nalatenschap kreeg[2], en werd op 30 juli 1766 op Rosendael ondertekend door de executeurs W. Wicherts en B.H. Cremer.
De bibliotheek en de 'mathematische instrumenten' werden niet in de inventaris opgenomen, omdat deze binnen drie maanden na overlijden van Petronella van Hoorn aan Assueer Jan Torck moesten worden overgedragen.
Hier volgt de eerste versie, waar nodig aangevuld met afwijkende of aanvullende gegevens uit de tweede versie tussen haakjes; het slot is overgenomen uit de tweede versie.
De enige redactionele wijziging is de nummering van de vertrekken. Zie voor een nadere toelichting p. 111.

Inventaris

1) in 't voorhuis

Een marmere tafel wit en blaauw met een houte voet er onder
Een houte tafeltie[3] met een marmere blad rood en wit
Een (hangende) lantaarn verguld
Een schilderij, sijnde het oude huijs Roosendaal
Een torf en houtkist.

2) in het stoofje

Een staande hoekburau met een spiegel met porcelijn daar op
Een (schrijff)burau met laaijen
Een bruin 4kant theetafeltie
Een geverft schenktafeltie
Een ijzer heertje met tang, besemtie, en blaasbalk
Een barmeeter
Den hond Captein uitgeschilderd
6 bruine stoelen
Een houte theetafeltie met linne overtrokken
Het porcelijn voor de schoorsteen in een kast staande sijnde daar in:
anderhalf dousijn blau porcelijn (blauw theegoed),
anderhalf dousijn Japans theegoed,
18 chocolade kopies,
4 roode aarde theepotie,
1 porcelijne koffikan
18 blauwe poties soo kleijn, als groot, sijnde stilleties,
8 genese poppen en beeste.
in het kasie naast de schoorsteen
5 met kooper ingeleide theebossen
2 goude suijker kraakers,
in het kasie naast de glaazen:
1 oude rotting[4] van den Heer van Roosendaal zaliger,
1 bruijn theeblaatie.

3) in de nieuwe kamer

Een marmere tafel blauw en wit, met een houte voet daar onder.
Een vloer tapijt in die kamer leggende
Een staande burau, met een neerslaande deur, bruin hout met zwart ingeleijd
Een houte tafeltie met gewast linne daar over
6 bruijne stoelen met matten met groene tapijte kussens
1 cachette
1 dito waar in flessiens.

4) in d'alcove agter voorse camer

De (vloer)matten daar in leggende
Een ledicant, behange met gestreept moor, met bed, matras, een peuluw, 4 grooten en 2 kleijne kussens, 2 wolle en 1 citse deeken, een groene sijde spreij.
1 bruin schrijftafeltie met groen laken bekleed
1 klein dito
1 schrijfkisie 2 taborette met kussens en 2 dosijn stooven
in de kaste(n):
4 diepe blauwe en wit porceleijne schotels,
2 hooge potten met deksels,
2 groote kommen met deksels,
1 pot met een lange hals,
2 vlesse met (de letters) I V H
2 potten met hengsels,
eenig onegaal porceleijn.

5) in 't cabinetie (bij de alcove)

1 tapijtie (op de vloer)
1 spiegel met bruijne lijste
1 bruijn latafeltie
1 tiktakbord
1 armstoel met een kussen
2 neste met (nieuwe) mandies.

6) in Mevrouw Torks kamer

1 vloertapijt
1 ledicant met schits behangsel(s) met 2 matrassen, bed, peuluw, spreij, 4 kussens (grote), 2 kleine dito, 2 wolle, 1 schitse deeken, 1 geborduurde spreij.
1 ijzer haartie, met tang, bessem, en blaasbalk
1 spiegel met een gewerkte zilvere lijst
1 laaij tafeltie
4 stoelen met groen
1 houte tafeltie met linne overtrokken
1 stilletie van 7 stuk porcelijn op 't secreet.

7) in het cabinetie (bij voors. camer)

1 laaijtafel daar op een spiegel met schilpadde rant
2 dito groote
2 kleine doosen
2 dito borstels
2 groene gestreepte armstoelen
2 dito tabouretten

1 bruin 4kant tafeltie
1 lessenaar met een groote huis bijbel
1 4kant verlakt tafeltje met:
Een half dousijn theegoed
1 theepotie
1 melkkan
1 suikerpot
1 blaadie
1 spiegel met 1 bruijne lijst
1 vloer tapijt
1 groene glas gordijn.

8) in het agterste cabinetje

1 groen behange ledikant daar in: 1 bed, peuluw, 2 kussens, 2 wolle 1 catoene deeken
2 gevlamde tabouretten
1 spiegel met een zwarte lijst
1 bruin opslaande schrijftafeltie.

9) in de bottelerij

2 bladere van eetenstafels met pooten daarbij
1 spiegel met een zwarte lijst
4 kopere blakers
5 porcelijne visschotels
2 rooije theepotten
1 aarde theekeetel
1 dito bruine kopere theekeetel
1 besemtie
1 groote theebos
1 kast met pelle, volgende lijst[5].

10) voor de bottelerij

2 bedstooven
2 ziekbekkens (steekbekkens)
3 theebossen
1 schake bret
2 trommels
1 tinne nagtblaker
1 lantaarn met verguld.

11) in de beste camer behangen met blauw trijp

1 vloer tapijt, met 2 kleine dito daar in leggende,
1 ledikant behange met geschoore gebloemt fluweel, met een hoes van soes daarom heen hangende, met bed, 2 matrassen, (peuluw), en 4 grote en 2 kleine kussens daar toe behoorende, met een oostindise geborduurde deeken, een spreij van wit satijn met blauwe en silvere blomme geborduurd, ook een oostindisch kleedie daar over leggende;
De gordijne voor de glaze van blauwe sijde damast
1 groot spiegel met een vergulde lijst,
1 laaij tafeltie bruin en ingeleijd,
2 geridons,
2 armstoelen bruijne
8 stoele bruine } de zittinge alle van zijde geborduurt met goud,
4 taboretten, dito } met de hoese daar over.
1 canappé
1 zwart opslaande oostindisch verlakt tafeltie
1 dito roode
2 bruine scherme, het binnenste genaait
2 pourtraite van de Hr. en Vrouw van Rosendaal zal[r].
1 rood verguld schenktafeltie daar op:
1 porcelijne theepot,
1 spoelkom,
12 kopiens en schoteltiens,
een glaaze theepot met een gaze kleedie met goud doorwerkt daar over
2 glase armen voor de schoorsteen.

12) in d'andere beste camer of salet met groen zijdamast behangen

Een vloer tapijt met de matten aan de zijde leggende
een ijzer haartie in de schoorsteen
1 asbesem,
de papiere raamte in de schoorsteen staande,
1 porcelijne pot
12 bruine stoelen, de sittingen
met stof overtrokken } hoese er over
4 dito taboretten
Een groot spiegel met een versilverde lijst
Een vaste tafel, met een los marmer blad daar op leggende
2 geridons
Een tafel horologie voor de schoorsteen staande
twee porcelijne beeltiens
6 zilvere hangblakers in die kamer hangende
2 dito kleinder voor de schoorsteen, wapen Tork en Hoorn
1 theekisie (theekokertie)
1 mahonie houte teetafeltie
1 bruin verlakt theetafeltie met 't volgende porcelijn (daarop) geamalieerd:
1 spoelkom
1 theepot met zijn bakie
1 melkkan met een bakie
1 suikerbosie met deksel
een thebos
6 chocolade kopies
12 kopies en schotelties
12 dito kleinder
1 oostindisch kleede daar over leggende.

13) de antichambre

1 vloer tapijt, met matten daar om leggende
12 bruijne stoele, met groene trijpe kussens
2 dito armstoelen
4 gevlamde tabouretten
1 bruine laaitafel, met een marmere blad
[2 halve marmere tafels met houte voeten][6]
1 bruin theekisie en kopere keetel en confoir
1 ijzere haart met tang en bessem
4 glazen armen
1 vierkante verlakte tafel, met porcelijn sijnde daarop:
3 dousijn blauw, en drie dousijn Japans theegoed,
2 theepotten met porcelijne hengsels
1 melkkan, met een silver bantie
2 spoelkommen
12 suikerpotten
nog een half dousijn swart en wit Japans porcelijn.

14) op de provisie kamer

1 servies Japans porcelijn bestaande in 2 grote bakken
26 kleinder soort uitgetakt,
15 nog kleinder voor 't dessert,
58 borden,
5 blauwe agtkante slabakke,
26 blaauwe schaalties
18 (16) dito borden,
nog 18 borden,[7]
[1 zilvere kaasbak],[8]
nog 6 borden,
2 ronde blauwe slabakken,
1 Japans scheerbekken,
2 Japanse komme met deksels,
2 dito sonder deksels,
2 Japanse boter poties,
4 blauwe beste suiker potten
3 groote miloen bakken,
1 delfse terrine,

6 oude porcelijne schotels,
3 witte geribde borden
2 dito komme
2 aarde slempkeetels
2 porcelijne kanne, met zilvere litten
6 blauw porcelijne suurbakies,
3 delfse boterpoties
17 glase soucoupe[9]
6 glase fruijt manties
12 compot glase
11 bocale met deksels
2 groote wijnglazen,
47 wijn glazen allerleij soort,
1 glaze theebos,
4 manties met oude dessert glaze, en vlesies
1 mantie met allerleij geneese poppen,
11 tonnetjes met deksels,
7 trommels groot en kleijn.

15) in 't porcelijn camertie agter mev. camertie

porcelijn:
Een lampet schotel met een kan,
6 blauw en wit agtkante bakken,
3 dito kleinder,
6 dito schotels,
1 Japans scheerbekken,
7 porcelijne schotels,
3 Japanse schotels,
6 porcelijne grote schotels,
8 porcelijne borden,
48 porcelijne borden,
27 dessert borden,
26 schaaltiens,
11 borden,
19 dessert borden,
4 schotels,
6 schaaltiens,
14 borden,
19 dito,
3 bakken ronde,
2 schotels,
9 borden,
1 schotel,
7 schotels,
6 witte porcelijne borden,
1 boufetbak rond,
2 dito getakte
6 porcelijne boterpotten met deksels,
2 dito suikerpotten,
2 Japanse waterpotten,
1 dito porcelijne
6 Japanse spoelkommeties,
3 porcelijne bakiens,
9 schotelties,
2 poties met deksels,
5 witte porcelijne souskommen met vergulde rantjes
4 porcelijne kanne met zilvere litten,
2 boterpotten (als) patrijsen, uit de petitbakkerij
4 dozijn delfse borden, en nog eenig ander oud delfs goed.

16) in mevrouws kamertie voor den toorn

Een bruin vierkant tafeltie
Een dito agtkant verlakt,
6 stoelen met gedrukt linne overtrokken,
in 't kasie agter 't spiegel voor de schoorsteen:
3 bruine theepotten
6 porcelijne melkkanneties,
6 chocolade kopiens,
2 suiker bakiens
9 schotelties, en 10 kopies blauw, en wit,
11 schotelties, en 6 kopies bruine
1 thepot met bakie,
2 spoelkommen,
1 suikerbosie,
1 melkkannetie, met een silver kettingie
1 quispeldoortie
Een melkkan met silver lit,
Een bruine theepot, en melkkan met silvere kettinge,
1 silver theelepeltie met lange steel.

17) voor den toorn

een porcelijne waterpot.

18) in den toorn

2 portraite van Koning Willem en Koningin Maria
Een groot spiegel met bruine lijste
2 dito kleinder,
2 marmere tavelen onder de boufette (boufet tafelen),
2 armstoelen, met leer overtrokken,
12 andere dito stoelen,
6 taboretten
Een neerslaande tafel met een kleedie
2 groote tavelen op de trap na den toorn staande (en een tafelkleed),
1 staande horologie
1 neerslaande theetafel
2 geridons,
1 ijzere haard, tang en beesem

19) op 't nieuwe kamertie bij den toorn

1 pars
2 kisies om te disteleeren
3 groote Japanse visschotels, porcelijn bruin en wit
vier inleggers gemeen soort arnhems maaksel,
2 Saxise (soep)terines met (deksel en) schotels
2 dito kleinder
2 souskommen } Japans
2 groter kommen }
3 terines gemeen soort met sijn schotelen
1 agtkant tafeltie,
36 wijnglazen,
12 bierglazen.

20) op 't cabinetie boven 't stoofie behange met geele sijde met bloemen benaaid

1 (vloer) tapijtie
1 paveljoen, behange met geele moor met matras, bed, 2 peuluws, 2 kussens,
1 wolle, en een catoene deeken,
1 armstoel, en 2 taborette de sittinge geborduurd
1 latafeltie
1 spiegel met zwarte lijst
1 verlakt toilet spiegel met 1 borssel en 2 doosen van schildpad.

21) op 't kamertie daar voor

1 kapkisie
1 taboretie met groen trijp
1 kapstok.

22) op de Vrouw van Heidens kamer behangen met tapijt

de Spaanse matten op de vloer leggende
6 stoele met groene zijde zittingen
Een ledicant met groen damast behange:
1 matras, bed, peuluw, 4 kussens groote, en 2 kleine, 2 wolle deekens

(en 1 citse deeken), een witte zijde spreij.
1 witte eijke latafel
1 spiegel met een glaze lijst verzilverd gedeeltelijk
2 waterpot tafelties,
2 geridons bruine,
1 teekisie bruin,
1 ijzere staande plaat,
1 rond tafeltie met tapijt overtrokken,
7 stuk porcelijn,
1 theebakie
1 spoelkom porcelijn
1 theepot
2 suikerbakiens
12 schotelties en kopies (1 dosijn theegoed)
2 kapstokke, waar van een defect.

23) op de oude slaapkamer, of anders geele kamer gen[t].

Een vloer tapijt,
Een ledicant behange met geel damast, met matras, bed, peuluw, 6 groote, en 2 kleine kussens, 1 wolle, 1 schitse deeken, 1 geele geborduurde spreij.
2 cabinette met linne volgens de lijste[10]
1 ingeleid cabinetie
2 oostindische kisten met kleedies daarop,
6 bruine stoele, met geel damast, met hoese daarop
Een vierkante bruine tafel, met toiletspiegel
2 geridons
2 armstoelen oostindisch hout, met blauwe trijpe kussens, met dons er in
2 waterpot bankies
't pourtrait van de H[r] W. v. Outhoorn
(de pourtraite van) de Koning en Koningin van Pruissen
9 groote porcelijne stelsel potten
4 kannen
11 spoelkommen
4 rhode thepotten
4
2 porcelijne flessies of kanneties
2 handblakers met porcelijne plaaties,
6 poppen en
2 dito ruijters te paard.

24) op 't kapkamertie (bij de oude slaap of geele camer)

Een zeijl op de vloer
een eijke latafeltie
1 bruin stilletie
2 tapijte taborette
2 kapstokken.

25) op 't kabinetie

1 vloertapijtie
Een bruine ingeleijde rustbank met geborduurde matras, 1 klein matrasie en 2 kussens,
2 dito taborette
1 dito armstoel
1 pourtrait met een vergulde lijst,
Een bruine 4kante tafel,
1 spiegel met een zwarte lijst.

26) op de Konings kamer met tapijt behange

Een vloertapijt en matten daarom leggende,
Een ledicant met rood damast behangen daar bij: matras, bed, peuleuw, 4 groote en 2 kleine kussens, 2 wolle, 1 sitse deeken en roode damaste spreij.
1 4kante bruine ingeleijde tafel,
1 groot dito spiegel
2 dito geridons
6 bruine armstoele met rood damast } hoese er over
6 stoele sonder arme met rood damast }
1 bruine lessenaar met een bijbel met silvere klampe (silver beslag),
Een ijzer haartie met een Luijks oventie
1 koper asbesemtie
2 silvere armen voor de schoorsteen
6 Japanse thepotten,
4 dito flesse,
3 hoge potiens met deksels
4 spoelkomme
op sijde 2 spoelkommeties
4 kanneties,
4 schotelties,
4 speksteene beeldiens
1 porcelijne lampet en schotel
2 bruine waterpot tafelties.

27) op 't cabinetie

1 tapijt (vloertapijtie)
2 porcelijne waterpotten,
1 dito inktkooker,
1 latafeltie ijkehout
1 klein verlakt tafeltie[12]
2 taborette.

28) op de slaapkamer behangen met gebloemt linnen

2 vloer tapijte
1 cabinette met porcelijn daar op (staande)
1 ledicant met groen laken behangen (en ook een behangsel van groen frans linnen) daar in: 1 bed, matras, peuluw, 4 groote, en 2 kleine kussens, een wolle, een catoene deken, een sijde spreij, en een donse deeken.
1 bruin tafeltie met laaden
1 spiegel met vergulde lijst
eenige kleijnigheeden van porcelijn voor de schoorsteen
2 arme voor de schoorsteen
de pourtraite van
(de Heer) J. van Arnhem
(Vrouwe) J.M. van Arnhem
(Heer) Assueer Torck
(Heer) Willem van Hoorn
4 tapijte stoelen
1 (ijser) heerdie met Luijks oventie.

29) op 't cabinetie behange met groen gebloemt damast en dito gordijnen

1 vloer tapijt
1 bruin laatafeltie
1 spiegel met versilverde lijst
1 kleijn rond tafeltie
1 ijzer haardie met tang en besem
1 pavaljoen met wit behangen met matras, bed, peuluw, 2 kussens, 2 wolle een catoene deeken.

30) op 't kapkamertie

1 tapijtie
1 kapkisie met schildpad ingeleid, en met silvere nagels en hengsels vercierd,
1 taboretie
1 kapstokie.

31) op d'Heer van Beursens kamer behange met groen en rood met streepen met matten belegt.

1 ledicant behange met geel saaij daarin matras, bed, peuluw, 4 kussens, 1 witte wolle spreij, 1 wolle, 1 catoene deeken, 1 chitse deeken,
6 bruine stoelen
1 wit eijken kasie met schappe
1 groot spiegel met een zwarte lijst
1 klein verlakt toilet spiegel

1 klein opslaande tafeltie
1 kapstok.

32) De Heer van Roderloos kaamer, met matten belegt, en behange met lootcouleur linne met bloemen

1 ledicant met paars chits behange daar in: matras, bed, peuluw, 4 grote 2 kleine kussens, 1 wolle spreij, 1 catoene 1 schitse deeken.
1 wit eijken kasjen met schappen,
1 groot spiegel met een zwarte lijst,
6 bruine stoelen,
1 ijzere haartie,
2 kapstokken,
1 pistafeltie (waterpot tafeltie).

33) Juffr. Hartsinks kamer, met rood behangen en matten op de vloer

1 ledikant behangen met groen gewaterd, daar in: bed, matras, peuluw, 2 kussens, 1 wolle spreij, 1 wolle, 1 witte zijde deeken.
1 rustbank bruin hout, daar bij matras, en kusse, en een witte sijde spreij gestikt
1 lessenaar met groote bijbel met zilvere klammen (silver beslag)
1 bruijn ingelegt cabinet
1 bruine vierkante tafel
1 spiegel met een zwarte lijst
4 stoelen van tapijt
1 witte kist zijnde daar in 2 donse deekens en 4 donse kussens
14 oude schilderijen
2 groote armstoelen, van binne en buiten met rood trijp.

34) De kamenierskamer

(de matten op de vloer leggende)
1 kast met linne volgens de lijst[13]
1 kast met afgekeurd linne
1 pavilloen met groen behange daar in: bed, 2 peuluws, 2 kussens, 1 wolle spreij, 2 wolle, 1 catoene deken,
6 tapijte stoelen
1 houte 4kante tafel
1 kapstok
1 spiegel met een zwarte lijst.

35) op mijn Heer Torks kamer, met goudleer behange, en met matten belegt

1 ledicant behange met groen laken, daar op genaaijt of geborduurd, daar in matras, bed, peuluw, 2 kussens, 1 wolle, 1 schitse deeken.
4 genaaijde armstoelen
4 dito andere stoelen
2 armstoelen met roode kussens
1 witte eijke vierkante tafel
1 kapspiegel
2 dooze en
1 borstel
2 pistafelties
1 geborduurd staande kisje op pooten
1 ronde tafel rontom met groen trijp, van binne geborduurd
1 groot ijzeren haartie
30 schilderijen van de familie van Arnhem.

36) op de kamer daar naast, of mijn Heer Trips kamer, met goudleer behange en met matten belegt

1 ledikant met grijs pelle behangen, daar in: matras, bed, peuluw, 2 kussens, 1 wolle, 1 catoene, 1 schitse deken, en een blauwe spreij met wit geborduurd.
1 pavilloentje ook met pelle behange, daar op 2 matrasse, 1 peuluw, 2 kussens, 2 catoene deekens.
4 stoele met leer overkleed
2 armstoelen met trijpe kussens
2 pistafelties (2 waterpot tafelties)
1 bruin 4kant tafeltie
1 wit eijke tafeltie
1 spiegel met een zwarte lijst
1 toilet spiegel
1 tafel met leer overtrokken
1 groten ijzeren haart
1 groote hangkast
2 grote schilderijen sijnde de situatie van Roosendaal
4 portraite (van de familie van Torck)
2 wereld klooten.

37) op het meijdekamertie daar over

2 bedden
2 peuluws
4 kussens
2 wolle deekens
2 catoene dito
3 stoelen
1 4kant tafeltie met linne overtrokke
1 spiegel met een zwarte lijst.

38) Toewaters kamer

1 ledikant behange met geel saaij daar in: bed, peuluw, 2 kussens, 2 wolle, 1 catoene deeken,
2 stoelen
1 spiegel.

39) Het disperate kamertie

(een ledicantie waarin) 1 bed, peuluw, 2 kussens, 1 wolle, 2 catoene deekens.
2 tapijte tabouretten
1 kapstok
1 spiegel met een zwarte rant
1 wit vierkant tafeltie.

40) (op de camer) daar de meijsies slapen

6 stoelen
1 spiegel met een bruine lijst
1 witte vierkante tafel
3 (vaste) bedsteede ider met geele gordijnen in ider, een bed, peuluw, 2 kussens, 2 wolle, 1 catoene deeken.

41) op de leege meijde kamer

2 bedsteede ieder met geele gordijnen in ider: 1 bed, peuluw, 2 kussens, 2 wolle, 1 catoene deeken.
3 stoelen
2 leere tabouretjes
1 vierkant tafeltie met geele saaij rontom
1 spiegeltie met een zwarte lijst.

42) op de zolder

1 mangel
4 plak planke
4 balij mandes
7 kleer mandes
6 witte bakken
2 parssen voor het linnen
3 vuijl linne kisten
1 groote tafel
2 kleine tafels
5 stoelen
54 kleer schagten.

43) in d'bierkelder

1 kiste
1 bierstel
(6 oxhoofden).

44) in de keuken(s)

12 stoelen
1 (2) eetens tafel(s)
2 (4) banken
1 tinne kast, daar in:
5 dousijn tinne borden
5 soup schotels
6 kleinder schotels
12 assietten
3 terrines
10 waterpotten
4 tinne kommen
2 mostaart potten
2 peperdoosen
2 zoutvaten
6 visplaten
10 schenkborden
4 dousijn (tinne) leepels
4 dousijn (stale) fourchette
3 tregters
1 tinne bierkan
4 tinne lugters
1 tinne nagtblaker
3 kopere koffij kannen
1 bekke voor zieken (1 tin steekbekken)
2 dousijn blikke blakers
3 koopere theekeetels
4 gebruijneerde theekeetels
nog een agtkantig tinne servies, waar toe behoord:
64 borden
1 groote terrine
4 ronde braatschotels
4 lange dito
8 assietten
6 kleinder dito
(in de keuken) bij den haart:
1 gaande (braad)spit met zijn toebehoren
2 (ijsere) tangen
2 (as)schuppen
2 grote aspotten
5 roosters
2 koekepanne
1 hangijzer
2 kettings
12 ijzere treve (3voete) voor 't vernuijs
1 ijzer confoir
2 (blikke) kaarsse laaijen
3 hakke messen
1 aarde doofpot
15 (copere) castrolle met deksels
1 vierkante platte kopere pot
2 kopere bierkanne
3 bouillon potten
2 viskeetels
3 kopere vorme voor gebak
1 dito blikke vorm
2 kopere schotels
2 koopere braatpanne
1 blikke braatpan
7 koopere keetels
4 taartepanne
1 broederkes pan
nog 1 groote kopere pot met een deksel
4 houte emmers
1 sla emmer
2 kopere vergiet testte
1 kopere visplaat
3 schuim lepels
1 viskuip.

45) in de melkkelder

5 kopere melkkannen
2 kernen met sijn toebehoren
2 melkemmers koopere
2 houte melkemmers
2 houte water emmers
3 boter vleuten
1 room ton
2 kernemelks tonnen
1 booter ton
1 klein hant kerntie
21 soete melks vleuten
1 staalvat
5 kuipkens voor 't slagten.

46) in het washuis

3 was kuipen
2 broeij tonnen
2 koopere keetels
nog 1 kopere ketel
2 lange tafels
1 baktrog
3 schrage
1 blok
1 houde blok
2 kettings
1 tang
1 teekeetel
1 grote punder om te weegen.

47) in de booter kelder

5 booter potten
1 worst tafel met zijn toebehoren, als koopere vorm, 2 lange worsthoorns, schroef, etc.
2 dousijn delfse borden
12 dito schotels
7 manties
6 schotels met pooten
1 tinne kaas schotel
3 tinne theepotten
1 dito melkkan
8 (porcelijne) kopies en schotelties
2 spoelkommen
4 koopere confituur bekkes
1 theeblaatie
1 koopere schaal met 4 ld gewigt
1 kopere koffij kan
2 delfse aarde suikerpotten
1 houte bankje.

48) in het naaikamertie

1 thee tafel
4 stoelen
1 voete bank
1 kasje, waarin:
2 theebossen
2 coffij trommels
1 naaij doos
1 naaij mantie
2 kleine spoelkommen,

1 besem
1 kopere theekeetel
1 ijzere confoir.

49) in 't vaathok

1 wasvat
1 houten emmer
1 lamp
4 temesse.

50) in de vaathoks kelder

1 kaarsse kist
1 eijer rek
8 tonneties met deksels
2 groote trommels
10 aarde potten
6 blekke nagtblakers
7 lantaarns
2 koopere schootels
1 koopere koffijkan
1 dito schaal
2 strijkijzers
nog 4 groote
2 kleine strijkijzers
5 treve
2 kleine strijkijzers
1 kopere stilleties keetel
1 dito stijfsel keetel
1 blekke kantoir lamp met 3 pijpe
1 blekke nagtlamp
7 worsthoorns
4 blekke trommeties
2 hengel mandes
2 andere mandies
4 groote kruijke
6 waskomme
3 aarde kannen
1 ijsvorm (van tin)
5 meelsakies
1 gebruineerde koffijkan
1 kooper pannetie
26 blekke blakers, en
13 snuijters.

51) op de vlees kamer

2 vleestonnen
1 witte kuijp om in te zouten
5 halfvaten
3 kinneties
4 turftonnen
1 theetafel
1 opslaande tafel
2 stoelen
11 slagtplankies
2 houte emmers

einde van de eerste inventaris; de andere versie vervolgt:

10 hammen
6 nagelbouten
4 schauwers
4 ribbe stukken
3 pateestukken
4 kinnebaks hammen
3 gerookte tongen
6 gerookte schape tongen
verder so hier als in de provisie camer, wijn en bier kelders en elders verscheijde provisie van eet en drinkwaaren sig bevindende heeft men onnodig geoordeelt verder te specificeren en dient pro memorie.

52) op het washuijs

1 groote ronde tafel met 2 schragen
2 groote feegers
3 schepnetten
1 haar net
1 oud vinkenet
1 oude tiras
10 steekleeren
13 canepee hoezen
1 strijkbaar, 6 kleppen, 1 slijpplank.

53) op de geweer camer
4 bussen
1 lange dito
1 getrokke bus
4 musquetons
1 stokroer
9 snaphanen
2 paar pistolen
1 paar sakpistolen
2 waldhoorns
1 bajonet
2 vosse ijsers
4 ijsere stapvallen
2 metale en 3 ijsere canons
1 tafel en 2 hagel bakken.

54) op de knegts camer boven t washuijs

3 bedde
11 kussens
6 wolle en 2 catoene deekens
1 tafel
1 spiegel.

55) in de stal in de coetsiers camer

2 bedde
8 kussens
5 wolle deekens
1 tafel, een spiegeltie.

56) in de stal

4 swarte paarden
4 grauwe dito
3 witte dito
2 rijpaarden
2 veulens
rijtuigen
1 koets coupe
1 koets van voren nieuw
1 koets in den haag gemaakt
1 wagentie
1 werst
2 romaines chaise
1 hooge chais
1 rol chais
2 wagens
1 lange kar
1 melkkar
1 stortkar
1 orange waagen
2 ploege met sijn toebehooren
3 ijsere en 2 houte eggen
1 schoffel ploeg en eg

6 tuijge met plaaten nieuwe
2 tuijge bij de coets coupé
2 tuijge bij de chaise romaines
1 dito bij de hooge chais
4 paar oude tuijgen bij de wagens gebruijkt wordende
2 kaamen
2 kussens of zaalen
2 ligten
8 melkbeesten
3 overgaande maalen
2 ossen op 't 4de jaar
3 dito op t 3de jaar
4 eivinters
6 kalveren
2 esels
en een zaal.

op de domesticquen camers buijten het huijs in t toorentie

57) in de jagers camer

1 bed, 1 peuleuw, 2 kussens, 2 wolle deekens.

58) op meester Pouwels camer

1 bed, 1 peuleuw, 2 kussens, 4 deekens wolle en 1 spiegeltie.

59) op Mosers camer

1 bed, 1 peuleuw, 2 kussens, 2 wolle en 1 catoene deeken
1 spiegeltie.

60) op de camer voor t torentie

1 bed, 1 peuluw, 2 kussens, 1 wolle deeken
1 bed, 1 peuleuw, 2 kussens, 2 wolle deekens
1 spiegel.

61) op Claas Koninks camer

1 oud bed en peuluw.

62) onder in het toorentie

2 bedden, 2 peuleuws, 7 kussens, 5 wolle deekens.

63) voor het torentie

1 bed, 1 peuleuw, 2 kussens, 2 wolle dekens.

64) in het bouwhuijs

1 bed, 1 peuleuw, 2 kussens, 2 wolle dekens.

65) in de koks camer bij de keuken

1 bed, 1 peuleuw, 4 kussens, 3 wolle dekens.

VI Inventaris van het linnen op Rosendael, behorend bij de boedelinventaris van 1764-1765.

AHR inv. 805.

Lijst van het pelle in de kast voor de oude botteleerij[14].

Van de strik, 237 servette, 15 handdoeke, 15 tafellakens
Spiegelroos, 207 servetten, 19 handdoeken, 17 tafellakens
Caffe roosje, 50 servetten, 3 handdoeken
Floerwerk 47 servetten, 4 handdoeken
Het moole kruijs, 21 servetten
De oude roosekrans, 49 servetten, 6 tafellakens, 25 handdoeken
Het naaijkussen, 11 servetten
De groote strik, 6 servetten
De spork, 10 servetten
4 oneffe damaste tafellakens
22 tafellakens allerhande soort
20 oneffe handdoeken

Lijst van het beste bedde linne in het cabinet op de geele kamer[15].

1 paar fijne lakens met kant
4 paar beste waarvan 14 paar in het beste cabinet leggen, getekend t.v. 18 p.
16 paar minder soort getekend t.v. 16 p. met op den anderen hoek van 1 tot 16.
24 paar minder soort geteekend t.v. van 1 tot 24 onder de naam
3 paar geteekend t.v. met stukjes 1. 2. 3.
4 paar grovver getekend van 1 tot 4
26 paar oude fijne sloopen
4 paar oude fijne sloopen
6 sloopen van het veldbed
12 sloope wat kleynder
12 kleine met liskoord
en 12 met ladder
5 oneffe sloopies
9 paar fijne sloope met kant

Lijst van het beste pelle in het cabinet op de kinderkamer (in het ander cabinet op de gele kamer)[16].

no. 1 van de nieuwe roosekrans 44 servetten 2 tafellakens, 2 handdoeken geteekend met een V A
no. 2 de lange orange boom, 42 servetten 3 tafellakens, getekend t.h.
no. 3 de korte orange boom, 42 servetten 3 tafellakens, geteekend t.h.
no. 4 de spiegel roos, 48 servetten, 3 tafellakens, 4 handdoeken, ongeteekend
no. 5 het roostertie, 24 servetten, 1 tafellaken, 1 handdoek geteekend V A
no. 6 't kransie met een ruytie, 18 servetten, 1 tafellaken, 2 handdoeken, getekend met een kroontie
no. 7 't gravinne blomtie, 17 servetten, 2 handdoeken, geteekend met een kroontie
no. 8 de Haagse strik, 139 servetten, 6 tafellakens, 9 handdoeken, geteekend met een kroon
no. 9 het katte pootie, 24 servetten, 1 tafellaken, 1 handdoek, geteekend met een kroontie
no. 10 het dobbelsteentie, 24 servetten, 2 tafellakens, 2 handdoeken, ongeteekend
no. 11 22 damaste servetten, en 2 tafellakens, 1 handdoek getekend h. met zwart
no. 12 spiegel roos op damaste grond, 18 servetten, 1 tafellaken, 2 handdoeken, met een kroontie
no. 13 de grovve orange boom, 30 servetten, 2 tafellakens, getekend t.h. met een kroon

Lijst van het booije pelle in de kast op de zolder (in de tweede kast op de kamenierskamer)[17].

Chlesiger 100 servetten, 4 tafellakens, gemerkt h.t. ieder met 50, 1 handdoek
Nog chlesiger, 59 servetten, 11 tafellakens, gemerkt t.h. 60, 1 handdoek
Nog chlesiger, 60 servetten, 5 tafellakens, gemerkt t.h. 60, 1 handdoek
Het blokroosie 30 servetten
Nog chlesiger 35 servetten, gemerkt t.h.
Nog chlesiger 50 servetten gemerkt t.h.
6 gans oogen handdoeken
63 oude servetten
7 groote tafellakens van de katte poot
20 tafellakens allerhande soort
12 handdoeken allerhande soort
10 tafellakens van de katte poot

Lijst van het linne in de kast op de kamer van Dietz (van de huyshoudster)[18].

5 paar groote oude heere laakens
16 paar oude heere lakens
8 paar groote oude heere lakens
16 paar oude heere lakens wat kleinder
8 paar klijne laakens voor 't pavilloen
16 paar oude sloopen voor heeren

Booije lakens en sloopens

15 paar oude booije lakens gemerkt t.h.
14 paar nieuwe booije lakens gemerkt h.t.
2 paar grove booije laakens gemerkt h.t.
36 paar booije sloopen gemerkt t.h.
12 paar heele oude booije laakens
4 peuluw sloopen
2 groote witte gordijnen oogjes goed.

Op de knegts kamer op 't washuijs.

no. a 1 bed, peuluw, 4 kussens, 2 wolle, 1 catoene deken
no. b 1 bed, peuluw, 4 kussens, 2 wolle, 1 catoene deken
no. c 1 bed, peuluw, 3 kussens, 2 wolle deekens
no. d 1 bed, peuluw, 4 kussens, 3 wolle deekens, in de stal
no. e 1 bed, peuluw, 4 kussens, 2 wolle deekens, in de stal
no. f 1 bed, peuluw, 2 kussens, 2 wolle dekens, jagerskamer boven
no. g 1 bed, 1 peuluw, 2 kussens, 4 deekens wolle, in de jagerskamer
no. h Johans kamer, 1 bed, peuluw, 2 kussens, 2 wolle, 1 catoene deeken
no. i 1 bed, 1 peuluw, 2 kussens, 1 wolle deeken, op de oude jagerskamer
no. k 1 bed, peuluw, 2 kussens, 2 wolle deekens, op de oude jagerskamer
no. l agter in 't toorntie, 1 bed, peuluw, 4 kussens, 2 wolle deekens
no. m 1 bed, peuluw, 2 kussens, 3 wolle deekens
no. n 1 bed, 1 peuluw, 2 kussens, 2 wolle deekens voor het toorentie
in de koestal 1 bed, peuluw, 3 kussens, 2 wolle deekens
no. o kokskamer, 1 bed, 1 peuluw, 1 kussen, 3 wolle deekens
1 oud bed, en peuluw, op baas Koningskamer na de kouwerik, 2 oude bedden, 2 peuluws, 4 kussens, 4 oude wolle deekens.

VII Inventaris van het zilver op Rosendael en te Amsterdam (Herengracht 493); ongedateerd (tussen 1758 en 1764).

RAG, AHR inv. 805. Er zijn twee versies van deze inventaris, zonder noemenswaardige verschillen (tussen haakjes).

Lijst van het silver hier op Roosendaal toebehoorende hier aan het Huijs.

1 koffij kan, met 1 melkkannetje van 't selfde fatsoen kort voor mijn lieve mans dood in Den Haag gemaakt.
4 cekoepes vierkantig met 't wapen er op ook dito nieuw in Den Haag gemaakt.
2 suikerbosse ook dito nieuw in Den Haag gemaakt
2 teekeetels met sijn comfooren
1 coffijkan
1 klein suiker cekoepie 't fatsoen als een klaverblad.
4 cekoepies ronde, ouwe bijna versleeten.
6 kandelaars met mijn mans wapen er op
2 dito, wat grooter soort, heel ouwer wets
2 dito kleinder, 't selfde wapen
2 dito kleine, met 't wape van Van Arnhem
2 ronde hand blaakers ider met zijn domperties er bij
1 dito met een steeltie daar aan, met mijn mans wapen daarop, en
1 om een wasligtie op te steeken daar bij een dompertie
1 dito kleine met zijn dompertie erbij, en 't wapen van Arnhem er op
1 blaaker dito, met een inkkooker daar in sijnde
1 lampetschotel, met sijn kan daar bij.
1 koelvat, afkomstig van de h^{r} van Beurse Ripperda
2 soupe kommen, met deksels er op, en ooren er aan
1 ouderwetse ronde soupekom sonder deksel er op
2 sous kommen sonder deksels, met ooren er aan
1 kom met een houte steel daar aan, en 1 oor
1 dito kleinder soort met 2 silvere oore er aan
2 egaale spoelkommen
2 egaale trekteepotten, met zijn schootelties uijtgeschulpt daar bij
1 dito potie met een ronde schooteltie er bij
4 hangblaakers ouwerwets fatsoen
2 suijkerbossen }
1 peeperbosje } hoorende bijeen, en
1 mostaart pot }
1 olij en asijn bakie daar bij
2 dito suiker bossen
1 d^{o} peper bossie
36 leepels
36 vorcken
36 messen (met silvere hegten)
2 soupe leepels en
1 murg trekker
35 leepels }
35 vorken } met 't wapen van Torck
25 messen (met silvere hegten) en nog }
12 messen (met d^{o} hegten) } met 't wapen van Heijden
1 scheijve mes met een silvere hegt
2 ouwerwetse leepels met 't wapen Van Arnhem
1 murgtrekker
2 soupe leepels
2 ragoe leepels met 't wapen van Torck van mijn man.
2 dito ragoe lepels sonder wapen
1 ouwe soupe lepel met 't wapen van Torck
1 taart truffel
1 aarde kannetie met een silver oor en deksel
3 tabaks comfooren van een fatsoen
1 d^{o} kleinder soort, en
1 borssel
2 tafelborde confoorties met zijn koopere bakies
1 kandelaar met een groen scherm van armosijn daar aanvast
2 confituur lepels, een met een lange, en een met een korte houte steel daar aan
1 confituur schuimspaan, met een houte steel
6 confituur lepelties }
6 vorckies } dit behoorende bijeen.
1 messie }
12 lepelties wit geschuurt, dito soort van groote
2 doorgeslagen lepels met kromme steelties
5 tee lepelties, waar onder 2 met lange steelen zijn
2 mostaart lepelties, onegaal van fatsoen
6 lijster speeties
1 kooker noot met silver beslag
2 kaasbakken met uijtgeschulpte randen
4 waterpotten waarvan 2 nieuwe egaal zijn en de 2 andere ouwe niet egaal zijn
1 groote ovaale broodschotel van gedreve werk
1 ronde uijtgeschulpte doopbekken
1 vierkante broodschootel tot het gebruijk voor het H. Avondmaal, en ook
2 beekers tot het selfde gebruik, van binnen verguld, met de wapens van ons beide en de heerlijkheid Roosendaal er op
2 groote tafel kranse
2 kleinder soort dito met 't wapen Van Arnhem
2 profijterties, en 2 hoeties, om op kandelaars te zetten
6 zout leepelties
6 vergulde beekerties met een deksel
1 uurwijzer met 12 dopies verguld
1 zoutvatie ook verguld
6 goude confituur leepelties
6 goude d^{o} vorckies
1 agaate messie

Lijst van het silver dat van mijn alleen is afkomstig, en toebehoord, dat hier op Roosendaal is.

4 swarte chagreijne kissies, daar in sijnde in elke kissie, 12 leepels, 12 vorcken en 12 messen, waar van 2 tot het dessert behoord, zijnde wat kleinder in soort, maakende dus te saamen 24 groote en 24 kleijne leepels en vorcken en messen uijt dat is 48 in getal samen genoomen.
2 soupe leepels
1 groot mes
1 groot fourchet met
2 tande en
1 murgtrekker
1 groote teeketel met zijn confoor en standaar daar onder hoorende en
1 groote coffifaas met zijn lampie daar bij
4 groote kandelaars waarvan 6 er geweest zijn, en ik 2 daarvan wegvereert heb
6 hangblakers
2 d°. kleinder voor de schoorsteen (zijnde alle 8 met 't wapen van Tork en Hoorn) met mijn wapen daarop, en die van mijn lieve man daar bij hebbe laten snijden daar op
1 groote ovaale draadwerkse schotel, en
1 d°. vierkante kleinder ook draadwerk
3 draadwerkse suijkerbossies met geamaljeerd ingeleijd
1 d°. goude draadwerkse bossie of doosie genaamt
1 goude lepel, vork, en mes, in een swart fouteraal
1 draadwerkse (silver) koffertie met 4 vergulde letteren daar in gewerkt E.S.V.H. (zijnde een teekisie) en binnen in het koffertie zijn 2 theebossies in so dat dit een theekoffertie hier nu
2 draadwerkse melkpotties met hengsels
2 draadwerkse schootelties, hoorende onder die melkpotties
6 chocolaat schotelties met voeties als een rantie er om
4 vierkant langwerpige teeblaadies
1 kleine ronde draadwerkse doosie van binnen verguld
1 kleine spoelkommetie met mijn moeders wapen daar op, dat 3 hoorntjes is en
1 klein teepottie met een houte oor en
1 ovaal schoteltie
1 kleine zilvere kinder beekertie van binnen verguld, met mijn zoon en zijn vrouws wapen er op, Trip en Greij
2 kinder leepels en
2 vorckies
2 vis schuim lepel, waar van maar een hier is, en d'ander te Amsterdam is
1 tabaksdoos met zijn looie plaatie daarop
1 kleine leepeltie met een heele lange steel om confituure uit de vlesse te krijgen
1 glaase fles met zilver draadwerk ingevat
1 sarpentijn beekertie in een silver randie gevat en een silver dexel er op.

Memorie van het silver van de HWGb. vrouwe van Roosendaal in haar HWGb. huis, staande op de Heeregragt tot Amsterdam.

In de oostindische kist staande op de tapijte kamer.

twee silvere kroonen, ijder van ses armen
een groote lampetschootel met een lampetkan
6 groote silvere kandelaars
2 schoorsteenblakers ijder met 2 armen
1 paar armties, om naast 1 spiegel te hangen
1 groote coffij vaas
4 groote soucoupen
2 d°. wat kleinder
2 soupkommen met deksels
2 souskommen
1 groot tafel confoor
2 d°. wat kleinder, om assietten op te zetten
2 suiker bossen
1 peper bossie
1 olij en azijn bakie
1 mostaart pot
1 groote snuijterbak, met een snuijter
2 blakers om op een verkeerd bord te zetten

In het kasie in de zijdkamer silver tot daaglijx gebruik.

1 koffikan met een kraan met een houte oor
1 tee keetel, met een confoor
1 soupekom, met twee ooren
6 silvere kandelaars, wat kleinder
2 sous kommen
2 handblakers met steelen daaraan
4 kleine ronde soucoupen
1 d°. soucoup met een voetie
2 kleine suikerbossen
2 leepels met gatiens en kromme steelen
1 peper bosie
1 klein snuijter bakie
1 olij en asijn bakie
1 silvere vis leepel
2 groote soup leepels
1 morg trekker
2 tafel confooren, ider met 3 houte steelen
2 tabacqs confooren, met houte steelen
24 messen met silvere hegten
36 leepels
36 fourchetten
1 klein quispeldoor
1 klein silver inktkoker, met een sandbosie
1 silvere machine om wasligt op te doen
6 confituur fourchetties
6 d°. leepelties
3 d°. wat kleinder
1 messie met een silver hegt
2 thee leepelties met lange regte steelen
12 messen met agate hegten, in silvere banden
1 silver bakie om voorloop in te branden, met een drie voetie op een porcelijne confoor
1 stale suijker breeker, met 2 goude hegten

Silver en goud in de kist op de gang, naast de deur van Mevrouws slaapkamer

silver draadwerk
2 ronde draadwerks soucoupe met voetiens
1 klein d°. agtkant met een voetie
1 d°. suikerdoos agtkant
2 d°. potiens met hengsels
2 d°. wat kleinder, met geamalieerd tussen beide
1 agate kisje met goudbeslag
1 d°. silver beslag
4 silvere kommetiens met het wape van mevrouws moeder zal^r.
1 goud doorwerkt beekertie met een voetie
1 rood 8kant agate suikerbosie met silverbeslag
1 d°. vierkant
1 goud diep schoteltie
2 platte silvere doosiens agtkant
2 egale vierkante goude draatwerks cofferties
2 goude doosen, met deksels, waar in van boven agaat
1 groote goude penning
1 d°. wat kleijnder
1 witte ijvoore doos met een goud knipie, en cheriniere, waar in 9 bezaan steenen
1 klein agate kopie met 1 d°. schoteltie
1 vierkante houte doos met goud beslagen
1 bijbel met silver beslag, en 2 silvere blakertiens om op de lessenaar te zetten tot die bijbel gehoorende.

VIII Lijst van de in 1972 in de schelpengalerij te Rosendael aangetroffen schelpen en koralen met de aantallen die voor de restauratie benodigd waren, samengesteld door architectenbureau W.A. Heineman te Velp. Determinatie i.s.m. het Rijksmuseum van Natuurlijke Historie te Leiden; berekening van de aantallen door J. Jacobs te Velp.

Anaitis paphia	25
Anodontia cygnea	25
Anomia ephippium	1000
Aporrhais pespelicana	550
Arca barbata	
Arca cornea	100
Astraea rugosa	25
Buccinum undatum	65
Cassis cornuta	14
Cassis flammea	25
Cassis testiculus	200
Cardium edule	500
Cardium edule medium	50/60
Cardium tuberculata	1600
Cerion uva	400
Chama macerophyllo	25
Charonia tritonis	6
Columbella mercatoria	60
Conus spec.	110
Cypraea assellus	3550
Cypraea helvola	2055
Cypraea mus	25
Divaricella divaricata	
Donax vittatus	
Epitonium communis	1100
Fasciolaria tulipa	40
Gibbula spec. cinerarius	1000
magus	400
Gibbula pesuranti	200
Glycymeris decussata	200
Haliotis tuberculata	1200
Hippopus hippopus	15
Lima Lima	50/60
Littorina obtusata	50/60
Littorina ziczac	60
Macoma balthica	
Melongena melongena	25
Murex brandaris	900
Murex calcitrapa	25
Murex trunculus	25
Nassarius reticulatus	700
Natica alderi	60
Natica catena	100
Natica nitida (alderi)	60
Nerita versicolor (variegata)	100
Nerita versicolor	± 310
Oliva guttata	2600
Olivancillaria gibbosa	100
Olivella jaspidea	50/60
Ostrea spec.	50
Pecten maximus	850
Pedalion spec.	1400
Pterocera harpago (chiragra)	25
Spondylus princeps	50
Spisula subtruncata	20000
Strombus gigas	7184
Strombus pugilis	25
Tectarius tuberculata	50/60
Tonna galea	3
Turbo sparvericis	25
Turritella communis	350
Turritella variegata	± 100

Lijst van koralen, in 1972 aangetroffen in de schelpengalerij van Rosendael

Platygyra lamellina Ehr
Montastrea cavernosa
Diplorra
Cf. Isophyllia
Acropora
Porites
Millepora (brokjes)
Kalkalgen
Millepora
Diverse koraal kolonies
Favia fragum
Agaricia agariciter
Porites spec.
Parascolymia
Lobophyllia spec.
Meandrina meandrites
Solenastrea
Pocillopora spec.
Molluse
Acropora palmeta
Druipsteen
Bloedkoraal
Koraalrif

Noten

1 In 1746 gekocht bij de juwelier Bruysing, waarschijnlijk te Amsterdam, voor *f* 328-6-0; AHR inv. 510, 24 maart 1746.
2 Aangezien mevrouw Torck-van Wassenaer en haar zoon Assueer Jan Torck en diens vrouw op 17 november 1765 hebben afgezien van het opstellen van een 'naderen inventaris van het gerede en meubilaire des boedels' moet de tweede versie van de inventaris van voor deze datum dateren; AHR inv. 1262.
3 Lees hier en in vergelijkbare gevallen in deze inventaris voor de *i* een *j*.
4 Wandelstok.
5 Zie de aparte lijst aan het eind van de inventaris.
6 Deze regel is in de inventaris doorgestreept.
7 Deze worden op de tweede versie van de inventaris niet vermeld.
8 Deze regel is in de inventaris doorgestreept.
9 Een soucoupe is een onderschotel.
10 Zie de aparte lijsten aan het eind van de inventaris.
11 Voorwerp niet ingevuld.
12 Niet genoemd op tweede versie van de inventaris.
13 Zie de aparte lijst aan het einde van de inventaris.
14 Zie de inventaris vertrek no. 9 (in de bottelerij).
15 Zie de inventaris vertrek no. 23 (oude slaapkamer of geele kamer).
16 Zie de inventaris vertrek no. 23 (oude slaapkamer of gele kamer).
17 Booije pelle = het linnengoed van de dienstboden. Zie vertrek no. 34.
18 In de ene kast op de kamenierskamer, inventaris vertrek no. 34.

Genealogisch overzicht van de bezitters van Rosendael sedert 1579 met hun verwantschappen in de families Van Dorth, Van Arnhem, Torck en Van Pallandt

De namen van de bezitters zijn vetgedrukt. De jaartallen boven hun naam geven de periode aan dat zij Rosendael bezaten.

[1579-1583]
Dirck van Dorth
....-1583
x ....
Ermgard van Vorden
....

Joseph van Arnhem
1509-1586
x 1542
Jacoba van Spuelde
±1526-1556

Frederik Torck
....-1559
x 1549
Maria van Wittenhorst
....-1604

[1583-1628]
Dirck van Dorth
1574-1629
x 1599
Margriet thoe Boecop
±1566-1630

Johan van Arnhem
1543-1607
x 1589
Johanna van Ittersum
±1569-1626

Lubbert Torck
....-1586
x 1573
Josina van Sallandt
....-1612

Joseph van Arnhem
1594-1618

Robert van Arnhem
1596-1649
x 1632
[1628-1644]
Ermgard E. van Dorth
1601-1644

Johanna van Arnhem
1607-1666

Gerard van Arnhem
1598-1648
x 1634
Theodora van Wassenaer
....-1679

Jacoba van Arnhem
1591-1653
x 1616
Lubbert Torck
....-1644

Elisabeth van Arnhem
....-1707
x ....
Frederik Willem van Heyden
....-1690

[1659-1721]
Janne Margriete van Arnhem
1635-1721

Johan van Arnhem
1636-1716

Johanna Gerhardina van Arnhem
1645-1719

Lubbert Torck
±1617-1672
x 1654
Judith van Appeldoorn
....-1657

[1644-1656]
Diederik van Arnhem
1639-1656

x 1667

Assueer Torck
1656-1698
x 1686
Anna Maria van Ripperda
1666-1739

[1721-1758]
Lubbert Adolf Torck
1687-1758
x 1722
[1758-1764]
Petronella Wilhelmina van Hoorn
1698-1764

Frederik Willem Torck
1691-1761
x 1732
Jacoba Maria van Wassenaer-Duivenvoorde
1709-1771

[1765-1793]
Assueer Jan Torck
1733-1793
x 1758
Eusebia Jacoba de Rode van Heeckeren
1740-1793

[1793-1810]
Reinhard Jan Christiaan Torck
1775-1810
x 1800
Goswina Geurdina van Neukirchen gen. Nyvenheim
1781-1830

↓

Henriëtte Jeanne Adelaïde barones Torck
1802-1877
x 1824
Adolph W.C.W. baron van Pallandt
1802-1874

↓

Reinhard Jan Christiaan baron van Pallandt
1826-1899

[1830-1842]
Assueer Lubbert Adolph baron Torck
1806-1842
x 1834
Jkvr Louise C.W. Huyssen van Kattendijke
1812-1843

↓

[1843-1902]
Ada Catharina barones Torck
1835-1902

↓

x 1854

↓

Reinhard Adolf Torck baron van Pallandt
1857-1936

[1902-1932]
Frederik Jacob Willem baron van Pallandt
1860-1932
x 1886
Constantia Alexine Loudon
1859-1948

Werner Karel baron van Pallandt
1863-1937
x 1888
Adolphine W.C. barones van Knobelsdorff
1866-1945

↓

Reinhard Jan Christiaan baron van Pallandt
1888-1938
x 1913
Elisabeth Aldegonde del Court van Krimpen
1887-1980

Hugh Hope Alexander baron van Pallandt
1891-1950
x 1946
Patricia Rosina Willoughby Plunkett
1911-....

[1932-1977]
Willem Frederik Torck baron van Pallandt
1892-1977
x 1919 Roline Wilhelmine barones van Randwijck
1892-1968
x 1936 Aaltje Groenhof
1904-1993

Helena Susanna Cornelia barones van Pallandt
1895-1968
x 1921
Ir Walton White Evans von Hemert
1894-1971

Cecilia Emilie Louise barones van Pallandt
geb.1899
x 1927
Willem Theodoor Cornelis Zimmerman
1892-1964

Samenvatting

Groen Hemeltjen op aerd schreef Constantijn Huygens naar aanleiding van een bezoek aan Rosendael in 1678. De aanleg genoot toen al vermaardheid en dat zou in latere jaren alleen nog maar toenemen.

Er is geen stichtingsdatum van Rosendael bekend. De oudste vermelding van het kasteel dateert uit 1314, en mogelijk heeft graaf Reinald I van Gelre rond 1300 de aanzet voor de eerste bebouwing op deze plaats gegeven. Tot 1516 heeft Rosendael als één van de residenties van de graven en sedert 1339 hertogen van Gelre gediend. Gedurende de 14de eeuw was er sprake van opkomst, en aan het begin van de 15de eeuw van bloei. Tegen het midden van de 15de eeuw zette de neergang in. Het Middeleeuwse complex bereikte circa 1400 zijn grootste omvang van ongeveer 80 bij 48 meter, die slechts uit muurresten en oude afbeeldingen bekend is. Alleen de grote 14de-eeuwse donjon – na een brand in 1412 opnieuw opgetrokken – is altijd gehandhaafd gebleven. De Middeleeuwse geschiedenis eindigde in 1516, toen hertog Karel van Gelre het gehavende huis verpandde aan Gerrit van Scherpenseel. Deze herstelde het huis, en in 1536 droeg de hertog Rosendael in eigendom over aan Willem van Scherpenseel. Diens kinderen verkochten Rosendael in 1579 aan Dirck van Dorth. Dat is de enige keer dat het door koop in andere handen is gekomen. Sindsdien is Rosendael vier eeuwen lang uitsluitend door vererving en huwelijk in elf opeenvolgende generaties van de families Van Dorth, Van Arnhem, Torck en Van Pallandt overgegaan.

Dirck van Dorth jr. bouwde in 1615 een tweebeukig huis tegen de oostzijde van de donjon aan met gebruikmaking van Middeleeuws muurwerk; de vorm van dit huis bleef tot 1721 grotendeels ongewijzigd. Zijn dochter Ermgard trouwde in 1632 met Robert van Arnhem en hun dochter Janne Margriete trouwde in 1667 met haar neef Jan van Arnhem. Jan van Arnhem was een bijzonder begaafd en godsdienstig man en een standvastig bestuurder; bovendien was hij een dichter en een liefhebber van tuinkunst. Zijn verstandhouding met de koning-stadhouder Willem III, wiens raadsman hij was, verleende Rosendael een extra dimensie. Willem III kwam geregeld op Rosendael, vooral in verband met hun gemeenschappelijke liefde voor de jacht en de tuinkunst. De vriendschappelijke verstandhouding tussen Willem III en Mary en het echtpaar Van Arnhem liet verschillende sporen op Rosendael na, die nu niet meer aanwezig zijn, zoals een belvédère naar ontwerp van Daniel Marot. Van Arnhem heeft gedurende vijftig jaar een stempel op de tuinaanleg gedrukt door jaar in jaar uit naar eigen inzichten verbeteringen aan te brengen. De vijverstructuur was deels al aanwezig en Van Arnhem heeft als geleerde dilettant waterwerken, parterres en andere tuinsieraden ontworpen. Waarschijnlijk heeft hij op het gebied van de tuinarchitectuur gedurende de eerste jaren inspiratie van Johan Maurits van Nassau-Siegen uit Kleef ontvangen. In latere jaren was Hans Willem Bentinck op dit gebied zijn belangrijkste geestverwant. Ook heeft Van Arnhem anderen, waaronder Willem III, van zijn kennis op dit gebied laten profiteren. Kort voor 1700 gaf hij opdracht om de aanleg in woord door J. d'Outrein en in beeld door P. Schenk vast te leggen, waardoor de tuin nauwkeurig bekend is. Van Arnhem maakte van Rosendael een Gelders Helicon, waar dichters inspiratie konden vinden en belangstellenden zich in de tuin mochten verpozen.

Het huis zelf was inmiddels ouderwets geworden; Van Arnhem heeft alleen de bijgebouwen aan het voorplein veranderd. Jan en Janne Margriete van Arnhem overleden kinderloos; hun in Wageningen wonende neef Lubbert Adolf Torck erfde Rosendael in 1721.

Deze begon met een ingrijpende verbouwing van het huis en van de bijgebouwen, die rond 1725 gereed was. De donjon kreeg nieuwe verdiepingen met tongewelven en een koepelgewelf, en op het dak werd een lantaarn geplaatst die afkomstig was van de afgebroken belvédère van Willem III. Ook wat het huis zelf betreft was er eerder sprake van een aanpassing van de bestaande bouwmassa naar de smaak van de tijd dan van een nieuw concept. Maar de plaatsing van de bouwhuizen in elkaars verlengde aan de noordzijde van het voorplein betekende een originele oplossing. Om de oude baksteen te maskeren werd het huis gepleisterd. Degenen die de verbouwing uitvoerden en de materialen leverden, waren veelal uit Amsterdam afkomstig. Details zijn bekend dankzij de door Torck bijgehouden *journalen* (boekhouding). De decoratie en de inrichting van de vertrekken is bekend uit een boedelinventaris van 1764. Kenmerkend was het gebruik van kostbare kleurrijke stoffen, die door uniform gebruik voor een grotere eenheid in een vertrek konden zorgen. Aan de wanden hingen vrijwel uitsluitend portretten, en geen schilderijen met andere onderwerpen.

Daniel Marot werd belast met het ontwerp van de modernisering van de tuinaanleg, waarbij het door Van Arnhem aangelegde stramien werd gehandhaafd. De thans nog bestaande schelpengalerij, de theekoepel, de bedriegertjes en de cascade met de stroomgoden dateren uit deze periode. Lubbert Torck heeft als een waardig opvolger van de Van Arnhems bijna veertig jaar lang kosten noch moeiten gespaard voor de voortdurende verfraaiingen en voor het dagelijks onderhoud van de aanleg. In 1722 trouwde hij met een Amsterdamse erfdochter, Petronella van Hoorn, die met haar Indische kapitaal van ruim een miljoen gulden een belangrijke financiële injectie gaf voor de verbouwing van Rosendael en de modernisering van de aanleg. Haar vermogen en ook haar jaarlijkse inkomsten waren aanvankelijk het viervoudige van die van haar man. Later namen Torcks eigen inkomsten toe vanwege stijgende verdiensten uit zijn talrijke ambten en commissies, zowel in Gelderland als in Amsterdam. Het vermogen en besteedbaar inkomen van het echtpaar waren in Gelderland ongeëvenaard en behoorden in de Republiek tot de grootste van hun tijd.

Torck profileerde zich niet alleen als een eigenzinnige bestuurder, maar ook als een actieve bouwheer en verstandige investeerder, die met de verhuring van de door hem gebouwde huizen in Wageningen een ongewone inkomstenbron aanboorde.

Rond 1740 gaf hij opdracht tot de bouw van elf huizen in Wageningen, die hij ging verhuren. Aan het eind van zijn leven liet hij nog een nieuwe kerk in Rosendael bouwen.

Ook het echtpaar Torck-van Hoorn overleed kinderloos. Hun neef Assueer Jan Torck werd in 1764 de nieuwe heer van Rosendael. Deze begon met een bebossingsprogramma van o.a. de Imbosch. Bovendien breidde hij zijn grondbezit op de Veluwe aanzienlijk uit tot een gebied van ongeveer 10.000 ha., gefinancierd met het van zijn tante geërfde vermogen. A.J. Torck verwachtte rendement van deze bezitsuitbreiding, maar als hartstochtelijk jager was het hem niet minder te doen om zijn eigen jachtgebied uit te breiden. In deze jaren vallen ook de eerste veranderingen van de tuinaanleg in landschapsstijl; in 1781 werd daartoe de stadhouderlijke architect P.W. Schonck ingeschakeld. Torck en zijn vrouw Eusebia de Rode van Heeckeren hebben meer aandacht aan de modernisering van hun Haagse huis op de hoek van het Voorhout en de Kneuterdijk besteed dan aan Rosendael. In de loop van de jaren zeventig begonnen de vormen van het neoclassicisme (Lodewijk XVI-stijl) ingang te vinden, ook in het interieur van Torcks Haagse huis, zoals onder andere blijkt uit de bestellingen bij Haagse meubelmakers en zilversmeden.

Na hun dood in 1793 zetten hun zoon Reinhard en zijn vrouw Goswina van Neukirchen gen. Nyvenheim het beheer ongewijzigd voort, zodat zij met de inkomsten van kapitaal en onroerend goed dezelfde staat konden blijven voeren. Ook zij kochten meubels, zilver en porselein in 's-Gravenhage. Op Rosendael werden weinig wijzigingen aangebracht. Uit bewaard gebleven gastenboeken uit het eerste kwart van de 19de eeuw blijkt hoe geliefd een uitstapje naar Rosendael in deze dagen was.

Onder de volgende generatie volgden grote veranderingen. Hun zoon Adolph trouwde in 1834 met Louise Huyssen van Kattendijke. De ouderwets geworden tuin onderging een metamorfose. J.D. Zocher jr. ontwierp het nu nog bestaande park in landschapsstijl, waarin enkele 18de-eeuwse onderdelen zoals de schelpengalerij gehandhaafd werden. De 18de-eeuwse bouwhuizen werden afgebroken, en koetshuis en stal werden in de nieuwe zijvleugel ondergebracht. In het park verrees een grote oranjerie en vlak daarbuiten een logement en een school. Adolph Torck en zijn vrouw hebben maar kort van deze metamorfose kunnen genieten; zij overleden in 1842 en 1843. Hun enig overgebleven kind Ada trouwde in 1854 met haar neef Reinhard baron van Pallandt van Keppel. Door dit huwelijk kwam het oude grondbezit, dat een generatie eerder gesplitst was, voor een belangrijk deel weer in één hand. Kort daarna gaf Van Pallandt opdracht aan de architect L.H. Eberson het interieur van Rosendael te vernieuwen. De vertrekken van de zijvleugel werden vernieuwd en de salons aan de zuidzijde op de begane grond van het huis werden ingrijpend aangepast; aan de zijvleugel werd tevens een veranda toegevoegd. De tuinarchitect Dirk Wattez maakte reorganisatieplannen voor onderdelen van het park, die niet, of slechts voor een klein deel, werden uitgevoerd. In de nabijheid van de bedriegertjes werd een zogenaamde *Engelse tuin* aangelegd. De Koningsberg en omgeving werden volgens Wattez' ontwerp opnieuw ingeplant.

Na het overlijden van het echtpaar Van Pallandt-Torck werd Rosendael in 1902 door hun tweede zoon Frederik Jacob Willem baron van Pallandt en zijn vrouw Constantia Alexine Loudon met hun kinderen betrokken. Zij waren de laatsten die het gehele huis, met alle bedrijvigheid van dien in gebruik hadden. In hun tijd werd de rozentuin voor het huis aangelegd. Hun oudste zoon erfde Keppel, de derde zoon Willem Frederik Torck baron van Pallandt erfde Rosendael. Rosendael heeft in de oorlog ernstig te lijden gehad. Het huis, de schelpengalerij en de oranjerie werden zwaar beschadigd. De oranjerie moest na de oorlog zelfs worden afgebroken. Van Pallandt liet de oorlogsschade herstellen en de schelpengalerij restaureren. Hij bewoonde na de oorlog de zijvleugel; het huis zelf werd verhuurd. Na zijn overlijden in 1977 werden kasteel en park c.a. ter grootte van 45 ha. overgedragen aan de Stichting Het Geldersch Landschap, die het park herstelde, de rozentuin opnieuw aanlegde en de oranjerie herbouwde. Het kasteel werd in erfpacht gegeven aan de Stichting Vrienden der Geldersche Kasteelen, die erin slaagde het te restaureren en in historische trant in te richten. Sinds 1990 is het kasteel opengesteld voor publiek.

Elke generatie bewoners streefde er naar het van vader of oom geërfde bezit zo goed mogelijk in stand te houden en ongeschonden aan de volgende generatie door te geven. Jan van Arnhem en Lubbert Adolf Torck gingen daarin nog verder en bepaalden zelfs dat hun erfgenamen geen meubels mochten verkopen. De familieportretten die de wanden bedekten hielden de herinnering levend aan voorgaande bewoners. Andere genres schilderijen waren op Rosendael niet aanwezig. Maar de meeste aandacht ging niet uit naar het huis en de decoratie van het interieur, maar naar de tuinaanleg. Vijverpartijen met cascaden, waterlopen en fonteinen, gevoed door het altijd stromende water afkomstig uit het sprengensysteem in de nabijgelegen heuvels, en de geaccidenteerde terreingesteldheid vormden de belangrijkste kenmerken van de aanleg. Het voor een Hollandse tuin onbereikbare ideaal van voortdurend stromend water maakte Rosendael ook in Gelderland tot iets uitzonderlijks. Aanvankelijk diende het water ter verdediging van het huis en daarna als krachtbron voor de Rosendaelse papiermolens, maar sedert de tweede helft van de 17de eeuw werden nut en vermaak gecombineerd.

Jan van Arnhem gaf aan de door hem tot stand gebrachte aanleg de betekenis van een gedenkteken voor zijn geslacht, waarvan hij de laatste mannelijke telg was. De donjon was ook zo'n gedenkteken. Deze werd door alle opeenvolgende bewoners zorgvuldig gespaard als blijk van de oudheid van deze plaats en van de geslachten die daar woonden.

De tuin was al in de 17de eeuw voor belangstellenden toegankelijk, en is dat altijd gebleven. Vele reisbeschrijvingen en talloze bezoekers die hun naam, dikwijls vergezeld van een opmerking, in gereedliggende gastenboeken schreven, wijzen op de grote populariteit van een uitstapje naar Rosendael. De tegenwoordige openstelling kan dus op een eeuwenoude traditie bogen.

Het uitgangspunt bij dit onderzoek naar de geschiedenis van Rosendael was de gedachte dat het huis, de inrichting en de tuin niet los van elkaar gezien kunnen worden. Niet het huis maar de bewoners zijn telkens centraal gesteld om duidelijk te maken hoe belangrijk hun rol bij de instandhouding was. De moderniseringen die zij aanbrachten waren niet alleen een kwestie van smaak. Opleiding en ervaring, inkomen en vermogen, het verkrijgen van ambten of het afzien daarvan vormden factoren die van invloed waren op een geslaagd beheer. Niet elke generatie bezat dezelfde talenten, en dus keerden de kansen op Rosendael nog wel eens.

Dankzij het omvangrijke huisarchief van Rosendael (Rijksarchief Gelderland), dat voor deze studie voor het eerst systematisch is onderzocht, konden vele namen van betrokkenen bij veranderingen aan huis en tuin en bij bestellingen van inrichtingsstukken worden vastgesteld.

Rosendael werd telkens bewoond als zomerverblijf in afwisseling met een huis in de stad, waar de winter werd doorgebracht. De Van Arnhems hadden een huis in Arnhem, de Torcken in Wageningen en Amsterdam en later in 's-Gravenhage. Veranderingen voltrokken zich meestal eerst in het stadshuis en pas later op Rosendael. Op beide plaatsen werden vaak dezelfde vaklieden ingeschakeld. Ook bij de keuze van zilversmeden, meubelmakers, stucwerkers etc. hadden 's-Gravenhage en Amsterdam de voorkeur. De daar vervaardigde voorwerpen werden eerst in de stadshuizen gebruikt, en pas in een later stadium overgebracht naar Rosendael. Na 1830 ging Rosendael een nieuwe fase in toen het als permanent verblijf ging dienen.

Summary

'A green heaven on earth' is how Constantijn Huygens described Rosendael (near Arnhem, Gelderland) after a visit in 1678. The fame the garden already enjoyed then was only to increase as the years went on.

The date of the castle's foundation is unknown. The earliest mention of it dates from 1314 and it may be that Reinald I of Gelderland initiated the first building work on the site around 1300. Up to 1516 the castle served as one of the residences of the Counts, after 1339 Dukes, of Gelderland. The 14th century saw its rise, the early 15th century its heyday, with its decline setting in around the middle of the 15th century. The Medieval complex reached its largest size, approximately 80 x 45 metres, around 1400. However, this is known only from remains of walls and old representations, since the large 14th-century keep, which was rebuilt after a fire in 1412, is all that has survived to the present day. The Medieval history of the castle came to an end in 1516, when Karel, Duke of Gelderland, mortgaged the delapidated house to Gerrit van Scherpenseel. He restored it and in 1536 his son Willem acquired the property rights to it from the duke. In 1579 Willem's children sold it to Dirck van Dorth. That was the only time it has changed hands by sale. Since then it has for four centuries been handed down exclusively by inheritance or marriage to eleven successive generations of the Van Dorth, Van Arnhem, Torck and Van Pallandt families.

In 1615 Dirck van Dorth the Younger built a two-wing house against the east side of the keep, making use of Medieval masonry. This house remained largely unaltered in shape up to 1721. Dirck's daughter Ermgard married Robert van Arnhem in 1632 and in 1667 their daughter Janne Margriete married her cousin Jan van Arnhem. He was an exceptionally gifted and devout man and a steadfast administrator, but he was also a poet and a lover of the art of gardening, while his good relations with the King-Stadholder William III, whose counsellor he was, lent Rosendael an extra dimension. William III was a frequent visitor there, thanks in particular to their shared love of hunting and gardens. The friendly relations between William and Mary and the Van Arnhems left various traces on Rosendael, which are now no longer in existence, such as a belvedere designed by Daniel Marot. For fifty years Van Arnhem made his mark on the lay-out of the garden by introducing improvements year in year out according to his own lights. The pool complex was already present in part and as a scholarly amateur Van Arnhem designed waterworks, parterres and other garden ornaments. During the initial years he was probably inspired in the sphere of garden design by Johan Maurits of Nassau-Siegen from Cleves, while in later years Hans Willem Bentinck was his most important kindred spirit in this respect. Van Arnhem also gave others, William III included, the benefit of his knowledge in the field. Shortly before 1700 he commissioned J. d'Outrein and P. Schenk to record the garden at Rosendael in words and pictures respectively, so that it is known in detail. Van Arnhem made of Rosendael a Gelderland Helicon, where poets could find inspiration, while others who were interested were allowed to stroll in the garden.

Meanwhile the house itself had become old-fashioned, Van Arnhem having altered only the outbuildings on the forecourt. Jan and Janne Margriete van Arnhem died without issue, so their nephew Lubbert Adolf Torck, who lived in Wageningen, inherited Rosendael in 1721. He embarked on a radical renovation of the house and outbuildings, which was completed around 1725. The keep acquired new storeys with barrel vaults and a dome, while on the roof was installed a lantern from the demolished belvedere of William III. As regards the house itself too, it was more a question of adapting the existing buildings to the taste of the time than of introducing a new concept. However, the siting of the outbuildings in a line on the north side of the forecourt was an original solution. To mask the old bricks the house was plastered. Most of those who carried out the renovation and supplied the materials were from Amsterdam. Details are known thanks to the daybooks kept by Torck. The decoration and furnishing of the rooms is known from an inventory of 1764. It was characterized by the use of costly, colourful fabrics, which could create a greater unity in a room by being used throughout. The walls were hung virtually exclusively with portraits and not with pictures of other subjects.

Daniel Marot was charged with designing the modernization of the garden lay-out, but the basic lines laid out by Van Arnhem remained unaltered. The still extant shell gallery, the summerhouse, the trick fountains and the cascade with the river gods date from this period. As a worthy successor to Van Arnhem, Lubbert Torck spared neither expense nor trouble over a period of forty years for the continual enhancement and daily maintenance of the garden. In 1722 he married an Amsterdam heiress, Petronella van Hoorn, who with her fortune of over a million guilders, derived from the Dutch East Indies, provided an important financial contribution to the renovation of Rosendael and the modernization of the garden. Her means and also her annual income were initially four times greater than those of her husband, but his own income rose later thanks to increased earnings from his numerous public offices and commissions in both Gelderland and Amsterdam. The fortunes and disposable incomes of the couple were unequalled in Gelderland and belonged among the largest of the day in the Republic.

Torck distinguished himself not only as a strong-willed administrator, but also as an active builder and wise investor, who tapped an unusual source of income by renting eleven houses which he commissioned to be built in Wageningen around 1740. At the end of his life he had a new church built at Rosendael.

He and his wife also died childless, so their nephew Assueer Jan Torck became the new master of Rosendael in 1764. He began a programme of afforestation, in the Imbosch among other places. Moreover, he considerably enlarged his lands on the Veluwe to a total area of around 10,000 hectares. This he financed with money inherited from his aunt. He expected a return from it, but he was no less concerned to enlarge his own hunting-grounds. These years also saw the first alterations of the garden lay-out in the landscape style, the Stadholder's architect P.W. Schonck being brought in for this in 1781. Torck and his wife Eusebia de Rode van Heeckeren paid more attention to the modernization of their town house at the corner of Voorhout and Kneuterdijk in The Hague than to Rosendael. That the Neo-Classical Louis XVI style, which began to catch on during the 1770s, also made its entree into the interior of the Torcks' Hague house is clear from, among other things, the orders given to Hague cabinetmakers and silversmiths.

After his parents' deaths in 1793, their son Reinhard and his wife Goswina van Neukirchen called Nyvenheim continued the management of the estate unchanged, so that they could go on living in the same state on the incomes from capital and property. They too bought furniture, silver and porcelain in The Hague. Few alterations were made at Rosendael. Visitors' books of the first quarter of the 19th century show how popular a trip to Rosendael was at that time.

Great changes ensued under the next generation. Reinhard and Goswina's son Adolph married Louise Huyssen van Kattendijke in 1834. The now old-fashioned garden underwent a metamorphosis. J.D. Zocher the Younger designed the park as it now stands in the landscape style, in which some of the 18th-century components, such as the shell gallery were retained. The 18th-century outbuildings were demolished and the coachhouse and stables were accommodated in a new side wing. A large orangery was built in the park and just outside it an inn and a school. Adolph Torck and his wife were only granted a short time to enjoy these changes; they died in 1842 and 1843 respectively. Their only surviving child Ada married her cousin Reinhard, Baron van Pallandt van Keppel, in 1854. Through this marriage a large part of the old estate, which had been split up in the previous generation, came into one hand again. Shortly afterwards, Van Pallandt commissioned the architect L.H. Eberson to renovate the interior of Rosendael. The rooms of the side wing were refurbished, while the salons on the ground floor of the south side of the house were radically altered and a verandah was also added to the side wing. The garden designer Dirk Wattez made reorganization plans for parts of the park, but these were either not executed at all or only to a minor extent. Near the trick fountains an 'English garden' was laid out, while the Koningsberg and its surroundings were replanted in accordance with Wattez' design.

After the deaths of Van Pallandt and his wife, their second son Frederik Jacob Willem, Baron van Pallandt, went to live at Rosendael in 1902 with his wife Constantia Alexine Loudon and their children. They were the last owners to use the whole house with all that that entailed. In their time the rose garden was laid out in front of the house. Their eldest son inherited Keppel, the third son Willem Frederik Torck, Baron van Pallandt, Rosendael. Rosendael suffered badly during the war, the house, the shell gallery and the orangery sustaining severe damage. The orangery even had to be demolished after the war. Van Pallandt had the war damage repaired and the shell gallery restored. After the war he lived in the side wing and the house itself was let. After his death in 1977 the castle and park with appurtenances to the extent of 45 hectares was made over to the Gelderland Countryside Trust, which restored the park, laid out the rose garden again and rebuilt the orangery. The castle was given on long lease to the Gelderland Trust for Historic Houses, which succeeded in restoring it and refurnishing it in a historical manner. It has been open to the public since 1990.

Each generation of inhabitants did their best to maintain the property inherited from father or uncle as well as possible and to hand it over to the next generation unimpaired. Jan van Arnhem and Lubbert Adolf Torck went still further in this, even stipulating that their heirs might not sell any furniture. The family portraits that covered the walls kept the memory of previous inhabitants green. There were no other types of painting at Rosendael. However, it was not the house and the decoration of its interior that received the greatest attention, but the garden. The most characteristic features of its lay-out were the pools with cascades, watercourses and fountains, fed by the constantly flowing water from the system of springs in the nearby hills, and the undulating nature of the terrain. The ideal of constant flowing water, unrealizable in the western part of the country, made Rosendael something exceptional, even in Gelderland. The water served first as a defensive moat around the castle, then as a source of power for the Rosendael papermills, but from the second half of the 17th century utility and enjoyment were combined.

Jan van Arnhem endowed the lay-out he created with the significance of a memorial to his family, of which he was the last male heir. The keep was another such memorial. It was carefully maintained by all the successive owners as evidence of the antiquity of this place and the families that lived there.

The garden was already open to interested visitors in the 17th century and has always remained so. Many references in descriptions of travels and countless visitors who wrote their names, often accompanied by a comment, in the visitors' books testify to the popularity of a trip to Rosendael. Thus its present accessibility can boast of a long tradition.

This research into the history of Rosendael was based on the idea that the house, the interior decoration and the garden cannot be seen in isolation from each other. Throughout pride of place is given not to the house, but to its inhabitants, in order to make clear how important their roles were in its maintenance. The modernizations they brought in were not just a question of taste. Education and experience, incomes and means, the obtaining of public offices or the relinquishing of them were factors that had an influence on successful management. Not every generation was blessed with the same talents, so Rosendael's luck took a turn at times. Thanks to the extensive records of Rosendael (Public Record Office, Gelderland), the first systematic examination of which was undertaken for this study, it has been possible to discover many names of those involved in alterations to the house and gardens and orders for the interior decoration.

Rosendael was always used as a summer residence in alternation with a house in town, where the winter was spent. The Van Arnhems had a house in Arnhem, the Torcks houses in Wageningen and Amsterdam and later in The Hague. Changes were generally made in the town house first and only later at Rosendael, the same craftsmen often being brought in for both. In the choice of silversmiths, cabinetmakers, plasterers, etc. The Hague and Amsterdam were also given preference. The objects made there were used in the town houses first and only transferred to Rosendael at a later stage. After 1830 Rosendael entered a new phase, when it came to serve as a permanent residence.

Translated by Patricia Wardle

Geraadpleegde archieven

Algemeen Rijksarchief, 's-Gravenhage
Eerste afdeling: Nassause Domeinraad
archief van Johan van Hoorn
Derde afdeling: archief van huis Duivenvoorde
Kaartenafdeling: situatiekaarten (OSK)
binnenlandse kaarten (VTH,VTHR)

Rijksarchief in de provincie Gelderland
Archief van de Gelderse Leenkamer
Archief van de Staten van het kwartier van Veluwe
Archief van het Hof van Gelre en Zutphen
Archief van de Gelderse Rekenkamer
Archieven van de gewestelijke besturen in de Bataafs-Franse tijd 1795-1813
Rechterlijk archief van de hoge heerlijkheid Rozendaal
Archief van het jachtgericht in Veluwe en Veluwezoom
Archief van het huis Biljoen
Archief van het huis Cannenburch
Archief van het huis Enghuizen
Archief van het huis Keppel
Archief van het huis Kernhem
Archief van het huis Middachten
Archief van het huis Rosendael
Archief van de familie Brantsen
Archief van de familie Van Spaen, tak Biljoen
Handschriftenverzameling

Rijksarchief in de provincie Groningen
Archief van de families Van Bolhuis, Arkema en Van Zeeburgh

Rijksarchief in de provincie Drenthe
Archief van het huis Batinge
Archief van de familie De Milly van Heiden Reinestein

Rijksarchief in de provincie Utrecht
Archief van het huis Amerongen

Gemeentearchief Arnhem
Oud-archief van de gemeente Arnhem
Rechterlijk archief
Retro-acta van de burgerlijke stand
Archief van de Sint Nicolai Broederschap

Gemeentearchief 's-Gravenhage
Notariële protocollen

Gemeentearchief Wageningen
Oud-archief van de gemeente Wageningen

Koninklijk Huisarchief, 's-Gravenhage
Archief van Johan Maurits van Nassau-Siegen
Archief van Maria Louise van Hessen-Kassel
Archief van Willem V

Hoge Raad van Adel
Collectie Snouckaert van Schauburg

Centraal Bureau voor Genealogie, 's-Gravenhage
Archief van de familie Van der Goes

Particuliere archieven
Archief VdS, Vorden
Archief van het huis Verwolde, Laren (Gld)
Archief van het huis Twickel, Delden
Fürstlich Salm-Salm'sches Archiv Anholt, Hausarchiv Anholt (Duitsland)

Bibliografie

BMG	Bijdragen en Mededelingen van de Vereniging Gelre
BRM	Bulletin van het Rijksmuseum
GOC	Gelders Oudheidkundig Contactbericht
KNOB	Koninklijke Nederlandse Oudheidkundige Bond
LKJ	Leids Kunsthistorisch Jaarboek
NKJ	Nederlands Kunsthistorisch Jaarboek
NNBW	Nieuw Nederlandsch Biografisch Woordenboek
NOB	Nederlandschen Oudheidkundigen Bond
NVVC	Nederlandse Vereniging van Vrienden van de Ceramiek
RDMZ	Rijksdienst voor de Monumentenzorg
RGP	Rijks Geschiedkundige Publicatiën

Aa, A.J. van der 1839-1851, *Aardrijkskundig woordenboek der Nederlanden* 1-13, Gorinchem 1839-1851.

Aa, A.J. van der 1852-1878, *Biographisch woordenboek der Nederlanden* 1-21, Haarlem 1852-1878.

Aalbers, J. 1980, *De Republiek en de vrede van Europa*, Groningen 1980.

Aalbers, J. 1982, 'Reinier van Reede van Ginckel en Frederik Willem van Reede van Athlone. Kanttekeningen bij de levenssfeer van een adellijke familie, voornamelijk gedurende de jaren 1722-1742', *Jaarboek Oud Utrecht* 1982, p. 102.

Aalbers, J. 1987, 'Geboorte en geld. Adel in Gelderland, Utrecht en Holland tijdens de eerste helft van de achttiende eeuw', *De bloem der natie. Adel en patriciaat in de Noordelijke Nederlanden* (red. J. Aalbers en M. Prak), Meppel 1987, p. 56-78.

Aalbers, J. en M. Prak (red.) 1987, *De bloem der natie. Adel en patriciaat in de Noordelijke Nederlanden*, Meppel 1987.

Aalbers, J. 1991. 'Veluwse riddermatige adel (1675-1740)'. In: A. Klukhuhu, ed. *De eeuwwende 1700*, Utrecht 1991 .

Aardoom, L. 1989, *Caart der limitten van de hooge en vrije heerlyckhydt van het Loo*, Alphen aan den Rijn 1989.

Ablaing van Giessenburg, W.J. d' 1859, *De ridderschap van Veluwe*, 's-Gravenhage 1859.

Ablaing van Giessenburg, W.J. d' 1877, *Bannerheren en ridderschap van Zutphen* I-II, 's-Gravenhage 1877-1885.

Ablaing van Giessenburg, W.J. d' 1899, *De ridderschap van het kwartier van Nijmegen*, 's-Gravenhage 1899.

Agt, J.J.F.W. van 1959, 'De buitenplaats Beeckesteyn bij Velzen', *Bulletin KNOB* zesde serie 12 (1959), kol. 165-182.

Akkermans-Praagman, A.I.M. 1987, *De kerk te Rozendaal. Een herenkerk uit de 18e eeuw*, Stichting vrienden van de kerk te Rozendaal, Rozendaal 1987.

Akkermans-Praagman, A.I.M. 1988, 'Vorstelijke nagebuuren', *Ambt en Heerlijkheid*, Mededelingen van de Oudheidkundige Kring 'Rheden-Rozendaal', no. 91 (sept. 1988), p. 3-10.

Akkermans-Praagman, A.I.M. 1990, 'Honderdvijftig jaar gastvrijheid op de berg ten einde', *Ambt en Heerlijkheid*, Mededelingen van de Oudheidkundige Kring 'Rheden-Rozendaal' no. 96 (juli 1990), p. 5-8.

Alberts, W. Jappe 1978, *Geschiedenis van Gelderland tot 1492* I, Zutphen 1978.

Album Studiosorum Academiae Lugduno Batavae MDLXXV-MDCCCLXXV, 's-Gravenhage 1875.

Anoniem, *Het reisje naar Gelderland, of de vervulling van Hermans wenschen*, Nijmegen 1830.

Arnhem, Jan van 1694, *Jesus Christus in het lighaam sijns vleesches* en *Jesus Christus in het bloed sijnes cruices*, 1694.

Arnhem, Jan van 1701, *'s Menschen leven – afgebeeld door een schip, aen de wal reijsveerdigh liggende, in vergelijckinge met het schip aen den oever van de eeuwigheyt*, Arnhem 1701.

Arnhem, Jan van 1707, *Gedagten en gedigten, geestelyke en zedelyke*, Leiden 1707.

Arnhem, Jan van 1715, *Order en regel voor 's menschen leeven*, 1715.

Arthaud, C. 1973, *Dream palaces*, London 1973.

Aslet, C. & H. Tromp 1988, 'Middachten castle, near Arnhem', *Country Life* 13 oct. 1988, p. 214-220.

Baarsen, R.J. 1985, 'French upholsterers in Amsterdam', *Furniture History* XXI (1985), p. 48-60.

Baarsen, R.J. 1988, 'Andries Bongen (ca. 1732-1792) en de Franse invloed op de Amsterdamse kastenmakerij in de tweede helft van de achttiende eeuw', *Oud Holland* 102 (1988), p. 22-70.

Baarsen, R.J. 1989, ''Noble simplicité'. De decoratieve kunsten en de Franse smaak', *Edele eenvoud. Neo-classicisme in Nederland 1765-1800*, Zwolle 1989, p. 113-121.

Baarsen, R.J. 1991, 'Hendrik Ebbens (1726-1807) en de inlijsting van enkele stadhouderlijke portretten', *BRM* 39 (1991) no. 4, p. 453-464.

Baarsen, R.J. 1993, ''In de commode van Parijs tot Den Haag'. Matthijs Horrix (1735-1809), een meubelmaker in Den Haag in de tweede helft van de achttiende eeuw', *Oud Holland* 107 no. 2 (1993), p. 161-255.

Beckeringh, Th. 1895, 'Journal of dagverhaal van een plaisir reisje van Groningen na Kleef, in 1740 door P. Muntinghe J.U.D., A.H.W. de Vriese J.U.D., M. van Bolhuis, J.U.D. en mij, Theod. Beckering', *De Navorscher* XXVIII (1895), p. 349-372, 495-512, 676-699, 725-746.

Beeling, A.C. 1986, *Nederlands zilver 1600-1813* III, Leeuwarden 1986.

Beke, L. ter 1988, *Kasteel Rosendael. Bouwhistorie*, I 1314-1516; II 1516-1579, afstudeerproject Technische Universiteit Delft, afdeling Bouwkunde, Delft 1988.

Belonje, J. 1936, 'Het huis Harsseloo en zijn bezitters', *BMG* XXXIX (1936), p. 43-75.

Belonje, J. 1980, 'Koning Lodewijk betrok Het Loo in mei 1807', *GOC* no. 85 (1980/II), p. 1-2.

Beltjes, P.J.W. 1979, 'Over Staverden en de witte pauwen', *Acht zwerfstenen uit het Gelders landschap*, Arnhem 1979, p. 117-140.

Bemolt van Loghum Slaterus, A.J. 1981, *Nederlandse familiepenningen tot 1813*, Zutphen 1981.

Berendsen, A. 1950, *Het Nederlandse interieur*, Utrecht 1950.

Beresteyn, E.A. van 1908, 'Het huis te Meteren en zijn bezitters (1267-1907)', *BMG* XI (1908), p. 335-372.

Berg, F.G. van den 1943, 'Het huis Herengracht 493 en zijn bewoners', *Maandblad Amstelodamum* XXX (1943), p. 100-102, 109-111 en 118-121.

Bergé, W. 1988, 'De Middeleeuwse burcht Middachten', *De stenen droom. Opstellen over bouwkunst en monumentenzorg opgedragen aan Coen-*

raad Liebrecht Temminck Groll, Zutphen 1988, p. 167-174.
Bergevoet, F. 1992, *Zeventiende-eeuws stucwerk in Nederland*, doctoraalscriptie, Kunsthistorisch Instituut der Rijksuniversiteit Leiden 1992.
Berkhout, J.G. 1974, 'De firma Schick, makers van neogothische meubelen', *Antiek* 9 (1974) no. 4, p. 394-400.
Berkhout, J.G. 1974, 'De Haagse stoelenmaker Albert Eeltjes (1751-1836)', *Antiek* 9 (1974) no. 5, p. 453-466.
Bezemer-Sellers, Vanessa 1990, 'The Bentinck garden at Sorgvliet', *The Dutch garden in the seventeenth century* (J. Dixon Hunt ed.), Dumbarton Oaks colloquium on the history of landscape architecture XII, Washington 1990, p. 99-129.
Biema, E. van 1910, 'Een reis door Holland in 1736', *Oud Holland* 28 (1910), p. 77-92.
Bienfait, Anna G. 1943, *Oude Hollandsche tuinen*, 's-Gravenhage 1943.
Bierens de Haan, J.C. 1983, 'De tuinen van huis Verwolde', *De Woonstede door de eeuwen heen* no. 59 (1983), p. 36-45.
Bierens de Haan, J.C. 1985, 'David van Stolk (1692-1770), architect. Deel I: Rotterdamse jaren (ca. 1720-1750)', *Bouwen in Nederland. Vijfentwintig opstellen over Nederlandse architectuur opgedragen aan Prof Ir. J.J. Terwen*, LKJ 3 (1984), Delft 1985, p. 23-53.
Bierens de Haan, J.C. 1986, 'Huis Oldenaller te Putten', *De Woonstede door de eeuwen heen* 69 (1986), p. 34-49.
Bierens de Haan, J.C. 1987, 'Een Gelders en een Hollands werk van Ignatius van Logteren uit circa 1720', *Achttiende-eeuwse kunst in de Nederlanden*, LKJ 4 (1985), Delft 1987, p. 333-343.
Bierens de Haan, J.C. 1987, 'David van Stolk (1692-1770), architect, deel II: in dienst bij Prins Willem IV en Willem V', *Achttiende-eeuwse kunst in de Nederlanden*, LKJ 4 (1985), Delft 1987, p. 481-497.
Bierens de Haan, J.C. e.a. 1988, *Bronbeek, Koninklijk tehuis voor oud-militairen* (bezoekersgids), Arnhem 1988.
Bierens de Haan, J.C. 1988, *Huis Verwolde Laren (Gld)* bezoekersgids, Arnhem 1988².
Bierens de Haan, J.C. 1989, 'De Wageningse huurhuizen gebouwd door L.A. Torck in 1743-1744', *GOC* no. 121 (1989) II, p. 1-3.
Bierens de Haan, J.C. (red.) 1990, *Meer om Cieraet als Gebruijck. Tuingeschiedenis van Gelderse buitenplaatsen / kunstbezit uit Gelderse kastelen*, Arnhem 1990.
Bierens de Haan, J.C. 1990, 'Het park van de Cannenburch', *De Cannenburch en zijn bewoners* (red. D.J.G. Buurman), Zutphen 1990, p. 259-275.
Bierens de Haan, J.D. 1905, 'Religieuse schilderkunst', *De Kroniek*, 4 februari 1905.
Bierens de Haan, J.D. 1906, 'De wandschildering in het Protestantsche kerkgebouw te Rosendaal in Gelderland', *Elsevier* XXXII (1906), p. 368-370.
Biografisch Lexicon 1978, *Biografisch Lexicon voor de geschiedenis van het Nederlandse protestantisme* I, Kampen 1978.
Blussé, Leonard 1990, 'Doctor at sea: Chou Mei-Yeh's voyage to the west (1710-1711)', *As the twig is bent ... Essays in honour of Frits Vos*, Amsterdam 1990, p. 7-30.
Boer, P. den 1986, *Het huijs int noorteynde. Het Koninklijk Paleis Noordeinde historisch gezien*, Zutphen 1986.
Bonnema, A.A. 1981, 'Geschiedenis van het Planken Wambuis', *Nederlands Bosbouwtijdschrift* 53 (1981), p. 55-61.
Bos, J. e.a. (red.) 1989, *Huizen van stand. Geschiedenis van de Drentse havezaten en andere herenhuizen en hun bewoners*, Meppel 1989.
Breedveldt Boer, I.M. 1991, *Plafonds in Nederland 1300-1800*, restauratievademecum bijdrage 12, 's-Gravenhage 1991.
Breukers, P.M.H. 1970, 'Het geslacht Rieff', *Gens Nostra* XXV (1970) no. 7/8, p. 230-235.
Broekema, M.B.W. 1984, *De inrichting van Paleis Soestdijk ten tijde van Willem II en Anna Paulowna 1815-1821 en 1850-1851*, doctoraalscriptie Kunsthistorisch Instituut der Rijksuniversiteit Leiden 1984.
Broekema, M.B.W. 1988, 'De inrichting van Paleis Soestdijk in het eerste kwart van de negentiende eeuw', *Antiek* 22 (1988) no. 6, p. 329-336.
Broekhof, C. 1986, 'Hollandse familiewapens op Japans porselein', *Antiek* 20 (1986), no. 8.
Brom, G. en L.A. van Langeraad 1907, 'Arnoldus Buchelius, commentarius rerum quotidianarum (1560-1599)', *Werken van het Historisch Genootschap* 3ᵉ serie no. 21 (1907), Amsterdam 1907.
Brongers, Machteld 1983, *Het kasteel te Hattem, een historisch onderzoek*, afstudeeronderzoek Technische Hogeschool Delft, afdeling Bouwkunde, Delft 1983.
Brouërius van Nidek, M. 1729-1731, *Het zegepralend Kennemerland*, Amsterdam 1729-1731.
Brouwer Ancher, A.J.M. 1898, 'Amsterdam Peter over Willem V', *Amsterdamsch Jaarboekje* 1898, p. 4-6.
Bruin, Claas 1716, *Kleefsche en Zuid-Hollandsche Arkadia of dag-verhaal van twee reizen, in en omtrent die gewesten gedaan, in dicht-maat uitgebreid*, Amsterdam 1716.
Bruyn, J.R. 1970, *De admiraliteit van Amsterdam in rustige jaren, 1713-1751*, Amsterdam 1970.
Buffa en Zn, Fr. 1850-1854, *Kasteelen en buitenplaatsen in het koningrijk der Nederlanden*, Amsterdam 1850-1854.
Buis, J. 1985, *Historia forestis. Nederlandse bosgeschiedenis* I en II, Utrecht 1985.
Bunt, A. van de 1970, 'Lubbert Adolf baron Torck en Wageningen', *GOC* no. 44 (jan./mei 1970), p. 1-6.
Buurman, D.J.G. 1958, 'Schets van de opeenvolgende bestuursindelingen in Gelderland vòòr de invoering van de Provinciale Wet van 1850', *BMG* LVII (1958), p. 23-45.
Buurman, D.J.G. 1965, *25 Jaren Stichting Vrienden der Geldersche Kasteelen 1940-1965*, Arnhem 1965.
Buurman, D.J.G. 1976, 'Iets over Gelderse buitenplaatsen', *Stichting Vrienden der Geldersche Kasteelen 1965-1975*, Arnhem 1976, p. 188-213.
Buurman, D.J.G. 1978, 'Vier portretten uit de collectie Van Pallandt van Rosendael, Rozendaal (Gld.)', *Vereniging Rembrandt, Nationaal Fonds Kunstbehoud, verslag over 1978*, p. 50-53.
Buurman, D.J.G. (red.) 1990, *De Cannenburch en zijn bewoners*, Zutphen 1990.

Campen, J.W.C. van 1973, 'Twee reisjes door Gelderland en het land van Kleef in 1720 en 1721', *BMG* LXVII, Arnhem 1973, p. 123-147.
Canneman, E.A. 1962, 'De restauratie van het kasteel Wisch', *Bulletin KNOB*, zesde serie 15 (1962), kol. 233-240.
Canneman, E.A. en L.J. van der Klooster 1967, *De geschiedenis van het kasteel Duivenvoorde en zijn bewoners*, 's-Gravenhage 1967.
Catalogus Amsterdam 1950, *De Stadhouder-Koning en zijn tijd*, herdenkingstentoonstelling 1650-1950, Rijksmuseum Amsterdam 1950.
Catalogus Amsterdam 1952, *Catalogus van meubelen en betimmeringen*, Rijksmuseum Amsterdam 1952³.
Catalogus Amsterdam 1964, *Wonen in de wijde wereld. Een tentoonstelling van de stichting cultuurgeschiedenis van de Nederlanders overzee*, Tropenmuseum Amsterdam 1963/1964.
Catalogus Amsterdam 1976, *All the paintings of the Rijksmuseum in Amsterdam*, Amsterdam/Maarssen 1976.
Catalogus Amsterdam/Toledo/Boston 1979, *Nederlands zilver / Dutch silver 1580-1830*, 's-Gravenhage 1979.
Catalogus Amsterdam 1984, *Meesterwerken in zilver. Amsterdams zilver 1520-1820*, Lochem 1984.
Catalogus Amsterdam 1992-A, Ch. van Rappard-Boon et al., *Imitatie en inspiratie: Japanse invloed op Nederlandse kunst van 1650 tot heden*, Amsterdam 1991.
Catalogus Amsterdam 1992-B, Ellinoor Bergvelt et al., *De wereld binnen handbereik. Nederlandse kunst- en rariteitenverzamelingen, 1585-1735*, Zwolle 1992.
Catalogus Arnhem 1952, *Twee eeuwen kunst in en om Arnhem 1600-1800*, Gemeentemuseum Arnhem 1952.
Catalogus Arnhem 1955, *Gelders zilver*, Gemeentemuseum Arnhem 1955.
Catalogus Arnhem 1958, *Catalogus van zilverwerken* Gemeentemuseum Arnhem 1958.
Catalogus Arnhem 1961, *Arnhems aardewerk*, Gemeentemuseum Arnhem 1961.
Catalogus Arnhem/Nijmegen 1990, *Meer om Cieraet als Gebruijck. Tuingeschiedenis van Gelderse buitenplaatsen / kunstbezit uit Gelderse kastelen*, Arnhem 1990.
Catalogus Brussel etc. 1968/1969, C. van Hasselt, *Landschaptekeningen van Hollandse meesters uit de XVIIᵉ eeuw uit de particuliere verzameling bewaard in het Institut Néerlandais te Parijs*, Parijs 1968/1969.
Catalogus Delft 1958, *De Nederlandsche Leeuw*, museum Het Prinsenhof Delft, Delft 1958.

Catalogus Delft 1960, *Je Maintiendrai*, tentoonstelling ter gelegenheid van de vestiging van het Oranje-Nassau museum in Delft, museum Het Prinsenhof Delft, Delft 1960.
Catalogus Delft 1972, *Nederlandse buitenplaatsen bedreigd? Huizen, tuinen, bewoners*, Stedelijk Museum Het Prinsenhof, Delft 1972.
Catalogus 's-Gravenhage 1962, *Catalogus van Haagse zilverwerken* Gemeentemuseum Den Haag z.j. [1962].
Catalogus Haarlem 1989, *Edele eenvoud. Neo-classicisme in Nederland 1765-1800*, Zwolle 1989.
Catalogus New York 1988, *Courts and Colonies. The William and Mary Style in Holland, England, and America*, New York 1988.
Catalogus Nijmegen 1983, *Nijmeegs Zilver 1400-1900*, catalogi van het kunstbezit van de Gemeente Nijmegen nr. 5, Nijmegen 1983.
Catalogus Rosendael 1948, *Veiling van diverse Antiquiteiten en Inboedelgoederen* ten overstaan van notaris L.F. Scheurleer te Velp, kasteel Rosendael te Rozendaal (Gld), 13/14 october 1948.
Catalogus Utrecht 1949/1950, *Catalogus van de bibliotheek 1e gedeelte van het kasteel Rosendael bij Arnhem*, verkooping 14 en 15 juni 1949, A.J. van Huffel's antiquariaat Utrecht.
Idem, tweede gedeelte, 25-28 april 1950.
Catalogus Utrecht 1981, *Zijdebalen – lusthof aan de Vecht. Tuin- en tekenkunst uit het begin van de 18de eeuw*, Centraal Museum Utrecht, Utrecht 1981.
Catalogus Wijhe 1934, *Catalogus van den inboedel en de verzamelingen van het kasteel 'Het Nijenhuis' te Wijhe (Overijssel)*, Wijhe 1934.
Charrière, Isabelle de 1979-1984, Isabelle de Charrière/Belle de Zuylen, *Oeuvres Complètes* I-X, Amsterdam 1979-1984.
Citroen, K.A. 1975, *Amsterdam silversmiths and their marks*, Amsterdam 1975.
Claessen, Johan 1758, *(Geldersch) Samuel gestorven, beweendt, en begraaven in den dood van den Hoog Welgebooren Gestr. Heere Lubbert Adolph Baron Torck*, Arnhem 1758.
Corbeiller, C. le, z.j., *China trade porcelain; patterns of exchange*, New York z.j.
Cornforth, J. 1978, 'An extravagance of shells', *Country Life* 24 augustus 1978, p. 495-498.
Couwenberg, A.J. Jz. z.j., *Tafereelen uit de omstreken der stad Arnhem, in 12 kunstplaten, naar de natuur geteekend. Gegraveerd door H.W. Couwenberg*, Arnhem z.j. [ca. 1835].
Craandijk, J. 1875-1888, *Wandelingen door Nederland* (platen door P.A. Schipperus) 1-8, Haarlem 1875-1888.
Cremers, C.M. 1986, 'Het park van kasteel Rosendael', *Groen* 42 (1986), no. 7/8, p. 22-26.
Crommelin, C.A. 1951, *Descriptive catalogue of the physical instruments of the 18th century*, Leiden 1951.

Dagelijkse aenteeckeningen .. 1861, 'Dagelijkse aenteeckeningen van de reys gedaen tot het besigtigen van de werken gemaekt tot versterking van(de) IJssel-stroom ende de steden op deselve rivier gelegen', *Kronyk van het Historisch Genootschap gevestigd te Utrecht*, 17 (1861), vierde serie tweede deel, Utrecht 1861, p. 233-263.
Delille, Jacq. 1782, *Les jardins, ou l'art d'embellir les paysages, poème*, Paris 1782.
Denslagen, W.F. en A. de Vries 1984, *Kleur op historische gebouwen. De uitwendige afwerking met pleister en verf tussen 1200 en 1940*, RDMZ, 's-Gravenhage 1984.
Dezallier d'Argenville, A.J. 1709, *La théorie et la pratique du jardinage*, Paris 1709.
Diedenhofen, W. 1979, 'Johan Maurits and his gardens', *Johan Maurits van Nassau-Siegen (1604-1679). A humanist prince in Europe and Brazil*, 's-Gravenhage 1979, p. 197-236.
Diedenhofen, W. 1990, ''Belvedere', or the principle of seeing and looking in the gardens of Johan Maurits van Nassau-Siegen at Cleves', *The Dutch garden in the seventeenth century* (J. Dixon Hunt ed.), Dumbarton Oaks colloquium on the history of landscape architecture XII, Washington 1990, p. 49-80.
Don, P. 1987, *Kunstreisboek voor Nederland – Noord Holland*, Houten 1987.
Driessen, H.L. 1939, 'De vesting en het kasteel van Wageningen', *BMG* XLII (1939), p. 49-60.
Drossaers, S.W.A. en Th.H. Lunsingh Scheurleer 1974, *Inventarissen van de inboedels in de verblijven van de Oranjes en daarmee gelijk te stellen stukken 1567-1795* I-III, R.G.P. Grote serie 147-149, 's-Gravenhage 1974-1976.
Dubbe, B. 1987, 'Achttiende-eeuwse beeldhouwers in Overijssel', *Antiek* 22 (1987) no. 3, p. 127-149
Dubois, Pierre H. en Simone 1993, *Zonder vaandel. Belle van Zuylen 1740-1805, een biografie*, Amsterdam 1993.
Dudok van Heel, S.A.C. 1972, 'Wybrand Hendriks en de behangselmakers Remmers', *Maandblad Amstelodamum* 59 (1972), p. 102-109.
Dudok van Heel, S.A.C. 1977, 'Jan Pietersz. Zomer (1641-1724), makelaar in schilderijen (1690-1724)', *Jaarboek Amstelodamum* 69 (1977), p. 89-106.
Dumas, Ch. 1988, 'Beschrijving schilderstukken', *Prinsessegracht 29. Een monumentaal interieur*, VOM reeks no. 5, 's-Gravenhage 1988, p. 23 e.v.
Duyvené de Wit-Klinkhamer, Th.M. en M.H. Gans, *Geschiedenis van het Nederlandse zilver*, Amsterdam 1958.

Ebbinge, E. 1980, 'W.C. Brouwer (1877-1933), aarden vaatwerk – tuinaardewerk – bouwaardewerk', *Mededelingenblad NVVC* no. 97/98 (1980).
Edelman-Vlam, A.W. en C.H. Edelman z.j., 'Over belangrijk grondbezit te Bennekom in het verleden', *Een Veluws dorp; een herinneringswerk voor Ir M.M. van Hoffen*, uitgave stichting Oud Bennekom, z.j., p. 136.
Egg, Erich 1974, *Die Hofkirche in Innsbruck. Das Grabdenkmal Kaiser Maximilians I. und die Silberne Kapelle*, Innsbruck 1974.
Elias, J.E. 1903-1905, *De Vroedschap van Amsterdam 1578-1795* I-II, Haarlem 1903-1905.
Eliëns, F.M. en J. Harenberg 1984, *Middeleeuwse kastelen van Gelderland*, Rijswijk 1984.
Eliëns, T.M. 1990, *Kunst Nijverheid Kunstnijverheid. De nationale nijverheidstentoonstellingen als spiegel van de Nederlandse kunstnijverheid in de negentiende eeuw*, Zutphen 1990.
Enklaar, I.H. 1979, 'De inwijding van de kerk te Rozendaal', *Mededelingen Oudheidkundige Kring Rheden-Rozendaal*, jan. 1979 no. 65, p. 10-12.
Epen, D.G. van 1902, *Bijdragen tot de geschiedenis van het geslacht Van Pallandt*, 's-Gravenhage/Brussel 1902.
Erkelens, A.M.L.E. 1974, *De inrichting van het Oude Hof onder Koning Willem I*, doctoraalscriptie Kunsthistorisch Instituut der Rijksuniversiteit Leiden 1974.
Erkelens, A.M.L.E. 1974, 'De inrichting van het paleis Noordeinde onder Koning Willem I; J.A. Schuck en E. Muller', *Antiek* 9 (1974) no. 3, p. 284-302.
Erkelens, A.M.L.E. 1981, 'Delfts aardewerk op Het Loo', *Nederlandse kunstnijverheid en interieurkunst*, NKJ 31 (1980), Haarlem 1981, p. 263-272.
Erkelens, A.M.L.E. 1988, ''s Koninginnes Gonst. Delftse vazen van Mary Stuart (1663-1695)', *Antiek* 23 (1988) no. 2, p. 88-92.
Everdingen, L. van 1984, *Het Loo, de Oranjes en de jacht*, Haarlem 1984.

Fischer, P.M. 1983, 'De beeldhouwers Van Logteren en het Amsterdamse gevelornament', *De Lamp* 79 (1983), p. 29-31.
Fischer, P.M. 1988, ''Koninklijke Beelthouwer' Johannes Blommendaal. Zijn verblijf in Amsterdam en zijn sterfdatum', *Bulletin KNOB* 87 (1988) no. 4, p. 135-138.
Flanor 1887 [=Carel Vosmaer], 'Rosendaalsche vlugmaren', *Nederlandsche Spectator* 1887, no. 38, 39, 40, 41.
Fock, C. Willemijn 1985, 'Hendrik Adriaan van der Marck en de bouw van Damstraat 21 te Haarlem, het latere Teylers fundatiehuis', *Bouwen in Nederland. Vijfentwintig opstellen over Nederlandse architectuur opgedragen aan Prof Ir. J.J. Terwen*, LKJ 3 (1984), Delft 1985, p. 131-156.
Fock, C. Willemijn 1988, 'Spiegeling in het interieur. Een nieuwe mode in de zeventiende en achttiende eeuw', *Oog in oog met de spiegel*, N.J. Brederoo e.a. (ed.), Amsterdam 1988, p. 66-82.
Fock, C. Willemijn 1989, 'Stucwerk in Leiden', *Het Rapenburg, geschiedenis van een Leidse gracht* IVa, Leiden 1989, p. 79-133.
Frank-van Westrienen, A. 1983, *De Groote Tour. Tekening van de educatiereis der Nederlanders in de zeventiende eeuw*, Amsterdam 1983.
Frederiks, J.W. 1952-1961, *Dutch silver* I-IV, 's-Gravenhage 1952-1961.
Fremantle, Katharine 1970, 'A visit to the United Provinces and Cleves in the time of William III, described in Edward Southwell's journal', *NKJ* 21 (1970), Bussum 1970, p. 39-68.

Fritz, R. 1979, 'Kokosnootbokalen, vervaardigd in de Nederlanden van de 15de tot de 18de eeuw', *Antiek* 13 (1979) no. 10, p. 673-731.
Fuhring, Peter 1989, *Design into art. Drawings for Architecture and Ornament; the Lodewijk Houthakker collection*, The Hague 1989.

Gans, M.H. 1961, *Juwelen en mensen; de geschiedenis van het bijou van 1400 tot 1900, voornamelijk naar Nederlandse bronnen*, Amsterdam 1961.
Gemeentemuseum Arnhem 1986, *Gemeentemuseum Arnhem; zilver / Gelderland in beeld / Magisch realisme*, Arnhem 1986.
Gerretson, C. en P. Geyl 1934, *Briefwisseling en aanteekeningen van Willem Bentinck, Heer van Rhoon*, Werken van het Historisch Genootschap 3e serie no. 62, Utrecht 1934 (1976[2]).
Gevers, A.J. en A.J. Mensema 1983, *De havesaten in Salland en hun bewoners*, Alphen aan den Rijn 1983.
Gimberg, J. 1911, 'Theodericus a Lonen (Derk van Loonen)', *BMG* XIV (1911), p. 229-231.
Goes, A.W.A. van der 1986, 'Van reparatiën ende melioratiën: vier eeuwen onderhoud en verbouwen van slot Zuylen', *Jaarbericht Stichting Utrechtse Kastelen* 1986, p. 15-29.
Gorter, H.P. 1986, *Ruimte voor natuur; 80 jaar bezig voor de natuur van de toekomst*, 's-Graveland 1986.
Gou, L. de z.j., 'Prins Dimitri Alexewitsch Gallitzin (1738-1803)', *Biografische bijdragen over 18de-eeuwers*, fragmenten van jaarredes gehouden in de algemene vergadering van de Hollandsche Maatschappij der Wetenschappen, 1979-1985, Haarlem z.j., p. 55-79.
Grohmann, J.G./F.G. Baumgärtner 1796-1811, Zie: *Ideenmagazin ...*
Graaf, J. de 1923, 'Het huis en de heerlijkheid Verwolde', *BMG* XXVI (1923), p. 1-50.
Graesse, J.G.Th. *Führer für Sammler von Porzellan und Fayence Steinzeug, Steingut usw.*, Braunschweig 1974[24].
Graswinckel, D.P.M. 1933, 'Een wandeling door Arnhem in vroegere eeuwen', *Arnhem zeven eeuwen stad*, Arnhem 1933, p. 123-185.
Groen, J. van der 1669, *Den Nederlandtsen Hovenier*, Amsterdam 1669.

Haak, S.P. 1908, 'De plooierijen, in het bijzonder in het kwartier van Veluwe', *BMG* XI (1908), p. 69-207.
Haak, S.P. 1911, 'De plooierijen in het kwartier van Veluwe; nalezing', *BMG* XIV (1911), p. 83-109.
Haarst, J.W.G. van 1920, 'Limieten van Rozendaal', *BMG* XXIII (1920), p. 57-59.
Hall, James 1974, *Dictionary of subjects and symbols in art*, London 1974.
Halsema-Kubes, W. 1979, 'Die von Artus Quellinus und Bartholomäus Eggers für Johann Moritz geschaffenen Skulpturen', *Soweit der Erdkreis reicht; Johann Moritz von Nassau-Siegen (1604-1679)*, Kleve 1979, p. 213-232.
Handboek 1985, *Stichting Het Geldersch Landschap. Handboek 1985*, Arnhem 1985.
Hansmann, W. 1983, *Gartenkunst der Renaissance und des Barock*, Köln 1983.
Hardonk, R. 1979, 'De invasie van het huis Cannenburch in 1590', *BMG* LXX (1979), p. 55-78.
Harris, W. 1699, *A description of the King's Royal palace and gardens at Loo, together with a short account of Holland*, London 1699. Vertaald uit het engels door L.R.M. van Everdingen-Meyer, *De lusthof Het Loo van de Koning-Stadhouder Willem III en zijn gemalin Mary II Stuart*, 's-Gravenhage 1974.
Hartog, S. 1990, *Pronken met Oosters porselein*, Zwolle 1990.
Haslinghuis, E.J. 1917, 'Een fraai interieur te Arnhem', *Bulletin NOB*, 10 tweede serie (1917), p. 30-34.
Hasselt, G. van 1808, *Roozendaal als de prachtigste bezitting van de Geldersche graven en hertogen en derzelver hofhouding aldaar enz. enz. met echte bewyzen bekend gemaakt*, Arnhem 1808.
Heiningen, H. van 1987, *Batenburg, eeuwenlang twistappel*, Wychen 1987.
Hekker, R.C. 1951, 'De Nederlandse bouwkunst in het begin van de negentiende eeuw', *Bulletin KNOB* zesde serie 4 (1951), p. 1-28.
Helbrig, J. z.j. *Faïences Hollandaises XVIIe-XVIIIe-début XIXe S.; I. Pièces marquées*, Musées Royaux d'Art et d'Histoire, Bruxelles, z.j.
Hiddink, H.J. 1991, *De Nettelhorst*, Borne 1991.
Hirschfeld, C.C.L. 1779, *Aanmerkingen over de landhuizen en tuinkunst*, Utrecht 1779.
Hoefer, F.A. 1906, 'Verkoop van het kasteel te Wageningen', *BMG* IX (1906), p. 284.
Hofman, J.H. 1900, 'Het geslachtboek der heeren van Dorth', *BMG* III (1900), p. 81-116.
Hogendorp, H. van 1904, 'Dagboek van eene reis naar Nijmegen en het kasteel Biljoen in 1787, gehouden door Jonkvrouw A.C.W. van Hogendorp', *BMG* VII (1904), p. 415-449.
Hollestelle, Johanna 1988, 'Uit de bouwrekeningen van Middachten, 1695-1698', *De stenen droom. Opstellen over bouwkunst en monumentenzorg opgedragen aan Coenraad Liebrecht Temminck Groll*, Zutphen 1988, p. 187-195.
Hollstein, F.W.H. 1949-(1989), *Dutch and Flemish etchings, engravings and woodcuts ca. 1450-1700* I-(XXXIV), Amsterdam 1949-(1989), ten vervolge.
Hoogstraten, D. van en J.L. Schuer 1733, *Groot algemeen historisch, geographisch, genealogisch en oordeelkundig woordenboek* I-VII 1733.
Hoorn, D.A.C. van den 1982, 'Collectie Van Pallandt deels behouden; Veluwse geweien uit vorige eeuw', *Het Edelhert* 17 (1982) no. 2, p. 2-5.
Hopper, Florence 1981, 'The Dutch Régence garden', *Garden History* 9 (1981) no. 2, p. 118-135.
Hopper, Florence 1983, 'De Nederlandse klassieke tuin en André Mollet', *Bulletin KNOB* 82 (1983), no 3/4, p. 98-115.
Horrix, Mary 1956, 'Wat drie generaties opbouwden ...', *Jaarboek Die Haghe* 1956, p. 61-111.
Houte de Lange, C.E.G. ten 1992, *Familiefonds Hurgronje 1767-1992*, Middelburg 1992.
Hulst, R.S. 1986, 'Het Middeleeuwse kasteel Rozendaal in archeologisch perspectief', *BMG* LXXVII (1986), p. 26-49.
Hunt, J. D. en E. de Jong (red.) 1988, *The Anglo-Dutch garden in the age of William and Mary / De gouden eeuw van de Hollandse tuinkunst*, speciaal dubbelnummer van de *Journal of Garden History* 8 (1988), no. 2/3.
Hunt, J.D. 1986, *Garden and grove. The Italian Renaissance garden in the English imagination: 1600-1750*, Princeton 1986.
Hustinx-van Acker, B. 1975, *Haagse kabinetwerkers in de 18de eeuw*, doctoraalscriptie Kunsthistorisch Instituut der Rijksuniversiteit Leiden 1975.
Huygens, C. jr. 1876-1888, *Journalen van Constantijn Huygens den zoon*, Werken van het Historisch Genootschap te Utrecht, N.S. 23, 25, 32 en 46, Utrecht 1876-1888.

Ideen-Magazin für Liebhaber von Gärten, englishen Anlagen und für Besitzer von Landgütern, von Gärten und ländliche Gegenden, sowohl mit gerigem als auch grossem Geldaufwand nach den originellsten englishen, gothischen, sinesischen Geschmaksmanieren zu verschönern und zu veredeln, 1-60, uitgegeven door J.G. Grohmann/F.G. Baumgärtner, Leipzig 1796-1811.
Immerzeel, J. 1843, *De levens en werken der Hollandsche en Vlaamsche kunstschilders, beeldhouwers, graveurs en bouwmeesters van het begin der vijftiende tot op de helft der negentiende eeuw* III, Amsterdam 1843.

Jager, G. 1982, *Haagse stucdecoraties in de 18de eeuw*, doctoraalscriptie Kunsthistorisch Instituut der Rijksuniversiteit Leiden 1982.
Jager, Gemke W.M. en C. Willemijn Fock 1984, *Italiaans Stucwerk in Den Haag en Leiden 1700-1800*, Stichting LKJ, Delft 1984.
Japikse, N. 1927-1937, *Correspondentie van Willem III en van Hans Willem Bentinck, eerste graaf van Portland*, R.P.G. kleine serie 23-28, 's-Gravenhage 1927-1937.
Jellicoe, G.&S. (ed.) 1986, *The Oxford companion to gardens*, Oxford 1986.
Jong, E. de 1980, 'Waar de dood de wijsheid des levens leert; Zochers begraafplaats Soestbergen als aardse paradijstuin', *Dood en Begraven; Sterven en rouwen 1700-1900*, catalogus tentoonstelling Centraal Museum Utrecht, Utrecht 1980.
Jong, Erik de 1981, 'Virgilian Paradise: a Dutch garden near Moscow in the early 18th century', *Journal of Garden History* 1 (1981) no. 4, p. 305-344.
Jong, Erik de 1987, 'De jongste zuster der schoone kunsten. Tuinkunst in 18e-eeuws Nederland', *Nederlandse tuinen in de achttiende eeuw*, Documentatieblad werkgroep achttiende eeuw, Amsterdam & Maarssen 1987, p. 1-30.
Jong, Erik de 1990, 'For profit and ornament: the function and meaning of

Dutch garden art in the period of William and Mary, 1650-1702', *The Dutch garden in the seventeenth century* (J. Dixon Hunt ed.), Dumbarton Oaks colloquium on the history of landscape architecture XII, Washington 1990, p. 13-48.

Jong, Erik de 1993, *Natuur en Kunst. Nederlandse tuin- en landschapsarchitectuur 1650-1740*, Amsterdam 1993.

Jong, J.J. de 1985, *Met goed fatsoen. De elite in een Hollandse stad: Gouda 1700-1780*, Amsterdam/Dieren 1985.

Jonge, C.H. de 1938, *Paulus Moreelse, portret- en genreschilder te Utrecht 1571-1638*, Assen 1938.

Jongsma, H. en A. Loosjes z.j., *Kasteelen, buitenplaatsen, tuinen en parken van Nederland* I-III, Amsterdam, z.j.

Jörg, C.J.A. 1981, 'De handel van de V.O.C. in Oosters lakwerk in de 18de eeuw', *Nederlandse kunstnijverheid en interieurkunst*, NKJ 31 (1980), Haarlem 1981, p. 355-363.

Jörg, C.J.A. 1989, 'Een Japanse fles met de initialen FW', *Antiek* 23 (1989) no. 7, p. 396-407.

Kadastrale Atlas van Gelderland 1832, Rozendaal, uitgave Stichting Werkgroep Kadastrale Atlas Gelderland, Arnhem 1989[2].

Kerkkamp, H. 1938, *Historie van Velp en Rozendaal*, Velp 1938.

Kerkkamp, H. 1963, *Rozendaal een heerlijkheid*, Oudheidkundige Kring Rheden-Rozendaal, Velp 1963.

Kesler, Beatrice 1989, 'Het Hoofdgebouw als symbool van de landbouwwetenschappen', *GOC* no. 121 (1989) II, p.4-5.

Klinkspoor, Th.H. 1963, 'Buitenplaatsen, die om hun bomen de aandacht vragen', *Jaarboek Nederlandse Dendrologische Vereniging* 22 (1963), p. 83-95.

Klooster, L.J. van der 1962, 'Ontwerpen van Daniel Marot voor het huis Rosenburg te Voorschoten', *Bulletin KNOB* zesde serie 15 (1962), kol. 269-274.

Klooster, L.J. van der 1970, 'Jan Baptist Xavery (1697-1742). Documentatie over enkele van zijn werken', *NKJ* 21 (1970), Bussum 1970, p. 99-138.

Klooster, L.J. van der 1975, 'Daniel Marot en de Graaf van Wassenaer Obdam. Rondom een brief uit 1711', *Bulletin KNOB* 74 (1975) no. 4, p. 135-143.

Knibbe, David 1686, *De fonteynen en hoven van de edele in den lande, geestelijk overgebragt tot Christus en sijn gemeente, in een uytbreyding over 't Hooglied Cap. 4:15,16*, Leiden 1686.

Knoop, J.H. 1763, *Dendrologie of beschrijving van plantagiegewassen die men in de Tuinen cultiveert, zo wel om te dienen tot Cieraad, om daar van Allees, Cingels, Heggen enz. als tot Huishoudelijke Gebruik, te planten*, Leeuwarden 1763.

Kok, J. 1780-1799, *Vaderlandsch, geschied-, aardrijks-, geslacht- en staatkundig woordenboek* 1-38, Amsterdam 1780-1799.

Kooijmans, L. 1985, *Onder regenten. De elite in een Hollandse stad: Hoorn 1700-1780*, Amsterdam/Dieren 1985.

Kraijenhoff, C.R.T. 1785, 'Onzijdige beproeving en verdediging der metaalen blixemafleideren', *Algemeen magazijn van wetenschap, konst en smaak* I, 2[e] stuk, Amsterdam 1785, p. 937-977.

Kremer, A.J.C. 1905, 'De kerk te Rosendaal en hare wandschilderingen', *Arnhemsche Courant* 6 februari 1905.

Kuile, E.H. ter 1958, *Het Kwartier van Zutphen*, De Nederlandse Monumenten van Geschiedenis en Kunst, 's-Gravenhage 1958.

Kuiper-Ruempol, A.P.E. 1982, 'Wedgwood en Nederland in de 18de eeuw', *Mededelingenblad NVVC* 106/107 (1982).

Kultermann, Udo 1968, *Gabriel Grupello*, Berlin 1968.

Kuyk, G.A. 1914, 'De geschiedenis van het landgoed Sonsbeek bij Arnhem', *BMG* XVII, Arnhem 1914, p. 85-119.

Kuys, J. 1989, 'Het hertogdom Gelre in de periode 1339-1543', *Van Gelre tot Gelderland, 650 jaar besturen van Gelderland*, Nijmegen 1989, p. 20-35.

Kuyvenhoven, Fransje en Heimerick Tromp 1984, 'Van Spaen in Arcadië', *Herinneringen aan Italië. Kunst en toerisme in de 18de eeuw*, Zwolle 1984, p. 42-53.

Laar, G. van 1802, *Magazijn van tuin-sieraaden*, Amsterdam 1802.

Lammertink, W. 1986, 'De zuilcypres (Libocedrus decurrens) en de reuzenlevensboom (Thuja plicata) van park Rosendael', *Gelders Landschap* 8 (1986) no. 4, p. 11-12.

Leendertz, P. 1905, 'Het kasteel Rosendael in de 17de eeuw', *BMG* VIII 1905, p. 503-505.

Lennep, van, J., en W.J. Hofdijk 1860, 'Het huis te Rozendaal', *Merkwaardige kasteelen in Nederland* 3 no. II, Leiden 1860, p. 1-70.

Lettres .. 1880, *Lettres et mémoires de Marie Reine d'Angleterre, épouse de Guillaume III, collection des documents authentiques inédits* (red. M. Bentinck-van Waldeck Pyrmont), 's-Gravenhage 1880.

Leeuwenberg, J., en W. Halsema-Kubes 1973, *Beeldhouwkunst in het Rijksmuseum*, 's-Gravenhage 1973.

Leyden, Fr. 1940, 'De jachttochten van den Stadhouder-Koning Willem III op de Veluwe', *Bijdragen voor Vaderlandsche Geschiedenis en Oudheidkunde* 8 (1940), I, afl 3-4, p. 242-256.

Loonstra, Marten 1985, *Het huijs int bosch. Het Koninklijk Paleis Huis ten Bosch historisch gezien*, Zutphen 1985.

Loos-Haaxman, J. de 1936, 'De schilderijen uit het testament van Mr Willem van Outhoorn', *Tijdschrift voor Indische Taal-, Land- en Volkenkunde* LXXVI (1936) afl. 2, p. 183-195.

Lugt, F. 1938-1964, *Répertoire des catalogues de ventes publiques* I-III, 's-Gravenhage 1938-1964.

Lunsingh Scheurleer, D.F. 1971, 'Japans porcelein met blauwe decoraties uit de tweede helft van de 17de en de eerste helft van de 18de eeuw', *Mededelingenblad NVVC* 64/65 (1971), no. 2/3.

Lunsingh Scheurleer, Th.H. 1941, 'Jan van Mekeren, een Amsterdamsche meubelmaker uit het einde der 17de en begin der 18de eeuw', *Oud Holland* LVIII (1941), p. 178-188.

Lunsingh Scheurleer, Th.H. 1952, zie: Catalogus Amsterdam 1952.

Lunsingh Scheurleer, Th.H. 1967, 'De Stadhouderlijke verzamelingen', *150 Jaar Koninklijk Kabinet van Schilderijen, Koninklijke Bibliotheek, Koninklijk Penningkabinet*, 's-Gravenhage 1967, p. 9-50.

Lunsingh Scheurleer, Th.H. 1970, 'Stadhouderlijke lakkabinetten', *Opstellen voor H. van de Waal*, Amsterdam/Leiden 1970, p. 164-173.

Lunsingh Scheurleer, Th.H. 1990, 'Het meubilair op de Cannenburch onder de familie Van Isendoorn à Blois', *De Cannenburch en zijn bewoners* (red. D.J.G. Buurman), Zutphen 1990, p. 185-223.

Luttervelt, R. van 1948, *De buitenplaatsen aan de Vecht*, Lochem 1948.

Luttervelt, R. van 1950, 'Nederlandse tegeltableaux te New-York', *Bulletin KNOB*, zesde serie 3 (1950), p. 146-148.

Maris, A.J. 1963, *Oud rechterlijk archief van het jachtgericht Veluwe en Veluwezoom, inleiding*, Rijksarchief Gelderland, Arnhem 1963.

Maris-Kroon, P.C.I.M. 1989, 'Torck, Lubbert Adolf', *Biografisch Woordenboek van Nederland* III (1989), p. 593-594.

Marot, Daniel 1703, *Oeuvres de Sr. D. Marot, architecte de Guillaume III, Roy de la Grande Bretagne*, 's-Gravenhage 1703.

Martinet, J.F. 1777-1779, *Katbechismus der Natuur* I-IV, Amsterdam 1777-1779.

Matser, M.J. 1990, *De Imbosch, monument in een (natuur)monument. De opkomst, bloei en ondergang van de nederzetting aan de Imbosch in de heerlijkheid Rosendael van 1764 tot 1938*, Zwolle 1990.

Mehrtens, U.M. en H.M.J. Tromp 1984, *De aanleg van Biljoen en Beekhuizen in de tijd van J.F.W. baron van Spaen van Biljoen*, Bijdragen tot het bronnenonderzoek naar de ontwikkeling van Nederlandse historische tuinen, parken en buitenplaatsen, RDMZ, Zeist 1984.

Mehrtens, Ulbe 1987, 'Johan Frederik Willem baron van Spaen en de aanleg van Biljoen en Beekhuizen. Et in Arcadia ego I', *Nederlandse tuinen in de achttiende eeuw*, Documentatieblad werkgroep achttiende eeuw, Amsterdam & Maarssen 1987, p. 55-76.

Mehrtens, Ulbe M. en Carla S. Oldenburger-Ebbers 1990, 'Gelders Arcadia. Tuingeschiedenis van Gelderse kastelen en buitenplaatsen', *Meer om Cieraet als Gebruijck. Tuingeschiedenis van Gelderse buitenplaatsen / Kunstbezit uit Gelderse kastelen*, Arnhem 1990, p. 31-50.

Meischke, R. 1958, 'Het Amsterdamse buitenhuis in de eerste helft der zeventiende eeuw', *Jaarboek Amstelodamum* 45 (1958), p. 133-141.

Meischke, R. 1969, *Het Nederlandse woonhuis van 1300-1800. Vijftig jaar Vereniging 'Hendrick de Keyser'*, Haarlem 1969.

Meischke, R. 1975, *Amsterdam Burgerweeshuis*, De Nederlandse Monumenten van Geschiedenis en Kunst, 's-Gravenhage 1975.

Meischke, R. 1978, 'Buitenverblijven van Amsterdammers voor 1625', *Jaarboek Amstelodamum* 70 (1978), p. 82-106.

Meischke, R. 1980, *Amsterdam Het R.C. Maagdenhuis, het huizenbezit van deze instelling en het St. Elisabeth-gesticht*, De Nederlandse Monumenten van Geschiedenis en Kunst, 's-Gravenhage 1980.

Meischke, R. 1982, 'De ontwikkeling van de buitenhuizen aan de Vecht', [inleiding in:] E. Munnig Schmidt en A.J.A.M. Lisman, *Plaatsen aan de Vecht en de Angstel*, Alphen aan den Rijn 1982, p. 7-23.

Meulenkamp, W. 1986, ''Eene schilderachtige hermitage...'. Een inventarisatie van sierhermitages en kluizenaarspoppen in Nederland', *Antiek* 21 (1986) no. 5, p. 297-301.

Moes, E.W., K. Sluyterman e.a. 1914, 'Rosendaal', *Nederlandsche kasteelen en hun historie* II, Amsterdam 1914, p. 25-48.

Moes, Constance D.H. 1991, *Architectuur als sieraad van de natuur. De architectuurtekeningen uit het archief van J.D. Zocher jr. (1791-1870) en L.P. Zocher (1820-1915)*, Rotterdam 1991.

Molen, J.R. ter 1988, 'Adam Loofs, zilversmid van de koning-stadhouder. Enkele nieuwe aspecten van zijn leven en werk', *Antiek* 22 (1988) no. 10, p. 518-526.

Moll, W. 1955, 'Het huis Van Wassenaer-Duivenvoorde en zijn naaste omgeving', *Jaarboek Die Haghe* (1955), p. 1-34.

Mollet, André 1651, *Le Jardin de Plaisir*, Stockholm 1651.

Mooy, J.A. de 1950, 'De Gelderse kroniek van Willem van Berchen. Naar het Hamburgse handschrift uitgegeven over de jaren 1343-1481', *Werken Gelre* 24, Arnhem 1950.

Morgan, Charles L. 1932, *The Fountain*, London 1932.

Morpurgo, E. 1970, *Nederlandse klokken- en horlogemakers vanaf 1300*, Amsterdam 1970.

Morren, Th. 1908, *Het huis Honselaarsdijk*, Leiden 1908.

Muinck, B.E. de 1965, *Een regentenhuishouding omstreeks 1700*, 's-Gravenhage 1965.

Muller, S. Fz. 1906, 'De oudste afbeelding van het slot Rosendael', *BMG* IX (1906), p. 121-123.

Muller, S. Fz. 1911, 'Het Koningshuis te Renen', *Bulletin NOB* 1911, P. 66-73.

Muschart, R.T. 1938, 'Grafzerken en memoriesteenen in de Groote of St. Janskerk te Wageningen beschreven in 1937', *BMG* XLI (1938), p. 365

Muschart, R.T. 1939, 'Grafzerken en grafmonumenten in de Groote- of St. Eusebiuskerk te Arnhem', *BMG* XLII (1939).

Nederland's Adelsboek 1-, 's-Gravenhage 1903-.

Nederland's Patriciaat 1-, 's-Gravenhage 1910-.

Noothoven van Goor, J.M. 1954, 'De Arnhemse aardewerkfabriek 1759-1773' I-II, *Oud Holland* 1954, 3 en 4.

Nijhoff, Is. An. 1820, *Wandelingen in een gedeelte van Gelderland, of geschiedkundige en plaatsbeschrijvende beschouwing van de omstreken der stad Arnhem*, Arnhem 1820.

Nijhoff, I.A. 1830-1875, *Gedenkwaardigheden uit de geschiedenis van Gelderland, door onuitgegevene oorkonden opgehelderd en bevestigd* I-VI, Arnhem en 's-Gravenhage 1830-1875.

Nijhoff, Is. An. 1860, 'Rozendaal', *Geldersche Volksalmanak* 26 (1860), p. 11-71.

Nijsten, G.J.M. 1992, *Het hof van Gelre; cultuur ten tijde van de hertogen uit het Gulikse en Egmondse huis (1371-1473)*, Kampen 1992.

NNBW 1911-1937, *Nieuw Nederlandsch Biografisch Woordenboek* I-X, Leiden 1911-1937.

Olde Meierink, B. 1991-A, 'Marot en Zuidwijk', *Cascade, bulletin voor tuinhistorie* I (1991) no. 2, p. 13-14.

Olde Meierink, Ben 1991-B, 'De Gildehauser bouwmeestersfamilie Hagen', *Jaarboek Monumentenzorg 1991*, RDMZ, Zwolle 1991, p. 139-157.

Oldenburger-Ebbers, C.S. 1985, 'Jongere tuinkunst 6 (slot); de tuin- en landschapsarchitecten Dirk Wattez (1833-1906) en Petrus Hermannus Wattez (1871-1953)', *Groen* 41 (1985) no. 6, p. 19-24.

Oldenburger-Ebbers, C.S. 1989, *De tuinengids van Nederland; bezoekersgids en vademecum voor tuinen en tuinarchitectuur in Nederland*, Rotterdam 1989.

Oldenburger-Ebbers, C.S. 1990, 'De tuinarchitectuur van de Zochers. Deel 1: Inventarisatie van de werken van J.D. Zocher sr. (1763-1817) en J.D. Zocher jr. (1791-1870)' *Groen* 46 (1990), no. 7, p. 9-13.

Oldewelt, W.F.H. 1945, *Het kohier van de personele quotisatie te Amsterdam over het jaar 1742* I en II, uitgave Genootschap Amstelodamum, Amsterdam 1945.

Onderwater, M. 1985, *Het kaartbeeld van de Hoge Veluwe*, catalogus tentoonstelling museum Kröller-Müller, Otterlo 1985.

Oosten Slingeland, J.F. van 1989, 'De kadastrale gemeente Rozendaal', *Kadastrale atlas van Gelderland 1832, Rozendaal*, uitgave Stichting Werkgroep kadastrale atlas Gelderland, Arnhem 1989[2], p. 21-30.

Ottenheym, Koen e.a. 1988, ''Sulcken hecht werck het is': tentoonstelling op Kasteel Amerongen van 17 april tot 1 november 1988', *Kasteel Amerongen Bulletin* april 1988, p. 4-19.

Ottenheym, Koen e.a. (red.) 1988, *Daniel Marot, vormgever van een deftig bestaan. Architectuur en interieurs van Haagse stadspaleizen*, Zutphen 1988.

Ottenheym, Koen 1989, *Philips Vingboons (1607-1678), architect*, Zutphen 1989.

Outrein, J. d' 1700, *Proefstukken van heilige sinne-beelden*, Amsterdam 1700.

Outrein, J. d' 1700, *De Roosendaalsche vermakelykheden, met een geestelyk oog beschouwd, in digtmaat gesteld, en opgedragen aan de Hoog Welgeborene Heer en Mevrouwe van Roosendaal, en Mevrouwe Douairière van Heiden*, Amsterdam 1700.

Outrein, J. d' 1703, *Afscheids-reeden gedaan tot de bloeijende gemeente te Arnhem, ende de intreeds-reeden tot de bloeijende gemeente van Dordregt*, Amsterdam 1703.

Outrein, J. d' 1718[3], *Wegwijser door de Heerlykheid Roosendaal ofte, de Roosendaalsche Vermakelykheden. Met een geestelyk of zedelyk ooge beschouwt en in digtmaat gestelt*, Amsterdam 1718[3].

Overmars, Willem 1988, 'De buitenplaats Keppel. Het historisch onderzoek', *Groen* 44 (1988) no. 12, p. 22-28.

Ozinga, M.D. 1938, *Daniel Marot, de schepper van den Hollandschen Lodewijk XIV-stijl*, Amsterdam 1938.

Paasman, A.N. 1987, 'Dichters in Gelders Arcadia. Et in Arcadia ego II', *Nederlandse tuinen in de achttiende eeuw*, Documentatieblad werkgroep achttiende eeuw, Amsterdam & Maarssen 1987, p. 77-95.

Paradisus Batavus 1983, *Paradisus Batavus. Bibliografie van plantencatalogi van onderwijstuinen, particuliere tuinen en kwekerscollecties in de Noordelijke en Zuidelijke Nederlanden (1550-1839)*, Wageningen 1983.

Pelzers, E. 1987, 'Enige beknopte historische opmerkingen over het grofwild op de Veluwe', *Het Edelhert* 22 (1987) no. 1, p. 36-44.

Pelzers, E. 1988, 'Kasteel Rosendael, de Van Pallandts en de jacht rond de eeuwwisseling', *Gelders Landschap* 10 (1988) no. 4, p. 10-12.

Persoonlijkheden 1938, *Persoonlijkheden in het Koninkrijk der Nederlanden in woord en beeld*, Amsterdam 1938.

Peters, W.J.Th. en A.J.H. Rutten 1988, *De havezate Loowaard te Loo*, Duiven 1988.

Pluimer, J. 1692, *Gedichten*, Amsterdam 1692.

Poelhekke, J.J. e.a. (red.) 1975, *Geschiedenis van Gelderland 1492-1795* II, Zutphen 1975.

Pols, H. 1988, *Brave burgerheren; Arnhemse regenten in de achttiende eeuw*, doctoraalscriptie Katholieke Universiteit Nijmegen 1988.

Pontanus, J.I. 1639, *Historiae Gelricae libri XIV*, Harderwijk 1639.

Porta, A. 1975, *Joan en Gerrit Corver. De politieke macht van Amsterdam (1702-1748)*, Assen 1975.

Post, E.M. 1794, *Gezangen der liefde*, Amsterdam 1794.

Prak, M. 1985, *Gezeten burgers. De elite in een Hollandse stad: Leiden 1700-1780*, Amsterdam/Dieren 1985.

Puters, A. 1960, *Vasalli et Gagini, stucateurs Italiens au pays de Liège*, Liège 1960.

Quarles van Ufford, C.C.G. 1972, *Catalogus van overwegend Amsterdamse architectuur- en decoratieontwerpen uit de achttiende eeuw*, Utrecht 1972.

Quarles van Ufford, C.C.G. 1987, 'Bij het overlijden van het echtpaar Canneman-Philipse', *Gelders Landschap* 9 (1987) no. 4, p. 21-22.

Rapenburg 1986-1992, Th.H. Lunsingh Scheurleer, C.W. Fock, A.J. van Dissel, *Het Rapenburg, geschiedenis van een Leidse gracht* I-VI, Leiden 1986-1992.

Renaud, J.G.N. e.a. 1987, *Kasteel Rosendael*, 1987[2] [uitgave Nederlandse Kastelenstichting, Nieuwe Reeks 21].

Ressing-Wolfert, J.H.M. en J.D. van Dam 1991, 'Arnhems aardewerk 1759-

1773. Nieuwe toeschrijvingen aan de fabriek van Kerckhoff', *Mededelingenblad NVVC* 143 (1991) no. 3, p. 4-11.

Reyniès, N. de 1987, *Le mobilier domestique; vocabulaire typologique* Inventaire général des monuments et des richesses artistiques de la France, Paris 1987.

Rietstap, J.B. 1883-1887, *Wapenboek van den Nederlandschen adel* I en II, Groningen 1883-1887.

Robidé van der Aa, C.P.E. 1842, 'Het slot Rozendaal of Rosendael', *Oud-Nederland, in de uit vroegere dagen, overgeblevene burgen en kasteelen geschetst en afgebeeld*, 14. aflevering, Nijmegen 1842.

Roelofs, M. Antoinette P. 1943, 'Jeugdliefde van Gijsbert Karel van Hogendorp', *Jaarboek Die Haghe* 1943, p. 139-197.

Roest, Th.M. 1893, 'Médaille mortuaire de Jan van Arnhem, non citée par Van Loon', *Tijdschrift van het Koninklijk Nederlandsch Genootschap voor Munt- en Penningkunde* 1893, p. 58.

Rooseboom, M. 1950, *Bijdrage tot de geschiedenis der instrumentmakerskunst in de Noordelijke Nederlanden tot omstreeks 1840*, Mededelingen uit het Rijksmuseum voor de Geschiedenis der Natuurwetenschappen te Leiden, Leiden 1950.

Ruempol, A.P.E. 1964, *Kastenmaker in het Amsterdam rond 1770*, doctoraalscriptie Kunsthistorisch Instituut der Rijksuniversiteit Leiden 1964.

Sandick, H.W. van 1902, 'Reisje naar het Stadhouderlijk Hof te Nijmegen in 1787, door Mevr. Van Hogendorp, geb. barones Van Haren, hare beide dochters, en haar nichtje, Lucie Benigne van Sandick, later Vrouwe Van den Santheuvel', *De Navorscher* I, p. 229-251 en II, p. 328-342, 52 (1902).

Schaap, K. 1970, 'Journaal van een reisje van Jacob van Gesseler de Raadt van Groningen naar Arnhem, gedaan in junij en julij des jaars 1790', *BMG*, LXIV (1970), p. 149-167.

Schaars, A.H.G. 1974, *De bosbouw van het Entel in de tweede helft van de 18de eeuw*, Zutphen 1974.

Scheen, P.A. 1981, *Lexicon Nederlandse beeldende kunstenaars 1750-1880*, 's-Gravenhage 1981.

Schenk, Petrus z.j., *Paradisus Oculorum sive conspectus elegantissimi centum*, Amsterdam z.j. (ca. 1700).

Schennink, W. 1980, 'Lubbert Adolf Torck, een 18de-eeuws Gelders staatsman in zijn verhouding tot Willem Bentinck, 1741-1756', *BMG* LXXI (1980), p. 126-153.

Schennink, W. 1983, *Van koster tot kosteloos onderwijs; 225 jaar onderwijs in Rozendaal* Zutphen 1983.

Schilfgaarde, A.P. van 1967, *Zegels en genealogische gegevens van de graven en hertogen van Gelre, graven van Zutphen*, Werken Gelre 33, Arnhem 1967.

Schimmelpenninck van der Oye, C.O.A. 1970, 'Een reysje na Gelderland en de electrike vloeistof', *GOC* no. 47 (dec. 1970), p. 12-17.

Schimmelpenninck van der Oye, C.O.A. 1973, *Inventaris van het archief van de familie Van Spaen, tak Biljoen*, Rijksarchief in Gelderland, Arnhem 1973.

Schmidt, F. 1912, 'Herzog Karl von Geldern-Egmont und Jakob von Bronckhorst, Herr zu Batenburg und Anholt', *BMG* XV (1912), p. 551-592.

Schmidt, F. 1924, 'Architektonische Reiseberichte über das Gelderland vor 200 Jahren', *BMG* XXVII (1924), p. 239-250.

Scholten, F.T. 1993, 'Een Chine de Commande wijnfles met monogram', *Antiek* 27 no. 6 (jan. 1993), p. 300-302.

Schulte, A.G. 1983, *Het Rijk van Nijmegen, Oostelijk gedeelte en de Duffelt*, De Nederlandse Monumenten van Geschiedenis en Kunst, 's-Gravenhage 1983.

Schulte, A.G. 1986, *Het land van Maas en Waal*, De Nederlandse Monumenten van Geschiedenis en Kunst, 's-Gravenhage 1986.

Schutte, G.J. 1979, 'Willem IV en Willem V', *Nassau en Oranje in de Nederlandse geschiedenis*, (C.A. Tamse red.), Alphen aan den Rijn 1979, p. 187-228.

Schutte, O. 1975, *De wapenboeken der Gelders-Overijsselse studentenverenigingen*, Werken Koninklijk Nederlandsch Genootschap voor Geslacht- en Wapenkunde II, 's-Gravenhage 1975.

Schutte, O. 1985, *De Orde van de Unie*, Werken uitgegeven door het Koninklijk Nederlands Genootschap voor Geslacht- en Wapenkunde IX, Zutphen 1985.

Schwager, Klaus 1961/1962, 'Kardinal Pietro Aldobrandinis Villa di Belvedere in Frascati', *Römisches Jahrbuch für Kunstgeschichte* 9/10, Wien/München 1961/1962.

Sigal, M.C. 1919, 'Uit de geschiedenis der Waalsche gemeente te Arnhem', *BMG* XX (1919), p. 93-140

Slempkes, J.A. 1946, *Rozendaals rampentijd*, Velp 1946.

Slichtenhorst, A. van 1653, *XIV Boeken van de Geldersse geschiedenissen*, Arnhem 1653.

Sloet, J.J.S. 1911, 'Beschrijving van Arnhem', *BMG* XIV (1911), p. 319-394

Sloet, J.J.S. en J.S. van Veen 1917, zie: Veen, J.S. van 1917.

Sluijter, E.J. 1981, 'Een zaalbeschildering van Gerard Hoet in De Slangenburg: de liefdesgeschiedenis van Aeneas en Dido', *Nederlandse kunstnijverheid en interieurkunst*, NKJ 31 (1980), Haarlem 1981, p. 299-315.

Smids, L. 1711, *Schatkamer der Nederlandsse oudheden*, Amsterdam 1711.

Snethlage, M.Rz. 1759, *Het nieuwe kerkgebouw in de vrije heerlijkheit van Rosendaal aenvaerdt en den Heere gewijdt, in een leerrede over Salomons tempelgebedt II Chron. VI vs. 40,41*, Amsterdam 1759.

Snoeck, M.W. 1933, 'Een uitstapje in de environs van Arnhem september 1813 door N. Esser Meerman', *BMG* XXXVI (1933), p. 145-158.

Snoep, D.P. 1970, 'Gerard Lairesse als plafond- en kamerschilder', *BRM* 18 (1970), afl. 4.

Springer, Leonard A. 1936, *Bibliographisch overzicht van geschriften, boek- en plaatwerken op het gebied der tuinkunst*, Wageningen 1936.

Stapel, F.W. 1941, *Gouverneurs-Generaal van Nederlandsch-Indië in beeld en woord*, 's-Gravenhage 1941.

Staring, A. 1949, 'Zeventiende-eeuws stucwerk in het oosten des lands', *Nederlandsch Kunsthistorisch Jaarboek* 2 (1948/1949), p. 316-340.

Storm Buysing, R.D. 1936, 'Een reis te paard door Gelderland in 1801', *BMG* XXXIX (1936), p. 341-349.

Swigchem, C.A. van 1965, *Abraham van der Hart 1747-1820, Architect/Stadsbouwmeester van Amsterdam*, Amsterdam 1965.

Tamse, C.A. (red.) 1979, *Nassau en Oranje in de Nederlandse geschiedenis*, Alphen aan den Rijn 1979.

Tex, Ursula den 1990, 'Het wilde in het bloed van de Van Pallandts', *Vrij Nederland* 51, no. 51/52, 22 december 1990, p. 62-75.

Thieme, U. en F.Becker, 1907-1950, *Algemeines Lexikon der Bildenden Künstler von der Antike bis zur Gegenwart* (H. Vollmer red.) 1-37, Leipzig 1907-1950.

Thomassin, S. 1708, *Recueil des statues, groupes, fontaines, termes, vases et autres magnifiques ornements du château & parc de Versailles*, Amsterdam 1708.

Thornton, Peter 1978, *Seventeenth-century Interior Decoration in England, France and Holland*, New Haven/London 1978.

Tiemens, W.H. 1976, 'Zypendaal', *Stichting Vrienden der Geldersche Kasteelen 1965-1975*, Arnhem 1976, p. 171-187.

Tromp, H.M.J. 1992, 'Het park van Het Loo: het landschapspark als memorietafel', *Het Witte Loo van Lodewijk Napoleon tot Wilhelmina 1806-1962*, Apeldoorn 1992, p. 15-32.

Valkenburg, C.C. van 1952, 'Torck', *Nederland's Adelsboek* 45 (1952), p. 407-412.

Veen, J.S. van 1908, 'Het ambt Rheden onder het bestuur der jonkers (1719-1797)', *BMG* XI (1908), p. 209-274.

Veen, J.S. van 1917, *Register op de leenaktenboeken van het vorstendom Gelre en graafschap Zutphen; het kwartier van Arnhem*, Arnhem 1917.

Veen, J.S. van 1929, 'Het slot Rosendaal verbrand (1412)', *BMG* XXXII (1929), p. 236.

Veen, P.A.F. van 1960, *De soeticheydt des buyten-levens, vergheselschapt met de boucken. Het hofdicht als tak van een georgische litteratuur*, 's-Gravenhage 1960 (Utrecht 1985[2]).

Veenland-Heineman, Karen M. 1985, 'Lucas Hermanus Eberson (1822-1889), een 'volkomen onbeduidende architect'?', *Bouwen in Nederland. Vijfentwintig opstellen over Nederlandse architectuur opgedragen aan Prof Ir. J.J. Terwen*, LKJ 3 (1984), Delft 1985, p. 467-494.

Ven, A.J. van de 1928, 'De ambtswoning van den commissaris der Koningin in Gelderland', *BMG* XXXI (1928), p. 131-153.

Ven, D.J. van der 1913, 'Het kasteel en de heerlijkheid Rosendaal', *Buiten*, 16, 23, 30 augustus 1913, p. 392-397, 404-408, 416-421.

Verbeek, J. 1984, *Nederlands zilver 1780-1830*, Lochem 1984.

Verbeek, J. 1988, *Nederlands zilver 1725-1780*, Lochem 1988.

Verkerk, C.L. 1988, 'Het Arnhemse duivelshuis', *Kroniek* 5 (1988) no. 3/4, p. 68-79.
Verlet, P. 1958, 'Le commerce des objets d'arts et les marchands merciers à Paris au XVIIIe siècle', *Annales* 13 (1958), p. 10-29.
Vermeulen, F.A.J. 1946, *De monumenten van geschiedenis en kunst in de Tielerwaard*, 's-Gravenhage 1946.
Verstegen, S.W. 1987, 'De luister van het oude stamhuis. Het beheer der bezittingen en de levenssfeer van een Veluws adellijk geslacht in de achttiende eeuw', *De bloem der natie. Adel en patriciaat in de Noordelijke Nederlanden* (red. J. Aalbers en M. Prak), Meppel 1987, p. 79-92.
Verstegen, S.W. 1990, *Gegoede ingezetenen. Jonkers en geërfden op de Veluwe tijdens Ancien Régime, Revolutie en Restauratie (1650-1830)*, Gelderse Historische Reeks XIX, Zutphen 1990.
Vier eeuwen Herengracht, Amsterdam 1976.
Voet, E. 1912, *Merken van Amsterdamsche goud- en zilversmeden*, 's-Gravenhage 1912.
Voet, E. en H.E. van Gelder 1941, *Merken van Haagsche goud- en zilversmeden, voorafgegaan door Haagsche goud- en zilversmeden uit de XVIe, XVIIe, en XVIIIe eeuw*, 's-Gravenhage 1941.
Voorbeytel Cannenburg, W. 1928, *Catalogus der scheepsmodellen en scheepsbouwkundige teekeningen 1600-1900 in het Nederlandsch Historisch Scheepvaart Museum*, Amsterdam 1928.
Voorn, H. 1985, *Papiermolens in Gelderland, Overijssel en Limburg*, Haarlem 1985.
Voorst tot Voorst, J.M.W. van 1974, Haagse meubelmakers en negentiende-eeuwse meubelstijlen', *Antiek* 9 (1974) no. 3, p. 237-262.
Voorst tot Voorst, J.M.W. van 1980, 'De kunstzaal in Paleis Het Loo', *Antiek* 15 (1980), p. 9-29, 67-102, 189-213.
Voorst tot Voorst, J.M.W. van 1992, *Tussen Biedermeier en Berlage. Meubel en interieur in Nederland 1835-1895*, Amsterdam 1992.
Vorsterman van Oijen, A.A. 1885-1890, *Stam- en wapenboek van aanzienlijke Nederlandsche familiën* I-III, Groningen 1885-1890.

Wagenaar, J. 1741, *Tegenwoordige staat van Gelderland*, Amsterdam 1741.
Waller, F.G. 1938, *Biographisch woordenboek van Noord Nederlandse graveurs*, 's-Gravenhage 1938.
Wartena, R. 1966, *Het archief van de familie Brantsen*, inventaris Rijksarchief in Gelderland, Arnhem 1966.
Werner, H.M. 1906-1908, *Geldersche Kasteelen. Historische, oudheidkundige en genealogische studiën* I-II, Arnhem 1906-1908.
Weststrate, H.A. 1903, *Gelderland in den patriottentijd*, Werken uitgegeven door Gelre 4, Arnhem 1903.
Wevers, L.B. 1991, *Heemstede, architectonisch onderzoek van een zeventiende-eeuwse buitenplaats in de provincie Utrecht*, Delft 1991.
Winter, J.M. van 1962, *Ministerialiteit en ridderschap in Gelre en Zutphen*, Werken Gelre 32, Arnhem 1962.
Wittert van Hoogland, E.B.F.F., z.j., *Het geslacht Torck*, z.p., z.j.
Wijnbergen, C.S.A. van 1992, *Monumenten in Wageningen; verdedigingswerken* (uitgave Open Monumentendag), Wageningen 1992.
Worp, J.A. 1892-1898, *De gedichten van Constantijn Huygens* I-IX, Groningen 1892-1898.
Worp, J.A. 1911-1917, *De briefwisseling van Constantijn Huygens (1608-1687)* I-VI, 's-Gravenhage 1911-1917.
Wyck, H.W.M. van der 1964, 'Koning Willem II als bouwheer', *Opus Musivum*, Assen 1964, p. 415-438.
Wyck, H.W.M. van der 1970, 'Het Heerlyck Rosendael, mede in verband met andere jachtverblijven van Willem III', *NKJ* 21 (1970), Bussum 1970, p. 5-38.
Wyck, H.W.M. van der 1976, 'Het Loo. De geschiedenis van een koninklijk domein', *Bulletin KNOB* 75 (1976), p. 183-248.
Wyck, H.W.M. van der 1979, 'Het historische landschap van de oostelijke Veluwezoom en Rosendael, *Acht zwerfstenen uit het Gelders landschap*, Arnhem 1979, p. 71-116.
Wyck, H.W.M. van der 1982, *De Nederlandse buitenplaats, aspecten van ontwikkeling, bescherming en herstel*, Alphen aan den Rijn 1982.
Wyck, H.W.M. van der 1988-A, 'De stenen droom. Over het scheppen en herscheppen van buitenplaatsen', *De stenen droom. Opstellen over bouwkunst en monumentenzorg opgedragen aan Coenraad Liebrecht Temminck Groll*, Zutphen 1988.
Wyck, H.W.M. van der 1988-B, *Atlas Gelderse buitenplaatsen – De Veluwe*, Alphen aan den Rijn 1988.

Zinck, Jacob 1838, *De wandelaar door de lustverblijven van Arnhem's omstreken*, Arnhem 1838.
Zonnevylle-Heyning, C.E. 1981, 'Enkele kanttekeningen bij de inrichting van de nieuwe vleugel van het Stadhouderlijk Kwartier', *Nederlandse kunstnijverheid en interieurkunst*, NKJ 31 (1980), Haarlem 1981, p. 410-422.

Register van personen en plaatsen

Register van zaken

Curriculum vitae

Johan Carel Bierens de Haan werd op 25 maart 1954 te Eindhoven geboren en behaalde in 1973 het eindexamen gymnasium ß aan het Lorentzlyceum aldaar. Vervolgens studeerde hij kunstgeschiedenis en archeologie aan de Rijksuniversiteit te Leiden, waar hij in 1981 het doctoraal examen aflegde met als specialisatie architectuurgeschiedenis. Na een stageperiode bij de toenmalige kunsthistorische afdeling van de Rijksdienst voor de Monumentenzorg te Zeist trad hij in 1981 in dienst als kunsthistorisch medewerker bij de Stichting Vrienden der Geldersche Kasteelen te Arnhem, waar hij thans de functie van conservator vervult, belast met het beheer van de museumcollectie en met de openstelling voor het publiek van zeven kastelen. Hij publiceerde over bezittingen van de stichting en was redacteur en mede-auteur van de catalogus *Meer om Cieraet als Gebruijck*, verschenen ter gelegenheid van de jubileumtentoonstelling van de stichtingen Het Geldersch Landschap en Vrienden der Geldersche Kasteelen (Arnhem/Nijmegen, 1990).

De auteur is in bestuurlijke zin betrokken bij werkzaamheden van het Leidsch Universiteitsfonds en het Nederlands ICOMOS-comité, en bij enkele portretten-beherende stichtingen.

Hij is getrouwd met Marianne A. de Kempenaer en heeft drie kinderen.

HERKOMST VAN DE AFBEELDINGEN

Amsterdam, Amsterdams Historisch Museum: 97, 98.
Amsterdam, Christie's Amsterdam B.V.: 21, 122, 123, 139, 142, 209, 226.
Amsterdam, Gemeentelijk Bureau Monumentenzorg: 91.
Amsterdam, Sotheby's Amsterdam B.V.:211, 238.
Amsterdam, Rijksmuseum: 27, 127, 128, 133, 135, 136, 213, 222, 223, 310, 365, 368, 372.
Amsterdam, Rijksmuseum 'Nederlands Scheepvaart Museum': 83
Amsterdam, Rijks Prentenkabinet: 11, 24, 33, 74, 95, 243, 252, 270.
Amsterdam, P. de Dood: 354-356.
Amsterdam, T. Quispel: 10.
Arnhem, Gemeentearchief, J. van der Zeyden: 3, 6, 9, 16-18, 22, 30, 34, 41, 46-48, 80, 110, 179, 180, 183, 185, 191, 201, 278, 281, 286, 326, 331, 333-338, 340-346, 348, 350, 352, 353.
Arnhem, Gemeentemuseum: 103, 141, 227, 231, 255, 366.
Arnhem, Rijksarchief in Gelderland, A. Klaver: 14, 40, 44, 45, 57, 59, 61, 65, 67, 70, 72, 73, 75, 85, 94, 108, 153, 154, 199, 200, 202, 258, 259, 274-277, 283-285, 291, 317.
Arnhem, Rijksarchief in Gelderland, A. Klaver (reproducties en opnamen uit andere collecties): 4, 20, 26, 35, 39, 42, 43, 49-51, 53, 56, 58, 60, 62-64, 66, 68, 69, 71, 145, 161, 162, 166, 168, 169, 172, 187, 234, 250, 262, 268, 271, 292, 293, 297-300, 303, 308, 312, 314.
Arnhem, Stichting Vrienden der Geldersche Kasteelen: 319, 320.
Arnhem, J.C. Bierens de Haan: 7.
Arnhem, K. Dansen: 327.
Arnhem, G.J. de Maret Tak: 321.
Arnhem, C.C.G. Quarles van Ufford: 322.
Assen, Rijksarchief in Drenthe: 78.
Bunnik, G.Th. Delemarre: 1, 12, 13, 19, 31, 32, 54, 81, 82, 84, 105, 107, 111-113, 115-121, 126, 129-132, 137, 138, 140, 143, 156-160, 182, 184, 192-196, 205-207, 210, 212, 214-217, 219-221, 224, 225, 235, 237, 240, 242, 245, 247, 251, 253, 257, 261, 263, 266, 267, 279, 280, 282, 288-290, 301, 302, 304, 306, 309, 311, 318, 323, 324, 328, 332, 364, 370, 371, 373-376.
Loo (Gld.), J. van der Zeyden: 125, 134, 181, 203, 218, 241, 246, 265, 294, 305, 307, 377-380.
's-Gravenhage, Algemeen Rijksarchief: 76, 77, 228, 248.
's-Gravenhage, Iconographisch Bureau: 15, 23, 28, 29, 52, 232, 264, 330, 347, 351, 358-362.
's-Gravenhage, Rijksbureau voor Kunsthistorische Documentatie: 96, 146.
's-Gravenhage, E.F. Mösenbacher: 349.
Huissen, A.C.S. Wolters van der Weij: 236.
Leeuwarden, L. ter Beke: 5.
Leiden, Rijksmuseum "Het Koninklijk Penningkabinet": 25, 363.
Nijmegen, N. Roozeboom: 124, 189, 190, 197, 198, 249, 313, 339, 367, 369.
Ouderkerk aan de Amstel, Studio T. Haartsen, F. Mijnheer: 208.
Parijs, Fondation Custodia: 55.
Rotterdam, Gemeentearchief: 254.
Schiphol, KLM Aerocarto n.v.: 315.
Utrecht, Stichting Kerkelijk Kunstbezit in Nederland: 287.
Utrecht, Universiteitsbibliotheek: 8.
Velp, Architectenbureau Vos, Ten Broeke en Van Wely: 92, 104, 188, 244, 325.
Velp, Foto Van Beurden: 229, 233, 239, 296.
Velp, W.A. Heineman: 294.
Wageningen, Afdeling Speciale collecties bibliotheek Landbouwuniversiteit Wageningen: 165, 170, 171.
Wageningen, Gemeentearchief: 149.
Zeist, Rijksdienst voor de Monumentenzorg: 2, 36, 79, 86-90, 99-102, 109, 144, 147, 148, 150-152, 155, 163, 164, 167, 173-178, 186, 204, 230, 256, 269, 272, 273, 316.
Zutphen, C.J. Willems: 37, 38, 93, 106, 114, 260, 329.